公安行政行为标准解读与新行政复议法实务指导

曾 斌 肖 琼 主编

中国民主法制出版社

图书在版编目（CIP）数据

公安行政行为标准解读与新行政复议法实务指导 / 曾斌，肖琼主编. — 北京：中国民主法制出版社，2024. 5

ISBN 978 - 7 - 5162 - 3686 - 4

Ⅰ. ①公…　Ⅱ. ①曾…　②肖…　Ⅲ. ①公安机关 - 行政执法 - 研究 - 中国②行政复议法 - 中国　Ⅳ. ①D922. 144②D925. 3

中国国家版本馆 CIP 数据核字（2024）第 104609 号

图书出品人：刘海涛
责 任 编 辑：贾萌萌
图 书 策 划：刘　卫

书　　名 / 公安行政行为标准解读与新行政复议法实务指导
作　　者 / 曾　斌　肖　琼　主编

出版 · 发行 / 中国民主法制出版社
地址 / 北京市丰台区右安门外玉林里 7 号（100069）
电话 / 010 - 57258080　57200301（系统发行）　63292520（编辑室）
传真 / 010 - 84815841
http：//www. npcpub. com
E-mail：mzfz@ npcpub. com
经销 / 新华书店
开本 / 16 开　787 毫米 × 1092 毫米
印张 / 60　　**字数** / 1010 千字
版本 / 2024 年 6 月第 1 版　　2024 年 6 月第 1 次印刷
印刷 / 天津鸿景印刷有限公司

书号 / ISBN 978 - 7 - 5162 - 3686 - 4
定价 / 168. 00 元

编委会

主　编 曾斌 肖琼

副主编 胡耿 王赵军 李叙明 邱鑫 罗李科 黄跃明 潘从万 谢云 马天成 王祎

撰稿人（排名不分先后）

曾斌 肖琼 胡耿 王赵军 李叙明 邱鑫 罗李科 黄跃明 潘从万 马天成 谢云 王祎 黄文胜 刘冬平 张炜 李晓明 张宏欣 熊庄 杨海光 李小虎 李金华 黄军伟 崔晟铭 曹珊 赵庆华 谢青松 李坤 曾华军 刘文 周晓鸿 肖欣 柳长副 曾新 周同茼 倪剑江 张波 刘冬平 刘艺 张家明 李刚 杨加宇 周楠 张珂 王震 杨明儒 申山山 陈志州 杨岚 谷佳林 赵瑛 张开银 吴骅庭 赵中华 聂传勇 吕远 耿杰 向荣

前言

行政执法是行政机关履行政府职能、管理经济社会事务的重要方式，行政执法质量直接关系法治政府建设成效。为深入贯彻落实《法治政府建设实施纲要（2021—2025年）》，全面提升行政执法质量和效能，2023年8月9日，国务院办公厅印发了《提升行政执法质量三年行动计划（2023—2025年）》，明确提出建立健全行政执法标准规范；全面落实行政裁量权基准制度，加强行政裁量权基准的动态管理和备案审查；大力提升业务能力，建立健全行政执法标准化制度化培训机制，开展分类分级分层培训等要求。2023年9月1日，十四届全国人大常委会第五次会议通过了《中华人民共和国行政复议法（修订草案）》（本书简称新《行政复议法》）。此次修订，是1999年《行政复议法》施行以来的首次大修，着眼于建设公正、权威的中国特色社会主义行政复议制度，着力于践行以人民为中心的发展思想，进一步强化行政复议吸纳和化解行政争议的能力，发挥行政复议化解行政争议的主渠道作用，对于创新有效预防和化解社会矛盾体制，完善多元化纠纷解决机制，推进国家治理体系和治理能力现代化，具有十分重要的意义。公安机关是国家重要的执法机关，承担着刑事司法和行政执法双重职能。在行政执法领域，公安行政执法面广、量大，点多、线长。加之人民群众和社会各界对公安执法工作新期待新要求越来越高，各方面的监督管理越来越严。各级公安机关和广大民警只有不断加强学习培训，努力提高法治素养和执法能力，严格按照执法标准，自觉规范执法行为，主动接受执法监督，切实做到严格规范公正文明执法，才能从根本上减少行政复议、行政诉讼案件，不断提升公安执法公信力和群众满意度。为此，我们组织编写了《公安行政行为标准解读与新行政复议法实务指导》一书。

本书根据新《行政处罚法》《行政复议法》等最新的法律法规规章，紧密结合法治公安建设部署要求和公安行政执法实际，全面系统阐释了公安行政处罚标准、行政强制标准、行政许可标准，对新《行政复议法》逐条进行解读，阐述了公安机关学习贯彻中应当注意的问题，是一本针对性、实用性和可操作性很强的实务用书。

本书的主要内容和特点：

一、从整体上阐释公安行政执法新标准新要求。党的十八大以来，以习近平同志为核心的党中央，把全面依法治国纳入“四个全面”战略布局，就全面依法治国作出了一系列重大决策部署，创造性地提出了关于全面依法治国的一系列新理念新思想新战略，形成了习近平法治思想，深刻回答了新时代为什么实行全面依法治国、怎样实行全面依法治国等一列重大问题。同时，习近平总书记高度重视法治公安建设，多次就推进法治公安建设作出重要指示、提出明确要求，为我们在更高水平上推进法治公安建设高质量发展，不断提升公安执法能力和执法公信力指明了前进方向、提供了根本遵循。加之，全国公安机关从2008年以来就持续部署开展执法规范化建设，对加强公安执法监督管理、规范执法办案场所和涉案财物管理、提升执法信息化水平等提出了一系列要求，取得了突出成效。2018年2月28日，中国共产党第十九届中央委员会第三次全体会议通过《深化党的国家机构改革方案》，提出组建应急管理部和国家移民管理局。公安消防部队划归应急管理部门后，原来由消防部门承担的消防行政监管管理职责全部划转到应急管理部门。在刑事执法领域，原来由消防部门管辖的失火犯罪案件、消防责任事故犯罪案件仍由公安机关管辖；在行政执法领域，对违反消防监督管理的行为，需要作出行政拘留决定的，应当由公安机关负责决定和执行。2018年12月，中办、国办印发《行业公安机关管理体制调整工作方案》，按照“警是警、政是政、企是企”的要求，将铁路公安、森林公安、交通公安由双重领导调整为公安部领导；海关缉私公安和民航公安实行双重领导，以公安部领导为主。根据行业公安管理体制改革情况，公安部对行业公安机关行政、刑事执法职能分工作了调整。此外，《反有组织犯罪法》《反电信网络诈骗法》《无人驾驶航空器飞行管理暂行条例》《互联网上网服务营业场所管理条例》等新出台、修订的相关法律、法规、规章对公安行政执法职责作出了一些新的规定。本书对上述新标准新要求进行了归纳总结，有利于广大民警从整体上学习掌握新形势新任务对公安执法提出的新标准新要求。

二、全面准确阐释公安行政处罚标准。行政处罚是行政机关有效实施行政管理，保障法律、法规贯彻施行的重要手段。《行政处罚法》自1996年颁布施行以来，2009年和2017年先后两次对个别条文作了修改。2021年1月22日，第十三届全国人民代表大会常务委员会第二十五次会议通过了新修订的《行政处罚法》。为贯彻实施新《行政处罚法》，国务院对涉及的行政法规进行了清理，2023年7月20日公布《国务院关于修改和废止部分行政法规的决定》（国务院令第764号）。其中，对涉及公安行政执法的《废旧金属收购业治安管理办法》等法规进行了修订。公安行政处罚的情形十分广泛。通过对有关法律、行政法规和部门规章的梳理，2015年11月公安部修订出台的《违反公安行政管理行为的名称及其适用意见》，明确规定了748种违反公安行政管理的行为名称。随着一批法律法规的修订出台，公安行政处罚内容大幅增加。2020年8月，公安部印发修订后的《违反公安行政管理行为的名称及其适用意见》，共规范了783个违法行为名称，这些违法行为基本上涵盖了目前公安行政处罚的范围。本书对上述783个违反公安行政管理秩序的违法行为的法律依据、违法情形和处罚标准进行了详细解读，对有关行政违法行为与民事违法行为、刑事犯罪作了区分，便于公安民警准确认定违法行为、正确适用法律。

三、全面准确阐释公安行政强制标准。行政强制是发生在行政管理领域中，为了实现行政管理目的，主要由行政机关依照行政程序作出的行政行为。根据《行政强制法》第2条规定，行政强制包括行政强制措施和行政强制执行。公安行政强制是公安机关及其人民警察对违反治安管理或者其他公安行政管理法律、法规的公民、法人或者其他组织的人身、财产，依法予以强制限制的管理手段。公安行政强制种类较多，散见于有关公安行政法律、法规中，主要包括公安行政强制措施和行政强制执行两大类。根据《公安机关办理行政案件程序规定》，公安机关办理行政案件时，可以依法采取下列行政强制措施：一是对物品、设施、场所采取扣押、扣留、查封、先行登记保存、抽样取证、封存文件资料等强制措施，对恐怖活动嫌疑人的存款、汇款、债券、股票、基金份额等财产还可以采取冻结措施；二是对违法嫌疑人采取保护性约束措施、继续盘问、强制传唤、强制检测、拘留审查、限制活动范围，对恐怖活动嫌疑人采取约束措施等强制措施。公安机关依法作出行政处理决定后，被处理人应当在行政处理决定的期限内予以履行。逾期不履行的，作出行政处理决定的公安机关可以依法强制执行或者申请人民法院强制执行。本书对继续盘问、对醉酒的违法嫌疑人进行约束、对恐怖活动嫌疑人实施约束措施、强制传唤、强制检测、拘留审查、限制活动范围、扣押、扣留、查封、抽样取证、先行登记保存、冻结等 12 种公安行政强制措施和罚款、行政拘留、吊销许可证件、取缔、责令停产停业决定、强制隔离戒毒等 6 种公安强制执行措施逐一进行阐释，以期进一步规范公安行政强制行为，有效防止公安行政强制权力被滥用。

四、全面准确阐释公安行政许可标准。行政许可是行政机关根据公民、法人或者其他组织的申请，经依法审查，准予其从事特定活动的行为。近年来，国务院不断对行政许可事项进行改革，先后取消、下放了多批公安行政许可事项。根据国务院办公厅《法律、行政法规、国务院决定设定的行政许可事项清单（2023 年版）》（国办发〔2023〕5 号），公安部主管的行政许可事项共有 45 项。其中，根据国家互联网信息办公室、工业和信息化部、公安部、财政部、国家认证认可监督管理委员会联合发布的《关于调整网络安全专用产品安全管理有关事项的公告》（2023 年第 1 号），从 2023 年 7 月 1 日起，停止颁发《计算机信息系统安全专用产品销售许可证》，产品生产者无需申领。此前已经获得销售许可证的产品在有效期内可继续销售或者提供。目前，公安部主管的行政许可事项共有 44 项，涉及境外非政府组织管理行政许可、治安管理行政许可、网络安全行政许可、道路交通安全行政许可、易制毒化学品管理行政许可等。按照国务院办公厅《关于全面实行行政许可事项清单管理的通知》（国办发〔2022〕2 号）要求，公安部于 2023 年 8 月公布了《公安部主管的行政许可事项实施规范》。全面实施行政许可事项清单管理，有利于推进行政许可标准化、规范化、便利化，为企业和群众打造更加公平高效的审批环境，更大激发市场活力和社会创造力，对推进公安行政管理服务工作现代化、更好服务保障高质量发展具有重要意义。为帮助广大民警学习掌握公安行政许可行为标准，本书对公安机关负责的 44 项行政许可项目及其子项目逐一进行解读，以便各级公安机关及各警种部门依法依规办理行政许可事项，切实实现同一事项在不同地区和层级同要素管理、同标准办理，更好满足企业群众办事需求。为便于查找，本书按照国务院办公厅公布的《法律、行政法规、国务院决定设定的行政许可事项清单（2023 年版）》涉及公安部主管的 45 项行政许可事项及其子项顺序进行编排，同一许可项目或者子项下涉及的法律依据不重复列举，可参考前文相关规定。

五、全面准确阐释新《行政复议法》修改的主要内容。概括来说，新《行政复议法》增加和修改的主要内容包括：一是明确行政复议有关原则和要求。行政复议机关应当遵循合法、公正、公开、高效、便民、为民的原则，办理行政复议案件可以进行调解；提出国家建立专业化、职业化行政复议人员队伍，要求行政复议机关支持和保障行政复议机构履行职责，对行政复议指导性案例发布、人员和场所保障等作出规定。二是优化行政复议管辖体制。取消地方人民政府工作部门的行政复议职责，由县级以上地方人民政府统一行使，同时保留实行垂直领导的行政机关、税务和国家安全机关的特殊情形，相应调整国务院部门的管辖权限，并对有关派出机构作出灵活规定。三是加强行政复议吸纳行政争议的能力。扩大行政复议范围，明确对行政赔偿、工伤认定、行政协议、政府信息公开等行为不服的，可以申请行政复议；优化行政复议前置范围，明确对当场作出的行政处罚决定、未履行法定职责、不予公开政府信息等行为不服的，应当先申请行政复议，将行政复议前置其他情形的设定权限明确为法律和行政法规。四是健全行政复议申请和受理程序。增加申请复议便民举措，提出复议前置情形告知要求，明确行政复议受理条件，增设申请材料补正制度。五是完善行政复议审理程序。建立提级审理制度，增加简易程序及其适用情形，健全行政复议证据规则，实行普通程序听取意见原则，新增听证和行政复议委员会制度，完善行政复议附带审查规范性文件程序。六是强化行政复议决定及其监督体系。细化变更、确认违法等决定的适用情形，调整决定顺序，增加确认无效、责令履行行政协议等决定类型；增设行政复议意见书、约谈和通报批评、行政复议决定抄告等监督制度。本书将新修改的主要内容归纳为十六个重点，并对公安机关学习贯彻新《行政复议法》应当注意的问题进行阐述，便于广大民警学习查询，把握精髓，抓住重点，一目了然。

在本书编写过程中，我们借鉴吸收了有关专家、学者的一些最新研究成果，在此一并致谢。对于本书存在的不足或疏漏之处，敬请读者提出宝贵意见，以便进一步修订完善。

编 者

2024 年 6 月于北京

目　　录

第二部分 公安行政行为标准解读

第四部分　新行政复议法条文解读

第一部分

公安行政执法新标准新要求概述

第一章　习近平法治思想和党的二十大对公安行政执法提出的新标准新要求

法治兴则国兴，法治强则国强。党的十八大以来，以习近平同志为核心的党中央，把全面依法治国纳入“四个全面”战略布局，就全面依法治国作出了一系列重大决策部署，创造性地提出了关于全面依法治国的一系列新理念新思想新战略。2014 年，党的十八届四中全会作出《中共中央关于全面推进依法治国若干重大问题的决定》，提出了坚持走中国特色社会主义法治道路、建设中国特色社会主义法治体系的重大论断，对科学立法、严格执法、公正司法、全民守法和加强法治队伍建设、加强和改进党的领导等方面作出了全面部署。2017 年，党的十九大把坚持全面依法治国作为建设中国特色社会主义的基本方略之一，对新时代推进全面依法治国提出了新任务，描绘了 2035 年基本建成法治国家、法治政府、法治社会的宏伟蓝图。2018 年，党中央决定组建中央全面依法治国委员会，习近平总书记亲自担任中央全面依法治国委员会主任。在 2020 年 11 月召开的中央全面依法治国工作会议上，正式提出“习近平法治思想”，深刻回答了新时代为什么实行全面依法治国、怎样实行全面依法治国等一列重大问题，为在法治轨道上全面建设社会主义现代化国家指明了前进方向、提供了根本遵循。2022 年 10 月，党的二十大首次单独把法治建设作为专章论述，作出专门部署，充分体现了法治建设在党和国家事业发展中的重要地位和作用。

一、习近平法治思想的丰富内涵和根本要求

习近平法治思想内涵丰富、论述深刻、逻辑严密、体系完备、博大精深。就其主要方面来讲，就是习近平总书记在中央全面依法治国工作会议重要讲话中精辟概括的“十一个坚持”。

（一）坚持党对全面依法治国的领导

这是中国特色社会主义法治的本质特征和内在要求。党政军民学、东西南北中，党是领导一切的。中国共产党的领导是中国特色社会主义最本质的特征，是社会主义法治最根本的保证，是社会主义法治之魂。全面依法治国绝不是要削弱党的领导，而是要加强和改善党的领导，不断提高党领导依法治国的能力和水平，巩固党的执政地位。必须推进党的领导制度化、法治化，不断完善党的领导体制和工作机制，把党的领导贯彻到全面依法治国全过程和各方面，具体落实到党领导立法、保证执法、支持司法、带头守法的各环节。

（二）坚持以人民为中心

这是全面推进依法治国的力量源泉。人民是国家的主人，依法治国的主体。社会主义法治建设必须为了人民、依靠人民、造福人民、保护人民。人民幸福生活是最大的人权。推进全面依法治国，根本目的是依法保障人民权益。要依法保障全体公民享有广泛的权利，保障公民的人身权、财产权、基本政治权利等各项权利不受侵犯，保证公民的经济、文化、社会等各方面权利得到落实，不断增强人民群众获得感、幸福感、安全感，用法治保障人民安居乐业。公平正义是我们党追求的崇高价值。要牢牢把握社会公平正义这一法治价值追求，努力让人民群众在每一项法律制度、每一个执法决定、每一宗司法案件中都感受到公平正义。

（三）坚持中国特色社会主义法治道路

这是全面推进依法治国的发展道路和正确方向。道路决定命运，道路决定前途。中国特色社会主义法治道路本质上是中国特色社会主义道路在法治领域的具体体现。全面推进依法治国必须走对路。我们既不走封闭僵化的老路，也不走改旗易帜的邪路，而要从中国国情和实际出发，传承中华优秀传统法律文化，从我国革命、建设、改革的实践中探索适合自己的法治道路，为全面建设社会主义现代化国家、实现中华民族伟大复兴夯实法治基础。要学习借鉴人类法治文明的有益成果，但决不能照搬别国模式和做法，决不能走西方“宪政”“三权鼎立”“司法独立”的路子。

（四）坚持依宪治国、依宪执政

这是全面推进依法治国的工作重点。宪法是国家的根本法，是治国安邦的总章程，是党和人民意志的集中体现，具有最高的法律地位、法律权威、法律效力。坚持依法治国首先要坚持依宪治国，坚持依法执政首先要坚持依宪执政。党领导人民制定宪法法律，领导人民实施宪法法律，党自身必须在宪法法律范围内活动。要坚持宪法确定的中国共产党领导地位不动摇，坚持宪法确定的人民民主专政的国体和人民代表大会制度的政体不动摇，加强宪法实施和监督，推进合宪性审查工作，维护宪法权威。

（五）坚持在法治轨道上推进国家治理体系和治理能力现代化

这是实现良法善治的必由之路。坚持全面依法治国，是中国特色社会主义国家制度和国家治理体系的显著优势。法治是国家治理体系和治理能力的重要依托。宪法是国家根本法，是国家制度和法律法规的总依据。通过宪法法律确认和巩固国家根本制度、基本制度、重要制度，并运用国家强制力保证实施，保障了国家治理体系的系统性、规范性、协调性、稳定性。实现国家治理现代化，必须推进国家治理的制度化、程序化、法治化，在宪法范围内和法治轨道上推进国家治理体系和治理能力现代化，充分实现国家和社会治理的有法可依、有法必依、执法必严、违法必究。

（六）坚持建设中国特色社会主义法治体系

这是全面推进依法治国的发展目标和总抓手。依法治国各项工作都要围绕这个总抓手来谋划、推进。必须抓住建设中国特色社会主义法治体系这个总抓手，努力形成完备的法律规范体系、高效的法治实施体系、严密的法治监督体系、有力的法治保障体系，形成完善的党内法规体系。充分发挥依法治国和依规治党的互补性作用，确保党既依据宪法法律治国理政，又依据党内法规管党治党、从严治党。坚持依法治国和以德治国相结合，法安天下，德润民心，实现法治和德治相辅相成、相得益彰。

（七）坚持依法治国、依法执政、依法行政共同推进，法治国家、法治政府、法治社会一体建设

这是全面推进依法治国的战略布局。全面依法治国是一个系统工程，必须统筹兼顾、把握重点、整体谋划，更加注重系统性、整体性、协同性。依法治国、依法执政、依法行政是一个有机整体，关键在于党要坚持依法执政、各级政府要坚持依法行政。法治国家、法治政府、法治社会三者各有侧重、相辅相成，法治国家是法治建设的目标，法治政府是建设法治国家的主体，法治社会是构筑法治国家的基础。法治政府建设是重点任务和主体工程，要重点推进，率先突破。

（八）坚持全面推进科学立法、严格执法、公正司法、全民守法

这是新时代法治建设的“十六字”方针。在全面推进依法治国的工作格局中，科学立法是前提条件，严格执法是关键环节，公正司法是重要任务，全民守法是基础工程。开启全面依法治国新征程，要完善中国特色社会主义法律体系，加强重点领域、新兴领域、涉外领域立法，提高依法行政水平，完善监察权、审判权、检察权运行和监督机制，促进司法公正，有效发挥法治固根本、稳预期、利长远的保障作用。全面推进依法治国需要全社会共同参与，需要全社会法治观念增强，必须深入开展法治宣传教育，在全社会弘扬社会主义法治精神，建设社会主义法治文化。

（九）坚持统筹推进国内法治和涉外法治

这是维护国家主权、安全、发展利益的迫切需要。面对世界百年未有之大变局，必须统筹推进国内法治发展和涉外法治建设，积极参与全球治理体系改革和建设，加强涉外法治体系建设，加强国际法运用，维护以联合国为核心的国际体系和以国际法为基础的国际秩序，共同应对全球性挑战。中国走向世界，以负责任大国形象参与国际事务，必须善于运用法治，加强国际法治合作，推动全球治理体系变革，构建人类命运共同体。

（十）坚持建设德才兼备的高素质法治工作队伍

这是全面推进依法治国的组织保障，也是一项基础性工作。全面推进依法治国，必须着力建设一支忠于党、忠于国家、忠于人民、忠于法律的社会主义法治工作队伍，推进法治专门队伍正规化、专业化、职业化，提高职业素养和专业水平。坚持立德树人，德法兼修，努力培养造就一大批高素质法治人才及后备力量。

（十一）坚持抓住领导干部这个“关键少数”

这是全面推进依法治国的关键所在。领导干部具体行使党的执政权和国家立法权、行

政权、监察权、司法权，是全面依法治国的关键。全面推进依法治国必须抓住领导干部这个“关键少数”，不断提高他们运用法治思维和法治方式深化改革、推动发展、化解矛盾、维护稳定的能力，要求他们做尊法学法守法用法的模范。要坚持依法治权，用宪法和法律法规设定权力、规范权力、制约权力、监督权力，把权力关进法律和制度的笼子里。

以上“十一个坚持”既是重大工作部署，又是重大战略思想，对公安执法工作提出了新的更高标准和要求，各级公安机关和广大民警必须深入学习领会、全面贯彻落实。

二、习近平总书记关于法治公安建设的重要指示精神

党的十八大以来，以习近平同志为核心的党中央高度重视法治公安建设，习近平总书记多次就推进法治公安建设作出重要指示、提出明确要求。

2016 年 5 月，习近平总书记主持召开中央全面深化改革领导小组第二十四次会议，审议通过了《关于深化公安执法规范化建设的意见》，后以中办国办文件形式印发各地执行。他强调，深化公安执法规范化建设，关键是要从体制机制上下功夫，着眼于完善公安执法权力运行机制，构建完备的执法制度体系、规范的执法办案体系、系统的执法管理体系、实战的执法培训体系、有力的执法保障体系，实现执法队伍专业化、执法行为标准化、执法管理系统化、执法流程信息化，保障执法质量和执法公信力不断提高，全面建设法治公安。

2017 年 5 月，习近平总书记亲切会见全国公安系统英雄模范立功集体并发表重要讲话，要求全国公安机关和公安队伍做到对党忠诚、服务人民、执法公正、纪律严明。

2019 年 5 月，习近平总书记出席全国公安工作会议并发表重要讲话，强调公平正义是执法司法工作的生命线，要抓住关键环节，完善执法权力运行机制和管理监督制约体系，努力让人民群众在每一起案件办理、每一件事情处理中都能感受到公平正义。要严格规范公正文明执法，把打击犯罪同保障人权、追求效率同实现公正、执法目的同执法形式有机统一起来，努力实现最佳法律效果、政治效果、社会效果。

2020 年 8 月，习近平总书记向中国人民警察队伍授旗并发表重要训词，强调要坚持维护社会公平正义，加强教育培训，严格监督管理，规范权力运行，把严格规范公正文明执法落到实处，不断提高执法司法公信力，努力让人民群众在每一起案件办理、每一件事情处理中都能感受到公平正义。

这些重要指示精神，具有很强的政治性、思想性、针对性、指导性，对法治公安建设指明了方向、提出了明确要求，各级公安机关和广大民警务必准确把握精神实质，不折不扣地抓好这些重要指示精神的贯彻落实。

三、党的二十大关于全面依法治国的重大决策部署

党的二十大报告第七部分，聚焦“坚持全面依法治国，推进法治中国建设”这一主题，深刻阐述了全面依法治国的重大意义，明确提出了全面依法治国的原则和要求，明确指出

了全面依法治国的重要环节。

（一）全面依法治国的重大意义

全面依法治国是国家治理的一场深刻革命，关系党执政兴国，关系人民幸福安康，关系党和国家长治久安。必须更好发挥法治固根本、稳预期、利长远的保障作用，在法治轨道上全面建设社会主义现代化国家。

（二）全面依法治国的任务目标和基本原则

坚持走中国特色社会主义法治道路，建设中国特色社会主义法治体系、建设社会主义法治国家，围绕保障和促进社会公平正义，坚持依法治国、依法执政、依法行政共同推进，坚持法治国家、法治政府、法治社会一体建设，全面推进科学立法、严格执法、公正司法、全民守法，全面推进国家各方面工作法治化。

（三）全面依法治国的重要环节和相关要求

一是完善以宪法为核心的中国特色社会主义法律体系。坚持依法治国首先要坚持依宪治国，坚持依法执政首先要坚持依宪执政，坚持宪法确定的中国共产党领导地位不动摇，坚持宪法确定的人民民主专政的国体和人民代表大会制度的政体不动摇。加强宪法实施和监督，健全保证宪法全面实施的制度体系，更好发挥宪法在治国理政中的重要作用，维护宪法权威。加强重点领域、新兴领域、涉外领域立法，统筹推进国内法治和涉外法治，以良法促进发展、保障善治。推进科学立法、民主立法、依法立法，统筹立改废释纂，增强立法系统性、整体性、协同性、时效性。完善和加强备案审查制度。坚持科学决策、民主决策、依法决策，全面落实重大决策程序制度。

二是扎实推进依法行政。法治政府建设是全面依法治国的重点任务和主体工程。转变政府职能，优化政府职责体系和组织结构，推进机构、职能、权限、程序、责任法定化，提高行政效率和公信力。深化事业单位改革。深化行政执法体制改革，全面推进严格规范公正文明执法，加大关系群众切身利益的重点领域执法力度，完善行政执法程序，健全行政裁量基准。强化行政执法监督机制和能力建设，严格落实行政执法责任制和责任追究制度。完善基层综合执法体制机制。

三是严格公正司法。公正司法是维护社会公平正义的最后一道防线。深化司法体制综合配套改革，全面准确落实司法责任制，加快建设公正高效权威的社会主义司法制度，努力让人民群众在每一个司法案件中感受到公平正义。规范司法权力运行，健全公安机关、检察机关、审判机关、司法行政机关各司其职、相互配合、相互制约的体制机制。强化对司法活动的制约监督，促进司法公正。加强检察机关法律监督工作。完善公益诉讼制度。

四是加快建设法治社会。法治社会是构筑法治国家的基础。弘扬社会主义法治精神，传承中华优秀传统法律文化，引导全体人民做社会主义法治的忠实崇尚者、自觉遵守者、坚定捍卫者。建设覆盖城乡的现代公共法律服务体系，深入开展法治宣传教育，增强全民法治观念。推进多层次多领域依法治理，提升社会治理法治化水平。发挥领导干部示范带头作用，努力使尊法学法守法用法在全社会蔚然成风。

这些重大部署，为新时代法治公安建设指明了努力方向、提供了重要遵循，各级公安机关和广大民警应当原原本本地学习文件，领会精神要义，结合公安执法实际，把这些部署要求落实到具体执法工作中去。重要把握以下几个方面：一是必须坚持党对公安工作的绝对领导，确保法治公安建设始终坚持坚定正确的政治方向；二是必须坚定不移走中国特色社会主义法治道路，着力把制度优势转化为法治公安建设的不竭动力；三是必须牢固树立以人民为中心的发展思想，找准深化法治公安建设的根本出发点和落脚点，不断增强人民群众获得感、幸福感、安全感；四是必须坚守社会公平正义的核心价值追求，把每一起案件办理、每一件事情处理都作为法治公安建设的具体实践；五是必须坚持在法治轨道上推进社会治理，更加注重运用法治思维和法治方式打击犯罪、化解矛盾、维护稳定、应对风险；六是必须全面推进严格规范公正文明执法，实现打击犯罪同保障人权、追求效率同实现公正、执法目的同执法形式有机统一；七是必须打造德才兼备的高素质的法治公安队伍，切实提高公安队伍的法治素养和执法能力水平。

第二章　法治公安建设对公安行政执法提出的新标准新要求

一、执法规范化建设和执法权力运行机制改革概述

在全国公安机关开展执法规范化建设，是公安部适应全面依法治国新形势作出的重大战略部署。2008 年 9 月，公安部在江苏南京召开了全国公安厅局长座谈会，明确提出“推进公安信息化建设、加强执法规范化建设和构建和谐警民关系”为主要内容的“三项建设”任务。会议指出，执法不规范是影响公安机关执法公信力的突出因素；执法规范化建设是提高公安机关执法公信力的重要措施，是公安工作的“牛鼻子”，是“三项建设”的关键，必须狠抓执法规范化建设，不断提高公安机关执法公信力。之后，公安部通过召开会议、下发文件、开展督导检查、阶段性目标检查验收等多种方式，不断部署推动执法规范化建设。

2009 年 12 月，公安部在江苏南通召开了全国公安机关执法规范化建设现场会，首次对公安执法规范化建设进行全面部署，明确提出了推进执法规范化建设的方向、思路和措施。执法规范化建设在公安基础建设乃至全部工作中具有关键性意义，抓住了这个“牛鼻子”，就会带动公安工作和公安队伍建设全面、健康、可持续发展。要求把强化执法管理作为执法规范化建设的重点，建立完善科学、系统、高效、规范的执法管理体系，做到“四个明确”（明确岗位职责、明确执法标准、明确执法流程、明确岗位技能）、“四个严格”（严格过程记载、严格质量监控、严格考核激励、严格责任追究）。所谓科学，就是所有执法管理的措施都要符合公安执法工作的规律，有利于提高公安机关的执法能力和执法质量；所谓系统，就是要将公安机关的所有执法活动纳入管理范围，并使各项管理措施相互衔接、协调，形成一个管理的“封闭圈”，实现对执法工作全方位、全过程的管理；所谓高效，就是要合理配置执法工作的各个要素，优化执法资源，节约执法成本，提高执法效率；所谓规范，就是要细化、明确所有执法行为的具体标准、要求和程序，确保每项执法活动、每个执法环节都能够标准化操作，为信息化手段应用打下基础。

2010 年 11 月，公安部在山东召开了全国公安机关执法规范化建设工作座谈会，就深入推进执法规范化建设进行研究部署。要求各级公安机关要有效应对执法环境的深刻变化，积极回应人民群众的新期待，创新执法理念、加强执法管理、强化执法培训，以解决执法突出问题为突破口，深入推进执法规范化建设，全面提升公安机关的执法公信力。一是要进一步完善执法制度，完善执法行为标准、执法量处标准、执法语言和动作标准，以标准

化促进执法规范化，从源头上解决随意执法、粗放执法等突出问题。二是要进一步加强执法管理，重点是加强执法源头管理、执法质量管理、执法安全管理，以科学化推动规范化，确保公安执法活动安全高效运行。三是要进一步推进执法信息化建设，重点要加快网上执法办案系统建设，建立完善执法信息共享机制，强化网络平台服务应用，以信息化支撑规范化，不断提升公安机关的执法效能。四是要进一步强化执法培训工作，着力打牢执法为民的思想基础，首力提升广大民警的法律素养，着力提升公安队伍的实战本领，以专业化保障规范化，全面提升公安队伍执法能力。

2011 年 11 月，公安部在陕西召开全国公安机关执法规范化建设阶段总结推进会，对前三年执法规范化建设情况进行总结，并对下步工作作出部署。三年来的实践证明，部署开展执法规范化建设的重大战略决策是完全正确的、符合实际的，是有战略意义的。从规范执法活动入手，全面加强公安机关执法主体建设、执法制度建设、执法环境建设、执法管理建设，既带动了各项公安工作和队伍建设的正规化、专业化，又积极回应了民主法制建设和人民群众维护公平正义的要求。要求围绕实现阶段目标抓好组织推动，大力推动执法规范化建设的全面进步和深化发展；中西部地区要加快推进执法规范化建设的步伐，既要看到差距、看到困难，更要振奋精神，抓住机遇，迎头赶上。

2013 年 11 月，公安部在北京召开了全国公安机关深化执法规范化建设推进会，对新阶段的执法规范化建设进行部署，明确提出建设法治公安的目标任务。要求各级公安机关要牢牢把握推进依法治国、建设法治中国对公安工作提出的新要求，积极适应人民群众对公平正义的新期待，以建设法治公安为更高的境界和追求，打造执法规范化建设的升级版。要增强法治思维，切实提高运用法治方式维护稳定的能力；继续强化执法制度建设，构建科学管用的制度体系；完善执法管理机制，有效提升案件质量；提升行政管理服务水平，全面实现公开高效；强化执法培训，切实提升执法主体素质，努力为法治中国建设作出新贡献。

2014 年 12 月，公安部在北京召开全国公安机关学习贯彻党的十八届四中全会精神深化执法规范化建设工作会议，就深化执法规范化建设、全面建设法治公安进行部署。要求各级公安机关深入学习贯彻党的十八届四中全会精神，积极适应全面推进依法治国的新要求，紧紧围绕建设中国特色社会主义法治体系、建设社会主义法治国家的总目标，坚持以深化执法规范化建设为载体，进一步更新理念、完善制度、创新机制、提升能力，不断提升各项公安工作法治化水平，充分发挥全面推进依法治国生力军作用，努力为建设法治中国、促进社会公平正义作出新贡献。

2017 年 6 月，公安部在宁夏银川召开全国公安机关深化执法规范化建设现场推进会，回顾总结党的十八大以来公安执法规范化建设取得的成绩，对进一步深化执法规范化建设作出全面部署。强调执法规范化建设要始终坚持正确的政治方向，牢固树立以人民为中心的执法理念，始终坚持执法公正这一价值取向，正确处理公安改革与法治建设关系；执法规范化建设永远在路上，只有起点，没有终点；各级公安机关主要负责人要切实承担起深化执法规范化建设第一责任人的责任，“一把手”亲自抓，分管领导具体抓，班子成员共同抓，部门警种主动抓，上下齐心、左右联动、形成合力。

2019 年 5 月，公安部在江苏南京召开全国公安机关执法规范化建设推进会，充分肯定党的十九大以来全国公安机关推进执法规范化建设取得的显著成绩，并就学习贯彻全国公安工作会议精神，深入推进执法规范化建设进行研究部署。要求进一步增强服务公安中心工作能力，为依法维护国家政治安全和社会稳定提供更加及时有效的法治服务保障；进一步加强公安立法和执法制度建设，为基层执法提供更加健全完善的执法依据和操作性强的执法指引；进一步加强执法监督管理，努力构建全流程、全要素、系统性、即时性的执法监督管理体系；进一步加强执法主体能力建设，全面提升公安机关依法履职能力和执法公信力。

2020 年 8 月，公安部在北京召开全国公安机关深化执法监督管理机制改革会议，要求聚焦建设法治公安目标，着眼解决执法突出问题，以深化执法规范化建设为抓手，以强化执法权力监督制约为突破口，深化推进公安执法监督管理机制改革，着力构建系统严密、运行高效的执法监督管理体系，不断提升公安工作法治化水平和公安机关执法公信力。

2020 年 9 月，公安部在北京召开全国公安机关深化执法规范化建设视频推进会，贯彻落实全国人大常委会对公安机关执法规范化建设的审议意见和政法领域全面深化改革推进会、公安机关执法监督管理机制改革会议精神，就进一步深化公安机关执法规范化建设进行研究部署。要求各级公安机关深入学习贯彻习近平总书记重要训词精神，认真贯彻全国人大常委会审议意见，进一步增强坚持严格规范公正文明执法的思想自觉和行动自觉；紧紧围绕规范执法权力运行，着力构建更加系统严密、运行高效的执法监督管理体系；深入推进执法监督管理机制改革，强力推动执法规范化建设向纵深发展。

2021 年 11 月，公安部在北京召开全国法制工作视频会，就深入学习贯彻习近平法治思想、全面推进新时代法治公安建设高质量发展进行部署。要求紧紧围绕法治公安建设的总体思路，进一步巩固深化队伍教育整顿工作成果，在新的起点上持续推动执法规范化建设，全面推进法治公安建设高质量发展。要加强法律政策研究，改革完善公安立法体制机制，不断改进执法方式方法，着力提升服务中心工作的能力水平，为维护国家政治安全和社会稳定提供及时高效的法治保障。要着力整治执法顽瘴痼疾，对有案不立、压案不查、逐利执法等问题进行常态化防范治理，深入推进建章立制工作，以实实在在的工作成效增强人民群众的获得感、幸福感、安全感。要认真落实政法领域深化改革部署要求，深入推进公安执法监督管理机制改革，严守法定权责边界，严格执行异地办案协作等有关规定，强化执法全流程全要素监督管理，创新执法监督管理方式，加快构建系统严密、运行高效的执法监督管理机制。要着力推进执法办案管理中心建设和执法信息化建设，为执法办案提供有力支撑保障。要着力抓好法制队伍教育整顿，坚决彻底肃清孙力军等人流毒影响，弘扬英模精神，提高专业能力，开展好执法示范单位评选活动，不断提升法制队伍自身素质和推动法治公安建设的能力水平。

2023 年 6 月，公安部在福州召开全国公安机关法治公安建设推进会，以加强执法能力建设为主题，要求以习近平新时代中国特色社会主义思想为指导，全面贯彻党的二十大精神，深入贯彻习近平法治思想，按照中央政法工作会议、全国公安厅局长会议部署要求，紧跟时代发展步伐、不断提升执法能力，在更高水平上推进法治公安建设，为切实履行好党和人民赋予的新时代使命任务提供坚实法治保障。要提升政治能力，为维护国家政治安全提供强有力法治保障；要提升思维能力，以先进的思想力激发行动力和创新力；要提升专业能力，以执法队伍专业化保障执法规范化；要提升实战能力，切实保障打击和服务实效；要提升协调能力，最大限度凝聚共识、形成合力。

与此同时，中办、国办、公安部还制定出台了一系列文件指导推动执法规范化建设。如，为深入贯彻落实党中央关于全面推进依法治国的重大战略部署，全面提升公安工作法治化水平。2016 年 8 月，中办、国办印发了《关于深化公安执法规范化建设的意见》，明确提出构建完备的执法制度体系、规范的执法办案体系、系统的执法管理体系、实战的执法培训体系、有力的执法保障体系，实现执法队伍专业化、执法行为标准化、执法管理系统化、执法流程信息化，执法质量和执法公信力进一步提高，全面建设法治公安，努力让人民群众在每一项执法活动、每一起案件办理中都能感受到社会公平正义。这既体现了党中央对公安工作的高度重视、关心关怀，同时对法治公安建设特别是执法办案提出了许多新的更高标准和要求。

为深入贯彻落实党的十八届四中全会精神，2015 年 1 月 27 日，公安部出台了《公安部关于贯彻党的十八届四中全会精神深化执法规范化建设全面建设法治公安的决定》，从七个方面对深化执法规范化建设、全面建设法治公安提出要求，其中许多内容是针对公安机关办理行政案件提出来的。如，建立权力清单制度，坚持法定职责必须为、法无授权不可为，全面梳理、准确界定公安机关刑事、行政执法和行政管理等各项权力，并以清单形式向社会公开，不得法外设定权力，没有法律法规依据不得作出减损公民、法人和其他组织合法权益或者增加其义务的决定。健全依法决策机制，重大决策事项应当在会前进行合法性审查，未经合法性审查或者审查不合法的，不得提交会议讨论、作出决策。完善权力制约机制，公安机关内部人员特别是领导干部不得违反规定干预其他人员正在办理的案件；等等。

为深入贯彻落实党的十九届四中全会关于推进国家治理体系和治能现代化的重大部署和全国公安工作会议关于公安执法规范化建设的有关要求，2019 年 12 月，公安部出台《关于进一步推进严格规范公正文明执法的意见》，从五个方面对严格规范公正文明执法提出更高标准和要求。严格规范公正文明执法是一个有机统一的整体，其中严格执法是公安执法的基本要求，核心要义是公安机关应当坚持法定职责必须为、法无授权不可为，坚决捍卫法律权威；规范执法是公安执法的行为准则，核心要义是公安机关应当严格按照法律规定的程序和标准办事，确保执法权力正确行使；公正执法是公安执法的价值取向，核心要义是公安机关应当坚持法律面前人人平等，实现同事同罚、过罚相当，防止畸轻畸重、执法不公；文明执法是公安民警的职业素养，核心要义是公安民警要不断改进执法方式，做到法理情相统一。通过不断健全完善执法权力运行机制和监督管理体系，切实把打击犯罪同保障人权、追求效率同实现公正、执法目的同执法形式有机统一起来，努力实现最佳的法律效果、政治效果、社会效果，让人民群众在每一起案件的办理中都能感受到公平正义。

应当强调的是，2015 年 2 月，中办、国办就全面深化公安改革印发了意见，其中对完善公安执法权力运行机制提出明确要求。可以说，执法权力运行机制改革既是中央全面深化公安改革的重要内容，也是深化公安执法规范化建设、全面建设法治公安的重要抓手。在推进执法规范化建设中，各地普遍把执法权力运行机制改革纳入执法规范化建设进行统筹考虑，出台的执法权力改革措施同时也是深化执法规范化建设的措施，不能人为地把二者切割开来、对立起来。

经过持续多年的不懈努力，全国公安机关执法规范化建设取得显著成效。全国人大常委会分别于 2013 年 6 月、2020 年 8 月先后两次专门听取审议了公安机关执法规范化建设情况汇报，对公安机关执法规范化建设取得的成绩给予了充分肯定。

二、执法规范化建设和执法权力运行机制改革提出的新标准新要求

在推进执法规范化建设和执法权力运行机制改革中，公安部出台了许多文件加强执法监督管理，规范执法办案行为，对公安执法办案提出了许多新标准新要求。

在防止冤假错案方面，公安部下发了《关于进一步加强和改进刑事执法办案工作切实防止发生冤假错案的通知》，明确提出要进一步增强法治思维，切实打牢防止冤假错案的思想基础；要进一步强化证据意识，既注重收集有罪、罪重的证据，也注重收集无罪、罪轻的证据，防止因证据收集不全面、不充分导致冤假错案发生；要进一步健全完善执法制度和办案标准，从源头上有效防止冤假错案发生；要进一步强化案件审核把关，及时发现纠正刑事执法办案中存在的问题；要进一步规范考评奖惩，推动形成正确的执法绩效观，不提不切实际的“口号”和工作要求，不得以不科学、不合理的破案率、批捕率、起诉率、退查率等指标搞排名通报，坚决防止广大民警因办案指标和“限时破案”压力而刑讯逼供、办错案、办假案。

在推进以审判为中心的诉讼制度改革方面，最高人民法院、最高人民检察院、公安部、国家安全部、司法部联合发布了《关于办理刑事案件严格排除非法证据若干问题的规定》，从侦查、起诉、辩护、审判等方面明确非法证据的认定标准和排除程序，要求办案机关严禁采取刑讯逼供和以威胁、引诱、欺骗以及其他方法非法收集证据，不得强迫任何人证实自己有罪，对一切案件的判处要重证据，重调查研究，不轻信口供，切实防范冤假错案产生。最高人民检察院、公安部、国家安全部联合制定《关于重大案件侦查终结前开展讯问合法性核查工作若干问题的意见》，要求对可能判处无期徒刑、死刑的案件或者其他重大案件，在侦查终结前，人民检察院应当对讯问犯罪嫌疑人的合法性进行核查，发现刑讯逼供等非法讯问行为的，依法及时排除非法证据。最高人民检察院、公安部联合下发《关于加强和规范补充侦查工作的指导意见》，进一步细化、明确补充侦查取证等相关工作。2020 年 7 月 20 日《公安部关于修改〈公安机关办理刑事案件程序规定〉的决定》进一步完善了讯问和非法证据排除制度。

在保障律师执业方面，最高人民法院、最高人民检察院、公安部、国家安全部、司法部联合印发了《关于依法保障律师执业权利的规定》，进一步明确了律师执业权利的各项保障措施。为贯彻落实《关于依法保障律师执业权利的规定》，公安部专门下发通知，就如何贯彻落实《规定》精神提出明确要求。2020 年 7 月 20 日《公安部关于修改〈公安机关办理刑事案件程序规定〉的决定》对律师参与刑事诉讼制度进一步修改完善，增加规定值班律师制度，即犯罪嫌疑人、被告人入所羁押时没有委托辩护人，法律援助机构也没有指派律师提供辩护的，看守所应当告知其有权约见值班律师，获得法律咨询、程序选择建议、申请变更强制措施、对案件处理提出意见等法律帮助，并为犯罪嫌疑人、被告人约见值班律师提供便利。没有委托辩护人、法律援助机构没有指派律师提供辩护的犯罪嫌疑人、被告人，向看守所申请由值班律师提供法律帮助的，看守所应当在 24 小时内通知值班律师。

在人进场所方面，公安部从 2010 年开始在全国公安机关部署开展执法办案场所规范化建设改造，按照功能分为接待区、办公区、办案区、生活区，并提出“四个一律”的硬性要求，强制入轨，取得了明显成效，较好地解决了执法办案不规范问题，有效防止了刑讯逼供、非正常死亡等现象发生。近年来，各地公安机关积极探索在市、县两级开展执法办案管理中心建设，全力打造集办案区、案件管理区、涉案财物管理区及合成作战、智能辅助等功能于一体的“一站式”办案场所，强化对办案活动的监督管理和服务保障，有力提升了执法效能。为进一步规范和加强执法办案管理中心建设，公安部于 2019 年 5 月 27 日下发了《公安部关于公安机关执法办案管理中心建设的指导意见》，对执法办案管理中心建设和使用管理提出了新的要求。

2021 年，公安部推动将执法办案中心建设纳入《法治中国建设规划（2020—2025 年）》、中央政法委 2021 年政法领域十大重点改革举措和深化公安执法监督管理机制改革的重要内容。

2022 年，公安部将执法办案管理中心提质增效工作纳入公安部重点项目，印发《关于进一步推动执法办案管理中心提质增效的意见》。

在案进系统方面，公安部在全国公安机关全面推行网上办案，制定下发了《关于进一步规范和加强公安机关执法信息化建设的指导意见》《公安机关执法办案信息系统使用管理规定》等文件，对网上办案系统的建设、应用和管理作出规定。在推进执法规范化建设中，公安部反复强调要全面实现网上办案，除案件性质和事实涉及国家秘密的外，其余所有案件均应当通过办案系统在网上办理，实现案情信息和主要证据材料网上记载，案件审核审批网上进行，案件卷宗和执法档案网上生成，案件质量网上考核，执法问题网上预警，执法情况网上统计。这就是案进系统的基本要求。广大民警执法办案都必须走网上这一“公共通道”，在同一执法办案平台上接受监督，切实防止“体外循环”，不受监督管理，防止办关系案、人情案、金钱案，防止出现执法办案上的“下水道”案件。

在物进中心方面，公安部要求全面加强涉案财物管理，于 2010 年 11 月制定下发了《公安机关涉案财物管理若干规定》，对涉案财物的管理体制、保管、处理等作出明确规定。

中办、国办《关于进一步规范刑事诉讼涉案财物处置工作的意见》下发后，公安部对《公安机关涉案财物管理若干规定》进行了修订完善，并于2015年7月22日重新发布，同时废止原规定。要求全面落实办案人员与保管人员相分离的机制，指定专门机构或者人员统一管理涉案财物。同时，积极推动建立跨部门涉案财物集中管理信息平台和工作衔接机制，实现涉案财物全流程、实时管理。此外，还制定下发了《公安机关代为保管涉案人员随身财物若干规定》。

在建立健全执法全流程记录机制方面，公安部制定下发了指导意见，明确要求通过全程、客观记录从接处警到案件办结的执法办案各领域、各环节的情况，固定案件证据，为证明执法活动合法性提供依据。重点是健全完善接报案登记、全面开展现场执法视音频记录、健全完善办案区使用管理记录、全面落实讯问录音录像要求、严格涉案财物管理记录、全面深化网上办案等制度措施，目标是打造全面覆盖、有机衔接、闭环管理的执法记录链条，实现执法活动全过程留痕、可回溯管理，有效规范执法活动、提升办案效率、保障民警依法履职。

在受立案改革方面，公安部制定下发了《关于改革完善受案立制度的意见》，进一步规范受案立案工作流程，明确规定受立案审查时限；明确提出"三个当场"要求，即对群众上门报案的，公安机关应当当场进行报案登记，当场接受证据材料，当场出具报案回执并告知查询案件进展情况的方式和途径；规定各级公安机关法制部门是受案立案监督管理主管部门，主要履行全面掌握受案立案情况、监督受案立案流程、解决受案立案环节执法问题等职责；各省级公安机关依托警务信息综合应用平台，建立完善全省区市统一的接报案、受案立案功能模块，实现接报案、受案立案工作信息全要素网上记载、全流程网上运转，并与接处警、办案等上下游流程信息整合贯通；积极争取党委、政府对公安机关受案立案改革的支持，不断优化平安建设、综合治理中涉及公安机关受案立案工作的考评指标。

在刑事案件"两统一"方面，积极推动各地公安机关建立完善刑事案件由法制部门统一审核、统一出口工作机制，切实加强刑事案件审核把关和归口管理工作。把办案部门的办案职责与法制部门的监督管理职责区别开来，由办案部门负责办案、法制部门负责监督管理，办案部门负责侦查办案和调查取证工作，法制部门负责重要环节审核把关，承担案件审核把关责任。即是说，办案部门只当"运动员"、法制部门只当"裁判员"，不能将办案职责与监督管理职责混为一谈，让法制部门既当"运动员"，又当"裁判员"，导致办案部门与审核部门职责不清、监督乏力或者工作中互相推诿扯皮。

在落实执法责任方面，公安部修订出台了《公安机关执法质量考核评议规定》，要求科学设定执法质量考评项目和指标，各地执法质量考核评议项目和指标应当由省级公安机关统一确定，各级公安机关部门、警种不得以部门、警种名义下达执法质量考核评议项目和指标；把执法质量与执法数量、执法效率、执法效果结合起来，激励民警又好又多地执法办案，但不得以不科学、不合理的罚没款数额、刑事拘留数、行政拘留数、发案数、退查率、破案率等作为考评指标，激励民警又好又多地执法办案。与此同时，公安部修订出台了《公安机关人民警察执法过错责任追究规定》，明确规定追究民警故意或者过失造成的认定事实错误、适用法律错误、违反法定程序、作出违法处理决定等执法错误责任；对于在事实表述、法条引用、文书制作等方面存在执法瑕疵，不影响案件处理结果正确性及效力的，不属于执法过错，不追究执法过错责任，但应当纳入执法质量考评进行监督并予以纠正。对于因故意或者重大过失造成冤假错案，不受执法过错责任人单位、职务、职级变动或者退休的影响，终身追究执法过错责任。

在执法公开方面，公安部于2012年8月18日制定下发了《公安机关执法公开规定》，2018年8月23日进行修订。对涉及公共利益、公众普遍关注、需要社会知晓的执法信息，公安机关应当主动向社会公开；对不宜向社会公开，但涉及特定对象权利义务、需要特定对象知悉的，应当主动告知特定对象，或者为特定对象提供查询服务。对于涉及国家秘密或者警务工作秘密，以及公开后可能影响国家安全、公共安全、经济安全和社会稳定或者妨害执法活动的执法信息，公安机关不得公开。对于涉及商业秘密、个人隐私的执法信息，公安机关不得向权利人以外的公民、法人或者其他组织公开。但是，经权利人同意公开，或者公安机关认为不公开可能对公共利益造成重大影响的，可以公开。

在规范公安机关异地办案协作方面，公安部制定了《公安机关异地办案协作"六个严禁"》。即严禁未履行协作手续，跨县及以上行政区域执行传唤、拘传、拘留、逮捕；严禁未履行协作手续，跨县及以上行政区域查封、扣押、冻结与案件有关的财物、文件；严禁在管辖争议解决前，擅自派警跨所属公安机关管辖区域办案。依法依规进行先期处置的除外；严禁对异地公安机关依法提出且法律手续完备的办案协作请求不予配合、故意阻挠、制造管辖争议、争夺案源战果，或者设置条件、收取费用、推诿拖拉；严禁违反保密规定泄露异地公安机关提出的办案协作请求信息；严禁未按规定报经批准，佩带枪支跨所属公安机关管辖区域执行任务。现场紧急情况除外。违反上述规定的，一律对责任人及其所属公安机关予以通报批评；发生正面冲突、引发舆论炒作、造成人员伤亡或恶劣影响等严重后果的，一律对责任人采取停止执行职务或禁闭措施，依规依纪依法从严追究有关人员的直接责任和领导责任；构成犯罪的，一律依法追究刑事责任。

三、执法监督管理机制改革提出的新标准新要求

为深入贯彻落实中央全面深化公安改革意见方案和全面深化公安执法规范化建设，进一步健全完善公安执法监督管理机制，改进和加强新形势下公安执法工作，公安部2021年5月印发了经中央全面深化改革委员会审议通过的《关于深入推进公安执法监督管理机制改革的意见》。

《改革意见》明确了深化推进公安执法监督管理机制改革的指导思想以及到2022年必须达到的主要目标和具体措施。要求到2022年，对公安执法活动的党纪监督、法律监督和业务监督有机衔接、相互融合，执法全流程、全要素监督管理体系基本形成，源头预防、过程管控、问题查纠、考核问责有机结合的工作机制进一步健全，科学高效的监督管理手

段进一步丰富完善，执法监督管理的信息化智能化水平显著提升，执法监督的组织管理更加顺畅有力，执法不公、执法不严和不作为、乱作为等顽瘴痼疾得到有效治理，公安队伍忠诚干净担当的政治品格进一步锤炼，公安工作的法治化水平和执法公信力进一步提高，人民群众的安全感和满意度进一步提升。

在严守法定权责边界方面，要求推行执法权责清单制度，坚持职权法定、权责一致，法定职责必须为、法无授权不可为，准确界定法律赋予的办理刑事、行政案件和行政管理等职责权限，明确执法权力边界，建立健全执法部门和岗位的执法责任制；健全落实依法决策机制，全面落实重大执法决策的合法性审查和风险评估机制，把听取意见作为必经程序，发挥法律顾问和公职律师在依法决策中的作用；严禁插手经济纠纷，建立经济犯罪案件常态化监督检查机制，对逐利执法、动用刑事手段插手干预经济纠纷坚决纠正问责；严格规范异地办案协作，严格执行“六个严禁”，建立跨区域办案报备和归口管理制度，对违规跨区域办案、不履行协作程序和协作职责坚决纠正问责。

在强化执法全流程全要素监督管理方面，要求加强现场执法监督管理，规范接处警范围和流程，落实现场执法视音频记录制度，规范现场执法语言动作，完善落实对民警现场执法投诉的核查和整改问责机制；深化受立案制度改革，严格落实“三个当场”制度，建立健全受立案管理机构，切实加强对受立案环节的监督管理，有效解决报案不接、接案后不受案不立案、违法受案立案等问题；深化刑事案件“两统一”工作机制改革，健全完善与检察机关的对口衔接工作机制，不断细化审核标准，优化审核程序，提升案件审核质效，有效防范冤假错案；建立羁押必要性评估制度，依法慎重采取羁押性强制措施，完善财产强制措施适用规范，加强对涉案财物采取强制措施的合理性审查，对涉案企业依法慎用财产强制措施，在不妨碍侦查活动的情况下，尽量减少对企业生产经营活动的影响，严禁超权限超范围超时限查封扣押冻结财物。

在创新执法监督管理手段方面，要求因地制宜全面推进执法办案管理中心建设，围绕警情、案件、嫌疑人、涉案财物、案卷、办案场所等要素，建立健全管理运行机制，实行常态化监督管理；完善办案辅助机制，提供合成作战及相关辅助支撑，实现执法办案、监督管理和服务保障“一体化”运行；强化办案和监管场所安全管理，全面消除安全隐患，切实做到“四个一律”，坚决防止刑讯逼供、自伤自残、脱逃、非正常死亡等执法安全问题发生；稳妥推进网上办案，大力推进智慧办案，实现证据收集智能审查、行政裁量智能辅助，完善电子签名和电子指纹捺印、电子卷宗、远程示证等功能，加快推进全国范围执法办案数据的联通共享；加强执法监督管理智能化建设，全面梳理执法办案流程的关键环节，完善执法问题自动预警、异常执法数据动态监测、执法质量智能考评等功能，实现对办案流程同步、自动线上监督管理；完善执法监督考评机制，落实重大执法过错终身负责制，探索推行执法办案积分制，鼓励民警又好又多办案；完善民警执法权益保护机制和举报不实澄清制度，落实依法履职免责制度和容错纠错机制。

在增强内外执法监督合力方面，要求加强执法监督管理委员会建设，完善督察审计、信访、政工、法制等监督力量的工作衔接机制，形成内部监督合力；完善防范化解执法廉政风险机制，严格落实防止干预司法“三个规定”，对违规干预过问案件与不如实登记报告严肃追责问责；依法主动接受检察机关法律监督，完善当事人权利救济制度，主动接受社会监督。

此外，公安部2022年1月还就深入推进公安执法责任体系改革出台了指导意见。

第三章　国家机构改革对公安行政执法提出的新标准新要求

一、国务院机构改革对公安行政执法职能的调整

2018 年 2 月 28 日，中国共产党第十九届中央委员会第三次全体会议通过了《深化党的国家机构改革方案》，其中提出要组建应急管理部和国家移民管理局。《国务院机构改革方案》对改革的相关要求进一步明确。

1. 公安消防管理体制改革。为防范化解重特大安全风险，健全公共安全体系，整合优化应急力量和资源，推动形成统一指挥、专常兼备、反应灵敏、上下联动、平战结合的中国特色应急管理体制，根据《国务院机构改革方案》，将国家安全生产监督管理总局的职责，国务院办公厅的应急管理职责，公安部的消防管理职责，民政部的救灾职责，国土资源部的地质灾害防治、水利部的水旱灾害防治、农业部的草原防火、国家林业局的森林防火相关职责，中国地震局的震灾应急救援职责以及国家防汛抗旱总指挥部、国家减灾委员会、国务院抗震救灾指挥部、国家森林防火指挥部的职责整合，组建应急管理部，作为国务院组成部门。中国地震局、国家煤矿安全监察局由应急管理部管理。公安消防部队、武警森林部队转制后，与安全生产等应急救援队伍一并作为综合性常备应急骨干力量，由应急管理部管理。2020 年 9 月，中办、国办发文对应急管理部职能进行调整，其中，原由应急管理部负责的非煤矿山（含地质勘探）安全监管职责，划入国家矿山安全监察局，应急管理部其他职责不变。

应当注意，公安消防部队划归应急管理部门后，原来由消防部门承担的消防行政监管管理职责全部划转到应急管理部门，但下列工作仍然由公安机关承担：

（1）公安派出所可以负责日常消防监管检查、开展消防宣传教育。

（2）举办大型群众性活动，承办人应当依法向公安机关申请安全许可，制定灭火和应急疏散预案并组织演练，明确消防安全责任分工，确定消防安全管理人员，保持消防设施和消防器材配置齐全、完好有效，保证疏散通道、安全出口、疏散指示标志、应急照明和消防车通道符合消防技术标准和管理规定。

（3）相关行政拘留权由公安机关行使。根据《行政处罚法》有关规定，国务院或者经国务院授权的省、自治区、直辖市人民政府可以决定一个行政机关行使有关行政机关的行政处罚权，但限制人身自由的行政处罚权只能由公安机关行使。而行政拘留属于限制人身自由的行政处罚，所以，对违反消防监督管理的行为，需要作出行政拘留决定的，应当由

公安机关负责决定和执行。主要包括两大类：第一类是《消防法》第62条规定的5种情形，依照《治安管理处罚法》的有关规定处罚。这5种情形是指：一是违反有关消防技术标准和管理规定生产、储存、运输、销售、使用、销毁易燃易爆危险品的；二是非法携带易燃易爆危险品进入公共场所或者乘坐公共交通工具的；三是谎报火警的；四是阻碍消防车、消防艇执行任务的；五是阻碍消防救援机构的工作人员依法执行职务的。第二类是违反《消防法》第63条、第64条、第68条规定，需要对相关违法人员作出行政拘留处罚的情形。需要注意的是，《消防法》第63条、第64条、第68条规定的警告、罚款等行政处罚职权，应当由应急管理部门行使，只有对相关人员作出行政拘留处罚时，才由公安机关行使行政拘留处罚权。

（4）相关刑事执法权由公安机关行使。在刑事执法领域，原来由消防部门管辖的失火犯罪案件、消防责任事故犯罪案件仍由公安机关管辖。

2. 公安出入境、边防管理体制改革。为加强对移民及出入境管理的统筹协调，更好形成移民管理工作合力，根据《国务院机构改革方案》，将公安部的出入境管理、边防检查职责整合，建立健全签证管理协调机制，组建国家移民管理局，加挂中华人民共和国出入境管理局牌子，由公安部管理。国家移民管理局的主要职责是负责协调拟订移民政策并组织实施，负责出入境管理、口岸证件查验和边民往来管理，负责外国人停留居留和永久居留管理、难民管理、国籍管理，牵头协调非法入境、非法居留、非法就业外国人治理和非法移民遣返，负责中国公民因私出入国（境）服务管理，承担移民领域国际合作等。

国家移民管理局成立后，原来由边防管理局、出入境管理局负责的行政执法职能由国家移民局负责；原来由边防管理局、出入境管理局负责的组织他人偷越国（边）境案、骗取出境证件案，提供伪造、变造的出入境证件案，出售出入境证件案、运送他人偷越国（边）境案、偷越国（边）境案，破坏界碑、界桩案等7种与边境管理相关的案件，归口由国家移民管理局管辖。

二、行业公安管理体制改革对公安行政执法职能的调整

2018年12月，中办、国办印发《行业公安机关管理体制调整工作方案》，按照“警是警、政是政、企是企”的要求，将铁路公安、森林公安、交通公安由双重领导调整为公安部领导；海关缉私公安和民航公安实行双重领导，以公安部领导为主。铁路公安和海关缉私公安实行垂直领导。除长江航运公安局和首都机场公安局直接归属公安部领导外，其余交通公安、民航公安队伍交由省级公安厅（局）管理领导。

2018年12月28日，中央政法委召开行业公安机关管理体制调整工作部署会议。会议明确行业警种归属，撤销森林公安局，组建食品药品犯罪侦查局，交通运输部公安局并入治安管理局，海关缉私局、铁路公安局、民航公安局实行派驻制，局长政委由公安部任命。铁路公安机关为公安部统一领导管理，铁路公安局列为公安部内设机构，垂直管理所属铁路公安局，铁路公安处。

2019 年 2 月 27 日，中办、国办印发《公安部职能配置、内设机构和人员编制规定》。决定组建公安部食品药品犯罪侦查局（公安部七局），承担食品药品、知识产权、生态环境、森林草原、生物安全案件侦查职能，撤销国家林业和草原局森林公安局（公安部十六局），森林公安队伍成建制划转省级公安厅（局）。组建公安部铁路公安局（公安部十局），撤销铁路公安局（公安部十局），铁路公安系统不再实行双重领导，铁路公安队伍成建制划转省级公安厅（局）。撤销交通运输部公安局（公安部十四局），长江航运公安局调整为公安部直属机构，其他港口航运公安划转地方公安机关管理。中国民用航空局公安局（公安部十五局）实行公安部与中国民航局双重领导，以公安部领导为主。海关总署缉私局序列号由公安部二十四局改为十四局，实行公安部与海关总署双重领导，以公安部领导为主。

根据行业公安管理体制改革情况，公安部对行业公安机关行政、刑事执法职能分工作了调整。在行政执法领域，将食品药品和环境安全内容从治安管理中分离出来，相关案件的行政拘留权应当由公安机关统一行使。应当注意，对违反《环境保护法》第 63 条、《食品安全法》第 123 条、《中医药法》第 58 条、《土壤污染防治法》第 87 条和第 94 条，《疫苗管理法》第 80 条和第 81 条，《药品管理法》第 118 条和第 122 条至第 124 条、《固体废物污染环境防治法》第 120 条规定的警告、罚款等措施，应当由相关行政管理部门负责，只有对相关人员作出行政拘留处罚的，才由公安机关行使行政拘留处罚权。在刑事执法领域，铁路公安局新增管辖铁路运营安全事故犯罪案件，中国民用航空局公安局新增管辖重大飞行事故犯罪案件，食品药品犯罪侦查局管辖生产、销售伪劣产品案等 33 种刑事案件。鉴于《国务院机构改革方案》将原国家质量监督检验检疫总局的出入境检验检疫管理职责和队伍划入海关总署，海关总署缉私局相应新增管辖逃避商检犯罪案件、妨害国境卫生检疫犯罪案件、妨害动植物检疫犯罪案件。此外，在治安管理局管辖案件范围中规定，治安管理局指导长江航运公安机关，办理长江干线跨区域的中央管理水域发生的刑事案件。

第四章　新法新规对公安行政执法提出的新标准新要求

一、新法新规对公安行政执法提出的新标准新要求概述

2015 年 11 月，公安部修订出台的《违反公安行政管理行为的名称及其适用意见》明确规定了 748 种违反公安行政管理的行为名称。随着《境外非政府组织境内活动管理法》《反恐怖主义法》《网络安全法》《药品管理法》等一批法律法规的修改出台，公安行政处罚内容大幅增加。加之，国务院机构改革后，公安机关消防管理职责划转应急管理部门，行业公安管理体制改革作了相应调整，公安部对违反公安行政管理行为的名称进行了修改。2020 年 8 月公安部印发修订后的《违反公安行政管理行为的名称及其适用意见》，共规范了 783 个违法行为名称，这些违法行为基本上涵盖了目前公安行政处罚的范围。

2020 年 8 月以来，新出台、修订的相关法律、法规、规章对公安行政执法职责作出了一些新的规定。为便于学习掌握，本书对新法新规给公安行政执法提出的新标准新要求进行阐释，待公安部再次修订《违反公安行政管理行为的名称及其适用意见》后，以修订意见确定的名称为准。

二、《反有组织犯罪法》有关公安行政执法职责的规定

为了预防和惩治有组织犯罪，加强和规范反有组织犯罪工作，维护国家安全、社会秩序、经济秩序，保护公民和组织的合法权益，2021 年 12 月 24 日第十三届全国人民代表大会常务委员会第三十二次会议通过《中华人民共和国反有组织犯罪法》。本法所称有组织犯罪，是指《中华人民共和国刑法》第 294 条规定的组织、领导、参加黑社会性质组织犯罪，以及黑社会性质组织、恶势力组织实施的犯罪。本法所称恶势力组织，是指经常纠集在一起，以暴力、威胁或者其他手段，在一定区域或者行业领域内多次实施违法犯罪活动，为非作恶，欺压群众，扰乱社会秩序、经济秩序，造成较为恶劣的社会影响，但尚未形成黑社会性质组织的犯罪组织。境外的黑社会组织到中华人民共和国境内发展组织成员、实施犯罪，以及在境外对中华人民共和国国家或者公民犯罪的，适用本法。其中，涉及公安机关刑事、行政执法职责的有：

1. 分工责任。

根据《反有组织犯罪法》第 6 条规定，监察机关、人民法院、人民检察院、公安机关、司法行政机关以及其他有关国家机关，应当根据分工，互相配合，互相制约，依法做好反

有组织犯罪工作。有关部门应当动员、依靠村民委员会、居民委员会、企业事业单位、社会组织，共同开展反有组织犯罪工作。

2. 宣传教育。

根据《反有组织犯罪法》第10条规定，承担有组织犯罪预防和治理职责的部门应当开展反有组织犯罪宣传教育，增强公民的反有组织犯罪意识和能力。监察机关、人民法院、人民检察院、公安机关、司法行政机关应当通过普法宣传、以案释法等方式，开展反有组织犯罪宣传教育。新闻、广播、电视、文化、互联网信息服务等单位，应当有针对性地面向社会开展反有组织犯罪宣传教育。

3. 确定预防和治理的重点区域、行业领域或者场所。

根据《反有组织犯罪法》第15条规定，公安机关可以会同有关部门根据本地有组织犯罪情况，确定预防和治理的重点区域、行业领域或者场所。重点区域、行业领域或者场所的管理单位应当采取有效措施，加强管理，并及时将工作情况向公安机关反馈。

4. 决定报告个人财产及日常活动。

根据《反有组织犯罪法》第19条规定，对因组织、领导黑社会性质组织被判处刑罚的人员，设区的市级以上公安机关可以决定其自刑罚执行完毕之日起，按照国家有关规定向公安机关报告个人财产及日常活动。报告期限不超过五年。

5. 依法办理有组织犯罪案件。

根据《反有组织犯罪法》第22条规定，办理有组织犯罪案件，应当以事实为根据，以法律为准绳，坚持宽严相济。对有组织犯罪的组织者、领导者和骨干成员，应当严格掌握取保候审、不起诉、缓刑、减刑、假释和暂予监外执行的适用条件，充分适用剥夺政治权利、没收财产、罚金等刑罚。有组织犯罪的犯罪嫌疑人、被告人自愿如实供述自己的罪行，承认指控的犯罪事实，愿意接受处罚的，可以依法从宽处理。

第27条规定，公安机关核查有组织犯罪线索，经县级以上公安机关负责人批准，可以查询嫌疑人员的存款、汇款、债券、股票、基金份额等财产信息。公安机关核查黑社会性质组织犯罪线索，发现涉案财产有灭失、转移的紧急风险的，经设区的市级以上公安机关负责人批准，可以对有关涉案财产采取紧急止付或者临时冻结、临时扣押的紧急措施，期限不得超过四十八小时。期限届满或者适用紧急措施的情形消失的，应当立即解除紧急措施。

第29条规定，公安机关办理有组织犯罪案件，可以依照《中华人民共和国出境入境管理法》的规定，决定对犯罪嫌疑人采取限制出境措施，通知移民管理机构执行。

第30条规定，对有组织犯罪案件的犯罪嫌疑人、被告人，根据办理案件和维护监管秩序的需要，可以采取异地羁押、分别羁押或者单独羁押等措施。采取异地羁押措施的，应当依法通知犯罪嫌疑人、被告人的家属和辩护人。

第31条规定，公安机关在立案后，根据侦查犯罪的需要，依照《中华人民共和国刑事诉讼法》的规定，可以采取技术侦查措施、实施控制下交付或者由有关人员隐匿身份进行侦查。

第40条规定，公安机关、人民检察院、人民法院根据办理有组织犯罪案件的需要，可以全面调查涉嫌有组织犯罪的组织及其成员的财产状况。

6. 依法给予行政处罚。

根据《反有组织犯罪法》第69条规定，有下列情形之一，尚不构成犯罪的，由公安机关处五日以上十日以下拘留，可以并处一万元以下罚款；情节较重的，处十日以上十五日以下拘留，并处一万元以上三万元以下罚款；有违法所得的，除依法应当返还被害人的以外，应当予以没收：

（1）参加境外的黑社会组织的；

（2）积极参加恶势力组织的；

（3）教唆、诱骗他人参加有组织犯罪组织，或者阻止他人退出有组织犯罪组织的；

（4）为有组织犯罪活动提供资金、场所等支持、协助、便利的；

（5）阻止他人检举揭发有组织犯罪、提供有组织犯罪证据，或者明知他人有有组织犯罪行为，在司法机关向其调查有关情况、收集有关证据时拒绝提供的。

教唆、诱骗未成年人参加有组织犯罪组织或者阻止未成年人退出有组织犯罪组织，尚不构成犯罪的，依照前款规定从重处罚。

第70条规定，违反本法第十九条规定，不按照公安机关的决定如实报告个人财产及日常活动的，由公安机关给予警告，并责令改正；拒不改正的，处五日以上十日以下拘留，并处三万元以下罚款。

第71条规定，金融机构等相关单位未依照本法第二十七条规定协助公安机关采取紧急止付、临时冻结措施的，由公安机关责令改正；拒不改正的，由公安机关处五万元以上二十万元以下罚款，并对直接负责的主管人员和其他直接责任人员处五万元以下罚款；情节严重的，公安机关可以建议有关主管部门对直接负责的主管人员和其他直接责任人员依法给予处分。

三、《反电信网络诈骗法》有关公安行政执法职责的规定

为了预防、遏制和惩治电信网络诈骗活动，加强反电信网络诈骗工作，保护公民和组织的合法权益，维护社会稳定和国家安全，2022年9月2日第十三届全国人民代表大会常务委员会第三十六次会议通过《中华人民共和国反电信网络诈骗法》。其中，涉公安机关刑事、行政执法职责的主要有：

1. 公安机关牵头负责反电信网络诈骗工作。

根据《反电信网络诈骗法》第6条规定，国务院建立反电信网络诈骗工作机制，统筹协调打击治理工作。地方各级人民政府组织领导本行政区域内反电信网络诈骗工作，确定反电信网络诈骗目标任务和工作机制，开展综合治理。公安机关牵头负责反电信网络诈骗工作，金融、电信、网信、市场监管等有关部门依照职责履行监管主体责任，负责本行业

领域反电信网络诈骗工作。人民法院、人民检察院发挥审判、检察职能作用，依法防范、惩治电信网络诈骗活动。电信业务经营者、银行业金融机构、非银行支付机构、互联网服务提供者承担风险防控责任，建立反电信网络诈骗内部控制机制和安全责任制度，加强新业务涉诈风险安全评估。

2. 公安机关应当建立完善打击治理电信网络诈骗工作机制。

《反电信网络诈骗法》第 27 条规定，公安机关应当建立完善打击治理电信网络诈骗工作机制，加强专门队伍和专业技术建设，各警种、各地公安机关应当密切配合，依法有效惩处电信网络诈骗活动。公安机关接到电信网络诈骗活动的报案或者发现电信网络诈骗活动，应当依照《中华人民共和国刑事诉讼法》的规定立案侦查。

第 31 条规定，任何单位和个人不得非法买卖、出租、出借电话卡、物联网卡、电信线路、短信端口、银行账户、支付账户、互联网账号等，不得提供实名核验帮助；不得假冒他人身份或者虚构代理关系开立上述卡、账户、账号等。对经设区的市级以上公安机关认定的实施前款行为的单位、个人和相关组织者，以及因从事电信网络诈骗活动或者关联犯罪受过刑事处罚的人员，可以按照国家有关规定记入信用记录，采取限制其有关卡、账户、账号等功能和停止非柜面业务、暂停新业务、限制入网等措施。对上述认定和措施有异议的，可以提出申诉，有关部门应当建立健全申诉渠道、信用修复和救济制度。具体办法由国务院公安部门会同有关主管部门规定。

第 34 条规定，公安机关应当会同金融、电信、网信部门组织银行业金融机构、非银行支付机构、电信业务经营者、互联网服务提供者等建立预警劝阻系统，对预警发现的潜在被害人，根据情况及时采取相应劝阻措施。对电信网络诈骗案件应当加强追赃挽损，完善涉案资金处置制度，及时返还被害人的合法财产。对遭受重大生活困难的被害人，符合国家有关救助条件的，有关方面依照规定给予救助。

第 35 条规定，经国务院反电信网络诈骗工作机制决定或者批准，公安、金融、电信等部门对电信网络诈骗活动严重的特定地区，可以依照国家有关规定采取必要的临时风险防范措施。

第 36 条规定，对前往电信网络诈骗活动严重地区的人员，出境活动存在重大涉电信网络诈骗活动嫌疑的，移民管理机构可以决定不准其出境。因从事电信网络诈骗活动受过刑事处罚的人员，设区的市级以上公安机关可以根据犯罪情况和预防再犯罪的需要，决定自处罚完毕之日起六个月至三年以内不准其出境，并通知移民管理机构执行。

第 37 条规定，国务院公安部门等会同外交部门加强国际执法司法合作，与有关国家、地区、国际组织建立有效合作机制，通过开展国际警务合作等方式，提升在信息交流、调查取证、侦查抓捕、追赃挽损等方面的合作水平，有效打击遏制跨境电信网络诈骗活动。

3. 对相关行为由公安机关给予行政处罚。

《反电信网络诈骗法》第 38 条规定，组织、策划、实施、参与电信网络诈骗活动或者为电信网络诈骗活动提供帮助，构成犯罪的，依法追究刑事责任。前款行为尚不构成犯罪的，由公安机关处十日以上十五日以下拘留；没收违法所得，处违法所得一倍以上十倍以下罚款，没有违法所得或者违法所得不足一万元的，处十万元以下罚款。

第42条规定，违反本法第14条、第25条第1款规定的，没收违法所得，由公安机关或者有关主管部门处违法所得一倍以上十倍以下罚款，没有违法所得或者违法所得不足五万元的，处五十万元以下罚款；情节严重的，由公安机关并处十五日以下拘留。

第44条规定，违反本法第31条第1款规定的，没收违法所得，由公安机关处违法所得一倍以上十倍以下罚款，没有违法所得或者违法所得不足二万元的，处二十万元以下罚款；情节严重的，并处十五日以下拘留。

四、《无人驾驶航空器飞行管理暂行条例》有关公安行政执法职责的规定

2023年5月31日国务院、中央军事委员会以第761号令公布了《无人驾驶航空器飞行管理暂行条例》，自2024年1月1日起施行。其中，涉及公安行政执法职责的主要内容：

1. 分工负责。

《无人驾驶航空器飞行管理暂行条例》第4条第1、2款规定，国家空中交通管理领导机构统一领导全国无人驾驶航空器飞行管理工作，组织协调解决无人驾驶航空器管理工作中的重大问题。国务院民用航空、公安、工业和信息化、市场监督管理等部门按照职责分工负责全国无人驾驶航空器有关管理工作。

2. 制定应急预案。

《无人驾驶航空器飞行管理暂行条例》第39条第1、2款规定，空中交通管理机构、民用航空管理部门以及县级以上公安机关应当制定有关无人驾驶航空器飞行安全管理的应急预案，定期演练，提高应急处置能力。县级以上地方人民政府应当将无人驾驶航空器安全应急管理纳入突发事件应急管理体系，健全信息互通、协同配合的应急处置工作机制。

3. 先期处置和紧急处置。

《无人驾驶航空器飞行管理暂行条例》第41条规定，对空中不明情况和无人驾驶航空器违规飞行，公安机关在条件有利时可以对低空目标实施先期处置，并负责违规飞行无人驾驶航空器落地后的现场处置。有关军事机关、公安机关、国家安全机关等单位按职责分工组织查证处置，民用航空管理等其他有关部门应当予以配合。

第42条规定，无人驾驶航空器违反飞行管理规定、扰乱公共秩序或者危及公共安全的，空中交通管理机构、民用航空管理部门和公安机关可以依法采取必要技术防控、扣押有关物品、责令停止飞行、查封违法活动场所等紧急处置措施。

4. 依法给予行政处罚。

《无人驾驶航空器飞行管理暂行条例》第47条第1款规定，违反本条例规定，民用无人驾驶航空器未经实名登记实施飞行活动的，由公安机关责令改正，可以处200元以下的罚款；情节严重的，处2000元以上2万元以下的罚款。

第50条第1款规定，无民事行为能力人、限制民事行为能力人违反本条例规定操控民

用无人驾驶航空器飞行的，由公安机关对其监护人处500元以上5000元以下的罚款；情节严重的，没收实施违规飞行的无人驾驶航空器。

第51条第2款规定，违反本条例规定，未经批准操控微型、轻型、小型民用无人驾驶航空器在管制空域内飞行，或者操控模型航空器在空中交通管理机构划定的空域外飞行的，由公安机关责令停止飞行，可以处500元以下的罚款；情节严重的，没收实施违规飞行的无人驾驶航空器，并处1000元以上1万元以下的罚款。

第52条规定，违反本条例规定，非法拥有、使用无人驾驶航空器反制设备的，由无线电管理机构、公安机关按照职责分工予以没收，可以处5万元以下的罚款；情节严重的，处5万元以上20万元以下的罚款。

第53条规定，违反本条例规定，外国无人驾驶航空器或者由外国人员操控的无人驾驶航空器在我国境内实施测绘飞行活动的，由县级以上人民政府测绘地理信息主管部门责令停止违法行为，没收违法所得、测绘成果和实施违规飞行的无人驾驶航空器，并处10万元以上50万元以下的罚款；情节严重的，并处50万元以上100万元以下的罚款，由公安机关、国家安全机关按照职责分工决定限期出境或者驱逐出境。

第56条规定，违反本条例规定，构成违反治安管理行为的，由公安机关依法给予治安管理处罚；构成犯罪的，依法追究刑事责任；造成人身、财产或者其他损害的，依法承担民事责任。

五、新修订的《互联网上网服务营业场所管理条例》有关公安行政执法职责的规定

为深化“证照分离”改革，进一步推进“放管服”改革，激发市场主体发展活力，维护国家法制统一、尊严和权威，国务院对“证照分离”改革涉及的行政法规，以及与《民法典》规定和原则不一致的行政法规进行了清理。为此，2022年3月国务院决定对14部行政法规的部分条款予以修改，对6部行政法规予以废止。其中，对《互联网上网服务营业场所管理条例》第11条进行修改，对互联网上网服务营业场所的信息网络安全审核实行告知承诺。

新修订的《互联网上网服务营业场所管理条例》11条规定，文化行政部门应当自收到申请之日起20个工作日内作出决定；经审查，符合条件的，发给同意筹建的批准文件。

申请人完成筹建后，应当向同级公安机关承诺符合信息网络安全审核条件，并经公安机关确认当场签署承诺书。申请人还应当依照有关消防管理法律法规的规定办理审批手续。

申请人执信息网络安全承诺书并取得消防安全批准文件后，向文化行政部门申请最终审核。文化行政部门应当自收到申请之日起15个工作日内依据本条例第八条的规定作出决定；经实地检查并审核合格的，发给《网络文化经营许可证》。

对申请人的申请，有关部门经审查不符合条件的，或者经审核不合格的，应当分别向申请人书面说明理由。

文化行政部门发放《网络文化经营许可证》的情况或互联网上网服务营业场所经营单位拟开展经营活动的情况，应当向同级公安机关通报或报备。

六、新修订的《保安服务管理条例》有关公安行政执法职责的规定

为深化"证照分离"改革，进一步推进"放管服"改革，激发市场主体发展活力，维护国家法制统一、尊严和权威，国务院对"证照分离"改革涉及的行政法规，以及与《民法典》规定和原则不一致的行政法规进行了清理。为此，2022 年 3 月国务院决定对 14 部行政法规的部分条款予以修改，对 6 部行政法规予以废止。其中，对《保安服务管理条例》部分条款进行了修改。修改的主要内容：

1. 删去《保安服务管理条例》第 32 条中的"依法设立的保安服务公司或者"，将第二项修改为"（二）有保安培训所需的专兼职师资力量"。

2. 将第 33 条修改为"从事保安培训的单位，应当自开展保安培训之日起 30 日内向所在地设区的市级人民政府公安机关备案，提交能够证明其符合本条例第 32 条规定条件的材料。保安培训单位出资人、法定代表人（主要负责人）、住所、名称发生变化的，应当到原备案公安机关办理变更。保安培训单位终止培训的，应当自终止培训之日起 30 日内到原备案公安机关撤销备案。"

3. 删去第四十一条中的"、保安培训"。

4. 将第四十七条修改为"从事保安培训的单位有下列情形之一的，责令限期改正，给予警告；情节严重的，并处 1 万元以上 5 万元以下的罚款：（一）未按照本条例的规定进行备案或者办理变更的；（二）不符合本条例规定条件的；（三）隐瞒有关情况、提供虚假材料或者拒绝提供反映其活动情况的真实材料的；（四）未按照本条例规定开展保安培训的。以保安培训为名进行诈骗活动的，依法给予治安管理处罚；构成犯罪的，依法追究刑事责任。"

5. 删去第五十条中的"保安培训许可证以及"。

6. 删去第五十一条中的"、保安培训单位"和"、保安培训许可证"。

七、新修订的《废旧金属收购业治安管理办法》有关公安行政执法职责的规定

为贯彻实施新修订的《中华人民共和国行政处罚法》，推进严格规范公正文明执法，优化法治化营商环境，国务院对涉及的行政法规进行了清理，2023 年 7 月 20 日公布《国务院关于修改和废止部分行政法规的决定》（国务院令第 764 号）。其中，对《废旧金属收购业治安管理办法》作了以下修改：

1. 将《废旧金属收购业治安管理办法》第四条、第六条合并，作为第四条，修改为："收购废旧金属的企业和个体工商户，应当在取得营业执照后 15 日内向所在地县级人民政府公安机关备案。备案事项发生变更的，收购废旧金属的企业和个体工商户应当自变更之日起 15 日内（属于工商登记事项的自工商登记变更之日起 15 日内）向县级人民政府公安

机关办理变更手续。公安机关可以通过网络等方式，便利企业和个体工商户备案。”

2. 删去第十二条、第十六条。

3. 第十三条改为第十一条，修改为：“有下列情形之一的，由公安机关给予相应处罚：（一）违反本办法第四条第一款规定，未履行备案手续收购生产性废旧金属的，予以警告，责令限期改正，逾期拒不改正的，视情节轻重，处以500元以上2000元以下的罚款；未履行备案手续收购非生产性废旧金属的，予以警告或者处以500元以下的罚款；（二）违反本办法第四条第二款规定，未向公安机关办理变更手续的，予以警告或者处以200元以下的罚款；（三）违反本办法第六条规定，非法设点收购废旧金属的，予以取缔，没收非法收购的物品及非法所得，可以并处5000元以上10000元以下的罚款；（四）违反本办法第七条规定，收购生产性废旧金属时未如实登记的，视情节轻重，处以2000元以上5000元以下的罚款或者责令停业整顿；（五）违反本办法第八条规定，收购禁止收购的金属物品的，视情节轻重，处以2000元以上10000元以下的罚款或者责令停业整顿。有前款所列第（一）、（三）、（四）、（五）项情形之一，构成犯罪的，依法追究刑事责任。”

与原《废旧金属收购业治安管理办法》相比，新修订的《废旧金属收购业治安管理办法》第11条新增了2类应当由公安机关给予相应行政处罚的行为：一类是违反本办法第4条第1款规定，未履行备案手续收购生产性废旧金属的，予以警告，责令限期改正，逾期拒不改正的，视情节轻重，处以500元以上2000元以下的罚款；未履行备案手续收购非生产性废旧金属的，予以警告或者处以500元以下的罚款；另一类是违反本办法第4条第2款规定，未向公安机关办理变更手续的，予以警告或者处以200元以下的罚款。

八、新修订的《机动车驾驶证申领和使用规定》有关公安行政执法职责的规定

为进一步深化公安交管“放管服”改革，2021年12月27日公安部发布了新修订的《机动车驾驶证申领和使用规定》（公安部令第162号），于2022年4月1日开始实施，主要目的是为了主动适应经济社会发展的新形势、更好地满足人民群众对安全便捷高效服务的新需求。修改内容主要突出三个方面的改革：

1. 推出更多服务措施。

固化小型汽车驾驶证全国“一证通考”、异地分科目考试、推行电子驾驶证、与医疗机构部门信息联网共享核查等改革措施。新推出大中型客货车驾驶证全国“一证通考”、逾期未换证恢复驾驶资格考试“跨省可办”以及优化驾驶证考试内容和项目等便民措施。

（1）推行大中型客货车驾驶证全国“一证通考”。对在户籍地以外申领大中型客货车驾驶证的，申请人可以凭居民身份证“一证通考”，无需再提交居住证明。

（2）恢复驾驶资格考试“跨省可办”。对驾驶证超过有效期未换证被注销不满两年的，申请人可以向全国任一地申请参加科目一考试，恢复驾驶资格，更好满足群众异地考试换证需求。

（3）优化驾驶证考试内容和项目。对持有小型自动挡汽车驾驶证增驾小型汽车，或者

持有摩托车驾驶证增驾其他类型摩托车的，只考试科目二和科目三，优化考试程序。

2. 强化重点驾驶人管理。

在大中型客货车驾驶人管理方面，主要调整优化3项：

（1）准入条件更严格。将禁驾大中型客货车的情形由9种增加到13种，新增将有毒驾、再次酒驾、危险驾驶构成犯罪、未取得机动车驾驶证驾驶机动车，发生负同等以上责任交通事故造成人员重伤或者死亡的等人员纳入禁止申领范围，从源头上防范交通事故风险。

（2）考试项目更优化。将大中型客货车科目二考试项目由16个整合优化为14个，大中型客车科目三道路驾驶考试里程统一为10公里，大中型货车科目三道路驾驶考试里程白天从10公里调整为5公里、夜间从5公里调整为3公里，简化考试程序，提高考试效率。

（3）满分学习考试更严格。对大中型客货车驾驶人记满12分的，提高学习考试针对性，延长学习时间，增加考试难度，考试合格后发还驾驶证。

3. 改进驾驶证申领使用制度。

（1）改进实习期管理制度，明确初次取得汽车类或者摩托车类驾驶证的12个月内为实习期，增驾每种车型不再单设实习期，解决实习期限制过多难题。

（2）完善准驾车型种类，增加“轻型牵引挂车”车型，满足群众驾驶小型旅居挂车出行需求。

（3）改革境外驾驶证换领制度，对取得驾驶证在核发国家和地区居住时间进行调整，从连续居住3个月以上调整为1年内累计居住90天，对申请换领大中型客货车驾驶证的，需取得境外相应准驾车型驾驶证二年以上，并参加全科目考试。

（4）申领驾驶证年龄放宽：70周岁以上也可以申领小型汽车、小型自动挡汽车驾驶证。但70周岁以上的申请人员，除了身体需要符合条件以外，还需通过记忆力、判断能力、反应能力测试。

（5）优化大中型客货车驾驶证申请条件：申领大型客车、牵引车的驾驶证年龄下调至22周岁以上，而大中型客货车驾驶证申领年龄上限由50周岁调整至60周岁。另外，取得大型货车驾驶证的，在无相应记分周期的情况下，增驾大型客车的，增驾时间可由5年缩短至3年；而申请牵引车、中型客车驾驶证的，可由3年缩短至2年。

（6）体检医疗机构范围扩大。身体条件证明可由原来的县级、团级以上医疗机构，扩大至符合健康体检资质的二级以上医院、乡镇卫生院、社区卫生服务中心、健康体检中心等医疗机构。

（7）考试科目调整。小型自动挡汽车科目二考试取消坡道定点停车和起步项目，考试内容由原来的5项改为4项。以此贴近实际驾车的要求，进而减轻考生考试负担。

（8）考试预约时间调整。考取小型自动挡汽车驾驶证的，科目三考试预约的时间间隔由科目一考试合格后30日缩短至20日；增驾大中型客货车驾驶证的，科目三预约时间间隔由科目一考试合格后40日缩短至30日。

（9）异地分科目考试次数调整。申请小型汽车驾证的，允许申请变更考试地的次数由1次调整为不超过3次，以此满足群众异地考试的需求。

九、《道路交通安全违法行为记分管理办法》有关公安行政执法职责的规定

为充分发挥记分制度的管理、教育、引导功能，提升机动车驾驶人交通安全意识，减少道路交通安全违法行为，预防和减少道路交通事故，根据《中华人民共和国道路交通安全法》及其实施条例，2021年12月17日公安部发布了《道路交通安全违法行为记分管理办法》（公安部令第163号），自2022年4月1日起施行。其中，涉及法律责任的有：

1. 机动车驾驶证停止使用。

根据《道路交通安全违法行为记分管理办法》第29条规定，机动车驾驶人在一个记分周期内累积记分满12分，机动车驾驶证未被依法扣留或者收到满分教育通知书后三十日内拒不参加公安机关交通管理部门通知的满分学习、考试的，由公安机关交通管理部门公告其机动车驾驶证停止使用。

2. 对机动车驾驶人请他人代为接受处罚和记分行为的处罚。

根据《道路交通安全违法行为记分管理办法》第30条规定，机动车驾驶人请他人代为接受交通违法行为处罚和记分并支付经济利益的，由公安机关交通管理部门处所支付经济利益三倍以下罚款，但最高不超过五万元；同时，依法对原交通违法行为作出处罚。代替实际机动车驾驶人接受交通违法行为处罚和记分牟取经济利益的，由公安机关交通管理部门处违法所得三倍以下罚款，但最高不超过五万元；同时，依法撤销原行政处罚决定。组织他人实施前两款行为之一牟取经济利益的，由公安机关交通管理部门处违法所得五倍以下罚款，但最高不超过十万元；有扰乱单位秩序等行为，构成违反治安管理行为的，依法予以治安管理处罚。

3. 对机动车驾驶人参加学习考试中弄虚作假的处罚。

根据《道路交通安全违法行为记分管理办法》第31条规定，机动车驾驶人参加满分教育时在签注学习记录、满分学习考试中弄虚作假的，相应学习记录、考试成绩无效，由公安机关交通管理部门处一千元以下罚款。机动车驾驶人在参加接受交通安全教育扣减交通违法行为记分中弄虚作假的，由公安机关交通管理部门撤销相应记分扣减记录，恢复相应记分，处一千元以下罚款。代替实际机动车驾驶人参加满分教育签注学习记录、满分学习考试或者接受交通安全教育扣减交通违法行为记分的，由公安机关交通管理部门处二千元以下罚款。组织他人实施前三款行为之一，有违法所得的，由公安机关交通管理部门处违法所得三倍以下罚款，但最高不超过二万元；没有违法所得的，由公安机关交通管理部门处二万元以下罚款。

十、新修订的《机动车登记规定》有关公安行政执法职责的规定

为进一步严格车辆和驾驶人准入关，进一步推出更多便民利企改革措施，进一步完善

内外监督管理制度，全面提升车辆和驾驶人管理服务水平，2021 年 12 月 27 日公安部发布了新修订的《机动车登记规定》（公安部令第 164 号），自 2022 年 5 月 1 日起实施。

此次修订主要围绕深化机动车登记制度改革，新推出私家车新车上牌免查验、小客车登记全国“一证通办”、车辆信息变更“跨省通办”等便民措施，固化车辆检验“全国通检”、二手车异地交易登记、验标志电子化等改革措施。同时，坚持防风险保安全，进一步严格“两客一危”重点车辆登记，严格嫌疑车辆调查处置，从源头预防道路交通事故。坚持全面从严治警，明确对民警辅警违规办理机动车登记、为不符合标准车辆上牌等问题严格责任追究。主要突出“三个深化”：

1. 深化简政便民利企。在固化车辆检验“全国通检”、二手车异地交易登记、检验标志电子化等改革措施基础上，新推出私家车新车上牌免查验、小客车登记全国“一证通办”、车辆信息变更“跨省通办”等便民措施。

2. 深化重点车辆监管。严格“两客一危”重点车辆登记审查，对危险货物运输、公路客运、旅游客运车辆，公安交管部门与交通运输部门联网核查运输资质，加强部门协同，严格规范管理。严格违规车辆嫌疑调查，对发现车辆涉嫌非法生产、拼装、改装、被盗抢骗等嫌疑的，启动调查程序，严格追究违法违规责任。

3. 深化业务监督管理。进一步加强对车辆管理所、登记服务站办理车辆登记查验、牌证发放等工作监督管理，对违规办理机动车登记、为不符合标准车辆上牌的，严格责任追究。

十一、《公安机关反有组织犯罪工作规定》有关公安行政执法职责的规定

为了保障《中华人民共和国反有组织犯罪法》的贯彻实施，保证公安机关依法、规范、高效开展反有组织犯罪工作，保护公民和组织的合法权益，根据有关法律、行政法规，公安部 2022 年 8 月 26 日发布《公安机关反有组织犯罪工作规定》（公安部令第 165 号），自 2022 年 10 月 1 日起施行。

公安机关反有组织犯罪的职责任务，是收集、研判有组织犯罪相关信息，核查有组织犯罪线索，侦查有组织犯罪案件，实施《中华人民共和国反有组织犯罪法》规定的相关行政处罚，在职权范围内落实有组织犯罪预防和治理工作。

1. 责令报告个人财产及日常活动。

根据《公安机关反有组织犯罪工作规定》第 20 条规定，对因组织、领导黑社会性质组织被判处刑罚的人员，其户籍地设区的市级公安机关可以决定其自刑罚执行完毕之日起向公安机关报告个人财产及日常活动，并制作责令报告个人财产及日常活动决定书。前款规定的户籍地公安机关认为由原办案地公安机关作出决定更为适宜的，可以商请由其决定。协商不成的，由共同的上级公安机关指定。认为无需报告的，应当报上一级公安机关同意；无需报告的情况发生变化，有报告必要的，依照本规定作出责令报告个人财产及日常活动决定。

第25条规定，个人财产及日常活动报告期限不超过五年，期限届满或者报告义务人在报告期内死亡的，报告义务自动解除。

2. 对涉案财产采取紧急止付或者临时冻结、临时扣押的紧急措施。

根据《公安机关反有组织犯罪工作规定》第30条规定，公安机关核查黑社会性质组织犯罪线索，发现涉案财产有灭失、转移的紧急风险的，经设区的市级以上公安机关负责人批准后，可以对有关涉案财产采取紧急止付或者临时冻结、临时扣押的紧急措施，期限不得超过四十八小时。期限届满或者适用紧急措施的情形消失的，应当立即解除紧急措施；符合立案条件的，办案部门应当在紧急措施期限届满前依法立案侦查，并办理冻结、扣押手续。

3. 对犯罪嫌疑人采取限制出境措施。

根据《公安机关反有组织犯罪工作规定》第38条规定，公安机关办理有组织犯罪案件，可以依照《中华人民共和国出境入境管理法》的规定，决定对犯罪嫌疑人采取限制出境措施，按规定通知移民管理机构执行；对于不需要继续采取限制出境措施的，应当及时解除。

4. 采取异地羁押、分别羁押或者单独羁押等措施。

根据《公安机关反有组织犯罪工作规定》第39条规定，根据办理案件及维护监管秩序的需要，可以对有组织犯罪案件的犯罪嫌疑人、被告人采取异地羁押、分别羁押或者单独羁押等措施。采取异地羁押措施的，应当依法通知犯罪嫌疑人、被告人的家属和辩护人。

5. 采取技术侦查、控制下交付、隐匿身份侦查措施。

根据《公安机关反有组织犯罪工作规定》第40条规定，公安机关在立案后，根据侦查犯罪的需要，依照《中华人民共和国刑事诉讼法》的规定，可以采取技术侦查措施、实施控制下交付或者由有关人员隐匿身份进行侦查。公安机关实施控制下交付或者由有关人员隐匿身份进行侦查的，应当进行风险评估，制定预案，经县级以上公安机关负责人批准后实施。采取技术侦查、控制下交付、隐匿身份侦查措施收集的与案件有关的材料，可以作为刑事诉讼证据使用。如果使用该证据可能危及有关人员的人身安全，或者可能产生其他严重后果的，应当采取不暴露有关人员身份和使用的技术设备、侦查方法等保护措施。无法采取保护措施或者采取保护措施不足以防止产生严重后果的，可以建议由审判人员在庭外对证据进行核实。

6. 法律责任。

根据《公安机关反有组织犯罪工作规定》第71条规定，公安机关开展反有组织犯罪工作，对有关组织和个人违反《中华人民共和国反有组织犯罪法》的行为，依法追究其相应的法律责任。

第72条规定，实施《中华人民共和国反有组织犯罪法》第69条所列行为的，依照《公安机关办理行政案件程序规定》确定案件管辖。实施《中华人民共和国反有组织犯罪法》第69条第1款第1项行为的，也可以由抓获地公安机关管辖。相关违法行为系在侦查有组织犯罪过程中发现的，也可以由负责侦查有组织犯罪的公安机关管辖。

第 73 条规定，《中华人民共和国反有组织犯罪法》第 70 条规定的行政处罚，由接受报告的公安机关管辖。

第 74 条规定，《中华人民共和国反有组织犯罪法》第 71 条规定的行政处罚，由金融机构等相关单位所在地公安机关管辖，也可以由负责侦查有组织犯罪的公安机关管辖。

第 75 条规定，公安机关调查有组织犯罪，要求有关国家机关、行业主管部门予以配合相关工作或者提供相关证据，有关国家机关、行业主管部门没有正当理由不予配合的，层报相应的上级公安机关书面通报其上级机关。

第二部分

公安行政行为标准解读

第一章　公安行政处罚标准解读

第一节　违反境外非政府组织境内活动管理秩序行为的法律依据、违法情形和处罚标准

一、中华人民共和国境外非政府组织境内活动管理法

1. 未按规定办理涉境外非政府组织变更登记、备案相关事项

1.1　法律依据

《境外非政府组织境内活动管理法》第45条第1款第1项。

1.2　违法情形

境外非政府组织代表机构、开展临时活动的境外非政府组织或者中方合作单位，未按照规定办理变更登记或者未按照规定办理备案相关事项的，应当由公安机关给予行政处罚。

本违法行为客观方面表现为：

一是未按照规定办理变更登记。境外非政府组织代表机构的名称、住所、业务范围、活动地域、首席代表、业务主管单位发生变化的，需要进行变更登记。变更登记的时限应当自业务主管单位同意之日起30内，向登记管理机关申请变更登记。未按照规定办理变更登记，既包括未在规定时限内申请变更登记，也包括未经业务主管单位同意擅自变更的情形。

二是未按照规定办理备案相关事项。需要办理备案的相关事项有：（1）境外非政府组织代表机构凭登记证书依法办理税务登记，刻制印章，在中国境内的银行开立银行账户，并将税务登记证件复印件、印章式样以及银行账户报登记管理机关备案。（2）境外非政府组织代表机构在中国境内聘用工作人员应当遵守法律、行政法规，并将聘用的工作人员信息报业务主管单位和登记管理机关备案。（3）开展临时活动的境外非政府组织，应当以经备案的名称开展活动。境外非政府组织、中方合作单位应当于临时活动结束后30日内将活动情况、资金使用情况等书面报送登记管理机关。应当注意，这里的“书面报送”即是“备案”。

1.3　处罚标准

根据《境外非政府组织境内活动管理法》第45条第1款第1项规定，境外非政府组织代表机构、开展临时活动的境外非政府组织或者中方合作单位，未按规定办理涉境外非政府组织变更登记、备案相关事项的，由设区的市级以上人民政府公安机关给予警告或者责令限期停止活动；没收非法财物和违法所得；情节严重的，由登记管理机关吊销登记证书、取缔临时活

动。这里的“登记管理机关”，是指国务院公安部门和省级人民政府公安机关。

根据《境外非政府组织境内活动管理法》第49条规定，境外非政府组织代表机构被责令限期停止活动的，由登记管理机关封存其登记证书、印章和财务凭证。对被撤销登记、吊销登记证书的，由登记管理机关收缴其登记证书、印章并公告作废。

根据《境外非政府组织境内活动管理法》第50条规定，境外人员违反本法规定的，有关机关可以依法限期出境、遣送出境或者驱逐出境。应当注意，该法调整对象是境外非政府组织法律责任条款也是针对单位或者组织，不是针对个人的。所以境外人员违反该法规定，适用限期出境、遣送出境或者驱逐出境，应当引用《出境入境管理法》《治安管理处罚法》《公安机关办理行政案件程序规定》等相关条文作为法律依据，而不能直接引用《境外非政府组织境内活动管理法》第50条作为法律依据。

2. 未按涉境外非政府组织登记、备案事项开展活动

2.1 法律依据

《境外非政府组织境内活动管理法》第45条第1款第2项。

2.2 违法情形

境外非政府组织代表机构、开展临时活动的境外非政府组织或者中方合作单位未按照登记或者备案的名称、业务范围、活动地域开展活动的，应当由公安机关给予行政处罚。

本违法行为客观方面表现为未按照登记或者备案的名称、业务范围、活动地域开展活动的行为。《境外非政府组织境内活动管理法》第18条第1款规定，境外非政府组织代表机构应当以登记的名称，在登记的业务范围和活动地域内开展活动。第17条第1款中规定，境外非政府组织开展临时活动，中方合作单位应当按照国家规定办理审批手续，并在开展临时活动15日前向其所在地的登记管理机关备案。第30条第1款规定，开展临时活动的境外非政府组织，应当以经备案的名称开展活动。

2.3 处罚标准

根据《境外非政府组织境内活动管理法》第45条第1款第2项规定，境外非政府组织代表机构、开展临时活动的境外非政府组织或者中方合作单位，未按涉境外非政府组织登记、备案事项开展活动的，由设区的市级以上人民政府公安机关给予警告或者责令限期停止活动；没收非法财物和违法所得；情节严重的，由登记管理机关吊销登记证书、取缔临时活动。

3. 涉境外非政府组织在境内从事、资助营利性活动、募捐、违规发展会员

3.1 法律依据

《境外非政府组织境内活动管理法》第45条第1款第3项。

3.2 违法情形

境外非政府组织代表机构、开展临时活动的境外非政府组织或者中方合作单位，从事、资助营利性活动，进行募捐或者违反规定发展会员的，应当由公安机关给予行政处罚。

本违法行为客观方面表现为从事、资助营利性活动，进行募捐或者违反规定发展会员的行为。根据《境外非政府组织境内活动管理法》第5条第2款规定，境外非政府组织在中国境内不得从事或者资助

营利性活动、政治活动，不得非法从事或者资助宗教活动。第21条第3款规定，境外非政府组织及其代表机构不得在中国境内进行募捐。第28条规定，境外非政府组织代表机构、开展临时活动的境外非政府组织不得在中国境内发展会员，国务院另有规定的除外。

3.3　处罚标准

根据《境外非政府组织境内活动管理法》第45条第1款第3项规定，境外非政府组织代表机构、开展临时活动的境外非政府组织或者中方合作单位，从事、资助营利性活动，进行募捐或者违反规定发展会员的，由设区的市级以上人民政府公安机关给予警告或者责令限期停止活动；没收非法财物和违法所得；情节严重的，由登记管理机关吊销登记证书、取缔临时活动。

4. 违反涉境外非政府组织规定取得使用资金、开立使用银行账户、进行会计核算

4.1　法律依据

《境外非政府组织境内活动管理法》第45条第1款第4项。

4.2　违法情形

境外非政府组织代表机构、开展临时活动的境外非政府组织或者中方合作单位，违反规定取得、使用资金，未按照规定开立、使用银行账户或者进行会计核算的，应当由公安机关给予行政处罚。

本违法行为客观方面表现为违反规定取得、使用资金，未按照规定开立、使用银行账户或者进行会计核算的行为。《境外非政府组织境内活动管理法》第21条规定，境外非政府组织在中国境内活动资金包括境外合法来源的资金、中国境内的银行存款利息、中国境内合法取得的其他资金。可见，除本条外取得的资金则为违法行为。第22条规定，设立代表机构的境外非政府组织应当通过代表机构在登记管理机关备案的银行账户管理用于中国境内的资金。开展临时活动的境外非政府组织应当通过中方合作单位的银行账户管理用于中国境内的资金，实行单独记账，专款专用。未经前两款规定的银行账户，境外非政府组织、中方合作单位和个人不得以其他任何形式在中国境内进行项目活动资金的收付。第23条规定，境外非政府组织应当按照代表机构登记的业务范围、活动地域或者与中方合作单位协议的约定使用资金。第24条规定，境外非政府组织代表机构应当执行中国统一的会计制度。财务会计报告应当经中国境内会计师事务所审计。

4.3　处罚标准

根据《境外非政府组织境内活动管理法》第45条第1款第4项规定，境外非政府组织代表机构、开展临时活动的境外非政府组织或者中方合作单位，违反规定取得、使用资金，未按照规定开立、使用银行账户或者进行会计核算的，由设区的市级以上人民政府公安机关给予警告或者责令限期停止活动；没收非法财物和违法所得；情节严重的，由登记管理机关吊销登记证书、取缔临时活动。

5. 代表机构未按规定报送年度计划、报送公开年度报告

5.1　法律依据

《境外非政府组织境内活动管理法》第45条第1款第5项。

5.2　违法情形

境外非政府组织代表机构未按照规定

报送年度活动计划、报送或者公开年度工作报告的，应当由公安机关给予行政处罚。

本违法行为客观方面表现为代表机构未按照规定报送年度活动计划、报送或者公开年度工作报告的行为。《境外非政府组织境内活动管理法》第19条规定，境外非政府组织代表机构应当于每年12月31日前将包含项目实施、资金使用等内容的下一年度活动计划报业务主管单位，业务主管单位同意后10日内报登记管理机关备案。特殊情况下需要调整活动计划的，应当及时向登记管理机关备案。《境外非政府组织境内活动管理法》第31条规定，境外非政府组织代表机构应当于每年1月31日前向业务主管单位报送上一年度工作报告，经业务主管单位出具意见后，于3月31日前报送登记管理机关，接受年度检查。年度工作报告应当包括经审计的财务会计报告、开展活动的情况以及人员和机构变动的情况等内容。境外非政府组织代表机构应当将年度工作报告在登记管理机关统一的网站上向社会公开。

5.3 处罚标准

根据《境外非政府组织境内活动管理法》第45条第1款第5项规定，境外非政府组织代表机构未按照规定报送年度活动计划、报送或者公开年度工作报告的，由设区的市级以上人民政府公安机关给予警告或者责令限期停止活动；没收非法财物和违法所得；情节严重的，由登记管理机关吊销登记证书、取缔临时活动。

6. 拒不接受、不按规定接受涉境外非政府组织监督检查

6.1 法律依据

《境外非政府组织境内活动管理法》第45条第1款第6项。

6.2 违法情形

境外非政府组织代表机构、开展临时活动的境外非政府组织或者中方合作单位，拒不接受或者不按照规定接受公安机关、有关部门以及主管单位监督检查的，应当由公安机关给予行政处罚。

本违法行为在客观方面表现为拒不接受或者不按照规定接受公安机关、有关部门以及主管单位监督检查的行为。《境外非政府组织境内活动管理法》第6条规定，国务院公安部门和省级人民政府公安机关，是境外非政府组织在中国境内开展活动的登记管理机关。国务院有关部门和单位、省级人民政府有关部门和单位，是境外非政府组织在中国境内开展活动的相应业务主管单位。第7条规定，县级以上人民政府公安机关和有关部门在各自职责范围内对境外非政府组织在中国境内开展活动依法实施监督管理、提供服务。国家建立境外非政府组织监督管理工作协调机制，负责研究、协调、解决境外非政府组织在中国境内开展活动监督管理和服务便利中的重大问题。

6.3 处罚标准

根据《境外非政府组织境内活动管理法》第45条第1款第6项规定，境外非政府组织代表机构、开展临时活动的境外非政府组织或者中方合作单位，拒不接受或者不按照规定接受监督检查的，由设区的市级以上人民政府公安机关给予警告或者责令限期停止活动；没收非法财物和违法所得；情节严重的，由登记管理机关吊销登记证书、取缔临时活动。

7. 非法取得代表机构登记证书、临时

活动备案

7.1　法律依据

《境外非政府组织境内活动管理法》第45条第1、2款。

7.2　违法情形

境外非政府组织代表机构、开展临时活动的境外非政府组织或者中方合作单位，以提供虚假材料等非法手段，取得代表机构登记证书或者进行临时活动备案的，应当由公安机关给予行政处罚。

本违法行为在客观方面表现为以提供虚假材料等非法手段，取得代表机构登记证书或者进行临时活动备案的行为。

7.3　处罚标准

根据《境外非政府组织境内活动管理法》第45条规定，境外非政府组织代表机构、开展临时活动的境外非政府组织或者中方合作单位，以提供虚假材料等非法手段，取得代表机构登记证书或者进行临时活动备案的，由设区的市级以上人民政府公安机关给予警告或者责令限期停止活动；没收非法财物和违法所得；情节严重的，由登记管理机关吊销登记证书、取缔临时活动。

8. 伪造、变造、买卖、出租、出借代表机构登记证书、印章

8.1　法律依据

《境外非政府组织境内活动管理法》第45条第1、2款。

8.2　违法情形

境外非政府组织代表机构、开展临时活动的境外非政府组织或者中方合作单位，伪造、变造、买卖、出租、出借登记证书、印章的，应当由公安机关给予行政处罚。

本违法行为在客观方面表现为伪造、变造、买卖、出租、出借登记证书、印章的行为。

8.3　处罚标准

根据《境外非政府组织境内活动管理法》第45条规定，境外非政府组织代表机构、开展临时活动的境外非政府组织或者中方合作单位，伪造、变造、买卖、出租、出借登记证书、印章的，由设区的市级以上人民政府公安机关给予警告或者责令限期停止活动；没收非法财物和违法所得；情节严重的，由登记管理机关吊销登记证书、取缔临时活动。

应当注意，《境外非政府组织境内活动管理法》第45条第2款与《治安管理处罚法》第52条第1项竞合。对境外非政府组织代表机构、开展临时活动的境外非政府组织或者中方合作单位有伪造、变造、买卖代表机构登记证书、印章行为的，对单位处罚的法律依据适用《境外非政府组织境内活动管理法》第45条第1、2款，对其直接负责的主管人员和其他直接责任人员处罚的法律依据适用《治安管理处罚法》第18条和第52条第1项。

9. 未经登记、备案以代表机构、境外非政府组织名义开展活动

9.1　法律依据

《境外非政府组织境内活动管理法》第46条第1款第1项。

9.2　违法情形

境外非政府组织未经登记、备案，以境外非政府组织代表机构、境外非政府组织名义开展活动的，应当由公安机关给予行政处罚。

本违法行为在客观方面表现为未经登记以境外非政府组织代表机构开展活动的，

未经临时活动备案以境外非政府组织名义开展活动的行为。《境外非政府组织境内活动管理法》第9条第1款规定，境外非政府组织在中国境内开展活动，应当依法登记设立代表机构；未登记设立代表机构需要在中国境内开展临时活动的，应当依法备案。境外非政府组织未登记设立代表机构、开展临时活动未经备案的，不得在中国境内开展或者变相开展活动，不得委托、资助或者变相委托、资助中国境内任何单位和个人在中国境内开展活动。

应当注意，《境外非政府组织境内活动管理法》第46条第1款第1项规定的“未经备案以境外非政府组织名义开展活动的”行为，主要针对的是境外非政府组织开展临时活动未进行备案的情形；而《境外非政府组织境内活动管理法》第45条第1款第1项规定的“未按照规定办理备案相关事项”，是已经登记代表机构或者开展临时活动已经进行了备案登记，只是后期的相关事项还没有按照规定备案。

9.3 处罚标准

根据《境外非政府组织境内活动管理法》第46条第1款第1项规定，未经登记、备案，以境外非政府组织代表机构、境外非政府组织名义开展活动的，由设区的市级以上人民政府公安机关予以取缔或者责令停止违法行为；没收非法财物和违法所得；对直接责任人员给予警告，情节严重的，处10日以下拘留。

10. 被取消登记后以境外非政府组织代表机构名义开展活动

10.1 法律依据

《境外非政府组织境内活动管理法》第46条第1款第2项。

10.2 违法情形

境外非政府组织代表机构被撤销登记、吊销登记证书或者注销登记后，仍然以境外非政府组织代表机构名义开展活动的，应当由公安机关给予行政处罚。

本违法行为在客观方面表现为被撤销登记、吊销登记证书或者注销登记后，仍然以境外非政府组织代表机构名义开展活动的行为。《境外非政府组织境内活动管理法》第15条第1款规定，有下列情形之一的，境外非政府组织代表机构由登记管理机关注销登记，并向社会公告：

（1）境外非政府组织撤销代表机构的；（2）境外非政府组织终止的；（3）境外非政府组织代表机构依法被撤销登记或者吊销登记证书的；（4）由于其他原因终止的。

10.3 处罚标准

根据《境外非政府组织境内活动管理法》第46条第1款第2项规定，被撤销登记、吊销登记证书或者注销登记后以境外非政府组织代表机构名义开展活动的，由设区的市级以上人民政府公安机关予以取缔或者责令停止违法行为；没收非法财物和违法所得；对直接责任人员给予警告，情节严重的，处10日以下拘留。

11. 临时活动期限届满、被取缔后开展活动

11.1 法律依据

《境外非政府组织境内活动管理法》第46条第1款第3项。

11.2 违法情形

境外非政府组织临时活动期限届满或者临时活动被取缔后，仍然在中国境内开展活动的，应当由公安机关给予行政处罚。

本违法行为在客观方面表现为临时活

动期限届满或者临时活动被取缔后仍然在中国境内开展活动的行为。《境外非政府组织境内活动管理法》第17条中规定，境外非政府组织开展临时活动，中方合作单位应当按照国家规定办理审批手续，并在开展临时活动15日前向其所在地的登记管理机关备案。临时活动期限不超过一年，确实需要延长期限的，应当重新备案。临时活动期限届满后，境外非政府组织不得再开展活动。根据第45条规定，境外非政府组织开展临时活动，可能会因为违法被取缔临时活动，被取缔后也不能再开展临时活动。

11.3　处罚标准

根据《境外非政府组织境内活动管理法》第46条第1款第3项规定，境外非政府组织临时活动期限届满或者临时活动被取缔后在中国境内开展活动的，由设区的市级以上人民政府公安机关予以取缔或者责令停止违法行为；没收非法财物和违法所得；对直接责任人员给予警告，情节严重的，处10日以下拘留。

12. 非法委托、资助境内单位和个人开展活动

12.1　法律依据

《境外非政府组织境内活动管理法》第46条第1款第4项。

12.2　违法情形

境外非政府组织未登记代表机构、临时活动未备案，委托、资助中国境内单位和个人在中国境内开展活动的，应当由公安机关给予行政处罚。

本违法行为在客观方面表现为境外非政府组织未登记代表机构、临时活动未备案，委托、资助中国境内单位和个人在中国境内开展活动的行为。《境外非政府组织境内活动管理法》第9条规定，境外非政府组织在中国境内开展活动，应当依法登记设立代表机构；未登记设立代表机构需要在中国境内开展临时活动的，应当依法备案。境外非政府组织未登记设立代表机构、开展临时活动未经备案的，不得在中国境内开展或者变相开展活动，不得委托、资助或者变相委托、资助中国境内任何单位和个人在中国境内开展活动。

12.3　处罚标准

根据《境外非政府组织境内活动管理法》第46条第1款第4项规定，境外非政府组织未登记代表机构、临时活动未备案，委托、资助中国境内单位和个人在中国境内开展活动的，由设区的市级以上人民政府公安机关予以取缔或者责令停止违法行为；没收非法财物和违法所得；对直接责任人员给予警告，情节严重的，处10日以下拘留。

13. 非法与境外非政府组织合作

13.1　法律依据

《境外非政府组织境内活动管理法》第46条第1、2款。

13.2　违法情形

中国境内单位和个人明知境外非政府组织未登记代表机构、临时活动未备案，与其合作的，应当由公安机关给予行政处罚。

本违法行为在客观方面表现为明知境外非政府组织未登记代表机构、临时活动未备案，仍然与其合作的行为。这里的“合作”，是指除接受其委托、资助以外的其他合作，因为接受委托、资助已单独作出规定。《境外非政府组织境内活动管理

法》第9条规定，境外非政府组织在中国境内开展活动，应当依法登记设立代表机构；未登记设立代表机构需要在中国境内开展临时活动的，应当依法备案。境外非政府组织未登记设立代表机构、开展临时活动未经备案的，不得在中国境内开展或者变相开展活动，不得委托、资助或者变相委托、资助中国境内任何单位和个人在中国境内开展活动。第32条规定，中国境内任何单位和个人不得接受未登记代表机构、开展临时活动未经备案的境外非政府组织的委托、资助，代理或者变相代理境外非政府组织在中国境内开展活动。

13.3 处罚标准

根据《境外非政府组织境内活动管理法》第46条规定，中国境内单位和个人非法与境外非政府组织合作的，由设区的市级以上人民政府公安机关予以取缔或者责令停止违法行为；没收非法财物和违法所得；对直接责任人员给予警告，情节严重的，处10日以下拘留。

14. 非法接受境外非政府组织委托、资助

14.1 法律依据

《境外非政府组织境内活动管理法》第46条第1、2款。

14.2 违法情形

中国境内单位和个人明知境外非政府组织未登记代表机构、临时活动未备案，接受其委托、资助，代理或者变相代理其开展活动、进行项目活动资金收付的，应当由公安机关给予行政处罚。

本违法行为在客观方面表现为接受其委托、资助，代理或者变相代理其开展活动、进行项目活动资金收付的行为。《境外非政府组织境内活动管理法》第32条规定，中国境内任何单位和个人不得接受未登记代表机构、开展临时活动未经备案的境外非政府组织的委托、资助，代理或者变相代理境外非政府组织在中国境内开展活动。

14.3 处罚标准

根据《境外非政府组织境内活动管理法》第46条规定，中国境内单位和个人非法接受境外组织委托、资助的，由设区的市级以上人民政府公安机关予以取缔或者责令停止违法行为；没收非法财物和违法所得；对直接责任人员给予警告，情节严重的，处10日以下拘留。

15. 境外非政府组织、代表机构煽动抗拒法律法规实施

15.1 法律依据

《境外非政府组织境内活动管理法》第47条第1款第1项。

15.2 违法情形

境外非政府组织、境外非政府组织代表机构在中国境内活动时，煽动抗拒法律、法规实施，尚不构成犯罪的，应当由公安机关给予行政处罚。

本违法行为在客观方面表现为，煽动抗拒法律、法规实施，扰乱社会秩序，尚不够构成犯罪的行为。对于煽动暴力抗拒法律实施，构成犯罪的，应当依法追究刑事责任。

15.3 处罚标准

根据《境外非政府组织境内活动管理法》第47条第1款第1项规定，境外非政府组织、代表机构煽动抗拒法律法规实施的，由登记管理机关吊销登记证书或者取缔临时活动；尚不构成犯罪的，由设区的

市级以上人民政府公安机关对直接责任人员处15日以下拘留。第48条第3款规定，对煽动抗拒法律法规实施的境外非政府组织，国务院公安部门可以将其列入不受欢迎的名单，不得在中国境内再设立代表机构或者开展临时活动。

16. 境外非政府组织、代表机构非法获取国家秘密

16.1 法律依据

《境外非政府组织境内活动管理法》第47条第1款第2项。

16.2 违法情形

境外非政府组织、境外非政府组织代表机构在中国境内活动时，非法获取国家秘密，尚不构成犯罪的，应当由公安机关给予行政处罚。

本违法行为在客观方面表现为非法获取国家秘密，尚不构成犯罪的行为。构成犯罪的，应当依法追究刑事责任。

16.3 处罚标准

根据《境外非政府组织境内活动管理法》第47条第1款第2项规定，境外非政府组织、代表机构非法获取国家秘密，由登记管理机关吊销登记证书或者取缔临时活动；尚不构成犯罪的，由设区的市级以上人民政府公安机关对直接责任人员处15日以下拘留。第48条第3款规定，对非法获取国家秘密的境外非政府组织，国务院公安部门可以将其列入不受欢迎的名单，不得在中国境内再设立代表机构或者开展临时活动。

17. 境外非政府组织、代表机构造谣诽谤、发表传播有害信息

17.1 法律依据

《境外非政府组织境内活动管理法》第47条第1款第3项。

17.2 违法情形

境外非政府组织、境外非政府组织代表机构造谣、诽谤或者发表、传播其他有害信息，危害国家安全或者损害国家利益，尚不构成犯罪的，应当由公安机关给予行政处罚。

本违法行为在客观方面表现为造谣、诽谤或者发表、传播其他有害信息，危害国家安全或者损害国家利益，尚不构成犯罪的行为。构成犯罪的，应当依法追究刑事责任。

17.3 处罚标准

根据《境外非政府组织境内活动管理法》第47条第1款第3项规定，境外非政府组织、代表机构造谣诽谤、发表传播有害信息的，由登记管理机关吊销登记证书或者取缔临时活动；尚不构成犯罪的，由设区的市级以上人民政府公安机关对直接责任人员处15日以下拘留。根据第48条第3款规定，对造谣诽谤、发表传播有害信息的境外非政府组织，国务院公安部门可以将其列入不受欢迎的名单，不得在中国境内再设立代表机构或者开展临时活动。

18. 境外非政府组织、代表机构从事资助政治活动、非法从事资助宗教活动

18.1 法律依据

《境外非政府组织境内活动管理法》第47条第1款第4项。

18.2 违法情形

境外非政府组织、境外非政府组织代表机构从事或者资助政治活动，非法从事或者资助宗教活动，尚不构成犯罪的，应当由公安机关给予行政处罚。

本违法行为在客观方面表现为从事或

者资助政治活动，非法从事或者资助宗教活动，尚不构成犯罪的行为。构成犯罪的，应当依法追究刑事责任。《境外非政府组织境内活动管理法》第3条规定，境外非政府组织依照本法可以在经济、教育、科技、文化、卫生、体育、环保等领域和济困、救灾等方面开展有利于公益事业发展的活动。第5条第2款规定，境外非政府组织在中国境内不得从事或者资助营利性活动、政治活动，不得非法从事或者资助宗教活动。

18.3 处罚标准

根据《境外非政府组织境内活动管理法》第47条第1款第4项规定，境外非政府组织、代表机构从事资助政治活动、非法从事资助宗教活动的，由登记管理机关吊销登记证书或者取缔临时活动；尚不构成犯罪的，由设区的市级以上人民政府公安机关对直接责任人员处15日以下拘留。根据第48条第3款规定，对从事资助政治活动、非法从事资助宗教活动的境外非政府组织，国务院公安部门可以将其列入不受欢迎的名单，不得在中国境内再设立代表机构或者开展临时活动。

19. 境外非政府组织、代表机构以其他方式危害国家安全、损害国家利益、损害社会公共利益

19.1 法律依据

《境外非政府组织境内活动管理法》第47条第1款第5项。

19.2 违法情形

境外非政府组织、境外非政府组织代表机构以其他方式危害国家安全、损害国家利益、损害社会公共利益，尚不构成犯罪的，应当由公安机关给予行政处罚。

本违法行为在客观方面表现为以其他方式危害国家安全、损害国家利益、损害社会公共利益，尚不构成犯罪的行为。《境外非政府组织境内活动管理法》第5条第1款规定，境外非政府组织在中国境内开展活动应当遵守中国法律，不得危害中国的国家统一、安全和民族团结，不得损害中国国家利益、社会公共利益和公民、法人以及其他组织的合法权益。本项属于兜底条款，是指《境外非政府组织境内活动管理法》第47条第1款第1项至第4项以外的危害国家安全、损害国家利益、损害社会公共利益的行为。

19.3 处罚标准

根据《境外非政府组织境内活动管理法》第47条第1款第5项规定，境外非政府组织、代表机构以其他方式危害国家安全、损害国家利益、损害社会公共利益的，由登记管理机关吊销登记证书或者取缔临时活动；尚不构成犯罪的，由设区的市级以上人民政府公安机关对直接责任人员处15日以下拘留。根据第48条第3款规定，对以其他方式危害国家安全、损害国家利益、损害社会公共利益的境外非政府组织，国务院公安部门可以将其列入不受欢迎的名单，不得在中国境内再设立代表机构或者开展临时活动。

20. 境外非政府组织、代表机构实施危害国家安全犯罪行为

20.1 法律依据

《境外非政府组织境内活动管理法》第47条第1、2款。

20.2 违法情形

境外非政府组织、境外非政府组织代表机构实施分裂国家、破坏国家统一、颠

覆国家政权等犯罪行为的，对直接责任人员依法追究刑事责任；对境外非政府组织、境外非政府组织代表机构，应当给予行政处罚。

20.3　处罚标准

根据《境外非政府组织境内活动管理法》第47条规定，境外非政府组织、境外非政府组织代表机构有分裂国家、破坏国家统一、颠覆国家政权等犯罪行为的，由登记管理机关吊销登记证书或者取缔临时活动，对直接责任人员依法追究刑事责任。

第二节　违反治安管理秩序行为的法律依据、违法情形和处罚标准

二、中华人民共和国人民警察法

21. 非法制造、贩卖、持有、使用警用标志、制式服装、警械、证件

21.1　法律依据

《中华人民共和国人民警察法》第36条，《人民警察制式服装及其标志管理规定》第14条、第15条、第16条，《公安机关警戒带使用管理办法》第10条。

21.2　违法情形

单位或者个人有下列情形之一的，尚不构成犯罪的，应当由公安机关给予行政处罚：

（1）非法制造、贩卖（销售）人民警察的警用标志、制式服装和警械的；

（2）非法持有、使用人民警察的警用标志、制式服装、警械、证件的；

（3）非法制造、贩卖、使用警戒带的。

应当注意，对单位或者个人非法生产、销售人民警察制式服装及其标志的，违法行为名称表述为“非法制造、贩卖警用标志、制式服装”，法律依据适用《中华人民共和国人民警察法》第36条和《人民警察制式服装及其标志管理规定》第14条。对指定生产企业违反规定，超计划生产或者擅自转让生产任务的，违法行为名称表述为“非法制造警用标志、制式服装”，法律依据适用《中华人民共和国人民警察法》第36条和《人民警察制式服装及其标志管理规定》第14条及第15条。对单位或者个人非法持有、使用人民警察制式服装及其标志的，违法行为名称表述为“非法持有、使用警用标志、制式服装”，法律依据适用《中华人民共和国人民警察法》第36条和《人民警察制式服装及其标志管理规定》第16条。

与非法生产、买卖警用装备罪的区别。根据《刑法》第281条的规定，非法生产、买卖警用装备罪必须同时具备两个条件：一是行为人实施了非法生产、买卖人民警察制式服装、车辆号牌等专用标志、警械的行为；二是必须达到“情节严重”的标准。同时具备上述两个条件的，应当作为刑事案件予以立案。对于未达到情节严重标准的，则应当按照行政案件受案。

21.3　处罚标准

根据《中华人民共和国人民警察法》第36条规定，人民警察的警用标志、制式服装和警械，由国务院公安部门统一监制，会同其他有关国家机关管理，其他个人和组织不得非法制造、贩卖。人民警察的警用标志、制式服装、警械、证件为人民警察专用，其他个人和组织不得持有和使用。违反前两款规定的，没收非法制造、贩卖、持有、使用

的人民警察警用标志、制式服装、警械、证件，由公安机关处15日以下拘留或者警告，可以并处违法所得5倍以下的罚款；构成犯罪的，依法追究刑事责任。

根据《人民警察制式服装及其标志管理规定》第14条规定，单位或者个人非法生产、销售人民警察制式服装及其标志的，由县级以上公安机关没收非法生产、销售的人民警察制式服装及其标志；对单位直接负责的主管人员和直接责任人员或者个人处15日以下拘留，可以并处违法所得5倍以下罚款；情节严重，构成犯罪的，依法追究刑事责任。第15条规定，人民警察制式服装及其标志指定生产企业违反规定，超计划生产或者擅自转让生产任务的，除按照本规定第14条处罚外，并可由公安部取消其人民警察制式服装及其标志生产资格。第16条规定，单位或者个人非法持有、使用人民警察制式服装及其标志的，由县级以上公安机关没收非法持有、使用的人民警察制式服装及其标志，处1000元以下罚款，并可对单位直接负责的主管人员和直接责任人员或者个人处10日以下拘留；构成犯罪的，依法追究刑事责任。

根据《公安机关警戒带使用管理办法》第10条规定，对非法制造、贩卖、使用警戒带的，依照《中华人民共和国人民警察法》第36条的规定处罚。

三、人民警察制式服装及其标志管理规定

22. 生产、销售仿制警用制式服装、标志

22.1 法律依据

《人民警察制式服装及其标志管理规定》第17条。

22.2 违法情形

对生产、销售与人民警察制式服装及其标志相仿并足以造成混淆的服装或者标志的行为，应当由公安机关给予行政处罚。

根据《仿制人民警察制式服装及其标志的判定规则》（公通字〔2004〕46号）的规定，凡具有下列情形之一，并造成公众视觉混淆的，即可判定为与人民警察服装及其标志相仿：一是使用相同标志的；二是使用相似标志与相同或相似服装款式搭配的；三是使用相似标志与相同或相似款式、颜色搭配的。所谓相同，是指使用了“警察”、“POLICE”、“JINGCHA”、盾牌、警徽标志和“99”式警服所配饰的帽徽、领花、肩章、胸徽、警号、纽扣、臂章、领带、领带夹、腰带、帽饰带及袖口绣花图案等。所谓相似是指：帽徽、领花、肩章、胸徽、号牌、纽扣、臂章、领带、领带夹、腰带、帽饰带及袖口绣花图案等在形状、图案与颜色的搭配方面与人民警察制式服装标志相仿，并造成公众视觉混淆的；在服装款式、颜色与人民警察制式服装相仿的情况下，所配戴的帽徽、领花、肩章、胸徽、号牌、纽扣、臂章、领带、领带夹、腰带、帽饰带及袖口绣花图案等部件，在图案、颜色、规格方面与人民警察制式服装标志相仿，且在2个以上（含2个）部位同时搭配使用，并造成公众视觉混淆的。有关人民警察制式服装及其标志的具体规格，以中华人民共和国公安部批准的公共安全行业标准中有关“99”式警服、警用服饰、警用鞋帽、警服材料产品技术标准为准。

22.3 处罚标准

根据《人民警察制式服装及其标志管

理规定》第17条规定，生产、销售仿制警用制式服装、标志的，由县级以上公安机关责令停止非法生产或者销售，处警告或者5000元以上1万元以下罚款。

23. 穿着、佩带仿制警用制式服装、标志

23.1　法律依据

《人民警察制式服装及其标志管理规定》第18条。

23.2　违法情形

对穿着和佩带与人民警察制式服装及其标志相仿并足以造成混淆的服装或者标志的行为，应当由公安机关给予行政处罚。

23.3　处罚标准

根据《人民警察制式服装及其标志管理规定》第18条规定，穿着、佩带仿制警用制式服装、标志的，由县级以上公安机关责令改正，处警告或者1000元以下罚款。

四、中华人民共和国治安管理处罚法

24. 扰乱单位秩序

24.1　法律依据

《中华人民共和国治安管理处罚法》第23条第1款第1项。

24.2　违法情形

对扰乱机关、团体、企业、事业单位秩序，致使工作、生产、营业、医疗、教学、科研不能正常进行，尚未造成严重损失的行为，应当由公安机关给予行政处罚。

根据《中华人民共和国军事设施保护法》第60条规定援引《中华人民共和国治安管理处罚法》第23条处罚。对《中华人民共和国军事设施保护法》第60条规定的非法进入军事禁区、军事管理区或者驾驶、操控航空器在陆地、水域军事禁区上空低空飞行，不听制止的；在军事禁区外围安全控制范围内，或者在没有划入军事禁区、军事管理区的军事设施一定距离内，进行危害军事设施安全和使用效能的活动，不听制止的；在军用机场净空保护区域内，进行影响飞行安全和机场助航设施使用效能的活动，不听制止的；对军事禁区、军事管理区非法进行摄影、摄像、录音、勘察、测量、定位、描绘和记述，不听制止的；其他扰乱军事禁区、军事管理区管理秩序和危害军事设施安全的行为，情节轻微，尚不够刑事处罚的，违法行为名称表述为“扰乱单位秩序”，法律依据适用《中华人民共和国治安管理处罚法》第23条第1款第1项。聚众实施上述行为的，违法行为名称表述为“聚众扰乱单位秩序”，法律依据适用《中华人民共和国治安管理处罚法》第23条第1款第1项和第2款。

与单位职工的一般错误行为的区别。实践中，扰乱单位秩序的形式多种多样，如在党政机关所在地的大门处静坐停留，造成车辆人员无法进出；哄闹、强占、冲击或封锁机关、团体、企业、事业单位的办公室、会议室、营业场所、生产车间、实验室、教室、病房等；围攻、谩骂甚至殴打机关、团体、企业、事业单位负责人或其他工作人员；等等。要注意该行为与单位职工的一般错误行为的区别。单位职工因对住房、工资等问题不满而采取一些过激行为，如果该行为并未影响到单位工作、生产、营业等方面的正常秩序，也未造成严重损失；或者虽有一定影响，但经说服教育，能够停止过激行为的，属于一般错误。如果不良影响较大，或者说服教育仍不改正的，也可以作为行政

案件立案查处。

与聚众扰乱社会秩序罪的界限。根据《刑法》第290条第1款的规定，聚众扰乱社会秩序必须达到“情节严重”的标准才构成犯罪。这里的“情节严重”，一般表现为扰乱的时间长、次数多、纠集的人数多，扰乱重要的工作、生产、营业和教学、科研、医疗活动，造成的影响比较恶劣等。应当注意，对于构成犯罪的，只对首要分子和其他积极参加的人员依法立案追究刑事责任。对于一般违法行为或者其他一般参与人员，情节较轻，没有造成严重损失，危害不大的，不以犯罪论处，可以依照《治安管理处罚法》给予相应处罚。

与聚众冲击国家机关罪的界限。根据《刑法》第290条第2款的规定，聚众冲击国家机关罪必须同时具备两个条件：一是行为人实施了聚众冲击国家机关的行为。二是致使国家机关工作无法进行，造成严重损失。两个条件同时具备，就应当作为刑事案件立案。应当注意，对于构成犯罪的，只对首要分子和其他积极参加的人员依法立案追究刑事责任，对一般参与人员则不以犯罪论处。对于未造成严重损失、不构成犯罪的，应当按照治安管理处罚法的给予相应在处罚。

24.3 处罚标准

根据《中华人民共和国治安管理处罚法》第23条第1款第1项规定，扰乱单位秩序的，处警告或者200元以下罚款；情节较重的，处5日以上10日以下拘留，可以并处500元以下罚款。

25. 扰乱公共场所秩序

25.1 法律依据

《中华人民共和国治安管理处罚法》第23条第1款第2项。

25.2 违法情形

对扰乱车站、港口、码头、机场、商场、公园、展览馆或者其他公共场所秩序的行为，应当由公安机关给予行政处罚。

由于这些行为发生在公共场所，容易出现混乱，发生事故，危害国家利益及人民群众的生命财产安全，因此，必须予以处罚。这些行为一般表现为：行为人在公共场所哄闹；静坐示威，阻碍交通；在公园中故意碰撞他人；或者在展览馆、商场、候机楼等场所故意拥挤、燃放爆竹；在车站、码头、机场故意不遵守秩序、制造混乱；等等。应当注意，扰乱公共场所秩序有聚众与不聚众之分，对聚众扰乱公共场所秩序的，依照《治安管理处罚法》第23条第2款予以立案和处罚。

25.3 处罚标准

根据《中华人民共和国治安管理处罚法》第23条第1款第2项规定，扰乱公共场所秩序的，处警告或者200元以下罚款；情节较重的，处5日以上10日以下拘留，可以并处500元以下罚款。

26. 扰乱公共交通工具上的秩序

26.1 法律依据

《中华人民共和国治安管理处罚法》第23条第1款第3项。

26.2 违法情形

对扰乱公共汽车、电车、火车、船舶、航空器或者其他公共交通工具上的秩序的行为，应当由公安机关给予行政处罚。

这些行为发生在公共交通工具上，是针对公共交通工具上的正常运营秩序而进行的扰乱活动。一般表现为：在正在运营中的公共交通工具上起哄滋事；故意堵塞车门不让乘客上下车；围攻谩骂驾驶人员、票务人员；不听乘务人员制止在非吸烟处吸烟；等等。

应当注意，扰乱公共交通工具上的秩序行为中的“交通工具”，是指正在运营中的或正在使用中的公共交通工具。发生在其他场所，正在停用待修、未使用的或挪作他用的公共交通工具上的行为，不属于扰乱公共交通工具上的秩序的行为。

应当注意，扰乱公共交通工具上的秩序有聚众和不聚众之分，对聚众扰乱公共交通工具上的秩序的行为，则按照《治安管理处罚法》第 23 条第 2 款予以立案和处罚。

26.3　处罚标准

根据《中华人民共和国治安管理处罚法》第 23 条第 1 款第 3 项规定，扰乱公共交通工具上的秩序的，处警告或者 200 元以下罚款；情节较重的，处 5 日以上 10 日以下拘留，可以并处 500 元以下罚款。

27. 妨碍交通工具正常行驶

27.1　法律依据

《中华人民共和国治安管理处罚法》第 23 条第 1 款第 4 项。

27.2　违法情形

对非法拦截或者强登、扒乘机动车、船舶、航空器以及其他交通工具，影响交通工具正常行驶的行为，应当由公安机关给予行政处罚。

这种行为的主要特点为：行为对象是公共交通工具，主要针对交通工具的正常行驶而实施的扰乱行为。一般表现为：行为人无正当理由，采用暴力或非暴力的方式，强行攀登火车；在飞机跑道上坐卧停留；在铁路、公路上静坐示威等。应当注意，行为人实施非法拦截或者强登、扒乘的行为对象是正在正常行驶的公共交通工具。对于拦截或者强登、扒乘停靠未行驶的、失控行驶或违章行驶的公共交通工具，不能构成该行为。如果行为人是为了保护国家和人民生命财产安全而实施的拦截、扒乘的，则不属于违法行为。如，因为前方有险情，为避免车毁人亡而实施的拦截行为，或强登已失控车辆使之恢复正常的行为，或因为急病或重伤急需住院治疗而拦截或者强登的行为，等等。行为人为了达到其他不法目的，而实施非法拦截或者强登、扒乘公共交通工具的行为，应当采取吸收原则，按照行为人的目的而进行认定。如，为了盗窃、抢劫而拦截或者强登交通工具的行为，应当按照盗窃、抢劫行为论处。

27.3　处罚标准

根据《中华人民共和国治安管理处罚法》第 23 条第 1 款第 4 项规定，妨碍交通工具正常行驶的，处警告或者 200 元以下罚款；情节较重的，处 5 日以上 10 日以下拘留，可以并处 500 元以下罚款。

28. 破坏选举秩序

28.1　法律依据

《中华人民共和国治安管理处罚法》第 23 条第 1 款第 5 项。

28.2　违法情形

对破坏依法进行的选举秩序的行为，尚不构成犯罪的，应当由公安机关给予行政处罚。

这种行为主要发生在选举场所或者与选举有关的场所，主要是针对选举工作而实施的各种扰乱活动。一般表现为：行为人在选举会场上大声喧哗；发表煽动性演讲；在选举大会现场、选举办公室殴打选举工作人员；损毁投票箱；等等。应当注意，扰乱选举秩序行为所指向的选举活动，必须是依法举行的选举活动，如村民选举大会、人民代表选举大会等。如果行为人扰乱的是非依法举行的选举活动，则不属于违法行为。

与破坏选举罪的界限。根据《刑法》第256条规定，所谓破坏选举罪，是指在选举各级人民代表大会代表和国家机关领导人员时，以暴力、威胁、欺骗、贿赂、伪造选举文件、虚报选举票数或者编造选举结果等手段破坏选举或者妨害选民和代表自由行使选举权和被选举权，情节严重的行为。本罪既可以由国家机关工作人员利用职权实施，也可以由普通公民实施。应当注意，破坏选举的行为，只有情节严重的，才以犯罪论处。如果情节不严重，则可以依照《选举法》《治安管理处罚法》等有关规定予以处罚。

28.3 处罚标准

根据《中华人民共和国治安管理处罚法》第23条第1款第5项规定，破坏选举秩序的，处警告或者200元以下罚款；情节较重的，处5日以上10日以下拘留，可以并处500元以下罚款。

29. 聚众扰乱单位秩序

29.1 法律依据

《中华人民共和国治安管理处罚法》第23条第2款。

29.2 违法情形

对聚众扰乱单位秩序，尚不构成犯罪的，应当由公安机关给予行政处罚。

所谓聚众扰乱单位秩序，是指组织、纠集3人或者3人以上扰乱单位秩序的行为。

与聚众扰乱社会秩序罪的界限。根据《刑法》第290条第1款的规定，聚众扰乱社会秩序，情节严重，致使工作、生产、营业和教学、科研、医疗无法进行，造成严重损失的，则构成聚众扰乱社会秩序罪，应当立为刑事案件，依法追究首要分子和其他积极参加人员的刑事责任。对于一般违法行为或者其他一般参与人员，或者情节较轻，没有造成严重损失，危害不大的，不以犯罪论处，但应当依照治安管理处罚法的有关规定予以处罚。

29.3 处罚标准

根据《中华人民共和国治安管理处罚法》第23条第2款规定，聚众扰乱单位秩序的，对首要分子处10日以上15日以下拘留，可以并处1000元以下罚款。

30. 聚众扰乱公共场所秩序

30.1 法律依据

《中华人民共和国治安管理处罚法》第23条第2款。

30.2 违法情形

对聚众扰乱公共场所秩序，尚不构成犯罪的，应当由公安机关给予行政处罚。

所谓聚众扰乱公共场所秩序，是指组织、纠集3人或者3人以上扰乱公共场所秩序的行为。

与聚众扰乱社会秩序罪、聚众扰乱公共场所秩序罪的界限。根据《刑法》第290条第1款和第291条之规定，构成上述两种犯罪都要求达到“情节严重”的程度，否则不以犯罪论处。

30.3 处罚标准

根据《中华人民共和国治安管理处罚法》第23条第2款规定，聚众扰乱公共场所所秩序的，对首要分子处10日以上15日以下拘留，可以并处1000元以下罚款。

31. 聚众扰乱公共交通工具上的秩序

31.1　法律依据

《中华人民共和国治安管理处罚法》第23条第2款。

31.2　违法情形

对聚众扰乱公共交通工具上的秩序，尚不构成犯罪的，应当由公安机关给予行政处罚。

所谓聚众扰乱公共交通工具上的秩序，是指组织、纠集3人或者3人以上扰乱公共交通工具上的秩序的行为。

与聚众扰乱交通秩序罪的界限。根据《刑法》第291条之规定，构成聚众扰乱交通秩序罪应当达到“情节严重”的程度，否则不以犯罪论处。

31.3　处罚标准

根据《中华人民共和国治安管理处罚法》第23条第2款规定，聚众扰乱公共交通工具上的秩序的，对首要分子处10日以上15日以下拘留，可以并处1000元以下罚款。

32. 聚众妨碍交通工具正常行驶

32.1　法律依据

《中华人民共和国治安管理处罚法》第23条第2款。

32.2　违法情形

对聚众妨碍交通工具正常行驶，尚不构成犯罪的，应当由公安机关给予行政处罚。

所谓聚众妨碍交通工具正常行驶，是指组织、纠集3人或者3人以上妨碍交通工具正常行驶的行为。

与聚众扰乱交通秩序罪的界限。根据《刑法》第291条之规定，构成聚众扰乱交通秩序罪应当达到“情节严重”的程度，否则不以犯罪论处。

32.3　处罚标准

根据《中华人民共和国治安管理处罚法》第23条第2款规定，聚众妨碍交通工具正常行驶的，对首要分子处10日以上15日以下拘留，可以并处1000元以下罚款。

33. 聚众破坏选举秩序

33.1　法律依据

《中华人民共和国治安管理处罚法》第23条第2款。

33.2　违法情形

聚众破坏选举秩序，尚不构成犯罪的，应当由公安机关给予行政处罚。

所谓聚众破坏选举秩序，是指组织、纠集3人或者3人以上破坏选举秩序的行为。

与破坏选举罪的界限。破坏选举“情节严重”的，构成破坏选举罪。对不构成犯罪的，可以依照《选举法》《治安管理处罚法》等有关规定予以处罚。

33.3　处罚标准

根据《中华人民共和国治安管理处罚法》第23条第2款规定，聚众破坏选举秩序的，对首要分子处10日以上15日以下拘留，可以并处1000元以下罚款。

34. 强行进入大型活动场内

34.1　法律依据

《中华人民共和国治安管理处罚法》第24条第1款第1项。

34.2　违法情形

对强行进入场内，扰乱文化、体育等大型群众性活动秩序的，应当由公安机关给予行政处罚。

所谓大型群众性活动，根据《大型群众性活动安全管理条例》第2条规定，是指法人或者其他组织面向社会公众举办的每场次预计参加人数达到1000人以上的下列活动：（1）体育比赛活动；（2）演唱会、音乐会等文艺演出活动；（3）展览、展销等活动；（4）游园、灯会、庙会、花会、焰火晚会等活动；（5）人才招聘会、现场开奖的彩票销售等活动。影剧院、音乐厅、公园、娱乐场所等在其日常业务范围内举办的活动，不纳入大型群众性活动管理。

34.3 处罚标准

根据《中华人民共和国治安管理处罚法》第24条第1款第1项规定，强行进入大型活动场内的，处警告或者200元以下罚款；情节严重的，处5日以上10日以下拘留，可以并处500元以下罚款。

35. 违规在大型活动场内燃放物品

35.1 法律依据

《中华人民共和国治安管理处罚法》第24条第1款第2项。

35.2 违法情形

违规在大型活动场内燃放物品，扰乱文化、体育等大型群众性活动秩序的，应当由公安机关给予行政处罚。这里燃放的物品，既包括燃放烟花爆竹，也包括燃放其他物品，如报纸、标语、横幅等。应当注意，如果行为人在大型活动场内燃放物品，造成人员伤亡或者秩序混乱的，则按照相关犯罪立案追究刑事责任。

35.3 处罚标准

根据《中华人民共和国治安管理处罚法》第24条第1款第2项规定，违规在大型活动场内燃放物品的，处警告或者200元以下罚款；情节严重的，处5日以上10日以下拘留，可以并处500元以下罚款。

36. 在大型活动场内展示侮辱性物品

36.1 法律依据

《中华人民共和国治安管理处罚法》第24条第1款第3项。

36.2 违法情形

行为人违反规定，在大型活动场内展示侮辱性物品，扰乱文化、体育等大型群众性活动秩序的，应当由公安机关给予行政处罚。

这里的展示，是指以文字、图片等方式让特定或者不特定的多人知悉、看到侮辱性标语、条幅等。应当注意，如果行为人展示的是宣扬恐怖主义、极端主义的物品，构成犯罪的，应当按照宣扬恐怖主义、极端主义、煽动实施恐怖活动罪，非法持有宣扬恐怖主义、极端主义物品罪等相关犯罪立案追究刑事责任。

36.3 处罚标准

根据《中华人民共和国治安管理处罚法》第24条第1款第3项规定，在大型活动场内展示侮辱性物品的，处警告或者200元以下罚款；情节严重的，处5日以上10日以下拘留，可以并处500元以下罚款。

37. 围攻大型活动工作人员

37.1 法律依据

《中华人民共和国治安管理处罚法》第24条第1款第4项。

37.2 违法情形

在文化、体育等大型群众性活动中，只要行为人实施了围攻裁判员、运动员或者其他工作人员的行为，应当由公安机关给予行政处罚。

如果围攻造成了裁判员、运动员或者其他工作人员伤害，构成犯罪的，可以故意伤害罪立案追究刑事责任。

37.3 处罚标准

根据《中华人民共和国治安管理处罚法》第24条第1款第4项规定，围攻大型活动工作人员的，处警告或者200元以下罚款；情节严重的，处5日以上10日以下拘留，可以并处500元以下罚款。

38. 向大型活动场内投掷杂物

38.1 法律依据

《中华人民共和国治安管理处罚法》第24条第1款第5项。

38.2 违法情形

在文化、体育等大型群众性活动中，如果行为人向大型活动场内投掷杂物，不听制止的，应当由公安机关给予行政处罚。

38.3 处罚标准

根据《中华人民共和国治安管理处罚法》第24条第1款第5项规定，向大型活动场内投掷杂物，不听制止的，处警告或者200元以下罚款；情节严重的，处5日以上10日以下拘留，可以并处500元以下罚款。

39. 其他扰乱大型活动秩序的行为

39.1 法律依据

《中华人民共和国治安管理处罚法》第24条第1款第6项。

39.2 违法情形

这是一个补充性的规定，是指除《中华人民共和国治安管理处罚法》第24条第1款第1项至第5项以外的其他扰乱大型活动秩序的行为。如，行为人哗众取宠，违反社会公德，在体育比赛场内裸奔；或者采用宣扬迷信邪说、色情、淫秽或者渲染暴力的标语、条幅、广播、口号等方式扰乱大型活动秩序的行为等。对这些行为，也应当由公安机关给予行政处罚。

39.3 处罚标准

根据《中华人民共和国治安管理处罚法》第24条第1款第6项规定，有其他扰乱大型活动秩序的行为的，处警告或者200元以下罚款；情节严重的，处5日以上10日以下拘留，可以并处500元以下罚款。

40. 虚构事实扰乱公共秩序

40.1 法律依据

《中华人民共和国治安管理处罚法》第25条第1项。

40.2 违法情形

散布谣言，谎报险情、疫情、警情或者以其他方法故意扰乱公共秩序，情节轻微，尚未造成严重后果的，应当由公安机关给予行政处罚。

这类行为主要表现为行为人故意虚构并散布谣言欺骗不明真相的群众，或者故意编造险情、疫情、警情并向有关部门报告，或者以类似方式故意制造混乱，影响公共秩序。在实践中常见的行为有：行为人通过发表演说、张贴大字报或者投寄匿名信等手段，制造并散布谣言，无中生有；拨打110、119等电话谎报发生火灾事故、疫情事故等。行为人主观方面是故意为之，如果不是出于故意，而是因为错觉或者误听虚假传闻而误传误报，不属于本类应当受到处罚的行为。

应当注意，对《中华人民共和国消防法》第62条第3项规定的谎报火警，违法行为名称表述为“虚构事实扰乱公共秩序(谎报火警)”，法律依据适用《中华人民共和国消防法》第62条第3项和《中华人民共和国治安管理处罚法》第25条第1项。

与编造、故意传播虚假信息罪的界限。

根据《刑法》第291条之一第2款的规定，编造虚假的险情、疫情、灾情、警情，在信息网络或者其他媒体上传播，或者明知是上述虚假信息，故意在信息网络或者其他媒体上传播，严重扰乱社会秩序的，应当立为刑事案件。未严重扰乱社会秩序的，应当作为行政案件立案。

40.3　处罚标准

根据《中华人民共和国治安管理处罚法》第25条第1项规定，虚构事实扰乱公共秩序的，处5日以上10日以下拘留，可以并处500元以下罚款；情节较轻的，处5日以下拘留或者500元以下罚款。

41. 投放虚假危险物质

41.1　法律依据

《中华人民共和国治安管理处罚法》第25条第2项。

41.2　违法情形

投放虚假的爆炸性、毒害性、放射性、腐蚀性物质或者传染病病原体等危险物质，尚未导致严重扰乱社会秩序结果的，应当由公安机关给予行政处罚。造成严重扰乱公共秩序后果的，应当立为刑事案件。

与投放虚假危险物质罪的界限。根据《刑法》第291条之一第1款的规定，投放虚假的爆炸性、毒害性、放射性、传染病病原体等物质，严重扰乱社会秩序的，构成投放虚假危险物质罪。本罪是结果犯，一是行为人实施了投放虚假危险物质的行为，二是导致了严重扰乱社会秩序的结果发生。对于情节显著轻微危害不大的，则不以犯罪论处。

41.3　处罚标准

根据《中华人民共和国治安管理处罚法》第25条第2项规定，投放虚假危险物质的，处5日以上10日以下拘留，可以并处500元以下罚款；情节较轻的，处5日以下拘留或者500元以下罚款。

42. 扬言实施放火、爆炸、投放危险物质

42.1　法律依据

《中华人民共和国治安管理处罚法》第25条第3项。

42.2　违法情形

扬言实施放火、爆炸、投放危险物质，尚未严重扰乱公共秩序的，应当由公安机关给予行政处罚。如果行为人已经实施了放火、爆炸、投放危险物质的行为，则按照相关规定立为刑事案件。

行为人扬言实施放火、爆炸、投放危险物质，是一种公开的意思表示，能够使公众周知，从而容易引起恐慌。如果行为人只是私底下流露这种意思，则不属于此类行为。

42.3　处罚标准

根据《中华人民共和国治安管理处罚法》第25条第3项规定，扬言实施放火、爆炸、投放危险物质扰乱公共秩序的，处5日以上10日以下拘留，可以并处500元以下罚款；情节较轻的，处5日以下拘留或者500元以下罚款。

43. 寻衅滋事

43.1　法律依据

《中华人民共和国治安管理处罚法》第26条。

43.2　违法情形

对符合《治安管理处罚法》第26条规定的四种寻衅滋事情形之一，尚未达到"情节恶劣"、"情节严重"或者"造成公共场所秩序严重混乱"的，应当由公安机

关给予行政处罚。构成犯罪的，立为刑事案件。

《治安管理处罚法》第 26 条规定了四种行为，即结伙斗殴，追逐、拦截他人，强拿硬要或者任意损毁、占用公私财物以及其他寻衅滋事行为。根据最高人民法院、最高人民检察院《关于办理寻衅滋事刑事案件适用法律若干问题的解释》（法释〔2013〕18 号）第 1 条规定，行为人为寻求刺激、发泄情绪、逞强耍横等，无事生非，实施《刑法》第 293 条规定的行为的，应当认定为“寻衅滋事”。行为人因日常生活中的偶发矛盾纠纷，借故生非，实施《刑法》第 293 条规定的行为的，应当认定为“寻衅滋事”，但矛盾系由被害人故意引发或者被害人对矛盾激化负有主要责任的除外。行为人因婚恋、家庭、邻里、债务等纠纷，实施殴打、辱骂、恐吓他人或者损毁、占用他人财物等行为的，一般不认定为“寻衅滋事”，但经有关部门批评制止或者处理处罚后，继续实施前列行为，破坏社会秩序的除外。

与聚众斗殴罪、寻衅滋事的界限。根据《刑法》第 292 条规定，构成聚众斗殴罪的，只追究组织、策划、指挥者或者积极参加聚众斗殴人员的刑事责任。如果聚众斗殴致人重伤、死亡的，则不再是聚众斗殴罪，而应直接以故意伤害罪、故意杀人罪处罚。根据《刑法》第 293 条规定，构成寻衅滋事罪的必须是“情节恶劣”、“情节严重”或者“造成公共场所秩序严重混乱”，对情节显著轻微危害不大的，则属于违反治安管理的寻衅滋事行为。最高人民法院、最高人民检察院《关于办理寻衅滋事刑事案件适用法律若干问题的解释》（法释〔2013〕18 号）对“情节恶劣”“情节严重”“造成公共场所秩序严重混乱”作了明确解释。

43.3　处罚标准

根据《治安管理处罚法》第 26 条规定，寻衅滋事的，处 5 日以上 10 日以下拘留，可以并处 500 元以下罚款；情节较重的，处 10 日以上 15 日以下拘留，可以并处 1000 元以下罚款。

44. 组织、教唆、胁迫、诱骗、煽动从事邪教、会道门活动

44.1　法律依据

《中华人民共和国治安管理处罚法》第 27 条第 1 项。

44.2　违法情形

组织、教唆、胁迫、诱骗、煽动他人从事邪教、会道门活动，扰乱社会秩序、损害他人身体健康，尚不构成犯罪的，应当由公安机关给予行政处罚。

要正确区分邪教、会道门组织与合法宗教活动之间的界限。所谓邪教组织，是指冒用宗教、气功或者其他名义建立，神化首要分子，利用制造、散布迷信邪说等手段蛊惑、蒙骗他人，发展、控制成员，危害社会的非法组织。所谓会道门，是对会、道、门三类封建迷信组织的总称，如九宫道、一贯道、先天道、后天道等。邪教和会道门都是严重危害社会管理秩序的组织，其共同特点是通过宣扬歪理邪说来蛊惑、蒙骗他人。而合法的宗教活动，是指在宗教活动场所进行的布道、传教、佛事等活动，这些活动是国家认可的，也是受《宪法》保护的。

与组织、利用会道门、邪教组织或者利用迷信破坏法律实施罪的界限。根据

《刑法》第300条第1款规定，组织、利用会道门、邪教组织或者利用迷信破坏国家法律、行政法规实施的，应当作为刑事案件立案追诉。具体标准可以参照最高人民法院、最高人民检察院1999年10月30公布的《关于办理组织和利用邪教组织犯罪案件具体应用法律若干问题的解释》以及2001年6月4日公布的《关于办理组织和利用邪教组织犯罪案件具体应用法律若干问题的解释（二）》。如果行为人组织利用会道门、邪教组织或者利用迷信进行破坏活动中奸淫妇女、诈骗钱财的，应当依照数罪并罚的规定处罚。

44.3 处罚标准

根据《中华人民共和国治安管理处罚法》第27条第1项规定，组织、教唆、胁迫、诱骗、煽动从事邪教、会道门活动的，处10日以上15日以下拘留，可以并处1000元以下罚款；情节较轻的，处5日以上10日以下拘留，可以并处500元以下罚款。

45. 利用邪教、会道门、迷信活动危害社会

45.1 法律依据

《中华人民共和国治安管理处罚法》第27条第1项。

45.2 违法情形

利用邪教、会道门、迷信活动，扰乱社会秩序、损害他人身体健康，尚不构成犯罪的，应当由公安机关给予行政处罚。

所谓迷信，是在生产力低下、文化落后、群众缺乏知识的情况下，作为科学的对立物出现的一种信奉鬼神的唯心主义的宿命论，其信仰、崇拜和活动形式带有浓厚的封建色彩。应当注意的是，组织、利用会道门、邪教组织的活动，往往也带有迷信色彩的内容，但其更主要的特征是建立会道门、邪教组织或利用会道门和邪教组织进行活动。

立案时，要注意把握本类行为与组织、利用会道门、邪教组织或者利用迷信破坏法律实施罪的界限。

45.3 处罚标准

根据《中华人民共和国治安管理处罚法》第27条第1项规定，利用邪教、会道门、迷信活动危害社会的，处10日以上15日以下拘留，可以并处1000元以下罚款；情节较轻的，处5日以上10日以下拘留，可以并处500元以下罚款。

46. 冒用宗教、气功名义危害社会

46.1 法律依据

《中华人民共和国治安管理处罚法》第27条第2项。

46.2 违法情形

冒用宗教、气功名义进行扰乱社会秩序、损害他人身体健康活动，尚不构成犯罪的行为，应当由公安机关给予行政处罚。

这是一种很具有迷惑性的违反治安管理的行为，它具有一定的隐蔽性，行为人往往借用佛教、道教、基督教等合法宗教形式为幌子，自称“观音下凡”“得道成佛”，来“普渡众生”，以骗得群众的信任，实施绝食、自残、自虐或者阻止病人进行正常治疗，损害他人身体健康。如果行为人冒用宗教、气功名义严重扰乱社会秩序，或者造成他人伤害、死亡，则应当按照故意杀人罪、故意伤害罪等立案追究刑事责任。

46.3 处罚标准

根据《中华人民共和国治安管理处罚

法》第27条第2项规定，冒用宗教、气功名义危害社会的，处10日以上15日以下拘留，可以并处1000元以下罚款；情节较轻的，处5日以上10日以下拘留，可以并处500元以下罚款。

47. 故意干扰无线电业务正常进行

47.1 法律依据

《中华人民共和国治安管理处罚法》第28条。

47.2 违法情形

违反国家规定，故意干扰无线电业务正常进行的，应当由公安机关给予行政处罚。

这里的“违反国家规定”，主要是指违反《无线电管理条例》等法律、法规。故意干扰无线电业务正常进行，主要表现为对政府、军队通信系统的干扰，以及对铁路、交通、电力、电信、广播、电视等系统的干扰。

应当注意，《中华人民共和国军事设施保护法》第61条规定援引《中华人民共和国治安管理处罚法》第28条的规定处罚。对《中华人民共和国军事设施保护法》第61条规定的违反国家规定，故意干扰军用无线电设施正常工作的，违法行为名称表述为“故意干扰无线电业务正常进行”，法律依据适用《中华人民共和国治安管理处罚法》第28条。

立案时，要注意把握与扰乱无线电通讯管理秩序罪的界限。根据《刑法》第288条的规定，违反国家规定，擅自设置、使用无线电台（站），或者擅自使用无线电频率，干扰无线电通讯秩序，情节严重的，构成扰乱无线电通讯管理秩序罪，应当作为刑事案件立案。由此可见，是否达到刑法规定的“情节严重”的程度，是区分行政违法行为与犯罪的重要标准。

47.3 处罚标准

根据《中华人民共和国治安管理处罚法》第28条规定，故意干扰无线电业务正常进行的，处5日以上10日以下拘留；情节严重的，处10日以上15日以下拘留。

48. 拒不消除对无线电台（站）的有害干扰

48.1 法律依据

《中华人民共和国治安管理处罚法》第28条。

48.2 违法情形

违反国家规定，对正常运行的无线电台（站）产生有害干扰，经有关主管部门指出后，拒不采取有效措施消除的，应当由公安机关给予行政处罚。

这里违反国家规定，主要是指违反《无线电管理条例》等法律、法规。对于经有关主管部门指出后，已经采取有效措施消除的，公安机关不得作为行政案件受案。

应当注意，《中华人民共和国军事设施保护法》第61条规定援引《中华人民共和国治安管理处罚法》第28条的规定处罚。对《中华人民共和国军事设施保护法》第61条规定的对军用无线电设施产生有害干扰，拒不按照有关部门的要求改正的，违法行为名称表述为“拒不消除对无线电台（站）的有害干扰”，法律依据适用《中华人民共和国治安管理处罚法》第28条。

48.3 处罚标准

根据《中华人民共和国治安管理处罚法》第28条规定，拒不消除对无线电台（站）的有害干扰的，处5日以上10日以下拘留；情节严重的，处10日以上15日以下拘留。

49. 非法侵入计算机信息系统

49.1 法律依据

《中华人民共和国治安管理处罚法》第29条第1项。

49.2 违法情形

违反国家规定，侵入计算机信息系统，造成危害，尚不构成犯罪的，应当由公安机关给予行政处罚。

这里的“违反国家规定”，主要是指违反国家有关保护计算机安全的规定，如《计算机信息系统安全保护条例》《计算机信息网络国际联网安全保护管理办法》《互联网上网服务营业场所管理条例》等法规、规章。

应当注意，《计算机信息网络国际联网安全保护管理办法》第20条与《中华人民共和国治安管理处罚法》第29条第1项竞合。对单位未经允许，进入计算机信息网络或者使用计算机信息网络资源，构成违反治安管理行为的，违法行为名称表述为“非法侵入计算机信息系统”。对单位处罚的法律依据适用《计算机信息网络国际联网安全保护管理办法》第6条第1项和第20条，对其直接负责的主管人员和其他直接责任人员处罚的法律依据适用《中华人民共和国治安管理处罚法》第18条和第29条第1项。

与非法侵入计算机信息系统罪的界限。根据《刑法》第285条的规定，违反国家规定，故意侵入国家事务、国防建设、尖端科学技术领域的计算机信息系统的，构成非法侵入计算机信息系统罪，应当作为刑事案件予以立案。对非法侵入上述计算机信息系统以外的所有受我国法律、法规保护的计算机信息系统的，则由公安机关给予行政处罚。

49.3 处罚标准

根据《中华人民共和国治安管理处罚法》第29条第1项规定，非法侵入计算机信息系统的，处5日以下拘留；情节较重的，处5日以上10日以下拘留。

50. 非法改变计算机信息系统功能

50.1 法律依据

《中华人民共和国治安管理处罚法》第29条第2项。

50.2 违法情形

违反国家规定，对计算机信息系统功能进行删除、修改、增加、干扰，造成计算机信息系统不能正常运行的，应当由公安机关给予行政处罚。

应当注意，《计算机信息网络国际联网安全保护管理办法》第20条与《中华人民共和国治安管理处罚法》第29条第2项竞合。对单位未经允许，对计算机信息网络功能进行删除、修改或者增加，构成违反治安管理行为的，违法行为名称表述为“非法改变计算机信息系统功能”。对单位处罚的法律依据适用《计算机信息网络国际联网安全保护管理办法》第6条第2项和第20条，对其直接负责的主管人员和其他直接责任人员处罚的法律依据适用《中华人民共和国治安管理处罚法》第18条和第29条第2项。

与破坏计算机信息系统罪的界限。根据《刑法》第286条的规定，违反国家规定，对计算机信息系统功能进行删除、修改、增加、干扰，造成计算机信息系统不能正常运行，后果严重的，应当作为刑事案件予以立案。区分行政违法与犯罪的界限主要是看后果是否严重，对于后果不严重的，应当由公安机关给予行政处罚。

50.3　处罚标准

根据《中华人民共和国治安管理处罚法》第29条第2项规定，非法改变计算机信息系统功能的，处5日以下拘留；情节较重的，处5日以上10日以下拘留。

51. 非法改变计算机信息系统数据和应用程序

51.1　法律依据

《中华人民共和国治安管理处罚法》第29条第3项。

51.2　违法情形

违反国家规定，对计算机信息系统中存储、处理、传输的数据和应用程序进行删除、修改、增加的，应当由公安机关给予行政处罚。

应当注意，《计算机信息网络国际联网安全保护管理办法》第20条与《中华人民共和国治安管理处罚法》第29条第3项竞合。对单位未经允许，对计算机信息网络中存储、处理或者传输的数据和应用程序进行删除、修改或者增加，构成违反治安管理行为的，违法行为名称表述为“非法改变计算机信息系统数据和应用程序”。对单位处罚的法律依据适用《计算机信息网络国际联网安全保护管理办法》第6条第3项和第20条，对其直接负责的主管人员和其他直接责任人员处罚的法律依据适用《中华人民共和国治安管理处罚法》第18条和第29条第3项。

51.3　处罚标准

根据《中华人民共和国治安管理处罚法》第29条第3项规定，非法改变计算机信息系统数据和应用程序的，处5日以下拘留；情节较重的，处5日以上10日以下拘留。

52. 故意制作、传播计算机破坏性程序影响运行

52.1　法律依据

《中华人民共和国治安管理处罚法》第29条第4项。

52.2　违法情形

故意制作、传播计算机病毒等破坏性程序，影响计算机信息系统正常运行的，应当由公安机关给予行政处罚。

应当注意，《计算机信息网络国际联网安全保护管理办法》第20条与《中华人民共和国治安管理处罚法》第29条第4项竞合。对单位故意制作、传播计算机病毒等破坏性程序，构成违反治安管理行为的，违法行为名称表述为“故意制作、传播计算机破坏性程序影响运行”。对单位处罚的法律依据适用《计算机信息网络国际联网安全保护管理办法》第6条第4项和第20条，对其直接负责的主管人员和其他直接责任人员处罚的法律依据适用《中华人民共和国治安管理处罚法》第18条和第29条第4项。

与提供侵入、非法控制计算机信息系统程序、工具罪的界限。根据《刑法》第285条第3款的规定，提供专门用于侵入、非法控制计算机信息系统的程序、工具，或者明知他人实施侵入、非法控制计算机信息系统的违法犯罪行为而为其提供程序、工具的行为，应当作为刑事案件立案。

52.3　处罚标准

根据《中华人民共和国治安管理处罚法》第29条第4项规定，故意制作、传播计算机破坏性程序影响运行的，处5日以

下拘留；情节较重的，处5日以上10日以下拘留。

53. 非法制造、买卖、储存、运输、邮寄、携带、使用、提供、处置危险物质

53.1 法律依据

《中华人民共和国治安管理处罚法》第30条。

53.2 违法情形

违反国家规定，制造、买卖、储存、运输、邮寄、携带、使用、提供、处置爆炸性、毒害性、放射性、腐蚀性物质或者传染病病原体等危险物质的，应当由公安机关给予行政处罚。

所谓危险物质，是指具有爆炸性、毒害性、放射性、腐蚀性或传染性等性能的物质，在管理不当的情况下，容易引起人员重大伤亡和财产严重损毁，并引起公众心理恐惧，危害公共安全和社会治安秩序。常见的危险物质包括：枪支弹药、雷管炸药、具有放射性的核材料、氰化物、砷化物以及硫酸、氢氧化钠，以及鼠疫、炭疽病毒等。危险物质具有双重性：一方面，它是国民经济生产不可缺少的物质，它对工业、农业、科技、医药、卫生乃至军事等方面起着重要的作用；另一方面，它又具有很大的危险性，在管理不当的情况下，能对周围的环境构成重大威胁。因此，国家对危险物质的生产、流通、使用、销毁等过程都有着严格的管理规定。目前，我国对危险物质的管理规定主要有：《中华人民共和国民用爆炸物品管理条例》《危险化学品安全管理条例》《中华人民共和国核材料管制条例》《放射性物品管理办法》《放射性同位素与射线装置放射防护条例》《中华人民共和国枪支管理法》《中华人民共和国传染病防治法》等。

应当注意，《民用爆炸物品安全管理条例》第44条第4款与《中华人民共和国治安管理处罚法》第30条竞合。对未经许可购买、运输民用爆炸物品的，违法行为名称表述为“非法购买、运输危险物质（民用爆炸物品）”。对单位处罚的法律依据适用《民用爆炸物品安全管理条例》第44条第4款，对其直接负责的主管人员和其他直接责任人员处罚的法律依据适用《中华人民共和国治安管理处罚法》第18条和第30条。对个人未经许可购买、运输民用爆炸物品的，法律依据适用《中华人民共和国治安管理处罚法》第30条。

《民用爆炸物品安全管理条例》第49条第3项、第4项与《中华人民共和国治安管理处罚法》第30条竞合。对违规储存民用爆炸物品的，违法行为名称表述为“非法储存危险物质（民用爆炸物品）”。对单位处罚的法律依据适用《民用爆炸物品安全管理条例》第49条第3项或者第4项，对其直接负责的主管人员和其他直接责任人员处罚的法律依据适用《中华人民共和国治安管理处罚法》第18条和第30条。对个人非法储存民用爆炸物品的，法律依据适用《中华人民共和国治安管理处罚法》第30条。

《民用爆炸物品安全管理条例》第51条和《中华人民共和国治安管理处罚法》第30条竞合。对携带民用爆炸物品搭乘公共交通工具或者进入公共场所，邮寄或者在托运的货物、行李、包裹、邮件中夹带民用爆炸物品，违法行为名称表述为“非法携带、邮寄危险物质（民用爆炸物品）”，法律依据适用《中华人民共和国治安管理

处罚法》第30条和《民用爆炸物品安全管理条例》第51条。

对《中华人民共和国消防法》第62条第1项规定的违反有关消防技术标准和管理规定生产、储存、运输、销售、使用、销毁易燃易爆危险品，违法行为名称表述为“非法制造、买卖、储存、运输、使用、处置危险物质（易燃易爆危险品）”，法律依据适用《中华人民共和国消防法》第62条第1项和《中华人民共和国治安管理处罚法》第30条。

对《中华人民共和国消防法》第62条第2项规定的非法携带易燃易爆危险品进入公共场所或者乘坐公共交通工具的，违法行为名称表述为“非法携带危险物质（易燃易爆危险品）”，法律依据适用《中华人民共和国消防法》第62条第2项和《中华人民共和国治安管理处罚法》第30条。

《烟花爆竹安全管理条例》第36条第2款与《中华人民共和国治安管理处罚法》第30条竞合。对未经许可经由道路运输烟花爆竹的，违法行为名称表述为“非法运输危险物质（烟花爆竹）”，对单位处罚的法律依据适用《烟花爆竹安全管理条例》第36条第2款，对其直接负责的主管人员和其他直接责任人员处罚的法律依据适用《中华人民共和国治安管理处罚法》第18条和第30条。对个人未经许可经由道路运输烟花爆竹的，法律依据适用《中华人民共和国治安管理处罚法》第30条。

《烟花爆竹安全管理条例》第41条和《中华人民共和国治安管理处罚法》第30条竞合。对携带烟花爆竹搭乘公共交通工具的，或者邮寄烟花爆竹以及在托运的行李、包裹、邮件中夹带烟花爆竹的，违法行为名称表述为“非法邮寄、携带危险物质（烟花爆竹）”。情节较轻的，法律依据适用《烟花爆竹安全管理条例》第41条；情节较重，构成违反治安管理的，法律依据适用《中华人民共和国治安管理处罚法》第30条。

《危险化学品安全管理条例》第88条第4项和《剧毒化学品购买和公路运输许可证件管理办法》第20条、第21条第3款与《中华人民共和国治安管理处罚法》第30条竞合。对未取得或者利用骗取的剧毒化学品道路运输通行证，通过道路运输剧毒化学品的，违法行为名称表述为“非法运输危险物质（剧毒化学品）”。对单位处罚的法律依据相应适用《危险化学品安全管理条例》第88条第4项和《剧毒化学品购买和公路运输许可证件管理办法》第20条，或者《危险化学品安全管理条例》第88条第4项和《剧毒化学品购买和公路运输许可证件管理办法》第21条第3款；对其直接负责的主管人员和其他直接责任人员处罚的法律依据适用《中华人民共和国治安管理处罚法》第18条和第30条。对个人未取得剧毒化学品道路运输通行证经由道路运输剧毒化学品的，法律依据适用《中华人民共和国治安管理处罚法》第30条。

《剧毒化学品购买和公路运输许可证件管理办法》第20条与《中华人民共和国治安管理处罚法》第30条竞合。对未申领剧毒化学品购买凭证［《国务院关于第五批取消和下放管理层级行政审批项目的决定》（国发〔2010〕21号）已取消剧毒化学品准购证核发审批］，擅自购买剧毒化学品的，违法行为名称表述为“非法购买危险物质（剧毒化学品）”。对单位处罚的法律依据适用《剧毒化学品购买和公路运输许可证件管理办法》第 20 条，对其直接负责的主管人员和其他直接责任人员处罚的法律依据适用《中华人民共和国治安管理处罚法》第 18 条和第 30 条。对个人非法购买剧毒化学品的，法律依据适用《中华人民共和国治安管理处罚法》第 30 条。

《放射性物品运输安全管理条例》第 62 条第 1 项与《中华人民共和国治安管理处罚法》第 30 条竞合。未经公安机关批准通过道路运输放射性物品的，违法行为名称表述为“非法运输危险物质（放射性物品）”。对单位处罚的法律依据适用《放射性物品运输安全管理条例》第 62 条第 1 项，对其直接负责的主管人员和其他直接责任人员处罚的法律依据适用《中华人民共和国治安管理处罚法》第 18 条和第 30 条。对个人未经公安机关批准通过道路运输放射性物品的，法律依据适用《中华人民共和国治安管理处罚法》第 30 条。

注意把握与非法制造、买卖、运输、邮寄、储存枪支、弹药、爆炸物罪，非法制造、买卖、运输、储存危险物质罪，非法携带枪支、弹药、管制刀具、危险物品危及公共安全罪等犯罪的界限。

53. 3 处罚标准

根据《中华人民共和国治安管理处罚法》第 30 条规定，非法制造、买卖、储存、运输、邮寄、携带、使用、提供、处置危险物质的，处 10 日以上 15 日以下拘留；情节较轻的，处 5 日以上 10 日以下拘留。

54. 危险物质被盗、被抢、丢失不报

54. 1 法律依据

《中华人民共和国治安管理处罚法》第 31 条。

54. 2 违法情形

爆炸性、毒害性、放射性、腐蚀性物质或者传染病病原体等危险物质被盗、被抢或者丢失，未按规定报告的，应当由公安机关给予行政处罚。

所谓被盗、被抢或者丢失，是指因为疏于管理，致使危险物质因被抢、被盗或遗失，而对危险物质失去控制的情况。由于危险物质具有危险性和危害性的特点，它一旦失去合法的控制，就会带来极大的公共安全隐患。尤其是危险物质被盗抢，还往往被犯罪分子用来实施重大刑事犯罪。所以，危险物质一旦被抢、被盗或丢失等情况，负责生产、储存、销售、运输、进出口和使用的人就应立即按照国家相应的规定，向本单位、公安机关或其他有关部门报告，从而及时开展查收搜寻工作，避免产生危害公共安全的后果。但在现实生活中，有单位却麻痹大意，对危险物质疏于管理，发生盗抢或遗失后，不主动向有关部门报告；有的责任人员害怕受到处罚，而故意隐瞒不报，从而造成更大的危害。

应当注意，《民用爆炸物品安全管理条例》第 50 条第 2 项与《中华人民共和国治安管理处罚法》第 31 条竞合。对民用爆炸物品丢失、被盗、被抢不报的，违法行为名称表述为“危险物质（民用爆炸物品）被盗、被抢、丢失不报”。对单位处罚的法律依据适用《民用爆炸物品安全管理条例》第 50 条第 2 项，对其直接负责的主管人员和其他直接责任人员处罚的法律依据适用《中华人民共和国治安管理处罚法》第 18 条和第 31 条。

《烟花爆竹安全管理条例》第 39 条与

《中华人民共和国治安管理处罚法》第31条竞合。对生产、经营、使用黑火药、烟火药、引火线的企业，丢失黑火药、烟火药、引火线未及时向当地安全生产监督管理部门和公安部门报告的，违法行为名称表述为“危险物质（烟花爆竹）丢失不报”，对企业主要负责人处罚的法律依据适用《烟花爆竹安全管理条例》第39条，对其直接负责的主管人员和其他直接责任人员处罚的法律依据适用《中华人民共和国治安管理处罚法》第18条和第31条。

《危险化学品安全管理条例》第81条第1款第2项与《中华人民共和国治安管理处罚法》第31条竞合。生产、储存、使用剧毒化学品、易制爆危险化学品的单位发现剧毒化学品、易制爆危险化学品丢失或者被盗，不立即向当地公安机关报告的，违法行为名称表述为“危险物质被盗、丢失不报”。对单位处罚的法律依据适用《危险化学品安全管理条例》第81条第1款第2项，对其直接负责的主管人员和其他直接责任人员处罚的法律依据适用《中华人民共和国治安管理处罚法》第18条和第31条。

54.3　处罚标准

根据《中华人民共和国治安管理处罚法》第31条规定，危险物质被盗、被抢、丢失不报的，处5日以下拘留；故意隐瞒不报的，处5日以上10日以下拘留。

55. 非法携带枪支、弹药、管制器具

55.1　法律依据

《中华人民共和国治安管理处罚法》第32条。

55.2　违法情形

非法携带枪支、弹药或者弩、匕首等国家规定的管制器具，尚不构成犯罪的，应当由公安机关给予行政处罚。

应当注意，《中华人民共和国枪支管理法》第44条第1款第2项与《中华人民共和国治安管理处罚法》第32条竞合。对《中华人民共和国枪支管理法》第44条第1款第2项规定的在禁止携带枪支的区域、场所携带枪支的，违法行为名称表述为“非法携带枪支”，法律依据适用《中华人民共和国治安管理处罚法》第32条。

与非法携带枪支、弹药、管制刀具、危险物品危及公共安全罪的界限。根据《刑法》第130条的规定，非法携带枪支、弹药、管制刀具、危险物品危及公共安全罪，是指非法携带枪支、弹药、管制刀具或者危险物品，进入公共场所或者公共交通工具，危及公共安全，情节严重的，构成犯罪，应当立为刑事案件。“情节严重”的具体情形，主要是指符合最高人民检察院、公安部《关于公安机关管辖的刑事案件立案追诉标准的规定（一）》第7条规定的情形之一。

55.3　处罚标准

根据《中华人民共和国治安管理处罚法》第32条规定，非法携带枪支、弹药、管制器具的，处5日以下拘留，可以并处500元以下罚款；情节较轻的，处警告或者200元以下罚款。非法携带枪支、弹药、管制器具进入公共场所或者公共交通工具的，处5日以上10日以下拘留，可以并处500元以下罚款。

56. 盗窃、损毁公共设施

56.1　法律依据

《中华人民共和国治安管理处罚法》第33条第1项。

56.2 违法情形

盗窃、损毁油气管道设施、电力电信设施、广播电视设施、水利防汛工程设施或者水文监测、测量、气象测报、环境监测、地质监测、地震监测等公共设施，尚不构成犯罪的，应当由公安机关给予行政处罚。

应当注意，《中华人民共和国军事设施保护法》第62条规定援引《中华人民共和国治安管理处罚法》第33条的规定处罚。对《中华人民共和国军事设施保护法》第62条规定的毁坏边防、海防管控设施以及军事禁区、军事管理区的围墙、铁丝网、界线标志或者其他军事设施的，违法行为名称表述为“损毁公共设施”，法律依据适用《中华人民共和国治安管理处罚法》第33条第1项。

与破坏电力设备罪、破坏易燃易爆设备罪和破坏广播电视设施、公用电信设施罪的界限。根据《刑法》第118条、第119条、第124的规定，构成破坏电力设备罪、破坏易燃易爆设备罪和破坏广播电视设施、公用电信设施罪，足以危险公共安全的，应当立为刑事案件。对于过失犯罪造成严重后果，即造成人员伤亡或者重大公私财产损失的，也应当立为刑事案件。

56.3 处罚标准

根据《中华人民共和国治安管理处罚法》第33条第1项规定，盗窃、损毁公共设施的，处10日以上15日以下拘留。

57. 移动、损毁边境、领土、领海标志设施

57.1 法律依据

《中华人民共和国治安管理处罚法》第33条第2项。

57.2 违法情形

移动、损毁国家边境的界碑、界桩以及其他边境标志、边境设施或者领土、领海标志设施，尚不构成犯罪的，应当由公安机关给予行政处罚。

所谓国边境标志设施，是指国家的有关部门依双边条约或依历史习惯确定的国家间区域界线的设施设备。国边境标志设施是确定国家空间范围的重要依据，是一国主权领土的重要标志，包括永久性界碑、界桩、国境口岸或浮标等。该行为在客观方面表现为行为人实施移动、损毁国家边境的界碑、界桩以及其他边境标志、边境设施或者领土、领海标志设施的行为。移动、损毁的表现形式多种多样，如捣毁、拆除、损坏、盗窃、掩埋、挪动等。

与破坏界碑、界桩罪和破坏永久性测量标志罪的界限。虽然《刑法》第323条规定的破坏界碑、界桩罪和破坏永久性测量标志罪属于行为犯，没有要求情节严重或者造成严重后果；但是，对于情节显著轻微、危害不大的，则应当作为行政案件受案，不以犯罪论处。

57.3 处罚标准

根据《中华人民共和国治安管理处罚法》第33条第2项规定，移动、损毁边境、领土、领海标志设施的，处10日以上15日以下拘留。

58. 非法进行影响国（边）界线走向的活动

58.1 法律依据

《中华人民共和国治安管理处罚法》第33条第3项。

58.2 违法情形

违反国家国（边）境管理法规，非法

进行影响国（边）界线走向活动，尚不构成犯罪的，应当由公安机关给予行政处罚。

所谓非法进行影响国（边）界线走向的活动，如通过挖掘、填埋等方式改变国（边）境线的走向。国际上划定国（边）界线除了陆地上设置界碑、界桩外，对于界水、领海的划定往往借助其他因素加以确定，如界水的划定，通常是利用河流中心线划定，对于可通航的河道，则以主航道中心线为界；又如领海的划定，是从领海基线确定12海里宽度的区域。这些因素往往是不确定的，可被人为采用挖掘、填埋等方式，影响中心线或领海基线，从而改变国（边）境线的走向。

58.3　处罚标准

根据《中华人民共和国治安管理处罚法》第33条第3项规定，非法进行影响国（边）界线走向的活动的，处10日以上15日以下拘留。

59. 非法修建有碍国（边）境管理的设施

59.1　法律依据

《中华人民共和国治安管理处罚法》第33条第3项。

59.2　违法情形

违反国家国（边）境管理法规，非法修建有碍国（边）境管理的设施，尚不构成犯罪的，应当由公安机关给予行政处罚。

所谓非法修建有碍国（边）境管理的设施的行为，如修建围墙、房屋等，从而影响国家对国（边）境的确定、巡查、划定等管理活动。

59.3　处罚标准

根据《中华人民共和国治安管理处罚法》第33条第3项规定，非法修建有碍国（边）境管理的设施的，处10日以上15日以下拘留。

60. 盗窃、损坏、擅自移动航空设施

60.1　法律依据

《中华人民共和国治安管理处罚法》第34条第1款。

60.2　违法情形

违反国家规定，盗窃、损坏、擅自移动使用中的航空设施，尚不构成犯罪的，应当由公安机关给予行政处罚。

所谓航空设施，是指为航空器正常飞行提供保障支持的设备器材。如航标灯、雷达、风向仪、无线电通信装置等。这里的“航空设施”，仅限于使用中的航空设施，不包括未投入使用或已毁坏的航空设施。客观方面表现为行为人通过秘密窃取手段将某些航空设施据为己有，或通过捣毁、拆除、损坏等行为使航空设施失去功能，或非法擅自移动航空设施，使之不能提供有效飞行保障的行为。

与破坏交通设施罪的界限。根据《刑法》第117条的规定，故意破坏正在使用中的轨道、桥梁、隧道、公路、机场、航道、灯塔、标志或者进行其他破坏活动，足以使火车、汽车、电车、船只、航空器发生倾覆、毁坏危险的，构成破坏交通设施罪，应当立为刑事案件。

60.3　处罚标准

根据《中华人民共和国治安管理处罚法》第34条第1款规定，盗窃、损坏、擅自移动航空设施的，处10日以上15日以下拘留。

61. 强行进入航空器驾驶舱

61.1　法律依据

《中华人民共和国治安管理处罚法》第

34条第1款。

61.2 违法情形

违反国家规定，无正当理由强行进入航空器驾驶舱，从而影响航空器飞行安全，尚不构成犯罪的，应当由公安机关给予行政处罚。

与暴力危及飞行安全罪的界限。根据《刑法》第123条的规定，对飞行中的航空器上的人员使用暴力，危及飞行安全的，构成暴力危及飞行安全罪，应当立为刑事案件。一般来说，行为人采取暴力方式，如殴打、伤害、捆绑、禁闭等，危及飞行安全的，应当按照犯罪论处。未使用暴力或者未造成严重后果的，则作为行政案件立案。

61.3 处罚标准

根据《中华人民共和国治安管理处罚法》第34条第1款规定，强行进入航空器驾驶舱的，处10日以上15日以下拘留。

62. 在航空器上使用禁用物品

62.1 法律依据

《中华人民共和国治安管理处罚法》第34条第2款。

62.2 违法情形

违反国家规定，在使用中的航空器上使用可能影响导航系统正常功能的器具、工具，不听劝阻，尚不构成犯罪的，应当由公安机关给予行政处罚。

所谓使用中的航空器，是指从装载完毕，机舱外部各门均已关闭时起，到打开任何一扇机舱门时止的航空器。由于航空器在飞行中的导航系统是依赖无线电信号来工作的，所以任何对该信号构成干扰的情况，都会影响导航系统的正常工作，有的可能造成安全事故。所以在使用中的航空器上禁止使用可能影响导航系统正常功能的器具、工具，如移动电话、全球卫星定位系统等。

62.3 处罚标准

根据《中华人民共和国治安管理处罚法》第34条第2款规定，在航空器上使用禁用物品的，处5日以下拘留或者500元以下罚款。

63. 盗窃、损毁、擅自移动铁路设施、设备、机车车辆配件、安全标志

63.1 法律依据

《中华人民共和国治安管理处罚法》第35条第1项。

63.2 违法情形

盗窃、损毁或者擅自移动铁路设施、设备、机车车辆配件或者安全标志，尚不构成犯罪的，应当由公安机关给予行政处罚。

这里的铁路设施、设备、机车车辆配件或者安全标志，主要是指使用中的铁路钢轨、夹板、扣件，机车的安全阀、电缆、拉杆，信号灯、信号机变压器等。

与破坏交通设施罪的界限。根据《刑法》第117条的规定，破坏交通设施罪的犯罪对象不仅包括铁路设施、设备、机车车辆配件或者安全标志，还包括道路设施、水上运输设施、航空设施等。如果破坏交通设施的行为足以使火车、汽车、电车、船只、航空器发生倾覆、毁坏危险的，则应当立为刑事案件。

63.3 处罚标准

根据《中华人民共和国治安管理处罚法》第35条第1项规定，盗窃、损毁、擅自移动铁路设施、设备、机车车辆配件或者安全标志的，处5日以上10日以下拘留，

可以并处500元以下罚款；情节较轻的，处5日以下拘留或者500元以下罚款。

64. 在铁路线路上放置障碍物

64.1　法律依据

《中华人民共和国治安管理处罚法》第35条第2项。

64.2　违法情形

违反国家规定，在铁路线路上放置障碍物，危及铁路行车安全，尚不构成犯罪的，应当由公安机关给予行政处罚。

这类行为主要表现为行为人将石块、金属物、动物等放置于铁路轨道上，从而给高速行驶的列车带来安全隐患。行为人主观方面既可以是故意为之，也可以是过失为之。总之，只要行为人实施了放置障碍物的行为，就应当给予治安管理处罚。

64.3　处罚标准

根据《中华人民共和国治安管理处罚法》第35条第2项规定，在铁路线路上放置障碍物的，处5日以上10日以下拘留，可以并处500元以下罚款；情节较轻的，处5日以下拘留或者500元以下罚款。

65. 故意向列车投掷物品

65.1　法律依据

《中华人民共和国治安管理处罚法》第35条第2项。

65.2　违法情形

违反国家规定，故意向列车投掷物品，危及铁路行车安全，尚不构成犯罪的，应当由公安机关给予行政处罚。

这类行为主要表现为行为人向列车投掷石块、玻璃瓶、泥块等物体，行为人在主观方面是出于故意而不是过失。

65.3　处罚标准

根据《中华人民共和国治安管理处罚法》第35条第2项规定，故意向列车投掷物品的，处5日以上10日以下拘留，可以并处500元以下罚款；情节较轻的，处5日以下拘留或者500元以下罚款。

66. 在铁路沿线非法挖掘坑穴、采石取沙

66.1　法律依据

《中华人民共和国治安管理处罚法》第35条第3项。

66.2　违法情形

违反国家规定，在铁路线路、桥梁、涵洞处挖掘坑穴、采石取沙，危及铁路行车安全，尚不构成犯罪的，应当由公安机关给予行政处罚。

这类行为主要表现为行为人违反铁路安全法规，在铁路路基、桥梁、涵洞处挖掘坑穴、采石取沙，从而影响铁路运营安全。行为人既可以是出于故意，也可以是出于过失，只要行为人在上述场所实施了挖掘坑穴、采石取沙的行为，就应当依法给予治安管理处罚。

66.3　处罚标准

根据《中华人民共和国治安管理处罚法》第35条第3项规定，在铁路沿线非法挖掘坑穴、采石取沙的，处5日以上10日以下拘留，可以并处500元以下罚款；情节较轻的，处5日以下拘留或者500元以下罚款。

67. 在铁路线路上私设道口、平交过道

67.1　法律依据

《中华人民共和国治安管理处罚法》第35条第4项和《中华人民共和国铁路法》第68条。

67.2　违法情形

违反国家规定，在铁路线路上私设道

口或者平交过道，危及铁路行车安全，尚不构成犯罪的，应当由公安机关给予行政处罚。

所谓道口和平交过道，是指在铁路线路上为方便于行人或其他机动车辆通行而设置的相互交叉的通行路口或走廊。设置道口或平交过道必须经过铁路等相关部门审批，并由专门的铁路人员负责值守。私设道口或平交过道的行为严重影响了铁路运输的正常进行。所以，对这类行为应当给予治安管理处罚。

67.3 处罚标准

根据《中华人民共和国治安管理处罚法》第35条第4项规定，在铁路线路上私设道口、平交过道的，处5日以上10日以下拘留，可以并处500元以下罚款；情节较轻的，处5日以下拘留或者500元以下罚款。

根据《中华人民共和国铁路法》第68条规定，擅自在铁路线路上铺设平交道口、人行过道的，由铁路公安机关或者地方公安机关责令限期拆除，可以并处罚款。

68. 擅自进入铁路防护网

68.1 法律依据

《中华人民共和国治安管理处罚法》第36条。

68.2 违法情形

违反国家规定，擅自进入铁路防护网，影响行车安全，尚不构成犯罪的，应当由公安机关给予行政处罚。

所谓铁路防护网，是指由铁路部门在铁路线路两旁架设的，避免人畜进入铁路轨道妨害列车正常行驶的屏障。为保障列车的安全行驶，避免发生安全事故，在铁路防护网内，除了铁路巡道人员、维修保障人员可以出入以外，其他任何人员未经允许都不得进入。这类行为主要表现为擅自进入铁路防护网内放牧、抄近道等。

68.3 处罚标准

根据《中华人民共和国治安管理处罚法》第36条规定，擅自进入铁路防护网的，处警告或者200元以下罚款。

69. 违法在铁路线上行走坐卧、抢越铁路

69.1 法律依据

《中华人民共和国治安管理处罚法》第36条。

69.2 违法情形

违反国家规定，火车来临时在铁路线路上行走坐卧、抢越铁路，影响行车安全，尚不构成犯罪的，应当由公安机关给予行政处罚。

现实生活中，一些人缺乏安全意识，特别是在铁路线上行走坐卧，纳凉休闲，打扑克、下象棋等，有的在火车来临时还抢越铁路，由此而造成的人身伤亡事故时有发生。同时，这些行为也会影响列车的行车安全。所以，对于这类行为，尚未造成严重后果的，应当给予治安管理处罚。应当注意，处罚的对象是“火车来临时”在铁路线路上行走坐卧、抢越铁路的行为，对于火车没有来临时，则不应当受到处罚，铁路主管部门工作人员可以进行劝阻和批评教育。

69.3 处罚标准

根据《中华人民共和国治安管理处罚法》第36条规定，违法在铁路线上行走坐卧、抢越铁路的，处警告或者200元以下罚款。

70. 擅自安装、使用电网

70.1 法律依据

《中华人民共和国治安管理处罚法》第

37 条第 1 项。

70.2　违法情形

未经批准，安装、使用电网，尚不构成犯罪的，应当由公安机关给予行政处罚。

在我国，安装电网受到严格的控制，允许安装、使用电网的范围是由国家规定许可并由有关部门审查批准的特殊需要的单位。如重要的军事设施、重要的厂矿单位、监狱、看守所等，其他未经许可的单位和个人，一律不准安装、使用电网。如果行为人违反规定，安装、使用电网，足以危害公共安全的，则构成以危险方法危害公共安全罪，应当立为刑事案件。

70.3　处罚标准

根据《中华人民共和国治安管理处罚法》第 37 条第 1 项规定，擅自安装、使用电网的，处 5 日以下拘留或者 500 元以下罚款；情节严重的，处 5 日以上 10 日以下拘留，可以并处 500 元以下罚款。

71. 安装、使用电网不符合安全规定

71.1　法律依据

《中华人民共和国治安管理处罚法》第 37 条第 1 项。

71.2　违法情形

安装、使用电网不符合安全规定，危及公共安全，尚不构成犯罪的，应当由公安机关给予行政处罚。

国家对电网安装的位置、高度、架设、警示标志、电压等都有明确规定，目的在于保证电网的使用安全，消除电网给周围环境带来的威胁。安装、使用电网虽然经过批准，但是不符合国家的安全规定，也会对公共安全造成威胁，容易造成人身伤亡、财产重大损失等后果。构成犯罪的，应当按照刑法规定的以危险方法危害公共安全罪或者过失以危险方法危害公共安全罪定罪处罚。

71.3　处罚标准

根据《中华人民共和国治安管理处罚法》第 37 条第 1 项规定，安装、使用电网不符合安全规定的，处 5 日以下拘留或者 500 元以下罚款；情节严重的，处 5 日以上 10 日以下拘留，可以并处 500 元以下罚款。

72. 道路施工不设置安全防护设施

72.1　法律依据

《中华人民共和国治安管理处罚法》第 37 条第 2 项。

72.2　违法情形

违反国家规定，在车辆、行人通行的地方施工，对沟井坎穴不设覆盖物、防围和警示标志，危及公共安全，尚不构成犯罪的，应当由公安机关给予行政处罚。

车辆、行人通行的地方通常指城市街道、公路等，在这些地方施工本身就妨碍通行安全及畅通，如果对沟井坎穴不设置覆盖物、防围和警示标志，可能就会导致交通事故的发生。尤其是在夜间，对车辆行人的安全威胁更大。所以，施工单位或施工人员在公共场所、道路两旁或通道上挖坑、修缮安装地下设施等，必须设置明显标志或采取其他安全措施。此外，不论行为人对可能造成危害车辆或行人安全的行为是采取漠不关心的放任态度，还是因为疏忽大意而没有考虑到，均应当给予治安管理处罚。

72.3　处罚标准

根据《中华人民共和国治安管理处罚法》第 37 条第 2 项规定，道路施工不设置安全防护设施的，处 5 日以下拘留或者 500 元以下罚款；情节严重的，处 5 日以上 10

日以下拘留，可以并处500元以下罚款。

73. 故意损毁、移动道路施工安全防护设施

73.1 法律依据

《中华人民共和国治安管理处罚法》第37条第2项。

73.2 违法情形

故意毁损、移动在车辆、行人通行的施工现场设置的覆盖物、防围和警示标志，危及公共安全，尚不构成犯罪的，应当由公安机关给予行政处罚。

行为人将已设置的沟井坎穴的覆盖物、防围和警示标志故意损毁或移动，就会给通行安全造成隐患，从而危及车辆和行人的安全，容易造成人员伤亡和财产损失。如果导致人员伤亡，构成犯罪的，则应当依法追究刑事责任。

73.3 处罚标准

根据《中华人民共和国治安管理处罚法》第37条第2项规定，故意损毁、移动道路施工安全防护设施的，处5日以下拘留或者500元以下罚款；情节严重的，处5日以上10日以下拘留，可以并处500元以下罚款。

74. 盗窃、损毁路面公共设施

74.1 法律依据

《中华人民共和国治安管理处罚法》第37条第3项。

74.2 违法情形

盗窃、损毁正在使用中的路面井盖、照明等公共设施，危及公共安全，尚不构成犯罪的，应当由公安机关给予行政处罚。

如果行为人盗窃、损毁的是废弃不用或者存放在仓库中的井盖、照明等设施，则不会危及公共安全，但可能构成盗窃、故意损毁财物等罪。应当注意，行为人无论是盗窃、损毁正在使用中的路面井盖、照明等公共设施，还是盗窃、损毁的是废弃不用或者存放在仓库中的井盖、照明等设施，如果构成犯罪的，则应当依法追究刑事责任。

74.3 处罚标准

根据《中华人民共和国治安管理处罚法》第37条第3项规定，盗窃、损毁路面公共设施的，处5日以下拘留或者500元以下罚款；情节严重的，处5日以上10日以下拘留，可以并处500元以下罚款。

75. 违规举办大型活动

75.1 法律依据

《中华人民共和国治安管理处罚法》第38条。

75.2 违法情形

举办文化、体育等大型群众性活动，违反有关规定，有发生安全事故危险，尚不构成犯罪的，应当由公安机关给予行政处罚。

所谓大型群众性活动，根据《大型群众性活动安全管理条例》第2条规定，是指法人或者其他组织面向社会公众举办的每场次预计参加人数达到1000人以上的下列活动：（1）体育比赛活动；（2）演唱会、音乐会等文艺演出活动；（3）展览、展销等活动；（4）游园、灯会、庙会、花会、焰火晚会等活动；（5）人才招聘会、现场开奖的彩票销售等活动。影剧院、音乐厅、公园、娱乐场所等在其日常业务范围内举办的活动，不适用本条例的规定。

公安机关对大型群众性活动实行安全许可制度，承办者不得擅自变更活动时间、地点、内容或者扩大举办规模。大型群众

性活动的预计参加人数在1000人以上5000人以下的，由活动所在地县级人民政府公安机关实施安全许可；预计参加人数在5000人以上的，由活动所在地设区的市级人民政府公安机关或者直辖市人民政府公安机关实施安全许可；跨省、自治区、直辖市举办大型群众性活动的，由国务院公安部门实施安全许可。如果举办大型群众性活动违反安全管理规定，因而发生重大伤亡事故或者造成其他严重后果的，则应当按照《刑法》第135条之一的规定，以大型群众性活动重大安全事故罪追究刑事责任。

75.3　处罚标准

根据《中华人民共和国治安管理处罚法》第38条规定，违规举办大型活动的，有发生安全事故危险的，责令停止活动，立即疏散；对组织者处5日以上10日以下拘留，并处200元以上500元以下罚款；情节较轻的，处5日以下拘留或者500元以下罚款。

76. 公共场所经营管理人员违反安全规定

76.1　法律依据

《中华人民共和国治安管理处罚法》第39条。

76.2　违法情形

旅馆、饭店、影剧院、娱乐场、运动场、展览馆或者其他供社会公众活动的场所的经营管理人员，违反安全规定，致使该场所有发生安全事故危险，经公安机关责令改正，拒不改正，尚不构成犯罪的，应当由公安机关给予行政处罚。

所谓违反安全规定，是指违反法律、行政法规、地方性法规、部门规章和政府规章等有关公共场所安全管理的规定。如《消防法》第28条规定，任何单位、个人不得损坏、挪用或者擅自拆除、停用消防设施、器材，不得埋压、圈占、遮挡消火栓或者占用防火间距，不得占用、堵塞、封闭疏散通道、安全出口、消防车通道。人员密集场所的门窗不得设置影响逃生和灭火救援的障碍物。

76.3　处罚标准

根据《中华人民共和国治安管理处罚法》第39条规定，公共场所经营管理人员违反安全规定的，经公安机关责令改正，拒不改正的，处5日以下拘留。

77. 组织、胁迫、诱骗进行恐怖、残忍表演

77.1　法律依据

《中华人民共和国治安管理处罚法》第40条第1项。

77.2　违法情形

组织、胁迫、诱骗未成年人或者残疾人进行恐怖、残忍表演，尚不构成犯罪的，应当由公安机关给予行政处罚。

所谓恐怖、残忍表演，是指宣扬暴力、凶杀或者表演残酷折磨身体的节目。客观方面表现为行为人利用了未成年人思想上的不成熟或残疾人身体上的缺陷，采取组织、胁迫、诱骗的方式进行恐怖、残忍表演牟取暴利。如“吞宝剑”“吞铁球”“人吃活蛇”“蛇钻七窍”“油锤灌顶”“钉板打石”“汽车过人”“铁钉刺鼻”“大卸胳膊”“刀劈小孩”“脚踩女孩”等。这类表演，对观众精神刺激很大，不仅无益于社会主义精神文明建设，更是严重摧残了表演者特别是未成年人或者残疾人的身心健康，所以应当给予处罚。所谓未成年人，

是指未满16周岁的人。如果组织、胁迫、诱骗未成年人或者残疾人进行恐怖、残忍表演，造成未成年人或者残疾人肢体残疾等身体伤害的，则以故意伤害罪追究刑事责任。

77.3 处罚标准

根据《中华人民共和国治安管理处罚法》第40条第1项规定，组织、胁迫、诱骗进行恐怖、残忍表演的，处10日以上15日以下拘留，并处500元以上1000元以下罚款；情节较轻的，处5日以上10日以下拘留，并处200元以上500元以下罚款。

78. 强迫劳动

78.1 法律依据

《中华人民共和国治安管理处罚法》第40条第2项。

78.2 违法情形

用人单位或者个人违反有关劳动法律、法规，以暴力、威胁或者其他手段强迫他人劳动，尚不构成犯罪的，应当由公安机关给予行政处罚。

所谓强迫他人劳动，是指以强制性手段，违背劳动者意志，迫使其劳动的行为。强迫他人劳动严重侵犯了劳动者的休息权和人身自由权。这种行为的客观方面表现为行为人采取暴力、威胁或其他方法强迫他人劳动。具体表现为：行为人采用对他人实施殴打、体罚、冻饿等肉体方面的惩罚；或者采取扣发奖金、工资、开除等惩罚；或采取禁止出入、实施监视等方法强迫劳动。如果强迫他人劳动达到了情节严重的程度，如采用十分恶劣的强迫手段，造成劳动者伤残或死亡的，构成犯罪，应以强迫劳动罪追究刑事责任。

应当注意，《中华人民共和国劳动法》第96条第1项与《中华人民共和国治安管理处罚法》第40条第2项竞合。对用人单位以暴力、威胁或者非法限制人身自由的手段强迫劳动的，违法行为名称表述为“强迫劳动”，法律依据适用《中华人民共和国治安管理处罚法》第40条第2项。

78.3 处罚标准

根据《中华人民共和国治安管理处罚法》第40条第2项规定，强迫劳动的，处10日以上15日以下拘留，并处500元以上1000元以下罚款；情节较轻的，处5日以上10日以下拘留，并处200元以上500元以下罚款。

79. 非法限制人身自由

79.1 法律依据

《中华人民共和国治安管理处罚法》第40条第3项。

79.2 违法情形

违反法律规定，限制他人人身自由，尚不构成犯罪的，应当由公安机关给予行政处罚。

应当注意，《保安服务管理条例》第45条第1款第1项与《中华人民共和国治安管理处罚法》第40条第3项竞合。对保安员限制他人人身自由的，违法行为名称表述为“非法限制人身自由”。如果其行为依法应当予以治安管理处罚的，法律依据适用《中华人民共和国治安管理处罚法》第40条第3项。如果其行为情节严重，依法应当吊销保安员证，并应当依法予以治安管理处罚的，法律依据适用《中华人民共和国治安管理处罚法》第40条第3项和《保安服务管理条例》第45条第1款第1项。如果其行为情节轻微，不构成违反治安管理行为，仅应当予以训诫的，法律依据适用《保安服务管理条例》第45条第1款第1项。

《中华人民共和国劳动法》第96条第2项与《中华人民共和国治安管理处罚法》第40条第3项竞合。对用人单位拘禁劳动者的，违法行为名称表述为“非法限制人身自由”，法律依据适用《中华人民共和国治安管理处罚法》第40条第3项。

与非法拘禁罪的界限。根据《刑法》第238条规定，非法拘禁罪，是指以拘禁或者其他方法非法剥夺他人人身自由的行为。如果非法拘禁时间较长或者造成了严重后果，则应当以非法拘禁罪追究刑事责任。如非法剥夺他人人身自由24小时以上；或者非法剥夺他人人身自由，并使用械具或者捆绑等恶劣手段，或者实施殴打、侮辱、虐待行为；非法拘禁，造成被拘禁人轻伤、重伤、死亡；非法拘禁，情节严重，导致被拘禁人自杀、自残造成重伤、死亡，或者精神失常；非法拘禁3人次以上等。

79.3 处罚标准

根据《中华人民共和国治安管理处罚法》第40条第3项规定，非法限制人身自由的，处10日以上15日以下拘留，并处500元以上1000元以下罚款；情节较轻的，处5日以上10日以下拘留，并处200元以上500元以下罚款。

80. 非法侵入住宅

80.1 法律依据

《中华人民共和国治安管理处罚法》第40条第3项。

80.2 违法情形

未经法定机关批准或者未经住宅主人同意，强行进入他人住宅，或者经要求退出而拒绝退出，妨害他人居住安全和正常生活，尚不构成犯罪的，应当由公安机关给予行政处罚。

该行为侵害的对象是他人的住宅，凡是供人居住和生活的场所都应被视为住宅。其范围，有院墙的以院墙为界，没有院墙的或公寓楼群，以居室为界。住宅的种类较多，有私有住宅和公有住宅，有供家庭和个人长期居住的住宅和供人们临时居住的旅馆、饭店。从广义上讲，住宅不只限于固定于土地之上的供人居住和生活之用房屋建筑。总之，凡是现供人居住用的各种结构形式的住所，都应视为住宅。至于住宅归谁所有，无关紧要。即使住宅归行为人所有，但使用权已交给他人，行为人非法侵入该住宅，也应以非法侵入住宅论处。

与非法侵入住宅罪的界限。根据《刑法》第245条规定，非法强行闯入他人住宅或者经要求退出仍无故拒不退出的，构成非法侵入住宅罪。如果行为人非法侵入他人住宅以后，主动退出，或者经要求其退出而退出，没有造成其后果的，不作犯罪处理，但应当作为行政案件立案。

80.3 处罚标准

根据《中华人民共和国治安管理处罚法》第40条第3项规定，非法侵入住宅的，处10日以上15日以下拘留，并处500元以上1000元以下罚款；情节较轻的，处5日以上10日以下拘留，并处200元以上500元以下罚款。

81. 非法搜查身体

81.1 法律依据

《中华人民共和国治安管理处罚法》第40条第3项。

81.2 违法情形

未经法律授权或者违反法定程序，对他人身体进行搜查，尚不构成犯罪的，应当由公安机关给予行政处罚。

根据《刑事诉讼法》《治安管理处罚法》等法律规定，搜查他人身体必须由公安机关、国家安全机关、人民检察院依照法定程序进行。所谓非法搜查他人身体，是指非法对他人身体进行搜查的行为。如，没有搜查权，或者虽有搜查权但滥用职权，或者违反法定程序进行搜查的行为。上述三种行为的共同点都是“非法”，即没有合法的根据或理由。这是区分合法限制人身自由与非法限制人身自由行为的界限。构成犯罪的，依照《刑法》第245条以非法搜查罪定罪处罚。

应当注意，《保安服务管理条例》第45条第1款第1项与《中华人民共和国治安管理处罚法》第40条第3项竞合。对保安员搜查他人身体的，违法行为名称表述为“非法搜查身体”。如果其行为依法应当予以治安管理处罚的，法律依据适用《中华人民共和国治安管理处罚法》第40条第3项。如果其行为情节严重，依法应当吊销保安员证，并应当依法予以治安管理处罚的，法律依据应当适用《中华人民共和国治安管理处罚法》第40条第3项和《保安服务管理条例》第45条第1款第1项。如果其行为情节轻微，不构成违反治安管理行为，仅应当予以训诫的，法律依据适用《保安服务管理条例》第45条第1款第1项。

《中华人民共和国劳动法》第96条第2项与《中华人民共和国治安管理处罚法》第40条第3项竞合。对用人单位非法搜查劳动者的，违法行为名称表述为“非法搜查身体”，法律依据适用《中华人民共和国治安管理处罚法》第40条第3项。

81.3 处罚标准

根据《中华人民共和国治安管理处罚法》第40条第3项规定，非法搜查身体的，处10日以上15日以下拘留，并处500元以上1000元以下罚款；情节较轻的，处5日以上10日以下拘留，并处200元以上500元以下罚款。

82. 胁迫、诱骗、利用他人乞讨

82.1 法律依据

《中华人民共和国治安管理处罚法》第41条第1款。

82.2 违法情形

胁迫、诱骗或者利用他人乞讨为自己牟取利益，尚不构成犯罪的，应当由公安机关给予行政处罚。

一般认为，乞讨是公民的权利，国家不禁止公民乞讨的行为。但是作为公民的个人权利，不允许公民非法行使这个权利，给社会或者他人造成危害，也不允许胁迫、诱骗或者利用他人进行乞讨。所谓胁迫，是指以暴力相威胁或者以解除某种特定的社会关系如扶养关系、赡养关系相要挟。所谓诱骗，是指以满足某种欲望为诱饵，促使他人乞讨。所谓利用，是指行为人借助他人乞讨，来实现为自己获取不法利益的行为。这些行为侵犯了乞讨人的个人自由。实践中，主要表现为行为人采用暴力殴打、体罚、虐待等行为强迫他人乞讨，诱骗或者利用他人乞讨，以实现不法目的的行为。

与组织残疾人、儿童乞讨罪的界限。根据《刑法》第262条之一的规定，以暴力、胁迫手段组织残疾人或者不满14周岁的未成年人乞讨的，构成组织残疾人、儿童乞讨罪。对于未采用暴力、胁迫手段，而利用残疾人或者不满14周岁的未成年人乞讨的行为，不以犯罪论处，但应当作为行政案件予以处罚。

82.3　处罚标准

根据《中华人民共和国治安管理处罚法》第41条第1款规定，胁迫、诱骗、利用他人乞讨的，处10日以上15日以下拘留，可以并处1000元以下罚款。

83. 以滋扰他人的方式乞讨

83.1　法律依据

《中华人民共和国治安管理处罚法》第41条第2款。

83.2　违法情形

反复纠缠或者以其他滋扰他人的方式乞讨的，应当由公安机关给予行政处罚。

这种行为一般表现为：行为人采用反复纠缠、尾随拦截、堵塞大门等行为进行乞讨。这种行为严重干扰了他人或单位的正常工作、生活秩序。虽然法律未禁止公民进行乞讨，但是这种权利的行使必须以不影响正常的生产、生活秩序和社会秩序为前提。如果乞讨人反复纠缠或者以其他方式滋扰他人，就侵犯、影响了他人的合法权利，应当受到治安管理处罚。

83.3　处罚标准

根据《中华人民共和国治安管理处罚法》第41条第2款规定，以滋扰他人的方式乞讨的，处5日以下拘留或者警告。

84. 威胁人身安全

84.1　法律依据

《中华人民共和国治安管理处罚法》第42条第1项。

84.2　违法情形

写恐吓信或者以其他方法威胁他人人身安全，尚不构成犯罪的，应当由公安机关给予行政处罚。

这种行为一般表现为写恐吓信或送恐吓物品、口头威胁、打骚扰电话等方式威胁他人人身安全。由于这种方式所表现的内容带有一定的恐吓性，容易给被侵害人及其亲属产生影响，干扰其正常生活。恐吓、威胁的目的多种多样，有的是当事人之间有矛盾，有的是由于家庭婚姻矛盾所引起，有的是为了敲诈勒索钱财，有的是为了一定的商业利益，等等。行为人基于一定的目的、动机而故意为之，必然会影响他人的人身安全和正常生活，所以应当给予治安管理处罚。构成投放危险物质罪、敲诈勒索罪的，应当依法追究刑事责任。

84.3　处罚标准

根据《中华人民共和国治安管理处罚法》第42条第1项规定，威胁人身安全的，处5日以下拘留或者500元以下罚款；情节较重的，处5日以上10日以下拘留，可以并处500元以下罚款。

85. 侮辱

85.1　法律依据

《中华人民共和国治安管理处罚法》第42条第2项。

85.2　违法情形

以暴力、辱骂或者其他方法贬低他人人格，损害他人名誉，尚不构成犯罪的，应当由公安机关给予行政处罚。

这种行为一般表现为行为人以暴力或其他方法公然贬低他人人格、损害他人名誉，如采用暴力侮辱、言词侮辱、文字侮辱等。所谓公然，是指在有第三者在场的情况下，或能使第三人看见、听见的方式进行的侮辱。对于被害人是否在场，不影响本行为的成立。

应当注意，《保安服务管理条例》第45条第1款第1项与《中华人民共和国治安管理处罚法》第42条第2项竞合。对保安员侮辱他人的，违法行为名称表述为“侮辱”。如果其行为依法应当予以治安管理处罚的，法律依据适用《中华人民共和国治安管理处罚法》第42条第2项。如果其行为情节严重，依法应当吊销保安员证，并应当依法予以治安管理处罚的，法律依据适用《中华人民共和国治安管理处罚法》第42条第2项和《保安服务管理条例》第45条第1款第1项。如果其行为情节轻微，不构成违反治安管理行为，仅应当予以训诫的，法律依据适用《保安服务管理条例》第45条第1款第1项。

《中华人民共和国劳动法》第96条第2项与《中华人民共和国治安管理处罚法》第42条第2项竞合。对用人单位侮辱劳动者的，违法行为名称表述为“侮辱”，法律依据适用《中华人民共和国治安管理处罚法》第42条第2项。

与侮辱罪的界限。根据《刑法》第246条的规定，以暴力或者其他方法公然侮辱他人，情节严重的，构成侮辱罪，应当追究刑事责任。本罪是情节犯，行为人公然侮辱他人的行为，必须达到“情节严重”的程度，才构成犯罪。对于未达到“情节严重”的标准，则不构成犯罪，但可以根据其情节轻重给予治安管理处罚。

85.3 处罚标准

根据《中华人民共和国治安管理处罚法》第42条第2项规定，侮辱他人的，处5日以下拘留或者500元以下罚款；情节较重的，处5日以上10日以下拘留，可以并处500元以下罚款。

86. 诽谤

86.1 法律依据

《中华人民共和国治安管理处罚法》第42条第2项。

86.2 违法情形

捏造并散布某种虚假的事实，贬低他人人格，损害他人名誉，尚不构成犯罪的，应当由公安机关给予行政处罚。

所谓捏造，是指无中生有，凭空虚构事实的行为。是否有捏造的情节，是区分侮辱行为与诽谤行为的界限。如果行为人传播的是客观存在的事实，或者略有夸张的事实，给他人人格、名誉造成侵害的，则属于侮辱行为。

与诽谤罪的界限。根据《刑法》第246条的规定，行为人捏造事实诽谤他人，情节严重的，构成诽谤罪，应当追究刑事责任。本罪是情节犯，行为人捏造事实诽谤他人的行为，必须达到“情节严重”的程度，才构成犯罪。对于未达到“情节严重”的标准，则不构成犯罪，但可以根据其情节轻重给予治安管理处罚。

86.3 处罚标准

根据《中华人民共和国治安管理处罚法》第42条第2项规定，诽谤他人的，处5日以下拘留或者500元以下罚款；情节较重的，处5日以上10日以下拘留，可以并处500元以下罚款。

87. 诬告陷害

87.1 法律依据

《中华人民共和国治安管理处罚法》第42条第3项。

87.2　违法情形

捏造事实诬告陷害他人，企图使他人受到刑事追究或者受到治安管理处罚，尚不构成犯罪的，应当由公安机关给予行政处罚。

这种行为侵犯了他人的人身权利，干扰了司法机关的正常活动。一般表现为行为人通过捏造犯罪或者违反治安管理的违法事实，向公安机关等部门进行告发的行为。所谓捏造，是指无中生有，虚构他人犯罪或违反治安管理法律法规的行为。如果告发的是真实的事实，即使在情节上有所夸大，只是检举失实，则不属于本行为。在主观上要求行为人是故意，即希望他人受到刑事追究或行政处罚的目的。同时，还要求行为对象是特定的诬告对象，对不特定的人，不属于本行为。行为人捏造的事实，必须是犯罪事实或者违反治安管理的违法事实，如果捏造的只是他人生活作风问题等情况，应当按照诽谤行为或者诽谤罪进行处理。

与诬告陷害罪的界限。根据《刑法》第243条规定，行为人捏造事实诬告陷害他人，意图使他人受刑事追究，情节严重的，构成诬告陷害罪，应当依法追究刑事责任。本罪是情节犯，行为人实施诬告陷害行为，必须达到"情节严重"的程度，才构成犯罪。对于未达到"情节严重"的标准，不构成犯罪的，不追究刑事责任，但是应当根据具体情节给予行政处罚。

87.3　处罚标准

根据《中华人民共和国治安管理处罚法》第42条第3项规定，诬告陷害他人的，处5日以下拘留或者500元以下罚款；情节较重的，处5日以上10日以下拘留，可以并处500元以下罚款。

88. 威胁、侮辱、殴打、打击报复证人及其近亲属

88.1　法律依据

《中华人民共和国治安管理处罚法》第42条第4项。

88.2　违法情形

对证人及其近亲属进行威胁、侮辱、殴打或者打击报复，尚不构成犯罪的，应当由公安机关给予行政处罚。

这种行为侵犯了证人依法作证的权利。一般表现为对证人及其近亲属实施暴力或以暴力相威胁，或者公然贬低他人人格、损害他人名誉，或者暴力殴打，或者打击报复的行为。行为的主体一般是证人证词对其不利的人或者亲友。主观方面属于故意。

与打击报复证人罪的界限。根据《刑法》第308条的规定，对证人进行打击报复，构成打击报复证人罪的，应当依法追究刑事责任。应当注意，《刑法》虽然没有明文规定"情节严重"才构成犯罪，但一般来说，还是应当具备"情节严重"的情形。《刑事诉讼法》第63条规定："人民法院、人民检察院和公安机关应当保障证人及其近亲属的安全。对证人及其近亲属进行威胁、侮辱、殴打或者打击报复，构成犯罪的，依法追究刑事责任；尚不够刑事处罚的，依法给予治安管理处罚。"可见，对情节轻微不构成犯罪的，应当作为行政案件处罚。

88.3　处罚标准

根据《中华人民共和国治安管理处罚法》第42条第4项规定，威胁、侮辱、殴打、打击报复证人及其近亲属的，处5日以下拘留或者500元以下罚款；情节较重

的，处5日以上10日以下拘留，可以并处500元以下罚款。

89. 发送信息干扰正常生活

89.1 法律依据

《中华人民共和国治安管理处罚法》第42条第5项。

89.2 违法情形

多次通过信件、电话、网络信息等途径发送淫秽、侮辱、恐吓信息或者其他信息，干扰他人正常生活，尚不构成犯罪的，应当由公安机关给予行政处罚。这里的“多次”，是指3次（含3次）以上。

这种行为主要表现为行为人为干扰他人正常生活，通过信件、电话、电子邮件、手机短信、传真等途径发送带有淫秽色情、侮辱、恐吓或者其他信息的文字、图片、符号的行为。行为人主观方面是故意，过失不构成本行为。

与传播淫秽物品罪的界限。根据《刑法》第364条第1款规定，传播淫秽的书刊、影片、音像、图片或者其他淫秽物品，情节严重者，构成传播淫秽物品罪。可见，发黄色短信息属于传播淫秽物品，如果情节严重，应当按照传播淫秽物品罪定罪处罚。

89.3 处罚标准

根据《中华人民共和国治安管理处罚法》第42条第5项规定，发送信息干扰正常生活的，处5日以下拘留或者500元以下罚款；情节较重的，处5日以上10日以下拘留，可以并处500元以下罚款。

90. 侵犯隐私

90.1 法律依据

《中华人民共和国治安管理处罚法》第42条第6项。

90.2 违法情形

偷窥、偷拍、窃听、散布他人隐私，尚不构成犯罪的，应当由公安机关给予行政处罚。

本行为侵犯了他人的隐私权，一般表现为：为满足好奇心或者低级趣味，行为人偷窥、偷拍、窃听、散布他人隐私的行为。所谓偷窥，是指行为人通过不正当途径，秘密窥视他人隐私的行为。所谓偷拍，是指行为人未经他人允许，利用照相机、摄像机等工具，拍摄他人隐私的行为。所谓窃听，是指未经他人允许，直接或间接利用电子设备，窃取他人谈话内容的行为。所谓散布，是指行为人公开将含有他人隐私内容的信息向第三者公布的行为。行为人在主观方面是故意为之。

应当注意，《保安服务管理条例》第45条第1款第6项与《中华人民共和国治安管理处罚法》第42条第6项竞合。对保安员侵犯个人隐私的，违法行为名称表述为“侵犯隐私”。如果其行为依法应当予以治安管理处罚的，法律依据适用《中华人民共和国治安管理处罚法》第42条第6项。如果其行为情节严重，依法应当吊销保安员证，并应当依法予以治安管理处罚的，法律依据适用《中华人民共和国治安管理处罚法》第42条第6项和《保安服务管理条例》第45条第1款第6项。如果其行为情节轻微，不构成违反治安管理行为，仅应当予以训诫的，法律依据适用《保安服务管理条例》第45条第1款第6项。

90.3 处罚标准

根据《中华人民共和国治安管理处罚法》第42条第6项规定，侵犯他人隐私的，处5日以下拘留或者500元以下罚款；

情节较重的，处5日以上10日以下拘留，可以并处500元以下罚款。

91. 殴打他人

91.1　法律依据

《中华人民共和国治安管理处罚法》第43条第1款。

91.2　违法情形

殴打他人，尚不构成犯罪的，应当由公安机关给予行政处罚。

所谓殴打，是指故意非法侵害他人身体健康的行为。人身权利不受侵犯是我国《宪法》规定的每一个公民的基本权利。不论是普通公民，还是违法犯罪嫌疑人，其人身权利都不允许非法侵害。这类行为一般表现为行为人因琐事、纠纷而殴打他人，并造成轻微伤害的行为。行为人在主观上是出于故意，并且殴打行为是非法的。如果行为人因正当防卫、紧急避险，或拳击、跆拳道等体育运动项目击打他人，则属于合法行为。实践中，要把《治安管理处罚法》规定的"殴打他人"与《刑法》规定的故意伤害罪区别开来：首先，从行为方式看，刑法上的伤害是指损害他人肢体、器官、组织和正常机能的行为。而殴打是指造成人体暂时性的疼痛或肌肤器官的轻微破损，但不损害机体功能的行为。其次，从行为后果看，如果行为人殴打造成被害人轻伤、重伤或伤害致死的，以犯罪论处；如造成被害人轻微伤，则属于违反治安管理的行为。

应当注意，《保安服务管理条例》第45条第1款第1项与《中华人民共和国治安管理处罚法》第43条第1款竞合。对保安员殴打他人的，违法行为名称表述为"殴打他人"。如果其行为依法应当予以治安管理处罚的，法律依据适用《中华人民共和国治安管理处罚法》第43条第1款。如果其行为情节严重，依法应当吊销保安员证，并应当依法予以治安管理处罚的，法律依据适用《中华人民共和国治安管理处罚法》第43条第1款和《保安服务管理条例》第45条第1款第1项；有法定加重情节的，法律依据适用《中华人民共和国治安管理处罚法》第43条第2款和《保安服务管理条例》第45条第1款第1项。如果其行为情节轻微，不构成违反治安管理行为，仅应当予以训诫的，法律依据适用《保安服务管理条例》第45条第1款第1项。

《中华人民共和国劳动法》第96条第2项与《中华人民共和国治安管理处罚法》第43条第1款竞合。对用人单位体罚、殴打劳动者的，违法行为名称表述为"殴打他人"，法律依据适用《中华人民共和国治安管理处罚法》第43条第1款。

91.3　处罚标准

《中华人民共和国治安管理处罚法》第43条第1款规定，殴打他人的，处5日以上10日以下拘留，并处200元以上500元以下罚款；情节较轻的，处5日以下拘留或者500元以下罚款。

第2款规定，有下列情形之一的，处10日以上15日以下拘留，并处500元以上1000元以下罚款：（1）结伙殴打他人的；（2）殴打残疾人、孕妇、不满14周岁的人或者60周岁以上的人的；（3）多次殴打他人或者一次殴打多人的。

92. 故意伤害

92.1　法律依据

《中华人民共和国治安管理处罚法》第43条第1款。

92.2 违法情形

故意伤害他人身体健康，尚不构成犯罪的，应当由公安机关给予行政处罚。

这里的"故意伤害"，是指用除殴打以外的方式故意伤害他人的行为。如使用电击伤害他人身体。如果行为人的故意伤害行为造成被害人轻伤、重伤或伤害致死的，以犯罪论处，如造成被害人轻微伤，则属于违反治安管理的行为。

92.3 处罚标准

《中华人民共和国治安管理处罚法》第43条第1款规定，故意伤害他人的，处5日以上10日以下拘留，并处200元以上500元以下罚款；情节较轻的，处5日以下拘留或者500元以下罚款。

第2款规定，有下列情形之一的，处10日以上15日以下拘留，并处500元以上1000元以下罚款：（1）结伙伤害他人的；（2）伤害残疾人、孕妇、不满14周岁的人或者60周岁以上的人的；（3）多次伤害他人或者一次伤害多人的。

93. 猥亵

93.1 法律依据

《中华人民共和国治安管理处罚法》第44条。

93.2 违法情形

猥亵他人，尚不构成犯罪的，应当由公安机关给予行政处罚。

所谓猥亵，是指除奸淫以外，反自然的性接触，满足自己的性欲或挑逗他人引起性兴奋和满足，有碍身心健康的性侵犯行为。其动机往往是寻找精神刺激、取乐等。猥亵他人的行为，是对他人人身权利及人格尊严的严重侵犯，通常表现为逼迫他人对自己的性敏感区或者行为人在他人的性敏感区进行抠摸、舌舔、吸吮。本行为的对象不限于女性，也包括男性。

立案时，应当注意把这种行为与强制猥亵、侮辱罪区别开来。根据《刑法》第237条的规定，行为人以暴力、胁迫或者其他方法，实施强制猥亵他人或者侮辱妇女的，构成强制猥亵、侮辱罪，应当依法追究刑事责任。构成本罪必须是采取"强制"的方式，没有采取强制方式，则不构成犯罪，但可以作为行政案件处理。

93.3 处罚标准

根据《中华人民共和国治安管理处罚法》第44条规定，猥亵他人，情节恶劣的，处5日以上10日以下拘留；猥亵智力残疾人、精神病人、不满14周岁的人或者有其他严重情节的，处10日以上15日以下拘留。

94. 在公共场所故意裸露身体

94.1 法律依据

《中华人民共和国治安管理处罚法》第44条。

94.2 违法情形

在公共场所故意裸露身体，情节恶劣的，应当由公安机关给予行政处罚。

立案时，要注意把握三个问题：一是这种行为必须发生在公共场所。所谓公共场所，是指公众进行活动的公开场所，如商场、电影院、体育场、广场、公园等。二是对裸露身体的认定，既可能是裸露全身，也可能是只裸露上身或者下身。三是要具备情节恶劣的情形。情节不恶劣的，不作为行政案件处理。

94.3 处罚标准

根据《中华人民共和国治安管理处罚法》第44条规定，在公共场所故意裸露身体的，处5日以上10日以下拘留。

95. 虐待

95.1 法律依据

《中华人民共和国治安管理处罚法》第45条第1项。

95.2 违法情形

虐待家庭成员，被虐待人要求处理的，应当由公安机关给予行政处罚。

这种行为具有以下几个特点：一是行为人与被虐待人之间具有一定的亲属关系、扶养关系、赡养关系、抚养关系等，且共同生活在一个家庭内的成员。二是该行为必须是被虐待人要求处理的，公安机关才立案。这是因为这类案件中的行为人与被虐待人具有一定的亲属关系，而且具有直接的利害关系。如果公安机关主动立案查处，有可能会激化家庭矛盾。所以规定，只有受虐待人要求处理的，公安机关才能立案。在经过调解教育后，仍有必要处罚的，才进行处罚。三是客观方面表现为行为人采用打骂、冻饿、禁闭体罚、迫使从事过度劳动、有病不给治疗或用其他方法对家庭成员进行肉体上、精神上的折磨的行为。

在实际工作中，要注意区别该种行为与虐待罪的界限，两种行为区别的主要标志是“情节是否恶劣”。如虐待行为情节恶劣或者引起被虐待人重伤、死亡的，则构成虐待罪；对于情节轻微、尚不够刑事处罚的行为，则给予治安管理处罚。

95.3 处罚标准

根据《中华人民共和国治安管理处罚法》第45条第1项规定，虐待他人的，处5日以下拘留或者警告。

96. 遗弃

96.1 法律依据

《中华人民共和国治安管理处罚法》第45条第2项。

96.2 违法情形

遗弃没有独立生活能力的被扶养人，尚不构成犯罪的，应当由公安机关给予行政处罚。

所谓没有独立生活能力的人，包括因年老、年幼、患病而丧失劳动能力，没有生活来源的，或者虽有生活来源，但生活不能自理的，或因为年幼或智力低下，没有独立生活能力等情况。扶养义务包括抚养义务、赡养义务和扶养义务。本类行为对象只能是因年老、年幼、患病，或者其他没有独立生活能力的人。客观方面表现为行为人对年老、年幼、患病，或者其他没有独立生活能力的家庭成员，应当扶养而拒绝扶养的行为。对遗弃行为，不实行不告不理，公安机关可以直接依法处理。

在实际工作中，要注意区别该种行为与遗弃罪的界限，两种行为区别的主要标志是“情节是否恶劣”。如遗弃被害人致其流离失所，或者遗弃致被遗弃人死亡，或者屡教不改，或者遗弃造成恶劣社会影响的，则构成遗弃罪，应当依法追究刑事责任。对于情节轻微、尚不够刑事处罚的行为，则给予治安管理处罚。

96.3 处罚标准

根据《中华人民共和国治安管理处罚法》第45条第2项规定，遗弃没有独立生活能力的被扶养人的，处5日以下拘留或者警告。

97. 强迫交易

97.1 法律依据

《中华人民共和国治安管理处罚法》第46条。

97.2 违法情形

强买强卖商品，强迫他人提供服务或者强迫他人接受服务，尚不构成犯罪的，应当由公安机关给予行政处罚。

强迫交易行为是对自愿、公平、合法交易的市场秩序的破坏，主要表现为强买强卖商品，强迫他人提供服务或者强迫他人接受服务。所谓强买强卖，是指行为人以暴力或暴力相威胁，违反他人意愿，强行低价买进，高价卖出的行为。所谓强迫他人提供服务或者强迫他人接受服务，是指行为人违反他人意愿，以暴力、胁迫的方式要求他人为其提供一定的服务，或者要求他人接受其提供的服务的行为。

在实际工作中，要注意区别这类行为与强迫交易罪的界限，两种行为区别的主要标志是“情节是否严重”。对于多次强迫交易的，非法获利巨大、社会影响恶劣的，给被害人及家庭造成严重后果的，则构成强迫交易罪，应当依法追究刑事责任。对于一般性的强买强卖商品的行为，强迫他人提供服务或者强迫他人接受服务的行为，情节轻微的，依法给予治安管理处罚。

97.3 处罚标准

根据《中华人民共和国治安管理处罚法》第46条规定，强迫交易的，处5日以上10日以下拘留，并处200元以上500元以下罚款；情节较轻的，处5日以下拘留或者500元以下罚款。

98. 煽动民族仇恨、民族歧视

98.1 法律依据

《中华人民共和国治安管理处罚法》第47条。

98.2 违法情形

故意用语言、文字或者其他方法煽动民族仇恨、民族歧视，尚不构成犯罪的，应当由公安机关给予行政处罚。

所谓煽动民族仇恨，是指对民族的历史及现实中某些现象进行渲染，或者捏造并散布某种虚假事实，公然掀起民族之间的强烈憎恨。所谓煽动民族歧视，是指利用民族历史、文化、传统、风俗、习惯、种族、肤色等差异，公然煽动其他民族对之鄙视、排斥、限制、损害民族平等。这种煽动行为严重地破坏了民族平等与民族和睦关系。一般表现为行为人采用发表演说、张贴大字报、讽刺漫画、写匿名书信等方式煽动民族仇恨、民族歧视。此外，还要求这种煽动是对多数人公开进行，如只是暗中对少数人宣扬，不属于本行为。

在实际工作中，要注意本行为与煽动民族仇恨、民族歧视罪的区别，两种行为区别的主要标志是“情节是否严重”。如手段恶劣、多次煽动、引起民族公愤，或者严重损害民族感情和尊严的，构成煽动民族仇恨、民族歧视罪。对于因思想落后而有煽动行为，情节轻微的，则属于违反治安管理的行为。

98.3 处罚标准

根据《中华人民共和国治安管理处罚法》第47条规定，煽动民族仇恨、民族歧视的，处10日以上15日以下拘留，可以并处1000元以下罚款。

99. 刊载民族歧视、侮辱内容

99.1 法律依据

《中华人民共和国治安管理处罚法》第47条。

99.2 违法情形

在出版物、计算机信息网络中刊载民族歧视、侮辱内容，尚不构成犯罪的，应当由公安机关给予行政处罚。

所谓民族歧视、侮辱内容，是指针对少数民族的形成历史、风俗、习惯等，对少数民族进行贬低、诬蔑、嘲讽、辱骂，以及其他歧视、侮辱行为。一般表现为行为人在出版物或计算机信息网络中发表、制作、转载具有民族歧视、侮辱含义的文字、图片、符号等内容。这里指的出版物，包括报纸、期刊、图书、音像制品和电子出版物等。既包括公开出版物，也包括内部出版物；既包括合法出版物，也包括非法的出版物。这里的计算机信息网络，包括互联网、局域网等。

在实际工作中，要注意分清此类行为与出版歧视、侮辱少数民族作品罪的界限。区别的主要标志是"情节是否恶劣，是否造成严重后果"。对于行为动机卑鄙、恶劣，造成了恶劣的政治影响，引发民族纠纷、冲突或矛盾甚至骚乱等，则构成出版歧视、侮辱少数民族作品罪，应当依法追究刑事责任。对于情节轻微、尚不够刑事处罚的行为，应当给予治安管理处罚。

99.3　处罚标准

根据《中华人民共和国治安管理处罚法》第47条规定，刊载民族歧视、侮辱内容的，处10日以上15日以下拘留，可以并处1000元以下罚款。

100. 冒领、隐匿、毁弃、私自开拆、非法检查他人邮件

100.1　法律依据

《中华人民共和国治安管理处罚法》第48条。

100.2　违法情形

冒领、隐匿、毁弃、私自开拆或非法检查他人的邮件、电子邮件，尚不构成犯罪的，应当由公安机关给予行政处罚。

所谓冒领，是指冒充他人名义收领他人的邮件、电子邮件。所谓隐匿，是指将他人的邮件、电子邮件秘密隐藏起来，使收件人无法查收。所谓毁弃，是指将他人的邮件、电子邮件予以撕毁、烧毁、丢弃或删除，使他人无法收取。所谓私自开拆，是指未经收件人的同意，私自开启他人的邮件，或非法侵入他人电子邮件接受系统，查看他人的电子邮件。所谓非法检查，是指除公安、司法工作人员依法对邮件、电子邮件进行检查以外的行为。对涉嫌违法犯罪的邮件、电子邮件，公安、司法工作人员按照法定程序报批后，可以依法进行检查、扣押，其他人员则无权检查、扣押，否则属于非法检查行为。侵害的对象是邮件或电子邮件。行为人主观方面是出于故意。

应当注意，对冒领、隐匿、毁弃、私自开拆、非法检查他人快件，尚不构成犯罪的，违法行为名称表述为"冒领、隐匿、毁弃、私自开拆、非法检查他人邮件"，法律依据适用《快递暂行条例》第42条第1款和《中华人民共和国治安管理处罚法》第48条。

在实际工作中，应当注意此类行为与侵犯通信自由罪的区别。两者的区别主要在于情节是否严重。如果行为人出于卑劣的动机，或者多次、经常隐匿、毁弃或者开拆他人邮件、电报，或者社会影响大的，则构成侵犯通信自由罪，应当依法追究刑事责任。如果行为人只是偶尔为之，情节轻微，则属于违法治安管理的行为。

100.3　处罚标准

根据《中华人民共和国治安管理处罚法》第48条规定，冒领、隐匿、毁弃、私

自开拆、非法检查他人邮件的，处5日以下拘留或者500元以下罚款。

101. 盗窃

101.1 法律依据

《中华人民共和国治安管理处罚法》第49条。

101.2 违法情形

行为人以非法占有为目的，秘密地窃取公私财物，尚不构成犯罪的，应当由公安机关给予行政处罚。

在实际工作中，主要应当注意本行为与《刑法》规定的盗窃罪的界限。根据《刑法》第264条的规定，行为人以非法占有为目的，秘密窃取公私财物数额较大或者多次盗窃、入户盗窃、携带凶器盗窃、扒窃的，构成盗窃罪，应当依法追究刑事责任。由此可见，构成盗窃罪主要包括两种情况：一是盗窃数额较大。具体标准应当以各地公检法统一确定的盗窃罪数额标准进行认定。二是情节标准，如果属于多次盗窃、入户盗窃、携带凶器盗窃、扒窃的，也应当按照盗窃罪追究刑事责任。除此之外的盗窃行为，则应当给予相应的治安管理处罚。

101.3 处罚标准

根据《中华人民共和国治安管理处罚法》第49条规定，盗窃公私财物的，处5日以上10日以下拘留，可以并处500元以下罚款；情节较重的，处10日以上15日以下拘留，可以并处1000元以下罚款。

102. 诈骗

102.1 法律依据

《中华人民共和国治安管理处罚法》第49条。

102.2 违法情形

行为人以非法占有为目的，用虚构事实或者隐瞒真相的方法，骗取公私财物，尚不构成犯罪的，应当由公安机关给予行政处罚。

所谓虚构事实，是指捏造客观上并不存在的事实，以骗取他人财物。虚构的事实，可以全部是虚构的，也可以部分是虚构的。所谓隐瞒真相，是指对受害人掩盖客观存在的某种事实，使之陷入错误认识，从而交出财物。

在实际工作中，主要应当注意本行为与《刑法》规定的诈骗罪的界限。根据《刑法》第266条的规定，诈骗公私财物，数额较大的，构成诈骗罪，应当依法追究刑事责任。诈骗罪是数额犯，行为人采用诈骗的方式骗取公私财物必须达到“数额较大”的标准，才构成犯罪。对于诈骗少量财物，未达到数额较大标准的，则应当给予治安管理处罚。至于“数额较大”的具体标准，应当按照各地公检法共同确定的标准执行。

102.3 处罚标准

根据《中华人民共和国治安管理处罚法》第49条规定，诈骗公私财物的，处5日以上10日以下拘留，可以并处500元以下罚款；情节较重的，处10日以上15日以下拘留，可以并处1000元以下罚款。

103. 哄抢

103.1 法律依据

《中华人民共和国治安管理处罚法》第49条。

103.2 违法情形

行为人以起哄的方式公开抢走或者在紧急状态下公然抢走公私财物，尚不构成犯罪的，应当由公安机关给予行政处罚。

在实际工作中，主要应当注意本行为与《刑法》规定的聚众哄抢罪的界限。根据《刑法》第268条的规定，聚众哄抢公私财物，数额较大或者有其他严重情节的，构成聚众哄抢罪，应当依法追究刑事责任。至于“数额较大”的具体标准，应当按照各地公检法共同确定的标准执行。如果哄抢公私财物，尚未达到数额较大，情节一般的，不构成犯罪的，应当依法给予治安管理处罚。

103.3 处罚标准

根据《中华人民共和国治安管理处罚法》第49条规定，哄抢公私财物的，处5日以上10日以下拘留，可以并处500元以下罚款；情节较重的，处10日以上15日以下拘留，可以并处1000元以下罚款。

104. 抢夺

104.1 法律依据

《中华人民共和国治安管理处罚法》第49条。

104.2 违法情形

行为人以非法占有为目的，乘人不备，公然夺取公私财物，尚不构成犯罪的，应当由公安机关给予行政处罚。

在实际工作中，主要应当注意本行为与《刑法》规定的抢夺罪的界限。根据《刑法》第267条的规定，抢夺公私财物，数额较大的，或者多次抢夺的，构成抢夺罪，应当依法追究刑事责任。这里的“数额较大”的标准，应当按照各地公检法共同确定的标准执行。这里的“多次抢夺”，是指抢夺数额上虽然达不到数额较大的标准，但行为人3次以上（含3次）实施抢夺的行为。对于抢夺公私财物未达到“数额较大”标准或者3次以下抢夺少量财物的，则应当给予治安管理处罚。

104.3 处罚标准

根据《中华人民共和国治安管理处罚法》第49条规定，抢夺公私财物的，处5日以上10日以下拘留，可以并处500元以下罚款；情节较重的，处10日以上15日以下拘留，可以并处1000元以下罚款。

105. 敲诈勒索

105.1 法律依据

《中华人民共和国治安管理处罚法》第49条。

105.2 违法情形

行为人以非法占有为目的，对公私财物的所有人、管理人使用威胁或要挟的方法，强行索取公私财物，尚不构成犯罪的，应当由公安机关给予行政处罚。

在实际工作中，主要应当注意本行为与《刑法》规定的敲诈勒索罪的界限。根据《刑法》第274条规定，以非法占有为目的，强行索取公私财物数额较大或者多次敲诈勒索的，构成敲诈勒索罪，应当依法追究刑事责任。这里的“数额较大”的标准，应当按照各地公检法共同确定的标准执行。这里的“多次敲诈勒索”，是指敲诈勒索数额上虽然达不到数额较大的标准，但行为人3次以上（含3次）实施敲诈勒索的行为。对于敲诈勒索公私财物未达到“数额较大”标准或者3次以下敲诈勒索少量财物的，则应当给予治安管理处罚。

105.3 处罚标准

根据《中华人民共和国治安管理处罚法》第49条规定，敲诈勒索公私财物的，处5日以上10日以下拘留，可以并处500元以下罚款；情节较重的，处10日以上15日以下拘留，可以并处1000元以下罚款。

106. 故意损毁财物

106.1　法律依据

《中华人民共和国治安管理处罚法》第49条。

106.2　违法情形

行为人故意损毁公私财物，尚不构成犯罪的，应当由公安机关给予行政处罚。

在实际工作中，主要应当注意本行为与《刑法》规定的故意毁坏财物罪的界限。根据《刑法》第275条规定，故意毁灭或损坏公私财物，数额较大或情节严重的，构成故意毁坏财物罪，应当依法追究刑事责任。至于“数额较大”的具体标准，应当按照各地公检法共同确定的标准执行。如果故意毁坏公私财物，尚未达到数额较大，或者情节一般的，则不构成犯罪的，应当依法给予治安管理处罚。

106.3　处罚标准

根据《中华人民共和国治安管理处罚法》第49条规定，故意损毁公私财物的，处5日以上10日以下拘留，可以并处500元以下罚款；情节较重的，处10日以上15日以下拘留，可以并处1000元以下罚款。

107. 拒不执行紧急状态下的决定、命令

107.1　法律依据

《中华人民共和国治安管理处罚法》第50条第1款第1项。

107.2　违法情形

行为人拒不执行人民政府在紧急状态情况下依法发布的决定、命令，尚不构成犯罪的，应当由公安机关给予行政处罚。

根据宪法的有关规定，人民政府有权在紧急状态下发布戒严令、动员令，还可以对某些方面发布决定，如《突发事件应对法》《传染病防治法》《防洪法》《防震减灾法》《突发公共卫生事件应急条例》等都有规定。这些决定可以是区域性的，只针对部分国民，也可以是全国性的，针对全体国民；可以是某个领域的，如对渔船的征用，只针对渔用船只及船主，也可是所有领域的。这些决定或者命令是人民政府为了保护全社会的利益而作出的，所以必须严格遵守。行为人在客观方面实施了抗拒执行人民政府在紧急情况下依法发布的决定、命令的行为，主观方面是出于故意。

107.3　处罚标准

根据《中华人民共和国治安管理处罚法》第50条第1款第1项规定，拒不执行紧急状态下的决定、命令的，处警告或者200元以下罚款；情节严重的，处5日以上10日以下拘留，可以并处500元以下罚款。

108. 阻碍执行职务

108.1　法律依据

《中华人民共和国治安管理处罚法》第50条第1款第2项。

108.2　违法情形

行为人阻碍国家机关工作人员依法执行职务，尚不构成犯罪的，应当由公安机关给予行政处罚。

这类行为是针对国家机关工作人员的公务活动而实施的阻碍行为，客观方面表现为行为人以非暴力、威胁等方法阻碍国家机关工作人员依法执行职务。行为对象是正在依法执行职务、履行职责的国家机关工作人员。如果行为人阻止的是超越职权，或者滥用职权、以权谋私、侵犯国家和群众利益的国家机关工作人员的活动，则不属于违法行为。在实际工作中，首先，

应当分清本行为与人民群众一般的不服管理行为的界限。某些群众因为政治觉悟低或者认识水平有限而对正在执行公务或履行职责的公务人员实施了谩骂、顶撞等不服管理的行为，如果经劝说能改正错误，可以不以本行为论处。其次，应当区分本行为与《刑法》规定的妨害公务罪的界限。根据《刑法》第277条的规定，以暴力、威胁的方法，阻碍国家机关工作人员、人大代表、红十字会工作人员依法执行职务或履行职责的，构成妨害公务罪，应当依法追究刑事责任。如果行为人没有采取暴力、威胁的方法，则不构成犯罪，应当给予治安管理处罚。

应当注意，《保安服务管理条例》第45条第1款第3项与《中华人民共和国治安管理处罚法》第50条第1款第2项竞合。对保安员阻碍依法执行公务，尚不够刑事处罚的，违法行为名称表述为“阻碍执行职务”。如果其行为依法应当予以治安管理处罚的，法律依据适用《中华人民共和国治安管理处罚法》第50条第1款第2项。如果其行为情节严重，依法应当吊销保安员证，并应当依法予以治安管理处罚的，法律依据适用《中华人民共和国治安管理处罚法》第50条第1款第2项和《保安服务管理条例》第45条第1款第3项。如果其行为情节轻微，不构成违反治安管理行为，仅应当予以训诫的，法律依据适用《保安服务管理条例》第45条第1款第3项。

对阻碍消防救援机构的工作人员依法执行职务，尚不够刑事处罚的，违法行为名称表述为“阻碍执行职务”，法律依据适用《中华人民共和国消防法》第62条第5项和《中华人民共和国治安管理处罚法》第50条第1款第2项。

对阻碍国家情报工作机构及其工作人员依法开展情报工作，尚不够刑事处罚的，违法行为名称及法律适用规范按照《违反公安行政管理行为的名称及其适用意见》第777条的规定执行，即名称表述为“阻碍情报工作”。

108.3　处罚标准

根据《中华人民共和国治安管理处罚法》第50条第1款第2项规定，阻碍执行职务的，处警告或者200元以下罚款；情节严重的，处5日以上10日以下拘留，可以并处500元以下罚款。第2款规定，阻碍人民警察依法执行职务的，从重处罚。

109. 阻碍特种车辆通行

109.1　法律依据

《中华人民共和国治安管理处罚法》第50条第1款第3项。

109.2　违法情形

行为人阻碍执行紧急任务的消防车、救护车、工程抢险车、警车等车辆通行，尚不构成犯罪的，应当由公安机关给予行政处罚。

本行为客观表现为行为人实施了阻止消防车、救护车、工程抢险车、警车等车辆通行的行为。由于上述车辆是专门用于处理突发事件、紧急情况的特种车辆，对它们的阻碍，直接会导致国家、集体和人民的生命、财产损失，所以法律规定，消防车、救护车、工程抢险车、警车等车辆可以优先通行。本行为侵害的对象是正在执行紧急任务的消防车、救护车、工程抢险车、警车等车辆，如果这些车辆未执行任务或者停用待修等，则不属于本行为。

如果行为人以暴力、威胁的方法阻碍特种车辆通行，可以按妨害公务罪依法追究刑事责任。

应当注意，对阻碍消防车、消防艇执行任务的，违法行为名称表述为“阻碍特种车辆通行（消防车、消防艇）”，法律依据适用《中华人民共和国消防法》第62条第4项和《中华人民共和国治安管理处罚法》第50条第1款第3项。

109.3 处罚标准

根据《中华人民共和国治安管理处罚法》第50条第1款第3项规定，阻碍特种车辆通行的，处警告或者200元以下罚款；情节严重的，处5日以上10日以下拘留，可以并处500元以下罚款。

110. 冲闯警戒带、警戒区

110.1 法律依据

《中华人民共和国治安管理处罚法》第50条第1款第4项。

110.2 违法情形

行为人强行冲闯公安机关设置的警戒带、警戒区，尚不构成犯罪的，应当由公安机关给予行政处罚。

所谓警戒带、警戒区，是指公安机关在处理案件、治安灾害事故，以及执行安全保卫任务时，而临时划定的禁止不必要人员出入的区域。设置警戒带和警戒区，目的是保护现场、维护特定区域内的秩序，保证现场不受破坏或区域内的有序和安全。客观方面表现为，行为人徒步或驾车强行冲闯公安机关设置的警戒带、警戒区；侵害的对象是公安机关设置的警戒带、警戒区；行为人主观方面出于故意，过失则不构成本行为。如果行为人强行冲闯公安机关设置的警戒带、警戒区不听制止，可以按妨害公务罪依法追究刑事责任。

110.3 处罚标准

根据《中华人民共和国治安管理处罚法》第50条第1款第4项规定，冲闯警戒带、警戒区的，处警告或者200元以下罚款；情节严重的，处5日以上10日以下拘留，可以并处500元以下罚款。

111. 招摇撞骗

111.1 法律依据

《中华人民共和国治安管理处罚法》第51条第1款。

111.2 违法情形

行为人冒充国家机关工作人员、军警人员或者以其他虚假身份招摇撞骗，尚不构成犯罪的，应当由公安机关给予行政处罚。

所谓招摇撞骗，是指行为人为了牟取不法利益，利用假冒的职级、职衔四处炫耀，并进行诈骗。其中，冒充国家机关工作人员，情节严重的，构成招摇撞骗罪，应当依法追究刑事责任。情节轻微的，应当依法给予治安管理处罚。如果行为人冒充的不是国家机关工作人员，而是冒充高干子弟、高干遗孀、企业老板、医生、记者、教授等行为，则应当给予治安管理处罚。如果行为人冒充国家机关工作人员、军警人员或者以其他虚假身份实施诈骗的，构成犯罪的，则按照诈骗罪依法追究刑事责任。

111.3 处罚标准

根据《中华人民共和国治安管理处罚法》第51条第1款规定，招摇撞骗的，处5日以上10日以下拘留，可以并处500元以下罚款；情节较轻的，处5日以下拘留或者500元以下罚款。第2款规定，冒充军警人员招摇撞骗的，从重处罚。

112. 伪造、变造、买卖公文、证件、证明文件、印章

112.1 法律依据

《中华人民共和国治安管理处罚法》第52条第1项。

112.2 违法情形

行为人伪造、变造或者买卖国家机关、人民团体、企业、事业单位或者其他组织的公文、证件、证明文件、印章，尚不构成犯罪的，应当由公安机关给予行政处罚。

所谓伪造，是指行为人无权制作国家机关、人民团体、企业、事业单位或者其他组织的公文、证件、证明文件、印章，而依使用描绘、复印、影印或雕刻等方式，非法制作假的公文、证件、证明文件、印章的行为。所谓变造，是指行为人以真的公文、证件、证明文件、印章为基础，采取涂改、挖洞、填补、拼接等方式，改变其真实内容的行为。所谓买卖，是指为了牟取不合法的利益，行为人非法从他人处以支付对价的方式购买国家机关、人民团体、企业、事业单位或者其他组织的公文、证件、证明文件、印章的行为。

如果行为人伪造、变造或者买卖国家机关的公文、证件、印章，构成犯罪的，根据《刑法》第280条第1款的规定，应当以伪造、变造、买卖国家机关的公文、证件、印章罪追究刑事责任；如果行为人伪造公司、企业、事业单位、人民团体印章，构成犯罪的，根据《刑法》第280条第2款，应当以伪造公司、企业、事业单位、人民团体印章罪追究刑事责任。

应当注意，《报废机动车回收管理办法》第20条第1款第1项与《中华人民共和国治安管理处罚法》第52条第1项竞合。对买卖、伪造、变造报废机动车回收证明的，违法行为名称表述为“伪造、变造、买卖证明文件（报废机动车回收证明）”，处罚的法律依据适用《中华人民共和国治安管理处罚法》第52条第1项和《报废机动车回收管理办法》第20条第1款第1项。

112.3 处罚标准

根据《中华人民共和国治安管理处罚法》第52条第1项规定，伪造、变造、买卖公文、证件、证明文件、印章的，处10日以上15日以下拘留，可以并处1000元以下罚款；情节较轻的，处5日以上10日以下拘留，可以并处500元以下罚款。

113. 买卖、使用伪造、变造的公文、证件、证明文件

113.1 法律依据

《中华人民共和国治安管理处罚法》第52条第2项。

113.2 违法情形

行为人故意买卖或者使用伪造或者变造的国家机关、人民团体、企业、事业单位或者其他组织的公文、证件、证明文件，尚不构成犯罪的，应当由公安机关给予行政处罚。

这类行为客观方面表现为行为人实施了买卖或者使用伪造、变造的国家机关、人民团体、企业、事业单位或者其他组织的公文、证件、证明文件的行为，主观方面出于故意。如果行为人买卖国家机关的公文、证件、印章，构成犯罪的，以买卖国家机关的公文、证件、印章罪追究刑事责任。

113.3 处罚标准

根据《中华人民共和国治安管理处罚

法》第52条第2项规定，买卖、使用伪造、变造的公文、证件、证明文件的，处10日以上15日以下拘留，可以并处1000元以下罚款；情节较轻的，处5日以上10日以下拘留，可以并处500元以下罚款。

114. 伪造、变造、倒卖有价票证、凭证

114.1 法律依据

《中华人民共和国治安管理处罚法》第52条第3项。

114.2 违法情形

行为人伪造、变造、倒卖车票、船票、航空客票、文艺演出票、体育比赛入场券或者其他有价票证、凭证，尚不构成犯罪的，应当由公安机关给予行政处罚。

这类行为侵犯了国家对有价票证、凭证的正常管理秩序，客观方面表现为行为人实施了伪造、变造、倒卖车票、船票、航空客票、文艺演出票、体育比赛入场券或者其他有价票证、凭证的行为。侵害的对象必须是代表一定金额，具有营业性质的有价票证，如车票、船票、航空客票、文艺演出票、体育比赛入场券等。对于倒卖行为而言，不应包括国家允许流通买卖的债券、邮票等有价票证。主观方面，行为人的行为是出于故意。

与伪造、倒卖伪造的有价票证罪的界限。根据《刑法》第227条第1款的规定，伪造或者倒卖伪造的车票、船票、邮票或者其他有价票证，数额较大的，构成伪造、倒卖伪造的有价票证罪，应当依法追究刑事责任。至于数额较大的具体标准，应依据各地公检法统一确定的标准执行。对于不构成犯罪的，应当给予治安管理处罚。

与倒卖车票、船票罪的界限。根据刑法第227条第2款的规定，倒卖车票、船票，情节严重的，构成倒卖车票、船票罪，应当依法追究刑事责任。所谓情节严重，主要是指倒卖车票、船票面额较大、获利数额较大的或者屡教不改的等情形，具体包括倒卖车票、船票的票面数额累计5000元以上，或者非法获利累计2000元以上以及其他情节严重的情形。如果情节不够严重的，则不构成犯罪，应当作为一般违法行为，由公安机关依法给予治安管理处罚。

114.3 处罚标准

根据《中华人民共和国治安管理处罚法》第52条第3项规定，伪造、变造、倒卖有价票证、凭证的，处10日以上15日以下拘留，可以并处1000元以下罚款；情节较轻的，处5日以上10日以下拘留，可以并处500元以下罚款。

115. 伪造、变造船舶户牌

115.1 法律依据

《中华人民共和国治安管理处罚法》第52条第4项。

115.2 违法情形

行为人伪造、变造船舶户牌，尚不构成犯罪的，应当由公安机关给予行政处罚。

这类行为侵犯了国家对船舶户牌的正常管理秩序。所谓船舶户牌，是指船舶登记管理机关依法统一制作、颁发，悬挂在船舶指定位置，载明船籍港名称、船舶名称、船舶性质用途简称、编号等内容的牌证。客观方面表现为行为人通过模仿真实的船舶户牌的格式、颜色、形状进行复制、仿造；或者利用过期的，真实的船舶户牌，通过涂改、填补、拼接等方法变造。主观方面是出于故意。伪造、变造船舶户牌，情节严重的，应当以伪造、变造国家机关

证件罪追究刑事责任。

115.3　处罚标准

根据《中华人民共和国治安管理处罚法》第52条第4项规定，伪造、变造船舶户牌的，处10日以上15日以下拘留，可以并处1000元以下罚款；情节较轻的，处5日以上10日以下拘留，可以并处500元以下罚款。

116. 买卖、使用伪造、变造的船舶户牌

116.1　法律依据

《中华人民共和国治安管理处罚法》第52条第4项。

116.2　违法情形

行为人买卖、使用伪造、变造的船舶户牌，尚不构成犯罪的，应当由公安机关给予行政处罚。

应当注意，买卖真实的船舶户牌，尚不构成犯罪的，应当以买卖国家机关证件行为给予治安管理处罚；构成犯罪的，以买卖国家机关证件罪追究刑事责任。

116.3　处罚标准

根据《中华人民共和国治安管理处罚法》第52条第4项规定，买卖、使用伪造、变造的船舶户牌的，处10日以上15日以下拘留，可以并处1000元以下罚款；情节较轻的，处5日以上10日以下拘留，可以并处500元以下罚款。

117. 涂改船舶发动机号码

117.1　法律依据

《中华人民共和国治安管理处罚法》第52条第4项。

117.2　违法情形

行为人涂改船舶发动机号码的，应当由公安机关给予行政处罚。

这类行为主要表现为通过打磨、重新上色等方式涂去原船舶发动机号码，重新在船舶发动机上刻写号码的行为。主观方面是出于故意。

117.3　处罚标准

根据《中华人民共和国治安管理处罚法》第52条第4项规定，涂改船舶发动机号码的，处10日以上15日以下拘留，可以并处1000元以下罚款；情节较轻的，处5日以上10日以下拘留，可以并处500元以下罚款。

118. 驾船擅自进入、停靠国家管制的水域、岛屿

118.1　法律依据

《中华人民共和国治安管理处罚法》第53条。

118.2　违法情形

行为人违反国家有关规定，驾船擅自进入、停靠国家禁止、限制进入的水域、岛屿，尚不构成犯罪的，应当由公安机关给予行政处罚。

船舶进出港口或者通过交通管制区、通航密集区和航行条件受到限制的区域时，必须遵守中华人民共和国政府或主管机关公布的特别规定。除经主管机关特别许可外，禁止船舶进入或穿越禁航区。在沿海水域划定禁航区，必须经国务院或主管机关批准。但是，为军事需要划定禁航区，可以由国家军事主管部门批准。禁航区由主管机关公布。这类行为客观方面表现为违反国家有关管理规定，没有获得批准和许可而擅自进入、停靠国家禁止、限制进入的水域或者岛屿的行为。所谓国家禁止、限制进入的水域或者岛屿，包括因为军事原因、外交原因、安全原因等不允许船舶进入，或者有条件允许特定

船舶进入的水域或岛屿。主观方面要求行为人明知进入或停靠的水域或岛屿是国家禁止、限制进入的，如果行为人不知，则不以本行为论处。

应当注意，《沿海船舶边防治安管理规定》第28条第1项与《中华人民共和国治安管理处罚法》第53条竞合。对沿海船舶非法进入国家禁止或者限制进入的海域或者岛屿的，违法行为名称表述为“驾船擅自进入国家管制的水域、岛屿”，法律依据适用《中华人民共和国治安管理处罚法》第53条。

118.3 处罚标准

根据《中华人民共和国治安管理处罚法》第53条规定，驾船擅自进入、停靠国家管制的水域、岛屿的，对船舶负责人及有关责任人员处500元以上1000元以下罚款；情节严重的，处5日以下拘留，并处500元以上1000元以下罚款。

119. 非法以社团名义活动

119.1 法律依据

《中华人民共和国治安管理处罚法》第54条第1款第1项。

119.2 违法情形

行为人违反国家规定，未经注册登记，以社会团体名义进行活动，被取缔后，仍进行活动的，应当由公安机关给予行政处罚。

所谓社会团体，是指由自然人或法人自愿组成，为实现会员共同意愿，按其章程开展活动的非营利性社会组织。国家机关以外的组织可以作为单位会员加入社会团体，包括一切在中华人民共和国境内组织的协会、学会、联合会、研究会、基金会、联谊会、促进会、商会等社会团体。我国对社会团体的注册登记有严格的规定，主要体现在《社会团体登记管理条例》《社会团体年度检查办法》等规定中。根据《社会团体登记管理条例》第32条规定：“筹备期间开展筹备以外的活动，或者未经登记，擅自以社会团体名义进行活动，以及被撤销登记的社会团体继续以社会团体名义进行活动的，由登记管理机关予以取缔，没收非法财产；构成犯罪的，依法追究刑事责任；尚不构成犯罪的，依法给予治安管理处罚。”

119.3 处罚标准

根据《中华人民共和国治安管理处罚法》第54条第1款第1项规定，非法以社团名义活动的，处10日以上15日以下拘留，并处500元以上1000元以下罚款；情节较轻的，处5日以下拘留或者500元以下罚款。

120. 以被撤销登记的社团名义活动

120.1 法律依据

《中华人民共和国治安管理处罚法》第54条第1款第2项。

120.2 违法情形

被主管部门依法撤销登记的社会团体，在撤销后仍以原社会团体名义进行活动的，应当由公安机关给予行政处罚。

120.3 处罚标准

根据《中华人民共和国治安管理处罚法》第54条第1款第2项规定，以被撤销登记的社团名义活动的，处10日以上15日以下拘留，并处500元以上1000元以下罚款；情节较轻的，处5日以下拘留或者500元以下罚款。

121. 未获公安许可擅自经营

121.1 法律依据

《中华人民共和国治安管理处罚法》第

54条第1款第3项。

121.2 违法情形

未经许可，擅自经营按照国家规定需要由公安机关许可的行业，尚不构成犯罪的，应当由公安机关给予行政处罚。

所谓按照国家规定需要由公安机关许可的行业，是指按照有关法律、行政法规和国务院决定的有关规定，需要由公安机关许可的旅馆业、典当业、公章刻制业等行业。要经营这些行业，必须取得公安机关的许可决定。

应当注意，根据2015年《国务院关于取消和调整一批行政审批项目等事项的决定》，已将旅馆业、典当业、公章刻制业等特种行业许可证核发改为市场监管部门后置审批事项。而2020年《国务院关于取消和下放一批行政许可事项的决定》取消典当业特种行业许可证核发。

121.3 处罚标准

根据《中华人民共和国治安管理处罚法》第54条第1款第3项规定，未获公安许可擅自经营的，处10日以上15日以下拘留，并处500元以上1000元以下罚款；情节较轻的，处5日以下拘留或者500元以下罚款。第2款规定，有未获公安许可擅自经营的，予以取缔。

122. 煽动、策划非法集会、游行、示威

122.1 法律依据

《中华人民共和国治安管理处罚法》第55条。

122.2 违法情形

行为人煽动、策划非法集会、游行、示威，不听劝阻，尚不构成犯罪的，应当由公安机关给予行政处罚。

根据《集会游行示威法》的规定，公民行使集会、游行、示威权利的时候，必须遵守宪法和法律，不得反对宪法所确定的基本原则，不得损害国家的、社会的、集体的利益和其他公民合法的自由和权利。所谓集会，是指聚集于露天公共场所，发表意见、表达共同意愿的活动。所谓游行，是指在公共道路、露天公共场所列队行进、表达共同意愿的活动。所谓示威，是指在露天公共场所或者公共道路上以集会、游行、静坐等方式，表达诉求、抗议或者支持、声援等共同意愿的活动。

应当注意，本行为是煽动、策划非法集会、游行、示威，而不是举行非法集会、游行、示威，如果是举行非法集会、游行、示威，则应当按照《集会游行示威法》第28条第2款的规定处罚。

122.3 处罚标准

根据《中华人民共和国治安管理处罚法》第55条规定，煽动、策划非法集会、游行、示威的，处10日以上15日以下拘留。

123. 不按规定登记住宿旅客信息

123.1 法律依据

《中华人民共和国治安管理处罚法》第56条第1款。

123.2 违法情形

旅馆业的工作人员违反规定，对住宿的旅客不按规定登记姓名、身份证件种类和号码的，应当由公安机关给予行政处罚。

根据《旅馆业治安管理办法》第6条第1款规定，旅馆接待旅客住宿必须登记，登记时，应当查验旅客的身份证件，按规定的项目如实登记。根据这一规定，任何旅馆都必须建立验证登记制度，做到“证

件验清、情况问清、客单填清”。这类行为一般表现为旅馆经营者不登记，或者不如实登记，或者不全面登记旅客姓名、身份证件种类和号码的行为。构成本行为要求经营者未按规定登记的是旅客的姓名、身份证件种类和号码，如果未如实登记的是旅客的性别、民族、年龄、工作单位等内容，不属于本行为。

123.3 处罚标准

根据《中华人民共和国治安管理处罚法》第56条第1款规定，不按规定登记住宿旅客信息的，处200元以上500元以下罚款。

124. 不制止住宿旅客带入危险物质

124.1 法律依据

《中华人民共和国治安管理处罚法》第56条第1款。

124.2 违法情形

旅馆业的工作人员违反规定，明知住宿的旅客将危险物质带入旅馆，不予制止的，应当由公安机关给予行政处罚。

根据《旅馆业治安管理办法》第11条规定：“严禁旅客将易燃、易爆、剧毒、腐蚀性和放射性等危险物品带入旅馆。”根据这一条规定，对有携带危险物品进入旅馆的，要求旅馆经营者及时将该情况向公安机关进行通报。如果经营者违反该规定，对明知住宿的旅客将危险物质带入旅馆，却不予制止，不予通报的，则构成违反治安管理行为。这类行为要求经营者主观上是“明知”，如果经营者对旅客所携危险物质的情况并不知情，则不属于本行为。

124.3 处罚标准

根据《中华人民共和国治安管理处罚法》第56条第1款规定，不制止住宿旅客带入危险物质的，处200元以上500元以下罚款。

125. 明知住宿旅客是犯罪嫌疑人不报

125.1 法律依据

《中华人民共和国治安管理处罚法》第56条第2款。

125.2 违法情形

旅馆业的工作人员违反规定，明知住宿的旅客是犯罪嫌疑人员或者被公安机关通缉的人员，不向公安机关报告的，应当由公安机关给予行政处罚。

为配合公安机关预防和打击违法犯罪活动的需要，根据《旅馆业治安管理办法》第9条的规定，旅馆工作人员发现违法犯罪分子，行迹可疑的人员和被公安机关通缉的罪犯，应当立即向当地公安机关报告，不得知情不报或隐瞒包庇。如果经营者对明知住宿旅客是犯罪嫌疑人员或者被公安机关通缉的人员，不向公安机关报告，即属于本行为。同样，本行为在主观上也要求经营者“明知”，即明知住宿旅客是犯罪嫌疑人员或者被公安机关通缉的人员，如果经营者对此并不知情，不属于本行为。此外，旅馆业工作人员明知旅客是犯罪嫌疑人员不报的行为是一种不作为行为，不构成窝藏、包庇罪。

125.3 处罚标准

根据《中华人民共和国治安管理处罚法》第56条第2款规定，明知住宿旅客是犯罪嫌疑人不报的，处200元以上500元以下罚款；情节严重的，处5日以下拘留，可以并处500元以下罚款。

126. 将房屋出租给无身份证件人居住

126.1 法律依据

《中华人民共和国治安管理处罚法》第

57 条第 1 款。

126.2　违法情形

房屋出租人违反国家有关规定，将房屋出租给无身份证件的人居住的，应当由公安机关给予行政处罚。

根据《租赁房屋治安管理规定》第 7 条规定，房屋出租人不准将房屋出租给无合法有效证件的承租人。出租人违反上述规定，将房屋出租给无身份证件的人，就构成违反治安管理行为。这里所指的身份证件，包括居民身份证、军官证、士兵证、护照等有效证件。主观上，出租人主要是为了牟取不法利益，而故意将房屋出租给无身份证件的人。如果是承租人提供了假的身份证件，则不属于本行为。

126.3　处罚标准

根据《中华人民共和国治安管理处罚法》第 57 条第 1 款规定，将房屋出租给无身份证件人居住的，处 200 元以上 500 元以下罚款。

127. 不按规定登记承租人信息

127.1　法律依据

《中华人民共和国治安管理处罚法》第 57 条第 1 款。

127.2　违法情形

房屋出租人违反国家有关规定，不登记承租人姓名、身份证件种类和号码的，应当由公安机关给予行政处罚。

根据《租赁房屋治安管理规定》第 7 条中对出租人治安责任中的相关规定，出租人有对承租人的基本情况进行登记并向公安派出所备案的义务。出租人违反这一义务，而对承租人的身份证件的种类和号码不予登记，就属于违反治安管理的行为。这种不登记是指未登记、不如实登记或者不全面登记等情况。此外，本行为要求经营者未按规定登记的是承租人身份证件的种类和号码，如果未如实登记的是承租人的性别、民族、年龄、工作单位等内容，不属于本行为。

127.3　处罚标准

根据《中华人民共和国治安管理处罚法》第 57 条第 1 款规定，不按规定登记承租人信息的，处 200 元以上 500 元以下罚款。

128. 明知承租人利用出租屋犯罪不报

128.1　法律依据

《中华人民共和国治安管理处罚法》第 57 条第 2 款。

128.2　违法情形

房屋出租人违反国家有关规定，明知承租人利用出租房屋进行犯罪活动，不向公安机关报告的，应当由公安机关给予行政处罚。

为配合公安机关预防和打击违法犯罪活动的需要，《租赁房屋治安管理规定》第 7 条在出租人治安责任中规定，发现承租人有违法犯罪活动或者有违法犯罪嫌疑的，应当及时报告公安机关。根据这一规定，出租人明知承租人利用出租房屋进行犯罪活动，不向公安机关报告，即属于违反治安管理行为，应当给予治安管理处罚。主观上要求出租人“明知”，即明知承租人利用出租房屋进行犯罪活动，如果出租人对此并不知情，则不属于本行为。

128.3　处罚标准

根据《中华人民共和国治安管理处罚法》第 57 条第 2 款规定，明知承租人利用出租屋犯罪不报的，处 200 元以上 500 元以下罚款；情节严重的，处 5 日以下拘留，可以并处500元以下罚款。

129. 制造噪声干扰正常生活

129.1 法律依据

《中华人民共和国治安管理处罚法》第58条。

129.2 违法情形

行为人违反有关社会生活噪声污染防治的法律规定，制造噪声干扰他人正常生活的，应当由公安机关给予行政处罚。

为防治环境噪声污染，保护和改善生活环境，保障人体健康，环境噪声污染防治法对环境噪声污染防治的监督管理、工业噪声污染防治、建筑施工噪声污染防治、交通运输噪声污染防治、社会生活噪声污染防治等问题作了明确具体的规定。1999年9月15日，国家环境保护总局、公安部、国家工商管理局联合发出《关于加强社会生活噪声污染管理的通知》，通知要求：禁止任何单位和个人在城市市区噪声敏感建筑物集中区域内使用高音喇叭；禁止在商业经营活动中使用高音喇叭或其他发出高噪声的方法招揽顾客；禁止在城市市区街道、广场、公园等公共场所组织的娱乐、集会等活动中，使用音量过大、严重干扰周围生活环境的音响器材；在已交付使用的住宅楼进行室内装修活动时，严禁施工人员在夜间和午间休息时间进行噪声扰民作业。对违反上述规定的，由当地公安机关依据《环境噪声污染防治法》予以处罚，构成违反治安管理行为的，依法给予治安管理处罚。2008年8月19日，环境保护部、国家质检总局发布了《社会生产环境噪声排放标准》，对噪声的认定可以参考该标准。

129.3 处罚标准

根据《中华人民共和国治安管理处罚法》第58条规定，制造噪声干扰正常生活的，处警告；警告后不改正的，处200元以上500元以下罚款。

130. 违法承接典当物品

130.1 法律依据

《中华人民共和国治安管理处罚法》第59条第1项。

130.2 违法情形

典当业工作人员违反国家规定，承接典当的物品，不查验有关证明、不履行登记手续，尚不构成犯罪的，应当由公安机关给予行政处罚。

行为人违反《典当管理办法》，在承接典当物品时，没有查验典当者的居民身份证、营业执照、发票、权属证明书等证明文件，或者未如实登记姓名、单位名称、住址、身份证号码、典当物品的名称、数量、规格、新旧程度等内容。

130.3 处罚标准

根据《中华人民共和国治安管理处罚法》第59条第1项规定，违法承接典当物品的，处500元以上1000元以下罚款；情节严重的，处5日以上10日以下拘留，并处500元以上1000元以下罚款。

131. 典当发现违法犯罪嫌疑人、赃物不报

131.1 法律依据

《中华人民共和国治安管理处罚法》第59条第1项。

131.2 违法情形

典当业工作人员承接典当的物品，明知是违法犯罪嫌疑人、赃物，不向公安机关报告，尚不构成犯罪的，应当由公安机关给予行政处罚。

典当业经营者应当配合公安机关预防

和打击违法犯罪活动，在承接典当物品时，应当查验有关证明，并进行如实登记，发现违法犯罪嫌疑人及赃物时，应当及时向公安机关报告。不向公安机关报告的，应当依法给予治安管理处罚。

应当注意，《典当管理办法》第66条第1款与《中华人民共和国治安管理处罚法》第59条第1项竞合。对典当行发现公安机关通报协查的人员或者赃物不向公安机关报告的，违法行为名称表述为“典当发现违法犯罪嫌疑人、赃物不报”。对典当行处罚的法律依据适用《典当管理办法》第27条和第52条及第66条第1款，对其直接负责的主管人员和其他直接责任人员处罚的法律依据适用《中华人民共和国治安管理处罚法》第18条和第59条第1项。对典当行工作人员发现违法犯罪嫌疑人、赃物不向公安机关报告的，法律依据适用《中华人民共和国治安管理处罚法》第59条第1项。

131.3　处罚标准

根据《中华人民共和国治安管理处罚法》第59条第1项规定，典当发现违法犯罪嫌疑人、赃物不报的，处500元以上1000元以下罚款；情节严重的，处5日以上10日以下拘留，并处500元以上1000元以下罚款。

132. 违法收购废旧专用器材

132.1　法律依据

《中华人民共和国治安管理处罚法》第59条第2项。

132.2　违法情形

行为人违反国家规定，收购铁路、油田、供电、电信、矿山、水利、测量和城市公用设施等废旧专用器材，尚不构成犯罪的，应当由公安机关给予行政处罚。

为防止违法犯罪人员盗窃铁路、油田、电力、电信、矿山、水利等国家重要的设施牟取非法利益，《废旧金属收购业治安管理办法》规定，收购废旧金属的企业在收购铁路、油田、电力、电信、矿山等生产性废旧金属时，应当查验出售单位开具的证明，对出售单位的名称和经办人的姓名、住址、身份证号码以及物品的名称、数量、规格、新旧程度等如实进行登记。未如实登记的，则构成违反治安管理行为。由于生产性废旧金属，只有按照国务院有关规定有权经营生产性废旧金属收购业的企业才能收购，对收购废旧金属的其他企业和个体工商户不得收购生产性废旧金属。

132.3　处罚标准

根据《中华人民共和国治安管理处罚法》第59条第2项规定，违法收购废旧专用器材的，处500元以上1000元以下罚款；情节严重的，处5日以上10日以下拘留，并处500元以上1000元以下罚款。

133. 收购赃物、有赃物嫌疑的物品

133.1　法律依据

《中华人民共和国治安管理处罚法》第59条第3项。

133.2　违法情形

行为人违反国家规定，收购公安机关通报寻查的赃物或者有赃物嫌疑的物品，尚不构成犯罪的，应当由公安机关给予行政处罚。

根据《废旧金属收购业治安管理办法》的规定，收购废旧金属的企业和个体工商户不得收购公安机关通报寻查的赃物或者有赃物嫌疑的物品。这里的赃物既包括违法所得的赃物，也包括犯罪所得的赃物。

所谓明知，即知道或者应当知道是公安机关通报寻查的赃物或者有赃物嫌疑的物品而予以收购。

与掩饰、隐瞒犯罪所得、犯罪所得收益罪的界限。根据《刑法》第312条第1款、第2款的规定，明知是犯罪所得及其产生的收益而予以窝藏、转移、收购、代为销售或者以其他方法掩饰、隐瞒的，构成掩饰、隐瞒犯罪所得、犯罪所得收益罪，应当依法追究刑事责任。如果行为人明知是犯罪所得及其产生的收益，价值较大或者有其他严重情节，则按照犯罪处理；如果价值不大的，应当作为行政案件处理。

133.3 处罚标准

根据《中华人民共和国治安管理处罚法》第59条第3项规定，收购赃物、有赃物嫌疑的物品的，处500元以上1000元以下罚款；情节严重的，处5日以上10日以下拘留，并处500元以上1000元以下罚款。

134. 收购国家禁止收购的其他物品

134.1 法律依据

《中华人民共和国治安管理处罚法》第59条第4项。

134.2 违法情形

行为人违反国家规定，收购国家禁止收购的其他金属物品，尚不构成犯罪的，应当由公安机关给予行政处罚。

这是一条补充性的规定。所谓国家禁止收购的其他金属物品，是指铁路、油田、供电、电信、矿山、水利、测量和城市公用设施等废旧专用器材以及公安机关通报寻查的赃物或者有赃物嫌疑的物品以外的国家禁止收购的其他金属物品，如枪支、弹药和爆炸物品，剧毒、放射性物品及其容器等。

134.3 处罚标准

根据《中华人民共和国治安管理处罚法》第59条第4项规定，收购国家禁止收购的其他物品的，处500元以上1000元以下罚款；情节严重的，处5日以上10日以下拘留，并处500元以上1000元以下罚款。

135. 隐藏、转移、变卖、损毁依法扣押、查封、冻结的财物

135.1 法律依据

《中华人民共和国治安管理处罚法》第60条第1项。

135.2 违法情形

行为人隐藏、转移、变卖或者损毁行政执法机关依法扣押、查封、冻结的财物，尚不构成犯罪的，应当由公安机关给予行政处罚。

这种违法行为的对象仅限于行政执法机关依法扣押、查封、冻结的财物。所谓扣押，是指把涉案财物运送到某一场所进行扣留，禁止嫌疑人占有、使用和处分。所谓查封，是指将涉案财产贴上行政执法机关的封条，就地封存，不准任何人擅自处理和移动。所谓冻结，是指行政执法机关向金融机构发出通知，要求停止涉案嫌疑人对某存款或股票行使权利。在主观方面要求行为人是出于故意，即明知系行政执法机关依法扣押、查封、冻结的财物而实施隐藏、转移、变卖或者损毁的行为。

与非法处置查封、扣押、冻结的财产罪的界限。根据《刑法》第314条规定，隐藏、转移、变卖、故意毁损已被司法机关查封、扣押、冻结的财物，情节严重的，构成非法处置查封、扣押、冻结的财产罪，应当依法追究刑事责任。对于未达到“情节严重”程度的，不以犯罪论处。

135.3　处罚标准

根据《中华人民共和国治安管理处罚法》第60条第1项规定，隐藏、转移、变卖、损毁依法扣押、查封、冻结的财物的，处5日以上10日以下拘留，并处200元以上500元以下罚款。

136. 伪造、隐匿、毁灭证据

136.1　法律依据

《中华人民共和国治安管理处罚法》第60条第2项。

136.2　违法情形

行为人伪造、隐匿、毁灭证据，影响行政执法机关办案，尚不构成犯罪的，应当由公安机关给予行政处罚。

所谓伪造证据，是指制造虚假的与案件有关的物证、书证等证据材料。所谓隐匿证据，是指故意将案件证据材料隐藏起来的行为。所谓毁灭证据，是指故意销毁与案件有关的证据，使之完全或者部分消失、丧失证据效力。构成犯罪的，应当分别不同情形，按照《刑法》第305条、306条、第307条规定的伪证罪，辩护人、诉讼代理人毁灭证据、伪造证据、妨害作证罪，以及帮助毁灭、伪造证据罪追究刑事责任。

136.3　处罚标准

根据《中华人民共和国治安管理处罚法》第60条第2项规定，伪造、隐匿、毁灭证据的，处5日以上10日以下拘留，并处200元以上500元以下罚款。

137. 提供虚假证言

137.1　法律依据

《中华人民共和国治安管理处罚法》第60条第2项。

137.2　违法情形

行为人故意提供虚假证言，影响行政执法机关依法办案的，应当由公安机关给予行政处罚。

这里提供虚假证言的主体包括当事人、鉴定人、记录人、翻译人、被侵害人等所有知道案件情况的人。

137.3　处罚标准

根据《中华人民共和国治安管理处罚法》第60条第2项规定，提供虚假证言的，处5日以上10日以下拘留，并处200元以上500元以下罚款。

138. 谎报案情

138.1　法律依据

《中华人民共和国治安管理处罚法》第60条第2项。

138.2　违法情形

行为人故意谎报案情，影响行政执法机关依法办案的，应当由公安机关给予行政处罚。

这里的谎报，是指行为人故意捏造或者歪曲事实，故意向行政机关举报、投诉并不存在或者没有发生的违法事实。

138.3　处罚标准

根据《中华人民共和国治安管理处罚法》第60条第2项规定，谎报案情的，处5日以上10日以下拘留，并处200元以上500元以下罚款。

139. 窝藏、转移、代销赃物

139.1　法律依据

《中华人民共和国治安管理处罚法》第60条第3项。

139.2　违法情形

行为人明知是赃物而窝藏、转移或者代为销售，尚不构成犯罪的，应当由公安机关给予行政处罚。

这类行为妨害了司法机关的正常活动，

客观方面表现为行为人实施了窝藏、转移或者代为销售赃物的行为。所谓窝藏，是指行为人为违法犯罪分子藏匿赃物。所谓转移，是指行为人把违法犯罪分子的赃物进行移动，以防止被查处的行为。所谓代为销售，是指行为人代为将涉及违法犯罪的赃物进行出卖的行为。主观方面要求行为人是出于故意，即明知是赃物而实施窝藏、转移或者代为销售的行为。构成犯罪的，可以依照《刑法》第312条规定的掩饰、隐瞒犯罪所得、犯罪所得收益罪追究刑事责任。

应当注意，对机动车修理企业和个体工商户、报废机动车回收企业明知是盗窃、抢劫所得机动车而予以拆解、改装、拼装、倒卖的，对其直接负责的主管人员和其他直接责任人员处罚的法律依据适用《中华人民共和国治安管理处罚法》第18条和第60条第3项以及《机动车修理业、报废机动车回收业治安管理办法》第15条。

对报废机动车回收企业明知或者应当知道回收的机动车为赃物或者用于盗窃、抢劫等犯罪活动的犯罪工具，未向公安机关报告，擅自拆解、改装、拼装、倒卖该机动车的，对其直接负责的主管人员和其他直接责任人员处罚的法律依据适用《中华人民共和国治安管理处罚法》第18条和第60条以及《报废机动车回收管理办法》第20条第1款第2项。

139.3 处罚标准

根据《中华人民共和国治安管理处罚法》第60条第3项规定，窝藏、转移、代销赃物的，处5日以上10日以下拘留，并处200元以上500元以下罚款。

140. 违反监督管理规定

140.1 法律依据

《中华人民共和国治安管理处罚法》第60条第4项。

140.2 违法情形

被依法执行管制、剥夺政治权利或者在缓刑、保外就医等监外执行中的罪犯或者被依法采取刑事强制措施的人，有违反法律、行政法规或者国务院公安部门有关监督管理规定，尚不构成犯罪的，应当由公安机关给予行政处罚。

140.3 处罚标准

根据《中华人民共和国治安管理处罚法》第60条第4项规定，违反监督管理规定的，处5日以上10日以下拘留，并处200元以上500元以下罚款。

141. 协助组织、运送他人偷越国（边）境

141.1 法律依据

《中华人民共和国治安管理处罚法》第61条。

141.2 违法情形

行为人违反国（边）境管理法律法规，在组织、运送他人偷越国（边）境活动中，协助策划、动员、串联、拉拢、联络他人偷越国（边）境，尚不构成犯罪的，应当由公安机关给予行政处罚。

本行为在客观方面表现为行为人实施了协助组织或者运送他人出入国（边）境的行为。包括协助组织或者运送境内人员偷渡至境外，或者协助组织境外人员偷渡至境内等情况。这种协助，一般是提供交通工具、藏身地点等条件，或者掩护望风、联系联络等辅助作用等方式。该行为在组织或者运送他人偷越国（边）境的违法犯罪行为中起次要

和帮助的作用。主观方面，要求具有明知违法犯罪分子组织或者运送他人偷越国（边）境而提供帮助的故意，过失或不知他人非法组织或者运送他人偷越国（边）境的，不属于本行为。如果行为人实施的不是协助行为，而是组织、运送行为，构成犯罪的，分别以组织他人偷越国（边）境罪、运送他人偷越国（边）境罪处罚。

141.3　处罚标准

根据《中华人民共和国治安管理处罚法》第61条规定，协助组织、运送他人偷越国（边）境的，处10日以上15日以下拘留，并处1000元以上5000元以下罚款

142. 为偷越国（边）境人员提供条件

142.1　法律依据

《中华人民共和国治安管理处罚法》第62条第1款。

142.2　违法情形

行为人违反国（边）境管理法律法规，明知是偷越国（边）境的人员，而为其偷越国（边）境提供条件，尚不构成犯罪的，应当由公安机关给予行政处罚。

所谓为偷越国（边）境人员提供条件，是指行为人为偷越国（边）境人员提供交通、信息、联系、住宿等帮助条件的行为。该行为在他人偷越国（边）境的违法犯罪行为中起次要和帮助的作用。主观方面，要求行为人具有明知他人偷越国（边）境而提供条件的故意，过失或不知他人偷越国（边）境的，不属于本行为。

142.3　处罚标准

根据《中华人民共和国治安管理处罚法》第62条第1款规定，为偷越国（边）境人员提供条件的，处5日以上10日以下拘留，并处500元以上2000元以下罚款。

143. 偷越国（边）境

143.1　法律依据

《中华人民共和国治安管理处罚法》第62条第2款。

143.2　违法情形

行为人违反国（边）境管理法律法规，偷越国（边）境，尚不构成犯罪的，应当由公安机关给予行政处罚。

与偷越国（边）境罪的界限。根据《刑法》第322条规定，违反我国国（边）境管理法规，偷越国（边）境，情节严重的，构成偷越国（边）境罪，应当依法追究刑事责任。所谓情节严重，包括偷越国（边）境3次以上，屡教不改的；实施违法行为后偷越国（边）境的；在偷越国（边）境时对执法人员施以暴力、威胁手段的；造成重大涉外事件和恶劣影响；等等。

143.3　处罚标准

根据《中华人民共和国治安管理处罚法》第62条第2款规定，偷越国（边）境的，处5日以下拘留或者500元以下罚款。

144. 故意损坏文物、名胜古迹

144.1　法律依据

《中华人民共和国治安管理处罚法》第63条第1项。

144.2　违法情形

行为人刻划、涂污或者以其他方式故意损坏国家保护的文物、名胜古迹，尚不构成犯罪的，应当由公安机关给予行政处罚。

这类行为不仅侵犯了国家对文物、名胜古迹的所有权，同时还违反了国家对文物、名胜古迹的正常管理秩序。客观表现为行为人对国家保护的文物、名胜古迹进行刻划字迹、涂抹污物、捣毁、破坏、焚

烧、拆除等有损文物、名胜古迹的行为。

与故意损毁文物罪的界限。根据《刑法》第324条第1款规定，故意损毁国家保护的珍贵文物或者被确定为全国重点文物保护单位、省级文物保护单位的文物的，构成故意损毁文物罪，应当依法追究刑事责任。但是，对于情节显著轻微、危害不大的，也可以按照《刑法》第13条的规定，不以犯罪论处，可以给予治安管理处罚。

与故意损毁名胜古迹罪的界限。根据《刑法》第324条第2款规定，故意损毁国家保护的名胜古迹，情节严重的，构成故意损毁名胜古迹罪，依法追究刑事责任。对某些损坏很轻、影响不大，或者被损坏后易于修复，情节显著轻微的，不以犯罪论处，但可以依法给予治安处罚。

144.3　处罚标准

根据《中华人民共和国治安管理处罚法》第63条第1项规定，故意损坏文物、名胜古迹的，处警告或者200元以下罚款；情节较重的，处5日以上10日以下拘留，并处200元以上500元以下罚款。

145. 违法实施危及文物安全的活动

145.1　法律依据

《中华人民共和国治安管理处罚法》第63条第2项。

145.2　违法情形

违反国家规定，在文物保护单位附近进行爆破、挖掘等活动，危及文物安全，尚不构成犯罪的，应当由公安机关给予行政处罚。

文物及名胜古迹是国家重要的物质和精神财富，因为历史不能再现，决定了文物有不可替代的特点，一旦损失，是无法用金钱和任何方式来替代和估量的。所以，国家对文物保护单位的建筑施工、工程爆破等行为实行严格管理，以确保文物的安全。这种行为违反了国家关于文物保护方面的法律、法规，客观方面表现为行为人在文物保护单位附近进行爆破、挖掘等活动，并且危及文物安全。如果没有危及文物安全，不属于本行为。

145.3　处罚标准

根据《中华人民共和国治安管理处罚法》第63条第2项规定，违法实施危及文物安全的活动的，处警告或者200元以下罚款；情节较重的，处5日以上10日以下拘留，并处200元以上500元以下罚款。

146. 偷开机动车

146.1　法律依据

《中华人民共和国治安管理处罚法》第64条第1项。

146.2　违法情形

行为人未经他人同意，偷开他人机动车的，应当由公安机关给予行政处罚。

这种行为侵害了他人对机动车的所有权，客观方面表现为行为人未经机动车辆所有人或保管人的允许，擅自将车辆开走的行为。行为人在自认为车辆所有人或保管人没有觉察的情况下，秘密将车辆开走。本行为侵害的对象是机动车，如汽车、电车、拖拉机、摩托车等。如果是非机动车，如自行车、手推车、三轮人力车，不属于本行为。主观方面，要求行为人具有明知是他人的机动车而偷开的故意。如果行为人系过失或误认他车为己车而开走，则不属于本行为。如果行为人以非法占有为目的，偷开他人机动车，构成犯罪的，可以盗窃罪追究刑事责任。

146.3　处罚标准

根据《中华人民共和国治安管理处罚法》第64条第1项规定，偷开机动车的，处500元以上1000元以下罚款；情节严重的，处10日以上15日以下拘留，并处500元以上1000元以下罚款。

147. 无证驾驶、偷开航空器、机动船舶

147.1　法律依据

《中华人民共和国治安管理处罚法》第64条第2项。

147.2　违法情形

没有取得相关驾驶证件驾驶或者未经所有人、管理人、占有人、驾驶人允许，偷开他人航空器、机动船舶，尚不构成犯罪的，应当由公安机关给予行政处罚。

这种行为包括以下两种情况：一是行为人无证驾驶航空器、机动船舶的行为。无驾驶证这些交通工具，必须危及航空器、机动船舶的安全，破坏国家对航空器、机动船舶的正常管理，应当给予治安管理处罚。二是偷开他人航空器、机动船舶的行为。即行为人未经航空器、机动船舶所有人、管理人、占有人、驾驶人允许，为满足娱乐、好奇心等目的，秘密地将他人航空器、机动船舶开走。该行为侵害的对象是航空器和机动船舶。行为人的目的是满足娱乐、好奇心等；如果行为人出于非法占有的故意，可以盗窃罪论处。

应当注意，《沿海船舶边防治安管理规定》第29条第2项规定的“偷开他人船舶”，与《中华人民共和国治安管理处罚法》第64条第2项规定的“偷开机动船舶”竞合。对偷开他人船舶的，法律依据适用《中华人民共和国治安管理处罚法》第64条第2项。

147.3　处罚标准

根据《中华人民共和国治安管理处罚法》第64条第2项规定，无证驾驶、偷开航空器、机动船舶的，处500元以上1000元以下罚款；情节严重的，处10日以上15日以下拘留，并处500元以上1000元以下罚款。

148. 破坏、污损坟墓

148.1　法律依据

《中华人民共和国治安管理处罚法》第65条第1项。

148.2　违法情形

行为人故意破坏、污损他人坟墓的，应当由公安机关给予行政处罚。

这种行为一般表现为行为人砸毁、挖掘、爆破、捣毁他人坟墓，或者用油漆、污水、粪便等物品污损他人坟墓的行为。主观方面要求行为人具有明知是他人的坟墓而故意实施破坏、污损的行为，过失不属于本行为。

148.3　处罚标准

根据《中华人民共和国治安管理处罚法》第65条第1项规定，破坏、污损坟墓的，处5日以上10日以下拘留；情节严重的，处10日以上15日以下拘留，可以并处1000元以下罚款。

149. 毁坏、丢弃尸骨、骨灰

149.1　法律依据

《中华人民共和国治安管理处罚法》第65条第1项。

149.2　违法情形

故意毁坏、丢弃他人尸骨、骨灰的，应当由公安机关给予行政处罚。

这种行为一般表现为行为人通过砸毁、

碾压等方式毁坏他人尸骨、骨灰，或者随意抛扔、丢弃他人尸骨、骨灰的行为。主观方面行为人是出于故意，过失不属于本行为。

与盗窃、侮辱、故意毁坏尸体、尸骨、骨灰罪的界限。根据《刑法》第 302 条规定，行为人采用秘密窃取的方法非法占有尸体、尸骨、骨灰，或者采用猥亵、破坏、抛弃或者其他方法侮辱尸体、尸骨、骨灰，或者故意毁坏尸体、尸骨、骨灰的，构成盗窃、侮辱、故意毁坏尸体、尸骨、骨灰罪。但是，对于情节显著轻微危害不大的，可以按照《刑法》第 13 条的规定，不以犯罪论处，可依法给予治安管理处罚。

149. 3　处罚标准

根据《中华人民共和国治安管理处罚法》第 65 条第 1 项规定，毁坏、丢弃尸骨、骨灰的，处 5 日以上 10 日以下拘留；情节严重的，处 10 日以上 15 日以下拘留，可以并处 1000 元以下罚款。

150. 违法停放尸体

150. 1　法律依据

《中华人民共和国治安管理处罚法》第 65 条第 2 项。

150. 2　违法情形

行为人在公共场所停放尸体或者因停放尸体影响他人正常生活、工作秩序，不听劝阻，尚不构成犯罪的，应当由公安机关给予行政处罚。

这种行为在客观方面表现为行为人将尸体停放在公共场所影响不特定人，如停放在公园、车站、马路等地方，或者停放在其他地方影响他人正常生活、工作秩序的行为。主观方面要求行为人是出于故意，过失不属于本行为。

150. 3　处罚标准

根据《中华人民共和国治安管理处罚法》第 65 条第 2 项规定，违法停放尸体的，处 5 日以上 10 日以下拘留；情节严重的，处 10 日以上 15 日以下拘留，可以并处 1000 元以下罚款。

151. 卖淫

151. 1　法律依据

《中华人民共和国治安管理处罚法》第 66 条第 1 款。

151. 2　违法情形

行为人以获得金钱物质报酬为目的，非法与不特定的异性或者同性发生性关系的，应当由公安机关给予行政处罚。

如果行为人组织卖淫或者强迫他人卖淫，构成犯罪的，分别以组织卖淫罪或者强迫卖淫罪追究刑事责任。

151. 3　处罚标准

根据《中华人民共和国治安管理处罚法》第 66 条第 1 款规定，卖淫的，处 10 日以上 15 日以下拘留，可以并处 5000 元以下罚款；情节较轻的，处 5 日以下拘留或者 500 元以下罚款。

152. 嫖娼

152. 1　法律依据

《中华人民共和国治安管理处罚法》第 66 条第 1 款。

152. 2　违法情形

行为人以金钱、物质或者某些非物质利益为媒介，换取卖淫者的肉体服务，进行不正当性行为的，应当由公安机关给予行政处罚。

152. 3　处罚标准

根据《中华人民共和国治安管理处罚法》第 66 条第 1 款规定，嫖娼的，处 10 日以上15日以下拘留，可以并处5000元以下罚款；情节较轻的，处5日以下拘留或者500元以下罚款。

153. 拉客招嫖

153.1 法律依据

《中华人民共和国治安管理处罚法》第66条第2款。

153.2 违法情形

行为人在公共场所实施拉客招嫖，尚不构成犯罪的，应当由公安机关给予行政处罚。

所谓拉客，是指通过语言、动作等方式，拉拢、引诱、招揽或者反复纠缠他人的行为。所谓招嫖，是指招引嫖娼、意图卖淫的行为。

153.3 处罚标准

根据《中华人民共和国治安管理处罚法》第66条第2款规定，在公共场所拉客招嫖的，处5日以下拘留或者500元以下罚款。

154. 引诱、容留、介绍卖淫

154.1 法律依据

《中华人民共和国治安管理处罚法》第67条。

154.2 违法情形

行为人以金钱、物质或者其他利益诱使他人卖淫，或者为卖淫者和嫖客提供场所或者进行居间介绍，尚不构成犯罪的，应当由公安机关给予行政处罚。

这类行为客观方面表现为行为人实施了引诱、介绍、容留卖淫的行为。所谓引诱卖淫，是指行为人用钱财或者其他利益作为诱惑手段，勾引、唆使、拉拢、诱惑本无卖淫意愿的人进行卖淫的行为。一般表现为行为人有引诱的行为，如以金钱、财物、职业、出国等方式为引诱他人出卖色相。所谓容留卖淫，是指行为人给卖淫者提供卖淫场所和方便的行为。一般表现为行为人有提供处所的行为，如为卖淫者提供房间等。所谓介绍卖淫，是指行为人在卖淫者与嫖娼者之间进行联络，使之得以顺利卖淫或嫖娼的行为。一般表现为行为人有介绍的行为，如出入酒店、饭店、车站等公共场所为卖淫者拉客，或者以介绍朋友的方法为其牵线等。行为人主观方面出于故意。

与引诱、容留、介绍卖淫罪的界限。根据《刑法》第359条规定，利用金钱、物质等手段诱使他人卖淫，或者为卖淫者提供卖淫场所，或者通过引见等方式在卖淫者和嫖客之间进行介绍，构成引诱、容留、介绍卖淫罪。虽然《刑法》未规定“情节”方面的要求，但是对于情节显著轻微危害不大的引诱、容留、介绍他人卖淫的行为，不以犯罪论处，可以依法给予治安管理处罚。

154.3 处罚标准

根据《中华人民共和国治安管理处罚法》第67条规定，引诱、容留、介绍卖淫的，处10日以上15日以下拘留，可以并处5000元以下罚款；情节较轻的，处5日以下拘留或者500元以下罚款。

155. 制作、运输、复制、出售、出租淫秽物品

155.1 法律依据

《中华人民共和国治安管理处罚法》第68条。

155.2 违法情形

制作、运输、复制、出售、出租淫秽的书刊、图片、影片、音像制品等淫秽物

品，尚不构成犯罪的，应当由公安机关给予行政处罚。

与制作、复制、出版、贩卖、传播淫秽物品牟利罪的界限。根据《刑法》第363条规定，以牟利为目的，制作、复制、出版、贩卖、传播淫秽物品的，构成制作、复制、出版、贩卖、传播淫秽物品牟利罪，依法追究刑事责任。应当注意，构成本罪，应当达到规定的数量或者情节标准，对于制作、复制、出版、贩卖、传播淫秽物品数量较小，非法获利数额未达到标准的，则不以犯罪论处，可以依法给予治安管理处罚。

155.3 处罚标准

根据《中华人民共和国治安管理处罚法》第68条规定，制作、运输、复制、出售、出租淫秽物品的，处10日以上15日以下拘留，可以并处3000元以下罚款；情节较轻的，处5日以下拘留或者500元以下罚款。

156. 传播淫秽信息

156.1 法律依据

《中华人民共和国治安管理处罚法》第68条。

156.2 违法情形

行为人利用计算机信息网络、电话以及其他通信工具传播淫秽信息，尚不构成犯罪的，应当由公安机关给予行政处罚。

所谓传播，是指行为人将淫秽信息向社会上广为散播。所谓淫秽信息，是指包含有宣扬色情、以挑动他人性欲，引诱他人实施奸淫行为为目的，无具体外在物进行表现的信息。行为人实施的传播行为具有以下特点：第一，以计算机信息网络、电话以及其他通信工具作为传播媒介。如果行为人利用播放、赠送、传阅、出售等方式传播，不属于本行为。第二，要求行为人的主观方面为故意，即明知是淫秽信息而传播，过失或不知系淫秽信息而传播不属于本行为。第三，传播的对象是淫秽信息。对于其他信息的传播，不属于本行为。第四，传播范围上是向社会上广为散播。如果行为人只是私下借阅、传看，不以本行为论处。

与传播淫秽物品罪的界限。根据《刑法》第364条第1款规定，不以牟利为目的，传播淫秽的书刊、影片、音像、图片或者其他淫秽物品，情节严重的，构成传播淫秽物品罪，应当依法追究刑事责任。对于未达到“情节严重”程度的，不以犯罪论处，但应当依法给予治安管理处罚。

156.3 处罚标准

根据《中华人民共和国治安管理处罚法》第68条规定，传播淫秽信息的，处10日以上15日以下拘留，可以并处3000元以下罚款；情节较轻的，处5日以下拘留或者500元以下罚款。

157. 组织播放淫秽音像

157.1 法律依据

《中华人民共和国治安管理处罚法》第69条第1款第1项。

157.2 违法情形

行为人组织播放淫秽音像，尚不构成犯罪的，应当由公安机关给予行政处罚。

所谓组织播放，是指通过筹划安排，聚集多人收听、收看淫秽音像制品的行为。客观方面表现为行为人实施了将他人组织起来播放淫秽的电影、录像等音像制品的行为。播放的对象是淫秽音像，对于其他音像制品的播放，不构成本行为。主观方面具有组织播放淫秽音像的故意，是否具有牟利的目的，不影响本行为的构成。

与组织播放淫秽音像制品罪的界限。根据《刑法》第364条第2款规定，组织播放淫秽的电影、录像等音像制品的，构成组织播放淫秽音像制品罪，依法应当追究刑事责任。虽然《刑法》没有规定情节严重才构成犯罪，但组织播放淫秽的电影、录像等音像制品，应当达到15至30场次以上，或者造成恶劣社会影响的，才作为犯罪处理。对于未达到上数场次或者未造成恶劣社会影响的，可以依法给予治安管理处罚。

157.3　处罚标准

根据《中华人民共和国治安管理处罚法》第69条第1款第1项规定，组织播放淫秽音像的，处10日以上15日以下拘留，并处500元以上1000元以下罚款。

158. 组织淫秽表演

158.1　法律依据

《中华人民共和国治安管理处罚法》第69条第1款第2项。

158.2　违法情形

行为人组织淫秽表演，尚不构成犯罪的，应当由公安机关给予行政处罚。

所谓淫秽表演，是指以体态动作表达色情意识，如跳裸体舞，性行为表演等。但对歌舞等艺术表演中，没有宣扬淫秽、下流意识的表演，即使有裸露或性行为动作，也不以违法行为论处。行为的主体既可以是个人，也可以是单位。

与组织淫秽表演罪的界限。根据《刑法》第365条规定，以策划、招募、强迫、雇用、引诱、提供场地、提供资金等手段，组织进行淫秽表演的，构成组织淫秽表演罪，应当依法追究刑事责任。虽然《刑法》没有规定情节标准，但是必须达到立案标准才追究刑事责任。未达到立案标准的，应当依法给予治安管理处罚。

158.3　处罚标准

根据《中华人民共和国治安管理处罚法》第69条第1款第2项规定，组织淫秽表演的，处10日以上15日以下拘留，并处500元以上1000元以下罚款。

159. 进行淫秽表演

159.1　法律依据

《中华人民共和国治安管理处罚法》第69条第1款第2项。

159.2　违法情形

行为人违反国家有关规定，自己亲自进行淫秽表演，尚不构成犯罪的，应当由公安机关给予行政处罚。

159.3　处罚标准

根据《中华人民共和国治安管理处罚法》第69条第1款第2项规定，进行淫秽表演的，处10日以上15日以下拘留，并处500元以上1000元以下罚款。

160. 参与聚众淫乱

160.1　法律依据

《中华人民共和国治安管理处罚法》第69条第1款第3项。

160.2　违法情形

行为人违反国家有关规定，参与聚众淫乱，尚不构成犯罪的，应当由公安机关给予行政处罚。

所谓淫乱活动，一般表现为群奸群宿、性变态活动，如鸡奸、兽奸等严重败坏社会良风美俗的行为。客观表现为行为人实施了参与集体进行淫乱活动的行为。

与聚众淫乱罪的界限。根据刑法第301

条第1款规定，公然藐视国家法纪和社会公德，聚众淫乱的，构成聚众淫乱罪，应当依法追究刑事责任。构成本罪，要求行为人组织、策划、指挥3人以上进行聚众淫乱活动或者参加聚众淫乱活动3次以上。未达到3人或者3次以上的，应当依法给予治安管理处罚。

160.3 处罚标准

根据《中华人民共和国治安管理处罚法》第69条第1款第3项规定，参与聚众淫乱的，处10日以上15日以下拘留，并处500元以上1000元以下罚款。

161. 为淫秽活动提供条件

161.1 法律依据

《中华人民共和国治安管理处罚法》第69条第2款。

161.2 违法情形

行为人明知他人组织播放淫秽音像、组织或者进行淫秽表演、参与聚众淫乱活动等违反治安管理的行为，而为其提供条件的，应当由公安机关给予行政处罚。

如果行为人明知他人从事组织播放淫秽音像制品、组织淫秽表演、聚众淫乱等犯罪行为，而为其犯罪行为提供条件，则构成相关犯罪的共犯，应当依法追究刑事责任。

161.3 处罚标准

根据《中华人民共和国治安管理处罚法》第69条第2款规定，为淫秽活动提供条件的，处10日以上15日以下拘留，并处500元以上1000元以下罚款。

162. 为赌博提供条件

162.1 法律依据

《中华人民共和国治安管理处罚法》第70条。

162.2 违法情形

行为人以营利为目的，为赌博提供条件，尚不构成犯罪的，应当由公安机关给予行政处罚。

所谓为赌博提供条件，是指明知他人赌博而为赌博提供便利条件的行为。主要包括：（1）采取不报经国家批准，擅自发行、销售彩票的方式，为赌博提供条件，尚不够刑事处罚的；（2）明知他人实施赌博违法犯罪活动，而为其提供资金、场所、交通工具、通信工具、赌博工具、经营管理、网络接入、服务器托管、网络存储空间、通信传输通道、费用结算等条件，或者为赌博场所、赌博人员充当保镖，为赌博放哨、通风报信，尚不够刑事处罚的；（3）明知他人从事赌博活动而向其销售具有赌博功能的游戏机，尚不够刑事处罚的。主观方面是出于故意，即明知他人赌博，还为之提供条件。同时还要求行为人要具有获取不法利益的目的，如果行为人系过失，或不以营利为目的，则不属于本行为。

与开设赌场罪的界限。根据《刑法》第303条第2款规定，为赌博提供场所，设定赌博方式，提供赌具、筹码、资金等组织赌博的，构成开设赌场罪，应当依法追究刑事责任。应当注意，虽然《刑法》没有规定数额标准和情节标准，但对于开设赌场情节显著轻微危害不大的，不应当以犯罪论处，可以依法给予治安管理处罚。

162.3 处罚标准

根据《中华人民共和国治安管理处罚法》第70条规定，为赌博提供条件的，处5日以下拘留或者500元以下罚款；情节严重的，处10日以上15日以下拘留，并处500元以上3000元以下罚款。

163. 赌博

163.1　法律依据

《中华人民共和国治安管理处罚法》第70条。

163.2　违法情形

行为人参与赌博赌资较大，尚不构成犯罪的，应当由公安机关给予行政处罚。

在实际工作中，应当注意把握赌博行为与一般娱乐行为的界限。两者的区别在于前者的目的是获取不法利益，而后者的目的仅是娱乐。在实践中，有的娱乐活动中也出现少量财物的输赢。在这种情况下，区分行为人的行为目的尤为重要，办案人员应当注意行为人的目的，到底是赢钱还是娱乐。如果是为了赢钱，便构成赌博，应当依本条论处；如果是为了娱乐，则不以本条论处。此外，还应当注意，构成本条行为要求赌资较大，如果赌资很少，不属于本行为。至于何为“赌资较大”，本法未作规定，办案人员应当根据当地经济收入状况、情节、危害程度等因素进行综合考虑，予以认定。此外，根据最高人民法院、最高人民检察院《关于办理赌博刑事案件具体应用法律若干问题的解释》的规定，不以营利为目的，进行带有少量财物输赢的娱乐活动，以及提供棋牌室等娱乐场所只收取正常的场所和服务费用的经营行为等，不以赌博论处。

与赌博罪的界限。根据《刑法》第303条第1款规定，以营利为目的，聚众赌博、以赌博为业的，构成赌博罪，应当依法追究刑事责任。虽然《刑法》没有明确规定参赌人数和赌资数额，但实践中对此都有明确要求。根据最高人民检察院、公安部《关于公安机关管辖的刑事案件立案追诉标准的规定（一）》第43条的规定，以营利为目的，聚众赌博，涉嫌下列情形之一的，应予立案追诉：（1）组织3人以上赌博，抽头渔利数额累计5000元以上的；（2）组织3人以上赌博，赌资数额累计5万元以上的；（3）组织3人以上赌博，参赌人数累计20人以上的；（4）组织中华人民共和国公民10人以上赴境外赌博，从中收取回扣、介绍费的；（5）其他聚众赌博应予追究刑事责任的情形。以营利为目的，以赌博为业的，都应当予以立案，依法追究刑事责任。对于未达到上述标准的，可以根据《治安管理处罚法》的有关规定，由公安机关给予治安管理处罚。

163.3　处罚标准

根据《中华人民共和国治安管理处罚法》第70条规定，参与赌博赌资较大的，处5日以下拘留或者500元以下罚款；情节严重的，处10日以上15日以下拘留，并处500元以上3000元以下罚款。

164. 非法种植毒品原植物

164.1　法律依据

《中华人民共和国治安管理处罚法》第71条第1款第1项。

164.2　违法情形

行为人违反国家规定，非法种植罂粟不满500株或者其他少量毒品原植物，尚不构成犯罪的，应当由公安机关给予行政处罚。

这类行为主要是违反了国家毒品植物种植管制制度。根据国家《麻醉药品管理办法》《精神药品管理办法》等有关法规的规定，种植麻醉药品原植物必须经过政府有关部门的审查批准，指定单位严格按照批准的种植计划、限定数量进行种植。任何单位或个人不得擅自种植。本行为客观方面表现为行为人在未获批准的情况下，擅自种植或者超计划种植毒品原植物。所谓的种植，是指为了获得原植物而进行的播种、培植、施肥、灌溉等种养活动。行为对象仅限于罂粟或其他少量毒品原植物，如大麻等。需要注意的是，擅自种植毒品原植物还必须符合数量上的要求，超过规定的数量，原则上应当以犯罪论处。如果行为人有非法种植罂粟不满 500 株或者其他少量毒品原植物的行为，在成熟前自行铲除的，不予处罚。

与非法种植毒品原植物罪的界限。根据《刑法》第 351 条规定，明知是罂粟、大麻等毒品原植物而非法种植的，构成非法种植毒品原植物罪，应当依法追究刑事责任。虽然《刑法》没有明确规定非法种植罂粟、大麻等毒品原植物的数量、面积，但在实践中必须达到一定的数量、面积标准或者具有其他严重情节，才构成犯罪。具体标准和情节应当按照最高人民检察院、公安部《关于公安机关管辖的刑事案件立案追诉标准的规定（三）》第 7 条的规定执行。对于不构成犯罪的，可以依法给予治安管理处罚。

164.3 处罚标准

根据《中华人民共和国治安管理处罚法》第 71 条第 1 款第 1 项规定，非法种植毒品原植物的，处 10 日以上 15 日以下拘留，可以并处 3000 元以下罚款；情节较轻的，处 5 日以下拘留或者 500 元以下罚款。第 2 款规定，有上述行为，在成熟前自行铲除的，不予处罚。

165. 非法买卖、运输、携带、持有毒品原植物种苗

165.1 法律依据

《中华人民共和国治安管理处罚法》第 71 条第 1 款第 2 项。

165.2 违法情形

行为人非法买卖、运输、携带、持有少量未经灭活的罂粟等毒品原植物种子或者幼苗，尚不构成犯罪的，应当由公安机关给予行政处罚。

本行为客观方面表现为行为人实施了非法买卖、运输、携带、持有少量未经灭活的罂粟等毒品原植物种子或者幼苗的行为。这类行为的对象是未经灭活的罂粟等毒品原植物种子或者幼苗。所谓未经灭活，是指没有经过烧烤、放射线照射等方法，进行消灭植物繁殖和生长机能的处理。如果是已经被灭活处理的毒品原植物种子或幼苗，不属于本行为。

与非法买卖、运输、携带、持有毒品原植物种子、幼苗罪的界限。根据《刑法》第 352 条规定，非法买卖、运输、携带、持有毒品原植物种子、幼苗，行为，数量较大的，构成非法买卖、运输、携带、持有毒品原植物种子、幼苗罪，应当依法追究刑事责任。具体标准按照最高人民检察院、公安部《关于公安机关管辖的刑事案件立案追诉标准的规定（三）》第 8 条规定执行。对于未达到“数量较大”标准的，应当给予治安管理处罚。

165.3 处罚标准

根据《中华人民共和国治安管理处罚法》第 71 条第 1 款第 2 项规定，非法买卖、运输、携带、持有毒品原植物种苗的，处 10 日以上 15 日以下拘留，可以并处 3000 元以下罚款；情节较轻的，处 5 日以下拘留或者 500 元以下罚款。

166. 非法运输、买卖、储存、使用罂粟壳

166.1　法律依据

《中华人民共和国治安管理处罚法》第71条第1款第3项。

166.2　违法情形

行为人违反国家规定，非法运输、买卖、储存、使用少量罂粟壳，尚不构成犯罪的，应当由公安机关给予行政处罚。

根据国家药品监督管理局《关于加强麻黄素、咖啡因和罂粟壳经营管理工作的通知》《罂粟壳管理暂行规定》的相关规定，罂粟壳属国家管制的毒品，国家法律对罂粟壳管理使用有明确规定，禁止非法供应、运输、使用。客观方面表现为行为人违反国家有关罂粟壳的管制规定，从事运输、买卖、储存、使用罂粟壳的行为。行为对象限于罂粟壳。罂粟壳俗称大烟壳，它含有吗啡等物质，易使人体产生瘾癖，对人体肝脏、心脏有毒害作用。本行为所称的“少量”，参照最高人民法院《关于审理毒品案件定罪量刑标准有关问题的解释》，买卖、运输罂粟壳低于50千克，且情节显著轻微，不认为是犯罪的，可以依法给予治安管理处罚。

166.3　处罚标准

根据《中华人民共和国治安管理处罚法》第71条第1款第3项规定，非法运输、买卖、储存、使用罂粟壳的，处10日以上15日以下拘留，可以并处3000元以下罚款；情节较轻的，处5日以下拘留或者500元以下罚款。

167. 非法持有毒品

167.1　法律依据

《中华人民共和国治安管理处罚法》第72条第1项。

167.2　违法情形

行为人违反国家规定，非法持有鸦片不满200克、海洛因或者甲基苯丙胺不满10克或者其他少量毒品，尚不构成犯罪的，应当由公安机关给予行政处罚。

所谓非法持有，是指违反国家法律和国家主管部门的规定，占有、携带、藏有或者以其他方式持有毒品。所谓毒品，是指国家依法管制的能够使人形成瘾癖或者产生依赖性的麻醉药品和精神药品。一般包括海洛因、吗啡、可卡因、安非他明、甲基苯丙胺、大麻、杜冷丁等。

与非法持有毒品罪的界限。根据《刑法》第348条规定，明知是鸦片、海洛因或者其他毒品而非法持有，数量较大的，构成非法持有毒品罪，应当依法追究刑事责任。具体标准按照最高人民检察院、公安部《关于公安机关管辖的刑事案件立案追诉标准的规定（三）》第2条规定的标准执行。由于不同种类的毒品所产生的危害不同，因此，对构成数量较大的标准也不一样。对于未达到犯罪数量标准的，则不构成本罪，但应当给予治安管理处罚。

167.3　处罚标准

根据《中华人民共和国治安管理处罚法》第72条第1项规定，非法持有毒品的，处10日以上15日以下拘留，可以并处2000元以下罚款；情节较轻的，处5日以下拘留或者500元以下罚款。

168. 提供毒品

168.1　法律依据

《中华人民共和国治安管理处罚法》第72条第2项。

168.2　违法情形

行为人违反国家规定，向他人提供毒

品，尚不构成犯罪的，应当由公安机关给予行政处罚。

这类行为是违反国家对毒品管理制度的行为，客观方面表现为行为人向吸食、注射毒品的人员提供毒品的行为。应当注意，这类行为要求行为人在主观方面不具有牟利的目的，即这种提供可以是非营利性的有偿出卖，也可以是无偿的供给。如果行为人以牟利为目的，则不属于违反治安管理的行为，应当以贩卖毒品罪依法追究刑事责任。

168.3 处罚标准

根据《中华人民共和国治安管理处罚法》第72条第2项规定，提供毒品的，处10日以上15日以下拘留，可以并处2000元以下罚款；情节较轻的，处5日以下拘留或者500元以下罚款。

169. 吸毒

169.1 法律依据

《中华人民共和国治安管理处罚法》第72条第3项。

169.2 违法情形

行为人违反国家规定，明知是毒品而吸食、注射的，应当由公安机关给予行政处罚。

所谓吸食，一般是用鼻吸、吞食等方式通过人体自然吸收毒品。所谓注射，是指行为人直接通过皮下注射、静脉注射等方式，将毒品直接注入血液系统。由于毒品能对人形成瘾癖，毒瘾是一种习惯性的病态嗜好，吸毒人员也是毒品的受害者，所以本着治病救人的原则，全国人大常委会在《关于禁毒的决定》中规定，对吸食、注射毒品而无其他犯罪行为的，只以违反治安管理行为论处。客观方面表现为行为人实施了吸食、注射毒品的行为，主观方面要求行为人明知是毒品而吸食或注射。

169.3 处罚标准

根据《中华人民共和国治安管理处罚法》第72条第3项规定，吸毒的，处10日以上15日以下拘留，可以并处2000元以下罚款；情节较轻的，处5日以下拘留或者500元以下罚款。

170. 胁迫、欺骗开具麻醉药品、精神药品

170.1 法律依据

《中华人民共和国治安管理处罚法》第72条第4项。

170.2 违法情形

行为人胁迫、欺骗医务人员开具麻醉药品、精神药品，尚不构成犯罪的，应当由公安机关给予行政处罚。

所谓麻醉药品，是指对中枢神经有麻醉作用，连续使用后易产生身体依赖性、能成瘾癖的药品，包括鸦片类、可卡因类、大麻类、合成麻醉品类以及国家卫生健康主管部门指定的其他易成瘾癖的药品、药用植物及其制剂。所谓精神药品，是指直接作用于中枢神经系统，使之兴奋或抑制，连续使用能产生依赖性的药品，包括中枢神经系统兴奋药和中枢神经系统抑制药。如抗抑郁药、苯丙胺类、催眠药、安定药等。客观方面表现为行为人通过暴力或者以暴力相威胁，以迫使医务人员注射、开具麻醉药品、精神药品，或者采用虚构事实欺骗医务人员注射、开具麻醉药品、精神药品的行为。构成本行为，要求行为人胁迫、欺骗的目的是注射或开具麻醉药品、精神药品，如果是其他药品，则不属于本行为。

170.3　处罚标准

根据《中华人民共和国治安管理处罚法》第72条第4项规定，胁迫、欺骗开具麻醉药品、精神药品的，处10日以上15日以下拘留，可以并处2000元以下罚款；情节较轻的，处5日以下拘留或者500元以下罚款。

171. 教唆、引诱、欺骗吸毒

171.1　法律依据

《中华人民共和国治安管理处罚法》第73条。

171.2　违法情形

行为人故意使用各种手段，教唆、引诱、欺骗他人吸食、注射毒品，尚不构成犯罪的，应当由公安机关给予行政处罚。

这类行为客观方面表现为行为人实施了教唆、引诱、欺骗迫使他人吸食、注射毒品的行为。所谓教唆，是指行为人以劝说、挑拨、怂恿、煽动等方法故意唆使他人吸食、注射毒品。所谓引诱，是指行为人用钱财或者其他利益作为诱惑手段，勾引、唆使、拉拢、诱惑本无吸食、注射毒品意愿的人进行吸食、注射毒品的行为。所谓欺骗，是指用引诱、欺骗的方法使他人上当受骗而吸食、注射毒品的行为。在主观方面要求行为人是故意，并且行为目的是使他人吸食、注射毒品。如果不是以该目的实施的教唆、引诱、欺骗行为，则不以本行为论处。

与引诱、教唆、欺骗他人吸毒罪的界限。根据《刑法》第353条第1款规定，引诱、教唆、欺骗他人吸食、注射毒品的，构成引诱、教唆、欺骗他人吸毒罪。虽然《刑法》没有规定相关的吸毒数量、次数和其他情节，但是在实践中，对于情节显著轻微危害不大的，可以不以犯罪论处，应当依法给予治安管理处罚。

171.3　处罚标准

根据《中华人民共和国治安管理处罚法》第73条的规定，教唆、引诱、欺骗吸毒的，处10日以上15日以下拘留，并处500元以上2000元以下罚款。

172. 为吸毒、赌博、卖淫、嫖娼人员通风报信

172.1　法律依据

《中华人民共和国治安管理处罚法》第74条。

172.2　违法情形

旅馆业、饮食服务业、文化娱乐业、出租汽车业等单位的人员，在公安机关查处吸毒、赌博、卖淫、嫖娼活动时，为违法犯罪行为人通风报信，尚不构成犯罪的，应当由公安机关给予行政处罚。

本行为客观表现为行为人在人民警察查处违法行为时，为帮助吸毒、赌博、卖淫、嫖娼的违法犯罪人员逃避法律处罚，而获取信息，传递消息的行为。一般表现为打探或传递公安机关的查处、抓捕信息。在实际工作中，应当注意，本行为限于在人民警察查处违法行为时，如果行为人在其他时间或者情况下进行通风报信，不构成本行为；行为人通风报信的对象只能是吸毒、赌博、卖淫、嫖娼人员，对其他违法行为，如斗殴、盗窃、伤害等的违法行为人的通风报信，不以本行为论处。行为人主观方面出于故意，即明知是上述违法犯罪人员，为帮助其逃避法律处罚，而故意通风报信。

根据《刑法》第362条的规定，旅馆业、饮食服务业、文化娱乐业、出租汽车

业等单位的人员，在公安机关查处卖淫、嫖娼活动时，为违法犯罪分子通风报信，情节严重的，依照窝藏、包庇罪的规定定罪处罚。

172.3 处罚标准

根据《中华人民共和国治安管理处罚法》第74条规定，为吸毒、赌博、卖淫、嫖娼人员通风报信的，处10日以上15日以下拘留。

173. 饲养动物干扰正常生活

173.1 法律依据

《中华人民共和国治安管理处罚法》第75条第1款。

173.2 违法情形

行为人饲养动物，干扰他人正常生活的，应当由公安机关给予行政处罚。

客观方面表现为行为人饲养动物，干扰他人正常生活的行为。这里的动物包括狗、猫、家禽、驯养的野兽、供研究的老鼠等动物。所谓干扰他人正常生活，一般表现为饲养宠物的气味、排泄物、声音、形体等影响了他人的正常生活，或者给他人的正常生活造成了威胁。如果未干扰他人正常生活，则不属于本行为。

173.3 处罚标准

根据《中华人民共和国治安管理处罚法》第75条第1款规定，饲养动物，干扰他人正常生活的，处警告；警告后不改正的，处200元以上500元以下罚款。

174. 放任动物恐吓他人

174.1 法律依据

《中华人民共和国治安管理处罚法》第75条第1款。

174.2 违法情形

行为人放任自己饲养或者管理的动物恐吓他人的，应当由公安机关给予行政处罚。

这种行为客观表现为行为人放任动物恐吓他人，不予制止的行为。所谓的放任，是指动物的饲养人、管理人明知动物会恐吓他人，并可能会对他人的安全或健康造成威胁，既不阻止，也不追求这种结果发生，而是一种听之任之的心理态度。在实际工作中，正确认定本行为需要注意以下两个问题：一是这种恐吓他人的行为须是动物所为。二是要求这种恐吓行为是未受饲养人驱使，而由动物自身的独立动作构成的恐吓。如果是在人的驱使下实施的恐吓行为，则该行为不应认定为动物恐吓，而应认定为是人实施的侵权行为或恐吓行为。驱使动物伤害他人的，应当按照《治安管理处罚法》第43条的规定，以故意伤害他人的行为处罚。

174.3 处罚标准

根据《中华人民共和国治安管理处罚法》第75条第1款规定，放任动物恐吓他人的，处200元以上500元以下罚款。

175. 担保人不履行担保义务

175.1 法律依据

《中华人民共和国治安管理处罚法》第109条第2款。

175.2 违法情形

担保人违反有关规定，不履行担保义务，致使被担保人逃避行政拘留处罚的执行的，应当由公安机关给予行政处罚。

根据《公安机关办理行政案件程序规定》第229条规定，暂缓执行行政拘留的担保人应当履行下列义务：（1）保证被担保人遵守本规定第226条的规定；（2）发现被担保人伪造证据、串供或者逃跑的，及时向公安机关报告。暂缓执行行政拘留的担保人不履行担保义务，致使被担保人逃避行政拘留处罚执行的，公安机关可以对担保人处以3000元以下罚款，并对被担保人恢复执行行政拘留。暂缓执行行政拘留的担保人履行了担保义务，但被担保人仍逃避行政拘留处罚执行的，或者被处罚人逃跑后，担保人积极帮助公安机关抓获被处罚人的，可以从轻或者不予行政处罚。

175.3　处罚标准

根据《中华人民共和国治安管理处罚法》第109条第2款规定，担保人不履行担保义务的，致使被担保人逃避行政拘留处罚的执行的，由公安机关对其处3000元以下罚款。

五、中华人民共和国国旗法

176. 侮辱国旗

176.1　法律依据

《中华人民共和国国旗法》第23条。

176.2　违法情形

行为人在公众场合故意以焚烧、毁损、涂划、玷污、践踏等方式侮辱中华人民共和国国旗，尚不构成犯罪的，应当由公安机关给予行政处罚。

与侮辱国旗罪的界限。根据《刑法》第299条的规定，在公众场合故意以焚烧、毁损、涂划、玷污、践踏等方式侮辱中华人民共和国国旗，情节较重的，构成侮辱国旗罪，应当依法追究刑事责任。情节较轻的，由公安机关给予相应的行政处罚。

176.3　处罚标准

根据《中华人民共和国国旗法》第23条规定，在公共场合故意以焚烧、毁损、涂划、玷污、践踏等方式侮辱中华人民共和国国旗的，依法追究刑事责任；情节较轻的，由公安机关处以15日以下拘留。

六、中华人民共和国国徽法

177. 侮辱国徽

177.1　法律依据

《中华人民共和国国徽法》第18条。

177.2　违法情形

行为人在公众场合故意以焚烧、毁损、涂划、玷污、践踏等方式侮辱中华人民共和国国徽，尚不构成犯罪的，应当由公安机关给予行政处罚。

与侮辱国徽罪的界限。根据《刑法》第299条的规定，在公众场合故意以焚烧、毁损、涂划、玷污、践踏等方式侮辱中华人民共和国国徽，情节较重的，构成侮辱国徽罪，应当依法追究刑事责任。情节较轻的，由公安机关给予相应的行政处罚。

177.3　处罚标准

根据《中华人民共和国国徽法》第18条规定，在公众场合故意以焚烧、毁损、涂划、玷污、践踏等方式侮辱中华人民共和国国徽的，依法追究刑事责任；情节较轻的，由公安机关处以15日以下拘留。

七、中华人民共和国国歌法

178. 侮辱国歌

178.1　法律依据

《中华人民共和国国歌法》第15条。

178.2　违法情形

行为人在公共场合，故意篡改国歌歌词、曲谱，以歪曲、贬损方式奏唱国歌，或者以其他方式侮辱国歌，尚不构成犯罪的，应当由公安机关给予行政处罚。

与侮辱国歌罪的界限。根据《刑法》第299条规定，在公共场合，故意篡改中华人民共和国国歌歌词、曲谱，以歪曲、贬损方式奏唱国歌，或者以其他方式侮辱国歌，情节严重的，构成侮辱国歌罪，应当依法追究刑事责任。

178.3　处罚标准

根据《中华人民共和国国歌法》第15条规定，在公共场合，故意篡改国歌歌词、曲谱，以歪曲、贬损方式奏唱国歌，或者以其他方式侮辱国歌的，由公安机关处以警告或者15日以下拘留；构成犯罪的，依法追究刑事责任。

八、全国人民代表大会常务委员会关于惩治破坏金融秩序犯罪的决定

179. 出售、购买、运输假币

179.1　法律依据

《全国人民代表大会常务委员会关于惩治破坏金融秩序犯罪的决定》第2条第1款和第21条。

179.2　违法情形

行为人出售、购买伪造的货币或者明知是伪造的货币而运输，尚不构成犯罪的，应当由公安机关给予行政处罚。

与出售、购买、运输假币罪的界限。根据《刑法》第171条第1款的规定，出售、购买伪造的货币或者明知是伪造的货币而进行运输，数额较大的，构成出售、购买、运输假币罪，应当依法追究刑事责任。数额较大的标准按照最高人民检察院、公安部新修订《关于公安机关管辖的刑事案件立案追诉标准的规定（二）》第15条规定执行。情节轻微不构成犯罪的，可以由公安机关给予相应的行政处罚。

应当注意，对“出售、运输伪造、变造的人民币”的，法律依据适用《中华人民共和国中国人民银行法》第42条。

179.3　处罚标准

根据《全国人民代表大会常务委员会关于惩治破坏金融秩序犯罪的决定》第2条第1款和第21条规定，出售、购买、运输假币的，情节轻微不构成犯罪的，可以由公安机关处15日以下拘留、5000元以下罚款。

180. 金融工作人员购买假币、以假币换取货币

180.1 法律依据

《全国人民代表大会常务委员会关于惩治破坏金融秩序犯罪的决定》第2条第2款和第21条。

180.2 违法情形

银行或者其他金融机构的工作人员购买伪造的货币或者利用职务上的便利，以伪造的货币换取货币，尚不构成犯罪的，应当由公安机关给予行政处罚。

与金融工作人员购买假币、以假币换取货币罪的界限。根据《刑法》第171条第2款规定，银行或者其他金融机构工作人员明知是伪造的货币而予以购买，或者利用职务上的便利，以伪造的货币换取真币，总面额或者币量较大的，构成金融工作人员购买假币、以假币换取货币罪，应当依法追究刑事责任。总面额或者币量较大的标准按照最高人民检察院、公安部新修订《关于公安机关管辖的刑事案件立案追诉标准的规定（二）》第16条规定执行。情节轻微不构成犯罪的，可以由公安机关给予相应的行政处罚。

180.3 处罚标准

根据《全国人民代表大会常务委员会关于惩治破坏金融秩序犯罪的决定》第2条第2款和第21条规定，金融工作人员购买假币、以假币换取货币，情节轻微不构成犯罪的，可以由公安机关处15日以下拘留、5000元以下罚款。

181. 持有、使用假币

181.1 法律依据

《全国人民代表大会常务委员会关于惩治破坏金融秩序犯罪的决定》第4条和第21条。

181.2 违法情形

行为人明知是伪造的货币而故意使用或持有，尚不构成犯罪的，应当由公安机关给予行政处罚。

与持有、使用假币罪的界限。根据《刑法》第172条规定，明知是伪造的货币而故意使用或持有，总面额或者币量较大的，构成持有、使用假币罪，应当依法追究刑事责任。总面额或者币量较大的标准按照最高人民检察院、公安部新修订《关于公安机关管辖的刑事案件立案追诉标准的规定（二）》第17条规定执行。情节轻微不构成犯罪的，可以由公安机关给予相应的行政处罚。

应当注意，对“购买、持有、使用伪造、变造的人民币”的，法律依据适用《中华人民共和国中国人民银行法》第43条。

181.3 处罚标准

根据《全国人民代表大会常务委员会关于惩治破坏金融秩序犯罪的决定》第4条和第21条规定，持有、使用假币的，情节轻微不构成犯罪的，可以由公安机关处15日以下拘留、5000元以下罚款。

182. 变造货币

182.1 法律依据

《全国人民代表大会常务委员会关于惩治破坏金融秩序犯罪的决定》第5条和第21条。

182.2 违法情形

对真实的货币采取挖补、剪贴、涂改、揭层等方法加工处理，使原来的货币改变形态，尚不构成犯罪的，应当由公安机关给予行政处罚。

与变造货币罪的界限。根据《刑法》第173条规定，变造货币，总面额或者币量较大的，构成变造货币罪，应当依法追究刑事责任。根据最高人民检察院、公安部新修订《关于公安机关管辖的刑事案件立案追诉标准的规定（二）》第18条规定，变造货币，涉嫌下列情形之一的，应予立案追诉：（1）总面额在2000元以上或者币量在200张（枚）以上的；（2）总面额在1000元以上或者币量在100张（枚）以上，二年内因变造货币受过行政处罚，又变造货币的；（3）其他变造货币应予追究刑事责任的情形。达到上述标准的，应当立为刑事案件。情节轻微不构成犯罪的，可以由公安机关给予相应的行政处罚。

应当注意，对“变造人民币”的，法律依据适用《中华人民共和国中国人民银行法》第42条。

182.3 处罚标准

根据《全国人民代表大会常务委员会关于惩治破坏金融秩序犯罪的决定》第5条和第21条规定，变造货币的，情节轻微不构成犯罪的，可以由公安机关处15日以下拘留、5000元以下罚款。

183. 伪造、变造金融票证

183.1 法律依据

《全国人民代表大会常务委员会关于惩治破坏金融秩序犯罪的决定》第11条和第21条。

183.2 违法情形

行为人以各种方法，伪造、变造汇票、本票、支票或委托收款凭证、汇款凭证、银行存单等其他银行结算凭证，或者伪造、变造信用证或者随附的单据、文件或者伪造信用卡，尚不构成犯罪的，应当由公安机关给予行政处罚。

与伪造、变造金融票证罪的界限。根据《刑法》第177条和最高人民检察院、公安部新修订《关于公安机关管辖的刑事案件立案追诉标准的规定（二）》第24条规定，伪造、变造金融票证，涉嫌下列情形之一的，应予立案追诉：（1）伪造、变造汇票、本票、支票，或者伪造、变造委托收款凭证、汇款凭证、银行存单等其他银行结算凭证，或者伪造、变造信用证或者附随的单据、文件，总面额在1万元以上或者数量在10张以上的；（2）伪造信用卡1张以上，或者伪造空白信用卡10张以上的。达到上述标准的，应当立为刑事案件。情节轻微不构成犯罪的，可以由公安机关给予相应的行政处罚。

183.3 处罚标准

根据《全国人民代表大会常务委员会关于惩治破坏金融秩序犯罪的决定》第11条和第21条规定，伪造、变造金融票证的，情节轻微不构成犯罪的，可以由公安机关处15日以下拘留、5000元以下罚款。

184. 金融票据诈骗

184.1 法律依据

《全国人民代表大会常务委员会关于惩治破坏金融秩序犯罪的决定》第12条和第21条。

184.2 违法情形

行为人以非法占有为目的，利用金融票据进行诈骗，尚不构成犯罪的，应当由公安机关给予行政处罚。

与票据诈骗罪的界限。根据《刑法》第194条第1款、第200条和最高人民检察院、公安部新修订《关于公安机关管辖的刑事案件立案追诉标准的规定（二）》第46条规定，进行金融票据诈骗活动，数额在5万元以上的，应当立为刑事案件。情节轻微不构成犯罪的，可以由公安机关给予相应的行政处罚。

184.3 处罚标准

根据《全国人民代表大会常务委员会关于惩治破坏金融秩序犯罪的决定》第12条和第21条规定，金融票据诈骗的，情节轻微不构成犯罪的，可以由公安机关处15日以下拘留、5000元以下罚款。

185. 信用卡诈骗

185.1 立案依据

《全国人民代表大会常务委员会关于惩治破坏金融秩序犯罪的决定》第14条和第21条。

185.2 立案标准

行为人以非法占有为目的，用虚构事实或者隐瞒真相的方法，利用信用卡进行诈骗，尚不构成犯罪的，应当由公安机关给予行政处罚。

与信用卡诈骗罪的界限。根据刑法第196条和最高人民检察院、公安部新修订《关于公安机关管辖的刑事案件立案追诉标准的规定（二）》第49条第1款规定，进行信用卡诈骗活动，涉嫌下列情形之一的，应予立案追诉：（1）使用伪造的信用卡、以虚假的身份证明骗领的信用卡、作废的信用卡或者冒用他人信用卡，进行诈骗活动，数额在五千元以上的；（2）恶意透支，数额在五万元以上的。构成信用卡诈骗罪，应当立为刑事案件。情节轻微不构成犯罪的，可以由公安机关给予相应的行政处罚。

所谓“恶意透支”，是指持卡人以非法占有为目的，超过规定限额或者规定期限透支，并且经发卡银行两次催收后超过3个月仍不归还的情形。应当注意，恶意透支数额在1万元以上不满10万元的，在公安机关立案前已偿还全部透支款息，情节显著轻微的，可以依法不追究刑事责任。

185.3　处罚标准

根据《全国人民代表大会常务委员会关于惩治破坏金融秩序犯罪的决定》第14条和第21条的规定，信用卡诈骗的，情节轻微不构成犯罪的，可以由公安机关处15日以下拘留、5000元以下罚款。

186. 保险诈骗

186.1　法律依据

《全国人民代表大会常务委员会关于惩治破坏金融秩序犯罪的决定》第16条和第21条。

186.2　违法情形

投保人、被保险人或者受益人，违反保险法规定，用虚构事实或者隐瞒真相的方法，骗取保险金，尚不构成犯罪的，应当由公安机关给予行政处罚。

与保险诈骗罪的界限。根据《刑法》第198条和最高人民检察院、公安部新修订《关于公安机关管辖的刑事案件立案追诉标准的规定（二）》第51条规定，进行保险诈骗活动，数额在5万元以上的，应予立案追诉。构成保险诈骗罪，应当立为刑事案件。情节轻微不构成犯罪的，可以由公安机关给予相应的行政处罚。

186.3　处罚标准

根据《全国人民代表大会常务委员会关于惩治破坏金融秩序犯罪的决定》第16条和第21条规定，情节轻微不构成犯罪的，可以由公安机关处15日以下拘留、5000元以下罚款。

九、中华人民共和国中国人民银行法

187. 伪造人民币

187.1　立案依据

《中华人民共和国中国人民银行法》第42条。

187.2　违法情形

行为人伪造货币的图案、形状、色彩、防伪技术等特征，使用各种方法，非法制造假货币，冒充真货币，尚不构成犯罪的，应当由公安机关给予行政处罚。

与伪造货币罪的界限。根据《刑法》第170条和最高人民检察院、公安部新修订《关于公安机关管辖的刑事案件立案追诉标准的规定（二）》第14条规定，伪造货币，涉嫌下列情形之一的，应予立案追诉：（1）总面额在2000元以上或者币量在200张（枚）以上的；（2）总面额在1000元以上或者币量在100张（枚）以上，二年内因伪造货币受过行政处罚，又伪造货币的；（3）制造货币版样或者为他人伪造货币提供版样的；（4）其他伪造货币应予追究刑事责任的情形。构成伪造货币罪，应当立为刑事案件。情节轻微不构成犯罪的，可以由公安机关给予相应的行政处罚。

187.3 处罚标准

根据《中华人民共和国中国人民银行法》第42条规定，伪造人民币的，构成犯罪的，依法追究刑事责任；尚不构成犯罪的，由公安机关处15日以下拘留、1万元以下罚款。

188. 变造人民币

188.1 法律依据

《中华人民共和国中国人民银行法》第42条。

188.2 违法情形

行为人对真实的人民币采取挖补、剪贴、涂改、揭层等方法加工处理，使原来的人民币改变形态，尚不构成犯罪的，应当由公安机关给予行政处罚。

与变造货币罪的界限。根据《刑法》第173条和最高人民检察院、公安部新修订《关于公安机关管辖的刑事案件立案追诉标准的规定（二）》第18条规定，变造货币，涉嫌下列情形之一的，应予立案追诉：（1）总面额在2000元以上或者币量在200张（枚）以上的；（2）总面额在1000元以上或者币量在100张（枚）以上，二年内因变造货币受过行政处罚，又变造货币的；（3）其他变造货币应予追究刑事责任的情形。构成变造货币罪，应当立为刑事案件。情节轻微不构成犯罪的，可以由公安机关给予相应的行政处罚。

188.3 处罚标准

根据《中华人民共和国中国人民银行法》第42条规定，变造人民币，构成犯罪的，依法追究刑事责任；尚不构成犯罪的，由公安机关处15日以下拘留、1万元以下罚款。

189. 出售、运输伪造、变造的人民币

189.1 法律依据

《中华人民共和国中国人民银行法》第42条。

189.2 违法情形

行为人出售伪造、变造的人民币或者明知是伪造、变造的人民币而进行运输，尚不构成犯罪的，应当由公安机关给予行政处罚。

与出售、运输假币罪的界限。根据《刑法》第171条第1款和最高人民检察院、公安部新修订《关于公安机关管辖的刑事案件立案追诉标准的规定（二）》第15条规定，出售、购买伪造的货币或者明知是伪造的货币而运输，涉嫌下列情形之一的，应予立案追诉：（1）总面额在4000元以上或者币量在400张（枚）以上的；（2）总面额在2000元以上或者币量在200张（枚）以上，二年内因出售、购买、运输假币受过行政处罚，又出售、购买、运输假币的；（3）其他出售、购买、运输假币应予追究刑事责任的情形。构成出售、运输假币罪，应当立为刑事案件。情节轻微不构成犯罪的，可以由公安机关给予相应的行政处罚。

189.3 处罚标准

根据《中华人民共和国中国人民银行法》第42条规定，出售、运输伪造、变造的人民币，构成犯罪的，依法追究刑事责任；尚不构成犯罪的，由公安机关处15日以下拘留、1万元以下罚款。

190. 购买、持有、使用伪造、变造的人民币

190.1 法律依据

《中华人民共和国中国人民银行法》第

43 条。

190.2　违法情形

行为人购买伪造、变造的人民币，或者明知是伪造、变造的人民币而持有、使用，尚不构成犯罪的，应当由公安机关给予行政处罚。

与购买假币罪的界限。根据《刑法》第 171 条第 1 款和最高人民检察院、公安部新修订《关于公安机关管辖的刑事案件立案追诉标准的规定（二）》第 15 条规定，购买伪造的货币，涉嫌下列情形之一的，应予立案追诉：（1）总面额在 4000 元以上或者币量在 400 张（枚）以上的；（2）总面额在 2000 元以上或者币量在 200 张（枚）以上，二年内因出售、购买、运输假币受过行政处罚，又出售、购买、运输假币的；（3）其他出售、购买、运输假币应予追究刑事责任的情形。构成购买假币罪，应当立为刑事案件。

与持有、使用假币罪的界限。根据《刑法》第 172 条和最高人民检察院、公安部新修订《关于公安机关管辖的刑事案件立案追诉标准的规定（二）》第 17 条规定，明知是伪造的货币而持有、使用，涉嫌下列情形之一的，应予立案追诉：（1）总面额在 4000 元以上或者币量在 400 张（枚）以上的；（2）总面额在 2000 元以上或者币量在 200 张（枚）以上，二年内因持有、使用假币受过行政处罚，又持有、使用假币的；（3）其他持有、使用假币应予追究刑事责任的情形。构成持有、使用假币罪，应当立为刑事案件。

应当注意的是，购买、持有、使用伪造、变造的人民币情节轻微不构成犯罪的，可以由公安机关给予相应的行政处罚。

190.3　处罚标准

根据《中华人民共和国中国人民银行法》第 43 条规定，购买、持有、使用伪造、变造的人民币，构成犯罪的，依法追究刑事责任；尚不构成犯罪的，由公安机关处 15 日以下拘留、1 万元以下罚款。

十、中华人民共和国人民币管理条例

191. 故意毁损人民币

191.1　法律依据

《中华人民共和国人民币管理条例》第 42 条。

191.2　违法情形

行为人故意毁灭或者损坏人民币的，应当由公安机关给予行政处罚。

191.3　处罚标准

根据《中华人民共和国人民币管理条例》第 42 条规定，故意毁损人民币的，由公安机关给予警告，并处 1 万元以下的罚款。

十一、全国人民代表大会常务委员会关于惩治虚开、伪造和非法出售增值税专用发票犯罪的决定

192. 伪造、出售伪造的增值税专用发票

192.1　法律依据

《全国人民代表大会常务委员会关于惩治虚开、伪造和非法出售增值税专用发票犯罪的决定》第 2 条第 1 款和第 11 条。

192.2　违法情形

违反国家发票管理法规，伪造或者出售伪造的增值税专用发票，尚不构成犯罪的，应当由公安机关给予行政处罚。

与伪造、出售伪造的增值税专用发票

罪的界限。根据《刑法》第206条、第208条第2款和最高人民检察院、公安部新修订《关于公安机关管辖的刑事案件立案追诉标准的规定（二）》第58条规定，伪造或者出售伪造的增值税专用发票，涉嫌下列情形之一的，应予立案追诉：（1）票面税额累计在10万元以上的；（2）伪造或者出售伪造的增值税专用发票10份以上且票面税额在6万元以上的；（3）非法获利数额在1万元以上的。构成伪造、出售伪造的增值税专用发票罪，应当立为刑事案件。情节显著轻微不构成犯罪的，可以由公安机关给予相应的行政处罚。

192.3 处罚标准

根据《全国人民代表大会常务委员会关于惩治虚开、伪造和非法出售增值税专用发票犯罪的决定》第2条第1款和第11条规定，伪造、出售伪造的增值税专用发票，情节显著轻微，尚不构成犯罪的，由公安机关处15日以下拘留、5000元以下罚款。

193. 非法出售增值税专用发票

193.1 法律依据

《全国人民代表大会常务委员会关于惩治虚开、伪造和非法出售增值税专用发票犯罪的决定》第3条和第11条。

193.2 违法情形

违反国家发票管理法规，非法出售增值税专用发票，尚不构成犯罪的，应当由公安机关给予行政处罚。

与非法出售增值税专用发票罪的界限。根据《刑法》第207条、第208条第2款和最高人民检察院、公安部新修订《关于公安机关管辖的刑事案件立案追诉标准的规定（二）》第59条规定，非法出售增值税专用发票，涉嫌下列情形之一的，应予立案追诉：（1）票面税额累计在10万元以上的；（2）非法出售增值税专用发票10份以上且票面税额在6万元以上的；（3）非法获利数额在1万元以上的。构成非法出售增值税专用发票罪，应当立为刑事案件。情节显著轻微不构成犯罪的，可以由公安机关给予相应的行政处罚。

193.3 处罚标准

根据《全国人民代表大会常务委员会关于惩治虚开、伪造和非法出售增值税专用发票犯罪的决定》第3条和第11条规定，非法出售增值税专用发票，情节显著轻微，尚不构成犯罪的，由公安机关处15日以下拘留、5000元以下罚款。

194. 非法购买增值税专用发票

194.1 法律依据

《全国人民代表大会常务委员会关于惩治虚开、伪造和非法出售增值税专用发票犯罪的决定》第4条第1款和第11条。

194.2 违法情形

违反国家发票管理法规，非法购买增值税专用发票，尚不构成犯罪的，应当由公安机关给予行政处罚。

与非法购买增值税专用发票罪的界限。根据《刑法》第208条第1款、第211条和最高人民检察院、公安部新修订《关于公安机关管辖的刑事案件立案追诉标准的规定（二）》第60条规定，非法购买增值税专用发票，涉嫌下列情形之一的，应予立案追诉：（1）非法购买增值税专用发票或者购买伪造的增值税专用发票20份以上且票面税额在10万元以上的；（2）票面税额累计在20万元以上的。构成非法购买增值税专用发票罪，应当立为刑事案件。情节显著轻微不构成犯罪的，可以由公安机关给予相应的行政处罚。

194.3　处罚标准

根据《全国人民代表大会常务委员会关于惩治虚开、伪造和非法出售增值税专用发票犯罪的决定》第4条第1款和第11条规定，非法购买增值税专用发票，情节显著轻微，尚不构成犯罪的，由公安机关处15日以下拘留、5000元以下罚款。

195. 购买伪造的增值税专用发票

195.1　法律依据

《全国人民代表大会常务委员会关于惩治虚开、伪造和非法出售增值税专用发票犯罪的决定》第4条第1款和第11条。

195.2　违法情形

违反国家发票管理法规，购买伪造的增值税专用发票，尚不构成犯罪的，应当由公安机关给予行政处罚。

与购买伪造的增值税专用发票罪的界限。根据《刑法》第208条第1款、第211条和最高人民检察院、公安部新修订《关于公安机关管辖的刑事案件立案追诉标准的规定（二）》第60条规定，购买伪造的增值税专用发票，涉嫌下列情形之一的，应予立案追诉：（1）非法购买增值税专用发票或者购买伪造的增值税专用发票20份以上且票面税额在10万元以上的；（2）票面税额累计在20万元以上的。构成购买伪造的增值税专用发票罪，应当立为刑事案件。情节显著轻微不构成犯罪的，可以由公安机关给予相应的行政处罚。

195.3　处罚标准

根据《全国人民代表大会常务委员会关于惩治虚开、伪造和非法出售增值税专用发票犯罪的决定》第4条第1款和第11条规定，购买伪造的增值税专用发票，情节显著轻微，尚不构成犯罪的，由公安机关处15日以下拘留、5000元以下罚款。

196. 非法制造、出售非法制造的可以用于骗取出口退税、抵扣税款的其他发票

196.1　法律依据

《全国人民代表大会常务委员会关于惩治虚开、伪造和非法出售增值税专用发票犯罪的决定》第6条第1款和第11条。

196.2　违法情形

违反国家税收管理法规，伪造、擅自制造或者出售伪造、擅自制造的增值税专用发票以外可以用于骗取出口退税、抵扣税款的其他发票，尚不构成犯罪的，应当由公安机关给予行政处罚。

与非法制造、出售非法制造的用于骗取出口退税、抵扣税款发票罪的界限。根据《刑法》第209条第1款、第211条和最高人民检察院、公安部新修订《关于公安机关管辖的刑事案件立案追诉标准的规定（二）》第61条规定，伪造、擅自制造或者出售伪造、擅自制造的用于骗取出口退税、抵扣税款的其他发票，涉嫌下列情形之一的，应予立案追诉：（1）票面可以退税、抵扣税额累计在10万元以上的；（2）伪造、擅自制造或者出售伪造、擅自制造的发票10份以上且票面可以退税、抵扣税额在6万元以上的；（3）非法获利数额在1万元以上的。构成非法制造、出售非法制造的用于骗取出口退税、抵扣税款发票罪，应当立为刑事案件。情节显著轻微不构成犯罪的，可以由公安机关给予相应的行政处罚。

196.3　处罚标准

根据《全国人民代表大会常务委员会关于惩治虚开、伪造和非法出售增值税专

用发票犯罪的决定》第6条第1款和第11条规定，非法制造、出售非法制造的可以用于骗取出口退税、抵扣税款的其他发票，情节显著轻微，尚不构成犯罪的，由公安机关处15日以下拘留、5000元以下罚款。

197. 非法制造、出售非法制造的发票

197.1 法律依据

《全国人民代表大会常务委员会关于惩治虚开、伪造和非法出售增值税专用发票犯罪的决定》第6条第2款和第11条。

197.2 违法情形

违反国家发票管理法规，伪造、擅自制造或者出售伪造、擅自制造的不能用于骗取出口退税、抵扣税款的普通发票，尚不构成犯罪的，应当由公安机关给予行政处罚。

与非法制造、出售非法制造的发票罪的界限。根据《刑法》第209条第2款、第211条和最高人民检察院、公安部新修订《关于公安机关管辖的刑事案件立案追诉标准的规定（二）》第62条规定，伪造、擅自制造或者出售伪造、擅自制造的不具有骗取出口退税、抵扣税款功能的其他发票，涉嫌下列情形之一的，应予立案追诉：（1）伪造、擅自制造或者出售伪造、擅自制造的不具有骗取出口退税、抵扣税款功能的其他发票100份以上且票面金额累计在30万元以上的；（2）票面金额累计在50万元以上的；（3）非法获利数额在1万元以上的。构成非法制造、出售非法制造的发票罪，应当立为刑事案件。情节显著轻微不构成犯罪的，可以由公安机关给予相应的行政处罚。

197.3 处罚标准

根据《全国人民代表大会常务委员会关于惩治虚开、伪造和非法出售增值税专用发票犯罪的决定》第6条第2款和第11条规定，非法制造、出售非法制造的发票，情节显著轻微，尚不构成犯罪的，由公安机关处15日以下拘留、5000元以下罚款。

198. 非法出售可以用于骗取出口退税、抵扣税款的其他发票

198.1 法律依据

《全国人民代表大会常务委员会关于惩治虚开、伪造和非法出售增值税专用发票犯罪的决定》第6条第3款和第11条。

198.2 违法情形

违反国家税收管理法规，非法出售增值税专用发票以外可以用于骗取出口退税、抵扣税款的其他发票，尚不构成犯罪的，应当由公安机关给予行政处罚。

与非法出售用于骗取出口退税、抵扣税款发票罪的界限。根据《刑法》第209条第3款、第211条和最高人民检察院、公安部新修订《关于公安机关管辖的刑事案件立案追诉标准的规定（二）》第63条规定，非法出售可以用于骗取出口退税、抵扣税款的其他发票，涉嫌下列情形之一的，应予立案追诉：（1）票面可以退税、抵扣税额累计在10万元以上的；（2）非法出售用于骗取出口退税、抵扣税款的其他发票10份以上且票面可以退税、抵扣税额在6万元以上的；（3）非法获利数额在1万元以上的。构成非法出售用于骗取出口退税、抵扣税款发票罪，应当立为刑事案件。情节显著轻微不构成犯罪的，可以由公安机关给予相应的行政处罚。

198.3 处罚标准

根据《全国人民代表大会常务委员会关于惩治虚开、伪造和非法出售增值税专

用发票犯罪的决定》第6条第3款和第11条规定，非法出售可以用于骗取出口退税、抵扣税款的其他发票，情节显著轻微，尚不构成犯罪的，由公安机关处15日以下拘留、5000元以下罚款。

199. 非法出售发票

199.1　法律依据

《全国人民代表大会常务委员会关于惩治虚开、伪造和非法出售增值税专用发票犯罪的决定》第6条第4款和第11条。

199.2　违法情形

违反国家发票管理法规，非法出售不能用于骗取出口退税、抵扣税款的普通发票，尚不构成犯罪的，应当由公安机关给予行政处罚。

与非法出售发票罪的界限。根据《刑法》第209条第4款、第211条和最高人民检察院、公安部新修订《关于公安机关管辖的刑事案件立案追诉标准的规定（二）》第64条规定，非法出售增值税专用发票、用于骗取出口退税、抵扣税款的其他发票以外的发票，涉嫌下列情形之一的，应予立案追诉：（1）非法出售增值税专用发票、用于骗取出口退税、抵扣税款的其他发票以外的发票100份以上且票面金额累计在30万元以上的；（2）票面金额累计在50万元以上的；（3）非法获利数额在1万元以上的。构成非法出售发票罪，应当立为刑事案件。情节显著轻微不构成犯罪的，可以由公安机关给予相应的行政处罚。

应当注意的是，“非法制造、出售非法制造的发票”“非法出售发票”中的“发票”，是指用于骗取出口退税、抵扣税款发票以外的发票。

199.3　处罚标准

根据《全国人民代表大会常务委员会关于惩治虚开、伪造和非法出售增值税专用发票犯罪的决定》第6条第4款和第11条规定，非法出售发票，情节显著轻微，尚不构成犯罪的，由公安机关处15日以下拘留、5000元以下罚款。

十二、全国人民代表大会常务委员会关于严禁卖淫嫖娼的决定

200. 放任卖淫、嫖娼活动

200.1　法律依据

《全国人民代表大会常务委员会关于严禁卖淫嫖娼的决定》第7条。

200.2　违法情形

旅馆业、饮食服务业、文化娱乐业、出租汽车业等单位，对发生在本单位的卖淫、嫖娼活动，放任不管、不采取措施制止的，应当由公安机关给予行政处罚。

200.3　处罚标准

根据《全国人民代表大会常务委员会关于严禁卖淫嫖娼的决定》第7条规定，放任卖淫、嫖娼活动，由公安机关处1万元以上10万元以下罚款，并可以责令其限期整顿、停业整顿，经整顿仍不改正的，由工商行政主管部门吊销营业执照；对直接负责的主管人员和其他直接责任人员，由本单位或者上级主管部门予以行政处分，由公安机关处1000元以下罚款。

十三、中华人民共和国集会游行示威法

201. 非法集会、游行、示威

201.1　法律依据

《中华人民共和国集会游行示威法》第

28条第2款第1项、第2项。

201.2 违法情形

举行集会、游行、示威，未依照法律规定申请或者申请未获许可，或者未按照主管机关许可的目的、方式、标语、口号、起止时间、地点、路线进行，不听制止，尚不构成犯罪的，应当由公安机关给予行政处罚。

与非法集会、游行、示威罪的界限。根据《刑法》第296条和最高人民检察院、公安部《关于公安机关管辖的刑事案件立案追诉标准的规定（一）》第38条规定，举行集会、游行、示威，未依照法律规定申请或者申请未获许可，或者未按照主管机关许可的起止时间、地点、路线进行，又拒不服从解散命令，严重破坏社会秩序的，构成非法集会、游行、示威罪，应当立为刑事案件。对于不构成犯罪的非法集会、游行、示威行为，可以按照《集会游行示威法》有关规定给予行政处罚。

201.3 处罚标准

根据《中华人民共和国集会游行示威法》第28条第2款第1项、第2项规定，非法集会、游行、示威行为，不构成犯罪的，由公安机关对其负责人和直接责任人员处以警告或者15日以下拘留。

202. 破坏集会、游行、示威

202.1 法律依据

《中华人民共和国集会游行示威法》第30条。

202.2 违法情形

扰乱、冲击或者以其他方法破坏依法举行的集会、游行、示威，尚不构成犯罪的，应当由公安机关给予行政处罚。

与破坏集会、游行、示威罪的界限。根据《刑法》第298条和最高人民检察院、公安部《关于公安机关管辖的刑事案件立案追诉标准的规定（一）》第40条规定，扰乱、冲击或者以其他方法破坏依法举行的集会、游行、示威，造成公共秩序混乱的，构成破坏集会、游行、示威罪，应当立为刑事案件。对于未造成公共秩序混乱的，则不构成犯罪，但是可以由公安机关给予相应的行政处罚。

202.3 处罚标准

根据《中华人民共和国集会游行示威法》第30条规定，破坏集会、游行、示威，不构成犯罪的，由公安机关处以警告或者15日以下拘留。

十四、中华人民共和国居民身份证法

203. 骗领居民身份证

203.1 法律依据

《中华人民共和国居民身份证法》第16条第1项。

203.2 违法情形

行为人使用虚假证明材料骗领居民身份证，尚不构成犯罪的，应当由公安机关给予行政处罚。

203.3 处罚标准

根据《中华人民共和国居民身份证法》第16条第1项规定，骗领居民身份证的，由公安机关给予警告，并处200元以下罚款，有违法所得的，没收违法所得。

204. 出租、出借、转让居民身份证

204.1 法律依据

《中华人民共和国居民身份证法》第16条第2项。

204.2 违法情形

行为人出租、出借、转让居民身份证

的，应当由公安机关给予行政处罚。

204.3　处罚标准

根据《中华人民共和国居民身份证法》第16条第2项规定，出租、出借、转让居民身份证的，由公安机关给予警告，并处200元以下罚款，有违法所得的，没收违法所得。

205. 非法扣押居民身份证

205.1　法律依据

《中华人民共和国居民身份证法》第16条第3项。

205.2　违法情形

行为人非法扣押他人居民身份证的，应当由公安机关给予行政处罚。

应当注意，对保安员扣押他人居民身份证的，违法行为名称表述为“非法扣押居民身份证”，法律依据适用《保安服务管理条例》第45条第1款第2项。

205.3　处罚标准

根据《中华人民共和国居民身份证法》第16条第3项规定，出租、出借、转让居民身份证的，由公安机关给予警告，并处200元以下罚款，有违法所得的，没收违法所得。

206. 冒用居民身份证

206.1　法律依据

《中华人民共和国居民身份证法》第17条第1款第1项。

206.2　违法情形

行为人冒用居民身份证，尚不构成犯罪的，应当由公安机关给予行政处罚。

206.3　处罚标准

根据《中华人民共和国居民身份证法》第17条第1款第1项规定，冒用居民身份证的，由公安机关处200元以上1000元以下罚款，或者处10日以下拘留，有违法所得的，没收违法所得。

207. 使用骗领的居民身份证

207.1　法律依据

《中华人民共和国居民身份证法》第17条第1款第1项。

207.2　违法情形

行为人使用骗领的居民身份证，尚不构成犯罪的，应当由公安机关给予行政处罚。

207.3　处罚标准

根据《中华人民共和国居民身份证法》第17条第1款第1项规定，使用骗领的居民身份证的，由公安机关处200元以上1000元以下罚款，或者处10日以下拘留，有违法所得的，没收违法所得。

208. 购买、出售、使用伪造、变造的居民身份证

208.1　法律依据

《中华人民共和国居民身份证法》第17条第1款第2项。

208.2　违法情形

行为人购买、出售、使用伪造、变造的居民身份证的，应当由公安机关给予行政处罚。

208.3　处罚标准

根据《中华人民共和国居民身份证法》第17条第1款第2项规定，购买、出售、使用伪造、变造的居民身份证的，由公安机关处200元以上1000元以下罚款，或者处10日以下拘留，有违法所得的，没收违法所得。伪造、变造的居民身份证，由公安机关予以收缴。

209. 泄露公民个人信息

209.1　法律依据

《中华人民共和国居民身份证法》第19

条第1、2款。

209.2 违法情形

国家机关或者金融、电信、交通、教育、医疗等单位及其工作人员泄露在履行职责或者提供服务过程中获得的居民身份证记载的公民个人信息，尚不构成犯罪的，应当由公安机关给予行政处罚。

应当注意，对国家机关或者金融、电信、交通、教育、医疗等单位的工作人员泄露公民个人信息的，法律依据适用《中华人民共和国居民身份证法》第19条第1款；对单位泄露公民个人信息的，对其直接负责的主管人员和其他直接责任人员的处罚，法律依据适用《中华人民共和国居民身份证法》第19条第2款。

与侵犯公民个人信息罪的界限。根据《刑法》第253条之一的规定，违反国家有关规定，向他人出售或者提供公民个人信息，窃取或者以其他方法非法获取公民个人信息，情节严重的，构成侵犯公民个人信息罪，应当立为刑事案件。构成犯罪必须达到"情节严重"的标准。如大量出售公民个人信息的，多次出售公民个人信息的，出售公民个人信息获利数额较大的，以及公民个人信息被他人使用后，给公民造成了经济上的重大损失或者严重影响到公民个人的正常生活等情况。对尚未达到情节严重的，不以犯罪论处，但应当依据《中华人民共和国居民身份证法》给予单位和个人相应的行政处罚。

209.3 处罚标准

根据《中华人民共和国居民身份证法》第19条第1、2款规定，泄露公民个人信息，构成犯罪的，依法追究刑事责任；尚不构成犯罪的，由公安机关处10日以上15日以下拘留，并处5000元罚款，有违法所得的，没收违法所得。单位有前款行为，构成犯罪的，依法追究刑事责任；尚不构成犯罪的，由公安机关对其直接负责的主管人员和其他直接责任人员，处10日以上15日以下拘留，并处10万元以上50万元以下罚款，有违法所得的，没收违法所得。有前两款行为，对他人造成损害的，依法承担民事责任。

十五、居住证暂行条例

210. 使用虚假证明材料骗领居住证

210.1 法律依据

《居住证暂行条例》第18条第1项。

210.2 违法情形

使用虚假证明材料骗领居住证的，应当由公安机关给予行政处罚。

《居住证暂行条例》第9条第1—4款规定，申领居住证，应当向居住地公安派出所或者受公安机关委托的社区服务机构提交本人居民身份证、本人相片以及居住地住址、就业、就读等证明材料。

居住地住址证明包括房屋租赁合同、房屋产权证明文件、购房合同或者房屋出租人、用人单位、就读学校出具的住宿证明等；就业证明包括工商营业执照、劳动合同、用人单位出具的劳动关系证明或者其他能够证明有合法稳定就业的材料等；就读证明包括学生证、就读学校出具的其他能够证明连续就读的材料等。

未满16周岁的未成年人和行动不便的老年人、残疾人等，可以由其监护人、近亲属代为申领居住证。监护人、近亲属代为办理的，应当提供委托人、代办人的合法有效身份证件。

申请人及相关证明材料出具人应当对本条规定的证明材料的真实性、合法性负责。

210.3　处罚标准

根据《居住证暂行条例》第18条第1项规定，使用虚假证明材料骗领居住证的，由公安机关给予警告、责令改正，处200元以下罚款，有违法所得的，没收违法所得。

211. 出租、出借、转让居住证

211.1　法律依据

《居住证暂行条例》第18条第2项。

211.2　违法情形

出租、出借、转让居住证的，应当由公安机关给予行政处罚。

211.3　处罚标准

根据《居住证暂行条例》第18条第2项规定，出租、出借、转让居住证的，由公安机关给予警告、责令改正，处200元以下罚款，有违法所得的，没收违法所得。

212. 非法扣押他人居住证

212.1　法律依据

《居住证暂行条例》第18条第3项。

212.2　违法情形

非法扣押他人居住证的，由公安机关给予行政处罚。

212.3　处罚标准

根据《居住证暂行条例》第18条第3项规定，非法扣押他人居住证的，由公安机关给予警告、责令改正，处200元以下罚款，有违法所得的，没收违法所得。

213. 冒用他人居住证

213.1　法律依据

《居住证暂行条例》第19条第1款第1项。

213.2　违法情形

冒用他人居住证的，应当由公安机关给予行政处罚。

213.3　处罚标准

根据《居住证暂行条例》第19条第1款第1项规定，冒用他人居住证的，由公安机关处200元以上1000元以下罚款，有违法所得的，没收违法所得。

214. 使用骗领的居住证

214.1　法律依据

《居住证暂行条例》第19条第1款第1项。

214.2　违法情形

使用骗领的居住证的，由公安机关给予行政处罚。

214.3　处罚标准

根据《居住证暂行条例》第19条第1款第1项规定，使用骗领的居住证的，由公安机关处200元以上1000元以下罚款，有违法所得的，没收违法所得。骗领的居住证，由公安机关予以收缴。

215. 购买、出售、使用伪造、变造的居住证

215.1　法律依据

《居住证暂行条例》第19条第1款第2项。

215.2　违法情形

购买、出售、使用伪造、变造的居住证的，应当由公安机关给予行政处罚。

215.3　处罚标准

《居住证暂行条例》第19条第1款第2项规定，购买、出售、使用伪造、变造的居住证的，由公安机关处200元以上1000元以下罚款，有违法所得的，没收违法所得。伪造、变造的居住证，由公安机关予

以收缴。

十六、中华人民共和国枪支管理法

216. 违规制造、销（配）售枪支

216.1 法律依据

《中华人民共和国枪支管理法》第40条。

216.2 违法情形

依法被指定、确定的枪支制造企业、销售企业，违反《中华人民共和国枪支管理法》的规定，超过限额或者不按照规定的品种制造、配售枪支，或者制造无号、重号、假号的枪支，或者私自销售枪支或者在境内销售为出口制造的枪支，尚不构成犯罪的，应当由公安机关给予行政处罚。

应当注意的是，对“超过限额或者不按照规定的品种制造枪支”的，违法行为名称表述为“违规制造枪支”，法律依据适用《中华人民共和国枪支管理法》第40条第1项；对“制造无号、重号、假号的枪支”的，违法行为名称表述为“违规制造枪支”，法律依据适用《中华人民共和国枪支管理法》第40条第2项。

对“超过限额或者不按照规定的品种配售枪支”的，违法行为名称表述为“违规配售枪支”，法律依据适用《中华人民共和国枪支管理法》第40条第1项；对“私自销售枪支”“在境内销售为出口制造的枪支”的，违法行为名称表述为“违规销售枪支”，法律依据适用《中华人民共和国枪支管理法》第40条第3项。

与违规制造、销售枪支罪的界限。根据《刑法》第126条和最高人民检察院、公安部《关于公安机关管辖的刑事案件立案追诉标准的规定（一）》第3条规定，依法被指定、确定的枪支制造企业、销售企业，违反枪支管理规定，以非法销售为目的，超过限额或者不按照规定的品种制造、配售枪支，或者以非法销售为目的，制造无号、重号、假号的枪支，或者非法销售枪支或者在境内销售为出口制造的枪支，涉嫌下列情形之一的，应予立案追诉：（1）违规制造枪支5支以上的；（2）违规销售枪支2支以上的；（3）虽未达到上述数量标准，但具有造成严重后果等其他恶劣情节的。未达到上述数量标准，也未造成严重后果的，应当由公安机关根据《中华人民共和国枪支管理法》第40条规定给予相应行政处罚。

216.3 处罚标准

根据《中华人民共和国枪支管理法》第40条规定，违规制造、销（配）售枪支，尚不构成犯罪的，责令其停业整顿或者吊销其枪支制造许可证件、枪支配售许可证件。

217. 违规运输枪支

217.1 法律依据

《中华人民共和国枪支管理法》第42条。

217.2 违法情形

违反枪支管理规定，运输枪支未使用安全可靠的运输设备、不设专人押运、枪支弹药未分开运输或者运输途中停留住宿不报告公安机关，尚不构成犯罪的，应当由公安机关给予行政处罚。

与非法运输枪支罪的界限。根据《刑法》第125条和最高人民法院《关于审理非法制造、买卖、运输枪支、弹药、爆炸物等刑事案件具体应用法律若干问题的解释》的规定，违反国家有关枪支管理法规，个人或者单位非法运输军用枪支1支以上或者以火药为动力发射枪弹的非军用枪支1支以上或者以压缩气体等为动力的其他非军用枪支2支以上，或者多次非法运输以及具有造成严重后果等其他恶劣情节的，构成非法运输枪支罪，应当立为刑事案件。不构成犯罪的，由公安机关对直接责任人员给予相应的行政处罚。

217.3 处罚标准

根据《中华人民共和国枪支管理法》第42条规定，违规运输枪支，不构成犯罪的，对直接责任人员处15日以下拘留。

218. 非法出租、出借枪支

218.1 法律依据

《中华人民共和国枪支管理法》第43条第5款。

218.2 违法情形

依法配有枪支的单位或者个人，违反枪支管理规定，将单位或者个人合法配有的枪支出租、出借，情节轻微，尚不构成犯罪的，应当由公安机关给予行政处罚。

与非法出租、出借枪支罪的界限。根据《刑法》第128条和最高人民检察院、公安部《关于公安机关管辖的刑事案件立案追诉标准的规定（一）》第5条规定，依法配备公务用枪的人员或者单位，非法将枪支出租、出借给未取得公务用枪配备资格的人员或者单位，或者将公务用枪用作借债质押物的，或者非法将枪支出租、出借给具有公务用枪配备资格的人员或者单位，以及依法配置民用枪支的人员或者单位，非法出租、出借民用枪支，造成人员轻伤以上伤亡事故或者造成枪支丢失、被盗、被抢或者枪支被他人利用进行违法犯罪活动或者其他造成严重后果的，构成非法出租、出借枪支罪，应当立为刑事案件。不构成犯罪的，由公安机关根据《中华人民共和国枪支管理法》有关规定给予相应的行政处罚。

218.3 处罚标准

根据《中华人民共和国枪支管理法》第43条第5款规定，非法出租、出借枪支，未构成犯罪的，由公安机关对个人或者单位负有直接责任的主管人员和其他直接责任人员处15以下拘留，可以并处5000元以下罚款；对出租、出借的枪支，应当予以没收。

219. 未按规定标准制造民用枪支

219.1 法律依据

《中华人民共和国枪支管理法》第44条第1款第1项和第2款。

219.2 违法情形

制造民用枪支的企业未按照规定的技术标准制造民用枪支，尚不构成犯罪的，应当由公安机关给予行政处罚。

应当注意，《中华人民共和国枪支管理法》第44条第1款第2项规定的在禁止携带枪支的区域、场所携带枪支的，违法行为名称表述为“非法携带枪支”，法律依据适用《中华人民共和国治安管理处罚法》第32条。

219.3 处罚标准

根据《中华人民共和国枪支管理法》第44条第1款第1项和第2款，未按规定标准制造民用枪支的，由公安机关对个人或者单位负有直接责任的主管人员和其他直接责任人员处警告或者15日以下拘留，没收其枪支，可以并处5000元以下罚款；构成犯罪的，依法追究刑事责任。

220. 不上缴报废枪支

220.1 法律依据

《中华人民共和国枪支管理法》第44

条第1款第3项和第2款。

220.2 违法情形

违反枪支管理规定，不上缴报废枪支的，应当由公安机关给予行政处罚。

220.3 处罚标准

根据《中华人民共和国枪支管理法》第44条第1款第3项和第2款，不上缴报废枪支的，由公安机关对个人或者单位负有直接责任的主管人员和其他直接责任人员处警告或者15日以下拘留，没收其枪支，可以并处5000元以下罚款；构成犯罪的，依法追究刑事责任。

221. 丢失枪支不报

221.1 法律依据

《中华人民共和国枪支管理法》第44条第1款第4项。

221.2 违法情形

依法配备公务用枪或者配置民用枪支的单位和个人，违反枪支管理规定，丢失枪支不及时报告，尚不构成犯罪的，应当由公安机关给予行政处罚。

与丢失枪支不报罪的界限。根据《刑法》第129条和最高人民检察院、公安部《关于公安机关管辖的刑事案件立案追诉标准的规定（一）》第6条规定，依法配备公务用枪的人员，丢失枪支不及时报告，丢失的枪支被他人使用造成人员轻伤以上伤亡事故，或者丢失的枪支被他人利用进行违法犯罪活动，或者其他造成严重后果的，构成丢失枪支不报罪，应当立为刑事案件。不构成犯罪的，应当依法给予行政处罚。

221.3 处罚标准

根据《中华人民共和国枪支管理法》第44条第1款第4项规定，丢失枪支不报，不构成犯罪的，由公安机关对个人或者单位负有直接责任的主管人员和其他直接责任人员处警告或者15日以下拘留；构成犯罪的，依法追究刑事责任。

222. 制造、销售仿真枪

222.1 法律依据

《中华人民共和国枪支管理法》第44条第1款第5项和第2款。

222.2 违法情形

违反国家规定，制造、销售仿真枪的，尚不构成犯罪的，应当由公安机关给予行政处罚。

关于仿真枪的认定标准，按照公安部制定的《仿真枪认定标准》执行。

222.3 处罚标准

根据《中华人民共和国枪支管理法》第44条第1款第5项和第2款规定，制造、销售仿真枪的，由公安机关对个人或者单位负有直接责任的主管人员和其他直接责任人员处警告或者15日以下拘留；构成犯罪的，依法追究刑事责任。公安机关、工商行政管理部门按照各自职责范围没收其仿真枪，可以并处制造、销售金额5倍以下的罚款，情节严重的，由工商行政管理部门吊销营业执照。

十七、中华人民共和国教育法

223. 组织作弊

223.1 法律依据

《中华人民共和国教育法》第80条第1项。

223.2 违法情形

任何组织或者个人在国家教育考试中组织作弊，尚不构成犯罪的，应当由公安机关给予行政处罚。构成犯罪的，依照《刑法》第284条之一以组织考试作弊罪追究刑事责任。

223.3　处罚标准

根据《中华人民共和国教育法》第80条第1项规定，在国家教育考试中，组织作弊，有违法所得的，由公安机关没收违法所得，并处违法所得1倍以上5倍以下罚款；情节严重的，处5日以上15日以下拘留；构成犯罪的，依法追究刑事责任；属于国家机关工作人员的，还应当依法给予处分。

224. 为作弊提供帮助、便利

224.1　法律依据

《中华人民共和国教育法》第80条第2项。

224.2　违法情形

任何组织或者个人在国家教育考试中，通过提供考试作弊器材等方式为作弊提供帮助或者便利，尚不构成犯罪的，应当由公安机关给予行政处罚。构成犯罪的，依照《刑法》第284条之一以组织考试作弊罪追究刑事责任。

224.3　处罚标准

根据《中华人民共和国教育法》第80条第2项规定，在国家教育考试中，为作弊提供帮助、便利，有违法所得的，由公安机关没收违法所得，并处违法所得1倍以上5倍以下罚款；情节严重的，处5日以上15日以下拘留；构成犯罪的，依法追究刑事责任；属于国家机关工作人员的，还应当依法给予处分。

225. 代替他人参加考试

225.1　法律依据

《中华人民共和国教育法》第80条第3项。

225.2　违法情形

任何组织或者个人在国家教育考试中，代替他人参加考试，尚不构成犯罪的，应当由公安机关给予行政处罚。构成犯罪的，依照《刑法》第284条之一第4款以代替考试罪追究刑事责任。

225.3　处罚标准

根据《中华人民共和国教育法》第80条第3项规定，在国家教育考试中，代替他人参加考试，有违法所得的，由公安机关没收违法所得，并处违法所得1倍以上5倍以下罚款；情节严重的，处5日以上15日以下拘留；构成犯罪的，依法追究刑事责任；属于国家机关工作人员的，还应当依法给予处分。

226. 泄露、传播考试试题、答案

226.1　法律依据

《中华人民共和国教育法》第80条第4项。

226.2　违法情形

任何组织或者个人在国家教育考试中，在考试结束前泄露、传播考试试题或者答案，尚不构成犯罪的，应当由公安机关给予行政处罚。构成犯罪的，依照《刑法》第284条之一第3款以非法出售、提供试题、答案罪追究刑事责任。

226.3　处罚标准

根据《中华人民共和国教育法》第80条第4项规定，在国家教育考试中，泄露、传播考试试题、答案，有违法所得的，由公安机关没收违法所得，并处违法所得1倍以上5倍以下罚款；情节严重的，处5日以上15日以下拘留；构成犯罪的，依法追究刑事责任；属于国家机关工作人员的，还应当依法给予处分。

227. 其他扰乱考试秩序的行为

227.1 法律依据

《中华人民共和国教育法》第 80 条第 5 项。

227.2 违法情形

任何组织或者个人在国家教育考试中，除《中华人民共和国教育法》第 80 条第 1 项至第 4 项外，有其他扰乱考试秩序，尚不构成犯罪的，应当由公安机关给予行政处罚。

227.3 处罚标准

根据《中华人民共和国教育法》第 80 条第 5 项规定，在国家教育考试中，有其他扰乱考试秩序的行为，有违法所得的，由公安机关没收违法所得，并处违法所得 1 倍以上 5 倍以下罚款；情节严重的，处 5 日以上 15 日以下拘留；构成犯罪的，依法追究刑事责任；属于国家机关工作人员的，还应当依法给予处分。

十八、民用爆炸物品安全管理条例

228. 未经许可从事爆破作业

228.1 法律依据

《民用爆炸物品安全管理条例》第 44 条第 4 款。

228.2 违法情形

违反国家规定，未经许可从事爆破作业的，应当由公安机关给予行政处罚。

应当注意，对《民用爆炸物品安全管理条例》第 44 条第 4 款规定的未经许可购买、运输民用爆炸物品的，违法行为名称及法律适用规范按照公安部《违反公安行政管理行为的名称及其适用意见》第 33 条的规定，表述为“非法购买、运输危险物质（民用爆炸物品）”。

228.3 处罚标准

根据《民用爆炸物品安全管理条例》第 44 条第 4 款规定，未经许可从事爆破作业的，由公安机关责令停止爆破作业活动，处 5 万元以上 20 万元以下的罚款，并没收从事爆破作业使用的民用爆炸物品及其违法所得。

229. 未按规定对民用爆炸物品作出警示、登记标识

229.1 法律依据

《民用爆炸物品安全管理条例》第 46 条第 1 项。

229.2 违法情形

民用爆炸物品生产企业违反民用爆炸物品安全管理规定，未对所生产的民用爆炸物品作出警示标识、登记标识的，应当由公安机关给予行政处罚。

229.3 处罚标准

根据《民用爆炸物品安全管理条例》第 46 条第 1 项规定，未按规定对民用爆炸物品作出警示、登记标识的，由公安机关责令限期改正，处 5 万元以上 20 万元以下的罚款；逾期不改正的，责令停产停业整顿。

230. 未按规定对雷管编码打号

230.1 法律依据

《民用爆炸物品安全管理条例》第 46 条第 1 项。

230.2 违法情形

民用爆炸物品生产企业违反民用爆炸物品安全管理规定，未对所生产的雷管编码打号的，应当由公安机关给予行政处罚。

根据《工业雷管编码基本规则及技术条件》规定，在工业雷管管壳外表合适部位必须编上出厂编码，编码由生产企业代

号、生产时间和特征号、流水号组成，且做到10年内出厂雷管不重号；在基本包装单元（以下简称盒）外必须贴有能跟踪盒内雷管编码关联信息的一维条码；在包装箱外必须贴有能跟踪箱内雷管编码关联信息的一维条码。

230.3 处罚标准

根据《民用爆炸物品安全管理条例》第46条第1项规定，未按规定对雷管编码打号的，由公安机关责令限期改正，处5万元以上20万元以下的罚款；逾期不改正的，责令停产停业整顿。

231. 超出许可购买民用爆炸物品

231.1 法律依据

《民用爆炸物品安全管理条例》第46条第2项。

231.2 违法情形

民用爆炸物品生产、销售、使用单位违反民用爆炸物品安全管理规定，超出购买许可的品种、数量购买民用爆炸物品的，应当由公安机关给予行政处罚。

民用爆炸物品生产企业凭《民用爆炸物品生产许可证》购买属于民用爆炸物品的原料，民用爆炸物品销售企业凭《民用爆炸物品销售许可证》向民用爆炸物品生产企业购买民用爆炸物品，民用爆炸物品使用单位凭《民用爆炸物品购买许可证》购买民用爆炸物品，还应当提供经办人的身份证明。销售民用爆炸物品的企业，应当查验前款规定的许可证和经办人的身份证明；对持《民用爆炸物品购买许可证》购买的，应当按照许可的品种、数量销售。

231.3 处罚标准

根据《民用爆炸物品安全管理条例》第46条第2项规定，超出许可购买民用爆炸物品的，由公安机关责令限期改正，处5万元以上20万元以下的罚款；逾期不改正的，责令停产停业整顿。

232. 使用现金、实物交易民用爆炸物品

232.1 法律依据

《民用爆炸物品安全管理条例》第46条第3项。

232.2 违法情形

违反民用爆炸物品安全管理规定，使用现金、实物交易民用爆炸物品的，应当由公安机关给予行政处罚。

我国对民用爆炸物品的买卖实行实名交易制度。销售、购买民用爆炸物品，应当通过银行账户进行交易，不得使用现金或者实物进行交易。

232.3 处罚标准

根据《民用爆炸物品安全管理条例》第46条第3项规定，使用现金、实物交易民用爆炸物品的，由公安机关责令限期改正，处5万元以上20万元以下的罚款；逾期不改正的，责令停产停业整顿。

233. 销售民用爆炸物品未按规定保存交易证明材料

233.1 法律依据

《民用爆炸物品安全管理条例》第46条第4项。

233.2 违法情形

民用爆炸物品销售企业违反民用爆炸物品安全管理规定，销售民用爆炸物品未按规定保存购买单位的许可证、银行账户转账凭证、经办人的身份证明复印件的，应当由公安机关给予行政处罚。

销售民用爆炸物品的企业，应当将购买单位的许可证、银行账户转账凭证、经

办人的身份证明复印件保存2年备查。

233.3 处罚标准

根据《民用爆炸物品安全管理条例》第46条第4项规定，销售民用爆炸物品未按规定保存交易证明材料的，由公安机关责令限期改正，处5万元以上20万元以下的罚款；逾期不改正的，责令停产停业整顿。

234. 销售、购买、进出口民用爆炸物品未按规定备案

234.1 法律依据

《民用爆炸物品安全管理条例》第46条第5项。

234.2 违法情形

销售、购买、进出口民用爆炸物品的单位违反民用爆炸物品安全管理规定，销售、购买、进出口民用爆炸物品，未按规定向公安机关备案的，应当由公安机关给予行政处罚。

销售民用爆炸物品的企业，应当自民用爆炸物品买卖成交之日起3日内，将销售的品种、数量和购买单位向所在地省、自治区、直辖市人民政府民用爆炸物品行业主管部门和所在地县级人民政府公安机关备案。购买民用爆炸物品的单位，应当自民用爆炸物品买卖成交之日起3日内，将购买的品种、数量向所在地县级人民政府公安机关备案。进出口单位应当将进出口的民用爆炸物品的品种、数量向收货地或者出境口岸所在地县级人民政府公安机关备案。

234.3 处罚标准

根据《民用爆炸物品安全管理条例》第46条第5项规定，销售、购买、进出口民用爆炸物品未按规定备案的，由公安机关责令限期改正，处5万元以上20万元以下的罚款；逾期不改正的，责令停产停业整顿。

235. 未按规定建立民用爆炸物品登记制度

235.1 法律依据

《民用爆炸物品安全管理条例》第46条第6项、第48条第1款第3项、第49条第2项。

235.2 违法情形

民用爆炸物品生产企业、销售企业和爆炸作业单位，违反民用爆炸物品安全管理规定，未按规定建立民用爆炸物品登记制度的，应当由公安机关给予行政处罚。

应当注意，对未如实将本单位生产、销售、购买、运输、储存、使用民用爆炸物品的品种、数量和流向信息输入计算机系统的，违法行为名称表述为“未按规定建立民用爆炸物品登记制度”，法律依据适用《民用爆炸物品安全管理条例》第46条第6项；对爆破作业单位未按规定建立民用爆炸物品领取登记制度、保存领取登记记录的，违法行为名称表述为“未按规定建立民用爆炸物品登记制度”，法律依据适用《民用爆炸物品安全管理条例》第48条第1款第3项；对未按规定建立出入库检查、登记制度或者收存和发放民用爆炸物品，致使账物不符的，违法行为名称表述为“未按规定建立民用爆炸物品登记制度”，法律依据适用《民用爆炸物品安全管理条例》第49条第2项。

235.3 处罚标准

根据《民用爆炸物品安全管理条例》第46条第6项、第48条第1款第3项、第49条第2项规定，未按规定建立民用爆炸

物品登记制度的，分别情形进行处罚：（1）民用爆炸物品生产企业、销售企业和爆炸作业单位未按照规定建立民用爆炸物品登记制度，如实将本单位生产、销售、购买、运输、储存、使用民用爆炸物品的品种、数量和流向信息输入计算机系统。对这类行为，由公安机关责令限期改正，处5万元以上20万元以下的罚款；逾期不改正的，责令停产停业整顿。（2）爆破作业单位未按规定建立民用爆炸物品领取登记制度、保存领取登记记录。对这类行为，由公安机关责令停止违法行为或者限期改正，处10万元以上50万元以下的罚款；逾期不改正的，责令停产停业整顿；情节严重的，吊销《爆破作业单位许可证》。（3）民用爆炸物品生产企业、销售企业和爆炸作业单位储存民用爆炸物品，未按规定建立出入库检查、登记制度或者收存和发放民用爆炸物品，致使账物不符。对这类行为，由国民用爆炸物品行业主管部门、公安机关按照职责责令限期改正，可以并处5万元以上20万元以下的罚款；逾期不改正的，责令停产停业整顿；情节严重的，吊销许可证。

236. 未按规定核销民用爆炸物品运输许可证

236.1 法律依据

《民用爆炸物品安全管理条例》第46条第7项。

236.2 违法情形

民用爆炸物品收货单位违反民用爆炸物品安全管理规定，未按照规定将《民用爆炸物品运输许可证》交回发证机关核销的，应当由公安机关给予行政处罚。

民用爆炸物品运达目的地，收货单位应当进行验收后在《民用爆炸物品运输许可证》上签注，并在3日内将《民用爆炸物品运输许可证》交回发证机关核销。

236.3 处罚标准

根据《民用爆炸物品安全管理条例》第46条第7项规定，未按规定核销民用爆炸物品运输许可证的，由公安机关责令限期改正，处5万元以上20万元以下的罚款；逾期不改正的，责令停产停业整顿。

237. 违反许可事项运输民用爆炸物品

237.1 法律依据

《民用爆炸物品安全管理条例》第47条第1项。

237.2 违法情形

承运人经由道路运输民用爆炸物品，违反运输许可事项的，应当由公安机关给予行政处罚。

《民用爆炸物品运输许可证》应当载明收货单位、销售企业、承运人，一次性运输有效期限、起始地点、运输路线、经停地点，民用爆炸物品的品种、数量。

237.3 处罚标准

根据《民用爆炸物品安全管理条例》第47条第1项规定，违反许可事项运输民用爆炸物品的，由公安机关责令改正，处5万元以上20万元以下的罚款。

238. 未携带许可证运输民用爆炸物品

238.1 法律依据

《民用爆炸物品安全管理条例》第47条第2项。

238.2 违法情形

承运人经由道路运输民用爆炸物品，违反民用爆炸物品安全管理规定，未随身携带《民用爆炸物品运输许可证》的，应当由公安机关给予行政处罚。

238.3 处罚标准

根据《民用爆炸物品安全管理条例》第47条第2项规定，未携带许可证运输民用爆炸物品的，由公安机关责令改正，处5万元以上20万元以下的罚款。

239. 违规混装民用爆炸物品

239.1 法律依据

《民用爆炸物品安全管理条例》第47条第3项。

239.2 违法情形

承运人经由道路运输民用爆炸物品，违反有关标准和规范混装民用爆炸物品的，应当由公安机关给予行政处罚。

239.3 处罚标准

根据《民用爆炸物品安全管理条例》第47条第3项规定，违规混装民用爆炸物品的，由公安机关责令改正，处5万元以上20万元以下的罚款。

240. 民用爆炸物品运输车辆未按规定悬挂、安装警示标志

240.1 法律依据

《民用爆炸物品安全管理条例》第47条第4项。

240.2 违法情形

承运人经由道路运输民用爆炸物品，违反民用爆炸物品安全管理规定，运输车辆未按照规定悬挂或者安装符合国家标准的易燃易爆危险物品警示标志的，应当由公安机关给予行政处罚。

240.3 处罚标准

根据《民用爆炸物品安全管理条例》第47条第4项规定，民用爆炸物品运输车辆未按规定悬挂、安装警示标志的，由公安机关责令改正，处5万元以上20万元以下的罚款。

241. 违反行驶、停靠规定运输民用爆炸物品

241.1 法律依据

《民用爆炸物品安全管理条例》第47条第5项。

241.2 违法情形

承运人经由道路运输民用爆炸物品，违反民用爆炸物品安全管理规定，未按照规定的路线行驶，途中经停没有专人看守或者在许可以外的地点经停的，应当由公安机关给予行政处罚。

241.3 处罚标准

根据《民用爆炸物品安全管理条例》第47条第5项规定，违反行驶、停靠规定运输民用爆炸物品的，由公安机关责令改正，处5万元以上20万元以下的罚款。

242. 装载民用爆炸物品的车厢载人

242.1 法律依据

《民用爆炸物品安全管理条例》第47条第6项。

242.2 违法情形

承运人经由道路运输民用爆炸物品，违反民用爆炸物品安全管理规定，装载民用爆炸物品的车厢载人的，应当由公安机关给予行政处罚。

242.3 处罚标准

根据《民用爆炸物品安全管理条例》第47条第6项规定，装载民用爆炸物品的车厢载人的，由公安机关责令改正，处5万元以上20万元以下的罚款。

243. 运输民用爆炸物品发生危险未处置、不报告

243.1 法律依据

《民用爆炸物品安全管理条例》第47条第7项。

243.2　违法情形

承运人经由道路运输民用爆炸物品，出现危险情况未立即采取必要的应急处置措施或者未立即报告当地公安机关的，应当由公安机关给予行政处罚。

243.3　处罚标准

根据《民用爆炸物品安全管理条例》第47条第7项规定，运输民用爆炸物品发生危险未处置、不报告的，由公安机关责令改正，处5万元以上20万元以下的罚款。

244. 未按资质等级从事爆破作业

244.1　法律依据

《民用爆炸物品安全管理条例》第48条第1款第1项。

244.2　违法情形

从事爆破作业的单位违反民用爆炸物品安全管理规定，未按照其资质等级从事爆破作业的，应当由公安机关给予行政处罚。

爆破作业单位应当按照其资质等级承接爆破作业项目，爆破作业人员应当按照其资格等级从事爆破作业，以避免在爆破作业中发生安全事故。爆破作业的分级管理办法由国务院公安部门规定。

244.3　处罚标准

根据《民用爆炸物品安全管理条例》第48条第1款第1项规定，未按资质等级从事爆破作业的，由公安机关责令停止违法行为或者限期改正，处10万元以上50万元以下的罚款；逾期不改正的，责令停产停业整顿；情节严重的，吊销《爆破作业单位许可证》。

245. 营业性爆破作业单位跨区域作业未报告

245.1　法律依据

《民用爆炸物品安全管理条例》第48条第1款第2项。

245.2　违法情形

营业性爆破作业单位违反民用爆炸物品安全管理规定，跨省、自治区、直辖市行政区域实施爆破作业，未按照规定事先向爆破作业所在地的县级人民政府公安机关报告的，应当由公安机关给予行政处罚。

爆破作业单位跨省、自治区、直辖市行政区域从事爆破作业的，会涉及爆炸物品转移等问题。为有效防止发生安全事故，所以，要求营业性爆破应当事先将爆破作业项目的有关情况向爆破作业所在地县级人民政府公安机关报告。

245.3　处罚标准

根据《民用爆炸物品安全管理条例》第48条第1款第2项规定，营业性爆破作业单位跨区域作业未报告的，由公安机关责令停止违法行为或者限期改正，处10万元以上50万元以下的罚款；逾期不改正的，责令停产停业整顿；情节严重的，吊销《爆破作业单位许可证》。

246. 违反标准实施爆破作业

246.1　法律依据

《民用爆炸物品安全管理条例》第48条第1款第4项。

246.2　违法情形

从事爆破作业的单位和个人违反国家有关标准和规范，实施爆破作业的，应当由公安机关给予行政处罚。

应当注意，对爆破作业人员违反国家有关标准和规范的规定实施爆破作业，情节严重，依法应当吊销爆破作业人员许可证的，违法行为名称表述为“违反标准实施爆破作业”，法律依据适用《民用爆炸物品安全管理条例》第48条第1款第4项和第2款。

246.3 处罚标准

根据《民用爆炸物品安全管理条例》第48条第1款第4项规定，违反标准实施爆破作业的单位，由公安机关责令停止违法行为或者限期改正，处10万元以上50万元以下的罚款；逾期不改正的，责令停产停业整顿；情节严重的，吊销《爆破作业单位许可证》。爆破作业人员违反国家有关标准和规范的规定实施爆破作业的，由公安机关责令限期改正，情节严重的，吊销《爆破作业人员许可证》。

247. 未按规定设置民用爆炸物品专用仓库技术防范设施

247.1 法律依据

《民用爆炸物品安全管理条例》第49条第1项。

247.2 违法情形

民用爆炸物品储存单位违反民用爆炸物品安全管理规定，未在专用仓库设置技术防范设施的，应当由公安机关给予行政处罚。

应当注意，对《民用爆炸物品安全管理条例》第49条第3项、第4项规定的超量储存、在非专用仓库储存或者违反储存标准和规范储存民用爆炸物品以及其他违反规定储存民用爆炸物品的，违法行为名称及法律适用规范按照公安部《违反公安行政管理行为的名称及其适用意见》第53条的规定执行。

247.3 处罚标准

根据《民用爆炸物品安全管理条例》第49条第1项规定，未按规定设置民用爆炸物品专用仓库技术防范设施的，由民用爆炸物品行业主管部门、公安机关按照职责责令限期改正，可以并处5万元以上20万元以下的罚款；逾期不改正的，责令停产停业整顿；情节严重的，吊销许可证。

248. 违反制度致使民用爆炸物品丢失、被盗、被抢

248.1 法律依据

《民用爆炸物品安全管理条例》第50条第1项。

248.2 违法情形

民用爆炸物品从业单位违反安全管理制度，致使民用爆炸物品丢失、被盗、被抢的，应当由公安机关给予行政处罚。

应当注意，对《民用爆炸物品安全管理条例》第50条第2项规定的民用爆炸物品丢失、被盗、被抢不报的，违法行为名称及法律适用规范按照公安部《违反公安行政管理行为的名称及其适用意见》第54条的规定执行。

248.3 处罚标准

根据《民用爆炸物品安全管理条例》第50条第1项规定，违反制度致使民用爆炸物品丢失、被盗、被抢的，由公安机关处2万元以上10万元以下的罚款；情节严重的，吊销其许可证；有违反治安管理行为的，依法给予治安管理处罚。

249. 非法转让、出借、转借、抵押、赠送民用爆炸物品

249.1 法律依据

《民用爆炸物品安全管理条例》第50条第3项。

249.2 违法情形

民用爆炸物品从业单位违反民用爆炸物品安全管理规定，非法转让、出借、转借、抵押、赠送民用爆炸物品的，应当由公安机关给予行政处罚。

应当注意，对《民用爆炸物品安全管理条例》第51条规定的携带民用爆炸物品搭乘公共交通工具或者进入公共场所，邮寄或者在托运的货物、行李、包裹、邮件中夹带民用爆炸物品，尚不构成犯罪的，违法行为名称及法律适用规范按照公安部《违反公安行政管理行为的名称及其适用意见》第53条的规定执行。

249.3 处罚标准

根据《民用爆炸物品安全管理条例》第50条第3项规定，非法转让、出借、转借、抵押、赠送民用爆炸物品的，由公安机关处2万元以上10万元以下的罚款；情节严重的，吊销其许可证；有违反治安管理行为的，依法给予治安管理处罚。

250. 未履行民用爆炸物品安全管理责任

250.1 法律依据

《民用爆炸物品安全管理条例》第52条。

250.2 违法情形

民用爆炸物品从业单位的主要负责人未履行《民用爆炸物品安全管理条例》规定的安全管理责任，导致发生重大伤亡事故或者造成其他严重后果，尚不构成犯罪的，应当由公安机关给予行政处罚。

民用爆炸物品生产、销售、购买、运输和爆破作业单位的主要负责人是本单位民用爆炸物品安全管理责任人，对本单位的民用爆炸物品安全管理工作全面负责。

250.3 处罚标准

根据《民用爆炸物品安全管理条例》第52条规定，未履行民用爆炸物品安全管理责任，构成犯罪的，依法追究刑事责任；尚不构成犯罪的，对主要负责人给予撤职处分，对个人经营的投资人处2万元以上20万元以下的罚款。

十九、烟花爆竹安全管理条例

251. 违反许可事项经道路运输烟花爆竹

251.1 法律依据

《烟花爆竹安全管理条例》第40条第1项。

251.2 违法情形

烟花爆竹运输企业，违反公安部门核发的《烟花爆竹道路运输许可证》所规定的运输许可事项，经由道路运输烟花爆竹的，应当由公安机关给予行政处罚。

应当注意，对《烟花爆竹安全管理条例》第36条第2款规定的未经许可经道路运输烟花爆竹的，违法行为名称和法律适用规范按照公安部《违反公安行政管理行为的名称及其适用意见》第53条的规定执行。对《烟花爆竹安全管理条例》第39条规定的生产、经营、使用黑火药、烟火药、引火线的企业，丢失黑火药、烟火药、引火线未及时报告的，违法行为名称及法律适用规范按照公安部《违反公安行政管理行为的名称及其适用意见》第54条的规定执行。

对《烟花爆竹安全管理条例》第41条规定的携带烟花爆竹搭乘公共交通工具，或者邮寄烟花爆竹以及在托运的行李、包裹、邮件中夹带烟花爆竹的，违法行为名称及法律适用规范按照公安部《违反公安行政管理行为的名称及其适用意见》第53条的规定执行。

251.3 处罚标准

根据《烟花爆竹安全管理条例》第40

条第1项规定，违反许可事项经道路运输烟花爆竹的，由公安部门责令改正，处200元以上2000元以下的罚款。

252. 未携带许可证经道路运输烟花爆竹

252.1 法律依据

《烟花爆竹安全管理条例》第40条第2项。

252.2 违法情形

烟花爆竹运输企业，经由道路运输烟花爆竹，未随车携带《烟花爆竹道路运输许可证》的，应当由公安机关给予行政处罚。

252.3 处罚标准

根据《烟花爆竹安全管理条例》第40条第2项规定，未携带许可证经道路运输烟花爆竹的，由公安部门责令改正，处200元以上2000元以下的罚款。

253. 烟花爆竹道路运输车辆未按规定悬挂、安装警示标志

253.1 法律依据

《烟花爆竹安全管理条例》第40条第3项。

253.2 违法情形

烟花爆竹运输车辆，经由道路运输烟花爆竹，没有悬挂或者安装符合国家标准的易燃易爆危险物品警示标志的，应当由公安机关给予行政处罚。

253.3 处罚标准

根据《烟花爆竹安全管理条例》第40条第3项规定，烟花爆竹道路运输车辆未按规定悬挂、安装警示标志的，由公安部门责令改正，处200元以上2000元以下的罚款。

254. 未按规定装载烟花爆竹

254.1 法律依据

《烟花爆竹安全管理条例》第40条第4项。

254.2 违法情形

烟花爆竹运输车辆违反烟花爆竹安全管理规定，不按照国家有关标准和规范装载烟花爆竹的，应当由公安机关给予行政处罚。

254.3 处罚标准

根据《烟花爆竹安全管理条例》第40条第4项规定，未按规定装载烟花爆竹的，由公安部门责令改正，处200元以上2000元以下的罚款。

255. 装载烟花爆竹的车厢载人

255.1 法律依据

《烟花爆竹安全管理条例》第40条第5项。

255.2 违法情形

烟花爆竹运输车辆违反烟花爆竹安全管理规定，在装载烟花爆竹的车厢内载人的，应当由公安机关给予行政处罚。

255.3 处罚标准

根据《烟花爆竹安全管理条例》第40条第5项规定，装载烟花爆竹的车厢载人的，由公安部门责令改正，处200元以上2000元以下的罚款。

256. 烟花爆竹运输车辆超速行驶

256.1 法律依据

《烟花爆竹安全管理条例》第40条第6项。

256.2 违法情形

烟花爆竹运输车辆违反烟花爆竹安全管理规定，超过危险物品运输车辆规定时速行驶的，应当由公安机关给予行政处罚。

256.3 处罚标准

根据《烟花爆竹安全管理条例》第40条第6项规定，烟花爆竹运输车辆超速行驶的，由公安部门责令改正，处200元以

上2000元以下的罚款。

257. 烟花爆竹运输车辆经停无人看守

257.1　法律依据

《烟花爆竹安全管理条例》第40条第7项。

257.2　违法情形

烟花爆竹运输车辆违反烟花爆竹安全管理规定，运输途中经停没有专人看守的，应当由公安机关给予行政处罚。

257.3　处罚标准

根据《烟花爆竹安全管理条例》第40条第7项规定，烟花爆竹运输车辆经停无人看守的，由公安部门责令改正，处200元以上2000元以下的罚款。

258. 未按规定核销烟花爆竹道路运输许可证

258.1　法律依据

《烟花爆竹安全管理条例》第40条第8项。

258.2　违法情形

烟花爆竹运输车辆运达目的地后，未按规定时间将《烟花爆竹道路运输许可证》交回发证机关核销的，应当由公安机关给予行政处罚。

258.3　处罚标准

根据《烟花爆竹安全管理条例》第40条第8项规定，未按规定核销烟花爆竹道路运输许可证的，由公安部门责令改正，处200元以上2000元以下的罚款。

259. 非法举办大型焰火燃放活动

259.1　法律依据

《烟花爆竹安全管理条例》第42条第1款。

259.2　违法情形

违反烟花爆竹安全管理规定，未经许可举办焰火晚会以及其他大型焰火燃放活动，不构成犯罪的，应当由公安机关给予行政处罚。

非法举办大型焰火燃放活动，发生重大伤亡事故或者造成其他严重后果的，依照《刑法》第135条之一以大型群众性活动重大安全事故罪追究刑事责任。

259.3　处罚标准

根据《烟花爆竹安全管理条例》第42条第1款规定，非法举办大型焰火燃放活动，不构成犯罪的，由公安部门责令停止燃放，对责任单位处1万元以上5万元以下的罚款。

260. 违规从事燃放作业

260.1　法律依据

《烟花爆竹安全管理条例》第42条第1款。

260.2　违法情形

焰火晚会以及其他大型焰火燃放活动燃放作业单位和作业人员违反焰火燃放安全规程、燃放作业方案进行燃放作业的，应当由公安机关给予行政处罚。

260.3　处罚标准

根据《烟花爆竹安全管理条例》第42条第1款规定，非法举办大型焰火燃放活动，不构成犯罪的，由公安部门责令停止燃放，对责任单位处1万元以上5万元以下的罚款。

261. 违规燃放烟花爆竹

261.1　法律依据

《烟花爆竹安全管理条例》第42条第2款。

261.2　违法情形

在禁止燃放烟花爆竹的时间、地点燃放烟花爆竹，或者以危害公共安全和人身、财产安全的方式燃放烟花爆竹的，应当由公安机关给予行政处罚。

261.3 处罚标准

根据《烟花爆竹安全管理条例》第42条第2款规定，违规燃放烟花爆竹的，由公安部门责令停止燃放，处100元以上500元以下的罚款；构成违反治安管理行为的，依法给予治安管理处罚。

二十、危险化学品安全管理条例

262. 剧毒化学品、易制爆危险化学品专用仓库未按规定设置技术防范设施

262.1 法律依据

《危险化学品安全管理条例》第78条。

262.2 违法情形

储存剧毒化学品、易制爆危险化学品的专用仓库，未按照国家有关规定设置相应的技术防范设施的，应当由公安机关给予行政处罚。

262.3 处罚标准

根据《危险化学品安全管理条例》第78条第2款规定，剧毒化学品、易制爆危险化学品专用仓库未按规定设置技术防范设施的，由公安机关处5万元以下的罚款；拒不改正的，处5万元以上10万元以下的罚款；情节严重的，责令停产停业整顿。

263. 未如实记录剧毒化学品、易制爆危险化学品数量、流向

263.1 法律依据

《危险化学品安全管理条例》第81条第1款第1项。

263.2 违法情形

生产、储存、使用剧毒化学品、易制爆危险化学品的单位，不如实记录生产、储存、使用的剧毒化学品、易制爆危险化学品的数量、流向的，应当由公安机关给予行政处罚。

应当注意，对《危险化学品安全管理条例》第81条第1款第2项规定的发现剧毒化学品、易制爆危险化学品丢失或者被盗，不立即向公安机关报告的，违法行为名称及法律适用规范按照公安部《违反公安行政管理行为的名称及其适用意见》第54条的规定执行。

263.3 处罚标准

根据《危险化学品安全管理条例》第81条第1款第1项规定，未如实记录剧毒化学品、易制爆危险化学品数量、流向的，由公安机关责令改正，可以处1万元以下的罚款；拒不改正的，处1万元以上5万元以下的罚款。

264. 储存剧毒化学品未备案

264.1 法律依据

《危险化学品安全管理条例》第81条第1款第3项。

264.2 违法情形

储存剧毒化学品的单位未将剧毒化学品的储存数量、储存地点以及管理人员的情况报所在地县级人民政府公安机关备案的，应当由公安机关给予行政处罚。

264.3 处罚标准

根据《危险化学品安全管理条例》第81条第1款第3项规定，储存剧毒化学品未备案的，由公安机关责令改正，可以处1万元以下的罚款；拒不改正的，处1万元以上5万元以下的罚款。

265. 未如实记录剧毒化学品、易制爆危险化学品购买信息

265.1 法律依据

《危险化学品安全管理条例》第81条

第1款第4项和《剧毒化学品购买和公路运输许可证件管理办法》第23条第2款。

265.2 违法情形

危险化学品生产企业、经营企业不如实记录剧毒化学品、易制爆危险化学品购买单位的名称、地址、经办人的姓名、身份证号码以及所购买的剧毒化学品、易制爆危险化学品的品种、数量、用途的，应当由公安机关给予行政处罚。

265.3 处罚标准

根据《危险化学品安全管理条例》第81条第1款第4项规定，未如实记录剧毒化学品、易制爆危险化学品购买信息的，由公安机关责令改正，可以处1万元以下的罚款；拒不改正的，处1万元以上5万元以下的罚款。

266. 未按规定期限保存剧毒化学品、易制爆危险化学品销售记录、材料

266.1 法律依据

《危险化学品安全管理条例》第81条第1款第4项。

266.2 违法情形

危险化学品生产企业、经营企业，未按规定期限保存剧毒化学品、易制爆危险化学品销售记录、购买信息和相关材料的，应当由公安机关给予行政处罚。

所谓未按规定期限保存，是指保存销售记录和相关材料的时间少于1年的情形。

266.3 处罚标准

根据《危险化学品安全管理条例》第81条第1款第4项规定，未按规定期限保存剧毒化学品、易制爆危险化学品销售记录、材料的，由公安机关责令改正，可以处1万元以下的罚款；拒不改正的，处1万元以上5万元以下的罚款。

267. 未按规定期限备案剧毒化学品、易制爆危险化学品销售、购买信息

267.1 法律依据

《危险化学品安全管理条例》第81条第1款第5项。

267.2 违法情形

剧毒化学品、易制爆危险化学品的销售企业、购买单位未在规定的时限内将所销售、购买的剧毒化学品、易制爆危险化学品的品种、数量以及流向信息报所在地县级人民政府公安机关备案的，应当由公安机关给予行政处罚。

267.3 处罚标准

根据《危险化学品安全管理条例》第81条第1款第5项规定，未按规定期限备案剧毒化学品、易制爆危险化学品销售、购买信息的，由公安机关责令改正，可以处1万元以下的罚款；拒不改正的，处1万元以上5万元以下的罚款。

268. 转让剧毒化学品、易制爆危险化学品不报

268.1 法律依据

《危险化学品安全管理条例》第81条第1款第6项。

268.2 违法情形

使用剧毒化学品、易制爆危险化学品的单位依照《危险化学品安全管理条例》规定转让其购买的剧毒化学品、易制爆危险化学品，未将有关情况向所在地县级人民政府公安机关报告的，应当由公安机关给予行政处罚。

268.3 处罚标准

根据《危险化学品安全管理条例》第81条第1款第6项规定，转让剧毒化学品、易制爆危险化学品不报的，由公安机关责

令改正，可以处1万元以下的罚款；拒不改正的，处1万元以上5万元以下的罚款。

269. 转产、停产、停业、解散未备案处置方案

269.1 法律依据

《危险化学品安全管理条例》第82条第2款。

269.2 违法情形

生产、储存、使用危险化学品的单位转产、停产、停业或者解散，未依照《危险化学品安全管理条例》规定，将其危险化学品生产装置、储存设施以及库存危险化学品的处置方案报有关部门备案的，应当由公安机关给予行政处罚。

269.3 处罚标准

根据《危险化学品安全管理条例》第82条第2款规定，转产、停产、停业、解散未备案处置方案，公安机关可以责令改正，可以处1万元以下的罚款；拒不改正的，处1万元以上5万元以下的罚款。

270. 单位未经许可购买剧毒化学品、易制爆危险化学品

270.1 法律依据

《危险化学品安全管理条例》第84条第2款。

270.2 违法情形

没有危险化学品安全生产许可证、危险化学品安全使用许可证、危险化学品经营许可证、民用爆炸物品生产许可证的企业以及其他没有取得剧毒化学品购买许可证的单位，购买剧毒化学品、易制爆危险化学品的，应当由公安机关给予行政处罚。

《危险化学品安全管理条例》第38条规定，依法取得危险化学品安全生产许可证、危险化学品安全使用许可证、危险化学品经营许可证的企业，凭相应的许可证件购买剧毒化学品、易制爆危险化学品。民用爆炸物品生产企业凭民用爆炸物品生产许可证购买易制爆危险化学品。前款规定以外的单位购买剧毒化学品的，应当向所在地县级人民政府公安机关申请取得剧毒化学品购买许可证；购买易制爆危险化学品的，应当持本单位出具的合法用途说明。

270.3 处罚标准

根据《危险化学品安全管理条例》第84条第2款规定，单位未经许可购买剧毒化学品、易制爆危险化学品的，由公安机关没收所购买的剧毒化学品、易制爆危险化学品，可以并处5000元以下的罚款。

271. 个人非法购买剧毒化学品、易制爆危险化学品

271.1 法律依据

《危险化学品安全管理条例》第84条第2款。

271.2 违法情形

个人非法购买剧毒化学品（属于剧毒化学品的农药除外）、易制爆危险化学品的，应当由公安机关给予行政处罚。

271.3 处罚标准

根据《危险化学品安全管理条例》第84条第2款规定，个人非法购买剧毒化学品、易制爆危险化学品的，由公安机关没收所购买的剧毒化学品、易制爆危险化学品，可以并处5000元以下的罚款。

272. 单位非法出借、转让剧毒化学品、易制爆危险化学品

272.1 法律依据

《危险化学品安全管理条例》第84条第3款。

272.2　违法情形

使用剧毒化学品、易制爆危险化学品的单位出借或者向不具有《危险化学品安全管理条例》第38条第1款、第2款规定的相关许可证件的单位，转让其购买的剧毒化学品、易制爆危险化学品，或者向个人转让其购买的剧毒化学品（属于剧毒化学品的农药除外）、易制爆危险化学品的，应当由公安机关给予行政处罚。

272.3　处罚标准

根据《危险化学品安全管理条例》第84条第3款规定，单位非法出借、转让剧毒化学品、易制爆危险化学品的，由公安机关责令改正，处10万元以上20万元以下的罚款；拒不改正的，责令停产停业整顿。

273. 违反核定载质量运输危险化学品

273.1　法律依据

《危险化学品安全管理条例》第88条第1项。

273.2　违法情形

从事危险化学品运输的单位，超过运输车辆核定载质量装载危险化学品，尚不构成犯罪的，应当由公安机关给予行政处罚。

273.3　处罚标准

根据《危险化学品安全管理条例》第88条第1项规定，违反核定载质量运输危险化学品的，由公安机关责令改正，处5万元以上10万元以下的罚款；构成违反治安管理行为的，依法给予治安管理处罚；构成犯罪的，依法追究刑事责任。

274. 使用不符合安全标准车辆运输危险化学品

274.1　法律依据

《危险化学品安全管理条例》第88条第2项。

274.2　违法情形

从事危险化学品运输的单位，使用安全技术条件不符合国家标准要求的车辆运输危险化学品，尚不构成犯罪的，应当由公安机关给予行政处罚。

274.3　处罚标准

根据《危险化学品安全管理条例》第88条第2项规定，使用不符合安全标准车辆运输危险化学品的，由公安机关责令改正，处5万元以上10万元以下的罚款；构成违反治安管理行为的，依法给予治安管理处罚；构成犯罪的，依法追究刑事责任。

275. 道路运输危险化学品擅自进入限制通行区域

275.1　法律依据

《危险化学品安全管理条例》第88条第3项。

275.2　违法情形

运输危险化学品的车辆未经公安机关批准进入危险化学品运输车辆限制通行的区域，尚不构成犯罪的，应当由公安机关给予行政处罚。

应当注意，对《危险化学品安全管理条例》第88条第4项规定的未取得剧毒化学品道路运输通行证，通过道路运输剧毒化学品的，违法行为名称及法律适用规范按照公安部《违反公安行政管理行为的名称及其适用意见》第53条的规定执行（非法运输危险物质［剧毒化学品］）。

275.3　处罚标准

根据《危险化学品安全管理条例》第88条第3项规定，道路运输危险化学品擅自进入限制通行区域的，由公安机关责令改正，处5万元以上10万元以下的罚款；

构成违反治安管理行为的，依法给予治安管理处罚；构成犯罪的，依法追究刑事责任。

276. 未按规定悬挂、喷涂危险化学品警示标志

276.1 法律依据

《危险化学品安全管理条例》第89条第1项。

276.2 违法情形

危险化学品运输车辆未悬挂或者喷涂警示标志，或者悬挂或者喷涂的警示标志不符合国家标准要求的，应当由公安机关给予行政处罚。

276.3 处罚标准

根据《危险化学品安全管理条例》第89条第1项规定，未按规定悬挂、喷涂危险化学品警示标志的，由公安机关责令改正，处1万元以上5万元以下的罚款；构成违反治安管理行为的，依法给予治安管理处罚。

277. 不配备危险化学品押运人员

277.1 法律依据

《危险化学品安全管理条例》第89条第2项。

277.2 违法情形

运输危险化学品的单位通过道路运输危险化学品，不配备押运人员的，应当由公安机关给予行政处罚。

277.3 处罚标准

根据《危险化学品安全管理条例》第89条第2项规定，不配备危险化学品押运人员的，由公安机关责令改正，处1万元以上5万元以下的罚款；构成违反治安管理行为的，依法给予治安管理处罚。

278. 道路运输剧毒化学品、易制爆危险化学品长时间停车不报

278.1 法律依据

《危险化学品安全管理条例》第89条第3项。

278.2 违法情形

运输剧毒化学品或者易制爆危险化学品途中需要较长时间停车，驾驶人员、押运人员不向当地公安机关报告的，应当由公安机关给予行政处罚。

278.3 处罚标准

根据《危险化学品安全管理条例》第89条第3项规定，道路运输剧毒化学品、易制爆危险化学品长时间停车不报的，由公安机关责令改正，处1万元以上5万元以下的罚款；构成违反治安管理行为的，依法给予治安管理处罚。

279. 剧毒化学品、易制爆危险化学品运输途中丢失、被盗、被抢、流散、泄露未采取有效警示和安全措施

279.1 法律依据

《危险化学品安全管理条例》第89条第4项。

279.2 违法情形

剧毒化学品、易制爆危险化学品在道路运输途中丢失、被盗、被抢或者发生流散、泄露等情况，驾驶人员、押运人员不采取必要的警示措施和安全措施的，应当由公安机关给予行政处罚。

279.3 处罚标准

根据《危险化学品安全管理条例》第89条第4项规定，剧毒化学品、易制爆危险化学品运输途中丢失、被盗、被抢、流散、泄露未采取有效警示和安全措施的，由公安机关责令改正，处1万元以上5万元

以下的罚款；构成违反治安管理行为的，依法给予治安管理处罚。

280. 剧毒化学品、易制爆危险化学品运输途中流散、泄露不报

280.1　法律依据

《危险化学品安全管理条例》第89条第4项。

280.2　违法情形

剧毒化学品、易制爆危险化学品运输途中流散、泄露，不向当地公安机关报告的，应当由公安机关给予行政处罚。

280.3　处罚标准

根据《危险化学品安全管理条例》第89条第4项规定，剧毒化学品、易制爆危险化学品运输途中流散、泄露不报的，由公安机关责令改正，处1万元以上5万元以下的罚款；构成违反治安管理行为的，依法给予治安管理处罚。

281. 伪造、变造、出租、出借、转让剧毒化学品许可证件

281.1　法律依据

《危险化学品安全管理条例》第93条第2款。

281.2　违法情形

伪造、变造或者出租、出借、转让《危险化学品安全管理条例》第93条第1款规定之外的其他许可证，尚不构成犯罪的，应当由公安机关给予行政处罚。

281.3　处罚标准

根据《危险化学品安全管理条例》第93条第2款规定，伪造、变造、出租、出借、转让第1款规定之外的其他剧毒化学品许可证件的，分别由相关许可证的颁发管理机关处10万元以上20万元以下的罚款，有违法所得的，没收违法所得；构成违反治安管理行为的，由公安机关依法给予治安管理处罚；构成犯罪的，依法追究刑事责任。

282. 使用伪造、变造的剧毒化学品许可证件

282.1　法律依据

《危险化学品安全管理条例》第93条第2款。

282.2　违法情形

使用伪造、变造的《危险化学品安全管理条例》第93条第1款规定之外的其他许可证，尚不构成犯罪的，应当由公安机关给予行政处罚。

282.3　处罚标准

根据《危险化学品安全管理条例》第93条第2款规定，使用伪造、变造的第1款规定之外的其他剧毒化学品许可证件的，分别由相关许可证的颁发管理机关处10万元以上20万元以下的罚款，有违法所得的，没收违法所得；构成违反治安管理行为的，由公安机关依法给予治安管理处罚；构成犯罪的，依法追究刑事责任。

应当注意，《危险化学品安全管理条例》第93条第2款与《中华人民共和国治安管理处罚法》第52条第1项、第2项竞合。对单位伪造、变造剧毒化学品许可证件或者使用伪造、变造的剧毒化学品许可证件的，法律依据适用《危险化学品安全管理条例》第93条第2款，对其直接负责的主管人员和其他直接责任人员处罚的，法律依据适用《中华人民共和国治安管理处罚法》第52条第1项、第2项。对个人伪造、变造剧毒化学品许可证件或者使用伪造、变造的剧毒化学品许可证件的，法律依据适用《中华人民共和国治安管理处

罚法》第18条和第52条第1项、第2项。

二十一、剧毒化学品购买和公路运输许可证件管理办法

283. 非法获取剧毒化学品购买、公路运输许可证件

283.1　法律依据

《剧毒化学品购买和公路运输许可证件管理办法》第21条第1款。

283.2　违法情形

行为人提供虚假证明文件、采取其他欺骗手段或者贿赂等不正当手段，取得《剧毒化学品购买凭证》《剧毒化学品准购证》《剧毒化学品公路运输通行证》的，应当由公安机关给予行政处罚。

283.3　处罚标准

根据《剧毒化学品购买和公路运输许可证件管理办法》第21条第1款规定，非法获取剧毒化学品购买、公路运输许可证件，由发证的公安机关依法撤销许可证件，处以1000元以上1万元以下罚款。

284. 未按规定更正剧毒化学品购买许可证件回执填写错误

284.1　法律依据

《剧毒化学品购买和公路运输许可证件管理办法》第23条第1款。

284.2　违法情形

剧毒化学品销售单位在填写《剧毒化学品购买凭证》或者《剧毒化学品准购证》回执第一联、第二联时填写错误，未按规定在涂改处加盖销售单位印章予以确认的，应当由公安机关给予行政处罚。

284.3　处罚标准

根据《剧毒化学品购买和公路运输许可证件管理办法》第23条第1款规定，未按规定更正剧毒化学品购买许可证件回执填写错误的，由公安机关责令改正，处以500元以上1000元以下罚款。

285. 未携带许可证经公路运输剧毒化学品

285.1　法律依据

《剧毒化学品购买和公路运输许可证件管理办法》第24条第1款。

285.2　违法情形

违反规定，通过公路运输剧毒化学品未随车携带《剧毒化学品公路运输通行证》的，应当由公安机关给予行政处罚。

285.3　处罚标准

根据《剧毒化学品购买和公路运输许可证件管理办法》第24条第1款规定，未携带许可证经公路运输剧毒化学品的，处以500元以上1000元以下罚款。

286. 违反许可事项经公路运输剧毒化学品

286.1　法律依据

《剧毒化学品购买和公路运输许可证件管理办法》第24条第2款。

286.2　违法情形

违反公安部门核发的《剧毒化学品公路运输通行证》核准载明的运输车辆、驾驶人、押运人员、装载数量、有效期限、指定的路线、时间和速度运输剧毒化学品，尚未造成严重后果，不构成犯罪的，应当由公安机关给予行政处罚。

286.3　处罚标准

根据《剧毒化学品购买和公路运输许可证件管理办法》第24条第2款规定，违反许可事项经公路运输剧毒化学品的，由公安机关对单位处以1000元以上1万元以下罚款，对直接责任人员依法给予治安处

罚；构成犯罪的，依法追究刑事责任。

应当注意，对违反许可事项通过公路运输剧毒化学品，尚未造成严重后果的，对单位处罚的法律依据适用《剧毒化学品购买和公路运输许可证件管理办法》第24条第2款，对其直接负责的主管人员和其他直接责任人员处罚的，法律依据适用《中华人民共和国治安管理处罚法》第18条和第30条。

287. 未按规定缴交剧毒化学品购买证件回执

287.1　法律依据

《剧毒化学品购买和公路运输许可证件管理办法》第25条第1项。

287.2　违法情形

剧毒化学品购买、使用、销售单位，除不可抗力外，未在规定时限内将《剧毒化学品购买凭证》《剧毒化学品准购证》的回执交原发证公安机关或者销售单位所在地县级人民政府公安机关核查存档的，应当由公安机关给予行政处罚。

287.3　处罚标准

根据《剧毒化学品购买和公路运输许可证件管理办法》第25条第1项规定，未按规定缴交剧毒化学品购买证件回执的，由原发证公安机关责令改正，处以500元以上1000元以下罚款。

288. 未按规定缴交剧毒化学品公路运输通行证件

288.1　法律依据

《剧毒化学品购买和公路运输许可证件管理办法》第25条第2项。

288.2　违法情形

剧毒化学品运输车辆运达目的地后，除不可抗力外，未在规定时限内将《剧毒化学品公路运输通行证》交目的地县级人民政府公安机关备案存查的，应当由公安机关给予行政处罚。

288.3　处罚标准

根据《剧毒化学品购买和公路运输许可证件管理办法》第25条第2项规定，未按规定缴交剧毒化学品公路运输通行证件的，由原发证公安机关责令改正，处以500元以上1000元以下罚款。

289. 未按规定缴交已使用剧毒化学品购买凭证、凭证存根

289.1　法律依据

《剧毒化学品购买和公路运输许可证件管理办法》第25条第3项。

289.2　违法情形

购买、使用剧毒化学品的单位，未按规定将因故不再需要使用的《剧毒化学品购买凭证》或者已经使用的《剧毒化学品购买凭证》的存根交回原发证公安机关核查存档的，应当由公安机关给予行政处罚。

289.3　处罚标准

根据《剧毒化学品购买和公路运输许可证件管理办法》第25条第3项规定，未按规定缴交剧毒化学品购买凭证、凭证存根的，由原发证公安机关责令改正，处以500元以上1000元以下罚款。

290. 未按规定作废、缴交填写错误的剧毒化学品购买凭证

290.1　法律依据

《剧毒化学品购买和公路运输许可证件管理办法》第25条第4项。

290.2　违法情形

剧毒化学品购买、使用的单位，在填写《剧毒化学品购买凭证》时发生错误，未按规定注明作废并保留交回原发证公安

机关核查存档的，应当由公安机关给予行政处罚。

290.3 处罚标准

根据《剧毒化学品购买和公路运输许可证件管理办法》第25条第4项规定，未按规定作废、缴交填写错误的剧毒化学品购买凭证的，由原发证公安机关责令改正，处以500元以上1000元以下罚款。

二十二、易制爆危险化学品治安管理办法

291. 未按规定建立易制爆危险化学品信息系统

291.1 法律依据

《易制爆危险化学品治安管理办法》第6条第1款和第36条。

291.2 违法情形

易制爆危险化学品从业单位未按规定建立易制爆危险化学品信息系统的，由公安机关给予行政处罚。

《易制爆危险化学品治安管理办法》第6条规定，易制爆危险化学品从业单位应当建立易制爆危险化学品信息系统，并实现与公安机关的信息系统互联互通。

291.3 处罚标准

根据《易制爆危险化学品治安管理办法》第36条规定，违反本办法第6条第1款规定的，由公安机关责令限期改正，可以处1万元以下罚款；逾期不改正的，处违法所得3倍以下且不超过3万元罚款，没有违法所得的，处1万元以下罚款。

292. 违规在互联网发布易制爆危险化学品信息

292.1 法律依据

《易制爆危险化学品治安管理办法》第23条、第24条和第42条。

292.2 违法情形

易制爆危险化学品从业单位和个人违规在互联网发布易制爆危险化学品信息的，由公安机关给予行政处罚。

《易制爆危险化学品治安管理办法》第23条规定，易制爆危险化学品从业单位不得在本单位网站以外的互联网应用服务中发布易制爆危险化学品信息及建立相关链接。禁止易制爆危险化学品从业单位以外的其他单位在互联网发布易制爆危险化学品信息及建立相关链接。

第24条规定，禁止个人在互联网上发布易制爆危险化学品生产、买卖、储存、使用信息。禁止任何单位和个人在互联网上发布利用易制爆危险化学品制造爆炸物品方法的信息。

292.3 处罚标准

根据《易制爆危险化学品治安管理办法》第42条规定，违反本办法第23条、第24条规定的，由公安机关责令改正，给予警告，对非经营活动处1000元以下罚款，对经营活动处违法所得3倍以下且不超过3万元罚款，没有违法所得的，处1万元以下罚款。

二十三、危险货物道路运输安全管理办法

293. 未携带许可证明经道路运输放射性物品

293.1 法律依据

《危险货物道路运输安全管理办法》第71条第4项。

293.2 违法情形

运输放射性物品未随车携带放射性物

品道路运输许可证明或者文件的，应当由公安机关给予行政处罚。

293.3　处罚标准

根据《危险货物道路运输安全管理办法》第71条第4项规定，未携带许可证明经道路运输放射性物品的，应当责令改正，有违法所得的，处违法所得3倍以下且不超过3万元的罚款；没有违法所得的，处1万元以下的罚款。

二十四、放射性物品运输安全管理条例

294. 放射性物品运输车辆违反行驶规定

294.1　法律依据

《放射性物品运输安全管理条例》第62条第2项。

294.2　违法情形

运输放射性物品的车辆违反放射性物品运输安全管理规定，未按照指定的时间、路线、速度，通过道路运输放射性物品，尚不构成犯罪的，应当由公安机关给予行政处罚。

294.3　处罚标准

根据《放射性物品运输安全管理条例》第62条第2项规定，放射性物品运输车辆违反行驶规定的，由公安机关责令限期改正，处2万元以上10万元以下的罚款；构成犯罪的，依法追究刑事责任。

295. 放射性物品运输车辆未悬挂警示标志

295.1　法律依据

《放射性物品运输安全管理条例》第62条第2项。

295.2　违法情形

运输放射性物品的车辆违反放射性物品运输安全管理规定，未悬挂警示标志，应当由公安机关给予行政处罚。

295.3　处罚标准

根据《放射性物品运输安全管理条例》第62条第2项规定，放射性物品运输车辆未悬挂警示标志的，由公安机关责令限期改正，处2万元以上10万元以下的罚款。

296. 道路运输放射性物品未配备押运人员

296.1　法律依据

《放射性物品运输安全管理条例》第62条第3项。

296.2　违法情形

违反放射性物品运输安全管理规定，通过道路运输放射性物品，未配备押运人员的，应当由公安机关给予行政处罚。

296.3　处罚标准

根据《放射性物品运输安全管理条例》第62条第3项规定，道路运输放射性物品未配备押运人员的，由公安机关责令限期改正，处2万元以上10万元以下的罚款。

297. 道路运输放射性物品脱离押运人员监管

297.1　法律依据

《放射性物品运输安全管理条例》第62条第3项。

297.2　违法情形

违反放射性物品运输安全管理规定，通过道路运输放射性物品，放射性物品脱离押运人员监管，尚不构成犯罪的，应当由公安机关给予行政处罚。

297.3　处罚标准

根据《放射性物品运输安全管理条例》第62条第3项规定，道路运输放射性物品脱离押运人员监管的，由公安机关责令限

期改正，处2万元以上10万元以下的罚款；构成犯罪的，依法追究刑事责任。

二十五、中华人民共和国民用航空安全保卫条例

298. 装载未采取安全措施的物品

298.1 法律依据

《中华人民共和国民用航空安全保卫条例》第24条第4项和第35条第1项。

298.2 违法情形

违反民用航空安全保卫规定，将未经安全检查或者采取其他安全措施的物品装入航空器的，应当由公安机关给予行政处罚。

298.3 处罚标准

根据《中华人民共和国民用航空安全保卫条例》第24条第4项和第35条第1项规定，装载未采取安全措施的物品的，由民航公安机关处以警告或者3000元以下的罚款。

299. 违法交运、捎带他人货物

299.1 法律依据

《中华人民共和国民用航空安全保卫条例》第24条第3项和第35条第2项。

299.2 违法情形

违反民用航空安全保卫规定，利用客票交运或者捎带非旅客本人的行李物品的，应当由公安机关给予行政处罚。

299.3 处罚标准

根据《中华人民共和国民用航空安全保卫条例》第24条第3项和第35条第2项规定，违法交运、捎带他人货物的，由民航公安机关处以警告、没收非法所得或者5000元以下罚款。

300. 托运人伪报品名托运

300.1 法律依据

《中华人民共和国民用航空安全保卫条例》第30条第2款和第35条第3项。

300.2 违法情形

货物托运人违反民用航空安全保卫规定，以非危险物品品名托运危险物品，尚不构成犯罪的，应当由公安机关给予行政处罚。

300.3 处罚标准

根据《中华人民共和国民用航空安全保卫条例》第30条第2款和第35条第3项规定，托运人伪报品名托运，尚未构成犯罪的，由民航公安机关处以5000元以下罚款、没收或者扣留非法携带的物品。

301. 托运人在托运货物中夹带危险物品

301.1 法律依据

《中华人民共和国民用航空安全保卫条例》第30条第2款和第35条第3项。

301.2 违法情形

货物托运人违反民用航空安全保卫规定，在托运的货物中夹带易燃易爆、易腐蚀、易污染、剧毒和放射性等危险物品，尚不构成犯罪的，应当由公安机关给予行政处罚。

301.3 处罚标准

根据《中华人民共和国民用航空安全保卫条例》第30条第2款和第35条第3项规定，托运人在托运货物中夹带危险物品，尚未构成犯罪的，由民航公安机关处以5000元以下罚款、没收或者扣留非法携带的物品。

302. 携带、交运禁运物品

302.1 法律依据

《中华人民共和国民用航空安全保卫条例》第32条和第35条第3项。

302.2 违法情形

违反民用航空安全保卫规定，随身携

带或者交运国家规定的禁运物品，尚不构成犯罪的，应当由公安机关给予行政处罚。

302.3 处罚标准

根据《中华人民共和国民用航空安全保卫条例》第32条和第35条第3项规定，携带、交运禁运物品，尚未构成犯罪的，由民航公安机关处以5000元以下罚款、没收或者扣留非法携带的物品。构成犯罪的，可以根据《刑法》第130条的规定，以非法携带危险物品危及公共安全罪追究刑事责任。

303. 违反警卫制度致使航空器失控

303.1 法律依据

《中华人民共和国民用航空安全保卫条例》第15条和第36条第1项。

303.2 违法情形

违反民用航空安全保卫规定，未设置专人警卫或者各有关部门及其工作人员未严格执行航空器警卫交接制度，致使停放在机场的民用航空器脱离警卫人员监控的，应当由公安机关给予行政处罚。

303.3 处罚标准

根据《中华人民共和国民用航空安全保卫条例》第15条和第36条第1项规定，违反警卫制度致使航空器失控的，民航公安机关可以对直接责任人员处以警告或者500元以下的罚款。

304. 违规出售客票

304.1 法律依据

《中华人民共和国民用航空安全保卫条例》第17条和第36条第2项。

304.2 违法情形

承运人及其代理人对不符合国务院民用航空主管部门的有关规定出售客票的，应当由公安机关给予行政处罚。

304.3 处罚标准

根据《中华人民共和国民用航空安全保卫条例》第17条和第36条第2项规定，违规出售客票的，民航公安机关可以对直接责任人员处以警告或者500元以下的罚款。

305. 承运时未核对乘机人和行李

305.1 法律依据

《中华人民共和国民用航空安全保卫条例》第18条和第36条第3项。

305.2 违法情形

承运人办理承运手续时，违反民用航空安全管理规定，未按照客票和行李票核对乘机人信息和行李物品的，应当由公安机关给予行政处罚。

305.3 处罚标准

根据《中华人民共和国民用航空安全保卫条例》第18条和第36条第3项规定，承运时未核对乘机人和行李的，民航公安机关可以对直接责任人员处以警告或者500元以下的罚款。

306. 承运人未核对登机旅客人数

306.1 法律依据

《中华人民共和国民用航空安全保卫条例》第19条第1款和第36条第4项。

306.2 违法情形

承运人违反民用航空安全管理规定，未按照客票出售数量核对旅客人数的，应当由公安机关给予行政处罚。

306.3 处罚标准

根据《中华人民共和国民用航空安全保卫条例》第19条第1款和第36条第4项规定，承运人未核对登机旅客人数的，民航公安机关可以对直接责任人员处以警告或者500元以下的罚款。

307. 将未登机人员的行李装入、滞留航空器内

307.1 法律依据

《中华人民共和国民用航空安全保卫条例》第19条第2款、第3款和第36条第4项。

307.2 违法情形

承运人违反民用航空安全管理规定，将已经办理登机手续而未登机的旅客的行李装入或者滞留在航空器内的，应当由公安机关给予行政处罚。

307.3 处罚标准

根据《中华人民共和国民用航空安全保卫条例》第19条第2款、第3款和第36条第4项规定，将未登机人员的行李装入、滞留航空器内的，民航公安机关可以对直接责任人员处以警告或者500元以下的罚款。

308. 承运人未全程监管承运物品

308.1 法律依据

《中华人民共和国民用航空安全保卫条例》第20条和第36条第5项。

308.2 违法情形

承运人违反民用航空安全管理规定，对承运的行李、货物，在地面存储和运输期间，未设置专人监管的，应当由公安机关给予行政处罚。

308.3 处罚标准

根据《中华人民共和国民用航空安全保卫条例》第20条和第36条第5项规定，承运人未全程监管承运物品的，民航公安机关可以对直接责任人员处以警告或者500元以下的罚款。

309. 配制、装载单位未对供应品采取安全措施

309.1 法律依据

《中华人民共和国民用航空安全保卫条例》第21条和第36条第5项。

309.2 违法情形

配制、装载航空器上供应品的单位，未按照国家有关规定对供应品采取安全措施的，应当由公安机关给予行政处罚。

309.3 处罚标准

根据《中华人民共和国民用航空安全保卫条例》第21条和第36条第5项规定，配制、装载单位未对供应品采取安全措施的，民航公安机关可以对直接责任人员处以警告或者500元以下的罚款。

310. 未对承运货物采取安全措施

310.1 法律依据

《中华人民共和国民用航空安全保卫条例》第30条第1款和第36条第5项。

310.2 违法情形

承运人违反民用航空安全管理规定，未对空运的货物进行安全检查或者采取其他安全措施的，应当由公安机关给予行政处罚。

310.3 处罚标准

根据《中华人民共和国民用航空安全保卫条例》第30条第1款和第36条第5项规定，未对承运货物采取安全措施的，民航公安机关可以对直接责任人员处以警告或者500元以下的罚款。

311. 未对航空邮件安检

311.1 法律依据

《中华人民共和国民用航空安全保卫条例》第31条和第36条第5项。

311.2 违法情形

承运人违反民用航空安全管理规定，未对航空邮件进行安全检查的，应当由公安机关给予行政处罚。

311.3 处罚标准

根据《中华人民共和国民用航空安全

保卫条例》第31条和第36条第5项规定，未对航空邮件安检的，民航公安机关可以对直接责任人员处以警告或者500元以下的罚款。

二十六、铁路安全管理条例

312. 毁坏铁路设施设备、防护设施

312.1 法律依据

《铁路安全管理条例》第51条和第95条。

312.2 违法情形

毁坏铁路线路、站台等设施设备和铁路路基、护坡、排水沟、防护林木、护坡草坪、铁路线路封闭网及其他铁路防护设施，尚不构成犯罪的，应当由公安机关给予行政处罚。

312.3 处罚标准

根据《铁路安全管理条例》第51条和第95条规定，毁坏铁路设施设备、防护设施，尚不构成犯罪的，由公安机关责令改正，对单位处1万元以上5万元以下的罚款，对个人处500元以上2000元以下的罚款。构成犯罪的，应当按照《刑法》以破坏交通设施罪追究刑事责任。

313. 危及铁路通信、信号设施安全

313.1 法律依据

《铁路安全管理条例》第52条和第95条。

313.2 违法情形

实施下列危及铁路通信、信号设施安全的行为之一，不构成犯罪的，应当由公安机关给予行政处罚：

（1）在埋有地下光（电）缆设施的地面上方进行钻探，堆放重物、垃圾，焚烧物品，倾倒腐蚀性物质；

（2）在地下光（电）缆两侧各1米的范围内建造、搭建建筑物、构筑物等设施；

（3）在地下光（电）缆两侧各1米的范围内挖砂、取土；

（4）在过河光（电）缆两侧各100米的范围内挖砂、抛锚或者进行其他危及光（电）缆安全的作业。

313.3 处罚标准

根据《铁路安全管理条例》第52条和第95条规定，危及铁路通信、信号设施安全，尚不构成犯罪的，由公安机关责令改正，对单位处1万元以上5万元以下的罚款，对个人处500元以上2000元以下的罚款。构成犯罪的，应当按照《刑法》以破坏交通设施罪追究刑事责任。

314. 危害电气化铁路设施

314.1 法律依据

《铁路安全管理条例》第53条和第95条。

314.2 违法情形

实施下列危害电气化铁路设施的行为之一，不构成犯罪的，应当由公安机关给予行政处罚：

（1）向电气化铁路接触网抛掷物品；

（2）在铁路电力线路导线两侧各500米的范围内升放风筝、气球等低空飘浮物体；

（3）攀登铁路电力线路杆塔或者在杆塔上架设、安装其他设施设备；

（4）在铁路电力线路杆塔、拉线周围20米范围内取土、打桩、钻探或者倾倒有害化学物品；

（5）触碰电气化铁路接触网。

314.3 处罚标准

根据《铁路安全管理条例》第53条和第95条规定，危害电气化铁路设施，尚不构成犯罪的，由公安机关责令改正，对单位处1万元以上5万元以下的罚款，对个人处500元以上2000元以下的罚款。构成犯罪的，应当按照《刑法》以破坏交通设施罪追究刑事责任。

315. 危害铁路安全

315.1 法律依据

《铁路安全管理条例》第77条和第95条。

315.2 违法情形

实施下列危害铁路安全的行为之一，不构成犯罪的，应当由公安机关给予行政处罚：

（1）非法拦截列车、阻断铁路运输；

（2）扰乱铁路运输指挥调度机构以及车站、列车的正常秩序；

（3）在铁路线路上放置、遗弃障碍物；

（4）击打列车；

（5）擅自移动铁路线路上的机车车辆，或者擅自开启列车车门、违规操纵列车紧急制动设备；

（6）拆盗、损毁或者擅自移动铁路设施设备、机车车辆配件、标桩、防护设施和安全标志；

（7）在铁路线路上行走、坐卧或者在未设道口、人行过道的铁路线路上通过；

（8）擅自进入铁路线路封闭区域或者在未设置行人通道的铁路桥梁、隧道通行；

（9）擅自开启、关闭列车的货车阀、盖或者破坏施封状态；

（10）擅自开启列车中的集装箱箱门，破坏箱体、阀、盖或者施封状态；

（11）擅自松动、拆解、移动列车中的货物装载加固材料、装置和设备；

（12）钻车、扒车、跳车；

（13）从列车上抛扔杂物；

（14）在动车组列车上吸烟或者在其他列车的禁烟区域吸烟；

（15）强行登乘或者以拒绝下车等方式强占列车；

（16）冲击、堵塞、占用进出站通道或者候车区、站台。

315.3 处罚标准

根据《铁路安全管理条例》第77条和第95条规定，危害铁路安全，尚不构成犯罪的，由公安机关责令改正，对单位处1万元以上5万元以下的罚款，对个人处500元以上2000元以下的罚款。构成犯罪的，应当按照《刑法》以破坏交通工具罪、破坏交通设施罪等有关罪名追究刑事责任。

应当注意，对具有《铁路安全管理条例》第77条规定的危害铁路安全行为之一，但未构成违反治安管理行为的，违法行为名称表述为“危害铁路安全”，法律依据适用《铁路安全管理条例》第77条和第95条。如果行为人实施了《铁路安全管理条例》第77条规定的危害铁路安全行为之一，该行为同时又构成违反治安管理行为的，违法行为名称表述为《中华人民共和国治安管理处罚法》中的相应违法行为名称，对单位处罚的法律依据适用《铁路安全管理条例》第77条和第95条，对其直接负责的主管人员和其他直接责任人员处罚的法律依据适用《中华人民共和国治安管理处罚法》的相关规定；对违法行为人为自然人的，法律依据适用《中华人民共和国治安管理处罚法》的相关规定。

316. 运输危险货物不按规定配备押运人员

316.1 法律依据

《铁路安全管理条例》第98条。

316.2　违法情形

铁路运输托运人运输危险货物不按照规定配备必要的押运人员的，应当由公安机关给予行政处罚。

316.3　处罚标准

根据《铁路安全管理条例》第98条的规定，运输危险货物不按规定配备押运人员的，由公安机关责令改正，处1万元以上5万元以下的罚款。

317. 发生危险货物泄漏不报

317.1　法律依据

《铁路安全管理条例》第98条。

317.2　违法情形

铁路运输托运人运输危险货物时，发生危险货物被盗、丢失、泄漏等情况，不按照规定及时报告，尚未构成犯罪的，应当由公安机关给予行政处罚。

317.3　处罚标准

根据《铁路安全管理条例》第98条的规定，发生危险货物泄漏不报的，由公安机关责令改正，处1万元以上5万元以下的罚款。

应当注意，《铁路安全管理条例》第98条与《中华人民共和国治安管理处罚法》第31条竞合。铁路运输托运人运输危险货物发生危险货物被盗、丢失不按照规定及时报告的，违法行为名称表述为“危险物质被盗、丢失不报”，对单位处罚的法律依据适用《铁路安全管理条例》第98条，对其直接负责的主管人员和其他直接责任人员处罚的法律依据适用《中华人民共和国治安管理处罚法》第18条和第31条。

二十七、娱乐场所管理条例

318. 娱乐场所从事毒品违法犯罪活动

318.1　法律依据

《娱乐场所管理条例》第14条和第43条。

318.2　违法情形

娱乐场所违反国家有关规定，贩卖、提供毒品，或者组织、强迫、教唆、引诱、欺骗、容留他人吸食、注射毒品，尚不构成犯罪的，应当由公安机关给予行政处罚。

应当注意，对娱乐场所从业人员实施《娱乐场所管理条例》第14条规定的禁止行为的，按照相关法律、法规确定违法行为名称，并适用相关法律、法规。

318.3　处罚标准

根据《娱乐场所管理条例》第14条和第43条规定，娱乐场所从事毒品违法犯罪活动，尚不构成犯罪的，由县级公安部门没收违法所得和非法财物，责令停业整顿3个月至6个月；情节严重的，由原发证机关吊销娱乐经营许可证，对直接负责的主管人员和其他直接责任人员处1万元以上2万元以下的罚款。贩卖毒品达到《刑法》规定的数量标准或者情节严重的，构成贩卖毒品罪，依照《刑法》第347条追究刑事责任。

319. 娱乐场所为毒品违法犯罪活动提供条件

319.1　法律依据

《娱乐场所管理条例》第14条和第43条。

319.2　违法情形

娱乐场所违反国家有关规定，为进入娱乐场所的人员实施毒品违法犯罪活动提供条件，尚不构成犯罪的，应当由公安机关给予行政处罚。

319.3 处罚标准

根据《娱乐场所管理条例》第14条和第43条规定，娱乐场所为毒品违法犯罪活动提供条件，尚不构成犯罪的，由县级公安部门没收违法所得和非法财物，责令停业整顿3个月至6个月；情节严重的，由原发证机关吊销娱乐经营许可证，对直接负责的主管人员和其他直接责任人员处1万元以上2万元以下的罚款。贩卖毒品达到《刑法》规定的数量标准或者情节严重的，构成贩卖毒品罪，依照《刑法》第347条追究刑事责任。

320. 娱乐场所组织、强迫、引诱、容留、介绍他人卖淫、嫖娼

320.1 法律依据

《娱乐场所管理条例》第14条和第43条。

320.2 违法情形

娱乐场所组织、强迫、引诱、容留、介绍他人卖淫、嫖娼，或者为他人卖淫、嫖娼提供场所，或者为他人卖淫、嫖娼牵线搭桥，尚不构成犯罪的，应当由公安机关给予行政处罚。

应当注意，《娱乐场所管理条例》第43条与《中华人民共和国治安管理处罚法》第67条竞合。对娱乐场所引诱、容留、介绍他人卖淫的，法律依据适用《娱乐场所管理条例》第43条。

320.3 处罚标准

根据《娱乐场所管理条例》第14条和第43条规定，娱乐场所组织、强迫、引诱、容留、介绍他人卖淫、嫖娼，尚不构成犯罪的，由县级公安部门没收违法所得和非法财物，责令停业整顿3个月至6个月；情节严重的，由原发证机关吊销娱乐经营许可证，对直接负责的主管人员和其他直接责任人员处1万元以上2万元以下的罚款。构成犯罪的，可以依照《刑法》的有关规定，根据不同情节，分别以组织卖淫罪，强迫卖淫罪，协助组织卖淫罪，引诱、容留、介绍卖淫罪，引诱幼女卖淫罪追究刑事责任。

321. 娱乐场所为组织、强迫、引诱、容留、介绍他人卖淫、嫖娼提供条件

321.1 法律依据

《娱乐场所管理条例》第14条和第43条。

321.2 违法情形

娱乐场所为组织、强迫、引诱、容留、介绍他人卖淫、嫖娼提供条件，尚不构成犯罪的，应当由公安机关给予行政处罚。

321.3 处罚标准

根据《娱乐场所管理条例》第14条和第43条规定，娱乐场所为组织、强迫、引诱、容留、介绍他人卖淫、嫖娼提供条件，尚不构成犯罪的，由县级公安部门没收违法所得和非法财物，责令停业整顿3个月至6个月；情节严重的，由原发证机关吊销娱乐经营许可证，对直接负责的主管人员和其他直接责任人员处1万元以上2万元以下的罚款。

322. 娱乐场所制作、贩卖、传播淫秽物品

322.1 法律依据

《娱乐场所管理条例》第14条和第43条。

322.2 违法情形

娱乐场所制作、贩卖、传播书刊、影

片、录像带、录音带、图片及其他淫秽物品，尚不构成犯罪的，应当由公安机关给予行政处罚。

应当注意，《娱乐场所管理条例》第43条与《中华人民共和国治安管理处罚法》第68条竞合。对娱乐场所制作、贩卖、传播淫秽物品的，法律依据适用《娱乐场所管理条例》第43条。

322.3　处罚标准

根据《娱乐场所管理条例》第14条和第43条规定，娱乐场所制作、贩卖、传播淫秽物品，尚不构成犯罪的，由县级公安部门没收违法所得和非法财物，责令停业整顿3个月至6个月；情节严重的，由原发证机关吊销娱乐经营许可证，对直接负责的主管人员和其他直接责任人员处1万元以上2万元以下的罚款。构成犯罪的，可以依照《刑法》的有关规定，根据不同情节，分别以制作、贩卖、传播淫秽物品牟利罪，传播淫秽物品罪，组织播放淫秽音像制品罪追究刑事责任。

323. 娱乐场所为制作、贩卖、传播淫秽物品提供条件

323.1　法律依据

《娱乐场所管理条例》第14条和第43条。

323.2　违法情形

娱乐场所为进入娱乐场所的人员实施制作、贩卖、传播书刊、影片、录像带、录音带、图片及其他淫秽物品提供条件，尚不构成犯罪的，应当由公安机关给予行政处罚。

323.3　处罚标准

根据《娱乐场所管理条例》第14条和第43条规定，娱乐场所为制作、贩卖、传播淫秽物品提供条件，尚不构成犯罪的，由县级公安部门没收违法所得和非法财物，责令停业整顿3个月至6个月；情节严重的，由原发证机关吊销娱乐经营许可证，对直接负责的主管人员和其他直接责任人员处1万元以上2万元以下的罚款。

324. 娱乐场所提供营利性陪侍

324.1　法律依据

《娱乐场所管理条例》第14条和第43条。

324.2　违法情形

娱乐场所及其从业人员提供营利性陪侍的，应当由公安机关给予行政处罚。

324.3　处罚标准

根据《娱乐场所管理条例》第14条和第43条规定，娱乐场所提供营利性陪侍的，由县级公安部门没收违法所得和非法财物，责令停业整顿3个月至6个月；情节严重的，由原发证机关吊销娱乐经营许可证，对直接负责的主管人员和其他直接责任人员处1万元以上2万元以下的罚款。

325. 娱乐场所从业人员从事营利性陪侍

325.1　法律依据

《娱乐场所管理条例》第14条和第43条。

325.2　违法情形

娱乐场所从业人员从事营利性陪侍的，应当由公安机关给予行政处罚。

325.3　处罚标准

根据《娱乐场所管理条例》第14条和第43条规定，娱乐场所从业人员从事营利性陪侍的，由县级公安部门对直接负责的主管人员和其他直接责任人员处1万元以上2万元以下的罚款。

326. 娱乐场所为提供、从事营利性陪侍提供条件

326.1 法律依据

《娱乐场所管理条例》第14条和第43条。

326.2 违法情形

娱乐场所为他人提供、从事营利性陪侍提供场所、警戒、总换金钱、代为结算等条件的，应当由公安机关给予行政处罚。

326.3 处罚标准

根据《娱乐场所管理条例》第14条和第43条规定，娱乐场所为提供、从事营利性陪侍提供条件的，由县级公安部门没收违法所得和非法财物，责令停业整顿3个月至6个月；情节严重的，由原发证机关吊销娱乐经营许可证，对直接负责的主管人员和其他直接责任人员处1万元以上2万元以下的罚款。

327. 娱乐场所赌博

327.1 法律依据

《娱乐场所管理条例》第14条和第43条。

327.2 违法情形

娱乐场所以营利为目的，参与聚众赌博、网络赌博、电子游戏机赌博等，尚不构成犯罪的，应当由公安机关给予行政处罚。

应当注意，《娱乐场所管理条例》第43条与《中华人民共和国治安管理处罚法》第70条竞合。对娱乐场所赌博的，法律依据适用《娱乐场所管理条例》第43条。

327.3 处罚标准

根据《娱乐场所管理条例》第14条和第43条规定，娱乐场所赌博，尚不构成犯罪的，由县级公安部门没收违法所得和非法财物，责令停业整顿3个月至6个月；情节严重的，由原发证机关吊销娱乐经营许可证，对直接负责的主管人员和其他直接责任人员处1万元以上2万元以下的罚款。构成犯罪的，应当依照《刑法》关于赌博罪、开设赌场罪追究刑事责任。

328. 娱乐场所为赌博提供条件

328.1 法律依据

《娱乐场所管理条例》第14条和第43条。

328.2 违法情形

娱乐场所以营利为目的，为进入娱乐场所进行赌博的人员提供条件，尚不构成犯罪的，应当由公安机关给予行政处罚。

应当注意，《娱乐场所管理条例》第43条与《中华人民共和国治安管理处罚法》第70条竞合。对娱乐场所为赌博提供条件的，法律依据适用《娱乐场所管理条例》第43条。

328.3 处罚标准

根据《娱乐场所管理条例》第14条和第43条规定，娱乐场所为赌博提供条件，尚不构成犯罪的，由县级公安部门没收违法所得和非法财物，责令停业整顿3个月至6个月；情节严重的，由原发证机关吊销娱乐经营许可证，对直接负责的主管人员和其他直接责任人员处1万元以上2万元以下的罚款。构成犯罪的，应当依照《刑法》关于赌博罪、开设赌场罪的有关规定追究刑事责任。

329. 娱乐场所从事邪教、迷信活动

329.1 法律依据

《娱乐场所管理条例》第14条和第43条。

329.2 违法情形

娱乐场所组织、教唆、胁迫、诱骗、

煽动他人从事邪教、迷信活动，尚不构成犯罪的，应当由公安机关给予行政处罚。

329.3 处罚标准

根据《娱乐场所管理条例》第14条和第43条规定，娱乐场所从事邪教、迷信活动，尚不构成犯罪的，由县级公安部门没收违法所得和非法财物，责令停业整顿3个月至6个月；情节严重的，由原发证机关吊销娱乐经营许可证，对直接负责的主管人员和其他直接责任人员处1万元以上2万元以下的罚款。构成犯罪的，应当根据不同情形，分别依照《刑法》关于组织、利用会道门、邪教组织、利用迷信破坏法律实施罪，组织、利用会道门、邪教组织、利用迷信致人死亡罪的有关规定追究刑事责任。

330. 娱乐场所为从事邪教、迷信活动提供条件

330.1 法律依据

《娱乐场所管理条例》第14条和第43条。

330.2 违法情形

娱乐场所为进入娱乐场所的人员实施组织、教唆、胁迫、诱骗、煽动他人从事邪教、迷信活动提供条件，尚不构成犯罪的，应当由公安机关给予行政处罚。

330.3 处罚标准

根据《娱乐场所管理条例》第14条和第43条规定，娱乐场所为从事邪教、迷信活动提供条件，尚不构成犯罪的，由县级公安部门没收违法所得和非法财物，责令停业整顿3个月至6个月；情节严重的，由原发证机关吊销娱乐经营许可证，对直接负责的主管人员和其他直接责任人员处1万元以上2万元以下的罚款。构成犯罪的，应当根据不同情形，依照《刑法》关于窝藏、包庇罪追究刑事责任。

331. 娱乐场所设施不符合规定

331.1 法律依据

《娱乐场所管理条例》第44条第1项。

331.2 违法情形

娱乐场所的照明设施、包厢、包间的设置以及门窗的使用不符合《娱乐场所管理条例》规定的，应当由公安机关给予行政处罚。

《娱乐场所管理条例》第16条规定，歌舞娱乐场所的包厢、包间内不得设置隔断，并应当安装展现室内整体环境的透明门窗。包厢、包间的门不得有内锁装置。第17条规定，营业期间，歌舞娱乐场所内亮度不得低于国家规定的标准。

331.3 处罚标准

根据《娱乐场所管理条例》第44条第1项规定，娱乐场所设施不符合规定的，由县级公安部门责令改正，给予警告；情节严重的，责令停业整顿1个月至3个月。

332. 未按规定安装、使用娱乐场所闭路电视监控设备

332.1 法律依据

《娱乐场所管理条例》第44条第2项。

332.2 违法情形

娱乐场所未按照《娱乐场所管理条例》规定安装闭路电视监控设备或者中断使用的，应当由公安机关给予行政处罚。

《娱乐场所管理条例》第15条第1款规定，歌舞娱乐场所应当按照国务院公安部门的规定在营业场所的出入口、主要通道安装闭路电视监控设备，并应当保证闭路电视监控设备在营业期间正常运行，不得中断。

332.3 处罚标准

根据《娱乐场所管理条例》第44条第2项规定，未按规定安装、使用娱乐场所闭路电视监控设备的，由县级公安部门责令改正，给予警告；情节严重的，责令停业整顿1个月至3个月。

333. 删改、未按规定留存娱乐场所监控录像资料

333.1 法律依据

《娱乐场所管理条例》第44条第3项。

333.2 违法情形

娱乐场所未按照《娱乐场所管理条例》规定留存监控录像资料或者删改监控录像资料的，应当由公安机关给予行政处罚。

《娱乐场所管理条例》第15条第2款规定，歌舞娱乐场所应当将闭路电视监控录像资料留存30日备查，不得删改或者挪作他用。

应当注意，《娱乐场所管理条例》第44条第3项“删改娱乐场所监控录像资料”的规定和《中华人民共和国治安管理处罚法》第29条第3项“非法改变计算机信息系统数据”的规定竞合。对删改娱乐场所监控录像资料的，违法行为名称表述为“删改娱乐场所监控录像资料”，对娱乐场所处罚的法律依据适用《娱乐场所管理条例》第44条第3项的规定，对其直接负责的主管人员和其他直接责任人员处罚的法律依据适用《中华人民共和国治安管理处罚法》第18条和第29条第3项。

333.3 处罚标准

根据《娱乐场所管理条例》第44条第3项规定，删改、未按规定留存娱乐场所监控录像资料的，由县级公安部门责令改正，给予警告；情节严重的，责令停业整顿1个月至3个月。

334. 未按规定配备娱乐场所安全检查设备

334.1 法律依据

《娱乐场所管理条例》第44条第4项。

334.2 违法情形

迪斯科舞厅违反《娱乐场所管理条例》等规定，未按照要求配备安全检查设备的，应当由公安机关给予行政处罚。

《娱乐场所管理条例》第22条第2款规定，迪斯科舞厅应当配备安全检查设备。《娱乐场所治安管理办法》第15条对迪斯科舞厅配备安全检查设备作了具体规定。

334.3 处罚标准

根据《娱乐场所管理条例》第44条第4项规定，未按规定配备娱乐场所安全检查设备的，由县级公安部门责令改正，给予警告；情节严重的，责令停业整顿1个月至3个月。

335. 未对进入娱乐场所人员进行安全检查

335.1 法律依据

《娱乐场所管理条例》第44条第4项。

335.2 违法情形

迪斯科舞厅违反《娱乐场所管理条例》等规定，未对进入营业场所的人员进行安全检查的，应当由公安机关给予行政处罚。

《娱乐场所管理条例》第22条第2款规定，迪斯科舞厅应当对进入营业场所的人员进行安全检查。《娱乐场所治安管理办法》第16条对安全检查人员配备作了具体规定。

应当注意，对因未配备娱乐场所安全检查设备而未对进入营业场所人员进行安全检查的，违法行为名称表述为“未按规

定配备娱乐场所安全检查设备”。

335.3 处罚标准

根据《娱乐场所管理条例》第44条第4项规定，未对进入娱乐场所人员进行安全检查的，由县级公安部门责令改正，给予警告；情节严重的，责令停业整顿1个月至3个月。

336. 未按规定配备娱乐场所保安人员

336.1 法律依据

《娱乐场所管理条例》第44条第5项。

336.2 违法情形

娱乐场所违反《娱乐场所管理条例》等规定，未按照要求配备保安人员的，应当由公安机关给予行政处罚。

336.3 处罚标准

根据《娱乐场所管理条例》第44条第5项规定，未按规定配备娱乐场所保安人员的，由县级公安部门责令改正，给予警告；情节严重的，责令停业整顿1个月至3个月。

337. 设置具有赌博功能的游戏设施设备

337.1 法律依据

《娱乐场所管理条例》第45条第1项。

337.2 违法情形

娱乐场所违反《娱乐场所管理条例》规定，设置具有赌博功能的电子游戏机机型、机种、电路板等游戏设施设备，尚不构成犯罪的，应当由公安机关给予行政处罚。

337.3 处罚标准

根据《娱乐场所管理条例》第45条第1项规定，设置具有赌博功能的游戏设施设备，尚不构成犯罪的，由县级公安部门没收违法所得和非法财物，并处违法所得2倍以上5倍以下的罚款；没有违法所得或者违法所得不足1万元的，并处2万元以上5万元以下的罚款；情节严重的，责令停业整顿1个月至3个月。构成犯罪的，应当依照《刑法》关于赌博罪、开设赌场罪的有关规定追究刑事责任。

338. 以现金、有价证券作为娱乐奖品

338.1 法律依据

《娱乐场所管理条例》第45条第2项。

338.2 违法情形

娱乐场所违反《娱乐场所管理条例》规定，以现金、有价证券作为娱乐奖品的，变相赌博，尚不构成犯罪的，应当由公安机关给予行政处罚。

338.3 处罚标准

根据《娱乐场所管理条例》第45条第2项规定，以现金、有价证券作为娱乐奖品，尚不构成犯罪的，由县级公安部门没收违法所得和非法财物，并处违法所得2倍以上5倍以下的罚款；没有违法所得或者违法所得不足1万元的，并处2万元以上5万元以下的罚款；情节严重的，责令停业整顿1个月至3个月。构成犯罪的，应当依照《刑法》关于赌博罪、开设赌场罪的有关规定追究刑事责任。

339. 非法回购娱乐奖品

339.1 法律依据

《娱乐场所管理条例》第45条第2项。

339.2 违法情形

娱乐场所违反《娱乐场所管理条例》规定，非法回购娱乐奖品，变相赌博，尚不构成犯罪的，应当由公安机关给予行政处罚。

应当注意，对以现金、有价证券作为娱乐奖品，并回购娱乐奖品的，违法行为名称表述为“非法回购娱乐奖品”。

339.3 处罚标准

根据《娱乐场所管理条例》第45条第2项规定，非法回购娱乐奖品，尚不构成犯罪的，由县级公安部门没收违法所得和非法财物，并处违法所得2倍以上5倍以下的罚款；没有违法所得或者违法所得不足1万元的，并处2万元以上5万元以下的罚款；情节严重的，责令停业整顿1个月至3个月。构成犯罪的，应当依照《刑法》关于赌博罪、开设赌场罪的有关规定追究刑事责任。

340. 指使、纵容娱乐场所从业人员侵害消费者人身权利

340.1 法律依据

《娱乐场所管理条例》第46条。

340.2 违法情形

娱乐场所指使、纵容从业人员侵害消费者人身权利，尚不构成犯罪的，应当由公安机关给予行政处罚。

应当注意，对娱乐场所从业人员侵害消费者人身权利的行为，应当根据其行为性质、情节轻重，分别依照《治安管理处罚法》《刑法》追究相应的行政、刑事责任。娱乐场所涉嫌共同违法犯罪的，按照其在共同违法犯罪中所起的作用大小予以处罚。

340.3 处罚标准

根据《娱乐场所管理条例》第46条规定，娱乐场所指使、纵容从业人员侵害消费者人身权利的，应当依法承担民事责任，并由县级公安部门责令停业整顿1个月至3个月；造成严重后果的，由原发证机关吊销娱乐经营许可证。

341. 未按规定备案娱乐场所营业执照

341.1 法律依据

《娱乐场所管理条例》第47条。

341.2 违法情形

娱乐场所依法取得营业执照和相关批准文件、许可证后，未按照规定在15日内向所在地县级公安部门备案的，应当由公安机关给予行政处罚。

341.3 处罚标准

根据《娱乐场所管理条例》第47条规定，未按规定备案娱乐场所营业执照的，由县级公安部门责令改正，给予警告。

342. 未按规定建立娱乐场所从业人员名簿、营业日志

342.1 法律依据

《娱乐场所管理条例》第50条。

342.2 违法情形

娱乐场所违反《娱乐场所管理条例》规定，未对从业人员进行实名登记并建立从业人员名簿，未建立营业日志的，公安机关在其职权范围内可以给予行政处罚。

342.3 处罚标准

根据《娱乐场所管理条例》第50条规定，未按规定建立娱乐场所从业人员名簿、营业日志的，由县级人民政府文化主管部门、县级公安部门依据法定职权责令改正，给予警告；情节严重的，责令停业整顿1个月至3个月。

343. 娱乐场所内发现违法犯罪行为不报

343.1 法律依据

《娱乐场所管理条例》第50条。

343.2 违法情形

娱乐场所违反《娱乐场所管理条例》规定，发现违法犯罪行为未按照规定报告

的，公安机关在其职权范围内可以给予行政处罚。

343.3　处罚标准

根据《娱乐场所管理条例》第50条规定，娱乐场所内发现违法犯罪行为不报的，由县级人民政府文化主管部门、县级公安部门依据法定职权责令改正，给予警告；情节严重的，责令停业整顿1个月至3个月。

344. 未按规定悬挂娱乐场所警示标志

344.1　法律依据

《娱乐场所管理条例》第51条。

344.2　违法情形

娱乐场所违反《娱乐场所管理条例》规定，未按照要求悬挂警示标志、未成年人禁入或者限入标志的，公安机关在其职权范围内可以给予行政处罚。

344.3　处罚标准

根据《娱乐场所管理条例》第51条规定，未按规定悬挂娱乐场所警示标志的，由县级人民政府文化主管部门、县级公安部门依据法定职权责令改正，给予警告。

二十八、娱乐场所治安管理办法

345. 拒不补齐娱乐场所备案项目

345.1　法律依据

《娱乐场所治安管理办法》第41条第1款。

345.2　违法情形

娱乐场所未按照《娱乐场所治安管理办法》规定项目备案，由受理备案的公安机关告知补齐后拒不补齐的，应当由公安机关给予行政处罚。

345.3　处罚标准

根据《娱乐场所治安管理办法》第41条第1款规定，拒不补齐娱乐场所备案项目的，由受理备案的公安机关责令改正，给予警告。

346. 未按规定进行娱乐场所备案变更

346.1　法律依据

《娱乐场所治安管理办法》第7条和第41条第2款。

346.2　违法情形

娱乐场所改建、扩建或者变更名称、场地、监控安检设备及其他主要设施设备、法定代表人和主要负责人，或者变更娱乐经营许可证载明的事项，未在变更之日起15日内向原备案公安机关备案的，应当由公安机关给予行政处罚。

346.3　处罚标准

根据《娱乐场所治安管理办法》第7条和第41条第2款规定，未按规定进行娱乐场所备案变更的，由原备案公安机关责令改正，给予警告。

347. 要求娱乐场所保安人员从事非职务活动

347.1　法律依据

《娱乐场所治安管理办法》第29条和第43条第1款。

347.2　违法情形

娱乐场所违反娱乐场所管理规定，要求保安人员从事与其职责无关的工作的，应当由公安机关给予行政处罚。

347.3　处罚标准

根据《娱乐场所治安管理办法》第29条和第43条第1款规定，要求娱乐场所保安人员从事非职务活动的，由县级公安机关责令改正，给予警告。

348. 未按规定通报娱乐场所保安人员工作情况

348.1 法律依据

《娱乐场所治安管理办法》第29条和第43条第1款。

348.2 违法情形

娱乐场所违反娱乐场所管理规定，未按照规定将保安人员工作情况逐月通报辖区公安派出所和保安服务企业的，应当由公安机关给予行政处罚。

348.3 处罚标准

根据《娱乐场所治安管理办法》第29条和第43条第1款规定，未按规定通报娱乐场所保安人员工作情况的，由县级公安机关责令改正，给予警告。

349. 未按规定建立、使用娱乐场所治安管理信息系统

349.1 法律依据

《娱乐场所治安管理办法》第26条和第44条。

349.2 违法情形

娱乐场所违反娱乐场所治安管理规定，未按照国家有关信息化标准规定，配合公安机关建立娱乐场所治安管理信息系统，实时、如实将从业人员、营业日志、安全巡查等信息录入系统，传输报送公安机关，或者不配合公安机关建立娱乐场所治安管理信息系统的，应当由公安机关给予行政处罚。

349.3 处罚标准

根据《娱乐场所治安管理办法》第26条和第44条规定，未按规定建立、使用娱乐场所治安管理信息系统的，由县级公安机关治安管理部门责令改正，给予警告；经警告不予改正的，处5000元以上1万元以下罚款。

二十九、营业性演出管理条例

350. 未制止有非法内容的营业性演出

350.1 法律依据

《营业性演出管理条例》第25条和第46条第2款。

350.2 违法情形

演出场所经营单位、演出举办单位违反营业性演出管理规定，发现营业性演出有非法内容而未采取措施制止的，公安机关可以在法定职权范围内给予行政处罚。

《营业性演出管理条例》第25条规定，营业性演出不得有下列情形：（1）反对宪法确定的基本原则的；（2）危害国家统一、主权和领土完整，危害国家安全，或者损害国家荣誉和利益的；（3）煽动民族仇恨、民族歧视，侵害民族风俗习惯，伤害民族感情，破坏民族团结，违反宗教政策的；（4）扰乱社会秩序，破坏社会稳定的；（5）危害社会公德或者民族优秀文化传统的；（6）宣扬淫秽、色情、邪教、迷信或者渲染暴力的；（7）侮辱或者诽谤他人，侵害他人合法权益的；（8）表演方式恐怖、残忍，摧残演员身心健康的；（9）利用人体缺陷或者以展示人体变异等方式招徕观众的；（10）法律、行政法规禁止的其他情形。

350.3 处罚标准

根据《营业性演出管理条例》第25条和第46条第2款规定，未制止有非法内容的营业性演出的，由县级人民政府文化主管部门、公安部门依据法定职权给予警告，并处5万元以上10万元以下的罚款。

351. 发现有非法内容的营业性演出不报

351.1 法律依据

《营业性演出管理条例》第26条和第

46条第2款。

351.2　违法情形

演出场所经营单位、演出举办单位违反营业性演出管理规定，发现营业性演出有非法内容而未向演出所在地县级人民政府文化主管部门、公安部门报告的，公安机关可以在法定职权范围内给予行政处罚。

351.3　处罚标准

根据《营业性演出管理条例》第26条和第46条第2款规定，发现有非法内容的营业性演出不报的，由县级人民政府文化主管部门、公安部门依据法定职权给予警告，并处5000元以上1万元以下的罚款。

352. 超过核准数量印制、出售营业性演出门票

352.1　法律依据

《营业性演出管理条例》第51条第2款。

352.2　违法情形

演出举办单位违反营业性演出管理规定，超过公安部门核准观众数量印制、出售营业性演出门票，不构成犯罪的，公安机关可以在法定职权范围内给予行政处罚。

352.3　处罚标准

根据《营业性演出管理条例》第51条第2款规定，超过核准数量印制、出售营业性演出门票，未构成犯罪的，由县级以上人民政府公安部门依据各自职权责令改正，没收违法所得，并处违法所得3倍以上5倍以下的罚款；没有违法所得或者违法所得不足1万元的，并处3万元以上5万元以下的罚款；造成严重后果的，由原发证机关吊销营业性演出许可证；构成犯罪的，依法追究刑事责任。

353. 印制、出售观众区域以外的营业性演出门票

353.1　法律依据

《营业性演出管理条例》第51条第2款。

353.2　违法情形

演出举办单位违反营业性演出管理规定，印制、出售公安部门划定的演出场所的观众区域以外的营业性演出门票，不构成犯罪的，公安机关可以在法定职权范围内给予行政处罚。

353.3　处罚标准

根据《营业性演出管理条例》第51条第2款规定，印制、出售观众区域以外的营业性演出门票，未构成犯罪的，由县级以上人民政府公安部门依据各自职权责令改正，没收违法所得，并处违法所得3倍以上5倍以下的罚款；没有违法所得或者违法所得不足1万元的，并处3万元以上5万元以下的罚款；造成严重后果的，由原发证机关吊销营业性演出许可证；构成犯罪的，依法追究刑事责任。

三十、印刷业管理条例

354. 印刷非法印刷品

354.1　法律依据

《印刷业管理条例》第3条和第38条。

354.2　违法情形

印刷业经营者违反印刷业管理规定，印刷明知或者应知含有反动、淫秽、迷信内容和国家明令禁止印刷的其他内容的出版物、包装装潢印刷品和其他印刷品，尚不构成犯罪的，公安机关可以在法定职权范围内给予行政处罚。

354.3 处罚标准

根据《印刷业管理条例》第3条和第38条规定，印刷非法印刷品的，由县级以上地方人民政府出版行政部门、公安部门依据法定职权责令停业整顿，没收印刷品和违法所得，违法经营额1万元以上的，并处违法经营额5倍以上10倍以下的罚款；违法经营额不足1万元的，并处1万元以上5万元以下的罚款；情节严重的，由原发证机关吊销许可证。构成犯罪的，根据不同情况，分别依照《刑法》关于煽动分裂国家罪，煽动颠覆国家政权罪，非法经营罪，复制、出版、传播淫秽物品牟利罪，煽动民族仇恨、民族歧视罪的有关规定追究刑事责任。

355. 印刷经营中发现违法犯罪行为未报告

355.1 法律依据

《印刷业管理条例》第39条第1款第2项。

355.2 违法情形

印刷业经营者违反国家有关规定，在印刷经营活动中发现违法犯罪行为没有及时向公安部门或者出版行政部门报告的，公安机关可以在法定职权范围内给予行政处罚。

355.3 处罚标准

根据《印刷业管理条例》第39条第1款第2项规定，印刷经营中发现违法犯罪行为未报告的，由县级以上地方人民政府出版行政部门、公安部门依据法定职权责令改正，给予警告；情节严重的，责令停业整顿或者由原发证机关吊销许可证。

三十一、旅馆业治安管理办法

356. 旅馆变更登记未备案

356.1 法律依据

《旅馆业治安管理办法》第4条第2款和第15条。

356.2 违法情形

经批准开业的旅馆，有歇业、转业、合并、迁移、改变名称等情况，在市场监督管理部门办理变更登记后3日内，未向当地的县、市公安局、公安分局备案的，公安机关应当由公安机关给予行政处罚。

应当注意，《旅馆业治安管理办法》第15条规定的未经许可开办旅馆的违法行为名称及法律适用规范按照公安部印发的《违反公安行政管理行为的名称及其适用意见》第121条的规定以“未获公安许可擅自经营”表述和处罚。

356.3 处罚标准

根据《旅馆业治安管理办法》第4条第2款和第15条规定，旅馆变更登记未备案的，公安机关可以酌情给予警告或者处以200元以下罚款。

三十二、租赁房屋治安管理规定

357. 不履行出租房屋治安责任

357.1 法律依据

《租赁房屋治安管理规定》第9条第3项。

357.2 违法情形

房屋出租人违反出租房屋治安管理规定，不履行法律规定的治安责任，尚不构成犯罪的，应当由公安机关给予行政处罚。

《租赁房屋治安管理规定》第7条明确规定了房屋出租人的治安责任。

应当注意，对房屋出租人明知承租人利用出租房屋进行犯罪活动，不向公安机关报告的，违法行为名称表述为“明知承租人利用出租屋犯罪不报”，法律依据适用《中华人民共和国治安管理处罚法》第57

条第2款。对房屋出租人不履行治安责任，出租房屋发生案件、治安灾害事故的，违法行为名称表述为“不履行出租房屋治安责任”，法律依据适用《租赁房屋治安管理规定》第9条第3项。但是，如果并处罚款的，其罚款数额不得超过《国务院关于贯彻实施〈中华人民共和国行政处罚法〉的通知》（国发〔1996〕13号）第2条中“国务院各部门制定的规章对非经营活动中的违法行为设定罚款不得超过1000元；对经营活动中的违法行为，有违法所得的，设定罚款不得超过违法所得的3倍，但是最高不得超过30000元，没有违法所得的，设定罚款不得超过10000元；超过上述限额的，应当报国务院批准”的规定。

357.3　处罚标准

根据《租赁房屋治安管理规定》第9条第3项规定，不履行出租房屋治安责任的，县（市）公安局或者城市公安分局责令停止出租，可以并处月租金10倍以下的罚款。

358. 转租、转借承租房屋未按规定报告

358.1　法律依据

《租赁房屋治安管理规定》第9条第4项。

358.2　违法情形

房屋承租人违反出租房屋治安管理规定，将承租房屋转租、转借他人，未按规定向公安机关报告的，应当由公安机关给予行政处罚。

358.3　处罚标准

根据《租赁房屋治安管理规定》第9条第4项规定，转租、转借承租房屋未按规定报告的，由县（市）公安局或者城市公安分局处以警告，没收非法所得。

359. 利用出租房屋非法生产、储存、经营危险物品

359.1　法律依据

《租赁房屋治安管理规定》第9条第5项。

359.2　违法情形

房屋承租人违反出租房屋治安管理规定，利用出租房屋非法生产、储存、经营易燃、易爆、有毒等危险物品的，应当由公安机关给予行政处罚。

应当注意，依照《租赁房屋治安管理规定》第9条第5项的规定“处月租金十倍以下罚款”的，其罚款数额不得超过《国务院关于贯彻实施〈中华人民共和国行政处罚法〉的通知》（国发〔1996〕13号）第2条中“国务院各部门制定的规章对非经营活动中的违法行为设定罚款不得超过1000元；对经营活动中的违法行为，有违法所得的，设定罚款不得超过违法所得的3倍，但是最高不得超过30000元，没有违法所得的，设定罚款不得超过10000元；超过上述限额的，应当报国务院批准”的规定。

359.3　处罚标准

根据《租赁房屋治安管理规定》第9条第5项规定，利用出租房屋非法生产、储存、经营危险物品的，由县（市）公安局或者城市公安分局没收物品，处月租金10倍以下罚款。

三十三、废旧金属收购业治安管理办法

360. 非法设点收购废旧金属

360.1　法律依据

新修订《废旧金属收购业治安管理办

法》第6条和第11第1款第3项。

为贯彻实施新修订的《中华人民共和国行政处罚法》，推进严格规范公正文明执法，优化法治化营商环境，国务院对涉及的行政法规进行了清理，2023年7月20日公布《国务院关于修改和废止部分行政法规的决定》（国务院令第764号）。其中，对《废旧金属收购业治安管理办法》作了相应修改，第11条增设了2类应当由公安机关给予相应处罚的行为：一是违反本办法第四条第一款规定，未履行备案手续收购生产性废旧金属的，予以警告，责令限期改正，逾期拒不改正的，视情节轻重，处以500元以上2000元以下的罚款；未履行备案手续收购非生产性废旧金属的，予以警告或者处以500元以下的罚款；二是违反本办法第四条第二款规定，未向公安机关办理变更手续的，予以警告或者处以200元以下的罚款。

360.2 违法情形

违反废旧金属收购业治安管理规定，在铁路、矿区、油田、机场、港口、施工工地、军事禁区和金属冶炼加工企业附近设点收购废旧金属的，应当由公安机关给予行政处罚。

360.3 处罚标准

根据新修订《废旧金属收购业治安管理办法》第6条和第11条第1款第3项规定，非法设点收购废旧金属的，由公安机关予以取缔，没收非法收购的物品及非法所得，可以并处5000元以上1万元以下的罚款。

361. 收购生产性废旧金属未如实登记

361.1 法律依据

新修订《废旧金属收购业治安管理办法》第7条和第11条第1款第4项。

361.2 违法情形

收购废旧金属的企业在收购生产性废旧金属时，违反废旧金属收购业治安管理规定，没有查验出售单位开具的证明，没有对出售单位的名称和经办人的姓名、住址、身份证号码以及物品的名称、数量、规格、新旧程序等如实进行登记的，应当由公安机关给予行政处罚。

应当注意，对再生资源回收企业收购生产性废旧金属未如实登记的，违法行为名称表述为“收购生产性废旧金属未如实登记”，法律依据适用《再生资源回收管理办法》第23条和《废旧金属收购业治安管理办法》第11条第1款第4项。

361.3 处罚标准

根据新修订《废旧金属收购业治安管理办法》第7条和第11条第1款第4项规定，收购生产性废旧金属未如实登记的，由公安机关视情节轻重，处以2000元以上5000元以下的罚款、责令停业整顿或者吊销特种行业许可证（根据《国务院关于取消第一批行政审批项目的决定》，设立生产性废旧金属收购企业特种行业许可已取消）。

362. 收购国家禁止收购的金属物品

362.1 法律依据

新修订《废旧金属收购业治安管理办法》第8条和第11条第1款第5项。

362.2 违法情形

收购废旧金属的企业和个体工商户违反废旧金属治安管理规定，收购国家禁止收购的金属物品的，应当由公安机关给予行政处罚。

所谓国家禁止收购的金属物品，是指：（1）枪支、弹药和爆炸物品；（2）剧毒、放射性物品及其容器；（3）铁路、油田、供电、电信通讯、矿山、水利、测量和城市公用设施等专用器材；（4）公安机关通报寻查的赃物或者有赃物嫌疑的物品。

应当注意，对单位违反《废旧金属收购业治安管理办法》第8条的规定，收购国家禁止收购的金属物品的，法律依据适用新修订《废旧金属收购业治安管理办法》第8条和第11条第1款第5项，对其直接负责的主管人员和其他直接责任人员处罚的法律依据适用《中华人民共和国治安管理处罚法》第18条和第59条第2项、第3项或者第4项。对个人收购国家禁止收购的金属物品的，法律依据适用《中华人民共和国治安管理处罚法》第59条第2项、第3项或者第4项。

362.3　处罚标准

根据新修订《废旧金属收购业治安管理办法》第8条和第11条第1款第5项规定，收购国家禁止收购的金属物品的，由公安机关视情节轻重，处以2000元以上1万元以下的罚款、责令停业整顿。

三十四、机动车修理业、报废机动车回收业治安管理办法

363. 承修机动车不如实登记

363.1　法律依据

《机动车修理业、报废机动车回收业治安管理办法》第14条。

363.2　违法情形

机动车修理企业和个体工商户违反机动车修理业管理规定，未登记承修机动车相关信息的，应当由公安机关给予行政处罚。

363.3　处罚标准

根据《机动车修理业、报废机动车回收业治安管理办法》第14条规定，承修机动车不如实登记的，由公安机关对机动车修理企业和个体工商户处500元以上3000元以下罚款，对机动车修理企业直接负责的主管人员和其他直接责任人员处警告或500元以下罚款。

364. 回收报废机动车不如实登记

364.1　法律依据

《机动车修理业、报废机动车回收业治安管理办法》第14条和《废旧金属收购业治安管理办法》第13条第1款第5项。

364.2　违法情形

报废机动车回收企业违反报废机动车回收业治安管理规定，未登记回收的报废机动车相关信息的，应当由公安机关给予行政处罚。

364.3　处罚标准

根据《机动车修理业、报废机动车回收业治安管理办法》第14条和《废旧金属收购业治安管理办法》第13条第1款第5项规定，回收报废机动车不如实登记的，由公安机关对报废机动车回收企业，视情节轻重，处2000以上5000元以下罚款、责令停业整顿或者吊销特种行业许可证。对报废机动车回收企业直接负责的主管人员和其他直接责任人员处警告或500元以下罚款。

365. 承修非法改装机动车

365.1　法律依据

《机动车修理业、报废机动车回收业治安管理办法》第16条。

365.2　违法情形

机动车修理企业和个体工商户违反机动车修理业管理规定，承修无公安交通管理部门出具的车辆变更、改装审批证明更

换发动机、车身（架）、改装车型、改变车身颜色的，应当由公安机关给予行政处罚。

365.3 处罚标准

根据《机动车修理业、报废机动车回收业治安管理办法》第16条规定，承修非法改装机动车的，对机动车修理企业和个体工商户处5000元以上3万元以下罚款；对机动车修理企业直接负责的主管人员和其他直接责任人员处警告或2000元以下罚款。

366. 承修交通肇事逃逸车辆不报

366.1 法律依据

《机动车修理业、报废机动车回收业治安管理办法》第16条。

366.2 违法情形

机动车修理企业和个体工商户违反机动车修理业管理规定，明知是交通肇事逃逸车辆未向公安机关报告而修理的，应当由公安机关给予行政处罚。

366.3 处罚标准

根据《机动车修理业、报废机动车回收业治安管理办法》第16条规定，承修交通肇事逃逸车辆不报的，对机动车修理企业和个体工商户处5000元以上3万元以下罚款；对机动车修理企业直接负责的主管人员和其他直接责任人员处警告或2000元以下罚款。

367. 回收无报废证明的机动车

367.1 法律依据

《机动车修理业、报废机动车回收业治安管理办法》第16条。

367.2 违法情形

报废机动车回收企业违反报废机动车回收业治安管理规定，回收无公安交管部门出具的《机动车报废证明》的机动车的，应当由公安机关给予行政处罚。

367.3 处罚标准

根据《机动车修理业、报废机动车回收业治安管理办法》第16条规定，回收无报废证明的机动车的，由公安机关对报废机动车回收企业处5000元以上3万元以下罚款；对报废机动车回收企业直接负责的主管人员和其他直接责任人员处警告或2000元以下罚款。

368. 更改机动车发动机号码、车架号码

368.1 法律依据

《机动车修理业、报废机动车回收业治安管理办法》第17条。

368.2 违法情形

机动车修理企业和个体工商户违反机动车修理业、报废机动车回收业治安管理规定，更改发动机号码、车架号码，尚不构成犯罪的，应当由公安机关给予行政处罚。

368.3 处罚标准

根据《机动车修理业、报废机动车回收业治安管理办法》第17条规定，更改机动车发动机号码、车架号码的，由公安机关对机动车修理企业和个体工商户处5000元以上3万元以下罚款；对机动车修理企业和报废机动车回收企业直接负责的主管人员和其他直接责任人员处警告或2000元以下罚款，构成犯罪的依法追究刑事责任。

369. 非法拼（组）装汽车、摩托车

369.1 法律依据

《机动车修理业、报废机动车回收业治安管理办法》第19条和《关于禁止非法拼（组）装汽车、摩托车的通告》第5条。

369.2 违法情形

机动车修理企业和个体工商户违反机

动车修理业、报废机动车回收业治安管理规定，非法拼（组）装汽车、摩托车的，应当由公安机关给予行政处罚。

369.3 处罚标准

根据《机动车修理业、报废机动车回收业治安管理办法》第19条和《关于禁止非法拼（组）装汽车、摩托车的通告》规定，非法拼（组）装汽车、摩托车的，公安交通管理部门一律不予核发牌证，并予以没收。

三十五、沿海船舶边防治安管理规定

370. 擅自容留非出海人员作业、住宿

370.1 法律依据

《沿海船舶边防治安管理规定》第26条第4项。

370.2 违法情形

出海的船舶未经当地公安边防部门许可，擅自容留非出海人员在船上作业、住宿的行为，应当由公安机关给予行政处罚。

370.3 处罚标准

根据《沿海船舶边防治安管理规定》第26条第4项规定，擅自容留非出海人员作业、住宿的，对船舶负责人及其直接责任人员处200元以下罚款或者警告。

371. 拒不编刷船名、船号

371.1 法律依据

《沿海船舶边防治安管理规定》第27条第3项。

371.2 违法情形

未编刷船名船号，经公安机关通知不加改正的行为，应当由公安机关给予行政处罚。

371.3 处罚标准

根据《沿海船舶边防治安管理规定》第27条第3项规定，拒不编刷船名、船号的，对船舶负责人及其直接责任人员处500元以下罚款。

372. 擅自拆换、遮盖、涂改船名、船号

372.1 法律依据

《沿海船舶边防治安管理规定》第27条第3项。

372.2 违法情形

行为人擅自采用拆换、遮盖、涂改等方式，使船名、船号模糊不清，无法显现或者用正常方法无法辨别的行为，应当由公安机关给予行政处罚。

372.3 处罚标准

根据《沿海船舶边防治安管理规定》第27条第3项规定，擅自拆换、遮盖、涂改船名、船号，对船舶负责人及其直接责任人员处500元以下罚款。

373. 悬挂活动船牌号

373.1 法律依据

《沿海船舶边防治安管理规定》第27条第3项。

373.2 违法情形

行为人违反规定不编刷船号，悬挂活动船牌号的行为，应当由公安机关给予行政处罚。

373.3 处罚标准

根据《沿海船舶边防治安管理规定》第27条第3项规定，悬挂活动船牌号的，对船舶负责人及其直接责任人员处500元以下罚款。

374. 私自载运非出海人员出海

374.1 法律依据

《沿海船舶边防治安管理规定》第27条第4项。

374.2　违法情形

行为人违反规定私自将非出海人员载运出海的行为，应当由公安机关给予行政处罚。

374.3　处罚标准

根据《沿海船舶边防治安管理规定》第27条第4项规定，私自载运非出海人员出海的，对船舶负责人及其直接责任人员处500元以下罚款。

375. 擅自引航境外船舶进入未开放港口、锚地

375.1　法律依据

《沿海船舶边防治安管理规定》第28条第2项。

375.2　违法情形

沿海船舶未经许可，擅自将外国籍或者香港、澳门特别行政区以及台湾地区的船舶引航到未对上述船舶开放的港口、锚地的行为，应当由公安机关给予行政处罚。

应当注意，《沿海船舶边防治安管理规定》第28条第1项规定的非法进入国家禁止或者限制进入的海域、岛屿的，违法行为名称表述为"驾船擅自进入国家管制的水域、岛屿"，法律依据适用《中华人民共和国治安处罚法》第53条。

375.3　处罚标准

根据《沿海船舶边防治安管理规定》第28条第2项规定，擅自引航境外船舶进入未开放港口、锚地的，对船舶负责人及其有关责任人员处1000元以下罚款。

376. 擅自搭靠境外船舶

376.1　法律依据

《沿海船舶边防治安管理规定》第28条第3项。

376.2　违法情形

出海船舶和人员未经许可，擅自搭靠外国籍或者香港、澳门特别行政区以及台湾地区船舶的行为，应当由公安机关给予行政处罚。

376.3　处罚标准

根据《沿海船舶边防治安管理规定》第28条第3项规定，擅自搭靠境外船舶的，对船舶负责人及其有关责任人员处1000元以下罚款。

377. 被迫搭靠境外船舶不及时报告

377.1　法律依据

《沿海船舶边防治安管理规定》第28条第3项。

377.2　违法情形

出海船舶和人员因避险及其他不可抗力的原因，被迫搭靠外国籍或者香港、澳门特别行政区以及台湾地区船舶，事后未及时向公安边防部门报告的行为，应当由公安机关给予行政处罚。

377.3　处罚标准

根据《沿海船舶边防治安管理规定》第28条第3项规定，被迫搭靠境外船舶不及时报告的，对船舶负责人及其有关责任人员处1000元以下罚款。

378. 擅自在非指定港口停泊、上下人员、装卸货物

378.1　法律依据

《沿海船舶边防治安管理规定》第28条第4项。

378.2　违法情形

航行于内地与香港、澳门特别行政区之间的小型船舶擅自在非指定的港口停泊、上下人员或者装卸货物的行为，应当由公安机关给予行政处罚。

378.3　处罚标准

根据《沿海船舶边防治安管理规定》

第28条第4项规定，擅自在非指定港口停泊、上下人员、装卸货物的，对船舶负责人及其有关责任人员处1000元以下罚款。

379. 携带、隐匿、留用、擅自处理违禁物品

379.1 法律依据

《沿海船舶边防治安管理规定》第29条第1项。

379.2 违法情形

出海船舶和人员携带违禁物品，或者在海上捡到违禁物品而隐匿、留用或者擅自处理的行为，应当由公安机关给予行政处罚。

379.3 处罚标准

根据《沿海船舶边防治安管理规定》第29条第1项规定，携带、隐匿、留用、擅自处理违禁物品的，对船舶负责人及其直接责任人员处500元以上1000元以下罚款。

380. 非法拦截、强行靠登、冲撞他人船舶

380.1 法律依据

《沿海船舶边防治安管理规定》第29条第2项。

380.2 违法情形

行为人违反规定，非法拦截、强行靠登、冲撞他人船舶的行为，应当由公安机关给予行政处罚。

应当注意，《沿海船舶边防治安管理规定》第29条第2项规定的偷开他人船舶的，违法行为名称表述为“偷开机动船舶”，法律依据适用《中华人民共和国治安管理处罚法》第64条第2项。

380.3 处罚标准

根据《沿海船舶边防治安管理规定》第29条第2项规定，非法拦截、强行靠登、冲撞他人船舶的，对船舶负责人及其直接责任人员处500元以上1000元以下罚款。

381. 非法扣押他人船舶、船上物品

381.1 法律依据

《沿海船舶边防治安管理规定》第29条第3项。

381.2 违法情形

无权扣押他人船舶或者船上物品的人员，扣押他人船舶或者船上物品的行为，应当由公安机关给予行政处罚。

381.3 处罚标准

根据《沿海船舶边防治安管理规定》第29条第3项，非法扣押他人船舶、船上物品的，对船舶负责人及其直接责任人员处500元以上1000元以下罚款。

382. “三无”船舶擅自出海作业

382.1 法律依据

《沿海船舶边防治安管理规定》第30条。

382.2 违法情形

无船名船号、无船籍港、无船舶证书的船舶，擅自出海从事生产、经营等活动的行为，应当由公安机关给予行政处罚。

382.3 处罚标准

根据《沿海船舶边防治安管理规定》第30条规定，“三无”船舶擅自出海作业的，依照《国务院对清理、取缔“三无”船舶通告的批复》（国函〔1994〕111号）有关规定没收船舶，并可以对船主处船价2倍以下的罚款。

三十六、典当管理办法

383. 收当禁当财物

383.1 法律依据

《典当管理办法》第27条和第63条。

383.2 违法情形

典当行违反典当管理规定，收当国家规定不得收当财物，尚不构成犯罪的，应当由公安机关给予行政处罚。

所谓国家规定不得收当财物是指：（1）依法被查封、扣押或者已经被采取其他保全措施的财产；（2）赃物和来源不明的物品；（3）易燃、易爆、剧毒、放射性物品及其容器；（4）管制刀具，枪支、弹药，军、警用标志、制式服装和器械；（5）国家机关公文、印章及其管理的财物；（6）国家机关核发的除物权证书以外的证照及有效身份证件；（7）当户没有所有权或者未能依法取得处分权的财产；（8）法律、法规及国家有关规定禁止流通的自然资源或者其他财物。

383.3 处罚标准

根据《典当管理办法》第27条和第63条规定，收当禁当财物的，由县级以上人民政府公安机关责令改正，并处5000元以上3万元以下罚款；构成犯罪的，依法追究刑事责任。

384. 未按规定查验证明文件

384.1 法律依据

《典当管理办法》第35条第3款和第65条。

384.2 违法情形

典当行违反典当管理规定，未按规定查验证明文件的，应当由公安机关给予行政处罚。

《典当管理办法》第35条规定，办理出当与赎当，当户均应当出具本人的有效身份证件。当户为单位的，经办人员应当出具单位证明和经办人的有效身份证件；委托典当中，被委托人应当出具典当委托书、本人和委托人的有效身份证件。除前款所列证件外，出当时，当户应当如实向典当行提供当物的来源及相关证明材料。赎当时，当户应当出示当票。典当行应当查验当户出具的本条第2款所列证明文件。

应当注意，对典当业工作人员承接典当物品，不查验有关证明、不履行登记手续的，违法行为名称表述为“违法承接典当物品”，法律依据适用《中华人民共和国治安管理处罚法》第59条第1项。

384.3 处罚标准

根据《典当管理办法》第35条第3款和第65条规定，未按规定查验证明文件的，由县级以上人民政府公安机关责令改正，并处200元以上1000元以下罚款。

385. 未按规定记录、统计、报送典当信息

385.1 法律依据

《典当管理办法》第51条和第65条。

385.2 违法情形

典当行违反典当管理规定，未如实记录、统计质押当物和当户信息，或者不按照所在地县级以上人民政府公安机关的要求报送备查的，应当由公安机关给予行政处罚。

385.3 处罚标准

根据《典当管理办法》第51条和第65条规定，未按规定记录、统计、报送典当信息的，由县级以上人民政府公安机关责令改正，并处200元以上1000元以下罚款。

386. 发现禁当财物不报

386.1 法律依据

《典当管理办法》第27条和第52条及第66条第1款。

386.2 违法情形

典当行违反典当管理规定，发现禁当财物不立即向公安机关报告的，应当由公

安机关给予行政处罚。

386.3　处罚标准

根据《典当管理办法》第27条和第52条及第66条第1款规定，发现禁当财物不报的，由县级以上人民政府公安机关责令改正，并处2000元以上1万元以下罚款；造成严重后果或者屡教不改的，处5000元以上3万元以下罚款。

三十七、再生资源回收管理办法

387. 未按规定进行再生资源回收从业备案

387.1　法律依据

《再生资源回收管理办法》第7条和第20条。

387.2　违法情形

再生资源回收经营者违反再生资源回收管理规定，在取得营业执照后15日内，未向所在地县级人民政府公安机关备案的，应当由公安机关给予行政处罚。

387.3　处罚标准

根据《再生资源回收管理办法》第7条和第20条规定，未按规定进行再生资源回收从业备案的，由县级人民政府公安机关给予警告，责令其限期改正；逾期拒不改正的，可视情节轻重，对再生资源回收经营者处500元以上2000元以下罚款，并可向社会公告。

388. 未按规定保存回收生产性废旧金属登记资料

388.1　法律依据

《再生资源回收管理办法》第9条第3款和第22条。

388.2　违法情形

再生资源回收经营者违反再生资源回收管理规定，未按规定保存回收生产性废旧金属登记资料的，应当由公安机关给予行政处罚。

再生资源回收企业回收生产性废旧金属时，应当对物品的名称、数量、规格、新旧程度等如实进行登记。出售人为单位的，应当查验出售单位开具的证明，并如实登记出售单位名称、经办人姓名、住址、身份证号码；出售人为个人的，应当如实登记出售人的姓名、住址、身份证号码。登记资料保存期限不得少于两年。

388.3　处罚标准

根据《再生资源回收管理办法》第9条第3款和第22条规定，未按规定保存回收生产性废旧金属登记资料的，由公安机关责令改正，并处500元以上1000元以下罚款。

389. 再生资源回收经营中发现赃物、有赃物嫌疑物品不报

389.1　法律依据

《再生资源回收管理办法》第10条和第23条。

389.2　违法情形

再生资源回收经营者违反再生资源回收管理规定，在再生资源回收经营中发现赃物、有赃物嫌疑物品不报的，应当由公安机关给予行政处罚。

再生资源回收经营者在经营活动中发现有公安机关通报寻查的赃物或有赃物嫌疑的物品时，应当立即报告公安机关。公安机关对再生资源回收经营者在经营活动中发现的赃物或有赃物嫌疑的物品应当依法予以扣押，并开列扣押清单。有赃物嫌

疑的物品经查明不是赃物的，应当依法及时退还；经查明确属赃物的，依照国家有关规定处理。

389.3 处罚标准

根据《再生资源回收管理办法》第10条和第23条规定，再生资源回收经营中发现赃物、有赃物嫌疑物品不报的，由公安机关给予警告，处500元以上1000元以下罚款；造成严重后果或屡教不改的，处以1000元以上5000元以下罚款。

三十八、大型群众性活动安全管理条例

390. 擅自变更大型活动时间、地点、内容、举办规模

390.1 法律依据

《大型群众性活动安全管理条例》第20条第1款。

390.2 违法情形

大型群众性活动承办者违反大型群众性活动安全管理规定，擅自变更大型群众性活动的时间、地点、内容或者擅自扩大大型群众性活动的举办规模的，应当由公安机关给予行政处罚。

应当注意，对承办者擅自变更大型群众性活动的时间、地点、内容或者擅自扩大大型群众性活动的举办规模，对大型群众性活动承办单位的处罚，法律依据适用《大型群众性活动安全管理条例》第20条第1款，对有发生安全事故危险的，对其直接负责的主管人员和其他直接责任人员的处罚，法律依据适用《中华人民共和国治安管理处罚法》第18条和第38条。

390.3 处罚标准

根据《大型群众性活动安全管理条例》第20条第1款规定，擅自变更大型活动时间、地点、内容、举办规模的，由公安机关处1万元以上5万元以下罚款；有违法所得的，没收违法所得。

391. 未经许可举办大型活动

391.1 法律依据

《大型群众性活动安全管理条例》第20条第2款。

391.2 违法情形

未经公安机关安全许可，举办大型群众性活动的，应当由公安机关给予行政处罚。

391.3 处罚标准

根据《大型群众性活动安全管理条例》第20条第2款规定，未经许可举办大型活动的，由公安机关予以取缔，对承办者处10万元以上30万元以下罚款。

392. 举办大型活动发生安全事故

392.1 法律依据

《大型群众性活动安全管理条例》第21条。

392.2 违法情形

大型群众性活动承办者或者大型群众性活动场所管理者违反大型群众性活动安全管理规定，致使发生重大伤亡事故、治安案件或者造成其他严重后果，尚不构成犯罪的，应当由公安机关给予行政处罚。

应当注意，对举办大型群众性活动发生安全事故的，对大型群众性活动承办单位或者大型群众性活动场所管理单位的处罚，法律依据适用《大型群众性活动安全管理条例》第21条，对安全责任人和其他直接责任人员的处罚，法律依据适用《中华人民共和国治安管理处罚法》第18条和第38条以及《大型群众性活动安全管理条

例》第21条。

392.3　处罚标准

根据《大型群众性活动安全管理条例》第21条规定，举办大型活动发生安全事故，构成犯罪的，依法追究刑事责任；尚不构成犯罪的，对安全责任人和其他直接责任人员依法给予处分、治安管理处罚，对单位处1万元以上5万元以下罚款。

393. 大型活动发生安全事故不处置

393.1　法律依据

《大型群众性活动安全管理条例》第22条。

393.2　违法情形

在大型群众性活动举办过程中发生公共安全事故，安全责任人不立即启动应急救援预案的，应当由公安机关给予行政处罚。

393.3　处罚标准

根据《大型群众性活动安全管理条例》第22条规定，大型活动发生安全事故不处置的，由公安机关对安全责任人和其他直接责任人员处5000元以上5万元以下罚款。

394. 大型活动发生安全事故不报

394.1　法律依据

《大型群众性活动安全管理条例》第22条。

394.2　违法情形

在大型群众性活动举办过程中发生公共安全事故，安全责任人不立即向公安机关报告的，应当由公安机关给予行政处罚。

394.3　处罚标准

根据《大型群众性活动安全管理条例》第22条规定，大型活动发生安全事故不报的，由公安机关对安全责任人和其他直接责任人员处5000元以上5万元以下罚款。

三十九、长江三峡水利枢纽安全保卫条例

395. 非法运输危险物品进入陆域安全保卫区

395.1　法律依据

《长江三峡水利枢纽安全保卫条例》第13条和第35条第1项。

395.2　违法情形

行为人非法运输危险物品进入陆域安全保卫区的，应当由公安机关给予行政处罚。

根据《长江三峡水利枢纽安全保卫条例》第13条规定，严禁非法携带枪支、弹药、国家规定的管制器具或者非法运输危险物品进入陆域安全保卫区。因施工作业等需要运输危险物品进入陆域安全保卫区的，应当经三峡枢纽运行管理单位同意，并依法报公安机关批准。

395.3　处罚标准

根据《长江三峡水利枢纽安全保卫条例》第13条和第35条第1项规定，非法运输危险物品进入陆域安全保卫区的，由公安机关责令改正，予以警告，对单位可以处5万元以下罚款，对个人可以处1000元以下罚款。

396. 扰乱陆域安全保卫区管理秩序

396.1　法律依据

《长江三峡水利枢纽安全保卫条例》第14条第1至4项和第35条第2项。

396.2　违法情形

行为人扰乱陆域安全保卫区管理秩序的，应当由公安机关给予行政处罚。

下列行为属于扰乱陆域安全保卫区管理秩序的行为：（1）超越通行证限定的范

围活动；（2）通过设有禁止通行标志的区域；（3）攀爬、钻越、移动、损毁实物屏障或者警示标志；（4）扰乱管理秩序的其他行为。

396.3 处罚标准

根据《长江三峡水利枢纽安全保卫条例》第14条第1至4项和第35条第2项规定，扰乱陆域安全保卫区管理秩序的，由公安机关责令改正，予以警告，对单位可以处5万元以下罚款，对个人可以处1000元以下罚款。

397. 危害陆域安全保卫区设施安全

397.1 法律依据

《长江三峡水利枢纽安全保卫条例》第14条第3、4项和第35条第2项。

397.2 违法情形

行为人危害陆域安全保卫区设施安全的，应当由公安机关给予行政处罚。

下列行为属于危害陆域安全保卫区设施安全的行为：（1）攀爬、钻越、移动、损毁实物屏障或者警示标志；（2）危害设施安全的其他行为。

397.3 处罚标准

根据《长江三峡水利枢纽安全保卫条例》第14条第3、4项和第35条第2项规定，危害陆域安全保卫区设施安全的，由公安机关责令改正，予以警告，对单位可以处5万元以下罚款，对个人可以处1000元以下罚款。

398. 非法进入陆域安全保卫区

398.1 法律依据

《长江三峡水利枢纽安全保卫条例》第15条和第35条第3项。

398.2 违法情形

行为人非法进入陆域安全保卫区的，应当由公安机关给予行政处罚。

《长江三峡水利枢纽安全保卫条例》第15条规定，未持有效的通行证件或者拒绝接受安全检查的车辆、人员，禁止进入陆域安全保卫区。安全保卫人员对非法进入或者违反本条例第13条、第14条规定的车辆、人员，应当立即制止；对不服从管理的，应当立即依法予以控制并移送公安机关处理。

398.3 处罚标准

根据《长江三峡水利枢纽安全保卫条例》第15条和第35条第3项规定，非法进入陆域安全保卫区的，由公安机关责令改正，予以警告，对单位可以处5万元以下罚款，对个人可以处1000元以下罚款。

399. 人员非法进入禁航区

399.1 法律依据

《长江三峡水利枢纽安全保卫条例》第19条和第35条第4项。

399.2 违法情形

行为人非法进入禁航区的，应当由公安机关给予行政处罚。

《长江三峡水利枢纽安全保卫条例》第19条第1款规定，禁航区是禁止船舶和人员进入的水域。除公务执法船舶以及持有三峡枢纽运行管理单位签发的作业任务书和三峡通航管理机构签发的施工作业许可证的船舶外，任何船舶和人员不得进入禁航区。

399.3 处罚标准

根据《长江三峡水利枢纽安全保卫条例》第19条和第35条第4项规定，人员非法进入禁航区的，由公安机关责令改正，予以警告，对单位可以处5万元以下罚款，对个人可以处1000元以下罚款。

400. 非法进行升放活动

400.1　法律依据

《长江三峡水利枢纽安全保卫条例》第23条和第35条第5项。

400.2　违法情形

行为人在空域安全保卫区进行风筝、孔明灯、热气球、飞艇、动力伞、滑翔伞、三角翼、无人机、轻型直升机、航模等升放或者飞行活动的，应当由公安机关给予行政处罚。

400.3　处罚标准

根据《长江三峡水利枢纽安全保卫条例》第23条和第35条第5项规定，非法进行升放活动的，由公安机关责令改正，予以警告，对单位可以处5万元以下罚款，对个人可以处1000元以下罚款。

四十、企业事业单位内部治安保卫条例

401. 不落实单位内部治安保卫措施

401.1　法律依据

《企业事业单位内部治安保卫条例》第19条，《公安机关监督检查企业事业单位内部治安保卫工作规定》第8条、第11条或者第12条，《金融机构营业场所和金库安全防范设施建设许可实施办法》第15条，《易制爆危险化学品治安管理办法》第25条、第27条、第43条。

401.2　违法情形

企业事业单位违反企业事业单位内部治安保卫规定，不落实单位内部治安保卫措施，造成公民人身伤害、公私财产损失，或者严重威胁公民人身安全、公私财产安全或者公共安全，尚不构成犯罪的，应当由公安机关给予行政处罚。

应当注意，对金融机构安全防范设施建设、使用存在治安隐患的，违法行为名称表述为“不落实单位内部治安保卫措施”，法律依据适用《企业事业单位内部治安保卫条例》第19条和《金融机构营业场所和金库安全防范设施建设许可实施办法》第15条。

对企业事业单位具有《公安机关监督检查企业事业单位内部治安保卫工作规定》第11条或者第12条规定情形的，违法行为名称表述为“不落实单位内部治安保卫措施”，法律依据适用《企业事业单位内部治安保卫条例》第19条和《公安机关监督检查企业事业单位内部治安保卫工作规定》第8条、第11条或者第12条。

《易制爆危险化学品治安管理办法》第25条规定，易制爆危险化学品从业单位应当设置治安保卫机构，建立健全治安保卫制度，配备专职治安保卫人员负责易制爆危险化学品治安保卫工作，并将治安保卫机构的设置和人员的配备情况报所在地县级公安机关备案。治安保卫人员应当符合国家有关标准和规范要求，经培训后上岗。第27条规定，易制爆危险化学品储存场所应当按照国家有关标准和规范要求，设置相应的人力防范、实体防范、技术防范等治安防范设施，防止易制爆危险化学品丢失、被盗、被抢。第43条规定，违反本办法第25条、第27条关于人力防范、实体防范规定，存在治安隐患的，由公安机关依照《企业事业单位内部治安保卫条例》第19条的规定处罚。

401.3　处罚标准

根据《企业事业单位内部治安保卫条例》第19条规定，不落实单位内部治安保

卫措施的，公安机关应当责令限期整改，并处警告；单位逾期不整改，造成公民人身伤害、公私财产损失，或者严重威胁公民人身安全、公私财产安全或者公共安全的，对单位处1万元以上10万元以下的罚款，对单位主要负责人和其他直接责任人员处500元以上5000元以下的罚款，并可以建议有关组织对单位主要负责人和其他直接责任人员依法给予处分；情节严重，构成犯罪的，依法追究刑事责任。

四十一、保安服务管理条例

402. 未经审核变更保安服务公司法定代表人

402.1 法律依据

《保安服务管理条例》第42条第1款第1项。

402.2 违法情形

保安服务公司违反保安服务管理规定，未经公安机关审核同意擅自变更法定代表人的，应当由公安机关给予行政处罚。

402.3 处罚标准

根据《保安服务管理条例》第42条第1款第1项规定，未经审核变更保安服务公司法定代表人的，由公安机关责令限期改正，给予警告；情节严重的，并处1万元以上5万元以下的罚款；有违法所得的，没收违法所得。

403. 未按规定进行自招保安员备案

403.1 法律依据

《保安服务管理条例》第42条第1款第2项。

403.2 违法情形

自行招用保安员的单位，未按规定在开始保安服务之日起30日内向所在地设区的市级人民政府公安机关备案的，应当由公安机关给予行政处罚。

403.3 处罚标准

根据《保安服务管理条例》第42条第1款第2项规定，未按规定进行自招保安员备案的，由公安机关责令限期改正，给予警告；情节严重的，并处1万元以上5万元以下的罚款；有违法所得的，没收违法所得。

404. 未按规定撤销自招保安员备案

404.1 法律依据

《保安服务管理条例》第42条第1款第2项。

404.2 违法情形

自行招用保安员的单位不再招用保安员进行保安服务的，未按规定在停止保安服务之日起30日内到备案的公安机关撤销备案的，应当由公安机关给予行政处罚。

404.3 处罚标准

根据《保安服务管理条例》第42条第1款第2项规定，未按规定撤销自招保安员备案的，由公安机关责令限期改正，给予警告；情节严重的，并处1万元以上5万元以下的罚款；有违法所得的，没收违法所得。

405. 超范围开展保安服务

405.1 法律依据

《保安服务管理条例》第42条第1款第3项。

405.2 违法情形

自行招用保安员的单位违反保安服务管理规定，在本单位以外或者物业管理区域以外开展保安服务的，应当由公安机关给予行政处罚。

405.3 处罚标准

根据《保安服务管理条例》第42条第

1 款第 3 项规定，超范围开展保安服务的，由公安机关责令限期改正，给予警告；情节严重的，并处1 万元以上5 万元以下的罚款；有违法所得的，没收违法所得。

406. 违反规定条件招用保安员

406.1　法律依据

《保安服务管理条例》第 42 条第 1 款第4 项。

406.2　违法情形

保安服务公司和自行招用保安员的单位违反保安服务管理规定，招用不符合规定条件的人员担任保安员的，应当由公安机关给予行政处罚。

《保安服务管理条例》第 16 条第 1 款规定，年满 18 周岁，身体健康，品行良好，具有初中以上学历的中国公民可以申领保安员证，从事保安服务工作。申请人经设区的市级人民政府公安机关考试、审查合格并留存指纹等人体生物信息的，发给保安员证。第 17 条规定，有下列情形之一的，不得担任保安员：（1）曾被收容教育、强制隔离戒毒、劳动教养或者 3 次以上行政拘留的；（2）曾因故意犯罪被刑事处罚的；（3）被吊销保安员证未满 3 年的；（4）曾两次被吊销保安员证的。

406.3　处罚标准

根据《保安服务管理条例》第 42 条第1 款第4 项规定，违反规定条件招用保安员的，由公安机关责令限期改正，给予警告；情节严重的，并处1 万元以上5 万元以下的罚款；有违法所得的，没收违法所得。

407. 未按规定核查保安服务合法性

407.1　法律依据

《保安服务管理条例》第 42 条第 1 款第5 项。

407.2　违法情形

保安服务公司违反保安服务管理规定，未对客户单位要求提供的保安服务的合法性进行核查的，应当由公安机关给予行政处罚。

保安服务公司应当对客户单位要求提供的保安服务的合法性进行核查，对违法的保安服务要求应当拒绝，并向公安机关报告。

407.3　处罚标准

根据《保安服务管理条例》第 42 条第1 款第 5 项规定，未按规定核查保安服务合法性的，由公安机关责令限期改正，给予警告；情节严重的，并处1 万元以上5 万元以下的罚款；有违法所得的，没收违法所得。

408. 未报告违法保安服务要求

408.1　法律依据

《保安服务管理条例》第 42 条第 1 款第5 项。

408.2　违法情形

保安服务公司违反保安服务管理规定，未将客户单位要求提供的违法保安服务要求向公安机关报告的，应当由公安机关给予行政处罚。

408.3　处罚标准

根据《保安服务管理条例》第 42 条第1 款第 5 项规定，未报告违法保安服务要求的，由公安机关责令限期改正，给予警告；情节严重的，并处1 万元以上 5 万元以下的罚款；有违法所得的，没收违法所得。

409. 未按规定签订、留存保安服务合同

409.1　法律依据

《保安服务管理条例》第 42 条第 1 款

第6项。

409.2 违法情形

保安服务公司违反保安服务管理规定，未签订、留存保安服务合同的，应当由公安机关给予行政处罚。

保安服务公司提供保安服务应当与客户单位签订保安服务合同，明确规定服务的项目、内容以及双方的权利义务。保安服务合同终止后，保安服务公司应当将保安服务合同至少留存2年备查。

409.3 处罚标准

根据《保安服务管理条例》第42条第1款第6项规定，未按规定签订、留存保安服务合同的，由公安机关责令限期改正，给予警告；情节严重的，并处1万元以上5万元以下的罚款；有违法所得的，没收违法所得。

410. 未按规定留存保安服务监控影像资料、报警记录

410.1 法律依据

《保安服务管理条例》第42条第1款第7项及第2款。

410.2 违法情形

保安服务公司、自行招用保安员和客户单位违反保安服务管理规定，未留存保安服务中形成的监控影像资料、报警记录的，应当由公安机关给予行政处罚。

保安服务中形成的监控影像资料、报警记录，应当至少留存30日备查，保安从业单位和客户单位不得删改或者扩散。

410.3 处罚标准

根据《保安服务管理条例》第42条第1款第7项及第2款规定，未按规定留存保安服务监控影像资料、报警记录的，由公安机关责令限期改正，给予警告；情节严重的，并处1万元以上5万元以下的罚款；有违法所得的，没收违法所得。

411. 泄露保密信息

411.1 法律依据

《保安服务管理条例》第43条第1款第1项。

411.2 违法情形

保安从业单位违反保安服务管理规定，泄露在保安服务中获知的国家秘密、商业秘密以及客户单位明确要求保密的信息，尚不构成犯罪的，应当由公安机关给予行政处罚。

保安从业单位、保安员对保安服务中获知的国家秘密、商业秘密以及客户单位明确要求保密的信息，应当予以保密。

411.3 处罚标准

根据《保安服务管理条例》第43条第1款第1项规定，泄露保密信息的，责令限期改正，处2万元以上10万元以下的罚款；违反治安管理的，依法给予治安管理处罚；构成犯罪的，依法追究直接负责的主管人员和其他直接责任人员的刑事责任。

412. 使用监控设备侵犯他人合法权益、个人隐私

412.1 法律依据

《保安服务管理条例》第43条第1款第2项。

412.2 违法情形

保安从业单位违反保安服务管理规定，使用监控设备通过偷窥、偷拍、窃听等方式侵犯他人合法权益、个人隐私，尚不构成犯罪的，应当由公安机关给予行政处罚。

412.3 处罚标准

根据《保安服务管理条例》第43条第1款第2项规定，使用监控设备侵犯他人合法权益、个人隐私的，责令限期改正，处2

万元以上10万元以下的罚款；违反治安管理的，依法给予治安管理处罚；构成犯罪的，依法追究直接负责的主管人员和其他直接责任人员的刑事责任。

413. 删改、扩散保安服务监控影像资料、报警记录

413.1　法律依据

《保安服务管理条例》第43条第1款第3项及第2款。

413.2　违法情形

保安从业单位和客户单位违反保安服务管理规定，删改或者扩散保安服务中形成的监控影像资料、报警记录，尚不构成犯罪的，应当由公安机关给予行政处罚。

413.3　处罚标准

根据《保安服务管理条例》第43条第1款第3项及第2款规定，删改、扩散保安服务监控影像资料、报警记录的，责令限期改正，处2万元以上10万元以下的罚款；违反治安管理的，依法给予治安管理处罚；构成犯罪的，依法追究直接负责的主管人员和其他直接责任人员的刑事责任。

414. 指使、纵容保安员实施违法犯罪行为

414.1　法律依据

《保安服务管理条例》第43条第1款第4项。

414.2　违法情形

保安从业单位违反保安服务管理规定，指使、纵容保安员阻碍依法执行公务、参与追索债务、采用暴力或者以暴力相威胁的手段处置纠纷，尚不构成犯罪的，应当由公安机关给予行政处罚。

414.3　处罚标准

根据《保安服务管理条例》第43条第1款第4项规定，指使、纵容保安员实施违法犯罪行为的，责令限期改正，处2万元以上10万元以下的罚款；违反治安管理的，依法给予治安管理处罚；构成犯罪的，依法追究直接负责的主管人员和其他直接责任人员的刑事责任。

415. 疏于管理导致发生保安员违法犯罪案件

415.1　法律依据

《保安服务管理条例》第43条第1款第5项。

415.2　违法情形

保安从业单位对保安员疏于管理、教育和培训，发生保安员违法犯罪案件，造成严重后果的，应当由公安机关给予行政处罚。

415.3　处罚标准

根据《保安服务管理条例》第43条第1款第5项，疏于管理导致发生保安员违法犯罪案件的，责令限期改正，处2万元以上10万元以下的罚款；违反治安管理的，依法给予治安管理处罚。

416. 保安员扣押、没收他人证件、财物

416.1　法律依据

《保安服务管理条例》第45条第1款第2项。

416.2　违法情形

保安员违反保安服务管理规定，非法扣押、没收他人证件、财物，尚不构成犯罪的，应当由公安机关给予行政处罚。

416.3　处罚标准

根据《保安服务管理条例》第45条第1款第2项规定，保安员扣押、没收他人证件、财物的，由公安机关予以训诫；情节

严重的，吊销其保安员证；违反治安管理的，依法给予治安管理处罚；构成犯罪的，依法追究刑事责任。

应当注意，《保安服务管理条例》第45条第1款第1项规定的“限制他人人身自由、搜查他人身体或者侮辱、殴打他人”、第3项规定的“阻碍依法执行公务”与《治安管理处罚法》有关条文竞合，受案、处罚适用《治安管理处罚法》相关条文规定。

417. 保安员参与追索债务

417.1 法律依据

《保安服务管理条例》第45条第1款第4项。

417.2 违法情形

保安员违反保安服务管理规定，参与追索债务，尚不构成犯罪的，应当由公安机关给予行政处罚。

417.3 处罚标准

根据《保安服务管理条例》第45条第1款第4项规定，保安员参与追索债务的，由公安机关予以训诫；情节严重的，吊销其保安员证；违反治安管理的，依法给予治安管理处罚；构成犯罪的，依法追究刑事责任。

418. 保安员采用暴力、以暴力相威胁处置纠纷

418.1 法律依据

《保安服务管理条例》第45条第1款第4项。

418.2 违法情形

保安员违反保安服务管理规定，采用暴力或者以暴力相威胁的手段处置纠纷，尚不构成犯罪的，应当由公安机关给予行政处罚。

418.3 处罚标准

根据《保安服务管理条例》第45条第1款第4项规定，保安员采用暴力、以暴力相威胁处置纠纷的，由公安机关予以训诫；情节严重的，吊销其保安员证；违反治安管理的，依法给予治安管理处罚；构成犯罪的，依法追究刑事责任。

419. 保安员删改、扩散保安服务监控影像资料、报警记录

419.1 法律依据

《保安服务管理条例》第45条第1款第5项。

419.2 违法情形

保安员违反保安服务管理规定，删改或者扩散保安服务中形成的监控影像资料、报警记录，尚不构成犯罪的，应当由公安机关给予行政处罚。

419.3 处罚标准

根据《保安服务管理条例》第45条第1款第5项规定，保安员删改、扩散保安服务监控影像资料、报警记录的，由公安机关予以训诫；情节严重的，吊销其保安员证；违反治安管理的，依法给予治安管理处罚；构成犯罪的，依法追究刑事责任。

420. 保安员侵犯个人隐私、泄露保密信息

420.1 法律依据

《保安服务管理条例》第45条第1款第6项。

420.2 违法情形

保安员违反保安服务管理规定，侵犯个人隐私或者泄露在保安服务中获知的国家秘密、商业秘密以及客户单位明确要求保密的信息，尚不构成犯罪的，应当由公安机关给予行政处罚。

420.3　处罚标准

根据《保安服务管理条例》第45条第1款第6项规定，保安员侵犯个人隐私、泄露保密信息的，由公安机关予以训诫；情节严重的，吊销其保安员证；违反治安管理的，依法给予治安管理处罚；构成犯罪的，依法追究刑事责任。

421. 未按规定进行保安员培训

421.1　法律依据

《保安服务管理条例》第47条。

421.2　违法情形

保安培训单位违反保安培训管理规定，未按照保安员培训教学大纲的规定进行培训的，应当由公安机关给予行政处罚。

421.3　处罚标准

根据《保安服务管理条例》第47条规定，未按规定进行保安员培训的，责令限期改正，给予警告；情节严重的，并处1万元以上5万元以下的罚款。以保安培训为名进行诈骗活动的，依法给予治安管理处罚；构成犯罪的，依法追究刑事责任。

应当注意，根据2022年3月国务院决定，对《保安服务管理条例》进行了个别条文修订，其中，将第47条修改为："从事保安培训的单位有下列情形之一的，责令限期改正，给予警告；情节严重的，并处1万元以上5万元以下的罚款：（一）未按照本条例的规定进行备案或者办理变更的；（二）不符合本条例规定条件的；（三）隐瞒有关情况、提供虚假材料或者拒绝提供反映其活动情况的真实材料的；（四）未按照本条例规定开展保安培训的。以保安培训为名进行诈骗活动的，依法给予治安管理处罚；构成犯罪的，依法追究刑事责任。"由此可见，增加了3项公安行政处罚行为，即未按照本条例的规定进行备案或者办理变更的，不符合本条例规定条件的，隐瞒有关情况、提供虚假材料或者拒绝提供反映其活动情况的真实材料的。对构成上述违反保安服务管理秩序的行为，应当由公安机关给予相应的行政处罚。

四十二、保安培训机构管理办法

422. 非法获取保安培训许可证

422.1　法律依据

《保安培训机构管理办法》第32条第2款。

422.2　违法情形

保安培训机构违反保安培训业管理规定，以欺骗、贿赂等不正当手段取得《保安培训许可证》的，应当由公安机关给予行政处罚。

422.3　处罚标准

根据《保安培训机构管理办法》第32条第2款规定，非法获取保安培训许可证的，由设区的市级人民政府公安机关对该保安培训机构处以1万元以上3万元以下罚款，对其直接负责的主管人员和其他直接责任人员处以200元以上1000元以下罚款，并由发证的公安机关撤销《保安培训许可证》。

423. 未按规定办理保安培训机构变更手续

423.1　法律依据

《保安培训机构管理办法》第9条和第33条第1款。

423.2　违法情形

保安培训机构违反保安培训业管理规定，在机构变更名称、住所、法定代表人、校长（院长）、投资主体或者培训类型后，未在20日内到发放《保安培训许可证》的公安机关办理变更手续的，应当由公安机关给予行政处罚。

423.3 处罚标准

根据《保安培训机构管理办法》第9条和第33条第1款规定，未按规定办理保安培训机构变更手续的，由设区的市级人民政府公安机关处以5000元以上3万元以下罚款，并责令限期改正。

424. 未按规定时间安排保安学员实习

424.1 法律依据

《保安培训机构管理办法》第14条第1款和第33条第1款。

424.2 违法情形

保安培训机构违反保安培训业管理规定，未按规定时间安排保安学员实习的，应当由公安机关给予行政处罚。

《保安培训机构管理办法》第14条第1款规定，保安培训机构学员实习时间不得超过培训时间的1/3。

424.3 处罚标准

根据《保安培训机构管理办法》第14条第1款和第33条第1款规定，未按规定时间安排保安学员实习的，由设区的市级人民政府公安机关处以5000元以上3万元以下罚款，并责令限期改正。

425. 非法提供保安服务

425.1 法律依据

《保安培训机构管理办法》第14条第2款和第33条第1款。

425.2 违法情形

保安培训机构违反保安培训业管理规定，向社会提供保安服务或者以实习等名义变相提供保安服务的，应当由公安机关给予行政处罚。

《保安培训机构管理办法》第14条第2款规定，保安培训机构不得向社会提供保安服务或者以实习等名义变相提供保安服务。

425.3 处罚标准

根据《保安培训机构管理办法》第14条第2款和第33条第1款规定，非法提供保安服务的，由设区的市级人民政府公安机关处以5000元以上3万元以下罚款，并责令限期改正。

426. 未按规定签订保安培训合同

426.1 法律依据

《保安培训机构管理办法》第19条和第33条第1款。

426.2 违法情形

保安培训机构违反保安培训业管理规定，在学员入学时未与学员签订规范的培训合同，明确双方权利义务，如实告知可能存在的就业风险的，应当由公安机关给予行政处罚。

426.3 处罚标准

根据《保安培训机构管理办法》第19条和第33条第1款规定，未按规定签订保安培训合同的，由设区的市级人民政府公安机关处以5000元以上3万元以下罚款，并责令限期改正。

427. 未按规定备案保安培训合同式样

427.1 法律依据

《保安培训机构管理办法》第19条和第33条第1款。

427.2 违法情形

保安培训机构违反保安培训业管理规定，未将保安培训合同式样报保安培训机构所在地设区的市级人民政府公安机关备案的，应当由公安机关给予行政处罚。

427.3 处罚标准

根据《保安培训机构管理办法》第19

条和第33条第1款规定，未按规定备案保安培训合同式样的，由设区的市级人民政府公安机关处以5000元以上3万元以下罚款，并责令限期改正。

428. 发布虚假招生广告

428.1　法律依据

《保安培训机构管理办法》第21条和第33条第2款。

428.2　违法情形

保安培训机构违反保安培训业管理规定，发布虚假招生广告，夸大事实或者以安排工作等名义诱骗学员入学，不构成犯罪的，应当由公安机关给予行政处罚。

428.3　处罚标准

根据《保安培训机构管理办法》第21条和第33条第2款规定，发布虚假招生广告的，由设区的市级人民政府公安机关处以5000元以上3万元以下罚款，并责令退还学员全部学费；构成违反治安管理行为的，依法予以治安管理处罚；构成犯罪的，依法追究刑事责任。

429. 非法传授侦察技术手段

429.1　法律依据

《保安培训机构管理办法》第15条第2款和第34条第2款。

429.2　违法情形

保安培训机构违反保安培训业管理规定，传授依法由公安机关、国家安全机关、检察机关专有的侦察技术、手段的，应当由公安机关给予行政处罚。

《保安培训机构管理办法》第15条第2款规定，保安培训机构不得传授依法由公安机关、国家安全机关、检察机关专有的侦察技术、手段。枪支使用培训由省级人民政府公安机关指定的培训机构进行。法律、法规对培训内容和学员有其他特殊要求的，按照有关规定执行。

429.3　处罚标准

根据《保安培训机构管理办法》第15条第2款和第34条第2款规定，非法传授侦察技术手段的，由设区的市级人民政府公安机关责令保安培训机构取消教员授课资格，并对保安培训机构处以2000元以上1万元以下罚款。

430. 未按规定内容、计划进行保安培训

430.1　法律依据

《保安培训机构管理办法》第13条和第35条。

430.2　违法情形

保安培训机构违反保安培训业管理规定，未按规定内容、计划进行保安培训的，应当由公安机关给予行政处罚。

《保安培训机构管理办法》第13条规定，保安培训机构应当根据培训内容和培训计划，对学员进行2个月以上且不少于264课时的培训。

430.3　处罚标准

根据《保安培训机构管理办法》第13条和第35条规定，未按规定内容、计划进行保安培训的，由设区的市级人民政府公安机关责令保安培训机构限期改正；逾期不改正的，处以2000元以上1万元以下罚款。

431. 未按规定颁发保安培训结业证书

431.1　法律依据

《保安培训机构管理办法》第16条和第35条。

431.2　违法情形

保安培训机构违反保安培训业管理规

定，对完成培训计划、内容和课时且考核合格的学员，未按规定颁发结业证书的，应当由公安机关给予行政处罚。

431.3 处罚标准

根据《保安培训机构管理办法》第16条和第35条规定，未按规定颁发保安培训结业证书的，由设区的市级人民政府公安机关责令保安培训机构限期改正；逾期不改正的，处以2000元以上1万元以下罚款。

432. 未按规定建立保安学员档案管理制度

432.1 法律依据

《保安培训机构管理办法》第17条第1款和第35条。

432.2 违法情形

保安培训机构违反保安培训业管理规定，未按规定建立保安学员档案管理制度，对学员成绩、考核鉴定等基本信息实行计算机管理的，应当由公安机关给予行政处罚。

432.3 处罚标准

根据《保安培训机构管理办法》第17条第1款和第35条规定，未按规定建立保安学员档案管理制度的，由设区的市级人民政府公安机关责令保安培训机构限期改正；逾期不改正的，处以2000元以上1万元以下罚款。

433. 未按规定保存保安学员文书档案

433.1 法律依据

《保安培训机构管理办法》第17条第1款和第35条。

433.2 违法情形

保安培训机构违反保安培训业管理规定，未按规定将学员文书档案保存至学员毕业离校后的第5年年底的，应当由公安机关给予行政处罚。

应当注意，对保安培训机构因未按规定建立保安学员档案管理制度而未按规定保存保安学员文书档案的，违法行为名称表述为“未按规定建立保安学员档案管理制度”。

433.3 处罚标准

根据《保安培训机构管理办法》第17条第1款和第35条规定，未按规定保存保安学员文书档案的，由设区的市级人民政府公安机关责令保安培训机构限期改正；逾期不改正的，处以2000元以上1万元以下罚款。

434. 未按规定备案保安学员、师资人员档案

434.1 法律依据

《保安培训机构管理办法》第17条第2款和第35条。

434.2 违法情形

保安培训机构违反保安培训业管理规定，未按规定将学员、师资人员文书档案及电子文档报所在地设区的市级人民政府公安机关备案的，应当由公安机关给予行政处罚。

434.3 处罚标准

根据《保安培训机构管理办法》第17条第2款和第35条规定，未按规定备案保安学员、师资人员档案的，由设区的市级人民政府公安机关责令保安培训机构限期改正；逾期不改正的，处以2000元以上1万元以下罚款。

435. 违规收取保安培训费用

435.1 法律依据

《保安培训机构管理办法》第18条和第35条。

435.2　违法情形

保安培训机构违反所在省级人民政府公安机关商同级价格主管部门核准的保安培训业收费标准，向保安学员乱收保安培训费用的，应当由公安机关给予行政处罚。

435.3　处罚标准

根据《保安培训机构管理办法》第18条和第35条规定，违规收取保安培训费用的，由设区的市级人民政府公安机关责令保安培训机构限期改正；逾期不改正的，处以2000元以上1万元以下罚款。

436. 转包、违规委托保安培训业务

436.1　法律依据

《保安培训机构管理办法》第20条和第35条。

436.2　违法情形

保安培训机构违反保安培训业管理规定，以转包形式开展保安培训业务，或者委托未经公安机关依法许可的保安培训机构或者个人开展保安培训业务的，应当由公安机关给予行政处罚。

436.3　处罚标准

根据《保安培训机构管理办法》第20条和第35条规定，转包、违规委托保安培训业务的，由设区的市级人民政府公安机关责令保安培训机构限期改正；逾期不改正的，处以2000元以上1万元以下罚款。

四十三、金融机构营业场所和金库安全防范设施建设许可实施办法

437. 安全防范设施建设方案未经许可施工

437.1　法律依据

《金融机构营业场所和金库安全防范设施建设许可实施办法》第16条。

437.2　违法情形

金融机构营业场所、金库安全防范设施建设方案，未经公安机关批准而擅自新建、改建的，应当由公安机关给予行政处罚。

437.3　处罚标准

根据《金融机构营业场所和金库安全防范设施建设许可实施办法》第16条规定，安全防范设施建设方案未经许可施工的，公安机关应当责令其停止施工并按照规定报批，同时对单位处5000元以上2万元以下罚款，对直接负责的主管人员和其他直接责任人员处200元以上1000元以下罚款。

438. 安全防范设施建设工程未经验收投入使用

438.1　法律依据

《金融机构营业场所和金库安全防范设施建设许可实施办法》第17条。

438.2　违法情形

新建、改建的金融机构营业场所、金库安全防范设施建设工程竣工后，未经原审批安全防范设施方案的公安机关验收即投入使用的，应当由公安机关给予行政处罚。

438.3　处罚标准

根据《金融机构营业场所和金库安全防范设施建设许可实施办法》第17条规定，安全防范设施建设工程未经验收投入使用的，公安机关应当责令金融机构按照规定报批，并对单位处1万元以上3万元以下罚款，对直接负责的主管人员和其他直接责任人员处200元以上1000元以下罚款。同时，可以建议其上级主管部门对直接负责的主管人员和其他直接责任人员依法给

予处分；构成犯罪的，依法追究刑事责任。

四十四、中华人民共和国安全生产法

439. 发生生产安全事故逃匿

439.1 法律依据

《中华人民共和国安全生产法》第110条第1款。

439.2 违法情形

生产经营单位的主要负责人在本单位发生生产安全事故时，不立即组织抢救或者在事故调查处理期间逃匿，不构成犯罪的，应当由公安机关给予行政处罚。

439.3 处罚标准

根据《中华人民共和国安全生产法》第110条第1款规定，发生生产安全事故逃匿的，处15日以下拘留；构成犯罪的，依照《刑法》有关规定追究刑事责任。

四十五、中华人民共和国收养法

440. 出卖亲生子女

根据《中华人民共和国收养法》第31条第3款规定，出卖亲生子女的，由公安部门没收非法所得，并处以罚款；构成犯罪的，依法追究刑事责任。

应当注意，由于《民法典》吸收了《收养法》的相关内容，《收养法》已被废止。而买卖儿童的行为是严重的犯罪行为，父母出卖亲生子女的行为也构成犯罪，应当依法追责刑事责任，不能由公安机关给予行政处罚。

四十六、拘留所条例实施办法

441. 担保人不履行担保义务

441.1 法律依据

《拘留所条例实施办法》第57条第3款。

441.2 违法情形

担保人应当保证被担保人请假出所后按时返回拘留所。担保人违反有关规定，不履行担保义务、致使被担保人请假出所不归或者不按时回所的，应当由公安机关给予行政处罚。

441.3 处罚标准

根据《拘留所条例实施办法》第57条第3款规定，担保人不履行担保义务的，由公安机关对其处3000元以下罚款。

第三节 违反反恐怖主义管理秩序行为的法律依据、违法情形和处罚标准

四十七、中华人民共和国反恐怖主义法

442. 宣扬恐怖主义、极端主义

442.1 法律依据

《中华人民共和国反恐怖主义法》第80条第1项。

442.2 违法情形

宣扬恐怖主义、极端主义，情节轻微，尚不构成犯罪的，应当由公安机关予以行政处罚。

《中华人民共和国反恐怖主义法》第2条规定，国家反对一切形式的恐怖主义，依法取缔恐怖活动组织，对任何组织、策划、准备实施、实施恐怖活动，宣扬恐怖主义，煽动实施恐怖活动，组织、领导、参加恐怖活动组织，为恐怖活动提供帮助的，依法追究法律责任。国家不向任何恐怖活动组织和人员作出妥协，不向任何恐

怖活动人员提供庇护或者给予难民地位。所谓恐怖主义，是指通过暴力、破坏、恐吓等手段，制造社会恐慌、危害公共安全、侵犯人身财产，或者胁迫国家机关、国际组织，以实现其政治、意识形态等目的的主张和行为。

第28条规定，公安机关和有关部门对宣扬极端主义，利用极端主义危害公共安全、扰乱公共秩序、侵犯人身财产、妨害社会管理的，应当及时予以制止，依法追究法律责任。公安机关发现极端主义活动的，应当责令立即停止，将有关人员强行带离现场并登记身份信息，对有关物品、资料予以收缴，对非法活动场所予以查封。任何单位和个人发现宣扬极端主义的物品、资料、信息的，应当立即向公安机关报告。

442.3　处罚标准

根据《中华人民共和国反恐怖主义法》第80条第1项规定，宣扬恐怖主义、极端主义，情节轻微，尚不构成犯罪的，由公安机关处10日以上15日以下拘留，可以并处1万元以下罚款。构成犯罪的，依照《刑法》第120条之三规定的宣扬恐怖主义、极端主义罪追究刑事责任。

443. 煽动实施恐怖活动、极端主义活动

443.1　法律依据

《中华人民共和国反恐怖主义法》第80条第1项。

443.2　违法情形

煽动实施恐怖活动、极端主义活动，情节轻微，尚不构成犯罪的，应当由公安机关予以行政处罚。

443.3　处罚标准

根据《中华人民共和国反恐怖主义法》第80条第1项规定，煽动实施恐怖活动、极端主义活动，情节轻微，尚不构成犯罪的，由公安机关处10日以上15日以下拘留，可以并处1万元以下罚款。构成犯罪的，依照《刑法》第120条之三规定的煽动实施恐怖活动罪追究刑事责任。

444. 制作、传播、非法持有宣扬恐怖主义、极端主义物品

444.1　法律依据

《中华人民共和国反恐怖主义法》第80条第2项。

444.2　违法情形

制作、传播、非法持有宣扬恐怖主义、极端主义的物品，情节轻微，尚不构成犯罪的，应当由公安机关予以行政处罚。

444.3　处罚标准

根据《中华人民共和国反恐怖主义法》第80条第2项规定，制作、传播、非法持有宣扬恐怖主义、极端主义的物品，情节轻微，尚不构成犯罪的，由公安机关处10日以上15日以下拘留，可以并处1万元以下罚款。构成犯罪的，依照《刑法》第120条之三、第120条之六规定的以宣扬恐怖主义、极端主义罪或者非法持有宣扬恐怖主义、极端主义物品罪追究刑事责任。

445. 强制穿戴宣扬恐怖主义、极端主义服饰、标志

445.1　法律依据

《中华人民共和国反恐怖主义法》第80条第3项。

445.2　违法情形

强制他人在公共场所穿戴宣扬恐怖主义、极端主义的服饰、标志，情节轻微，尚不构成犯罪的，应当由公安机关予以行政处罚。

445.3 处罚标准

根据《中华人民共和国反恐怖主义法》第80条第3项规定，强制他人在公共场所穿戴宣扬恐怖主义、极端主义的服饰、标志，情节轻微，尚不构成犯罪的，由公安机关处10日以上15日以下拘留，可以并处1万元以下罚款。构成犯罪的，依照《刑法》第120条之五规定的强制穿戴宣扬恐怖主义、极端主义服饰、标志罪追究刑事责任。

446. 帮助恐怖活动、极端主义活动

446.1 法律依据

《中华人民共和国反恐怖主义法》第80条第4项。

446.2 违法情形

为宣扬恐怖主义、极端主义或者实施恐怖主义、极端主义活动提供信息、资金、物资、劳务、技术、场所等支持、协助、便利，情节轻微，尚不构成犯罪的，应当由公安机关予以行政处罚。

446.3 处罚标准

根据《中华人民共和国反恐怖主义法》第80条第4项规定，帮助恐怖活动、极端主义活动，情节轻微，尚不构成犯罪的，由公安机关处10日以上15日以下拘留，可以并处1万元以下罚款。构成犯罪的，依照《刑法》第120条之三规定的宣扬恐怖主义、极端主义罪追究刑事责任。构成帮助恐怖活动犯罪的，依照《刑法》第120条之一的规定追究刑事责任。

447. 利用极端主义破坏法律实施

447.1 法律依据

《中华人民共和国反恐怖主义法》第81条。

447.2 违法情形

利用极端主义破坏国家法律制度实施，情节轻微，尚不构成犯罪的，应当由公安机关予以行政处罚。

《中华人民共和国反恐怖主义法》第81条规定了下列10种利用极端主义破坏国家法律制度实施的行为：（1）强迫他人参加宗教活动，或者强迫他人向宗教活动场所、宗教教职人员提供财物或者劳务的；（2）以恐吓、骚扰等方式驱赶其他民族或者有其他信仰的人员离开居住地的；（3）以恐吓、骚扰等方式干涉他人与其他民族或者有其他信仰的人员交往、共同生活的；（4）以恐吓、骚扰等方式干涉他人生活习俗、方式和生产经营的；（5）阻碍国家机关工作人员依法执行职务的；（6）歪曲、诋毁国家政策、法律、行政法规，煽动、教唆抵制人民政府依法管理的；（7）煽动、胁迫群众损毁或者故意损毁居民身份证、户口簿等国家法定证件以及人民币的；（8）煽动、胁迫他人以宗教仪式取代结婚、离婚登记的；（9）煽动、胁迫未成年人不接受义务教育的；（10）其他利用极端主义破坏国家法律制度实施的。

应当注意，具体适用时，应当在违法行为名称中注明本条有关项规定的具体违法行为。例如，"利用极端主义破坏法律实施（强迫他人参加宗教活动）"，其法律依据适用第81条第1项。

447.3 处罚标准

根据《中华人民共和国反恐怖主义法》第81条规定，利用极端主义破坏国家法律制度实施，情节轻微，尚不构成犯罪的，由公安机关处5日以上15日以下拘留，可以并处1万元以下罚款。构成犯罪的，依照《刑法》第120条之四规定的利用极端主义破坏国家法律实施罪追究刑事责任。

如果以暴力、威胁方法阻碍国家机关工作人员依法执行职务的，应当依照《刑法》第277条规定的妨害公务罪追究刑事责任。

448. 窝藏、包庇恐怖活动、极端主义犯罪人员

448.1 法律依据

《中华人民共和国反恐怖主义法》第82条。

448.2 违法情形

明知他人有恐怖活动犯罪、极端主义犯罪行为，窝藏、包庇，情节轻微，尚不构成犯罪的，应当由公安机关予以行政处罚。

《中华人民共和国反恐怖主义法》第9条规定，任何单位和个人都有协助、配合有关部门开展反恐怖主义工作的义务，发现恐怖活动嫌疑或者恐怖活动嫌疑人员的，应当及时向公安机关或者有关部门报告。

448.3 处罚标准

根据《中华人民共和国反恐怖主义法》第82条规定，明知他人有恐怖活动犯罪、极端主义犯罪行为，窝藏、包庇，情节轻微，尚不构成犯罪的，由公安机关处10日以上15日以下拘留，可以并处1万元以下罚款。构成犯罪的，依照《刑法》第310条规定的窝藏、包庇罪追究刑事责任。

449. 拒绝提供恐怖活动、极端主义犯罪证据

449.1 法律依据

《中华人民共和国反恐怖主义法》第82条。

449.2 违法情形

明知他人有恐怖活动犯罪、极端主义犯罪行为，在司法机关向其调查有关情况、收集有关证据时，拒绝提供，尚不构成犯罪的，应当由公安机关予以行政处罚。

449.3 处罚标准

根据《中华人民共和国反恐怖主义法》第82条规定，明知他人有恐怖活动犯罪、极端主义犯罪行为，在司法机关向其调查有关情况、收集有关证据时，拒绝提供，情节轻微，尚不构成犯罪的，由公安机关处10日以上15日以下拘留，可以并处1万元以下罚款。构成犯罪的，依照《刑法》第311条规定的拒绝提供恐怖活动犯罪、极端主义犯罪证据罪追究刑事责任。

450. 未立即冻结涉恐资产

450.1 法律依据

《中华人民共和国反恐怖主义法》第83条。

450.2 违法情形

金融机构和特定非金融机构对国家反恐怖主义工作领导机构的办事机构公告的恐怖活动组织及恐怖活动人员的资金或者其他资产，未立即予以冻结的，应当由公安机关予以行政处罚。

450.3 处罚标准

根据《中华人民共和国反恐怖主义法》第83条规定，金融机构和特定非金融机构对国家反恐怖主义工作领导机构的办事机构公告的恐怖活动组织及恐怖活动人员的资金或者其他资产，未立即予以冻结的，由公安机关处20万元以上50万元以下罚款，并对直接负责的董事、高级管理人员和其他直接责任人员处10万元以下罚款；情节严重的，处50万元以上罚款，并对直接负责的董事、高级管理人员和其他直接责任人员，处10万元以上50万元以下罚款，可以并处5日以上15日以下拘留。

451. 未按规定提供反恐网络执法协助

451.1 法律依据

《中华人民共和国反恐怖主义法》第84条第1项，限于公安机关要求提供技术接口和解密等技术支持和协助的。

451.2 违法情形

电信业务经营者、互联网服务提供者未依照规定为公安机关依法进行防范、调查恐怖活动提供技术接口和解密等技术支持和协助的，应当由公安机关予以行政处罚。

《中华人民共和国反恐怖主义法》第18条规定，电信业务经营者、互联网服务提供者应当为公安机关、国家安全机关依法进行防范、调查恐怖活动提供技术接口和解密等技术支持和协助。

451.3 处罚标准

根据《中华人民共和国反恐怖主义法》第84条第1项规定，电信业务经营者、互联网服务提供者未依照规定为公安机关依法进行防范、调查恐怖活动提供技术接口和解密等技术支持和协助，由公安机关处20万元以上50万元以下罚款，并对其直接负责的主管人员和其他直接责任人员处10万元以下罚款；情节严重的，处50万元以上罚款，并对其直接负责的主管人员和其他直接责任人员，处10万元以上50万元以下罚款，可以由公安机关对其直接负责的主管人员和其他直接责任人员，处5日以上15日以下拘留。

452. 未按要求处置恐怖主义、极端主义信息

452.1 法律依据

《中华人民共和国反恐怖主义法》第84条第2项，限于公安机关要求停止传输、删除相关信息，保存相关记录，关闭相关网站或者关停相关服务，以及其他部门管辖依法应当予以行政拘留的。

452.2 违法情形

电信业务经营者、互联网服务提供者未按照公安机关要求，停止传输、删除含有恐怖主义、极端主义内容的信息，保存相关记录，关闭相关网站或者关停相关服务的，公安机关可以在法定职权范围内给予行政处罚。

452.3 处罚标准

根据《中华人民共和国反恐怖主义法》第84条第2项规定，电信业务经营者、互联网服务提供者未按照公安机关要求，停止传输、删除含有恐怖主义、极端主义内容的信息，保存相关记录，关闭相关网站或者关停相关服务的，由公安机关处20万元以上50万元以下罚款，并对其直接负责的主管人员和其他直接责任人员处10万元以下罚款；情节严重的，处50万元以上罚款，并对其直接负责的主管人员和其他直接责任人员，处10万元以上50万元以下罚款，可以由公安机关对其直接负责的主管人员和其他直接责任人员，处5日以上15日以下拘留。对未按其他主管部门要求处置恐怖主义、极端主义信息的，由相关主管部门予以行政处罚，但是行政拘留只能由公安机关负责。

453. 未落实网络安全措施造成恐怖主义、极端主义信息传播

453.1 法律依据

《中华人民共和国反恐怖主义法》第84条第3项，限于公安机关监管范围，以及其他部门管辖依法应当予以行政拘留的。

453.2 违法情形

电信业务经营者、互联网服务提供者

未落实网络安全、信息内容监督制度和安全技术防范措施，造成含有恐怖主义、极端主义内容的信息传播，情节严重的，由相关主管部门予以行政处罚，公安机关可以在法定职权范围内给予行政处罚，其他部门管辖的依法应当予以行政拘留的，只能由公安机关负责。

453.3　处罚标准

根据《中华人民共和国反恐怖主义法》第84条第3项规定，电信业务经营者、互联网服务提供者未落实网络安全、信息内容监督制度和安全技术防范措施，造成含有恐怖主义、极端主义内容的信息传播，情节严重的，由主管部门处20万元以上50万元以下罚款，并对其直接负责的主管人员和其他直接责任人员处10万元以下罚款；情节严重的，处50万元以上罚款，并对其直接负责的主管人员和其他直接责任人员，处10万元以上50万元以下罚款，可以由公安机关对其直接负责的主管人员和其他直接责任人员，处五5以上15以下拘留。

454. 未按规定执行互联网服务实名制

454.1　法律依据

《中华人民共和国反恐怖主义法》第86条第1款，限于公安机关监管范围的。

454.2　违法情形

电信、互联网、金融业务经营者、服务提供者未按规定对客户身份进行查验，或者对身份不明、拒绝身份查验的客户提供服务的，由相关主管部门予以行政处罚，公安机关可以在法定职权范围内给予行政处罚。

454.3　处罚标准

《中华人民共和国反恐怖主义法》第86条第1款规定，电信、互联网、金融业务经营者、服务提供者未按规定执行互联网服务实名制的，主管部门应当责令改正；拒不改正的，处20万元以上50万元以下罚款，并对其直接负责的主管人员和其他直接责任人员处10万元以下罚款；情节严重的，处50万元以上罚款，并对其直接负责的主管人员和其他直接责任人员，处10万元以上50万元以下罚款。

455. 未按规定执行住宿实名制

455.1　法律依据

《中华人民共和国反恐怖主义法》第86条第2款。

455.2　违法情形

住宿、长途客运、机动车租赁等业务经营者、服务提供者未按规定执行住宿实名制的，公安机关可以在法定职权范围内给予行政处罚。

455.3　处罚标准

《中华人民共和国反恐怖主义法》第86条第2款规定，住宿、长途客运、机动车租赁等业务经营者、服务提供者未按规定执行住宿实名制的，由主管部门处10万元以上50万元以下罚款，并对其直接负责的主管人员和其他直接责任人员处10万元以下罚款。

456. 未按规定对危险物品作出电子追踪标识

456.1　法律依据

《中华人民共和国反恐怖主义法》第87条第1项。

456.2　违法情形

未依照规定对枪支等武器、弹药、管制器具、危险化学品、民用爆炸物品、核与放射物品作出电子追踪标识的，公安机关可以在法定职权范围内给予行政处罚。

具体适用时，应当在违法行为名称中注明本项规定的危险物品种类。例如，"未按规定对危险物品（管制器具）作出电子追踪标识"。

《中华人民共和国反恐怖主义法》第22条第1款规定，生产和进口单位应当依照规定对枪支等武器、弹药、管制器具、危险化学品、民用爆炸物品、核与放射物品作出电子追踪标识，对民用爆炸物品添加安检示踪标识物。

456.3 处罚标准

根据《中华人民共和国反恐怖主义法》第87条第1项，未按规定对危险物品作出电子追踪标识的，由主管部门给予警告，并责令改正；拒不改正的，处10万元以下罚款，并对其直接负责的主管人员和其他直接责任人员处1万元以下罚款。

457. 未按规定对民爆物品添加安检示踪标识物

457.1 法律依据

《中华人民共和国反恐怖主义法》第87条第1项。

457.2 违法情形

未按规定对民爆物品添加安检示踪标识物的，公安机关可以在法定职权范围内给予行政处罚。

《中华人民共和国反恐怖主义法》第22条第1款规定，生产和进口单位应当依照规定对枪支等武器、弹药、管制器具、危险化学品、民用爆炸物品、核与放射物品作出电子追踪标识，对民用爆炸物品添加安检示踪标识物。

457.3 处罚标准

根据《中华人民共和国反恐怖主义法》第87条第1项，未按规定对民爆物品添加安检示踪标识物的，由主管部门给予警告，并责令改正；拒不改正的，处10万元以下罚款，并对其直接负责的主管人员和其他直接责任人员处1万元以下罚款。

458. 违反危险物品管制、限制交易措施

458.1 法律依据

《中华人民共和国反恐怖主义法》第87条第4项，限于违反公安部或者省级人民政府规定的属于公安机关职权的管制、限制交易措施。

458.2 违法情形

违反国务院有关主管部门或者省级人民政府对管制器具、危险化学品、民用爆炸物品决定的管制或者限制交易措施的，公安机关可以在法定职权范围内给予行政处罚。

《中华人民共和国反恐怖主义法》第22条第4款规定，对管制器具、危险化学品、民用爆炸物品，国务院有关主管部门或者省级人民政府根据需要，在特定区域、特定时间，可以决定对生产、进出口、运输、销售、使用、报废实施管制，可以禁止使用现金、实物进行交易或者对交易活动作出其他限制。

公安机关在具体适用时，应当在违法行为名称中注明本项规定的危险物品种类。例如，"违反危险物品（管制器具）管制、限制交易措施"。

458.3 处罚标准

根据《中华人民共和国反恐怖主义法》第87条第4项，违反危险物品管制、限制交易措施的，由主管部门给予警告，并责令改正；拒不改正的，处10万元以下罚

款，并对其直接负责的主管人员和其他直接责任人员处1万元以下罚款。

459. 未落实重点目标反恐防范应对措施

459.1　法律依据

《中华人民共和国反恐怖主义法》第88条第1款。

459.2　违法情形

防范恐怖袭击重点目标的管理、营运单位未落实重点目标反恐防范应对措施的，应当由公安机关给予行政处罚。具体适用时，应当在违法行为名称中注明本款有关项规定的具体违法行为。例如，"未落实重点目标反恐防范应对措施（未建立经费保障制度）"。

未落实重点目标反恐防范应对措施主要包括：（1）未制定防范和应对处置恐怖活动的预案、措施的；（2）未建立反恐怖主义工作专项经费保障制度，或者未配备防范和处置设备、设施的；（3）未落实工作机构或者责任人员的；（4）未对重要岗位人员进行安全背景审查，或者未将有不适合情形的人员调整工作岗位的；（5）对公共交通运输工具未依照规定配备安保人员和相应设备、设施的；（6）未建立公共安全视频图像信息系统值班监看、信息保存使用、运行维护等管理制度的。

459.3　处罚标准

根据《中华人民共和国反恐怖主义法》第88条第1款规定，未落实重点目标反恐防范应对措施的，由公安机关给予警告，并责令改正；拒不改正的，处10万元以下罚款，并对其直接负责的主管人员和其他直接责任人员处1万元以下罚款。

460. 未按规定安全检查

460.1　法律依据

《中华人民共和国反恐怖主义法》第88条第2款。

460.2　违法情形

大型活动承办单位以及重点目标的管理单位未依照规定对进入大型活动场所、机场、火车站、码头、城市轨道交通站、公路长途客运站、口岸等重点目标的人员、物品和交通工具进行安全检查的，应当由公安机关给予行政处罚。

460.3　处罚标准

根据《中华人民共和国反恐怖主义法》第88条第2款规定，大型活动承办单位以及重点目标的管理单位未按规定安全检查的，由公安机关应当责令改正；拒不改正的，处10万元以下罚款，并对其直接负责的主管人员和其他直接责任人员处1万元以下罚款。

461. 违反反恐约束措施

461.1　法律依据

《中华人民共和国反恐怖主义法》第89条。

461.2　违法情形

恐怖活动嫌疑人员违反公安机关责令其遵守的约束措施的，应当由公安机关给予行政处罚。

《中华人民共和国反恐怖主义法》第53条规定，公安机关调查恐怖活动嫌疑，经县级以上公安机关负责人批准，可以根据其危险程度，责令恐怖活动嫌疑人员遵守下列一项或者多项约束措施：（1）未经公安机关批准不得离开所居住的市、县或者指定的处所；（2）不得参加大型群众性活动或者从事特定的活动；（3）未经公安机关批准不得乘坐公共交通工具或者进入特定的场所；（4）不得与特定的人员会见或者通信；（5）定期向公安机关报告活动情况；（6）将护照等出入境证件、身份证件、驾驶证件交公安机关保存。公安机关可以采取电子监控、不定期检查等方式对其遵守约束措施的情况进行监督。采取前两款规定的约束措施的期限不得超过3个月。对不需要继续采取约束措施的，应当及时解除。

461.3 处罚标准

根据《中华人民共和国反恐怖主义法》第89条规定，恐怖活动嫌疑人员违反公安机关责令其遵守的约束措施的，由公安机关给予警告，并责令改正；拒不改正的，处5日以上15日以下拘留。

462. 编造、传播虚假恐怖事件信息

462.1 法律依据

《中华人民共和国反恐怖主义法》第90条。

462.2 违法情形

新闻媒体等单位编造、传播虚假恐怖事件信息的，尚不构成犯罪的，应当由公安机关给予行政处罚。构成犯罪的，依照《刑法》第291条之一规定的编造、故意传播虚假恐怖信息罪追究刑事责任。

虚假恐怖信息，是指以发生爆炸威胁、生化威胁、放射威胁、劫持航空器威胁、重大灾情、重大疫情等严重威胁公共安全的事件为内容，可能引起社会恐慌或者公共安全危机的不真实信息。

462.3 处罚标准

根据《中华人民共和国反恐怖主义法》第90条规定，新闻媒体等单位编造、传播虚假恐怖事件信息的，由公安机关处20万元以下罚款，并对其直接负责的主管人员和其他直接责任人员，处5日以上15日以下拘留，可以并处5万元以下罚款。个人有前款规定行为的，由公安机关处5日以上15日以下拘留，可以并处1万元以下罚款。

463. 违规报道、传播、发布恐怖事件信息

463.1 法律依据

《中华人民共和国反恐怖主义法》第90条。

463.2 违法情形

新闻媒体等单位报道、传播可能引起模仿的恐怖活动的实施细节，发布恐怖事件中残忍、不人道的场景的，应当由公安机关给予行政处罚。

463.3 处罚标准

根据《中华人民共和国反恐怖主义法》第90条规定，新闻媒体等单位违规报道、传播、发布恐怖事件信息的，由公安机关处20万元以下罚款，并对其直接负责的主管人员和其他直接责任人员，处5日以上15日以下拘留，可以并处5万元以下罚款。个人有前款规定行为的，由公安机关处5日以上15日以下拘留，可以并处1万元以下罚款。

464. 未经批准报道、传播反恐应对处置现场情况

464.1 法律依据

《中华人民共和国反恐怖主义法》第90条。

464.2 违法情形

新闻媒体等单位未经批准，报道、传播现场应对处置的工作人员、人质身份信息和应对处置行动情况的，应当由公安机关给予行政处罚。

464.3　处罚标准

根据《中华人民共和国反恐怖主义法》第90条规定，新闻媒体等单位未经批准报道、传播反恐应对处置现场情况的，由公安机关处20万元以下罚款，并对其直接负责的主管人员和其他直接责任人员，处5日以上15日以下拘留，可以并处5万元以下罚款。个人有前款规定行为的，由公安机关处5日以上15日以下拘留，可以并处1万元以下罚款。

465. 拒不配合反恐工作

465.1　法律依据

《中华人民共和国反恐怖主义法》第91条，限于不配合公安机关开展反恐怖主义工作，以及不配合其他部门开展反恐怖主义工作依法应当予以行政拘留的。

465.2　违法情形

拒不配合有关部门开展反恐怖主义安全防范、情报信息、调查、应对处置工作的，由主管部门给予行政处罚。对不配合公安机关开展反恐怖主义工作的，公安机关可以在法定职权范围内给予行政处罚。对其他主管部门管辖应当予以行政拘留的，只能由公安机关负责。

《中华人民共和国反恐怖主义法》第9条规定，任何单位和个人都有协助、配合有关部门开展反恐怖主义工作的义务，发现恐怖活动嫌疑或者恐怖活动嫌疑人员的，应当及时向公安机关或者有关部门报告。

465.3　处罚标准

根据《中华人民共和国反恐怖主义法》第91条规定，拒不配合反恐工作的，由主管部门处2000元以下罚款；造成严重后果的，处5日以上15日以下拘留，可以并处1万元以下罚款。单位有前款规定行为的，由主管部门处5万元以下罚款；造成严重后果的，处10万元以下罚款；并对其直接负责的主管人员和其他直接责任人员依照前款规定处罚。

466. 阻碍反恐工作

466.1　法律依据

《中华人民共和国反恐怖主义法》第92条。

466.2　违法情形

阻碍有关部门开展反恐怖主义工作的，应当由公安机关给予行政处罚。构成犯罪的，依照《刑法》第277条规定的妨害公务罪追究刑事责任。

466.3　处罚标准

根据《中华人民共和国反恐怖主义法》第92条规定，阻碍有关部门开展反恐怖主义工作的，由公安机关处5日以上15日以下拘留，可以并处5万元以下罚款。单位有前款规定行为的，由公安机关处20万元以下罚款，并对其直接负责的主管人员和其他直接责任人员依照前款规定处罚。阻碍人民警察、人民解放军、人民武装警察依法执行职务的，从重处罚。

第四节　违反食品药品和环境安全管理秩序行为的法律依据、违法情形和处罚标准

四十八、中华人民共和国环境保护法

467. 拒不停建未依法环评项目

467.1　法律依据

《中华人民共和国环境保护法》第63

条第1项。

467.2 违法情形

建设项目未依法进行环境影响评价，被责令停止建设，拒不执行，尚不构成犯罪的，由县级以上人民政府环境保护主管部门或者其他有关部门将案件移送公安机关，公安机关可以在法定职权范围内给予行政处罚。

应当注意，公安机关只负责对相关违法人员作出行政拘留处罚的情形，其余行政处罚由环境保护主管部门负责。

467.3 处罚标准

根据《中华人民共和国环境保护法》第63条第1项规定，拒不停建未依法进行环境影响评价的项目，尚不构成犯罪的，除依照有关法律法规规定予以处罚外，由县级以上人民政府环境保护主管部门或者其他有关部门将案件移送公安机关，对其直接负责的主管人员和其他直接责任人员，处10日以上15日以下拘留；情节较轻的，处5日以上10日以下拘留。

468. 拒不停止无证排污

468.1 法律依据

《中华人民共和国环境保护法》第63条第2项。

468.2 违法情形

违反法律规定，未取得排污许可证排放污染物，被责令停止排污，拒不执行，尚不构成犯罪的，由县级以上人民政府环境保护主管部门或者其他有关部门将案件移送公安机关，公安机关可以在法定职权范围内给予行政处罚。

应当注意，公安机关只负责对相关违法人员作出行政拘留处罚的情形，其余行政处罚由环境保护主管部门负责。

468.3 处罚标准

根据《中华人民共和国环境保护法》第63条第2项规定，拒不停止无证排污，尚不构成犯罪的，除依照有关法律、法规规定予以处罚外，由县级以上人民政府环境保护主管部门或者其他有关部门将案件移送公安机关，对其直接负责的主管人员和其他直接责任人员，处10日以上15日以下拘留；情节较轻的，处5日以上10日以下拘留。

469. 逃避监管违法排污

469.1 法律依据

《中华人民共和国环境保护法》第63条第3项。

469.2 违法情形

企业事业单位和其他生产经营者通过暗管、渗井、渗坑、灌注或者篡改、伪造监测数据，或者不正常运行防治污染设施等逃避监管的方式违法排放污染物，尚不构成犯罪的，由县级以上人民政府环境保护主管部门或者其他有关部门将案件移送公安机关，公安机关可以在法定职权范围内给予行政处罚。

应当注意，公安机关只负责对相关违法人员作出行政拘留处罚的情形，其余行政处罚由环境保护主管部门负责。

469.3 处罚标准

根据《中华人民共和国环境保护法》第63条第3项规定，逃避监管违法排污，尚不构成犯罪的，除依照有关法律法规规定予以处罚外，由县级以上人民政府环境保护主管部门或者其他有关部门将案件移送公安机关，对其直接负责的主管人员和其他直接责任人员，处10日以上15日以下拘留；情节较轻的，处5日以上10日以下拘留。

470. 生产、使用违禁农药拒不改正

470.1 法律依据

《中华人民共和国环境保护法》第63条第4项。

470.2 违法情形

企业事业单位和其他生产经营者生产、使用国家明令禁止生产、使用的农药，被责令改正，拒不改正，尚不构成犯罪的，由县级以上人民政府环境保护主管部门或者其他有关部门将案件移送公安机关，公安机关可以在法定职权范围内给予行政处罚。

应当注意，公安机关只负责对相关违法人员作出行政拘留处罚的情形，其余行政处罚由环境保护主管部门负责。

470.3 处罚标准

根据《中华人民共和国环境保护法》第63条第4项规定，生产、使用违禁农药拒不改正，尚不构成犯罪的，除依照有关法律法规规定予以处罚外，由县级以上人民政府环境保护主管部门或者其他有关部门将案件移送公安机关，对其直接负责的主管人员和其他直接责任人员，处10日以上15日以下拘留；情节较轻的，处5日以上10日以下拘留。

四十九、中华人民共和国食品安全法

471. 生产、经营用非食品原料的食品

471.1 法律依据

《中华人民共和国食品安全法》第123条第1款第1项。

471.2 违法情形

违反食品安全管理规定，用非食品原料生产食品或者经营用非食品原料的食品，情节严重，尚不构成犯罪的，公安机关可以在法定职权范围内给予行政处罚。

应当注意，公安机关只负责对相关违法人员作出行政拘留处罚的情形，其余行政处罚由食品药品监督管理部门负责。

471.3 处罚标准

根据《中华人民共和国食品安全法》第123条第1款第1项规定，生产、经营用非食品原料的食品，尚不构成犯罪的，由县级以上人民政府食品药品监督管理部门没收违法所得和违法生产经营的食品，并可以没收用于违法生产经营的工具、设备、原料等物品；违法生产经营的食品货值金额不足1万元的，并处10万元以上15万元以下罚款；货值金额1万元以上的，并处货值金额15倍以上30倍以下罚款；情节严重的，吊销许可证，并可以由公安机关对其直接负责的主管人员和其他直接责任人员处5日以上15日以下拘留。构成犯罪的，可以依照《刑法》规定，以生产、销售不符合安全标准的食品罪或者生产、销售有毒、有害食品罪追究刑事责任。

472. 生产、经营回收食品作为原料的食品

472.1 法律依据

《中华人民共和国食品安全法》第123条第1款第1项。

472.2 违法情形

违反食品安全管理规定，用回收食品作为原料生产食品或者经营回收食品作为原料的食品，情节严重，尚不构成犯罪的，公安机关可以在法定职权范围内给予行政处罚。

应当注意，公安机关只负责对相关违法人员作出行政拘留处罚的情形，其余行

政处罚由食品药品监督管理部门负责。

472.3 处罚标准

根据《中华人民共和国食品安全法》第123条第1款第1项规定，生产、经营回收食品作为原料的食品，尚不构成犯罪的，由县级以上人民政府食品药品监督管理部门没收违法所得和违法生产经营的食品，并可以没收用于违法生产经营的工具、设备、原料等物品；违法生产经营的食品货值金额不足1万元的，并处10万元以上15万元以下罚款；货值金额1万元以上的，并处货值金额15倍以上30倍以下罚款；情节严重的，吊销许可证，并可以由公安机关对其直接负责的主管人员和其他直接责任人员处5日以上15日以下拘留。构成犯罪的，可以依照《刑法》规定，以生产、销售不符合安全标准的食品罪或者生产、销售有毒、有害食品罪追究刑事责任。

473. 在食品中添加可能危害人体健康的物质、经营添加可能危害人体健康物质的食品

473.1 法律依据

《中华人民共和国食品安全法》第123条第1款第1项。

473.2 违法情形

违反食品安全管理规定，在食品中添加食品添加剂以外的化学物质和其他可能危害人体健康的物质，情节严重，尚不构成犯罪的，公安机关可以在法定职权范围内给予行政处罚。

应当注意，公安机关只负责对相关违法人员作出行政拘留处罚的情形，其余行政处罚由食品药品监督管理部门负责。

473.3 处罚标准

根据《中华人民共和国食品安全法》第123条第1款第1项规定，在食品中添加可能危害人体健康的物质、经营添加可能危害人体健康物质的食品，尚不构成犯罪的，由县级以上人民政府食品药品监督管理部门没收违法所得和违法生产经营的食品，并可以没收用于违法生产经营的工具、设备、原料等物品；违法生产经营的食品货值金额不足1万元的，并处10万元以上15万元以下罚款；货值金额1万元以上的，并处货值金额15倍以上30倍以下罚款；情节严重的，吊销许可证，并可以由公安机关对其直接负责的主管人员和其他直接责任人员处5日以上15日以下拘留。构成犯罪的，可以依照《刑法》规定，以生产、销售不符合安全标准的食品罪或者生产、销售有毒、有害食品罪追究刑事责任。

474. 生产经营营养成分不符合安全标准的专供特定人群的食品

474.1 法律依据

《中华人民共和国食品安全法》第123条第1款第2项。

474.2 违法情形

违反食品安全管理规定，生产经营营养成分不符合食品安全标准的专供婴幼儿和其他特定人群的主辅食品，情节严重，尚不构成犯罪的，公安机关可以在法定职权范围内给予行政处罚。

应当注意，公安机关只负责对相关违法人员作出行政拘留处罚的情形，其余行政处罚由食品药品监督管理部门负责。

474.3 处罚标准

根据《中华人民共和国食品安全法》第123条第1款第2项规定，生产经营营养成分不符合安全标准的专供婴幼儿、其他特定人群的食品，尚不构成犯罪的，由县

级以上人民政府食品药品监督管理部门没收违法所得和违法生产经营的食品，并可以没收用于违法生产经营的工具、设备、原料等物品；违法生产经营的食品货值金额不足1万元的，并处10万元以上15万元以下罚款；货值金额1万元以上的，并处货值金额15倍以上30倍以下罚款；情节严重的，吊销许可证，并可以由公安机关对其直接负责的主管人员和其他直接责任人员处5日以上15日以下拘留。构成犯罪的，可以依照《刑法》规定，以生产、销售不符合安全标准的食品罪或者生产、销售有毒、有害食品罪追究刑事责任。

475. 经营病死、毒死或者死因不明的动物肉类

475.1　法律依据

《中华人民共和国食品安全法》第123条第1款第3项。

475.2　违法情形

违反食品安全管理规定，经营病死、毒死或者死因不明的禽、畜、兽、水产动物肉类，情节严重，尚不构成犯罪的，公安机关可以在法定职权范围内给予行政处罚。

应当注意，公安机关只负责对相关违法人员作出行政拘留处罚的情形，其余行政处罚由食品药品监督管理部门负责。

475.3　处罚标准

根据《中华人民共和国食品安全法》第123条第1款第3项规定，经营病死、毒死或者死因不明的动物肉类，尚不构成犯罪的，由县级以上人民政府食品药品监督管理部门没收违法所得和违法生产经营的食品，并可以没收用于违法生产经营的工具、设备、原料等物品；违法生产经营的食品货值金额不足1万元的，并处10万元以上15万元以下罚款；货值金额1万元以上的，并处货值金额15倍以上30倍以下罚款；情节严重的，吊销许可证，并可以由公安机关对其直接负责的主管人员和其他直接责任人员处5日以上15日以下拘留。构成犯罪的，可以依照《刑法》规定，以销售不符合安全标准的食品罪或者销售有毒、有害食品罪追究刑事责任。

476. 生产经营病死、毒死或者死因不明的动物肉类制品

476.1　法律依据

《中华人民共和国食品安全法》第123条第1款第3项。

476.2　违法情形

违反食品安全管理规定，生产经营病死、毒死或者死因不明的动物肉类制品，情节严重，尚不构成犯罪的，公安机关可以在法定职权范围内给予行政处罚。

应当注意，公安机关只负责对相关违法人员作出行政拘留处罚的情形，其余行政处罚由食品药品监督管理部门负责。

476.3　处罚标准

根据《中华人民共和国食品安全法》第123条第1款第3项规定，生产经营病死、毒死或者死因不明的动物肉类制品，尚不构成犯罪的，由县级以上人民政府食品药品监督管理部门没收违法所得和违法生产经营的食品，并可以没收用于违法生产经营的工具、设备、原料等物品；违法生产经营的食品货值金额不足1万元的，并处10万元以上15万元以下罚款；货值金额1万元以上的，并处货值金额15倍以上30倍以下罚款；情节严重的，吊销许可证，并可以由公安机关对其直接负责的主管人

员和其他直接责任人员处5日以上15日以下拘留。构成犯罪的，可以依照《刑法》规定，以生产、销售不符合安全标准的食品罪或者生产、销售有毒、有害食品罪追究刑事责任。

477. 经营未按规定检疫或者检疫不合格的肉类

477.1 法律依据

《中华人民共和国食品安全法》第123条第1款第4项。

477.2 违法情形

违反食品安全管理规定，经营未按规定进行检疫或者检疫不合格的肉类，情节严重，尚不构成犯罪的，公安机关可以在法定职权范围内给予行政处罚。

应当注意，公安机关只负责对相关违法人员作出行政拘留处罚的情形，其余行政处罚由食品药品监督管理部门负责。

477.3 处罚标准

根据《中华人民共和国食品安全法》第123条第1款第4项规定，经营未按规定检疫或者检疫不合格的肉类，尚不构成犯罪的，由县级以上人民政府食品药品监督管理部门没收违法所得和违法生产经营的食品，并可以没收用于违法生产经营的工具、设备、原料等物品；违法生产经营的食品货值金额不足1万元的，并处10万元以上15万元以下罚款；货值金额1万元以上的，并处货值金额15倍以上30倍以下罚款；情节严重的，吊销许可证，并可以由公安机关对其直接负责的主管人员和其他直接责任人员处5日以上15日以下拘留。构成犯罪的，可以依照《刑法》规定，以销售不符合安全标准的食品罪或者销售有毒、有害食品罪追究刑事责任。

478. 生产经营未经检验或者检验不合格的肉类制品

478.1 法律依据

《中华人民共和国食品安全法》第123条第1款第4项。

478.2 违法情形

违反食品安全管理规定，生产经营未经检验或者检验不合格的肉类制品，情节严重，尚不构成犯罪的，公安机关可以在法定职权范围内给予行政处罚。

应当注意，公安机关只负责对相关违法人员作出行政拘留处罚的情形，其余行政处罚由食品药品监督管理部门负责。

478.3 处罚标准

根据《中华人民共和国食品安全法》第123条第1款第4项规定，生产经营未经检验或者检验不合格的肉类制品，尚不构成犯罪的，由县级以上人民政府食品药品监督管理部门没收违法所得和违法生产经营的食品，并可以没收用于违法生产经营的工具、设备、原料等物品；违法生产经营的食品货值金额不足1万元的，并处10万元以上15万元以下罚款；货值金额1万元以上的，并处货值金额15倍以上30倍以下罚款；情节严重的，吊销许可证，并可以由公安机关对其直接负责的主管人员和其他直接责任人员处5日以上15日以下拘留。构成犯罪的，可以依照《刑法》规定，以生产、销售不符合安全标准的食品罪或者生产、销售有毒、有害食品罪追究刑事责任。

479. 生产经营国家为特殊需要禁止生产经营的食品

479.1 法律依据

《中华人民共和国食品安全法》第123

条第1款第5项。

479.2　违法情形

违反食品安全管理规定，生产经营国家为防病等特殊需要明令禁止生产经营的食品，情节严重，尚不构成犯罪的，公安机关可以在法定职权范围内给予行政处罚。

应当注意，公安机关只负责对相关违法人员作出行政拘留处罚的情形，其余行政处罚由食品药品监督管理部门负责。

479.3　处罚标准

根据《中华人民共和国食品安全法》第123条第1款第5项规定，生产经营国家为防病等特殊需要明令禁止生产经营的食品，尚不构成犯罪的，由县级以上人民政府食品药品监督管理部门没收违法所得和违法生产经营的食品，并可以没收用于违法生产经营的工具、设备、原料等物品；违法生产经营的食品货值金额不足1万元的，并处10万元以上15万元以下罚款；货值金额1万元以上的，并处货值金额15倍以上30倍以下罚款；情节严重的，吊销许可证，并可以由公安机关对其直接负责的主管人员和其他直接责任人员处5日以上15日以下拘留。构成犯罪的，可以依照《刑法》规定，以生产、销售不符合安全标准的食品罪或者生产、销售有毒、有害食品罪追究刑事责任。

480. 生产经营添加药品的食品

480.1　法律依据

《中华人民共和国食品安全法》第123条第1款第6项。

480.2　违法情形

违反食品安全管理规定，生产经营添加药品的食品，情节严重，尚不构成犯罪的，公安机关可以在法定职权范围内给予行政处罚。

应当注意，公安机关只负责对相关违法人员作出行政拘留处罚的情形，其余行政处罚由食品药品监督管理部门负责。

480.3　处罚标准

根据《中华人民共和国食品安全法》第123条第1款第6项规定，生产经营添加药品的食品，尚不构成犯罪的，由县级以上人民政府食品药品监督管理部门没收违法所得和违法生产经营的食品，并可以没收用于违法生产经营的工具、设备、原料等物品；违法生产经营的食品货值金额不足1万元的，并处10万元以上15万元以下罚款；货值金额1万元以上的，并处货值金额15倍以上30倍以下罚款；情节严重的，吊销许可证，并可以由公安机关对其直接负责的主管人员和其他直接责任人员处5日以上15日以下拘留。构成犯罪的，可以依照《刑法》规定以生产、销售不符合安全标准的食品罪或者生产、销售有毒、有害食品罪追究刑事责任。

481. 违法使用剧毒、高毒农药

481.1　法律依据

《中华人民共和国食品安全法》第123条第3款。

481.2　违法情形

违法使用剧毒、高毒农药，尚不构成犯罪的，公安机关可以在法定职权范围内给予行政处罚。

应当注意，公安机关只负责对相关违法人员作出行政拘留处罚的情形，其余行政处罚由食品药品监督管理部门负责。

481.3　处罚标准

根据《中华人民共和国食品安全法》第123条第3款规定，违法使用剧毒、高毒农药，除依照有关法律、法规规定给予处罚外，可以由公安机关对其直接负责的主管人员和其他直接责任人员处5日以上15日以下拘留。构成犯罪的，可以依照《刑法》规定以投放危险物质罪或者过失投放危险物质罪追究刑事责任。

五十、中华人民共和国中医药法

482. 种植中药材使用剧毒、高毒农药

482.1 法律依据

《中华人民共和国中医药法》第58条。

482.2 违法情形

违反《中华人民共和国中医药法》规定，在中药材种植过程中使用剧毒、高毒农药，情节严重的，公安机关可以在法定职权范围内给予行政处罚。应当注意，公安机关只负责对有关违法人员予以行政拘留处罚，其他行政处罚由有关主管部门负责。

本违法行为在客观方面表现为在中药材种植过程中使用剧毒、高毒农药的行为。《农药管理条例》规定，使用农药应当遵守国家有关农药安全、合理使用的规定，按照规定的用药量、用药次数、用药方法和安全间隔期施药，防止污染农副产品。剧毒、高毒农药不得用于防治卫生害虫，不得用于蔬菜、瓜果、茶叶和中草药材。在中药材种植过程中使用剧毒、高毒农药的，可能导致中药材农药残留超标，影响中药材质量，甚至危害病人的身体健康。因此，《中华人民共和国中医药法》第22条规定，国家鼓励发展中药材规范化种植养殖，严格管理农药、肥料等农业投入品的使用，禁止在中药材种植过程中使用剧毒、高毒农药，支持中药材良种繁育，提高中药材质量。

482.3 处罚标准

根据《中华人民共和国中医药法》第58条规定，违反本法规定，在中药材种植过程中使用剧毒、高毒农药的，依照有关法律、法规规定给予处罚；情节严重的，可以由公安机关对其直接负责的主管人员和其他直接责任人员处5日以上15日以下拘留。

五十一、中华人民共和国土壤污染防治法

483. 非法向农用地排放土壤污染物

483.1 法律依据

《中华人民共和国土壤污染防治法》第87条。

483.2 违法情形

违反《中华人民共和国土壤污染防治法》规定，向农用地排放重金属或者其他有毒有害物质含量超标的污水、污泥，以及可能造成土壤污染的清淤底泥、尾矿、矿渣等，情节严重的，公安机关可以在法定职权范围内给予行政处罚。应当注意，公安机关只负责对有关违法人员予以行政拘留处罚，其他行政处罚由有关主管部门负责。

483.3 处罚标准

根据《中华人民共和国土壤污染防治法》第87条规定，违反本法规定，向农用地排放重金属或者其他有毒有害物质含量超标的污水、污泥，以及可能造成土壤污染的清淤底泥、尾矿、矿渣等的，由地方人民政府生态环境主管部门责令改正，处10元以上50万元以下的罚款；情节严重的，处50万元以上200万元以下的罚款，

并可以将案件移送公安机关，对直接负责的主管人员和其他直接责任人员处5日以上15日以下的拘留；有违法所得的，没收违法所得。

484. 未按规定采取土壤污染风险管控措施

484.1　法律依据

《中华人民共和国土壤污染防治法》第94条第1款第3项和第2款。

484.2　违法情形

土壤污染责任人或者土地使用权人违反《中华人民共和国土壤污染防治法》规定，未按照规定采取风险管控措施，情节严重的，公安机关可以在法定职权范围内给予行政处罚。应当注意，公安机关只负责对有关违法人员予以行政拘留处罚，其他行政处罚由有关主管部门负责。

484.3　处罚标准

根据《中华人民共和国土壤污染防治法》第94条第1款第3项和第2款规定，土壤污染责任人或者土地使用权人未按照规定采取风险管控措施的，由地方人民政府生态环境主管部门或者其他负有土壤污染防治监督管理职责的部门责令改正，处2万元以上20万元以下的罚款；拒不改正的，处20万元以上100万元以下的罚款，并委托他人代为履行，所需费用由土壤污染责任人或者土地使用权人承担；对直接负责的主管人员和其他直接责任人员处5000元以上2万元以下的罚款。情节严重的，地方人民政府生态环境主管部门或者其他负有土壤污染防治监督管理职责的部门可以将案件移送公安机关，对直接负责的主管人员和其他直接责任人员处5日以上15日以下的拘留。

485. 未按规定实施土壤污染修复

484.1　法律依据

《中华人民共和国土壤污染防治法》第94条第1款第4项和第2款。

484.2　违法情形

土壤污染责任人或者土地使用权人违反《中华人民共和国土壤污染防治法》规定，未按规定实施土壤污染修复，情节严重的，公安机关可以在法定职权范围内给予行政处罚。应当注意，公安机关只负责对有关违法人员予以行政拘留处罚，其他行政处罚由有关主管部门负责。

484.3　处罚标准

根据《中华人民共和国土壤污染防治法》第94条第1款第4项和第2款规定，土壤污染责任人或者土地使用权人未按规定实施土壤污染修复的，由地方人民政府生态环境主管部门或者其他负有土壤污染防治监督管理职责的部门责令改正，处2万元以上20万元以下的罚款；拒不改正的，处20万元以上100万元以下的罚款，并委托他人代为履行，所需费用由土壤污染责任人或者土地使用权人承担；对直接负责的主管人员和其他直接责任人员处5000元以上2万元以下的罚款。情节严重的，地方人民政府生态环境主管部门或者其他负有土壤污染防治监督管理职责的部门可以将案件移送公安机关，对直接负责的主管人员和其他直接责任人员处5日以上15日以下的拘留。

五十二、中华人民共和国疫苗管理法

486. 生产、销售属于假药、劣药的疫苗

486.1　法律依据

《中华人民共和国疫苗管理法》第80

条第3款。

486.2 违法情形

生产、销售的疫苗属于假药，或者生产、销售的疫苗属于劣药且情节严重的，公安机关可以在法定职权范围内给予行政处罚。应当注意，公安机关只负责对有关违法人员予以行政拘留处罚，其他行政处罚由有关主管部门负责。

486.3 处罚标准

根据《中华人民共和国疫苗管理法》第80条第3款规定，生产、销售的疫苗属于假药，或者生产、销售的疫苗属于劣药且情节严重的，由省级以上人民政府药品监督管理部门对法定代表人、主要负责人、直接负责的主管人员和关键岗位人员以及其他责任人员，没收违法行为发生期间自本单位所获收入，并处所获收入1倍以上10倍以下的罚款，终身禁止从事药品生产经营活动，由公安机关处5日以上15日以下拘留。

487. 以欺骗方式申请疫苗临床试验、注册、批签发

487.1 法律依据

《中华人民共和国疫苗管理法》第81条第1项。

487.2 违法情形

申请疫苗临床试验、注册、批签发提供虚假数据、资料、样品或者有其他欺骗行为，情节严重的，公安机关可以在法定职权范围内给予行政处罚。应当注意，公安机关只负责对有关违法人员予以行政拘留处罚，其他行政处罚由有关主管部门负责。

487.3 处罚标准

根据《中华人民共和国疫苗管理法》第81条第1项规定，以欺骗方式申请疫苗临床试验、注册、批签发的，由省级以上人民政府药品监督管理部门没收违法所得和违法生产、销售的疫苗以及专门用于违法生产疫苗的原料、辅料、包装材料、设备等物品，责令停产停业整顿，并处违法生产、销售疫苗货值金额15倍以上50倍以下的罚款，货值金额不足50万元的，按50万元计算；情节严重的，吊销药品相关批准证明文件，直至吊销药品生产许可证等，对法定代表人、主要负责人、直接负责的主管人员和关键岗位人员以及其他责任人员，没收违法行为发生期间自本单位所获收入，并处所获收入50%以上10倍以下的罚款，10年内直至终身禁止从事药品生产经营活动，由公安机关处5日以上15日以下拘留。

488. 编造疫苗生产、检验记录

488.1 法律依据

《中华人民共和国疫苗管理法》第81条第2项。

488.2 违法情形

编造疫苗生产、检验记录，情节严重的，公安机关可以在法定职权范围内给予行政处罚。应当注意，公安机关只负责对有关违法人员予以行政拘留处罚，其他行政处罚由有关主管部门负责。

488.3 处罚标准

根据《中华人民共和国疫苗管理法》第81条第2项规定，编造疫苗生产、检验记录的，由省级以上人民政府药品监督管理部门没收违法所得和违法生产、销售的疫苗以及专门用于违法生产疫苗的原料、辅料、包装材料、设备等物品，责令停产停业整顿，并处违法生产、销售疫苗货值

金额15倍以上50倍以下的罚款，货值金额不足50万元的，按50万元计算；情节严重的，吊销药品相关批准证明文件，直至吊销药品生产许可证等，对法定代表人、主要负责人、直接负责的主管人员和关键岗位人员以及其他责任人员，没收违法行为发生期间自本单位所获收入，并处所获收入50%以上10倍以下的罚款，10年内直至终身禁止从事药品生产经营活动，由公安机关处5日以上15日以下拘留。

489. 更改疫苗产品批号

489.1　法律依据

《中华人民共和国疫苗管理法》第81条第2项。

489.2　违法情形

更改疫苗产品批号，情节严重的，公安机关可以在法定职权范围内给予行政处罚。应当注意，公安机关只负责对有关违法人员予以行政拘留处罚，其他行政处罚由有关主管部门负责。

489.3　处罚标准

根据《中华人民共和国疫苗管理法》第81条第2项规定，更改疫苗产品批号的，由省级以上人民政府药品监督管理部门没收违法所得和违法生产、销售的疫苗以及专门用于违法生产疫苗的原料、辅料、包装材料、设备等物品，责令停产停业整顿，并处违法生产、销售疫苗货值金额15倍以上50倍以下的罚款，货值金额不足50万元的，按50万元计算；情节严重的，吊销药品相关批准证明文件，直至吊销药品生产许可证等，对法定代表人、主要负责人、直接负责的主管人员和关键岗位人员以及其他责任人员，没收违法行为发生期间自本单位所获收入，并处所获收入50%以上10倍以下的罚款，10年内直至终身禁止从事药品生产经营活动，由公安机关处5日以上15日以下拘留。

490. 非疾病预防控制机构向接种单位供应疫苗

490.1　法律依据

《中华人民共和国疫苗管理法》第81条第3项。

490.2　违法情形

疾病预防控制机构以外的单位或者个人向接种单位供应疫苗，情节严重的，公安机关可以在法定职权范围内给予行政处罚。应当注意，公安机关只负责对有关违法人员予以行政拘留处罚，其他行政处罚由有关主管部门负责。

490.3　处罚标准

根据《中华人民共和国疫苗管理法》第81条第3项规定，疾病预防控制机构以外的单位或者个人向接种单位供应疫苗的，由省级以上人民政府药品监督管理部门没收违法所得和违法生产、销售的疫苗以及专门用于违法生产疫苗的原料、辅料、包装材料、设备等物品，责令停产停业整顿，并处违法生产、销售疫苗货值金额15倍以上50倍以下的罚款，货值金额不足50万元的，按50万元计算；情节严重的，吊销药品相关批准证明文件，直至吊销药品生产许可证等，对法定代表人、主要负责人、直接负责的主管人员和关键岗位人员以及其他责任人员，没收违法行为发生期间自本单位所获收入，并处所获收入50%以上10倍以下的罚款，10年内直至终身禁止从事药品生产经营活动，由公安机关处5日以上15日以下拘留。

491. 未经批准委托生产疫苗

491.1 法律依据

《中华人民共和国疫苗管理法》第81条第4项。

491.2 违法情形

未经批准委托生产疫苗，情节严重的，公安机关可以在法定职权范围内给予行政处罚。应当注意，公安机关只负责对有关违法人员予以行政拘留处罚，其他行政处罚由有关主管部门负责。

491.3 处罚标准

根据《中华人民共和国疫苗管理法》第81条第4项规定，未经批准委托生产疫苗的，由省级以上人民政府药品监督管理部门没收违法所得和违法生产、销售的疫苗以及专门用于违法生产疫苗的原料、辅料、包装材料、设备等物品，责令停产停业整顿，并处违法生产、销售疫苗货值金额15倍以上50倍以下的罚款，货值金额不足50万元的，按50万元计算；情节严重的，吊销药品相关批准证明文件，直至吊销药品生产许可证等，对法定代表人、主要负责人、直接负责的主管人员和关键岗位人员以及其他责任人员，没收违法行为发生期间自本单位所获收入，并处所获收入50%以上10倍以下的罚款，10年内直至终身禁止从事药品生产经营活动，由公安机关处5日以上15日以下拘留。

492. 未经批准变更疫苗生产工艺、生产场地、关键设备等

492.1 法律依据

《中华人民共和国疫苗管理法》第81条第5项。

492.2 违法情形

生产工艺、生产场地、关键设备等发生变更按照规定应当经批准而未经批准，情节严重的，公安机关可以在法定职权范围内给予行政处罚。应当注意，公安机关只负责对有关违法人员予以行政拘留处罚，其他行政处罚由有关主管部门负责。

492.3 处罚标准

根据《中华人民共和国疫苗管理法》第81条第5项规定，未经批准变更疫苗生产工艺、生产场地、关键设备的，由省级以上人民政府药品监督管理部门没收违法所得和违法生产、销售的疫苗以及专门用于违法生产疫苗的原料、辅料、包装材料、设备等物品，责令停产停业整顿，并处违法生产、销售疫苗货值金额15倍以上50倍以下的罚款，货值金额不足50万元的，按50万元计算；情节严重的，吊销药品相关批准证明文件，直至吊销药品生产许可证等，对法定代表人、主要负责人、直接负责的主管人员和关键岗位人员以及其他责任人员，没收违法行为发生期间自本单位所获收入，并处所获收入50%以上10倍以下的罚款，10年内直至终身禁止从事药品生产经营活动，由公安机关处5日以上15日以下拘留。

493. 未经批准更新疫苗说明书、标签

493.1 法律依据

《中华人民共和国疫苗管理法》第81条第6项。

493.2 违法情形

更新疫苗说明书、标签按照规定应当经核准而未经核准，情节严重的，公安机关可以在法定职权范围内给予行政处罚。应当注意，公安机关只负责对有关违法人员予以行政拘留处罚，其他行政处罚由有关主管部门负责。

493.3 处罚标准

根据《中华人民共和国疫苗管理法》第81条第6项规定，更新疫苗说明书、标签按照规定应当经核准而未经核准的，由省级以上人民政府药品监督管理部门没收违法所得和违法生产、销售的疫苗以及专门用于违法生产疫苗的原料、辅料、包装材料、设备等物品，责令停产停业整顿，并处违法生产、销售疫苗货值金额15倍以上50倍以下的罚款，货值金额不足50万元的，按50万元计算；情节严重的，吊销药品相关批准证明文件，直至吊销药品生产许可证等，对法定代表人、主要负责人、直接负责的主管人员和关键岗位人员以及其他责任人员，没收违法行为发生期间自本单位所获收入，并处所获收入50%以上10倍以下的罚款，10年内直至终身禁止从事药品生产经营活动，由公安机关处5日以上15日以下拘留。

五十三、中华人民共和国药品管理法

494. 生产、销售假药、劣药

494.1 法律依据

《中华人民共和国药品管理法》第118条第1款。

494.2 违法情形

生产、销售假药，或者生产、销售劣药且情节严重的，公安机关可以在法定职权范围内给予行政处罚。应当注意，公安机关只负责对有关违法人员予以行政拘留处罚，其他行政处罚由药品监督管理部门负责。

所谓假药，是指依照《药品管理法》的规定属于假药和按假药处理的药品、非药品。是否属于假药难以确定的，可以根据地市级以上药品监督管理部门出具的认定意见等相关材料进行认定。必要时，可以委托省级以上药品监督管理部门设置或者确定的药品检验机构进行检验。所谓劣药，是指依照《药品管理法》的规定属于劣药的药品。

《药品管理法》第98条规定，禁止生产（包括配制，下同）、销售、使用假药、劣药。

有下列情形之一的，为假药：（1）药品所含成份与国家药品标准规定的成份不符；（2）以非药品冒充药品或者以他种药品冒充此种药品；（3）变质的药品；（4）药品所标明的适应症或者功能主治超出规定范围。有下列情形之一的，为劣药：（1）药品成份的含量不符合国家药品标准；（2）被污染的药品；（3）未标明或者更改有效期的药品；（4）未注明或者更改产品批号的药品；（5）超过有效期的药品；（6）擅自添加防腐剂、辅料的药品；（7）其他不符合药品标准的药品。

494.3 处罚标准

根据《中华人民共和国药品管理法》第118条第1款规定，生产、销售假药，或者生产、销售劣药且情节严重的，对法定代表人、主要负责人、直接负责的主管人员和其他责任人员，没收违法行为发生期间自本单位所获收入，并处所获收入30%以上3倍以下的罚款，终身禁止从事药品生产经营活动，并可以由公安机关处5日以上15日以下的拘留。构成犯罪的，以生产、销售假药罪或者生产、销售劣药罪定罪处罚。

495. 伪造、变造、出租、出借、非法买卖许可证、药品批准证明文件

495.1 法律依据

《中华人民共和国药品管理法》第

122条。

495.2 违法情形

伪造、变造、出租、出借、非法买卖许可证或者药品批准证明文件，情节严重的，公安机关可以在法定职权范围内给予行政处罚。应当注意，公安机关只负责对有关违法人员予以行政拘留处罚，其他行政处罚由药品监督管理部门负责。

这里的许可证或者药品批准证明文件是指药品生产许可证、药品经营许可证、医疗机构制剂许可证以及药品批准证明文件。

495.3 处罚标准

根据《中华人民共和国药品管理法》第122条规定，伪造、变造、出租、出借、非法买卖许可证或者药品批准证明文件的，没收违法所得，并处违法所得1倍以上5倍以下的罚款；情节严重的，并处违法所得5倍以上15倍以下的罚款，吊销药品生产许可证、药品经营许可证、医疗机构制剂许可证或者药品批准证明文件，对法定代表人、主要负责人、直接负责的主管人员和其他责任人员，处2万元以上20万元以下的罚款，10年内禁止从事药品生产经营活动，并可以由公安机关处5日以上15日以下的拘留；违法所得不足10万元的，按10万元计算。

496. 骗取涉药品许可

496.1 法律依据

《中华人民共和国药品管理法》第123条。

496.2 违法情形

提供虚假的证明、数据、资料、样品或者采取其他手段骗取临床试验许可、药品生产许可、药品经营许可、医疗机构制剂许可或者药品注册等许可，情节严重的，公安机关可以在法定职权范围内给予行政处罚。应当注意，公安机关只负责对有关违法人员予以行政拘留处罚，其他行政处罚由药品监督管理部门负责。

上述涉药品许可包括临床试验许可、药品生产许可、药品经营许可、医疗机构制剂许可和药品注册等许可，相关违法行为名称可根据具体情形进行表述。例如，骗取临床试验许可的，违法行为名称表述为“骗取涉药品许可（临床试验许可）”。

496.3 处罚标准

根据《中华人民共和国药品管理法》第123条规定，提供虚假的证明、数据、资料、样品或者采取其他手段骗取临床试验许可、药品生产许可、药品经营许可、医疗机构制剂许可或者药品注册等许可的，撤销相关许可，10年内不受理其相应申请，并处50万元以上500万元以下的罚款；情节严重的，对法定代表人、主要负责人、直接负责的主管人员和其他责任人员，处2万元以上20万元以下的罚款，10年内禁止从事药品生产经营活动，并可以由公安机关处5日以上15日以下的拘留。

497. 未取得药品批准证明文件生产、进口药品

497.1 法律依据

《中华人民共和国药品管理法》第124条第1款第1项。

497.2 违法情形

未取得药品批准证明文件生产、进口药品，情节严重的，公安机关可以在法定职权范围内给予行政处罚。应当注意，公安机关只负责对有关违法人员予以行政拘留处罚，其他行政处罚由药品监督管理部

门负责。

497.3　处罚标准

根据《中华人民共和国药品管理法》第124条第1款第1项规定，未取得药品批准证明文件生产、进口药品的，没收违法生产、进口、销售的药品和违法所得以及专门用于违法生产的原料、辅料、包装材料和生产设备，责令停产停业整顿，并处违法生产、进口、销售的药品货值金额15倍以上30倍以下的罚款；货值金额不足10万元的，按10万元计算；情节严重的，吊销药品批准证明文件直至吊销药品生产许可证、药品经营许可证或者医疗机构制剂许可证，对法定代表人、主要负责人、直接负责的主管人员和其他责任人员，没收违法行为发生期间自本单位所获收入，并处所获收入30%以上3倍以下的罚款，10年直至终身禁止从事药品生产经营活动，并可以由公安机关处5日以上15日以下的拘留。未经批准进口少量境外已合法上市的药品，情节较轻的，可以依法减轻或者免予处罚。

498. 使用骗取的药品批准证明文件生产、进口药品

498.1　法律依据

《中华人民共和国药品管理法》第124条第1款第2项。

498.2　违法情形

使用采取欺骗手段取得的药品批准证明文件生产、进口药品，情节严重的，公安机关可以在法定职权范围内给予行政处罚。应当注意，公安机关只负责对有关违法人员予以行政拘留处罚，其他行政处罚由药品监督管理部门负责。

498.3　处罚标准

根据《中华人民共和国药品管理法》第124条第1款第2项规定，使用骗取的药品批准证明文件生产、进口药品的，没收违法生产、进口、销售的药品和违法所得以及专门用于违法生产的原料、辅料、包装材料和生产设备，责令停产停业整顿，并处违法生产、进口、销售的药品货值金额15倍以上30倍以下的罚款；货值金额不足10万元的，按10万元计算；情节严重的，吊销药品批准证明文件直至吊销药品生产许可证、药品经营许可证或者医疗机构制剂许可证，对法定代表人、主要负责人、直接负责的主管人员和其他责任人员，没收违法行为发生期间自本单位所获收入，并处所获收入30%以上3倍以下的罚款，10年直至终身禁止从事药品生产经营活动，并可以由公安机关处5日以上15日以下的拘留。

499. 使用未经审评审批的原料药生产药品

499.1　法律依据

《中华人民共和国药品管理法》第124条第1款第3项。

499.2　违法情形

使用未经审评审批的原料药生产药品，情节严重的，公安机关可以在法定职权范围内给予行政处罚。应当注意，公安机关只负责对有关违法人员予以行政拘留处罚，其他行政处罚由药品监督管理部门负责。

499.3　处罚标准

根据《中华人民共和国药品管理法》第124条第1款第3项规定，使用未经审评审批的原料药生产药品的，没收违法生产、进口、销售的药品和违法所得以及专门用于违法生产的原料、辅料、包装材料和生产设备，责令停产停业整顿，并处违法生

产、进口、销售的药品货值金额15倍以上30倍以下的罚款；货值金额不足10万元的，按10万元计算；情节严重的，吊销药品批准证明文件直至吊销药品生产许可证、药品经营许可证或者医疗机构制剂许可证，对法定代表人、主要负责人、直接负责的主管人员和其他责任人员，没收违法行为发生期间自本单位所获收入，并处所获收入30%以上3倍以下的罚款，10年直至终身禁止从事药品生产经营活动，并可以由公安机关处5日以上15日以下的拘留。

500. 未经检验销售应检验药品

500.1 法律依据

《中华人民共和国药品管理法》第124条第1款第4项。

500.2 违法情形

应当检验而未经检验即销售药品，情节严重的，公安机关可以在法定职权范围内给予行政处罚。应当注意，公安机关只负责对有关违法人员予以行政拘留处罚，其他行政处罚由药品监督管理部门负责。

《中华人民共和国药品管理法》第68条规定，国务院药品监督管理部门对下列药品在销售前或者进口时，应当指定药品检验机构进行检验；未经检验或者检验不合格的，不得销售或者进口：（1）首次在中国境内销售的药品；（2）国务院药品监督管理部门规定的生物制品；（3）国务院规定的其他药品。

500.3 处罚标准

根据《中华人民共和国药品管理法》第124条第1款第4项规定，未经检验销售应检验药品，没收违法生产、进口、销售的药品和违法所得以及专门用于违法生产的原料、辅料、包装材料和生产设备，责令停产停业整顿，并处违法生产、进口、销售的药品货值金额15倍以上30倍以下的罚款；货值金额不足10万元的，按10万元计算；情节严重的，吊销药品批准证明文件直至吊销药品生产许可证、药品经营许可证或者医疗机构制剂许可证，对法定代表人、主要负责人、直接负责的主管人员和其他责任人员，没收违法行为发生期间自本单位所获收入，并处所获收入30%以上3倍以下的罚款，10年直至终身禁止从事药品生产经营活动，并可以由公安机关处5日以上15日以下的拘留。

501. 生产、销售禁用药品

501.1 法律依据

《中华人民共和国药品管理法》第124条第1款第5项。

501.2 违法情形

生产、销售国务院药品监督管理部门禁止使用的药品，情节严重的，公安机关可以在法定职权范围内给予行政处罚。应当注意，公安机关只负责对有关违法人员予以行政拘留处罚，其他行政处罚由药品监督管理部门负责。

501.3 处罚标准

根据《中华人民共和国药品管理法》第124条第1款第5项规定，生产、销售国务院药品监督管理部门禁止使用的药品的，没收违法生产、进口、销售的药品和违法所得以及专门用于违法生产的原料、辅料、包装材料和生产设备，责令停产停业整顿，并处违法生产、进口、销售的药品货值金额15倍以上30倍以下的罚款；货值金额不足10万元的，按10万元计算；情节严重的，吊销药品批准证明文件直至吊销药品生产许可证、药品经营许可证或者医疗机构制剂许可证，对法定代表人、主要负责人、直接负责的主管人员和其他责任人员，没收违法行为发生期间自本单位所获收入，并处所获收入30%以上3倍以下的罚款，10年直至终身禁止从事药品生产经营活动，并可以由公安机关处5日以上15日以下的拘留。

502. 编造药品生产、检验记录

502.1　法律依据

《中华人民共和国药品管理法》第124条第1款第6项。

502.2　违法情形

编造药品生产、检验记录，情节严重的，公安机关可以在法定职权范围内给予行政处罚。应当注意，公安机关只负责对有关违法人员予以行政拘留处罚，其他行政处罚由药品监督管理部门负责。

《中华人民共和国药品管理法》第44条第1款规定，药品应当按照国家药品标准和经药品监督管理部门核准的生产工艺进行生产。生产、检验记录应当完整准确，不得编造。

502.3　处罚标准

根据《中华人民共和国药品管理法》第124条第1款第6项规定，编造药品生产、检验记录的，没收违法生产、进口、销售的药品和违法所得以及专门用于违法生产的原料、辅料、包装材料和生产设备，责令停产停业整顿，并处违法生产、进口、销售的药品货值金额15倍以上30倍以下的罚款；货值金额不足10万元的，按10万元计算；情节严重的，吊销药品批准证明文件直至吊销药品生产许可证、药品经营许可证或者医疗机构制剂许可证，对法定代表人、主要负责人、直接负责的主管人员和其他责任人员，没收违法行为发生期间自本单位所获收入，并处所获收入30%以上3倍以下的罚款，10年直至终身禁止从事药品生产经营活动，并可以由公安机关处5日以上15日以下的拘留。

503. 未经批准在药品生产过程中进行重大变更

503.1　法律依据

《中华人民共和国药品管理法》第124条第1款第7项。

503.2　违法情形

未经批准在药品生产过程中进行重大变更，情节严重的，公安机关可以在法定职权范围内给予行政处罚。应当注意，公安机关只负责对有关违法人员予以行政拘留处罚，其他行政处罚由药品监督管理部门负责。

503.3　处罚标准

根据《中华人民共和国药品管理法》第124条第1款第7项规定，未经批准在药品生产过程中进行重大变更的，没收违法生产、进口、销售的药品和违法所得以及专门用于违法生产的原料、辅料、包装材料和生产设备，责令停产停业整顿，并处违法生产、进口、销售的药品货值金额15倍以上30倍以下的罚款；货值金额不足10万元的，按10万元计算；情节严重的，吊销药品批准证明文件直至吊销药品生产许可证、药品经营许可证或者医疗机构制剂许可证，对法定代表人、主要负责人、直接负责的主管人员和其他责任人员，没收违法行为发生期间自本单位所获收入，并处所获收入30%以上3倍以下的罚款，10年直至终身禁止从事药品生产经营活动，并可以由公安机关处5日以上15日以下的拘留。

五十四、中华人民共和国固体废物污染环境防治法

504. 擅自倾倒、堆放、丢弃、遗撒固体废物

504.1 法律依据

《中华人民共和国固体废物污染环境防治法》第120条第1项。

504.2 违法情形

擅自倾倒、堆放、丢弃、遗撒固体废物，造成严重后果，尚不构成犯罪的，公安机关可以在法定职权范围内给予行政处罚。应当注意，公安机关只负责对有关违法人员予以行政拘留处罚，其他行政处罚由生态环境主管部门负责。

固体废物，是指在生产、生活和其他活动中产生的丧失原有利用价值或者虽未丧失利用价值但被抛弃或者放弃的固态、半固态和置于容器中的气态的物品、物质以及法律、行政法规规定纳入固体废物管理的物品、物质。经无害化加工处理，并且符合强制性国家产品质量标准，不会危害公众健康和生态安全，或者根据固体废物鉴别标准和鉴别程序认定为不属于固体废物的除外。

504.3 处罚标准

根据《中华人民共和国固体废物污染环境防治法》第120条第1项规定，擅自倾倒、堆放、丢弃、遗撒固体废物，造成严重后果，尚不构成犯罪的，由公安机关对法定代表人、主要负责人、直接负责的主管人员和其他责任人员处10日以上15日以下的拘留；情节较轻的，处5日以上10日以下的拘留。

505. 在特别保护区域内建设工业固体废物、危险废物设施场所、生活垃圾填埋场

505.1 法律依据

《中华人民共和国固体废物污染环境防治法》第120条第2项。

505.2 违法情形

在生态保护红线区域、永久基本农田集中区域和其他需要特别保护的区域内，建设工业固体废物、危险废物集中贮存、利用、处置的设施、场所和生活垃圾填埋场，尚不构成犯罪的，公安机关可以在法定职权范围内给予行政处罚。应当注意，公安机关只负责对有关违法人员予以行政拘留处罚，其他行政处罚由生态环境主管部门负责。

工业固体废物，是指在工业生产活动中产生的固体废物。危险废物，是指列入国家危险废物名录或者根据国家规定的危险废物鉴别标准和鉴别方法认定的具有危险特性的固体废物。生活垃圾，是指在日常生活中或者为日常生活提供服务的活动中产生的固体废物，以及法律、行政法规规定视为生活垃圾的固体废物。

505.3 处罚标准

根据《中华人民共和国固体废物污染环境防治法》第120条第2项规定，在特别保护区域内建设工业固体废物、危险废物设施场所、生活垃圾填埋场，尚不构成犯罪的，由公安机关对法定代表人、主要负责人、直接负责的主管人员和其他责任人员处10日以上15日以下的拘留；情节较轻的，处5日以上10日以下的拘留。

506. 将危险废物提供、委托给无证经营者堆放、利用、处置

506.1　法律依据

《中华人民共和国固体废物污染环境防治法》第120条第3项。

506.2　违法情形

将危险废物提供或者委托给无许可证的单位或者其他生产经营者堆放、利用、处置，尚不构成犯罪的，公安机关可以在法定职权范围内给予行政处罚。应当注意，公安机关只负责对有关违法人员予以行政拘留处罚，其他行政处罚由生态环境主管部门负责。

506.3　处罚标准

根据《中华人民共和国固体废物污染环境防治法》第120条第3项规定，将危险废物提供、委托给无证经营者堆放、利用、处置，尚不构成犯罪的，由公安机关对法定代表人、主要负责人、直接负责的主管人员和其他责任人员处10日以上15日以下的拘留；情节较轻的，处5日以上10日以下的拘留。

507. 无许可证、未按许可规定从事危险废物经营活动

507.1　法律依据

《中华人民共和国固体废物污染环境防治法》第120条第4项。

507.2　违法情形

无许可证或者未按照许可证规定从事收集、贮存、利用、处置危险废物经营活动，尚不构成犯罪的，公安机关可以在法定职权范围内给予行政处罚。应当注意，公安机关只负责对有关违法人员予以行政拘留处罚，其他行政处罚由生态环境主管部门负责。

507.3　处罚标准

根据《中华人民共和国固体废物污染环境防治法》第120条第4项规定，无许可证、未按许可规定从事危险废物经营活动，尚不构成犯罪的，由公安机关对法定代表人、主要负责人、直接负责的主管人员和其他责任人员处10日以上15日以下的拘留；情节较轻的，处5日以上10日以下的拘留。

508. 未经批准擅自转移危险废物

508.1　法律依据

《中华人民共和国固体废物污染环境防治法》第120条第5项。

508.2　违法情形

未经批准擅自转移危险废物，尚不构成犯罪的，公安机关可以在法定职权范围内给予行政处罚。应当注意，公安机关只负责对有关违法人员予以行政拘留处罚，其他行政处罚由生态环境主管部门负责。

《中华人民共和国固体废物污染环境防治法》第82条第1、2款规定，转移危险废物的，应当按照国家有关规定填写、运行危险废物电子或者纸质转移联单。跨省、自治区、直辖市转移危险废物的，应当向危险废物移出地省、自治区、直辖市人民政府生态环境主管部门申请。移出地省、自治区、直辖市人民政府生态环境主管部门应当及时商经接受地省、自治区、直辖市人民政府生态环境主管部门同意后，在规定期限内批准转移该危险废物，并将批准信息通报相关省、自治区、直辖市人民政府生态环境主管部门和交通运输主管部门。未经批准的，不得转移。

508.3　处罚标准

根据《中华人民共和国固体废物污染环境防治法》第120条第5项规定，未经

批准擅自转移危险废物，尚不构成犯罪的，由公安机关对法定代表人、主要负责人、直接负责的主管人员和其他责任人员处10日以上15日以下的拘留；情节较轻的，处5日以上10日以下的拘留。

509. 未采取防范措施造成危险废物扬散、流失、渗漏、其他严重后果

509.1 法律依据

《中华人民共和国固体废物污染环境防治法》第120条第6项。

509.2 违法情形

未采取防范措施造成危险废物扬散、流失、渗漏、其他严重后果，尚不构成犯罪的，公安机关可以在法定职权范围内给予行政处罚。应当注意，公安机关只负责对有关违法人员予以行政拘留处罚，其他行政处罚由生态环境主管部门负责。

509.3 处罚标准

根据《中华人民共和国固体废物污染环境防治法》第120条第6项规定，未采取防范措施造成危险废物扬散、流失、渗漏、其他严重后果，尚不构成犯罪的，由公安机关对法定代表人、主要负责人、直接负责的主管人员和其他责任人员处10日以上15日以下的拘留；情节较轻的，处5日以上10日以下的拘留。

第五节 违反计算机和网络安全管理秩序行为的法律依据、违法情形和处罚标准

五十五、中华人民共和国网络安全法

510. 网络运营者不履行网络安全保护义务

510.1 法律依据

《中华人民共和国网络安全法》第21条、第25条和第59条第1款。

510.2 违法情形

网络运营者不履行网络安全保护义务的，公安机关在其监管职责范围内可以依法予以行政处罚。应当注意，除《中华人民共和国网络安全法》明确规定由公安机关实施行政处罚的之外，公安机关实施行政处罚限于公安机关监管范围。《中华人民共和国网络安全法》第8条第1款规定，国家网信部门负责统筹协调网络安全工作和相关监督管理工作。国务院电信主管部门、公安部门和其他有关机关依照本法和有关法律、行政法规的规定，在各自职责范围内负责网络安全保护和监督管理工作。

网络运营者，是指网络的所有者、管理者和网络服务提供者。

《中华人民共和国网络安全法》第21条规定，国家实行网络安全等级保护制度。网络运营者应当按照网络安全等级保护制度的要求，履行下列安全保护义务，保障网络免受干扰、破坏或者未经授权的访问，防止网络数据泄露或者被窃取、篡改：（1）制定内部安全管理制度和操作规程，确定网络安全负责人，落实网络安全保护责任；（2）采取防范计算机病毒和网络攻击、网络侵入等危害网络安全行为的技术措施；（3）采取监测、记录网络运行状态、网络安全事件的技术措施，并按照规定留存相关的网络日志不少于6个月；（4）采取数据分类、重要数据备份和加密等措施；（5）法律、行政法规规定的其他义务。

第25条规定，网络运营者应当制定网络安全事件应急预案，及时处置系统漏洞、计算机病毒、网络攻击、网络侵入等安全风险；在发生危害网络安全的事件时，立

即启动应急预案，采取相应的补救措施，并按照规定向有关主管部门报告。

510.3　处罚标准

根据《中华人民共和国网络安全法》第21条、第25条和第59条第1款规定，网络运营者不履行网络安全保护义务的，由有关主管部门责令改正，给予警告；拒不改正或者导致危害网络安全等后果的，处1万元以上10万元以下罚款，对直接负责的主管人员处5000元以上5万元以下罚款。

511. 关键信息基础设施运营者不履行网络安全保护义务

511.1　法律依据

《中华人民共和国网络安全法》第33条、第34条、第36条、第38条和第59条第2款。

511.2　违法情形

关键信息基础设施的运营者不履行网络安全保护义务的，公安机关在其监管职责范围内可以依法予以行政处罚。

关键信息基础设施，是指对公共通信和信息服务、能源、交通、水利、金融、公共服务、电子政务等重要行业和领域，以及其他一旦遭到破坏、丧失功能或者数据泄露，可能严重危害国家安全、国计民生、公共利益的关键信息基础设施。关键信息基础设施的具体范围和安全保护办法由国务院制定。

《中华人民共和国网络安全法》第33条规定，建设关键信息基础设施应当确保其具有支持业务稳定、持续运行的性能，并保证安全技术措施同步规划、同步建设、同步使用。

第34条规定，除本法第21条的规定外，关键信息基础设施的运营者还应当履行下列安全保护义务：（1）设置专门安全管理机构和安全管理负责人，并对该负责人和关键岗位的人员进行安全背景审查；（2）定期对从业人员进行网络安全教育、技术培训和技能考核；（3）对重要系统和数据库进行容灾备份；（4）制定网络安全事件应急预案，并定期进行演练；（5）法律、行政法规规定的其他义务。

第36条规定，关键信息基础设施的运营者采购网络产品和服务，应当按照规定与提供者签订安全保密协议，明确安全和保密义务与责任。

第38条规定，关键信息基础设施的运营者应当自行或者委托网络安全服务机构对其网络的安全性和可能存在的风险每年至少进行一次检测评估，并将检测评估情况和改进措施报送相关负责关键信息基础设施安全保护工作的部门。

511.3　处罚标准

根据《中华人民共和国网络安全法》第33条、第34条、第36条、第38条和第59条第2款规定，关键信息基础设施的运营者不履行本法第33条、第34条、第36条、第38条规定的网络安全保护义务的，由有关主管部门责令改正，给予警告；拒不改正或者导致危害网络安全等后果的，处10万元以上100万元以下罚款，对直接负责的主管人员处1万元以上10万元以下罚款。

512. 设置恶意程序

512.1　法律依据

《中华人民共和国网络安全法》第22条第1款、第48条第1款和第60条第1项。

512.2 违法情形

网络产品、服务的提供者设置恶意程序的，公安机关在其监管职责范围内可以依法予以行政处罚。

《中华人民共和国网络安全法》第22条第1款规定，网络产品、服务应当符合相关国家标准的强制性要求。网络产品、服务的提供者不得设置恶意程序；发现其网络产品、服务存在安全缺陷、漏洞等风险时，应当立即采取补救措施，按照规定及时告知用户并向有关主管部门报告。

第48条第1款规定，任何个人和组织发送的电子信息、提供的应用软件，不得设置恶意程序，不得含有法律、行政法规禁止发布或者传输的信息。

512.3 处罚标准

根据《中华人民共和国网络安全法》第22条第1款、第48条第1款和第60条第1项规定，网络产品、服务的提供者设置恶意程序的，由有关主管部门责令改正，给予警告；拒不改正或者导致危害网络安全等后果的，处5万元以上50万元以下罚款，对直接负责的主管人员处1万元以上10万元以下罚款。

513. 未按规定告知、报告安全风险

513.1 法律依据

《中华人民共和国网络安全法》第22条第1款和第60条第2项。

513.2 违法情形

网络产品、服务的提供者未按规定告知、报告安全风险的，公安机关在其监管职责范围内可以依法予以行政处罚。

《中华人民共和国网络安全法》第22条第1款规定，网络产品、服务应当符合相关国家标准的强制性要求。网络产品、服务的提供者不得设置恶意程序；发现其网络产品、服务存在安全缺陷、漏洞等风险时，应当立即采取补救措施，按照规定及时告知用户并向有关主管部门报告。

513.3 处罚标准

根据《中华人民共和国网络安全法》第22条第1款和第60条第2项规定，网络产品、服务的提供者未按规定告知、报告安全风险的，由有关主管部门责令改正，给予警告；拒不改正或者导致危害网络安全等后果的，处5万元以上50万元以下罚款，对直接负责的主管人员处1万元以上10万元以下罚款。

514. 网络运营者不履行身份信息核验义务

514.1 法律依据

《中华人民共和国网络安全法》第24条第1款和第61条。

514.2 违法情形

网络运营者未要求用户提供真实身份信息，或者对不提供真实身份信息的用户提供相关服务的，公安机关在其监管职责范围内可以依法予以行政处罚。

《中华人民共和国网络安全法》第24条第1款规定，网络运营者为用户办理网络接入、域名注册服务，办理固定电话、移动电话等入网手续，或者为用户提供信息发布、即时通讯等服务，在与用户签订协议或者确认提供服务时，应当要求用户提供真实身份信息。用户不提供真实身份信息的，网络运营者不得为其提供相关服务。

514.3 处罚标准

根据《中华人民共和国网络安全法》第61条规定，网络运营者违反本法第24条第1款规定，未要求用户提供真实身份信息，或者对不提供真实身份信息的用户提供相关服务的，由有关主管部门责令改正；拒不改正或者情节严重的，处5万元以上50万元以下罚款，并可以由有关主管部门责令暂停相关业务、停业整顿、关闭网站、吊销相关业务许可证或者吊销营业执照，对直接负责的主管人员和其他直接责任人员处1万元以上10万元以下罚款。

515. 未按规定开展网络安全检测、风险评估等活动

515.1 法律依据

《中华人民共和国网络安全法》第26条和第62条。

515.2 违法情形

未按照国家有关规定开展网络安全认证、检测、风险评估等活动的，公安机关在其监管职责范围内可以依法予以行政处罚。

《中华人民共和国网络安全法》第26条规定，开展网络安全认证、检测、风险评估等活动，向社会发布系统漏洞、计算机病毒、网络攻击、网络侵入等网络安全信息，应当遵守国家有关规定。

515.3 处罚标准

根据《中华人民共和国网络安全法》第62条规定，违反本法第26条规定，开展网络安全认证、检测、风险评估等活动的，由有关主管部门责令改正，给予警告；拒不改正或者情节严重的，处1万元以上10万元以下罚款，并可以由有关主管部门责令暂停相关业务、停业整顿、关闭网站、吊销相关业务许可证或者吊销营业执照，对直接负责的主管人员和其他直接责任人员处5000元以上5万元以下罚款。

516. 违法发布网络安全信息

516.1 法律依据

《中华人民共和国网络安全法》第26条和第62条。

516.2 违法情形

未按照国家有关规定向社会发布系统漏洞、计算机病毒、网络攻击、网络侵入等网络安全信息的，公安机关在其监管职责范围内可以依法予以行政处罚。

《中华人民共和国网络安全法》第26条规定，开展网络安全认证、检测、风险评估等活动，向社会发布系统漏洞、计算机病毒、网络攻击、网络侵入等网络安全信息，应当遵守国家有关规定。

516.3 处罚标准

根据《中华人民共和国网络安全法》第62条规定，违反本法第26条规定，向社会发布系统漏洞、计算机病毒、网络攻击、网络侵入等网络安全信息的，由有关主管部门责令改正，给予警告；拒不改正或者情节严重的，处1万元以上10万元以下罚款，并可以由有关主管部门责令暂停相关业务、停业整顿、关闭网站、吊销相关业务许可证或者吊销营业执照，对直接负责的主管人员和其他直接责任人员处5000元以上5万元以下罚款。

517. 从事危害网络安全活动

517.1 法律依据

《中华人民共和国网络安全法》第27条和第63条。

517.2 违法情形

从事危害网络安全的活动，尚不构成犯罪的，应当由公安机关予以行政处罚。

《中华人民共和国网络安全法》第27条规定，任何个人和组织不得从事非法侵

入他人网络、干扰他人网络正常功能、窃取网络数据等危害网络安全的活动；不得提供专门用于从事侵入网络、干扰网络正常功能及防护措施、窃取网络数据等危害网络安全活动的程序、工具；明知他人从事危害网络安全的活动的，不得为其提供技术支持、广告推广、支付结算等帮助。

517.3 处罚标准

根据《中华人民共和国网络安全法》第63条规定，违反本法第27条规定，从事危害网络安全的活动，尚不构成犯罪的，由公安机关没收违法所得，处5日以下拘留，可以并处5万元以上50万元以下罚款；情节较重的，处5日以上15日以下拘留，可以并处10万元以上100万元以下罚款。

单位有前款行为的，由公安机关没收违法所得，处10万元以上100万元以下罚款，并对直接负责的主管人员和其他直接责任人员依照前款规定处罚。

违反本法第27条规定，受到治安管理处罚的人员，5年内不得从事网络安全管理和网络运营关键岗位的工作；受到刑事处罚的人员，终身不得从事网络安全管理和网络运营关键岗位的工作。

518. 提供危害网络安全活动专门程序、工具

518.1 法律依据

《中华人民共和国网络安全法》第27条和第63条。

518.2 违法情形

提供专门用于从事危害网络安全活动的程序、工具，尚不构成犯罪的，应当由公安机关予以行政处罚。

《中华人民共和国网络安全法》第27条规定，任何个人和组织不得从事非法侵入他人网络、干扰他人网络正常功能、窃取网络数据等危害网络安全的活动；不得提供专门用于从事侵入网络、干扰网络正常功能及防护措施、窃取网络数据等危害网络安全活动的程序、工具；明知他人从事危害网络安全的活动的，不得为其提供技术支持、广告推广、支付结算等帮助。

518.3 处罚标准

根据《中华人民共和国网络安全法》第63条规定，违反本法第27条规定，提供专门用于从事危害网络安全活动的程序、工具，尚不构成犯罪的，由公安机关没收违法所得，处5日以下拘留，可以并处5万元以上50万元以下罚款；情节较重的，处5日以上15日以下拘留，可以并处10万元以上100万元以下罚款。

单位有前款行为的，由公安机关没收违法所得，处10万元以上100万元以下罚款，并对直接负责的主管人员和其他直接责任人员依照前款规定处罚。

违反本法第27条规定，受到治安管理处罚的人员，5年内不得从事网络安全管理和网络运营关键岗位的工作；受到刑事处罚的人员，终身不得从事网络安全管理和网络运营关键岗位的工作。

519. 为危害网络安全活动提供帮助

519.1 法律依据

《中华人民共和国网络安全法》第27条和第63条。

519.2 违法情形

为他人从事危害网络安全的活动提供技术支持、广告推广、支付结算等帮助，尚不构成犯罪的，应当由公安机关予以行政处罚。

《中华人民共和国网络安全法》第27

条规定，任何个人和组织不得从事非法侵入他人网络、干扰他人网络正常功能、窃取网络数据等危害网络安全的活动；不得提供专门用于从事侵入网络、干扰网络正常功能及防护措施、窃取网络数据等危害网络安全活动的程序、工具；明知他人从事危害网络安全的活动的，不得为其提供技术支持、广告推广、支付结算等帮助。

519.3　处罚标准

根据《中华人民共和国网络安全法》第63条规定，违反本法第27条规定，为他人从事危害网络安全的活动提供技术支持、广告推广、支付结算等帮助，尚不构成犯罪的，由公安机关没收违法所得，处5日以下拘留，可以并处5万元以上50万元以下罚款；情节较重的，处5日以上15日以下拘留，可以并处10万元以上100万元以下罚款。

单位有前款行为的，由公安机关没收违法所得，处10万元以上100万元以下罚款，并对直接负责的主管人员和其他直接责任人员依照前款规定处罚。

违反本法第27条规定，受到治安管理处罚的人员，5年内不得从事网络安全管理和网络运营关键岗位的工作；受到刑事处罚的人员，终身不得从事网络安全管理和网络运营关键岗位的工作。

520. 网络运营者、网络产品或者服务提供者不履行个人信息保护义务

520.1　法律依据

《中华人民共和国网络安全法》第22条第3款、第41条至第43条和第64条第1款。

520.2　违法情形

网络运营者、网络产品或者服务的提供者违反规定，侵害个人信息依法得到保护的权利的，公安机关在其监管职责范围内可以依法予以行政处罚。

《中华人民共和国网络安全法》第22条第3款规定，网络产品、服务具有收集用户信息功能的，其提供者应当向用户明示并取得同意；涉及用户个人信息的，还应当遵守本法和有关法律、行政法规关于个人信息保护的规定。

第41条规定，网络运营者收集、使用个人信息，应当遵循合法、正当、必要的原则，公开收集、使用规则，明示收集、使用信息的目的、方式和范围，并经被收集者同意。网络运营者不得收集与其提供的服务无关的个人信息，不得违反法律、行政法规的规定和双方的约定收集、使用个人信息，并应当依照法律、行政法规的规定和与用户的约定，处理其保存的个人信息。

第42条规定，网络运营者不得泄露、篡改、毁损其收集的个人信息；未经被收集者同意，不得向他人提供个人信息。但是，经过处理无法识别特定个人且不能复原的除外。网络运营者应当采取技术措施和其他必要措施，确保其收集的个人信息安全，防止信息泄露、毁损、丢失。在发生或者可能发生个人信息泄露、毁损、丢失的情况时，应当立即采取补救措施，按照规定及时告知用户并向有关主管部门报告。

第43条规定，个人发现网络运营者违反法律、行政法规的规定或者双方的约定收集、使用其个人信息的，有权要求网络运营者删除其个人信息；发现网络运营者收集、存储的其个人信息有错误的，有权

要求网络运营者予以更正。网络运营者应当采取措施予以删除或者更正。

520.3 处罚标准

根据《中华人民共和国网络安全法》第64条第1款规定，网络运营者、网络产品或者服务的提供者违反本法第22条第3款、第41条至第43条规定，侵害个人信息依法得到保护的权利的，由有关主管部门责令改正，可以根据情节单处或者并处警告、没收违法所得、处违法所得1倍以上10倍以下罚款，没有违法所得的，处100万元以下罚款，对直接负责的主管人员和其他直接责任人员处1万元以上10万元以下罚款；情节严重的，并可以责令暂停相关业务、停业整顿、关闭网站、吊销相关业务许可证或者吊销营业执照。

521. 非法获取、出售、向他人提供个人信息

521.1 法律依据

《中华人民共和国网络安全法》第44条和第64条第2款。

521.2 违法情形

窃取或者以其他非法方式获取、非法出售或者非法向他人提供个人信息，尚不构成犯罪的，应当由公安机关予以行政处罚。

《中华人民共和国网络安全法》第44条规定，任何个人和组织不得窃取或者以其他非法方式获取个人信息，不得非法出售或者非法向他人提供个人信息。

521.3 处罚标准

根据《中华人民共和国网络安全法》第64条第2款规定，违反本法第44条规定，窃取或者以其他非法方式获取、非法出售或者非法向他人提供个人信息，尚不构成犯罪的，由公安机关没收违法所得，并处违法所得1倍以上10倍以下罚款，没有违法所得的，处100万元以下罚款。

522. 非法利用信息网络

522.1 法律依据

《中华人民共和国网络安全法》第46条和第67条。

522.2 违法情形

设立用于实施违法犯罪活动的网站、通讯群组，或者利用网络发布涉及实施违法犯罪活动的信息，尚不构成犯罪的，应当由公安机关予以行政处罚。

《中华人民共和国网络安全法》第46条规定，任何个人和组织应当对其使用网络的行为负责，不得设立用于实施诈骗，传授犯罪方法，制作或者销售违禁物品、管制物品等违法犯罪活动的网站、通讯群组，不得利用网络发布涉及实施诈骗，制作或者销售违禁物品、管制物品以及其他违法犯罪活动的信息。

522.3 处罚标准

根据《中华人民共和国网络安全法》第67条规定，违反本法第46条规定，设立用于实施违法犯罪活动的网站、通讯群组，或者利用网络发布涉及实施违法犯罪活动的信息，尚不构成犯罪的，由公安机关处5日以下拘留，可以并处1万元以上10万元以下罚款；情节较重的，处5日以上15日以下拘留，可以并处5万元以上50万元以下罚款。关闭用于实施违法犯罪活动的网站、通讯群组。

单位有前款行为的，由公安机关处10万元以上50万元以下罚款，并对直接负责的主管人员和其他直接责任人员依照前款规定处罚。

523. 网络运营者不履行网络信息安全管理义务

523.1 法律依据

《中华人民共和国网络安全法》第47条和第68条第1款。

523.2 违法情形

网络运营者对法律、行政法规禁止发布或者传输的信息未停止传输、采取消除等处置措施、保存有关记录的，公安机关在其监管职责范围内可以依法予以行政处罚。

《中华人民共和国网络安全法》第47条规定，网络运营者应当加强对其用户发布的信息的管理，发现法律、行政法规禁止发布或者传输的信息的，应当立即停止传输该信息，采取消除等处置措施，防止信息扩散，保存有关记录，并向有关主管部门报告。

523.3 处罚标准

根据《中华人民共和国网络安全法》第68条第1款规定，网络运营者违反本法第47条规定，对法律、行政法规禁止发布或者传输的信息未停止传输、采取消除等处置措施、保存有关记录的，由有关主管部门责令改正，给予警告，没收违法所得；拒不改正或者情节严重的，处10万元以上50万元以下罚款，并可以责令暂停相关业务、停业整顿、关闭网站、吊销相关业务许可证或者吊销营业执照，对直接负责的主管人员和其他直接责任人员处1万元以上10万元以下罚款。

524. 电子信息发送、应用软件下载服务提供者不履行网络信息安全管理义务

524.1 法律依据

《中华人民共和国网络安全法》第48条第2款和第68条第2款。

524.2 违法情形

电子信息发送、应用软件下载服务提供者不履行网络信息安全管理义务的，公安机关可以在其监管职责范围内依法予以行政处罚。

根据《中华人民共和国网络安全法》第48条规定，任何个人和组织发送的电子信息、提供的应用软件，不得设置恶意程序，不得含有法律、行政法规禁止发布或者传输的信息。

电子信息发送服务提供者和应用软件下载服务提供者，应当履行安全管理义务，知道其用户有前款规定行为的，应当停止提供服务，采取消除等处置措施，保存有关记录，并向有关主管部门报告。

524.3 处罚标准

根据《中华人民共和国网络安全法》第68条第2款规定，电子信息发送服务提供者、应用软件下载服务提供者，不履行本法第48条第2款规定的安全管理义务的，由有关主管部门责令改正，给予警告，没收违法所得；拒不改正或者情节严重的，处10万元以上50万元以下罚款，并可以责令暂停相关业务、停业整顿、关闭网站、吊销相关业务许可证或者吊销营业执照，对直接负责的主管人员和其他直接责任人员处1万元以上十10元以下罚款。

525. 网络运营者不按公安机关要求处置违法信息

525.1 法律依据

《中华人民共和国网络安全法》第69条第1项。

525.2 违法情形

网络运营者不按公安机关要求对法律、

行政法规禁止发布或者传输的信息，采取停止传输、消除等处置措施的，公安机关可以在其监管职责范围内依法予以行政处罚。

525.3 处罚标准

根据《中华人民共和国网络安全法》第69条第1项规定，网络运营者不按公安机关要求处置违法信息的，由公安机关责令改正；拒不改正或者情节严重的，处5万元以上50万元以下罚款，对直接负责的主管人员和其他直接责任人员，处1万元以上10万元以下罚款。

526. 网络运营者拒绝、阻碍公安机关监督检查

526.1 法律依据

《中华人民共和国网络安全法》第69条第2项。

526.2 违法情形

网络运营者拒绝、阻碍有关部门依法实施的监督检查的，公安机关可以在其监管职责范围内依法予以行政处罚。

526.3 处罚标准

根据《中华人民共和国网络安全法》第69条第2项规定，网络运营者拒绝、阻碍公安机关监督检查的，由公安机关责令改正；拒不改正或者情节严重的，处5万元以上50万元以下罚款，对直接负责的主管人员和其他直接责任人员，处1万元以上10万元以下罚款。

527. 网络运营者拒不向公安机关提供技术支持和协助

527.1 法律依据

《中华人民共和国网络安全法》第69条第3项。

527.2 违法情形

网络运营者拒不向公安机关提供技术支持和协助的，公安机关可以在其监管职责范围内依法予以行政处罚。

527.3 处罚标准

根据《中华人民共和国网络安全法》第69条第3项规定，网络运营者拒不向公安机关提供技术支持和协助的，由公安机关责令改正；拒不改正或者情节严重的，处5万元以上50万元以下罚款，对直接负责的主管人员和其他直接责任人员，处1万元以上10万元以下罚款。

528. 发布、传输违法信息

528.1 法律依据

《中华人民共和国网络安全法》第12条第2款和第70条。

528.2 违法情形

发布、传输违法信息的，公安机关可以在其监管职责范围内依法予以行政处罚。

《中华人民共和国网络安全法》第12条第2款规定，任何个人和组织使用网络应当遵守宪法法律，遵守公共秩序，尊重社会公德，不得危害网络安全，不得利用网络从事危害国家安全、荣誉和利益，煽动颠覆国家政权、推翻社会主义制度，煽动分裂国家、破坏国家统一，宣扬恐怖主义、极端主义，宣扬民族仇恨、民族歧视，传播暴力、淫秽色情信息，编造、传播虚假信息扰乱经济秩序和社会秩序，以及侵害他人名誉、隐私、知识产权和其他合法权益等活动。

528.3 处罚标准

根据《中华人民共和国网络安全法》第70条规定，发布或者传输本法第12条第2款和其他法律、行政法规禁止发布或者传输的信息的，依照有关法律、行政法规的规定处罚。

五十六、中华人民共和国计算机信息系统安全保护条例

529. 违反计算机信息系统安全等级保护制度

529.1　法律依据

《中华人民共和国计算机信息系统安全保护条例》第20条第1项。

529.2　违法情形

在计算机信息系统安全建设和应用过程中，违反计算机信息系统安全等级保护制度，危害计算机信息系统安全的行为，应当由公安机关给予行政处罚。

所谓计算机信息系统，是指由计算机及其相关的和配套的设备、设施（含网络）构成的，按照一定的应用目标和规则对信息进行采集、加工、存储、传输、检索等处理的人机系统。

《中华人民共和国计算机信息系统安全保护条例》第9条规定，计算机信息系统实行安全等级保护。安全等级的划分标准和安全等级保护的具体办法，由公安部会同有关部门制定。

529.3　处罚标准

根据《中华人民共和国计算机信息系统安全保护条例》第20条第1项规定，违反计算机信息系统安全等级保护制度的，由公安机关处以警告或者停机整顿。

530. 违反计算机信息系统国际联网备案制度

530.1　法律依据

《中华人民共和国计算机信息系统安全保护条例》第20条第2项。

530.2　违法情形

计算机信息系统的使用单位违反计算机信息系统安全保护规定，在进行国际联网时，没有报省级以上人民政府公安机关备案的，应当由公安机关给予行政处罚。

《中华人民共和国计算机信息系统安全保护条例》第11条规定，进行国际联网的计算机信息系统，由计算机信息系统的使用单位报省级以上人民政府公安机关备案。

530.3　处罚标准

根据《中华人民共和国计算机信息系统安全保护条例》第20条第2项规定，违反计算机信息系统国际联网备案制度的，由公安机关处以警告或者停机整顿。

531. 计算机信息系统发生案件不报

531.1　法律依据

《中华人民共和国计算机信息系统安全保护条例》第20条第3项。

531.2　违法情形

在计算机信息系统中发生案件时，有关使用单位没有按照规定向当地县级以上人民政府公安机关报告的，应当由公安机关给予行政处罚。

根据《中华人民共和国计算机信息系统安全保护条例》第14条规定，对计算机信息系统中发生的案件，有关使用单位应当在24小时内向当地县级以上人民政府公安机关报告。

531.3　处罚标准

根据《中华人民共和国计算机信息系统安全保护条例》第20条第3项规定，不按照规定时间报告计算机信息系统中发生的案件的，由公安机关处以警告或者停机整顿。

532. 拒不改进计算机信息系统安全状况

532.1　法律依据

《中华人民共和国计算机信息系统安全保护条例》第20条第4项。

532.2 违法情形

计算机信息系统使用单位在接到公安机关通知后，没有按照规定对计算机信息系统采取安全保护措施的行为，应当由公安机关给予行政处罚。

《中华人民共和国计算机信息系统安全保护条例》第18条规定，公安机关发现影响计算机信息系统安全的隐患时，应当及时通知使用单位采取安全保护措施。

532.3 处罚标准

根据《中华人民共和国计算机信息系统安全保护条例》第20条第4项规定，拒不改进计算机信息系统安全状况的，由公安机关处以警告或者停机整顿。

533. 故意输入计算机病毒、有害数据

533.1 法律依据

《中华人民共和国计算机信息系统安全保护条例》第23条、《计算机病毒防治管理办法》第6条第1项和第16条第3款、《计算机信息系统安全专用产品检测和销售许可证管理办法》第22条。

533.2 违法情形

故意输入计算机病毒以及其他有害数据危害计算机信息系统安全的，应当由公安机关给予行政处罚。

533.3 处罚标准

根据《中华人民共和国计算机信息系统安全保护条例》第23条、《计算机病毒防治管理办法》第6条第1项和第16条第3款、《计算机信息系统安全专用产品检测和销售许可证管理办法》第22条规定，故意输入计算机病毒、有害数据的，由公安机关处以警告或者对个人处以5000元以下的罚款、对单位处以15000元以下的罚款；有违法所得的，除予以没收外，可以处以违法所得1至3倍的罚款。

534. 未经许可出售计算机信息系统安全专用产品

534.1 法律依据

《中华人民共和国计算机信息系统安全保护条例》第23条和《计算机信息系统安全专用产品检测和销售许可证管理办法》第20条。

534.2 违法情形

计算机信息系统安全专用产品的生产者在产品进入市场销售前，没有对其产品进行安全功能检测和认定，没有申领《计算机信息系统安全专用产品销售许可证》的，应当由公安机关给予行政处罚。

《中华人民共和国计算机信息系统安全保护条例》第16条规定，国家对计算机信息系统安全专用产品的销售实行许可证制度。具体办法由公安部会同有关部门制定。

534.3 处罚标准

根据《中华人民共和国计算机信息系统安全保护条例》第23条和《计算机信息系统安全专用产品检测和销售许可证管理办法》第20条规定，未经许可出售计算机信息系统安全专用产品的，由公安机关处以警告或者对个人处以5000元以下的罚款、对单位处以15000元以下的罚款；有违法所得的，除予以没收外，可以处以违法所得1至3倍的罚款。

五十七、中华人民共和国计算机信息网络国际联网管理暂行规定、中华人民共和国计算机信息网络国际联网管理暂行规定实施办法

535. 擅自建立、使用非法定信道进行国际联网

535.1 法律依据

《中华人民共和国计算机信息网络国际

联网管理暂行规定》第6条和第14条、《中华人民共和国计算机信息网络国际联网管理暂行规定实施办法》第7条和第22条第1款。

535.2　违法情形

单位或者个人违反计算机信息网络国际联网管理规定，自行建立或者使用邮电部国家公用电信网提供的国际出入口信道以外的其他信道进行国际联网的行为，应当由公安机关给予行政处罚。

535.3　处罚标准

根据《中华人民共和国计算机信息网络国际联网管理暂行规定》第6条和第14条、《中华人民共和国计算机信息网络国际联网管理暂行规定实施办法》第7条和第22条第1款规定，擅自建立、使用非法定信道进行国际联网的，由公安机关责令停止联网，给予警告，可以并处15000元以下的罚款；有违法所得的，没收违法所得。

536. 接入网络未通过互联网络接入国际联网

536.1　法律依据

《中华人民共和国计算机信息网络国际联网管理暂行规定》第8条第1款和第14条。

536.2　违法情形

单位或者个人违反计算机信息网络国际联网管理规定，在接入网络时通过互联网络以外的其他方式进行国际联网的行为，应当由公安机关给予行政处罚。

《中华人民共和国计算机信息网络国际联网管理暂行规定》第8条第1款规定，接入网络必须通过互联网络进行国际联网。

536.3　处罚标准

根据《中华人民共和国计算机信息网络国际联网管理暂行规定》第8条第1款和第14条规定，接入网络未通过互联网络接入国际联网的，由公安机关责令停止联网，给予警告，可以并处15000元以下的罚款；有违法所得的，没收违法所得。

537. 未经许可从事国际联网经营业务

537.1　法律依据

《中华人民共和国计算机信息网络国际联网管理暂行规定》第8条第2款和第14条以及《中华人民共和国计算机信息网络国际联网管理暂行规定实施办法》第11条和第22条第2款。

537.2　违法情形

从事国际联网经营活动的接入单位，未领取国际联网经营许可证而从事国际联网经营活动的行为，应当由公安机关给予行政处罚。

《中华人民共和国计算机信息网络国际联网管理暂行规定》第8条第2款规定，接入单位拟从事国际联网经营活动的，应当向有权受理从事国际联网经营活动申请的互联单位主管部门或者主管单位申请领取国际联网经营许可证；未取得国际联网经营许可证的，不得从事国际联网经营业务。

《中华人民共和国计算机信息网络国际联网管理暂行规定实施办法》第11条规定，对从事国际联网经营活动的接入单位（以下简称经营性接入单位）实行国际联网经营许可证（以下简称经营许可证）制度。经营许可证的格式由国务院信息化工作领导小组统一制定。经营许可证由经营性互联单位主管部门颁发，报国务院信息化工作领导小组办公室备案。互联单位主管部门对经营性接入单位实行年检制度。跨省

（区）、市经营的接入单位应当向经营性互联单位主管部门申请领取国际联网经营许可证。在本省（区）、市内经营的接入单位应当向经营性互联单位主管部门或者经其授权的省级主管部门申请领取国际联网经营许可证。经营性接入单位凭经营许可证到国家工商行政管理机关办理登记注册手续，向提供电信服务的企业办理所需通信线路手续。提供电信服务的企业应当在30个工作日内为接入单位提供通信线路和相关服务。

537.3　处罚标准

根据《中华人民共和国计算机信息网络国际联网管理暂行规定》第8条第2款和第14条以及《中华人民共和国计算机信息网络国际联网管理暂行规定实施办法》第11条和第22条第2款规定，未经许可从事国际联网经营业务的，由公安机关责令停止联网，给予警告，可以并处15000元以下的罚款；有违法所得的，没收违法所得。

538. 未经批准擅自进行国际联网

538.1　法律依据

《中华人民共和国计算机信息网络国际联网管理暂行规定》第8条第3款和第14条。

538.2　违法情形

从事非经营活动的接入单位，未报经有权受理从事非经营活动申请的互联单位主管部门或者主管单位批准，擅自接入互联网络进行国际联网的行为，应当由公安机关给予行政处罚。

《中华人民共和国计算机信息网络国际联网管理暂行规定》第8条第3款规定，接入单位拟从事非经营活动的，应当报经有权受理从事非经营活动申请的互联单位主管部门或者主管单位审批；未经批准的，不得接入互联网络进行国际联网。

538.3　处罚标准

根据《中华人民共和国计算机信息网络国际联网管理暂行规定》第8条第3款和第14条规定，未经批准擅自进行国际联网的，由公安机关责令停止联网，给予警告，可以并处15000元以下的罚款；有违法所得的，没收违法所得。

539. 未通过接入网络进行国际联网

539.1　法律依据

《中华人民共和国计算机信息网络国际联网管理暂行规定》第10条和第14条、《中华人民共和国计算机信息网络国际联网管理暂行规定实施办法》第12条和第22条第3款。

539.2　违法情形

使用的计算机或者计算机信息网络的个人、法人和其他组织用户，没有通过接入网络进行国际联网，而以其他方式进行国际联网的行为，应当由公安机关给予行政处罚。

《中华人民共和国计算机信息网络国际联网管理暂行规定》第10条第1款规定，个人、法人和其他组织（以下统称用户）使用的计算机或者计算机信息网络，需要进行国际联网的，必须通过接入网络进行国际联网。

《中华人民共和国计算机信息网络国际联网管理暂行规定实施办法》第12条规定，个人、法人和其他组织用户使用的计算机或者计算机信息网络必须通过接入网络进行国际联网，不得以其他方式进行国际联网。

539.3　处罚标准

根据《中华人民共和国计算机信息网

络国际联网管理暂行规定》第10条和第14条规定，未通过接入网络进行国际联网的，由公安机关责令停止联网，给予警告，可以并处15000元以下的罚款；有违法所得的，没收违法所得。

根据《中华人民共和国计算机信息网络国际联网管理暂行规定实施办法》第12条和第22条第3款规定，未通过接入网络进行国际联网的，对个人由公安机关处5000元以下的罚款；对法人和其他组织用户由公安机关给予警告，可以并处15000元以下的罚款。

540. 未经接入单位同意接入接入网络

540.1　法律依据

《中华人民共和国计算机信息网络国际联网管理暂行规定》第10条和第14条。

540.2　违法情形

使用的计算机或者计算机信息网络的个人、法人和其他组织用户，需要接入接入网络的，没有征得接入单位的同意，擅自接入网络的行为，应当由公安机关给予行政处罚。

540.3　处罚标准

根据《中华人民共和国计算机信息网络国际联网管理暂行规定》第10条和第14条规定，未经接入单位同意接入接入网络的，由公安机关责令停止联网，给予警告，可以并处15000元以下的罚款；有违法所得的，没收违法所得。

541. 未办理登记手续接入接入网络

541.1　法律依据

《中华人民共和国计算机信息网络国际联网管理暂行规定》第10条和第14条。

541.2　违法情形

使用的计算机或者计算机信息网络的个人、法人和其他组织用户，需要接入接入网络的，征得接入单位同意后，未办理登记手续，擅自接入网络的行为，应当由公安机关给予行政处罚。

541.3　处罚标准

根据《中华人民共和国计算机信息网络国际联网管理暂行规定》第10条和第14条规定，未办理登记手续接入接入网络的，由公安机关责令停止联网，给予警告，可以并处15000元以下的罚款；有违法所得的，没收违法所得。

542. 违规经营国际互联网络业务

542.1　法律依据

《中华人民共和国计算机信息网络国际联网管理暂行规定实施办法》第21条和第22条第5款。

542.2　违法情形

进行国际联网的专业计算机信息网络经营国际互联网络业务的，应当由公安机关给予行政处罚。

《中华人民共和国计算机信息网络国际联网管理暂行规定实施办法》第21条规定，进行国际联网的专业计算机信息网络不得经营国际互联网络业务。企业计算机信息网络和其他通过专线进行国际联网的计算机信息网络，只限于内部使用。

542.3　处罚标准

根据《中华人民共和国计算机信息网络国际联网管理暂行规定实施办法》第21条和第22条第5款规定，违规经营国际互联网络业务的，由公安机关给予警告，可以并处15000元以下的罚款；有违法所得的，没收违法所得。

五十八、互联网上网服务营业场所管理条例

543. 利用上网服务营业场所制作、下载、复制、查阅、发布、传播、使用违法信息

543.1 法律依据

《互联网上网服务营业场所管理条例》第30条。

543.2 违法情形

互联网上网服务营业场所经营单位和上网消费者违反互联网上网服务营业场所管理规定，利用营业场所制作、下载、复制、查阅、发布、传播或者以其他方式使用违法信息，尚不构成犯罪的，应当由公安机关给予行政处罚。

所谓违法信息，是指《互联网上网服务营业场所管理条例》第14条规定的信息。主要包括：（1）反对宪法确定的基本原则的；（2）危害国家统一、主权和领土完整的；（3）泄露国家秘密，危害国家安全或者损害国家荣誉和利益的；（4）煽动民族仇恨、民族歧视，破坏民族团结，或者侵害民族风俗、习惯的；（5）破坏国家宗教政策，宣扬邪教、迷信的；（6）散布谣言，扰乱社会秩序，破坏社会稳定的；（7）宣传淫秽、赌博、暴力或者教唆犯罪的；（8）侮辱或者诽谤他人，侵害他人合法权益的；（9）危害社会公德或者民族优秀文化传统的；（10）含有法律、行政法规禁止的其他内容的。

543.3 处罚标准

根据《互联网上网服务营业场所管理条例》第30条规定，利用上网服务营业场所制作、下载、复制、查阅、发布、传播、使用违法信息，触犯刑律的，依法追究刑事责任；尚不够刑事处罚的，由公安机关给予警告，没收违法所得；违法经营额1万元以上的，并处违法经营额2倍以上5倍以下的罚款；违法经营额不足1万元的，并处1万元以上2万元以下的罚款；情节严重的，责令停业整顿，直至由文化行政部门吊销《网络文化经营许可证》。上网消费者有前款违法行为，触犯刑律的，依法追究刑事责任；尚不够刑事处罚的，由公安机关依照治安管理处罚法的规定给予处罚。

应当注意，《互联网上网服务营业场所管理条例》第30条第2款规定，上网消费者有第30条第1款行为，尚不够刑事处罚的，由公安机关依照《中华人民共和国治安管理处罚法》的规定给予处罚。对上网消费者利用上网服务营业场所制作、下载、复制、查阅、发布、传播、使用违法信息，尚不够刑事处罚的，依照《中华人民共和国治安管理处罚法》中界定的相关违法行为名称表述，法律依据适用《中华人民共和国治安管理处罚法》的相关条款。

544. 向上网消费者提供直接接入互联网的计算机

544.1 法律依据

《互联网上网服务营业场所管理条例》第33条第1项。

544.2 违法情形

互联网上网服务营业场所经营单位违反互联网上网服务营业场所管理规定，向上网消费者提供的计算机未通过局域网的方式接入互联网的，应当由公安机关给予行政处罚。

为预防和打击违法犯罪，加强对网络的监督管理，《互联网上网服务营业场所管

理条例》第16条第2款规定，互联网上网服务营业场所经营单位提供上网消费者使用的计算机必须通过局域网的方式接入互联网，不得直接接入互联网。

544.3　处罚标准

根据《互联网上网服务营业场所管理条例》第33条第1项规定，向上网消费者提供直接接入互联网的计算机的，由文化行政部门、公安机关依据各自职权给予警告，可以并处15000元以下的罚款；情节严重的，责令停业整顿，直至由文化行政部门吊销《网络文化经营许可证》。

545. 未建立上网服务营业场所巡查制度

545.1　法律依据

《互联网上网服务营业场所管理条例》第33条第2项。

545.2　违法情形

互联网上网服务营业场所经营单位违反互联网上网服务营业场所管理规定，未建立上网服务营业场所巡查制度的，应当由公安机关给予行政处罚。

《互联网上网服务营业场所管理条例》第19条规定，互联网上网服务营业场所经营单位应当实施经营管理技术措施，建立场内巡查制度，发现上网消费者有违法行为的，应当立即予以制止并向文化行政部门、公安机关举报。

545.3　处罚标准

根据《互联网上网服务营业场所管理条例》第33条第2项规定，未建立上网服务营业场所巡查制度的，由文化行政部门、公安机关依据各自职权给予警告，可以并处15000元以下的罚款；情节严重的，责令停业整顿，直至由文化行政部门吊销《网络文化经营许可证》。

546. 不制止、不举报上网消费者违法行为

546.1　法律依据

《互联网上网服务营业场所管理条例》第33条第2项。

546.2　违法情形

互联网上网服务营业场所经营单位违反互联网上网服务营业场所管理规定，发现上网消费者的违法行为未予制止并向文化行政部门、公安机关举报的，应当由公安机关给予行政处罚。

546.3　处罚标准

根据《互联网上网服务营业场所管理条例》第33条第2项规定，不制止、不举报上网消费者违法行为的，由文化行政部门、公安机关依据各自职权给予警告，可以并处15000元以下的罚款；情节严重的，责令停业整顿，直至由文化行政部门吊销《网络文化经营许可证》。

547. 未按规定核对、登记上网消费者有效身份证件

547.1　法律依据

《互联网上网服务营业场所管理条例》第33条第3项。

547.2　违法情形

互联网上网服务营业场所经营单位违反互联网上网服务营业场所管理规定，未按规定核对、登记上网消费者的有效身份证件的，应当由公安机关给予行政处罚。

《互联网上网服务营业场所管理条例》第23条规定，互联网上网服务营业场所经营单位应当对上网消费者的身份证等有效证件进行核对、登记，并记录有关上网信息。登记内容和记录备份保存时间不得少

于60日，并在文化行政部门、公安机关依法查询时予以提供。登记内容和记录备份在保存期内不得修改或者删除。

547.3 处罚标准

根据《互联网上网服务营业场所管理条例》第33条第3项规定，未按规定核对、登记上网消费者有效身份证件的，由文化行政部门、公安机关依据各自职权给予警告，可以并处15000元以下的罚款；情节严重的，责令停业整顿，直至由文化行政部门吊销《网络文化经营许可证》。

548. 未按规定记录上网信息

548.1 法律依据

《互联网上网服务营业场所管理条例》第33条第3项。

548.2 违法情形

互联网上网服务营业场所经营单位违反互联网上网服务营业场所管理规定，未按规定记录有关上网信息的，应当由公安机关给予行政处罚。

548.3 处罚标准

根据《互联网上网服务营业场所管理条例》第33条第3项规定，未按规定记录上网信息的，由文化行政部门、公安机关依据各自职权给予警告，可以并处15000元以下的罚款；情节严重的，责令停业整顿，直至由文化行政部门吊销《网络文化经营许可证》。

549. 未按规定保存上网消费者登记内容、记录备份

549.1 法律依据

《互联网上网服务营业场所管理条例》第33条第4项。

549.2 违法情形

互联网上网服务营业场所经营单位违反互联网上网服务营业场所管理规定，登记内容和记录备份保存时间少于60日的，应当由公安机关给予行政处罚。

549.3 处罚标准

根据《互联网上网服务营业场所管理条例》第33条第4项规定，未按规定保存上网消费者登记内容、记录备份的，由文化行政部门、公安机关依据各自职权给予警告，可以并处15000元以下的罚款；情节严重的，责令停业整顿，直至由文化行政部门吊销《网络文化经营许可证》。

550. 擅自修改、删除上网消费者登记内容、记录备份

550.1 法律依据

《互联网上网服务营业场所管理条例》第33条第4项。

550.2 违法情形

互联网上网服务营业场所经营单位违反互联网上网服务营业场所管理规定，在60日的保存期内修改、删除登记内容、记录备份的，应当由公安机关给予行政处罚。

550.3 处罚标准

根据《互联网上网服务营业场所管理条例》第33条第4项规定，擅自修改、删除上网消费者登记内容、记录备份的，由文化行政部门、公安机关依据各自职权给予警告，可以并处15000元以下的罚款；情节严重的，责令停业整顿，直至由文化行政部门吊销《网络文化经营许可证》。

551. 上网服务经营单位未依法办理变更登记注册事项、终止经营手续、备案

551.1 法律依据

《互联网上网服务营业场所管理条例》第33条第5项。

551.2 违法情形

互联网上网服务营业场所经营单位违

反互联网上网服务营业场所管理规定，变更名称、住所、法定代表人或者主要负责人、注册资本、网络地址或者终止经营活动，未向文化行政部门、公安机关办理有关手续或者备案的，应当由公安机关给予行政处罚。

551.3　处罚标准

根据《互联网上网服务营业场所管理条例》第33条第5项规定，上网服务经营单位未依法办理变更登记注册事项、终止经营手续、备案的，由文化行政部门、公安机关依据各自职权给予警告，可以并处15000元以下的罚款；情节严重的，责令停业整顿，直至由文化行政部门吊销《网络文化经营许可证》。

552. 上网服务营业场所内利用明火照明

552.1　法律依据

《互联网上网服务营业场所管理条例》第34条第1项。

552.2　违法情形

互联网上网服务营业场所经营单位违反互联网上网服务营业场所管理规定，不履行消防安全职责，利用明火照明的，应当由公安机关给予行政处罚。

552.3　处罚标准

根据《互联网上网服务营业场所管理条例》第34条第1项规定，上网服务营业场所内利用明火照明的，由公安机关给予警告，可以并处15000元以下的罚款；情节严重的，责令停业整顿，直至由文化行政部门吊销《网络文化经营许可证》。

553. 上网服务营业场所内不制止吸烟行为

553.1　法律依据

《互联网上网服务营业场所管理条例》第34条第1项。

553.2　违法情形

互联网上网服务营业场所经营单位违反互联网上网服务营业场所管理规定，不履行消防安全职责，发现吸烟行为不予制止的，应当由公安机关给予行政处罚。

553.3　处罚标准

根据《互联网上网服务营业场所管理条例》第34条第1项规定，上网服务营业场所内不制止吸烟行为的，由公安机关给予警告，可以并处15000元以下的罚款；情节严重的，责令停业整顿，直至由文化行政部门吊销《网络文化经营许可证》。

554. 上网服务营业场所未悬挂禁烟标志

554.1　法律依据

《互联网上网服务营业场所管理条例》第34条第1项。

554.2　违法情形

互联网上网服务营业场所经营单位违反互联网上网服务营业场所管理规定，不履行消防安全职责，未悬挂禁止吸烟标志的，应当由公安机关给予行政处罚。

554.3　处罚标准

根据《互联网上网服务营业场所管理条例》第34条第1项规定，上网服务营业场所未悬挂禁烟标志的，由公安机关给予警告，可以并处15000元以下的罚款；情节严重的，责令停业整顿，直至由文化行政部门吊销《网络文化经营许可证》。

555. 上网服务营业场所允许带入、存放易燃易爆物品

555.1　法律依据

《互联网上网服务营业场所管理条例》第34条第2项。

555.2 违法情形

互联网上网服务营业场所经营单位违反互联网上网服务营业场所管理规定，不履行消防安全职责，允许带入或者存放易燃易爆物品的，应当由公安机关给予行政处罚。

555.3 处罚标准

根据《互联网上网服务营业场所管理条例》第34条第2项规定，上网服务营业场所允许带入、存放易燃易爆物品的，由公安机关给予警告，可以并处15000元以下的罚款；情节严重的，责令停业整顿，直至由文化行政部门吊销《网络文化经营许可证》。

556. 上网服务营业场所安装固定封闭门窗栅栏

556.1 法律依据

《互联网上网服务营业场所管理条例》第34条第3项。

556.2 违法情形

互联网上网服务营业场所经营单位违反互联网上网服务营业场所管理规定，不履行消防安全职责，在营业场所安装固定的封闭门窗栅栏的，应当由公安机关给予行政处罚。

556.3 处罚标准

根据《互联网上网服务营业场所管理条例》第34条第3项规定，上网服务营业场所安装固定封闭门窗栅栏的，由公安机关给予警告，可以并处15000元以下的罚款；情节严重的，责令停业整顿，直至由文化行政部门吊销《网络文化经营许可证》。

557. 上网服务营业场所营业期间封堵、锁闭门窗、安全疏散通道、安全出口

557.1 法律依据

《互联网上网服务营业场所管理条例》第34条第4项。

557.2 违法情形

互联网上网服务营业场所经营单位违反互联网上网服务营业场所管理规定，不履行消防安全职责，在营业期间封堵或者锁闭门窗、安全疏散通道或者安全出口的，应当由公安机关给予行政处罚。

557.3 处罚标准

根据《互联网上网服务营业场所管理条例》第34条第4项规定，上网服务营业场所营业期间封堵、锁闭门窗、安全疏散通道、安全出口的，由公安机关给予警告，可以并处15000元以下的罚款；情节严重的，责令停业整顿，直至由文化行政部门吊销《网络文化经营许可证》。

558. 上网服务营业场所擅自停止实施安全技术措施

558.1 法律依据

《互联网上网服务营业场所管理条例》第34条第5项。

558.2 违法情形

互联网上网服务营业场所经营单位违反互联网上网服务营业场所管理规定，擅自停止保障上网服务营业场所局域网信息安全和运行安全技术措施的，应当由公安机关给予行政处罚。

558.3 处罚标准

根据《互联网上网服务营业场所管理条例》第34条第5项规定，上网服务营业场所擅自停止实施安全技术措施的，由公安机关给予警告，可以并处15000元以下的罚款；情节严重的，责令停业整顿，直至由文化行政部门吊销《网络文化经营许可证》。

五十九、计算机信息网络国际联网安全保护管理办法

559. 利用国际联网制作、复制、查阅、传播违法信息

559.1 法律依据

《计算机信息网络国际联网安全保护管理办法》第5条和第20条。

559.2 违法情形

单位或者个人利用国际联网制作、复制、查阅和传播违法信息，尚不构成犯罪的，应当由公安机关给予行政处罚。

所谓违法信息，是指《计算机信息网络国际联网安全保护管理办法》第5条规定的下列信息：（1）煽动抗拒、破坏宪法和法律、行政法规实施的；（2）煽动颠覆国家政权，推翻社会主义制度的；（3）煽动分裂国家、破坏国家统一的；（4）煽动民族仇恨、民族歧视，破坏民族团结的；（5）捏造或者歪曲事实，散布谣言，扰乱社会秩序的；（6）宣扬封建迷信、淫秽、色情、赌博、暴力、凶杀、恐怖，教唆犯罪的；（7）公然侮辱他人或者捏造事实诽谤他人的；（8）损害国家机关信誉的；（9）其他违反宪法和法律、行政法规的。

559.3 处罚标准

根据《计算机信息网络国际联网安全保护管理办法》第5条和第20条规定，利用国际联网制作、复制、查阅、传播违法信息的，由公安机关给予警告，有违法所得的，没收违法所得，对个人可以并处5000元以下的罚款，对单位可以并处15000元以下的罚款；情节严重的，并可以给予6个月以内停止联网、停机整顿的处罚，必要时可以建议原发证、审批机构吊销经营许可证或者取消联网资格；构成违反治安管理行为的，依照《治安管理处罚法》的规定处罚；构成犯罪的，依法追究刑事责任。

560. 擅自进入计算机信息网络

560.1 法律依据

《计算机信息网络国际联网安全保护管理办法》第6条第1项和第20条。

560.2 违法情形

单位或者个人未经允许，擅自进入计算机信息网络，危害计算机信息网络安全，尚不构成犯罪的，应当由公安机关给予行政处罚。

560.3 处罚标准

根据《计算机信息网络国际联网安全保护管理办法》第6条第1项和第20条规定，擅自进入计算机信息网络的，由公安机关给予警告，有违法所得的，没收违法所得，对个人可以并处5000元以下的罚款，对单位可以并处15000元以下的罚款；情节严重的，并可以给予6个月以内停止联网、停机整顿的处罚，必要时可以建议原发证、审批机构吊销经营许可证或者取消联网资格；构成违反治安管理行为的，依照《治安管理处罚法》的规定处罚；构成犯罪的，依法追究刑事责任。

561. 擅自使用计算机信息网络资源

561.1 法律依据

《计算机信息网络国际联网安全保护管理办法》第6条第1项和第20条。

561.2 违法情形

单位或者个人未经允许，擅自使用计算机信息网络资源，危害计算机信息网络安全，尚不构成犯罪的，应当由公安机关给予行政处罚。

561.3 处罚标准

根据《计算机信息网络国际联网安全保护管理办法》第6条第1项和第20条规定，擅自使用计算机信息网络资源的，由公安机关给予警告，有违法所得的，没收违法所得，对个人可以并处5000元以下的罚款，对单位可以并处15000元以下的罚款；情节严重的，并可以给予6个月以内停止联网、停机整顿的处罚，必要时可以建议原发证、审批机构吊销经营许可证或者取消联网资格；构成违反治安管理行为的，依照《治安管理处罚法》的规定处罚；构成犯罪的，依法追究刑事责任。

562. 擅自改变计算机信息网络功能

562.1 法律依据

《计算机信息网络国际联网安全保护管理办法》第6条第2项和第20条。

562.2 违法情形

单位或者个人未经允许，擅自对计算机信息网络功能进行删除、修改或者增加，危害计算机信息网络安全，尚不构成犯罪的，应当由公安机关给予行政处罚。

562.3 处罚标准

根据《计算机信息网络国际联网安全保护管理办法》第6条第2项和第20条规定，擅自改变计算机信息网络功能的，由公安机关给予警告，有违法所得的，没收违法所得，对个人可以并处5000元以下的罚款，对单位可以并处15000元以下的罚款；情节严重的，并可以给予6个月以内停止联网、停机整顿的处罚，必要时可以建议原发证、审批机构吊销经营许可证或者取消联网资格；构成违反治安管理行为的，依照《治安管理处罚法》的规定处罚；构成犯罪的，依法追究刑事责任。

563. 擅自改变计算机信息网络数据、应用程序

563.1 法律依据

《计算机信息网络国际联网安全保护管理办法》第6条第3项和第20条。

563.2 违法情形

单位或者个人未经允许，擅自对计算机信息网络中存储、处理或者传输的数据和应用程序进行删除、修改或者增加，危害计算机信息网络安全，尚不构成犯罪的，应当由公安机关给予行政处罚。

563.3 处罚标准

根据《计算机信息网络国际联网安全保护管理办法》第6条第3项和第20条规定，擅自改变计算机信息网络数据、应用程序的，由公安机关给予警告，有违法所得的，没收违法所得，对个人可以并处5000元以下的罚款，对单位可以并处15000元以下的罚款；情节严重的，并可以给予6个月以内停止联网、停机整顿的处罚，必要时可以建议原发证、审批机构吊销经营许可证或者取消联网资格；构成违反治安管理行为的，依照《治安管理处罚法》的规定处罚；构成犯罪的，依法追究刑事责任。

564. 故意制作、传播计算机破坏性程序

564.1 法律依据

《计算机信息网络国际联网安全保护管理办法》第6条第4项和第20条。

564.2 违法情形

单位或者个人故意制作、传播计算机病毒等破坏性程序，危害计算机信息网络安全，尚不构成犯罪的，应当由公安机关给予行政处罚。

564.3　处罚标准

根据《计算机信息网络国际联网安全保护管理办法》第6条第4项和第20条规定，故意制作、传播计算机破坏性程序的，由公安机关给予警告，有违法所得的，没收违法所得，对个人可以并处5000元以下的罚款，对单位可以并处15000元以下的罚款；情节严重的，并可以给予6个月以内停止联网、停机整顿的处罚，必要时可以建议原发证、审批机构吊销经营许可证或者取消联网资格；构成违反治安管理行为的，依照治安管理处罚法的规定处罚；构成犯罪的，依法追究刑事责任。

565. 未建立国际联网安全保护管理制度

565.1　法律依据

《计算机信息网络国际联网安全保护管理办法》第21条第1项。

565.2　违法情形

互联单位、接入单位及使用计算机信息网络国际联网的法人和其他组织，没有建立健全安全保护管理制度，保护管理本网络的安全的，应当由公安机关给予行政处罚。

565.3　处罚标准

根据《计算机信息网络国际联网安全保护管理办法》第21条第1项规定，未建立国际联网安全保护管理制度的，由公安机关责令限期改正，给予警告，有违法所得的，没收违法所得；在规定的限期内未改正的，对单位的主管负责人员和其他直接责任人员可以并处5000元以下的罚款，对单位可以并处15000元以下的罚款；情节严重的，并可以给予6个月以内的停止联网、停机整顿的处罚，必要时可以建议原发证、审批机构吊销经营许可证或者取消联网资格。

566. 未采取国际联网安全技术保护措施

566.1　法律依据

《计算机信息网络国际联网安全保护管理办法》第21条第2项和《互联网安全保护技术措施规定》第15条。

566.2　违法情形

互联单位、接入单位及使用计算机信息网络国际联网的法人和其他组织，没有落实安全保护技术措施，保障本网络的运行安全和信息安全的，应当由公安机关给予行政处罚。

566.3　处罚标准

根据《计算机信息网络国际联网安全保护管理办法》第21条第2项规定，未采取国际联网安全技术保护措施的，由公安机关责令限期改正，给予警告，有违法所得的，没收违法所得；在规定的限期内未改正的，对单位的主管负责人员和其他直接责任人员可以并处5000元以下的罚款，对单位可以并处15000元以下的罚款；情节严重的，并可以给予6个月以内的停止联网、停机整顿的处罚，必要时可以建议原发证、审批机构吊销经营许可证或者取消联网资格。

567. 未对网络用户进行安全教育、培训

567.1　法律依据

《计算机信息网络国际联网安全保护管理办法》第21条第3项。

567.2　违法情形

互联单位、接入单位及使用计算机信息网络国际联网的法人和其他组织，没有

对网络用户进行安全教育和培训的，应当由公安机关给予行政处罚。

567.3 处罚标准

根据《计算机信息网络国际联网安全保护管理办法》第21条第3项规定，未对网络用户进行安全教育、培训的，由公安机关责令限期改正，给予警告，有违法所得的，没收违法所得；在规定的限期内未改正的，对单位的主管负责人员和其他直接责任人员可以并处5000元以下的罚款，对单位可以并处15000元以下的罚款；情节严重的，并可以给予6个月以内的停止联网、停机整顿的处罚，必要时可以建议原发证、审批机构吊销经营许可证或者取消联网资格。

568. 未按规定提供安全保护管理相关信息、资料、数据文件

568.1 法律依据

《计算机信息网络国际联网安全保护管理办法》第21条第4项。

568.2 违法情形

互联单位、接入单位及使用计算机信息网络国际联网的法人和其他组织，未提供安全保护管理所需信息、资料及数据文件，或者所提供内容不真实的，应当由公安机关给予行政处罚。

568.3 处罚标准

根据《计算机信息网络国际联网安全保护管理办法》第21条第4项规定，未按规定提供安全保护管理相关信息、资料、数据文件的，由公安机关责令限期改正，给予警告，有违法所得的，没收违法所得；在规定的限期内未改正的，对单位的主管负责人员和其他直接责任人员可以并处5000元以下的罚款，对单位可以并处15000元以下的罚款；情节严重的，并可以给予6个月以内的停止联网、停机整顿的处罚，必要时可以建议原发证、审批机构吊销经营许可证或者取消联网资格。

569. 未依法审核网络发布信息内容

569.1 法律依据

《计算机信息网络国际联网安全保护管理办法》第21条第5项。

569.2 违法情形

互联单位、接入单位及使用计算机信息网络国际联网的法人和其他组织，对委托其发布的信息内容未进行审核的，应当由公安机关给予行政处罚。

569.3 处罚标准

根据《计算机信息网络国际联网安全保护管理办法》第21条第5项规定，未依法审核网络发布信息内容的，由公安机关责令限期改正，给予警告，有违法所得的，没收违法所得；在规定的限期内未改正的，对单位的主管负责人员和其他直接责任人员可以并处5000元以下的罚款，对单位可以并处15000元以下的罚款；情节严重的，并可以给予6个月以内的停止联网、停机整顿的处罚，必要时可以建议原发证、审批机构吊销经营许可证或者取消联网资格。

570. 未依法登记网络信息委托发布单位和个人信息

570.1 法律依据

《计算机信息网络国际联网安全保护管理办法》第21条第5项。

570.2 违法情形

互联单位、接入单位及使用计算机信息网络国际联网的法人和其他组织，对委托其发布的信息的单位和个人未进行登记的，应当由公安机关给予行政处罚。

570.3 处罚标准

根据《计算机信息网络国际联网安全保护管理办法》第21条第5项规定，未依法登记网络信息委托发布单位和个人信息的，由公安机关责令限期改正，给予警告，有违法所得的，没收违法所得；在规定的限期内未改正的，对单位的主管负责人员和其他直接责任人员可以并处5000元以下的罚款，对单位可以并处15000元以下的罚款；情节严重的，并可以给予6个月以内的停止联网、停机整顿的处罚，必要时可以建议原发证、审批机构吊销经营许可证或者取消联网资格。

571. 未建立电子公告系统的用户登记、信息管理制度

571.1 法律依据

《计算机信息网络国际联网安全保护管理办法》第21条第6项。

571.2 违法情形

互联单位、接入单位及使用计算机信息网络国际联网的法人和其他组织，未建立电子公告系统的用户登记和信息管理制度的，应当由公安机关给予行政处罚。

571.3 处罚标准

根据《计算机信息网络国际联网安全保护管理办法》第21条第6项规定，未建立电子公告系统的用户登记、信息管理制度的，由公安机关责令限期改正，给予警告，有违法所得的，没收违法所得；在规定的限期内未改正的，对单位的主管负责人员和其他直接责任人员可以并处5000元以下的罚款，对单位可以并处15000元以下的罚款；情节严重的，并可以给予6个月以内的停止联网、停机整顿的处罚，必要时可以建议原发证、审批机构吊销经营许可证或者取消联网资格。

572. 未按规定删除网络地址、目录

572.1 法律依据

《计算机信息网络国际联网安全保护管理办法》第21条第7项。

572.2 违法情形

互联单位、接入单位及使用计算机信息网络国际联网的法人和其他组织，未按照国家有关规定，删除本网络中含有违法内容的地址、目录的，应当由公安机关给予行政处罚。

572.3 处罚标准

根据《计算机信息网络国际联网安全保护管理办法》第21条第7项规定，未按规定删除网络地址、目录的，由公安机关责令限期改正，给予警告，有违法所得的，没收违法所得；在规定的限期内未改正的，对单位的主管负责人员和其他直接责任人员可以并处5000元以下的罚款，对单位可以并处15000元以下的罚款；情节严重的，并可以给予6个月以内的停止联网、停机整顿的处罚，必要时可以建议原发证、审批机构吊销经营许可证或者取消联网资格。

573. 未按规定关闭网络服务器

573.1 法律依据

《计算机信息网络国际联网安全保护管理办法》第21条第7项。

573.2 违法情形

互联单位、接入单位及使用计算机信息网络国际联网的法人和其他组织，未按照国家有关规定，关闭有违法内容的服务器的，应当由公安机关给予行政处罚。

573.3 处罚标准

根据《计算机信息网络国际联网安全保护管理办法》第21条第7项规定，未

按规定关闭网络服务器的，由公安机关责令限期改正，给予警告，有违法所得的，没收违法所得；在规定的限期内未改正的，对单位的主管负责人员和其他直接责任人员可以并处5000元以下的罚款，对单位可以并处15000元以下的罚款；情节严重的，并可以给予6个月以内的停止联网、停机整顿的处罚，必要时可以建议原发证、审批机构吊销经营许可证或者取消联网资格。

574. 未建立公用账号使用登记制度

574.1 法律依据

《计算机信息网络国际联网安全保护管理办法》第21条第8项。

574.2 违法情形

使用公用账号的注册者未建立公用账号使用登记制度的，应当由公安机关给予行政处罚。

《计算机信息网络国际联网安全保护管理办法》第13条规定，使用公用账号的注册者应当加强对公用账号的管理，建立账号使用登记制度。用户账号不得转借、转让。

574.3 处罚标准

根据《计算机信息网络国际联网安全保护管理办法》第21条第8项规定，未建立公用账号使用登记制度的，由公安机关责令限期改正，给予警告，有违法所得的，没收违法所得；在规定的限期内未改正的，对单位的主管负责人员和其他直接责任人员可以并处5000元以下的罚款，对单位可以并处15000元以下的罚款；情节严重的，并可以给予6个月以内的停止联网、停机整顿的处罚，必要时可以建议原发证、审批机构吊销经营许可证或者取消联网资格。

575. 违法转借、转让用户账号

575.1 法律依据

《计算机信息网络国际联网安全保护管理办法》第21条第9项。

575.2 违法情形

使用公用账号的注册者违法转借、转让用户账号的，应当由公安机关给予行政处罚。

575.3 处罚标准

根据《计算机信息网络国际联网安全保护管理办法》第21条第9项规定，违法转借、转让用户账号的，由公安机关责令限期改正，给予警告，有违法所得的，没收违法所得；在规定的限期内未改正的，对单位的主管负责人员和其他直接责任人员可以并处5000元以下的罚款，对单位可以并处15000元以下的罚款；情节严重的，并可以给予6个月以内的停止联网、停机整顿的处罚，必要时可以建议原发证、审批机构吊销经营许可证或者取消联网资格。

576. 不履行国际联网备案职责

576.1 法律依据

《计算机信息网络国际联网安全保护管理办法》第11条、第12条和第23条。

576.2 违法情形

互联单位、接入单位、使用计算机信息网络国际联网的法人和其他组织，自网络正式联通之日起30日内，没有到所在地的省、自治区、直辖市人民政府公安机关指定的受理机关办理备案手续的，应当由公安机关给予行政处罚。

576.3 处罚标准

根据《计算机信息网络国际联网安全保护管理办法》第11条、第12条和第23条规定，不履行国际联网备案职责的，由公安机关给予警告或者停机整顿不超过6个月的处罚。

六十、计算机病毒防治管理办法

577. 制作、传播计算机病毒

577.1　法律依据

《计算机病毒防治管理办法》第5条，第6条和第16条第1、2款。

577.2　违法情形

行为人违反计算机病毒防治管理规定，制作、传播计算机病毒，未影响计算机信息系统正常运行，尚未构成违反治安管理处罚行为和犯罪的，应当由公安机关给予行政处罚。

所谓计算机病毒，是指编制或者在计算机程序中插入的破坏计算机功能或者毁坏数据，影响计算机使用，并能自我复制的一组计算机指令或者程序代码。

《计算机病毒防治管理办法》第5条规定，任何单位和个人不得制作计算机病毒。第6条规定，任何单位和个人不得有下列传播计算机病毒的行为：（1）故意输入计算机病毒，危害计算机信息系统安全；（2）向他人提供含有计算机病毒的文件、软件、媒体；（3）销售、出租、附赠含有计算机病毒的媒体；（4）其他传播计算机病毒的行为。

577.3　处罚标准

根据《计算机病毒防治管理办法》第5条，第6条第2、3、4项和第16条第1、2款规定，在非经营活动中制作、传播计算机病毒的，由公安机关处以1000元以下罚款。在经营活动中制作、传播计算机病毒的，没有违法所得的，由公安机关对单位处以1万元以下罚款，对个人处以5000元以下罚款；有违法所得的，处以违法所得3倍以下罚款，但是最高不得超过3万元。

应当注意，制作、传播计算机病毒，尚未影响计算机信息系统正常运行，即尚未构成违反治安管理行为的，违法行为名称表述为“制作、传播计算机病毒”，法律依据适用《计算机病毒防治管理办法》第5条，第6条第2、3、4项和第16条第1、2款。制作、传播计算机病毒，构成违反治安管理行为的，违法行为名称表述为“故意制作、传播计算机破坏性程序影响运行”，法律依据适用《中华人民共和国治安管理处罚法》第29条第4项。单位“故意制作、传播计算机破坏性程序影响运行”，对单位处罚的法律依据适用《计算机病毒防治管理办法》第5条，第6条第2、3、4项和第16条第2款，对其直接负责的主管人员和其他直接责任人员处罚的法律依据适用《中华人民共和国治安管理处罚法》第18条和第29条第4项。构成犯罪的，应当依照《刑法》关于非法侵入计算机信息系统罪，非法控制计算机信息系统罪，提供侵入、非法控制计算机信息系统程序、工具罪，破坏计算机信息系统罪的有关规定追究刑事责任。

578. 发布虚假计算机病毒疫情

578.1　法律依据

《计算机病毒防治管理办法》第7条和第17条。

578.2　违法情形

单位或者个人向社会发布虚假的计算机病毒疫情，尚不构成犯罪的，应当由公安机关给予行政处罚。

《计算机病毒防治管理办法》第7条规定，任何单位和个人不得向社会发布虚假的计算机病毒疫情。

578.3 处罚标准

根据《计算机病毒防治管理办法》第7条和第17条规定，发布虚假计算机病毒疫情的，由公安机关对单位处以1000元以下罚款，对单位直接负责的主管人员和直接责任人员处以500元以下罚款；对个人处以500元以下罚款。

579. 未按规定提交计算机病毒样本

579.1 法律依据

《计算机病毒防治管理办法》第8条和第17条。

579.2 违法情形

从事计算机病毒防治产品生产的单位，没有及时向公安部公共信息网络安全监察部门批准的计算机病毒防治产品检测机构提交病毒样本的行为，应当由公安机关给予行政处罚。

《计算机病毒防治管理办法》第8条规定，从事计算机病毒防治产品生产的单位，应当及时向公安部公共信息网络安全监察部门批准的计算机病毒防治产品检测机构提交病毒样本。

579.3 处罚标准

根据《计算机病毒防治管理办法》第8条和第17条规定，未按规定提交计算机病毒样本的，由公安机关对单位处以1000元以下罚款，对单位直接负责的主管人员和直接责任人员处以500元以下罚款；对个人处以500元以下罚款。

580. 未按规定上报计算机病毒分析结果

580.1 法律依据

《计算机病毒防治管理办法》第9条和第18条。

580.2 违法情形

计算机病毒防治产品检测机构未对提交的病毒样本及时进行分析、确认，没有将确认结果上报公安部公共信息网络安全监察部门的行为，应当由公安机关给予行政处罚。

《计算机病毒防治管理办法》第9条规定，计算机病毒防治产品检测机构应当对提交的病毒样本及时进行分析、确认，并将确认结果上报公安部公共信息网络安全监察部门。

580.3 处罚标准

根据《计算机病毒防治管理办法》第9条和第18条规定，未按规定上报计算机病毒分析结果的，由公安机关处以警告，并责令其限期改正；逾期不改正的，取消其计算机病毒防治产品检测机构的检测资格。

581. 未建立计算机病毒防治管理制度

581.1 法律依据

《计算机病毒防治管理办法》第19条第1项。

581.2 违法情形

计算机信息系统的使用单位在计算机使用过程中，未建立本单位计算机病毒防治管理制度的，应当由公安机关给予行政处罚。

581.3 处罚标准

根据《计算机病毒防治管理办法》第19条第1项规定，计算机信息系统的使用单位未建立计算机病毒防治管理制度的，由公安机关处以警告，并根据情况责令其限期改正；逾期不改正的，对单位处以1000元以下罚款，对单位直接负责的主管人员和直接责任人员处以500元以下罚款。

582. 未采取计算机病毒安全技术防治措施

582. 1 法律依据

《计算机病毒防治管理办法》第 19 条第 2 项。

582. 2 违法情形

计算机信息系统的使用单位在计算机使用过程中，未采取计算机病毒安全技术防治措施的，应当由公安机关给予行政处罚。

582. 3 处罚标准

根据《计算机病毒防治管理办法》第 19 条第 2 项规定，计算机信息系统的使用单位未采取计算机病毒安全技术防治措施的，由公安机关处以警告，并根据情况责令其限期改正；逾期不改正的，对单位处以 1000 元以下罚款，对单位直接负责的主管人员和直接责任人员处以 500 元以下罚款。

583. 未进行计算机病毒防治教育、培训

583. 1 法律依据

《计算机病毒防治管理办法》第 19 条第 3 项。

583. 2 违法情形

计算机信息系统的使用单位未对本单位计算机信息系统使用人员进行计算机病毒防治教育和培训的，应当由公安机关给予行政处罚。

583. 3 处罚标准

根据《计算机病毒防治管理办法》第 19 条第 3 项规定，计算机信息系统的使用单位未进行计算机病毒防治教育、培训的，由公安机关处以警告，并根据情况责令其限期改正；逾期不改正的，对单位处以 1000 元以下罚款，对单位直接负责的主管人员和直接责任人员处以 500 元以下罚款。

584. 未及时检测、清除计算机病毒

584. 1 法律依据

《计算机病毒防治管理办法》第 19 条第 4 项。

584. 2 违法情形

计算机信息系统的使用单位未及时检测、清除计算机信息系统中的计算机病毒，对计算机信息系统造成危害的，应当由公安机关给予行政处罚。

584. 3 处罚标准

根据《计算机病毒防治管理办法》第 19 条第 4 项规定，计算机信息系统的使用单位未及时检测、清除计算机病毒的，由公安机关处以警告，并根据情况责令其限期改正；逾期不改正的，对单位处以 1000 元以下罚款，对单位直接负责的主管人员和直接责任人员处以 500 元以下罚款。

585. 未按规定使用具有销售许可证的计算机病毒防治产品

585. 1 法律依据

《计算机病毒防治管理办法》第 19 条第 5 项。

585. 2 违法情形

计算机信息系统的使用单位未使用具有计算机信息系统安全专用产品销售许可证的计算机病毒防治产品，对计算机信息系统造成危害的，应当由公安机关给予行政处罚。

585. 3 处罚标准

根据《计算机病毒防治管理办法》第 19 条第 5 项规定，计算机信息系统的使用单位未按规定使用具有销售许可证的计算机病毒防治产品的，由公安机关处以警告，

并根据情况责令其限期改正；逾期不改正的，对单位处以1000元以下罚款，对单位直接负责的主管人员和直接责任人员处以500元以下罚款。

586. 未按规定检测、清除计算机病毒

586.1 法律依据

《计算机病毒防治管理办法》第14条和第20条。

586.2 违法情形

从事计算机设备或者媒体生产、销售、出租、维修行业的单位和个人，未对计算机设备或者媒体进行计算机病毒检测、清除工作的，应当由公安机关给予行政处罚。

《计算机病毒防治管理办法》第14条规定，从事计算机设备或者媒体生产、销售、出租、维修行业的单位和个人，应当对计算机设备或者媒体进行计算机病毒检测、清除工作，并备有检测、清除的记录。

586.3 处罚标准

根据《计算机病毒防治管理办法》第14条和第20条规定，未按规定检测、清除计算机病毒的，没有违法所得的，由公安机关对单位处以1万元以下罚款，对个人处以5000元以下罚款；有违法所得的，处以违法所得3倍以下罚款，但是最高不得超过3万元。

587. 未依法保存计算机病毒检测、清除记录

587.1 法律依据

《计算机病毒防治管理办法》第14条和第20条。

587.2 违法情形

从事计算机设备或者媒体生产、销售、出租、维修行业的单位和个人，对计算机设备或者媒体进行计算机病毒检测、清除工作后，没有保存计算机病毒检测、清除记录的，应当由公安机关给予行政处罚。

587.3 处罚标准

根据《计算机病毒防治管理办法》第14条和第20条规定，未依法保存计算机病毒检测、清除记录的，没有违法所得的，由公安机关对单位处以1万元以下罚款，对个人处以5000元以下罚款；有违法所得的，处以违法所得3倍以下罚款，但是最高不得超过3万元。

第六节 违反交通管理秩序行为的法律依据、违法情形和处罚标准

六十一、中华人民共和国道路交通安全法

588. 行人、乘车人、非机动车驾驶人违反道路通行规定

588.1 法律依据

《中华人民共和国道路交通安全法》相关条款和第89条。

588.2 违法情形

行人、乘车人、非机动车驾驶人违反道路交通安全法律、法规关于道路通行规定的行为，应当由公安机关交通管理部门给予行政处罚。

《中华人民共和国道路交通安全法》第四章第三节、第四节对行人、乘车人、非机动车驾驶人应当遵守的道路通行规则作出了明确规定，违反规定的，应当受到相应的处罚。

588.3 处罚标准

根据《中华人民共和国道路交通安全法》相关条款和第89条规定，行人、乘车

人、非机动车驾驶人违反道路通行规定的，处警告或者5元以上50元以下罚款；非机动车驾驶人拒绝接受罚款处罚的，可以扣留其非机动车。

589. 机动车驾驶人违反道路通行规定

589.1　法律依据

《中华人民共和国道路交通安全法》相关条款和第90条。

589.2　违法情形

机动车驾驶人违反道路交通安全法律、法规关于道路通行规定的行为，应当由公安机关交通管理部门给予行政处罚。

《中华人民共和国道路交通安全法》第四章第二节规定了机动车一般通行规定，其他法律、法规对机动车道路通行也有规定。违反相关规定的，应当按照本行为给予相应处罚。

589.3　处罚标准

根据《中华人民共和国道路交通安全法》相关条款和第90条规定，机动车驾驶人违反道路通行规定的，处警告或者20元以上200元以下罚款。本法另有规定的，依照规定处罚。

应当注意，对机动车驾驶人驾驶排放检验不合格的机动车上道路行驶的，违法行为名称表述为"驾驶排放检验不合格的机动车上道路行驶"，法律依据适用《中华人民共和国大气污染防治法》第113条和《中华人民共和国道路交通安全法》第90条。

对驾驶临时入境的机动车超出行驶区域或者路线的，违法行为名称表述为"机动车驾驶人违反道路通行规定"，法律依据适用《中华人民共和国道路交通安全法》第90条和《临时入境机动车和驾驶人管理规定》第19条第3项。

590.（再次）饮酒后驾驶机动车

590.1　法律依据

《中华人民共和国道路交通安全法》第91条第1、5款。

590.2　违法情形

机动车驾驶人违反道路交通安全法律、法规，饮酒后驾驶机动车，或者因饮酒后驾驶机动车被处罚、再次饮酒后驾驶机动车，尚不构成犯罪的，应当由公安机关交通管理部门给予行政处罚。

关于饮酒驾车的认定标准。根据《车辆驾驶人员血液、呼气酒精含量阈值与检验标准》（GB19522－2004）的规定，车辆驾驶人员血液中的酒精含量大于或者等于20mg/100ml，小于80mg/100ml的驾驶行为，属于饮酒驾车。如果车辆驾驶人员血液中的酒精含量小于20mg/100ml，则不属于饮酒驾车。

590.3　处罚标准

根据《中华人民共和国道路交通安全法》第91条第1、5款规定，饮酒后驾驶机动车的，处暂扣6个月机动车驾驶证，并处1000元以上2000元以下罚款。因饮酒后驾驶机动车被处罚，再次饮酒后驾驶机动车的，处10日以下拘留，并处1000元以上2000元以下罚款，吊销机动车驾驶证。饮酒后驾驶机动车发生重大交通事故，构成犯罪的，依法追究刑事责任，并由公安机关交通管理部门吊销机动车驾驶证，终生不得重新取得机动车驾驶证。

591. 醉酒驾驶机动车

591.1　法律依据

《中华人民共和国道路交通安全法》第91条第2、5款。

591.2 违法情形

机动车驾驶人违反道路交通安全法律、法规，醉酒驾驶机动车，尚不构成犯罪的，应当由公安机关交通管理部门给予行政处罚。

关于醉酒驾车的认定标准。根据《车辆驾驶人员血液、呼气酒精含量阈值与检验标准》（GB 19522－2004）的规定，车辆驾驶人员血液中的酒精含量大于或者等于80mg/100ml的驾驶行为，构成醉酒驾车。

591.3 处罚标准

根据《中华人民共和国道路交通安全法》第91条第2、5款规定，醉酒驾驶机动车的，由公安机关交通管理部门约束至酒醒，吊销机动车驾驶证，依法追究刑事责任；5年内不得重新取得机动车驾驶证。醉酒驾驶机动车发生重大交通事故，构成犯罪的，依法追究刑事责任，并由公安机关交通管理部门吊销机动车驾驶证，终生不得重新取得机动车驾驶证。

根据《刑法》第133条之一的规定，在道路上醉酒驾驶机动车的行为，构成危险驾驶罪，应当依法追究刑事责任。如果造成人员伤亡或者公私财产重大损失，符合“刑法”第133条交通肇事罪构成要件的，应当以交通肇事罪定罪处罚，而行为人危险驾驶的行为，可以作为处罚的量刑情节予以考虑。

应当注意，根据最高人民法院、最高人民检察院、公安部、司法部《关于办理醉酒危险驾驶刑事案件的意见》（高检发办字〔2023〕187号）第20条规定，醉驾属于严重的饮酒后驾驶机动车行为。血液酒精含量达到80毫克/100毫升以上，公安机关应当在决定不予立案、撤销案件或者移送审查起诉前，给予行为人吊销机动车驾驶证行政处罚。根据本意见第12条第1款处理的案件，公安机关还应当按照道路交通安全法规定的饮酒后驾驶机动车相应情形，给予行为人罚款、行政拘留的行政处罚。

592. 饮酒后驾驶营运机动车

592.1 法律依据

《中华人民共和国道路交通安全法》第91条第3、5款。

592.2 违法情形

机动车驾驶人违反道路交通安全法律、法规，饮酒后驾驶营运机动车，尚不构成犯罪的，应当由公安机关交通管理部门给予行政处罚。

592.3 处罚标准

根据《中华人民共和国道路交通安全法》第91条第3、5款规定，饮酒后驾驶营运机动车的，处15日拘留，并处5000元罚款，吊销机动车驾驶证，5年内不得重新取得机动车驾驶证。饮酒后驾驶营运机动车发生重大交通事故，构成犯罪的，依法追究刑事责任，并由公安机关交通管理部门吊销机动车驾驶证，终生不得重新取得机动车驾驶证。

593. 醉酒驾驶营运机动车

593.1 法律依据

《中华人民共和国道路交通安全法》第91条第4、5款。

593.2 违法情形

机动车驾驶人违反道路交通安全法律、法规，醉酒驾驶营运机动车，尚不构成犯罪的，应当由公安机关交通管理部门给予行政处罚。

593.3 处罚标准

根据《中华人民共和国道路交通安全

法》第91条第4、5款规定，醉酒驾驶营运机动车的，由公安机关交通管理部门约束至酒醒，吊销机动车驾驶证，依法追究刑事责任；10年内不得重新取得机动车驾驶证，重新取得机动车驾驶证后，不得驾驶营运机动车。醉酒驾驶营运机动车发生重大交通事故，构成犯罪的，依法追究刑事责任，并由公安机关交通管理部门吊销机动车驾驶证，终生不得重新取得机动车驾驶证。

594. 公路客运车辆超员载客

594.1　法律依据

《中华人民共和国道路交通安全法》第92条第1、3、4款。

594.2　违法情形

机动车驾驶人违反道路交通安全法律、法规，超过客运车辆核定的载客人数搭载乘客的行为，应当由公安机关交通管理部门给予行政处罚。

594.3　处罚标准

根据《中华人民共和国道路交通安全法》第92条第1、3、4款规定，公路客运车辆载客超过额定乘员的，处200元以上500元以下罚款；超过额定成员20%的，处500元以上2000元以下罚款，并由公安机关交通管理部门扣留机动车至违法状态消除。运输单位的车辆有前款情形，经处罚不改的，对直接负责的主管人员处2000元以上5000元以下罚款。

595. 公路客运车辆违规载货

595.1　法律依据

《中华人民共和国道路交通安全法》第92条第1、3、4款。

595.2　违法情形

机动车驾驶人违反道路交通安全法律、法规，以公路客运车辆搭载货物的行为，应当由公安机关交通管理部门给予行政处罚。

595.3　处罚标准

根据《中华人民共和国道路交通安全法》第92条第1、3、4款规定，公路客运车辆违规载货的，处500元以上2000元以下罚款，并由公安机关交通管理部门扣留机动车至违法状态消除。运输单位的车辆有前款情形，经处罚不改的，对直接负责的主管人员处2000元以上5000元以下罚款。

596. 货运机动车超载

596.1　法律依据

《中华人民共和国道路交通安全法》第92条第2、3、4款。

596.2　违法情形

机动车驾驶人违反道路交通安全法律、法规，货运机动车超过核定载质量的行为，应当由公安机关交通管理部门给予行政处罚。

596.3　处罚标准

根据《中华人民共和国道路交通安全法》第92条第2、3、4款规定，货运机动车超载的，处200元以上500元以下罚款；超过核定载质量30%的，处500元以上2000元以下罚款，由公安机关交通管理部门扣留机动车至违法状态消除。运输单位的车辆有前款情形，经处罚不改的，对直接负责的主管人员处2000元以上5000元以下罚款。

597. 货运机动车违规载客

597.1　法律依据

《中华人民共和国道路交通安全法》第92条第2、3、4款。

597.2 违法情形

机动车驾驶人违反道路交通安全法律、法规，货运机动车载客的行为，应当由公安机关交通管理部门给予行政处罚。

597.3 处罚标准

根据《中华人民共和国道路交通安全法》第92条第2、3、4款规定，货运机动车违规载客的，处500元以上2000元以下罚款，由公安机关交通管理部门扣留机动车至违法状态消除。运输单位的车辆有前款情形，经处罚不改的，对直接负责的主管人员处2000元以上5000元以下罚款。

598. 违规停放机动车

598.1 法律依据

《中华人民共和国道路交通安全法》第93条第1、2款。

598.2 违法情形

机动车驾驶人违反道路交通安全法律、法规，停放机动车的行为，应当由公安机关交通管理部门给予行政处罚。

598.3 处罚标准

根据《中华人民共和国道路交通安全法》第93条第1、2款规定，对违反道路交通安全法律、法规关于机动车停放、临时停车规定的，可以指出违法行为，并予以口头警告，令其立即驶离。机动车驾驶人不在现场或者虽在现场但拒绝立即驶离，妨碍其他车辆、行人通行的，处20元以上200元以下罚款，并可以将该机动车拖移至不妨碍交通的地点或者公安机关交通管理部门指定的地点停放。公安机关交通管理部门拖车不得向当事人收取费用，并应当及时告知当事人停放地点。因采取不正确的方法拖车造成机动车损坏的，应当依法承担补偿责任。

599. 出具虚假机动车安全技术检验结果

599.1 法律依据

《中华人民共和国道路交通安全法》第94条第2款。

599.2 违法情形

机动车安全技术检验机构不按照机动车国家安全技术标准进行检验，出具虚假检验结果，尚不构成犯罪的，应当由公安机关交通管理部门给予行政处罚。

599.3 处罚标准

根据《中华人民共和国道路交通安全法》第94条第2款规定，机动车安全技术检验机构出具虚假检验结果的，由公安机关交通管理部门处所收检验费用5倍以上10倍以下罚款，并依法撤销其检验资格；构成犯罪的，依法追究刑事责任。

600. 未悬挂机动车号牌

600.1 法律依据

《中华人民共和国道路交通安全法》第95条第1款和第90条。

600.2 违法情形

机动车驾驶人违反道路交通安全法律、法规，未悬挂机动车号牌上道路行驶的行为，应当由公安机关交通管理部门给予行政处罚。

600.3 处罚标准

根据《中华人民共和国道路交通安全法》第95条第1款和第90条规定，未悬挂机动车号牌的，公安机关交通管理部门应当扣留机动车，通知当事人提供相应的牌证或者补办相应手续，并可以处警告或者20元以上200元以下罚款。

应当注意，对驾驶未取得临时入境机动车号牌的机动车，或者驾驶临时入境机动车号牌超过有效期的机动车的，违法行为名称表述为“未悬挂机动车号牌”，法律依据适用《中华人民共和国道路交通安全法》第95条第1款和第90条及《临时入境机动车和驾驶人管理规定》第19条第2项。

601. 未放置机动车检验合格标志、保险标志

601.1　法律依据

《中华人民共和国道路交通安全法》第95条第1款和第90条、《机动车交通事故责任强制保险条例》第39条第1款。

601.2　违法情形

机动车驾驶人违反道路交通安全法律、法规，未放置机动车检验合格标志、保险标志而上道路行驶的行为，应当由公安机关交通管理部门给予行政处罚。

601.3　处罚标准

根据《中华人民共和国道路交通安全法》第95条第1款和第90条、《机动车交通事故责任强制保险条例》第39条第1款规定，未放置机动车检验合格标志、保险标志的，公安机关交通管理部门应当扣留机动车，通知当事人提供相应的标志或者补办相应手续，并可以处警告或者20元以上200元以下罚款。

应当注意，《中华人民共和国道路交通安全法》第95条第1款和第90条、《机动车交通事故责任强制保险条例》第39条第1款对“未放置机动车保险标志”设定了相同的法律责任，法律依据可以适用《中华人民共和国道路交通安全法》第95条第1款和第90条，也可以适用《机动车交通事故责任强制保险条例》第39条第1款。

602. 未随车携带行驶证、驾驶证

602.1　法律依据

《中华人民共和国道路交通安全法》第95条第1款和第90条。

602.2　违法情形

机动车驾驶人违反道路交通安全法律、法规，未随车携带行驶证、驾驶证而上道路行驶的行为，应当由公安机关交通管理部门给予行政处罚。

602.3　处罚标准

根据《中华人民共和国道路交通安全法》第95条第1款和第90条规定，未随车携带行驶证、驾驶证的，公安机关交通管理部门应当扣留机动车，通知当事人提供相应的牌证或者补办相应手续，并可以处警告或者20元以上200元以下罚款。当事人提供相应的牌证或者补办相应手续的，应当及时退还机动车。

应当注意，对驾驶未取得临时入境机动车行驶证的机动车，或者驾驶临时入境机动车行驶证超过有效期的机动车的，违法行为名称表述为“未随车携带行驶证”，法律依据适用《中华人民共和国道路交通安全法》第95条第1款和第90条及《临时入境机动车和驾驶人管理规定》第19条第2项。

603. 故意遮挡、污损机动车号牌

603.1　法律依据

《中华人民共和国道路交通安全法》第95条第2款和第90条。

603.2　违法情形

机动车驾驶人违反道路交通安全法律、法规，故意遮挡、污损机动车号牌的行为，应当由公安机关交通管理部门给予行政处罚。

603.3 处罚标准

根据《中华人民共和国道路交通安全法》第95条第2款和第90条规定，故意遮挡、污损机动车号牌的，处警告或者20元以上200元以下罚款。

604. 未按规定安装机动车号牌

604.1 法律依据

《中华人民共和国道路交通安全法》第95条第2款和第90条。

604.2 违法情形

机动车驾驶人违反道路交通安全法律、法规，不按规定安装机动车号牌的行为，应当由公安机关交通管理部门给予行政处罚。

604.3 处罚标准

根据《中华人民共和国道路交通安全法》第95条第2款和第90条规定，未按规定安装机动车号牌的，处警告或者20元以上200元以下罚款。

605. 伪造、变造或者使用伪造、变造的机动车登记证书、号牌、行驶证、驾驶证

605.1 法律依据

《中华人民共和国道路交通安全法》第96条第1款。

605.2 违法情形

行为人故意伪造、变造或者使用伪造、变造的机动车登记证书、号牌、行驶证、驾驶证，尚不构成犯罪的，应当由公安机关交通管理部门给予行政处罚。

605.3 处罚标准

根据《中华人民共和国道路交通安全法》第96条第1款规定，伪造、变造或者使用伪造、变造的机动车登记证书、号牌、行驶证、驾驶证的，由公安机关交通管理部门予以收缴，扣留该机动车，处15日以下拘留，并处2000元以上5000元以下罚款；构成犯罪的，依法追究刑事责任。

606. 伪造、变造或者使用伪造、变造的检验合格标志、保险标志

606.1 法律依据

《中华人民共和国道路交通安全法》第96条第2款。

606.2 违法情形

行为人故意伪造、变造或者使用伪造、变造的检验合格标志、保险标志，尚不构成犯罪的，应当由公安机关交通管理部门给予行政处罚。

606.3 处罚标准

根据《中华人民共和国道路交通安全法》第96条第2款规定，伪造、变造或者使用伪造、变造的检验合格标志、保险标志的，由公安机关交通管理部门予以收缴，扣留该机动车，处10日以下拘留，并处1000元以上3000元以下罚款；构成犯罪的，依法追究刑事责任。

607. 使用其他车辆的机动车登记证书、号牌、行驶证、检验合格标志、保险标志

607.1 法律依据

《中华人民共和国道路交通安全法》第96条第3款。

607.2 违法情形

机动车驾驶人违反道路交通安全法律、法规，使用其他车辆的机动车登记证书、号牌、行驶证、检验合格标志、保险标志的行为，应当由公安机关交通管理部门给予行政处罚。

607.3 处罚标准

根据《中华人民共和国道路交通安全法》第96条第3款规定，使用其他车辆的

机动车登记证书、号牌、行驶证、检验合格标志、保险标志的，由公安机关交通管理部门予以收缴，扣留该机动车，处2000元以上5000元以下罚款。当事人提供相应的合法证明或者补办相应手续的，应当及时退还机动车。

应当注意，《机动车交通事故责任强制保险条例》第41条第1款关于“伪造、变造或者使用伪造、变造的保险标志，或者使用其他机动车的保险标志”的法律责任与《中华人民共和国道路交通安全法》第96条第2款、第3款的规定不一致，应适用后者。

608. 非法安装警报器、标志灯具

608.1　法律依据

《中华人民共和国道路交通安全法》第97条。

608.2　违法情形

行为人在车辆上违反规定安装警报器、标志灯具的行为，应当由公安机关交通管理部门给予行政处罚。

公安部《关于特种车辆安装、使用警报器和标志灯具的规定》规定，除警车、消防车、交通监理事故勘查车、工程救险车、救护车外，其他车辆一律不准安装使用警报器和标志灯具。

608.3　处罚标准

根据《中华人民共和国道路交通安全法》第97条规定，非法安装警报器、标志灯具的，由公安机关交通管理部门强制拆除，予以收缴，并处200元以上2000元以下罚款。

609. 未投保机动车交通事故责任强制保险

609.1　法律依据

《中华人民共和国道路交通安全法》第98条第1款、《机动车交通事故责任强制保险条例》第38条第1款。

609.2　违法情形

机动车所有人、管理人未按照国家规定投保机动车第三者责任强制保险的行为，应当由公安机关交通管理部门给予行政处罚。

609.3　处罚标准

根据《中华人民共和国道路交通安全法》第98条第1款、《机动车交通事故责任强制保险条例》第38条第1款规定，未投保机动车交通事故责任强制保险的，由公安机关交通管理部门扣留车辆至依照规定投保后，并处依照规定投保最低责任限额应缴纳的保险费的2倍罚款。

应当注意，《中华人民共和国道路交通安全法》第98条第1款和《机动车交通事故责任强制保险条例》第38条第1款对“未投保机动车交通事故责任强制保险”的法律责任作了相同的规定，法律依据可以适用《中华人民共和国道路交通安全法》第98条第1款，也可以适用《机动车交通事故责任强制保险条例》第38条第1款。

610. 无有效机动车驾驶证驾驶机动车

610.1　法律依据

《中华人民共和国道路交通安全法》第99条第1款第1项、第2款。

610.2　违法情形

机动车驾驶人未取得机动车驾驶证、机动车驾驶证被吊销或者机动车驾驶证被暂扣期间驾驶机动车的行为，应当由公安机关交通管理部门给予行政处罚。

610.3　处罚标准

根据《中华人民共和国道路交通安全法》第99条第1款第1项、第2款规定，无有效机动车驾驶证驾驶机动车的，由公安交通管理部门处200元以上2000元以下罚款，可以并处15日以下拘留。

应当注意，对未取得临时机动车驾驶许可驾驶机动车，或者临时机动车驾驶许可超过有效期驾驶机动车的，违法行为名称表述为“无有效机动车驾驶证驾驶机动车”，法律依据适用《中华人民共和国道路交通安全法》第99条第1款第1项、第2款和《临时入境机动车和驾驶人管理规定》第19条第1项。对未取得机动车驾驶证驾驶机动车、机动车驾驶证被吊销期间驾驶机动车、机动车驾驶证被暂扣期间驾驶机动车、驾驶机动车与准驾车型不符、机动车驾驶证被公告停止使用期间驾驶机动车的，违法行为名称表述为“无有效机动车驾驶证驾驶机动车”，法律依据适用《中华人民共和国道路交通安全法》第99条第1款第1项、第2款。

611. 将机动车交由无有效机动车驾驶证人员驾驶

611.1 法律依据

《中华人民共和国道路交通安全法》第99条第1款第2项、第2款。

611.2 违法情形

机动车所有人、管理人将机动车交由未取得机动车驾驶证或者机动车驾驶证被吊销、暂扣的人驾驶的行为，应当由公安机关交通管理部门给予行政处罚。

611.3 处罚标准

根据《中华人民共和国道路交通安全法》第99条第1款第2项、第2款规定，将机动车交由无有效机动车驾驶证人员驾驶的，由公安交通管理部门处200元以上2000元以下罚款，可以并处吊销机动车驾驶证。

应当注意，将机动车交由未取得机动车驾驶证或者机动车驾驶证被吊销、暂扣的人驾驶的，违法行为名称表述为“将机动车交由无有效机动车驾驶证人员驾驶”，法律依据适用《中华人民共和国道路交通安全法》第99条第1款第2项、第2款。

612. 交通肇事逃逸

612.1 法律依据

《中华人民共和国道路交通安全法》第99条第1款第3项、第2款和第101条第2款。

612.2 违法情形

行为人在造成交通事故后逃逸，尚不构成犯罪的，应当由公安机关交通管理部门给予行政处罚。

所谓交通肇事后逃逸，是指在发生交通事故后，为逃避法律追究而逃跑的行为。应当注意，交通肇事逃逸是交通肇事罪的加重处罚情节，不是构成交通肇事罪的构成要件，所以并非所有交通肇事后逃逸都构成犯罪，是否构成犯罪，关键在于交通事故造成的后果以及肇事当事人在交通事故中所承担的责任大小。

612.3 处罚标准

根据《中华人民共和国道路交通安全法》第99条第1款第3项、第2款规定，造成交通事故逃逸的，由公安机关交通管理部厅吊销机动车驾驶证，且终身不得重新取得机动车驾驶证。造成交通事故后逃逸，尚不构成犯罪的，由公安交通管理部门处200元以上2000元以下罚款，可以并处15日以下拘留。

613. 机动车行驶超速50%以上

613.1 法律依据

《中华人民共和国道路交通安全法》第

99 条第 1 款第 4 项、第 2 款。

613.2　违法情形

机动车驾驶人超过道路限速标志最高时速或者规定的最高时速 50% 以上的行为，应当由公安机关交通管理部门给予行政处罚。

613.3　处罚标准

根据《中华人民共和国道路交通安全法》第 99 条第 1 款第 4 项、第 2 款规定，机动车行驶超速 50% 以上的，由公安交通管理部门处 200 元以上 2000 元以下罚款，可以并处吊销机动车驾驶证。

614. 强迫机动车驾驶人违规驾驶机动车造成交通事故

614.1　法律依据

《中华人民共和国道路交通安全法》第 99 条第 1 款第 5 项、第 2 款。

614.2　违法情形

机动车所有人、管理人、同乘人等相关人员，强迫机动车驾驶人违反道路交通安全法律、法规和机动车安全驾驶要求驾驶机动车，造成道路交通事故，尚不构成犯罪的，应当由公安机关交通管理部门给予行政处罚。

614.3　处罚标准

根据《中华人民共和国道路交通安全法》第 99 条第 1 款第 5 项、第 2 款规定，强迫机动车驾驶人违规驾驶机动车造成交通事故，尚不构成犯罪的，由公安交通管理部门处 200 元以上 2000 元以下罚款，可以并处 15 日以下拘留。构成犯罪的，依法追究刑事责任。

615. 违反交通管制强行通行

615.1　法律依据

《中华人民共和国道路交通安全法》第 99 条第 1 款第 6 项、第 2 款。

615.2　违法情形

行为人违反交通管制的规定强行通行，不听劝阻的行为，应当由公安机关交通管理部门给予行政处罚。

615.3　处罚标准

根据《中华人民共和国道路交通安全法》第 99 条第 1 款第 6 项、第 2 款规定，违反交通管制强行通行的，由公安交通管理部门处 200 元以上 2000 元以下罚款，可以并处 15 日以下拘留。

616. 故意损毁、移动、涂改交通设施

616.1　法律依据

《中华人民共和国道路交通安全法》第 99 条第 1 款第 7 项、第 2 款。

616.2　违法情形

行为人故意损毁、移动、涂改交通设施，造成危害后果，尚不构成犯罪的，应当由公安机关交通管理部门给予行政处罚。

616.3　处罚标准

根据《中华人民共和国道路交通安全法》第 99 条第 1 款第 7 项、第 2 款规定，故意损毁、移动、涂改交通设施，尚不构成犯罪的，由公安交通管理部门处 200 元以上 2000 元以下罚款，可以并处 15 日以下拘留。构成犯罪的，应当依照刑法关于破坏交通设施罪、过失损坏交通设施罪的有关规定追究刑事责任。

617. 非法拦截、扣留机动车

617.1　法律依据

《中华人民共和国道路交通安全法》第 99 条第 1 款第 8 项、第 2 款。

617.2　违法情形

行为人非法拦截、扣留机动车辆，不听劝阻，造成交通严重阻塞或者较大财产损失的，应当由公安机关交通管理部门给予行政处罚。

617.3 处罚标准

根据《中华人民共和国道路交通安全法》第99条第1款第8项、第2款规定，非法拦截、扣留机动车的，由公安交通管理部门处200元以上2000元以下罚款，可以并处15日以下拘留。

应当注意，对非法拦截或者强登、扒乘机动车，影响交通工具正常行驶的，违法行为名称表述为“妨碍交通工具正常行驶”，法律依据适用《中华人民共和国治安管理处罚法》第23条第1款第4项。

618. 驾驶拼装机动车

618.1 法律依据

《中华人民共和国道路交通安全法》第100条第1款和第2款。

618.2 违法情形

机动车驾驶人驾驶拼装的机动车上道路行驶的行为，应当由公安机关交通管理部门给予行政处罚。

所谓拼装的机动车，是指使用报废汽车发动机、方向机、变速器、前后桥、车架（统称“五大总成”）以及其他零配件组装的机动车。

618.3 处罚标准

根据《中华人民共和国道路交通安全法》第100条第1款和第2款规定，驾驶拼装机动车的，公安机关交通管理部门应当予以收缴，强制报废。对驾驶拼装机动车上道路行驶的驾驶人，处200元以上2000元以下罚款，并吊销机动车驾驶证。

619. 驾驶报废机动车

619.1 法律依据

《中华人民共和国道路交通安全法》第100条第1款和第2款。

619.2 违法情形

机动车驾驶人驾驶已达到报废标准的机动车上道路行驶的行为，应当由公安机关交通管理部门给予行政处罚。

619.3 处罚标准

根据《中华人民共和国道路交通安全法》第100条第1款和第2款规定，驾驶报废机动车的，公安机关交通管理部门应当予以收缴，强制报废。对驾驶报废机动车上道路行驶的驾驶人，处200元以上2000元以下罚款，并吊销机动车驾驶证。

应当注意，对使用拼装机动车或者已达到报废标准的机动车接送学生的，违法行为名称表述为“使用拼装、报废机动车接送学生”，法律依据适用《校车安全管理条例》第44条。

620. 出售报废机动车

620.1 法律依据

《中华人民共和国道路交通安全法》第100条第1款和第3款。

620.2 违法情形

行为人出售已达到报废标准的机动车的，应当由公安机关交通管理部门给予行政处罚。

620.3 处罚标准

根据《中华人民共和国道路交通安全法》第100条第1款和第3款规定，出售报废机动车的，没收违法所得，处销售金额等额的罚款，公安机关交通管理部门应当收缴已达到报废标准的机动车，强制报废。

应当注意，对报废机动车回收企业出售回收的报废机动车整车的，法律依据适用《中华人民共和国道路交通安全法》第100条第1款和第3款以及《报废机动车回收管理办法》第22条第2款。

621. 种植物、设施物妨碍交通安全

621.1　法律依据

《中华人民共和国道路交通安全法》第106条。

621.2　违法情形

在道路两侧及隔离带上种植树木、其他植物或者设置广告牌、管线等，遮挡路灯、交通信号灯、交通标志，妨碍安全视距的，应当由公安机关交通管理部门给予行政处罚。

621.3　处罚标准

根据《中华人民共和国道路交通安全法》第106条规定，种植物、设施物妨碍交通安全的，由公安机关交通管理部门责令行为人排除妨碍；拒不执行的，处200元以上2000元以下罚款，并强制排除妨碍，所需费用由行为人负担。

六十二、中华人民共和国道路交通安全法实施条例

622. 以不正当手段取得机动车登记、驾驶许可

622.1　法律依据

《中华人民共和国道路交通安全法实施条例》第103条。

622.2　违法情形

单位或者个人以欺骗、贿赂等不正当手段取得机动车登记或者驾驶许可的，应当由公安机关交通管理部门给予行政处罚。

622.3　处罚标准

根据《中华人民共和国道路交通安全法实施条例》第103条规定，以不正当手段取得机动车登记、驾驶许可的，收缴机动车登记证书、号牌、行驶证或者机动车驾驶证，撤销机动车登记或者机动车驾驶许可；申请人在3年内不得申请机动车登记或者机动车驾驶许可。

六十三、校车安全管理条例

623. 使用拼装、报废机动车接送学生

623.1　法律依据

《校车安全管理条例》第44条。

623.2　违法情形

机动车驾驶人、车辆所有人违反校车安全管理规定，使用拼装或者达到报废标准的机动车接送学生的，应当由公安机关交通管理部门给予行政处罚。

623.3　处罚标准

根据《校车安全管理条例》第44条规定，使用拼装或者达到报废标准的机动车接送学生的，由公安机关交通管理部门收缴并强制报废机动车；对驾驶人处2000元以上5000元以下的罚款，吊销其机动车驾驶证；对车辆所有人处8万元以上10万元以下的罚款，有违法所得的予以没收。

624. 使用未取得校车标牌的车辆

624.1　法律依据

《校车安全管理条例》第45条第1款。

624.2　违法情形

单位或者个人使用未取得校车标牌的车辆提供校车服务的，应当由公安机关交通管理部门给予行政处罚。

624.3　处罚标准

根据《校车安全管理条例》第45条第1款规定，使用未取得校车标牌的车辆的，由公安机关交通管理部门扣留该机动车，处1万元以上2万元以下的罚款，有违法所得的予以没收。

625. 使用未取得校车驾驶资格的人员

625.1 法律依据

《校车安全管理条例》第45条第1款。

625.2 违法情形

单位或者个人使用未取得校车驾驶资格的人员驾驶校车的，应当由公安机关交通管理部门给予行政处罚。

625.3 处罚标准

根据《校车安全管理条例》第45条第1款规定，使用未取得校车驾驶资格的人员的，由公安机关交通管理部门扣留该机动车，处1万元以上2万元以下的罚款，有违法所得的予以没收。

应当注意，对取得道路运输经营许可的企业或者个体经营者，使用未取得校车标牌的车辆提供校车服务或者使用未取得校车驾驶资格的人员驾驶校车的，违法行为名称相应表述为“使用未取得校车标牌的车辆”“使用未取得校车驾驶资格的人员”，法律依据为第45条第1款和第2款。

626. 伪造、变造或者使用伪造、变造的校车标牌

626.1 法律依据

《校车安全管理条例》第45条第3款。

626.2 违法情形

单位或者个人伪造、变造或者使用伪造、变造的校车标牌的，应当由公安机关交通管理部门给予行政处罚。

626.3 处罚标准

根据《校车安全管理条例》第45条第3款规定，伪造、变造或者使用伪造、变造的校车标牌的，由公安机关交通管理部门收缴伪造、变造的校车标牌，扣留该机动车，处2000元以上5000元以下的罚款。

627. 不按规定配备校车安全设备

627.1 法律依据

《校车安全管理条例》第46条。

627.2 违法情形

配备校车的学校和校车服务提供者违反校车安全管理规定，没有为校车配备逃生锤、干粉灭火器、急救箱等安全设备并确保性能良好、有效适用的，应当由公安机关交通管理部门给予行政处罚。

《校车安全管理条例》第21条规定，校车应当配备逃生锤、干粉灭火器、急救箱等安全设备。安全设备应当放置在便于取用的位置，并确保性能良好、有效适用。校车应当按照规定配备具有行驶记录功能的卫星定位装置。

627.3 处罚标准

根据《校车安全管理条例》第46条规定，不按规定配备校车安全设备的，由公安机关交通管理部门责令改正，处1000元以上3000元以下的罚款。

628. 不按规定安全维护校车

628.1 法律依据

《校车安全管理条例》第46条。

628.2 违法情形

配备校车的学校和校车服务提供者违反校车安全管理规定，没有对校车进行安全维护的，应当由公安机关交通管理部门给予行政处罚。

《校车安全管理条例》第22条第1款规定，配备校车的学校和校车服务提供者应当按照国家规定做好校车的安全维护，建立安全维护档案，保证校车处于良好技术状态。不符合安全技术条件的校车，应当停运维修，消除安全隐患。

628.3 处罚标准

根据《校车安全管理条例》第46条规定，不按规定安全维护校车的，由公安机关交通管理部门责令改正，处1000元以上3000元以下的罚款。

629. 未取得校车驾驶资格驾驶校车

629.1 法律依据

《校车安全管理条例》第47条。

629.2 违法情形

机动车驾驶人未取得校车驾驶资格驾驶校车的，应当由公安机关交通管理部门给予行政处罚。

《校车安全管理条例》第25条规定，机动车驾驶人未取得校车驾驶资格，不得驾驶校车。禁止聘用未取得校车驾驶资格的机动车驾驶人驾驶校车。

629.3 处罚标准

根据《校车安全管理条例》第47条规定，机动车驾驶人未取得校车驾驶资格驾驶校车的，由公安机关交通管理部门处1000元以上3000元以下的罚款，情节严重的，可以并处吊销机动车驾驶证。

630. 不按规定放置校车标牌、开启校车标志灯

630.1 法律依据

《校车安全管理条例》第48条第1款第1项。

630.2 违法情形

校车驾驶人驾驶校车运载学生，不按照规定放置校车标牌、开启校车标志灯的，应当由公安机关交通管理部门给予行政处罚。

630.3 处罚标准

根据《校车安全管理条例》第48条第1款第1项规定，不按规定放置校车标牌、开启校车标志灯的，由公安机关交通管理部门责令改正，可以处200元罚款。

631. 未按审定的校车线路行驶

631.1 法律依据

《校车安全管理条例》第48条第1款第1项。

631.2 违法情形

校车驾驶人驾驶校车运载学生，不按照经审核确定的线路行驶的，应当由公安机关交通管理部门给予行政处罚。

631.3 处罚标准

根据《校车安全管理条例》第48条第1款第1项规定，未按审定的校车线路行驶的，由公安机关交通管理部门责令改正，可以处200元罚款。

632. 上下学生未按规定停靠校车

632.1 法律依据

《校车安全管理条例》第48条第1款第2项。

632.2 违法情形

校车驾驶人驾驶校车运载学生在上下学生时，不按照规定在校车停靠站点停靠的，应当由公安机关交通管理部门给予行政处罚。

632.3 处罚标准

根据《校车安全管理条例》第48条第1款第2项规定，上下学生未按规定停靠校车的，由公安机关交通管理部门责令改正，可以处200元罚款。

633. 未运载学生使用校车标牌、校车标志灯、停车指示标志

633.1 法律依据

《校车安全管理条例》第48条第1款第3项。

633.2 违法情形

校车驾驶人驾驶校车上道路行驶，未

运载学生，而使用校车标牌、校车标志灯和停车指示标志的，应当由公安机关交通管理部门给予行政处罚。

633.3 处罚标准

根据《校车安全管理条例》第48条第1款第3项规定，未运载学生使用校车标牌、校车标志灯、停车指示标志的，由公安机关交通管理部门责令改正，可以处200元罚款。

634. 上路前未检查校车车况

634.1 法律依据

《校车安全管理条例》第48条第1款第4项。

634.2 违法情形

校车驾驶人驾驶校车上道路行驶前，未对校车车况是否符合安全技术要求进行检查的，应当由公安机关交通管理部门给予行政处罚。

634.3 处罚标准

根据《校车安全管理条例》第48条第1款第4项规定，上路前未检查校车车况的，由公安机关交通管理部门责令改正，可以处200元罚款。

635. 驾驶存在安全隐患的校车

635.1 法律依据

《校车安全管理条例》第48条第1款第4项。

635.2 违法情形

校车驾驶人驾驶存在安全隐患的校车上道路行驶的，应当由公安机关交通管理部门给予行政处罚。

635.3 处罚标准

根据《校车安全管理条例》第48条第1款第4项规定，驾驶存在安全隐患的校车的，由公安机关交通管理部门责令改正，可以处200元罚款。

636. 校车载有学生时加油

636.1 法律依据

《校车安全管理条例》第48条第1款第5项。

636.2 违法情形

校车驾驶人在校车载有学生时给车辆加油的，应当由公安机关交通管理部门给予行政处罚。

636.3 处罚标准

根据《校车安全管理条例》第48条第1款第5项规定，校车载有学生时加油的，由公安机关交通管理部门责令改正，可以处200元罚款。

637. 校车发动机引擎熄灭前离开驾驶座

637.1 法律依据

《校车安全管理条例》第48条第1款第5项。

637.2 违法情形

校车驾驶人在校车发动机引擎熄灭前离开驾驶座位的，应当由公安机关交通管理部门给予行政处罚。

637.3 处罚标准

根据《校车安全管理条例》第48条第1款第5项规定，校车发动机引擎熄灭前离开驾驶座的，由公安机关交通管理部门责令改正，可以处200元罚款。

638. 不避让校车

638.1 法律依据

《校车安全管理条例》第52条。

638.2 违法情形

机动车驾驶人违反校车安全管理规定，不避让校车的，应当由公安机关交通管理部门给予行政处罚。

638.3 处罚标准

根据《校车安全管理条例》第52条规定，机动车驾驶人违反规定，不避让校车的，由公安机关交通管理部门处200元罚款。

639. 未按规定指派照管人员

639.1 法律依据

《校车安全管理条例》第53条第1款。

639.2 违法情形

配备校车的学校、校车服务提供者未依照规定指派照管人员随校车全程照管乘车学生的，应当由公安机关交通管理部门给予行政处罚。

《校车安全管理条例》第38条第1款规定，配备校车的学校、校车服务提供者应当指派照管人员随校车全程照管乘车学生。校车服务提供者为学校提供校车服务的，双方可以约定由学校指派随车照管人员。

639.3 处罚标准

根据《校车安全管理条例》第53条第1款规定，未按规定指派照管人员的，由公安机关责令改正，可以处500元罚款。

六十四、机动车驾驶证申领和使用规定

640. 未按规定随身携带学习驾驶证明

640.1 法律依据

《机动车驾驶证申领和使用规定》第42条。

640.2 违法情形

根据原《机动车驾驶证申领和使用规定》第39条和第90条规定，申请人在道路上学习驾驶时，未按照规定随身携带学习驾驶证明的，由公安机关交通管理部门处20元以上200元以下罚款。

应当注意，根据新修订的《机动车驾驶证申领和使用规定》第42条，虽然要求申请人在道路上学习驾驶，应当随身携带学习驾驶证明，但对未按照规定随身携带学习驾驶证明的，没有规定处罚措施。

641. 未按指定路线、时间学习驾驶

641.1 法律依据

《机动车驾驶证申领和使用规定》第42条第1款规定、第95条第1项。

641.2 违法情形

未按照公安机关交通管理部门指定的路线、时间进行的，由公安机关交通管理部门予以行政处罚。

《机动车驾驶证申领和使用规定》第42条第1款规定，申请人在道路上学习驾驶，应当随身携带学习驾驶证明，使用教练车或者学车专用标识签注的自学用车，在教练员或者学车专用标识签注的指导人员随车指导下，按照公安机关交通管理部门指定的路线、时间进行。

641.3 处罚标准

根据《机动车驾驶证申领和使用规定》第95条第1项，申请人在道路上学习驾驶时，未按照公安机关交通管理部门指定的路线、时间进行的，由公安机关交通管理部门对教练员或者随车指导人员处20元以上200元以下罚款。

642. 未按规定放置、粘贴学车专用标识

642.1 法律依据

《机动车驾驶证申领和使用规定》第42条、第95条第2项。

642.2 违法情形

未按照规定放置、粘贴学车专用标识

的，由公安机关交通管理部门予以行政处罚。

《机动车驾驶证申领和使用规定》第42条规定，申请人在道路上学习驾驶，应当随身携带学习驾驶证明，使用教练车或者学车专用标识签注的自学用车，在教练员或者学车专用标识签注的指导人员随车指导下，按照公安机关交通管理部门指定的路线、时间进行。

申请人为自学直考人员的，在道路上学习驾驶时，应当在自学用车上按规定放置、粘贴学车专用标识，自学用车不得搭载随车指导人员以外的其他人员。

642.3 处罚标准

根据《机动车驾驶证申领和使用规定》第95条第2项规定，申请人在道路上学习驾驶时，未按规定放置、粘贴学车专用标识的，由公安机关交通管理部门对教练员或者随车指导人员处20元以上200元以下罚款。

643. 未使用符合规定的机动车学习驾驶

643.1 法律依据

《机动车驾驶证申领和使用规定》第96条第1项。

643.2 违法情形

申请人在道路上学习驾驶时，未使用符合规定的机动车的，由公安机关交通管理部门予以行政处罚。

643.3 处罚标准

根据《机动车驾驶证申领和使用规定》第96条第1项规定，申请人在道路上学习驾驶时，未使用符合规定的机动车的，由公安机关交通管理部门对教练员或者随车指导人员处200元以上500元以下罚款。

644. 自学用车搭载非随车指导人员

644.1 法律依据

《机动车驾驶证申领和使用规定》第96条第2项。

644.2 违法情形

申请人在道路上学习驾驶时，自学用车搭载随车指导人员以外的其他人员的，由公安机关交通管理部门予以行政处罚。

644.3 处罚标准

根据《机动车驾驶证申领和使用规定》第96条第2项规定，申请人在道路上学习驾驶时，自学用车搭载随车指导人员以外的其他人员的，由公安机关交通管理部门对教练员或者随车指导人员处200元以上500元以下罚款。

645. 补领后继续使用原机动车驾驶证

645.1 法律依据

《机动车驾驶证申领和使用规定》第98条第1款第1项和第2款。

645.2 违法情形

机动车驾驶人补领机动车驾驶证后，继续使用原机动车驾驶证的，由公安机关交通管理部门予以行政处罚。

645.3 处罚标准

根据《机动车驾驶证申领和使用规定》第98条第1款第1项和第2款规定，机动车驾驶人补领机动车驾驶证后，继续使用原机动车驾驶证的，由公安机关交通管理部门处20元以上200元以下罚款，并收回原机动车驾驶证。

646. 实习期内未按规定驾驶机动车

646.1 法律依据

《机动车驾驶证申领和使用规定》第77条和第98条第1款第2项。

646.2　违法情形

机动车驾驶人在实习期内驾驶机动车不符合规定的，由公安机关交通管理部门予以行政处罚。

《机动车驾驶证申领和使用规定》第77条规定，机动车驾驶人在实习期内不得驾驶公共汽车、营运客车或者执行任务的警车、消防车、救护车、工程救险车以及载有爆炸物品、易燃易爆化学物品、剧毒或者放射性等危险物品的机动车；驾驶的机动车不得牵引挂车。驾驶人在实习期内驾驶机动车上高速公路行驶，应当由持相应或者包含其准驾车型驾驶证三年以上的驾驶人陪同。其中，驾驶残疾人专用小型自动挡载客汽车的，可以由持有小型自动挡载客汽车以上准驾车型驾驶证的驾驶人陪同。在增加准驾车型后的实习期内，驾驶原准驾车型的机动车时不受上述限制。

646.3　处罚标准

根据《机动车驾驶证申领和使用规定》第98条第1款第2项规定，机动车驾驶人在实习期内驾驶机动车不符合第77条规定的，由公安机关交通管理部门处20元以上200元以下罚款。

647. 未按规定粘贴、悬挂实习标志、残疾人机动车专用标志

647.1　法律依据

原《机动车驾驶证申领和使用规定》第94条第1款第3项。

647.2　违法情形

机动车驾驶人驾驶机动车未按规定粘贴、悬挂实习标志、残疾人机动车专用标志的，由公安机关交通管理部门予以行政处罚。

647.3　处罚标准

根据原《机动车驾驶证申领和使用规定》第94条第1款第3项规定，机动车驾驶人驾驶机动车未按规定粘贴、悬挂实习标志或者残疾人机动车专用标志的，由公安机关交通管理部门处20元以上200元以下罚款。

应当注意，新修订的《机动车驾驶证申领和使用规定》取消了对上述行为的处罚规定。

648. 未按规定申报变更驾驶人信息

648.1　法律依据

《机动车驾驶证申领和使用规定》第81条和第98条第1款第3项。

648.2　违法情形

持有大型客车、牵引车、城市公交车、中型客车、大型货车驾驶证的驾驶人，未按照规定申报变更信息的，由公安机关交通管理部门予以行政处罚。

《机动车驾驶证申领和使用规定》第81条规定，机动车驾驶人联系电话、联系地址等信息发生变化的，应当在信息变更后30日内，向驾驶证核发地车辆管理所备案。持有大型客车、重型牵引挂车、城市公交车、中型客车、大型货车驾驶证的驾驶人从业单位等信息发生变化的，应当在信息变更后30日内，向从业单位所在地车辆管理所备案。

648.3　处罚标准

根据《机动车驾驶证申领和使用规定》98条第1款第3项规定，持有大型客车、重型牵引挂车、城市公交车、中型客车、大型货车驾驶证的驾驶人，未按照第81条规定申报变更信息的，由公安机关交通管理部门处20元以上200元以下罚款。

649. 机动车驾驶证被扣期间采用隐瞒、欺骗手段补领

649.1　法律依据

《机动车驾驶证申领和使用规定》第99

条第1款第1项和第2款。

649.2 违法情形

机动车驾驶人的机动车驾驶证被依法扣押、扣留或者暂扣期间，采用隐瞒、欺骗手段补领机动车驾驶证的，由公安机关交通管理部门予以行政处罚。

649.3 处罚标准

根据《机动车驾驶证申领和使用规定》第99条第1款第1项和第2款规定，机动车驾驶证被扣期间采用隐瞒、欺骗手段补领的，由公安机关交通管理部门处200元以上500元以下罚款，并收回机动车驾驶证。

650. 身体条件不适合仍驾驶机动车

650.1 法律依据

《机动车驾驶证申领和使用规定》第99条第1款第2项和第2款。

650.2 违法情形

机动车驾驶人身体条件发生变化不适合驾驶机动车，仍驾驶机动车的，由公安机关交通管理部门予以行政处罚。

《机动车驾驶证申领和使用规定》第14条对申请机动车驾驶证的人的身高、视力、辨色力、上肢、下肢、躯干、颈部等身体条件作出明确规定，机动车驾驶人身体条件发生变化不再适合驾驶机动车的，不得驾驶机动车。

650.3 处罚标准

根据《机动车驾驶证申领和使用规定》第99条第1款第2项和第2款规定，机动车驾驶人身体条件发生变化不适合驾驶机动车，仍驾驶机动车的，由公安机关交通管理部门处200元以上500元以下罚款，并收回机动车驾驶证。

651. 逾期不参加审验仍驾驶机动车

651.1 法律依据

《机动车驾驶证申领和使用规定》第99条第1款第3项。

651.2 违法情形

机动车驾驶人逾期不参加审验仍驾驶机动车的，由公安机关交通管理部门予以行政处罚。

《机动车驾驶证申领和使用规定》第71条至第75条对机动车驾驶证的审验作出明确规定。机动车驾驶人应当按照规定，定期到公安机关交通管理部门接受审验。

651.3 处罚标准

根据《机动车驾驶证申领和使用规定》第99条第1款第3项规定，机动车驾驶人逾期不参加审验仍驾驶机动车的，由公安机关交通管理部门处200元以上500元以下罚款。

应当注意，《机动车驾驶证申领和使用规定》此次修订还增加了几项行政处罚规定：

第93条规定，申请人隐瞒有关情况或者提供虚假材料申领机动车驾驶证的，公安机关交通管理部门不予受理或者不予办理，处500元以下罚款；申请人在1年内不得再次申领机动车驾驶证。

申请人在考试过程中有贿赂、舞弊行为的，取消考试资格，已经通过考试的其他科目成绩无效，公安机关交通管理部门处2000元以下罚款；申请人在1年内不得再次申领机动车驾驶证。

申请人以欺骗、贿赂等不正当手段取得机动车驾驶证的，公安机关交通管理部门收缴机动车驾驶证，撤销机动车驾驶许可，处2000元以下罚款；申请人在3年内

不得再次申领机动车驾驶证。组织、

参与实施前三款行为之一牟取经济利益的，由公安机关交通管理部门处违法所得3倍以上5倍以下罚款，但最高不超过10万元。

申请人隐瞒有关情况或者提供虚假材料申请校车驾驶资格的，公安机关交通管理部门不予受理或者不予办理，处500元以下罚款；申请人在1年内不得再次申请校车驾驶资格。申请人以欺骗、贿赂等不正当手段取得校车驾驶资格的，公安机关交通管理部门撤销校车驾驶资格，处2000元以下罚款；申请人在3年内不得再次申请校车驾驶资格。

第100条规定，机动车驾驶人参加审验教育时在签注学习记录、学习过程中弄虚作假的，相应学习记录无效，重新参加审验学习，由公安机关交通管理部门处1000元以下罚款。

代替实际机动车驾驶人参加审验教育的，由公安机关交通管理部门处2000元以下罚款。

组织他人实施前两款行为之一，有违法所得的，由公安机关交通管理部门处违法所得3倍以下罚款，但最高不超过2万元；没有违法所得的，由公安机关交通管理部门处2万元以下罚款。

六十五、机动车登记规定

652. 未按规定喷涂机动车放大牌号

652.1　法律依据

《机动车登记规定》第78条第1项。

652.2　违法情形

重型、中型载货汽车、专项作业车、挂车及大型客车的车身或者车厢后部未按照规定喷涂放大的牌号或者放大的牌号不清晰的，由公安机关交通管理部门予以行政处罚。

652.3　处罚标准

根据《机动车登记规定》第78条第1项规定，未按规定喷涂机动车放大牌号的，由公安机关交通管理部门处警告或者200元以下罚款。

653. 机动车放大牌号喷涂不清晰

653.1　法律依据

《机动车登记规定》第78条第1项。

653.2　违法情形

重型、中型载货汽车、专项作业车、挂车及大型客车的车身或者车厢后部未按照规定喷涂放大的牌号或者放大的牌号不清晰的，由公安机关交通管理部门予以行政处罚。

653.3　处罚标准

根据《机动车登记规定》第78条第1项规定，机动车放大牌号喷涂不清晰的，由公安机关交通管理部门处警告或者200元以下罚款。

654. 机动车喷涂、粘贴影响安全驾驶的标识、车身广告

654.1　法律依据

《机动车登记规定》第78条第2项。

654.2　违法情形

机动车喷涂、粘贴标识或者车身广告，影响安全驾驶的，由公安机关交通管理部门予以行政处罚。

654.3　处罚标准

根据《机动车登记规定》第78条第2项规定，机动车喷涂、粘贴影响安全驾驶的标识、车身广告的，由公安机关交通管理部门处警告或者200元以下罚款。

655. 未按规定安装防护装置、粘贴反光标识

655.1 法律依据

《机动车登记规定》第78条第3项。

655.2 违法情形

载货汽车、专项作业车及挂车未按照规定安装侧面及后下部防护装置、粘贴车身反光标识的，由公安机关交通管理部门予以行政处罚。

655.3 处罚标准

根据《机动车登记规定》第78条第3项规定，未按规定安装防护装置、粘贴反光标识的，由公安机关交通管理部门处警告或者200元以下罚款。

656. 机动车未按期进行安全技术检验

656.1 法律依据

《机动车登记规定》第78条第4项。

656.2 违法情形

机动车未按照规定期限进行安全技术检验的，由公安机关交通管理部门予以行政处罚。

656.3 处罚标准

根据《机动车登记规定》第78条第4项规定，机动车未按期进行安全技术检验的，由公安机关交通管理部门处警告或者200元以下罚款。

657. 未按期办理机动车变更登记

657.1 法律依据

《机动车登记规定》第16条、第78条第5项。

657.2 违法情形

机动车改变车身颜色、更换发动机、车身或者车架，未按照规定的时限办理变更登记的，应当由公安机关交通管理部门给予行政处罚。

《机动车登记规定》第16条规定，已注册登记的机动车有下列情形之一的，机动车所有人应当向登记地车辆管理所申请变更登记：

（1）改变车身颜色的；

（2）更换发动机的；

（3）更换车身或者车架的；

（4）因质量问题更换整车的；

（5）机动车登记的使用性质改变的；

（6）机动车所有人的住所迁出、迁入车辆管理所管辖区域的。

属于第1款第1项至第3项规定的变更事项的，机动车所有人应当在变更后10日内向车辆管理所申请变更登记。

657.3 处罚标准

根据《机动车登记规定》第16条、第78条第5项规定，未按期办理机动车变更登记的，由公安机关交通管理部门处警告或者200元以下罚款。

658. 未按期办理机动车转移登记

658.1 法律依据

《机动车登记规定》第25条、第78条第6项。

658.2 违法情形

机动车所有权转移后，现机动车所有人未按照规定的时限办理转移登记的，应当由公安机关交通管理部门给予行政处罚。

《机动车登记规定》第25条第1款规定，已注册登记的机动车所有权发生转让的，现机动车所有人应当自机动车交付之日起30日内向登记地车辆管理所申请转让登记。

658.3 处罚标准

根据《机动车登记规定》第25条、第78条第6项规定，未按期办理机动车转移

登记的，由公安机关交通管理部门处警告或者200元以下罚款。

659. 未按期申请机动车转入

659.1　法律依据

《机动车登记规定》第18条、第27条、第78条第7项。

659.2　违法情形

机动车所有人办理变更登记、转移登记，机动车档案转出登记地车辆管理所后，未按照规定时限到住所地车辆管理所申请机动车转入的，应当由公安机关交通管理部门给予行政处罚。

根据《机动车登记规定》第18条第1款规定，机动车所有人的住所迁出车辆管理所管辖区域的，转出地车辆管理所应当自受理之日起3日内，查验机动车，在机动车登记证书上签注变更事项，制作上传机动车电子档案资料。机动车所有人应当在30日内到住所地车辆管理所申请机动车转入。属于小型、微型载客汽车或者摩托车机动车所有人的住所迁出车辆管理所管辖区域的，应当向转入地车辆管理所申请变更登记。

第27条第1款规定，车辆管理所办理转让登记时，现机动车所有人住所不在车辆管理所管辖区域内的，转出地车辆管理所应当自受理之日起3日内，查验机动车，核对车辆识别代号拓印膜或者电子资料，审查提交的证明、凭证，收回号牌、行驶证，在机动车登记证书上签注转让和变更事项，核发有效期为30日的临时行驶车号牌，制作上传机动车电子档案资料。机动车所有人应当在临时行驶车号牌的有效期限内到转入地车辆管理所申请机动车转入。

659.3　处罚标准

根据《机动车登记规定》第18条、第27条、第78条第7项规定，未按期申请机动车转入的，由公安机关交通管理部门处警告或者200元以下罚款。

660. 擅自改变机动车外形、已登记的技术数据

660.1　法律依据

《机动车登记规定》第79条。

660.2　违法情形

除《机动车登记规定》第16条、第22条、第23条规定的情形外，擅自改变机动车外形和已登记的有关技术数据的，应当由公安机关交通管理部门给予行政处罚。

660.3　处罚标准

根据《机动车登记规定》第79条规定，擅自改变机动车外形、已登记的技术数据的，由公安机关交通管理部门责令恢复原状，并处警告或者500元以下罚款。

661. 以不正当手段办理补、换领机动车登记证书、号牌、行驶证、检验合格标志业务

661.1　法律依据

《机动车登记规定》第81条第2款。

661.2　违法情形

行为人以欺骗、贿赂等不正当手段办理补、换领机动车登记证书、号牌、行驶证和检验合格标志等业务的，应当由公安机关交通管理部门给予行政处罚。

661.3　处罚标准

根据《机动车登记规定》第81条第2款规定，以欺骗、贿赂等不正当手段办理补、换领机动车登记证书、号牌、行驶证和检验合格标志等业务的，由公安机关交通管理部门收缴机动车登记证书、号牌、

行驶证和检验合格标志，未收缴的，公告作废，处2000元以下罚款。

应当注意，此次修订的《机动车登记规定》还增加几项处罚情形：一是第78条第8项规定，机动车所有人未按照《机动车登记规定》第23条规定申请变更备案的，由公安机关交通管理部门处警告或者200元以下罚款。二是第80条规定，隐瞒有关情况或者提供虚假材料申请机动车登记的，公安机关交通管理部门不予受理或者不予登记，处500元以下罚款；申请人在1年内不得再次申请机动车登记。对发现申请人通过机动车虚假交易、以合法形式掩盖非法目的等手段，在机动车登记业务中牟取不正当利益的，依照第1款的规定处理。三是第81条第1款规定，以欺骗、贿赂等不正当手段取得机动车登记的，由公安机关交通管理部门收缴机动车登记证书、号牌、行驶证，撤销机动车登记，处2000元以下罚款；申请人在三年内不得再次申请机动车登记。第2款规定，以欺骗、贿赂等不正当手段办理补、换领机动车登记证书、号牌、行驶证和检验合格标志等业务的，由公安机关交通管理部门收缴机动车登记证书、号牌、行驶证和检验合格标志，未收缴的，公告作废，处2000元以下罚款。第3款规定，组织、参与实施《机动车登记规定》第80条、第81条前两款行为之一牟取经济利益的，由公安机关交通管理部门处违法所得3倍以上5倍以下罚款，但最高不超过10万元。

第七节　违反禁毒管理秩序行为的法律依据、违法情形和处罚标准

六十六、中华人民共和国禁毒法

662. 容留吸毒

662.1　法律依据

《中华人民共和国禁毒法》第61条。

662.2　违法情形

行为人容留他人吸食、注射毒品，尚不构成犯罪的，应当由公安机关给予行政处罚。

所谓容留吸毒，是指给吸毒者吸食、注射毒品提供场所，既可以是行为人主动提供，也可以是在吸毒者的要求或主动前来时被动提供；既可以是有偿提供，也可以是无偿提供。

662.3　处罚标准

根据《中华人民共和国禁毒法》第61条规定，容留他人吸食、注射毒品，构成犯罪的，依法追究刑事责任；尚不构成犯罪的，由公安机关处10日以上15日以下拘留，可以并处3000元以下罚款；情节较轻的，处5日以下拘留或者500元以下罚款。

663. 介绍买卖毒品

663.1　法律依据

《中华人民共和国禁毒法》第61条。

663.2　违法情形

行为人介绍买卖毒品，尚不构成犯罪的，应当由公安机关给予行政处罚。

663.3　处罚标准

根据《中华人民共和国禁毒法》第61

条规定，介绍买卖毒品，构成犯罪的，依法追究刑事责任；尚不构成犯罪的，由公安机关处10日以上15日以下拘留，可以并处3000元以下罚款；情节较轻的，处5日以下拘留或者500元以下罚款。

六十七、易制毒化学品管理条例

664. 未经许可、备案购买、运输易制毒化学品

664.1 法律依据

《易制毒化学品管理条例》第38条第1款，《易制毒化学品购销和运输管理办法》第30条第1项、第32条第1项、第34条第2款。

664.2 违法情形

单位或者个人违反易制毒化学品管理规定，未经许可或者备案，擅自购买、运输易制毒化学品，尚不构成犯罪的，应当由公安机关给予行政处罚。

664.3 处罚标准

根据《易制毒化学品管理条例》第38条第1款，《易制毒化学品购销和运输管理办法》第30条第1项、第32条第1项、第34条第2款规定，未经许可、备案购买、运输易制毒化学品的，由公安机关没收非法购买或者运输的易制毒化学品，处非法购买或者运输的易制毒化学品货值10倍以上20倍以下的罚款，货值的20倍不足1万元的，按1万元罚款；有违法所得的，没收违法所得；有营业执照的，由市场监督管理部门吊销营业执照；构成犯罪的，依法追究刑事责任。对有前款规定违法行为的单位或者个人，有关行政主管部门可以自作出行政处罚决定之日起3年内，停止受理其易制毒化学品购买、运输或者进口、出口许可申请。

应当注意，《易制毒化学品管理条例》第38条第1款和《易制毒化学品购销和运输管理办法》第30条第1项、第32条第1项，对“未经许可、备案购买易制毒化学品”“未经许可、备案运输易制毒化学品”的法律责任均作了相同规定，法律依据适用《易制毒化学品管理条例》第38条第1款。

对使用以伪造的申请材料骗取的易制毒化学品购买、运输许可证、备案证明购买、运输易制毒化学品的，违法行为名称表述为“未经许可、备案购买、运输易制毒化学品”，法律依据适用《易制毒化学品管理条例》第38条第1款，《易制毒化学品购销和运输管理办法》第30条第1项、第32条第1项和第34条第2款。

665. 骗取易制毒化学品购买、运输许可证、备案证明

665.1 法律依据

《易制毒化学品管理条例》第38条第1款和《易制毒化学品购销和运输管理办法》第34条第1款。

665.2 违法情形

单位或者个人违反易制毒化学品管理规定，伪造申请材料骗取易制毒化学品购买或者运输许可证、备案证明，尚不构成犯罪的，应当由公安机关给予行政处罚。

665.3 处罚标准

根据《易制毒化学品管理条例》第38条第1款和《易制毒化学品购销和运输管理办法》第34条第1款规定，骗取易制毒化学品购买、运输许可证、备案证明的，由公安机关没收非法购买或者运输的易制毒化学品，处非法购买或者运输的易制毒

化学品货值10倍以上20倍以下的罚款，货值的20倍不足1万元的，按1万元罚款；有违法所得的，没收违法所得；有营业执照的，由市场监督管理部门吊销营业执照；构成犯罪的，依法追究刑事责任。对有前款规定违法行为的单位或者个人，有关行政主管部门可以自作出行政处罚决定之日起3年内，停止受理其易制毒化学品购买、运输或者进口、出口许可申请。

应当注意，对伪造申请材料骗取易制毒化学品购买、运输许可证或者备案证明的，法律依据适用《易制毒化学品管理条例》第38条第1款和《易制毒化学品购销和运输管理办法》第34条第1款，并按照《易制毒化学品购销和运输管理办法》第34条第1款予以处理。

666. 使用他人的许可证、备案证明购买、运输易制毒化学品

666.1 法律依据

《易制毒化学品管理条例》第38条第1款。

666.2 违法情形

单位或者个人违反易制毒化学品管理规定，使用他人的许可证、备案证明，购买、运输易制毒化学品，尚不构成犯罪的，应当由公安机关给予行政处罚。

666.3 处罚标准

根据《易制毒化学品管理条例》第38条规定，使用他人的许可证、备案证明购买、运输易制毒化学品的，由公安机关没收非法购买或者运输的易制毒化学品，处非法购买或者运输的易制毒化学品货值10倍以上20倍以下的罚款，货值的20倍不足1万元的，按1万元罚款；有违法所得的，没收违法所得；有营业执照的，由市场监督管理部门吊销营业执照；构成犯罪的，依法追究刑事责任。对有前款规定违法行为的单位或者个人，有关行政主管部门可以自作出行政处罚决定之日起3年内，停止受理其易制毒化学品购买、运输或者进口、出口许可申请。

667. 使用伪造、变造、失效的许可证、备案证明购买、运输易制毒化学品

667.1 法律依据

《易制毒化学品管理条例》第38条第1款。

667.2 违法情形

单位或者个人违反易制毒化学品管理规定，使用伪造、变造、失效的许可证、备案证明购买、运输易制毒化学品，尚不构成犯罪的，应当由公安机关给予行政处罚。

667.3 处罚标准

根据《易制毒化学品管理条例》第38条规定，使用伪造、变造、失效的许可证、备案证明购买、运输易制毒化学品的，由公安机关没收非法购买或者运输的易制毒化学品，处非法购买或者运输的易制毒化学品货值10倍以上20倍以下的罚款，货值的20倍不足1万元的，按1万元罚款；有违法所得的，没收违法所得；有营业执照的，由市场监督管理部门吊销营业执照；构成犯罪的，依法追究刑事责任。对有前款规定违法行为的单位或者个人，有关行政主管部门可以自作出行政处罚决定之日起3年内，停止受理其易制毒化学品购买、运输或者进口、出口许可申请。

668. 易制毒化学品购买、运输单位未按规定建立安全管理制度

668.1 法律依据

《易制毒化学品管理条例》第40条第1

款第1项。

668.2　违法情形

易制毒化学品购买、运输单位违反易制毒化学品管理规定，未建立安全管理制度的，应当由公安机关给予行政处罚。

668.3　处罚标准

根据《易制毒化学品管理条例》第40条第1款第1项规定，易制毒化学品购买、运输单位未按规定建立安全管理制度的，由负有监督管理职责的行政主管部门给予警告，责令限期改正，处1万元以上5万元以下的罚款；对违反规定购买的易制毒化学品可以予以没收；逾期不改正的，责令限期停产停业整顿；逾期整顿不合格的，吊销相应的许可证。

669. 转借易制毒化学品购买、运输许可证、备案证明

669.1　法律依据

《易制毒化学品管理条例》第40条第1款第2项、《易制毒化学品购销和运输管理办法》第36条第1项。

669.2　违法情形

易制毒化学品购买、运输单位违反易制毒化学品管理规定，将许可证或者备案证明转借他人使用的，应当由公安机关给予行政处罚。

669.3　处罚标准

根据《易制毒化学品管理条例》第40条第1款第2项、《易制毒化学品购销和运输管理办法》第36条第1项规定，转借易制毒化学品购买、运输许可证、备案证明的，由负有监督管理职责的行政主管部门给予警告，责令限期改正，处1万元以上5万元以下的罚款；对违反规定购买的易制毒化学品可以予以没收；逾期不改正的，责令限期停产停业整顿；逾期整顿不合格的，吊销相应的许可证。

应当注意，《易制毒化学品管理条例》第40条第1款第2项和《易制毒化学品购销和运输管理办法》第36条第1项对“转借易制毒化学品购买、运输许可证、备案证明”的法律责任作了相同规定，《易制毒化学品购销和运输管理办法》第36条第1项对违法行为的界定更为明确，法律依据可以适用《易制毒化学品管理条例》第40条第1款第2项，也可以适用《易制毒化学品购销和运输管理办法》第36条第1项。

670. 超出购买许可、备案范围购买易制毒化学品

670.1　法律依据

《易制毒化学品管理条例》第40条第1款第3项、《易制毒化学品购销和运输管理办法》第36条第2项。

670.2　违法情形

易制毒化学品购买单位违反易制毒化学品管理规定，超出许可、备案范围的品种、数量购买易制毒化学品的，应当由公安机关给予行政处罚。

670.3　处罚标准

根据《易制毒化学品管理条例》第40条第1款第3项、《易制毒化学品购销和运输管理办法》第36条第2项规定，超出购买许可、备案范围购买易制毒化学品的，由负有监督管理职责的行政主管部门给予警告，责令限期改正，处1万元以上5万元以下的罚款；对违反规定购买的易制毒化学品可以予以没收；逾期不改正的，责令限期停产停业整顿；逾期整顿不合格的，吊销相应的许可证。

671. 未按规定记录、保存、备案易制毒化学品交易情况

671.1 法律依据

《易制毒化学品管理条例》第40条第1款第4项、《易制毒化学品购销和运输管理办法》第36条第3项。

671.2 违法情形

易制毒化学品生产、经营、购买单位不记录或者不如实记录交易情况、不按规定保存交易记录或者不如实、不及时向公安机关和有关行政主管部门备案销售情况的，应当由公安机关给予行政处罚。

671.3 处罚标准

根据《易制毒化学品管理条例》第40条第1款第4项、《易制毒化学品购销和运输管理办法》第36条第3项规定，未按规定记录、保存、备案易制毒化学品交易情况的，由负有监督管理职责的行政主管部门给予警告，责令限期改正，处1万元以上5万元以下的罚款；对违反规定生产、经营、购买的易制毒化学品可以予以没收；逾期不改正的，责令限期停产停业整顿；逾期整顿不合格的，吊销相应的许可证。

672. 易制毒化学品丢失、被盗、被抢不报

672.1 法律依据

《易制毒化学品管理条例》第40条第1款第5项、《易制毒化学品购销和运输管理办法》第36条第4项。

672.2 违法情形

易制毒化学品生产、经营、购买、运输或者进口、出口单位违反易制毒化学品管理规定，在易制毒化学品丢失、被盗、被抢后未及时报告，造成严重后果的，应当由公安机关给予行政处罚。

672.3 处罚标准

根据《易制毒化学品管理条例》第40条第1款第5项、《易制毒化学品购销和运输管理办法》第36条第4项规定，易制毒化学品丢失、被盗、被抢不报的，由负有监督管理职责的行政主管部门给予警告，责令限期改正，处1万元以上5万元以下的罚款；对违反规定生产、经营、购买的易制毒化学品可以予以没收；逾期不改正的，责令限期停产停业整顿；逾期整顿不合格的，吊销相应的许可证。

673. 使用现金、实物交易易制毒化学品

673.1 法律依据

《易制毒化学品管理条例》第40条第1款第6项、《易制毒化学品购销和运输管理办法》第36条第5项。

673.2 违法情形

易制毒化学品购买者除个人合法购买第一类中的药品类易制毒化学品药品制剂以及第三类易制毒化学品外，使用现金或者实物进行易制毒化学品交易的，应当由公安机关给予行政处罚。

673.3 处罚标准

根据《易制毒化学品管理条例》第40条第1款第6项、《易制毒化学品购销和运输管理办法》第36条第5项规定，使用现金、实物交易易制毒化学品的，由负有监督管理职责的行政主管部门给予警告，责令限期改正，处1万元以上5万元以下的罚款；对违反规定购买的易制毒化学品可以予以没收；逾期不改正的，责令限期停产停业整顿；逾期整顿不合格的，吊销相应的许可证。

674. 未按规定报告易制毒化学品年度经销、库存情况

674.1 法律依据

《易制毒化学品管理条例》第40条第1款第8项、《易制毒化学品购销和运输管理办法》第36条第6项。

674.2 违法情形

生产、经营易制毒化学品的单位不如实或者不按时向有关行政主管部门和公安机关报告年度生产、经销和库存等情况的，应当由公安机关给予行政处罚。

674.3 处罚标准

根据《易制毒化学品管理条例》第40条第1款第8项、《易制毒化学品购销和运输管理办法》第36条第6项规定，未按规定报告易制毒化学品年度经销、库存情况的，由负有监督管理职责的行政主管部门给予警告，责令限期改正，处1万元以上5万元以下的罚款；对违反规定生产、经营的易制毒化学品可以予以没收；逾期不改正的，责令限期停产停业整顿；逾期整顿不合格的，吊销相应的许可证。

675. 运输易制毒化学品货证不符

675.1 法律依据

《易制毒化学品管理条例》第41条第1款。

675.2 违法情形

易制毒化学品运输单位在运输易制毒化学品过程中，与易制毒化学品运输许可证或者备案证明载明的品种、数量、运入地、货主及收货人、承运人等情况不符，运输许可证种类不当的，应当由公安机关给予行政处罚。

675.3 处罚标准

根据《易制毒化学品管理条例》第41条第1款规定，运输易制毒化学品货证不符的，由公安机关责令停运整改，处5000元以上5万元以下的罚款；有危险物品运输资质的，运输主管部门可以依法吊销其运输资质。

676. 运输易制毒化学品未携带许可证、备案证明

676.1 法律依据

《易制毒化学品管理条例》第41条第1款。

676.2 违法情形

易制毒化学品运输单位在运输易制毒化学品过程中，运输人员未全程携带运输许可证或者备案证明的，应当由公安机关给予行政处罚。

676.3 处罚标准

根据《易制毒化学品管理条例》第41条第1款规定，运输易制毒化学品未携带许可证、备案证明的，由公安机关责令停运整改，处5000元以上5万元以下的罚款；有危险物品运输资质的，运输主管部门可以依法吊销其运输资质。

677. 违规携带易制毒化学品

677.1 法律依据

《易制毒化学品管理条例》第41条第2款。

677.2 违法情形

个人违反易制毒化学品管理规定，携带易制毒化学品不符合品种、数量规定的，应当由公安机关给予行政处罚。

677.3 处罚标准

根据《易制毒化学品管理条例》第41条第2款规定，违规携带易制毒化学品的，没收易制毒化学品，处1000元以上5000元以下的罚款。

678. 拒不接受易制毒化学品监督检查

678.1 法律依据

《易制毒化学品管理条例》第42条、《易制毒化学品购销和运输管理办法》第37条。

678.2 违法情形

生产、经营、购买、运输或者进口、出口易制毒化学品的单位或者个人拒不接受有关行政主管部门监督检查、尚不构成犯罪的，应当由公安机关给予行政处罚。

678.3 处罚标准

根据《易制毒化学品管理条例》第42条、《易制毒化学品购销和运输管理办法》第37条规定，拒不接受易制毒化学品监督检查的，由负有监督管理职责的行政主管部门责令改正，对直接负责的主管人员以及其他直接责任人员给予警告；情节严重的，对单位处1万元以上5万元以下的罚款，对直接负责的主管人员以及其他直接责任人员处1000元以上5000元以下的罚款；有违反治安管理行为的，依法给予治安管理处罚；构成犯罪的，依法追究刑事责任。

应当注意，《易制毒化学品管理条例》第42条和《易制毒化学品购销和运输管理办法》第37条对"拒不接受易制毒化学品监督检查"的法律责任作了相同规定，《易制毒化学品购销和运输管理办法》第37条对违法行为的界定更为明确，法律依据可以适用《易制毒化学品管理条例》第42条，也可以适用《易制毒化学品购销和运输管理办法》第37条。

六十八、易制毒化学品购销和运输管理办法

679. 向无购买许可证、备案证明的单位、个人销售易制毒化学品

679.1 法律依据

《易制毒化学品购销和运输管理办法》第31条第1项。

679.2 违法情形

易制毒化学品销售单位违反易制毒化学品购销管理规定，向无购买许可证或者备案证明的单位或者个人销售易制毒化学品，尚不构成犯罪的，应当由公安机关给予行政处罚。

679.3 处罚标准

根据《易制毒化学品购销和运输管理办法》第31条第1项规定，向无购买许可证、备案证明的单位、个人销售易制毒化学品的，公安机关应当对销售单位处1万元以下罚款；有违法所得的，处3万元以下罚款，并对违法所得依法予以追缴；构成犯罪的，依法追究刑事责任。

680. 超出购买许可、备案范围销售易制毒化学品

680.1 法律依据

《易制毒化学品购销和运输管理办法》第31条第2项。

680.2 违法情形

易制毒化学品销售单位违反易制毒化学品购销管理规定，超出购买许可证或者备案证明的品种、数量销售易制毒化学品，尚不构成犯罪的，应当由公安机关给予行政处罚。

680.3 处罚标准

根据《易制毒化学品购销和运输管理

办法》第 31 条第 2 项规定，超出购买许可、备案范围销售易制毒化学品的，公安机关应当对销售单位处 1 万元以下罚款；有违法所得的，处 3 万元以下罚款，并对违法所得依法予以追缴；构成犯罪的，依法追究刑事责任。

六十九、麻醉药品和精神药品管理条例

681. 麻醉药品、精神药品流入非法渠道

681.1　法律依据

《麻醉药品和精神药品管理条例》第 82 条第 1 款。

681.2　违法情形

麻醉药品、精神药品的生产、经营和使用单位违反麻醉药品和精神药品管理规定，致使麻醉药品和精神药品流入非法渠道造成危害，尚不构成犯罪的，应当由公安机关给予行政处罚。

681.3　处罚标准

根据《麻醉药品和精神药品管理条例》第 82 条第 1 款规定，麻醉药品、精神药品流入非法渠道，构成犯罪的，依法追究刑事责任；尚不构成犯罪的，由县级以上公安机关处 5 万元以上 10 万元以下的罚款；有违法所得的，没收违法所得；情节严重的，处违法所得 2 倍以上 5 倍以下的罚款；由原发证部门吊销其药品生产、经营和使用许可证明文件。

第八节　违反移民和出入境管理秩序行为的法律依据、违法情形和处罚标准

七十、中华人民共和国出境入境管理法

682. 持用伪造、变造、骗取的证件出境、入境

682.1　法律依据

《中华人民共和国出境入境管理法》第 71 条第 1 项。

682.2　违法情形

行为人持用伪造、变造、骗取的出境入境证件出境入境，尚不构成犯罪的，应当由移民和出入境管理部门给予行政处罚。

应当注意，中国公民持用伪造、变造的护照、出入境通行证出境、入境的，按照《中华人民共和国出境入境管理法》执行，法律依据适用第 71 条第 1 项，不援引《中华人民共和国护照法》第 19 条、《中华人民共和国普通护照和出入境通行证签发管理办法》第 29 条。

对伪造、变造、骗取或者被证件签发机关宣布作废的证件按照第 67 条第 2 款、第 3 款的规定予以注销或者收缴。

682.3　处罚标准

根据《中华人民共和国出境入境管理法》第 71 条第 1 项规定，持用伪造、变造、骗取的证件出境、入境的，处 1000 元以上 5000 元以下罚款；情节严重的，处 5 日以上 10 日以下拘留，可以并处 2000 元以上 1 万元以下罚款。构成犯罪的，依法追

究刑事责任。

683. 冒用证件出境、入境

683.1 法律依据

《中华人民共和国出境入境管理法》第71条第2项。

683.2 违法情形

行为人冒用他人出境入境证件出境入境，尚不构成犯罪的，应当由移民和出入境管理部门给予行政处罚。

应当注意，中国公民冒用护照、出入境通行证出境、入境的，按照《中华人民共和国出境入境管理法》执行，法律依据适用第71条第2项，不援引《中华人民共和国护照法》第19条、《中华人民共和国普通护照和出入境通行证签发管理办法》第29条。

对冒用的证件按照第67条第3款的规定予以注销或者收缴。

683.3 处罚标准

根据《中华人民共和国出境入境管理法》第71条第2项规定，冒用证件出境、入境的，处1000元以上5000元以下罚款；情节严重的，处5日以上10日以下拘留，可以并处2000元以上1万元以下罚款。构成犯罪的，依法追究刑事责任。

684. 逃避边防检查

684.1 法律依据

《中华人民共和国出境入境管理法》第71条第3项。

684.2 违法情形

行为人逃避出境入境边防检查，尚不构成犯罪的，应当由移民和出入境管理部门给予行政处罚。

684.3 处罚标准

根据《中华人民共和国出境入境管理法》第71条第3项规定，逃避边防检查的，处1000元以上5000元以下罚款；情节严重的，处5日以上10日以下拘留，可以并处2000元以上1万元以下罚款。构成犯罪的，依法追究刑事责任。

685. 以其他方式非法出境、入境

685.1 法律依据

《中华人民共和国出境入境管理法》第71条第4项。

685.2 违法情形

行为人除采取《中华人民共和国出境入境管理法》第71条第1项、第2项、第3项以外的其他方式非法出境入境，尚不构成犯罪的，应当由移民和出入境管理部门给予行政处罚。

685.3 处罚标准

根据《中华人民共和国出境入境管理法》第71条第4项规定，以其他方式非法出境、入境的，处1000元以上5000元以下罚款；情节严重的，处5日以上10日以下拘留，可以并处2000元以上1万元以下罚款。构成犯罪的，依法追究刑事责任。

686. 协助非法出境、入境

686.1 法律依据

《中华人民共和国出境入境管理法》第72条。

686.2 违法情形

单位或者个人协助他人非法出境入境，尚不构成犯罪的，应当由移民和出入境管理部门给予行政处罚。

686.3 处罚标准

根据《中华人民共和国出境入境管理法》第72条规定，个人协助他人非法出境入境的，处2000元以上1万元以下罚款；情节严重的，处10日以上15日以下拘留，并处5000元以上2万元以下罚款，有违法所得的，没收违法所得。单位协助他人非法出境入境的，处1万元以上5万元以下罚款，有违法所得的，没收违法所得，并对其直接负责的主管人员和其他直接责任人员依照前款规定予以处罚。构成犯罪的，依法追究刑事责任。

687. 骗取签证、停留居留证件等出境入境证件

687.1　法律依据

《中华人民共和国出境入境管理法》第73条。

687.2　违法情形

单位或者个人弄虚作假骗取签证、停留居留证件等出境入境证件，尚不构成犯罪的，应当由移民和出入境管理部门给予行政处罚。

这里的“出境入境证件”，是指除中国护照之外的出境入境证件。对骗取签证、停留居留证件或者其他出境入境证件的，违法行为名称相应表述为“骗取签证”、“骗取停留居留证件”或者“骗取其他出境入境证件”。

骗取护照的，违法行为名称和法律适用规范按照公安部发布的《违反公安行政管理行为的名称及其适用意见》第721条的规定执行。

687.3　处罚标准

根据《中华人民共和国出境入境管理法》第73条规定，个人骗取签证、停留居留证件等出境入境证件的，处2000元以上5000元以下罚款；情节严重的，处10日以上15日以下拘留，并处5000元以上2万元以下罚款。单位骗取签证、停留居留证件等出境入境证件的，处1万元以上5万元以下罚款，并对其直接负责的主管人员和其他直接责任人员依照前款规定予以处罚。构成犯罪的，应当依照刑法关于骗取出境证件罪追究刑事责任。

688. 违反规定为外国人出具申请材料

688.1　法律依据

《中华人民共和国出境入境管理法》第74条。

688.2　违法情形

单位或者个人违反《出境入境管理法》规定，为外国人出具邀请函件或者其他申请材料，尚不构成犯罪的，应当由移民和出入境管理部门给予行政处罚。

688.3　处罚标准

根据《中华人民共和国出境入境管理法》第74条规定，个人违反规定为外国人出具申请材料的，处5000元以上1万元以下罚款，有违法所得的，没收违法所得，并责令其承担所邀请外国人的出境费用。单位有前款行为的，处1万元以上5万元以下罚款，有违法所得的，没收违法所得，并责令其承担所邀请外国人的出境费用，对其直接负责的主管人员和其他直接责任人员依照前款规定予以处罚。构成犯罪的，依法追究刑事责任。

689. （中国公民）出境后非法前往其他国家或者地区被遣返

689.1　法律依据

《中华人民共和国出境入境管理法》第75条。

689.2　违法情形

中国公民出境后非法前往其他国家或者地区被遣返，尚不构成犯罪的，应当由移民和出入境管理部门给予行政处罚。

689.3 处罚标准

根据《中华人民共和国出境入境管理法》第75条规定，中国公民出境后非法前往其他国家或者地区被遣返的，出入境边防检查机关应当收缴其出境入境证件，出境入境证件签发机关自其被遣返之日起6个月至3年以内不予签发出境入境证件。构成犯罪的，依法追究刑事责任。

690. 拒不接受查验出境入境证件

690.1 法律依据

《中华人民共和国出境入境管理法》第76条第1款第1项。

690.2 违法情形

中国公安机关在依法查验外国人出境入境证件时，外国人拒不接受查验的，应当由移民和出入境管理部门给予行政处罚。

690.3 处罚标准

根据《中华人民共和国出境入境管理法》第76条第1款第1项规定，拒不接受查验出境入境证件的，给予警告，可以并处2000元以下罚款。

691. 拒不交验居留证件

691.1 法律依据

《中华人民共和国出境入境管理法》第76条第1款第2项。

691.2 违法情形

中国公安机关在依法查验外国人居留证件时，外国人拒不交验的，应当由移民和出入境管理部门给予行政处罚。

691.3 处罚标准

根据《中华人民共和国出境入境管理法》第76条第1款第2项规定，拒不交验居留证件的，给予警告，可以并处2000元以下罚款。

692. 未按规定办理出生登记

692.1 法律依据

《中华人民共和国出境入境管理法》第76条第1款第3项。

692.2 违法情形

在中国境内出生的外国婴儿，未按规定办理出生登记的，应当由移民和出入境管理部门给予行政处罚。

《中华人民共和国出境入境管理法》第40条第1款规定，在中国境内出生的外国婴儿，其父母或者代理人应当在婴儿出生60日内，持该婴儿的出生证明到父母停留居留地县级以上地方人民政府公安机关出入境管理机构为其办理停留或者居留登记。

692.3 处罚标准

根据《中华人民共和国出境入境管理法》第76条第1款第3项规定，未按规定办理出生登记的，给予警告，可以并处2000元以下罚款。

693. 未按规定办理死亡申报

693.1 法律依据

《中华人民共和国出境入境管理法》第76条第1款第3项。

693.2 违法情形

外国人在中国境内死亡的，其家属、监护人或者代理人未按规定办理死亡申报的，应当由移民和出入境管理部门给予行政处罚。

《中华人民共和国出境入境管理法》第40条第2款规定，外国人在中国境内死亡的，其家属、监护人或者代理人，应当按照规定，持该外国人的死亡证明向县级以上地方人民政府公安机关出入境管理机构申报，注销外国人停留居留证件。

693.3 处罚标准

根据《中华人民共和国出境入境管理法》第76条第1款第3项规定，未按规定办理死亡申报的，给予警告，可以并处2000元以下罚款。

694. 未按规定办理居留证件登记事项变更

694.1 法律依据

《中华人民共和国出境入境管理法》第76条第1款第4项。

694.2 违法情形

外国人居留证件登记事项发生变更，持证件人未按规定办理居留证件登记事项变更的，应当由移民和出入境管理部门给予行政处罚。

《中华人民共和国出境入境管理法》第33条规定，外国人居留证件的登记项目包括：持有人姓名、性别、出生日期、居留事由、居留期限，签发日期、地点，护照或者其他国际旅行证件号码等。外国人居留证件登记事项发生变更的，持证件人应当自登记事项发生变更之日起10日内向居留地县级以上地方人民政府公安机关出入境管理机构申请办理变更。

694.3 处罚标准

根据《中华人民共和国出境入境管理法》第76条第1款第4项规定，未按规定办理居留证件登记事项变更的，给予警告，可以并处2000元以下罚款。

695. 外国人冒用他人出境入境证件

695.1 法律依据

《中华人民共和国出境入境管理法》第76条第1款第5项。

695.2 违法情形

在中国境内的外国人冒用他人出境入境证件的，应当由移民和出入境管理部门给予行政处罚。

695.3 处罚标准

根据《中华人民共和国出境入境管理法》第76条第1款第5项规定，外国人冒用他人出境入境证件的，给予警告，可以并处2000元以下罚款。

696. 违反外国人住宿登记规定

696.1 法律依据

《中华人民共和国出境入境管理法》第39条第2款、第76条第1款第6项。

696.2 违法情形

外国人在旅馆以外的其他住所居住或者住宿，未按规定在入住后24小时内由本人或者留宿人向居住地的公安机关办理登记的，应当由移民和出入境管理部门给予行政处罚。

696.3 处罚标准

根据《中华人民共和国出境入境管理法》第39条第2款、第76条第1款第6项规定，违反外国人住宿登记规定的，给予警告，可以并处2000元以下罚款。

697. 未按规定报送外国人住宿登记信息

697.1 法律依据

《中华人民共和国出境入境管理法》第76条第2款。

697.2 违法情形

旅馆未按照规定向公安机关报送外国人住宿登记信息的，应当由移民和出入境管理部门给予行政处罚。

《中华人民共和国出境入境管理法》第39条第1款规定，外国人在中国境内旅馆住宿的，旅馆应当按照旅馆业治安管理的有关规定为其办理住宿登记，并向所在地公安机关报送外国人住宿登记信息。

697.3 处罚标准

根据《中华人民共和国出境入境管理法》第76条第2款规定，未按规定报送外国人住宿登记信息的，给予警告；情节严重的，处1000元以上5000元以下罚款。

698. 擅自进入限制区域

698.1 法律依据

《中华人民共和国出境入境管理法》第77条第1款。

698.2 违法情形

外国人未经批准，擅自进入限制外国人进入的区域的，应当由移民和出入境管理部门给予行政处罚。

《中华人民共和国出境入境管理法》第44条第2款规定，未经批准，外国人不得进入限制外国人进入的区域。

698.3 处罚标准

根据《中华人民共和国出境入境管理法》第77条第1款规定，擅自进入限制区域的，责令立即离开；情节严重的，处5日以上10日以下拘留。对外国人非法获取的文字记录、音像资料、电子数据和其他物品，予以收缴或者销毁，所用工具予以收缴。

699. 拒不执行限期迁离决定

699.1 法律依据

《中华人民共和国出境入境管理法》第77条第2款。

699.2 违法情形

外国人、外国机构违反出境入境管理法规定，拒不执行公安机关、国家安全机关限期迁离决定的，应当由移民和出入境管理部门给予行政处罚。

《中华人民共和国出境入境管理法》第44条第1款规定，根据维护国家安全、公共安全的需要，公安机关、国家安全机关可以限制外国人、外国机构在某些地区设立居住或者办公场所；对已经设立的，可以限期迁离。

699.3 处罚标准

根据《中华人民共和国出境入境管理法》第77条第2款规定，拒不执行限期迁离决定的，给予警告并强制迁离；情节严重的，对有关责任人员处5日以上15日以下拘留。

700. 非法居留

700.1 法律依据

《中华人民共和国出境入境管理法》第78条第1款。

700.2 违法情形

外国人入境后，违反居留管理规定而非法居留的，应当由移民和出入境管理部门给予行政处罚。

外国人在中国境内有下列情形之一的，属于非法居留：（1）超过签证、停留居留证件规定的停留居留期限停留居留的；（2）免办签证入境的外国人超过免签期限停留且未办理停留居留证件的；（3）外国人超出限定的停留居留区域活动的；（4）其他非法居留的情形。

700.3 处罚标准

根据《中华人民共和国出境入境管理法》第78条第1款规定，外国人非法居留的，给予警告；情节严重的，处每非法居留1日500元，总额不超过1万元的罚款或者5日以上15日以下拘留。

701. 未尽监护义务致使未满16周岁的外国人非法居留

701.1 法律依据

《中华人民共和国出境入境管理法》第78条第2款。

701.2　违法情形

因监护人或者其他负有监护责任的人未尽到监护义务，致使未满16周岁的外国人非法居留的，应当由移民和出入境管理部门给予行政处罚。

701.3　处罚标准

根据《中华人民共和国出境入境管理法》第78条第2款规定，未尽监护义务致使未满16周岁的外国人非法居留的，对监护人或者其他负有监护责任的人给予警告，可以并处1000元以下罚款。

702. 容留、藏匿非法入境、非法居留的外国人

702.1　法律依据

《中华人民共和国出境入境管理法》第79条。

702.2　违法情形

单位或者个人容留、藏匿非法入境、非法居留的外国人的，应当由移民和出入境管理部门给予行政处罚。

702.3　处罚标准

根据《中华人民共和国出境入境管理法》第79条规定，个人容留、藏匿非法入境、非法居留的外国人的，处2000元以上1万元以下罚款；情节严重的，处5日以上15日以下拘留，并处5000元以上2万元以下罚款，有违法所得的，没收违法所得。单位有前款行为的，处1万元以上5万元以下罚款，有违法所得的，没收违法所得，并对其直接负责的主管人员和其他直接责任人员依照前款规定予以处罚。

703. 协助非法入境、非法居留的外国人逃避检查

703.1　法律依据

《中华人民共和国出境入境管理法》第79条。

703.2　违法情形

协助非法入境、非法居留的外国人逃避检查的，应当由移民和出入境管理部门给予行政处罚。

703.3　处罚标准

根据《中华人民共和国出境入境管理法》第79条规定，个人协助非法入境、非法居留的外国人逃避检查的，处2000元以上1万元以下罚款；情节严重的，处5日以上15日以下拘留，并处5000元以上2万元以下罚款，有违法所得的，没收违法所得。单位有前款行为的，处1万元以上5万元以下罚款，有违法所得的，没收违法所得，并对其直接负责的主管人员和其他直接责任人员依照前款规定予以处罚。

704. 为非法居留的外国人违法提供出境入境证件

704.1　法律依据

《中华人民共和国出境入境管理法》第79条。

704.2　违法情形

单位或者为非法居留的外国人违法提供出境入境证件的，应当由移民和出入境管理部门给予行政处罚。

704.3　处罚标准

根据《中华人民共和国出境入境管理法》第79条规定，个人为非法居留的外国人违法提供出境入境证件的，处2000元以上1万元以下罚款；情节严重的，处5日以上15日以下拘留，并处5000元以上2万元以下罚款，有违法所得的，没收违法所得。单位有前款行为的，处1万元以上5万元以下罚款，有违法所得的，没收违法所得，并对其直接负责的主管人员和其他直接责任

任人员依照前款规定予以处罚。

705. 非法就业

705.1 法律依据

《中华人民共和国出境入境管理法》第80条第1款。

705.2 违法情形

外国人违反在中国境内工作规定，非法就业的，应当由移民和出入境管理部门给予行政处罚。

《中华人民共和国出境入境管理法》第43条规定，外国人有下列行为之一的，属于非法就业：（1）未按照规定取得工作许可和工作类居留证件在中国境内工作的；（2）超出工作许可限定范围在中国境内工作的；（3）外国留学生违反勤工助学管理规定，超出规定的岗位范围或者时限在中国境内工作的。

705.3 处罚标准

根据《中华人民共和国出境入境管理法》第80条第1款规定，外国人非法就业的，处5000元以上2万元以下罚款；情节严重的，处5日以上15日以下拘留，并处5000元以上2万元以下罚款。

706. 介绍外国人非法就业

706.1 法律依据

《中华人民共和国出境入境管理法》第80条第2款。

706.2 违法情形

单位和个人介绍没有就业资格的外国人非法就业的，应当由移民和出入境管理部门给予行政处罚。

706.3 处罚标准

根据《中华人民共和国出境入境管理法》第80条第2款规定，介绍外国人非法就业的，对个人处每非法介绍一人5000元，总额不超过5万元的罚款；对单位处每非法介绍一人5000元，总额不超过10万元的罚款；有违法所得的，没收违法所得。

707. 非法聘用外国人

707.1 法律依据

《中华人民共和国出境入境管理法》第80条第3款。

707.2 违法情形

单位和个人违反《出境入境管理法》规定，非法聘用未取得工作许可和工作类居留证件的外国人的，应当由移民和出入境管理部门给予行政处罚。

《中华人民共和国出境入境管理法》第41条第1款规定，外国人在中国境内工作，应当按照规定取得工作许可和工作类居留证件。任何单位和个人不得聘用未取得工作许可和工作类居留证件的外国人。

707.3 处罚标准

根据《中华人民共和国出境入境管理法》第80条第3款规定，非法聘用外国人的，处每非法聘用一人1万元，总额不超过10万元的罚款；有违法所得的，没收违法所得。

708. 从事与停留居留事由不相符的活动

708.1 法律依据

《中华人民共和国出境入境管理法》第81条第1款。

708.2 违法情形

外国人在中国境内停留居留期间，从事与停留居留事由不相符的活动的，应当由移民和出入境管理部门给予行政处罚。

《中华人民共和国出境入境管理法》第37条规定，外国人在中国境内停留居留，不得从事与停留居留事由不相符的活动，并应当在规定的停留居留期限届满前离境。

708.3 处罚标准

根据《中华人民共和国出境入境管理法》第81条规定，外国人从事与停留居留事由不相符的活动的，可以处限期出境。情节严重，尚不构成犯罪的，公安部可以处驱逐出境。被驱逐出境的外国人，自被驱逐出境之日起10年内不准入境。

709. 扰乱口岸限定区域管理秩序

709.1 法律依据

《中华人民共和国出境入境管理法》第82条第1款第1项、第2款。

709.2 违法情形

行为人扰乱口岸限定区域管理秩序的，应当由移民和出入境管理部门给予行政处罚。

具有下列情形之一的，应当认定为“扰乱口岸限定区域管理秩序”：（1）未经出入境边防检查机关批准进入口岸限定区域的；（2）协助他人未经批准进入口岸限定区域的；（3）不按规定候检或者经劝告后仍长时间滞留口岸限定区域，影响出境入境边防检查的；（4）未经批准在候检区域拍照、摄像，不听劝阻，影响出境入境边防检查的；（5）其他扰乱口岸限定区域管理秩序的行为。

709.3 处罚标准

根据《中华人民共和国出境入境管理法》第82条第1款第1项、第2款规定，扰乱口岸限定区域管理秩序的，给予警告，可以并处2000元以下罚款。情节严重的，可以并处5日以上10日以下拘留。

710. 未办理临时入境手续登陆

710.1 法律依据

《中华人民共和国出境入境管理法》第82条第1款第2项。

710.2 违法情形

外国船员及其随行家属未办理临时入境手续登陆的，应当由移民和出入境管理部门给予行政处罚。

710.3 处罚标准

根据《中华人民共和国出境入境管理法》第82条第1款第2项规定，外国船员及其随行家属未办理临时入境手续登陆的，给予警告，可以并处2000元以下罚款。

711. 未办理登轮证件上下外国船舶

711.1 法律依据

《中华人民共和国出境入境管理法》第82条第1款第3项。

711.2 违法情形

行为人未办理登轮证件上下外国船舶的，应当由移民和出入境管理部门给予行政处罚。

711.3 处罚标准

根据《中华人民共和国出境入境管理法》第82条第1款第3项规定，未办理登轮证件上下外国船舶的，给予警告，可以并处2000元以下罚款。

712. 交通运输工具擅自出境、入境

712.1 法律依据

《中华人民共和国出境入境管理法》第83条第1款第1项。

712.2 违法情形

交通运输工具未经查验准许擅自出境入境的，应当由移民和出入境管理部门给予行政处罚。

712.3 处罚标准

根据《中华人民共和国出境入境管理法》第83条第1款第1项规定，交通运输工具擅自出境、入境的，对其负责人处

5000元以上5万元以下罚款。

713. 交通运输工具擅自改变出境、入境口岸

713.1 法律依据

《中华人民共和国出境入境管理法》第83条第1款第1项。

713.2 违法情形

交通运输工具未经批准擅自改变出境入境口岸的，应当由移民和出入境管理部门给予行政处罚。

713.3 处罚标准

根据《中华人民共和国出境入境管理法》第83条第1款第1项规定，交通运输工具擅自改变出境、入境口岸的，对其负责人处5000元以上5万元以下罚款。

714. 交通运输工具未按规定申报

714.1 法律依据

《中华人民共和国出境入境管理法》第83条第1款第2项。

714.2 违法情形

交通运输工具未按照规定如实申报员工、旅客、货物或者物品等信息的，应当由移民和出入境管理部门给予行政处罚。

714.3 处罚标准

根据《中华人民共和国出境入境管理法》第83条第1款第2项规定，交通运输工具未按规定申报的，对其负责人处5000元以上5万元以下罚款。

715. 交通运输工具拒绝协助边防检查

715.1 法律依据

《中华人民共和国出境入境管理法》第83条第1款第2项。

715.2 违法情形

交通运输工具拒绝协助出境入境边防检查的，应当由移民和出入境管理部门给予行政处罚。

715.3 处罚标准

根据《中华人民共和国出境入境管理法》第83条第1款第2项规定，交通运输工具拒绝协助边防检查的，对其负责人处5000元以上5万元以下罚款。

716. 交通运输工具违反规定上下人员、装卸货物或者物品

716.1 法律依据

《中华人民共和国出境入境管理法》第83条第1款第3项。

716.2 违法情形

交通运输工具违反出境入境边防检查规定上下人员、装卸货物或者物品的，应当由移民和出入境管理部门给予行政处罚。

716.3 处罚标准

根据《中华人民共和国出境入境管理法》第83条第1款第3项规定，交通运输工具违反规定上下人员、装卸货物或者物品的，对其负责人处5000元以上5万元以下罚款。

717. 交通运输工具载运不准出境入境人员出境、入境

717.1 法律依据

《中华人民共和国出境入境管理法》第83条第2款。

717.2 违法情形

出境入境交通运输工具载运不准出境入境人员出境入境的，应当由移民和出入境管理部门给予行政处罚。

717.3 处罚标准

根据《中华人民共和国出境入境管理法》第83条第2款规定，出境入境交通运输工具载运不准出境入境人员出境入境的，处每载运一人5000元以上1万元以下罚款。

交通运输工具负责人证明其已经采取合理预防措施的，可以减轻或者免予处罚。

718.（中国或者外国船舶）未经批准擅自搭靠外国船舶

718.1　法律依据

《中华人民共和国出境入境管理法》第84条第1项。

718.2　违法情形

中国或者外国船舶未经批准擅自搭靠外国船舶的，应当由移民和出入境管理部门给予行政处罚。

718.3　处罚标准

根据《中华人民共和国出境入境管理法》第84条第1项规定，未经批准擅自搭靠外国船舶的，对其负责人处2000元以上2万元以下罚款。

719.（外国船舶、航空器）未按规定路线、航线行驶

719.1　法律依据

《中华人民共和国出境入境管理法》第84条第2项。

719.2　违法情形

外国船舶、航空器在中国境内未按照规定的路线、航线行驶的，应当由移民和出入境管理部门给予行政处罚。

719.3　处罚标准

根据《中华人民共和国出境入境管理法》第84条第2项规定，外国船舶、航空器在中国境内未按规定路线、航线行驶的，对其负责人处2000元以上2万元以下罚款。

720.（出境入境的船舶、航空器）违反规定驶入对外开放口岸以外地区

720.1　法律依据

《中华人民共和国出境入境管理法》第84条第3项。

720.2　违法情形

出境入境的船舶、航空器违反规定驶入对外开放口岸以外地区的，应当由移民和出入境管理部门给予行政处罚。

720.3　处罚标准

根据《中华人民共和国出境入境管理法》第84条第3项规定，出境入境的船舶、航空器违反规定驶入对外开放口岸以外地区的，对其负责人处2000元以上2万元以下罚款。

七十一、中华人民共和国护照法、中华人民共和国普通护照和出入境通行证签发管理办法

721. 骗取护照

721.1　法律依据

《中华人民共和国护照法》第17条。

721.2　违法情形

行为人虚构事实或者隐瞒真相骗取护照，尚不构成犯罪的，应当由移民和出入境管理部门给予行政处罚。

721.3　处罚标准

根据《中华人民共和国护照法》第17条规定，弄虚作假骗取护照的，由护照签发机关收缴护照或者宣布护照作废；由公安机关处2000元以上5000元以下罚款；构成犯罪的，依法追究刑事责任。

722. 提供伪造、变造的护照、出入境通行证

722.1　法律依据

《中华人民共和国护照法》第18条、《中华人民共和国普通护照和出入境通行证签发管理办法》第29条。

722.2　违法情形

行为人为他人提供伪造、变造的护照、

出入境通行证，尚不构成犯罪的，应当由移民和出入境管理部门给予行政处罚。

722.3 处罚标准

根据《中华人民共和国护照法》第18条、《中华人民共和国普通护照和出入境通行证签发管理办法》第29条规定，提供伪造、变造的护照、出入境通行证的，由公安机关没收违法所得，处10日以上15日以下拘留，并处2000元以上5000元以下罚款；非法护照、出入境通行证及其印制设备由公安机关收缴。

应当注意，对提供伪造、变造的护照的，违法行为名称表述为“提供伪造、变造的护照”，法律依据适用《中华人民共和国护照法》第18条。对提供伪造、变造的出入境通行证的，违法行为名称表述为“提供伪造、变造的出入境通行证”，法律依据适用《中华人民共和国护照法》第18条和《中华人民共和国普通护照和出入境通行证签发管理办法》第29条。

723. 出售护照、出入境通行证

723.1 法律依据

《中华人民共和国护照法》第18条、《中华人民共和国普通护照和出入境通行证签发管理办法》第29条。

723.2 违法情形

行为人以营利为目的，出售护照、出入境通行证，尚不构成犯罪的，应当由移民和出入境管理部门给予行政处罚。

723.3 处罚标准

根据《中华人民共和国护照法》第18条、《中华人民共和国普通护照和出入境通行证签发管理办法》第29条规定，出售护照、出入境通行证的，由公安机关没收违法所得，处10日以上15日以下拘留，并处2000元以上5000元以下罚款；非法护照、出入境通行证及其印制设备由公安机关收缴。

七十二、中华人民共和国出境入境边防检查条例

724 未经批准携带、托运枪支、弹药出境、入境

724.1 法律依据

《中华人民共和国出境入境边防检查条例》第34条。

724.2 违法情形

未经批准，行为人在出境、入境的时候携带或者托运枪支、弹药的，应当由移民和出入境管理部门给予行政处罚。

724.3 处罚标准

根据《中华人民共和国出境入境边防检查条例》第34条规定，未经批准携带或者托运枪支、弹药出境、入境的，没收其枪支、弹药，并处以1000元以上5000元以下的罚款。

725. 未经批准登陆

725.1 法律依据

《中华人民共和国出境入境边防检查条例》第35条第3项。

725.2 违法情形

港澳台船员及其随行家属，未经批准登陆的，应当由移民和出入境管理部门给予行政处罚。

725.3 处罚标准

根据《中华人民共和国出境入境边防检查条例》第35条第3项规定，未经批准登陆的，处以警告或者500元以下罚款。

应当注意，《关于进一步放宽境外船员登陆住宿限制等有关问题的通知》（公境

〔2005〕770号）已取消《船员住宿证》。

对港澳台船员及其随行家属，有未经批准登陆的违法行为，违法行为名称仍表述为“未经批准登陆”，法律依据适用《中华人民共和国出境入境边防检查条例》第35条第3项。

对外国船员及其随行家属未经批准登陆的，违法行为名称表述为“未办理临时入境手续登陆”，法律依据适用《中华人民共和国出境入境管理法》第82条第1款第2项。

726. 未按规定登陆

726.1　法律依据

《中华人民共和国出境入境边防检查条例》第35条第3项。

726.2　违法情形

港澳台船员及其随行家属，经批准登陆后没有在规定的时间返回船舶的，应当由移民和出入境管理部门给予行政处罚。

726.3　处罚标准

根据《中华人民共和国出境入境边防检查条例》第35条第3项规定，未按规定登陆的，处以警告或者500元以下罚款。

应当注意，对港澳台船员及其随行家属，经批准登陆后没有在规定的时间返回船舶的，违法行为名称表述为“未按规定登陆”，法律依据适用《中华人民共和国出境入境边防检查条例》第35条第3项。

对外国船员及其随行家属办理临时入境手续后，超过临时入境许可的期限在中国境内停留居留的，违法行为名称表述为“非法居留”，法律依据适用《中华人民共和国出境入境管理法》第78条第1款。

727. 交通运输工具驶入对外开放口岸以外地区未按规定报告、驶离

727.1　法律依据

《中华人民共和国出境入境边防检查条例》第39条。

727.2　违法情形

出境、入境的船舶、航空器，由于不可预见的紧急情况或者不可抗拒的原因，驶入对外开放口岸以外地区，没有正当理由不向附近边防检查站或者当地公安机关报告的；或者在驶入原因消失后，没有按照通知的时间和路线离去的，应当由移民和出入境管理部门给予行政处罚。

727.3　处罚标准

根据《中华人民共和国出境入境边防检查条例》第39条规定，交通运输工具驶入对外开放口岸以外地区未按规定报告、驶离的，对其负责人处以1万元以下的罚款。

七十三、中国公民往来台湾地区管理办法

728. 伪造、涂改、转让、倒卖旅行证件

728.1　法律依据

《中国公民往来台湾地区管理办法》第31条。

728.2　违法情形

制造虚假旅行证件、涂改真实旅行证件、将旅行证件转让他人或者买卖旅行证件的，应当由移民和出入境管理部门给予行政处罚。

728.3　处罚标准

根据《中国公民往来台湾地区管理办法》第31条规定，伪造、涂改、转让、倒

卖旅行证件的，除依照《中华人民共和国公民出境入境管理法实施细则》第 24 条的规定处罚外，可以单处或者并处 500 元以上、3000 元以下的罚款。

729. 非法获取往来台湾旅行证件

729.1 法律依据

《中国公民往来台湾地区管理办法》第 32 条。

729.2 违法情形

行为人以行贿等手段获取往来台湾旅行证件的，应当由移民和出入境管理部门给予行政处罚。

729.3 处罚标准

根据《中国公民往来台湾地区管理办法》第 32 条规定，除依照《中华人民共和国公民出境入境管理法实施细则》第 25 条的规定处罚外，可以单处或者并处 100 元以上、500 元以下的罚款。有前款情形的，在处罚执行完毕 6 个月以内不受理其出境、入境申请。

应当注意，非法获取往来台湾旅行证件，是指以行贿等手段获取往来台湾旅行证件的行为。对《中国公民往来台湾地区管理办法》第 32 条规定的通过编造情况，提供假证明的方式获取往来台湾旅行证件的，违法行为名称和法律适用规范按照公安部发布的《违反公安行政管理行为的名称及其适用意见》第 687 条的规定执行。

730. 协助骗取往来台湾旅行证件

730.1 法律依据

《中国公民往来台湾地区管理办法》第 33 条。

730.2 违法情形

机关、团体、企业、事业单位编造情况、出具假证明为申请人获取往来台湾旅行证件的，应当由移民和出入境管理部门给予行政处罚。

730.3 处罚标准

根据《中国公民往来台湾地区管理办法》第 33 条规定，协助骗取往来台湾旅行证件的，暂停其出证权的行使；情节严重的，取消其出证资格；对直接责任人员，除依照《中华人民共和国公民出境入境管理法实施细则》第 25 条的规定处罚外，可以单处或者并处 500 元以上、1000 元以下的罚款。

731. 台湾居民未按规定办理暂住登记

731.1 法律依据

《中国公民往来台湾地区管理办法》第 16 条和第 34 条。

731.2 违法情形

台湾居民来大陆，未按规定办理暂住登记的，应当由移民和出入境管理部门给予行政处罚。

《中国公民往来台湾地区管理办法》第 16 条规定，台湾居民来大陆，应当按照户口管理规定，办理暂住登记。在宾馆、饭店、招待所、旅店、学校等企业、事业单位或者机关、团体和其他机构内住宿的，应当填写临时住宿登记表；住在亲友家的，由本人或者亲友在 24 小时（农村 72 小时）内到当地公安派出所或者户籍办公室办理暂住登记手续。

731.3 处罚标准

根据《中国公民往来台湾地区管理办法》第 16 条和第 34 条规定，台湾居民未按规定办理暂住登记的，处以警告或者 100 元以上、500 元以下的罚款。

732. 台湾居民非法居留

732.1 法律依据

《中国公民往来台湾地区管理办法》第

18 条和第 35 条。

732.2　违法情形

台湾居民来大陆后，逾期非法居留的，应当由移民和出入境管理部门给予行政处罚。

《中国公民往来台湾地区管理办法》第 18 条规定，台湾居民来大陆后，应当在所持旅行证件有效期之内按期离境。所持证件有效期即将届满需要继续居留的，应当向市、县公安局申请换发。

732.3　处罚标准

根据《中国公民往来台湾地区管理办法》第 18 条和第 35 条规定，台湾居民非法居留的，处以警告，可以单处或者并处每逾期 1 日 100 元的罚款。

七十四、中国公民因私事往来香港地区或者澳门地区的暂行管理办法

733. 伪造、涂改、转让往来港澳旅行证件

733.1　法律依据

《中国公民因私事往来香港地区或者澳门地区的暂行管理办法》第 27 条。

733.2　违法情形

伪造、涂改、转让前往港澳通行证，往来港澳通行证，港澳同胞回乡证，入出境通行证的，应当由移民和出入境管理部门给予行政处罚。

733.3　处罚标准

根据《中国公民因私事往来香港地区或者澳门地区的暂行管理办法》第 27 条规定，伪造、涂改、转让往来港澳旅行证件的，处 10 日以下拘留；情节严重、构成犯罪的，依照《中华人民共和国刑法》的有关条款的规定追究刑事责任。

734. 非法获取往来港澳旅行证件

734.1　法律依据

《中国公民因私事往来香港地区或者澳门地区的暂行管理办法》第 28 条。

734.2　违法情形

以行贿等手段，获取前往港澳通行证、往来港澳通行证、港澳同胞回乡证、入出境通行证，情节较轻的，应当由移民和出入境管理部门给予行政处罚。

734.3　处罚标准

根据《中国公民因私事往来香港地区或者澳门地区的暂行管理办法》第 28 条规定，非法获取往来港澳旅行证件，情节较轻的，处以警告或 5 日以下拘留；情节严重、构成犯罪的，依照《中华人民共和国刑法》的有关条款的规定追究刑事责任。

应当注意，非法获取往来港澳旅行证件，是指以行贿等手段获取往来港澳旅行证件的行为。对《中国公民因私事往来香港地区或者澳门地区的暂行管理办法》第 28 条规定的以“编造情况，提供假证明”的方式获取往来港澳旅行证件的，违法行为名称和法律适用规范按照公安部发布的《违反公安行政管理行为的名称及其适用意见》第 687 条的规定执行。

七十五、中国公民出国旅游管理办法

735. 因滞留不归被遣返回国

735.1　法律依据

《中国公民出国旅游管理办法》第 22 条和第 32 条第 2 款。

735.2　违法情形

中国公民出境旅游时，在境外滞留不归，被有关国家和地区遣返回国的，应当

由移民和出入境管理部门给予行政处罚。

《中国公民出国旅游管理办法》第22条规定，严禁旅游者在境外滞留不归。旅游者在境外滞留不归的，旅游团队领队应当及时向组团社和中国驻所在国家使领馆报告，组团社应当及时向公安机关和旅游行政部门报告。有关部门处理有关事项时，组团社有义务予以协助。

735.3 处罚标准

根据《中国公民出国旅游管理办法》第22条和第32条第2款规定，旅游者因滞留不归被遣返回国的，由公安机关吊销其护照。

七十六、出境入境航空器载运人员信息预报预检实施办法

736. 未按时限报送航空旅客订座记录

736.1 法律依据

《出境入境航空器载运人员信息预报预检实施办法》第4条、第8条第1款第1项和《中华人民共和国出境入境管理法》第83条第1款第2项。

736.2 违法情形

航空器负责人或者代理单位未按时限报送航空旅客订座记录的，应当由移民和出入境管理部门给予行政处罚。

《出境入境航空器载运人员信息预报预检实施办法》第4条规定，航空器负责人或者代理单位应当在航空器起飞前72小时、24小时、2小时、1小时和起飞后30分钟内分别报送旅客订座记录。旅客订座记录采用国际标准电子报文格式，内容包括旅客姓名、国籍、性别、出生日期、出境入境证件号码、出境入境证件有效期截止日期、航段、团体情况、联系地址、出票情况等。

736.3 处罚标准

根据《出境入境航空器载运人员信息预报预检实施办法》第8条第1款第1项规定，航空器负责人或者代理单位未按时限报送航空旅客订座记录的，按每漏报1次处5000元的标准罚款，对单个航班罚款总额不超过5万元。第8条第2款规定，航空器负责人或者代理单位未能按规定预报信息，有证据证明因网络故障等客观原因造成的，不予处罚；情节特别轻微的，可以不予处罚，但应当责令其改正。

根据《中华人民共和国出境入境管理法》第83条第1款第2项的规定，未按时限报送航空旅客订座记录的，对其负责人处5000元以上5万元以下罚款。

737. 未按时限报送航空登机人员信息

737.1 法律依据

《出境入境航空器载运人员信息预报预检实施办法》第5条、第8条第1款第2项和《中华人民共和国出境入境管理法》第83条第1款第2项。

737.2 违法情形

航空器负责人或者代理单位未按时限报送航空登机人员信息的，应当由移民和出入境管理部门给予行政处罚。

《出境入境航空器载运人员信息预报预检实施办法》第5条规定，航空器负责人或者代理单位应当在办理旅客值机手续时，逐一报送拟登机的旅客信息，并在飞机关闭舱门准备起飞前报送所有已登机旅客和机组人员信息。登机旅客和机组人员信息的内容包括：姓名、国籍、性别、出生日期、出境入境证件号码、出境入境证件有效期截止日期、人员类别。

737.3　处罚标准

根据《出境入境航空器载运人员信息预报预检实施办法》第8条第1款第2项规定，航空器负责人或者代理单位未按时限报送航空登机人员信息的，处1万元以上3万元以下罚款，对单个航班罚款总额不超过5万元。第8条第2款规定，航空器负责人或者代理单位未能按规定预报信息，有证据证明因网络故障等客观原因造成的，不予处罚；情节特别轻微的，可以不予处罚，但应当责令其改正。

根据《中华人民共和国出境入境管理法》第83条第1款第2项的规定，未按时限报送航空登机人员信息的，对其负责人处5000元以上5万元以下罚款。

738. 报送航空登机人员信息不准确

738.1　法律依据

《出境入境航空器载运人员信息预报预检实施办法》第5条、第8条第1款第3项和《中华人民共和国出境入境管理法》第83条第1款第2项。

738.2　违法情形

航空器负责人或者代理单位报送航空登机人员信息不准确的，应当由移民和出入境管理部门给予行政处罚。

《出境入境航空器载运人员信息预报预检实施办法》第5条规定，航空器负责人或者代理单位应当在办理旅客值机手续时，逐一报送拟登机的旅客信息，并在飞机关闭舱门准备起飞前报送所有已登机旅客和机组人员信息。登机旅客和机组人员信息的内容包括：姓名、国籍、性别、出生日期、出境入境证件号码、出境入境证件有效期截止日期、人员类别。

738.3　处罚标准

根据《出境入境航空器载运人员信息预报预检实施办法》第8条第1款第3项规定，航空器负责人或者代理单位报送登机人员信息不准确的，单个航班不准确数量不超过10人的，处1万元罚款；单个航班不准确数量超过10人的，每多错报1人，增处1000元罚款，对单个航班罚款总额不超过5万元。第8条第2款规定，航空器负责人或者代理单位未能按规定预报信息，有证据证明因网络故障等客观原因造成的，不予处罚；情节特别轻微的，可以不予处罚，但应当责令其改正。

根据《中华人民共和国出境入境管理法》第83条第1款第2项的规定，报送航空登机人员信息不准确的，对其负责人处5000元以上5万元以下罚款。

739. 漏报、多报航空登机人员信息

739.1　法律依据

《出境入境航空器载运人员信息预报预检实施办法》第5条、第8条第1款第4项和《中华人民共和国出境入境管理法》第83条第1款第2项。

739.2　违法情形

航空器负责人或者代理单位漏报、多报航空登机人员信息的，应当由移民和出入境管理部门给予行政处罚。

《出境入境航空器载运人员信息预报预检实施办法》第5条规定，航空器负责人或者代理单位应当在办理旅客值机手续时，逐一报送拟登机的旅客信息，并在飞机关闭舱门准备起飞前报送所有已登机旅客和机组人员信息。登机旅客和机组人员信息的内容包括：姓名、国籍、性别、出生日期、出境入境证件号码、出境入境证件有效期截止日期、人员类别。

739.3 处罚标准

根据《出境入境航空器载运人员信息预报预检实施办法》第8条第1款第4项规定，航空器负责人或者代理单位漏报或多报登机人员信息的，每漏报或多报1人处5000元罚款，对单个航班罚款总额不超过5万元。第8条第2款规定，航空器负责人或者代理单位未能按规定预报信息，有证据证明因网络故障等客观原因造成的，不予处罚；情节特别轻微的，可以不予处罚，但应当责令其改正。

根据《中华人民共和国出境入境管理法》第83条第1款第2项的规定，漏报或多报登机人员信息的，对其负责人处5000元以上5万元以下罚款。

740. 未报送航空登机人员信息

740.1 法律依据

《出境入境航空器载运人员信息预报预检实施办法》第5条、第8条第1款第5项和《中华人民共和国出境入境管理法》第83条第1款第2项。

740.2 违法情形

航空器负责人或者代理单位未报送航空登机人员信息的，应当由移民和出入境管理部门给予行政处罚。

《出境入境航空器载运人员信息预报预检实施办法》第5条规定，航空器负责人或者代理单位应当在办理旅客值机手续时，逐一报送拟登机的旅客信息，并在飞机关闭舱门准备起飞前报送所有已登机旅客和机组人员信息。登机旅客和机组人员信息的内容包括：姓名、国籍、性别、出生日期、出境入境证件号码、出境入境证件有效期截止日期、人员类别。

740.3 处罚标准

根据《出境入境航空器载运人员信息预报预检实施办法》第8条第1款第5项规定，航空器负责人或者代理单位未报送航空登机人员信息的，处5万元罚款，对单个航班罚款总额不超过5万元。第8条第2款规定，航空器负责人或者代理单位未能按规定预报信息，有证据证明因网络故障等客观原因造成的，不予处罚；情节特别轻微的，可以不予处罚，但应当责令其改正。

根据《中华人民共和国出境入境管理法》第83条第1款第2项的规定，未报送航空登机人员信息的，对其负责人处5000元以上5万元以下罚款。

741. 载运不准登机航空旅客

741.1 法律依据

《出境入境航空器载运人员信息预报预检实施办法》第6条第2款、第9条和《中华人民共和国出境入境管理法》第83条第2款。

741.2 违法情形

出境入境交通运输工具载运不准出境入境人员出境入境的，应当由移民和出入境管理部门给予行政处罚。

《出境入境航空器载运人员信息预报预检实施办法》第6条第2款规定，对于出入境边防检查机关反馈不准登机的旅客，航空器负责人或者代理单位应当不准其登机。

741.3 处罚标准

根据《出境入境航空器载运人员信息预报预检实施办法》第9条规定，违反本办法第6条第2款规定，对出入境边防检查机关反馈不准登机的旅客，航空器负责人或者代理单位仍允许其登机并载运其出境入境的，出入境边防检查机关根据《中华人民共和国出境入境管理法》第83条第2款的规定，处每载运1人1万元罚款。

根据《中华人民共和国出境入境管理法》第83条第2款规定，出境入境交通运输工具载运不准出境入境人员出境入境的，处每载运1人5000元以上1万元以下罚款。交通运输工具负责人证明其已经采取合理预防措施的，可以减轻或者免予处罚。

七十七、中华人民共和国边境管理区通行证管理办法

742. 持用伪造、涂改、过期、失效的边境管理区通行证

742.1　法律依据

《中华人民共和国边境管理区通行证管理办法》第24条。

742.2　违法情形

行为人持用伪造、涂改、过期、失效的《边境通行证》的，应当由移民和出入境管理部门给予行政处罚。

742.3　处罚标准

根据《中华人民共和国边境管理区通行证管理办法》第24条规定，持用伪造、涂改、过期、失效的边境管理区通行证的，除收缴其证件外，应当视情节给予警告或者处以100元以下罚款。

743. 冒用他人边境管理区通行证

743.1　法律依据

《中华人民共和国边境管理区通行证管理办法》第24条。

743.2　违法情形

行为人使用他人而非本人的《边境通行证》的，应当由移民和出入境管理部门给予行政处罚。

743.3　处罚标准

根据《中华人民共和国边境管理区通行证管理办法》第24条规定，除收缴其证件外，应当视情节给予警告或者处以100元以下罚款。

744. 伪造、涂改、盗窃、贩卖边境管理区通行证

744.1　法律依据

《中华人民共和国边境管理区通行证管理办法》第25条。

744.2　违法情形

行为人制造虚假的《边境通行证》、变造《边境通行证》、盗窃《边境通行证》、出售《边境通行证》的，尚不构成犯罪的，应当由移民和出入境管理部门给予行政处罚。

744.3　处罚标准

根据《中华人民共和国边境管理区通行证管理办法》第25条规定，对伪造、涂改、盗窃、贩卖《边境通行证》的，除收缴其证件外，处1000元以下罚款；情节严重构成犯罪的，依法追究刑事责任。

七十八、台湾渔船停泊点边防治安管理办法

745. 未在指定停泊点登、离台湾渔船

745.1　法律依据

《台湾渔船停泊点边防治安管理办法》第21条第3项。

745.2　违法情形

应聘到台湾渔船从事近海作业的大陆劳务人员，没有在公安边防部门指定的停泊点登、离台湾渔船的行为，应当由移民和出入境管理部门给予行政处罚。

745.3 处罚标准

根据《台湾渔船停泊点边防治安管理办法》第21条第3项规定，未在指定停泊点登、离台湾渔船的，处以人民币500元以下的罚款。

746. 大陆劳务人员携带违禁物品、国家机密资料

746.1 法律依据

《台湾渔船停泊点边防治安管理办法》第21条第4项。

746.2 违法情形

应聘到台湾渔船从事近海作业的大陆劳务人员，携带违禁物品及国家机密资料，尚未构成犯罪的，应当由移民和出入境管理部门给予行政处罚。

所谓违禁品，是指国家法律、法规明确禁止私自制造、销售、购买、持有、使用、储存和运输的物品。所谓国家机密资料，是指涉及国家安全和利益的资料，这些资料泄密后会损害国家的政治、经济、国防、外交等的安全和利益。

746.3 处罚标准

根据《台湾渔船停泊点边防治安管理办法》第21条第4项规定，大陆劳务人员携带违禁物品、国家机密资料，尚不构成犯罪的，处以人民币500元以下的罚款。构成犯罪的，依法追究刑事责任。

747. 擅自启用电台

747.1 法律依据

《台湾渔船停泊点边防治安管理办法》第22条第1项。

747.2 违法情形

台湾渔船在泊港期间，未经允许擅自启用电台的行为，应当由移民和出入境管理部门给予行政处罚。

《台湾渔船停泊点边防治安管理办法》第9条规定，台湾渔船泊港期间，除遵守国家法律、法规外，还不得擅自启用电台。如果需要启用电台的，应当按照《中华人民共和国无线电管理条例》的有关规定，提出书面申请，办理审批手续。

747.3 处罚标准

根据《台湾渔船停泊点边防治安管理办法》第22条第1项规定，擅自启用电台的，对台湾渔船船长和直接责任人处以警告，责令其改正，或处以人民币1000元以下的罚款。拒不改正的，不予停泊或强制航离。

748. 台湾渔船播放非法广播

748.1 法律依据

《台湾渔船停泊点边防治安管理办法》第22条第2项。

748.2 违法情形

台湾渔船在泊港期间，在港内播放分裂祖国、破坏祖国统一内容的广播的行为，应当由移民和出入境管理部门给予行政处罚。

《台湾渔船停泊点边防治安管理办法》第9条规定，台湾渔船泊港期间，除遵守国家法律、法规外，还不得播放分裂祖国、破坏祖国统一内容的广播。

748.3 处罚标准

根据《台湾渔船停泊点边防治安管理办法》第22条第2项规定，台湾渔船播放非法广播的，对台湾渔船船长和直接责任人处以警告，责令其改正，或处以人民币1000元以下的罚款。拒不改正的，不予停泊或强制航离。

749. 台湾渔船悬挂、显示非法标志

749.1 法律依据

《台湾渔船停泊点边防治安管理办法》

第22条第3项。

749.2　违法情形

台湾渔船在泊港期间，悬挂、显示有损一个中国原则和祖国统一标志的行为，应当由移民和出入境管理部门给予行政处罚。

《台湾渔船停泊点边防治安管理办法》第9条规定，台湾渔船泊港期间，除遵守国家法律、法规外，还不得悬挂、显示有损一个中国原则和祖国统一的标志。

749.3　处罚标准

根据《台湾渔船停泊点边防治安管理办法》第22条第3项规定，台湾渔船悬挂、显示非法标志的，对台湾渔船船长和直接责任人处以警告，责令其改正，或处以人民币1000元以下的罚款。拒不改正的，不予停泊或强制航离。

750. 台湾渔船从事有损两岸关系其他活动

750.1　法律依据

《台湾渔船停泊点边防治安管理办法》第22条第4项。

750.2　违法情形

台湾渔船在泊港期间，除《台湾渔船停泊点边防治安管理办法》第22条第1项至第3项行为之外，从事其他有损两岸关系的活动的行为，应当由移民和出入境管理部门给予行政处罚。

《台湾渔船停泊点边防治安管理办法》第9条规定，台湾渔船泊港期间，除遵守国家法律、法规外，还不得从事其他有损两岸关系的活动。

750.3　处罚标准

根据《台湾渔船停泊点边防治安管理办法》第22条第4项规定，台湾渔船从事有损两岸关系其他活动的，对台湾渔船船长和直接责任人处以警告，责令其改正，或处以人民币1000元以下的罚款。拒不改正的，不予停泊或强制航离。

751. 擅自引带大陆居民登船

751.1　法律依据

《台湾渔船停泊点边防治安管理办法》第23条第1项。

751.2　违法情形

台湾渔船泊港期间未经批准，擅自引带大陆居民登临台湾渔船的行为，应当由移民和出入境管理部门给予行政处罚。

《台湾渔船停泊点边防治安管理办法》第9条规定，台湾渔船泊港期间，除遵守国家法律、法规外，还不得擅自引带大陆居民登船。

751.3　处罚标准

根据《台湾渔船停泊点边防治安管理办法》第23条第1项规定，擅自引带大陆居民登船的，对台湾居民处以人民币1000元以下的罚款，同时，对船长处以人民币2000元以下的罚款。

752. 台湾居民擅自上岸

752.1　法律依据

《台湾渔船停泊点边防治安管理办法》第23条第2项。

752.2　违法情形

台湾渔船泊港期间，渔船上的台湾居民未经公安边防部门批准擅自上岸的行为，应当由移民和出入境管理部门给予行政处罚。

《台湾渔船停泊点边防治安管理办法》第11条规定，台湾渔船上的台湾居民需要登陆的，应当持船员证书或其他有效身份证件，向边防工作站申请办理《台湾居民登陆证》，在港口所在的县（市、区）范围内活动，不得进入军事禁区和军事管理区。《台湾居民登陆证》的有效期不超过本航次航行期限。登陆的台湾居民应当在证件有效期内返回登船，并从原上岸停泊点乘原船离港。特殊原因，需要延期或改乘其他台湾船舶的，应当在证件有效期内向上岸停泊点所在地县（市）公安边防部门提出申请，经地（市）公安边防部门批准后，由上岸停泊点边防工作站核发证件。第12条规定，台湾渔船上的人员有下列情形之一的，不予批准上岸：（1）无证件证明是台湾居民的；（2）提供假证件的；（3）依法被限制或者禁止入境的。

752.3 处罚标准

根据《台湾渔船停泊点边防治安管理办法》第23条第2项规定，台湾居民擅自上岸的，处以人民币1000元以下的罚款，同时，对船长处以人民币2000元以下的罚款。

753. 涂改、转让台湾居民登陆证件

753.1 法律依据

《台湾渔船停泊点边防治安管理办法》第23条第3项。

753.2 违法情形

台湾居民涂改《台湾居民登陆证》等证件或者将证件转让他人使用的行为，应当由移民和出入境管理部门给予行政处罚。

753.3 处罚标准

根据《台湾渔船停泊点边防治安管理办法》第23条第3项规定，涂改、转让台湾居民登陆证件的，对台湾居民处以人民币1000元以下的罚款，同时，对船长处以人民币2000元以下的罚款。

754. 登陆人员未按规定返回、活动

754.1 法律依据

《台湾渔船停泊点边防治安管理办法》第23条第4项。

754.2 违法情形

持《台湾居民登陆证》登陆人员，不按规定时间返回或者超出指定范围活动的行为，应当由移民和出入境管理部门给予行政处罚。

754.3 处罚标准

根据《台湾渔船停泊点边防治安管理办法》第23条第4项规定，登陆人员未按规定返回、活动的，对台湾居民处以人民币1000元以下的罚款，同时，对船长处以人民币2000元以下的罚款。

755. 传播、散发非法物品

755.1 法律依据

《台湾渔船停泊点边防治安管理办法》第23条第5项。

755.2 违法情形

台湾渔船泊港期间，在沿海或者港口传播、散发违禁物品及不利两岸正常往来物品的行为，应当由移民和出入境管理部门给予行政处罚。

《台湾渔船停泊点边防治安管理办法》第9条规定，台湾渔船泊港期间，除遵守国家法律、法规外，还不得传播、散发各种违禁物品及不利两岸正常往来的物品。

755.3 处罚标准

根据《台湾渔船停泊点边防治安管理办法》第23条第5项规定，传播、散发非法物品的，对台湾居民处以人民币1000元以下的罚款，同时，对船长处以人民币2000元以下的罚款。

756. 台湾居民携带违禁物品上岸

756.1 法律依据

《台湾渔船停泊点边防治安管理办法》第23条第5项。

756.2 违法情形

台湾渔船泊港期间，台湾居民携带违禁物品上岸的行为，应当由移民和出入境管理部门给予行政处罚。

《台湾渔船停泊点边防治安管理办法》第9条规定，台湾渔船泊港期间，除遵守国家法律、法规外，还不得携带违禁物品上岸。

756.3 处罚标准

根据《台湾渔船停泊点边防治安管理办法》第23条第5项规定，台湾居民携带违禁物品上岸的，处以人民币1000元以下的罚款，同时，对船长处以人民币2000元以下的罚款。

757. 体罚、殴打台湾渔船大陆劳务人员

757.1 法律依据

《台湾渔船停泊点边防治安管理办法》第23条第6项。

757.2 违法情形

雇用大陆劳务人员的台湾雇主，体罚、殴打大陆劳务人员，未造成轻微伤害的行为，应当由移民和出入境管理部门给予行政处罚。

757.3 处罚标准

根据《台湾渔船停泊点边防治安管理办法》第23条第6项规定，体罚、殴打大陆劳务人员，未造成轻微伤害的，对台湾居民处以人民币1000元以下的罚款，同时，对船长处以人民币2000元以下的罚款。构成轻微伤的，应当依照《治安管理处罚法》给予相应的治安管理处罚；构成轻伤或者重伤的，应当依照《刑法》等规定追究刑事责任。

758. 扰乱台湾渔船停泊点管理秩序

758.1 法律依据

《台湾渔船停泊点边防治安管理办法》第23条第7项。

758.2 违法情形

台湾渔船泊港期间，不服从管理，扰乱停泊点管理秩序的行为，应当由移民和出入境管理部门给予行政处罚。

758.3 处罚标准

根据《台湾渔船停泊点边防治安管理办法》第23条第7项规定，扰乱台湾渔船停泊点管理秩序的，对台湾居民处以人民币1000元以下的罚款，同时，对船长处以人民币2000元以下的罚款。

759. 未按规定办理台湾渔船进出港手续

759.1 法律依据

《台湾渔船停泊点边防治安管理办法》第24条第1项。

759.2 违法情形

台湾渔船进出停泊点时，船长未向停泊点公安边防部门办理进出港相关手续的行为，应当由移民和出入境管理部门给予行政处罚。

759.3 处罚标准

根据《台湾渔船停泊点边防治安管理办法》第24条第1项规定，未按规定办理台湾渔船进出港手续的，对台湾渔船船长处以人民币3000元以下的罚款。

760. 台湾渔船擅自搭靠其他船舶

760.1 法律依据

《台湾渔船停泊点边防治安管理办法》第24条第2项。

760.2 违法情形

台湾渔船在泊港期间，不遵守相关管理规定，未经允许擅自搭靠其他船舶的行为，应当由移民和出入境管理部门给予行政处罚。

《台湾渔船停泊点边防治安管理办法》第9条规定，台湾渔船泊港期间，除遵守国家法律、法规外，还不得擅自搭靠其他船舶。

760.3 处罚标准

根据《台湾渔船停泊点边防治安管理办法》第24条第2项规定，台湾渔船擅自搭靠其他船舶的，对台湾渔船船长处以人民币3000元以下的罚款。

761. 擅自雇用大陆居民登船作业

761.1 法律依据

《台湾渔船停泊点边防治安管理办法》第24条第3项。

761.2 违法情形

台湾渔船没有经过有关部门批准，雇用大陆居民登船作业的行为，应当由移民和出入境管理部门给予行政处罚。

《台湾渔船停泊点边防治安管理办法》第14条规定，应聘到台湾渔船从事近海作业的大陆劳务人员必须持《对台劳务人员登轮作业证》。申办《对台劳务人员登轮作业证》必须具有《渔业船员专业培训合格证》、《外派劳务人员培训合格证》、《出海船民证》和本人身份证件。首次登台轮作业的须持常住户口所在地公安派出所出具没有本办法第16条规定情形的证明。

761.3 处罚标准

根据《台湾渔船停泊点边防治安管理办法》第24条第3项规定，擅自雇用大陆居民登船作业的，对台湾渔船船长处以人民币3000元以下的罚款。

762. 擅自将大陆劳务人员带至境外登陆

762.1 法律依据

《台湾渔船停泊点边防治安管理办法》第24条第4项。

762.2 违法情形

台湾渔船未经批准，擅自将大陆劳务人员带至台湾地区或者其他国家和地区港口登陆的行为，应当由移民和出入境管理部门给予行政处罚。

762.3 处罚标准

根据《台湾渔船停泊点边防治安管理办法》第24条第4项规定，擅自将大陆劳务人员带至境外登陆的，对台湾渔船船长处以人民币3000元以下的罚款。

763. 台湾渔船未经检查擅自离港

763.1 法律依据

《台湾渔船停泊点边防治安管理办法》第24条第5项。

763.2 违法情形

台湾渔船在离开停泊点时，没有按照规定经公安边防部门检查而擅自离开的行为，应当由移民和出入境管理部门给予行政处罚。

《台湾渔船停泊点边防治安管理办法》第19条规定，台湾渔船离港前应当向边防工作站提出申请，经边防执勤人员检查，核对证件、人员，交纳监护费，缴回《台湾居民登陆证》后，方可离港。已办理离港手续的，不得无故滞留。

763.3 处罚标准

根据《台湾渔船停泊点边防治安管理办法》第24条第5项规定，台湾渔船未经检查擅自离港的，处以人民币3000元以下的罚款。

764. 台湾渔船无故滞留

764.1 法律依据

《台湾渔船停泊点边防治安管理办法》第24条第6项。

764.2　违法情形

台湾渔船在已办理离港手续后，没有正当理由而滞留不离港的行为，应当由移民和出入境管理部门给予行政处罚。

764.3　处罚标准

根据《台湾渔船停泊点边防治安管理办法》第24条第6项规定，台湾渔船无故滞留的，处以人民币3000元以下的罚款。

765. 台湾渔船未在指定地点停泊

765.1　法律依据

《台湾渔船停泊点边防治安管理办法》第25条。

765.2　违法情形

台湾渔船在没有发现紧急情况时，不在指定的停泊点、避风点停泊的行为，应当由移民和出入境管理部门给予行政处罚。

所谓紧急情况，根据《台湾渔船停泊点边防治安管理办法》第25条规定，是指无不可抗力的事由或者不可预见的紧急情况。

765.3　处罚标准

根据《台湾渔船停泊点边防治安管理办法》第25条规定，台湾渔船无不可抗力的事由或者不可预见的紧急情况，不在指定的停泊点、避风点停泊的，对其船长处以人民币1万元以下的罚款。

第九节　其他违反公安行政管理秩序行为的法律依据、违法情形和处罚标准

七十九、中华人民共和国消防法

766. 违规进入生产、储存易燃易爆危险品场所

766.1　法律依据

《中华人民共和国消防法》第63条第1项。

766.2　违法情形

违反消防安全规定进入生产、储存易燃易爆危险品场所，应当予以行政拘留处罚的，由公安机关负责处罚。

应当注意，公安机关只负责行政拘留处罚，罚款等行政处罚由其他相关主管部门负责。

766.3　处罚标准

根据《中华人民共和国消防法》第63条第1项规定，违反消防安全规定进入生产、储存易燃易爆危险品场所的，处警告或者500元以下罚款；情节严重的，由公安机关处5日以下拘留。

767. 违规使用明火作业

767.1　法律依据

《中华人民共和国消防法》第63条第2项。

767.2　违法情形

违反规定使用明火作业，应当予以行政拘留处罚的，由公安机关负责处罚。

应当注意，公安机关只负责行政拘留处罚，罚款等行政处罚由其他相关主管部门负责。

767.3　处罚标准

根据《中华人民共和国消防法》第63条第2项规定，违反规定使用明火作业的，处警告或者500元以下罚款；情节严重的，由公安机关处5日以下拘留。

768. 在具有火灾、爆炸危险的场所吸烟、使用明火

768.1　法律依据

《中华人民共和国消防法》第63条第2项。

768.2 违法情形

在具有火灾、爆炸危险的场所吸烟、使用明火，应当予以行政拘留处罚的，由公安机关负责处罚。

应当注意，公安机关只负责行政拘留处罚，罚款等行政处罚由其他相关主管部门负责。

768.3 处罚标准

根据《中华人民共和国消防法》第63条第2项规定，在具有火灾、爆炸危险的场所吸烟、使用明火的，处警告或者500元以下罚款；情节严重的，由公安机关处5日以下拘留。

769. 指使、强令他人冒险作业

769.1 法律依据

《中华人民共和国消防法》第64条第1项。

769.2 违法情形

指使或者强令他人违反消防安全规定，冒险作业，尚不构成犯罪，应当予以行政拘留处罚的，由公安机关负责处罚。

应当注意，公安机关只负责行政拘留处罚，警告、罚款等行政处罚由其他相关主管部门负责。

769.3 处罚标准

根据《中华人民共和国消防法》第64条第1项规定，指使或者强令他人违反消防安全规定，冒险作业，尚不构成犯罪的，处10日以上15日以下拘留，可以并处500元以下罚款；情节较轻的，处警告或者500元以下罚款。

770. 过失引起火灾

770.1 法律依据

《中华人民共和国消防法》第64条第2项。

770.2 违法情形

过失引起火灾，尚不构成犯罪，应当予以行政拘留处罚的，由公安机关负责处罚。

应当注意，公安机关只负责行政拘留处罚，警告、罚款等行政处罚由其他相关主管部门负责。

770.3 处罚标准

根据《中华人民共和国消防法》第64条第2项规定，过失引起火灾，尚不构成犯罪的，处10日以上15日以下拘留，可以并处500元以下罚款；情节较轻的，处警告或者500元以下罚款。

771. 阻拦、不及时报告火警

771.1 法律依据

《中华人民共和国消防法》第64条第3项。

771.2 违法情形

在火灾发生后阻拦报警，或者负有报告职责的人员不及时报警，尚不构成犯罪，应当予以行政拘留处罚的，由公安机关负责处罚。

应当注意，公安机关只负责行政拘留处罚，警告、罚款等行政处罚由其他相关主管部门负责。

771.3 处罚标准

根据《中华人民共和国消防法》第64条第3项规定，在火灾发生后阻拦报警，或者负有报告职责的人员不及时报警，尚不构成犯罪的，处10日以上15日以下拘留，可以并处500元以下罚款；情节较轻的，处警告或者500元以下罚款。

772. 扰乱火灾现场秩序

772.1 法律依据

《中华人民共和国消防法》第64条第

4 项。

772.2 违法情形

扰乱火灾现场秩序，尚不构成犯罪，应当予以行政拘留处罚的，由公安机关负责处罚。

应当注意，公安机关只负责行政拘留处罚，警告、罚款等行政处罚由其他相关主管部门负责。

772.3 处罚标准

根据《中华人民共和国消防法》第 64 条第 4 项规定，扰乱火灾现场秩序，尚不构成犯罪的，处 10 日以上 15 日以下拘留，可以并处 500 元以下罚款；情节较轻的，处警告或者 500 元以下罚款。

773. 拒不执行火灾现场指挥员指挥

773.1 法律依据

《中华人民共和国消防法》第 64 条第 4 项。

773.2 违法情形

拒不执行火灾现场指挥员指挥，影响灭火救援，尚不构成犯罪，应当予以行政拘留处罚的，由公安机关负责处罚。

应当注意，公安机关只负责行政拘留处罚，警告、罚款等行政处罚由其他相关主管部门负责。

773.3 处罚标准

根据《中华人民共和国消防法》第 64 条第 4 项规定，拒不执行火灾现场指挥员指挥，影响灭火救援，尚不构成犯罪的，处 10 日以上 15 日以下拘留，可以并处 500 元以下罚款；情节较轻的，处警告或者 500 元以下罚款。

774. 故意破坏、伪造火灾现场

774.1 法律依据

《中华人民共和国消防法》第 64 条第 5 项。

774.2 违法情形

故意破坏或者伪造火灾现场，尚不构成犯罪，应当予以行政拘留处罚的，由公安机关负责处罚。

应当注意，公安机关只负责行政拘留处罚，警告、罚款等行政处罚由其他相关主管部门负责。

774.3 处罚标准

根据《中华人民共和国消防法》第 64 条第 5 项规定，故意破坏或者伪造火灾现场，尚不构成犯罪的，处 10 日以上 15 日以下拘留，可以并处 500 元以下罚款；情节较轻的，处警告或者 500 元以下罚款。

775. 擅自拆封、使用被查封场所、部位

775.1 法律依据

《中华人民共和国消防法》第 64 条第 6 项。

775.2 违法情形

擅自拆封或者使用被消防救援机构查封的场所、部位，尚不构成犯罪，应当予以行政拘留处罚的，由公安机关负责处罚。

应当注意，公安机关只负责行政拘留处罚，警告、罚款等行政处罚由其他相关主管部门负责。

775.3 处罚标准

根据《中华人民共和国消防法》第 64 条第 6 项规定，擅自拆封或者使用被消防救援机构查封的场所、部位，尚不构成犯罪的，处 10 日以上 15 日以下拘留，可以并处 500 元以下罚款；情节较轻的，处警告或者 500 元以下罚款。

776. 不履行组织、引导在场人员疏散义务

776.1 法律依据

《中华人民共和国消防法》第 68 条。

776.2 违法情形

人员密集场所发生火灾，该场所的现场工作人员不履行组织、引导在场人员疏散的义务，情节严重，尚不构成犯罪的，由公安机关予以行政拘留处罚。

776.3 处罚标准

根据《中华人民共和国消防法》第68条规定，人员密集场所发生火灾，该场所的现场工作人员不履行组织、引导在场人员疏散的义务，情节严重，尚不构成犯罪的，处5日以上10日以下拘留。

八十、中华人民共和国国家情报法

777. 阻碍情报工作

777.1 法律依据

《中华人民共和国国家情报法》第28条。

777.2 违法情形

阻碍国家情报工作机构及其工作人员依法开展情报工作，尚不构成犯罪的，由国家情报工作机构建议相关单位给予处分或者由国家安全机关、公安机关处警告或者行政拘留。

777.3 处罚标准

《中华人民共和国国家情报法》第28条规定，阻碍情报工作，尚不构成犯罪的，处警告或者15日以下拘留；构成犯罪的，依法追究刑事责任。

778. 泄露与国家情报工作有关的国家秘密

778.1 法律依据

《中华人民共和国国家情报法》第29条。

778.2 违法情形

泄露与国家情报工作有关的国家秘密，尚不构成犯罪的，由国家情报工作机构建议相关单位给予处分或者由国家安全机关、公安机关处警告或者行政拘留。

778.3 处罚标准

《中华人民共和国国家情报法》第29条规定，泄露与国家情报工作有关的国家秘密，尚不构成犯罪的，处警告或者15日以下拘留；构成犯罪的，依法追究刑事责任。

八十一、中华人民共和国森林法

779. 毁坏林木、林地

779.1 法律依据

《中华人民共和国森林法》第74条第1款。

779.2 违法情形

进行开垦、采石、采砂、采土或者其他活动，造成林木、林地毁坏的，公安机关按照《中华人民共和国森林法》第82条规定，可以依法行使本法第74条第1款、第76条、第77条、第78条规定的行政处罚权。

779.3 处罚标准

根据《中华人民共和国森林法》第74条第1款规定，进行开垦、采石、采砂、采土或者其他活动，造成林木毁坏的，由县级以上人民政府林业主管部门责令停止违法行为，限期在原地或者异地补种毁坏株数1倍以上3倍以下的树木，可以处毁坏林木价值5倍以下的罚款；造成林地毁坏的，由县级以上人民政府林业主管部门责令停止违法行为，限期恢复植被和林业生产条件，可以处恢复植被和林业生产条件所需费用3倍以下的罚款。

780. 盗伐林木

780.1 法律依据

《中华人民共和国森林法》第76条第

1 款。

780.2　违法情形

盗伐林木的，公安机关按照国家有关规定，可以依法予以行政处罚。

780.3　处罚标准

根据《中华人民共和国森林法》第 76 条第 1 款规定，盗伐林木的，由县级以上人民政府林业主管部门责令限期在原地或者异地补种盗伐株数 1 倍以上 5 倍以下的树木，并处盗伐林木价值 5 倍以上 10 以下的罚款。

781. 滥伐林木

781.1　法律依据

《中华人民共和国森林法》第 76 条第 2 款。

781.2　违法情形

滥伐林木的，公安机关按照国家有关规定，可以依法予以行政处罚。

781.3　处罚标准

根据《中华人民共和国森林法》第 76 条第 2 款规定，滥伐林木的，由县级以上人民政府林业主管部门责令限期在原地或者异地补种滥伐株数 1 倍以上 3 倍以下的树木，可以处滥伐林木价值 3 倍以上 5 倍以下的罚款。

782. 伪造、变造、买卖、租借采伐许可证

782.1　法律依据

《中华人民共和国森林法》第 77 条。

782.2　违法情形

伪造、变造、买卖、租借采伐许可证的，公安机关按照国家有关规定，可以依法予以行政处罚。

782.3　处罚标准

根据《中华人民共和国森林法》第 77 条规定，伪造、变造、买卖、租借采伐许可证的，由县级以上人民政府林业主管部门没收证件和违法所得，并处违法所得 1 倍以上 3 倍以下的罚款；没有违法所得的，可以处 2 万元以下的罚款。

783. 收购、加工、运输明知是非法来源的林木

783.1　法律依据

《中华人民共和国森林法》第 78 条。

783.2　违法情形

收购、加工、运输明知是盗伐、滥伐等非法来源的林木的，公安机关按照国家有关规定，可以依法予以行政处罚。

783.3　处罚标准

根据《中华人民共和国森林法》第 78 条规定，收购、加工、运输明知是盗伐、滥伐等非法来源的林木的，由县级以上人民政府林业主管部门责令停止违法行为，没收违法收购、加工、运输的林木或者变卖所得，可以处违法收购、加工、运输林木价款 3 倍以下的罚款。

第二章　公安行政强制标准解读

第一节　公安行政强制措施标准解读

一、继续盘问

1. 法律依据

《人民警察法》第9条；《出境入境管理法》第59条；《公安机关办理行政案件程序规定》第57条；《公安机关适用继续盘问规定（公安部令第75号发布、第160号修订）》。

2. 条件

一般来说，当场盘问、检查不属于行政强制措施，继续盘问涉及限制公民的人身自由，则属于行政强制措施。为维护社会秩序，人民警察对有违法嫌疑的人员，经表明执法身份后，可以当场盘问、检查。对当场盘问、检查后，不能排除其违法嫌疑，依法可以适用继续盘问的，可以将其带至公安机关，经公安派出所负责人批准，对其继续盘问。

采取继续盘问措施，应当符合“一个前提”“四种对象”。一个前提是经过当场盘问、检查，仍然不能排除其违法嫌疑。根据《人民警察法》第9条第1款规定，只能对以下“四种对象”继续盘问：（1）被指控有犯罪行为的；（2）有现场作案嫌疑的；（3）有作案嫌疑身份不明的；（4）携带的物品有可能是赃物的。根据《出境入境管理法》第59条第1款规定，对涉嫌违反出境入境管理的人员，可以当场盘问；经当场盘问，有下列情形之一的，可以依法继续盘问：（1）有非法出境入境嫌疑的；（2）有协助他人非法出境入境嫌疑的；（3）外国人有非法居留、非法就业嫌疑的；（4）有危害国家安全和利益，破坏社会公共秩序或者从事其他违法犯罪活动嫌疑的。

3. 程序

（1）审批。公安派出所的人民警察对符合《公安机关适用继续盘问规定》第8条所列条件，确有必要继续盘问的有违法犯罪嫌疑的人员，可以立即带回，并制作《当场盘问、检查笔录》、填写《继续盘问审批表》报公安派出所负责人审批决定继续盘问12小时。对批准继续盘问的，应当将《继续盘问审批表》复印、传真或者通过计算机网络报所属县、市、旗公安局或者城市公安分局主管公安派出所工作的部门备案。

县、市、旗公安局或者城市公安分局其他办案部门和设区的市级以上公安机关及其内设机构的人民警察对有违法犯罪嫌疑的人员，应当依法直接适用传唤、拘传、刑事拘留、逮捕、取保候审或者监视居住，不得适用继续盘问；对符合条件，确有必要继续盘问的有违法犯罪嫌疑的人员，可以带至就近的公安派出所，按照有关规定适用继续盘问。

（2）送达、通知。对有违法犯罪嫌疑的人员批准继续盘问的，公安派出所应当填写《继续盘问通知书》，送达被盘问人，并立即通知其家属或者单位；未批准继续盘问的，应当立即释放。对被盘问人身份不明或者没有家属和单位而无法通知的，应当在《继续盘问通知书》上注明，并由被盘问人签名或者捺指印。但是，对因身份不明而无法通知的，在继续盘问期间查明身份后，应当依照前款的规定通知其家属或者单位。

被盘问人的家属为老年人、残疾人、精神病人、不满十六周岁的未成年人或者其他没有独立生活能力的人，因公安机关实施继续盘问而使被盘问人的家属无人照顾的，公安机关应当通知其亲友予以照顾或者采取其他适当办法妥善安排，并将安排情况及时告知被盘问人。

（3）执行。对有违法犯罪嫌疑的人员批准继续盘问后，应当立即结合当场盘问、检查的情况继续对其进行盘问，以证实或者排除其违法犯罪嫌疑。对继续盘问的情况，应当制作《继续盘问笔录》，并载明被盘问人被带至公安机关的具体时间，由被盘问人核对无误后签名或者捺指印。对被盘问人拒绝签名和捺指印的，应当在笔录上注明。

（4）继续盘问的时限。继续盘问的时限一般为十二小时；对在十二小时以内确实难以证实或者排除其违法犯罪嫌疑的，可以延长至二十四小时；对不讲真实姓名、住址、身份，且在二十四小时以内仍不能证实或者排除其违法犯罪嫌疑的，可以延长至四十八小时。时限自有违法犯罪嫌疑的人员被带至公安机关之时起，至被盘问人可以自由离开公安机关之时或者被决定刑事拘留、逮捕、行政拘留、强制戒毒而移交有关监管场所执行之时止，包括呈报和审批继续盘问、延长继续盘问时限、处理决定的时间。

对确有必要将继续盘问时限延长至二十四小时的，公安派出所应当填写《延长继续盘问时限审批表》，报县、市、旗公安局或者城市公安分局的值班负责人审批；确有必要将继续盘问时限从二十四小时延长至四十八小时的，公安派出所应当填写《延长继续盘问时限审批表》，报县、市、旗公安局或者城市公安分局的主管负责人审批。县、市、旗公安局或者城市公安分局的值班或者主管负责人应当在继续盘问时限届满前作出是否延长继续盘问时限的决定，但不得决定将继续盘问时限直接从十二小时延长至四十八小时。

（5）终止继续盘问。对具有下列情形之一的，应当立即终止继续盘问，并立即释放被盘问人或者依法作出处理决定：（1）继续盘问中发现具有《公安机关适用继续盘问规定》第 9 条所列情形之一的；（2）已经证实有违法犯罪行为的；（3）有证据证明有犯罪嫌疑的。对经过继续盘问已经排除违法犯罪嫌疑，或者经过批准的继续盘问、延长继续盘问时限届满，尚不能证实其违法犯罪嫌疑的，应当立即释放被盘问人。对终止继续盘问或者释放被盘问人的，应当在《继续盘问登记表》上载明终止继续盘问或者释放的具体时间、原因和处理结果，由被盘问人核对无误后签名或者捺指印。被盘问人拒绝签名和捺指印的，应当在《继续盘问登记表》上注明。

4. 应当注意的问题

（1）对继续盘问“四种对象”的细化。对有违法犯罪嫌疑的人员当场盘问、检查后，不能排除其违法犯罪嫌疑，且具有下列情形之一的，人民警察可以将其带至公安机关继续盘问：一是被害人、证人控告或者指认其有犯罪行为的；二是有正在实施违反治安管理或者犯罪行为嫌疑的；三是有违反治安管理或者犯罪嫌疑且身份不明的；四是携带的物品可能是违反治安管理或者犯罪的赃物的。应当注意，对符合上述所列条件，同时具有下列情形之一的人员，可以适用继续盘问，但必须在带至公安机关之时起的四小时以内盘问完毕，且不得送入候问室：一是怀孕或者正在哺乳自己不满一周岁婴儿的妇女；二是不满十六周岁的未成年人；三是已满七十周岁的老年人。对上述人员在晚上九点至次日早上七点之间释放的，应当通知其家属或者监护人领回；对身份不明或者没有家属和监护人而无法通知的，应当护送至其住地。

（2）不得适用继续盘问。对具有下列情形之一的人员，不得适用继续盘问：一是有违反治安管理或者犯罪嫌疑，但未经当场盘问、检查的；二是经过当场盘问、检查，已经排除违反治安管理和犯罪嫌疑的；三是涉嫌违反治安管理行为的法定最高处罚为警告、罚款或者其他非限制人身自由的行政处罚的；四是从其住处、工作地点抓获以及其他应当依法直接适用传唤或者拘传的；五是已经到公安机关投案自首的；六是明知其所涉案件已经作为治安案件受理或者已经立为刑事案件的；七是不属于公安机关管辖的案件或者事件当事人的；八是患有精神病、急性传染病或者其他严重疾病的；九是其他不符合本规定第八条所列条件的。

（3）禁止行为。公安机关适用继续盘问，禁止实施下列行为：一是超适用范围继续盘问；二是超时限继续盘问；三是适用继续盘问不履行审批、登记手续；四是以继续盘问代替处罚；五是将继续盘问作为催要罚款、收费的手段；六是批准继续盘问后不立即对有违法犯罪嫌疑的人员继续进行盘问；七是以连续继续盘问的方式变相拘禁他人。除具有《中华人民共和国人民警察使用警械和武器条例》规定的情形外，对被盘问人不得使用警械或者武器。

（4）在继续盘问期间对被盘问人依法作出刑事拘留、逮捕或者行政拘留、强制戒毒决定的，应当立即移交有关监管场所执行；依法作出取保候审、监视居住或者警告、罚款等行政处罚决定的，应当立即释放。

（5）在继续盘问期间，公安机关及其人民警察应当依法保障被盘问人的合法权益，严禁实施下列行为：对被盘问人进行刑讯逼供；殴打、体罚、虐待、侮辱被盘问人；敲诈勒索或者索取、收受贿赂；侵吞、挪用、损毁被盘问人的财物；违反规定收费或者实施处罚；其他侵犯被盘问人合法权益的行为。

（6）对在继续盘问期间突患疾病或者受伤的被盘问人，公安派出所应当立即采取措施予以救治，通知其家属或者单位，并向县、市、旗公安局或者城市公安分局负责人报告，做好详细记录。对被盘问人身份不明或者没有家属和单位而无法通知的，应当在《继续盘问登记表》上注明。救治费由被盘问人或者其家属承担。但是，由于公安机关或者他人的过错导致被盘问人患病、受伤的，救治费由有过错的一方承担。

（7）被盘问人在继续盘问期间死亡的，公安派出所应当做好以下工作：一是保护好现场，保管好尸体；二是立即报告所属县、市、旗公安局或者城市公安分局的主管负责人或者值班负责人、警务督察部门和主管公安派出所工作的部门；三是立即通知被盘问人的家属或者单位。

县、市、旗公安局或者城市公安分局接到被盘问人死亡的报告后，应当做好以下工作：一是立即通报同级人民检察院；二是在二十四小时以内委托具有鉴定资格的人员进行死因鉴定；三是在作出鉴定结论后三日以内将鉴定结论送达被盘问人的家属或者单位。对被盘问人身份不明或者没有家属和单位而无法通知的，应当在鉴定结论上注明。被盘问人的家属或者单位对鉴定结论不服的，可以在收到鉴定结论后的七日以内向上一级公安机关申请重新鉴定。上一级公安机关接到申请后，应当在三日以内另行委托具有鉴定资格的人员进行重新鉴定。

（8）继续盘问工作由公安机关主管公安派出所工作的部门负责业务指导和归口管理。

（9）继续盘问工作由人民警察执行。严禁不具有人民警察身份的人员从事有关继续盘问的执法工作。

（10）公安机关适用继续盘问，依法接受人民检察院、行政监察机关以及社会和公民的监督。

二、对醉酒的违法嫌疑人进行约束

1. 法律依据

《公安机关办理行政案件程序规定》第58条。

2. 条件

对违法嫌疑人采取保护性约束措施，属于限制公民人身自由的行政强制措施，应当严格遵守有关规定。违法嫌疑人在醉酒状态中，对本人有危险或者对他人的人身、财产或者公共安全有威胁的，可以对其采取保护性措施约束至酒醒，也可以通知其家属、亲友或者所属单位将其领回看管，必要时，应当送医院醒酒。可见，对醉酒的违法嫌疑人进行约束的条件：（1）必须是违法嫌疑人，如果不是违法嫌疑人，即使醉酒，也不能进行约束。（2）对本人有危险或者对他人的人身、财产或者公共安全有威胁。（3）是“可以对其采取保护性措施约束”而不是必须进行约束。

3. 程序

对醉酒的违法嫌疑人进行约束，目前法律法规规章没有规定相应的审批程序。但是，应当遵守实施行政强制措施一般性的程序规定，并且应当慎用这一措施，防止使用不当造成非正常死亡事故。能够送医院醒酒的，尽量送医院醒酒；或者通知其家属、亲友或者所属单位将其领回看管。待酒醒后，再对其违法行为进行处理。

4. 应当注意的问题

（1）对醉酒的违法嫌疑人进行约束，一般情况下不得使用约束带或者警绳等进行约束；只有对行为举止失控的醉酒人，才可以使用约束带或者警绳等进行约束，防止捆绑过紧、约束方式不当等原因，给醉酒的违法嫌疑人造成伤害或者侮辱人格。

（2）约束时不得使用手铐、脚镣等警械。

（3）约束过程中，应当指定专人严加看护。确认醉酒人酒醒后，应当立即解除约束，并进行询问。约束时间不计算在询问查证时间内。

三、对恐怖活动嫌疑人实施约束措施

1. 法律依据

《反恐怖主义法》第53条；《公安机关办理行政案件程序规定》第59条。

2. 条件

（1）只能针对恐怖活动嫌疑人员实施，对其他违法嫌疑人不能适用这一行政强制措施。

（2）综合判断危险程度，即应当综合考虑恐怖活动嫌疑人员所涉嫌恐怖活动的事实、情节，嫌疑人是否因恐怖活动、极端主义违法犯罪受过处罚，嫌疑人是否受到极端主义蛊惑，嫌疑人再次实施违法犯罪的可能性等因素进行评定。

（3）是可以采取约束措施而不是必须采取。

3. 程序

（1）实施前须经县级以上公安机关负责人批准。

（2）告知嫌疑人采取约束措施的理由、依据以及其依法享有的权利、救济途径。

（3）听取嫌疑人的陈述和申辩。

（4）出具决定书。

4. 应当注意的问题

（1）对恐怖活动嫌疑人员采取的约束措施可以是一项或者多项，具体措施可以根据实际需要确定。即公安机关调查恐怖活动嫌疑，经县级以上公安机关负责人批准，可以根据其危险程度，责令恐怖活动嫌疑人员遵守下列一项或者多项约束措施：一是未经公安机关批准不得离开所居住的市、县或者指定的处所；二是不得参加大型群众性活动或者从事特定的活动；三是未经公安机关批准不得乘坐公共交通工具或者进入特定的场所；四是不得与特定的人员会见或者通信；五是定期向公安机关报告活动情况；六是将护照等出入境证件、身份证件、驾驶证件交公安机关保存。

（2）公安机关可以采取电子监控、不定期检查等方式对其遵守约束措施的情况进行监督。

（3）采取约束措施的期限不得超过三个月。对不需要继续采取约束措施的，应当及时解除并通知被约束人。

四、强制传唤

1. 法律依据

《治安管理处罚法》第82条；《出境入境管理法》第59条；《公安机关办理行政案件程序规定》第67条。

2. 条件

传唤是公安机关通知违法嫌疑人在规定时间内到指定地点接受询问的执法活动，是公安机关经常使用的一种调查手段。传唤方式有口头传唤和书面传唤，书面传唤即使用传唤证进行传唤。如果违法嫌疑人无正当理由不接受传唤或者逃避传唤的，经过公安机关负责人批准，可以依法强制传唤。如果口头传唤、书面传唤不对嫌疑人进行人身强制，就不属于行政强制措施；而强制传唤既属于公安行政强制措施，也是一种调查手段。

强制传唤的条件：

（1）只能针对违法嫌疑人。

（2）必须是违法嫌疑人无正当理由不接受传唤或者逃避传唤。

（3）是可以依法强制传唤而不是必须强制传唤。

3. 程序

（1）审批。对无正当理由不接受传唤或者逃避传唤的违反治安管理、出境入境管理的嫌疑人以及法律规定可以强制传唤的其他违法嫌疑人，经公安派出所、县级以上公安机关办案部门或者出入境边防检查机关负责人批准，可以强制传唤。

（2）告知、通知。公安机关应当将传唤的原因和依据告知被传唤人，并通知其家属。

（3）填写、签名。使用传唤证传唤的，违法嫌疑人被传唤到案后和询问查证结束后，应当由其在传唤证上填写到案和离开时间并签名。拒绝填写或者签名的，办案人民警察应当在传唤证上注明。

4. 应当注意的问题

（1）强制传唤时，可以依法使用手铐、警绳等约束性警械。

（2）对被传唤的违法嫌疑人，应当及时询问查证，询问查证的时间不得超过八小时；案情复杂，违法行为依法可能适用行政拘留处罚的，询问查证的时间不得超过二十四小时。不得以连续传唤的形式变相拘禁违法嫌疑人。

（3）《行政处罚法》规定实施行政强制措施必须经行政机关负责人批准，而《治安管理处罚法》《出境入境管理法》作为特别法规定，强制传唤作为一种公安行政强制措施，经公安派出所、县级以上公安机关办案部门或者出入境边防检查机关负责人批准即可，二者是一般法与特别法的关系，并不矛盾。

（4）传唤证传唤仅适用于行政案件的违法嫌疑人，对证人、被害人不得使用传唤证传唤。公安机关在办理行政案件过程中，也并不要求对所有违法嫌疑人进行传唤，对违法嫌疑人主动投案或者自觉接受询问的，可以不进行传唤。

五、强制检测

1. 法律依据

《禁毒法》第32条；《公安机关办理行政案件程序规定》第94条、第95条。

2. 条件

一般来说，在对涉嫌吸毒的人员进行吸毒检测或者对酒后驾车人员进行血液检测过程中，如果当事人自愿配合，就不会强制检测；如果当事人不配合，经过批准，可以进行强制检测。强制检测既属于公安行政强制措施，也是一种调查手段。

强制检测的条件：

（1）涉嫌吸毒的人员拒绝接受检测的；

（2）当事人对呼气酒精测试结果有异议的；

（3）当事人拒绝配合呼气酒精测试的；

（4）涉嫌醉酒驾驶机动车的；

（5）涉嫌饮酒后驾驶机动车发生交通事故的。

3. 程序

（1）审批。涉嫌吸毒的人员拒绝接受检测的，经县级以上公安机关或者其派出机构负责人批准，可以强制检测。对有酒后驾驶机动车嫌疑的人，应当对其进行呼气酒精测试，如果当事人对呼气酒精测试结果有异议，或者当事人拒绝配合呼气酒精测试，或者涉嫌醉酒驾驶机动车，或者涉嫌饮酒后驾驶机动车发生交通事故的，应当立即提取血样，检验血液酒精含量。对检验血液酒精是否需要审批，法律法规规章没有明确规定，但应当严格遵守公安交通管理部门有关规定。

（2）告知。强制检测结果应当告知被检测人员。

4. 应当注意的问题

（1）采集女性被检测人检测样本，应当由女性工作人员进行。

（2）对涉嫌服用国家管制的精神药品、麻醉药品驾驶机动车的人员，可以对其进行体内国家管制的精神药品、麻醉药品含量检验。

六、拘留审查

1. 法律依据

《出境入境管理法》第 60 条、第 61 条；《公安机关办理行政案件程序规定》第 242 条、第 243 条。

2. 条件

（1）拘留审查的对象只能是外国人，对中国公民不能适用。

（2）必须先经过当场盘问或者继续盘问后仍不能排除嫌疑，需要作进一步调查。

（3）符合法定的情形。即符合《出境入境管理法》第 59 条第 1 款规定的 4 种情形之一：一是有非法出境入境嫌疑的；二是有协助他人非法出境入境嫌疑的；三是外国人有非法居留、非法就业嫌疑的；四是有危害国家安全和利益，破坏社会公共秩序或者从事其他违法犯罪活动嫌疑的。

3. 程序

（1）审批。经县级以上公安机关或者出入境边防检查机关负责人批准，才能对符合法定情形的外国人进行拘留审查。案情复杂的，经上一级公安机关或者出入境边防检查机关批准可以延长拘留审查时限。

（2）执行。实施拘留审查，应当出示拘留审查决定书，并在二十四小时内进行询问。发现不应当拘留审查的，应当立即解除拘留审查。

4. 应当注意的问题

拘留审查既是针对外国人适用的公安行政强制措施，也是一种调查手段。实践中，应当注意以下几个问题：

（1）拘留审查的期限不得超过三十日；案情复杂的，经上一级地方人民政府公安机关或者出入境边防检查机关批准可以延长至六十日。对国籍、身份不明的外国人，拘留审查期限自查清其国籍、身份之日起计算。

（2）具有下列情形之一的，应当解除拘留审查：一是被决定遣送出境、限期出境或者驱逐出境的；二是不应当拘留审查的；三是被采取限制活动范围措施的；四是案件移交其他部门处理的；五是其他应当解除拘留审查的。

（3）对患有严重疾病的，或者怀孕或者哺乳自己不满一周岁婴儿的，或者未满十六周岁或者已满七十周岁的，或者不宜适用拘留审查的其他情形，不适用拘留审查，但可以限制其活动范围。

七、限制活动范围

1. 法律依据

《出境入境管理法》第 61 条；《公安机

关办理行政案件程序规定》第 244 条、第 245 条。

2. 条件

限制活动范围是拘留审查措施的替代措施，即对符合拘留审查条件但不适宜拘留审查的外国人所采取的措施，它既属于公安行政强制措施，也是一种调查手段。

限制活动范围的条件：

（1）限制活动范围适用对象只能是外国人，对中国公民不能适用。

（2）必须先经过当场盘问或者继续盘问后仍不能排除嫌疑，需要作进一步调查。

（3）符合法定的情形。即符合《出境入境管理法》第 59 条第 1 款规定的 4 种情形之一：一是有非法出境入境嫌疑的；二是有协助他人非法出境入境嫌疑的；三是外国人有非法居留、非法就业嫌疑的；四是有危害国家安全和利益，破坏社会公共秩序或者从事其他违法犯罪活动嫌疑的。

（4）具有不宜适用拘留审查的情形。即患有严重疾病，或者怀孕或者哺乳自己不满一周岁婴儿，或者未满十六周岁或者已满七十周岁，或者有不宜适用拘留审查的其他情形。

3. 程序

（1）审批。经县级以上公安机关或者出入境边防检查机关负责人批准，才能对符合法定情形的外国人适用限制其活动范围。

（2）执行。被限制活动范围的外国人，应当按照要求接受审查，未经公安机关批准，不得离开限定的区域。被限制活动范围的外国人应当遵守下列规定：一是未经决定机关批准，不得变更生活居所，超出指定的活动区域；二是在传唤的时候及时到案；三是不得以任何形式干扰证人作证；四是不得毁灭、伪造证据或者串供。

4. 应当注意的问题

（1）限制活动范围的期限不得超过六十日。对国籍、身份不明的外国人，限制活动范围期限自查清其国籍、身份之日起计算。

（2）限制活动范围适用对象只能是外国人，对港澳台居民等人员不能适用。

八、扣押、扣留

1. 法律依据

《公安机关办理行政案件程序规定》第 107 条、第 112 条。

目前，《治安管理处罚法》《反恐怖主义法》《道路交通安全法》《出境入境管理法》对扣押、扣留也作了相关规定。

2. 条件

扣押、扣留，是公安机关在办理行政案件过程中，对发现的可以证明案件事实的物品和文件依法采取的行政强制措施，也是一种调查手段，目的在于提取和保全证据。

对下列物品，可以依法扣押或者扣留：（1）与治安案件、违反出境入境管理的案件有关的需要作为证据的物品；（2）道路交通安全法律、法规规定适用扣留的车辆、机动车驾驶证；（3）《反恐怖主义法》等法律、法规规定适用扣押或者扣留的物品。

对下列物品，不得扣押或者扣留：（1）与案件无关的物品；（2）公民个人及其所扶养家属的生活必需品；（3）被侵害人或者善意第三人合法占有的财产。

3. 程序

扣押、扣留物品，必须经公安机关负

责人批准。这里的“公安机关”，是指县级以上公安机关、公安派出所、依法具有独立执法主体资格的公安机关业务部门以及出入境边防检查站。需要延长扣押、扣留期限的，也要经县级以上公安机关负责人批准，及时书面告知当事人，并说明理由。

4. 应当注意的问题

（1）对公民个人及其所扶养家属的生活必需品，以及被侵害人或者善意第三人合法占有的财产，虽然不得扣押或者扣留，但应当予以登记，写明登记财物的名称、规格、数量、特征，并由占有人签名或者捺指印。必要时，可以进行拍照。与案件有关必须鉴定的，可以依法扣押，结束后应当立即解除。

（2）扣押、扣留期限为三十日，情况复杂的，经县级以上公安机关负责人批准，可以延长三十日；法律、行政法规另有规定的除外。延长扣押、扣留期限的，应当及时书面告知当事人，并说明理由。

（3）对物品需要进行鉴定的，鉴定期间不计入扣押、扣留期间，但应当将鉴定的期间书面告知当事人。

（4）在紧急情况下，办案人员当场采取扣押、扣留措施后，应当在24小时内向其所属的公安机关负责人报告，并补办批准手续。公安机关负责人认为不应当扣押、扣留的，应当立即解除。

九、查封

1. 法律依据

《治安管理处罚法》第54条；《反恐怖主义法》第52条；《娱乐场所管理条例》第41条；《易制毒化学品管理条例》第32条；《公安机关办理行政案件程序规定》第108条。

2. 条件

查封是行政机关限制当事人对其财产的使用和处分的强制措施。主要是对不动产或者其他不便移动的财产，由行政机关以加贴封条的方式限制当事人对财产的移动或者使用。查封在法律、法规中规定得比较多，实践中也比较常用。法律、法规中除使用“查封”外，还经常用“封存”一词。少数情况下也使用“封闭”“关闭或者限制使用场所”“禁止或者限制使用设备、设施”等表述。

对公安机关而言，查封是公安机关限制当事人对其财产的使用和处分的行政强制措施，也是一种调查手段，目的在于保全证据。公安机关办理下列行政案件时，对专门用于从事无证经营活动的场所、设施、物品，经公安机关负责人批准，可以依法查封。但对与违法行为无关的场所、设施，公民个人及其扶养家属的生活必需品不得查封：

（1）擅自经营按照国家规定需要由公安机关许可的行业的。

（2）依照《娱乐场所管理条例》可以由公安机关采取取缔措施的。

（3）《反恐怖主义法》等法律、法规规定适用查封的其他公安行政案件。

3. 程序

查封必须经公安机关负责人批准。这里的“公安机关”，是指县级以上公安机关、公安派出所、依法具有独立执法主体资格的公安机关业务部门以及出入境边防检查站。需要延长查封期限的，也要经县级以上公安机关负责人批准，及时书面告知当事人，并说明理由。

4. 应当注意的问题

（1）场所、设施、物品已被其他国家机关依法查封的，不得重复查封。

（2）查封期限为三十日，情况复杂的，经县级以上公安机关负责人批准，可以延长三十日；法律、行政法规另有规定的除外。延长查封期限的，应当及时书面告知当事人，并说明理由。

（3）对物品需要进行鉴定的，鉴定期间不计入查封期间，但应当将鉴定的期间书面告知当事人。

十、抽样取证

1. 法律依据

《行政处罚法》第56条；《公安机关办理行政案件程序规定》第109条。

2. 条件

抽样取证，是公安机关在办理行政案件时，从成批的物证中随机选取个别物品进行检验、鉴定，以确定该批物证是否可以作为证明违法犯罪的证据，它即属于公安行政强制措施，也是一种调查手段，目的在于保全证据。抽样取证主要是针对数量较大或者成批的物品进行，如果物品数量较少则不宜采用抽样取证。

3. 程序

（1）审批。办案人员在收集证据时，经公安机关办案部门负责人批准，可以采取抽样取证的方法。

（2）执行。抽样取证应当采取随机的方式，抽取样品的数量以能够认定本品的品质特征为限。抽样取证时，应当对抽样取证的现场、被抽样物品及被抽取的样品进行拍照或者对抽样过程进行录像。对抽取的样品应当及时进行检验。经检验，能够作为证据使用的，应当依法扣押、先行登记保存或者登记；不属于证据的，应当及时返还样品。样品有减损的，应当予以补偿。

4. 应当注意的问题

（1）抽样取证应当采取随机的方式，不能由办案人员根据自己的需要或者选择性地挑选，被抽取的样品一旦被选定，就不得随意更换。

（2）抽取样品的数量以能够认定本品的品质特征为限，既不能过多，也不能过少。

十一、先行登记保存

1. 法律依据

《行政处罚法》第56条；《公安机关办理行政案件程序规定》第110条。

2. 条件

先行登记保存是公安机关采取的一种行政强制措施，也是一种调查手段，目的在于保全证据。适用先行登记保存的条件是在证据可能灭失或者以后难以取得的情况下，才可以先行登记保存。

3. 程序

采取先行登记保存措施，应当经公安机关办案部门负责人批准。

4. 应当注意的问题

（1）先行登记保存期间，证据持有人及其他人员不得损毁或者转移证据。一般情况下，先行登记保存的证据应当由当事人负责保管，只有一些不宜由当事人保管的，才由公安机关负责保管。

（2）对先行登记保存的证据，应当在七日内作出处理决定。逾期不作出处理决定的，视为自动解除。

十二、冻结

1. 法律依据

《反恐怖主义法》第52条；《行政强制法》第31条；《行政处罚法》第72条；《公安机关办理行政案件程序规定》第113条、第114条、第115条。

2. 条件

冻结主要是限制金融资产的流动的强制措施。包括冻结银行存款、汇款和邮政企业汇款，也包括股票等有价证券。除了使用“冻结”外，还使用“暂停支付”一词。公安机关对恐怖活动嫌疑人的财产采取冻结措施，既是一种行政强制措施，也是一种调查手段，目的在于保全证据。应当注意，公安机关采取冻结措施的对象是针对恐怖活动嫌疑人的存款、汇款、债券、股票、基金份额等财产。

3. 程序

（1）审批。公安机关采取冻结措施时，应当经县级以上公安机关负责人批准。

（2）交付。公安机关应当向金融机构交付书面的冻结通知书。金融机构接到公安机关依法作出的冻结通知书后，应当立即予以冻结，不得拖延，不得在冻结前向当事人泄露信息。

4. 应当注意的问题

（1）为了防止财产转移，公安机关作出冻结决定后可以先通知金融机构冻结相关财产，再在三日内向恐怖活动嫌疑人交付冻结决定书。

（2）冻结决定书应当载明下列事项：一是恐怖活动嫌疑人的姓名或者名称、地址；二是冻结的理由、依据和期限；三是冻结的账号和数额；四是申请行政复议或者提起行政诉讼的途径和期限；五是公安机关的名称、印章和日期。

（3）自被冻结之日起二个月内，公安机关应当作出处理决定或者解除冻结；情况复杂的，经上一级公安机关负责人批准，可以延长一个月。延长冻结的决定应当及时书面告知恐怖活动嫌疑人，并说明理由。

（4）作出解除冻结决定的，应当及时通知金融机构。

第二节　公安行政强制执行标准解读

一、罚款的强制执行

1. 法律依据

《行政处罚法》第72条；《公安机关办理行政案件程序规定》第214条至第219条。

2. 条件

一般来讲，公安机关作出罚款决定，被处罚人应当自觉缴纳罚款；被处罚人未在规定的期限内缴纳罚款的，作出行政处罚决定的公安机关才可以采取强制执行措施。

3. 程序

（1）公安机关自己强制执行罚款。被处罚人未在规定的期限内缴纳罚款的，作出行政处罚决定的公安机关可以采取下列措施：一是将依法查封、扣押的被处罚人的财物拍卖或者变卖抵缴罚款。拍卖或者变卖的价款超过罚款数额的，余额部分应当及时退还被处罚人。二是不能采取前项措施的，每日按罚款数额的百分之三加处罚款，加处罚款总额不得超出罚款数额。应当注意，原罚款仍需缴纳。

（2）申请人民法院申请强制执行罚款。依法加处罚款超过三十日，经催告被处罚人仍不履行的，作出行政处罚决定的公安机关可以按照有关规定向所在地有管辖权的人民法院申请强制执行。

4. 应当注意的问题

（1）公安机关作出罚款决定，被处罚人应当自收到行政处罚决定书之日起十五日内，到指定的银行缴纳罚款。

（2）具有下列情形之一的，公安机关及其办案人民警察可以当场收缴罚款，法律另有规定的，从其规定：一是对违反治安管理行为人处五十元以下罚款和对违反交通管理的行人、乘车人和非机动车驾驶人处罚款，被处罚人没有异议的；二是对违反治安管理、交通管理以外的违法行为人当场处二十元以下罚款的；三是在边远、水上、交通不便地区、旅客列车上或者口岸，被处罚人向指定银行缴纳罚款确有困难，经被处罚人提出的；四是被处罚人在当地没有固定住所，不当场收缴事后难以执行的。

（3）被处罚人确有经济困难，经被处罚人申请和作出处罚决定的公安机关批准，可以暂缓或者分期缴纳罚款。

（4）拍卖财物，由公安机关委托拍卖机构依法办理。

二、行政拘留的执行

1. 法律依据

《行政处罚法》第18条；《公安机关办理行政案件程序规定》第220条至第233条。

2. 条件

执行行政拘留的对象是被决定行政拘留的人。根据《治安管理处罚法》第91条、《道路交通安全法》第111条、《出境入境管理法》第70条规定，行政拘留决定只能由县级以上人民政府公安机关作出。应当注意，根据《行政处罚法》第18条规定，限制人身自由的行政处罚只能由公安机关和法律规定的其他机关行使。

3. 程序

（1）对被决定行政拘留的人，由作出决定的公安机关送达拘留所执行。

（2）对抗拒执行的，可以使用约束性警械。

（3）对被决定行政拘留的人，在异地被抓获或者具有其他有必要在异地拘留所执行情形的，经异地拘留所主管公安机关批准，可以在异地执行。

4. 应当注意的问题

（1）对同时被决定行政拘留和社区戒毒或者强制隔离戒毒的人员，应当先执行行政拘留，由拘留所给予必要的戒毒治疗，强制隔离戒毒期限连续计算。拘留所不具备戒毒治疗条件的，行政拘留决定机关可以直接将被行政拘留人送公安机关管理的强制隔离戒毒所代为执行行政拘留，强制隔离戒毒期限连续计算。

（2）暂缓执行行政拘留。被处罚人不服行政拘留处罚决定，申请行政复议或者提起行政诉讼的，可以向作出行政拘留决定的公安机关提出暂缓执行行政拘留的申请；口头提出申请的，公安机关人民警察应当予以记录，并由申请人签名或者捺指印。被处罚人在行政拘留执行期间，提出暂缓执行行政拘留申请的，拘留所应当立即将申请转交作出行政拘留决定的公安机关。

公安机关应当在收到被处罚人提出暂缓执行行政拘留申请之时起二十四小时内作出决定。公安机关认为暂缓执行行政拘留不致发生社会危险，且被处罚人或者其近亲属提出符合条件的担保人，或者按每日行政拘留二百元的标准交纳保证金的，应当作出暂缓执行行政拘留的决定。对同一被处罚人，不得同时责令其提出保证人和交纳保证金。被处罚人已送达拘留所执行的，公安机关应当立即将暂缓执行行政拘留决定送达拘留所，拘留所应当立即释放被处罚人。

被处罚人具有下列情形之一的，应当作出不暂缓执行行政拘留的决定，并告知申请人：一是暂缓执行行政拘留后可能逃跑的；二是有其他违法犯罪嫌疑，正在被调查或者侦查的；三是不宜暂缓执行行政拘留的其他情形。

（3）行政拘留并处罚款的，罚款不因暂缓执行行政拘留而暂缓执行。

（4）在暂缓执行行政拘留期间，被处罚人应当遵守下列规定：一是未经决定机关批准不得离开所居住的市、县；二是住址、工作单位和联系方式发生变动的，在二十四小时以内向决定机关报告；三是在行政复议和行政诉讼中不得干扰证人作证、伪造证据或者串供；四是不得逃避、拒绝或者阻碍处罚的执行。在暂缓执行行政拘留期间，公安机关不得妨碍被处罚人依法行使行政复议和行政诉讼权利。

（5）暂缓执行行政拘留的担保人应当符合下列条件：一是与本案无牵连；二是享有政治权利，人身自由未受到限制或者剥夺；三是在当地有常住户口和固定住所；四是有能力履行担保义务。

（6）公安机关经过审查认为暂缓执行行政拘留的担保人符合条件的，由担保人出具保证书，并到公安机关将被担保人领回。

（7）暂缓执行行政拘留的担保人应当履行下列义务：一是保证被担保人遵守有关规定；二是发现被担保人伪造证据、串供或者逃跑的，及时向公安机关报告。暂缓执行行政拘留的担保人不履行担保义务，致使被担保人逃避行政拘留处罚执行的，公安机关可以对担保人处以三千元以下罚款，并对被担保人恢复执行行政拘留。暂缓执行行政拘留的担保人履行了担保义务，但被担保人仍逃避行政拘留处罚执行的，或者被处罚人逃跑后，担保人积极帮助公安机关抓获被处罚人的，可以从轻或者不予行政处罚。

暂缓执行行政拘留的担保人在暂缓执行行政拘留期间，不愿继续担保或者丧失担保条件的，行政拘留的决定机关应当责令被处罚人重新提出担保人或者交纳保证金。不提出担保人又不交纳保证金的，行政拘留的决定机关应当将被处罚人送拘留所执行。

（8）保证金应当由银行代收。在银行非营业时间，公安机关可以先行收取，并在收到保证金后的三日内存入指定的银行账户。公安机关应当指定办案部门以外的法制、装备财务等部门负责管理保证金。严禁截留、坐支、挪用或者以其他任何形式侵吞保证金。

（9）行政拘留处罚被撤销或者开始执行时，公安机关应当将保证金退还交纳人。被决定行政拘留的人逃避行政拘留处罚执行的，由决定行政拘留的公安机关作出没收或者部分没收保证金的决定，行政拘留的决定机关应当将被处罚人送拘留所执行。被处罚人对公安机关没收保证金的决定不服的，可以依法申请行政复议或者提起行政诉讼。

三、吊销许可证件的执行

1. 法律依据

《行政处罚法》第9条；《公安机关办理行政案件程序规定》第234条。

2. 条件

根据《行政处罚法》第9条规定，吊销许可证属于行政处罚，是行政机关依法对违反行政管理秩序的当事人取消其所取得的行政许可证件，剥夺当事人从事某项生产经营活动、执业权利的行政处罚。

3. 程序

作出吊销公安机关发放的许可证或者执照处罚的，应当在被吊销的许可证或者执照上加盖吊销印章后收缴。被处罚人拒不缴销证件的，公安机关可以公告宣布作废。吊销许可证或者执照的机关不是发证机关的，作出决定的机关应当在处罚决定生效后及时通知发证机关。

4. 应当注意的问题

（1）公安机关通过公告宣布被吊销的许可证作废，应当在公开出版的刊物、报纸等媒体上公告。公告的内容应当包括被处罚人的姓名、案由、吊销许可证件的行政处罚决定，相关许可证件的名称、编号以及许可证件的持有人，吊销、作废的日期等内容。

（2）按照“谁发证，谁吊销”的原则，有权吊销许可证件的机关应当是原作出行政许可的机关。如果根据法律规定，依法作出吊销许可证的机关不是原发证机关的，作出吊销许可证决定的机关应当在处罚决定生效后及时通知原发证机关。

四、取缔的执行

1. 法律依据

《治安管理处罚法》第54条；《公安机关办理行政案件程序规定》第235条。

2. 条件

取缔主要是针对那些未经批准或者许可而擅自从事某些行业或者经营活动的无照经营行为。根据《治安管理处罚法》第54条规定，未经许可，擅自经营按照国家规定需要由公安机关许可的行业的，由公安机关予以取缔。这里“按照国家规定需要由公安机关许可的行业”，主要是指旅馆业、印章刻制业等特种行业，保安服务业和保安培训机构，民用枪支制造，营业性射击场设立，弩的制造、销售、进口等。

应当注意，根据2015年《国务院关于取消和调整一批行政审批项目等事项的决定》，已将旅馆业、典当业印章刻制业等特种行业许可证核发改为工商登记后置审批事项。

而2020年《国务院关于取消和下放一批行政许可事项的决定》取消典当业特种行业许可证核发。

3. 程序

公安机关作出取缔决定的，可以采取在经营场所张贴公告等方式予以公告，责令被取缔者立即停止经营活动；有违法所得的，依法予以没收或者追缴。拒不停止经营活动的，公安机关可以依法没收或者收缴其专门用于从事非法经营活动的工具、设备。已经取得营业执照的，公安机关应当通知工商行政管理部门依法撤销其营业执照。

4. 应当注意的问题

（1）取缔的决定机关一般是指县级以上公安机关、公安派出所或者法律法规授权具有独立执法主体资格的公安机关内设机构。

（2）公安机关依法应当取缔的违法行为主要包括两大类：一类是应当取得许可证而未取得，擅自经营相关业务的；另一类是已经取得许可证，但被吊销、撤销或者有效期届满后未按照规定重新办理相关手续，擅自继续经营相关业务的行为。

五、责令停产停业决定的执行

1. 法律依据

《公安机关办理行政案件程序规定》第236条。

2. 条件

责令停产停业是公安机关针对从事违法生产经营活动的公民、法人或者其他组织，要求停止生产、停止经营的处罚方式。

3. 程序

对拒不执行公安机关依法作出的责令停产停业决定的，公安机关可以依法强制执行或者申请人民法院强制执行。

4. 应当注意的问题

（1）《娱乐场所管理条例》规定的"责令停业整顿"是一种行政处罚，属于《行政处罚法》规定的责令停产停业行政处罚。

（2）当事人拒不执行公安机关依法作出的责令停业整顿决定的，公安机关不能强制执行，但可以依法申请人民法院强制执行。

六、强制隔离戒毒的执行

1. 法律依据

《禁毒法》第38条至第41条；《公安机关办理行政案件程序规定》第237条。

2. 条件

强制隔离戒毒是针对吸毒成瘾人员拒绝接受社区戒毒，或者在社区戒毒期间吸食、注射毒品，或者严重违反社区戒毒协议，或者经社区戒毒、强制隔离戒毒后再次吸食、注射毒品的，由县级以上人民政府公安机关作出强制隔离戒毒的决定。应当注意，对于吸毒成瘾严重，通过社区戒毒难以戒除毒瘾的人员，公安机关可以直接作出强制隔离戒毒的决定。

3. 程序

（1）决定、送达、通知。公安机关对吸毒成瘾人员决定予以强制隔离戒毒的，应当制作强制隔离戒毒决定书，在执行强制隔离戒毒前送达被决定人，并在送达后二十四小时以内通知被决定人的家属、所在单位和户籍所在地公安派出所；被决定人不讲真实姓名、住址，身份不明的，公安机关应当自查清其身份后通知。

（2）救济。被决定人对公安机关作出的强制隔离戒毒决定不服的，可以依法申请行政复议或者提起行政诉讼。

（3）执行。对被决定予以强制隔离戒毒的人员，由作出决定的公安机关送强制隔离戒毒场所执行。

4. 应当注意的问题

（1）吸毒成瘾人员自愿接受强制隔离戒毒的，经公安机关同意，可以进入强制隔离戒毒场所戒毒。

（2）对被决定社区戒毒的人员，公安机关应当责令其到户籍所在地接受社区戒毒，在户籍所在地以外的现居住地有固定住所的，可以责令其在现居住地接受社区戒毒。

（3）怀孕或者正在哺乳自己不满一周岁婴儿的妇女吸毒成瘾的，不适用强制隔离戒毒。不满十六周岁的未成年人吸毒成瘾的，可以不适用强制隔离戒毒。对不适用强制隔离戒毒的吸毒成瘾人员，依照本法规定进行社区戒毒，由负责社区戒毒工作的城市街道办事处、乡镇人民政府加强帮助、教育和监督，督促落实社区戒毒措施。

第三章　公安行政许可标准解读

一、公务用枪及枪支主要零部件、弹药配备许可

1. 设定和实施依据

《枪支管理法》第7条、第48条。

2. 实施机关

配备公务用枪（弹药），由国务院公安部门或者省级人民政府公安机关审批。

3. 条件

公安机关、国家安全机关、监狱的人民警察，人民法院的司法警察，人民检察院的司法警察和担负案件侦查任务的检察人员，海关的缉私人员，在依法履行职责时确有必要使用枪支的，可以配备公务用枪。国家重要的军工、金融、仓储、科研等单位的专职守护、押运人员在执行守护、押运任务时确有必要使用枪支的，可以配备公务用枪。

4. 程序

一般来说，配备公务用枪（弹药），应当由申请单位填写《配备公务用枪审批登记表》，登记需要制证的枪型、枪号、管理状态、使用人等信息，并经枪弹痕迹建档后，逐级上报县、市公安机关审核，最后由国务院公安部门或者省公安厅审批同意后制发枪证。

二、公务用枪持枪许可

1. 设定和实施依据

《枪支管理法》第7条。

2. 实施机关

配备公务用枪时，由国务院公安部门或者省级人民政府公安机关发给公务用枪持枪证件。

3. 条件

公安机关、国家安全机关、监狱的人民警察，人民法院的司法警察，人民检察院的司法警察和担负案件侦查任务的检察人员，海关的缉私人员，在依法履行职责时确有必要使用枪支的，可以配备公务用枪。国家重要的军工、金融、仓储、科研等单位的专职守护、押运人员在执行守护、押运任务时确有必要使用枪支的，可以配备公务用枪。

4. 程序

一般来说，对符合配备公务用枪的人员，培训考核合格的，填写《公务用枪审批登记表》，将持枪人员信息录入枪支管理信息系统，经县（市、区）级公安机关审查和市级公安机关审核后，逐级上报，最后由国务院公安部门或者省公安厅审批同意后制发《公务用枪持枪证》。

三、民用枪支及枪支主要零部件、弹药配置许可

民用枪支及枪支主要零部件、弹药配置许可的中央主管部门是公安部，实施机关包括公安部和省级、县级公安机关。设定和实施依据是《中华人民共和国枪支管理法》《射击竞技体育运动枪支管理办法》。该许可项目共有6个子项：（1）射击竞技体育运动单位配置枪支及枪支主要零部件、弹药许可；（2）营业性射击场配置枪支及枪支主要零部件、弹药许可；（3）狩猎场配置枪支及枪支主要零部件、弹药许可；（4）野生动物保护、饲养、科研单位配置枪支及枪支主要零部件、弹药许可；（5）猎民配置枪支及枪支主要零部件、弹药许可；（6）牧民配置枪支及枪支主要零部件、弹药许可。

（一）射击竞技体育运动单位配置枪支及枪支主要零部件、弹药许可

1. 基本要素

（1）行政许可事项名称及编码：民用枪支及枪支主要零部件、弹药配置许可【00010910600Y】

（2）行政许可事项子项名称及编码：射击竞技体育运动单位配置枪支及枪支主要零部件、弹药许可【000109106001】

（3）行政许可事项业务办理项名称及编码：无

（4）设定依据

《枪支管理法》第3条第1款规定，国家严格管制枪支。禁止任何单位或者个人违反法律规定持有、制造（包括变造、装配）、买卖、运输、出租、出借枪支。

《枪支管理法》第6条第1款第1项规定，下列单位可以配置民用枪支：经省级人民政府体育行政主管部门批准专门从事射击竞技体育运动的单位、经省级人民政府公安机关批准的营业性射击场，可以配置射击运动枪支。

《枪支管理法》第8条第1款规定，专门从事射击竞技体育运动的单位配置射击运动枪支，由国务院体育行政主管部门提出，由国务院公安部门审批。

《枪支管理法》第48条规定，制造、配售、运输枪支的主要零部件和用于枪支的弹药，适用本法的有关规定。

（5）实施依据

《枪支管理法》第3条、第6条、第8条、第48条。

《枪支管理法》第23条规定，配备、配置枪支的单位和个人必须妥善保管枪支，确保枪支安全。配备、配置枪支的单位，必须明确枪支管理责任，指定专人负责，应当有牢固的专用保管设施，枪支、弹药应当分开存放。对交由个人使用的枪支，必须建立严格的枪支登记、交接、检查、保养等管理制度，使用完毕，及时收回。配备、配置给个人使用的枪支，必须采取有效措施，严防被盗、被抢、丢失或者发生其他事故。

《射击竞技体育运动枪支管理办法》第10条规定，运动枪支的配置种类及限额由国家体育总局会同公安部确定。

《射击竞技体育运动枪支管理办法》第11条规定，运动枪支的购置由国家体育总局与公安部共同指定的单位统一组织实施。

《射击竞技体育运动枪支管理办法》第12条规定，从事射击竞技体育运动的单位应当向所在地设区的市级以上体育行政部

门提出运动枪支年度购置计划和增补购置计划。省级体育行政部门负责汇总和审核本行政区域内运动枪支年度购置计划和增补购置计划，经同级公安机关审核后报国家体育总局。国家体育总局将全国运动枪支购置计划报公安部审批后执行。

《射击竞技体育运动枪支管理办法》第13条规定，运动枪支购置指定单位应当按国家有关规定与运动枪支制造企业（包括进口枪支企业）签订采购合同，并按照公安部批准的分配计划调拨、运输运动枪支。

《射击竞技体育运动枪支管理办法》第14条规定，射击竞技体育运动单位或者所属运动员接受奖励、赞助或者赠送运动枪支时，应当由其所在地省级体育行政部门提出，经国家体育总局审核同意后，报公安部审批并抄送所在地省级公安机关，纳入该单位配置限额管理。

《射击竞技体育运动枪支管理办法》第15条规定，射击竞技体育运动单位需要在本行政区域内调剂使用运动枪支的，应当经省级体育行政部门批准后，报国家体育总局备案，并抄送同级公安机关，纳入接收使用单位运动枪支配置计划管理。跨省调剂使用运动枪支的，由其所在地省级体育行政部门提出，经国家体育总局审核同意后，报公安部审批并抄送相关省级公安机关，纳入接收使用单位运动枪支配置计划管理。

（6）监管依据

《枪支管理法》第23条。

《枪支管理法》第25条规定，配备、配置枪支的单位和个人必须遵守下列规定：①携带枪支必须同时携带持枪证件，未携带持枪证件的，由公安机关扣留枪支；②不得在禁止携带枪支的区域、场所携带枪支；③枪支被盗、被抢或者丢失的，立即报告公安机关。

《枪支管理法》第28条规定，国家对枪支实行查验制度。持有枪支的单位和个人，应当在公安机关指定的时间、地点接受查验。公安机关在查验时，必须严格审查持枪单位和个人是否符合本法规定的条件，检查枪支状况及使用情况；对违法使用枪支、不符合持枪条件或者枪支应当报废的，必须收缴枪支和持枪证件。拒不接受查验的，枪支和持枪证件由公安机关收缴。

《枪支管理法》第43条第3—5款规定，配置民用枪支的单位，违反枪支管理规定，出租、出借枪支，造成严重后果或者有其他严重情节的，对其直接负责的主管人员和其他直接责任人员依照刑法有关规定处罚。配置民用枪支的个人，违反枪支管理规定，出租、出借枪支，造成严重后果的，依照刑法有关规定处罚。违反枪支管理规定，出租、出借枪支，情节轻微未构成犯罪的，由公安机关对个人或者单位负有直接责任的主管人员和其他直接责任人员处十五日以下拘留，可以并处五千元以下罚款；对出租、出借的枪支，应当予以没收。

《射击竞技体育运动枪支管理办法》第24条规定，县级以上体育行政部门会同同级公安机关应当每年组织对射击竞技体育运动单位的运动枪支管理工作进行安全检查，并不定期进行抽查。县级以上体育行政部门和射击竞技体育运动单位应当建立健全信息化管理制度，实现运动枪支信息化动态管理。

《射击竞技体育运动枪支管理办法》第26条规定，射击竞技体育运动单位及人员应当遵守以下规定：①不得私自出租、出借、赠送运动枪支；②不得私自改装和销毁运动枪支；③不得将运动枪支私自带出射击场地；④不得将运动枪支用于射击训练和比赛以外的其他活动；⑤不得在禁止携带枪支的区域、场所携带运动枪支。

（7）实施机关：公安部

（8）审批层级：国家级

（9）行使层级：国家级/局（署、会）

（10）是否由审批机关受理：否

（11）受理层级：设区的市级

（12）是否存在初审环节：是

（13）初审层级：省级，设区的市级

（14）对应政务服务事项国家级基本目录名称：民用枪支（弹药）配置许可

（15）要素统一情况：全部要素全国统一

2. 行政许可事项类型：条件型

3. 行政许可条件

（1）准予行政许可的条件：一是经省级人民政府体育行政主管部门批准专门从事射击竞技体育运动的单位；二是配置计划符合配置标准，经省级人民政府体育行政主管部门汇总、审核，并经省级公安机关审核后列入国务院体育行政主管部门全国运动枪支购置计划；三是有专门的枪支管理人员并建立枪支管理制度；四是具备牢固的专用保管设施，枪支、弹药分开存放。

（2）规定行政许可条件的依据

《枪支管理法》第6条、第8条、第23条。

《射击竞技体育运动枪支管理办法》第12条、第14条、第15条。

4. 行政许可服务对象类型与改革举措

（1）服务对象类型：事业单位法人

（2）是否为涉企经营许可事项：否

（3）涉企经营许可事项名称：无

（4）涉企经营许可证件名称：无

（5）改革方式：优化审批服务

（6）具体改革举措：优化审批服务，探索实行网上办理。

（7）加强事中事后监管措施：一是加大日常监督检查力度，坚持全面检查和重点抽查相结合，合理确定抽查比例和频次。二是不断强化信用监管，建立健全从准入到退出的全过程信用监管体制，探索将违规行为记入信用记录，实行失信联合惩戒。三是加大监管工作科技投入，推行“互联网+监管”，依托信息化等手段对有关数据进行核查，发现问题及时责令整改。四是及时处理投诉举报，依法查处违法违规行为。五是加强监管工作协作，推动不同监管部门之间数据共享，提升监管效能。

5. 申请材料

（1）申请材料名称：一是国务院体育行政主管部门申请文件；二是全国运动枪支购置计划，省级人民政府体育行政主管部门汇总、审核并经省级公安机关审核的运动枪支年度购置计划；三是射击竞技体育运动单位批准文件和资格复审材料；四是专门的枪支管理人员和枪支管理制度有关材料；五是具备符合安全标准的枪支弹药库（室、柜）有关材料。

（2）规定申请材料的依据：

《枪支管理法》第6条、第8条、第23条。

《射击竞技体育运动枪支管理办法》第

8条规定，省级体育行政部门应当自收到申请材料之日起二十个工作日内做出是否批准的决定。决定批准的，将批准文件报国家体育总局备案，并抄送所在地省级公安机关。

《射击竞技体育运动枪支管理办法》第9条规定，省级体育行政部门对从事射击竞技体育运动的单位每两年进行一次资格复审，将复审结果报国家体育总局备案，并抄送所在地省级公安机关。

《射击竞技体育运动枪支管理办法》第12条、第14条、第15条。

6. 中介服务

（1）有无法定中介服务事项：无

（2）中介服务事项名称：无

（3）设定中介服务事项的依据：无

（4）提供中介服务的机构：无

（5）中介服务事项的收费性质：无

7. 审批程序

（1）办理行政许可的程序环节：一是申请人书面申请；二是审批机构受理/不予受理；三是审批机构审查；四是决定批准许可/不予批准许可。

（2）规定行政许可程序的依据

《射击竞技体育运动枪支管理办法》第12条、第14条、第15条。

《行政许可法》第32条规定，行政机关对申请人提出的行政许可申请，应当根据下列情况分别作出处理：①申请事项依法不需要取得行政许可的，应当即时告知申请人不受理；②申请事项依法不属于本行政机关职权范围的，应当即时作出不予受理的决定，并告知申请人向有关行政机关申请；③申请材料存在可以当场更正的错误的，应当允许申请人当场更正；④申请材料不齐全或者不符合法定形式的，应当当场或者在五日内一次告知申请人需要补正的全部内容，逾期不告知的，自收到申请材料之日起即为受理；⑤申请事项属于本行政机关职权范围，申请材料齐全、符合法定形式，或者申请人按照本行政机关的要求提交全部补正申请材料的，应当受理行政许可申请。行政机关受理或者不予受理行政许可申请，应当出具加盖本行政机关专用印章和注明日期的书面凭证。

《行政许可法》第34条规定，行政机关应当对申请人提交的申请材料进行审查。申请人提交的申请材料齐全、符合法定形式，行政机关能够当场作出决定的，应当当场作出书面的行政许可决定。根据法定条件和程序，需要对申请材料的实质内容进行核实的，行政机关应当指派两名以上工作人员进行核查。

《行政许可法》第37条规定，行政机关对行政许可申请进行审查后，除当场作出行政许可决定的外，应当在法定期限内按照规定程序作出行政许可决定。

《行政许可法》第38条规定，申请人的申请符合法定条件、标准的，行政机关应当依法作出准予行政许可的书面决定。行政机关依法作出不予行政许可的书面决定的，应当说明理由，并告知申请人享有依法申请行政复议或者提起行政诉讼的权利。

（3）是否需要现场勘验：否

（4）是否需要组织听证：否

（5）是否需要招标、拍卖、挂牌交易：否

（6）是否需要检验、检测、检疫：否

（7）是否需要鉴定：否

（8）是否需要专家评审：否

（9）是否需要向社会公示：否

（10）是否实行告知承诺办理：否

（11）审批机关是否委托服务机构开展技术性服务：否

8. 受理和审批时限

（1）承诺受理时限：5 个工作日

（2）法定审批时限：20 个工作日

（3）规定法定审批时限依据

《行政许可法》第 42 条第 1 款规定，除可以当场作出行政许可决定的外，行政机关应当自受理行政许可申请之日起二十日内作出行政许可决定。二十日内不能作出决定的，经本行政机关负责人批准，可以延长十日，并应当将延长期限的理由告知申请人。但是，法律、法规另有规定的，依照其规定。

（4）承诺审批时限：20 个工作日

9. 收费

（1）办理行政许可是否收费：否

（2）收费项目的名称、收费项目的标准、设定收费项目的依据、规定收费标准的依据：无

10. 行政许可证件

（1）审批结果类型：批文

（2）审批结果名称：批准文件

（3）审批结果的有效期限：无限期

（4）规定审批结果有效期限的依据：无

（5）是否需要办理审批结果变更手续：否

（6）办理审批结果变更手续的要求：无

（7）是否需要办理审批结果延续手续：否

（8）办理审批结果延续手续的要求：无

（9）审批结果的有效地域范围：全国

（10）规定审批结果有效地域范围的依据

《行政许可法》第 41 条规定，法律、行政法规设定的行政许可，其适用范围没有地域限制的，申请人取得的行政许可在全国范围内有效。

11. 行政许可数量限制

（1）有无行政许可数量限制：无

（2）公布数量限制的方式：无

（3）公布数量限制的周期：无

（4）在数量限制条件下实施行政许可的方式：无

（5）规定在数量限制条件下实施行政许可方式的依据：无

12. 行政许可后年检

（1）有无年检要求：无

（2）设定年检要求的依据：无

（3）年检周期：无

（4）年检是否要求报送材料：无

（5）年检报送材料名称：无

（6）年检是否收费：无

（7）年检收费项目的名称、年检收费项目的标准、设定年检收费项目的依据、规定年检项目收费标准的依据：无

（8）通过年检的证明或者标志：无

13. 行政许可后年报

（1）有无年报要求：无

（2）年报报送材料名称：无

（3）设定年报要求的依据：无

（4）年报周期：无

14. 监管主体

公安部；省级公安机关；设区的市级

公安机关；县级公安机关。

15. 备注

（二）营业性射击场配置枪支及枪支主要零部件、弹药许可

1. 基本要素

（1）行政许可事项名称及编码：民用枪支及枪支主要零部件、弹药配置许可【00010910600Y】

（2）行政许可事项子项名称及编码：营业性射击场配置枪支及枪支主要零部件、弹药许可【000109106002】

（3）行政许可事项业务办理项名称及编码：无

（4）设定依据

《枪支管理法》第3条第1款规定，国家严格管制枪支。禁止任何单位或者个人违反法律规定持有、制造（包括变造、装配）、买卖、运输、出租、出借枪支。

《枪支管理法》第6条第1款第1项规定，下列单位可以配置民用枪支：经省级人民政府体育行政主管部门批准专门从事射击竞技体育运动的单位、经省级人民政府公安机关批准的营业性射击场，可以配置射击运动枪支。

《枪支管理法》第8条第1款中规定，营业性射击场配置射击运动枪支，由省级人民政府公安机关报国务院公安部门批准。

《枪支管理法》第48条规定，制造、配售、运输枪支的主要零部件和用于枪支的弹药，适用本法的有关规定。

（5）实施依据

《枪支管理法》第3条、第6条、第8条、第48条。

《枪支管理法》第23条规定，配备、配置枪支的单位和个人必须妥善保管枪支，确保枪支安全。配备、配置枪支的单位，必须明确枪支管理责任，指定专人负责，应当有牢固的专用保管设施，枪支、弹药应当分开存放。对交由个人使用的枪支，必须建立严格的枪支登记、交接、检查、保养等管理制度，使用完毕，及时收回。配备、配置给个人使用的枪支，必须采取有效措施，严防被盗、被抢、丢失或者发生其他事故。

（6）监管依据

《枪支管理法》第12条第1款规定，营业性射击场、狩猎场配置的民用枪支不得携带出营业性射击场、狩猎场。

《枪支管理法》第23条。

《枪支管理法》第25条规定，配备、配置枪支的单位和个人必须遵守下列规定：①携带枪支必须同时携带持枪证件，未携带持枪证件的，由公安机关扣留枪支；②不得在禁止携带枪支的区域、场所携带枪支；③枪支被盗、被抢或者丢失的，立即报告公安机关。

《枪支管理法》第28条规定，国家对枪支实行查验制度。持有枪支的单位和个人，应当在公安机关指定的时间、地点接受查验。公安机关在查验时，必须严格审查持枪单位和个人是否符合本法规定的条件，检查枪支状况及使用情况；对违法使用枪支、不符合持枪条件或者枪支应当报废的，必须收缴枪支和持枪证件。拒不接受查验的，枪支和持枪证件由公安机关收缴。

《枪支管理法》第43条第3—5款规定，配置民用枪支的单位，违反枪支管理规定，出租、出借枪支，造成严重后果或者有其他严重情节的，对其直接负责的主

管人员和其他直接责任人员依照刑法有关规定处罚。配置民用枪支的个人，违反枪支管理规定，出租、出借枪支，造成严重后果的，依照刑法有关规定处罚。违反枪支管理规定，出租、出借枪支，情节轻微未构成犯罪的，由公安机关对个人或者单位负有直接责任的主管人员和其他直接责任人员处十五日以下拘留，可以并处五千元以下罚款；对出租、出借的枪支，应当予以没收。

（7）实施机关：公安部

（8）审批层级：国家级

（9）行使层级：国家级/局（署、会）

（10）是否由审批机关受理：否

（11）受理层级：设区的市级

（12）是否存在初审环节：是

（13）初审层级：省级，设区的市级

（14）对应政务服务事项国家级基本目录名称：民用枪支（弹药）配置许可

（15）要素统一情况：全部要素全国统一

2. 行政许可事项类型：条件型

3. 行政许可条件

（1）准予行政许可的条件：一是经省级人民政府公安机关批准的营业性射击场；二是配置计划经省级公安机关审核；三是有专门的枪支管理人员并建立枪支管理制度；四是具备牢固的专用保管设施，枪支、弹药分开存放。

（2）规定行政许可条件的依据

《枪支管理法》第6条、第8条、第23条。

公安部《关于规范民用枪支配售调拨管理等有关事项的通知》规定，营业性射击场射击运动枪弹的年度需求计划，由营业性射击场向所在地设区的市级人民政府公安机关提出，经审查同意后，由省级公安机关审核后汇总报公安部审批。

4. 行政许可服务对象类型与改革举措

（1）服务对象类型：企业法人

（2）是否为涉企经营许可事项：否

（3）涉企经营许可事项名称：无

（4）涉企经营许可证件名称：无

（5）改革方式：优化审批服务

（6）具体改革举措：优化审批服务，探索实行网上办理。

（7）加强事中事后监管措施：一是加大日常监督检查力度，坚持全面检查和重点抽查相结合，合理确定抽查比例和频次。二是不断强化信用监管，建立健全从准入到退出的全过程信用监管体制，探索将违规行为记入信用记录，实行失信联合惩戒。三是加大监管工作科技投入，推行“互联网+监管”，依托信息化等手段对有关数据进行核查，发现问题及时责令整改。四是及时处理投诉举报，依法查处违法违规行为。五是加强监管工作协作，推动不同监管部门之间数据共享，提升监管效能。

5. 申请材料

（1）申请材料名称：一是营业性射击场配置枪支申请文件（受理后须经省级公安机关审核）；二是营业性射击场批准文件；三是具备符合安全标准的枪支弹药库（室、柜）有关材料。

（2）规定申请材料的依据

《枪支管理法》第6条、第8条、第23条。

6. 中介服务

（1）有无法定中介服务事项：无

（2）中介服务事项名称：无

（3）设定中介服务事项的依据：无

（4）提供中介服务的机构：无

（5）中介服务事项的收费性质：无

7. 审批程序

（1）办理行政许可的程序环节：一是申请人书面申请；二是审批机构受理/不予受理；三是审批机构审查；四是决定批准许可/不予批准许可。

（2）规定行政许可程序的依据

《枪支管理法》第8条。

《行政许可法》第32条规定，行政机关对申请人提出的行政许可申请，应当根据下列情况分别作出处理：①申请事项依法不需要取得行政许可的，应当即时告知申请人不受理；②申请事项依法不属于本行政机关职权范围的，应当即时作出不予受理的决定，并告知申请人向有关行政机关申请；③申请材料存在可以当场更正的错误的，应当允许申请人当场更正；④申请材料不齐全或者不符合法定形式的，应当当场或者在五日内一次告知申请人需要补正的全部内容，逾期不告知的，自收到申请材料之日起即为受理；⑤申请事项属于本行政机关职权范围，申请材料齐全、符合法定形式，或者申请人按照本行政机关的要求提交全部补正申请材料的，应当受理行政许可申请。行政机关受理或者不予受理行政许可申请，应当出具加盖本行政机关专用印章和注明日期的书面凭证。

《行政许可法》第34条规定，行政机关应当对申请人提交的申请材料进行审查。申请人提交的申请材料齐全、符合法定形式，行政机关能够当场作出决定的，应当当场作出书面的行政许可决定。根据法定条件和程序，需要对申请材料的实质内容进行核实的，行政机关应当指派两名以上工作人员进行核查。

《行政许可法》第37条规定，行政机关对行政许可申请进行审查后，除当场作出行政许可决定的外，应当在法定期限内按照规定程序作出行政许可决定。

《行政许可法》第38条规定，申请人的申请符合法定条件、标准的，行政机关应当依法作出准予行政许可的书面决定。行政机关依法作出不予行政许可的书面决定的，应当说明理由，并告知申请人享有依法申请行政复议或者提起行政诉讼的权利。

（3）是否需要现场勘验：否

（4）是否需要组织听证：否

（5）是否需要招标、拍卖、挂牌交易：否

（6）是否需要检验、检测、检疫：否

（7）是否需要鉴定：否

（8）是否需要专家评审：否

（9）是否需要向社会公示：否

（10）是否实行告知承诺办理：否

（11）审批机关是否委托服务机构开展技术性服务：否

8. 受理和审批时限

（1）承诺受理时限：5个工作日

（2）法定审批时限：20个工作日

（3）规定法定审批时限依据

《行政许可法》第42条第1款规定，除可以当场作出行政许可决定的外，行政机关应当自受理行政许可申请之日起二十日内作出行政许可决定。二十日内不能作出决定的，经本行政机关负责人批准，可以延长十日，并应当将延长期限的理由告知申请人。但是，法律、法规另有规定的，依照其规定。

（4）承诺审批时限：20个工作日

9. 收费

（1）办理行政许可是否收费：否

（2）收费项目的名称、收费项目的标准、设定收费项目的依据、规定收费标准的依据：无

10. 行政许可证件

（1）审批结果类型：批文

（2）审批结果名称：批准文件

（3）审批结果的有效期限：无限期

（4）规定审批结果有效期限的依据：无

（5）是否需要办理审批结果变更手续：否

（6）办理审批结果变更手续的要求：无

（7）是否需要办理审批结果延续手续：否

（8）办理审批结果延续手续的要求：无

（9）审批结果的有效地域范围：全国

（10）规定审批结果有效地域范围的依据

《行政许可法》第41条规定，法律、行政法规设定的行政许可，其适用范围没有地域限制的，申请人取得的行政许可在全国范围内有效。

11. 行政许可数量限制

（1）有无行政许可数量限制：无

（2）公布数量限制的方式：无

（3）公布数量限制的周期：无

（4）在数量限制条件下实施行政许可的方式：无

（5）规定在数量限制条件下实施行政许可方式的依据：无

12. 行政许可后年检

（1）有无年检要求：无

（2）设定年检要求的依据：无

（3）年检周期：无

（4）年检是否要求报送材料：无

（5）年检报送材料名称：无

（6）年检是否收费：无

（7）年检收费项目的名称、年检收费项目的标准、设定年检收费项目的依据、规定年检项目收费标准的依据：无

（8）通过年检的证明或者标志：无

13. 行政许可后年报

（1）有无年报要求：无

（2）年报报送材料名称：无

（3）设定年报要求的依据：无

（4）年报周期：无

14. 监管主体

公安部，省级公安机关，设区的市级公安机关，县级公安机关。

15. 备注

（三）狩猎场配置枪支及枪支主要零部件、弹药许可

1. 基本要素

（1）行政许可事项名称及编码：民用枪支及枪支主要零部件、弹药配置许可【00010910600Y】

（2）行政许可事项子项名称及编码：狩猎场配置枪支及枪支主要零部件、弹药许可【000109106003】

（3）行政许可事项业务办理项名称及编码：无

（4）设定依据

《枪支管理法》第3条第1款规定，国家严格管制枪支。禁止任何单位或者个人

违反法律规定持有、制造（包括变造、装配）、买卖、运输、出租、出借枪支。

《枪支管理法》第6条第1款第2项规定，下列单位可以配置民用枪支：经省级以上人民政府林业行政主管部门批准的狩猎场，可以配置猎枪。

《枪支管理法》第9条规定，狩猎场配置猎枪，凭省级以上人民政府林业行政主管部门的批准文件，报省级以上人民政府公安机关审批，由设区的市级人民政府公安机关核发民用枪支配购证件。

《枪支管理法》第48条规定，制造、配售、运输枪支的主要零部件和用于枪支的弹药，适用本法的有关规定。

（5）实施依据

《枪支管理法》第3条、第6条、第9条、第48条。

《枪支管理法》第23条规定，配备、配置枪支的单位和个人必须妥善保管枪支，确保枪支安全。配备、配置枪支的单位，必须明确枪支管理责任，指定专人负责，应当有牢固的专用保管设施，枪支、弹药应当分开存放。对交由个人使用的枪支，必须建立严格的枪支登记、交接、检查、保养等管理制度，使用完毕，及时收回。配备、配置给个人使用的枪支，必须采取有效措施，严防被盗、被抢、丢失或者发生其他事故。

（6）监管依据

《枪支管理法》第12条第1款规定，营业性射击场、狩猎场配置的民用枪支不得携带出营业性射击场、狩猎场。

《枪支管理法》第23条。

《枪支管理法》第25条规定，配备、配置枪支的单位和个人必须遵守下列规定：①携带枪支必须同时携带持枪证件，未携带持枪证件的，由公安机关扣留枪支；②不得在禁止携带枪支的区域、场所携带枪支；③枪支被盗、被抢或者丢失的，立即报告公安机关。

《枪支管理法》第28条规定，国家对枪支实行查验制度。持有枪支的单位和个人，应当在公安机关指定的时间、地点接受查验。公安机关在查验时，必须严格审查持枪单位和个人是否符合本法规定的条件，检查枪支状况及使用情况；对违法使用枪支、不符合持枪条件或者枪支应当报废的，必须收缴枪支和持枪证件。拒不接受查验的，枪支和持枪证件由公安机关收缴。

《枪支管理法》第43条第3—5款规定，配置民用枪支的单位，违反枪支管理规定，出租、出借枪支，造成严重后果或者有其他严重情节的，对其直接负责的主管人员和其他直接责任人员依照刑法有关规定处罚。配置民用枪支的个人，违反枪支管理规定，出租、出借枪支，造成严重后果的，依照刑法有关规定处罚。违反枪支管理规定，出租、出借枪支，情节轻微未构成犯罪的，由公安机关对个人或者单位负有直接责任的主管人员和其他直接责任人员处十五日以下拘留，可以并处五千元以下罚款；对出租、出借的枪支，应当予以没收。

（7）实施机关：省级公安机关

（8）审批层级：省级

（9）行使层级：省级/直属

（10）是否由审批机关受理：否

（11）受理层级：县级

（12）是否存在初审环节：是

（13）初审层级：设区的市级，县级

（14）对应政务服务事项国家级基本目录名称：民用枪支（弹药）配置许可

（15）要素统一情况：部分要素全国统一

2. 行政许可事项类型：条件型

3. 行政许可条件

（1）准予行政许可的条件：一是经省级以上人民政府林业行政主管部门批准的狩猎场；二是配置猎枪经省级以上人民政府林业行政主管部门批准；三是有专门的枪支管理人员并建立枪支管理制度；四是具备牢固的专用保管设施，枪支、弹药分开存放。

（2）规定行政许可条件的依据

《枪支管理法》第6条、第9条、第23条。

4. 行政许可服务对象类型与改革举措

（1）服务对象类型：企业法人，事业单位法人

（2）是否为涉企经营许可事项：否

（3）涉企经营许可事项名称：无

（4）涉企经营许可证件名称：无

（5）改革方式：优化审批服务

（6）具体改革举措：优化审批服务，探索实行网上办理。

（7）加强事中事后监管措施：一是加大日常监督检查力度，坚持全面检查和重点抽查相结合，合理确定抽查比例和频次。二是不断强化信用监管，建立健全从准入到退出的全过程信用监管体制，探索将违规行为记入信用记录，实行失信联合惩戒。三是加大监管工作科技投入，推行“互联网+监管”，依托信息化等手段对有关数据进行核查，发现问题及时责令整改。四是及时处理投诉举报，依法查处违法违规行为。五是加强监管工作协作，推动不同监管部门之间数据共享，提升监管效能。

5. 申请材料

（1）申请材料名称：一是狩猎场配置枪支申请文件；二是狩猎场批准文件；三是省级以上人民政府林业行政主管部门对配置猎枪的批准文件；四是专门的枪支管理人员和枪支管理制度有关材料；五是具备符合安全标准的枪支弹药库（室、柜）有关材料。

（2）规定申请材料的依据

《枪支管理法》第6条、第9条、第23条。

6. 中介服务

（1）有无法定中介服务事项：无

（2）中介服务事项名称：无

（3）设定中介服务事项的依据：无

（4）提供中介服务的机构：无

（5）中介服务事项的收费性质：无

7. 审批程序

（1）办理行政许可的程序环节：一是申请人书面申请；二是审批机构受理/不予受理；三是审批机构审查；四是决定批准许可/不予批准许可。

（2）规定行政许可程序的依据

《枪支管理法》第9条。

《行政许可法》第32条规定，行政机关对申请人提出的行政许可申请，应当根据下列情况分别作出处理：①申请事项依法不需要取得行政许可的，应当即时告知申请人不受理；②申请事项依法不属于本行政机关职权范围的，应当即时作出不予受理的决定，并告知申请人向有关行政机关申请；③申请材料存在可以当场更正的

错误的，应当允许申请人当场更正；④申请材料不齐全或者不符合法定形式的，应当当场或者在五日内一次告知申请人需要补正的全部内容，逾期不告知的，自收到申请材料之日起即为受理；⑤申请事项属于本行政机关职权范围，申请材料齐全、符合法定形式，或者申请人按照本行政机关的要求提交全部补正申请材料的，应当受理行政许可申请。行政机关受理或者不予受理行政许可申请，应当出具加盖本行政机关专用印章和注明日期的书面凭证。

《行政许可法》第34条规定，行政机关应当对申请人提交的申请材料进行审查。申请人提交的申请材料齐全、符合法定形式，行政机关能够当场作出决定的，应当当场作出书面的行政许可决定。根据法定条件和程序，需要对申请材料的实质内容进行核实的，行政机关应当指派两名以上工作人员进行核查。

《行政许可法》第37条规定，行政机关对行政许可申请进行审查后，除当场作出行政许可决定的外，应当在法定期限内按照规定程序作出行政许可决定。

《行政许可法》第38条规定，申请人的申请符合法定条件、标准的，行政机关应当依法作出准予行政许可的书面决定。行政机关依法作出不予行政许可的书面决定的，应当说明理由，并告知申请人享有依法申请行政复议或者提起行政诉讼的权利。

（3）是否需要现场勘验：否

（4）是否需要组织听证：否

（5）是否需要招标、拍卖、挂牌交易：否

（6）是否需要检验、检测、检疫：否

（7）是否需要鉴定：否

（8）是否需要专家评审：否

（9）是否需要向社会公示：否

（10）是否实行告知承诺办理：否

（11）审批机关是否委托服务机构开展技术性服务：否

8. 受理和审批时限

（1）承诺受理时限：5个工作日

（2）法定审批时限：20个工作日

（3）规定法定审批时限依据

《行政许可法》第42条第1款规定，除可以当场作出行政许可决定的外，行政机关应当自受理行政许可申请之日起二十日内作出行政许可决定。二十日内不能作出决定的，经本行政机关负责人批准，可以延长十日，并应当将延长期限的理由告知申请人。但是，法律、法规另有规定的，依照其规定。

（4）承诺审批时限：20个工作日

9. 收费

（1）办理行政许可是否收费：否

（2）收费项目的名称、收费项目的标准、设定收费项目的依据、规定收费标准的依据：无

10. 行政许可证件

（1）审批结果类型：批文

（2）审批结果名称：批准文件

（3）审批结果的有效期限：无限期

（4）规定审批结果有效期限的依据：无

（5）是否需要办理审批结果变更手续：否

（6）办理审批结果变更手续的要求：无

（7）是否需要办理审批结果延续手

续：否

（8）办理审批结果延续手续的要求：无

（9）审批结果的有效地域范围：全国

（10）规定审批结果有效地域范围的依据

《行政许可法》第41条规定，法律、行政法规设定的行政许可，其适用范围没有地域限制的，申请人取得的行政许可在全国范围内有效。

11. 行政许可数量限制

（1）有无行政许可数量限制：无

（2）公布数量限制的方式：无

（3）公布数量限制的周期：无

（4）在数量限制条件下实施行政许可的方式：无

（5）规定在数量限制条件下实施行政许可方式的依据：无

12. 行政许可后年检

（1）有无年检要求：无

（2）设定年检要求的依据：无

（3）年检周期：无

（4）年检是否要求报送材料：无

（5）年检报送材料名称：无

（6）年检是否收费：无

（7）年检收费项目的名称、年检收费项目的标准、设定年检收费项目的依据、规定年检项目收费标准的依据：无

（8）通过年检的证明或者标志：无

13. 行政许可后年报

（1）有无年报要求：无

（2）年报报送材料名称：无

（3）设定年报要求的依据：无

（4）年报周期：无

14. 监管主体

省级公安机关；设区的市级公安机关；县级公安机关。

15. 备注

（四）野生动物保护、饲养、科研单位配置枪支及枪支主要零部件、弹药许可

1. 基本要素

（1）行政许可事项名称及编码：民用枪支及枪支主要零部件、弹药配置许可【00010910600Y】

（2）行政许可事项子项名称及编码：野生动物保护、饲养、科研单位配置枪支及枪支主要零部件、弹药许可【000109106004】

（3）行政许可事项业务办理项名称及编码：无

（4）设定依据

《枪支管理法》第3条第1款规定，国家严格管制枪支。禁止任何单位或者个人违反法律规定持有、制造（包括变造、装配）、买卖、运输、出租、出借枪支。

《枪支管理法》第6条第1款第3项规定，下列单位可以配置民用枪支：野生动物保护、饲养、科研单位因业务需要，可以配置猎枪、麻醉注射枪。

《枪支管理法》第10条规定，野生动物保护、饲养、科研单位申请配置猎枪、麻醉注射枪的，应当凭其所在地的县级人民政府野生动物行政主管部门核发的狩猎证或者特许猎捕证和单位营业执照，向所在地的县级人民政府公安机关提出；……

《枪支管理法》第48条规定，制造、配售、运输枪支的主要零部件和用于枪支的弹药，适用本法的有关规定。

（5）实施依据

《枪支管理法》第3条、第6条、第10条、第48条。

《枪支管理法》第23条规定，配备、配置枪支的单位和个人必须妥善保管枪支，确保枪支安全。配备、配置枪支的单位，必须明确枪支管理责任，指定专人负责，应当有牢固的专用保管设施，枪支、弹药应当分开存放。对交由个人使用的枪支，必须建立严格的枪支登记、交接、检查、保养等管理制度，使用完毕，及时收回。配备、配置给个人使用的枪支，必须采取有效措施，严防被盗、被抢、丢失或者发生其他事故。

（6）监管依据

《枪支管理法》第23条。

《枪支管理法》第25条规定，配备、配置枪支的单位和个人必须遵守下列规定：①携带枪支必须同时携带持枪证件，未携带持枪证件的，由公安机关扣留枪支；②不得在禁止携带枪支的区域、场所携带枪支；③枪支被盗、被抢或者丢失的，立即报告公安机关。

《枪支管理法》第28条规定，国家对枪支实行查验制度。持有枪支的单位和个人，应当在公安机关指定的时间、地点接受查验。公安机关在查验时，必须严格审查持枪单位和个人是否符合本法规定的条件，检查枪支状况及使用情况；对违法使用枪支、不符合持枪条件或者枪支应当报废的，必须收缴枪支和持枪证件。拒不接受查验的，枪支和持枪证件由公安机关收缴。

《枪支管理法》第43条第3—5款规定，配置民用枪支的单位，违反枪支管理规定，出租、出借枪支，造成严重后果或者有其他严重情节的，对其直接负责的主管人员和其他直接责任人员依照刑法有关规定处罚。配置民用枪支的个人，违反枪支管理规定，出租、出借枪支，造成严重后果的，依照刑法有关规定处罚。违反枪支管理规定，出租、出借枪支，情节轻微未构成犯罪的，由公安机关对个人或者单位负有直接责任的主管人员和其他直接责任人员处十五日以下拘留，可以并处五千元以下罚款；对出租、出借的枪支，应当予以没收。

（7）实施机关：县级公安机关

（8）审批层级：县级

（9）行使层级：县级

（10）是否由审批机关受理：是

（11）受理层级：县级

（12）是否存在初审环节：否

（13）初审层级：无

（14）对应政务服务事项国家级基本目录名称：民用枪支（弹药）配置许可

（15）要素统一情况：部分要素全国统一

2. 行政许可事项类型：条件型

3. 行政许可条件

（1）准予行政许可的条件：一是野生动物保护、饲养、科研单位，因业务需要；二是有所在地县级人民政府野生动物行政主管部门核发的狩猎证或者特许猎捕证；三是有专门的枪支管理人员并建立枪支管理制度；四是具备牢固的专用保管设施，枪支、弹药分开存放。

（2）规定行政许可条件的依据

《枪支管理法》第6条、第10条、第23条。

4. 行政许可服务对象类型与改革举措

（1）服务对象类型：企业法人，事业单位法人

（2）是否为涉企经营许可事项：否

（3）涉企经营许可事项名称：无

（4）涉企经营许可证件名称：无

（5）改革方式：优化审批服务

（6）具体改革举措：优化审批服务，探索实行网上办理。

（7）加强事中事后监管措施：一是加大日常监督检查力度，坚持全面检查和重点抽查相结合，合理确定抽查比例和频次。二是不断强化信用监管，建立健全从准入到退出的全过程信用监管体制，探索将违规行为记入信用记录，实行失信联合惩戒。三是加大监管工作科技投入，推行“互联网+监管”，依托信息化等手段对有关数据进行核查，发现问题及时责令整改。四是及时处理投诉举报，依法查处违法违规行为。五是加强监管工作协作，推动不同监管部门之间数据共享，提升监管效能。

5. 申请材料

（1）申请材料名称：一是野生动物保护、饲养、科研单位配置枪支申请文件；二是所在地的县级人民政府野生动物行政主管部门核发的狩猎证或特许猎捕证，有营业执照的单位须提供营业执照；三是专门的枪支管理人员和枪支管理制度有关材料；四是具备符合安全标准的枪支弹药库（室、柜）有关材料。

（2）规定申请材料的依据

《枪支管理法》第6条、第10条、第23条。

6. 中介服务

（1）有无法定中介服务事项：无

（2）中介服务事项名称：无

（3）设定中介服务事项的依据：无

（4）提供中介服务的机构：无

（5）中介服务事项的收费性质：无

7. 审批程序

（1）办理行政许可的程序环节：一是申请人书面申请；二是审批机构受理/不予受理；三是审批机构审查；四是决定批准许可/不予批准许可。

（2）规定行政许可程序的依据

《枪支管理法》第10条。

《行政许可法》第32条规定，行政机关对申请人提出的行政许可申请，应当根据下列情况分别作出处理：①申请事项依法不需要取得行政许可的，应当即时告知申请人不受理；②申请事项依法不属于本行政机关职权范围的，应当即时作出不予受理的决定，并告知申请人向有关行政机关申请；③申请材料存在可以当场更正的错误的，应当允许申请人当场更正；④申请材料不齐全或者不符合法定形式的，应当当场或者在五日内一次告知申请人需要补正的全部内容，逾期不告知的，自收到申请材料之日起即为受理；⑤申请事项属于本行政机关职权范围，申请材料齐全、符合法定形式，或者申请人按照本行政机关的要求提交全部补正申请材料的，应当受理行政许可申请。行政机关受理或者不予受理行政许可申请，应当出具加盖本行政机关专用印章和注明日期的书面凭证。

《行政许可法》第34条规定，行政机关应当对申请人提交的申请材料进行审查。申请人提交的申请材料齐全、符合法定形式，行政机关能够当场作出决定的，应当当场作出书面的行政许可决定。根据法定条件和程序，需要对申请材料的实质内容进行核实的，行政机关应当指派两名以上工作人员进行核查。

《行政许可法》第37条规定，行政机关对行政许可申请进行审查后，除当场作出行政许可决定的外，应当在法定期限内按照规定程序作出行政许可决定。

《行政许可法》第38条规定，申请人的申请符合法定条件、标准的，行政机关应当依法作出准予行政许可的书面决定。行政机关依法作出不予行政许可的书面决定的，应当说明理由，并告知申请人享有依法申请行政复议或者提起行政诉讼的权利。

（3）是否需要现场勘验：否

（4）是否需要组织听证：否

（5）是否需要招标、拍卖、挂牌交易：否

（6）是否需要检验、检测、检疫：否

（7）是否需要鉴定：否

（8）是否需要专家评审：否

（9）是否需要向社会公示：否

（10）是否实行告知承诺办理：否

（11）审批机关是否委托服务机构开展技术性服务：否

8. 受理和审批时限

（1）承诺受理时限：5个工作日

（2）法定审批时限：20个工作日

（3）规定法定审批时限依据

《行政许可法》第42条第1款规定，除可以当场作出行政许可决定的外，行政机关应当自受理行政许可申请之日起二十日内作出行政许可决定。二十日内不能作出决定的，经本行政机关负责人批准，可以延长十日，并应当将延长期限的理由告知申请人。但是，法律、法规另有规定的，依照其规定。

（4）承诺审批时限：20个工作日

9. 收费

（1）办理行政许可是否收费：否

（2）收费项目的名称、收费项目的标准、设定收费项目的依据、规定收费标准的依据：无

10. 行政许可证件

（1）审批结果类型：批文

（2）审批结果名称：批准文件

（3）审批结果的有效期限：无限期

（4）规定审批结果有效期限的依据：无

（5）是否需要办理审批结果变更手续：否

（6）办理审批结果变更手续的要求：无

（7）是否需要办理审批结果延续手续：否

（8）办理审批结果延续手续的要求：无

（9）审批结果的有效地域范围：全国

（10）规定审批结果有效地域范围的依据

《行政许可法》第41条规定，法律、行政法规设定的行政许可，其适用范围没有地域限制的，申请人取得的行政许可在全国范围内有效。

11. 行政许可数量限制

（1）有无行政许可数量限制：无

（2）公布数量限制的方式：无

（3）公布数量限制的周期：无

（4）在数量限制条件下实施行政许可的方式：无

（5）规定在数量限制条件下实施行政许可方式的依据：无

12. 行政许可后年检

（1）有无年检要求：无

（2）设定年检要求的依据：无

（3）年检周期：无

（4）年检是否要求报送材料：无

（5）年检报送材料名称：无

（6）年检是否收费：无

（7）年检收费项目的名称、年检收费项目的标准、设定年检收费项目的依据、规定年检项目收费标准的依据：无

（8）通过年检的证明或者标志：无

13. 行政许可后年报

（1）有无年报要求：无

（2）年报报送材料名称：无

（3）设定年报要求的依据：无

（4）年报周期：无

14. 监管主体

县级公安机关。

15. 备注

（五）猎民配置枪支及枪支主要零部件、弹药许可

1. 基本要素

（1）行政许可事项名称及编码：民用枪支及枪支主要零部件、弹药配置许可【00010910600Y】

（2）行政许可事项子项名称及编码：猎民配置枪支及枪支主要零部件、弹药许可【000109106005】

（3）行政许可事项业务办理项名称及编码：无

（4）设定依据

《枪支管理法》第3条第1款规定，国家严格管制枪支。禁止任何单位或者个人违反法律规定持有、制造（包括变造、装配）、买卖、运输、出租、出借枪支。

《枪支管理法》第6条第2款规定，猎民在猎区、牧民在牧区，可以申请配置猎枪。猎区和牧区的区域由省级人民政府划定。

《枪支管理法》第10条中规定，猎民申请配置猎枪的，应当凭其所在地的县级人民政府野生动物行政主管部门核发的狩猎证和个人身份证件，向所在地的县级人民政府公安机关提出；……

《枪支管理法》第48条规定，制造、配售、运输枪支的主要零部件和用于枪支的弹药，适用本法的有关规定。

（5）实施依据

《枪支管理法》第6条、第10条、第48条。

《枪支管理法》第23条规定，配备、配置枪支的单位和个人必须妥善保管枪支，确保枪支安全。配备、配置枪支的单位，必须明确枪支管理责任，指定专人负责，应当有牢固的专用保管设施，枪支、弹药应当分开存放。对交由个人使用的枪支，必须建立严格的枪支登记、交接、检查、保养等管理制度，使用完毕，及时收回。配备、配置给个人使用的枪支，必须采取有效措施，严防被盗、被抢、丢失或者发生其他事故。

（6）监管依据

《枪支管理法》第12条第2款规定，猎民、牧民配置的猎枪不得携带出猎区、牧区。

《枪支管理法》第23条。

《枪支管理法》第25条规定，配备、配置枪支的单位和个人必须遵守下列规定：①携带枪支必须同时携带持枪证件，未携带持枪证件的，由公安机关扣留枪支；②不得在禁止携带枪支的区域、场所携带枪支；③枪支被盗、被抢或者丢失的，立即

报告公安机关。

《枪支管理法》第28条规定，国家对枪支实行查验制度。持有枪支的单位和个人，应当在公安机关指定的时间、地点接受查验。公安机关在查验时，必须严格审查持枪单位和个人是否符合本法规定的条件，检查枪支状况及使用情况；对违法使用枪支、不符合持枪条件或者枪支应当报废的，必须收缴枪支和持枪证件。拒不接受查验的，枪支和持枪证件由公安机关收缴。

《枪支管理法》第43条第3—5款规定，配置民用枪支的单位，违反枪支管理规定，出租、出借枪支，造成严重后果或者有其他严重情节的，对其直接负责的主管人员和其他直接责任人员依照刑法有关规定处罚。配置民用枪支的个人，违反枪支管理规定，出租、出借枪支，造成严重后果的，依照刑法有关规定处罚。违反枪支管理规定，出租、出借枪支，情节轻微未构成犯罪的，由公安机关对个人或者单位负有直接责任的主管人员和其他直接责任人员处十五日以下拘留，可以并处五千元以下罚款；对出租、出借的枪支，应当予以没收。

（7）实施机关：县级公安机关

（8）审批层级：县级

（9）行使层级：县级

（10）是否由审批机关受理：是

（11）受理层级：县级

（12）是否存在初审环节：否

（13）初审层级：无

（14）对应政务服务事项国家级基本目录名称：民用枪支（弹药）配置许可

（15）要素统一情况：部分要素全国统一

2. 行政许可事项类型：条件型

3. 行政许可条件

（1）准予行政许可的条件：一是猎区的猎民；二是有所在地县级人民政府野生动物保护主管部门核发的狩猎证；三是掌握枪支性能；四是具备妥善保管枪支、确保枪支安全的条件。

（2）规定行政许可条件的依据

《枪支管理法》第6条、第10条、第23条。

《枪支管理法》第24条规定，使用枪支的人员，必须掌握枪支的性能，遵守使用枪支的有关规定，保证枪支的合法、安全使用。使用公务用枪的人员，必须经过专门培训。

4. 行政许可服务对象类型与改革举措

（1）服务对象类型：自然人

（2）是否为涉企经营许可事项：否

（3）涉企经营许可事项名称：无

（4）涉企经营许可证件名称：无

（5）改革方式：优化审批服务

（6）具体改革举措：优化审批服务，探索实行网上办理。

（7）加强事中事后监管措施：一是加大日常监督检查力度，坚持全面检查和重点抽查相结合，合理确定抽查比例和频次。二是不断强化信用监管，建立健全从准入到退出的全过程信用监管体制，探索将违规行为记入信用记录，实行失信联合惩戒。三是加大监管工作科技投入，推行“互联网+监管”，依托信息化等手段对有关数据进行核查，发现问题及时责令整改。四是及时处理投诉举报，依法查处违法违规行为。五是加强监管工作协作，推动不同监管部门之间数据共享，提升监管效能。

5. 申请材料

（1）申请材料名称：一是配置枪支书面申请；二是申请人个人身份证件；三是所在地县级人民政府野生动物保护主管部门核发的狩猎证；四是枪支保管条件有关材料。

（2）规定申请材料的依据

《枪支管理法》第 6 条、第 10 条、第 23 条。

6. 中介服务

（1）有无法定中介服务事项：无

（2）中介服务事项名称：无

（3）设定中介服务事项的依据：无

（4）提供中介服务的机构：无

（5）中介服务事项的收费性质：无

7. 审批程序

（1）办理行政许可的程序环节：一是申请人书面申请；二是审批机构受理/不予受理；三是审批机构审查；四是决定批准许可/不予批准许可。

（2）规定行政许可程序的依据

《枪支管理法》第 10 条。

《行政许可法》第 32 条规定，行政机关对申请人提出的行政许可申请，应当根据下列情况分别作出处理：①申请事项依法不需要取得行政许可的，应当即时告知申请人不受理；②申请事项依法不属于本行政机关职权范围的，应当即时作出不予受理的决定，并告知申请人向有关行政机关申请；③申请材料存在可以当场更正的错误的，应当允许申请人当场更正；④申请材料不齐全或者不符合法定形式的，应当当场或者在五日内一次告知申请人需要补正的全部内容，逾期不告知的，自收到申请材料之日起即为受理；⑤申请事项属于本行政机关职权范围，申请材料齐全、符合法定形式，或者申请人按照本行政机关的要求提交全部补正申请材料的，应当受理行政许可申请。行政机关受理或者不予受理行政许可申请，应当出具加盖本行政机关专用印章和注明日期的书面凭证。

《行政许可法》第 34 条规定，行政机关应当对申请人提交的申请材料进行审查。申请人提交的申请材料齐全、符合法定形式，行政机关能够当场作出决定的，应当当场作出书面的行政许可决定。根据法定条件和程序，需要对申请材料的实质内容进行核实的，行政机关应当指派两名以上工作人员进行核查。

《行政许可法》第 37 条规定，行政机关对行政许可申请进行审查后，除当场作出行政许可决定的外，应当在法定期限内按照规定程序作出行政许可决定。

《行政许可法》第 38 条规定，申请人的申请符合法定条件、标准的，行政机关应当依法作出准予行政许可的书面决定。行政机关依法作出不予行政许可的书面决定的，应当说明理由，并告知申请人享有依法申请行政复议或者提起行政诉讼的权利。

（3）是否需要现场勘验：否

（4）是否需要组织听证：否

（5）是否需要招标、拍卖、挂牌交易：否

（6）是否需要检验、检测、检疫：否

（7）是否需要鉴定：否

（8）是否需要专家评审：否

（9）是否需要向社会公示：否

（10）是否实行告知承诺办理：否

（11）审批机关是否委托服务机构开展

技术性服务：否

8. 受理和审批时限

（1）承诺受理时限：5个工作日

（2）法定审批时限：20个工作日

（3）规定法定审批时限依据

《行政许可法》第42条规定，除可以当场作出行政许可决定的外，行政机关应当自受理行政许可申请之日起二十日内作出行政许可决定。二十日内不能作出决定的，经本行政机关负责人批准，可以延长十日，并应当将延长期限的理由告知申请人。但是，法律、法规另有规定的，依照其规定。……

（4）承诺审批时限：20个工作日

9. 收费

（1）办理行政许可是否收费：否

（2）收费项目的名称、收费项目的标准、设定收费项目的依据、规定收费标准的依据：无

10. 行政许可证件

（1）审批结果类型：批文

（2）审批结果名称：批准文件

（3）审批结果的有效期限：无限期

（4）规定审批结果有效期限的依据：无

（5）是否需要办理审批结果变更手续：否

（6）办理审批结果变更手续的要求：无

（7）是否需要办理审批结果延续手续：否

（8）办理审批结果延续手续的要求：无

（9）审批结果的有效地域范围：全国

（10）规定审批结果有效地域范围的依据

《行政许可法》第41条规定，法律、行政法规设定的行政许可，其适用范围没有地域限制的，申请人取得的行政许可在全国范围内有效。

11. 行政许可数量限制

（1）有无行政许可数量限制：无

（2）公布数量限制的方式：无

（3）公布数量限制的周期：无

（4）在数量限制条件下实施行政许可的方式：无

（5）规定在数量限制条件下实施行政许可方式的依据：无

12. 行政许可后年检

（1）有无年检要求：无

（2）设定年检要求的依据：无

（3）年检周期：无

（4）年检是否要求报送材料：无

（5）年检报送材料名称：无

（6）年检是否收费：无

（7）年检收费项目的名称、年检收费项目的标准、设定年检收费项目的依据、规定年检项目收费标准的依据：无

（8）通过年检的证明或者标志：无

13. 行政许可后年报

（1）有无年报要求：无

（2）年报报送材料名称：无

（3）设定年报要求的依据：无

（4）年报周期：无

14. 监管主体

县级公安机关。

15. 备注

（六）牧民配置枪支及枪支主要零部件、弹药许可

1. 基本要素

（1）行政许可事项名称及编码：民用

枪支及枪支主要零部件、弹药配置许可【00010910600Y】

（2）行政许可事项子项名称及编码：牧民配置枪支及枪支主要零部件、弹药许可【000109106006】

（3）行政许可事项业务办理项名称及编码：无

（4）设定依据

《枪支管理法》第3条第1款规定，国家严格管制枪支。禁止任何单位或者个人违反法律规定持有、制造（包括变造、装配）、买卖、运输、出租、出借枪支。

《枪支管理法》第6条第2款规定，猎民在猎区、牧民在牧区，可以申请配置猎枪。猎区和牧区的区域由省级人民政府划定。

《枪支管理法》第10条中规定，牧民申请配置猎枪的，应当凭个人身份证件，向所在地的县级人民政府公安机关提出。

《枪支管理法》第48条规定，制造、配售、运输枪支的主要零部件和用于枪支的弹药，适用本法的有关规定。

（5）实施依据

《枪支管理法》第3条、第6条、第10条、第48条。

《枪支管理法》第23条规定，配备、配置枪支的单位和个人必须妥善保管枪支，确保枪支安全。配备、配置枪支的单位，必须明确枪支管理责任，指定专人负责，应当有牢固的专用保管设施，枪支、弹药应当分开存放。对交由个人使用的枪支，必须建立严格的枪支登记、交接、检查、保养等管理制度，使用完毕，及时收回。配备、配置给个人使用的枪支，必须采取有效措施，严防被盗、被抢、丢失或者发生其他事故。

（6）监管依据

《枪支管理法》第12条第2款规定，猎民、牧民配置的猎枪不得携带出猎区、牧区。

《枪支管理法》第23条。

《枪支管理法》第25条规定，配备、配置枪支的单位和个人必须遵守下列规定：①携带枪支必须同时携带持枪证件，未携带持枪证件的，由公安机关扣留枪支；②不得在禁止携带枪支的区域、场所携带枪支；③枪支被盗、被抢或者丢失的，立即报告公安机关。

《枪支管理法》第28条规定，国家对枪支实行查验制度。持有枪支的单位和个人，应当在公安机关指定的时间、地点接受查验。公安机关在查验时，必须严格审查持枪单位和个人是否符合本法规定的条件，检查枪支状况及使用情况；对违法使用枪支、不符合持枪条件或者枪支应当报废的，必须收缴枪支和持枪证件。拒不接受查验的，枪支和持枪证件由公安机关收缴。

《枪支管理法》第43条第3—5款规定，配置民用枪支的单位，违反枪支管理规定，出租、出借枪支，造成严重后果或者有其他严重情节的，对其直接负责的主管人员和其他直接责任人员依照刑法有关规定处罚。配置民用枪支的个人，违反枪支管理规定，出租、出借枪支，造成严重后果的，依照刑法有关规定处罚。违反枪支管理规定，出租、出借枪支，情节轻微未构成犯罪的，由公安机关对个人或者单位负有直接责任的主管人员和其他直接责任人员处十五日以下拘留，可以并处五千元以下罚款；对出租、出借的枪支，应当予以没收。

（7）实施机关：县级公安机关

（8）审批层级：县级

（9）行使层级：县级

（10）是否由审批机关受理：是

（11）受理层级：县级

（12）是否存在初审环节：否

（13）初审层级：无

（14）对应政务服务事项国家级基本目录名称：民用枪支（弹药）配置许可

（15）要素统一情况：部分要素全国统一

2. 行政许可事项类型：条件型

3. 行政许可条件

（1）准予行政许可的条件：一是牧区的牧民；二是掌握枪支性能；三是具备妥善保管枪支、确保枪支安全的条件。

（2）规定行政许可条件的依据

《枪支管理法》第 6 条、第 10 条、第 23 条。

《枪支管理法》第 24 条规定，使用枪支的人员，必须掌握枪支的性能，遵守使用枪支的有关规定，保证枪支的合法、安全使用。使用公务用枪的人员，必须经过专门培训。

4. 行政许可服务对象类型与改革举措

（1）服务对象类型：自然人

（2）是否为涉企经营许可事项：否

（3）涉企经营许可事项名称：无

（4）涉企经营许可证件名称：无

（5）改革方式：优化审批服务

（6）具体改革举措：优化审批服务，探索实行网上办理。

（7）加强事中事后监管措施：一是加大日常监督检查力度，坚持全面检查和重点抽查相结合，合理确定抽查比例和频次。二是不断强化信用监管，建立健全从准入到退出的全过程信用监管体制，探索将违规行为记入信用记录，实行失信联合惩戒。三是加大监管工作科技投入，推行“互联网＋监管”，依托信息化等手段对有关数据进行核查，发现问题及时责令整改。四是及时处理投诉举报，依法查处违法违规行为。五是加强监管工作协作，推动不同监管部门之间数据共享，提升监管效能。

5. 申请材料

（1）申请材料名称：一是配置枪支书面申请；二是申请人个人身份证件；三是枪支保管条件有关材料。

（2）规定申请材料的依据

《枪支管理法》第 6 条、第 10 条、第 23 条。

6. 中介服务

（1）有无法定中介服务事项：无

（2）中介服务事项名称：无

（3）设定中介服务事项的依据：无

（4）提供中介服务的机构：无

（5）中介服务事项的收费性质：无

7. 审批程序

（1）办理行政许可的程序环节：一是申请人书面申请；二是审批机构受理/不予受理；三是审批机构审查；四是决定批准许可/不予批准许可。

（2）规定行政许可程序的依据

《枪支管理法》第 10 条。

《行政许可法》第 32 条规定，行政机关对申请人提出的行政许可申请，应当根据下列情况分别作出处理：①申请事项依法不需要取得行政许可的，应当即时告知申请人不受理；②申请事项依法不属于本行政机关职权范围的，应当即时作出不予受理的决定，并告知申请人向有关行政机关申请；③申请材料存在可以当场更正的错误的，应当允许申请人当场更正；④申请材料不齐全或者不符合法定形式的，应当当场或者在五日内一次告知申请人需要补正的全部内容，逾期不告知的，自收到申请材料之日起即为受理；⑤申请事项属于本行政机关职权范围，申请材料齐全、符合法定形式，或者申请人按照本行政机关的要求提交全部补正申请材料的，应当受理行政许可申请。行政机关受理或者不予受理行政许可申请，应当出具加盖本行政机关专用印章和注明日期的书面凭证。

《行政许可法》第34条规定，行政机关应当对申请人提交的申请材料进行审查。申请人提交的申请材料齐全、符合法定形式，行政机关能够当场作出决定的，应当当场作出书面的行政许可决定。根据法定条件和程序，需要对申请材料的实质内容进行核实的，行政机关应当指派两名以上工作人员进行核查。

《行政许可法》第37条规定，行政机关对行政许可申请进行审查后，除当场作出行政许可决定的外，应当在法定期限内按照规定程序作出行政许可决定。

《行政许可法》第38条规定，申请人的申请符合法定条件、标准的，行政机关应当依法作出准予行政许可的书面决定。行政机关依法作出不予行政许可的书面决定的，应当说明理由，并告知申请人享有依法申请行政复议或者提起行政诉讼的权利。

（3）是否需要现场勘验：否

（4）是否需要组织听证：否

（5）是否需要招标、拍卖、挂牌交易：否

（6）是否需要检验、检测、检疫：否

（7）是否需要鉴定：否

（8）是否需要专家评审：否

（9）是否需要向社会公示：否

（10）是否实行告知承诺办理：否

（11）审批机关是否委托服务机构开展技术性服务：否

8. 受理和审批时限

（1）承诺受理时限：5个工作日

（2）法定审批时限：20个工作日

（3）规定法定审批时限依据

《行政许可法》第42条第1款规定，除可以当场作出行政许可决定的外，行政机关应当自受理行政许可申请之日起二十日内作出行政许可决定。二十日内不能作出决定的，经本行政机关负责人批准，可以延长十日，并应当将延长期限的理由告知申请人。但是，法律、法规另有规定的，依照其规定。

（4）承诺审批时限：20个工作日

9. 收费

（1）办理行政许可是否收费：否

（2）收费项目的名称、收费项目的标准、设定收费项目的依据、规定收费标准的依据：无

10. 行政许可证件

（1）审批结果类型：批文

（2）审批结果名称：批准文件

（3）审批结果的有效期限：无限期

（4）规定审批结果有效期限的依据：无

（5）是否需要办理审批结果变更手

续：否

（6）办理审批结果变更手续的要求：无

（7）是否需要办理审批结果延续手续：否

（8）办理审批结果延续手续的要求：无

（9）审批结果的有效地域范围：全国

（10）规定审批结果有效地域范围的依据

《行政许可法》第41条规定，法律、行政法规设定的行政许可，其适用范围没有地域限制的，申请人取得的行政许可在全国范围内有效。

11. 行政许可数量限制

（1）有无行政许可数量限制：无

（2）公布数量限制的方式：无

（3）公布数量限制的周期：无

（4）在数量限制条件下实施行政许可的方式：无

（5）规定在数量限制条件下实施行政许可方式的依据：无

12. 行政许可后年检

（1）有无年检要求：无

（2）设定年检要求的依据：无

（3）年检周期：无

（4）年检是否要求报送材料：无

（5）年检报送材料名称：无

（6）年检是否收费：无

（7）年检收费项目的名称、年检收费项目的标准、设定年检收费项目的依据、规定年检项目收费标准的依据：无

（8）通过年检的证明或者标志：无

13. 行政许可后年报

（1）有无年报要求：无

（2）年报报送材料名称：无

（3）设定年报要求的依据：无

（4）年报周期：无

14. 监管主体

县级公安机关。

15. 备注

四、民用枪支持枪许可

民用枪支持枪许可的中央主管部门是公安部，实施机关是省级、设区的市级公安机关，设定和实施依据是《枪支管理法》《射击竞技体育运动枪支管理办法》。包括6个子项：（1）射击竞技体育运动单位持枪许可；（2）营业性射击场持枪许可；（3）狩猎场持枪许可；（4）野生动物保护、饲养、科研单位持枪许可；（5）猎民持枪许可；（6）牧民持枪许可。

（一）射击竞技体育运动单位持枪许可

1. 基本要素

（1）行政许可事项名称及编码：民用枪支持枪许可【00010910700Y】

（2）行政许可事项子项名称及编码：射击竞技体育运动单位持枪许可【000109107001】

（3）行政许可事项业务办理项名称及编码：无

（4）设定依据

《枪支管理法》第3条第1款规定，国家严格管制枪支。禁止任何单位或者个人违反法律规定持有、制造（包括变造、装配）、买卖、运输、出租、出借枪支。

《枪支管理法》第6条第1款规定，下列单位可以配置民用枪支：经省级人民政府体育行政主管部门批准专门从事射击竞技体育运动的单位、经省级人民政府公安

机关批准的营业性射击场，可以配置射击运动枪支；……

《枪支管理法》第8条规定，专门从事射击竞技体育运动的单位配置射击运动枪支，由国务院体育行政主管部门提出，由国务院公安部门审批。……配置射击运动枪支时，由省级人民政府公安机关发给民用枪支持枪证件。

（5）实施依据

《枪支管理法》第3条、第6条、第8条。

《射击竞技体育运动枪支管理办法》第16条规定，射击竞技体育运动单位配置的运动枪支，应当按照规定办理《民用枪支持枪证》。射击竞技体育运动单位调剂使用的运动枪支，应当重新申请办理《民用枪支持枪证》。

（6）监管依据

《枪支管理法》第26条第2款规定，配置民用枪支的单位和个人不再符合持枪条件时，必须及时将枪支连同持枪证件上缴核发持枪证件的公安机关；未及时上缴的，由公安机关收缴。

《枪支管理法》第28条规定，国家对枪支实行查验制度。持有枪支的单位和个人，应当在公安机关指定的时间、地点接受查验。公安机关在查验时，必须严格审查持枪单位和个人是否符合本法规定的条件，检查枪支状况及使用情况；对违法使用枪支、不符合持枪条件或者枪支应当报废的，必须收缴枪支和持枪证件。拒不接受查验的，枪支和持枪证件由公安机关收缴。

《枪支管理法》第43条第3—5款规定，配置民用枪支的单位，违反枪支管理规定，出租、出借枪支，造成严重后果或者有其他严重情节的，对其直接负责的主管人员和其他直接责任人员依照刑法有关规定处罚。配置民用枪支的个人，违反枪支管理规定，出租、出借枪支，造成严重后果的，依照刑法有关规定处罚。违反枪支管理规定，出租、出借枪支，情节轻微未构成犯罪的，由公安机关对个人或者单位负有直接责任的主管人员和其他直接责任人员处十五日以下拘留，可以并处五千元以下罚款；对出租、出借的枪支，应当予以没收。

《枪支管理法》第45条规定，公安机关工作人员有下列行为之一的，依法追究刑事责任；未构成犯罪的，依法给予行政处分：①向本法第五条、第六条规定以外的单位和个人配备、配置枪支的；②违法发给枪支管理证件的；③将没收的枪支据为己有的；④不履行枪支管理职责，造成后果的。

《射击竞技体育运动枪支管理办法》第18条规定，携带运动枪支外出参加射击训练、比赛等活动，必须携带《民用枪支持枪证》。

《射击竞技体育运动枪支管理办法》第24条规定，县级以上体育行政部门会同同级公安机关应当每年组织对射击竞技体育运动单位的运动枪支管理工作进行安全检查，并不定期进行抽查。县级以上体育行政部门和射击竞技体育运动单位应当建立健全信息化管理制度，实现运动枪支信息化动态管理。

《射击竞技体育运动枪支管理办法》第25条规定，射击竞技体育运动单位报废运动枪支，应当报经省级以上体育行政部门批准后，连同《民用枪支持枪证》上缴所在地县级以上公安机关，由所在地省级公安机关统一组织销毁。做出报废运动枪支批准的省级体育行政部门应当将上缴证明等相关文件报国家体育总局备案。

《射击竞技体育运动枪支管理办法》第37条规定，射击竞技体育运动单位有下列行为之一的，由公安机关没收运动枪支，体育行政部门依照有关规定，给予当事人行政处分：①未按规定办理《民用枪支持枪证》的；②未按规定上交报废运动枪支的；③私自借用运动枪支的；④在非射击运动场地进行射击活动的；⑤在禁止携带枪支的区域、场所携带运动枪支的。

（7）实施机关：省级公安机关

（8）审批层级：省级

（9）行使层级：省级/直属

（10）是否由审批机关受理：否

（11）受理层级：县级

（12）是否存在初审环节：是

（13）初审层级：设区的市级，县级

（14）对应政务服务事项国家级基本目录名称：民用枪支持枪许可

（15）要素统一情况：部分要素全国统一

2. 行政许可事项类型：条件型

3. 行政许可条件

（1）准予行政许可的条件：一是经省级人民政府体育行政主管部门批准专门从事射击竞技体育运动的单位；二是枪支购置到位。

（2）规定行政许可条件的依据

《枪支管理法》第6条、第8条。

《射击竞技体育运动枪支管理办法》第16条。

4. 行政许可服务对象类型与改革举措

（1）服务对象类型：事业单位法人

（2）是否为涉企经营许可事项：否

（3）涉企经营许可事项名称：无

（4）涉企经营许可证件名称：无

（5）改革方式：优化审批服务

（6）具体改革举措：优化审批服务，探索实行网上办理。

（7）加强事中事后监管措施：一是加大日常监督检查力度，坚持全面检查和重点抽查相结合，合理确定抽查比例和频次。二是不断强化信用监管，建立健全从准入到退出的全过程信用监管体制，探索将违规行为记入信用记录，实行失信联合惩戒。三是加大监管工作科技投入，推行“互联网+监管”，依托信息化等手段对有关数据进行核查，发现问题及时责令整改。四是及时处理投诉举报，依法查处违法违规行为。五是加强监管工作协作，推动不同监管部门之间数据共享，提升监管效能。

5. 申请材料

（1）申请材料名称：一是民用枪支持枪证申请文件；二是枪支购置到位相关材料。

（2）规定申请材料的依据

《枪支管理法》第6条、第8条。

《射击竞技体育运动枪支管理办法》第16条。

6. 中介服务

（1）有无法定中介服务事项：无

（2）中介服务事项名称：无

（3）设定中介服务事项的依据：无

（4）提供中介服务的机构：无

（5）中介服务事项的收费性质：无

7. 审批程序

（1）办理行政许可的程序环节：一是

申请人书面申请；二是审批机构受理/不予受理；三是审批机构审查；四是决定批准许可/不予批准许可。

（2）规定行政许可程序的依据

《枪支管理法》第8条。

《射击竞技体育运动枪支管理办法》第16条。

《行政许可法》第32条规定，行政机关对申请人提出的行政许可申请，应当根据下列情况分别作出处理：①申请事项依法不需要取得行政许可的，应当即时告知申请人不受理；②申请事项依法不属于本行政机关职权范围的，应当即时作出不予受理的决定，并告知申请人向有关行政机关申请；③申请材料存在可以当场更正的错误的，应当允许申请人当场更正；④申请材料不齐全或者不符合法定形式的，应当当场或者在五日内一次告知申请人需要补正的全部内容，逾期不告知的，自收到申请材料之日起即为受理；⑤申请事项属于本行政机关职权范围，申请材料齐全、符合法定形式，或者申请人按照本行政机关的要求提交全部补正申请材料的，应当受理行政许可申请。行政机关受理或者不予受理行政许可申请，应当出具加盖本行政机关专用印章和注明日期的书面凭证。

《行政许可法》第34条规定，行政机关应当对申请人提交的申请材料进行审查。申请人提交的申请材料齐全、符合法定形式，行政机关能够当场作出决定的，应当当场作出书面的行政许可决定。根据法定条件和程序，需要对申请材料的实质内容进行核实的，行政机关应当指派两名以上工作人员进行核查。

《行政许可法》第37条规定，行政机关对行政许可申请进行审查后，除当场作出行政许可决定的外，应当在法定期限内按照规定程序作出行政许可决定。

《行政许可法》第38条规定，申请人的申请符合法定条件、标准的，行政机关应当依法作出准予行政许可的书面决定。行政机关依法作出不予行政许可的书面决定的，应当说明理由，并告知申请人享有依法申请行政复议或者提起行政诉讼的权利。

（3）是否需要现场勘验：否

（4）是否需要组织听证：否

（5）是否需要招标、拍卖、挂牌交易：否

（6）是否需要检验、检测、检疫：否

（7）是否需要鉴定：否

（8）是否需要专家评审：否

（9）是否需要向社会公示：否

（10）是否实行告知承诺办理：否

（11）审批机关是否委托服务机构开展技术性服务：否

8. 受理和审批时限

（1）承诺受理时限：5个工作日

（2）法定审批时限：20个工作日

（3）规定法定审批时限依据

《行政许可法》第42条第1款规定，除可以当场作出行政许可决定的外，行政机关应当自受理行政许可申请之日起二十日内作出行政许可决定。二十日内不能作出决定的，经本行政机关负责人批准，可以延长十日，并应当将延长期限的理由告知申请人。

（4）承诺审批时限：20个工作日

9. 收费

（1）办理行政许可是否收费：否

（2）收费项目的名称、收费项目的标准、设定收费项目的依据、规定收费标准的依据：无

10. 行政许可证件

（1）审批结果类型：证照

（2）审批结果名称：民用枪持枪证

（3）审批结果的有效期限：无限期

（4）规定审批结果有效期限的依据：无

（5）是否需要办理审批结果变更手续：否

（6）办理审批结果变更手续的要求：无

（7）是否需要办理审批结果延续手续：否

（8）办理审批结果延续手续的要求：无

（9）审批结果的有效地域范围：全国

（10）规定审批结果有效地域范围的依据

《行政许可法》第41条规定，法律、行政法规设定的行政许可，其适用范围没有地域限制的，申请人取得的行政许可在全国范围内有效。

11. 行政许可数量限制

（1）有无行政许可数量限制：无

（2）公布数量限制的方式：无

（3）公布数量限制的周期：无

（4）在数量限制条件下实施行政许可的方式：无

（5）规定在数量限制条件下实施行政许可方式的依据：无

12. 行政许可后年检

（1）有无年检要求：有

（2）设定年检要求的依据

《枪支管理法》第28条规定，国家对枪支实行查验制度。持有枪支的单位和个人，应当在公安机关指定的时间、地点接受查验。公安机关在查验时，必须严格审查持枪单位和个人是否符合本法规定的条件，检查枪支状况及使用情况；对违法使用枪支、不符合持枪条件或者枪支应当报废的，必须收缴枪支和持枪证件。拒不接受查验的，枪支和持枪证件由公安机关收缴。

《公安部关于认真做好民用枪支配售配购使用管理工作的通知》公治〔2001〕14号）要求强化监督管理，严防失控漏管。……对配售企业、持枪人员实行年审制度。

（3）年检周期：1年

（4）年检是否要求报送材料：无

（5）年检报送材料名称：无

（6）年检是否收费：无

（7）年检收费项目的名称、年检收费项目的标准、设定年检收费项目的依据、规定年检项目收费标准的依据：无

（8）通过年检的证明或者标志：无

13. 行政许可后年报

（1）有无年报要求：无

（2）年报报送材料名称：无

（3）设定年报要求的依据：无

（4）年报周期：无

14. 监管主体

省级公安机关；设区的市级公安机关；县级公安机关。

15. 备注

（二）营业性射击场持枪许可

1. 基本要素

（1）行政许可事项名称及编码：民用枪支持枪许可【00010910700Y】

（2）行政许可事项子项名称及编码：营业性射击场持枪许可【000109107002】

（3）行政许可事项业务办理项名称及编码：无

（4）设定依据

《枪支管理法》第3条第1款规定，国家严格管制枪支。禁止任何单位或者个人违反法律规定持有、制造（包括变造、装配）、买卖、运输、出租、出借枪支。

《枪支管理法》第6条第1款规定，下列单位可以配置民用枪支：经省级人民政府体育行政主管部门批准专门从事射击竞技体育运动的单位、经省级人民政府公安机关批准的营业性射击场，可以配置射击运动枪支；……

《枪支管理法》第8条规定，营业性射击场配置射击运动枪支，由省级人民政府公安机关报国务院公安部门批准。配置射击运动枪支时，由省级人民政府公安机关发给民用枪支持枪证件。

（5）实施依据

《枪支管理法》第3条、第6条、第8条。

（6）监管依据

《枪支管理法》第12条第1款规定，营业性射击场、狩猎场配置的民用枪支不得携带出营业性射击场、狩猎场。

《枪支管理法》第26条第2款规定，配备公务用枪的人员不再符合持枪条件时，由所在单位收回枪支和持枪证件。配置民用枪支的单位和个人不再符合持枪条件时，必须及时将枪支连同持枪证件上缴核发持枪证件的公安机关；未及时上缴的，由公安机关收缴。

《枪支管理法》第28条规定，国家对枪支实行查验制度。持有枪支的单位和个人，应当在公安机关指定的时间、地点接受查验。公安机关在查验时，必须严格审查持枪单位和个人是否符合本法规定的条件，检查枪支状况及使用情况；对违法使用枪支、不符合持枪条件或者枪支应当报废的，必须收缴枪支和持枪证件。拒不接受查验的，枪支和持枪证件由公安机关收缴。

《枪支管理法》第43条第3—5款规定，配置民用枪支的单位，违反枪支管理规定，出租、出借枪支，造成严重后果或者有其他严重情节的，对其直接负责的主管人员和其他直接责任人员依照刑法有关规定处罚。配置民用枪支的个人，违反枪支管理规定，出租、出借枪支，造成严重后果的，依照刑法有关规定处罚。违反枪支管理规定，出租、出借枪支，情节轻微未构成犯罪的，由公安机关对个人或者单位负有直接责任的主管人员和其他直接责任人员处十五日以下拘留，可以并处五千元以下罚款；对出租、出借的枪支，应当予以没收。

（7）实施机关：省级公安机关

（8）审批层级：省级

（9）行使层级：省级/直属

（10）是否由审批机关受理：否

（11）受理层级：县级

（12）是否存在初审环节：是

（13）初审层级：设区的市级，县级

（14）对应政务服务事项国家级基本目录名称：民用枪支持枪许可

（15）要素统一情况：部分要素全国统一

2. 行政许可事项类型：条件型

3. 行政许可条件

（1）准予行政许可的条件：一是经省

级人民政府公安机关批准的营业性射击场；二是枪支购置到位。

（2）规定行政许可条件的依据

《枪支管理法》第6条、第8条。

4. 行政许可服务对象类型与改革举措

（1）服务对象类型：企业法人

（2）是否为涉企经营许可事项：否

（3）涉企经营许可事项名称：无

（4）涉企经营许可证件名称：无

（5）改革方式：优化审批服务

（6）具体改革举措：优化审批服务，探索实行网上办理。

（7）加强事中事后监管措施：一是加大日常监督检查力度，坚持全面检查和重点抽查相结合，合理确定抽查比例和频次。二是不断强化信用监管，建立健全从准入到退出的全过程信用监管体制，探索将违规行为记入信用记录，实行失信联合惩戒。三是加大监管工作科技投入，推行“互联网+监管”，依托信息化等手段对有关数据进行核查，发现问题及时责令整改。四是及时处理投诉举报，依法查处违法违规行为。五是加强监管工作协作，推动不同监管部门之间数据共享，提升监管效能。

5. 申请材料

（1）申请材料名称：一是民用枪支持枪证申请文件；二是枪支购置到位相关材料。

（2）规定申请材料的依据

《枪支管理法》第6条、第8条。

6. 中介服务

（1）有无法定中介服务事项：无

（2）中介服务事项名称：无

（3）设定中介服务事项的依据：无

（4）提供中介服务的机构：无

（5）中介服务事项的收费性质：无

7. 审批程序

（1）办理行政许可的程序环节：一是申请人书面申请；二是审批机构受理/不予受理；三是审批机构审查；四是决定批准许可/不予批准许可。

（2）规定行政许可程序的依据

《枪支管理法》第8条。

《行政许可法》第32条规定，行政机关对申请人提出的行政许可申请，应当根据下列情况分别作出处理：①申请事项依法不需要取得行政许可的，应当即时告知申请人不受理；②申请事项依法不属于本行政机关职权范围的，应当即时作出不予受理的决定，并告知申请人向有关行政机关申请；③申请材料存在可以当场更正的错误的，应当允许申请人当场更正；④申请材料不齐全或者不符合法定形式的，应当当场或者在五日内一次告知申请人需要补正的全部内容，逾期不告知的，自收到申请材料之日起即为受理；⑤申请事项属于本行政机关职权范围，申请材料齐全、符合法定形式，或者申请人按照本行政机关的要求提交全部补正申请材料的，应当受理行政许可申请。行政机关受理或者不予受理行政许可申请，应当出具加盖本行政机关专用印章和注明日期的书面凭证。

《行政许可法》第34条规定，行政机关应当对申请人提交的申请材料进行审查。申请人提交的申请材料齐全、符合法定形式，行政机关能够当场作出决定的，应当当场作出书面的行政许可决定。根据法定条件和程序，需要对申请材料的实质内容进行核实的，行政机关应当指派两名以上工作人员进行核查。

《行政许可法》第37条规定，行政机关对行政许可申请进行审查后，除当场作出行政许可决定的外，应当在法定期限内按照规定程序作出行政许可决定。

《行政许可法》第38条规定，申请人的申请符合法定条件、标准的，行政机关应当依法作出准予行政许可的书面决定。行政机关依法作出不予行政许可的书面决定的，应当说明理由，并告知申请人享有依法申请行政复议或者提起行政诉讼的权利。

（3）是否需要现场勘验：否

（4）是否需要组织听证：否

（5）是否需要招标、拍卖、挂牌交易：否

（6）是否需要检验、检测、检疫：否

（7）是否需要鉴定：否

（8）是否需要专家评审：否

（9）是否需要向社会公示：否

（10）是否实行告知承诺办理：否

（11）审批机关是否委托服务机构开展技术性服务：否

8. 受理和审批时限

（1）承诺受理时限：5个工作日

（2）法定审批时限：20个工作日

（3）规定法定审批时限依据

《行政许可法》第42条第1款规定，除可以当场作出行政许可决定的外，行政机关应当自受理行政许可申请之日起二十日内作出行政许可决定。二十日内不能作出决定的，经本行政机关负责人批准，可以延长十日，并应当将延长期限的理由告知申请人。

（4）承诺审批时限：20个工作日

9. 收费

（1）办理行政许可是否收费：否

（2）收费项目的名称、收费项目的标准、设定收费项目的依据、规定收费标准的依据：无

10. 行政许可证件

（1）审批结果类型：证照

（2）审批结果名称：民用枪持枪证

（3）审批结果的有效期限：无限期

（4）规定审批结果有效期限的依据：无

（5）是否需要办理审批结果变更手续：否

（6）办理审批结果变更手续的要求：无

（7）是否需要办理审批结果延续手续：否

（8）办理审批结果延续手续的要求：无

（9）审批结果的有效地域范围：全国

（10）规定审批结果有效地域范围的依据

《行政许可法》第41条规定，法律、行政法规设定的行政许可，其适用范围没有地域限制的，申请人取得的行政许可在全国范围内有效。

11. 行政许可数量限制

（1）有无行政许可数量限制：无

（2）公布数量限制的方式：无

（3）公布数量限制的周期：无

（4）在数量限制条件下实施行政许可的方式：无

（5）规定在数量限制条件下实施行政许可方式的依据：无

12. 行政许可后年检

（1）有无年检要求：有

（2）设定年检要求的依据

《枪支管理法》第28条规定，国家对枪支实行查验制度。持有枪支的单位和个人，应当在公安机关指定的时间、地点接受查验。公安机关在查验时，必须严格审查持枪单位和个人是否符合本法规定的条件，检查枪支状况及使用情况；对违法使用枪支、不符合持枪条件或者枪支应当报废的，必须收缴枪支和持枪证件。拒不接受查验的，枪支和持枪证件由公安机关收缴。

《公安部关于认真做好民用枪支配售配购使用管理工作的通知》（公治〔2001〕14号）要求强化监督管理，严防失控漏管。……对配售企业、持枪人员实行年审制度。

（3）年检周期：1年

（4）年检是否要求报送材料：无

（5）年检报送材料名称：无

（6）年检是否收费：无

（7）年检收费项目的名称、年检收费项目的标准、设定年检收费项目的依据、规定年检项目收费标准的依据：无

（8）通过年检的证明或者标志：无

13. 行政许可后年报

（1）有无年报要求：无

（2）年报报送材料名称：无

（3）设定年报要求的依据：无

（4）年报周期：无

14. 监管主体

省级公安机关；设区的市级公安机关；县级公安机关。

15. 备注

（三）狩猎场持枪许可

1. 基本要素

（1）行政许可事项名称及编码：民用枪支持枪许可【00010910700Y】

（2）行政许可事项子项名称及编码：狩猎场持枪许可【000109107003】

（3）行政许可事项业务办理项名称及编码：无

（4）设定依据

《枪支管理法》第3条第1款规定，国家严格管制枪支。禁止任何单位或者个人违反法律规定持有、制造（包括变造、装配）、买卖、运输、出租、出借枪支。

《枪支管理法》第6条第1款规定，下列单位可以配置民用枪支：……②经省级以上人民政府林业行政主管部门批准的狩猎场，可以配置猎枪；……

《枪支管理法》第9条规定，狩猎场配置猎枪，凭省级以上人民政府林业行政主管部门的批准文件，报省级以上人民政府公安机关审批，由设区的市级人民政府公安机关核发民用枪支配购证件。

《枪支管理法》第11条规定，配购猎枪、麻醉注射枪的单位和个人，必须在配购枪支后三十日内向核发民用枪支配购证件的公安机关申请领取民用枪支持枪证件。

（5）实施依据

《枪支管理法》第3条、第6条、第9条、第11条。

（6）监管依据

《枪支管理法》第12条第1款规定，营业性射击场、狩猎场配置的民用枪支不得携带出营业性射击场、狩猎场。

《枪支管理法》第28条规定，国家对枪支实行查验制度。持有枪支的单位和个人，应当在公安机关指定的时间、地点接受查验。公安机关在查验时，必须严格审查持枪单位和个人是否符合本法规定的条件，检查枪支状况及使用情况；对违法使用

用枪支、不符合持枪条件或者枪支应当报废的，必须收缴枪支和持枪证件。拒不接受查验的，枪支和持枪证件由公安机关收缴。

《枪支管理法》第43条第3—5款规定，配置民用枪支的单位，违反枪支管理规定，出租、出借枪支，造成严重后果或者有其他严重情节的，对其直接负责的主管人员和其他直接责任人员依照刑法有关规定处罚。配置民用枪支的个人，违反枪支管理规定，出租、出借枪支，造成严重后果的，依照刑法有关规定处罚。违反枪支管理规定，出租、出借枪支，情节轻微未构成犯罪的，由公安机关对个人或者单位负有直接责任的主管人员和其他直接责任人员处十五日以下拘留，可以并处五千元以下罚款；对出租、出借的枪支，应当予以没收。

（7）实施机关：设区的市级公安机关

（8）审批层级：设区的市级

（9）行使层级：市级/隶属

（10）是否由审批机关受理：是

（11）受理层级：设区的市级

（12）是否存在初审环节：否

（13）初审层级：无

（14）对应政务服务事项国家级基本目录名称：民用枪支持枪许可

（15）要素统一情况：部分要素全国统一

2. 行政许可事项类型：条件型

3. 行政许可条件

（1）准予行政许可的条件：一是经省级以上人民政府林业行政主管部门批准的狩猎场；二是枪支购置到位。

（2）规定行政许可条件的依据

《枪支管理法》第6条、第9条、第11条。

4. 行政许可服务对象类型与改革举措

（1）服务对象类型：企业法人，事业单位法人

（2）是否为涉企经营许可事项：否

（3）涉企经营许可事项名称：无

（4）涉企经营许可证件名称：无

（5）改革方式：优化审批服务

（6）具体改革举措：优化审批服务，探索实行网上办理。

（7）加强事中事后监管措施：一是加大日常监督检查力度，坚持全面检查和重点抽查相结合，合理确定抽查比例和频次。二是不断强化信用监管，建立健全从准入到退出的全过程信用监管体制，探索将违规行为记入信用记录，实行失信联合惩戒。三是加大监管工作科技投入，推行“互联网+监管”，依托信息化等手段对有关数据进行核查，发现问题及时责令整改。四是及时处理投诉举报，依法查处违法违规行为。五是加强监管工作协作，推动不同监管部门之间数据共享，提升监管效能。

5. 申请材料

（1）申请材料名称：一是民用枪支持枪证申请文件；二是枪支购置到位相关材料。

（2）规定申请材料的依据

《枪支管理法》第6条、第9条、第11条。

6. 中介服务

（1）有无法定中介服务事项：无

（2）中介服务事项名称：无

（3）设定中介服务事项的依据：无

（4）提供中介服务的机构：无

（5）中介服务事项的收费性质：无

7. 审批程序

（1）办理行政许可的程序环节：一是申请人书面申请；二是审批机构受理/不予受理；三是审批机构审查；四是决定批准许可/不予批准许可。

（2）规定行政许可程序的依据

《枪支管理法》第9条。

《行政许可法》第32条规定，行政机关对申请人提出的行政许可申请，应当根据下列情况分别作出处理：①申请事项依法不需要取得行政许可的，应当即时告知申请人不受理；②申请事项依法不属于本行政机关职权范围的，应当即时作出不予受理的决定，并告知申请人向有关行政机关申请；③申请材料存在可以当场更正的错误的，应当允许申请人当场更正；④申请材料不齐全或者不符合法定形式的，应当当场或者在五日内一次告知申请人需要补正的全部内容，逾期不告知的，自收到申请材料之日起即为受理；⑤申请事项属于本行政机关职权范围，申请材料齐全、符合法定形式，或者申请人按照本行政机关的要求提交全部补正申请材料的，应当受理行政许可申请。行政机关受理或者不予受理行政许可申请，应当出具加盖本行政机关专用印章和注明日期的书面凭证。

《行政许可法》第34条规定，行政机关应当对申请人提交的申请材料进行审查。申请人提交的申请材料齐全、符合法定形式，行政机关能够当场作出决定的，应当当场作出书面的行政许可决定。根据法定条件和程序，需要对申请材料的实质内容进行核实的，行政机关应当指派两名以上工作人员进行核查。

《行政许可法》第37条规定，行政机关对行政许可申请进行审查后，除当场作出行政许可决定的外，应当在法定期限内按照规定程序作出行政许可决定。

《行政许可法》第38条规定，申请人的申请符合法定条件、标准的，行政机关应当依法作出准予行政许可的书面决定。行政机关依法作出不予行政许可的书面决定的，应当说明理由，并告知申请人享有依法申请行政复议或者提起行政诉讼的权利。

（3）是否需要现场勘验：否

（4）是否需要组织听证：否

（5）是否需要招标、拍卖、挂牌交易：否

（6）是否需要检验、检测、检疫：否

（7）是否需要鉴定：否

（8）是否需要专家评审：否

（9）是否需要向社会公示：否

（10）是否实行告知承诺办理：否

（11）审批机关是否委托服务机构开展技术性服务：否

8. 受理和审批时限

（1）承诺受理时限：5个工作日

（2）法定审批时限：20个工作日

（3）规定法定审批时限依据

《行政许可法》第42条第1款规定，除可以当场作出行政许可决定的外，行政机关应当自受理行政许可申请之日起二十日内作出行政许可决定。二十日内不能作出决定的，经本行政机关负责人批准，可以延长十日，并应当将延长期限的理由告知申请人。

（4）承诺审批时限：20个工作日

9. 收费

（1）办理行政许可是否收费：否

（2）收费项目的名称、收费项目的标准、设定收费项目的依据、规定收费标准的依据：无

10. 行政许可证件

（1）审批结果类型：证照

（2）审批结果名称：民用枪持枪证

（3）审批结果的有效期限：无限期

（4）规定审批结果有效期限的依据：无

（5）是否需要办理审批结果变更手续：否

（6）办理审批结果变更手续的要求：无

（7）是否需要办理审批结果延续手续：否

（8）办理审批结果延续手续的要求：无

（9）审批结果的有效地域范围：全国

（10）规定审批结果有效地域范围的依据

《行政许可法》第41条规定，法律、行政法规设定的行政许可，其适用范围没有地域限制的，申请人取得的行政许可在全国范围内有效。

11. 行政许可数量限制

（1）有无行政许可数量限制：无

（2）公布数量限制的方式：无

（3）公布数量限制的周期：无

（4）在数量限制条件下实施行政许可的方式：无

（5）规定在数量限制条件下实施行政许可方式的依据：无

12. 行政许可后年检

（1）有无年检要求：有

（2）设定年检要求的依据

《枪支管理法》第28条规定，国家对枪支实行查验制度。持有枪支的单位和个人，应当在公安机关指定的时间、地点接受查验。公安机关在查验时，必须严格审查持枪单位和个人是否符合本法规定的条件，检查枪支状况及使用情况；对违法使用枪支、不符合持枪条件或者枪支应当报废的，必须收缴枪支和持枪证件。拒不接受查验的，枪支和持枪证件由公安机关收缴。

《公安部关于认真做好民用枪支配售配购使用管理工作的通知》（公治〔2001〕14号）要求强化监督管理，严防失控漏管。……对配售企业、持枪人员实行年审制度。

（3）年检周期：1年

（4）年检是否要求报送材料：无

（5）年检报送材料名称：无

（6）年检是否收费：无

（7）年检收费项目的名称、年检收费项目的标准、设定年检收费项目的依据、规定年检项目收费标准的依据：无

（8）通过年检的证明或者标志：无

13. 行政许可后年报

（1）有无年报要求：无

（2）年报报送材料名称：无

（3）设定年报要求的依据：无

（4）年报周期：无

14. 监管主体

设区的市级公安机关；县级公安机关。

15. 备注

（四）野生动物保护、饲养、科研单位持枪许可

1. 基本要素

（1）行政许可事项名称及编码：民用枪支持枪许可【00010910700Y】

（2）行政许可事项子项名称及编码：野生动物保护、饲养、科研单位持枪许可【000109107004】

（3）行政许可事项业务办理项名称及编码：无

（4）设定依据

《枪支管理法》第3条第1款规定，国家严格管制枪支。禁止任何单位或者个人违反法律规定持有、制造（包括变造、装配）、买卖、运输、出租、出借枪支。

《枪支管理法》第6条第1款规定，下列单位可以配置民用枪支：……③野生动物保护、饲养、科研单位因业务需要，可以配置猎枪、麻醉注射枪。

《枪支管理法》第10条规定，野生动物保护、饲养、科研单位申请配置猎枪、麻醉注射枪的，应当凭其所在地的县级人民政府野生动物行政主管部门核发的狩猎证或者特许猎捕证和单位营业执照，向所在地的县级人民政府公安机关提出；……受理申请的公安机关审查批准后，应当报请设区的市级人民政府公安机关核发民用枪支配购证件。

《枪支管理法》第11条规定，配购猎枪、麻醉注射枪的单位和个人，必须在配购枪支后三十日内向核发民用枪支配购证件的公安机关申请领取民用枪支持枪证件。

（5）实施依据

《枪支管理法》第3条、第6条、第10条、第11条。

（6）监管依据

《枪支管理法》第28条规定，国家对枪支实行查验制度。持有枪支的单位和个人，应当在公安机关指定的时间、地点接受查验。公安机关在查验时，必须严格审查持枪单位和个人是否符合本法规定的条件，检查枪支状况及使用情况；对违法使用枪支、不符合持枪条件或者枪支应当报废的，必须收缴枪支和持枪证件。拒不接受查验的，枪支和持枪证件由公安机关收缴。

《枪支管理法》第43条第3—5款规定，配置民用枪支的单位，违反枪支管理规定，出租、出借枪支，造成严重后果或者有其他严重情节的，对其直接负责的主管人员和其他直接责任人员依照刑法有关规定处罚。配置民用枪支的个人，违反枪支管理规定，出租、出借枪支，造成严重后果的，依照刑法有关规定处罚。违反枪支管理规定，出租、出借枪支，情节轻微未构成犯罪的，由公安机关对个人或者单位负有直接责任的主管人员和其他直接责任人员处十五日以下拘留，可以并处五千元以下罚款；对出租、出借的枪支，应当予以没收。

（7）实施机关：设区的市级公安机关

（8）审批层级：设区的市级

（9）行使层级：市级/隶属

（10）是否由审批机关受理：是

（11）受理层级：设区的市级

（12）是否存在初审环节：否

（13）初审层级：无

（14）对应政务服务事项国家级基本目录名称：民用枪支持枪许可

（15）要素统一情况：部分要素全国统一

2. 行政许可事项类型：条件型

3. 行政许可条件

（1）准予行政许可的条件：一是野生动物保护、饲养、科研单位因业务需要；

二是枪支购置到位。

（2）规定行政许可条件的依据

《枪支管理法》第6条、第10条、第11条。

4. 行政许可服务对象类型与改革举措

（1）服务对象类型：企业法人，事业单位法人

（2）是否为涉企经营许可事项：否

（3）涉企经营许可事项名称：无

（4）涉企经营许可证件名称：无

（5）改革方式：优化审批服务

（6）具体改革举措优化审批服务，探索实行网上办理。

（7）加强事中事后监管措施：一是加大日常监督检查力度，坚持全面检查和重点抽查相结合，合理确定抽查比例和频次。二是不断强化信用监管，建立健全从准入到退出的全过程信用监管体制，探索将违规行为记入信用记录，实行失信联合惩戒。三是加大监管工作科技投入，推行“互联网+监管”，依托信息化等手段对有关数据进行核查，发现问题及时责令整改。四是及时处理投诉举报，依法查处违法违规行为。五是加强监管工作协作，推动不同监管部门之间数据共享，提升监管效能。

5. 申请材料

（1）申请材料名称：一是民用枪支持枪证申请文件；二是枪支购置到位相关材料。

（2）规定申请材料的依据

《枪支管理法》第6条、第10条、第11条。

6. 中介服务

（1）有无法定中介服务事项：无

（2）中介服务事项名称：无

（3）设定中介服务事项的依据：无

（4）提供中介服务的机构：无

（5）中介服务事项的收费性质：无

7. 审批程序

（1）办理行政许可的程序环节：一是申请人书面申请；二是审批机构受理/不予受理；三是审批机构审查；四是决定批准许可/不予批准许可。

（2）规定行政许可程序的依据

《枪支管理法》第10条。

《行政许可法》第32条规定，行政机关对申请人提出的行政许可申请，应当根据下列情况分别作出处理：①申请事项依法不需要取得行政许可的，应当即时告知申请人不受理；②申请事项依法不属于本行政机关职权范围的，应当即时作出不予受理的决定，并告知申请人向有关行政机关申请；③申请材料存在可以当场更正的错误的，应当允许申请人当场更正；④申请材料不齐全或者不符合法定形式的，应当当场或者在五日内一次告知申请人需要补正的全部内容，逾期不告知的，自收到申请材料之日起即为受理；⑤申请事项属于本行政机关职权范围，申请材料齐全、符合法定形式，或者申请人按照本行政机关的要求提交全部补正申请材料的，应当受理行政许可申请。行政机关受理或者不予受理行政许可申请，应当出具加盖本行政机关专用印章和注明日期的书面凭证。

《行政许可法》第34条规定，行政机关应当对申请人提交的申请材料进行审查。申请人提交的申请材料齐全、符合法定形式，行政机关能够当场作出决定的，应当当场作出书面的行政许可决定。根据法定条件和程序，需要对申请材料的实质内容

进行核实的，行政机关应当指派两名以上工作人员进行核查。

《行政许可法》第37条规定，行政机关对行政许可申请进行审查后，除当场作出行政许可决定的外，应当在法定期限内按照规定程序作出行政许可决定。

《行政许可法》第38条规定，申请人的申请符合法定条件、标准的，行政机关应当依法作出准予行政许可的书面决定。行政机关依法作出不予行政许可的书面决定的，应当说明理由，并告知申请人享有依法申请行政复议或者提起行政诉讼的权利。

(3) 是否需要现场勘验：否

(4) 是否需要组织听证：否

(5) 是否需要招标、拍卖、挂牌交易：否

(6) 是否需要检验、检测、检疫：否

(7) 是否需要鉴定：否

(8) 是否需要专家评审：否

(9) 是否需要向社会公示：否

(10) 是否实行告知承诺办理：否

(11) 审批机关是否委托服务机构开展技术性服务：否

8. 受理和审批时限

(1) 承诺受理时限：5个工作日

(2) 法定审批时限：20个工作日

(3) 规定法定审批时限依据

《行政许可法》第42条第1款规定，除可以当场作出行政许可决定的外，行政机关应当自受理行政许可申请之日起二十日内作出行政许可决定。二十日内不能作出决定的，经本行政机关负责人批准，可以延长十日，并应当将延长期限的理由告知申请人。

(4) 承诺审批时限：20个工作日

9. 收费

(1) 办理行政许可是否收费：否

(2) 收费项目的名称、收费项目的标准、设定收费项目的依据、规定收费标准的依据：无

10. 行政许可证件

(1) 审批结果类型：证照

(2) 审批结果名称：民用枪持枪证

(3) 审批结果的有效期限：无限期

(4) 规定审批结果有效期限的依据：无

(5) 是否需要办理审批结果变更手续：否

(6) 办理审批结果变更手续的要求：无

(7) 是否需要办理审批结果延续手续：否

(8) 办理审批结果延续手续的要求：无

(9) 审批结果的有效地域范围：全国

(10) 规定审批结果有效地域范围的依据

《行政许可法》第41条规定，法律、行政法规设定的行政许可，其适用范围没有地域限制的，申请人取得的行政许可在全国范围内有效。

11. 行政许可数量限制

(1) 有无行政许可数量限制：无

(2) 公布数量限制的方式：无

(3) 公布数量限制的周期：无

(4) 在数量限制条件下实施行政许可的方式：无

(5) 规定在数量限制条件下实施行政许可方式的依据：无

12. 行政许可后年检

（1）有无年检要求：有

（2）设定年检要求的依据

《枪支管理法》第28条规定，国家对枪支实行查验制度。持有枪支的单位和个人，应当在公安机关指定的时间、地点接受查验。公安机关在查验时，必须严格审查持枪单位和个人是否符合本法规定的条件，检查枪支状况及使用情况；对违法使用枪支、不符合持枪条件或者枪支应当报废的，必须收缴枪支和持枪证件。拒不接受查验的，枪支和持枪证件由公安机关收缴。

《公安部关于认真做好民用枪支配售配购使用管理工作的通知》（公治〔2001〕14号）要求强化监督管理，严防失控漏管。……对配售企业、持枪人员实行年审制度。

（3）年检周期：1年

（4）年检是否要求报送材料：无

（5）年检报送材料名称：无

（6）年检是否收费：无

（7）年检收费项目的名称、年检收费项目的标准、设定年检收费项目的依据、规定年检项目收费标准的依据：无

（8）通过年检的证明或者标志：无

13. 行政许可后年报

（1）有无年报要求：无

（2）年报报送材料名称：无

（3）设定年报要求的依据：无

（4）年报周期：无

14. 监管主体

设区的市级公安机关；县级公安机关。

15. 备注

（五）猎民持枪许可

1. 基本要素

（1）行政许可事项名称及编码：民用枪支持枪许可【00010910700Y】

（2）行政许可事项子项名称及编码：猎民持枪许可【000109107005】

（3）行政许可事项业务办理项名称及编码：无

（4）设定依据

《枪支管理法》第3条第1款规定，国家严格管制枪支。禁止任何单位或者个人违反法律规定持有、制造（包括变造、装配）、买卖、运输、出租、出借枪支。

《枪支管理法》第6条第2款规定，猎民在猎区、牧民在牧区，可以申请配置猎枪。猎区和牧区的区域由省级人民政府划定。

《枪支管理法》第10条规定，猎民申请配置猎枪的，应当凭其所在地的县级人民政府野生动物行政主管部门核发的狩猎证和个人身份证件，向所在地的县级人民政府公安机关提出；……受理申请的公安机关审查批准后，应当报请设区的市级人民政府公安机关核发民用枪支配购证件。

《枪支管理法》第11条规定，配购猎枪、麻醉注射枪的单位和个人，必须在配购枪支后三十日内向核发民用枪支配购证件的公安机关申请领取民用枪支持枪证件。

（5）实施依据

《枪支管理法》第3条、第6条、第10条、第11条。

（6）监管依据

《枪支管理法》第12条第2款规定，猎民、牧民配置的猎枪不得携带出猎区、牧区。

《枪支管理法》第28条规定，国家对枪支实行查验制度。持有枪支的单位和个人，应当在公安机关指定的时间、地点接

受查验。公安机关在查验时，必须严格审查持枪单位和个人是否符合本法规定的条件，检查枪支状况及使用情况；对违法使用枪支、不符合持枪条件或者枪支应当报废的，必须收缴枪支和持枪证件。拒不接受查验的，枪支和持枪证件由公安机关收缴。

《枪支管理法》第 43 条第 3—5 款规定，配置民用枪支的单位，违反枪支管理规定，出租、出借枪支，造成严重后果或者有其他严重情节的，对其直接负责的主管人员和其他直接责任人员依照刑法有关规定处罚。配置民用枪支的个人，违反枪支管理规定，出租、出借枪支，造成严重后果的，依照刑法有关规定处罚。违反枪支管理规定，出租、出借枪支，情节轻微未构成犯罪的，由公安机关对个人或者单位负有直接责任的主管人员和其他直接责任人员处十五日以下拘留，可以并处五千元以下罚款；对出租、出借的枪支，应当予以没收。

（7）实施机关：设区的市级公安机关

（8）审批层级：设区的市级

（9）行使层级：市级/隶属

（10）是否由审批机关受理：是

（11）受理层级：设区的市级

（12）是否存在初审环节：否

（13）初审层级：无

（14）对应政务服务事项国家级基本目录名称：民用枪支持枪许可

（15）要素统一情况：部分要素全国统一

2. 行政许可事项类型：条件型

3. 行政许可条件

（1）准予行政许可的条件：一是具备猎民身份；二是枪支购置到位。

（2）规定行政许可条件的依据

《枪支管理法》第 6 条、第 10 条、第 11 条。

4. 行政许可服务对象类型与改革举措

（1）服务对象类型：自然人

（2）是否为涉企经营许可事项：否

（3）涉企经营许可事项名称：无

（4）涉企经营许可证件名称：无

（5）改革方式：优化审批服务

（6）具体改革举措：优化审批服务，探索实行网上办理。

（7）加强事中事后监管措施：一是加大日常监督检查力度，坚持全面检查和重点抽查相结合，合理确定抽查比例和频次。二是不断强化信用监管，建立健全从准入到退出的全过程信用监管体制，探索将违规行为记入信用记录，实行失信联合惩戒。三是加大监管工作科技投入，推行“互联网＋监管”，依托信息化等手段对有关数据进行核查，发现问题及时责令整改。四是及时处理投诉举报，依法查处违法违规行为。五是加强监管工作协作，推动不同监管部门之间数据共享，提升监管效能。

5. 申请材料

（1）申请材料名称：一是民用枪支持枪证书面申请；二是枪支购置到位相关材料。

（2）规定申请材料的依据

《枪支管理法》第 6 条、第 10 条、第 11 条。

6. 中介服务

（1）有无法定中介服务事项：无

（2）中介服务事项名称：无

（3）设定中介服务事项的依据：无

（4）提供中介服务的机构：无

（5）中介服务事项的收费性质：无

7. 审批程序

（1）办理行政许可的程序环节：一是申请人书面申请；二是审批机构受理/不予受理；三是审批机构审查；四是决定批准许可/不予批准许可。

（2）规定行政许可程序的依据

《枪支管理法》第10条。

《行政许可法》第32条规定，行政机关对申请人提出的行政许可申请，应当根据下列情况分别作出处理：①申请事项依法不需要取得行政许可的，应当即时告知申请人不受理；②申请事项依法不属于本行政机关职权范围的，应当即时作出不予受理的决定，并告知申请人向有关行政机关申请；③申请材料存在可以当场更正的错误的，应当允许申请人当场更正；④申请材料不齐全或者不符合法定形式的，应当当场或者在五日内一次告知申请人需要补正的全部内容，逾期不告知的，自收到申请材料之日起即为受理；⑤申请事项属于本行政机关职权范围，申请材料齐全、符合法定形式，或者申请人按照本行政机关的要求提交全部补正申请材料的，应当受理行政许可申请。行政机关受理或者不予受理行政许可申请，应当出具加盖本行政机关专用印章和注明日期的书面凭证。

《行政许可法》第34条规定，行政机关应当对申请人提交的申请材料进行审查。申请人提交的申请材料齐全、符合法定形式，行政机关能够当场作出决定的，应当当场作出书面的行政许可决定。根据法定条件和程序，需要对申请材料的实质内容进行核实的，行政机关应当指派两名以上工作人员进行核查。

《行政许可法》第37条规定，行政机关对行政许可申请进行审查后，除当场作出行政许可决定的外，应当在法定期限内按照规定程序作出行政许可决定。

《行政许可法》第38条规定，申请人的申请符合法定条件、标准的，行政机关应当依法作出准予行政许可的书面决定。行政机关依法作出不予行政许可的书面决定的，应当说明理由，并告知申请人享有依法申请行政复议或者提起行政诉讼的权利。

（3）是否需要现场勘验：否

（4）是否需要组织听证：否

（5）是否需要招标、拍卖、挂牌交易：否

（6）是否需要检验、检测、检疫：否

（7）是否需要鉴定：否

（8）是否需要专家评审：否

（9）是否需要向社会公示：否

（10）是否实行告知承诺办理：否

（11）审批机关是否委托服务机构开展技术性服务：否

8. 受理和审批时限

（1）承诺受理时限：5个工作日

（2）法定审批时限：20个工作日

（3）规定法定审批时限依据

《行政许可法》第42条第1款规定，除可以当场作出行政许可决定的外，行政机关应当自受理行政许可申请之日起二十日内作出行政许可决定。二十日内不能作出决定的，经本行政机关负责人批准，可以延长十日，并应当将延长期限的理由告知申请人。

（4）承诺审批时限：20个工作日

9. 收费

（1）办理行政许可是否收费：否

（2）收费项目的名称、收费项目的标准、设定收费项目的依据、规定收费标准的依据：无

10. 行政许可证件

（1）审批结果类型：证照

（2）审批结果名称：民用枪持枪证

（3）审批结果的有效期限：无限期

（4）规定审批结果有效期限的依据：无

（5）是否需要办理审批结果变更手续：否

（6）办理审批结果变更手续的要求：无

（7）是否需要办理审批结果延续手续：否

（8）办理审批结果延续手续的要求：无

（9）审批结果的有效地域范围：全国

（10）规定审批结果有效地域范围的依据

《行政许可法》第41条规定，法律、行政法规设定的行政许可，其适用范围没有地域限制的，申请人取得的行政许可在全国范围内有效。

11. 行政许可数量限制

（1）有无行政许可数量限制：无

（2）公布数量限制的方式：无

（3）公布数量限制的周期：无

（4）在数量限制条件下实施行政许可的方式：无

（5）规定在数量限制条件下实施行政许可方式的依据：无

12. 行政许可后年检

（1）有无年检要求：有

（2）设定年检要求的依据

《枪支管理法》第28条规定，国家对枪支实行查验制度。持有枪支的单位和个人，应当在公安机关指定的时间、地点接受查验。公安机关在查验时，必须严格审查持枪单位和个人是否符合本法规定的条件，检查枪支状况及使用情况；对违法使用枪支、不符合持枪条件或者枪支应当报废的，必须收缴枪支和持枪证件。拒不接受查验的，枪支和持枪证件由公安机关收缴。

《公安部关于认真做好民用枪支配售配购使用管理工作的通知》（公治〔2001〕14号）要求强化监督管理，严防失控漏管。……对配售企业、持枪人员实行年审制度。

（3）年检周期：1年

（4）年检是否要求报送材料：无

（5）年检报送材料名称：无

（6）年检是否收费：无

（7）年检收费项目的名称、年检收费项目的标准、设定年检收费项目的依据、规定年检项目收费标准的依据：无

（8）通过年检的证明或者标志：无

13. 行政许可后年报

（1）有无年报要求：无

（2）年报报送材料名称：无

（3）设定年报要求的依据：无

（4）年报周期：无

14. 监管主体

设区的市级公安机关；县级公安机关。

15. 备注

（六）牧民持枪许可

1. 基本要素

（1）行政许可事项名称及编码：民用枪支持枪许可【00010910700Y】

（2）行政许可事项子项名称及编码牧

民持枪许可【000109107006】

（3）行政许可事项业务办理项名称及编码：无

（4）设定依据

《枪支管理法》第3条第1款规定，国家严格管制枪支。禁止任何单位或者个人违反法律规定持有、制造（包括变造、装配）、买卖、运输、出租、出借枪支。

《枪支管理法》第6条第2款规定，猎民在猎区、牧民在牧区，可以申请配置猎枪。猎区和牧区的区域由省级人民政府划定。

《枪支管理法》第10条规定，牧民申请配置猎枪的，应当凭个人身份证件，向所在地的县级人民政府公安机关提出。……受理申请的公安机关审查批准后，应当报请设区的市级人民政府公安机关核发民用枪支配购证件。

《枪支管理法》第11条规定，配购猎枪、麻醉注射枪的单位和个人，必须在配购枪支后三十日内向核发民用枪支配购证件的公安机关申请领取民用枪支持枪证件。

（5）实施依据

《枪支管理法》第3条、第6条、第10条、第11条。

（6）监管依据

《枪支管理法》第12条第2款规定，猎民、牧民配置的猎枪不得携带出猎区、牧区。

《枪支管理法》第28条规定，国家对枪支实行查验制度。持有枪支的单位和个人，应当在公安机关指定的时间、地点接受查验。公安机关在查验时，必须严格审查持枪单位和个人是否符合本法规定的条件，检查枪支状况及使用情况；对违法使用枪支、不符合持枪条件或者枪支应当报废的，必须收缴枪支和持枪证件。拒不接受查验的，枪支和持枪证件由公安机关收缴。

《枪支管理法》第43条第3—5款规定，配置民用枪支的单位，违反枪支管理规定，出租、出借枪支，造成严重后果或者有其他严重情节的，对其直接负责的主管人员和其他直接责任人员依照刑法有关规定处罚。配置民用枪支的个人，违反枪支管理规定，出租、出借枪支，造成严重后果的，依照刑法有关规定处罚。违反枪支管理规定，出租、出借枪支，情节轻微未构成犯罪的，由公安机关对个人或者单位负有直接责任的主管人员和其他直接责任人员处十五日以下拘留，可以并处五千元以下罚款；对出租、出借的枪支，应当予以没收。

（7）实施机关：设区的市级公安机关

（8）审批层级：设区的市级

（9）行使层级：市级/隶属

（10）是否由审批机关受理：是

（11）受理层级：设区的市级

（12）是否存在初审环节：否

（13）初审层级：无

（14）对应政务服务事项国家级基本目录名称：民用枪支持枪许可

（15）要素统一情况：部分要素全国统一

2. 行政许可事项类型：条件型

3. 行政许可条件

（1）准予行政许可的条件：一是具备牧民身份；二是枪支购置到位。

（2）规定行政许可条件的依据

《枪支管理法》第6条、第10条、第11条。

4. 行政许可服务对象类型与改革举措

（1）服务对象类型：自然人

（2）是否为涉企经营许可事项：否

（3）涉企经营许可事项名称：无

（4）涉企经营许可证件名称：无

（5）改革方式：优化审批服务

（6）具体改革举措：优化审批服务，探索实行网上办理。

（7）加强事中事后监管措施：一是加大日常监督检查力度，坚持全面检查和重点抽查相结合，合理确定抽查比例和频次。二是不断强化信用监管，建立健全从准入到退出的全过程信用监管体制，探索将违规行为记入信用记录，实行失信联合惩戒。三是加大监管工作科技投入，推行“互联网+监管”，依托信息化等手段对有关数据进行核查，发现问题及时责令整改。四是及时处理投诉举报，依法查处违法违规行为。五是加强监管工作协作，推动不同监管部门之间数据共享，提升监管效能。

5. 申请材料

（1）申请材料名称：一是民用枪支持枪证书面申请；二是枪支购置到位相关材料。

（2）规定申请材料的依据

《枪支管理法》第6条、第10条、第11条。

6. 中介服务

（1）有无法定中介服务事项：无

（2）中介服务事项名称：无

（3）设定中介服务事项的依据：无

（4）提供中介服务的机构：无

（5）中介服务事项的收费性质：无

7. 审批程序

（1）办理行政许可的程序环节：一是申请人书面申请；二是审批机构受理/不予受理；三是审批机构审查；四是决定批准许可/不予批准许可。

（2）规定行政许可程序的依据

《枪支管理法》第10条。

《行政许可法》第32条规定，行政机关对申请人提出的行政许可申请，应当根据下列情况分别作出处理：①申请事项依法不需要取得行政许可的，应当即时告知申请人不受理；②申请事项依法不属于本行政机关职权范围的，应当即时作出不予受理的决定，并告知申请人向有关行政机关申请；③申请材料存在可以当场更正的错误的，应当允许申请人当场更正；④申请材料不齐全或者不符合法定形式的，应当当场或者在五日内一次告知申请人需要补正的全部内容，逾期不告知的，自收到申请材料之日起即为受理；⑤申请事项属于本行政机关职权范围，申请材料齐全、符合法定形式，或者申请人按照本行政机关的要求提交全部补正申请材料的，应当受理行政许可申请。行政机关受理或者不予受理行政许可申请，应当出具加盖本行政机关专用印章和注明日期的书面凭证。

《行政许可法》第34条规定，行政机关应当对申请人提交的申请材料进行审查。申请人提交的申请材料齐全、符合法定形式，行政机关能够当场作出决定的，应当当场作出书面的行政许可决定。根据法定条件和程序，需要对申请材料的实质内容进行核实的，行政机关应当指派两名以上工作人员进行核查。

《行政许可法》第37条规定，行政机关对行政许可申请进行审查后，除当场作出行政许可决定的外，应当在法定期限内按照规定程序作出行政许可决定。

《行政许可法》第38条规定，申请人的申请符合法定条件、标准的，行政机关应当依法作出准予行政许可的书面决定。行政机关依法作出不予行政许可的书面决定的，应当说明理由，并告知申请人享有依法申请行政复议或者提起行政诉讼的权利。

（3）是否需要现场勘验：否

（4）是否需要组织听证：否

（5）是否需要招标、拍卖、挂牌交易：否

（6）是否需要检验、检测、检疫：否

（7）是否需要鉴定：否

（8）是否需要专家评审：否

（9）是否需要向社会公示：否

（10）是否实行告知承诺办理：否

（11）审批机关是否委托服务机构开展技术性服务：否

8. 受理和审批时限

（1）承诺受理时限：5个工作日

（2）法定审批时限：20个工作日

（3）规定法定审批时限依据

《行政许可法》第42条第1款规定，除可以当场作出行政许可决定的外，行政机关应当自受理行政许可申请之日起二十日内作出行政许可决定。二十日内不能作出决定的，经本行政机关负责人批准，可以延长十日，并应当将延长期限的理由告知申请人。

（4）承诺审批时限：20个工作日

9. 收费

（1）办理行政许可是否收费：否

（2）收费项目的名称、收费项目的标准、设定收费项目的依据、规定收费标准的依据：无

10. 行政许可证件

（1）审批结果类型：证照

（2）审批结果名称：民用枪持枪证

（3）审批结果的有效期限：无限期

（4）规定审批结果有效期限的依据：无

（5）是否需要办理审批结果变更手续：否

（6）办理审批结果变更手续的要求：无

（7）是否需要办理审批结果延续手续：否

（8）办理审批结果延续手续的要求：无

（9）审批结果的有效地域范围：全国

（10）规定审批结果有效地域范围的依据

《行政许可法》第41条规定，法律、行政法规设定的行政许可，其适用范围没有地域限制的，申请人取得的行政许可在全国范围内有效。

11. 行政许可数量限制

（1）有无行政许可数量限制：无

（2）公布数量限制的方式：无

（3）公布数量限制的周期：无

（4）在数量限制条件下实施行政许可的方式：无

（5）规定在数量限制条件下实施行政许可方式的依据：无

12. 行政许可后年检

（1）有无年检要求：有

（2）设定年检要求的依据

《枪支管理法》第28条规定，国家对枪支实行查验制度。持有枪支的单位和个

人，应当在公安机关指定的时间、地点接受查验。公安机关在查验时，必须严格审查持枪单位和个人是否符合本法规定的条件，检查枪支状况及使用情况；对违法使用枪支、不符合持枪条件或者枪支应当报废的，必须收缴枪支和持枪证件。拒不接受查验的，枪支和持枪证件由公安机关收缴。

《公安部关于认真做好民用枪支配售配购使用管理工作的通知》（公治〔2001〕14号）要求强化监督管理，严防失控漏管。……对配售企业、持枪人员实行年审制度。

（3）年检周期：1年

（4）年检是否要求报送材料：无

（5）年检报送材料名称：无

（6）年检是否收费：无

（7）年检收费项目的名称、年检收费项目的标准、设定年检收费项目的依据、规定年检项目收费标准的依据：无

（8）通过年检的证明或者标志：无

13. 行政许可后年报

（1）有无年报要求：无

（2）年报报送材料名称：无

（3）设定年报要求的依据：无

（4）年报周期：无

14. 监管主体

设区的市级公安机关；县级公安机关。

15. 备注

五、民用枪支及枪支主要零部件、弹药制造许可

民用枪支及枪支主要零部件、弹药制造许可的中央主管部门是公安部，实施机关是公安部，设定和实施依据是《枪支管理法》，包括2个子项：（1）民用枪支及枪支主要零部件、弹药制造许可；（2）民用枪支及枪支主要零部件、弹药研制、定型许可。

（一）民用枪支及枪支主要零部件、弹药制造许可

1. 基本要素

（1）行政许可事项名称及编码：民用枪支及枪支主要零部件、弹药制造许可【00010910800Y】

（2）行政许可事项子项名称及编码：民用枪支及枪支主要零部件、弹药制造许可【000109108001】

（3）行政许可事项业务办理项名称及编码：首次申请制造许可及有效期届满重新申领（00010910800101）；申请变更制造品种及厂区内部改建、扩建及功能区块调整（00010910800102）；申请变更制造企业名称、法定代表人、经济性质等事项（00010910800103）。

（4）设定依据

《枪支管理法》第3条第1款规定，国家严格管制枪支。禁止任何单位或者个人违反法律规定持有、制造（包括变造、装配）、买卖、运输、出租、出借枪支。

《枪支管理法》第13条规定，国家对枪支的制造、配售实行特别许可制度。未经许可，任何单位或者个人不得制造、买卖枪支。

《枪支管理法》第15条规定，制造民用枪支的企业，由国务院有关主管部门提出，由国务院公安部门确定。配售民用枪支的企业，由省级人民政府公安机关确定。制造民用枪支的企业，由国务院公安部门核发民用枪支制造许可证件。配售民用枪支的企业，由省级人民政府公安机关核发

民用枪支配售许可证件。民用枪支制造许可证件、配售许可证件的有效期为三年；有效期届满，需要继续制造、配售民用枪支的，应当重新申请领取许可证件。

《枪支管理法》第48条规定，制造、配售、运输枪支的主要零部件和用于枪支的弹药，适用本法的有关规定。

（5）实施依据

《枪支管理法》第3条、第13条、第15条。

（6）监管依据

《枪支管理法》第17条规定，制造民用枪支的企业不得超过限额制造民用枪支，所制造的民用枪支必须全部交由指定的民用枪支配售企业配售，不得自行销售。配售民用枪支的企业应当在配售限额内，配售指定的企业制造的民用枪支。

《枪支管理法》第18条规定，制造民用枪支的企业，必须严格按照国家规定的技术标准制造民用枪支，不得改变民用枪支的性能和结构；必须在民用枪支指定部位铸印制造厂的厂名、枪种代码和国务院公安部门统一编制的枪支序号，不得制造无号、重号、假号的民用枪支。制造民用枪支的企业必须实行封闭式管理，采取必要的安全保卫措施，防止民用枪支以及民用枪支零部件丢失。

《枪支管理法》第20条规定，公安机关对制造、配售民用枪支的企业制造、配售、储存和帐册登记等情况，必须进行定期检查；必要时，可以派专人驻厂对制造企业进行监督、检查。

《枪支管理法》第39条规定，违反本法规定，未经许可制造、买卖或者运输枪支的，依照刑法有关规定追究刑事责任。单位有前款行为的，对单位判处罚金，并对其直接负责的主管人员和其他直接责任人员依照刑法有关规定追究刑事责任。

《枪支管理法》第40条规定，依法被指定、确定的枪支制造企业、销售企业，违反本法规定，有下列行为之一的，对单位判处罚金，并对其直接负责的主管人员和其他直接责任人员依照刑法有关规定追究刑事责任；公安机关可以责令其停业整顿或者吊销其枪支制造许可证件、枪支配售许可证件：①超过限额或者不按照规定的品种制造、配售枪支的；②制造无号、重号、假号的枪支的；③私自销售枪支或者在境内销售为出口制造的枪支的。

《枪支管理法》第44条规定，违反本法规定，有下列行为之一的，由公安机关对个人或者单位负有直接责任的主管人员和其他直接责任人员处警告或者十五日以下拘留；构成犯罪的，依法追究刑事责任：①未按照规定的技术标准制造民用枪支的；……前款第①项至第③项所列行为的，没收其枪支，可以并处五千元以下罚款；……

（7）实施机关：公安部

（8）审批层级：国家级

（9）行使层级：国家级/局（署、会）

（10）是否由审批机关受理：否

（11）受理层级：县级

（12）是否存在初审环节：是

（13）初审层级：省级，设区的市级，县级

（14）对应政务服务事项国家级基本目录名称：民用枪支（弹药）制造许可

（15）要素统一情况：全部要素全国统一

2. 行政许可事项类型：条件型

3. 行政许可条件

（1）准予行政许可的条件：一是具备拥有产权的制造、储存民用枪支的设备和场所；二是制造的产品符合国家规定的技术标准；三是具有专职的安全保卫机构和人员以及完善的安全防范设施；四是枪支与弹药的制造分别独立设厂，生产区与生活区分离，对生产区应实行封闭式管理；五是具备完善的安全生产体系和质量保障体系；六是无违法制造、销售民用枪支记录；七是制造的民用枪支的枪号及销售流向纳入信息化管理。

（2）规定行政许可条件的依据

《枪支管理法》第15条、第18条。

4. 行政许可服务对象类型与改革举措

（1）服务对象类型：企业法人

（2）是否为涉企经营许可事项：是

（3）涉企经营许可事项名称：民用枪支（弹药）制造许可

（4）涉企经营许可证件名称：民用枪支（弹药）制造许可证

（5）改革方式：优化审批服务

（6）具体改革举措：一是实行申请、审批网上办理。二是不再要求申请人提供技术鉴定文件。

（7）加强事中事后监管措施：一是加大日常监督检查力度。完善常态化监管机制，采取"双随机、一公开"方式，加大对民枪制造企业的现场检查力度，重点针对企业许可资质、经营主体、封闭式管理、枪弹生产区域和储存场所应急值守、安防设施建设、生产储存台账等方面进行严格检查，督促整改问题隐患。二是加强信息系统核查。督促企业按期通过民枪服务网站报送日常生产经营和人员枪支情况，并通过全国枪支管理信息系统对企业生产枪弹编号打码情况、年度限额执行情况、流向登记等情况进行核查。三是及时处理投诉举报。在加强主管部门监管力度同时，引导社会力量积极参与监督，畅通投诉举报渠道，探索建立奖励机制，依法及时处理各类投诉举报。四是严厉查处违法违规行为。加大执法力度，对通过现场检查、网络核查、群众举报等方式发现企业存在超过限额或不按规定品种制造枪支，未落实安全管理制度等违法违规行为的，依法依规严肃查处。

5. 申请材料

（1）申请材料名称

首次申请制造许可及有效期届满重新申领：一是民用枪支制造企业申请表；二是生产、管理人员资格审查材料；三是厂区周边环境平面图，生产车间、仓库位置平面图；四是防火、防盗报警监控设备设置情况；五是固定资产证明材料。

申请变更制造品种及厂区内部改建、扩建及功能区块调整：一是变更事项申请文件；二是厂区周边环境平面图，生产车间、仓库位置平面图；三是防火、防盗报警监控设备设置情况。

申请变更制造企业名称、法定代表人、经济性质等事项：一是变更事项申请文件；二是变更法定代表人的需提供法定代表人身份信息。

（2）规定申请材料的依据

《枪支管理法》第15条、第18条。

《国务院关于深化"证照分离"改革进一步激发市场主体发展活力的通知》（国发〔2021〕7号）附件1第141项中规定，民用枪支（弹药）制造许可；不再要求申请人提供技术鉴定文件。

6. 中介服务

（1）有无法定中介服务事项：无

（2）中介服务事项名称：无

（3）设定中介服务事项的依据：无

（4）提供中介服务的机构：无

（5）中介服务事项的收费性质：无

7. 审批程序

（1）办理行政许可的程序环节：一是申请人书面申请；二是审批机构受理/不予受理；三是审批机构审查；四是决定批准许可/不予批准许可。

（2）规定行政许可程序的依据

《枪支管理法》第 15 条。

《行政许可法》第 32 条规定，行政机关对申请人提出的行政许可申请，应当根据下列情况分别作出处理：①申请事项依法不需要取得行政许可的，应当即时告知申请人不受理；②申请事项依法不属于本行政机关职权范围的，应当即时作出不予受理的决定，并告知申请人向有关行政机关申请；③申请材料存在可以当场更正的错误的，应当允许申请人当场更正；④申请材料不齐全或者不符合法定形式的，应当当场或者在五日内一次告知申请人需要补正的全部内容，逾期不告知的，自收到申请材料之日起即为受理；⑤申请事项属于本行政机关职权范围，申请材料齐全、符合法定形式，或者申请人按照本行政机关的要求提交全部补正申请材料的，应当受理行政许可申请。行政机关受理或者不予受理行政许可申请，应当出具加盖本行政机关专用印章和注明日期的书面凭证。

《行政许可法》第 34 条规定，行政机关应当对申请人提交的申请材料进行审查。申请人提交的申请材料齐全、符合法定形式，行政机关能够当场作出决定的，应当当场作出书面的行政许可决定。根据法定条件和程序，需要对申请材料的实质内容进行核实的，行政机关应当指派两名以上工作人员进行核查。

《行政许可法》第 37 条规定，行政机关对行政许可申请进行审查后，除当场作出行政许可决定的外，应当在法定期限内按照规定程序作出行政许可决定。

《行政许可法》第 38 条规定，申请人的申请符合法定条件、标准的，行政机关应当依法作出准予行政许可的书面决定。行政机关依法作出不予行政许可的书面决定的，应当说明理由，并告知申请人享有依法申请行政复议或者提起行政诉讼的权利。

（3）是否需要现场勘验：是

（4）否需要组织听证：否

（5）是否需要招标、拍卖、挂牌交易：否

（6）是否需要检验、检测、检疫：否

（7）是否需要鉴定：否

（8）是否需要专家评审：是

（9）是否需要向社会公示：否

（10）是否实行告知承诺办理：否

（11）审批机关是否委托服务机构开展技术性服务：否

8. 受理和审批时限

（1）承诺受理时限：5 个工作日

（2）法定审批时限：20 个工作日

（3）规定法定审批时限依据

《行政许可法》第 42 条第 1 款规定，除可以当场作出行政许可决定的外，行政机关应当自受理行政许可申请之日起二十日内作出行政许可决定。二十日内不能作出决定的，经本行政机关负责人批准，可以延长十日，并应当将延长期限的理由告知申请人。

《行政许可法》第45条规定，行政机关作出行政许可决定，依法需要听证、招标、拍卖、检验、检测、检疫、鉴定和专家评审的，所需时间不计算在本节规定的期限内。

（4）承诺审批时限：20个工作日，依法进行专家评审所需时间不计算在该时限内。

9. 收费

（1）办理行政许可是否收费：否

（2）收费项目的名称、收费项目的标准、设定收费项目的依据、规定收费标准的依据：无

10. 行政许可证件

（1）审批结果类型：证照

（2）审批结果名称：民用枪支（弹药）制造许可证

（3）审批结果的有效期限：3年

（4）规定审批结果有效期限的依据

《枪支管理法》第15条。

（5）是否需要办理审批结果变更手续：否

（6）办理审批结果变更手续的要求：无

（7）是否需要办理审批结果延续手续：否

（8）办理审批结果延续手续的要求：无

（9）审批结果的有效地域范围：全国

（10）规定审批结果有效地域范围的依据

《行政许可法》第41条规定，法律、行政法规设定的行政许可，其适用范围没有地域限制的，申请人取得的行政许可在全国范围内有效。

11. 行政许可数量限制

（1）有无行政许可数量限制：有

（2）公布数量限制的方式：无

（3）公布数量限制的周期：无

（4）在数量限制条件下实施行政许可的方式：无

（5）规定在数量限制条件下实施行政许可方式的依据

《枪支管理法》第3条。

12. 行政许可后年检

（1）有无年检要求：有

（2）设定年检要求的依据

《枪支管理法》第20条。

（3）年检周期：1年

（4）年检是否要求报送材料：无

（5）年检报送材料名称：无

（6）年检是否收费：无

（7）年检收费项目的名称、年检收费项目的标准、设定年检收费项目的依据、规定年检项目收费标准的依据：无

（8）通过年检的证明或者标志：无

13. 行政许可后年报

（1）有无年报要求：无

（2）年报报送材料名称：无

（3）设定年报要求的依据：无

（4）年报周期：无

14. 监管主体

公安部；省级公安机关；设区的市级公安机关；县级公安机关。

15. 备注

（二）民用枪支及枪支主要零部件、弹药研制、定型许可

1. 基本要素

（1）行政许可事项名称及编码：民用枪支及枪支主要零部件、弹药制造许可【00010910800Y】

（2）行政许可事项子项名称及编码：民用枪支及枪支主要零部件、弹药研制、定型许可【000109108002】

（3）行政许可事项业务办理项名称及编码：无

（4）设定依据

《枪支管理法》第3条第1款规定，国家严格管制枪支。禁止任何单位或者个人违反法律规定持有、制造（包括变造、装配）、买卖、运输、出租、出借枪支。

《枪支管理法》第13条规定，国家对枪支的制造、配售实行特别许可制度。未经许可，任何单位或者个人不得制造、买卖枪支。

《枪支管理法》第21条规定，民用枪支的研制和定型，由国务院业务主管部门会同国务院公安部门组织实施。

《枪支管理法》第48条规定，制造、配售、运输枪支的主要零部件和用于枪支的弹药，适用本法的有关规定。

（5）实施依据

《枪支管理法》第3条、第13条。

《枪支管理法》第15条规定，制造民用枪支的企业，由国务院有关主管部门提出，由国务院公安部门确定。配售民用枪支的企业，由省级人民政府公安机关确定。制造民用枪支的企业，由国务院公安部门核发民用枪支制造许可证件。配售民用枪支的企业，由省级人民政府公安机关核发民用枪支配售许可证件。民用枪支制造许可证件、配售许可证件的有效期为三年；有效期届满，需要继续制造、配售民用枪支的，应当重新申请领取许可证件。

（6）监管依据

《枪支管理法》第18条规定，制造民用枪支的企业，必须严格按照国家规定的技术标准制造民用枪支，不得改变民用枪支的性能和结构；必须在民用枪支指定部位铸印制造厂的厂名、枪种代码和国务院公安部门统一编制的枪支序号，不得制造无号、重号、假号的民用枪支。制造民用枪支的企业必须实行封闭式管理，采取必要的安全保卫措施，防止民用枪支以及民用枪支零部件丢失。

《枪支管理法》第20条规定，公安机关对制造、配售民用枪支的企业制造、配售、储存和帐册登记等情况，必须进行定期检查；必要时，可以派专人驻厂对制造企业进行监督、检查。

《枪支管理法》第21条。

《枪支管理法》第39条规定，违反本法规定，未经许可制造、买卖或者运输枪支的，依照刑法有关规定追究刑事责任。单位有前款行为的，对单位判处罚金，并对其直接负责的主管人员和其他直接责任人员依照刑法有关规定追究刑事责任。

《枪支管理法》第40条规定，依法被指定、确定的枪支制造企业、销售企业，违反本法规定，有下列行为之一的，对单位判处罚金，并对其直接负责的主管人员和其他直接责任人员依照刑法有关规定追究刑事责任；公安机关可以责令其停业整顿或者吊销其枪支制造许可证件、枪支配售许可证件：①超过限额或者不按照规定

的品种制造、配售枪支的；②制造无号、重号、假号的枪支的；③私自销售枪支或者在境内销售为出口制造的枪支的。

《枪支管理法》第44条规定，违反本法规定，有下列行为之一的，由公安机关对个人或者单位负有直接责任的主管人员和其他直接责任人员处警告或者十五日以下拘留；构成犯罪的，依法追究刑事责任：①未按照规定的技术标准制造民用枪支的；……前款第①项至第③项所列行为的，没收其枪支，可以并处五千元以下罚款；……

（7）实施机关：公安部

（8）审批层级：国家级

（9）行使层级：国家级/局（署、会）

（10）是否由审批机关受理：否

（11）受理层级：县级

（12）是否存在初审环节：是

（13）初审层级：省级，设区的市级，县级

（14）对应政务服务事项国家级基本目录名称：民用枪支（弹药）制造许可

（15）要素统一情况：全部要素全国统一

2. 行政许可事项类型：条件型

3. 行政许可条件

（1）准予行政许可的条件：一是国务院业务主管部门提出民用枪支研制和定型需求；二是研制和定型任务由依法取得民用枪支（弹药）制造资质的企业承担。

（2）规定行政许可条件的依据

《枪支管理法》第15条、第18条、第21条。

4. 行政许可服务对象类型与改革举措

（1）服务对象类型：企业法人

（2）是否为涉企经营许可事项：否

（3）涉企经营许可事项名称：无

（4）涉企经营许可证件名称：无

（5）改革方式：优化审批服务

（6）具体改革举措：优化审批服务，探索实行网上办理。

（7）加强事中事后监管措施：一是加大日常监督检查力度，坚持全面检查和重点抽查相结合，合理确定抽查比例和频次。二是不断强化信用监管，建立健全从准入到退出的全过程信用监管体制，探索将违规行为记入信用记录，实行失信联合惩戒。三是加大监管工作科技投入，推行“互联网+监管”，依托信息化等手段对有关数据进行核查，发现问题及时责令整改。四是及时处理投诉举报，依法查处违法违规行为。五是加强监管工作协作，推动不同监管部门之间数据共享，提升监管效能。

5. 申请材料

（1）申请材料名称：国务院业务主管部门会同国务院公安部门组织实施民用枪支研制和定型所需材料。

（2）规定申请材料的依据

《枪支管理法》第15条、第18条、第21条。

6. 中介服务

（1）有无法定中介服务事项：无

（2）中介服务事项名称：无

（3）设定中介服务事项的依据：无

（4）提供中介服务的机构：无

（5）中介服务事项的收费性质：无

7. 审批程序

（1）办理行政许可的程序环节：一是申请人书面申请；二是审批机构受理/不予受理；三是审批机构审查；四是决定批准许可/不予批准许可。

（2）规定行政许可程序的依据

《枪支管理法》第 15 条。

《行政许可法》第 32 条规定，行政机关对申请人提出的行政许可申请，应当根据下列情况分别作出处理：①申请事项依法不需要取得行政许可的，应当即时告知申请人不受理；②申请事项依法不属于本行政机关职权范围的，应当即时作出不予受理的决定，并告知申请人向有关行政机关申请；③申请材料存在可以当场更正的错误的，应当允许申请人当场更正；④申请材料不齐全或者不符合法定形式的，应当当场或者在五日内一次告知申请人需要补正的全部内容，逾期不告知的，自收到申请材料之日起即为受理；⑤申请事项属于本行政机关职权范围，申请材料齐全、符合法定形式，或者申请人按照本行政机关的要求提交全部补正申请材料的，应当受理行政许可申请。行政机关受理或者不予受理行政许可申请，应当出具加盖本行政机关专用印章和注明日期的书面凭证。

《行政许可法》第 34 条规定，行政机关应当对申请人提交的申请材料进行审查。申请人提交的申请材料齐全、符合法定形式，行政机关能够当场作出决定的，应当当场作出书面的行政许可决定。根据法定条件和程序，需要对申请材料的实质内容进行核实的，行政机关应当指派两名以上工作人员进行核查。

《行政许可法》第 37 条规定，行政机关对行政许可申请进行审查后，除当场作出行政许可决定的外，应当在法定期限内按照规定程序作出行政许可决定。

《行政许可法》第 38 条规定，申请人的申请符合法定条件、标准的，行政机关应当依法作出准予行政许可的书面决定。行政机关依法作出不予行政许可的书面决定的，应当说明理由，并告知申请人享有依法申请行政复议或者提起行政诉讼的权利。

（3）是否需要现场勘验：否

（4）是否需要组织听证：否

（5）是否需要招标、拍卖、挂牌交易：否

（6）是否需要检验、检测、检疫：否

（7）是否需要鉴定：否

（8）是否需要专家评审：是

（9）是否需要向社会公示：否

（10）是否实行告知承诺办理：否

（11）审批机关是否委托服务机构开展技术性服务：否

8. 受理和审批时限

（1）承诺受理时限：5 个工作日

（2）法定审批时限：20 个工作日

（3）规定法定审批时限依据

《行政许可法》第 42 条第 1 款规定，除可以当场作出行政许可决定的外，行政机关应当自受理行政许可申请之日起二十日内作出行政许可决定。二十日内不能作出决定的，经本行政机关负责人批准，可以延长十日，并应当将延长期限的理由告知申请人。

《行政许可法》第 45 条规定，行政机关作出行政许可决定，依法需要听证、招标、拍卖、检验、检测、检疫、鉴定和专家评审的，所需时间不计算在本节规定的期限内。

（4）承诺审批时限：20 个工作日，依法进行专家评审所需时间不计算在该时限内。

9. 收费

（1）办理行政许可是否收费：否

（2）收费项目的名称、收费项目的标准、设定收费项目的依据、规定收费标准的依据：无

10. 行政许可证件

（1）审批结果类型：批文

（2）审批结果名称：批准文件

（3）审批结果的有效期限：当次

（4）规定审批结果有效期限的依据

《枪支管理法》第21条。

（5）是否需要办理审批结果变更手续：否

（6）办理审批结果变更手续的要求：无

（7）是否需要办理审批结果延续手续：否

（8）办理审批结果延续手续的要求：无

（9）审批结果的有效地域范围：全国

（10）规定审批结果有效地域范围的依据

《行政许可法》第41条规定，法律、行政法规设定的行政许可，其适用范围没有地域限制的，申请人取得的行政许可在全国范围内有效。

11. 行政许可数量限制

（1）有无行政许可数量限制：无

（2）公布数量限制的方式：无

（3）公布数量限制的周期：无

（4）在数量限制条件下实施行政许可的方式：无

（5）规定在数量限制条件下实施行政许可方式的依据：无

12. 行政许可后年检

（1）有无年检要求：无

（2）设定年检要求的依据：无

（3）年检周期：无

（4）年检是否要求报送材料：无

（5）年检报送材料名称：无

（6）年检是否收费：无

（7）年检收费项目的名称、年检收费项目的标准、设定年检收费项目的依据、规定年检项目收费标准的依据：无

（8）通过年检的证明或者标志：无

13. 行政许可后年报

（1）有无年报要求：无

（2）年报报送材料名称：无

（3）设定年报要求的依据：无

（4）年报周期：无

14. 监管主体

公安部；省级公安机关；设区的市级公安机关；县级公安机关。

15. 备注

六、民用枪支及枪支主要零部件、弹药配售许可

民用枪支及枪支主要零部件、弹药配售许可的中央主管部门是公安部，实施机关是省级公安机关，设定和实施依据是《枪支管理法》，该许可项目无子项。

1. 基本要素

（1）行政许可事项名称及编码：民用枪支及枪支主要零部件、弹药配售许可【000109109000】

（2）行政许可事项子项名称及编码：无

（3）行政许可事项业务办理项名称及编码

首次申请配售许可及有效期届满重新申领（00010910900001）；申请变更配售品

种及企业内部改建、扩建及功能区块调整（00010910900002）；申请变更配售企业名称、法定代表人、经济性质等事项（00010910900003）。

（4）设定依据

《枪支管理法》第3条第1款规定，国家严格管制枪支。禁止任何单位或者个人违反法律规定持有、制造（包括变造、装配）、买卖、运输、出租、出借枪支。

《枪支管理法》第13条规定，国家对枪支的制造、配售实行特别许可制度。未经许可，任何单位或者个人不得制造、买卖枪支。

《枪支管理法》第15条规定，制造民用枪支的企业，由国务院有关主管部门提出，由国务院公安部门确定。配售民用枪支的企业，由省级人民政府公安机关确定。制造民用枪支的企业，由国务院公安部门核发民用枪支制造许可证件。配售民用枪支的企业，由省级人民政府公安机关核发民用枪支配售许可证件。民用枪支制造许可证件、配售许可证件的有效期为三年；有效期届满，需要继续制造、配售民用枪支的，应当重新申请领取许可证件。

《枪支管理法》第48条规定，制造、配售、运输枪支的主要零部件和用于枪支的弹药，适用本法的有关规定。

（5）实施依据

《枪支管理法》第3条、第13条、第15条。

《枪支管理法》第17条规定，制造民用枪支的企业不得超过限额制造民用枪支，所制造的民用枪支必须全部交由指定的民用枪支配售企业配售，不得自行销售。配售民用枪支的企业应当在配售限额内，配售指定的企业制造的民用枪支。

（6）监管依据

《枪支管理法》第17条。

《枪支管理法》第19条规定，配售民用枪支，必须核对配购证件，严格按照配购证件载明的品种、型号和数量配售；配售弹药，必须核对持枪证件。民用枪支配售企业必须按照国务院公安部门的规定建立配售帐册，长期保管备查。

《枪支管理法》第20条规定，公安机关对制造、配售民用枪支的企业制造、配售、储存和帐册登记等情况，必须进行定期检查；必要时，可以派专人驻厂对制造企业进行监督、检查。

《枪支管理法》第40条规定，依法被指定、确定的枪支制造企业、销售企业，违反本法规定，有下列行为之一的，对单位判处罚金，并对其直接负责的主管人员和其他直接责任人员依照刑法有关规定追究刑事责任；公安机关可以责令其停业整顿或者吊销其枪支制造许可证件、枪支配售许可证件：①超过限额或者不按照规定的品种制造、配售枪支的；②制造无号、重号、假号的枪支的；③私自销售枪支或者在境内销售为出口制造的枪支的。

（7）实施机关：省级公安机关

（8）审批层级：省级

（9）行使层级：省级/直属

（10）是否由审批机关受理：否

（11）受理层级：县级

（12）是否存在初审环节：是

（13）初审层级：设区的市级，县级

（14）对应政务服务事项国家级基本目录名称：民用枪支、弹药配售许可

（15）要素统一情况：部分要素全国

统一

2. 行政许可事项类型：条件型

3. 行政许可条件

（1）准予行政许可的条件：一是具备独立的法人资格；二是具备配售、储存民用枪支、弹药的场所和安全配送的封闭式运输车；三是安全保卫制度完善，配有专职安全保卫人员和可靠的技术防范设施；四是从业人员必须经所在地省级公安机关培训和审查；五是具备计算机管理配售情况的条件和人员。

（2）规定行政许可条件的依据

《枪支管理法》第15条。

公安部《关于规范民用枪支配售调拨管理等有关事项的通知》（公治〔1999〕744号）规定，民用枪支配售企业必须具备以下条件：①具备独立的法人资格；②具备配售、储存民用枪支、弹药的场所和安全配送的封闭式运输车；③安全保卫制度完善，配有专职安全保卫人员和可靠的技术防范设施；④从业人员必须经所在地省级公安机关培训和审查；⑤无违法销售民用枪支、弹药的记录；⑥具备计算机管理配售情况的条件和人员。

4. 行政许可服务对象类型与改革举措

（1）服务对象类型：企业法人

（2）是否为涉企经营许可事项：是

（3）涉企经营许可事项名称：民用枪支（弹药）配售许可

（4）涉企经营许可证件名称：民用枪支（弹药）配售许可证

（5）改革方式：优化审批服务

（6）具体改革举措：实行申请、审批网上办理。

（7）加强事中事后监管措施：一是加大日常监督检查力度。完善常态化监管机制，采取"双随机、一公开"方式，加大对民枪配售企业的现场检查力度，重点针对企业许可资质、经营主体、枪弹储存场所应急值守、安防设施建设、枪弹销售台账等方面进行严格检查，督促整改问题隐患。二是加强信息系统核查。督促企业按期通过民枪服务网站报送日常经营和人员枪支情况，并通过全国枪支管理信息系统对企业年度限额执行情况、流向登记等情况进行核查。三是及时处理投诉举报。在加强主管部门监管力度同时，引导社会力量积极参与监督，畅通投诉举报渠道，探索建立奖励机制，依法及时处理各类投诉举报。四是严厉查处违法违规行为。加大执法力度，对通过现场检查、网络核查、群众举报等方式发现企业存在超过限额或不按规定品种配售枪支，未如实登记配售流向等违法违规行为的，依法依规严肃查处。

5. 申请材料

（1）申请材料名称

首次申请配售许可及有效期届满重新申领：一是民用枪支配售企业申请表；二是独立法人资格相关材料；三是配售、储存民用枪支、弹药场所和封闭式运输车辆相关材料；四是安全保卫制度、专职安全保卫人员和技术防范设施相关材料；五是从业人员经所在地省级公安机关培训相关材料；六是具备计算机管理配售情况的条件和人员的相关材料。

申请变更配售品种及企业内部改建、扩建及功能区块调整：一是变更事项申请文件；二是配售、储存民用枪支、弹药场所和封闭式运输车辆相关材料；三是安全保卫制度、专职安全保卫人员和技术防范设施相关材料。

申请变更配售企业名称、法定代表人、经济性质等事项：一是变更事项申请文件；二是变更法定代表人的需提供法定代表人身份信息。

（2）规定申请材料的依据

《枪支管理法》第15条。

公安部《关于规范民用枪支配售调拨管理等有关事项的通知》（公治〔1999〕744号）。

6. 中介服务

（1）有无法定中介服务事项：无

（2）中介服务事项名称：无

（3）设定中介服务事项的依据：无

（4）提供中介服务的机构：无

（5）中介服务事项的收费性质：无

7. 审批程序

（1）办理行政许可的程序环节：一是申请人书面申请；二是审批机构受理/不予受理；三是审批机构审查；四是决定批准许可/不予批准许可。

（2）规定行政许可程序的依据

《枪支管理法》第15条。

《行政许可法》第32条规定，行政机关对申请人提出的行政许可申请，应当根据下列情况分别作出处理：①申请事项依法不需要取得行政许可的，应当即时告知申请人不受理；②申请事项依法不属于本行政机关职权范围的，应当即时作出不予受理的决定，并告知申请人向有关行政机关申请；③申请材料存在可以当场更正的错误的，应当允许申请人当场更正；④申请材料不齐全或者不符合法定形式的，应当当场或者在五日内一次告知申请人需要补正的全部内容，逾期不告知的，自收到申请材料之日起即为受理；⑤申请事项属于本行政机关职权范围，申请材料齐全、符合法定形式，或者申请人按照本行政机关的要求提交全部补正申请材料的，应当受理行政许可申请。行政机关受理或者不予受理行政许可申请，应当出具加盖本行政机关专用印章和注明日期的书面凭证。

《行政许可法》第34条规定，行政机关应当对申请人提交的申请材料进行审查。申请人提交的申请材料齐全、符合法定形式，行政机关能够当场作出决定的，应当当场作出书面的行政许可决定。根据法定条件和程序，需要对申请材料的实质内容进行核实的，行政机关应当指派两名以上工作人员进行核查。

《行政许可法》第37条规定，行政机关对行政许可申请进行审查后，除当场作出行政许可决定的外，应当在法定期限内按照规定程序作出行政许可决定。

《行政许可法》第38条规定，申请人的申请符合法定条件、标准的，行政机关应当依法作出准予行政许可的书面决定。行政机关依法作出不予行政许可的书面决定的，应当说明理由，并告知申请人享有依法申请行政复议或者提起行政诉讼的权利。

（3）是否需要现场勘验：是

（4）是否需要组织听证：否

（5）是否需要招标、拍卖、挂牌交易：否

（6）是否需要检验、检测、检疫：否

（7）是否需要鉴定：否

（8）是否需要专家评审：是

（9）是否需要向社会公示：否

（10）是否实行告知承诺办理：否

（11）审批机关是否委托服务机构开展技术性服务：否

8. 受理和审批时限

（1）承诺受理时限：5个工作日

（2）法定审批时限：20个工作日

（3）规定法定审批时限依据

《行政许可法》第42条第1款规定，除可以当场作出行政许可决定的外，行政机关应当自受理行政许可申请之日起二十日内作出行政许可决定。二十日内不能作出决定的，经本行政机关负责人批准，可以延长十日，并应当将延长期限的理由告知申请人。但是，法律、法规另有规定的，依照其规定。

《行政许可法》第45条规定，行政机关作出行政许可决定，依法需要听证、招标、拍卖、检验、检测、检疫、鉴定和专家评审的，所需时间不计算在本节规定的期限内。

（4）承诺审批时限：20个工作日，依法进行专家评审所需时间不计算在该时限内。

9. 收费

（1）办理行政许可是否收费：否

（2）收费项目的名称、收费项目的标准、设定收费项目的依据、规定收费标准的依据：无

10. 行政许可证件

（1）审批结果类型：证照

（2）审批结果名称：民用枪支（弹药）配售许可证

（3）审批结果的有效期限：3年

（4）规定审批结果有效期限的依据

《枪支管理法》第15条。

（5）是否需要办理审批结果变更手续：否

（6）办理审批结果变更手续的要求：无

（7）是否需要办理审批结果延续手续：否

（8）办理审批结果延续手续的要求：无

（9）审批结果的有效地域范围：全国

（10）规定审批结果有效地域范围的依据

《行政许可法》第41条规定，法律、行政法规设定的行政许可，其适用范围没有地域限制的，申请人取得的行政许可在全国范围内有效。

11. 行政许可数量限制

（1）有无行政许可数量限制：有

（2）公布数量限制的方式：无

（3）公布数量限制的周期：无

（4）在数量限制条件下实施行政许可的方式：无

（5）规定在数量限制条件下实施行政许可方式的依据

公安部《关于规范民用枪支配售调拨管理等有关事项的通知》（公治〔1999〕744号）规定，民用枪支配售企业应从原有民用枪支销售单位中择优确定。各省、自治区、直辖市原则上可确定一家，牧区、猎区较多的省份可增设二至三家。配售企业必须经省、自治区、直辖市公安厅、局批准确定。猎区和牧区尚未划定以及大山区、偏僻林区尚未批准保留猎枪的省份，暂缓确定。

12. 行政许可后年检

（1）有无年检要求：有

（2）设定年检要求的依据

《枪支管理法》第20条规定。

公安部《关于认真做好民用枪支配售配购使用管理工作的通知》（公治〔2001〕14号）规定，对配售企业、持枪人员实行年审制度。

（3）年检周期：1年

（4）年检是否要求报送材料：无

（5）年检报送材料名称：无

（6）年检是否收费：无

（7）年检收费项目的名称、年检收费项目的标准、设定年检收费项目的依据、规定年检项目收费标准的依据：无

（8）通过年检的证明或者标志：无

13. 行政许可后年报

（1）有无年报要求：有

（2）年报报送材料名称：暂由各地区自行规定

（3）设定年报要求的依据

公安部《关于规范民用枪支配售调拨管理等有关事项的通知》（公治〔1999〕744号）规定，民用枪支配售企业的主要职责：……③定期向省级公安机关枪支管理部门报告年度配售限额的执行、储存和账册登记等情况，接受公安机关的监督检查。

（4）年报周期：1年

14. 监管主体

省级公安机关；设区的市级公安机关；县级公安机关。

15. 备注

七、民用枪支及枪支主要零部件、弹药制造、配售年度限额许可

民用枪支及枪支主要零部件、弹药制造、配售年度限额许可的中央主管部门是公安部，实施机关是公安部，设定和实施依据是《枪支管理法》，该许可项目包括2个子项：（1）民用枪支及枪支主要零部件、弹药制造年度限额许可；（2）民用枪支及枪支主要零部件、弹药配售年度限额许可。

（一）民用枪支及枪支主要零部件、弹药制造年度限额许可

1. 基本要素

（1）行政许可事项名称及编码：民用枪支及枪支主要零部件、弹药制造、配售年度限额许可【00010911000Y】

（2）行政许可事项子项名称及编码：民用枪支及枪支主要零部件、弹药制造年度限额许可【000109110001】

（3）行政许可事项业务办理项名称及编码：无

（4）设定依据

《枪支管理法》第16条第1、2款规定，国家对制造、配售民用枪支的数量，实行限额管理。制造民用枪支的年度限额，由国务院林业、体育等有关主管部门、省级人民政府公安机关提出，由国务院公安部门确定并统一编制民用枪支序号，下达到民用枪支制造企业。

《枪支管理法》第48条规定，制造、配售、运输枪支的主要零部件和用于枪支的弹药，适用本法的有关规定。

（5）实施依据

《枪支管理法》第3条第1款规定，国家严格管制枪支。禁止任何单位或者个人违反法律规定持有、制造（包括变造、装配）、买卖、运输、出租、出借枪支。

《枪支管理法》第13条规定，国家对枪支的制造、配售实行特别许可制度。未经许可，任何单位或者个人不得制造、买卖枪支。

《枪支管理法》第16条、第48条。

《枪支管理法》第17条规定，制造民用枪支的企业不得超过限额制造民用枪支，所制造的民用枪支必须全部交由指定的民用枪支配售企业配售，不得自行销售。配售民用枪支的企业应当在配售限额内，配售指定的企业制造的民用枪支。

（6）监管依据

《枪支管理法》第20条规定，公安机关对制造、配售民用枪支的企业制造、配售、储存和帐册登记等情况，必须进行定期检查；必要时，可以派专人驻厂对制造企业进行监督、检查。

《枪支管理法》第39条规定，违反本法规定，未经许可制造、买卖或者运输枪支的，依照刑法有关规定追究刑事责任。单位有前款行为的，对单位判处罚金，并对其直接负责的主管人员和其他直接责任人员依照刑法有关规定追究刑事责任。

《枪支管理法》第40条规定，依法被指定、确定的枪支制造企业、销售企业，违反本法规定，有下列行为之一的，对单位判处罚金，并对其直接负责的主管人员和其他直接责任人员依照刑法有关规定追究刑事责任；公安机关可以责令其停业整顿或者吊销其枪支制造许可证件、枪支配售许可证件：①超过限额或者不按照规定的品种制造、配售枪支的；②制造无号、重号、假号的枪支的；③私自销售枪支或者在境内销售为出口制造的枪支的。

（7）实施机关：公安部

（8）审批层级：国家级

（9）行使层级：国家级/局（署、会）

（10）是否由审批机关受理：否

（11）受理层级：县级

（12）是否存在初审环节：是

（13）初审层级：省级，设区的市级，县级

（14）对应政务服务事项国家级基本目录名称：民用枪支（弹药）制造、配售年度限额许可

（15）要素统一情况：全部要素全国统一

2. 行政许可事项类型：条件型

3. 行政许可条件

（1）准予行政许可的条件：国务院林业、体育等有关主管部门、省级人民政府公安机关提出的制造民用枪支的数量符合国家对民用枪支制造数量的限额管理要求。

（2）规定行政许可条件的依据

《枪支管理法》第16条。

4. 行政许可服务对象类型与改革举措

（1）服务对象类型：企业法人

（2）是否为涉企经营许可事项：否

（3）涉企经营许可事项名称：无

（4）涉企经营许可证件名称：无

（5）改革方式：优化审批服务

（6）具体改革举措：优化审批服务，探索实行网上办理。

（7）加强事中事后监管措施：一是加大日常监督检查力度，坚持全面检查和重点抽查相结合，合理确定抽查比例和频次。二是不断强化信用监管，建立健全从准入到退出的全过程信用监管体制，探索将违规行为记入信用记录，实行失信联合惩戒。三是加大监管工作科技投入，推行“互联网+监管”，依托信息化等手段对有关数据进行核查，发现问题及时责令整改。四是及时处理投诉举报，依法查处违法违规行为。五是加强监管工作协作，推动不同监管部门之间数据共享，提升监管效能。

5. 申请材料

（1）申请材料名称：一是申请文件；二是国务院林业、体育等有关主管部门、省级人民政府公安机关提出的制造民用枪支数量需求计划表。

（2）规定申请材料的依据

《枪支管理法》第16条。

6. 中介服务

（1）有无法定中介服务事项：无

（2）中介服务事项名称：无

（3）设定中介服务事项的依据：无

（4）提供中介服务的机构：无

（5）中介服务事项的收费性质：无

7. 审批程序

（1）办理行政许可的程序环节：一是申请人书面申请；二是审批机构受理/不予受理；三是审批机构审查；四是决定批准许可/不予批准许可。

（2）规定行政许可程序的依据

《枪支管理法》第16条。

《行政许可法》第32条规定，行政机关对申请人提出的行政许可申请，应当根据下列情况分别作出处理：①申请事项依法不需要取得行政许可的，应当即时告知申请人不受理；②申请事项依法不属于本行政机关职权范围的，应当即时作出不予受理的决定，并告知申请人向有关行政机关申请；③申请材料存在可以当场更正的错误的，应当允许申请人当场更正；④申请材料不齐全或者不符合法定形式的，应当当场或者在五日内一次告知申请人需要补正的全部内容，逾期不告知的，自收到申请材料之日起即为受理；⑤申请事项属于本行政机关职权范围，申请材料齐全、符合法定形式，或者申请人按照本行政机关的要求提交全部补正申请材料的，应当受理行政许可申请。行政机关受理或者不予受理行政许可申请，应当出具加盖本行政机关专用印章和注明日期的书面凭证。

《行政许可法》第34条规定，行政机关应当对申请人提交的申请材料进行审查。申请人提交的申请材料齐全、符合法定形式，行政机关能够当场作出决定的，应当当场作出书面的行政许可决定。根据法定条件和程序，需要对申请材料的实质内容进行核实的，行政机关应当指派两名以上工作人员进行核查。

《行政许可法》第37条规定，行政机关对行政许可申请进行审查后，除当场作出行政许可决定的外，应当在法定期限内按照规定程序作出行政许可决定。

《行政许可法》第38条规定，申请人的申请符合法定条件、标准的，行政机关应当依法作出准予行政许可的书面决定。行政机关依法作出不予行政许可的书面决定的，应当说明理由，并告知申请人享有依法申请行政复议或者提起行政诉讼的权利。

（3）是否需要现场勘验：否

（4）是否需要组织听证：否

（5）是否需要招标、拍卖、挂牌交易：否

（6）是否需要检验、检测、检疫：否

（7）是否需要鉴定：否

（8）是否需要专家评审：否

（9）是否需要向社会公示：否

（10）是否实行告知承诺办理：否

（11）审批机关是否委托服务机构开展技术性服务：否

8. 受理和审批时限

（1）承诺受理时限：5个工作日

（2）法定审批时限：20个工作日

（3）规定法定审批时限依据

《行政许可法》第42条第1款规定，除可以当场作出行政许可决定的外，行政机关应当自受理行政许可申请之日起二十日内作出行政许可决定。二十日内不能作出决定的，经本行政机关负责人批准，可以延长十日，并应当将延长期限的理由告知申请人。

（4）承诺审批时限：20个工作日

9. 收费

（1）办理行政许可是否收费：否

（2）收费项目的名称、收费项目的标准、设定收费项目的依据、规定收费标准的依据：无

10. 行政许可证件

（1）审批结果类型：批文

（2）审批结果名称：批准文件

（3）审批结果的有效期限：当次

（4）规定审批结果有效期限的依据

《枪支管理法》第16条。

（5）是否需要办理审批结果变更手续：否

（6）办理审批结果变更手续的要求：无

（7）是否需要办理审批结果延续手续：否

（8）办理审批结果延续手续的要求：无

（9）审批结果的有效地域范围：全国

（10）规定审批结果有效地域范围的依据

《行政许可法》第41条规定，法律、行政法规设定的行政许可，其适用范围没有地域限制的，申请人取得的行政许可在全国范围内有效。

11. 行政许可数量限制

（1）有无行政许可数量限制：有

（2）公布数量限制的方式：无

（3）公布数量限制的周期：无

（4）在数量限制条件下实施行政许可的方式：无

（5）规定在数量限制条件下实施行政许可方式的依据

《枪支管理法》第16条。

12. 行政许可后年检

（1）有无年检要求：无

（2）设定年检要求的依据：无

（3）年检周期：无

（4）年检是否要求报送材料：无

（5）年检报送材料名称：无

（6）年检是否收费：无

（7）年检收费项目的名称、年检收费项目的标准、设定年检收费项目的依据、规定年检项目收费标准的依据：无

（8）通过年检的证明或者标志：无

13. 行政许可后年报

（1）有无年报要求：无

（2）年报报送材料名称：无

（3）设定年报要求的依据：无

（4）年报周期：无

14. 监管主体

公安部；省级公安机关；设区的市级公安机关；县级公安机关。

15. 备注

（二）民用枪支及枪支主要零部件、弹药配售年度限额许可

1. 基本要素

（1）行政许可事项名称及编码：民用枪支及枪支主要零部件、弹药制造、配售年度限额许可【00010911000Y】

（2）行政许可事项子项名称及编码：民用枪支及枪支主要零部件、弹药配售年度限额许可【000109110002】

（3）行政许可事项业务办理项名称及编码：无

（4）设定依据

《枪支管理法》第16条规定，国家对制造、配售民用枪支的数量，实行限额管理。……配售民用枪支的年度限额，由国务院林业、体育等有关主管部门、省级人民政府公安机关提出，由国务院公安部门确定并下达到民用枪支配售企业。

《枪支管理法》第48条规定，制造、配售、运输枪支的主要零部件和用于枪支的弹药，适用本法的有关规定。

（5）实施依据

《枪支管理法》第3条第1款规定，国家严格管制枪支。禁止任何单位或者个人违反法律规定持有、制造（包括变造、装配）、买卖、运输、出租、出借枪支。

《枪支管理法》第13条规定，国家对枪支的制造、配售实行特别许可制度。未经许可，任何单位或者个人不得制造、买卖枪支。

《枪支管理法》第16条、第48条。

《枪支管理法》第17条规定，制造民用枪支的企业不得超过限额制造民用枪支，所制造的民用枪支必须全部交由指定的民用枪支配售企业配售，不得自行销售。配售民用枪支的企业应当在配售限额内，配售指定的企业制造的民用枪支。

（6）监管依据

《枪支管理法》第20条规定，公安机关对制造、配售民用枪支的企业制造、配售、储存和帐册登记等情况，必须进行定期检查；必要时，可以派专人驻厂对制造企业进行监督、检查。

《枪支管理法》第39条规定，违反本法规定，未经许可制造、买卖或者运输枪支的，依照刑法有关规定追究刑事责任。单位有前款行为的，对单位判处罚金，并对其直接负责的主管人员和其他直接责任人员依照刑法有关规定追究刑事责任。

《枪支管理法》第40条规定，依法被指定、确定的枪支制造企业、销售企业，违反本法规定，有下列行为之一的，对单位判处罚金，并对其直接负责的主管人员和其他直接责任人员依照刑法有关规定追究刑事责任；公安机关可以责令其停业整顿或者吊销其枪支制造许可证件、枪支配售许可证件：①超过限额或者不按照规定的品种制造、配售枪支的；②制造无号、重号、假号的枪支的；③私自销售枪支或者在境内销售为出口制造的枪支的。

（7）实施机关：公安部

（8）审批层级：国家级

（9）行使层级：国家级/局（署、会）

（10）是否由审批机关受理：否

（11）受理层级：县级

（12）是否存在初审环节：是

（13）初审层级：省级，设区的市级，县级

（14）对应政务服务事项国家级基本目录名称：民用枪支（弹药）制造、配售年度限额许可

（15）要素统一情况：全部要素全国统一

2. 行政许可事项类型：条件型

3. 行政许可条件

（1）准予行政许可的条件：国务院林

业、体育等有关主管部门、省级人民政府公安机关提出的配售民用枪支的数量符合国家对民用枪支配售数量的限额管理要求。

（2）规定行政许可条件的依据

《枪支管理法》第16条。

4. 行政许可服务对象类型与改革举措

（1）服务对象类型：企业法人

（2）是否为涉企经营许可事项：否

（3）涉企经营许可事项名称：无

（4）涉企经营许可证件名称：无

（5）改革方式：优化审批服务

（6）具体改革举措：优化审批服务，探索实行网上办理。

（7）加强事中事后监管措施：一是加大日常监督检查力度，坚持全面检查和重点抽查相结合，合理确定抽查比例和频次。二是不断强化信用监管，建立健全从准入到退出的全过程信用监管体制，探索将违规行为记入信用记录，实行失信联合惩戒。三是加大监管工作科技投入，推行“互联网+监管”，依托信息化等手段对有关数据进行核查，发现问题及时责令整改。四是及时处理投诉举报，依法查处违法违规行为；五是加强监管工作协作，推动不同监管部门之间数据共享，提升监管效能。

5. 申请材料

（1）申请材料名称：一是申请文件；二是国务院林业、体育等有关主管部门、省级人民政府公安机关提出的配售民用枪支数量需求计划表。

（2）规定申请材料的依据

《枪支管理法》第16条。

6. 中介服务

（1）有无法定中介服务事项：无

（2）中介服务事项名称：无

（3）设定中介服务事项的依据：无

（4）提供中介服务的机构：无

（5）中介服务事项的收费性质：无

7. 审批程序

（1）办理行政许可的程序环节：一是申请人书面申请；二是审批机构受理/不予受理；三是审批机构审查；四是决定批准许可/不予批准许可。

（2）规定行政许可程序的依据

《枪支管理法》第16条。

《行政许可法》第32条规定，行政机关对申请人提出的行政许可申请，应当根据下列情况分别作出处理：①申请事项依法不需要取得行政许可的，应当即时告知申请人不受理；②申请事项依法不属于本行政机关职权范围的，应当即时作出不予受理的决定，并告知申请人向有关行政机关申请；③申请材料存在可以当场更正的错误的，应当允许申请人当场更正；④申请材料不齐全或者不符合法定形式的，应当当场或者在五日内一次告知申请人需要补正的全部内容，逾期不告知的，自收到申请材料之日起即为受理；⑤申请事项属于本行政机关职权范围，申请材料齐全、符合法定形式，或者申请人按照本行政机关的要求提交全部补正申请材料的，应当受理行政许可申请。行政机关受理或者不予受理行政许可申请，应当出具加盖本行政机关专用印章和注明日期的书面凭证。

《行政许可法》第34条规定，行政机关应当对申请人提交的申请材料进行审查。申请人提交的申请材料齐全、符合法定形式，行政机关能够当场作出决定的，应当当场作出书面的行政许可决定。根据法定条件和程序，需要对申请材料的实质内容进行核实的，行政机关应当指派两名以上工作人员进行核查。

《行政许可法》第37条规定，行政机关对行政许可申请进行审查后，除当场作出行政许可决定的外，应当在法定期限内按照规定程序作出行政许可决定。

《行政许可法》第38条规定，申请人的申请符合法定条件、标准的，行政机关应当依法作出准予行政许可的书面决定。行政机关依法作出不予行政许可的书面决定的，应当说明理由，并告知申请人享有依法申请行政复议或者提起行政诉讼的权利。

（3）是否需要现场勘验：否

（4）是否需要组织听证：否

（5）是否需要招标、拍卖、挂牌交易：否

（6）是否需要检验、检测、检疫：否

（7）是否需要鉴定：否

（8）是否需要专家评审：否

（9）是否需要向社会公示：否

（10）是否实行告知承诺办理：否

（11）审批机关是否委托服务机构开展技术性服务：否

8. 受理和审批时限

（1）承诺受理时限：5个工作日

（2）法定审批时限：20个工作日

（3）规定法定审批时限依据

《行政许可法》第42条第1款规定，除可以当场作出行政许可决定的外，行政机关应当自受理行政许可申请之日起二十日内作出行政许可决定。二十日内不能作出决定的，经本行政机关负责人批准，可以延长十日，并应当将延长期限的理由告知申请人。

（4）承诺审批时限：20个工作日

9. 收费

（1）办理行政许可是否收费：否

（2）收费项目的名称、收费项目的标准、设定收费项目的依据、规定收费标准的依据：无

10. 行政许可证件

（1）审批结果类型：批文

（2）审批结果名称：批准文件

（3）审批结果的有效期限：当次

（4）规定审批结果有效期限的依据

《枪支管理法》第16条。

（5）是否需要办理审批结果变更手续：否

（6）办理审批结果变更手续的要求：无

（7）是否需要办理审批结果延续手续：否

（8）办理审批结果延续手续的要求：无

（9）审批结果的有效地域范围：全国

（10）规定审批结果有效地域范围的依据

《行政许可法》第41条规定，法律、行政法规设定的行政许可，其适用范围没有地域限制的，申请人取得的行政许可在全国范围内有效。

11. 行政许可数量限制

（1）有无行政许可数量限制：有

（2）公布数量限制的方式：无

（3）公布数量限制的周期：无

（4）在数量限制条件下实施行政许可的方式：无

（5）规定在数量限制条件下实施行政许可方式的依据

《枪支管理法》第16条。

12. 行政许可后年检

（1）有无年检要求：无

（2）设定年检要求的依据：无

（3）年检周期：无

（4）年检是否要求报送材料：无

（5）年检报送材料名称：无

（6）年检是否收费：无

（7）年检收费项目的名称、年检收费项目的标准、设定年检收费项目的依据、规定年检项目收费标准的依据：无

（8）通过年检的证明或者标志：无

13. 行政许可后年报

（1）有无年报要求：无

（2）年报报送材料名称：无

（3）设定年报要求的依据：无

（4）年报周期：无

14. 监管主体

公安部；省级公安机关；设区的市级公安机关；县级公安机关。

15. 备注

八、枪支及枪支主要零部件、弹药运输许可

枪支及枪支主要零部件、弹药运输许可的中央主管部门是公安部，实施机关包括省级、设区的市级公安机关，设定和实施依据是《枪支管理法》《射击竞技体育运动枪支管理办法》，共有2个子项：（1）跨省级行政区域运输枪支及枪支主要零部件、弹药许可；（2）省级行政区域内运输枪支及枪支主要零部件、弹药许可。

（一）跨省级行政区域运输枪支及枪支主要零部件、弹药许可

1. 基本要素

（1）行政许可事项名称及编码：枪支及枪支主要零部件、弹药运输许可【00010911100Y】

（2）行政许可事项子项名称及编码：跨省级行政区域运输枪支及枪支主要零部件、弹药许可【000109111001】

（3）行政许可事项业务办理项名称及编码：无

（4）设定依据

《枪支管理法》第30条规定，任何单位或者个人未经许可，不得运输枪支。需要运输枪支的，必须向公安机关如实申报运输枪支的品种、数量和运输的路线、方式，领取枪支运输许可证件。……跨省、自治区、直辖市运输的，向运往地省级人民政府公安机关申请领取枪支运输许可证件。没有枪支运输许可证件的，任何单位和个人都不得承运，并应当立即报告所在地公安机关。公安机关对没有枪支运输许可证件或者没有按照枪支运输许可证件的规定运输枪支的，应当扣留运输的枪支。

《枪支管理法》第48条规定，制造、配售、运输枪支的主要零部件和用于枪支的弹药，适用本法的有关规定。

（5）实施依据

《枪支管理法》第3条第1款规定，国家严格管制枪支。禁止任何单位或者个人违反法律规定持有、制造（包括变造、装配）、买卖、运输、出租、出借枪支。

《枪支管理法》第30条。

《枪支管理法》第31条规定，运输枪支必须依照规定使用安全可靠的封闭式运

输设备，由专人押运；途中停留住宿的，必须报告当地公安机关。运输枪支、弹药必须依照规定分开运输。

《射击竞技体育运动枪支管理办法》第28条规定，运输运动枪支，应当凭省级以上体育行政部门批准文件，向运往地设区的市级以上公安机关办理《枪支弹药运输许可证》。

《射击竞技体育运动枪支管理办法》第29条规定，批准购置的运动枪支（含奖励、赞助、赠送和境内调剂的运动枪支），应当凭公安部的批准文件和省级以上体育行政部门指定单位出具的提货通知，向运往地设区的市级以上公安机关办理《枪支弹药运输许可证》。

（6）监管依据

《枪支管理法》第42条规定，违反本法规定，运输枪支未使用安全可靠的运输设备、不设专人押运、枪支弹药未分开运输或者运输途中停留住宿不报告公安机关，情节严重的，依照刑法有关规定追究刑事责任；未构成犯罪的，由公安机关对直接责任人员处十五日以下拘留。

（7）实施机关：省级公安机关

（8）审批层级：省级

（9）行使层级：省级/直属

（10）是否由审批机关受理：是

（11）受理层级：省级

（12）是否存在初审环节：否

（13）初审层级：无

（14）对应政务服务事项国家级基本目录名称：枪支、弹药运输许可

（15）要素统一情况：部分要素全国统一

2. 行政许可事项类型：条件型

3. 行政许可条件

（1）准予行政许可的条件：一是如实申报运输枪支的品种、数量和运输的路线、方式；二是使用安全可靠的封闭式运输设备；三是由专人押运；四是枪支、弹药分开运输。

（2）规定行政许可条件的依据

《枪支管理法》第30条、第31条。

《射击竞技体育运动枪支管理办法》第28条、第29条。

4. 行政许可服务对象类型与改革举措

（1）服务对象类型：自然人，企业法人，事业单位法人，社会组织法人，行政机关，其他组织

（2）是否为涉企经营许可事项：否

（3）涉企经营许可事项名称：无

（4）涉企经营许可证件名称：无

（5）改革方式：优化审批服务

（6）具体改革举措优化审批服务，探索实行网上办理。

（7）加强事中事后监管措施：一是加大日常监督检查力度，坚持全面检查和重点抽查相结合，合理确定抽查比例和频次。二是不断强化信用监管，建立健全从准入到退出的全过程信用监管体制，探索将违规行为记入信用记录，实行失信联合惩戒。三是加大监管工作科技投入，推行“互联网+监管”，依托信息化等手段对有关数据进行核查，发现问题及时责令整改。四是及时处理投诉举报，依法查处违法违规行为。五是加强监管工作协作，推动不同监管部门之间数据共享，提升监管效能。

5. 申请材料

（1）申请材料名称：一是枪支弹药运

输书面申请；二是运输枪支的品种、数量和运输的路线、方式；三是封闭式运输设备相关材料；四是押运人员相关材料。

（2）规定申请材料的依据

《枪支管理法》第30条、第31条。

《射击竞技体育运动枪支管理办法》第28条、第29条。

6. 中介服务

（1）有无法定中介服务事项：无

（2）中介服务事项名称：无

（3）设定中介服务事项的依据：无

（4）提供中介服务的机构：无

（5）中介服务事项的收费性质：无

7. 审批程序

（1）办理行政许可的程序环节：一是申请人书面申请；二是审批机构受理/不予受理；三是审批机构审查；四是决定批准许可/不予批准许可。

（2）规定行政许可程序的依据

《枪支管理法》第30条。

《射击竞技体育运动枪支管理办法》第28条、第29条。

《行政许可法》第32条规定，行政机关对申请人提出的行政许可申请，应当根据下列情况分别作出处理：①申请事项依法不需要取得行政许可的，应当即时告知申请人不受理；②申请事项依法不属于本行政机关职权范围的，应当即时作出不予受理的决定，并告知申请人向有关行政机关申请；③申请材料存在可以当场更正的错误的，应当允许申请人当场更正；④申请材料不齐全或者不符合法定形式的，应当当场或者在五日内一次告知申请人需要补正的全部内容，逾期不告知的，自收到申请材料之日起即为受理；⑤申请事项属于本行政机关职权范围，申请材料齐全、符合法定形式，或者申请人按照本行政机关的要求提交全部补正申请材料的，应当受理行政许可申请。行政机关受理或者不予受理行政许可申请，应当出具加盖本行政机关专用印章和注明日期的书面凭证。

《行政许可法》第34条规定，行政机关应当对申请人提交的申请材料进行审查。申请人提交的申请材料齐全、符合法定形式，行政机关能够当场作出决定的，应当当场作出书面的行政许可决定。根据法定条件和程序，需要对申请材料的实质内容进行核实的，行政机关应当指派两名以上工作人员进行核查。

《行政许可法》第37条规定，行政机关对行政许可申请进行审查后，除当场作出行政许可决定的外，应当在法定期限内按照规定程序作出行政许可决定。

《行政许可法》第38条规定，申请人的申请符合法定条件、标准的，行政机关应当依法作出准予行政许可的书面决定。行政机关依法作出不予行政许可的书面决定的，应当说明理由，并告知申请人享有依法申请行政复议或者提起行政诉讼的权利。

（3）是否需要现场勘验：否

（4）是否需要组织听证：否

（5）是否需要招标、拍卖、挂牌交易：否

（6）是否需要检验、检测、检疫：否

（7）是否需要鉴定：否

（8）是否需要专家评审：否

（9）是否需要向社会公示：否

（10）是否实行告知承诺办理：否

（11）审批机关是否委托服务机构开展技术性服务：否

8. 受理和审批时限

（1）承诺受理时限：5 个工作日

（2）法定审批时限：20 个工作日

（3）规定法定审批时限依据

《行政许可法》第 42 条第 1 款规定，除可以当场作出行政许可决定的外，行政机关应当自受理行政许可申请之日起二十日内作出行政许可决定。二十日内不能作出决定的，经本行政机关负责人批准，可以延长十日，并应当将延长期限的理由告知申请人。

（4）承诺审批时限：20 个工作日

9. 收费

（1）办理行政许可是否收费：否

（2）收费项目的名称、收费项目的标准、设定收费项目的依据、规定收费标准的依据：无

10. 行政许可证件

（1）审批结果类型：证照

（2）审批结果名称：枪支（弹药）运输许可证

（3）审批结果的有效期限：当次

（4）规定审批结果有效期限的依据

《枪支管理法》第 30 条。

（5）是否需要办理审批结果变更手续：否

（6）办理审批结果变更手续的要求：无

（7）是否需要办理审批结果延续手续：否

（8）办理审批结果延续手续的要求：无

（9）审批结果的有效地域范围：全国

（10）规定审批结果有效地域范围的依据

《行政许可法》第 41 条规定，法律、行政法规设定的行政许可，其适用范围没有地域限制的，申请人取得的行政许可在全国范围内有效。

11. 行政许可数量限制

（1）有无行政许可数量限制：无

（2）公布数量限制的方式：无

（3）公布数量限制的周期：无

（4）在数量限制条件下实施行政许可的方式：无

（5）规定在数量限制条件下实施行政许可方式的依据：无

12. 行政许可后年检

（1）有无年检要求：无

（2）设定年检要求的依据：无

（3）年检周期：无

（4）年检是否要求报送材料：无

（5）年检报送材料名称：无

（6）年检是否收费：无

（7）年检收费项目的名称、年检收费项目的标准、设定年检收费项目的依据、规定年检项目收费标准的依据：无

（8）通过年检的证明或者标志：无

13. 行政许可后年报

（1）有无年报要求：无

（2）年报报送材料名称：无

（3）设定年报要求的依据：无

（4）年报周期：无

14. 监管主体

省级公安机关；设区的市级公安机关；县级公安机关。

15. 备注

（二）省级行政区域内运输枪支及枪支主要零部件、弹药许可

1. 基本要素

（1）行政许可事项名称及编码：枪支

及枪支主要零部件、弹药运输许可【00010911100Y】

（2）行政许可事项子项名称及编码：省级行政区域内运输枪支及枪支主要零部件、弹药许可【000109111002】

（3）行政许可事项业务办理项名称及编码：无

（4）设定依据

《枪支管理法》第30条规定，任何单位或者个人未经许可，不得运输枪支。需要运输枪支的，必须向公安机关如实申报运输枪支的品种、数量和运输的路线、方式，领取枪支运输许可证件。在本省、自治区、直辖市内运输的，向运往地设区的市级人民政府公安机关申请领取枪支运输许可证件；……没有枪支运输许可证件的，任何单位和个人都不得承运，并应当立即报告所在地公安机关。公安机关对没有枪支运输许可证件或者没有按照枪支运输许可证件的规定运输枪支的，应当扣留运输的枪支。

《枪支管理法》第48条规定，制造、配售、运输枪支的主要零部件和用于枪支的弹药，适用本法的有关规定。

（5）实施依据

《枪支管理法》第3条第1款规定，国家严格管制枪支。禁止任何单位或者个人违反法律规定持有、制造（包括变造、装配）、买卖、运输、出租、出借枪支。

《枪支管理法》第30条。

《枪支管理法》第31条规定，运输枪支必须依照规定使用安全可靠的封闭式运输设备，由专人押运；途中停留住宿的，必须报告当地公安机关。运输枪支、弹药必须依照规定分开运输。

《射击竞技体育运动枪支管理办法》第28条规定，运输运动枪支，应当凭省级以上体育行政部门批准文件，向运往地设区的市级以上公安机关办理《枪支弹药运输许可证》。

《射击竞技体育运动枪支管理办法》第29条规定，批准购置的运动枪支（含奖励、赞助、赠送和境内调剂的运动枪支），应当凭公安部的批准文件和省级以上体育行政部门指定单位出具的提货通知，向运往地设区的市级以上公安机关办理《枪支弹药运输许可证》。

（6）监管依据

《枪支管理法》第42条规定，违反本法规定，运输枪支未使用安全可靠的运输设备、不设专人押运、枪支弹药未分开运输或者运输途中停留住宿不报告公安机关，情节严重的，依照刑法有关规定追究刑事责任；未构成犯罪的，由公安机关对直接责任人员处十五日以下拘留。

（7）实施机关：设区的市级公安机关

（8）审批层级：设区的市级

（9）行使层级：市级/隶属

（10）是否由审批机关受理：是

（11）受理层级：设区的市级

（12）是否存在初审环节：否

（13）初审层级：无

（14）对应政务服务事项国家级基本目录名称：枪支、弹药运输许可

（15）要素统一情况：部分要素全国统一

2. 行政许可事项类型：条件型

3. 行政许可条件

（1）准予行政许可的条件：一是如实申报运输枪支的品种、数量和运输的路线、

方式；二是使用安全可靠的封闭式运输设备；三是由专人押运；四是枪支、弹药分开运输。

（2）规定行政许可条件的依据

《枪支管理法》第30条、第31条。

《射击竞技体育运动枪支管理办法》第28条、第29条。

4. 行政许可服务对象类型与改革举措

（1）服务对象类型：自然人，企业法人，事业单位法人，社会组织法人，行政机关，其他组织。

（2）是否为涉企经营许可事项：否

（3）涉企经营许可事项名称：无

（4）涉企经营许可证件名称：无

（5）改革方式：优化审批服务

（6）具体改革举措：优化审批服务，探索实行网上办理。

（7）加强事中事后监管措施：一是加大日常监督检查力度，坚持全面检查和重点抽查相结合，合理确定抽查比例和频次。二是不断强化信用监管，建立健全从准入到退出的全过程信用监管体制，探索将违规行为记入信用记录，实行失信联合惩戒。三是加大监管工作科技投入，推行“互联网+监管”，依托信息化等手段对有关数据进行核查，发现问题及时责令整改。四是及时处理投诉举报，依法查处违法违规行为。五是加强监管工作协作，推动不同监管部门之间数据共享，提升监管效能。

5. 申请材料

（1）申请材料名称：一是枪支弹药运输书面申请；二是运输枪支的品种、数量和运输的路线、方式；三是封闭式运输设备相关材料；四是押运人员相关材料。

（2）规定申请材料的依据

《枪支管理法》第30条、第31条。

《射击竞技体育运动枪支管理办法》第28条、第29条。

6. 中介服务

（1）有无法定中介服务事项：无

（2）中介服务事项名称：无

（3）设定中介服务事项的依据：无

（4）提供中介服务的机构：无

（5）中介服务事项的收费性质：无

7. 审批程序

（1）办理行政许可的程序环节：一是申请人书面申请；二是审批机构受理/不予受理；三是审批机构审查；四是决定批准许可/不予批准许可。

（2）规定行政许可程序的依据

《枪支管理法》第30条。

《射击竞技体育运动枪支管理办法》第28条、第29条。

《行政许可法》第32条规定，行政机关对申请人提出的行政许可申请，应当根据下列情况分别作出处理：①申请事项依法不需要取得行政许可的，应当即时告知申请人不受理；②申请事项依法不属于本行政机关职权范围的，应当即时作出不予受理的决定，并告知申请人向有关行政机关申请；③申请材料存在可以当场更正的错误的，应当允许申请人当场更正；④申请材料不齐全或者不符合法定形式的，应当当场或者在五日内一次告知申请人需要补正的全部内容，逾期不告知的，自收到申请材料之日起即为受理；⑤申请事项属于本行政机关职权范围，申请材料齐全、符合法定形式，或者申请人按照本行政机关的要求提交全部补正申请材料的，应当受理行政许可申请。行政机关受理或者不予受理行政许可申请，应当出具加盖本行政机关专用印章和注明日期的书面凭证。

《行政许可法》第34条规定，行政机关应当对申请人提交的申请材料进行审查。申请人提交的申请材料齐全、符合法定形式，行政机关能够当场作出决定的，应当当场作出书面的行政许可决定。根据法定条件和程序，需要对申请材料的实质内容进行核实的，行政机关应当指派两名以上工作人员进行核查。

《行政许可法》第37条规定，行政机关对行政许可申请进行审查后，除当场作出行政许可决定的外，应当在法定期限内按照规定程序作出行政许可决定。

《行政许可法》第38条规定，申请人的申请符合法定条件、标准的，行政机关应当依法作出准予行政许可的书面决定。行政机关依法作出不予行政许可的书面决定的，应当说明理由，并告知申请人享有依法申请行政复议或者提起行政诉讼的权利。

(3) 是否需要现场勘验：否

(4) 是否需要组织听证：否

(5) 是否需要招标、拍卖、挂牌交易：否

(6) 是否需要检验、检测、检疫：否

(7) 是否需要鉴定：否

(8) 是否需要专家评审：否

(9) 是否需要向社会公示：否

(10) 是否实行告知承诺办理：否

(11) 审批机关是否委托服务机构开展技术性服务：否

8. 受理和审批时限

(1) 承诺受理时限：5个工作日

(2) 法定审批时限：20个工作日

(3) 规定法定审批时限依据

《行政许可法》第42条第1款规定，除可以当场作出行政许可决定的外，行政机关应当自受理行政许可申请之日起二十日内作出行政许可决定。二十日内不能作出决定的，经本行政机关负责人批准，可以延长十日，并应当将延长期限的理由告知申请人。

(4) 承诺审批时限：20个工作日

9. 收费

(1) 办理行政许可是否收费：否

(2) 收费项目的名称、收费项目的标准、设定收费项目的依据、规定收费标准的依据：无

10. 行政许可证件

(1) 审批结果类型：证照

(2) 审批结果名称：枪支（弹药）运输许可证

(3) 审批结果的有效期限：当次

(4) 规定审批结果有效期限的依据

《枪支管理法》第30条。

(5) 是否需要办理审批结果变更手续：否

(6) 办理审批结果变更手续的要求：无

(7) 是否需要办理审批结果延续手续：否

(8) 办理审批结果延续手续的要求：无

(9) 审批结果的有效地域范围：全国

(10) 规定审批结果有效地域范围的依据

《行政许可法》第41条规定，法律、行政法规设定的行政许可，其适用范围没有地域限制的，申请人取得的行政许可在

全国范围内有效。

11. 行政许可数量限制

（1）有无行政许可数量限制：无

（2）公布数量限制的方式：无

（3）公布数量限制的周期：无

（4）在数量限制条件下实施行政许可的方式：无

（5）规定在数量限制条件下实施行政许可方式的依据：无

12. 行政许可后年检

（1）有无年检要求：无

（2）设定年检要求的依据：无

（3）年检周期：无

（4）年检是否要求报送材料：无

（5）年检报送材料名称：无

（6）年检是否收费：无

（7）年检收费项目的名称、年检收费项目的标准、设定年检收费项目的依据、规定年检项目收费标准的依据：无

（8）通过年检的证明或者标志：无

13. 行政许可后年报

（1）有无年报要求：无

（2）年报报送材料名称：无

（3）设定年报要求的依据：无

（4）年报周期：无

14. 监管主体

设区的市级公安机关；县级公安机关。

15. 备注

九、非外交、体育人员携带枪支及枪支主要零部件、弹药入出境许可

非外交、体育人员携带枪支及枪支主要零部件、弹药入出境许可的中央主管部门是公安部，实施机关是公安部，设定和实施依据是《枪支管理法》，该许可项目无子项。

1. 基本要素

（1）行政许可事项名称及编码：非外交、体育人员携带枪支及枪支主要零部件、弹药入出境许可【000109112000】

（2）行政许可事项子项名称及编码：无

（3）行政许可事项业务办理项名称及编码：无

（4）设定依据

《枪支管理法》第 33 条规定，国家严格管理枪支的入境和出境。任何单位或者个人未经许可，不得私自携带枪支入境、出境。

《枪支管理法》第 34 条规定，外国驻华外交代表机构、领事机构的人员携带枪支入境，必须事先报经中华人民共和国外交部批准；携带枪支出境，应当事先照会中华人民共和国外交部，办理有关手续。……

《枪支管理法》第 35 条规定，外国体育代表团入境参加射击竞技体育活动，或者中国体育代表团出境参加射击竞技体育活动，需要携带射击运动枪支入境、出境的，必须经国务院体育行政主管部门批准。

《枪支管理法》第 36 条规定，本法第三十四条、第三十五条规定以外的其他人员携带枪支入境、出境，应当事先经国务院公安部门批准。

《枪支管理法》第 48 条规定，制造、配售、运输枪支的主要零部件和用于枪支的弹药，适用本法的有关规定。

（5）实施依据

《枪支管理法》第 33 条、第 34 条、第 35 条、第 36 条。

（6）监管依据

《枪支管理法》第37条规定，经批准携带枪支入境的，入境时，应当凭批准文件在入境地边防检查站办理枪支登记，申请领取枪支携运许可证件，向海关申报，海关凭枪支携运许可证件放行；到达目的地后，凭枪支携运许可证件向设区的市级人民政府公安机关申请换发持枪证件。经批准携带枪支出境的，出境时，应当凭批准文件向出境地海关申报，边防检查站凭批准文件放行。

《枪支管理法》第41条规定，违反本法规定，非法持有、私藏枪支的，非法运输、携带枪支入境、出境的，依照刑法有关规定追究刑事责任。

（7）实施机关：公安部

（8）审批层级：国家级

（9）行使层级：国家级/局（署、会）

（10）是否由审批机关受理：是

（11）受理层级：国家级

（12）是否存在初审环节：否

（13）初审层级：无

（14）对应政务服务事项国家级基本目录名称：非外交、体育人员携带枪支（弹药）入出境许可

（15）要素统一情况：全部要素全国统一

2. 行政许可事项类型：条件型

3. 行政许可条件

（1）准予行政许可的条件：一是携带枪支、弹药入境、出境事由合法；二是携带枪支、弹药入境、出境事项经主管单位批准。

（2）规定行政许可条件的依据

《枪支管理法》第33条、第34条、第35条、第36条。

4. 行政许可服务对象类型与改革举措

（1）服务对象类型：企业法人，事业单位法人，行政机关

（2）是否为涉企经营许可事项：否

（3）涉企经营许可事项名称：无

（4）涉企经营许可证件名称：无

（5）改革方式：无

（6）具体改革举措：无

（7）加强事中事后监管措施：一是加大日常监督检查力度，坚持全面检查和重点抽查相结合，合理确定抽查比例和频次。二是不断强化信用监管，建立健全从准入到退出的全过程信用监管体制，探索将违规行为记入信用记录，实行失信联合惩戒。三是加大监管工作科技投入，推行“互联网+监管”，依托信息化等手段对有关数据进行核查，发现问题及时责令整改。四是及时处理投诉举报，依法查处违法违规行为。五是加强监管工作协作，推动不同监管部门之间数据共享，提升监管效能。

5. 申请材料

（1）申请材料名称：一是携带枪支、弹药入境、出境书面申请；二是主管单位批准文件。

（2）规定申请材料的依据

《枪支管理法》第33条、第34条、第35条、第36条。

6. 中介服务

（1）有无法定中介服务事项：无

（2）中介服务事项名称：无

（3）设定中介服务事项的依据：无

（4）提供中介服务的机构：无

（5）中介服务事项的收费性质：无

7. 审批程序

（1）办理行政许可的程序环节：一是

申请人书面申请；二是审批机构受理/不予受理；三是审批机构审查；四是决定批准许可/不予批准许可。

（2）规定行政许可程序的依据

《枪支管理法》第36条。

《行政许可法》第32条规定，行政机关对申请人提出的行政许可申请，应当根据下列情况分别作出处理：①申请事项依法不需要取得行政许可的，应当即时告知申请人不受理；②申请事项依法不属于本行政机关职权范围的，应当即时作出不予受理的决定，并告知申请人向有关行政机关申请；③申请材料存在可以当场更正的错误的，应当允许申请人当场更正；④申请材料不齐全或者不符合法定形式的，应当当场或者在五日内一次告知申请人需要补正的全部内容，逾期不告知的，自收到申请材料之日起即为受理；⑤申请事项属于本行政机关职权范围，申请材料齐全、符合法定形式，或者申请人按照本行政机关的要求提交全部补正申请材料的，应当受理行政许可申请。行政机关受理或者不予受理行政许可申请，应当出具加盖本行政机关专用印章和注明日期的书面凭证。

《行政许可法》第34条规定，行政机关应当对申请人提交的申请材料进行审查。申请人提交的申请材料齐全、符合法定形式，行政机关能够当场作出决定的，应当当场作出书面的行政许可决定。根据法定条件和程序，需要对申请材料的实质内容进行核实的，行政机关应当指派两名以上工作人员进行核查。

《行政许可法》第37条规定，行政机关对行政许可申请进行审查后，除当场作出行政许可决定的外，应当在法定期限内按照规定程序作出行政许可决定。

《行政许可法》第38条规定，申请人的申请符合法定条件、标准的，行政机关应当依法作出准予行政许可的书面决定。行政机关依法作出不予行政许可的书面决定的，应当说明理由，并告知申请人享有依法申请行政复议或者提起行政诉讼的权利。

（3）是否需要现场勘验：否

（4）是否需要组织听证：否

（5）是否需要招标、拍卖、挂牌交易：否

（6）是否需要检验、检测、检疫：否

（7）是否需要鉴定：否

（8）是否需要专家评审：否

（9）是否需要向社会公示：否

（10）是否实行告知承诺办理：否

（11）审批机关是否委托服务机构开展技术性服务：否

8. 受理和审批时限

（1）承诺受理时限：5个工作日

（2）法定审批时限：20个工作日

（3）规定法定审批时限依据

《行政许可法》第42条第1款规定，除可以当场作出行政许可决定的外，行政机关应当自受理行政许可申请之日起二十日内作出行政许可决定。二十日内不能作出决定的，经本行政机关负责人批准，可以延长十日，并应当将延长期限的理由告知申请人。

（4）承诺审批时限：20个工作日

9. 收费

（1）办理行政许可是否收费：否

（2）收费项目的名称、收费项目的标准、设定收费项目的依据、规定收费标准

的依据：无

10. 行政许可证件

（1）审批结果类型：批文

（2）审批结果名称：批准文件

（3）审批结果的有效期限：当次

（4）规定审批结果有效期限的依据

《枪支管理法》第36条。

（5）是否需要办理审批结果变更手续：否

（6）办理审批结果变更手续的要求：无

（7）是否需要办理审批结果延续手续：否

（8）办理审批结果延续手续的要求：无

（9）审批结果的有效地域范围：全国

（10）规定审批结果有效地域范围的依据

《行政许可法》第41条规定，法律、行政法规设定的行政许可，其适用范围没有地域限制的，申请人取得的行政许可在全国范围内有效。

11. 行政许可数量限制

（1）有无行政许可数量限制：无

（2）公布数量限制的方式：无

（3）公布数量限制的周期：无

（4）在数量限制条件下实施行政许可的方式：无

（5）规定在数量限制条件下实施行政许可方式的依据：无

12. 行政许可后年检

（1）有无年检要求：无

（2）设定年检要求的依据：无

（3）年检周期：无

（4）年检是否要求报送材料：无

（5）年检报送材料名称：无

（6）年检是否收费：无

（7）年检收费项目的名称、年检收费项目的标准、设定年检收费项目的依据、规定年检项目收费标准的依据：无

（8）通过年检的证明或者标志：无

13. 行政许可后年报

（1）有无年报要求：无

（2）年报报送材料名称：无

（3）设定年报要求的依据：无

（4）年报周期：无

14. 监管主体

公安部；省级公安机关；设区的市级公安机关；县级公安机关。

15. 备注

十、射击竞技体育运动枪支及枪支主要零部件、弹药携运许可

射击竞技体育运动枪支及枪支主要零部件、弹药携运许可的中央主管部门是公安部，实施机关包括省级、设区的市级公安机关，设定和实施依据是《枪支管理法》《射击竞技体育运动枪支管理办法》，该许可项目共2个子项：（1）跨省级行政区域携运射击竞技体育运动枪支及枪支主要零部件、弹药许可；（2）省级行政区域内携运射击竞技体育运动枪支及枪支主要零部件、弹药许可。

（一）跨省级行政区域携运射击竞技体育运动枪支及枪支主要零部件、弹药许可

1. 基本要素

（1）行政许可事项名称及编码：射击竞技体育运动枪支及枪支主要零部件、弹药携运许可【00010911300Y】

（2）行政许可事项子项名称及编码：跨省级行政区域携运射击竞技体育运动枪支及枪支主要零部件、弹药许可【000109113001】

（3）行政许可事项业务办理项名称及编码：无

（4）设定依据

《枪支管理法》第30条规定，任何单位或者个人未经许可，不得运输枪支。需要运输枪支的，必须向公安机关如实申报运输枪支的品种、数量和运输的路线、方式，领取枪支运输许可证件。……没有枪支运输许可证件的，任何单位和个人都不得承运，并应当立即报告所在地公安机关。公安机关对没有枪支运输许可证件或者没有按照枪支运输许可证件的规定运输枪支的，应当扣留运输的枪支。

《枪支管理法》第48条规定，制造、配售、运输枪支的主要零部件和用于枪支的弹药，适用本法的有关规定。

《射击竞技体育运动枪支管理办法》第27条规定，射击竞技体育运动单位及运动员携带运动枪支外出参加射击训练、比赛等活动，应当凭其业务主管单位的批准文件、民用枪支持枪证复印件、射击竞赛通知（或者邀请函），到本单位所在地设区的市级以上公安机关办理《枪支弹药携运许可证》。

（5）实施依据

《枪支管理法》第3条第1款规定，国家严格管制枪支。禁止任何单位或者个人违反法律规定持有、制造（包括变造、装配）、买卖、运输、出租、出借枪支。

《枪支管理法》第30条、第48条。

《枪支管理法》第31条规定，运输枪支必须依照规定使用安全可靠的封闭式运输设备，由专人押运；途中停留住宿的，必须报告当地公安机关。运输枪支、弹药必须依照规定分开运输。

《射击竞技体育运动枪支管理办法》第27条。

（6）监管依据

《枪支管理法》第42条规定，违反本法规定，运输枪支未使用安全可靠的运输设备、不设专人押运、枪支弹药未分开运输或者运输途中停留住宿不报告公安机关，情节严重的，依照刑法有关规定追究刑事责任；未构成犯罪的，由公安机关对直接责任人员处十五日以下拘留。

（7）实施机关：省级公安机关

（8）审批层级：省级

（9）行使层级：省级/直属

（10）是否由审批机关受理：是

（11）受理层级：省级

（12）是否存在初审环节：否

（13）初审层级：无

（14）对应政务服务事项国家级基本目录名称：无对应政务服务事项

（15）要素统一情况：部分要素全国统一

2. 行政许可事项类型：条件型

3. 行政许可条件

（1）准予行政许可的条件：射击竞技体育运动单位及运动员经批准外出参加射击训练、比赛等活动需携带运动枪支。

（2）规定行政许可条件的依据

《枪支管理法》第30条。

《射击竞技体育运动枪支管理办法》第27条。

4. 行政许可服务对象类型与改革举措

（1）服务对象类型：事业单位法人

（2）是否为涉企经营许可事项：否

（3）涉企经营许可事项名称：无

（4）涉企经营许可证件名称：无

（5）改革方式：优化审批服务

（6）具体改革举措：优化审批服务，探索实行网上办理。

（7）加强事中事后监管措施：一是加大日常监督检查力度，坚持全面检查和重点抽查相结合，合理确定抽查比例和频次。二是不断强化信用监管，建立健全从准入到退出的全过程信用监管体制，探索将违规行为记入信用记录，实行失信联合惩戒。三是加大监管工作科技投入，推行“互联网+监管”，依托信息化等手段对有关数据进行核查，发现问题及时责令整改。四是及时处理投诉举报，依法查处违法违规行为。五是加强监管工作协作，推动不同监管部门之间数据共享，提升监管效能。

5. 申请材料

（1）申请材料名称：一是携运枪支书面申请；二是业务主管单位的批准文件；三是民用枪支持枪证复印件；四是射击竞赛通知（或者邀请函）；五是携运枪支的品种、数量和携运的路线、方式。

（2）规定申请材料的依据

《枪支管理法》第30条。

《射击竞技体育运动枪支管理办法》第27条。

6. 中介服务

（1）有无法定中介服务事项：无

（2）中介服务事项名称：无

（3）设定中介服务事项的依据：无

（4）提供中介服务的机构：无

（5）中介服务事项的收费性质：无

7. 审批程序

（1）办理行政许可的程序环节：一是申请人书面申请；二是审批机构受理/不予受理；三是审批机构审查；四是决定批准许可/不予批准许可。

（2）规定行政许可程序的依据

《射击竞技体育运动枪支管理办法》第27条。

《行政许可法》第32条规定，行政机关对申请人提出的行政许可申请，应当根据下列情况分别作出处理：①申请事项依法不需要取得行政许可的，应当即时告知申请人不受理；②申请事项依法不属于本行政机关职权范围的，应当即时作出不予受理的决定，并告知申请人向有关行政机关申请；③申请材料存在可以当场更正的错误的，应当允许申请人当场更正；④申请材料不齐全或者不符合法定形式的，应当当场或者在五日内一次告知申请人需要补正的全部内容，逾期不告知的，自收到申请材料之日起即为受理；⑤申请事项属于本行政机关职权范围，申请材料齐全、符合法定形式，或者申请人按照本行政机关的要求提交全部补正申请材料的，应当受理行政许可申请。行政机关受理或者不予受理行政许可申请，应当出具加盖本行政机关专用印章和注明日期的书面凭证。

《行政许可法》第34条规定，行政机关应当对申请人提交的申请材料进行审查。申请人提交的申请材料齐全、符合法定形式，行政机关能够当场作出决定的，应当当场作出书面的行政许可决定。根据法定条件和程序，需要对申请材料的实质内容进行核实的，行政机关应当指派两名以上工作人员进行核查。

《行政许可法》第37条规定，行政机关对行政许可申请进行审查后，除当场作出行政许可决定的外，应当在法定期限内按照规定程序作出行政许可决定。

《行政许可法》第38条规定，申请人的申请符合法定条件、标准的，行政机关应当依法作出准予行政许可的书面决定。行政机关依法作出不予行政许可的书面决定的，应当说明理由，并告知申请人享有依法申请行政复议或者提起行政诉讼的权利。

（3）是否需要现场勘验：否

（4）是否需要组织听证：否

（5）是否需要招标、拍卖、挂牌交易：否

（6）是否需要检验、检测、检疫：否

（7）是否需要鉴定：否

（8）是否需要专家评审：否

（9）是否需要向社会公示：否

（10）是否实行告知承诺办理：否

（11）审批机关是否委托服务机构开展技术性服务：否

8. 受理和审批时限

（1）承诺受理时限：5个工作日

（2）法定审批时限：20个工作日

（3）规定法定审批时限依据

《行政许可法》第42条第1款规定，除可以当场作出行政许可决定的外，行政机关应当自受理行政许可申请之日起二十日内作出行政许可决定。二十日内不能作出决定的，经本行政机关负责人批准，可以延长十日，并应当将延长期限的理由告知申请人。

（4）承诺审批时限：20个工作日

9. 收费

（1）办理行政许可是否收费：否

（2）收费项目的名称、收费项目的标准、设定收费项目的依据、规定收费标准的依据：无

10. 行政许可证件

（1）审批结果类型：证照

（2）审批结果名称：枪支（弹药）携运许可证

（3）审批结果的有效期限：当次

（4）规定审批结果有效期限的依据

《枪支管理法》第30条。

《射击竞技体育运动枪支管理办法》第27条。

（5）是否需要办理审批结果变更手续：否

（6）办理审批结果变更手续的要求：无

（7）是否需要办理审批结果延续手续：否

（8）办理审批结果延续手续的要求：无

（9）审批结果的有效地域范围：全国

（10）规定审批结果有效地域范围的依据

《行政许可法》第41条规定，法律、行政法规设定的行政许可，其适用范围没有地域限制的，申请人取得的行政许可在全国范围内有效。

11. 行政许可数量限制

（1）有无行政许可数量限制：无

（2）公布数量限制的方式：无

（3）公布数量限制的周期：无

（4）在数量限制条件下实施行政许可的方式：无

（5）规定在数量限制条件下实施行政许可方式的依据：无

12. 行政许可后年检

（1）有无年检要求：无

（2）设定年检要求的依据：无

（3）年检周期：无

（4）年检是否要求报送材料：无

（5）年检报送材料名称：无

（6）年检是否收费：无

（7）年检收费项目的名称、年检收费项目的标准、设定年检收费项目的依据、规定年检项目收费标准的依据：无

（8）通过年检的证明或者标志：无

13. 行政许可后年报

（1）有无年报要求：无

（2）年报报送材料名称：无

（3）设定年报要求的依据：无

（4）年报周期：无

14. 监管主体

省级公安机关；设区的市级公安机关；县级公安机关。

15. 备注

（二）省级行政区域内携运射击竞技体育运动枪支及枪支主要零部件、弹药许可

1. 基本要素

（1）行政许可事项名称及编码：射击竞技体育运动枪支及枪支主要零部件、弹药携运许可【00010911300Y】

（2）行政许可事项子项名称及编码：省级行政区域内携运射击竞技体育运动枪支及枪支主要零部件、弹药许可【000109113002】

（3）行政许可事项业务办理项名称及编码：无

（4）设定依据

《枪支管理法》第30条规定，任何单位或者个人未经许可，不得运输枪支。需要运输枪支的，必须向公安机关如实申报运输枪支的品种、数量和运输的路线、方式，领取枪支运输许可证件。……没有枪支运输许可证件的，任何单位和个人都不得承运，并应当立即报告所在地公安机关。公安机关对没有枪支运输许可证件或者没有按照枪支运输许可证件的规定运输枪支的，应当扣留运输的枪支。

《枪支管理法》第48条规定，制造、配售、运输枪支的主要零部件和用于枪支的弹药，适用本法的有关规定。

（5）实施依据

《枪支管理法》第3条第1款规定，国家严格管制枪支。禁止任何单位或者个人违反法律规定持有、制造（包括变造、装配）、买卖、运输、出租、出借枪支。

《枪支管理法》第30条、第48条。

《枪支管理法》第31条规定，运输枪支必须依照规定使用安全可靠的封闭式运输设备，由专人押运；途中停留住宿的，必须报告当地公安机关。运输枪支、弹药必须依照规定分开运输。

《射击竞技体育运动枪支管理办法》第27条规定，射击竞技体育运动单位及运动员携带运动枪支外出参加射击训练、比赛等活动，应当凭其业务主管单位的批准文件、民用枪支持枪证复印件、射击竞赛通知（或者邀请函），到本单位所在地设区的市级以上公安机关办理《枪支弹药携运许可证》。

（6）监管依据

《枪支管理法》第42条规定，违反本法规定，运输枪支未使用安全可靠的运输设备、不设专人押运、枪支弹药未分开运输或者运输途中停留住宿不报告公安机关，情节严重的，依照刑法有关规定追究刑事

责任；未构成犯罪的，由公安机关对直接责任人员处十五日以下拘留。

（7）实施机关：设区的市级公安机关

（8）审批层级：设区的市级

（9）行使层级：市级/隶属

（10）是否由审批机关受理：是

（11）受理层级：设区的市级

（12）是否存在初审环节：否

（13）初审层级：无

（14）对应政务服务事项国家级基本目录名称：无对应政务服务事项

（15）要素统一情况：部分要素全国统一

2. 行政许可事项类型：条件型

3. 行政许可条件

（1）准予行政许可的条件：射击竞技体育运动单位及运动员经批准外出参加射击训练、比赛等活动需携带运动枪支。

（2）规定行政许可条件的依据

《枪支管理法》第30条。

《射击竞技体育运动枪支管理办法》第27条。

4. 行政许可服务对象类型与改革举措

（1）服务对象类型：事业单位法人

（2）是否为涉企经营许可事项：否

（3）涉企经营许可事项名称：无

（4）涉企经营许可证件名称：无

（5）改革方式：优化审批服务

（6）具体改革举措：优化审批服务，探索实行网上办理。

（7）加强事中事后监管措施：一是加大日常监督检查力度，坚持全面检查和重点抽查相结合，合理确定抽查比例和频次。二是不断强化信用监管，建立健全从准入到退出的全过程信用监管体制，探索将违规行为记入信用记录，实行失信联合惩戒。三是加大监管工作科技投入，推行“互联网+监管”，依托信息化等手段对有关数据进行核查，发现问题及时责令整改。四是及时处理投诉举报，依法查处违法违规行为。五是加强监管工作协作，推动不同监管部门之间数据共享，提升监管效能。

5. 申请材料

（1）申请材料名称：一是携运枪支书面申请；二是业务主管单位的批准文件；三是民用枪支持枪证复印件；四是射击竞赛通知（或者邀请函）；五是携运枪支的品种、数量和携运的路线、方式。

（2）规定申请材料的依据

《枪支管理法》第30条。

《射击竞技体育运动枪支管理办法》第27条。

6. 中介服务

（1）有无法定中介服务事项：无

（2）中介服务事项名称：无

（3）设定中介服务事项的依据：无

（4）提供中介服务的机构：无

（5）中介服务事项的收费性质：无

7. 审批程序

（1）办理行政许可的程序环节：一是申请人书面申请；二是审批机构受理/不予受理；三是审批机构审查；四是决定批准许可/不予批准许可。

（2）规定行政许可程序的依据

《射击竞技体育运动枪支管理办法》第27条。

《行政许可法》第32条规定，行政机关对申请人提出的行政许可申请，应当根据下列情况分别作出处理：①申请事项依法不需要取得行政许可的，应当即时告知申请人不受理；②申请事项依法不属于本行政机关职权范围的，应当即时作出不予受理的决定，并告知申请人向有关行政机关申请；③申请材料存在可以当场更正的错误的，应当允许申请人当场更正；④申请材料不齐全或者不符合法定形式的，应当当场或者在五日内一次告知申请人需要补正的全部内容，逾期不告知的，自收到申请材料之日起即为受理；⑤申请事项属于本行政机关职权范围，申请材料齐全、符合法定形式，或者申请人按照本行政机关的要求提交全部补正申请材料的，应当受理行政许可申请。行政机关受理或者不予受理行政许可申请，应当出具加盖本行政机关专用印章和注明日期的书面凭证。

《行政许可法》第34条规定，行政机关应当对申请人提交的申请材料进行审查。申请人提交的申请材料齐全、符合法定形式，行政机关能够当场作出决定的，应当当场作出书面的行政许可决定。根据法定条件和程序，需要对申请材料的实质内容进行核实的，行政机关应当指派两名以上工作人员进行核查。

《行政许可法》第37条规定，行政机关对行政许可申请进行审查后，除当场作出行政许可决定的外，应当在法定期限内按照规定程序作出行政许可决定。

《行政许可法》第38条规定，申请人的申请符合法定条件、标准的，行政机关应当依法作出准予行政许可的书面决定。行政机关依法作出不予行政许可的书面决定的，应当说明理由，并告知申请人享有依法申请行政复议或者提起行政诉讼的权利。

（3）是否需要现场勘验：否

（4）是否需要组织听证：否

（5）是否需要招标、拍卖、挂牌交易：否

（6）是否需要检验、检测、检疫：否

（7）是否需要鉴定：否

（8）是否需要专家评审：否

（9）是否需要向社会公示：否

（10）是否实行告知承诺办理：否

（11）审批机关是否委托服务机构开展技术性服务：否

8. 受理和审批时限

（1）承诺受理时限：5个工作日

（2）法定审批时限：20个工作日

（3）规定法定审批时限依据

《行政许可法》第42条第1款规定，除可以当场作出行政许可决定的外，行政机关应当自受理行政许可申请之日起二十日内作出行政许可决定。二十日内不能作出决定的，经本行政机关负责人批准，可以延长十日，并应当将延长期限的理由告知申请人。

（4）承诺审批时限：20个工作日

9. 收费

（1）办理行政许可是否收费：否

（2）收费项目的名称、收费项目的标准、设定收费项目的依据、规定收费标准的依据：无

10. 行政许可证件

（1）审批结果类型：证照

（2）审批结果名称：枪支（弹药）携运许可证

（3）审批结果的有效期限：当次

（4）规定审批结果有效期限的依据

《枪支管理法》第30条。

《射击竞技体育运动枪支管理办法》第

27条。

（5）是否需要办理审批结果变更手续：否

（6）办理审批结果变更手续的要求：无

（7）是否需要办理审批结果延续手续：否

（8）办理审批结果延续手续的要求：无

（9）审批结果的有效地域范围：全国

（10）规定审批结果有效地域范围的依据

《行政许可法》第41条规定，法律、行政法规设定的行政许可，其适用范围没有地域限制的，申请人取得的行政许可在全国范围内有效。

11. 行政许可数量限制

（1）有无行政许可数量限制：无

（2）公布数量限制的方式：无

（3）公布数量限制的周期：无

（4）在数量限制条件下实施行政许可的方式：无

（5）规定在数量限制条件下实施行政许可方式的依据：无

12. 行政许可后年检

（1）有无年检要求：无

（2）设定年检要求的依据：无

（3）年检周期：无

（4）年检是否要求报送材料：无

（5）年检报送材料名称：无

（6）年检是否收费：无

（7）年检收费项目的名称、年检收费项目的标准、设定年检收费项目的依据、规定年检项目收费标准的依据：无

（8）通过年检的证明或者标志：无

13. 行政许可后年报

（1）有无年报要求：无

（2）年报报送材料名称：无

（3）设定年报要求的依据：无

（4）年报周期：无

14. 监管主体

设区的市级公安机关；县级公安机关。

15. 备注

十一、营业性射击场设立许可

营业性射击场设立许可的中央主管部门是公安部，实施机关是省级公安机关，设定和实施依据是《枪支管理法》，该许可项目无子项。

1. 基本要素

（1）行政许可事项名称及编码：营业性射击场设立许可【000109114000】

（2）行政许可事项子项名称及编码：无

（3）行政许可事项业务办理项名称及编码：无

（4）设定依据

《枪支管理法》第6条规定，下列单位可以配置民用枪支：①经省级人民政府体育行政主管部门批准专门从事射击竞技体育运动的单位、经省级人民政府公安机关批准的营业性射击场，可以配置射击运动枪支；……

（5）实施依据

《枪支管理法》第3条第1款规定，国家严格管制枪支。禁止任何单位或者个人违反法律规定持有、制造（包括变造、装配）、买卖、运输、出租、出借枪支。

《枪支管理法》第6条。

《枪支管理法》第23条规定，配备、

配置枪支的单位和个人必须妥善保管枪支，确保枪支安全。配备、配置枪支的单位，必须明确枪支管理责任，指定专人负责，应当有牢固的专用保管设施，枪支、弹药应当分开存放。对交由个人使用的枪支，必须建立严格的枪支登记、交接、检查、保养等管理制度，使用完毕，及时收回。配备、配置给个人使用的枪支，必须采取有效措施，严防被盗、被抢、丢失或者发生其他事故。

（6）监管依据

《枪支管理法》第28条规定，国家对枪支实行查验制度。持有枪支的单位和个人，应当在公安机关指定的时间、地点接受查验。公安机关在查验时，必须严格审查持枪单位和个人是否符合本法规定的条件，检查枪支状况及使用情况；对违法使用枪支、不符合持枪条件或者枪支应当报废的，必须收缴枪支和持枪证件。拒不接受查验的，枪支和持枪证件由公安机关收缴。

《枪支管理法》第43条第3—5款规定，配置民用枪支的单位，违反枪支管理规定，出租、出借枪支，造成严重后果或者有其他严重情节的，对其直接负责的主管人员和其他直接责任人员依照刑法有关规定处罚。……违反枪支管理规定，出租、出借枪支，情节轻微未构成犯罪的，由公安机关对个人或者单位负有直接责任的主管人员和其他直接责任人员处十五日以下拘留，可以并处五千元以下罚款；对出租、出借的枪支，应当予以没收。

《枪支管理法》第44条规定，违反本法规定，有下列行为之一的，由公安机关对个人或者单位负有直接责任的主管人员和其他直接责任人员处警告或者十五日以下拘留；构成犯罪的，依法追究刑事责任：①未按照规定的技术标准制造民用枪支的；②在禁止携带枪支的区域、场所携带枪支的；③不上缴报废枪支的；④枪支被盗、被抢或者丢失，不及时报告的；⑤制造、销售仿真枪的。有前款第①项至第③项所列行为的，没收其枪支，可以并处五千元以下罚款；有前款第⑤项所列行为的，由公安机关、工商行政管理部门按照各自职责范围没收其仿真枪，可以并处制造、销售金额五倍以下的罚款，情节严重的，由工商行政管理部门吊销营业执照。

（7）实施机关：省级公安机关

（8）审批层级：省级

（9）行使层级：省级/直属

（10）是否由审批机关受理：否

（11）受理层级：县级

（12）是否存在初审环节：是

（13）初审层级：设区的市级，县级

（14）对应政务服务事项国家级基本目录名称：营业性射击场的设立审批

（15）要素统一情况：部分要素全国统一

2. 行政许可事项类型：条件型

3. 行政许可条件

（1）准予行政许可的条件：一是明确枪支管理责任，指定专人负责；二是有牢固的专用保管设施，枪支、弹药分开存放；三是建立严格的枪支管理制度。

（2）规定行政许可条件的依据

《枪支管理法》第6条、第23条。

4. 行政许可服务对象类型与改革举措

（1）服务对象类型：企业法人

（2）是否为涉企经营许可事项：是

（3）涉企经营许可事项名称：营业性

射击场设立许可

（4）涉企经营许可证件名称：无

（5）改革方式：优化审批服务

（6）具体改革举措：实行申请、审批网上办理。

（7）加强事中事后监管措施：一是加大日常监督检查力度。完善常态化监管机制，采取“双随机、一公开”方式，加大对营业性射击场的现场检查力度，重点针对企业许可资质、经营主体、枪弹储存场所应急值守、安防设施建设、枪弹消耗登记、从业人员管理、进出安检、实名登记等方面进行严格检查，督促整改问题隐患。二是加强信息系统核查。督促企业按期通过民枪服务网站报送日常经营和人员枪支情况，并通过全国枪支管理信息系统对企业枪弹流向登记、安全管理等情况进行核查。三是及时处理投诉举报。在加强主管部门监管力度同时，引导社会力量积极参与监督，畅通投诉举报渠道，探索建立奖励机制，依法及时处理各类投诉举报。四是严厉查处违法违规行为。加大执法力度，对通过现场检查、网络核查、群众举报等方式发现企业存在违规将枪支弹药携带出规定区域、未落实安全管理制度等违法违规行为的，依法依规严肃查处。

5. 申请材料

（1）申请材料名称：一是营业性射击场设立申请表；二是枪支管理人员相关材料；三是枪支、弹药专用保管设施相关材料；四是枪支管理制度相关材料。

（2）规定申请材料的依据

《枪支管理法》第6条、第23条。

6. 中介服务

（1）有无法定中介服务事项：无

（2）中介服务事项名称：无

（3）设定中介服务事项的依据：无

（4）提供中介服务的机构：无

（5）中介服务事项的收费性质：无

7. 审批程序

（1）办理行政许可的程序环节：一是申请人书面申请；二是审批机构受理/不予受理；三是审批机构审查；四是决定批准许可/不予批准许可。

（2）规定行政许可程序的依据

《枪支管理法》第6条。

《行政许可法》第32条规定，行政机关对申请人提出的行政许可申请，应当根据下列情况分别作出处理：①申请事项依法不需要取得行政许可的，应当即时告知申请人不受理；②申请事项依法不属于本行政机关职权范围的，应当即时作出不予受理的决定，并告知申请人向有关行政机关申请；③申请材料存在可以当场更正的错误的，应当允许申请人当场更正；④申请材料不齐全或者不符合法定形式的，应当当场或者在五日内一次告知申请人需要补正的全部内容，逾期不告知的，自收到申请材料之日起即为受理；⑤申请事项属于本行政机关职权范围，申请材料齐全、符合法定形式，或者申请人按照本行政机关的要求提交全部补正申请材料的，应当受理行政许可申请。行政机关受理或者不予受理行政许可申请，应当出具加盖本行政机关专用印章和注明日期的书面凭证。

《行政许可法》第34条规定，行政机关应当对申请人提交的申请材料进行审查。申请人提交的申请材料齐全、符合法定形式，行政机关能够当场作出决定的，应当当场作出书面的行政许可决定。根据法定条件和程序，需要对申请材料的实质内容进行核实的，行政机关应当指派两名以上工作人员进行核查。

《行政许可法》第 37 条规定，行政机关对行政许可申请进行审查后，除当场作出行政许可决定的外，应当在法定期限内按照规定程序作出行政许可决定。

《行政许可法》第 38 条规定，申请人的申请符合法定条件、标准的，行政机关应当依法作出准予行政许可的书面决定。行政机关依法作出不予行政许可的书面决定的，应当说明理由，并告知申请人享有依法申请行政复议或者提起行政诉讼的权利。

（3）是否需要现场勘验：是

（4）是否需要组织听证：否

（5）是否需要招标、拍卖、挂牌交易：否

（6）是否需要检验、检测、检疫：否

（7）是否需要鉴定：否

（8）是否需要专家评审：是

（9）是否需要向社会公示：否

（10）是否实行告知承诺办理：否

（11）审批机关是否委托服务机构开展技术性服务：否

8. 受理和审批时限

（1）承诺受理时限：5 个工作日

（2）法定审批时限：20 个工作日

（3）规定法定审批时限依据

《行政许可法》第 42 条第 1 款规定，除可以当场作出行政许可决定的外，行政机关应当自受理行政许可申请之日起二十10 日内作出行政许可决定。二十日内不能作出决定的，经本行政机关负责人批准，可以延长十日，并应当将延长期限的理由告知申请人。

《行政许可法》第 45 条规定，行政机关作出行政许可决定，依法需要听证、招标、拍卖、检验、检测、检疫、鉴定和专家评审的，所需时间不计算在本节规定的期限内。

（4）承诺审批时限：20 个工作日，依法进行专家评审所需时间不计算在该时限内。

9. 收费

（1）办理行政许可是否收费：否

（2）收费项目的名称、收费项目的标准、设定收费项目的依据、规定收费标准的依据：无

10. 行政许可证件

（1）审批结果类型：批文

（2）审批结果名称：批准文件

（3）审批结果的有效期限：暂由各地区自行规定

（4）规定审批结果有效期限的依据：暂由各地区自行规定

（5）是否需要办理审批结果变更手续：否

（6）办理审批结果变更手续的要求：无

（7）是否需要办理审批结果延续手续：否

（8）办理审批结果延续手续的要求：无

（9）审批结果的有效地域范围：全国

（10）规定审批结果有效地域范围的依据

《行政许可法》第 41 条规定，法律、行政法规设定的行政许可，其适用范围没有地域限制的，申请人取得的行政许可在

全国范围内有效。

11. 行政许可数量限制

（1）有无行政许可数量限制：有

（2）公布数量限制的方式：无

（3）公布数量限制的周期：无

（4）在数量限制条件下实施行政许可的方式：无

（5）规定在数量限制条件下实施行政许可方式的依据

《枪支管理法》第3条。

12. 行政许可后年检

（1）有无年检要求：无

（2）设定年检要求的依据：无

（3）年检周期：无

（4）年检是否要求报送材料：无

（5）年检报送材料名称：无

（6）年检是否收费：无

（7）年检收费项目的名称、年检收费项目的标准、设定年检收费项目的依据、规定年检项目收费标准的依据：无

（8）通过年检的证明或者标志：无

13. 行政许可后年报

（1）有无年报要求：无

（2）年报报送材料名称：无

（3）设定年报要求的依据：无

（4）年报周期：无

14. 监管主体

省级公安机关；设区的市级公安机关；县级公安机关。

15. 备注

十二、弩的制造、销售、购置、进口、运输许可

弩的制造、销售、购置、进口、运输许可的中央主管部门是公安部，实施机关是省级公安机关，设定和实施依据是《国务院对确需保留的行政审批项目设定行政许可的决定》，该许可项目共5个子项：（1）弩制造许可；（2）弩销售许可；（3）弩购置许可；（4）弩进口许可；（5）弩运输许可。

（一）弩制造许可

1. 基本要素

（1）行政许可事项名称及编码：弩的制造、销售、购置、进口、运输许可【00010912800Y】

（2）行政许可事项子项名称及编码：弩制造许可【000109128001】

（3）行政许可事项业务办理项名称及编码：无

（4）设定依据

《国务院对确需保留的行政审批项目设定行政许可的决定》附件第32项：弩的制造、销售、进口、运输、使用审批；实施机关：省级人民政府公安机关。

（5）实施依据

《国务院对确需保留的行政审批项目设定行政许可的决定》附件第32项：弩的制造、销售、进口、运输、使用审批；实施机关：省级人民政府公安机关。

《公安部关于进一步加强弩治安管理的通知》（公治〔2010〕360号）规定，进一步规范行政许可行为，严格对弩的制造、销售、进口、运输、使用的管理审批。申请设立弩制造企业应填写申请制造弩审批表，并提交单位所在地县级公安机关，经地市级公安机关审核，报省级公安机关审批……应当设置保卫机构或者配置专职治安保卫人员，实行封闭式管理。在制造和储存弩的场所应当设置技术防范设施，将

弩机和弩箭分库存放，实行双人双锁保管，加强守卫守护。

《公安部、国家工商行政管理局关于加强弩管理的通知》（公治〔1999〕1646号）规定：一是各级公安机关要将弩纳入治安管理范围，加强管理。要掌握弩的生产、销售、进口情况和营业性弩射活动情况，监督制造、销售、进口、使用弩的企业和单位在生产、运输、保管、使用等环节落实安全防范措施，实行规范化管理，建立完善的规章制度，严防弩丢失、被盗、被抢及发生安全事故事件。二是严格对弩的生产、销售、进口的管理。①制造、销售弩或营业性射击场开设弩射项目必须经省、自治区、直辖市公安厅、局批准，工商行政管理部门凭公安厅、局的批准文件办理登记注册。除经批准的弩制造、进口企业，其他任何单位和个人不得经营、销售弩。②弩制造企业须在产品及其包装上标明企业名称、地址、联系电话及产品编号。③企业和单位购买弩须持有营业执照和省级公安厅、局开具的购买证明。销售单位必须在查验有关手续后方可售出。严禁将弩销售给个人。……⑥制造、销售、进口、使用弩的企业和单位须使用计算机管理，将弩的品种、数量、编号、进货和销售情况定期向省级公安厅、局备案。⑦省级公安厅、局和工商行政管理局分别对制造、销售、进口、使用弩的企业和单位实行年度审验。

（6）监管依据

《公安部关于进一步加强弩治安管理的通知》规定，开展清理整顿，依法查处各类涉弩违法行为。……二要清查收缴非法制造、销售、持有的弩。对辖区内未经许可制造、销售、使用弩的单位，要一律依法予以取缔，彻底收缴非法制造、销售、持有的弩，并按照《治安管理处罚法》的规定予以处罚；对个人持有的弩，要一律依法予以收缴，涉嫌非法携带弩的，要按照《治安管理处罚法》的规定予以处罚。对非法运输、进口的弩，要一律予以收缴。

《公安部、国家工商行政管理局关于加强弩管理的通知》规定，对非法制造、销售、运输、进口弩或者非法从事营业性弩射活动的单位以及个人持有的弩，一律由公安机关登记收缴；对因经营管理不善致使弩流失社会，被违法犯罪分子利用实施违法犯罪活动的，取消有关企业和单位经营资格并追究其负责人及直接责任人员的责任。

（7）实施机关：省级公安机关

（8）审批层级：省级

（9）行使层级：省级/直属

（10）是否由审批机关受理：否

（11）受理层级：县级

（12）是否存在初审环节：是

（13）初审层级：设区的市级，县级

（14）对应政务服务事项国家级基本目录名称：弩的制造、销售、进口、运输、使用审批

（15）要素统一情况：部分要素全国统一

2. 行政许可事项类型：条件型

3. 行政许可条件

（1）准予行政许可的条件：一是具有独立的法人资格；二是具备封闭、独立、安全的制造、弩射和储存场所，安装防盗报警、视频监控等安全设施；三是建有完善的治安保卫组织机构，落实治安保卫责任制；四是配备足够的安全管理人员；五

是建立完善的管理规章制度和岗位责任制度。

（2）规定行政许可条件的依据

《公安部关于进一步加强弩治安管理的通知》规定：一是进一步规范行政许可行为，严格对弩的制造、销售、进口、运输、使用的管理审批。申请设立弩制造企业应填写申请制造弩审批表，并提交单位所在地县级公安机关，经地市级公安机关审核，报省级公安机关审批；……应当设置保卫机构或者配置专职治安保卫人员，实行封闭式管理。在制造和储存弩的场所应当设置技术防范设施，将弩机和弩箭分库存放，实行双人双锁保管，加强守卫守护。

附件1：弩制造企业许可条件

一是企业必须具备的条件：①具有独立的法人资格；②具备封闭、独立、安全的制造、弩射和储存场所，安装防盗报警、视频监控等安全设施；③建有完善的治安保卫组织机构，落实治安保卫责任制；④配备足够的安全管理人员；⑤建立完善的管理规章制度和岗位责任制度；⑥法定代表人和从业人员无违法犯罪记录。

二是企业需要提供的申报材料：①申请报告书（单位负责人签字并加盖单位公章）；②《申请制造弩审批表》（一式四份）；③单位营业执照副本复印件（未办理工商登记的，提供工商部门出具的企业名称预先核定通知书）；④单位的方位图、区域功能布局图，以及制造车间、弩射场地和储存仓库的平面示意图；⑤安装技术防范设施的验收报告；⑥安全保卫组织机构设置、从业人员名单及职责，申请单位负责人分别与所在地公安机关、从业人员签订的安全管理责任书，从业人员无违法犯罪记录的证明材料；⑦安全管理制度（包括安全管理责任制度、物品流向登记制度、安全检查责任制度和应急处置制度）；⑧主管部门批准立项的文件等其他相关资料。

《公安部、国家工商行政管理局关于加强弩管理的通知》。

4. 行政许可服务对象类型与改革举措

（1）服务对象类型：企业法人

（2）是否为涉企经营许可事项：是

（3）涉企经营许可事项名称：弩的制造、销售、购置、进口、运输许可

（4）涉企经营许可证件名称：无

（5）改革方式：优化审批服务

（6）具体改革举措：一是实行申请、审批全程网上办理。二是不再要求申请人提供营业执照、无违法犯罪记录证明、批准立项文件。

（7）加强事中事后监管措施：一是加大日常监督检查力度。完善常态化监管机制，采取“双随机、一公开”方式，加大对涉弩企业日常经营、流向登记、安全管理等情况的检查力度，及时督促整改问题隐患。二是及时处理投诉举报。在加强主管部门监管力度同时，引导社会力量积极参与监督，畅通投诉举报渠道，探索建立奖励机制，依法及时处理各类投诉举报。三是严厉查处违法违规行为。加大执法力度，通过现场检查、群众举报等方式及时发现涉弩企业存在的各类问题，依法依规严肃查处。

5. 申请材料

（1）申请材料名称：一是申请制造弩审批表；二是申请报告书（单位负责人签字并加盖单位公章）；三是单位的方位图、区域功能布局图，以及制造车间、弩射场

地和储存仓库的平面示意图；四是安装技术防范设施的验收报告；五是安全保卫组织机构设置、从业人员名单及职责，申请单位负责人分别与所在地公安机关、从业人员签订的安全管理责任书；六是安全管理制度（包括安全管理责任制度、物品流向登记制度、安全检查责任制度和应急处置制度）。

（2）规定申请材料的依据

《公安部关于进一步加强弩治安管理的通知》和《公安部、国家工商行政管理局关于加强弩管理的通知》。

《国务院关于深化"证照分离"改革进一步激发市场主体发展活力的通知》（国发〔2021〕7号）附件1第143项：弩的制造、销售、购置、进口、运输许可；……不再要求申请人提供营业执照、无违法犯罪记录证明、批准立项文件。

6. 中介服务

（1）有无法定中介服务事项：无

（2）中介服务事项名称：无

（3）设定中介服务事项的依据：无

（4）提供中介服务的机构：无

（5）中介服务事项的收费性质：无

7. 审批程序

（1）办理行政许可的程序环节：一是申请人书面申请；二是审批机构受理/不予受理；三是审批机构审查；四是决定批准许可/不予批准许可。

（2）规定行政许可程序的依据

《公安部关于进一步加强弩治安管理的通知》。

《行政许可法》第32条规定，行政机关对申请人提出的行政许可申请，应当根据下列情况分别作出处理：①申请事项依法不需要取得行政许可的，应当即时告知申请人不受理；②申请事项依法不属于本行政机关职权范围的，应当即时作出不予受理的决定，并告知申请人向有关行政机关申请；③申请材料存在可以当场更正的错误的，应当允许申请人当场更正；④申请材料不齐全或者不符合法定形式的，应当当场或者在五日内一次告知申请人需要补正的全部内容，逾期不告知的，自收到申请材料之日起即为受理；⑤申请事项属于本行政机关职权范围，申请材料齐全、符合法定形式，或者申请人按照本行政机关的要求提交全部补正申请材料的，应当受理行政许可申请。行政机关受理或者不予受理行政许可申请，应当出具加盖本行政机关专用印章和注明日期的书面凭证。

《行政许可法》第34条规定，行政机关应当对申请人提交的申请材料进行审查。申请人提交的申请材料齐全、符合法定形式，行政机关能够当场作出决定的，应当当场作出书面的行政许可决定。根据法定条件和程序，需要对申请材料的实质内容进行核实的，行政机关应当指派两名以上工作人员进行核查。

《行政许可法》第37条规定，行政机关对行政许可申请进行审查后，除当场作出行政许可决定的外，应当在法定期限内按照规定程序作出行政许可决定。

《行政许可法》第38条规定，申请人的申请符合法定条件、标准的，行政机关应当依法作出准予行政许可的书面决定。行政机关依法作出不予行政许可的书面决定的，应当说明理由，并告知申请人享有依法申请行政复议或者提起行政诉讼的权利。

（3）是否需要现场勘验：是

（4）是否需要组织听证：否

（5）是否需要招标、拍卖、挂牌交易：否

（6）是否需要检验、检测、检疫：否

（7）是否需要鉴定：否

（8）是否需要专家评审：是

（9）是否需要向社会公示：否

（10）是否实行告知承诺办理：否

（11）审批机关是否委托服务机构开展技术性服务：否

8. 受理和审批时限

（1）承诺受理时限：5个工作日

（2）法定审批时限：20个工作日

（3）规定法定审批时限依据

《行政许可法》第42条第1款规定，除可以当场作出行政许可决定的外，行政机关应当自受理行政许可申请之日起二十日内作出行政许可决定。二十日内不能作出决定的，经本行政机关负责人批准，可以延长十日，并应当将延长期限的理由告知申请人。

《行政许可法》第45条规定，行政机关作出行政许可决定，依法需要听证、招标、拍卖、检验、检测、检疫、鉴定和专家评审的，所需时间不计算在本节规定的期限内。

（4）承诺审批时限：20个工作日，依法进行专家评审所需时间不计算在该时限内。

9. 收费

（1）办理行政许可是否收费：否

（2）收费项目的名称、收费项目的标准、设定收费项目的依据、规定收费标准的依据：无

10. 行政许可证件

（1）审批结果类型：批文

（2）审批结果名称：批准文件

（3）审批结果的有效期限：无限期

（4）规定审批结果有效期限的依据

《公安部、国家工商行政管理局关于加强弩管理的通知》。

（5）是否需要办理审批结果变更手续：否

（6）办理审批结果变更手续的要求：无

（7）是否需要办理审批结果延续手续：否

（8）办理审批结果延续手续的要求：无

（9）审批结果的有效地域范围：全国

（10）规定审批结果有效地域范围的依据

《行政许可法》第41条规定，法律、行政法规设定的行政许可，其适用范围没有地域限制的，申请人取得的行政许可在全国范围内有效。

11. 行政许可数量限制

（1）有无行政许可数量限制：有

（2）公布数量限制的方式：无

（3）公布数量限制的周期：无

（4）在数量限制条件下实施行政许可的方式：无

（5）规定在数量限制条件下实施行政许可方式的依据

《公安部关于进一步加强弩治安管理的通知》。

12. 行政许可后年检

（1）有无年检要求：有

（2）设定年检要求的依据

《公安部、国家工商行政管理局关于加强弩管理的通知》。

（3）年检周期：1年

（4）年检是否要求报送材料：暂由各地区自行规定

（5）年检报送材料名称：暂由各地区自行规定

（6）年检是否收费：无

（7）年检收费项目的名称、年检收费项目的标准、设定年检收费项目的依据、规定年检项目收费标准的依据：无

（8）通过年检的证明或者标志：无

13. 行政许可后年报

（1）有无年报要求：有

（2）年报报送材料名称：暂由各地区自行规定

（3）设定年报要求的依据

《公安部、国家工商行政管理局关于加强弩管理的通知》。

（4）年报周期：暂由各地区自行规定

14. 监管主体

省级公安机关；设区的市级公安机关；县级公安机关。

15. 备注

（二）弩销售许可

1. 基本要素

（1）行政许可事项名称及编码：弩的制造、销售、购置、进口、运输许可【00010912800Y】

（2）行政许可事项子项名称及编码：弩销售许可【000109128002】

（3）行政许可事项业务办理项名称及编码：无

（4）设定依据

《国务院对确需保留的行政审批项目设定行政许可的决定》附件第32项：弩的制造、销售、进口、运输、使用审批；实施机关：省级人民政府公安机关。

（5）实施依据

《国务院对确需保留的行政审批项目设定行政许可的决定》附件第32项。

《公安部关于进一步加强弩治安管理的通知》规定，进一步规范行政许可行为，严格对弩的制造、销售、进口、运输、使用的管理审批。……弩使用单位购买弩时，应当凭批准文件和单位证明，填写申请购置弩审批表并提交单位所在地县级公安机关，经地市级公安机关审核，报省级公安机关审批后，向弩制造企业购买；……应当设置保卫机构或者配置专职治安保卫人员，实行封闭式管理。在制造和储存弩的场所应当设置技术防范设施，将弩机和弩箭分库存放，实行双人双锁保管，加强守卫守护。

《公安部、国家工商行政管理局关于加强弩管理的通知》规定，一是各级公安机关要将弩纳入治安管理范围，加强管理。要掌握弩的生产、销售、进口情况和营业性弩射活动情况，监督制造、销售、进口、使用弩的企业和单位在生产、运17输、保管、使用等环节落实安全防范措施，实行规范化管理，建立完善的规章制度，严防弩丢失、被盗、被抢及发生安全事故事件。二是严格对弩的生产、销售、进口的管理：……③企业和单位购买弩须持有营业执照和省级公安厅、局开具的购买证明。销售单位必须在查验有关手续后方可售出。严禁将弩销售给个人。……⑥制造、销售、进口、使用弩的企业和单位须使用计算机管理，将弩的品种、数量、编号、进货和

销售情况定期向省级公安厅、局备案。⑦省级公安厅、局和工商行政管理局分别对制造、销售、进口、使用弩的企业和单位实行年度审验。

(6) 监管依据

《公安部关于进一步加强弩治安管理的通知》规定，开展清理整顿，依法查处各类涉弩违法行为。……二要清查收缴非法制造、销售、持有的弩。对辖区内未经许可制造、销售、使用弩的单位，要一律依法予以取缔，彻底收缴非法制造、销售、持有的弩，并按照《治安管理处罚法》的规定予以处罚；对个人持有的弩，要一律依法予以收缴，涉嫌非法携带弩的，要按照《治安管理处罚法》的规定予以处罚。对非法运输、进口的弩，要一律予以收缴。

《公安部、国家工商行政管理局关于加强弩管理的通知》规定，对非法制造、销售、运输、进口弩或者非法从事营业性弩射活动的单位以及个人持有的弩，一律由公安机关登记收缴；对因经营管理不善致使弩流失社会，被违法犯罪分子利用实施违法犯罪活动的，取消有关企业和单位经营资格并追究其负责人及直接责任人员的责任。

(7) 实施机关：省级公安机关

(8) 审批层级：省级

(9) 行使层级：省级/直属

(10) 是否由审批机关受理：否

(11) 受理层级：县级

(12) 是否存在初审环节：是

(13) 初审层级：设区的市级，县级

(14) 对应政务服务事项国家级基本目录名称：弩的制造、销售、进口、运输、使用审批

(15) 要素统一情况：部分要素全国统一

2. 行政许可事项类型：条件型

3. 行政许可条件

(1) 准予行政许可的条件：一是具备弩销售安全防范措施；二是建立完善的弩销售管理规章制度；三是具备弩销售计算机管理的条件。

(2) 规定行政许可条件的依据

《公安部关于进一步加强弩治安管理的通知》和《公安部、国家工商行政管理局关于加强弩管理的通知》。

4. 行政许可服务对象类型与改革举措

(1) 服务对象类型：企业法人

(2) 是否为涉企经营许可事项：是

(3) 涉企经营许可事项名称：弩的制造、销售、购置、进口、运输许可

(4) 涉企经营许可证件名称：无

(5) 改革方式：优化审批服务

(6) 具体改革举措：一是实行申请、审批全程网上办理。二是不再要求申请人提供营业执照、无违法犯罪记录证明、批准立项文件。

(7) 加强事中事后监管措施：一是加大日常监督检查力度。完善常态化监管机制，采取“双随机、一公开”方式，加大对涉弩企业日常经营、流向登记、安全管理等情况的检查力度，及时督促整改问题隐患。二是及时处理投诉举报。在加强主管部门监管力度同时，引导社会力量积极参与监督，畅通投诉举报渠道，探索建立奖励机制，依法及时处理各类投诉举报。三是严厉查处违法违规行为。加大执法力度，通过现场检查、群众举报等方式及时发现涉弩企业存在的各类问题，依法依规

严肃查处。

5. 申请材料

（1）申请材料名称：一是具备弩销售安全防范措施的相关材料；二是弩销售管理规章制度；三是弩销售计算机管理相关材料。

（2）规定申请材料的依据

《公安部关于进一步加强弩治安管理的通知》和《公安部、国家工商行政管理局关于加强弩管理的通知》。

《国务院关于深化“证照分离”改革进一步激发市场主体发展活力的通知》附件1第143项：弩的制造、销售、购置、进口、运输许可；……不再要求申请人提供营业执照、无违法犯罪记录证明、批准立项文件。

6. 中介服务

（1）有无法定中介服务事项：无

（2）中介服务事项名称：无

（3）设定中介服务事项的依据：无

（4）提供中介服务的机构：无

（5）中介服务事项的收费性质：无

7. 审批程序

（1）办理行政许可的程序环节：一是申请人书面申请；二是审批机构受理/不予受理；三是审批机构审查；四是决定批准许可/不予批准许可。

（2）规定行政许可程序的依据

《公安部关于进一步加强弩治安管理的通知》和《公安部、国家工商行政管理局关于加强弩管理的通知》。

《行政许可法》第32条规定，行政机关对申请人提出的行政许可申请，应当根据下列情况分别作出处理：①申请事项依法不需要取得行政许可的，应当即时告知申请人不受理；②申请事项依法不属于本行政机关职权范围的，应当即时作出不予受理的决定，并告知申请人向有关行政机关申请；③申请材料存在可以当场更正的错误的，应当允许申请人当场更正；④申请材料不齐全或者不符合法定形式的，应当当场或者在五日内一次告知申请人需要补正的全部内容，逾期不告知的，自收到申请材料之日起即为受理；⑤申请事项属于本行政机关职权范围，申请材料齐全、符合法定形式，或者申请人按照本行政机关的要求提交全部补正申请材料的，应当受理行政许可申请。行政机关受理或者不予受理行政许可申请，应当出具加盖本行政机关专用印章和注明日期的书面凭证。

《行政许可法》第34条规定，行政机关应当对申请人提交的申请材料进行审查。申请人提交的申请材料齐全、符合法定形式，行政机关能够当场作出决定的，应当当场作出书面的行政许可决定。根据法定条件和程序，需要对申请材料的实质内容进行核实的，行政机关应当指派两名以上工作人员进行核查。

《行政许可法》第37条规定，行政机关对行政许可申请进行审查后，除当场作出行政许可决定的外，应当在法定期限内按照规定程序作出行政许可决定。

《行政许可法》第38条规定，申请人的申请符合法定条件、标准的，行政机关应当依法作出准予行政许可的书面决定。行政机关依法作出不予行政许可的书面决定的，应当说明理由，并告知申请人享有依法申请行政复议或者提起行政诉讼的权利。

（3）是否需要现场勘验：是

（4）是否需要组织听证：否

（5）是否需要招标、拍卖、挂牌交易：否

（6）是否需要检验、检测、检疫：否

（7）是否需要鉴定：否

（8）是否需要专家评审：否

（9）是否需要向社会公示：否

（10）是否实行告知承诺办理：否

（11）审批机关是否委托服务机构开展技术性服务：否

8. 受理和审批时限

（1）承诺受理时限：5 个工作日

（2）法定审批时限：20 个工作日

（3）规定法定审批时限依据

《行政许可法》第 42 条第 1 款规定，除可以当场作出行政许可决定的外，行政机关应当自受理行政许可申请之日起二十日内作出行政许可决定。二十日内不能作出决定的，经本行政机关负责人批准，可以延长十日，并应当将延长期限的理由告知申请人。

（4）承诺审批时限：20 个工作日

9. 收费

（1）办理行政许可是否收费：否

（2）收费项目的名称、收费项目的标准、设定收费项目的依据、规定收费标准的依据：无

10. 行政许可证件

（1）审批结果类型：批文

（2）审批结果名称：批准文件

（3）审批结果的有效期限：无限期

（4）规定审批结果有效期限的依据

《公安部、国家工商行政管理局关于加强弩管理的通知》。

（5）是否需要办理审批结果变更手续：否

（6）办理审批结果变更手续的要求：无

（7）是否需要办理审批结果延续手续：否

（8）办理审批结果延续手续的要求：无

（9）审批结果的有效地域范围：全国

（10）规定审批结果有效地域范围的依据

《行政许可法》第 41 条规定，法律、行政法规设定的行政许可，其适用范围没有地域限制的，申请人取得的行政许可在全国范围内有效。

11. 行政许可数量限制

（1）有无行政许可数量限制：有

（2）公布数量限制的方式：无

（3）公布数量限制的周期：无

（4）在数量限制条件下实施行政许可的方式：无

（5）规定在数量限制条件下实施行政许可方式的依据

《公安部关于进一步加强弩治安管理的通知》。

12. 行政许可后年检

（1）有无年检要求：有

（2）设定年检要求的依据

《公安部、国家工商行政管理局关于加强弩管理的通知》。

（3）年检周期：1 年

（4）年检是否要求报送材料：暂由各地区自行规定

（5）年检报送材料名称：暂由各地区自行规定

（6）年检是否收费：无

（7）年检收费项目的名称、年检收费项目的标准、设定年检收费项目的依据、规定年检项目收费标准的依据：无

（8）通过年检的证明或者标志：无

13. 行政许可后年报

（1）有无年报要求：有

（2）年报报送材料名称：暂由各地区自行规定

（3）设定年报要求的依据

《公安部、国家工商行政管理局关于加强弩管理的通知》。

（4）年报周期：暂由各地区自行规定

14. 监管主体

省级公安机关；设区的市级公安机关；县级公安机关。

15. 备注

（三）弩购置许可

1. 基本要素

（1）行政许可事项名称及编码：弩的制造、销售、购置、进口、运输许可【00010912800Y】

（2）行政许可事项子项名称及编码：弩购置许可【000109128003】

（3）行政许可事项业务办理项名称及编码：无

（4）设定依据

《国务院对确需保留的行政审批项目设定行政许可的决定》附件第32项：弩的制造、销售、进口、运输、使用审批；实施机关：省级人民政府公安机关。

（5）实施依据

《国务院对确需保留的行政审批项目设定行政许可的决定》附件第32项。

《公安部关于进一步加强弩治安管理的通知》规定，进一步规范行政许可行为，严格对弩的制造、销售、进口、运输、使用的管理审批。……弩使用单位购买弩时，应当凭批准文件和单位证明，填写申请购置弩审批表并提交单位所在地县级公安机关，经地市级公安机关审核，报省级公安机关审批后，向弩制造企业购买；……

《公安部、国家工商行政管理局关于加强弩管理的通知》规定：一是各级公安机关要将弩纳入治安管理范围，加强管理。要掌握弩的生产、销售、进口情况和营业性弩射活动情况，监督制造、销售、进口、使用弩的企业和单位在生产、运输、保管、使用等环节落实安全防范措施，实行规范化管理，建立完善的规章制度，严防弩丢失、被盗、被抢及发生安全事故事件。二是严格对弩的生产、销售、进口的管理：……③企业和单位购买弩须持有营业执照和省级公安厅、局开具的购买证明。销售单位必须在查验有关手续后方可售出。严禁将弩销售给个人。……

（6）监管依据

《公安部关于进一步加强弩治安管理的通知》规定，开展清理整顿，依法查处各类涉弩违法行为。……二要清查收缴非法制造、销售、持有的弩。对辖区内未经许可制造、销售、使用弩的单位，要一律依法予以取缔，彻底收缴非法制造、销售、持有的弩，并按照《治安管理处罚法》的规定予以处罚；对个人持有的弩，要一律依法予以收缴，涉嫌非法携带弩的，要按照《治安管理处罚法》的规定予以处罚。对非法运输、进口的弩，要一律予以收缴。……

《公安部、国家工商行政管理局关于加强弩管理的通知》规定，对非法制造、销

售、运输、进口弩或者非法从事营业性弩射活动的单位以及个人持有的弩，一律由公安机关登记收缴；对因经营管理不善致使弩流失社会，被违法犯罪分子利用实施违法犯罪活动的，取消有关企业和单位经营资格并追究其负责人及直接责任人员的责任。

（7）实施机关：省级公安机关

（8）审批层级：省级

（9）行使层级：省级/直属

（10）是否由审批机关受理：否

（11）受理层级：县级

（12）是否存在初审环节：是

（13）初审层级：设区的市级，县级

（14）对应政务服务事项国家级基本目录名称：弩的制造、销售、进口、运输、使用审批

（15）要素统一情况：部分要素全国统一

2. 行政许可事项类型：条件型

3. 行政许可条件

（1）准予行政许可的条件：一是经批准使用弩；二是具备弩使用安全防范措施；三是建立完善的弩使用管理规章制度；四是具备弩使用计算机管理的条件。

（2）规定行政许可条件的依据

《公安部关于进一步加强弩治安管理的通知》和《公安部、国家工商行政管理局关于加强弩管理的通知》。

4. 行政许可服务对象类型与改革举措

（1）服务对象类型：企业法人，事业单位法人，社会组织法人，行政机关，其他组织

（2）是否为涉企经营许可事项：是

（3）涉企经营许可事项名称：弩的制造、销售、购置、进口、运输许可

（4）涉企经营许可证件名称：无

（5）改革方式：优化审批服务

（6）具体改革举措：一是实行申请、审批网上办理。二是不再要求申请人提供营业执照、无违法犯罪记录证明、批准立项文件。

（7）加强事中事后监管措施：一是加大日常监督检查力度。完善常态化监管机制，采取“双随机、一公开”方式，加大对涉弩企业日常经营、流向登记、安全管理等情况的检查力度，及时督促整改问题隐患。二是及时处理投诉举报。在加强主管部门监管力度同时，引导社会力量积极参与监督，畅通投诉举报渠道，探索建立奖励机制，依法及时处理各类投诉举报。三是严厉查处违法违规行为。加大执法力度，通过现场检查、群众举报等方式及时发现涉弩企业存在的各类问题，依法依规严肃查处。

5. 申请材料

（1）申请材料名称：一是申请购置弩审批表；二是弩使用批准文件；三是具备弩使用安全防范措施的相关材料；四是弩使用管理规章制度；五是弩使用计算机管理相关材料。

（2）规定申请材料的依据

《公安部关于进一步加强弩治安管理的通知》和《公安部、国家工商行政管理局关于加强弩管理的通知》。

《国务院关于深化“证照分离”改革进一步激发市场主体发展活力的通知》附件1第143项：弩的制造、销售、购置、进口、运输许可；……不再要求申请人提供营业执照、无违法犯罪记录证明、批准立项

文件。

6. 中介服务

（1）有无法定中介服务事项：无

（2）中介服务事项名称：无

（3）设定中介服务事项的依据：无

（4）提供中介服务的机构：无

（5）中介服务事项的收费性质：无

7. 审批程序

（1）办理行政许可的程序环节：一是申请人书面申请；二是审批机构受理/不予受理；三是审批机构审查；四是决定批准许可/不予批准许可。

（2）规定行政许可程序的依据

《公安部关于进一步加强弩治安管理的通知》和《公安部、国家工商行政管理局关于加强弩管理的通知》。

《行政许可法》第32条规定，行政机关对申请人提出的行政许可申请，应当根据下列情况分别作出处理：①申请事项依法不需要取得行政许可的，应当即时告知申请人不受理；②申请事项依法不属于本行政机关职权范围的，应当即时作出不予受理的决定，并告知申请人向有关行政机关申请；③申请材料存在可以当场更正的错误的，应当允许申请人当场更正；④申请材料不齐全或者不符合法定形式的，应当当场或者在五日内一次告知申请人需要补正的全部内容，逾期不告知的，自收到申请材料之日起即为受理；⑤申请事项属于本行政机关职权范围，申请材料齐全、符合法定形式，或者申请人按照本行政机关的要求提交全部补正申请材料的，应当受理行政许可申请。行政机关受理或者不予受理行政许可申请，应当出具加盖本行政机关专用印章和注明日期的书面凭证。

《行政许可法》第34条规定，行政机关应当对申请人提交的申请材料进行审查。申请人提交的申请材料齐全、符合法定形式，行政机关能够当场作出决定的，应当当场作出书面的行政许可决定。根据法定条件和程序，需要对申请材料的实质内容进行核实的，行政机关应当指派两名以上工作人员进行核查。

《行政许可法》第37条规定，行政机关对行政许可申请进行审查后，除当场作出行政许可决定的外，应当在法定期限内按照规定程序作出行政许可决定。

《行政许可法》第38条规定，申请人的申请符合法定条件、标准的，行政机关应当依法作出准予行政许可的书面决定。行政机关依法作出不予行政许可的书面决定的，应当说明理由，并告知申请人享有依法申请行政复议或者提起行政诉讼的权利。

（3）是否需要现场勘验：否

（4）是否需要组织听证：否

（5）是否需要招标、拍卖、挂牌交易：否

（6）是否需要检验、检测、检疫：否

（7）是否需要鉴定：否

（8）是否需要专家评审：否

（9）是否需要向社会公示：否

（10）是否实行告知承诺办理：否

（11）审批机关是否委托服务机构开展技术性服务：否

8. 受理和审批时限

（1）承诺受理时限：5个工作日

（2）法定审批时限：20个工作日

（3）规定法定审批时限依据

《行政许可法》第42条第1款规定，

除可以当场作出行政许可决定的外，行政机关应当自受理行政许可申请之日起二十日内作出行政许可决定。二十日内不能作出决定的，经本行政机关负责人批准，可以延长十日，并应当将延长期限的理由告知申请人。

（4）承诺审批时限：20个工作日

9. 收费

（1）办理行政许可是否收费：否

（2）收费项目的名称、收费项目的标准、设定收费项目的依据、规定收费标准的依据：无

10. 行政许可证件

（1）审批结果类型：批文

（2）审批结果名称：批准文件

（3）审批结果的有效期限：当次

（4）规定审批结果有效期限的依据

《公安部、国家工商行政管理局关于加强弩管理的通知》。

（5）是否需要办理审批结果变更手续：否

（6）办理审批结果变更手续的要求：无

（7）是否需要办理审批结果延续手续：否

（8）办理审批结果延续手续的要求：无

（9）审批结果的有效地域范围：全国

（10）规定审批结果有效地域范围的依据

《行政许可法》第41条规定，法律、行政法规设定的行政许可，其适用范围没有地域限制的，申请人取得的行政许可在全国范围内有效。

11. 行政许可数量限制

（1）有无行政许可数量限制：无

（2）公布数量限制的方式：无

（3）公布数量限制的周期：无

（4）在数量限制条件下实施行政许可的方式：无

（5）规定在数量限制条件下实施行政许可方式的依据：无

12. 行政许可后年检

（1）有无年检要求：无

（2）设定年检要求的依据：无

（3）年检周期：无

（4）年检是否要求报送材料：无

（5）年检报送材料名称：无

（6）年检是否收费：无

（7）年检收费项目的名称、年检收费项目的标准、设定年检收费项目的依据、规定年检项目收费标准的依据：无

（8）通过年检的证明或者标志：无

13. 行政许可后年报

（1）有无年报要求：无

（2）年报报送材料名称：无

（3）设定年报要求的依据：无

（4）年报周期：无

14. 监管主体

省级公安机关；设区的市级公安机关；县级公安机关。

15. 备注

（四）弩进口许可

1. 基本要素

（1）行政许可事项名称及编码：弩的制造、销售、购置、进口、运输许可【00010912800Y】

（2）行政许可事项子项名称及编码：弩进口许可【000109128004】

（3）行政许可事项业务办理项名称及编码：无

（4）设定依据

《国务院对确需保留的行政审批项目设定行政许可的决定》附件第32项：弩的制造、销售、进口、运输、使用审批；实施机关：省级人民政府公安机关。

（5）实施依据

《国务院对确需保留的行政审批项目设定行政许可的决定》附件第32项。

《公安部关于进一步加强弩治安管理的通知》规定，进一步规范行政许可行为，严格对弩的制造、销售、进口、运输、使用的管理审批。……除弩制造企业、使用单位以及公安机关、武警部队等特殊需要外，其他单位和个人一律不得进口弩及其零部件。弩制造企业、使用单位需要进口弩时，应当填写申请进口弩审批表并提交单位所在地县级公安机关，经地市级公安机关审核，报省级公安机关审批后，方可进口；……

《公安部、国家工商行政管理局关于加强弩管理的通知》规定：一是各级公安机关要将弩纳入治安管理范围，加强管理。要掌握弩的生产、销售、进口情况和营业性弩射活动情况，监督制造、销售、进口、使用弩的企业和单位在生产、运输、保管、使用等环节落实安全防范措施，实行规范化管理，建立完善的规章制度，严防弩丢失、被盗、被抢及发生安全事故事件。二是严格对弩的生产、销售、进口的管理：……⑤弩的进口由省级公安厅、局审批，严格限制品种和数量。⑥制造、销售、进口、使用弩的企业和单位须使用计算机管理，将弩的品种、数量、编号、进货和销售情况定期向省级公安厅、局备案。⑦省级公安厅、局和工商行政管理局分别对制造、销售、进口、使用弩的企业和单位实行年度审验。

（6）监管依据

《公安部关于进一步加强弩治安管理的通知》规定，开展清理整顿，依法查处各类涉弩违法行为。……二要清查收缴非法制造、销售、持有的弩。对辖区内未经许可制造、销售、使用弩的单位，要一律依法予以取缔，彻底收缴非法制造、销售、持有的弩，并按照《治安管理处罚法》的规定予以处罚；对个人持有的弩，要一律依法予以收缴，涉嫌非法携带弩的，要按照《治安管理处罚法》的规定予以处罚。对非法运输、进口的弩，要一律予以收缴。

《公安部、国家工商行政管理局关于加强弩管理的通知》规定，对非法制造、销售、运输、进口弩或者非法从事营业性弩射活动的单位以及个人持有的弩，一律由公安机关登记收缴；对因经营管理不善致使弩流失社会，被违法犯罪分子利用实施违法犯罪活动的，取消有关企业和单位经营资格并追究其负责人及直接责任人员的责任。

（7）实施机关：省级公安机关

（8）审批层级：省级

（9）行使层级：省级/直属

（10）是否由审批机关受理：否

（11）受理层级：县级

（12）是否存在初审环节：是

（13）初审层级：设区的市级，县级

（14）对应政务服务事项国家级基本目录名称：弩的制造、销售、进口、运输、使用审批

（15）要素统一情况：部分要素全国统一

2. 行政许可事项类型：条件型

3. 行政许可条件

（1）准予行政许可的条件：一是弩制造企业、使用单位以及公安机关、武装警察部队等特殊需要；二是具备弩进口安全防范措施；三是建立完善的弩进口管理规章制度；四是具备弩进口计算机管理的条件。

（2）规定行政许可条件的依据

《公安部关于进一步加强弩治安管理的通知》和《公安部、国家工商行政管理局关于加强弩管理的通知》。

4. 行政许可服务对象类型与改革举措

（1）服务对象类型：企业法人，事业单位法人，社会组织法人，行政机关，其他组织

（2）是否为涉企经营许可事项：是

（3）涉企经营许可事项名称：弩的制造、销售、购置、进口、运输许可

（4）涉企经营许可证件名称：无

（5）改革方式：优化审批服务

（6）具体改革举措：一是实行申请、审批全程网上办理。二是不再要求申请人提供营业执照、无违法犯罪记录证明、批准立项文件。

（7）加强事中事后监管措施：一是加大日常监督检查力度。完善常态化监管机制，采取"双随机、一公开"方式，加大对涉弩企业日常经营、流向登记、安全管理等情况的检查力度，及时督促整改问题隐患。二是及时处理投诉举报。在加强主管部门监管力度同时，引导社会力量积极参与监督，畅通投诉举报渠道，探索建立奖励机制，依法及时处理各类投诉举报。三是严厉查处违法违规行为。加大执法力度，通过现场检查、群众举报等方式及时发现涉弩企业存在的各类问题，依法依规严肃查处。

5. 申请材料

（1）申请材料名称：一是申请进口弩审批表；二是具备弩进口安全防范措施的相关材料；三是弩进口管理规章制度；四是弩进口计算机管理相关材料。

（2）规定申请材料的依据

《公安部关于进一步加强弩治安管理的通知》和《公安部、国家工商行政管理局关于加强弩管理的通知》。

《国务院关于深化"证照分离"改革进一步激发市场主体发展活力的通知》附件1第143项：弩的制造、销售、购置、进口、运输许可；……不再要求申请人提供营业执照、无违法犯罪记录证明、批准立项文件。

6. 中介服务

（1）有无法定中介服务事项：无

（2）中介服务事项名称：无

（3）设定中介服务事项的依据：无

（4）提供中介服务的机构：无

（5）中介服务事项的收费性质：无

7. 审批程序

（1）办理行政许可的程序环节：一是申请人书面申请；二是审批机构受理/不予受理；三是审批机构审查；四是决定批准许可/不予批准许可。

（2）规定行政许可程序的依据

《公安部关于进一步加强弩治安管理的通知》和《公安部、国家工商行政管理局关于加强弩管理的通知》。

《行政许可法》第32条规定，行政机关对申请人提出的行政许可申请，应当根

据下列情况分别作出处理：①申请事项依法不需要取得行政许可的，应当即时告知申请人不受理；②申请事项依法不属于本行政机关职权范围的，应当即时作出不予受理的决定，并告知申请人向有关行政机关申请；③申请材料存在可以当场更正的错误的，应当允许申请人当场更正；④申请材料不齐全或者不符合法定形式的，应当当场或者在五日内一次告知申请人需要补正的全部内容，逾期不告知的，自收到申请材料之日起即为受理；⑤申请事项属于本行政机关职权范围，申请材料齐全、符合法定形式，或者申请人按照本行政机关的要求提交全部补正申请材料的，应当受理行政许可申请。行政机关受理或者不予受理行政许可申请，应当出具加盖本行政机关专用印章和注明日期的书面凭证。

《行政许可法》第34条规定，行政机关应当对申请人提交的申请材料进行审查。申请人提交的申请材料齐全、符合法定形式，行政机关能够当场作出决定的，应当当场作出书面的行政许可决定。根据法定条件和程序，需要对申请材料的实质内容进行核实的，行政机关应当指派两名以上工作人员进行核查。

《行政许可法》第37条规定，行政机关对行政许可申请进行审查后，除当场作出行政许可决定的外，应当在法定期限内按照规定程序作出行政许可决定。

《行政许可法》第38条规定，申请人的申请符合法定条件、标准的，行政机关应当依法作出准予行政许可的书面决定。行政机关依法作出不予行政许可的书面决定的，应当说明理由，并告知申请人享有依法申请行政复议或者提起行政诉讼的权利。

（3）是否需要现场勘验：否

（4）是否需要组织听证：否

（5）是否需要招标、拍卖、挂牌交易：否

（6）是否需要检验、检测、检疫：否

（7）是否需要鉴定：否

（8）是否需要专家评审：否

（9）是否需要向社会公示：否

（10）是否实行告知承诺办理：否

（11）审批机关是否委托服务机构开展技术性服务：否

8. 受理和审批时限

（1）承诺受理时限：5个工作日

（2）法定审批时限：20个工作日

（3）规定法定审批时限依据

《行政许可法》第42条第1款规定，除可以当场作出行政许可决定的外，行政机关应当自受理行政许可申请之日起二十日内作出行政许可决定。二十日内不能作出决定的，经本行政机关负责人批准，可以延长十日，并应当将延长期限的理由告知申请人。

（4）承诺审批时限：20个工作日

9. 收费

（1）办理行政许可是否收费：否

（2）收费项目的名称、收费项目的标准、设定收费项目的依据、规定收费标准的依据：无

10. 行政许可证件

（1）审批结果类型：批文

（2）审批结果名称：批准文件

（3）审批结果的有效期限：当次

（4）规定审批结果有效期限的依据

《公安部、国家工商行政管理局关于加

强弩管理的通知》。

（5）是否需要办理审批结果变更手续：否

（6）办理审批结果变更手续的要求：无

（7）是否需要办理审批结果延续手续：否

（8）办理审批结果延续手续的要求：无

（9）审批结果的有效地域范围：全国

（10）规定审批结果有效地域范围的依据

《行政许可法》第41条规定，法律、行政法规设定的行政许可，其适用范围没有地域限制的，申请人取得的行政许可在全国范围内有效。

11. 行政许可数量限制

（1）有无行政许可数量限制：无

（2）公布数量限制的方式：无

（3）公布数量限制的周期：无

（4）在数量限制条件下实施行政许可的方式：无

（5）规定在数量限制条件下实施行政许可方式的依据：无

12. 行政许可后年检

（1）有无年检要求：有

（2）设定年检要求的依据

《公安部、国家工商行政管理局关于加强弩管理的通知》。

（3）年检周期：1年

（4）年检是否要求报送材料：暂由各地区自行规定

（5）年检报送材料名称：暂由各地区自行规定

（6）年检是否收费：无

（7）年检收费项目的名称、年检收费项目的标准、设定年检收费项目的依据、规定年检项目收费标准的依据：无

（8）通过年检的证明或者标志：无

13. 行政许可后年报

（1）有无年报要求：有

（2）年报报送材料名称：暂由各地区自行规定

（3）设定年报要求的依据

《公安部、国家工商行政管理局关于加强弩管理的通知》。

（4）年报周期：暂由各地区自行规定

14. 监管主体

省级公安机关；设区的市级公安机关；县级公安机关。

15. 备注

（五）弩运输许可

1. 基本要素

（1）行政许可事项名称及编码：弩的制造、销售、购置、进口、运输许可【0001091280OY】

（2）行政许可事项子项名称及编码：弩运输许可【000109128005】

（3）行政许可事项业务办理项名称及编码：无

（4）设定依据

《国务院对确需保留的行政审批项目设定行政许可的决定》附件第32项：弩的制造、销售、进口、运输、使用审批；实施机关：省级人民政府公安机关。

（5）实施依据

《国务院对确需保留的行政审批项目设定行政许可的决定》

《公安部关于进一步加强弩治安管理的通知》规定，进一步规范行政许可行为，

严格对弩的制造、销售、进口、运输、使用的管理审批。……弩制造企业、使用单位需要运输弩时，应当填写申请运输弩审批表并提交所在地县级公安机关，经地市级公安机关审核，报省级公安机关审批后，方可运输。

《公安部、国家工商行政管理局关于加强弩管理的通知》规定，严格对弩的生产、销售、进口的管理：……④弩的携带和运输须持有营业执照副本和省级公安厅、局开具的携运证明。……

（6）监管依据

《公安部关于进一步加强弩治安管理的通知》规定，开展清理整顿，依法查处各类涉弩违法行为。……二要清查收缴非法制造、销售、持有的弩。对辖区内未经许可制造、销售、使用弩的单位，要一律依法予以取缔，彻底收缴非法制造、销售、持有的弩，并按照《治安管理处罚法》第54条的规定予以处罚；对个人持有的弩，要一律依法予以收缴，涉嫌非法携带弩的，要按照《治安管理处罚法》第32条的规定予以处罚。对非法运输、进口的弩，要一律予以收缴。

《公安部、国家工商行政管理局关于加强弩管理的通知》规定，对非法制造、销售、运输、进口弩或者非法从事营业性弩射活动的单位以及个人持有的弩，一律由公安机关登记收缴；对因经营管理不善致使弩流失社会，被违法犯罪分子利用实施违法犯罪活动的，取消有关企业和单位经营资格并追究其负责人及直接责任人员的责任。

（7）实施机关：省级公安机关

（8）审批层级：省级

（9）行使层级：省级/直属

（10）是否由审批机关受理：否

（11）受理层级：县级

（12）是否存在初审环节：是

（13）初审层级：设区的市级，县级

（14）对应政务服务事项国家级基本目录名称：弩的制造、销售、进口、运输、使用审批

（15）要素统一情况：部分要素全国统一

2. 行政许可事项类型：条件型

3. 行政许可条件

（1）准予行政许可的条件：具备弩运输的安全防范措施。

（2）规定行政许可条件的依据

《公安部关于进一步加强弩治安管理的通知》和《公安部、国家工商行政管理局关于加强弩管理的通知》。

4. 行政许可服务对象类型与改革举措

（1）服务对象类型：企业法人，事业单位法人，社会组织法人，行政机关，其他组织

（2）是否为涉企经营许可事项：是

（3）涉企经营许可事项名称：弩的制造、销售、购置、进口、运输许可

（4）涉企经营许可证件名称：无

（5）改革方式：优化审批服务

（6）具体改革举措：一是实行申请、审批全程网上办理。二是不再要求申请人提供营业执照、无违法犯罪记录证明、批准立项文件。

（7）加强事中事后监管措施：一是加大日常监督检查力度。完善常态化监管机制，采取“双随机、一公开”方式，加大对涉弩企业日常经营、流向登记、安全管

理等情况的检查力度，及时督促整改问题隐患。二是及时处理投诉举报。在加强主管部门监管力度同时，引导社会力量积极参与监督，畅通投诉举报渠道，探索建立奖励机制，依法及时处理各类投诉举报。三是严厉查处违法违规行为。加大执法力度，通过现场检查、群众举报等方式及时发现涉弩企业存在的各类问题，依法依规严肃查处。

5. 申请材料

（1）申请材料名称：申请运输弩审批表。

（2）规定申请材料的依据

《公安部关于进一步加强弩治安管理的通知》和《公安部、国家工商行政管理局关于加强弩管理的通知》。

《国务院关于深化“证照分离”改革进一步激发市场主体发展活力的通知》附件1第143项：弩的制造、销售、购置、进口、运输许可；……不再要求申请人提供营业执照、无违法犯罪记录证明、批准立项文件。

6. 中介服务

（1）有无法定中介服务事项：无

（2）中介服务事项名称：无

（3）设定中介服务事项的依据：无

（4）提供中介服务的机构：无

（5）中介服务事项的收费性质：无

7. 审批程序

（1）办理行政许可的程序环节：一是申请人书面申请；二是审批机构受理/不予受理；三是审批机构审查；四是决定批准许可/不予批准许可。

（2）规定行政许可程序的依据

《公安部关于进一步加强弩治安管理的通知》和《公安部、国家工商行政管理局关于加强弩管理的通知》。

《行政许可法》第32条规定，行政机关对申请人提出的行政许可申请，应当根据下列情况分别作出处理：①申请事项依法不需要取得行政许可的，应当即时告知申请人不受理；②申请事项依法不属于本行政机关职权范围的，应当即时作出不予受理的决定，并告知申请人向有关行政机关申请；③申请材料存在可以当场更正的错误的，应当允许申请人当场更正；④申请材料不齐全或者不符合法定形式的，应当当场或者在五日内一次告知申请人需要补正的全部内容，逾期不告知的，自收到申请材料之日起即为受理；⑤申请事项属于本行政机关职权范围，申请材料齐全、符合法定形式，或者申请人按照本行政机关的要求提交全部补正申请材料的，应当受理行政许可申请。行政机关受理或者不予受理行政许可申请，应当出具加盖本行政机关专用印章和注明日期的书面凭证。

《行政许可法》第34条规定，行政机关应当对申请人提交的申请材料进行审查。申请人提交的申请材料齐全、符合法定形式，行政机关能够当场作出决定的，应当当场作出书面的行政许可决定。根据法定条件和程序，需要对申请材料的实质内容进行核实的，行政机关应当指派两名以上工作人员进行核查。

《行政许可法》第37条规定，行政机关对行政许可申请进行审查后，除当场作出行政许可决定的外，应当在法定期限内按照规定程序作出行政许可决定。

《行政许可法》第38条规定，申请人的申请符合法定条件、标准的，行政机关应当依法作出准予行政许可的书面决定。

行政机关依法作出不予行政许可的书面决定的，应当说明理由，并告知申请人享有依法申请行政复议或者提起行政诉讼的权利。

（3）是否需要现场勘验：否

（4）是否需要组织听证：否

（5）是否需要招标、拍卖、挂牌交易：否

（6）是否需要检验、检测、检疫：否

（7）是否需要鉴定：否

（8）是否需要专家评审：否

（9）是否需要向社会公示：否

（10）是否实行告知承诺办理：否

（11）审批机关是否委托服务机构开展技术性服务：否

8. 受理和审批时限

（1）承诺受理时限：5个工作日

（2）法定审批时限：20个工作日

（3）规定法定审批时限依据

《行政许可法》第42条第1款规定，除可以当场作出行政许可决定的外，行政机关应当自受理行政许可申请之日起二十日内作出行政许可决定。二十日内不能作出决定的，经本行政机关负责人批准，可以延长十日，并应当将延长期限的理由告知申请人。

（4）承诺审批时限：20个工作日

9. 收费

（1）办理行政许可是否收费：否

（2）收费项目的名称、收费项目的标准、设定收费项目的依据、规定收费标准的依据：无

10. 行政许可证件

（1）审批结果类型：批文

（2）审批结果名称：批准文件

（3）审批结果的有效期限：当次

（4）规定审批结果有效期限的依据

《公安部、国家工商行政管理局关于加强弩管理的通知》。

（5）是否需要办理审批结果变更手续：否

（6）办理审批结果变更手续的要求：无

（7）是否需要办理审批结果延续手续：否

（8）办理审批结果延续手续的要求：无

（9）审批结果的有效地域范围：全国

（10）规定审批结果有效地域范围的依据

《行政许可法》第41条规定，法律、行政法规设定的行政许可，其适用范围没有地域限制的，申请人取得的行政许可在全国范围内有效。

11. 行政许可数量限制

（1）有无行政许可数量限制：无

（2）公布数量限制的方式：无

（3）公布数量限制的周期：无

（4）在数量限制条件下实施行政许可的方式：无

（5）规定在数量限制条件下实施行政许可方式的依据：无

12. 行政许可后年检

（1）有无年检要求：无

（2）设定年检要求的依据：无

（3）年检周期：无

（4）年检是否要求报送材料：无

（5）年检报送材料名称：无

（6）年检是否收费：无

（7）年检收费项目的名称、年检收费

项目的标准、设定年检收费项目的依据、规定年检项目收费标准的依据：无

（8）通过年检的证明或者标志：无

13. 行政许可后年报

（1）有无年报要求：无

（2）年报报送材料名称：无

（3）设定年报要求的依据：无

（4）年报周期：无

14. 监管主体

省级公安机关；设区的市级公安机关；县级公安机关。

15. 备注

十三、举行集会游行示威许可

1. 法律依据

《集会游行示威法》第 6 条、第 7 条；《集会游行示威法实施条例》第 7 条。

2. 实施机关

集会、游行、示威由举行地的市、县公安局、城市公安分局主管。游行、示威路线在同一直辖市、省辖市、自治区辖市或者省、自治区人民政府派出机关所在地区经过两个以上区、县的，由该市公安局或者省、自治区人民政府派出机关的公安处主管；在同一省、自治区行政区域内经过两个以上省辖市、自治区辖市或者省、自治区人民政府派出机关所在地区的，由所在省、自治区公安厅主管；经过两个以上省、自治区、直辖市的，由公安部主管，或者由公安部授权的省、自治区、直辖市公安机关主管。

3. 条件

举行集会、游行、示威，必须有负责人。下列人员不得担任集会、游行、示威的负责人：（1）无行为能力人或者限制行为能力人；（2）被判处刑罚尚未执行完毕的；（3）正在被劳动教养的；（4）正在被依法采取刑事强制措施或者法律规定的其他限制人身自由措施的。

4. 程序

举行集会、游行、示威，必须依照规定向主管机关提出申请并获得许可。必须由其负责人向主管公安机关亲自递交书面申请；不是由负责人亲自递交书面申请的，主管公安机关不予受理。集会、游行、示威的负责人在递交书面申请时，应当出示本人的居民身份证或者其他有效证件，并如实填写申请登记表。

主管公安机关接到集会、游行、示威的申请书后，应当及时审查，在法定期限内作出许可或者不许可的书面决定；决定书应当载明许可的内容，或者不许可的理由。决定书应当在申请举行集会、游行、示威日的 2 日前送达其负责人，由负责人在送达通知书上签字。负责人拒绝签收的，送达人应当邀请其所在地基层组织的代表或者其他人作为见证人到场说明情况，在送达通知书上写明拒收的事由和日期，由见证人、送达人签名，将决定书留在负责人的住处，即视为已经送达。事前约定送达的具体时间、地点，集会、游行、示威的负责人不在约定的时间、地点等候而无法送达的，视为自行撤销申请；主管公安机关未按约定的时间、地点送达的，视为许可。

集会、游行、示威的负责人对主管公安机关不许可的决定不服的，可以自接到不许可决定书之日起 3 日内向同级人民政府申请复议。人民政府应当自接到复议申请书之日起 3 日内作出维持或者撤销主管

公安机关原决定的复议决定，并将《集会游行示威复议决定书》送达集会、游行、示威的负责人，同时将副本送作出原决定的主管公安机关。人民政府作出的复议决定，主管公安机关和集会、游行、示威的负责人必须执行。

十四、大型群众性活动安全许可

大型群众性活动安全许可的中央主管部门是公安部，实施机关是公安部、直辖市公安机关、设区的市级公安机关和县级公安机关，设定和实施依据是《消防法》《大型群众性活动安全管理条例》。该许可项目共有4个子项：(1) 跨省级行政区域举办大型群众性活动安全许可；(2) 直辖市内举办5000人以上大型群众性活动安全许可；(3) 设区的市内举办5000人以上大型群众性活动安全许可；(4) 举办1000人以上5000人以下大型群众性活动安全许可。

(一) 跨省级行政区域举办大型群众性活动安全许可

1. 基本要素

(1) 行政许可事项名称及编码：大型群众性活动安全许可【0001091200OY】

(2) 行政许可事项子项名称及编码：跨省级行政区域举办大型群众性活动安全许可【000109120001】

(3) 行政许可事项业务办理项名称及编码：无

(4) 设定依据

《消防法》第20条规定，举办大型群众性活动，承办人应当依法向公安机关申请安全许可……

《大型群众性活动安全管理条例》第11条第1款规定，公安机关对大型群众性活动实行安全许可制度。《营业性演出管理条例》对演出活动的安全管理另有规定的，从其规定。

《大型群众性活动安全管理条例》第25条规定，县级以上各级人民政府、国务院部门直接举办的大型群众性活动的安全保卫工作，由举办活动的人民政府、国务院部门负责，不实行安全许可制度，但应当按照本条例的有关规定，责成或者会同有关公安机关制订更加严格的安全保卫工作方案，并组织实施。

(5) 实施依据

《大型群众性活动安全管理条例》第4条规定，县级以上人民政府公安机关负责大型群众性活动的安全管理工作。县级以上人民政府其他有关主管部门按照各自的职责，负责大型群众性活动的有关安全工作。

《大型群众性活动安全管理条例》第5条规定，大型群众性活动的承办者（以下简称承办者）对其承办活动的安全负责，承办者的主要负责人为大型群众性活动的安全责任人。

《大型群众性活动安全管理条例》第6条规定，举办大型群众性活动，承办者应当制订大型群众性活动安全工作方案。大型群众性活动安全工作方案包括下列内容：①活动的时间、地点、内容及组织方式；②安全工作人员的数量、任务分配和识别标志；③活动场所消防安全措施；④活动场所可容纳的人员数量以及活动预计参加人数；⑤治安缓冲区域的设定及其标识；⑥入场人员的票证查验和安全检查措施；⑦车辆停放、疏导措施；⑧现场秩序维护、人员疏导措施；⑨应急救援预案。

《大型群众性活动安全管理条例》第7条规定，承办者具体负责下列安全事项：①落实大型群众性活动安全工作方案和安全责任制度，明确安全措施、安全工作人员岗位职责，开展大型群众性活动安全宣传教育；②保障临时搭建的设施、建筑物的安全，消除安全隐患；③按照负责许可的公安机关的要求，配备必要的安全检查设备，对参加大型群众性活动的人员进行安全检查，对拒不接受安全检查的，承办者有权拒绝其进入；④按照核准的活动场所容纳人员数量、划定的区域发放或者出售门票；⑤落实医疗救护、灭火、应急疏散等应急救援措施并组织演练；⑥对妨碍大型群众性活动安全的行为及时予以制止，发现违法犯罪行为及时向公安机关报告；⑦配备与大型群众性活动安全工作需要相适应的专业保安人员以及其他安全工作人员；⑧为大型群众性活动的安全工作提供必要的保障。

《大型群众性活动安全管理条例》第8条规定，大型群众性活动的场所管理者具体负责下列安全事项：①保障活动场所、设施符合国家安全标准和安全规定；②保障疏散通道、安全出口、消防车通道、应急广播、应急照明、疏散指示标志符合法律、法规、技术标准的规定；③保障监控设备和消防设施、器材配置齐全、完好有效；④提供必要的停车场地，并维护安全秩序。

《大型群众性活动安全管理条例》第11条第2款规定，举办大型群众性活动应当符合下列条件：①承办者是依照法定程序成立的法人或者其他组织；②大型群众性活动的内容不得违反宪法、法律、法规的规定，不得违反社会公德；③具有符合本条例规定的安全工作方案，安全责任明确、措施有效；④活动场所、设施符合安全要求。

《大型群众性活动安全管理条例》第12条规定，大型群众性活动的预计参加人数在1000人以上5000人以下的，由活动所在地县级人民政府公安机关实施安全许可；预计参加人数在5000人以上的，由活动所在地设区的市级人民政府公安机关或者直辖市人民政府公安机关实施安全许可；跨省、自治区、直辖市举办大型群众性活动的，由国务院公安部门实施安全许可。

《大型群众性活动安全管理条例》第13条规定，承办者应当在活动举办日的20日前提出安全许可申请，申请时，应当提交下列材料：①承办者合法成立的证明以及安全责任人的身份证明；②大型群众性活动方案及其说明，2个或者2个以上承办者共同承办大型群众性活动的，还应当提交联合承办的协议；③大型群众性活动安全工作方案；④活动场所管理者同意提供活动场所的证明。依照法律、行政法规的规定，有关主管部门对大型群众性活动的承办者有资质、资格要求的，还应当提交有关资质、资格证明。

《大型群众性活动安全管理条例》第14条规定，公安机关收到申请材料应当依法做出受理或者不予受理的决定。对受理的申请，应当自受理之日起7日内进行审查，对活动场所进行查验，对符合安全条件的，做出许可的决定；对不符合安全条件的，做出不予许可的决定，并书面说明理由。

《大型群众性活动安全管理条例》第15

条规定，对经安全许可的大型群众性活动，承办者不得擅自变更活动的时间、地点、内容或者扩大大型群众性活动的举办规模。承办者变更大型群众性活动时间的，应当在原定举办活动时间之前向做出许可决定的公安机关申请变更，经公安机关同意方可变更。承办者变更大型群众性活动地点、内容以及扩大大型群众性活动举办规模的，应当依照本条例的规定重新申请安全许可。承办者取消举办大型群众性活动的，应当在原定举办活动时间之前书面告知做出安全许可决定的公安机关，并交回公安机关颁发的准予举办大型群众性活动的安全许可证件。

（6）监管依据

《大型群众性活动安全管理条例》第10条规定，公安机关应当履行下列职责：①审核承办者提交的大型群众性活动申请材料，实施安全许可；②制订大型群众性活动安全监督方案和突发事件处置预案；③指导对安全工作人员的教育培训；④在大型群众性活动举办前，对活动场所组织安全检查，发现安全隐患及时责令改正；⑤在大型群众性活动举办过程中，对安全工作的落实情况实施监督检查，发现安全隐患及时责令改正；⑥依法查处大型群众性活动中的违法犯罪行为，处置危害公共安全的突发事件。

《大型群众性活动安全管理条例》第16条规定，对经安全许可的大型群众性活动，公安机关根据安全需要组织相应警力，维持活动现场周边的治安、交通秩序，预防和处置突发治安事件，查处违法犯罪活动。

《大型群众性活动安全管理条例》第18条规定，承办者发现进入活动场所的人员达到核准数量时，应当立即停止验票；发现持有划定区域以外的门票或者持假票的人员，应当拒绝其入场并向活动现场的公安机关工作人员报告。

《大型群众性活动安全管理条例》第19条规定，在大型群众性活动举办过程中发生公共安全事故、治安案件的，安全责任人应当立即启动应急救援预案，并立即报告公安机关。

《大型群众性活动安全管理条例》第20条规定，承办者擅自变更大型群众性活动的时间、地点、内容或者擅自扩大大型群众性活动的举办规模的，由公安机关处1万元以上5万元以下罚款；有违法所得的，没收违法所得。未经公安机关安全许可的大型群众性活动由公安机关予以取缔，对承办者处10万元以上30万元以下罚款。

《大型群众性活动安全管理条例》第21条规定，承办者或者大型群众性活动场所管理者违反本条例规定致使发生重大伤亡事故、治安案件或者造成其他严重后果构成犯罪的，依法追究刑事责任；尚不构成犯罪的，对安全责任人和其他直接责任人员依法给予处分、治安管理处罚，对单位处1万元以上5万元以下罚款。

《大型群众性活动安全管理条例》第22条规定，在大型群众性活动举办过程中发生公共安全事故，安全责任人不立即启动应急救援预案或者不立即向公安机关报告的，由公安机关对安全责任人和其他直接责任人员处5000元以上5万元以下罚款。

《大型群众性活动安全管理条例》第23条规定，参加大型群众性活动的人员有违反本条例第九条规定行为的，由公安机关给予批评教育；有危害社会治安秩序、威胁公共安全行为的，公安机关可以将其强行带离现场，依法给予治安管理处罚；构成犯罪的，依法追究刑事责任。

（7）实施机关：公安部

（8）审批层级：国家级

（9）行使层级：国家级/局（署、会）

（10）是否由审批机关受理：是

（11）受理层级：国家级

（12）是否存在初审环节：否

（13）初审层级：无

（14）对应政务服务事项国家级基本目录名称：跨省、自治区、直辖市举办大型群众性活动安全许可

（15）要素统一情况：全部要素全国统一

2. 行政许可事项类型：条件型

3. 行政许可条件

（1）准予行政许可的条件：一是承办者是依照法定程序成立的法人或者其他组织；二是大型群众性活动的内容不得违反宪法、法律、法规的规定，不得违反社会公德；三是有符合本条例规定的安全工作方案，安全责任明确、措施有效；四是活动场所、设施符合安全要求。

（2）规定行政许可条件的依据

《大型群众性活动安全管理条例》第11条。

4. 行政许可服务对象类型与改革举措

（1）服务对象类型：企业法人，事业单位法人，社会组织法人，非法人企业，其他组织

（2）是否为涉企经营许可事项：否

（3）涉企经营许可事项名称：无

（4）涉企经营许可证件名称：无

（5）改革方式：无

（6）具体改革举措：无

（7）加强事中事后监管措施：一是审核承办者提交的大型群众性活动申请材料，实施安全许可。二是制订大型群众性活动安全监督方案和突发事件处置预案。三是指导对安全工作人员的教育培训。四是在大型群众性活动举办前，对活动场所组织安全检查，发现安全隐患及时责令改正。五是在大型群众性活动举办过程中，对安全工作的落实情况实施监督检查，发现安全隐患及时责令改正；根据安全需要组织相应警力，做好突发事件应急处置准备，维持活动现场周边的治安、交通秩序，预防和处置治安事件。六是在大型群众性活动举办后，做好总结工作，主要包括安保措施执行落实情况，同时将安保经验总结提升固化。七是依法查处大型群众性活动中的违法犯罪行为，处置危害公共安全的突发事件。

5. 申请材料

（1）申请材料名称：一是书面申请；二是承办者合法成立的证明以及安全责任人的身份证明；三是大型群众性活动方案及其说明，2个或者2个以上承办者共同承办大型群众性活动的，还应当提交联合承办的协议；四是大型群众性活动安全工作方案；五是活动场所管理者同意提供活动场所的证明；六是依照法律、行政法规的规定，有关主管部门对大型群众性活动的承办者有资质、资格要求的，还应当提交有关资质、资格证明。

2. 规定申请材料的依据

《大型群众性活动安全管理条例》第13条。

6. 中介服务

（1）有无法定中介服务事项：无

(2) 中介服务事项名称：无

(3) 设定中介服务事项的依据：无

(4) 提供中介服务的机构：无

(5) 中介服务事项的收费性质：无

7. 审批程序

(1) 办理行政许可的程序环节：一是承办者在活动举办日的20日前提出安全许可申请，并提交申请材料；二是公安机关收到申请材料后，依法做出受理或者不予受理的决定；三是对受理的申请，自受理之日起7日内进行审查，对活动场所进行查验；四是对符合安全条件的，做出许可的决定；对不符合安全条件的，做出不予许可的决定，并书面说明理由。

(2) 规定行政许可程序的依据

《大型群众性活动安全管理条例》第13条、第14条。

(3) 是否需要现场勘验：是

(4) 是否需要组织听证：否

(5) 是否需要招标、拍卖、挂牌交易：否

(6) 是否需要检验、检测、检疫：是

(7) 是否需要鉴定：否

(8) 是否需要专家评审：否

(9) 是否需要向社会公示：否

(10) 是否实行告知承诺办理：否

(11) 审批机关是否委托服务机构开展技术性服务：否

8. 受理和审批时限

(1) 承诺受理时限：当场办理

(2) 法定审批时限：7个工作日

(3) 规定法定审批时限依据

《大型群众性活动安全管理条例》第14条。

(4) 承诺审批时限：7个工作日

9. 收费

(1) 办理行政许可是否收费：否

(2) 收费项目的名称、收费项目的标准、设定收费项目的依据、规定收费标准的依据：无

10. 行政许可证件

(1) 审批结果类型：批文

(2) 审批结果名称：大型群众性活动安全许可决定书

(3) 审批结果的有效期限：本次活动举办时间

(4) 规定审批结果有效期限的依据

《大型群众性活动安全管理条例》第15条。

(5) 是否需要办理审批结果变更手续：是

(6) 办理审批结果变更手续的要求

《大型群众性活动安全管理条例》第15条。

(7) 是否需要办理审批结果延续手续：否

(8) 办理审批结果延续手续的要求：无

(9) 审批结果的有效地域范围：举办活动的地点

(10) 规定审批结果有效地域范围的依据

《大型群众性活动安全管理条例》第15条。

11. 行政许可数量限制

(1) 有无行政许可数量限制：无

(2) 公布数量限制的方式：无

(3) 公布数量限制的周期：无

(4) 在数量限制条件下实施行政许可的方式：无

（5）规定在数量限制条件下实施行政许可方式的依据：无

12. 行政许可后年检

（1）有无年检要求：无

（2）设定年检要求的依据：无

（3）年检周期：无

（4）年检是否要求报送材料：无

（5）年检报送材料名称：无

（6）年检是否收费：无

（7）年检收费项目的名称、年检收费项目的标准、设定年检收费项目的依据、规定年检项目收费标准的依据：无

（8）通过年检的证明或者标志：无

13. 行政许可后年报

（1）有无年报要求：无

（2）年报报送材料名称：无

（3）设定年报要求的依据：无

（4）年报周期：无

14. 监管主体

公安部；直辖市公安机关；设区的市级公安机关；县级公安机关。

15. 备注

（二）直辖市内举办5000人以上大型群众性活动安全许可

1. 基本要素

（1）行政许可事项名称及编码：大型群众性活动安全许可【00010912000Y】

（2）行政许可事项子项名称及编码：直辖市内举办5000人以上大型群众性活动安全许可【000109120002】

（3）行政许可事项业务办理项名称及编码：无

（4）设定依据

《消防法》第20条规定，举办大型群众性活动，承办人应当依法向公安机关申请安全许可……

《大型群众性活动安全管理条例》第11条第1款规定，公安机关对大型群众性活动实行安全许可制度。《营业性演出管理条例》对演出活动的安全管理另有规定的，从其规定。

《大型群众性活动安全管理条例》第25条规定，县级以上各级人民政府、国务院部门直接举办的大型群众性活动的安全保卫工作，由举办活动的人民政府、国务院部门负责，不实行安全许可制度，但应当按照本条例的有关规定，责成或者会同有关公安机关制订更加严格的安全保卫工作方案，并组织实施。

（5）实施依据

《大型群众性活动安全管理条例》第4条规定，县级以上人民政府公安机关负责大型群众性活动的安全管理工作。县级以上人民政府其他有关主管部门按照各自的职责，负责大型群众性活动的有关安全工作。

《大型群众性活动安全管理条例》第5条规定，大型群众性活动的承办者（以下简称承办者）对其承办活动的安全负责，承办者的主要负责人为大型群众性活动的安全责任人。

《大型群众性活动安全管理条例》第6条规定，举办大型群众性活动，承办者应当制订大型群众性活动安全工作方案。大型群众性活动安全工作方案包括下列内容：①活动的时间、地点、内容及组织方式；②安全工作人员的数量、任务分配和识别标志；③活动场所消防安全措施；④活动场所可容纳的人员数量以及活动预计参加人数；⑤治安缓冲区域的设定及其标识；

⑥入场人员的票证查验和安全检查措施；⑦车辆停放、疏导措施；⑧现场秩序维护、人员疏导措施；⑨应急救援预案。

《大型群众性活动安全管理条例》第7条规定，承办者具体负责下列安全事项：①落实大型群众性活动安全工作方案和安全责任制度，明确安全措施、安全工作人员岗位职责，开展大型群众性活动安全宣传教育；②保障临时搭建的设施、建筑物的安全，消除安全隐患；③按照负责许可的公安机关的要求，配备必要的安全检查设备，对参加大型群众性活动的人员进行安全检查，对拒不接受安全检查的，承办者有权拒绝其进入；④按照核准的活动场所容纳人员数量、划定的区域发放或者出售门票；⑤落实医疗救护、灭火、应急疏散等应急救援措施并组织演练；⑥对妨碍大型群众性活动安全的行为及时予以制止，发现违法犯罪行为及时向公安机关报告；⑦配备与大型群众性活动安全工作需要相适应的专业保安人员以及其他安全工作人员；⑧为大型群众性活动的安全工作提供必要的保障。

《大型群众性活动安全管理条例》第8条规定，大型群众性活动的场所管理者具体负责下列安全事项：①保障活动场所、设施符合国家安全标准和安全规定；②保障疏散通道、安全出口、消防车通道、应急广播、应急照明、疏散指示标志符合法律、法规、技术标准的规定；③保障监控设备和消防设施、器材配置齐全、完好有效；④提供必要的停车场地，并维护安全秩序。

《大型群众性活动安全管理条例》第11条第2款规定，举办大型群众性活动应当符合下列条件：①承办者是依照法定程序成立的法人或者其他组织；②大型群众性活动的内容不得违反宪法、法律、法规的规定，不得违反社会公德；③具有符合本条例规定的安全工作方案，安全责任明确、措施有效；④活动场所、设施符合安全要求。

《大型群众性活动安全管理条例》第12条规定，大型群众性活动的预计参加人数在1000人以上5000人以下的，由活动所在地县级人民政府公安机关实施安全许可；预计参加人数在5000人以上的，由活动所在地设区的市级人民政府公安机关或者直辖市人民政府公安机关实施安全许可；跨省、自治区、直辖市举办大型群众性活动的，由国务院公安部门实施安全许可。

《大型群众性活动安全管理条例》第13条规定，承办者应当在活动举办日的20日前提出安全许可申请，申请时，应当提交下列材料：①承办者合法成立的证明以及安全责任人的身份证明；②大型群众性活动方案及其说明，2个或者2个以上承办者共同承办大型群众性活动的，还应当提交联合承办的协议；③大型群众性活动安全工作方案；④活动场所管理者同意提供活动场所的证明。依照法律、行政法规的规定，有关主管部门对大型群众性活动的承办者有资质、资格要求的，还应当提交有关资质、资格证明。

《大型群众性活动安全管理条例》第14条规定，公安机关收到申请材料应当依法做出受理或者不予受理的决定。对受理的申请，应当自受理之日起7日内进行审查，对活动场所进行查验，对符合安全条件的，做出许可的决定；对不符合安全条件的，做出不予许可的决定，并书面说明理由。

《大型群众性活动安全管理条例》第15条规定，对经安全许可的大型群众性活动，承办者不得擅自变更活动的时间、地点、内容或者扩大大型群众性活动的举办规模。承办者变更大型群众性活动时间的，应当在原定举办活动时间之前向做出许可决定的公安机关申请变更，经公安机关同意方可变更。承办者变更大型群众性活动地点、内容以及扩大大型群众性活动举办规模的，应当依照本条例的规定重新申请安全许可。承办者取消举办大型群众性活动的，应当在原定举办活动时间之前书面告知做出安全许可决定的公安机关，并交回公安机关颁发的准予举办大型群众性活动的安全许可证件。

（6）监管依据

《大型群众性活动安全管理条例》第10条规定，公安机关应当履行下列职责：①审核承办者提交的大型群众性活动申请材料，实施安全许可；②制订大型群众性活动安全监督方案和突发事件处置预案；③指导对安全工作人员的教育培训；④在大型群众性活动举办前，对活动场所组织安全检查，发现安全隐患及时责令改正；⑤在大型群众性活动举办过程中，对安全工作的落实情况实施监督检查，发现安全隐患及时责令改正；⑥依法查处大型群众性活动中的违法犯罪行为，处置危害公共安全的突发事件。

《大型群众性活动安全管理条例》第16条规定，对经安全许可的大型群众性活动，公安机关根据安全需要组织相应警力，维持活动现场周边的治安、交通秩序，预防和处置突发治安事件，查处违法犯罪活动。

《大型群众性活动安全管理条例》第18条规定，承办者发现进入活动场所的人员达到核准数量时，应当立即停止验票；发现持有划定区域以外的门票或者持假票的人员，应当拒绝其入场并向活动现场的公安机关工作人员报告。

《大型群众性活动安全管理条例》第19条规定，在大型群众性活动举办过程中发生公共安全事故、治安案件的，安全责任人应当立即启动应急救援预案，并立即报告公安机关。

《大型群众性活动安全管理条例》第20条规定，承办者擅自变更大型群众性活动的时间、地点、内容或者擅自扩大大型群众性活动的举办规模的，由公安机关处1万元以上5万元以下罚款；有违法所得的，没收违法所得。未经公安机关安全许可的大型群众性活动由公安机关予以取缔，对承办者处10万元以上30万元以下罚款。

《大型群众性活动安全管理条例》第21条规定，承办者或者大型群众性活动场所管理者违反本条例规定致使发生重大伤亡事故、治安案件或者造成其他严重后果构成犯罪的，依法追究刑事责任；尚不构成犯罪的，对安全责任人和其他直接责任人员依法给予处分、治安管理处罚，对单位处1万元以上5万元以下罚款。

《大型群众性活动安全管理条例》第22条规定，在大型群众性活动举办过程中发生公共安全事故，安全责任人不立即启动应急救援预案或者不立即向公安机关报告的，由公安机关对安全责任人和其他直接责任人员处5000元以上5万元以下罚款。

《大型群众性活动安全管理条例》第23条规定，参加大型群众性活动的人员有违反本条例第九条规定行为的，由公安机关给予批评教育；有危害社会治安秩序、威胁公共安全行为的，公安机关可以将其强行带离现场，依法给予治安管理处罚；构成犯罪的，依法追究刑事责任。

（7）实施机关：直辖市公安机关

（8）审批层级：省级

（9）行使层级：省级/直属

（10）是否由审批机关受理：是

（11）受理层级：省级

（12）是否存在初审环节：否

（13）初审层级：无

（14）对应政务服务事项国家级基本目录名称：无对应政务服务事项

（15）要素统一情况：全部要素全国统一

2. 行政许可事项类型：条件型

3. 行政许可条件

（1）准予行政许可的条件：一是承办者是依照法定程序成立的法人或者其他组织；二是大型群众性活动的内容不得违反宪法、法律、法规的规定，不得违反社会公德；三是有符合本条例规定的安全工作方案，安全责任明确、措施有效；四是活动场所、设施符合安全要求。

（2）规定行政许可条件的依据

《大型群众性活动安全管理条例》第11条。

4. 行政许可服务对象类型与改革举措

（1）服务对象类型：企业法人，事业单位法人，社会组织法人，非法人企业，其他组织

（2）是否为涉企经营许可事项：否

（3）涉企经营许可事项名称：无

（4）涉企经营许可证件名称：无

（5）改革方式：优化审批服务

（6）具体改革举措：根据深化行政管理服务改革精神，精简许可条件和审批材料

（7）加强事中事后监管措施：一是审核承办者提交的大型群众性活动申请材料，实施安全许可。二是制订大型群众性活动安全监督方案和突发事件处置预案。三是指导对安全工作人员的教育培训。四是在大型群众性活动举办前，对活动场所组织安全检查，发现安全隐患及时责令改正。五是在大型群众性活动举办过程中，对安全工作的落实情况实施监督检查，发现安全隐患及时责令改正；根据安全需要组织相应警力，做好突发事件应急处置准备，维持活动现场周边的治安、交通秩序，预防和处置治安事件。六是在大型群众性活动举办后，做好总结工作，主要包括安保措施执行落实情况，同时将安保经验总结提升固化。七是依法查处大型群众性活动中的违法犯罪行为，处置危害公共安全的突发事件。

5. 申请材料

（1）申请材料名称：一是书面申请；二是承办者合法成立的证明以及安全责任人的身份证明；三是大型群众性活动方案及其说明，2个或者2个以上承办者共同承办大型群众性活动的，还应当提交联合承办的协议；四是大型群众性活动安全工作方案；五是活动场所管理者同意提供活动场所的证明；六是依照法律、行政法规的规定，有关主管部门对大型群众性活动的承办者有资质、资格要求的，还应当提交有关资质、资格证明。

（2）规定申请材料的依据

《大型群众性活动安全管理条例》第13条。

6. 中介服务

（1）有无法定中介服务事项：无

（2）中介服务事项名称：无

（3）设定中介服务事项的依据：无

（4）提供中介服务的机构：无

（5）中介服务事项的收费性质：无

7. 审批程序

（1）办理行政许可的程序环节：一是承办者在活动举办日的20日前提出安全许可申请，并提交申请材料；二是公安机关收到申请材料后，依法做出受理或者不予受理的决定；三是对受理的申请，自受理之日起7日内进行审查，对活动场所进行查验；四是对符合安全条件的，做出许可的决定；对不符合安全条件的，做出不予许可的决定，并书面说明理由。

（2）规定行政许可程序的依据

《大型群众性活动安全管理条例》第13条、第14条。

（3）是否需要现场勘验：是

（4）是否需要组织听证：否

（5）是否需要招标、拍卖、挂牌交易：否

（6）是否需要检验、检测、检疫：是

（7）是否需要鉴定：否

（8）是否需要专家评审：否

（9）是否需要向社会公示：否

（10）是否实行告知承诺办理：否

（11）审批机关是否委托服务机构开展技术性服务：否

8. 受理和审批时限

（1）承诺受理时限：当场办理

（2）法定审批时限：7个工作日

（3）规定法定审批时限依据

《大型群众性活动安全管理条例》第14条。

（4）承诺审批时限：7个工作日

9. 收费

（1）办理行政许可是否收费：否

（2）收费项目的名称、收费项目的标准、设定收费项目的依据、规定收费标准的依据：无

10. 行政许可证件

（1）审批结果类型：批文

（2）审批结果名称：大型群众性活动安全许可决定书

（3）审批结果的有效期限：本次活动举办时间

（4）规定审批结果有效期限的依据

《大型群众性活动安全管理条例》第15条。

（5）是否需要办理审批结果变更手续：是

（6）办理审批结果变更手续的要求

《大型群众性活动安全管理条例》第15条规定。

（7）是否需要办理审批结果延续手续：否

（8）办理审批结果延续手续的要求：无

（9）审批结果的有效地域范围：举办活动的地点

（10）规定审批结果有效地域范围的依据

《大型群众性活动安全管理条例》第15条。

11. 行政许可数量限制

（1）有无行政许可数量限制：无

（2）公布数量限制的方式：无

（3）公布数量限制的周期：无

（4）在数量限制条件下实施行政许可的方式：无

（5）规定在数量限制条件下实施行政许可方式的依据：无

12. 行政许可后年检

（1）有无年检要求：无

（2）定年检要求的依据：无

（3）年检周期：无

（4）年检是否要求报送材料：无

（5）年检报送材料名称：无

（6）年检是否收费：无

（7）年检收费项目的名称、年检收费项目的标准、设定年检收费项目的依据、规定年检项目收费标准的依据：无

（8）通过年检的证明或者标志：无

13. 行政许可后年报

（1）有无年报要求：无

（2）年报报送材料名称：无

（3）设定年报要求的依据：无

（4）年报周期：无

14. 监管主体

直辖市公安机关；县级公安机关。

15. 备注

（三）设区的市内举办5000人以上大型群众性活动安全许可

1. 基本要素

（1）行政许可事项名称及编码：大型群众性活动安全许可【00010912000Y】

（2）行政许可事项子项名称及编码：设区的市内举办5000人以上大型群众性活动安全许可【000109120003】

（3）行政许可事项业务办理项名称及编码：无

（4）设定依据

《消防法》第20条规定，举办大型群众性活动，承办人应当依法向公安机关申请安全许可……

《大型群众性活动安全管理条例》第11条第1款规定，公安机关对大型群众性活动实行安全许可制度。《营业性演出管理条例》对演出活动的安全管理另有规定的，从其规定。

《大型群众性活动安全管理条例》第25条规定，县级以上各级人民政府、国务院部门直接举办的大型群众性活动的安全保卫工作，由举办活动的人民政府、国务院部门负责，不实行安全许可制度，但应当按照本条例的有关规定，责成或者会同有关公安机关制订更加严格的安全保卫工作方案，并组织实施。

（5）实施依据

《大型群众性活动安全管理条例》第4条规定，县级以上人民政府公安机关负责大型群众性活动的安全管理工作。县级以上人民政府其他有关主管部门按照各自的职责，负责大型群众性活动的有关安全工作。

《大型群众性活动安全管理条例》第5条规定，大型群众性活动的承办者（以下简称承办者）对其承办活动的安全负责，承办者的主要负责人为大型群众性活动的安全责任人。

《大型群众性活动安全管理条例》第6条规定，举办大型群众性活动，承办者应当制订大型群众性活动安全工作方案。大型群众性活动安全工作方案包括下列内容：①活动的时间、地点、内容及组织方式；②安全工作人员的数量、任务分配和识别

标志；③活动场所消防安全措施；④活动场所可容纳的人员数量以及活动预计参加人数；⑤治安缓冲区域的设定及其标识；⑥入场人员的票证查验和安全检查措施；⑦车辆停放、疏导措施；⑧现场秩序维护、人员疏导措施；⑨应急救援预案。

《大型群众性活动安全管理条例》第7条规定，承办者具体负责下列安全事项：①落实大型群众性活动安全工作方案和安全责任制度，明确安全措施、安全工作人员岗位职责，开展大型群众性活动安全宣传教育；②保障临时搭建的设施、建筑物的安全，消除安全隐患；③按照负责许可的公安机关的要求，配备必要的安全检查设备，对参加大型群众性活动的人员进行安全检查，对拒不接受安全检查的，承办者有权拒绝其进入；④按照核准的活动场所容纳人员数量、划定的区域发放或者出售门票；⑤落实医疗救护、灭火、应急疏散等应急救援措施并组织演练；⑥对妨碍大型群众性活动安全的行为及时予以制止，发现违法犯罪行为及时向公安机关报告；⑦配备与大型群众性活动安全工作需要相适应的专业保安人员以及其他安全工作人员；⑧为大型群众性活动的安全工作提供必要的保障。

《大型群众性活动安全管理条例》第8条规定，大型群众性活动的场所管理者具体负责下列安全事项：①保障活动场所、设施符合国家安全标准和安全规定；②保障疏散通道、安全出口、消防车通道、应急广播、应急照明、疏散指示标志符合法律、法规、技术标准的规定；③保障监控设备和消防设施、器材配置齐全、完好有效；④提供必要的停车场地，并维护安全秩序。

《大型群众性活动安全管理条例》第11条第2款规定，举办大型群众性活动应当符合下列条件：①承办者是依照法定程序成立的法人或者其他组织；②大型群众性活动的内容不得违反宪法、法律、法规的规定，不得违反社会公德；③具有符合本条例规定的安全工作方案，安全责任明确、措施有效；④活动场所、设施符合安全要求。

《大型群众性活动安全管理条例》第12条规定，大型群众性活动的预计参加人数在1000人以上5000人以下的，由活动所在地县级人民政府公安机关实施安全许可；预计参加人数在5000人以上的，由活动所在地设区的市级人民政府公安机关或者直辖市人民政府公安机关实施安全许可；跨省、自治区、直辖市举办大型群众性活动的，由国务院公安部门实施安全许可。

《大型群众性活动安全管理条例》第13条规定，承办者应当在活动举办日的20日前提出安全许可申请，申请时，应当提交下列材料：①承办者合法成立的证明以及安全责任人的身份证明；②大型群众性活动方案及其说明，2个或者2个以上承办者共同承办大型群众性活动的，还应当提交联合承办的协议；③大型群众性活动安全工作方案；④活动场所管理者同意提供活动场所的证明。依照法律、行政法规的规定，有关主管部门对大型群众性活动的承办者有资质、资格要求的，还应当提交有关资质、资格证明。

《大型群众性活动安全管理条例》第14条规定，公安机关收到申请材料应当依法做出受理或者不予受理的决定。对受理的申请，应当自受理之日起7日内进行审查，对活动场所进行查验，对符合安全条件的，做出许可的决定；对不符合安全条件的，做出不予许可的决定，并书面说明理由。

《大型群众性活动安全管理条例》第15条规定，对经安全许可的大型群众性活动，承办者不得擅自变更活动的时间、地点、内容或者扩大大型群众性活动的举办规模。承办者变更大型群众性活动时间的，应当在原定举办活动时间之前向做出许可决定的公安机关申请变更，经公安机关同意方可变更。承办者变更大型群众性活动地点、内容以及扩大大型群众性活动举办规模的，应当依照本条例的规定重新申请安全许可。承办者取消举办大型群众性活动的，应当在原定举办活动时间之前书面告知做出安全许可决定的公安机关，并交回公安机关颁发的准予举办大型群众性活动的安全许可证件。

（6）监管依据

《大型群众性活动安全管理条例》第10条规定，公安机关应当履行下列职责：①审核承办者提交的大型群众性活动申请材料，实施安全许可；②制订大型群众性活动安全监督方案和突发事件处置预案；③指导对安全工作人员的教育培训；④在大型群众性活动举办前，对活动场所组织安全检查，发现安全隐患及时责令改正；⑤在大型群众性活动举办过程中，对安全工作的落实情况实施监督检查，发现安全隐患及时责令改正；⑥依法查处大型群众性活动中的违法犯罪行为，处置危害公共安全的突发事件。

《大型群众性活动安全管理条例》第16条规定，对经安全许可的大型群众性活动，公安机关根据安全需要组织相应警力，维持活动现场周边的治安、交通秩序，预防和处置突发治安事件，查处违法犯罪活动。

《大型群众性活动安全管理条例》第18条规定，承办者发现进入活动场所的人员达到核准数量时，应当立即停止验票；发现持有划定区域以外的门票或者持假票的人员，应当拒绝其入场并向活动现场的公安机关工作人员报告。

《大型群众性活动安全管理条例》第19条规定，在大型群众性活动举办过程中发生公共安全事故、治安案件的，安全责任人应当立即启动应急救援预案，并立即报告公安机关。

《大型群众性活动安全管理条例》第20条规定，承办者擅自变更大型群众性活动的时间、地点、内容或者擅自扩大大型群众性活动的举办规模的，由公安机关处1万元以上5万元以下罚款；有违法所得的，没收违法所得。未经公安机关安全许可的大型群众性活动由公安机关予以取缔，对承办者处10万元以上30万元以下罚款。

《大型群众性活动安全管理条例》第21条规定，承办者或者大型群众性活动场所管理者违反本条例规定致使发生重大伤亡事故、治安案件或者造成其他严重后果构成犯罪的，依法追究刑事责任；尚不构成犯罪的，对安全责任人和其他直接责任人员依法给予处分、治安管理处罚，对单位处1万元以上5万元以下罚款。

《大型群众性活动安全管理条例》第22条规定，在大型群众性活动举办过程中发生公共安全事故，安全责任人不立即启动应急救援预案或者不立即向公安机关报告的，由公安机关对安全责任人和其他直接责任人员处5000元以上5万元以下罚款。

《大型群众性活动安全管理条例》第23条规定，参加大型群众性活动的人员有违反本条例第九条规定行为的，由公安机关给予批评教育；有危害社会治安秩序、威胁公共安全行为的，公安机关可以将其强行带离现场，依法给予治安管理处罚；构成犯罪的，依法追究刑事责任。

（7）实施机关：设区的市级公安机关

（8）审批层级：设区的市级

（9）行使层级：市级/隶属

（10）是否由审批机关受理：是

（11）受理层级：设区的市级

（12）是否存在初审环节：否

（13）初审层级：无

（14）对应政务服务事项国家级基本目录名称：无对应政务服务对象

（15）要素统一情况：全部要素全国统一

2. 行政许可事项类型：条件型

3. 行政许可条件

（1）准予行政许可的条件：一是承办者是依照法定程序成立的法人或者其他组织；二是大型群众性活动的内容不得违反宪法、法律、法规的规定，不得违反社会公德；三是有符合本条例规定的安全工作方案，安全责任明确、措施有效；四是活动场所、设施符合安全要求。

（2）规定行政许可条件的依据

《大型群众性活动安全管理条例》第11条。

4. 行政许可服务对象类型与改革举措

（1）服务对象类型：企业法人，事业单位法人，社会组织法人，非法人企业，其他组织

（2）是否为涉企经营许可事项：否

（3）涉企经营许可事项名称：无

（4）涉企经营许可证件名称：无

（5）改革方式：优化审批服务

（6）具体改革举措：根据深化行政管理服务改革精神，精简许可条件和审批材料

（7）加强事中事后监管措施：一是审核承办者提交的大型群众性活动申请材料，实施安全许可。二是制订大型群众性活动安全监督方案和突发事件处置预案。三是指导对安全工作人员的教育培训。四是在大型群众性活动举办前，对活动场所组织安全检查，发现安全隐患及时责令改正。五是在大型群众性活动举办过程中，对安全工作的落实情况实施监督检查，发现安全隐患及时责令改正；根据安全需要组织相应警力，做好突发事件应急处置准备，维持活动现场周边的治安、交通秩序，预防和处置治安事件。六是在大型群众性活动举办后，做好总结工作，主要包括安保措施执行落实情况，同时将安保经验总结提升固化。七是依法查处大型群众性活动中的违法犯罪行为，处置危害公共安全的突发事件。

5. 申请材料

（1）申请材料名称：一是书面申请；二是承办者合法成立的证明以及安全责任人的身份证明；三是大型群众性活动方案及其说明，2个或者2个以上承办者共同承办大型群众性活动的，还应当提交联合承办的协议；四是大型群众性活动安全工作方案；五是活动场所管理者同意提供活动场所的证明；六是依照法律、行政法规的规定，有关主管部门对大型群众性活动的

承办者有资质、资格要求的，还应当提交有关资质、资格证明。

（2）规定申请材料的依据

《大型群众性活动安全管理条例》第13条。

6. 中介服务

（1）有无法定中介服务事项：无

（2）中介服务事项名称：无

（3）设定中介服务事项的依据：无

（4）提供中介服务的机构：无

（5）中介服务事项的收费性质：无

7. 审批程序

（1）办理行政许可的程序环节：一是承办者在活动举办日的20日前提出安全许可申请，并提交申请材料；二是公安机关收到申请材料后，依法做出受理或者不予受理的决定；三是对受理的申请，自受理之日起7日内进行审查，对活动场所进行查验；四是对符合安全条件的，做出许可的决定；对不符合安全条件的，做出不予许可的决定，并书面说明理由。

（2）规定行政许可程序的依据

《大型群众性活动安全管理条例》第13条、第14条。

（3）是否需要现场勘验：是

（4）是否需要组织听证：否

（5）是否需要招标、拍卖、挂牌交易：否

（6）是否需要检验、检测、检疫：是

（7）是否需要鉴定：否

（8）是否需要专家评审：否

（9）是否需要向社会公示：否

（10）是否实行告知承诺办理：否

（11）审批机关是否委托服务机构开展技术性服务：否

8. 受理和审批时限

（1）承诺受理时限：当场办理

（2）法定审批时限：7个工作日

（3）规定法定审批时限依据

《大型群众性活动安全管理条例》第14条。

（4）承诺审批时限：7个工作日

9. 收费

（1）办理行政许可是否收费：否

（2）收费项目的名称、收费项目的标准、设定收费项目的依据、规定收费标准的依据：无

10. 行政许可证件

（1）审批结果类型：批文

（2）审批结果名称：大型群众性活动安全许可决定书

（3）审批结果的有效期限：本次活动举办时间

（4）规定审批结果有效期限的依据

《大型群众性活动安全管理条例》第15条。

（5）是否需要办理审批结果变更手续：是

（6）办理审批结果变更手续的要求

《大型群众性活动安全管理条例》第15条。

（7）是否需要办理审批结果延续手续：否

（8）办理审批结果延续手续的要求：无

（9）审批结果的有效地域范围：举办活动的地点

（10）规定审批结果有效地域范围的依据

《大型群众性活动安全管理条例》第15

条。

11. 行政许可数量限制

（1）有无行政许可数量限制：无

（2）公布数量限制的方式：无

（3）公布数量限制的周期：无

（4）在数量限制条件下实施行政许可的方式：无

（5）规定在数量限制条件下实施行政许可方式的依据：无

12. 行政许可后年检

（1）有无年检要求：无

（2）设定年检要求的依据：无

（3）年检周期：无

（4）年检是否要求报送材料：无

（5）年检报送材料名称：无

（6）年检是否收费：无

（7）年检收费项目的名称、年检收费项目的标准、设定年检收费项目的依据、规定年检项目收费标准的依据：无

（8）通过年检的证明或者标志：无

13. 行政许可后年报

（1）有无年报要求：无

（2）年报报送材料名称：无

（3）设定年报要求的依据：无

（4）年报周期：无

14. 监管主体

设区的市级公安机关；县级公安机关。

15. 备注

（四）举办1000人以上5000人以下大型群众性活动安全许可

1. 基本要素

（1）行政许可事项名称及编码：大型群众性活动安全许可【00010912000Y】

（2）行政许可事项子项名称及编码：举办1000人以上5000人以下大型群众性活动安全许可【000109120004】

（3）行政许可事项业务办理项名称及编码：无

（4）设定依据

《消防法》第20条规定，举办大型群众性活动，承办人应当依法向公安机关申请安全许可，……

《大型群众性活动安全管理条例》第11条第1款规定，公安机关对大型群众性活动实行安全许可制度。《营业性演出管理条例》对演出活动的安全管理另有规定的，从其规定。

《大型群众性活动安全管理条例》第25条规定，县级以上各级人民政府、国务院部门直接举办的大型群众性活动的安全保卫工作，由举办活动的人民政府、国务院部门负责，不实行安全许可制度，但应当按照本条例的有关规定，责成或者会同有关公安机关制订更加严格的安全保卫工作方案，并组织实施。

（5）实施依据

《大型群众性活动安全管理条例》第4条规定，县级以上人民政府公安机关负责大型群众性活动的安全管理工作。县级以上人民政府其他有关主管部门按照各自的职责，负责大型群众性活动的有关安全工作。

《大型群众性活动安全管理条例》第5条规定，大型群众性活动的承办者（以下简称承办者）对其承办活动的安全负责，承办者的主要负责人为大型群众性活动的安全责任人。

《大型群众性活动安全管理条例》第6条规定，举办大型群众性活动，承办者应当制订大型群众性活动安全工作方案。大

型群众性活动安全工作方案包括下列内容：①活动的时间、地点、内容及组织方式；②安全工作人员的数量、任务分配和识别标志；③活动场所消防安全措施；④活动场所可容纳的人员数量以及活动预计参加人数；⑤治安缓冲区域的设定及其标识；⑥入场人员的票证查验和安全检查措施；⑦车辆停放、疏导措施；⑧现场秩序维护、人员疏导措施；⑨应急救援预案。

《大型群众性活动安全管理条例》第7条规定，承办者具体负责下列安全事项：①落实大型群众性活动安全工作方案和安全责任制度，明确安全措施、安全工作人员岗位职责，开展大型群众性活动安全宣传教育；②保障临时搭建的设施、建筑物的安全，消除安全隐患；③按照负责许可的公安机关的要求，配备必要的安全检查设备，对参加大型群众性活动的人员进行安全检查，对拒不接受安全检查的，承办者有权拒绝其进入；④按照核准的活动场所容纳人员数量、划定的区域发放或者出售门票；⑤落实医疗救护、灭火、应急疏散等应急救援措施并组织演练；⑥对妨碍大型群众性活动安全的行为及时予以制止，发现违法犯罪行为及时向公安机关报告；⑦配备与大型群众性活动安全工作需要相适应的专业保安人员以及其他安全工作人员；⑧为大型群众性活动的安全工作提供必要的保障。

《大型群众性活动安全管理条例》第8条规定，大型群众性活动的场所管理者具体负责下列安全事项：①保障活动场所、设施符合国家安全标准和安全规定；②保障疏散通道、安全出口、消防车通道、应急广播、应急照明、疏散指示标志符合法律、法规、技术标准的规定；③保障监控设备和消防设施、器材配置齐全、完好有效；④提供必要的停车场地，并维护安全秩序。

《大型群众性活动安全管理条例》第11条第2款规定，举办大型群众性活动应当符合下列条件：①承办者是依照法定程序成立的法人或者其他组织；②大型群众性活动的内容不得违反宪法、法律、法规的规定，不得违反社会公德；③具有符合本条例规定的安全工作方案，安全责任明确、措施有效；④活动场所、设施符合安全要求。

《大型群众性活动安全管理条例》第12条规定，大型群众性活动的预计参加人数在1000人以上5000人以下的，由活动所在地县级人民政府公安机关实施安全许可；预计参加人数在5000人以上的，由活动所在地设区的市级人民政府公安机关或者直辖市人民政府公安机关实施安全许可；跨省、自治区、直辖市举办大型群众性活动的，由国务院公安部门实施安全许可。

《大型群众性活动安全管理条例》第13条规定，承办者应当在活动举办日的20日前提出安全许可申请，申请时，应当提交下列材料：①承办者合法成立的证明以及安全责任人的身份证明；②大型群众性活动方案及其说明，2个或者2个以上承办者共同承办大型群众性活动的，还应当提交联合承办的协议；③大型群众性活动安全工作方案；④活动场所管理者同意提供活动场所的证明。依照法律、行政法规的规定，有关主管部门对大型群众性活动的承办者有资质、资格要求的，还应当提交有关资质、资格证明。

《大型群众性活动安全管理条例》第14条规定，公安机关收到申请材料应当依法做出受理或者不予受理的决定。对受理的申请，应当自受理之日起7日内进行审查，对活动场所进行查验，对符合安全条件的，做出许可的决定；对不符合安全条件的，做出不予许可的决定，并书面说明理由。

《大型群众性活动安全管理条例》第15条规定，对经安全许可的大型群众性活动，承办者不得擅自变更活动的时间、地点、内容或者扩大大型群众性活动的举办规模。承办者变更大型群众性活动时间的，应当在原定举办活动时间之前向做出许可决定的公安机关申请变更，经公安机关同意方可变更。承办者变更大型群众性活动地点、内容以及扩大大型群众性活动举办规模的，应当依照本条例的规定重新申请安全许可。承办者取消举办大型群众性活动的，应当在原定举办活动时间之前书面告知做出安全许可决定的公安机关，并交回公安机关颁发的准予举办大型群众性活动的安全许可证件。

（6）监管依据

《大型群众性活动安全管理条例》第10条规定，公安机关应当履行下列职责：①审核承办者提交的大型群众性活动申请材料，实施安全许可；②制订大型群众性活动安全监督方案和突发事件处置预案；③指导对安全工作人员的教育培训；④在大型群众性活动举办前，对活动场所组织安全检查，发现安全隐患及时责令改正；⑤在大型群众性活动举办过程中，对安全工作的落实情况实施监督检查，发现安全隐患及时责令改正；⑥依法查处大型群众性活动中的违法犯罪行为，处置危害公共安全的突发事件。

《大型群众性活动安全管理条例》第16条规定，对经安全许可的大型群众性活动，公安机关根据安全需要组织相应警力，维持活动现场周边的治安、交通秩序，预防和处置突发治安事件，查处违法犯罪活动。

《大型群众性活动安全管理条例》第18条规定，承办者发现进入活动场所的人员达到核准数量时，应当立即停止验票；发现持有划定区域以外的门票或者持假票的人员，应当拒绝其入场并向活动现场的公安机关工作人员报告。

《大型群众性活动安全管理条例》第19条规定，在大型群众性活动举办过程中发生公共安全事故、治安案件的，安全责任人应当立即启动应急救援预案，并立即报告公安机关。

《大型群众性活动安全管理条例》第20条规定，承办者擅自变更大型群众性活动的时间、地点、内容或者擅自扩大大型群众性活动的举办规模的，由公安机关处1万元以上5万元以下罚款；有违法所得的，没收违法所得。未经公安机关安全许可的大型群众性活动由公安机关予以取缔，对承办者处10万元以上30万元以下罚款。

《大型群众性活动安全管理条例》第21条规定，承办者或者大型群众性活动场所管理者违反本条例规定致使发生重大伤亡事故、治安案件或者造成其他严重后果构成犯罪的，依法追究刑事责任；尚不构成犯罪的，对安全责任人和其他直接责任人员依法给予处分、治安管理处罚，对单位处1万元以上5万元以下罚款。

《大型群众性活动安全管理条例》第22条规定，在大型群众性活动举办过程中发生公共安全事故，安全责任人不立即启动应急救援预案或者不立即向公安机关报告的，由公安机关对安全责任人和其他直接责任人员处5000元以上5万元以下罚款。

《大型群众性活动安全管理条例》第23条规定，参加大型群众性活动的人员有违反本条例第九条规定行为的，由公安机关给予批评教育；有危害社会治安秩序、威胁公共安全行为的，公安机关可以将其强行带离现场，依法给予治安管理处罚；构成犯罪的，依法追究刑事责任。

（7）实施机关：县级公安机关

（8）审批层级：县级

（9）行使层级：县级

（10）是否由审批机关受理：是

（11）受理层级：县级

（12）是否存在初审环节：否

（13）初审层级：无

（14）对应政务服务事项国家级基本目录名称：无对应政务服务事项

（15）要素统一情况：全部要素全国统一

2. 行政许可事项类型：条件型

3. 行政许可条件

（1）准予行政许可的条件：一是承办者是依照法定程序成立的法人或者其他组织；二是大型群众性活动的内容不得违反宪法、法律、法规的规定，不得违反社会公德；三是有符合本条例规定的安全工作方案，安全责任明确、措施有效；四是活动场所、设施符合安全要求。

（2）规定行政许可条件的依据

《大型群众性活动安全管理条例》第11条。

4. 行政许可服务对象类型与改革举措

（1）服务对象类型：企业法人，事业单位法人，社会组织法人，非法人企业，其他组织

（2）是否为涉企经营许可事项：否

（3）涉企经营许可事项名称：无

（4）涉企经营许可证件名称：无

（5）改革方式：优化审批服务

（6）具体改革举措：根据深化行政管理服务改革精神，精简许可条件和审批材料

（7）加强事中事后监管措施：一是审核承办者提交的大型群众性活动申请材料，实施安全许可。二是制订大型群众性活动安全监督方案和突发事件处置预案。三是指导对安全工作人员的教育培训。四是在大型群众性活动举办前，对活动场所组织安全检查，发现安全隐患及时责令改正。五是在大型群众性活动举办过程中，对安全工作的落实情况实施监督检查，发现安全隐患及时责令改正；根据安全需要组织相应警力，做好突发事件应急处置准备，维持活动现场周边的治安、交通秩序，预防和处置治安事件。六是在大型群众性活动举办后，做好总结工作，主要包括安保措施执行落实情况，同时将安保经验总结提升固化。七是依法查处大型群众性活动中的违法犯罪行为，处置危害公共安全的突发事件。

5. 申请材料

（1）申请材料名称：一是书面申请；二是承办者合法成立的证明以及安全责任人的身份证明；三是大型群众性活动方案及其说明，2个或者2个以上承办者共同承办大型群众性活动的，还应当提交联合承办的协议；四是大型群众性活动安全工作方案；五是活动场所管理者同意提供活动

场所的证明；六是依照法律、行政法规的规定，有关主管部门对大型群众性活动的承办者有资质、资格要求的，还应当提交有关资质、资格证明。

（2）规定申请材料的依据

《大型群众性活动安全管理条例》第13条。

6. 中介服务

（1）有无法定中介服务事项：无

（2）中介服务事项名称：无

（3）设定中介服务事项的依据：无

（4）提供中介服务的机构：无

（5）中介服务事项的收费性质：无

7. 审批程序

（1）办理行政许可的程序环节：一是承办者在活动举办日的20日前提出安全许可申请，并提交申请材料；二是公安机关收到申请材料后，依法做出受理或者不予受理的决定；三是对受理的申请，自受理之日起7日内进行审查，对活动场所进行查验；四是对符合安全条件的，做出许可的决定；对不符合安全条件的，做出不予许可的决定，并书面说明理由。

（2）规定行政许可程序的依据

《大型群众性活动安全管理条例》第13条、第14条。

（3）是否需要现场勘验：是

（4）是否需要组织听证：否

（5）是否需要招标、拍卖、挂牌交易：否

（6）是否需要检验、检测、检疫：是

（7）是否需要鉴定：否

（8）是否需要专家评审：否

（9）是否需要向社会公示：否

（10）是否实行告知承诺办理：否

（11）审批机关是否委托服务机构开展技术性服务：否

8. 受理和审批时限

（1）承诺受理时限：当场办理

（2）法定审批时限：7个工作日

（3）规定法定审批时限依据

《大型群众性活动安全管理条例》第14条。

（4）承诺审批时限：7个工作日

9. 收费

（1）办理行政许可是否收费：否

（2）收费项目的名称、收费项目的标准、设定收费项目的依据、规定收费标准的依据：无

10. 行政许可证件

（1）审批结果类型：批文

（2）审批结果名称：大型群众性活动安全许可决定书

（3）审批结果的有效期限：本次活动举办时间

（4）规定审批结果有效期限的依据

《大型群众性活动安全管理条例》第15条。

（5）是否需要办理审批结果变更手续：是

（6）办理审批结果变更手续的要求

《大型群众性活动安全管理条例》第15条。

（7）是否需要办理审批结果延续手续：否

（8）办理审批结果延续手续的要求：无

（9）审批结果的有效地域范围：举办活动的地点

（10）规定审批结果有效地域范围的

依据

《大型群众性活动安全管理条例》第15条。

11. 行政许可数量限制

（1）有无行政许可数量限制：无

（2）公布数量限制的方式：无

（3）公布数量限制的周期：无

（4）在数量限制条件下实施行政许可的方式：无

（5）规定在数量限制条件下实施行政许可方式的依据：无

12. 行政许可后年检

（1）有无年检要求：无

（2）设定年检要求的依据：无

（3）年检周期：无

（4）年检是否要求报送材料：无

（5）年检报送材料名称：无

（6）年检是否收费：无

（7）年检收费项目的名称、年检收费项目的标准、设定年检收费项目的依据、规定年检项目收费标准的依据：无

（8）通过年检的证明或者标志：无

13. 行政许可后年报

（1）有无年报要求：无

（2）年报报送材料名称：无

（3）设定年报要求的依据：无

（4）年报周期：无

14. 监管主体

县级公安机关。

15. 备注

十五、公章刻制业特种行业许可

公章刻制业特种行业许可的中央主管部门是公安部，实施机关是县级公安机关，设定和实施依据包括：《印铸刻字业暂行管理规则》、《国务院对确需保留的行政审批项目设定行政许可的决定》、《国务院关于第三批取消和调整行政审批项目的决定》、《国务院关于取消和调整一批行政审批项目等事项的决定》（国发〔2015〕11号）、《国务院关于深化“证照分离”改革进一步激发市场主体发展活力的通知》（国发〔2021〕7号）。该许可项目无子项。

1. 基本要素

（1）行政许可事项名称及编码：公章刻制业特种行业许可【000109126000】

（2）行政许可事项子项名称及编码：无

（3）行政许可事项业务办理项名称及编码：无

（4）设定依据

《印铸刻字业暂行管理规则》第3条规定，凡经营印铸刻字业者，须先向该管市（县）人民政府公安局或分局申请登记，办理以下手续：一是详细填写特种营业登记表两份，附申请人最近二寸半身免冠像片三张，并觅具可靠非同业铺保两家。二是造具该业股东、职工名册，建筑设备及四邻平面略图（露天刻字摊免缴平面略图）。三是将填妥之申请登记表，连同像片、略图、名册等送公安局或分局，经核准发给许可证后，须另向该管工商机关申请，领得营业执照后始准营业。

《国务院对确需保留的行政审批项目设定行政许可的决定》附件第37项：公章刻制业特种行业许可证核发；实施机关：县级以上地方人民政府公安机关。

《国务院关于第三批取消和调整行政审批项目的决定》附件1第41项：取消非机构印章刻制单位审批；实施机关：县级以

上地方人民政府公安机关。

（5）实施依据

《印铸刻字业暂行管理规则》第3条。

《印铸刻字业暂行管理规则》第5条规定，凡领有许可证之印铸刻字业者，如有更换字号、经理、股东，或迁移、扩充、转业、歇业等事情时，均须先经公安局或分局许可后，始得办理其他手续。

《国务院对确需保留的行政审批项目设定行政许可的决定》附件第37项。

《国务院关于第三批取消和调整行政审批项目的决定》附件1第41项。

《国务院关于取消和调整一批行政审批项目等事项的决定》附件4第6项：公章刻制业特种行业许可证核发改为后置审批；实施机关：县级以上地方人民政府公安机关。

《国务院关于深化"证照分离"改革进一步激发市场主体发展活力的通知》附件1第85项：公章刻制业特种行业许可证核发实行告知承诺；审批层级和部门：设区的市、县级公安机关。

（6）监管依据

《印铸刻字业暂行管理规则》第6条规定，凡经营印铸刻字业者，均须遵守下列事项：一是遇有下列各项印刷铸刻情形之一者，须将底样及委托印刷刻字之机关证明文件，随时呈送当地人民公安机关核准备案后方得印制：①刻制机关、团体、学校、公营企业之关防、钤记、官印、公章、胶皮印、负责首长之官印、名章等。②印制布告、护照、委任状、袖章、符号、胸章、证券及文书信件等。③铸造机关、团体、学校、公营企业使用之各种钢印、火印、号牌、徽章等或仿制该项式样者。二是凡经营印铸刻字业者，均需备制营业登记簿，以备查验。属本条第一款规定之各印制品，承制者一律不准留样，不准仿制，或私自翻印。三是遇有下列情形之一者，须迅速报告当地人民公安机关：①伪造或仿造布告、护照、委任状、袖章、符号、胸章、证券及各机关之文件等。②私自定制各机关、团体、学校、公营企业之钢印、火印、徽章、证明、号牌或仿制者。③遇有定制非法之团体、机关戳记、印件、徽章或仿制者。④印制反对人民民主、生产建设及宣传封建等各种反动印刷品者。四是凡印刷铸刻本条第三款所规定之各项物品者，除没收其原料及成品外，得按照情节之轻重，予以惩处。五是对人民公安机关之执行检查职务人员，应予协助进行。

《印铸刻字业暂行管理规则》第7条规定，营业者有下列情形之一时，得缴销其特种营业许可证，停止其营业：一是假借他人名义者。二是领取许可证后，无正当理由两月以上未开业者。三是无故休业超过一个月以上者。四是营业者行踪不明逾两月者。

《治安管理处罚法》第54条规定，有下列行为之一的，处十日以上十五日以下拘留，并处五百元以上一千元以下罚款；情节较轻的，处五日以下拘留或者五百元以下罚款：……③未经许可，擅自经营按照国家规定需要由公安机关许可的行业的。有前款第三项行为的，予以取缔。取得公安机关许可的经营者，违反国家有关管理规定，情节严重的，公安机关可以吊销许可证。

（7）实施机关：县级公安机关

（8）审批层级：县级

(9) 行使层级：县级

(10) 是否由审批机关受理：是

(11) 受理层级：县级

(12) 是否存在初审环节：否

(13) 初审层级：无

(14) 对应政务服务事项国家级基本目录名称：公章刻制业特种行业许可证核发

(15) 要素统一情况：全部要素全国统一

2. 行政许可事项类型：条件型

3. 行政许可条件

(1) 准予行政许可的条件：一是有合法经营场所；二是有保障公章刻制合法经营的人员、设备；三是省级地方性法规、省级政府规章、省级以上公安机关制定或者省级公安机关批准的补充办法规定的其他条件。

(2) 规定行政许可条件的依据

《印铸刻字业暂行管理规则》第1条规定，为加强社会治安，保障印铸刻字业的合法经营，防范不法分子伪造假冒，特制定本规则。

《印铸刻字业暂行管理规则》第3条、第6条。

《印铸刻字业暂行管理规则》第9条规定，省级以上人民公安机关，得依据本规则之精神，制定补充办法；县（市）级人民公安机关如有制定补充办法之必要时，须经省级人民公安机关批准。

4. 行政许可服务对象类型与改革举措

(1) 服务对象类型：自然人，企业法人

(2) 是否为涉企经营许可事项：是

(3) 涉企经营许可事项名称：公章刻制业特种行业许可证核发

(4) 涉企经营许可证件名称：特种行业许可证（公章刻制业）

(5) 改革方式：实行告知承诺

(6) 具体改革举措：制作并公布告知承诺书格式文本，一次性告知申请人许可条件和所需材料。对申请人自愿承诺符合许可条件并按要求提交材料的，当场作出许可决定。

(7) 加强事中事后监管措施：一是加强对承诺内容真实性的核查，发现虚假承诺、承诺严重不实的要依法处理。二是开展“双随机、一公开”监管，依法查处违法违规行为。三是加强信用监管，建立企业信用档案并依法向社会公开信用记录，依法依规对失信主体开展失信惩戒。四是加强公章刻制备案管理，督促公章刻制企业严格落实公章刻制备案管理要求，及时规范上传、报送公章刻制备案信息。

5. 申请材料

(1) 申请材料名称：一是申请表；二是营业执照；三是法定代表人、经营负责人有效身份证件；四是经营场所地理位置图；五是省级地方性法规、省级政府规章、省级以上公安机关制定或者省级公安机关批准的补充办法规定的其他材料；六是选择告知承诺方式申请的，申请人还应提交承诺书。上述二、三、五项能够通过部门间信息共享获得的，可不要求当事人提供。

(2) 规定申请材料的依据

《印铸刻字业暂行管理规则》第3条、第9条。

《国务院关于深化“证照分离”改革进一步激发市场主体发展活力的通知》附件1第85项。

6. 中介服务

(1) 有无法定中介服务事项：无

（2）中介服务事项名称：无

（3）设定中介服务事项的依据：无

（4）提供中介服务的机构：无

（5）中介服务事项的收费性质：无

7. 审批程序

（1）办理行政许可的程序环节：一是申请人申请；二是审批机构受理/不予受理；三是审批机构审查；四是决定核发许可证/不予核发许可证。

（2）规定行政许可程序的依据

《印铸刻字业暂行管理规则》第3条、第4条。

《国务院关于取消和调整一批行政审批项目等事项的决定》附件4第6项。

《国务院关于深化“证照分离”改革进一步激发市场主体发展活力的通知》附件1第85项。

（3）是否需要现场勘验：否

（4）是否需要组织听证：否

（5）是否需要招标、拍卖、挂牌交易：否

（6）是否需要检验、检测、检疫：否

（7）是否需要鉴定：否

（8）是否需要专家评审：否

（9）是否需要向社会公示：否

（10）是否实行告知承诺办理：是

（11）审批机关是否委托服务机构开展技术性服务：否

8. 受理和审批时限

（1）承诺受理时限：当场办理

（2）法定审批时限：20个工作日

（3）规定法定审批时限依据

《行政许可法》第42条第1款规定，除可以当场作出行政许可决定的外，行政机关应当自受理行政许可申请之日起二十日内作出行政许可决定。二十日内不能作出决定的，经本行政机关负责人批准，可以延长十日，并应当将延长期限的理由告知申请人。但是，法律、法规另有规定的，依照其规定。

（4）承诺审批时限：当场

9. 收费

（1）办理行政许可是否收费：否

（2）收费项目的名称、收费项目的标准、设定收费项目的依据、规定收费标准的依据：无

10. 行政许可证件

（1）审批结果类型：证照

（2）审批结果名称：特种行业许可证（公章刻制业）

（3）审批结果的有效期限无期限，但省级地方性法规、省级政府规章、省级以上公安机关制定或者省级公安机关批准的补充办法另有规定的除外。

（4）规定审批结果有效期限的依据

《印铸刻字业暂行管理规则》第9条。

（5）是否需要办理审批结果变更手续：是

（6）办理审批结果变更手续的要求：变更单位名称、法定代表人、主要负责人、经营地址等的，应当办理变更特种行业许可。

（7）是否需要办理审批结果延续手续：否

（8）办理审批结果延续手续的要求：无

（9）审批结果的有效地域范围：审批机关行政管辖区域，但省级地方性法规、省级政府规章、省级以上公安机关制定或者省级公安机关批准的补充办法另有规定

的除外。

（10）规定审批结果有效地域范围的依据

《印铸刻字业暂行管理规则》第3条、第9条。

11. 行政许可数量限制

（1）有无行政许可数量限制：无

（2）公布数量限制的方式：无

（3）公布数量限制的周期：无

（4）在数量限制条件下实施行政许可的方式：无

（5）规定在数量限制条件下实施行政许可方式的依据：无

12. 行政许可后年检

（1）有无年检要求：无年检要求，但省级地方性法规、省级政府规章、省级以上公安机关制定或者省级公安机关批准的补充办法另有规定的除外。

（2）设定年检要求的依据：无

（3）年检周期：无

（4）年检是否要求报送材料：无

（5）年检报送材料名称：无

（6）年检是否收费：无

（7）年检收费项目的名称、年检收费项目的标准、设定年检收费项目的依据、规定年检项目收费标准的依据：无

（8）通过年检的证明或者标志：无

13. 行政许可后年报

（1）有无年报要求：无年报要求，但地方性法规、地方政府规章、省级以上公安机关制定或者省级公安机关批准的补充办法另有规定的除外。

（2）年报报送材料名称：无

（3）设定年报要求的依据：无

（4）年报周期：无

14. 监管主体

县级公安机关。

15. 备注

十六、旅馆业特种行业许可

旅馆业特种行业许可的中央主管部门是公安部，实施机关是县级公安机关，设定和实施依据包括：《旅馆业治安管理办法》、《国务院对确需保留的行政审批项目设定行政许可的决定》、《国务院关于取消和调整一批行政审批项目等事项的决定》（国发〔2015〕11号）、《国务院关于在全国推开“证照分离”改革的通知》（国发〔2018〕35号）、《国务院关于深化“证照分离”改革进一步激发市场主体发展活力的通知》（国发〔2021〕7号）。该许可项目无子项。

1. 基本要素

（1）行政许可事项名称及编码：旅馆业特种行业许可【000109127000】

（2）行政许可事项子项名称及编码：无

（3）行政许可事项业务办理项名称及编码：无

（4）设定依据

《旅馆业治安管理办法》第4条第1款规定，申请开办旅馆，应取得市场监管部门核发的营业执照，向当地公安机关申领特种行业许可证后，方准开业。

《国务院对确需保留的行政审批项目设定行政许可的决定》附件第36项：旅馆业特种行业许可证核发；实施机关：县级以上地方人民政府公安机关。

（5）实施依据

《旅馆业治安管理办法》第4条。

《国务院对确需保留的行政审批项目设定行政许可的决定》附件第36项。

《国务院关于取消和调整一批行政审批项目等事项的决定》附件4第8项：旅馆业特种行业许可证核发改为后置审批；实施机关：县级以上地方人民政府公安机关。

《国务院关于在全国推开“证照分离”改革的通知》附件第15项：旅馆业特种行业许可证核发实行告知承诺；实施机关：县级以上地方人民政府公安机关。

《国务院关于深化“证照分离”改革进一步激发市场主体发展活力的通知》附件1第84项：旅馆业特种行业许可证核发实行告知承诺；审批层级和部门：县级以上地方公安机关。

（6）监管依据

《旅馆业治安管理办法》第6条规定，旅馆接待旅客住宿必须登记。登记时，应当查验旅客的身份证件，按规定的项目如实登记。接待境外旅客住宿，还应当在24小时内向当地公安机关报送住宿登记表。

《旅馆业治安管理办法》第14条规定，公安机关对旅馆治安管理的职责是，指导、监督旅馆建立各项安全管理制度和落实安全防范措施，协助旅馆对工作人员进行安全业务知识的培训，依法惩办侵犯旅馆和旅客合法权益的违法犯罪分子。公安人员到旅馆执行公务时，应当出示证件，严格依法办事，要文明礼貌待人，维护旅馆的正常经营和旅客的合法权益。旅馆工作人员和旅客应当予以协助。

《旅馆业治安管理办法》第15条规定，违反本办法第四条规定开办旅馆的，公安机关可以酌情给予警告或者处以200元以下罚款；未经登记，私自开业的，公安机关应当协助工商行政管理部门依法处理。

《治安管理处罚法》第54条规定，有下列行为之一的，处十日以上十五日以下拘留，并处五百元以上一千元以下罚款；情节较轻的，处五日以下拘留或者五百元以下罚款：……③未经许可，擅自经营按照国家规定需要由公安机关许可的行业的。有前款第三项行为的，予以取缔。取得公安机关许可的经营者，违反国家有关管理规定，情节严重的，公安机关可以吊销许可证。

（7）实施机关：县级公安机关

（8）审批层级：县级

（9）行使层级：县级

（10）是否由审批机关受理：是

（11）受理层级：县级

（12）是否存在初审环节：否

（13）初审层级：无

（14）对应政务服务事项国家级基本目录名称：旅馆业特种行业许可证核发

（15）要素统一情况：全部要素全国统一

2. 行政许可事项类型：条件型

3. 行政许可条件

（1）准予行政许可的条件：一是有合法经营场所；二是取得市场监管部门核发的营业执照；三是具备必要的防盗等安全设施和如实登记住宿信息的条件；四是建立各项安全管理制度，设置治安保卫组织或者指定安全保卫人员；五是省级地方性法规、省级政府规章或者省级公安机关制定并报请当地人民政府批准后施行的实施细则具体规定的条件。

2. 规定行政许可条件的依据

《旅馆业治安管理办法》第3条规定，

开办旅馆，要具备必要的防盗等安全设施。

《旅馆业治安管理办法》第4条、第6条。

《旅馆业治安管理办法》第5条规定，经营旅馆，必须遵守国家的法律，建立各项安全管理制度，设置治安保卫组织或者指定安全保卫人员。

《旅馆业治安管理办法》第19条规定，省、自治区、直辖市公安厅（局）可根据本办法制定实施细则，报请当地人民政府批准后施行，并报公安部备案。

4. 行政许可服务对象类型与改革举措

（1）服务对象类型：自然人，企业法人

（2）是否为涉企经营许可事项：是

（3）涉企经营许可事项名称：旅馆业特种行业许可证核发

（4）涉企经营许可证件名称：特种行业许可证（旅馆业）

（5）改革方式：实行告知承诺

（6）具体改革举措：制作并公布告知承诺书格式文本，一次性告知申请人许可条件和所需材料。对申请人自愿承诺符合许可条件并按要求提交材料的，当场作出许可决定。

（7）加强事中事后监管措施：一是加强对承诺内容真实性的核查，发现虚假承诺、承诺严重不实的要依法处理。二是开展“双随机、一公开”监管，依法查处违法违规行为。三是加强信用监管，建立企业信用档案并依法向社会公开信用记录，依法依规对失信主体开展失信惩戒。

5. 申请材料

（1）申请材料名称：一是申请表；二是营业执照；三是合法经营场所相关材料，将住宅改变为经营性用房申请开办旅馆的，还应提供有利害关系的业主一致同意的相关证明材料；四是安全设施和安全管理制度相关材料；五是设置治安保卫组织或者指定安全保卫人员相关材料；六是省级地方性法规、省级政府规章或者省级公安机关制定并报请当地人民政府批准后施行的实施细则具体规定的材料；七是选择采用告知承诺方式办理的，申请人还应签署告知承诺书。上述二、三、六项能够通过部门间信息共享获得的，可不要求当事人提供。

（2）规定申请材料的依据

《旅馆业治安管理办法》第3条、第4条、第5条、第19条。

《民法典》第279条规定，业主不得违反法律、法规以及管理规约，将住宅改变为经营性用房。业主将住宅改变为经营性用房的，除遵守法律、法规以及管理规约外，应当经有利害关系的业主一致同意。

6. 中介服务

（1）有无法定中介服务事项：无

（2）中介服务事项名称：无

（3）设定中介服务事项的依据：无

（4）提供中介服务的机构：无

（5）中介服务事项的收费性质：无

7. 审批程序

（1）办理行政许可的程序环节：一是申请人申请；二是审批机构受理/不予受理；三是审批机构审查；四是决定核发许可证/不予核发许可证。

（2）规定行政许可程序的依据

《旅馆业治安管理办法》第4条。

《国务院关于取消和调整一批行政审批项目等事项的决定》附件4第8项。

（3）是否需要现场勘验：否

（4）是否需要组织听证：否

（5）是否需要招标、拍卖、挂牌交易：否

（6）是否需要检验、检测、检疫：否

（7）是否需要鉴定：否

（8）是否需要专家评审：否

（9）是否需要向社会公示：否

（10）是否实行告知承诺办理：是

（11）审批机关是否委托服务机构开展技术性服务：否

8. 受理和审批时限

（1）承诺受理时限：当场办理

（2）法定审批时限：20个工作日

（3）规定法定审批时限依据

《行政许可法》第42条第1款规定，除可以当场作出行政许可决定的外，行政机关应当自受理行政许可申请之日起二十日内作出行政许可决定。二十日内不能作出决定的，经本行政机关负责人批准，可以延长十日，并应当将延长期限的理由告知申请人。但是，法律、法规另有规定的，依照其规定。

（4）承诺审批时限：当场

9. 收费

（1）办理行政许可是否收费：否

（2）收费项目的名称、收费项目的标准、设定收费项目的依据、规定收费标准的依据：无

10. 行政许可证件

（1）审批结果类型：证照

（2）审批结果名称：特种行业许可证（旅馆业）

（3）审批结果的有效期限：无期限，但省级地方性法规、省级政府规章或者省级公安机关制定并报请当地人民政府批准后施行的实施细则另有规定的除外。

（4）规定审批结果有效期限的依据

《旅馆业治安管理办法》第19条。

（5）是否需要办理审批结果变更手续：是

（6）办理审批结果变更手续的要求：旅馆如有歇业、转业、合并、迁移、改变名称等情况，应当在市场监管部门办理变更登记后三日内，向当地的县、市公安局、公安分局备案。公安机关应当及时审查，做出变更。

（7）是否需要办理审批结果延续手续：否

（8）办理审批结果延续手续的要求：无

（9）审批结果的有效地域范围：审批机关行政管辖区域

（10）规定审批结果有效地域范围的依据

《旅馆业治安管理办法》第4条。

11. 行政许可数量限制

（1）有无行政许可数量限制：无

（2）公布数量限制的方式：无

（3）公布数量限制的周期：无

（4）在数量限制条件下实施行政许可的方式：无

（5）规定在数量限制条件下实施行政许可方式的依据：无

12. 行政许可后年检

（1）有无年检要求：无年检要求，但省级地方性法规、省级政府规章或者省级公安机关制定并报请当地人民政府批准后施行的实施细则另有规定的除外。

（2）设定年检要求的依据：无

（3）年检周期：无

（4）年检是否要求报送材料：无

（5）年检报送材料名称：无

（6）年检是否收费：无

（7）年检收费项目的名称、年检收费项目的标准、设定年检收费项目的依据、规定年检项目收费标准的依据：无

（8）通过年检的证明或者标志：无

13. 行政许可后年报

（1）有无年报要求：无年报要求，但地方性法规、政府规章或者省级公安机关制定并报请当地人民政府批准后施行的实施细则另有规定的除外。

（2）年报报送材料名称：无

（3）设定年报要求的依据：无

（4）年报周期：无

14. 监管主体

县级公安机关。

15. 备注

十七、保安服务公司设立及法定代表人变更许可

保安服务公司设立及法定代表人变更许可的中央主管部门是公安部，实施机关是省级公安机关（由设区的市级公安机关初审），设定和实施依据包括：《保安服务管理条例》、《公安机关实施保安服务管理条例办法》（公安部令第112号公布，公安部令第136号修正）。该许可项目包括2个子项：（1）保安服务公司设立许可；（2）保安服务公司法定代表人变更许可。

（一）保安服务公司设立许可

1. 基本要素

（1）行政许可事项名称及编码：保安服务公司设立及法定代表人变更许可【00010910200Y】

（2）行政许可事项子项名称及编码：保安服务公司设立许可【000109102001】

（3）行政许可事项业务办理项名称及编码：无

（4）设定依据

《保安服务管理条例》第8条规定，保安服务公司应当具备下列条件：①有不低于人民币100万元的注册资本；②拟任的保安服务公司法定代表人和主要管理人员应当具备任职所需的专业知识和有关业务工作经验，无被刑事处罚、劳动教养、收容教育、强制隔离戒毒或者被开除公职、开除军籍等不良记录；③有与所提供的保安服务相适应的专业技术人员，其中法律、行政法规有资格要求的专业技术人员，应当取得相应的资格；④有住所和提供保安服务所需的设施、装备；⑤有健全的组织机构和保安服务管理制度、岗位责任制度、保安员管理制度。

《保安服务管理条例》第9条规定，申请设立保安服务公司，应当向所在地设区的市级人民政府公安机关提交申请书以及能够证明其符合本条例第八条规定条件的材料。受理的公安机关应当自收到申请材料之日起15日内进行审核，并将审核意见报所在地的省、自治区、直辖市人民政府公安机关。省、自治区、直辖市人民政府公安机关应当自收到审核意见之日起15日内作出决定，对符合条件的，核发保安服务许可证；对不符合条件的，书面通知申请人并说明理由。

《保安服务管理条例》第10条规定，从事武装守护押运服务的保安服务公司，应当符合国务院公安部门对武装守护押运

服务的规划、布局要求，具备本条例第八条规定的条件，并符合下列条件：①有不低于人民币1000万元的注册资本；②国有独资或者国有资本占注册资本总额的51%以上；③有符合《专职守护押运人员枪支使用管理条例》规定条件的守护押运人员；④有符合国家标准或者行业标准的专用运输车辆以及通信、报警设备。

《保安服务管理条例》第11条规定，申请设立从事武装守护押运服务的保安服务公司，应当向所在地设区的市级人民政府公安机关提交申请书以及能够证明其符合本条例第八条、第十条规定条件的材料。保安服务公司申请增设武装守护押运业务的，无需再次提交证明其符合本条例第八条规定条件的材料。受理的公安机关应当自收到申请材料之日起15日内进行审核，并将审核意见报所在地的省、自治区、直辖市人民政府公安机关。省、自治区、直辖市人民政府公安机关应当自收到审核意见之日起15日内作出决定，对符合条件的，核发从事武装守护押运业务的保安服务许可证或者在已有的保安服务许可证上增注武装守护押运服务；对不符合条件的，书面通知申请人并说明理由。

（5）实施依据

《保安服务管理条例》第8条、第9条、第10条、第11条。

《保安服务管理条例》第12条第1款规定，取得保安服务许可证的申请人，凭保安服务许可证到工商行政管理机关办理工商登记。取得保安服务许可证后超过6个月未办理工商登记的，取得的保安服务许可证失效。

《公安机关实施保安服务管理条例办法》第3条规定，省级公安机关负责下列保安服务监督管理工作：①指导本省（自治区）公安机关对保安从业单位、保安培训单位、保安员和保安服务活动进行监督管理；②核发、吊销保安服务公司的保安服务许可证……⑤依法进行其他保安服务监督管理工作。直辖市公安机关除行使省级公安机关的保安服务监督管理职能外，还可以直接受理设立保安服务公司……的申请，……

《公安机关实施保安服务管理条例办法》第4条规定，设区市的公安机关负责下列保安服务监督管理工作：①受理、审核设立保安服务公司……的申请材料；……④对保安服务活动进行监督检查；⑤依法进行其他保安服务监督管理工作。

《公安机关实施保安服务管理条例办法》第9条规定，申请设立保安服务公司，应当向设区市的公安机关提交下列材料：①设立申请书（应当载明拟设立保安服务公司的名称、住所、注册资本、股东及出资额、经营范围等内容）；②拟任的保安服务公司法定代表人和总经理、副总经理等主要管理人员的有效身份证件、简历，保安师资格证书复印件，5年以上军队、公安、安全、审判、检察、司法行政或者治安保卫、保安经营管理工作经验证明，县级公安机关开具的无被刑事处罚、劳动教养、收容教育、强制隔离戒毒证明；③拟设保安服务公司住所的所有权或者使用权的有效证明文件和提供保安服务所需的有关设备、交通工具等材料；④专业技术人员名单和法律、行政法规有资格要求的资格证明；⑤组织机构和保安服务管理制度、岗位责任制度、保安员管理制度材料；

⑥工商行政管理部门核发的企业名称预先核准通知书。

《公安机关实施保安服务管理条例办法》第10条规定，申请设立提供武装守护押运服务的保安服务公司，除向设区市的公安机关提交本办法第九条规定的材料外，还应当提交下列材料：①出资属国有独资或者国有资本占注册资本总额51%以上的有效证明文件；②符合《专职守护押运人员枪支使用管理条例》规定条件的守护押运人员的材料；③符合国家或者行业标准的专用运输车辆以及通信、报警设备的材料；④枪支安全管理制度和保管设施情况的材料。保安服务公司申请增设武装守护押运业务的，无需提交本办法第九条规定的材料。

《公安机关实施保安服务管理条例办法》第11条第1款规定，申请设立中外合资经营、中外合作经营或者外商独资经营的保安服务公司（以下统称外资保安服务公司），除了向公安机关提交本办法第九条、第十条规定的材料外，还应当提交下列材料：①中外合资、中外合作合同；②外方的资信证明和注册登记文件；③拟任的保安服务公司法定代表人和总经理、副总经理等主要管理人员为外国人的，须提供在所属国家或者地区无被刑事处罚记录证明（原居住地警察机构出具并经公证机关公证）、5年以上保安经营管理工作经验证明、在华取得的保安师资格证书复印件。

《公安机关实施保安服务管理条例办法》第12条规定，省级公安机关应当按照严格控制、防止垄断、适度竞争、确保安全的原则，提出武装守护押运服务公司的规划、布局方案，报公安部批准。

《公安机关实施保安服务管理条例办法》第13条规定，设区市的公安机关应当自收到设立保安服务公司申请材料之日起15个工作日内，对申请人提交的材料的真实性进行审核，确认是否属实，并将审核意见报所在地省级公安机关。对设立提供武装守护押运和安全技术防范报警监控运营服务的申请，应当对经营场所、设施建设等情况进行现场考察。省级公安机关收到设立保安服务公司的申请材料和设区市的公安机关的审核意见后，应当在15个工作日内作出决定：①符合《条例》第八条、第十条和本办法第十二条规定的，决定核发保安服务许可证，或者在已有的保安服务许可证上增注武装守护押运服务；②不符合《条例》第八条、第十条和本办法第十二条规定的，应当作出不予许可的决定，书面通知申请人并说明理由。

《公安机关实施保安服务管理条例办法》第14条规定，取得保安服务许可证的申请人应当在办理工商登记后30个工作日内将工商营业执照复印件报送核发保安服务许可证的省级公安机关。取得保安服务许可证后超过6个月未办理工商登记的，保安服务许可证失效，发证公安机关应当收回保安服务许可证。

《公安机关实施保安服务管理条例办法》第17条规定，省级公安机关许可设立提供武装守护押运服务的保安服务公司以及中外合资、中外合作或者外商独资经营的保安服务公司的，应当报公安部备案。

（6）监管依据

《保安服务管理条例》第3条第1款规定，国务院公安部门负责全国保安服务活动的监督管理工作。县级以上地方人民政府公安机关负责本行政区域内保安服务活动的监督管理工作。

《保安服务管理条例》第 4 条规定，保安服务公司和自行招用保安员的单位（以下统称保安从业单位）应当建立健全保安服务管理制度、岗位责任制度和保安员管理制度，加强对保安员的管理、教育和培训，提高保安员的职业道德水平、业务素质和责任意识。

《保安服务管理条例》第 5 条规定，保安从业单位应当依法保障保安员在社会保险、劳动用工、劳动保护、工资福利、教育培训等方面的合法权益。

《保安服务管理条例》第 6 条规定，保安服务活动应当文明、合法，不得损害社会公共利益或者侵犯他人合法权益。保安员依法从事保安服务活动，受法律保护。

《保安服务管理条例》第 10 条规定，从事武装守护押运服务的保安服务公司，应当符合国务院公安部门对武装守护押运服务的规划、布局要求，……

《保安服务管理条例》第 12 条第 1、2 款规定，取得保安服务许可证的申请人，凭保安服务许可证到工商行政管理机关办理工商登记。取得保安服务许可证后超过 6 个月未办理工商登记的，取得的保安服务许可证失效。保安服务公司设立分公司的，应当向分公司所在地设区的市级人民政府公安机关备案。备案应当提供总公司的保安服务许可证和工商营业执照，总公司法定代表人、分公司负责人和保安员的基本情况。

《保安服务管理条例》第 21 条规定，保安服务公司提供保安服务应当与客户单位签订保安服务合同，明确规定服务的项目、内容以及双方的权利义务。保安服务合同终止后，保安服务公司应当将保安服务合同至少留存 2 年备查。保安服务公司应当对客户单位要求提供的保安服务的合法性进行核查，对违法的保安服务要求应当拒绝，并向公安机关报告。

《保安服务管理条例》第 22 条规定，设区的市级以上地方人民政府确定的关系国家安全、涉及国家秘密等治安保卫重点单位不得聘请外商投资的保安服务公司提供保安服务。

《保安服务管理条例》第 23 条规定，保安服务公司派出保安员跨省、自治区、直辖市为客户单位提供保安服务的，应当向服务所在地设区的市级人民政府公安机关备案。备案应当提供保安服务公司的保安服务许可证和工商营业执照、保安服务合同、服务项目负责人和保安员的基本情况。

《保安服务管理条例》第 24 条规定，保安服务公司应当按照保安服务业服务标准提供规范的保安服务，保安服务公司派出的保安员应当遵守客户单位的有关规章制度。客户单位应当为保安员从事保安服务提供必要的条件和保障。

《保安服务管理条例》第 25 条规定，保安服务中使用的技术防范产品，应当符合有关的产品质量要求。保安服务中安装监控设备应当遵守国家有关技术规范，使用监控设备不得侵犯他人合法权益或者个人隐私。保安服务中形成的监控影像资料、报警记录，应当至少留存 30 日备查，保安从业单位和客户单位不得删改或者扩散。

《保安服务管理条例》第 26 条规定，保安从业单位对保安服务中获知的国家秘密、商业秘密以及客户单位明确要求保密的信息，应当予以保密。保安从业单位不得指使、纵容保安员阻碍依法执行公务、参与追索债务、采用暴力或者以暴力相威胁的手段处置纠纷。

《保安服务管理条例》第28条规定，保安从业单位应当根据保安服务岗位的需要为保安员配备所需的装备。保安服务岗位装备配备标准由国务院公安部门规定。

《保安服务管理条例》第36条第2款规定，保安从业单位、保安培训单位和保安员应当接受公安机关的监督检查。

《保安服务管理条例》第37条第1款规定，公安机关建立保安服务监督管理信息系统，记录保安从业单位、保安培训单位和保安员的相关信息。

《保安服务管理条例》第38条规定，公安机关的人民警察对保安从业单位、保安培训单位实施监督检查应当出示证件，对监督检查中发现的问题，应当督促其整改。监督检查的情况和处理结果应当如实记录，并由公安机关的监督检查人员和保安从业单位、保安培训单位的有关负责人签字。

《保安服务管理条例》第39条规定，县级以上人民政府公安机关应当公布投诉方式，受理社会公众对保安从业单位、保安培训单位和保安员的投诉。接到投诉的公安机关应当及时调查处理，并反馈查处结果。

《保安服务管理条例》第41条规定，任何组织或者个人未经许可，擅自从事保安服务的，依法给予治安管理处罚，并没收违法所得；构成犯罪的，依法追究刑事责任。

《保安服务管理条例》第42条第1款规定，保安从业单位有下列情形之一的，责令限期改正，给予警告；情节严重的，并处1万元以上5万元以下的罚款；有违法所得的，没收违法所得：……②未按照本条例的规定进行备案或者撤销备案的；……④招用不符合本条例规定条件的人员担任保安员的；⑤保安服务公司未对客户单位要求提供的保安服务的合法性进行核查的，或者未将违法的保安服务要求向公安机关报告的；⑥保安服务公司未按照本条例的规定签订、留存保安服务合同的；⑦未按照本条例的规定留存保安服务中形成的监控影像资料、报警记录的。

《保安服务管理条例》第43条第1款规定，保安从业单位有下列情形之一的，责令限期改正，处2万元以上10万元以下的罚款；违反治安管理的，依法给予治安管理处罚；构成犯罪的，依法追究直接负责的主管人员和其他直接责任人员的刑事责任：①泄露在保安服务中获知的国家秘密、商业秘密以及客户单位明确要求保密的信息的；②使用监控设备侵犯他人合法权益或者个人隐私的；③删改或者扩散保安服务中形成的监控影像资料、报警记录的；④指使、纵容保安员阻碍依法执行公务、参与追索债务、采用暴力或者以暴力相威胁的手段处置纠纷的；⑤对保安员疏于管理、教育和培训，发生保安员违法犯罪案件，造成严重后果的。

《保安服务管理条例》第44条规定，保安从业单位因保安员不执行违法指令而解除与保安员的劳动合同，降低其劳动报酬和其他待遇，或者停缴、少缴依法应当为其缴纳的社会保险费的，对保安从业单位的处罚和对保安员的赔偿依照有关劳动合同和社会保险的法律、行政法规的规定执行。

《保安服务管理条例》第 46 条规定，保安员在保安服务中造成他人人身伤亡、财产损失的，由保安从业单位赔付；保安员有故意或者重大过失的，保安从业单位可以依法向保安员追偿。

《保安服务管理条例》第 50 条规定，保安服务许可证、保安员证的式样由国务院公安部门规定。

《公安机关实施保安服务管理条例办法》第 2 条规定，公安部负责全国保安服务活动的监督管理工作。地方各级公安机关应当按照属地管理、分级负责的原则，对保安服务活动依法进行监督管理。

《公安机关实施保安服务管理条例办法》第 3 条、第 4 条。

《公安机关实施保安服务管理条例办法》第 5 条第 1 款规定，县级公安机关负责下列保安服务监督管理工作：……④依法进行其他保安服务监督管理工作。

《公安机关实施保安服务管理条例办法》第 12 条规定，省级公安机关应当按照严格控制、防止垄断、适度竞争、确保安全的原则，提出武装守护押运服务公司的规划、布局方案，报公安部批准。

《公安机关实施保安服务管理条例办法》第 14 条规定，取得保安服务许可证的申请人应当在办理工商登记后 30 个工作日内将工商营业执照复印件报送核发保安服务许可证的省级公安机关。取得保安服务许可证后超过 6 个月未办理工商登记的，保安服务许可证失效，发证公安机关应当收回保安服务许可证。

《公安机关实施保安服务管理条例办法》第 15 条规定，保安服务公司设立分公司的，应当自分公司设立之日起 15 个工作日内，向分公司所在地设区市的公安机关备案，并接受备案地公安机关监督管理。备案应当提交下列材料：①保安服务许可证、工商营业执照复印件；②保安服务公司法定代表人、分公司负责人和保安员基本情况；③拟开展的保安服务项目。

《公安机关实施保安服务管理条例办法》第 17 条规定，省级公安机关许可设立提供武装守护押运服务的保安服务公司以及中外合资、中外合作或者外商独资经营的保安服务公司的，应当报公安部备案。

《公安机关实施保安服务管理条例办法》第 25 条规定，保安服务公司签订保安服务合同前，应当按照《条例》第二十一条的规定，对下列事项进行核查：①客户单位是否依法设立；②被保护财物是否合法；③被保护人员的活动是否合法；④要求提供保安服务的活动依法需经批准的，是否已经批准；⑤维护秩序的区域是否经业主或者所属单位明确授权；⑥其他应当核查的事项。

《公安机关实施保安服务管理条例办法》第 27 条规定，经设区的市级以上地方人民政府确定的关系国家安全、涉及国家秘密等治安保卫重点单位不得聘请外资保安服务公司提供保安服务。为上述单位提供保安服务的保安服务公司不得招用境外人员。

《公安机关实施保安服务管理条例办法》第 28 条规定，保安服务中使用的技术防范产品，应当符合国家或者行业质量标准。保安服务中安装报警监控设备应当遵守国家有关安全技术规范。

《公安机关实施保安服务管理条例办法》第30条第1款规定，保安从业单位应当根据保安服务和保安员安全需要，为保安员配备保安服务岗位所需的防护、救生等器材和交通、通讯等装备。

《公安机关实施保安服务管理条例办法》第35条规定，公安机关应当加强对保安从业单位、保安培训单位的日常监督检查，督促落实各项管理制度。

《公安机关实施保安服务管理条例办法》第36条第1款规定，公安机关应当根据《条例》规定，建立保安服务监督管理信息系统和保安员指纹等人体生物信息管理制度。

《公安机关实施保安服务管理条例办法》第37条规定，公安机关对保安服务公司应当检查下列内容：①保安服务公司基本情况；②设立分公司和跨省、自治区、直辖市开展保安服务经营活动情况；③保安服务合同和监控影像资料、报警记录留存制度落实情况；④保安服务中涉及的安全技术防范产品、设备安装、变更、使用情况；⑤保安服务管理制度、岗位责任制度、保安员管理制度和紧急情况应急预案建立落实情况；⑥从事武装守护押运服务的保安服务公司公务用枪安全管理制度和保管设施建设情况；⑦保安员及其服装、保安服务标志与装备管理情况；⑧保安员在岗培训和权益保障工作落实情况；⑨被投诉举报事项纠正情况；⑩其他需要检查的事项。

《公安机关实施保安服务管理条例办法》第40条规定，公安机关有关工作人员对保安从业单位和保安培训单位实施监督检查时不得少于2人，并应当出示执法身份证件。对监督检查情况和处理意见应当如实记录，并由公安机关检查人员和被检查单位的有关负责人签字；被检查单位负责人不在场或者拒绝签字的，公安机关工作人员应当在检查记录上注明。

《公安机关实施保安服务管理条例办法》第41条规定，公安机关在监督检查时，发现依法应当责令限期改正的违法行为，应当制作责令限期改正通知书，送达被检查单位。责令限期改正通知书中应当注明改正期限。公安机关应当在责令改正期限届满或者收到当事人的复查申请之日起3个工作日内进行复查。对逾期不改正的，依法予以行政处罚。

《公安机关实施保安服务管理条例办法》第43条规定，以欺骗、贿赂等不正当手段取得保安服务许可……发证公安机关经查证属实，应当撤销行政许可。……

《公安机关实施保安服务管理条例办法》第44条规定，保安服务公司……依法破产、解散、终止的，发证公安机关应当依法及时办理许可注销手续，收回许可证件。

《公安机关实施保安服务管理条例办法》第45条规定，保安服务公司有下列情形之一，造成严重后果的，除依照《条例》第四十三条规定处罚外，发证公安机关可以依据《中华人民共和国治安管理处罚法》第五十四条第三款的规定，吊销保安服务许可证：①泄露在保安服务中获知的国家秘密；②指使、纵容保安员阻碍依法执行公务、参与追索债务、采用暴力或者以暴力相威胁的手段处置纠纷；③其他严重违法犯罪行为。

《公安机关实施保安服务管理条例办法》第46条规定，设区的市级以上人民政府确定的关系国家安全、涉及国家秘密等治安保卫重点单位违反《条例》第二十二条规定的，依照《企业事业单位内部治安保卫条例》第十九条的规定处罚。保安服务公司违反本办法第二十七条第二款规定的，依照前款规定处罚。

《公安机关实施保安服务管理条例办法》第49条第2款规定，保安服务许可证……式样由公安部规定，省级公安机关制作；其他文书式样由省级公安机关自行制定。

（7）实施机关：省级公安机关（由设区的市级公安机关初审）

（8）审批层级：省级

（9）行使层级：省级/直属

（10）是否由审批机关受理：否

（11）受理层级：设区的市级

（12）是否存在初审环节：是

（13）初审层级：设区的市级

（14）对应政务服务事项国家级基本目录名称：保安服务公司设立许可

（15）要素统一情况：部分要素全国统一

2. 行政许可事项类型：条件型

3. 行政许可条件

（1）准予行政许可的条件。

保安服务公司应当具备下列条件：一是有不低于人民币100万元的注册资本；二是拟任的保安服务公司法定代表人和主要管理人员应当具备任职所需的专业知识和有关业务工作经验，无被刑事处罚、劳动教养、收容教育、强制隔离戒毒或者被开除公职、开除军籍等不良记录；三是有与所提供的保安服务相适应的专业技术人员，其中法律、行政法规有资格要求的专业技术人员，应当取得相应的资格；四是有住所和提供保安服务所需的设施、装备；五是有健全的组织机构和保安服务管理制度、岗位责任制度、保安员管理制度。

从事武装守护押运服务的保安服务公司，应当符合国务院公安部门对武装守护押运服务的规划、布局要求，具备上述条件，并符合下列条件：一是有不低于人民币1000万元的注册资本；二是国有独资或者国有资本占注册资本总额的51%以上；三是有符合《专职守护押运人员枪支使用管理条例》规定条件的守护押运人员；四是有符合国家标准或者行业标准的专用运输车辆以及通信、报警设备。

（2）规定行政许可条件的依据

《保安服务管理条例》第8条、第10条。

4. 行政许可服务对象类型与改革举措

（1）服务对象类型：企业法人

（2）是否为涉企经营许可事项：是

（3）涉企经营许可事项名称：保安服务许可证核发

（4）涉企经营许可证件名称：保安服务许可证

（5）改革方式：优化审批服务

（6）具体改革举措：一是不再要求申请人提供相关人员工作经验证明和无故意犯罪记录证明等材料（企业申请办理保安服务许可证，不再需要提供拟任保安服务公司法定代表人和总经理、副总经理等主要管理人员的5年以上军队、公安、安全、审判、检察、司法行政或者治安保卫、保安经营管理工作经验证明，以及无被刑事处罚、劳动教养、收容教育、强制隔离戒毒的证明。拟任的保安服务公司法定代表人和总经理或副总经理主要管理人员为外国人的，不再需要提供5年以上保安经营管理工作经验证明）；二是将审批时限由30个工作日压减至20个工作日；三是各级公安机关可通过优化业务流程、实行告知承诺、压缩审批时限、减免证明材料、推广网上办理、应用电子证照、加强系统对接和数据共享等方式，提供更好的审批服务；四是各省级公安机关可结合地方实际，按照推进政务服务标准化便利化的要求，对本实施规范列出的许可条件和申请材料，依法作出细化规定。

（7）加强事中事后监管措施：一是全面推行“双随机、一公开”监管，常态化落实跨部门监管，加大联合抽查检查力度。二是加强武装守押服务和治安保卫重点单位保安服务监管，督促落实相关管理制度。三是加强保安服务信用评价管理，依据评价结果实施差异化监管，开展守信激励和失信惩戒。四是常态化组织开展保安服务市场规范治理，及时处理投诉举报，依法查处违法违规行为。五是推动加强行业协会自律监管，鼓励社会各界参与监督，健全完善协同监管格局。

5. 申请材料

（1）申请材料名称

申请设立保安服务公司，应当提交下列材料：一是设立申请书（应当载明拟设立保安服务公司的名称、住所、注册资本、股东及出资额、经营范围等内容）；二是注册资本有关证明材料；三是拟任的保安服务公司法定代表人和总经理、副总经理等主要管理人员的有效身份证件、简历，保安师资格证书复印件；四是拟设保安服务公司住所的所有权或者使用权的有效证明文件和提供保安服务所需的有关设备、交通工具等材料；五是专业技术人员名单和法律、行政法规有资格要求的资格证明；六是组织机构和保安服务管理制度、岗位责任制度、保安员管理制度材料；七是市场监管部门核发的企业名称预先核准通知书。

申请设立提供武装守护押运服务的保安服务公司，除提交上述材料外，还应当提交下列材料（保安服务公司申请增设武装守护押运业务的，仅需提交下列材料）：一是出资属国有独资或者国有资本占注册资本总额51%以上的有效证明文件；二是符合《专职守护押运人员枪支使用管理条例》规定条件的守护押运人员的材料；三是符合国家或者行业标准的专用运输车辆以及通信、报警设备的材料；四是枪支安全管理制度和保管设施情况的材料。

申请设立外资保安服务公司，除提交上述材料外，还应当提交下列材料：一是中外合资、中外合作合同；二是外方的资信证明和注册登记文件；三是拟任的保安服务公司法定代表人和总经理、副总经理等主要管理人员为外国人的，须提供在所属国家或者地区无被刑事处罚记录证明（原居住地警察机构出具并经公证机关公证）、在华取得的保安师资格证书复印件。

（2）规定申请材料的依据

《保安服务管理条例》第8条、第9条、第10条、第11条。

《公安机关实施保安服务管理条例办法》第9条、第10条、第11条。

《国务院关于深化“证照分离”改革进

一步激发市场主体发展活力的通知》附件1第138项：保安服务许可证核发；不再要求申请人提供相关人员工作经验证明和无故意犯罪记录证明等材料。

6. 中介服务

（1）有无法定中介服务事项：无

（2）中介服务事项名称：无

（3）设定中介服务事项的依据：无

（4）提供中介服务的机构：无

（5）中介服务事项的收费性质：无

7. 审批程序

（1）办理行政许可的程序环节：一是申请人申请；二是初审机构受理、审核；三是审批机构审核；四是决定核发许可证/不予核发许可证。

（2）规定行政许可程序的依据

《保安服务管理条例》第9条、第11条。

《公安机关实施保安服务管理条例办法》第12条、第13条、第17条。

（3）是否需要现场勘验：部分情况下开展

（4）是否需要组织听证：否

（5）是否需要招标、拍卖、挂牌交易：否

（6）是否需要检验、检测、检疫：否

（7）是否需要鉴定：否

（8）是否需要专家评审：否

（9）是否需要向社会公示：否

（10）是否实行告知承诺办理：部分情况下开展

（11）审批机关是否委托服务机构开展技术性服务：否

8. 受理和审批时限

（1）承诺受理时限：当场办理

（2）法定审批时限：30个工作日

（3）规定法定审批时限依据

《保安服务管理条例》第9条、第11条。

（4）承诺审批时限：20个工作日

9. 收费

（1）办理行政许可是否收费：否

（2）收费项目的名称、收费项目的标准、设定收费项目的依据、规定收费标准的依据：无

10. 行政许可证件

（1）审批结果类型：证照

（2）审批结果名称：保安服务许可证

（3）审批结果的有效期限：无限期

（4）规定审批结果有效期限的依据：无

（5）是否需要办理审批结果变更手续：是

（6）办理审批结果变更手续的要求

《保安服务管理条例》第12条。

《公安机关实施保安服务管理条例办法》第16条。

（7）是否需要办理审批结果延续手续：否

（8）办理审批结果延续手续的要求：无

（9）审批结果的有效地域范围：全国

（10）规定审批结果有效地域范围的依据

《行政许可法》第41条规定，法律、行政法规设定的行政许可，其适用范围没有地域限制的，申请人取得的行政许可在全国范围内有效。

11. 行政许可数量限制

（1）有无行政许可数量限制：有

（2）公布数量限制的方式：不公布

（3）公布数量限制的周期：无

（4）在数量限制条件下实施行政许可的方式：省级公安机关根据报公安部批准的武装守护押运服务公司规划、布局方案，实施提供武装守护押运服务的保安服务公司设立许可并报公安部备案。

（5）规定在数量限制条件下实施行政许可方式的依据

《保安服务管理条例》第10条。

《公安机关实施保安服务管理条例办法》第12条、第17条。

12. 行政许可后年检

（1）有无年检要求：无

（2）设定年检要求的依据：无

（3）年检周期：无

（4）年检是否要求报送材料：无

（5）年检报送材料名称：无

（6）年检是否收费：无

（7）年检收费项目的名称、年检收费项目的标准、设定年检收费项目的依据、规定年检项目收费标准的依据：无

（8）通过年检的证明或者标志：无

13. 行政许可后年报

（1）有无年报要求：无

（2）年报报送材料名称：无

（3）设定年报要求的依据：无

（4）年报周期：无

14. 监管主体

公安部；省级公安机关；设区的市级公安机关；县级公安机关。

15. 备注

（二）保安服务公司法定代表人变更许可

1. 基本要素

（1）行政许可事项名称及编码：保安服务公司设立及法定代表人变更许可【00010910200Y】

（2）行政许可事项子项名称及编码：保安服务公司法定代表人变更许可【000109102003】

（3）行政许可事项业务办理项名称及编码：无

（4）设定依据

《保安服务管理条例》第12条第3款规定，保安服务公司的法定代表人变更的，应当经原审批公安机关审核，持审核文件到工商行政管理机关办理变更登记。

（5）实施依据

《保安服务管理条例》第8条规定，保安服务公司应当具备下列条件：……②拟任的保安服务公司法定代表人和主要管理人员应当具备任职所需的专业知识和有关业务工作经验，无被刑事处罚、劳动教养、收容教育、强制隔离戒毒或者被开除公职、开除军籍等不良记录；……

《保安服务管理条例》第9条第1款规定，申请设立保安服务公司，应当向所在地设区的市级人民政府公安机关提交申请书以及能够证明其符合本条例第八条规定条件的材料。

《保安服务管理条例》第12条。

《公安机关实施保安服务管理条例办法》第3条规定，省级公安机关负责下列保安服务监督管理工作：①指导本省（自治区）公安机关对保安从业单位、保安培训单位、保安员和保安服务活动进行监督

管理；……③审核保安服务公司法定代表人的变更情况；……

《公安机关实施保安服务管理条例办法》第4条规定，设区市的公安机关负责下列保安服务监督管理工作：①受理、审核设立保安服务公司、……的申请材料；……⑤依法进行其他保安服务监督管理工作。

《公安机关实施保安服务管理条例办法》第9条规定，申请设立保安服务公司，应当向设区市的公安机关提交下列材料：……②拟任的保安服务公司法定代表人和总经理、副总经理等主要管理人员的有效身份证件、简历，保安师资格证书复印件，5年以上军队、公安、安全、审判、检察、司法行政或者治安保卫、保安经营管理工作经验证明，县级公安机关开具的无被刑事处罚、劳动教养、收容教育、强制隔离戒毒证明；……

《公安机关实施保安服务管理条例办法》第11条第1款规定，申请设立中外合资经营、中外合作经营或者外商独资经营的保安服务公司（以下统称外资保安服务公司），除了向公安机关提交本办法第九条、第十条规定的材料外，还应当提交下列材料：……③拟任的保安服务公司法定代表人和总经理、副总经理等主要管理人员为外国人的，须提供在所属国家或者地区无被刑事处罚记录证明（原居住地警察机构出具并经公证机关公证）、5年以上保安经营管理工作经验证明、在华取得的保安师资格证书复印件。

《公安机关实施保安服务管理条例办法》第16条规定，保安服务公司拟变更法定代表人的，应当向所在地设区市的公安机关提出申请。设区市的公安机关应当在收到申请后15个工作日内进行审核并报所在地省级公安机关。省级公安机关应当在收到申报材料后15个工作日内审核并予以回复。

（6）监管依据

《保安服务管理条例》第3条第1款中规定，县级以上地方人民政府公安机关负责本行政区域内保安服务活动的监督管理工作。

《保安服务管理条例》第36条第2款规定，保安从业单位、保安培训单位和保安员应当接受公安机关的监督检查。

《保安服务管理条例》第37条第1款规定，公安机关建立保安服务监督管理信息系统，记录保安从业单位、保安培训单位和保安员的相关信息。

《保安服务管理条例》第38条规定，公安机关的人民警察对保安从业单位、保安培训单位实施监督检查应当出示证件，对监督检查中发现的问题，应当督促其整改。监督检查的情况和处理结果应当如实记录，并由公安机关的监督检查人员和保安从业单位、保安培训单位的有关负责人签字。

《保安服务管理条例》第39条规定，县级以上人民政府公安机关应当公布投诉方式，受理社会公众对保安从业单位、保安培训单位和保安员的投诉。接到投诉的公安机关应当及时调查处理，并反馈查处结果。

《保安服务管理条例》第42条第1款规定，保安从业单位有下列情形之一的，责令限期改正，给予警告；情节严重的，并处1万元以上5万元以下的罚款；有违法所得的，没收违法所得：①保安服务公司法定代表人变更未经公安机关审核的；……

《保安服务管理条例》第50条规定，保安服务许可证、保安员证的式样由国务院公安部门规定。

《公安机关实施保安服务管理条例办法》第2条规定，地方各级公安机关应当按照属地管理、分级负责的原则，对保安服务活动依法进行监督管理。

《公安机关实施保安服务管理条例办法》第3条。

《公安机关实施保安服务管理条例办法》第4条。

《公安机关实施保安服务管理条例办法》第5条第1款规定，县级公安机关负责下列保安服务监督管理工作：……④依法进行其他保安服务监督管理工作。

《公安机关实施保安服务管理条例办法》第35条规定，公安机关应当加强对保安从业单位、保安培训单位的日常监督检查，督促落实各项管理制度。

《公安机关实施保安服务管理条例办法》第36条第1款规定，公安机关应当根据《条例》规定，建立保安服务监督管理信息系统和保安员指纹等人体生物信息管理制度。

《公安机关实施保安服务管理条例办法》第37条规定，公安机关对保安服务公司应当检查下列内容：①保安服务公司基本情况；……⑩其他需要检查的事项。

《公安机关实施保安服务管理条例办法》第40条规定，公安机关有关工作人员对保安从业单位和保安培训单位实施监督检查时不得少于2人，并应当出示执法身份证件。对监督检查情况和处理意见应当如实记录，并由公安机关检查人员和被检查单位的有关负责人签字；被检查单位负责人不在场或者拒绝签字的，公安机关工作人员应当在检查记录上注明。

《公安机关实施保安服务管理条例办法》第41条规定，公安机关在监督检查时，发现依法应当责令限期改正的违法行为，应当制作责令限期改正通知书，送达被检查单位。责令限期改正通知书中应当注明改正期限。公安机关应当在责令改正期限届满或者收到当事人的复查申请之日起3个工作日内进行复查。对逾期不改正的，依法予以行政处罚。

《公安机关实施保安服务管理条例办法》第49条第2款规定，保安服务许可证……式样由公安部规定，省级公安机关制作；其他文书式样由省级公安机关自行制定。

（7）实施机关：省级公安机关（由设区的市级公安机关初审）

（8）审批层级：省级

（9）行使层级：省级/直属

（10）是否由审批机关受理：否

（11）受理层级：设区的市级

（12）是否存在初审环节：是

（13）初审层级：设区的市级

（14）对应政务服务事项国家级基本目录名称：保安服务公司的法定代表人变更审核

（15）要素统一情况：部分要素全国统一

2. 行政许可事项类型：条件型

3. 行政许可条件

（1）准予行政许可的条件：拟任的保安服务公司法定代表人具备任职所需的专业知识和有关业务工作经验，无被刑事处罚、劳动教养、收容教育、强制隔离戒毒或者被开除公职、开除军籍等不良记录。

（2）规定行政许可条件的依据

《保安服务管理条例》第8条。

4. 行政许可服务对象类型与改革举措

（1）服务对象类型：企业法人

（2）是否为涉企经营许可事项：否

（3）涉企经营许可事项名称：无

（4）涉企经营许可证件名称：无

（5）改革方式：优化审批服务

（6）具体改革举措：不再要求申请人提供拟任保安服务公司法定代表人的5年以上军队、公安、安全、审判、检察、司法行政或者治安保卫、保安经营管理工作经验证明，以及无被刑事处罚、劳动教养、收容教育、强制隔离戒毒的证明。拟任的保安服务公司法定代表人为外国人的，不再需要提供5年以上保安经营管理工作经验证明。

（7）加强事中事后监管措施：一是全面推行“双随机、一公开”监管，常态化落实跨部门监管，加大联合抽查检查力度。二是加强武装守押服务和治安保卫重点单位保安服务监管，督促落实相关管理制度。三是加强保安服务信用评价管理，依据评价结果实施差异化监管，开展守信激励和失信惩戒。四是常态化组织开展保安服务市场规范治理，及时处理投诉举报，依法查处违法违规行为。五是推动加强行业协会自律监管，鼓励社会各界参与监督，健全完善协同监管格局。

5. 申请材料

（1）申请材料名称：一是申请书；二是拟任的保安服务公司法定代表人的有效身份证件、简历，保安师资格证书复印件；三是拟任的保安服务公司法定代表人为外国人的，须提供在所属国家或者地区无被刑事处罚记录证明（原居住地警察机构出具并经公证机关公证）、在华取得的保安师资格证书复印件。

（2）规定申请材料的依据

《保安服务管理条例》第8条、第9条、第12条。

《公安机关实施保安服务管理条例办法》第9条、第11条。

6. 中介服务

（1）有无法定中介服务事项：无

（2）中介服务事项名称：无

（3）设定中介服务事项的依据：无

（4）提供中介服务的机构：无

（5）中介服务事项的收费性质：无

7. 审批程序

（1）办理行政许可的程序环节：一是申请人申请；二是初审机构受理、审核；三是审批机构审核并予以回复。

（2）规定行政许可程序的依据

《保安服务管理条例》第12条。

《公安机关实施保安服务管理条例办法》第16条。

（3）是否需要现场勘验：否

（4）是否需要组织听证：否

（5）是否需要招标、拍卖、挂牌交易：否

（6）是否需要检验、检测、检疫：否

（7）是否需要鉴定：否

（8）是否需要专家评审：否

（9）是否需要向社会公示：否

（10）是否实行告知承诺办理：部分情况下开展

（11）审批机关是否委托服务机构开展

技术性服务：否

8. 受理和审批时限

（1）承诺受理时限：当场办理

（2）法定审批时限：30个工作日

（3）规定法定审批时限依据

《公安机关实施保安服务管理条例办法》第16条。

（4）承诺审批时限：20个工作日

9. 收费

（1）办理行政许可是否收费：否

（2）收费项目的名称、收费项目的标准、设定收费项目的依据、规定收费标准的依据：无

10. 行政许可证件

（1）审批结果类型：证照，批文

（2）审批结果名称：审核文件或者换发的保安服务许可证

（3）审批结果的有效期限：无限期

（4）规定审批结果有效期限的依据：无

（5）是否需要办理审批结果变更手续：是

（6）办理审批结果变更手续的要求

《保安服务管理条例》第12条。

《公安机关实施保安服务管理条例办法》第16条。

（7）是否需要办理审批结果延续手续：否

（8）办理审批结果延续手续的要求：无

（9）审批结果的有效地域范围：全国

（10）规定审批结果有效地域范围的依据

《行政许可法》第41条规定，法律、行政法规设定的行政许可，其适用范围没有地域限制的，申请人取得的行政许可在全国范围内有效。

11. 行政许可数量限制

（1）有无行政许可数量限制：无

（2）公布数量限制的方式：无

（3）公布数量限制的周期：无

（4）在数量限制条件下实施行政许可的方式：无

（5）规定在数量限制条件下实施行政许可方式的依据：无

12. 行政许可后年检

（1）有无年检要求：无

（2）设定年检要求的依据：无

（3）年检周期：无

（4）年检是否要求报送材料：无

（5）年检报送材料名称：无

（6）年检是否收费：无

（7）年检收费项目的名称、年检收费项目的标准、设定年检收费项目的依据、规定年检项目收费标准的依据：无

（8）通过年检的证明或者标志：无

13. 行政许可后年报

（1）有无年报要求：无

（2）年报报送材料名称：无

（3）设定年报要求的依据：无

（4）年报周期：无

14. 监管主体

省级公安机关；设区的市级公安机关；县级公安机关。

15. 备注

十八、保安员证核发

保安员证核发的中央主管部门是公安部，实施机关是设区的市级公安机关，设定和实施依据：《保安服务管理条例》、《公

安机关实施保安服务管理条例办法》（公安部令第 112 号公布，公安部令第 136 号修正）。该许可项目无子项。

1. 基本要素

（1）行政许可事项名称及编码：保安员证核发【000109103000】

（2）行政许可事项子项名称及编码：无

（3）行政许可事项业务办理项名称及编码：无

（4）设定依据

《保安服务管理条例》第 16 条第 1 款规定，年满 18 周岁，身体健康，品行良好，具有初中以上学历的中国公民可以申领保安员证，从事保安服务工作。申请人经设区的市级人民政府公安机关考试、审查合格并留存指纹等人体生物信息的，发给保安员证。

（5）实施依据

《保安服务管理条例》第 16 条。

《保安服务管理条例》第 17 条规定，有下列情形之一的，不得担任保安员：①曾被收容教育、强制隔离戒毒、劳动教养或者 3 次以上行政拘留的；②曾因故意犯罪被刑事处罚的；③被吊销保安员证未满 3 年的；④曾两次被吊销保安员证的。

《公安机关实施保安服务管理条例办法》第 3 条规定，省级公安机关负责下列保安服务监督管理工作：①指导本省（自治区）公安机关对保安从业单位、保安培训单位、保安员和保安服务活动进行监督管理；……直辖市公安机关除行使省级公安机关的保安服务监督管理职能外，还可以直接……核发保安员证，……

《公安机关实施保安服务管理条例办法》第 4 条规定，设区市的公安机关负责下列保安服务监督管理工作：……③组织开展保安员考试，核发、吊销保安员证；……

《公安机关实施保安服务管理条例办法》第 5 条规定，县级公安机关负责下列保安服务监督管理工作：……③受理保安员考试报名、采集保安员指纹；……

《公安机关实施保安服务管理条例办法》第 19 条规定，申领保安员证应当符合下列条件：①年满 18 周岁的中国公民；②身体健康，品行良好；③初中以上学历；④参加保安员考试，成绩合格；⑤没有《条例》第十七条规定的情形。

《公安机关实施保安服务管理条例办法》第 20 条规定，参加保安员考试，由本人或者保安从业单位、保安培训单位组织到现住地县级公安机关报名，填报报名表（可以到当地公安机关政府网站上下载），并按照国家有关规定交纳考试费。报名应当提交下列材料：①有效身份证件；②县级以上医院出具的体检证明；③初中以上学历证明。县级公安机关应当在接受报名时留取考试申请人的指纹，采集数码照片，并现场告知领取准考证时间。

《公安机关实施保安服务管理条例办法》第 21 条规定，县级公安机关对申请人的报名材料进行审核，符合本办法第十九条第一项、第二项、第三项、第五项规定的，上报设区市的公安机关发给准考证，通知申请人领取。

《公安机关实施保安服务管理条例办法》第 22 条规定，设区市的公安机关应当根据本地报考人数和保安服务市场需要，合理规划设置考点，提前公布考试方式

（机考或者卷考）和时间，每年考试不得少于2次。考试题目从公安部保安员考试题库中随机抽取。考生凭准考证和有效身份证件参加考试。

《公安机关实施保安服务管理条例办法》第23条规定，申请人考试成绩合格的，设区市的公安机关核发保安员证，由县级公安机关通知申请人领取。

（6）监管依据

《保安服务管理条例》第3条第1款中规定，县级以上地方人民政府公安机关负责本行政区域内保安服务活动的监督管理工作。

《保安服务管理条例》第18条规定，保安从业单位应当招用符合保安员条件的人员担任保安员，并与被招用的保安员依法签订劳动合同。保安从业单位及其保安员应当依法参加社会保险。保安从业单位应当根据保安服务岗位需要定期对保安员进行法律、保安专业知识和技能培训。

《保安服务管理条例》第19条规定，保安从业单位应当定期对保安员进行考核，发现保安员不合格或者严重违反管理制度，需要解除劳动合同的，应当依法办理。

《保安服务管理条例》第29条第3款规定，从事武装守护押运服务的保安员执行武装守护押运任务使用枪支，依照《专职守护押运人员枪支使用管理条例》的规定执行。

《保安服务管理条例》第30条规定，保安员不得有下列行为：①限制他人人身自由、搜查他人身体或者侮辱、殴打他人；②扣押、没收他人证件、财物；③阻碍依法执行公务；④参与追索债务、采用暴力或者以暴力相威胁的手段处置纠纷；⑤删改或者扩散保安服务中形成的监控影像资料、报警记录；⑥侵犯个人隐私或者泄露在保安服务中获知的国家秘密、商业秘密以及客户单位明确要求保密的信息；⑦违反法律、行政法规的其他行为。

《保安服务管理条例》第36条第2款规定，保安从业单位、保安培训单位和保安员应当接受公安机关的监督检查。

《保安服务管理条例》第37条第1款规定，公安机关建立保安服务监督管理信息系统，记录保安从业单位、保安培训单位和保安员的相关信息。

《保安服务管理条例》第38条规定，公安机关的人民警察对保安从业单位、保安培训单位实施监督检查应当出示证件，对监督检查中发现的问题，应当督促其整改。监督检查的情况和处理结果应当如实记录，并由公安机关的监督检查人员和保安从业单位、保安培训单位的有关负责人签字。

《保安服务管理条例》第39条规定，县级以上人民政府公安机关应当公布投诉方式，受理社会公众对保安从业单位、保安培训单位和保安员的投诉。接到投诉的公安机关应当及时调查处理，并反馈查处结果。

《保安服务管理条例》第42条规定，保安从业单位有下列情形之一的，责令限期改正，给予警告；情节严重的，并处1万元以上5万元以下的罚款；有违法所得的，没收违法所得：……④招用不符合本条例规定条件的人员担任保安员的；……

《保安服务管理条例》第45条规定，保安员有下列行为之一的，由公安机关予以训诫；情节严重的，吊销其保安员证；

违反治安管理的，依法给予治安管理处罚；构成犯罪的，依法追究刑事责任：①限制他人人身自由、搜查他人身体或者侮辱、殴打他人的；②扣押、没收他人证件、财物的；③阻碍依法执行公务的；④参与追索债务、采用暴力或者以暴力相威胁的手段处置纠纷的；⑤删改或者扩散保安服务中形成的监控影像资料、报警记录的；⑥侵犯个人隐私或者泄露在保安服务中获知的国家秘密、商业秘密以及客户单位明确要求保密的信息的；⑦有违反法律、行政法规的其他行为的。从事武装守护押运的保安员违反规定使用枪支的，依照《专职守护押运人员枪支使用管理条例》的规定处罚。

《保安服务管理条例》第46条规定，保安员在保安服务中造成他人人身伤亡、财产损失的，由保安从业单位赔付；保安员有故意或者重大过失的，保安从业单位可以依法向保安员追偿。

《保安服务管理条例》第50条规定，保安服务许可证、保安员证的式样由国务院公安部门规定。

《公安机关实施保安服务管理条例办法》第2条规定，地方各级公安机关应当按照属地管理、分级负责的原则，对保安服务活动依法进行监督管理。

《公安机关实施保安服务管理条例办法》第3条、第4条、第5条。

《公安机关实施保安服务管理条例办法》第24条规定，保安从业单位直接从事保安服务的人员应当持有保安员证。保安从业单位应当招用持有保安员证的人员从事保安服务工作，并与被招用的保安员依法签订劳动合同。

《公安机关实施保安服务管理条例办法》第35条规定，公安机关应当加强对保安从业单位、保安培训单位的日常监督检查，督促落实各项管理制度。

《公安机关实施保安服务管理条例办法》第36条第1款规定，公安机关应当根据《条例》规定，建立保安服务监督管理信息系统和保安员指纹等人体生物信息管理制度。

《公安机关实施保安服务管理条例办法》第37条规定，公安机关对保安服务公司应当检查下列内容：……⑤保安服务管理制度、岗位责任制度、保安员管理制度和紧急情况应急预案建立落实情况；⑥从事武装守护押运服务的保安服务公司公务用枪安全管理制度和保管设施建设情况；⑦保安员及其服装、保安服务标志与装备管理情况；……

《公安机关实施保安服务管理条例办法》第38条规定，公安机关对自行招用保安员单位应当检查下列内容：……④保安服务管理制度、岗位责任制度、保安员管理制度和紧急情况应急预案建立落实情况；⑤依法配备的公务用枪安全管理制度和保管设施建设情况；⑥自行招用的保安员及其服装、保安服务标志与装备管理情况；……

《公安机关实施保安服务管理条例办法》第40条规定，公安机关有关工作人员对保安从业单位和保安培训单位实施监督检查时不得少于2人，并应当出示执法身份证件。对监督检查情况和处理意见应当如实记录，并由公安机关检查人员和被检查单位的有关负责人签字；被检查单位负责人不在场或者拒绝签字的，公安机关工作人员应当在检查记录上注明。

《公安机关实施保安服务管理条例办法》第41条规定，公安机关在监督检查时，发现依法应当责令限期改正的违法行为，应当制作责令限期改正通知书，送达被检查单位。责令限期改正通知书中应当注明改正期限。公安机关应当在责令改正期限届满或者收到当事人的复查申请之日起3个工作日内进行复查。对逾期不改正的，依法予以行政处罚。

《公安机关实施保安服务管理条例办法》第49条第2款规定，……保安员证式样由公安部规定，省级公安机关制作；其他文书式样由省级公安机关自行制定。

（7）实施机关：设区的市级公安机关

（8）审批层级：设区的市级

（9）行使层级：市级/隶属

（10）是否由审批机关受理：否

（11）受理层级：县级

（12）是否存在初审环节：是

（13）初审层级：县级

（14）对应政务服务事项国家级基本目录名称：保安员证核发

（15）要素统一情况：全部要素全国统一

2. 行政许可事项类型：资格型

3. 行政许可条件

（1）准予行政许可的条件：一是年满18周岁的中国公民；二是身体健康，品行良好；三是初中以上学历；四是没有“曾被收容教育、强制隔离戒毒、劳动教养或者3次以上行政拘留”的情形；五是没有“曾因故意犯罪被刑事处罚”的情形；六是没有“被吊销保安员证未满3年”的情形；七是没有“曾两次被吊销保安员证”的情形；八是参加保安员考试，成绩合格。

（2）规定行政许可条件的依据

《保安服务管理条例》第16条、第17条。

《公安机关实施保安服务管理条例办法》第19条。

4. 行政许可服务对象类型与改革举措

（1）服务对象类型：自然人

（2）是否为涉企经营许可事项：否

（3）涉企经营许可事项名称：无

（4）涉企经营许可证件名称：无

（5）改革方式：优化审批服务

（6）具体改革举措：各级公安机关可通过优化业务流程、实行告知承诺、压缩审批时限、减免证明材料、推广网上办理、应用电子证照、加强系统对接和数据共享等方式，提供更好的审批服务。

（7）加强事中事后监管措施：一是严格保安员资格审查，开展从业人员全覆盖动态核查，督促落实持证上岗制度，依法查处招用不符合法定条件人员担任保安员的行为。二是常态化组织开展保安队伍教育整顿，整治保安员管理教育和培训不到位、提供服务不规范等问题，依法查处违法违规行为。三是督促保安从业单位加强保安员教育管理，切实掌握思想动态和履职状态，针对性做好日常管理工作。

5. 申请材料

（1）申请材料名称：一是有效身份证件；二是县级以上医院出具的体检证明；三是初中以上学历证明。

（2）规定申请材料的依据

《保安服务管理条例》第16条。

《公安机关实施保安服务管理条例办法》第20条、第23条。

6. 中介服务

（1）有无法定中介服务事项：无

（2）中介服务事项名称：无

（3）设定中介服务事项的依据：无

（4）提供中介服务的机构：无

（5）中介服务事项的收费性质：无

7. 审批程序

（1）办理行政许可的程序环节：一是申请人报名参加保安员考试；二是初审机构受理、审核；三是申请人经审批机构考试、审查合格；四是审批机构核发保安员证。

（2）规定行政许可程序的依据

《保安服务管理条例》第16条。

《公安机关实施保安服务管理条例办法》第20条、第21条、第22条、第23条。

（3）是否需要现场勘验：否

（4）是否需要组织听证：否

（5）是否需要招标、拍卖、挂牌交易：否

（6）是否需要检验、检测、检疫：否

（7）是否需要鉴定：否

（8）是否需要专家评审：否

（9）是否需要向社会公示：否

（10）是否实行告知承诺办理：部分情况下开展

（11）审批机关是否委托服务机构开展技术性服务：否

8. 受理和审批时限

（1）承诺受理时限：当场办理

（2）法定审批时限：20个工作日

（3）规定法定审批时限依据

《行政许可法》第42条第1款规定，除可以当场作出行政许可决定的外，行政机关应当自受理行政许可申请之日起二十日内作出行政许可决定。二十日内不能作出决定的，经本行政机关负责人批准，可以延长十日，并应当将延长期限的理由告知申请人。但是，法律、法规另有规定的，依照其规定。

（4）承诺审批时限：20个工作日，依法进行考试另需时间不计算在该时限内。

9. 收费

（1）办理行政许可是否收费：否

（2）收费项目的名称、收费项目的标准、设定收费项目的依据、规定收费标准的依据：无

10. 行政许可证件

（1）审批结果类型：证照

（2）审批结果名称：保安员证

（3）审批结果的有效期限：无限期

（4）规定审批结果有效期限的依据：无

（5）是否需要办理审批结果变更手续：否

（6）办理审批结果变更手续的要求：无

（7）是否需要办理审批结果延续手续：否

（8）办理审批结果延续手续的要求：无

（9）审批结果的有效地域范围：全国

（10）规定审批结果有效地域范围的依据

《行政许可法》第41条规定，法律、行政法规设定的行政许可，其适用范围没有地域限制的，申请人取得的行政许可在全国范围内有效。

11. 行政许可数量限制

（1）有无行政许可数量限制：无

（2）公布数量限制的方式：无

（3）公布数量限制的周期：无

（4）在数量限制条件下实施行政许可的方式：无

（5）规定在数量限制条件下实施行政许可方式的依据：无

12. 行政许可后年检

（1）有无年检要求：无

（2）设定年检要求的依据：无

（3）年检周期：无

（4）年检是否要报送材料：无

（5）年检报送材料名称：无

（6）年检是否收费：无

（7）年检收费项目的名称、年检收费项目的标准、设定年检收费项目的依据、规定年检项目收费标准的依据：无

（8）通过年检的证明或者标志：无

13. 行政许可后年报

（1）有无年报要求：无

（2）年报报送材料名称：无

（3）设定年报要求的依据：无

（4）年报周期：无

14. 监管主体

省级公安机关；设区的市级公安机关；县级公安机关

15. 备注

十九、计算机信息系统安全专用产品销售许可

根据国家互联网信息办公室、工业和信息化部、公安部、财政部、国家认证认可监督管理委员会联合发布的《关于调整网络安全专用产品安全管理有关事项的公告》（2023年第1号），从2023年7月1日起，停止颁发《计算机信息系统安全专用产品销售许可证》，产品生产者无需申领。此前已经获得销售许可证的产品在有效期内可继续销售或者提供。

二十、互联网上网服务营业场所信息网络安全审核

互联网上网服务营业场所信息网络安全审核的中央主管部门是公安部，实施机关是县级公安机关，设定和实施依据是《互联网上网服务营业场所管理条例》。该许可项目无子项。

1. 基本要素

（1）行政许可事项名称及编码：互联网上网服务营业场所信息网络安全审核【000109132000】

（2）行政许可事项子项名称及编码：无

（3）行政许可事项业务办理项名称及编码：互联网上网服务营业场所信息网络安全审核（00010913200001）

（4）设定依据

《互联网上网服务营业场所管理条例》第4条规定，县级以上人民政府文化行政部门负责互联网上网服务营业场所经营单位的设立审批，并负责对依法设立的互联网上网服务营业场所经营单位经营活动的监督管理；公安机关负责对互联网上网服务营业场所经营单位的信息网络安全、治安及消防安全的监督管理；工商行政管理部门负责对互联网上网服务营业场所经营单位登记注册和营业执照的管理，并依法查处无照经营活动；电信管理等其他有关部门在各自职责范围内，依照本条例和有关法律、行政法规的规定，对互联网上网服务营业场所经营单位分别实施有关监督管理。

《互联网上网服务营业场所管理条例》第7条规定，国家对互联网上网服务营业场所经营单位的经营活动实行许可制度。未经许可，任何组织和个人不得从事互联

网上网服务经营活动。

（5）实施依据

《互联网上网服务营业场所管理条例》第8条规定，互联网上网服务营业场所经营单位从事互联网上网服务经营活动，应当具备下列条件：①有企业的名称、住所、组织机构和章程；②有与其经营活动相适应的资金；③有与其经营活动相适应并符合国家规定的消防安全条件的营业场所；④有健全、完善的信息网络安全管理制度和安全技术措施；⑤有固定的网络地址和与其经营活动相适应的计算机等装置及附属设备；⑥有与其经营活动相适应并取得从业资格的安全管理人员、经营管理人员、专业技术人员；⑦法律、行政法规和国务院有关部门规定的其他条件。互联网上网服务营业场所的最低营业面积、计算机等装置及附属设备数量、单机面积的标准，由国务院文化行政部门规定。审批从事互联网上网服务经营活动，除依照本条第一款、第二款规定的条件外，还应当符合国务院文化行政部门和省、自治区、直辖市人民政府文化行政部门规定的互联网上网服务营业场所经营单位的总量和布局要求。

《互联网上网服务营业场所管理条例》第11条规定，文化行政部门应当自收到申请之日起20个工作日内作出决定；经审查，符合条件的，发给同意筹建的批准文件。申请人完成筹建后，应当向同级公安机关承诺符合信息网络安全审核条件，并经公安机关确认当场签署承诺书。申请人还应当依照有关消防管理法律法规的规定办理审批手续。申请人执信息网络安全承诺书并取得消防安全批准文件后，向文化行政部门申请最终审核。文化行政部门应当自收到申请之日起15个工作日内依据本条例第八条的规定作出决定；经实地检查并审核合格的，发给《网络文化经营许可证》。对申请人的申请，有关部门经审查不符合条件的，或者经审核不合格的，应当分别向申请人书面说明理由。文化行政部门发放《网络文化经营许可证》的情况或互联网上网服务营业场所经营单位拟开展经营活动的情况，应当向同级公安机关通报或报备。

（6）监管依据

《互联网上网服务营业场所管理条例》第30条规定，互联网上网服务营业场所经营单位违反本条例的规定，利用营业场所制作、下载、复制、查阅、发布、传播或者以其他方式使用含有本条例第十四条规定禁止含有的内容的信息，触犯刑律的，依法追究刑事责任；尚不够刑事处罚的，由公安机关给予警告，没收违法所得；违法经营额1万元以上的，并处违法经营额2倍以上5倍以下的罚款；违法经营额不足1万元的，并处1万元以上2万元以下的罚款；情节严重的，责令停业整顿，直至由文化行政部门吊销《网络文化经营许可证》。上网消费者有前款违法行为，触犯刑律的，依法追究刑事责任；尚不够刑事处罚的，由公安机关依照治安管理处罚法的规定给予处罚。

《互联网上网服务营业场所管理条例》第32条规定，公安机关应当自互联网上网服务营业场所经营单位正式开展经营活动20个工作日内，对其依法履行信息网络安全职责情况进行实地检查。检查发现互联网上网服务营业场所经营单位未履行承诺的信息网络安全责任的，由公安机关给予警告，可以并处15000元以下罚款；情节严重的，责令停业整顿，直至由文化行政部门吊销《网络文化经营许可证》。

《互联网上网服务营业场所管理条例》第33条规定，互联网上网服务营业场所经营单位违反本条例的规定，有下列行为之一的，由文化行政部门、公安机关依据各自职权给予警告，可以并处15000元以下的罚款；情节严重的，责令停业整顿，直至由文化行政部门吊销《网络文化经营许可证》：①向上网消费者提供的计算机未通过局域网的方式接入互联网的；②未建立场内巡查制度，或者发现上网消费者的违法行为未予制止并向文化行政部门、公安机关举报的；③未按规定核对、登记上网消费者的有效身份证件或者记录有关上网信息的；④未按规定时间保存登记内容、记录备份，或者在保存期内修改、删除登记内容、记录备份的；⑤变更名称、住所、法定代表人或者主要负责人、注册资本、网络地址或者终止经营活动，未向文化行政部门、公安机关办理有关手续或者备案的。

《互联网上网服务营业场所管理条例》第34条规定，互联网上网服务营业场所经营单位违反本条例的规定，有下列行为之一的，由公安机关给予警告，可以并处15000元以下的罚款；情节严重的，责令停业整顿，直至由文化行政部门吊销《网络文化经营许可证》：①利用明火照明或者发现吸烟不予制止，或者未悬挂禁止吸烟标志的；②允许带入或者存放易燃、易爆物品的；③在营业场所安装固定的封闭门窗栅栏的；④营业期间封堵或者锁闭门窗、安全疏散通道或者安全出口的；⑤擅自停止实施安全技术措施的。

（7）实施机关：县级公安机关

（8）审批层级：县级

（9）行使层级：县级

（10）是否由审批机关受理：是

（11）受理层级：县级

（12）是否存在初审环节：否

（13）初审层级：无

（14）对应政务服务事项国家级基本目录名称：无

（15）要素统一情况：全部要素全国统一

2. 行政许可事项类型：条件型

3. 行政许可条件

（1）准予行政许可的条件：一是有健全、完善的信息网络安全管理制度和安全技术措施；二是有固定的网络地址和与其经营活动相适应的计算机等装置及附属设备；三是有与其经营活动相适应并取得从业资格的安全管理人员、经营管理人员、专业技术人员。

（2）规定行政许可条件的依据

《互联网上网服务营业场所管理条例》第8条。

4. 行政许可服务对象类型与改革举措

（1）服务对象类型：企业法人

（2）是否为涉企经营许可事项：是

（3）涉企经营许可事项名称：互联网上网服务营业场所信息网络安全审核

（4）涉企经营许可证件名称：公安机关信息网络安全审核告知承诺书

（5）改革方式：实行告知承诺

（6）具体改革举措：制作并公布告知承诺书格式文本，一次性告知申请人许可条件和所需材料。对申请人自愿承诺符合许可条件并按要求提交材料的，当场作出许可决定。

（7）加强事中事后监管措施：一是健全协作机制，与同级市场监管、文化等主管部门加强沟通衔接，及时掌握本地互联网上网服务营业场所企业登记、取得《网络文化经营许可证》等情况，及时将有关企业纳入监管范围。二是依规开展实地检查，根据《互联网上网服务营业场所管理条例》第32条规定，“公安机关应当自互联网上网服务营业场所经营单位正式开展经营活动20个工作日内，对其依法履行信息网络安全职责情况进行实地检查”。公安机关要主动同市场主体联系，提供业务指导，依规完成实地检查工作。三是加强监督检查，重点检查是否符合以下要求：有健全、完善的信息网络安全管理制度和安全技术措施；固定的网络地址和与其经营活动相适应的计算机等装置及附属设备；有与其经营活动相适应并取得从业资格的安全管理人员、专业技术人员。四是开展信用监管，重点核查企业承诺内容的真实性，建立从业人员信用档案，发现存在虚假承诺、承诺严重不实的要依规处理。五是综合运用“双随机，一公开”、互联网安全监督检查等方式加强日常监管，依法查处不履行信息网络安全义务的违法违规行为。

5. 申请材料

（1）申请材料名称：无。（实行告知承诺，申请人持有效身份证件及工商营业执照复印件即可办理。）

（2）规定申请材料的依据

《互联网上网服务营业场所管理条例》第11条。

6. 中介服务

（1）有无法定中介服务事项：无

（2）中介服务事项名称：无

（3）设定中介服务事项的依据：无

（4）提供中介服务的机构：无

（5）中介服务事项的收费性质：无

7. 审批程序

（1）办理行政许可的程序环节：一是申请人提出申请并承诺符合信息网络安全审核条件；二是经公安机关确认当场签署承诺书。

（2）规定行政许可程序的依据

《互联网上网服务营业场所管理条例》第11条。

（3）是否需要现场勘验：否

（4）是否需要组织听证：否

（5）是否需要招标、拍卖、挂牌交易：否

（6）是否需要检验、检测、检疫：否

（7）是否需要鉴定：否

（8）是否需要专家评审：否

（9）是否需要向社会公示：否

（10）是否实行告知承诺办理：是

（11）审批机关是否委托服务机构开展技术性服务：否

8. 受理和审批时限

（1）承诺受理时限：当场

（2）法定审批时限：当场

（3）规定法定审批时限依据

《互联网上网服务营业场所管理条例》第11条。

（4）承诺审批时限：当场

9. 收费

（1）办理行政许可是否收费：否

（2）收费项目的名称、收费项目的标

准、设定收费项目的依据、规定收费标准的依据：无

10. 行政许可证件

（1）审批结果类型：其他

（2）审批结果名称：签署《公安机关信息网络安全审核告知承诺书》

（3）审批结果的有效期限：2个月

（4）规定审批结果有效期限的依据

《公安机关信息网络安全审核告知承诺书》仅用于向文旅部门申请《网络文化经营许可证》，到期后可重新签署，根据工作需要设置了有效期。

（5）是否需要办理审批结果变更手续：否

（6）办理审批结果变更手续的要求：无

（7）是否需要办理审批结果延续手续：否

（8）办理审批结果延续手续的要求：无

（9）审批结果的有效地域范围：审批机关行政管辖区域

（10）规定审批结果有效地域范围的依据

《互联网上网服务营业场所管理条例》第10条、第11条。

11. 行政许可数量限制

（1）有无行政许可数量限制：无

（2）公布数量限制的方式：无

（3）公布数量限制的周期：无

（4）在数量限制条件下实施行政许可的方式：无

（5）规定在数量限制条件下实施行政许可方式的依据：无

12. 行政许可后年检

（1）有无年检要求：无

（2）设定年检要求的依据：无

（3）年检周期：无

（4）年检是否要求报送材料：无

（5）年检报送材料名称：无

（6）年检是否收费：无

（7）年检收费项目的名称、年检收费项目的标准、设定年检收费项目的依据、规定年检项目收费标准的依据：无

（8）通过年检的证明或者标志：无

13. 行政许可后年报

（1）有无年报要求：无

（2）年报报送材料名称：无

（3）设定年报要求的依据：无

（4）年报周期：无

14. 监管主体

县级公安机关。

15. 备注

二十一、举办焰火晚会及其他大型焰火燃放活动许可

举办焰火晚会及其他大型焰火燃放活动许可的中央主管部门是公安部，实施机关是设区的市级公安机关、县级公安机关，设定和实施依据包括：《烟花爆竹安全管理条例》、《大型焰火燃放安全技术规程》(GB 24284－2009)、公安部办公厅《关于贯彻执行〈大型焰火燃放作业人员资格条件及管理〉和〈大型焰火燃放作业单位资质条件及管理〉有关事项的通知》（公治〔2010〕592号）。该许可项目共有2个子项：（1）举办Ⅱ级（含）以上大型焰火燃放活动许可；（2）举办Ⅲ级（含）以下大型焰火燃放活动许可

（一）举办Ⅱ级（含）以上大型焰火燃放活动许可

1. 基本要素

（1）行政许可事项名称及编码：举办焰火晚会及其他大型焰火燃放活动许可【00010912200Y】

（2）行政许可事项子项名称及编码：举办Ⅱ级（含）以上大型焰火燃放活动许可【000109122001】

（3）行政许可事项业务办理项名称及编码：无

（4）设定依据

《烟花爆竹安全管理条例》第3条规定，国家对烟花爆竹的生产、经营、运输和举办焰火晚会以及其他大型焰火燃放活动，实行许可证制度。未经许可，任何单位或者个人不得生产、经营、运输烟花爆竹，不得举办焰火晚会以及其他大型焰火燃放活动。

（5）实施依据

《烟花爆竹安全管理条例》第32条规定，举办焰火晚会以及其他大型焰火燃放活动，应当按照举办的时间、地点、环境、活动性质、规模以及燃放烟花爆竹的种类、规格和数量，确定危险等级，实行分级管理。分级管理的具体办法，由国务院公安部门规定。

《烟花爆竹安全管理条例》第33条规定，申请举办焰火晚会以及其他大型焰火燃放活动，主办单位应当按照分级管理的规定，向有关人民政府公安部门提出申请，并提交下列有关材料：①举办焰火晚会以及其他大型焰火燃放活动的时间、地点、环境、活动性质、规模；②燃放烟花爆竹的种类、规格、数量；③燃放作业方案；④燃放作业单位、作业人员符合行业标准规定条件的证明。受理申请的公安部门应当自受理申请之日起20日内对提交的有关材料进行审查，对符合条件的，核发《焰火燃放许可证》；对不符合条件的，应当说明理由。

《大型焰火燃放安全技术规程》（GB 24284－2009）。

公安部办公厅《关于贯彻执行〈大型焰火燃放作业人员资格条件及管理〉和〈大型焰火燃放作业单位资质条件及管理〉有关事项的通知》要求，在《大型焰火燃放活动分级管理办法》实施前，申请举办Ⅱ级以上（含Ⅱ级）大型焰火燃放活动的，暂由举办地设区的市级公安机关受理、审批；申请举办Ⅲ级以下（含Ⅲ级）大型焰火燃放活动的，暂由举办地县级公安机关受理、审批。

（6）监管依据

《烟花爆竹安全管理条例》第35条规定，公安部门应当加强对危险等级较高的焰火晚会以及其他大型焰火燃放活动的监督检查。

《烟花爆竹安全管理条例》第42条第1款规定，对未经许可举办焰火晚会以及其他大型焰火燃放活动，或者焰火晚会以及其他大型焰火燃放活动燃放作业单位和作业人员违反焰火燃放安全规程、燃放作业方案进行燃放作业的，由公安部门责令停止燃放，对责任单位处1万元以上5万元以下的罚款。

（7）实施机关：设区的市级公安机关

（8）审批层级：设区的市级

（9）行使层级：市级/隶属

（10）是否由审批机关受理：是

（11）受理层级：设区的市级

（12）是否存在初审环节：否

（13）初审层级：无

（14）对应政务服务事项国家级基本目录名称：焰火燃放许可

（15）要素统一情况：全部要素全国统一

2. 行政许可事项类型：条件型

3. 行政许可条件

（1）准予行政许可的条件：一是燃放烟花爆竹的种类、规格、数量符合国家有关标准和规范；二是燃放作业方案符合国家有关标准和规范；三是燃放作业单位、作业人员符合行业标准规定的资质、资格条件。

（2）规定行政许可条件的依据

《烟花爆竹安全管理条例》第32条、第33条。

《大型焰火燃放安全技术规程》（GB 24284－2009）。

公安部办公厅《关于贯彻执行〈大型焰火燃放作业人员资格条件及管理〉和〈大型焰火燃放作业单位资质条件及管理〉有关事项的通知》。

4. 行政许可服务对象类型与改革举措

（1）服务对象类型：企业法人，事业单位法人，社会组织法人，行政机关，其他组织

（2）是否为涉企经营许可事项：否

（3）涉企经营许可事项名称：无

（4）涉企经营许可证件名称：无

（5）改革方式：无

（6）具体改革举措：无

（7）加强事中事后监管措施：一是全面推行“双随机、一公开”监管，依法查处违法违规行为，切实提升监管效能。二是充分利用技术手段开展检查。在保证数据信息安全且满足相关保密要求的前提下，加强数据分析比对，从中发现不符合资质条件规定等违法违规行为并依法依规作出处理。三是严格监管执法。强化现场监管，对照焰火燃放安全规程和经许可的燃放作业方案，严格审查燃放规模、等级、现场环境以及烟花爆竹的种类、规格、数量等是否符合要求，确保安全燃放。四是依法开展案件查办。对监管中发现的违法违规问题，依法采取责令停止燃放、罚款等方法；涉嫌犯罪的，依法追究刑事责任。

5. 申请材料

（1）申请材料名称：一是《焰火燃放许可证》申请表；二是举办焰火晚会以及其他大型焰火燃放活动的时间、地点、环境、活动性质、规模；三是燃放烟花爆竹的种类、规格、数量；四是燃放作业方案；五是燃放作业单位、作业人员符合行业标准规定条件的证明；六是举办Ⅰ级焰火燃放及不满足《大型焰火燃放安全技术规程》（GB 24284－2009）规定安全条件的Ⅱ级焰火燃放，还应当提交省级以上主管部门认定的专家组或评估机构出具的安全评估报告。

（2）规定申请材料的依据

《烟花爆竹安全管理条例》第33条。

《大型焰火燃放安全技术规程》（GB 24284－2009）7.1：Ⅰ级焰火燃放及不满足本标准规定安全条件的焰火燃放应进行安全评估。7.2：安全评估由主办单位委托省级以上主管部门认定的专家组或评估机构进行。

6. 中介服务

（1）有无法定中介服务事项：部分有

（2）中介服务事项名称：安全评估

（3）设定中介服务事项的依据

《大型焰火燃放安全技术规程》（GB 24284－2009）7.1和7.2。

（4）提供中介服务的机构：有资质的评估机构

（5）中介服务事项的收费性质：经营服务性收费（市场调节价）

7. 审批程序

（1）办理行政许可的程序环节：一是申请人申请；二是审批机构受理/不予受理；三是审批机构审查；四是现场勘验；五是决定核发许可证/不予核发许可证。

（2）规定行政许可程序的依据

《烟花爆竹安全管理条例》第33条。

（3）是否需要现场勘验：是

（4）是否需要组织听证：否

（5）是否需要招标、拍卖、挂牌交易：否

（6）是否需要检验、检测、检疫：否

（7）是否需要鉴定：否

（8）是否需要专家评审：否

（9）是否需要向社会公示：否

（10）是否实行告知承诺办理：否

（11）审批机关是否委托服务机构开展技术性服务：否

8. 受理和审批时限

（1）承诺受理时限：当场办理

（2）法定审批时限：20个工作日

（3）规定法定审批时限依据

《烟花爆竹安全管理条例》第33条。

（4）承诺审批时限：20个工作日

9. 收费

（1）办理行政许可是否收费：否

（2）收费项目的名称、收费项目的标准、设定收费项目的依据、规定收费标准的依据：无

10. 行政许可证件

（1）审批结果类型：证照

（2）审批结果名称：焰火燃放许可证

（3）审批结果的有效期限：许可的燃放活动时间

（4）规定审批结果有效期限的依据

《烟花爆竹安全管理条例》第33条。

（5）是否需要办理审批结果变更手续：否

（6）办理审批结果变更手续的要求：无

（7）是否需要办理审批结果延续手续：否

（8）办理审批结果延续手续的要求：无

（9）审批结果的有效地域范围：许可的燃放活动地点

（10）规定审批结果有效地域范围的依据

《烟花爆竹安全管理条例》第33条。

11. 行政许可数量限制

（1）有无行政许可数量限制：无

（2）公布数量限制的方式：无

（3）公布数量限制的周期：无

（4）在数量限制条件下实施行政许可的方式：无

（5）规定在数量限制条件下实施行政许可方式的依据：无

12. 行政许可后年检

（1）有无年检要求：无

（2）设定年检要求的依据：无

（3）年检周期：无

（4）年检是否要求报送材料：无

（5）年检报送材料名称：无

（6）年检是否收费：无

（7）年检收费项目的名称、年检收费项目的标准、设定年检收费项目的依据、规定年检项目收费标准的依据：无

（8）通过年检的证明或者标志：无

13. 行政许可后年报

（1）有无年报要求：无

（2）年报报送材料名称：无

（3）设定年报要求的依据：无

（4）年报周期：无

14. 监管主体

设区的市级公安机关；县级公安机关。

15. 备注

（二）举办Ⅲ级（含）以下大型焰火燃放活动许可

1. 基本要素

（1）行政许可事项名称及编码：举办焰火晚会及其他大型焰火燃放活动许可【00010912200Y】

（2）行政许可事项子项名称及编码：举办Ⅲ级（含）以下大型焰火燃放活动许可【000109122002】

（3）行政许可事项业务办理项名称及编码：无

（4）设定依据

《烟花爆竹安全管理条例》第 3 条规定，国家对烟花爆竹的生产、经营、运输和举办焰火晚会以及其他大型焰火燃放活动，实行许可证制度。未经许可，任何单位或者个人不得生产、经营、运输烟花爆竹，不得举办焰火晚会以及其他大型焰火燃放活动。

（5）实施依据

《烟花爆竹安全管理条例》第 32 条规定，举办焰火晚会以及其他大型焰火燃放活动，应当按照举办的时间、地点、环境、活动性质、规模以及燃放烟花爆竹的种类、规格和数量，确定危险等级，实行分级管理。分级管理的具体办法，由国务院公安部门规定。

《烟花爆竹安全管理条例》第 33 条规定，申请举办焰火晚会以及其他大型焰火燃放活动，主办单位应当按照分级管理的规定，向有关人民政府公安部门提出申请，并提交下列有关材料：①举办焰火晚会以及其他大型焰火燃放活动的时间、地点、环境、活动性质、规模；②燃放烟花爆竹的种类、规格、数量；③燃放作业方案；④燃放作业单位、作业人员符合行业标准规定条件的证明。受理申请的公安部门应当自受理申请之日起 20 日内对提交的有关材料进行审查，对符合条件的，核发《焰火燃放许可证》；对不符合条件的，应当说明理由。

《大型焰火燃放安全技术规程》（GB 24284－2009）。

公安部办公厅《关于贯彻执行〈大型焰火燃放作业人员资格条件及管理〉和〈大型焰火燃放作业单位资质条件及管理〉有关事项的通知》规定，在《大型焰火燃放活动分级管理办法》实施前，申请举办Ⅱ级以上（含Ⅱ级）大型焰火燃放活动的，暂由举办地设区的市级公安机关受理、审批；申请举办Ⅲ级以下（含Ⅲ级）大型焰火燃放活动的，暂由举办地县级公安机关受理、审批。

（6）监管依据

《烟花爆竹安全管理条例》第 35 条规定，公安部门应当加强对危险等级较高的

焰火晚会以及其他大型焰火燃放活动的监督检查。

《烟花爆竹安全管理条例》第42条第1款规定，对未经许可举办焰火晚会以及其他大型焰火燃放活动，或者焰火晚会以及其他大型焰火燃放活动燃放作业单位和作业人员违反焰火燃放安全规程、燃放作业方案进行燃放作业的，由公安部门责令停止燃放，对责任单位处1万元以上5万元以下的罚款。

（7）实施机关：县级公安机关

（8）审批层级：县级

（9）行使层级：县级

（10）是否由审批机关受理：是

（11）受理层级：县级

（12）是否存在初审环节：否

（13）初审层级：无

（14）对应政务服务事项国家级基本目录名称：焰火燃放许可

（15）要素统一情况：全部要素全国统一

2. 行政许可事项类型：条件型

3. 行政许可条件

（1）准予行政许可的条件：一是燃放烟花爆竹的种类、规格、数量符合国家有关标准和规范；二是燃放作业方案符合国家有关标准和规范；三是燃放作业单位、作业人员符合行业标准规定的资质、资格条件。

（2）规定行政许可条件的依据

《烟花爆竹安全管理条例》第32条、第33条。

《大型焰火燃放安全技术规程》（GB 24284－2009）。

公安部办公厅《关于贯彻执行〈大型焰火燃放作业人员资格条件及管理〉和〈大型焰火燃放作业单位资质条件及管理〉有关事项的通知》。

4. 行政许可服务对象类型与改革举措

（1）服务对象类型：企业法人，事业单位法人，社会组织法人，行政机关，其他组织

（2）是否为涉企经营许可事项：否

（3）涉企经营许可事项名称：无

（4）涉企经营许可证件名称：无

（5）改革方式：无

（6）具体改革举措：无

（7）加强事中事后监管措施：一是全面推行“双随机、一公开”监管，依法查处违法违规行为，切实提升监管效能。二是充分利用技术手段开展检查。在保证数据信息安全且满足相关保密要求的前提下，加强数据分析比对，从中发现不符合资质条件规定等违法违规行为并依法依规作出处理。三是严格监管执法。强化现场监管，对照焰火燃放安全规程和经许可的燃放作业方案，严格审查燃放规模、等级、现场环境以及烟花爆竹的种类、规格、数量等是否符合要求，确保安全燃放。四是依法开展案件查办。对监管中发现的违法违规问题，依法采取责令停止燃放、罚款等方法；涉嫌犯罪的，依法追究刑事责任。

5. 申请材料

（1）申请材料名称：一是《焰火燃放许可证》申请表；二是举办焰火晚会以及其他大型焰火燃放活动的时间、地点、环境、活动性质、规模；三是燃放烟花爆竹的种类、规格、数量；四是燃放作业方案；五是燃放作业单位、作业人员符合行业标准规定条件的证明；六是举办不满足《大

型焰火燃放安全技术规程》（GB 24284－2009）规定安全条件的Ⅲ级、Ⅳ级、Ⅴ级焰火燃放，还应当提交省级以上16主管部门认定的专家组或评估机构出具的安全评估报告。

（2）规定申请材料的依据

《烟花爆竹安全管理条例》第33条。

《大型焰火燃放安全技术规程》（GB 24284－2009）7.1和7.2。

6. 中介服务

（1）有无法定中介服务事项：部分有

（2）中介服务事项名称：安全评估

（3）设定中介服务事项的依据

《大型焰火燃放安全技术规程》（GB 24284－2009）7.1和7.2。

（4）提供中介服务的机构：有资质的评估机构

（5）中介服务事项的收费性质：经营服务性收费（市场调节价）

7. 审批程序

（1）办理行政许可的程序环节：一是申请人申请；二是审批机构受理/不予受理；三是审批机构审查；四是现场勘验；五是决定核发许可证/不予核发许可证。

（2）规定行政许可程序的依据

《烟花爆竹安全管理条例》第33条。

（3）是否需要现场勘验：是

（4）是否需要组织听证：否

（5）是否需要招标、拍卖、挂牌交易：否

（6）是否需要检验、检测、检疫：否

（7）是否需要鉴定：否

（8）是否需要专家评审：否

（9）是否需要向社会公示：否

（10）是否实行告知承诺办理：否

（11）审批机关是否委托服务机构开展技术性服务：否

8. 受理和审批时限

（1）承诺受理时限：当场办理

（2）法定审批时限：20个工作日

（3）规定法定审批时限依据

《烟花爆竹安全管理条例》第33条。

（4）承诺审批时限：20个工作日

9. 收费

（1）办理行政许可是否收费：否

（2）收费项目的名称、收费项目的标准、设定收费项目的依据、规定收费标准的依据：无

10. 行政许可证件

（1）审批结果类型：证照

（2）审批结果名称：焰火燃放许可证

（3）审批结果的有效期限：许可的燃放活动时间

（4）规定审批结果有效期限的依据

《烟花爆竹安全管理条例》第33条。

（5）是否需要办理审批结果变更手续：否

（6）办理审批结果变更手续的要求：无

（7）是否需要办理审批结果延续手续：否

（8）办理审批结果延续手续的要求：无

（9）审批结果的有效地域范围：许可的燃放活动地点

（10）规定审批结果有效地域范围的依据

《烟花爆竹安全管理条例》第33条。

11. 行政许可数量限制

（1）有无行政许可数量限制：无

（2）公布数量限制的方式：无

（3）公布数量限制的周期：无

（4）在数量限制条件下实施行政许可的方式：无

（5）规定在数量限制条件下实施行政许可方式的依据：无

12. 行政许可后年检

（1）有无年检要求：无

（2）设定年检要求的依据：无

（3）年检周期：无

（4）年检是否要求报送材料：无

（5）年检报送材料名称：无

（6）年检是否收费：无

（7）年检收费项目的名称、年检收费项目的标准、设定年检收费项目的依据、规定年检项目收费标准的依据：无

（8）通过年检的证明或者标志：无

13. 行政许可后年报

（1）有无年报要求：无

（2）年报报送材料名称：无

（3）设定年报要求的依据：无

（4）年报周期：无

14. 监管主体

县级公安机关。

15. 备注

二十二、烟花爆竹道路运输许可

烟花爆竹道路运输许可的中央主管部门是公安部，实施机关是县级公安机关（运达地或者启运地），设定和实施依据包括：《烟花爆竹安全管理条例》、《关于进一步加强烟花爆竹安全监督管理工作的意见》（国办发〔2010〕53号）。该许可项目无子项。

1. 基本要素

（1）行政许可事项名称及编码烟花爆竹道路运输许可【000109124000】

（2）行政许可事项子项名称及编码：无

（3）行政许可事项业务办理项名称及编码：无

（4）设定依据

《烟花爆竹安全管理条例》第3条规定，国家对烟花爆竹的生产、经营、运输和举办焰火晚会以及其他大型焰火燃放活动，实行许可证制度。未经许可，任何单位或者个人不得生产、经营、运输烟花爆竹，不得举办焰火晚会以及其他大型焰火燃放活动。

（5）实施依据

《烟花爆竹安全管理条例》第22条第1款规定，经由道路运输烟花爆竹的，应当经公安部门许可。

《烟花爆竹安全管理条例》第23条规定，经由道路运输烟花爆竹的，托运人应当向运达地县级人民政府公安部门提出申请，并提交下列有关材料：①承运人从事危险货物运输的资质证明；②驾驶员、押运员从事危险货物运输的资格证明；③危险货物运输车辆的道路运输证明；④托运人从事烟花爆竹生产、经营的资质证明；⑤烟花爆竹的购销合同及运输烟花爆竹的种类、规格、数量；⑥烟花爆竹的产品质量和包装合格证明；⑦运输车辆牌号、运输时间、起始地点、行驶路线、经停地点。

《烟花爆竹安全管理条例》第24条规定，受理申请的公安部门应当自受理申请之日起3日内对提交的有关材料进行审查，对符合条件的，核发《烟花爆竹道路运输许可证》；对不符合条件的，应当说明理由。《烟花爆竹道路运输许可证》应当载明

托运人、承运人、一次性运输有效期限、起始地点、行驶路线、经停地点、烟花爆竹的种类、规格和数量。

（6）监管依据

《烟花爆竹安全管理条例》第4条规定，……公安部门负责烟花爆竹的公共安全管理；……

《烟花爆竹安全管理条例》第5条规定，公安部门、安全生产监督管理部门、质量监督检验部门、工商行政管理部门应当按照职责分工，组织查处非法生产、经营、储存、运输、邮寄烟花爆竹以及非法燃放烟花爆竹的行为。

《烟花爆竹安全管理条例》第25条规定，经由道路运输烟花爆竹的，除应当遵守《中华人民共和国道路交通安全法》外，还应当遵守下列规定：①随车携带《烟花爆竹道路运输许可证》；②不得违反运输许可事项；③运输车辆悬挂或者安装符合国家标准的易燃易爆危险物品警示标志；④烟花爆竹的装载符合国家有关标准和规范；⑤装载烟花爆竹的车厢不得载人；⑥运输车辆限速行驶，途中经停必须有专人看守；⑦出现危险情况立即采取必要的措施，并报告当地公安部门。

《烟花爆竹安全管理条例》第26条规定，烟花爆竹运达目的地后，收货人应当在3日内将《烟花爆竹道路运输许可证》交回发证机关核销。

《烟花爆竹安全管理条例》第36条第2、3款规定，对未经许可经由道路运输烟花爆竹的，由公安部门责令停止非法运输活动，处1万元以上5万元以下的罚款，并没收非法运输的物品及违法所得。非法生产、经营、运输烟花爆竹，构成违反治安管理行为的，依法给予治安管理处罚；构成犯罪的，依法追究刑事责任。

《烟花爆竹安全管理条例》第40条规定，经由道路运输烟花爆竹，有下列行为之一的，由公安部门责令改正，处200元以上2000元以下的罚款：①违反运输许可事项的；②未随车携带《烟花爆竹道路运输许可证》的；③运输车辆没有悬挂或者安装符合国家标准的易燃易爆危险物品警示标志的；④烟花爆竹的装载不符合国家有关标准和规范的；⑤装载烟花爆竹的车厢载人的；⑥超过危险物品运输车辆规定时速行驶的；⑦运输车辆途中经停没有专人看守的；⑧运达目的地后，未按规定时间将《烟花爆竹道路运输许可证》交回发证机关核销的。

《烟花爆竹安全管理条例》第43条规定，对没收的非法烟花爆竹以及生产、经营企业弃置的废旧烟花爆竹，应当就地封存，并由公安部门组织销毁、处置。

《关于进一步加强烟花爆竹安全监督管理工作的意见》规定，严格管理黑火药、烟火药、引火线的生产、销售和运输，黑火药、引火线原则上不得跨省际长距离运输。

（7）实施机关：县级公安机关

（8）审批层级：县级

（9）行使层级：县级

（10）是否由审批机关受理：是

（11）受理层级：县级

（12）是否存在初审环节：否

（13）初审层级：无

（14）对应政务服务事项国家级基本目录名称：烟花爆竹道路运输许可

（15）要素统一情况：全部要素全国

统一

2. 行政许可事项类型：条件型

3. 行政许可条件

（1）准予行政许可的条件：一是承运人具有从事相应的危险货物运输的资质；二是驾驶员、押运员具有从事相应的危险货物运输的资格；三是危险货物运输车辆具有相应的道路运输资质；四是托运人具有从事烟花爆竹生产、经营的相关资质；五是烟花爆竹的购销合同及运输烟花爆竹的种类、规格、数量符合国家规定以及相关标准；六是烟花爆竹的产品质量和包装合格；七是运输车辆牌号、运输时间、起始地点、行驶路线、经停地点符合相关管理规定。

（2）规定行政许可条件的依据

《烟花爆竹安全管理条例》第23条。

4. 行政许可服务对象类型与改革举措

（1）服务对象类型：企业法人，事业单位法人，社会组织法人，非法人企业，行政机关，其他组织。

（2）是否为涉企经营许可事项：否

（3）涉企经营许可事项名称：无

（4）涉企经营许可证件名称：无

（5）改革方式：优化审批服务

（6）具体改革举措：将"托运人应当向运达地县级人民政府公安部门提出申请"优化为"托运人可以向运达地或者启运地县级人民政府公安部门提出申请"。

（7）加强事中事后监管措施：一是全面推行"双随机、一公开"监管，依法查处违法违规行为，由县级公安机关统筹，在日常检查的基础上，针对群众投诉较多的企业，进行重点检查，加大日常抽查频率，切实提升监管效能。二是充分利用技术手段开展检查。在保证数据信息安全且满足相关保密要求的前提下，加强数据分析比对，从中发现不符合资质条件规定等违法违规行为并依法依规作出处理。三是严格监管执法。配合交通运输等部门，严格路面管控，杜绝违反运输许可事项、装载不符合国家有关标准规范等行为，消除风险隐患。四是依法开展案件查办。对监管中发现的违法违规问题，依法采取责令改正、罚款等方法；涉嫌犯罪的，依法追究刑事责任。

5. 申请材料

（1）申请材料名称：一是《烟花爆竹道路运输许可证》申请表；二是承运人从事危险货物运输的资质证明；三是驾驶员、押运员从事危险货物运输的资格证明；四是危险货物运输车辆的道路运输证明；五是托运人从事烟花爆竹生产、经营的资质证明；六是烟花爆竹的购销合同及运输烟花爆竹的种类、规格、数量；七是烟花爆竹的产品质量和包装合格证明；八是运输车辆牌号、运输时间、起始地点、行驶路线、经停地点。

（2）规定申请材料的依据

《烟花爆竹安全管理条例》第23条。

6. 中介服务

（1）有无法定中介服务事项：无

（2）中介服务事项名称：无

（3）设定中介服务事项的依据：无

（4）提供中介服务的机构：无

（5）中介服务事项的收费性质：无

7. 审批程序

（1）办理行政许可的程序环节：一是申请人申请；二是审批机构受理/不予受理；三是审批机构审查；四是决定核发许

可证/不予核发许可证。

（2）规定行政许可程序的依据

《烟花爆竹安全管理条例》第23条、第24条。

（3）是否需要现场勘验：否

（4）是否需要组织听证：否

（5）是否需要招标、拍卖、挂牌交易：否

（6）是否需要检验、检测、检疫：否

（7）是否需要鉴定：否

（8）是否需要专家评审：否

（9）是否需要向社会公示：否

（10）是否实行告知承诺办理：否

（11）审批机关是否委托服务机构开展技术性服务：否

8. 受理和审批时限

（1）承诺受理时限：当场办理

（2）法定审批时限：3个工作日

（3）规定法定审批时限依据

《烟花爆竹安全管理条例》第24条。

（4）承诺审批时限：3个工作日

9. 收费

（1）办理行政许可是否收费：否

（2）收费项目的名称、收费项目的标准、设定收费项目的依据、规定收费标准的依据：无

10. 行政许可证件

（1）审批结果类型：证照

（2）审批结果名称：烟花爆竹道路运输许可证

（3）审批结果的有效期限：许可的一次性运输有效期限

（4）规定审批结果有效期限的依据

《烟花爆竹安全管理条例》第24条。

（5）是否需要办理审批结果变更手续：否

（6）办理审批结果变更手续的要求：无

（7）是否需要办理审批结果延续手续：否

（8）办理审批结果延续手续的要求：无

（9）审批结果的有效地域范围：《烟花爆竹道路运输许可证》载明的起始地点、行驶路线、经停地点。

（10）规定审批结果有效地域范围的依据

《烟花爆竹安全管理条例》第24条。

11. 行政许可数量限制

（1）有无行政许可数量限制：无

（2）公布数量限制的方式：无

（3）公布数量限制的周期：无

（4）在数量限制条件下实施行政许可的方式：无

（5）规定在数量限制条件下实施行政许可方式的依据：无

12. 行政许可后年检

（1）有无年检要求：无

（2）设定年检要求的依据：无

（3）年检周期：无

（4）年检是否要求报送材料：无

（5）年检报送材料名称：无

（6）年检是否收费：无

（7）年检收费项目的名称、年检收费项目的标准、设定年检收费项目的依据、规定年检项目收费标准的依据：无

（8）通过年检的证明或者标志：无

13. 行政许可后年报

（1）有无年报要求：无

（2）年报报送材料名称：无

(3) 设定年报要求的依据：无

(4) 年报周期：无

14. 监管主体

县级公安机关。

15. 备注

二十三、民用爆炸物品购买许可

民用爆炸物品购买许可的中央主管部门是公安部，实施机关是县级公安机关，设定和实施依据是《民用爆炸物品安全管理条例》。该许可项目无子项。

1. 基本要素

(1) 行政许可事项名称及编码民用爆炸物品购买许可【000109118000】

(2) 行政许可事项子项名称及编码：无

(3) 行政许可事项业务办理项名称及编码：无

(4) 设定依据

《民用爆炸物品安全管理条例》第3条第1款规定，国家对民用爆炸物品的生产、销售、购买、运输和爆破作业实行许可证制度。

(5) 实施依据

《民用爆炸物品安全管理条例》第21条规定，民用爆炸物品使用单位申请购买民用爆炸物品的，应当向所在地县级人民政府公安机关提出购买申请，并提交下列有关材料：①工商营业执照或者事业单位法人证书；②《爆破作业单位许可证》或者其他合法使用的证明；③购买单位的名称、地址、银行账户；④购买的品种、数量和用途说明。受理申请的公安机关应当自受理申请之日起5日内对提交的有关材料进行审查，对符合条件的，核发《民用爆炸物品购买许可证》；对不符合条件的，不予核发《民用爆炸物品购买许可证》，书面向申请人说明理由。《民用爆炸物品购买许可证》应当载明许可购买的品种、数量、购买单位以及许可的有效期限。

(6) 监管依据

《民用爆炸物品安全管理条例》第4条第2款规定，公安机关负责民用爆炸物品公共安全管理和民用爆炸物品购买、运输、爆破作业的安全监督管理，监控民用爆炸物品流向。

《民用爆炸物品安全管理条例》第23条第1款规定，销售、购买民用爆炸物品，应当通过银行账户进行交易，不得使用现金或者实物进行交易。

《民用爆炸物品安全管理条例》第24条第2款规定，购买民用爆炸物品的单位，应当自民用爆炸物品买卖成交之日起3日内，将购买的品种、数量向所在地县级人民政府公安机关备案。

《民用爆炸物品安全管理条例》第44条规定，非法制造、买卖、运输、储存民用爆炸物品，构成犯罪的，依法追究刑事责任；尚不构成犯罪，有违反治安管理行为的，依法给予治安管理处罚。违反本条例规定，在生产、储存、运输、使用民用爆炸物品中发生重大事故，造成严重后果或者后果特别严重，构成犯罪的，依法追究刑事责任。……违反本条例规定，未经许可购买、运输民用爆炸物品或者从事爆破作业的，由公安机关责令停止非法购买、运输、爆破作业活动，处5万元以上20万元以下的罚款，并没收非法购买、运输以及从事爆破作业使用的民用爆炸物品及其违法所得。……

《民用爆炸物品安全管理条例》第46条规定，违反本条例规定，有下列情形之一的，由公安机关责令限期改正，处5万元以上20万元以下的罚款；逾期不改正的，责令停产停业整顿：①未按照规定对民用爆炸物品做出警示标识、登记标识或者未对雷管编码打号的；②超出购买许可的品种、数量购买民用爆炸物品的；③使用现金或者实物进行民用爆炸物品交易的；④未按照规定保存购买单位的许可证、银行账户转账凭证、经办人的身份证明复印件的；⑤销售、购买、进出口民用爆炸物品，未按照规定向公安机关备案的；⑥未按照规定建立民用爆炸物品登记制度，如实将本单位生产、销售、购买、运输、储存、使用民用爆炸物品的品种、数量和流向信息输入计算机系统的；⑦未按照规定将《民用爆炸物品运输许可证》交回发证机关核销的。

（7）实施机关：县级公安机关

（8）审批层级：县级

（9）行使层级：县级

（10）是否由审批机关受理：是

（11）受理层级：县级

（12）是否存在初审环节：否

（13）初审层级：无

（14）对应政务服务事项国家级基本目录名称：民用爆炸物品购买许可

（15）要素统一情况：全部要素全国统一

2. 行政许可事项类型：条件型

3. 行政许可条件

（1）准予行政许可的条件：一是具有营业执照或者事业单位法人证书；二是具有《爆破作业单位许可证》或者其他合法使用的证明；三是具有单位或企业银行结算账户。

（2）规定行政许可条件的依据

《民用爆炸物品安全管理条例》第21条。

4. 行政许可服务对象类型与改革举措

（1）服务对象类型：企业法人，事业单位法人，社会组织法人，非法人企业，行政机关，其他组织

（2）是否为涉企经营许可事项：否

（3）涉企经营许可事项名称：无

（4）涉企经营许可证件名称：无

（5）改革方式：无

（6）具体改革举措：无

（7）加强事中事后监管措施：一是全面推行“双随机、一公开”监管，依法查处违法违规行为。配合民用爆炸物品行业主管部门，深入企业，重点检查民用爆炸物品的购买环节，切实提升监管效能。二是充分利用技术手段开展检查。在保证数据信息安全且满足相关保密要求的前提下，加强数据分析比对，从中发现不符合资质条件规定等违法违规行为并依法依规作出处理。三是严格监管执法。适时部署开展大范围排查，对购销备案、流向登记、交易方式等方面加大监管力度，确保监管到位。四是依法开展案件查办。对监管中发现的违法违规问题，依法采取责令限期改正、罚款等方法；有违反治安管理行为的，依法给予治安管理处罚；涉嫌犯罪的，依法追究刑事责任。

5. 申请材料

（1）申请材料名称：一是《民用爆炸物品购买许可证》申请表；二是工商营业执照或者事业单位法人证书复印件；三是

《爆破作业单位许可证》复印件或者其他合法使用的证明；四是购买单位的名称、地址、银行账户；五是购买的品种、数量和用途说明。

（2）规定申请材料的依据

《民用爆炸物品安全管理条例》第21条。

6. 中介服务

（1）有无法定中介服务事项：无

（2）中介服务事项名称：无

（3）设定中介服务事项的依据：无

（4）提供中介服务的机构：无

（5）中介服务事项的收费性质：无

7. 审批程序

（1）办理行政许可的程序环节：一是申请人申请；二是审批机构受理/不予受理；三是审批机构审查；四是决定核发许可证/不予核发许可证。

（2）规定行政许可程序的依据

《民用爆炸物品安全管理条例》第21条。

（3）是否需要现场勘验：否

（4）是否需要组织听证：否

（5）是否需要招标、拍卖、挂牌交易：否

（6）是否需要检验、检测、检疫：否

（7）是否需要鉴定：否

（8）是否需要专家评审：否

（9）是否需要向社会公示：否

（10）是否实行告知承诺办理：否

（11）审批机关是否委托服务机构开展技术性服务：否

8. 受理和审批时限

（1）承诺受理时限：当场办理

（2）法定审批时限：5个工作日

（3）规定法定审批时限依据

《民用爆炸物品安全管理条例》第21条。

（4）承诺审批时限：5个工作日

9. 收费

（1）办理行政许可是否收费：否

（2）收费项目的名称、收费项目的标准、设定收费项目的依据、规定收费标准的依据：无

10. 行政许可证件

（1）审批结果类型：证照

（2）审批结果名称：民用爆炸物品购买许可证

（3）审批结果的有效期限：许可的有效期限

（4）规定审批结果有效期限的依据

《民用爆炸物品安全管理条例》第21条。

（5）是否需要办理审批结果变更手续：否

（6）办理审批结果变更手续的要求：无

（7）是否需要办理审批结果延续手续：否

（8）办理审批结果延续手续的要求：无

（9）审批结果的有效地域范围：全国

（10）规定审批结果有效地域范围的依据

《行政许可法》第41条规定，法律、行政法规设定的行政许可，其适用范围没有地域限制的，申请人取得的行政许可在全国范围内有效。

11. 行政许可数量限制

（1）有无行政许可数量限制：无

（2）公布数量限制的方式：无

（3）公布数量限制的周期：无

（4）在数量限制条件下实施行政许可的方式：无

（5）规定在数量限制条件下实施行政许可方式的依据：无

12. 行政许可后年检

（1）有无年检要求：无

（2）设定年检要求的依据：无

（3）年检周期：无

（4）年检是否要求报送材料：无

（5）年检报送材料名称：无

（6）年检是否收费：无

（7）年检收费项目的名称、年检收费项目的标准、设定年检收费项目的依据、规定年检项目收费标准的依据：无

（8）通过年检的证明或者标志：无

13. 行政许可后年报

（1）有无年报要求：无

（2）年报报送材料名称：无

（3）设定年报要求的依据：无

（4）年报周期：无

14. 监管主体

县级公安机关。

15. 备注

二十四、民用爆炸物品运输许可

民用爆炸物品运输许可的中央主管部门是公安部，实施机关是县级公安机关（运达地），设定和实施依据是《民用爆炸物品安全管理条例》。该许可项目无子项。

1. 基本要素

（1）行政许可事项名称及编码：民用爆炸物品运输许可【000109119000】

（2）行政许可事项子项名称及编码：无

（3）行政许可事项业务办理项名称及编码：无

（4）设定依据

《民用爆炸物品安全管理条例》第3条第1款规定，国家对民用爆炸物品的生产、销售、购买、运输和爆破作业实行许可证制度。

（5）实施依据

《民用爆炸物品安全管理条例》第4条第2款规定，公安机关负责民用爆炸物品公共安全管理和民用爆炸物品购买、运输、爆破作业的安全监督管理，监控民用爆炸物品流向。

《民用爆炸物品安全管理条例》第26条规定，运输民用爆炸物品，收货单位应当向运达地县级人民政府公安机关提出申请，并提交包括下列内容的材料：①民用爆炸物品生产企业、销售企业、使用单位以及进出口单位分别提供的《民用爆炸物品生产许可证》、《民用爆炸物品销售许可证》、《民用爆炸物品购买许可证》或者进出口批准证明；②运输民用爆炸物品的品种、数量、包装材料和包装方式；③运输民用爆炸物品的特性、出现险情的应急处置方法；④运输时间、起始地点、运输路线、经停地点。受理申请的公安机关应当自受理申请之日起3日内对提交的有关材料进行审查，对符合条件的，核发《民用爆炸物品运输许可证》；对不符合条件的，不予核发《民用爆炸物品运输许可证》，书面向申请人说明理由。《民用爆炸物品运输许可证》应当载明收货单位、销售企业、承运人，一次性运输有效期限、起始地点、运输路线、经停地点，民用爆炸物品的品

种、数量。

（6）监管依据

《民用爆炸物品安全管理条例》第4条。

《民用爆炸物品安全管理条例》第28条规定，经由道路运输民用爆炸物品的，应当遵守下列规定：①携带《民用爆炸物品运输许可证》；②民用爆炸物品的装载符合国家有关标准和规范，车厢内不得载人；③运输车辆安全技术状况应当符合国家有关安全技术标准的要求，并按照规定悬挂或者安装符合国家标准的易燃易爆危险物品警示标志；④运输民用爆炸物品的车辆应当保持安全车速；⑤按照规定的路线行驶，途中经停应当有专人看守，并远离建筑设施和人口稠密的地方，不得在许可以外的地点经停；⑥按照安全操作规程装卸民用爆炸物品，并在装卸现场设置警戒，禁止无关人员进入；⑦出现危险情况立即采取必要的应急处置措施，并报告当地公安机关。

《民用爆炸物品安全管理条例》第29条规定，民用爆炸物品运达目的地，收货单位应当进行验收后在《民用爆炸物品运输许可证》上签注，并在3日内将《民用爆炸物品运输许可证》交回发证机关核销。

《民用爆炸物品安全管理条例》第44条规定，非法制造、买卖、运输、储存民用爆炸物品，构成犯罪的，依法追究刑事责任；尚不构成犯罪，有违反治安管理行为的，依法给予治安管理处罚。违反本条例规定，在生产、储存、运输、使用民用爆炸物品中发生重大事故，造成严重后果或者后果特别严重，构成犯罪的，依法追究刑事责任。……违反本条例规定，未经许可购买、运输民用爆炸物品或者从事爆破作业的，由公安机关责令停止非法购买、运输、爆破作业活动，处5万元以上20万元以下的罚款，并没收非法购买、运输以及从事爆破作业使用的民用爆炸物品及其违法所得。民用爆炸物品行业主管部门、公安机关对没收的非法民用爆炸物品，应当组织销毁。

《民用爆炸物品安全管理条例》第46条规定，违反本条例规定，有下列情形之一的，由公安机关责令限期改正，处5万元以上20万元以下的罚款；逾期不改正的，责令停产停业整顿：……⑥未按照规定建立民用爆炸物品登记制度，如实将本单位生产、销售、购买、运输、储存、使用民用爆炸物品的品种、数量和流向信息输入计算机系统的；⑦未按照规定将《民用爆炸物品运输许可证》交回发证机关核销的。

《民用爆炸物品安全管理条例》第47条规定，违反本条例规定，经由道路运输民用爆炸物品，有下列情形之一的，由公安机关责令改正，处5万元以上20万元以下的罚款：①违反运输许可事项的；②未携带《民用爆炸物品运输许可证》的；③违反有关标准和规范混装民用爆炸物品的；④运输车辆未按照规定悬挂或者安装符合国家标准的易燃易爆危险物品警示标志的；⑤未按照规定的路线行驶，途中经停没有专人看守或者在许可以外的地点经停的；⑥装载民用爆炸物品的车厢载人的；⑦出现危险情况未立即采取必要的应急处置措施、报告当地公安机关的。

（7）实施机关：县级公安机关（运达地）

（8）审批层级：县级

（9）行使层级：县级

（10）是否由审批机关受理：是

（11）受理层级：县级

（12）是否存在初审环节：否

（13）初审层级：无

（14）对应政务服务事项国家级基本目录名称：民用爆炸物品运输许可

（15）要素统一情况：全部要素全国统一

2. 行政许可事项类型：条件型

3. 行政许可条件

（1）准予行政许可的条件：一是民用爆炸物品生产企业、销售企业、使用单位以及进出口单位分别提供《民用爆炸物品生产许可证》、《民用爆炸物品销售许可证》、《民用爆炸物品购买许可证》或者进出口批准证明；二是运输民用爆炸物品的品种、数量、包装材料和包装方式，符合国家规定以及相关标准；三是熟悉运输民用爆炸物品的特性，以及出现险情的应急处置方法；四是运输时间、起始地点、运输路线、经停地点符合规定。

（2）规定行政许可条件的依据

《民用爆炸物品安全管理条例》第26条。

4. 行政许可服务对象类型与改革举措

（1）服务对象类型：企业法人，事业单位法人，社会组织法人，非法人企业，行政机关，其他组织

（2）是否为涉企经营许可事项：否

（3）涉企经营许可事项名称：无

（4）涉企经营许可证件名称：无

（5）改革方式：无

（6）具体改革举措：无

（7）加强事中事后监管措施：一是全面推行“双随机、一公开”监管，依法查处违法违规行为，切实提升监管效能。二是充分利用技术手段开展检查。结合“互联网+”政务管理服务，在保证数据信息安全且满足相关保密要求的前提下，加强数据分析比对，从中发现不符合资质条件规定等违法违规行为并依法依规作出处理。三是严格监管执法。配合交通运输等部门，严格路面管控，杜绝违反运输许可事项、违反有关标准和规范混装民用爆炸物品。四是依法开展案件查办。对监管中发现的违法违规问题，依法采取责令改正、罚款等方法；有违反治安管理行为的，依法给予治安管理处罚；涉嫌犯罪的，依法追究刑事责任。

5. 申请材料

（1）申请材料名称：一是《民用爆炸物品运输许可证》申请表；二是民用爆炸物品生产企业、销售企业、使用单位以及进出口单位分别提供的《民用爆炸物品生产许可证》、《民用爆炸物品销售许可证》、《民用爆炸物品购买许可证》或者进出口批准证明；三是运输民用爆炸物品的品种、数量、包装材料和包装方式；四是运输民用爆炸物品的特性、出现险情的应急处置方法；五是运输时间、起始地点、运输路线、经停地点。

（2）规定申请材料的依据

《民用爆炸物品安全管理条例》第26条。

6. 中介服务

（1）有无法定中介服务事项：无

（2）中介服务事项名称：无

（3）设定中介服务事项的依据：无

（4）提供中介服务的机构：无

（5）中介服务事项的收费性质：无

7. 审批程序

（1）办理行政许可的程序环节：一是申请人申请；二是审批机构受理/不予受理；三是审批机构审查；四是决定核发许可证/不予核发许可证。

（2）规定行政许可程序的依据

《民用爆炸物品安全管理条例》第26条。

（3）是否需要现场勘验：否

（4）是否需要组织听证：否

（5）是否需要招标、拍卖、挂牌交易：否

（6）是否需要检验、检测、检疫：否

（7）是否需要鉴定：否

（8）是否需要专家评审：否

（9）是否需要向社会公示：否

（10）是否实行告知承诺办理：否

（11）审批机关是否委托服务机构开展技术性服务：否

8. 受理和审批时限

（1）承诺受理时限：当场办理

（2）法定审批时限：3个工作日

（3）规定法定审批时限依据

《民用爆炸物品安全管理条例》第26条。

（4）承诺审批时限：3个工作日

9. 收费

（1）办理行政许可是否收费：否

（2）收费项目的名称、收费项目的标准、设定收费项目的依据、规定收费标准的依据：无

10. 行政许可证件

（1）审批结果类型：证照

（2）审批结果名称：民用爆炸物品运输许可证

（3）审批结果的有效期限：许可的一次性运输有效期限

（4）规定审批结果有效期限的依据

《民用爆炸物品安全管理条例》第26条。

（5）是否需要办理审批结果变更手续：否

（6）办理审批结果变更手续的要求：无

（7）是否需要办理审批结果延续手续：否

（8）办理审批结果延续手续的要求：无

（9）审批结果的有效地域范围：《民用爆炸物品运输许可证》载明的运输路线

（10）规定审批结果有效地域范围的依据

《民用爆炸物品安全管理条例》第26条。

11. 行政许可数量限制

（1）有无行政许可数量限制：无

（2）公布数量限制的方式：无

（3）公布数量限制的周期：无

（4）在数量限制条件下实施行政许可的方式：无

（5）规定在数量限制条件下实施行政许可方式的依据：无

12. 行政许可后年检

（1）有无年检要求：无

（2）设定年检要求的依据：无

（3）年检周期：无

（4）年检是否要求报送材料：无

（5）年检报送材料名称：无

（6）年检是否收费：无

（7）年检收费项目的名称、年检收费项目的标准、设定年检收费项目的依据、规定年检项目收费标准的依据：无

（8）通过年检的证明或者标志：无

13. 行政许可后年报

（1）有无年报要求：无

（2）年报报送材料名称：无

（3）设定年报要求的依据：无

（4）年报周期：无

14. 监管主体

县级公安机关。

15. 备注

二十五、爆破作业单位许可

爆破作业单位许可的中央主管部门是公安部，实施机关是省级、设区的市级公安机关，设定和实施依据包括：《民用爆炸物品安全管理条例》、《爆破作业单位资质条件和管理要求》（GA990－2012）、公安部办公厅《关于贯彻执行〈爆破作业单位资质条件和管理要求〉和〈爆破作业项目管理要求〉有关事项的通知》（公治〔2012〕240号）。该许可项目共有2个子项：（1）单位从事营业性爆破作业许可；（2）单位从事非营业性爆破作业许可。

（一）单位从事营业性爆破作业许可

1. 基本要素

（1）行政许可事项名称及编码：爆破作业单位许可【00010911500Y】

（2）行政许可事项子项名称及编码：单位从事营业性爆破作业许可【000109115001】

（3）行政许可事项业务办理项名称及编码：首次申请（00010911500101）；有效期届满换发申请（00010911500102）

（3）变更法定代表人、技术负责人、单位名称、单位地址换发申请（00010911500103）

（4）设定依据

《民用爆炸物品安全管理条例》第3条第1款规定，国家对民用爆炸物品的生产、销售、购买、运输和爆破作业实行许可证制度。

（5）实施依据

《民用爆炸物品安全管理条例》第4条第2款规定，公安机关负责民用爆炸物品公共安全管理和民用爆炸物品购买、运输、爆破作业的安全监督管理，监控民用爆炸物品流向。

《民用爆炸物品安全管理条例》第31条规定，申请从事爆破作业的单位，应当具备下列条件：①爆破作业属于合法的生产活动；②有符合国家有关标准和规范的民用爆炸物品专用仓库；③有具备相应资格的安全管理人员、仓库管理人员和具备国家规定执业资格的爆破作业人员；④有健全的安全管理制度、岗位安全责任制度；⑤有符合国家标准、行业标准的爆破作业专用设备；⑥法律、行政法规规定的其他条件。

《民用爆炸物品安全管理条例》第32条规定，申请从事爆破作业的单位，应当按照国务院公安部门的规定，向有关人民政府公安机关提出申请，并提供能够证明其符合本条例第三十一条规定条件的有关材料。受理申请的公安机关应当自受理申请之日起20日内进行审查，对符合条件的，核发《爆破作业单位许可证》；对不符合条件的，不予核发《爆破作业单位许可

证》，书面向申请人说明理由。营业性爆破作业单位持《爆破作业单位许可证》到工商行政管理部门办理工商登记后，方可从事营业性爆破作业活动。爆破作业单位应当在办理工商登记后3日内，向所在地县级人民政府公安机关备案。

《民用爆炸物品安全管理条例》第34条规定，爆破作业单位应当按照其资质等级承接爆破作业项目，爆破作业人员应当按照其资格等级从事爆破作业。爆破作业的分级管理办法由国务院公安部门规定。

《爆破作业单位资质条件和管理要求》(GA 990－2012)。

公安部办公厅《关于贯彻执行〈爆破作业单位资质条件和管理要求〉和〈爆破作业项目管理要求〉有关事项的通知》要求，受理《爆破作业人员单位许可证》申请的公安机关，要组织对申请单位提交的材料进行专家评审，对民用爆炸物品专用仓库、爆破施工机械及检测、测量设备等实质内容进行现场审查。

（6）监管依据

《民用爆炸物品安全管理条例》第34条。

《民用爆炸物品安全管理条例》第36条规定，爆破作业单位跨省、自治区、直辖市行政区域从事爆破作业的，应当事先将爆破作业项目的有关情况向爆破作业所在地县级人民政府公安机关报告。

《民用爆炸物品安全管理条例》第39条第1款规定，爆破作业单位不再使用民用爆炸物品时，应当将剩余的民用爆炸物品登记造册，报所在地县级人民政府公安机关组织监督销毁。

《民用爆炸物品安全管理条例》第44条规定，非法制造、买卖、运输、储存民用爆炸物品，构成犯罪的，依法追究刑事责任；尚不构成犯罪，有违反治安管理行为的，依法给予治安管理处罚。违反本条例规定，在生产、储存、运输、使用民用爆炸物品中发生重大事故，造成严重后果或者后果特别严重，构成犯罪的，依法追究刑事责任。……违反本条例规定，未经许可购买、运输民用爆炸物品或者从事爆破作业的，由公安机关责令停止非法购买、运输、爆破作业活动，处5万元以上20万元以下的罚款，并没收非法购买、运输以及从事爆破作业使用的民用爆炸物品及其违法所得。……

《民用爆炸物品安全管理条例》第48条规定，违反本条例规定，从事爆破作业的单位有下列情形之一的，由公安机关责令停止违法行为或者限期改正，处10万元以上50万元以下的罚款；逾期不改正的，责令停产停业整顿；情节严重的，吊销《爆破作业单位许可证》：①爆破作业单位未按照其资质等级从事爆破作业的；②营业性爆破作业单位跨省、自治区、直辖市行政区域实施爆破作业，未按照规定事先向爆破作业所在地的县级人民政府公安机关报告的；③爆破作业单位未按照规定建立民用爆炸物品领取登记制度、保存领取登记记录的；④违反国家有关标准和规范实施爆破作业的。爆破作业人员违反国家有关标准和规范的规定实施爆破作业的，由公安机关责令限期改正，情节严重的，吊销《爆破作业人员许可证》。

（7）实施机关：省级公安机关

（8）审批层级：省级

（9）行使层级：省级/直属

（10）是否由审批机关受理：是

（11）受理层级：省级

（12）是否存在初审环节：否

（13）初审层级：无

（14）对应政务服务事项国家级基本目录名称：爆破作业单位许可

（15）要素统一情况：全部要素全国统一

2. 行政许可事项类型：资格型

3. 行政许可条件

（1）准予行政许可的条件：一是爆破作业属于合法的生产活动；二是有符合国家有关标准和规范的民用爆炸物品专用仓库；三是具备相应资格的安全管理人员、仓库管理人员和具备国家规定执业资格的爆破作业人员；四是健全的安全管理制度、岗位安全责任制度；五是符合国家标准、行业标准的爆破作业专用设备；六是法律、行政法规规定的其他条件。

（2）规定行政许可条件的依据

《民用爆炸物品安全管理条例》第31条。

4. 行政许可服务对象类型与改革举措

（1）服务对象类型：企业法人，事业单位法人，社会组织法人，行政机关，其他组织

（2）是否为涉企经营许可事项：是

（3）涉企经营许可事项名称：爆破作业单位许可

（4）涉企经营许可证件名称：爆破作业单位许可证（营业性）

（5）改革方式：优化审批服务

（6）具体改革举措：不再要求申请者提供爆破作业业绩证明、技术负责人从业经历证明、从业人员资格证明等材料。

（7）加强事中事后监管措施：一是全面推行“双随机、一公开”监管，依法查处违法违规行为。在日常检查的基础上，针对群众投诉较多的企业，进行重点检查，加大日常抽查频率，切实提升监管效能。二是充分利用技术手段开展检查。在保证数据信息安全且满足相关保密要求的前提下，加强数据分析比对，从中发现不符合资质条件规定等违法违规行为并依法依规作出处理。三是严格监管执法。适时部署开展大范围排查，对企业遵守法律法规和国家有关标准规范情况加大监管力度，确保监管到位。四是依法开展案件查办。对监管中发现的违法违规问题，依法采取限期改正、罚款等方法；对于逾期不改正的，责令停产停业整顿；对于情节严重的，吊销许可证；涉嫌犯罪的，依法追究刑事责任。

5. 申请材料

（1）申请材料名称

首次申请、有效期届满换发申请：一是《爆破作业单位许可证（营业性）》申请表；二是独立法人资格证明；三是自有或租用民用爆炸物品专用仓库安全评价报告；四是注册资金、净资产、专用设备净值的有效证明；五是爆破施工机械及检测、测量设备清单；六是健全的安全管理制度、岗位安全责任制度。

法定代表人、技术负责人、单位名称、单位地址变更换发申请：一是《爆破作业单位许可证（营业性）》申请表；二是变更法定代表人、技术负责人、单位名称、单位地址书面申请；三是营业执照（变更法定代表人、单位名称、单位地址）。

（2）规定申请材料的依据

《民用爆炸物品安全管理条例》第31条。

《爆破作业单位资质条件和管理要求》（GA 990－2012）3.3 营业性爆破作业单位……具有独立法人资格，承接爆破作业项目设计施工和/或安全评估和/或安全监理的单位。

《爆破作业单位资质条件和管理要求》（GA990－2012）8.1.1.2 申请营业性爆破作业单位许可证的单位，应向所在地省级公安机关提出申请，并提交《爆破作业单位许可证》（营业性）申请表（见附录B）及下列材料：a）自有或租用民用爆炸物品专用仓库安全评价报告；b）注册资金、净资产、专用设备净值的有效证明；c）近3年单位承接的爆破作业项目设计施工方案；d）技术负责人主持的爆破作业项目设计施工方案；e）涉爆从业人员从业资格证明；f）爆破施工机械及检测、测量设备清单。8.1.3.2 有效期届满继续从事爆破作业的，爆破作业单位应在期满前60日内，向原签发公安机关提出换发《爆破作业单位许可证》的申请。8.1.3.3 法定代表人、技术负责人、单位名称、单位地址发生变化的，爆破作业单位应在发生变化之日起30日内，向原签发公安机关提出换发《爆破作业单位许可证》的申请。8.1.3.4 受理申请的公安机关应按照6.1、6.2 和8.1 的相关规定进行审查。对符合条件的，换发《爆破作业单位许可证》；对不符合条件的，书面向申请人说明理由。

《国务院关于深化"证照分离"改革进一步激发市场主体发展活力的通知》附件1第139项：爆破作业单位许可；不再要求申请者提供爆破作业业绩证明、技术负责人从业经历证明、从业人员资格证明等材料。

6. 中介服务

（1）有无法定中介服务事项：有

（2）中介服务事项名称：民用爆炸物品专用仓库安全评价

（3）设定中介服务事项的依据

《民用爆炸物品安全管理条例》第31条。

（4）提供中介服务的机构：民用爆炸物品安全评价机构

（5）中介服务事项的收费性质：经营服务性收费（市场调节价）

7. 审批程序

（1）办理行政许可的程序环节

首次申请、有效期届满换发申请：一是申请人申请；二是审批机构受理/不予受理；三是审批机构审查；四是专家评审；五是现场勘验；六是决定核发许可证/不予核发许可证。

法定代表人、技术负责人、单位名称、单位地址变更换发申请：一是申请人申请；二是审批机构受理/不予受理；三是审批机构审查；四是决定核发许可证/不予核发许可证。

（2）规定行政许可程序的依据

《民用爆炸物品安全管理条例》第32条。

《爆破作业单位资质条件和管理要求》（GA 990－2012）。

公安部办公厅《关于贯彻执行〈爆破作业单位资质条件和管理要求〉和〈爆破作业项目管理要求〉有关事项的通知》。

（3）是否需要现场勘验：部分情况下开展

（4）是否需要组织听证：否

（5）是否需要招标、拍卖、挂牌交易：否

（6）是否需要检验、检测、检疫：否

（7）是否需要鉴定：否

（8）是否需要专家评审：部分情况下开展

（9）是否需要向社会公示：否

（10）是否实行告知承诺办理：否

（11）审批机关是否委托服务机构开展技术性服务：否

8. 受理和审批时限

（1）承诺受理时限：当场办理

（2）法定审批时限：20个工作日

（3）规定法定审批时限依据

《民用爆炸物品安全管理条例》第32条。

（4）承诺审批时限：20个工作日

9. 收费

（1）办理行政许可是否收费：否

（2）收费项目的名称、收费项目的标准、设定收费项目的依据、规定收费标准的依据：无

10. 行政许可证件

（1）审批结果类型：证照

（2）审批结果名称：爆破作业单位许可证（营业性）

（3）审批结果的有效期限：3年

（4）规定审批结果有效期限的依据

《爆破作业单位资质条件和管理要求》（GA 990－2012）8.1.3.1《爆破作业单位许可证》的有效期为3年。

（5）是否需要办理审批结果变更手续：是

（6）办理审批结果变更手续的要求法定代表人、技术负责人、单位名称、单位地址发生变化的，爆破作业单位应在发生变化之日起30日内，向原签发公安机关提出换发《爆破作业单位许可证》的申请。

（7）是否需要办理审批结果延续手续：是

（8）办理审批结果延续手续的要求在有效期届满前60日内，向原签发公安机关提出换发《爆破作业单位许可证》的申请。

（9）审批结果的有效地域范围：全国

（10）规定审批结果有效地域范围的依据

《行政许可法》第41条规定，法律、行政法规设定的行政许可，其适用范围没有地域限制的，申请人取得的行政许可在全国范围内有效。

11. 行政许可数量限制

（1）有无行政许可数量限制：无

（2）公布数量限制的方式：无

（3）公布数量限制的周期：无

（4）在数量限制条件下实施行政许可的方式：无

（5）规定在数量限制条件下实施行政许可方式的依据：无

12. 行政许可后年检

（1）有无年检要求：无

（2）设定年检要求的依据：无

（3）年检周期：无

（4）年检是否要求报送材料：无

（5）年检报送材料名称：无

（6）年检是否收费：无

（7）年检收费项目的名称、年检收费项目的标准、设定年检收费项目的依据、规定年检项目收费标准的依据：无

（8）通过年检的证明或者标志：无

13. 行政许可后年报

（1）有无年报要求：无

（2）年报报送材料名称：无

（3）设定年报要求的依据：无

（4）年报周期：无

14. 监管主体

省级公安机关；设区的市级公安机关；县级公安机关。

15. 备注

（二）单位从事非营业性爆破作业许可

1. 基本要素

（1）行政许可事项名称及编码爆破作业单位许可【00010911500Y】

（2）行政许可事项子项名称及编码单位从事非营业性爆破作业许可【000109115002】

（3）行政许可事项业务办理项名称及编码：首次申请（00010911500201）；有效期届满换发申请（00010911500202）

（3）变更法定代表人、技术负责人、单位名称、单位地址换发申请（00010911500203）

（4）设定依据

《民用爆炸物品安全管理条例》第3条第1款规定，国家对民用爆炸物品的生产、销售、购买、运输和爆破作业实行许可证制度。

（5）实施依据

《民用爆炸物品安全管理条例》第4条第2款规定，公安机关负责民用爆炸物品公共安全管理和民用爆炸物品购买、运输、爆破作业的安全监督管理，监控民用爆炸物品流向。

《民用爆炸物品安全管理条例》第31条规定，申请从事爆破作业的单位，应当具备下列条件：①爆破作业属于合法的生产活动；②有符合国家有关标准和规范的民用爆炸物品专用仓库；③有具备相应资格的安全管理人员、仓库管理人员和具备国家规定执业资格的爆破作业人员；④有健全的安全管理制度、岗位安全责任制度；⑤有符合国家标准、行业标准的爆破作业专用设备；⑥法律、行政法规规定的其他条件。

《民用爆炸物品安全管理条例》第32条第1款规定，申请从事爆破作业的单位，应当按照国务院公安部门的规定，向有关人民政府公安机关提出申请，并提供能够证明其符合本条例第三十一条规定条件的有关材料。受理申请的公安机关应当自受理申请之日起20日内进行审查，对符合条件的，核发《爆破作业单位许可证》；对不符合条件的，不予核发《爆破作业单位许可证》，书面向申请人说明理由。

《民用爆炸物品安全管理条例》第34条规定，爆破作业单位应当按照其资质等级承接爆破作业项目，爆破作业人员应当按照其资格等级从事爆破作业。爆破作业的分级管理办法由国务院公安部门规定。

《爆破作业单位资质条件和管理要求》（GA 990－2012）。

公安部办公厅《关于贯彻执行〈爆破作业单位资质条件和管理要求〉和〈爆破作业项目管理要求〉有关事项的通知》……对煤矿企业、非煤矿矿山企业，要将其是否持有合法有效的采矿许可证、安全生产许可证作为前置许可条件进行审查。……受理《爆破作业单位许可证》申请的公安机关，要组织对申请单位提交的材料进行专家评审，对民用爆炸物品专用仓库、爆破施工机械及检测、测量设备等实质内容进行现场审查。专家评审和现场审查所需时间不计算在审批期限内，受理申请的公安机关应当将所需时间书面告知申请人。

（6）监管依据

《民用爆炸物品安全管理条例》第34条。

《民用爆炸物品安全管理条例》第39条第1款规定，爆破作业单位不再使用民用爆炸物品时，应当将剩余的民用爆炸物品登记造册，报所在地县级人民政府公安机关组织监督销毁。

《民用爆炸物品安全管理条例》第44条规定，非法制造、买卖、运输、储存民用爆炸物品，构成犯罪的，依法追究刑事责任；尚不构成犯罪，有违反治安管理行为的，依法给予治安管理处罚。违反本条例规定，在生产、储存、运输、使用民用爆炸物品中发生重大事故，造成严重后果或者后果特别严重，构成犯罪的，依法追究刑事责任。……违反本条例规定，未经许可购买、运输民用爆炸物品或者从事爆破作业的，由公安机关责令停止非法购买、运输、爆破作业活动，处5万元以上20万元以下的罚款，并没收非法购买、运输以及从事爆破作业使用的民用爆炸物品及其违法所得。……

《民用爆炸物品安全管理条例》第48条规定，违反本条例规定，从事爆破作业的单位有下列情形之一的，由公安机关责令停止违法行为或者限期改正，处10万元以上50万元以下的罚款；逾期不改正的，责令停产停业整顿；情节严重的，吊销《爆破作业单位许可证》：①爆破作业单位未按照其资质等级从事爆破作业的；②营业性爆破作业单位跨省、自治区、直辖市行政区域实施爆破作业，未按照规定事先向爆破作业所在地的县级人民政府公安机关报告的；③爆破作业单位未按照规定建立民用爆炸物品领取登记制度、保存领取登记记录的；④违反国家有关标准和规范实施爆破作业的。爆破作业人员违反国家有关标准和规范的规定实施爆破作业的，由公安机关责令限期改正，情节严重的，吊销《爆破作业人员许可证》。

（7）实施机关：设区的市级公安机关

（8）审批层级：设区的市级

（9）行使层级：市级/隶属

（10）是否由审批机关受理：是

（11）受理层级：设区的市级

（12）是否存在初审环节：否

（13）初审层级：无

（14）对应政务服务事项国家级基本目录名称：爆破作业单位许可

（15）要素统一情况：全部要素全国统一

2. 行政许可事项类型：资格型

3. 行政许可条件

（1）准予行政许可的条件：一是爆破作业属于合法的生产活动；二是有符合国家有关标准和规范的民用爆炸物品专用仓库；三是具备相应资格的安全管理人员、仓库管理人员和具备国家规定执业资格的爆破作业人员；四是健全的安全管理制度、岗位安全责任制度；五是符合国家标准、行业标准的爆破作业专用设备；六是法律、行政法规规定的其他条件。

（2）规定行政许可条件的依据

《民用爆炸物品安全管理条例》第31条。

4. 行政许可服务对象类型与改革举措

（1）服务对象类型：企业法人，事业

单位法人，社会组织法人，非法人企业，行政机关，其他组织

（2）是否为涉企经营许可事项：是

（3）涉企经营许可事项名称：爆破作业单位许可

（4）涉企经营许可证件名称：爆破作业单位许可证（非营业性）

（5）改革方式：优化审批服务

（6）具体改革举措：不再要求申请者提供技术负责人从业经历证明、从业人员资格证明等材料。

（7）加强事中事后监管措施：一是全面推行“双随机、一公开”监管，依法查处违法违规行为。在日常检查的基础上，针对群众投诉较多的企业，进行重点检查，加大日常抽查频率，切实提升监管效能。二是充分利用技术手段开展检查。在保证数据信息安全且满足相关保密要求的前提下，加强数据分析比对，从中发现不符合资质条件规定等违法违规行为并依法依规作出处理。三是严格监管执法。适时部署开展大范围排查，对企业遵守法律法规和国家有关标准规范情况加大监管力度，确保监管到位。四是依法开展案件查办。对监管中发现的违法违规问题，依法采取限期改正、罚款等方法；对于逾期不改正的，责令停产停业整顿；对于情节严重的，吊销许可证；涉嫌犯罪的，依法追究刑事责任。

5. 申请材料

（1）申请材料名称

首次申请、有效期届满换发申请：一是《爆破作业单位许可证（非营业性）申请表》；二是民用爆炸物品专用仓库安全评价报告；三是爆破作业区域证明；四是爆破作业专用设备清单；五是健全的安全管理制度、岗位安全责任制度。法定代表人、技术负责人、单位名称、

单位地址变更换发申请：一是《爆破作业单位许可证（营业性）》申请表；二是变更法定代表人、技术负责人、单位名称、单位地址书面申请；三是营业执照（变更法定代表人、单位名称、单位地址）。

（2）规定申请材料的依据

《民用爆炸物品安全管理条例》第31条。

《爆破作业单位资质条件和管理要求》（GA 990－2012）8.1.1 申请 8.1.1.1 申请非营业性爆破作业单位许可证的单位，应向所在地设区的市级公安机关提出申请，并提交《爆破作业单位许可证》（非营业性）申请表（见附录A）及下列材料：a）民用爆炸物品专用仓库安全评价报告；b）爆破作业区域证明；c）涉爆从业人员从业资格证明；d）爆破作业专用设备清单。8.1.3.2 有效期届满继续从事爆破作业的，爆破作业单位应在期满前60日内，向原签发公安机关提出换发《爆破作业单位许可证》的申请。8.1.3.3 法定代表人、技术负责人、单位名称、单位地址发生变化的，爆破作业单位应在发生变化之日起30日内，向原签发公安机关提出换发《爆破作业单位许可证》的申请。8.1.3.4 受理申请的公安机关应按照6.1、6.2和8.1的相关规定进行审查。对符合条件的，换发《爆破作业单位许可证》；对不符合条件的，书面向申请人说明理由。

《国务院关于深化“证照分离”改革进一步激发市场主体发展活力的通知》附件1第139项：爆破作业单位许可，不再要求

申请者提供爆破作业业绩证明、技术负责人从业经历证明、从业人员资格证明等材料。

《关于贯彻执行〈爆破作业单位资质条件和管理要求〉和〈爆破作业项目管理要求〉有关事项的通知》……对煤矿企业、非煤矿矿山企业，要将其是否持有合法有效的采矿许可证、安全生产许可证作为前置许可条件进行审查。

6. 中介服务

（1）有无法定中介服务事项：有

（2）中介服务事项名称：民用爆炸物品专用仓库安全评价

（3）设定中介服务事项的依据

《民用爆炸物品安全管理条例》第31条。

（4）提供中介服务的机构：民用爆炸物品安全评价机构

（5）中介服务事项的收费性质：经营服务性收费（市场调节价）

7. 审批程序

（1）办理行政许可的程序环节

首次申请、有效期届满换发申请：一是申请人申请；二是审批机构受理/不予受理；三是审批机构审查；四是专家评审；五是现场勘验；六是决定核发许可证/不予核发许可证。

法定代表人、技术负责人、单位名称、单位地址变更换发申请：一是申请人申请；二是审批机构受理/不予受理；三是审批机构审查；四是决定核发许可证/不予核发许可证。

（2）规定行政许可程序的依据

《民用爆炸物品安全管理条例》第32条。

《爆破作业单位资质条件和管理要求》（GA 990－2012）

公安部办公厅《关于贯彻执行〈爆破作业单位资质条件和管理要求〉和〈爆破作业项目管理要求〉有关事项的通知》……受理《爆破作业单位许可证》申请的公安机关，要组织对申请单位提交的材料进行专家评审，对民用爆炸物品专用仓库、爆破施工机械及检测、测量设备等实质内容进行现场审查。专家评审和现场审查所需时间不计算在审批期限内，受理申请的公安机关应当将所需时间书面告知申请人。

（3）是否需要现场勘验：部分情况下开展

（4）是否需要组织听证：否

（5）是否需要招标、拍卖、挂牌交易：否

（6）是否需要检验、检测、检疫：否

（7）是否需要鉴定：否

（8）是否需要专家评审：部分情况下开展

（9）是否需要向社会公示：否

（10）是否实行告知承诺办理：否

（11）审批机关是否委托服务机构开展技术性服务：否

8. 受理和审批时限

（1）承诺受理时限：当场办理

（2）法定审批时限：20个工作日

（3）规定法定审批时限依据

《民用爆炸物品安全管理条例》第32条。

（4）承诺审批时限：20个工作日

9. 收费

（1）办理行政许可是否收费：否

（2）收费项目的名称、收费项目的标

准、设定收费项目的依据、规定收费标准的依据：无

10. 行政许可证件

（1）审批结果类型：证照

（2）审批结果名称：爆破作业单位许可证（非营业性）

（3）审批结果的有效期限：3 年

（4）规定审批结果有效期限的依据

《爆破作业单位资质条件和管理要求》（GA 990－2012）8.1.3.1《爆破作业单位许可证》的有效期为3年。

（5）是否需要办理审批结果变更手续：是

（6）办理审批结果变更手续的要求：法定代表人、技术负责人、单位名称、单位地址发生变化的，爆破作业单位应在发生变化之日起30日内，向原签发公安机关提出换发《爆破作业单位许可证》的申请。

（7）是否需要办理审批结果延续手续：是

（8）办理审批结果延续手续的要求：在有效期届满前60日内，向原签发公安机关提出换发《爆破作业单位许可证》的申请。

（9）审批结果的有效地域范围：爆破作业许可区域内

（10）规定审批结果有效地域范围的依据

《爆破作业单位资质条件和管理要求》（GA 990－2012）8.1.2.4《爆破作业单位许可证》（非营业性）仅在爆破作业许可区域内有效。

11. 行政许可数量限制

（1）有无行政许可数量限制：无

（2）公布数量限制的方式：无

（3）公布数量限制的周期：无

（4）在数量限制条件下实施行政许可的方式：无

（5）规定在数量限制条件下实施行政许可方式的依据：无

12. 行政许可后年检

（1）有无年检要求：无

（2）设定年检要求的依据：无

（3）年检周期：无

（4）年检是否要求报送材料：无

（5）年检报送材料名称：无

（6）年检是否收费：无

（7）年检收费项目的名称、年检收费项目的标准、设定年检收费项目的依据、规定年检项目收费标准的依据：无

（8）通过年检的证明或者标志：无

13. 行政许可后年报

（1）有无年报要求：无

（2）年报报送材料名称：无

（3）设定年报要求的依据：无

（4）年报周期：无

14. 监管主体

设区的市级公安机关、县级公安机关

15. 备注

二十六、爆破作业人员资格认定

爆破作业人员资格认定的中央主管部门是公安部，实施机关是设区的市级公安机关，设定和实施依据包括：《民用爆炸物品安全管理条例》、《爆破作业人员资格条件和管理要求》（GA 53－2015）。该许可项目无子项。

1. 基本要素

（1）行政许可事项名称及编码：爆破作业人员资格认定【000109117000】

（2）行政许可事项子项名称及编码：无

（3）行政许可事项业务办理项名称及编码：首次申请（00010911700001）；有效期届满申请换发（00010911700002）；变更工作单位申请换发（00010911700003）；遗失申请补发（00010911700004）；损毁影响使用申请补发（00010911700005）

（4）设定依据

《民用爆炸物品安全管理条例》第3条第1款规定，国家对民用爆炸物品的生产、销售、购买、运输和爆破作业实行许可证制度。

《民用爆炸物品安全管理条例》第33条规定，……爆破作业人员应当经设区的市级人民政府公安机关考核合格，取得《爆破作业人员许可证》后，方可从事爆破作业。

（5）实施依据

《民用爆炸物品安全管理条例》第33条。

《爆破作业人员资格条件和管理要求》（GA 53－2015）。

（6）监管依据

《民用爆炸物品安全管理条例》第34条规定，爆破作业单位应当按照其资质等级承接爆破作业项目，爆破作业人员应当按照其资格等级从事爆破作业。爆破作业的分级管理办法由国务院公安部门规定。

《民用爆炸物品安全管理条例》第48条规定，违反本条例规定，从事爆破作业的单位有下列情形之一的，由公安机关责令停止违法行为或者限期改正，处10万元以上50万元以下的罚款；逾期不改正的，责令停产停业整顿；情节严重的，吊销《爆破作业单位许可证》：①爆破作业单位未按照其资质等级从事爆破作业的；②营业性爆破作业单位跨省、自治区、直辖市行政区域实施爆破作业，未按照规定事先向爆破作业所在地的县级人民政府公安机关报告的；③爆破作业单位未按照规定建立民用爆炸物品领取登记制度、保存领取登记记录的；④违反国家有关标准和规范实施爆破作业的。爆破作业人员违反国家有关标准和规范的规定实施爆破作业的，由公安机关责令限期改正，情节严重的，吊销《爆破作业人员许可证》。

（7）实施机关：设区的市级公安机关

（8）审批层级：设区的市级

（9）行使层级：市级/隶属

（10）是否由审批机关受理：是

（11）受理层级：设区的市级

（12）是否存在初审环节：否

（13）初审层级：无

（14）对应政务服务事项国家级基本目录名称：爆破作业人员许可

（15）要素统一情况：全部要素全国统一

2. 行政许可事项类型：资格型

3. 行政许可条件

（1）准予行政许可的条件：一是爆破作业人员资格条件一般要求为：无妨碍爆破作业的疾病或生理缺陷；具有完全民事行为能力；无刑事处罚记录；无涉恐、吸毒等其他不适合从事爆破作业的情况。二是爆破工程技术人员资格条件为：年满18周岁且不超过70周岁；申请爆破工程技术人员初级/D的，应取得理学或工学学科范围大学专科学历且从事爆破相关工作3年以上，或者取得理学或工学学科范围大学本科学历且从事爆破相关工作1年以上；申请爆破工程技术人员中级/C的，应取得理学或工学学科范围硕士研究生学历且从事爆破相关工作2年以上，或者取得爆破工程技术人员初级/D后连续从事爆破相关工作4年以上且主持过不少于3项D级爆破作业项目的设计施工；申请爆破工程技术人员高级/B的，应取得理学或工学学科范围博士研究生学历且从事爆破相关工作2年以上，或者取得爆破工程技术人员中级/C后连续从事爆破相关工作4年以上且主持过不少于3项C级爆破作业项目的设计施工；申请爆破工程技术人员高级/A的，应取得爆破工程技术人员高级/B后连续从事爆破相关工作4年以上且主持过不少于5项B级爆破作业项目的设计施工；近3年参与爆破作业项目设计施工、安全评估和安全监理的，未发生爆破作业责任事故。三是爆破员、安全员和保管员资格条件为：年满18周岁且不超过60周岁；初中以上文化程度；近3年未发生爆破作业责任事故。四是参加《爆破作业人员资格条件和管理要求》（GA 53－2015）规定学时的培训。五是考核合格。

（2）规定行政许可条件的依据

《民用爆炸物品安全管理条例》第33条。

《爆破作业人员资格条件和管理要求》（GA53－2015）6.1一般要求。爆破作业人员资格条件一般要求为：a）无妨碍爆破作业的疾病或生理缺陷；b）具有完全民事行为能力；c）无刑事处罚记录；d）无涉恐、吸毒等其他不适合从事爆破作业的情况。6.2特殊要求。6.2.1爆破工程技术人员资格条件爆破工程技术人员资格条件为：a）年满18周岁且不超过70周岁；b）申请爆破工程技术人员初级/D的，应取得理学或工学学科范围大学专科学历且从事爆破相关工作3年以上，或者取得理学或工学学科范围大学本科学历且从事爆破相关工作1年以上；c）申请爆破工程技术人员中级/C的，应取得理学或工学学科范围硕士研究生学历且从事爆破相关工作2年以上，或者取得爆破工程技术人员初级/D后连续从事爆破相关工作4年以上且主持过不少于3项D级爆破作业项目的设计施工；d）申请爆破工程技术人员高级/B的，应取得理学或工学学科范围博士研究生学历且从事爆破相关工作2年以上，或者取得爆破工程技术人员中级/C后连续从事爆破相关工作4年以上且主持过不少于3项C级爆破作业项目的设计施工；e）申请爆破工程技术人员高级/A的，应取得爆破工程技术人员高级/B后连续从事爆破相关工作4年以上且主持过不少于5项B级爆破作业项目的设计施工；f）近3年参与爆破作业项目设计施工、安全评估和安全监理的，未发生爆破作业责任事故。6.2.2爆破员、安全员和保管员资格条件爆破员、安全员和保管员资格条件为：a）年满18周岁且不超过60周岁；b）初中以上文化程度；c）近3年未发生爆破作业责任事故。

8.1.1.1初次申请《爆破作业人员许可证》的爆破工程技术人员应参加不少于240学时的安全技术培训。8.1.1.2初次申请《爆破作业人员许可证》的爆破员、安全员和保管员应参加不少于72学时的安全技术培训。

8.1.2.1爆破工程技术人员每年应参加不少于40学时的继续教育培训。8.1.2.2

爆破员、安全员和保管员每年应参加不少于20学时的继续教育培训。

8.2.3.1 经考核合格的爆破作业人员，自考核结果公布之日起10日内，由设区的市级公安机关核发《爆破作业人员许可证》。

4. 行政许可服务对象类型与改革举措

（1）服务对象类型：自然人

（2）是否为涉企经营许可事项：否

（3）涉企经营许可事项名称：无

（4）涉企经营许可证件名称：无

（5）改革方式：优化审批服务

（6）具体改革举措：不再要求提供培训证明、工作业绩证明。

（7）加强事中事后监管措施：一是全面推行"双随机、一公开"监管，依法查处违法违规行为。二是充分利用技术手段开展检查。在保证数据信息安全且满足相关保密要求的前提下，加强数据分析比对，从中发现不符合资质条件规定等违法违规行为并依法依规作出处理，提升监管效能。三是严格监管执法。重点检查是否违反国家有关标准和规范实施爆破作业，是否存在超过有效期未及时换证、负有事故责任、提供虚假信息、以不正当手段获取许可证件、伪造、变造、转借、转让、冒用证件等情况，确保监管到位。四是依法开展案件查办。对监管中发现的违法违规问题，依法责令限期整改；对于情节严重的，吊销许可证；涉嫌犯罪的，依法追究刑事责任。

5. 申请材料

（1）申请材料名称

首次申请：一是《爆破作业人员许可证》申请表；二是身份证明复印件；三是申请人与爆破作业单位签订的聘用劳动合同复印件或其他有效证明；四是爆破作业单位为申请人缴纳基本养老保险、基本医疗保险、工伤保险和失业保险等社会保险的证明；五是爆破作业单位聘用高等院校、科研院所人员和退休人员等不能提供三、四项材料的，应提供爆破作业单位的聘任协议以及现或原所在单位的同意受聘证明或退休证明；六是申请《爆破作业人员许可证》的爆破工程技术人员还需提供学历、学位证书，从事爆破作业的时间、经历和获奖证明等。

有效期届满申请换发：一是《爆破作业人员许可证》申请表；二是身份证明复印件；三是申请人与爆破作业单位签订的聘用劳动合同复印件或其他有效证明；四是爆破作业单位为申请人缴纳基本养老保险、基本医疗保险、工伤保险和失业保险等社会保险的证明；五是爆破作业单位聘用高等院校、科研院所人员和退休人员等不能提供三、四项材料的，应提供爆破作业单位的聘任协议以及现或原所在单位的同意受聘证明或退休证明；六是原《爆破作业人员许可证》。

变更工作单位申请换发：一是《爆破作业人员许可证》申请表；二是身份证明复印件；三是申请人与爆破作业单位签订的聘用劳动合同复印件或其他有效证明；四是爆破作业单位为申请人缴纳基本养老保险、基本医疗保险、工伤保险和失业保险等社会保险的证明；五是爆破作业单位聘用高等院校、科研院所人员和退休人员等不能提供三、四项材料的，应提供爆破作业单位的聘任协议以及现或原所在单位的同意受聘证明或退休证明；六是与原单位解除聘用合同或聘用合同到期的证明文件；七是原《爆破作业人员许可证》。

遗失申请补发、损毁影响使用申请补发：《爆破作业人员许可证》申请表。

（2）规定申请材料的依据

《民用爆炸物品安全管理条例》第33条。

《爆破作业人员资格条件和管理要求》（GA 53－2015）8.2.1.1 申请《爆破作业人员许可证》的爆破员、安全员、保管员，应向单位所在地设区的市级公安机关提出申请，提交《爆破作业人员许可证》申请表（见附录A）及以下材料：a）身份证明复印件；b）申请人符合8.1.2要求的证明，初次申请《爆破作业人员许可证》的提供符合8.1.1要求的证明；c）申请人与爆破作业单位签订的聘用劳动合同复印件或其他有效证明；d）爆破作业单位为申请人缴纳基本养老保险、基本医疗保险、工伤保险和失业保险等社会保险的证明；e）爆破作业单位聘用高等院校、科研院所人员和退休人员等不能提供c）、d）项材料的，应提供爆破作业单位的聘任协议以及现或原所在单位的同意受聘证明或退休证明。8.2.1.2 申请《爆破作业人员许可证》的爆破工程技术人员，应向单位所在地设区的市级公安机关提出申请，除提交8.2.1.1规定的材料外，还应提交符合6.2.1要求的证明材料，包括：a）资历证明，包括学历、学位证书，从事爆破作业的时间、经历和获奖证明等；b）工作业绩证明，包括主持爆破作业项目设计施工的证明、设计文件等。8.2.4.1.1《爆破作业人员许可证》的有效期为3年。8.2.4.1.2 有效期届满需要继续从事爆破作业的，爆破作业人员应在期满前30日内，向原签发公安机关提出换发《爆破作业人员许 11 可证》的申请，并提交8.2.1.1规定的材料。8.2.4.1.3 变更工作单位的，爆破作业人员应向现工作单位所在地设区的市级公安机关提出换发《爆破作业人员许可证》的申请，并提交8.2.1.1规定的材料和与原单位解除聘用合同或聘用合同到期的证明文件。8.2.4.1.4 受理申请的公安机关按照规定进行审查。对符合条件的，收回原证并换发《爆破作业人员许可证》；对不符合条件的，书面向申请人说明理由。8.2.4.2.1《爆破作业人员许可证》遗失的，应持在公众媒体上刊登的遗失声明的证明，向原签发公安机关提出补发《爆破作业人员许可证》的申请。受理申请的公安机关按照规定进行核实后予以补发，补发的《爆破作业人员许可证》编号、有效期与原证一致。8.2.4.2.2《爆破作业人员许可证》因损毁影响使用的，应向原签发公安机关提出补发《爆破作业人员许可证》的申请。受理申请的公安机关按照规定进行核实、收回原证后予以补发，补发的《爆破作业人员许可证》编号、有效期与原证一致。

公安部《关于不再要求提供有关规章设定证明事项和取消有关规范性文件设定证明事项的通知》附件1第8项：培训证明；第9项：工作业绩证明。

6. 中介服务

（1）有无法定中介服务事项：无

（2）中介服务事项名称：无

（3）设定中介服务事项的依据：无

（4）提供中介服务的机构：无

（5）中介服务事项的收费性质：无

7. 审批程序

（1）办理行政许可的程序环节：一是

申请人申请；二是审批机构受理/不予受理；三是审批机构审查；四是决定核发许可证/不予核发许可证。

（2）规定行政许可程序的依据

《民用爆炸物品安全管理条例》第33条。

《爆破作业人员资格条件和管理要求》（GA 53－2015）。

（3）是否需要现场勘验：否

（4）是否需要组织听证：否

（5）是否需要招标、拍卖、挂牌交易：否

（6）是否需要检验、检测、检疫：否

（7）是否需要鉴定：否

（8）是否需要专家评审：否

（9）是否需要向社会公示：否

（10）是否实行告知承诺办理：否

（11）审批机关是否委托服务机构开展技术性服务：否

8. 受理和审批时限

（1）承诺受理时限：当场办理

（2）法定审批时限：10个工作日

（3）规定法定审批时限依据

《爆破作业人员资格条件和管理要求》（GA 53－2015）8.2.3.1。

（4）承诺审批时限：10个工作日

9. 收费

（1）办理行政许可是否收费：否

（2）收费项目的名称、收费项目的标准、设定收费项目的依据、规定收费标准的依据：无

10. 行政许可证件

（1）审批结果类型：证照

（2）审批结果名称：爆破作业人员许可证

（3）审批结果的有效期限：3年

（4）规定审批结果有效期限的依据

《爆破作业人员资格条件和管理要求》（GA 53－2015）8.2.4.1.1。

（5）是否需要办理审批结果变更手续：是

（6）办理审批结果变更手续的要求：变更工作单位，应当申请换发。

（7）是否需要办理审批结果延续手续：是

（8）办理审批结果延续手续的要求：有效期届满，应当申请换发。

（9）审批结果的有效地域范围：全国

（10）规定审批结果有效地域范围的依据

《行政许可法》第41条规定，法律、行政法规设定的行政许可，其适用范围没有地域限制的，申请人取得的行政许可在全国范围内有效。

11. 行政许可数量限制

（1）有无行政许可数量限制：无

（2）公布数量限制的方式：无

（3）公布数量限制的周期：无

（4）在数量限制条件下实施行政许可的方式：无

（5）规定在数量限制条件下实施行政许可方式的依据：无

12. 行政许可后年检

（1）有无年检要求：无

（2）设定年检要求的依据：无

（3）年检周期：无

（4）年检是否要求报送材料：无

（5）年检报送材料名称：无

（6）年检是否收费：无

（7）年检收费项目的名称、年检收费

项目的标准、设定年检收费项目的依据、规定年检项目收费标准的依据：无

（8）通过年检的证明或者标志：无

13. 行政许可后年报

（1）有无年报要求：无

（2）年报报送材料名称：无

（3）设定年报要求的依据：无

（4）年报周期：无

14. 监管主体

设区的市级公安机关；县级公安机关。

15. 备注

二十七、城市、风景名胜区和重要工程设施附近实施爆破作业审批

城市、风景名胜区和重要工程设施附近实施爆破作业审批的中央主管部门是公安部，实施机关是设区的市级公安机关，设定和实施依据包括：《民用爆炸物品安全管理条例》、《爆破作业项目管理要求》（GA 991－2012）。该许可项目无子项。

1. 基本要素

（1）行政许可事项名称及编码：城市、风景名胜区和重要工程设施附近实施爆破作业审批【000109116000】

（2）行政许可事项子项名称及编码：无

（3）行政许可事项业务办理项名称及编码：无

（4）设定依据

《民用爆炸物品安全管理条例》第3条第1款规定，国家对民用爆炸物品的生产、销售、购买、运输和爆破作业实行许可证制度。

（5）实施依据

《民用爆炸物品安全管理条例》第4条第2款规定，公安机关负责民用爆炸物品公共安全管理和民用爆炸物品购买、运输、爆破作业的安全监督管理，监控民用爆炸物品流向。

《民用爆炸物品安全管理条例》第35条规定，在城市、风景名胜区和重要工程设施附近实施爆破作业的，应当向爆破作业所在地设区的市级人民政府公安机关提出申请，提交《爆破作业单位许可证》和具有相应资质的安全评估企业出具的爆破设计、施工方案评估报告。受理申请的公安机关应当自受理申请之日起20日内对提交的有关材料进行审查，对符合条件的，作出批准的决定；对不符合条件的，作出不予批准的决定，并书面向申请人说明理由。实施前款规定的爆破作业，应当由具有相应资质的安全监理企业进行监理，由爆破作业所在地县级人民政府公安机关负责组织实施安全警戒。

《爆破作业项目管理要求》（GA991－2012）。

（6）监管依据

《民用爆炸物品安全管理条例》第4条、第35条。

《民用爆炸物品安全管理条例》第44条规定，非法制造、买卖、运输、储存民用爆炸物品，构成犯罪的，依法追究刑事责任；尚不构成犯罪，有违反治安管理行为的，依法给予治安管理处罚。违反本条例规定，在生产、储存、运输、使用民用爆炸物品中发生重大事故，造成严重后果或者后果特别严重，构成犯罪的，依法追究刑事责任。……违反本条例规定，未经许可购买、运输民用爆炸物品或者从事爆破作业的，由公安机关责令停止非法购买、

运输、爆破作业活动，处5万元以上20万元以下的罚款，并没收非法购买、运输以及从事爆破作业使用的民用爆炸物品及其违法所得。……

《民用爆炸物品安全管理条例》第48条规定，违反本条例规定，从事爆破作业的单位有下列情形之一的，由公安机关责令停止违法行为或者限期改正，处10万元以上50万元以下的罚款；逾期不改正的，责令停产停业整顿；情节严重的，吊销《爆破作业单位许可证》：①爆破作业单位未按照其资质等级从事爆破作业的；②营业性爆破作业单位跨省、自治区、直辖市行政区域实施爆破作业，未按照规定事先向爆破作业所在地的县级人民政府公安机关报告的；③爆破作业单位未按照规定建立民用爆炸物品领取登记制度、保存领取登记记录的；④违反国家有关标准和规范实施爆破作业的。爆破作业人员违反国家有关标准和规范的规定实施爆破作业的，由公安机关责令限期改正，情节严重的，吊销《爆破作业人员许可证》。

（7）实施机关：设区的市级公安机关

（8）审批层级：设区的市级

（9）行使层级：市级/隶属

（10）是否由审批机关受理：是

（11）受理层级：设区的市级

（12）是否存在初审环节：否

（13）初审层级：无

（14）对应政务服务事项国家级基本目录名称：城市、风景名胜区和重要工程设施附近实施爆破作业审批

（15）要素统一情况：全部要素全国统一

2. 行政许可事项类型：条件型

3. 行政许可条件

（1）准予行政许可的条件：一是设计施工、安全评估、安全监理单位具有相应资质；二是具有安全评估单位出具的爆破设计、施工方案的安全评估报告。

（2）规定行政许可条件的依据

《民用爆炸物品安全管理条例》第35条。

《爆破作业项目管理要求》（GA 991－2012）5.1.2申请。在城市、风景名胜区和重要工程设施附近实施爆破作业的，爆破作业单位应向爆破作业所在地设区的市级公安机关提出申请，提交《爆破作业项目许可审批表》（见附录A）及下列材料：a）设计施工、安全评估、安全监理单位持有的《爆破作业单位许可证》、工商营业执照及其复印件；b）设计施工单位与委托单位签订的爆破作业合同；c）安全评估单位与委托单位签订的安全评估合同；d）安全监理单位与委托单位签订的安全监理合同；e）安全评估单位出具的爆破设计、施工方案的安全评估报告。

4. 行政许可服务对象类型与改革举措

（1）服务对象类型：企业法人，事业单位法人，社会组织法人，非法人企业，行政机关，其他组织

（2）是否为涉企经营许可事项：否

（3）涉企经营许可事项名称：无

（4）涉企经营许可证件名称：无

（5）改革方式：优化审批服务

（6）具体改革举措：不再要求提供设计施工、安全评估、安全监理单位持有的《爆破作业单位许可证》。

（7）加强事中事后监管措施：一是全

面推行“双随机、一公开”监管，依法查处违法违规行为，切实提升监管效能。二是充分利用技术手段开展检查。在保证数据信息安全且满足相关保密要求的前提下，加强数据分析比对，从中发现不符合资质条件规定等违法违规行为并依法依规作出处理。三是严格监管执法。适时部署开展大范围排查，对企业主体责任落实、爆破作业活动等方面加大监管力度，确保监管到位。四是依法开展案件查办。对监管中发现的违法违规问题，依法责令限期改正、罚款、没收非法从事爆破作业使用的民用爆炸物品及其违法所得等；逾期不改正的，责令停产停业整顿；情节严重的，吊销许可证；涉嫌犯罪的，依法追究刑事责任。

5. 申请材料

（1）申请材料名称：一是《爆破作业项目许可审批表》；二是设计施工、安全评估、安全监理单位持有的工商营业执照及其复印件；三是设计施工单位与委托单位签订的爆破作业合同；四是安全评估单位与委托单位签订的安全评估合同；五是安全监理单位与委托单位签订的安全监理合同；六是安全评估单位出具的爆破设计、施工方案的安全评估报告。

（2）规定申请材料的依据

《民用爆炸物品安全管理条例》第35条。

《爆破作业项目管理要求》（GA 991－2012）5.1.2。

公安部《关于不再要求提供有关规章设定证明事项和取消有关规范性文件设定证明事项的通知》附件1第7项：设计施工、安全评估、安全监理单位持有的《爆破作业单位许可证》。

6. 中介服务

（1）有无法定中介服务事项：有

（2）中介服务事项名称：具有相应资质的安全评估企业出具的爆破设计、施工方案评估报告；具有相应资质的安全监理企业对实施爆破作业进行监理

（3）设定中介服务事项的依据

《民用爆炸物品安全管理条例》第35条。

（4）提供中介服务的机构：具有相应资质的安全评估企业、安全监理企业

（5）中介服务事项的收费性质：经营服务性收费（市场调节价）

7. 审批程序

（1）办理行政许可的程序环节：一是申请人申请；二是审批机构受理/不予受理；三是审批机构审查；四是现场勘验；五是作出批准的决定/作出不予批准的决定。

（2）规定行政许可程序的依据

《民用爆炸物品安全管理条例》第35条。

（3）是否需要现场勘验：部分情况下开展

（4）是否需要组织听证：否

（5）是否需要招标、拍卖、挂牌交易：否

（6）是否需要检验、检测、检疫：否

（7）是否需要鉴定：否

（8）是否需要专家评审：否

（9）是否需要向社会公示：否

（10）是否实行告知承诺办理：否

（11）审批机关是否委托服务机构开展技术性服务：否

8. 受理和审批时限

（1）承诺受理时限：当场办理

（2）法定审批时限：20个工作日

（3）规定法定审批时限依据

《民用爆炸物品安全管理条例》第35条。

（4）承诺审批时限：20个工作日

9. 收费

（1）办理行政许可是否收费：否

（2）收费项目的名称、收费项目的标准、设定收费项目的依据、规定收费标准的依据：无

10. 行政许可证件

（1）审批结果类型：批文

（2）审批结果名称：民用爆炸物品行政许可事项批准决定书

（3）审批结果的有效期限：许可的爆破作业时间

（4）规定审批结果有效期限的依据

《民用爆炸物品安全管理条例》第35条。

（5）是否需要办理审批结果变更手续：否

（6）办理审批结果变更手续的要求：无

（7）是否需要办理审批结果延续手续：否

（8）办理审批结果延续手续的要求：无

（9）审批结果的有效地域范围：批准的范围

（10）规定审批结果有效地域范围的依据

《民用爆炸物品安全管理条例》第35条。

11. 行政许可数量限制

（1）有无行政许可数量限制：无

（2）公布数量限制的方式：无

（3）公布数量限制的周期：无

（4）在数量限制条件下实施行政许可的方式：无

（5）规定在数量限制条件下实施行政许可方式的依据：无

12. 行政许可后年检

（1）有无年检要求：无

（2）设定年检要求的依据：无

（3）年检周期：无

（4）年检是否要求报送材料：无

（5）年检报送材料名称：无

（6）年检是否收费：无

（7）年检收费项目的名称、年检收费项目的标准、设定年检收费项目的依据、规定年检项目收费标准的依据：无

（8）通过年检的证明或者标志：无

13. 行政许可后年报

（1）有无年报要求：无

（2）年报报送材料名称：无

（3）设定年报要求的依据：无

（4）年报周期：无

14. 监管主体

设区的市级公安机关；县级公安机关。

15. 备注

二十八、剧毒化学品购买许可

剧毒化学品购买许可的中央主管部门是公安部，实施机关是县级公安机关，设定和实施依据是《危险化学品安全管理条例》。该许可项目无子项。

1. 基本要素

（1）行政许可事项名称及编码：剧毒化学品购买许可【000109125000】

（2）行政许可事项子项名称及编

码：无

（3）行政许可事项业务办理项名称及编码：无

（4）设定依据

《危险化学品安全管理条例》第6条第2项规定，公安机关负责危险化学品的公共安全管理，核发剧毒化学品购买许可证、剧毒化学品道路运输通行证，并负责危险化学品运输车辆的道路交通安全管理。

《危险化学品安全管理条例》第38条规定，依法取得危险化学品安全生产许可证、危险化学品安全使用许可证、危险化学品经营许可证的企业，凭相应的许可证件购买剧毒化学品、易制爆危险化学品。民用爆炸物品生产企业凭民用爆炸物品生产许可证购买易制爆危险化学品。前款规定以外的单位购买剧毒化学品的，应当向所在地县级人民政府公安机关申请取得剧毒化学品购买许可证；……个人不得购买剧毒化学品（属于剧毒化学品的农药除外）和易制爆危险化学品。

（5）实施依据

《危险化学品安全管理条例》第39条规定，申请取得剧毒化学品购买许可证，申请人应当向所在地县级人民政府公安机关提交下列材料：①营业执照或者法人证书（登记证书）的复印件；②拟购买的剧毒化学品品种、数量的说明；③购买剧毒化学品用途的说明；④经办人的身份证明。县级人民政府公安机关应当自收到前款规定的材料之日起3日内，作出批准或者不予批准的决定。予以批准的，颁发剧毒化学品购买许可证；不予批准的，书面通知申请人并说明理由。剧毒化学品购买许可证管理办法由国务院公安部门制定。

（6）监管依据

《危险化学品安全管理条例》第7条规定，负有危险化学品安全监督管理职责的部门依法进行监督检查，可以采取下列措施：①进入危险化学品作业场所实施现场检查，向有关单位和人员了解情况，查阅、复制有关文件、资料；②发现危险化学品事故隐患，责令立即消除或者限期消除；③对不符合法律、行政法规、规章规定或者国家标准、行业标准要求的设施、设备、装置、器材、运输工具，责令立即停止使用；④经本部门主要负责人批准，查封违法生产、储存、使用、经营危险化学品的场所，扣押违法生产、储存、使用、经营、运输的危险化学品以及用于违法生产、使用、运输危险化学品的原材料、设备、运输工具；⑤发现影响危险化学品安全的违法行为，当场予以纠正或者责令限期改正。负有危险化学品安全监督管理职责的部门依法进行监督检查，监督检查人员不得少于2人，并应当出示执法证件；有关单位和个人对依法进行的监督检查应当予以配合，不得拒绝、阻碍。

《危险化学品安全管理条例》第9条规定，任何单位和个人对违反本条例规定的行为，有权向负有危险化学品安全监督管理职责的部门举报。负有危险化学品安全监督管理职责的部门接到举报，应当及时依法处理；对不属于本部门职责的，应当及时移送有关部门处理。

《危险化学品安全管理条例》第81条第1款规定，有下列情形之一的，由公安机关责令改正，可以处1万元以下的罚款；拒不改正的，处1万元以上5万元以下的罚款：①生产、储存、使用剧毒化学品、易制爆危险化学品的单位不如实记录生产、储存、使用的剧毒化学品、易制爆危险化学品的数量、流向的；②生产、储存、使用剧毒化学品、易制爆危险化学品的单位发现剧毒化学品、易制爆危险化学品丢失或者被盗，不立即向公安机关报告的；③储存剧毒化学品的单位未将剧毒化学品的储存数量、储存地点以及管理人员的情况报所在地县级人民政府公安机关备案的；④危险化学品生产企业、经营企业不如实记录剧毒化学品、易制爆危险化学品购买单位的名称、地址、经办人的姓名、身份证号码以及所购买的剧毒化学品、易制爆危险化学品的品种、数量、用途，或者保存销售记录和相关材料的时间少于1年的；⑤剧毒化学品、易制爆危险化学品的销售企业、购买单位未在规定的时限内将所销售、购买的剧毒化学品、易制爆危险化学品的品种、数量以及流向信息报所在地县级人民政府公安机关备案的；⑥使用剧毒化学品、易制爆危险化学品的单位依照本条例规定转让其购买的剧毒化学品、易制爆危险化学品，未将有关情况向所在地县级人民政府公安机关报告的。

《危险化学品安全管理条例》第84条第2、3款规定，不具有本条例第三十八条第一款、第二款规定的相关许可证件或者证明文件的单位购买剧毒化学品、易制爆危险化学品，或者个人购买剧毒化学品（属于剧毒化学品的农药除外）、易制爆危险化学品的，由公安机关没收所购买的剧毒化学品、易制爆危险化学品，可以并处5000元以下的罚款。使用剧毒化学品、易制爆危险化学品的单位出借或者向不具有本条例第三十八条第一款、第二款规定的相关许可证件的单位转让其购买的剧毒化学品、易制爆危险化学品，或者向个人转让其购买的剧毒化学品（属于剧毒化学品的农药除外）、易制爆危险化学品的，由公安机关责令改正，处10万元以上20万元以下的罚款；拒不改正的，责令停产停业整顿。

（7）实施机关：县级公安机关

（8）审批层级：县级

（9）行使层级：县级

（10）是否由审批机关受理：是

（11）受理层级：县级

（12）是否存在初审环节：否

（13）初审层级：无

（14）对应政务服务事项国家级基本目录名称：剧毒化学品购买许可

（15）要素统一情况：全部要素全国统一

2. 行政许可事项类型：条件型

3. 行政许可条件

（1）准予行政许可的条件：依法取得危险化学品安全生产许可证、危险化学品安全使用许可证、危险化学品经营许可证的企业以外的单位［具有营业执照或者法人证书（登记证书）］。

（2）规定行政许可条件的依据

《危险化学品安全管理条例》第38条、第39条。

4. 行政许可服务对象类型与改革举措

（1）服务对象类型：企业法人，事业单位法人，社会组织法人，非法人企业，行政机关，其他组织

（2）是否为涉企经营许可事项：否

（3）涉企经营许可事项名称：无

（4）涉企经营许可证件名称：无

（5）改革方式：无

（6）具体改革举措：无

（7）加强事中事后监管措施：一是全面推行“双随机、一公开”监管，依法查处违法违规行为。配合剧毒化学品行业主管部门，深入企业，重点检查剧毒化学品的购买环节，切实提升监管效能。二是充分利用技术手段开展检查。在保证数据信息安全且满足相关保密要求的前提下，加强数据分析比对，从中发现不符合资质条件规定等违法违规行为并依法依规作出处理。三是严格监管执法。适时部署开展大范围排查，对购销备案、流向登记、交易方式等方面加大监管力度，确保监管到位。四是依法开展案件查办。对监管中发现的违法违规问题，依法采取责令改正、罚款等方法；涉嫌犯罪的，依法追究刑事责任。

5. 申请材料

（1）申请材料名称：一是《剧毒化学品购买许可证》申请表；二是单位营业执照或者法人证书（登记证书）的复印件；三是拟购买的剧毒化学品品种、数量的说明；四是购买剧毒化学品用途的说明；五是经办人的身份证明。

（2）规定申请材料的依据

《危险化学品安全管理条例》第38条、第39条。

6. 中介服务

（1）有无法定中介服务事项：无

（2）中介服务事项名称：无

（3）设定中介服务事项的依据：无

（4）提供中介服务的机构：无

（5）中介服务事项的收费性质：无

7. 审批程序

（1）办理行政许可的程序环节：一是申请人申请；二是审批机构受理/不予受理；三是审批机构审查；四是决定核发许可证/不予核发许可证。

（2）规定行政许可程序的依据

《危险化学品安全管理条例》第39条。

（3）是否需要现场勘验：否

（4）是否需要组织听证：否

（5）是否需要招标、拍卖、挂牌交易：否

（6）是否需要检验、检测、检疫：否

（7）是否需要鉴定：否

（8）是否需要专家评审：否

（9）是否需要向社会公示：否

（10）是否实行告知承诺办理：否

（11）审批机关是否委托服务机构开展技术性服务：否

8. 受理和审批时限

（1）承诺受理时限：当场办理

（2）法定审批时限：3个工作日

（3）规定法定审批时限依据

《危险化学品安全管理条例》第39条。

（4）承诺审批时限：3个工作日

9. 收费

（1）办理行政许可是否收费：否

（2）收费项目的名称、收费项目的标准、设定收费项目的依据、规定收费标准的依据：无

10. 行政许可证件

（1）审批结果类型：证照

（2）审批结果名称：剧毒化学品购买许可证

（3）审批结果的有效期限：许可的有效期限

（4）规定审批结果有效期限的依据

《危险化学品安全管理条例》第39条。

（5）是否需要办理审批结果变更手续：否

（6）办理审批结果变更手续的要求：无

（7）是否需要办理审批结果延续手续：否

（8）办理审批结果延续手续的要求：无

（9）审批结果的有效地域范围：全国

（10）规定审批结果有效地域范围的依据

《行政许可法》第41条规定，法律、行政法规设定的行政许可，其适用范围没有地域限制的，申请人取得的行政许可在全国范围内有效。

11. 行政许可数量限制

（1）有无行政许可数量限制：无

（2）公布数量限制的方式：无

（3）公布数量限制的周期：无

（4）在数量限制条件下实施行政许可的方式：无

（5）规定在数量限制条件下实施行政许可方式的依据：无

12. 行政许可后年检

（1）有无年检要求：无

（2）设定年检要求的依据：无

（3）年检周期：无

（4）年检是否要求报送材料：无

（5）年检报送材料名称：无

（6）年检是否收费：无

（7）年检收费项目的名称、年检收费项目的标准、设定年检收费项目的依据、规定年检项目收费标准的依据：无

（8）通过年检的证明或者标志：无

13. 行政许可后年报

（1）有无年报要求：无

（2）年报报送材料名称：无

（3）设定年报要求的依据：无

（4）年报周期：无

14. 监管主体

县级公安机关。

15. 备注

二十九、剧毒化学品道路运输通行许可

剧毒化学品道路运输通行许可的中央主管部门是公安部，实施机关是县级公安机关，设定和实施依据包括：《危险化学品安全管理条例》、《剧毒化学品购买和公路运输许可证件管理办法》（公安部令第77号）。该许可项目无子项。

1. 基本要素

（1）行政许可事项名称及编码：剧毒化学品道路运输通行许可【000109138000】

（2）行政许可事项子项名称及编码：无

（3）行政许可事项业务办理项名称及编码：剧毒化学品道路运输通行许可（00010913800001）

（4）设定依据

《危险化学品安全管理条例》第50条规定，通过道路运输剧毒化学品的，托运人应当向运输始发地或者目的地县级人民政府公安机关申请剧毒化学品道路运输通行证。申请剧毒化学品道路运输通行证，托运人应当向县级人民政府公安机关提交下列材料：①拟运输的剧毒化学品品种、数量的说明；②运输始发地、目的地、运输时间和运输路线的说明；③承运人取得危险货物道路运输许可、运输车辆取得营运证以及驾驶人员、押运人员取得上岗资

格的证明文件；④本条例第三十八条第一款、第二款规定的购买剧毒化学品的相关许可证件，或者海关出具的进出口证明文件。……剧毒化学品道路运输通行证管理办法由国务院公安部门制定。

（5）实施依据

《危险化学品安全管理条例》第50条。

《剧毒化学品购买和公路运输许可证件管理办法》第3条第1款规定，国家对购买和通过公路运输剧毒化学品行为实行许可管理制度。购买和通过公路运输剧毒化学品，应当依照本办法申请取得《剧毒化学品购买凭证》、《剧毒化学品准购证》和《剧毒化学品公路运输通行证》。未取得上述许可证件，任何单位和个人不得购买、通过公路运输剧毒化学品。

（6）监管依据

《危险化学品安全管理条例》第50条。

《剧毒化学品购买和公路运输许可证件管理办法》第8条规定，需要通过公路运输剧毒化学品的，应当向运输目的地县级人民政府公安机关交通管理部门申领《剧毒化学品公路运输通行证》。申领时，托运人应当如实填写《剧毒化学品公路运输通行证申请表》，同时提交下列证明文件和资料，并接受公安机关交通管理部门对运输车辆和驾驶人、押运人员的查验、审核：①《剧毒化学品购买凭证》或者《剧毒化学品准购证》。运输进口或者出口剧毒化学品的，应当提交危险化学品进口或者出口登记证。②承运单位从事危险货物道路运输的经营（运输）许可证（复印件）、机动车行驶证、运输车辆从事危险货物道路运输的道路运输证。运输剧毒化学品的车辆必须设置安装剧毒化学品道路运输专用标识和安全标示牌。安全标示牌应当标明剧毒化学品品名、种类、罐体容积、载质量、施救方法、运输企业联系电话。③驾驶人的机动车驾驶证，驾驶人、押运人员的身份证件以及从事危险货物道路运输的上岗资格证。④随《剧毒化学品公路运输通行证申请表》附运输企业对每辆运输车辆制作的运输路线图和运行时间表，每辆车拟运输的载质量。承运单位不在目的地的，可以向运输目的地县级人民政府公安机关交通管理部门提出申请，委托运输始发地县级人民政府公安机关交通管理部门受理核发《剧毒化学品公路运输通行证》，但不得跨省（自治区、直辖市）委托。具体委托办法由省级人民政府公安机关制定。

（7）实施机关：县级公安机关

（8）审批层级：县级

（9）行使层级：县级

（10）是否由审批机关受理：是

（11）受理层级：县级

（12）是否存在初审环节：否

（13）初审层级：无

（14）对应政务服务事项国家级基本目录名称：剧毒化学品道路运输通行证核发

（15）要素统一情况：全部要素全国统一

2. 行政许可事项类型：条件型

3. 行政许可条件

（1）准予行政许可的条件：通过道路运输剧毒化学品的，托运人应当向运输始发地或者目的地县级人民政府公安机关申请剧毒化学品道路运输通行证。除个人购买农药、灭鼠药、灭虫药以外，在中华人民共和国境内通过公路运输剧毒化学品的，应当满足《剧毒化学品购买和公路运输许可证件管理办法》规定的条件。

（2）规定行政许可条件的依据

《危险化学品安全管理条例》第50条。

《剧毒化学品购买和公路运输许可证件管理办法》第9条规定，公安机关交通管理部门受理申请后，应当及时审核和查验以下事项：①审核证明文件的真实性，并与省级人民政府公安机关建立的剧毒化学品公路运输安全管理数据库进行比对，审核证明文件与运输单位、运输车辆、驾驶人和押运人员的同一性。②审核驾驶人在一个记分周期内是否有交通违法记分满十二分，或者有两次以上驾驶剧毒化学品运输车辆超载、超速记录。③审核申请的通行路线和时间是否可能对公共安全构成威胁。④查验运输车辆是否设置安装了剧毒化学品道路运输专用标识和安全标示牌，是否配备了主管部门规定的应急处理器材和防护用品，是否有非法改装行为，轮胎花纹深度是否符合国家标准，车辆定期检验周期的时间是否在有效期内。⑤审核单车运输的数量是否超过行驶证核定载质量。

《剧毒化学品购买和公路运输许可证件管理办法》第10条规定，公安机关交通管理部门经过审核和查验后，应当按照下列情况分别处理：①对证明文件真实有效，运输单位、运输车辆、驾驶人和押运人员符合规定，通行路线和时间对公共安全不构成威胁的，报本级公安机关负责人批准签发《剧毒化学品公路运输通行证》，每次运输一车一证，有效期不超过十五天。②对其他申请条件符合要求，但通行路线和时间有可能对公共安全构成威胁的，由公安机关交通管理部门变更通行路线和时间后，再予批准签发《剧毒化学品公路运输通行证》。③对车辆定期检验合格标志已超过有效期或者在运输过程中将超过有效期的，没有设置专用标识、安全标示牌的，或者没有配备应急处理器材和防护用品，应当经过检验合格，补充有关设置，配齐有关器材和用品后，重新受理申请。④对证明文件过期或者失效的，证明文件与计算机数据库记录比对结果不一致或者没有记录的，承运单位不具备运输危险化学品资质的，驾驶人、押运人员不具备上岗资格的，驾驶人交通违法记录不符合本办法要求的，或者车辆有非法改装行为或者安全状况不符合国家安全技术标准的，不予批准。行驶路线跨越本县（市、区、旗）的，应当由县级人民政府公安机关交通管理部门报送上一级公安机关交通管理部门核准；行驶路线跨越本地（市、州、盟）或者跨省（自治区、直辖市）的，应当逐级上报到省级人民政府公安机关交通管理部门核准。由县级人民政府公安机关交通管理部门按照核准后的路线指定。对跨省（自治区、直辖市）行驶路线的指定，应当由所在地省级人民政府公安机关交通管理部门征得途径地省级人民政府公安机关交通管理部门同意。

4. 行政许可服务对象类型与改革举措

（1）服务对象类型：企业法人，事业单位法人

（2）是否为涉企经营许可事项：否

（3）涉企经营许可事项名称：无

（4）涉企经营许可证件名称：无

（5）改革方式：无

（6）具体改革举措：无

（7）加强事中事后监管措施：一是加强动态监管。道路运输管理机构、公安机

关交通管理部门、应急管理部门依据法定职责，对剧毒化学品道路运输车辆动态监控工作实施联合监督管理，公安机关交通管理部门可以将道路运输车辆动态监控系统记录的超速、疲劳驾驶等交通违法信息作为执法依据，依法查处。二是加强路面管控。公安机关交通管理部门依托执法站点，会同交通运输部门，加强对途经辖区剧毒化学品道路运输车辆的检查，对发现的未按指定时间、路线行驶、未携带有效证明文件等行为依法作出处罚，涉及违法治安管理处罚法规定的情形，及时移交相关警种部门处理。三是定期排查隐患。配合行业主管部门深入剧毒化学品运输企业，联合检查安全管理制度落实情况，检查车辆安全技术状况、从业人员和驾驶人安全教育情况，加强隐患排查整改，加大安全教育警示力度。

5. 申请材料

（1）申请材料名称：一是拟运输的剧毒化学品品种、数量的说明；二是运输始发地、目的地、运输时间和运输路线的说明；三是承运人取得危险货物道路运输许可、运输车辆取得营运证以及驾驶人员、押运人员取得上岗资格的证明文件；四是依法取得危险化学品安全生产许可证、危险化学品安全使用许可证、危险化学品经营许可证的企业的相应许可证件或者剧毒化学品购买许可证，或者海关出具的进出口证明文件。

（2）规定申请材料的依据

《危险化学品安全管理条例》第50条。

《剧毒化学品购买和公路运输许可证件管理办法》第8条。

6. 中介服务

（1）有无法定中介服务事项：无

（2）中介服务事项名称：无

（3）设定中介服务事项的依据：无

（4）提供中介服务的机构：无

（5）中介服务事项的收费性质：无

7. 审批程序

（1）办理行政许可的程序环节：一是申请人申请；二是审批机构受理/不予受理；三是审批机构审查；四是决定核发许可。

（2）规定行政许可程序的依据

《剧毒化学品购买和公路运输许可证件管理办法》第8条。

（3）是否需要现场勘验：是

（4）是否需要组织听证：否

（5）是否需要招标、拍卖、挂牌交易：否

（6）是否需要检验、检测、检疫：否

（7）是否需要鉴定：否

（8）是否需要专家评审：否

（9）是否需要向社会公示：否

（10）是否实行告知承诺办理：否

（11）审批机关是否委托服务机构开展技术性服务：否

8. 受理和审批时限

（1）承诺受理时限：5个工作日

（2）法定审批时限3个工作日；对申请跨省（自治区、直辖市）运输需要勘察核定行驶线路的，10个工作日。

（3）规定法定审批时限依据

《剧毒化学品购买和公路运输许可证件管理办法》第15条规定，对已经受理的申请，公安机关应当及时进行审查，并在三个工作日内作出批准或者不予批准的决定；对申请跨省（自治区、直辖市）运输需要勘察核定行驶线路的，应当在十个工作日内作出批准或者不予批准的决定。对批准的，应当即时填发剧毒化学品购买和公路运输许可证件，并于当日送达或者通知申请人领取；对不予批准的，应当告知申请人不予批准的理由，并出具不予批准的书面凭证。

（4）承诺审批时限3个工作日；对申请跨省（自治区、直辖市）运输需要勘察核定行驶线路的，10个工作日。

9. 收费

（1）办理行政许可是否收费：否

（2）收费项目的名称、收费项目的标准、设定收费项目的依据、规定收费标准的依据：无

10. 行政许可证件

（1）审批结果类型：证照

（2）审批结果名称：《剧毒化学品道路运输通行证》

（3）审批结果的有效期限：15天

（4）规定审批结果有效期限的依据

《剧毒化学品购买和公路运输许可证件管理办法》第10条。

（5）是否需要办理审批结果变更手续：否

（6）办理审批结果变更手续的要求：无

（7）是否需要办理审批结果延续手续：否

（8）办理审批结果延续手续的要求：无

（9）审批结果的有效地域范围：按照《剧毒化学品公路运输通行证》载明的运输车辆、驾驶人、押运人员、装载数量、有效期限、指定的路线、时间和速度运输，禁止超载、超速行驶。

（10）规定审批结果有效地域范围的依据

《剧毒化学品购买和公路运输许可证件管理办法》第18条规定，通过公路运输剧毒化学品的，应当遵守《中华人民共和国道路交通安全法》《危险化学品安全管理条例》等法律、法规对剧毒化学品运输安全的管理规定，悬挂警示标志，采取必要的安全措施，并按照《剧毒化学品公路运输通行证》载明的运输车辆、驾驶人、押运人员、装载数量、有效期限、指定的路线、时间和速度运输，禁止超载、超速行驶；押运人员应当随车携带《剧毒化学品公路运输通行证》，以备查验。运输车辆行驶速度在不超过限速标志的前提下，在高速公路上不低于每小时七十公里、不高于每小时九十公里，在其他道路上不超过每小时六十公里。剧毒化学品运达目的地后，收货单位应当在《剧毒化学品公路运输通行证》上签注接收情况，并在收到货物后的七日内将《剧毒化学品公路运输通行证》送目的地县级人民政府公安机关治安管理部门备案存查。

11. 行政许可数量限制

（1）有无行政许可数量限制：无

（2）公布数量限制的方式：无

（3）公布数量限制的周期：无

（4）在数量限制条件下实施行政许可的方式：无

（5）规定在数量限制条件下实施行政许可方式的依据：无

12. 行政许可后年检

（1）有无年检要求：无

（2）设定年检要求的依据：无

（3）年检周期：无

（4）年检是否要求报送材料：无

（5）年检报送材料名称：无

（6）年检是否收费：无

（7）年检收费项目的名称、年检收费项目的标准、设定年检收费项目的依据、规定年检项目收费标准的依据：无

（8）通过年检的证明或者标志：无

13. 行政许可后年报

（1）有无年报要求：无

（2）年报报送材料名称：无

（3）设定年报要求的依据：无

（4）年报周期：无

14. 监管主体

县级人民政府公安机关。

15. 备注

三十、放射性物品道路运输许可

放射性物品道路运输许可的中央主管部门是公安部，实施机关包括公安部，省级和设区的市级、县级公安机关，设定和实施依据包括：《核安全法》、《放射性物品运输安全管理条例》、《放射性物品道路运输管理规定》（交通运输部令 2016 年第 71 号，2023 年第 17 号全修改）、《放射性物品运输安全监督管理办法》（环境保护部令 2016 年第 38 号）、《放射性物品分类和名录（试行）》（环境保护部、公安部、交通运输部、铁道部、卫生部、海关总署、中国民用航空局、国家国防科工局公告 2010 年第 31 号）、《核反应堆乏燃料道路运输管理暂行规定》（科工法〔2003〕520 号）。该许可项目包括 4 个子项：（1）通过道路运输乏燃料和高水平放射性废物许可；（2）通过道路运输其他放射性物品许可（省级权限）；（3）通过道路运输其他放射性物品许可（设区的市级权限）；（4）通过道路运输其他放射性物品许可（县级权限）。

（一）通过道路运输乏燃料和高水平放射性废物许可

1. 基本要素

（1）行政许可事项名称及编码：放射性物品道路运输许可【00010912300Y】

（2）行政许可事项子项名称及编码：通过道路运输乏燃料和高水平放射性废物许可【000109123001】

（3）行政许可事项业务办理项名称及编码：无

（4）设定依据

《核安全法》第 51 条第 2 款规定，公安机关对核材料、放射性废物道路运输的实物保护实施监督，依法处理可能危及核材料、放射性废物安全运输的事故。通过道路运输核材料、放射性废物的，应当报启运地县级以上人民政府公安机关按照规定权限批准；其中，运输乏燃料或者高水平放射性废物的，应当报国务院公安部门批准。

《放射性物品运输安全管理条例》第 38 条规定，通过道路运输放射性物品的，应当经公安机关批准，按照指定的时间、路线、速度行驶，并悬挂警示标志，配备押运人员，使放射性物品处于押运人员的监管之下。通过道路运输核反应堆乏燃料的，托运人应当报国务院公安部门批准。通过道路运输其他放射性物品的，托运人应当报启运地县级以上人民政府公安机关批准。具体办法由国务院公安部门商国务院核安全监管部门制定。

（5）实施依据

《核安全法》第 51 条。

《放射性物品运输安全管理条例》第5条第1、2款规定，运输放射性物品，应当使用专用的放射性物品运输包装容器（以下简称运输容器）。放射性物品的运输和放射性物品运输容器的设计、制造，应当符合国家放射性物品运输安全标准。

《放射性物品运输安全管理条例》第29条规定，托运放射性物品的，托运人应当持有生产、销售、使用或者处置放射性物品的有效证明，使用与所托运的放射性物品类别相适应的运输容器进行包装，配备必要的辐射监测设备、防护用品和防盗、防破坏设备，并编制运输说明书、核与辐射事故应急响应指南、装卸作业方法、安全防护指南。运输说明书应当包括放射性物品的品名、数量、物理化学形态、危害风险等内容。

《放射性物品运输安全管理条例》第30条规定，托运一类放射性物品的，托运人应当委托有资质的辐射监测机构对其表面污染和辐射水平实施监测，辐射监测机构应当出具辐射监测报告。……监测结果不符合国家放射性物品运输安全标准的，不得托运。

《放射性物品运输安全管理条例》第31条规定，承运放射性物品应当取得国家规定的运输资质。承运人的资质管理，依照有关法律、行政法规和国务院交通运输、铁路、民航、邮政主管部门的规定执行。

《放射性物品运输安全管理条例》第38条。

《放射性物品道路运输管理规定》第20条规定，道路运输放射性物品的托运人（以下简称托运人）应当制定核与辐射事故应急方案，在放射性物品运输中采取有效的辐射防护和安全保卫措施，并对放射性物品运输中的核与辐射安全负责。

《放射性物品道路运输管理规定》第21条规定，道路运输放射性物品的承运人（以下简称承运人）应当取得相应的放射性物品道路运输资质，并对承运事项是否符合本企业或者单位放射性物品运输资质许可的运输范围负责。

《放射性物品运输安全监督管理办法》第24条第3款规定，放射性物品运输应当有明确并且具备核与辐射安全法律法规规定条件的接收人。……

《放射性物品分类和名录（试行）》。

《核反应堆乏燃料道路运输管理暂行规定》第7条规定，托运人或托运代理人在实施乏燃料运输前应向国防科工委申请办理乏燃料转移审批手续。申请办理乏燃料转移审批手续时，应提交《乏燃料转移申请审批表》（格式见附件1）、有关拟转移申请的详细资料、乏燃料运输中核损害民事责任的说明、拟委托承运人的资质证明和其他必要的文件。国防科工委应在接到申请文件之日起30个工作日内完成审查，经审查合格后颁发乏燃料转移批准文件。

《核反应堆乏燃料道路运输管理暂行规定》第8条规定，托运人或托运代理人使用的乏燃料货包设计必须获得有关部门的批准，未获得批准的乏燃料货包不得交付运输。

《核反应堆乏燃料道路运输管理暂行规定》第9条规定，承运人从事乏燃料道路运输，应当按照《道路危险货物运输管理规定》的要求，事先获得国家交通主管部门对其从事道路危险货物运输的资质认可。不具有道路危险货物运输资质的单位，不得承接乏燃料运输业务。

《核反应堆乏燃料道路运输管理暂行规定》第10条规定，托运人或托运代理人委托的乏燃料道路运输属于超限运输的，托运人或托运代理人应当按照《超限运输车辆行驶公路管理规定》的要求，事先申请办理超限运输车辆行驶公路手续。省、自治区、直辖市公路管理机构应在接到申请材料之日起15个工作日内完成审查，经审查合格后颁发《超限运输车辆通行证》。

《核反应堆乏燃料道路运输管理暂行规定》第11条规定，托运人或托运代理人实施乏燃料道路运输前应当向公安部申请办理乏燃料道路运输通行手续。申请办理乏燃料道路运7输通行手续时，应当提交《乏燃料道路运输通行申请审批表》（格式见附件2）和有关乏燃料的数量、运输过程实物保护、运输路线和备用运输路线等详细资料，同时提交本规定第八条、第九条、第十条所规定的批准文件的复印件。行车时间与路线的选择，应当避开天气恶劣时段和人口稠密、自然灾害多发、治安状况复杂地段。公安部应在接到申请资料之日起10个工作日内完成审查，经审查合格后出具通行批准证件。

（6）监管依据

《放射性物品运输安全管理条例》第62条规定，通过道路运输放射性物品，有下列行为之一的，由公安机关责令限期改正，处2万元以上10万元以下的罚款；构成犯罪的，依法追究刑事责任：①未经公安机关批准通过道路运输放射性物品的；②运输车辆未按照指定的时间、路线、速度行驶或者未悬挂警示标志的；③未配备押运人员或者放射性物品脱离押运人员监管的。

《核反应堆乏燃料道路运输管理暂行规定》第29条规定，托运人或托运代理人及承运人违反本规定，有下列行为之一的，由主管部门或者监督部门予以警告、责令立即或限期改正；逾期不改的，由原发证部门吊销其托运人或托运代理人或承运人资质；触犯刑律的，依法追究刑事责任：①未按照规定申请各项批准文件或者批准文件不完备，擅自从事乏燃料运输的；……③伪造、变造批准文件或者使用过期或失效批准文件从事乏燃料运输的；④运输过程中未配备合格押运人员和良好押运装备，造成乏燃料货包失去有效监管，引起人员受照射或其他不良后果的；……

（7）实施机关：公安部

（8）审批层级：国家级

（9）行使层级：国家级/局（署、会）

（10）是否由审批机关受理：是

（11）受理层级：国家级

（12）是否存在初审环节：否

（13）初审层级：无

（14）对应政务服务事项国家级基本目录名称：核乏燃料道路运输通行许可，放射性物品道路运输许可

（15）要素统一情况：全部要素全国统一

2. 行政许可事项类型：条件型

3. 行政许可条件

（1）准予行政许可的条件：一是托运人和接收人具有生产、销售、使用或者处置相应放射性物品的资质或者资格；二是具有有资质的辐射监测机构出具的一类放射性物品辐射监测报告；三是货包设计经有关部门批准；四是承运人具有相应的道路危险货物运输资质，承运车辆、驾驶人

员、押运人员具有相应的资质或资格；五是具有《超限运输车辆通行证》（属于超限运输）；六是具有有关部门核发或已经有关部门审查的转移批准文件、有效的运输容器检验合格证书、核与辐射事故应急方案。

（2）规定行政许可条件的依据

《放射性物品运输安全管理条例》第5条、第29条、第30条、第31条、第38条。

《放射性物品道路运输管理规定》第20条、第21条、第24条。

《放射性物品分类和名录（试行）》。

《核反应堆乏燃料道路运输管理暂行规定》第7条、第8条、第9条、第10条、第11条。

4. 行政许可服务对象类型与改革举措

（1）服务对象类型：企业法人，事业单位法人，社会组织法人，非法人企业，行政机关，其他组织

（2）是否为涉企经营许可事项：否

（3）涉企经营许可事项名称：无

（4）涉企经营许可证件名称：无

（5）改革方式：优化审批服务

（6）具体改革举措将放射性物品道路运输许可审批时限由20日缩短为5日。

（7）加强事中事后监管措施：一是全面推行"双随机、一公开"监管，依法查处违法违规行为，切实提升监管效能。二是充分利用技术手段进行监管。配合有关部门通过技术手段实时掌控车辆全过程运输情况，同时研判分析车辆行进轨迹，对轨迹异常的车辆及时预警、处置。三是严格监管执法。严格路面管控，对运输车辆及押运人员配备、运输容器、包装等进行严格审查，坚决杜绝不符合条件的运输行为。四是依法开展案件查办。对监管中发现的违法违规问题，依法给予责令改正、罚款等；涉嫌犯罪的依法追究刑事责任。

5. 申请材料

（1）申请材料名称：一是托运人和接收人生产、销售、使用或者处置相应放射性物品的资质证明；二是有资质的辐射监测机构出具的一类放射性物品辐射监测报告；三是托运人、承运人签订的放射性物品道路运输服务合同，托运人自行运输的除外；四是道路运输通行申请审批表（一式三份）；五是有关乏燃料的数量、运输过程实物保护、运输路线和备用运输路线等详细资料；六是有关部门对货包设计的批准文件的复印件；七是承运人相应的道路危险货物运输资质的复印件，相应运输范围的专用运输车辆《道路运输证》及驾驶员、押运员《从业资格证》复印件；八是《超限运输车辆通行证》的复印件（属于超限运输的）；九是有关部门核发或已经审查的转移批准文件、有效的运输容器检验合格证书和核与辐射事故应急方案的复印件。

（2）规定申请材料的依据

《放射性物品运输安全管理条例》第5条、第29条、第30条、第31条、第38条。

《放射性物品道路运输管理规定》第20条、第21条、第24条。

《核反应堆乏燃料道路运输管理暂行规定》第7条、第8条、第9条、第10条、第11条。

6. 中介服务

（1）有无法定中介服务事项：无

（2）中介服务事项名称：无

（3）设定中介服务事项的依据：无

（4）提供中介服务的机构：无

（5）中介服务事项的收费性质：无

7. 审批程序

（1）办理行政许可的程序环节：一是申请人申请；二是审批机构受理/不予受理；三是审批机构审查；四是决定出具通行批准证件/不出具通行批准证件。

（2）规定行政许可程序的依据

《核反应堆乏燃料道路运输管理暂行规定》第7条、第8条、第9条、第10条、第11条。

（3）是否需要现场勘验：否

（4）是否需要组织听证：否

（5）是否需要招标、拍卖、挂牌交易：否

（6）是否需要检验、检测、检疫：否

（7）是否需要鉴定：否

（8）是否需要专家评审：否

（9）是否需要向社会公示：否

（10）是否实行告知承诺办理：否

（11）审批机关是否委托服务机构开展技术性服务：否

8. 受理和审批时限

（1）承诺受理时限：当场办理

（2）法定审批时限：10个工作日

（3）规定法定审批时限依据

《核反应堆乏燃料道路运输管理暂行规定》第11条。

（4）承诺审批时限：5个工作日

9. 收费

（1）办理行政许可是否收费：否

（2）收费项目的名称、收费项目的标准、设定收费项目的依据、规定收费标准的依据：无

10. 行政许可证件

（1）审批结果类型：批文

（2）审批结果名称：通过道路运输乏燃料和高水平放射性废物行政许可事项批准决定书

（3）审批结果的有效期限：当次

（4）规定审批结果有效期限的依据

《核反应堆乏燃料道路运输管理暂行规定》第11条。

（5）是否需要办理审批结果变更手续：否

（6）办理审批结果变更手续的要求：无

（7）是否需要办理审批结果延续手续：否

（8）办理审批结果延续手续的要求：无

（9）审批结果的有效地域范围：批准的路线

（10）规定审批结果有效地域范围的依据

《放射性物品运输安全管理条例》第38条。

11. 行政许可数量限制

（1）有无行政许可数量限制：无

（2）公布数量限制的方式：无

（3）公布数量限制的周期：无

（4）在数量限制条件下实施行政许可的方式：无

（5）规定在数量限制条件下实施行政许可方式的依据：无

12. 行政许可后年检

（1）有无年检要求：无

（2）设定年检要求的依据：无

（3）年检周期：无

（4）年检是否要求报送材料：无

（5）年检报送材料名称：无

（6）年检是否收费：无

（7）年检收费项目的名称、年检收费项目的标准、设定年检收费项目的依据、规定年检项目收费标准的依据：无

（8）通过年检的证明或者标志：无

13. 行政许可后年报

（1）有无年报要求：无

（2）年报报送材料名称：无

（3）设定年报要求的依据：无

（4）年报周期：无

14. 监管主体

公安部；省级公安机关；设区的市级公安机关；县级公安机关。

15. 备注

（二）通过道路运输其他放射性物品许可（省级权限）

1. 基本要素

（1）行政许可事项名称及编码：放射性物品道路运输许可【00010912300Y】

（2）行政许可事项子项名称及编码：通过道路运输其他放射性物品许可（省级权限）【000109123003】

（3）行政许可事项业务办理项名称及编码：无

（4）设定依据

《核安全法》第51条第2款规定，公安机关对核材料、放射性废物道路运输的实物保护实施监督，依法处理可能危及核材料、放射性废物安全运输的事故。通过道路运输核材料、放射性废物的，应当报启运地县级以上人民政府公安机关按照规定权限批准；其中，运输乏燃料或者高水平放射性废物的，应当报国务院公安部门批准。

《放射性物品运输安全管理条例》第38条规定，通过道路运输放射性物品的，应当经公安机关批准，按照指定的时间、路线、速度行驶，并悬挂警示标志，配备押运人员，使放射性物品处于押运人员的监管之下。通过道路运输核反应堆乏燃料的，托运人应当报国务院公安部门批准。通过道路运输其他放射性物品的，托运人应当报启运地县级以上人民政府公安机关批准。具体办法由国务院公安部门商国务院核安全监管部门制定。

（5）实施依据

《核安全法》第51条。

《放射性物品运输安全管理条例》第5条第1、2款规定，运输放射性物品，应当使用专用的放射性物品运输包装容器（以下简称运输容器）。放射性物品的运输和放射性物品运输容器的设计、制造，应当符合国家放射性物品运输安全标准。

《放射性物品运输安全管理条例》第29条规定，托运放射性物品的，托运人应当持有生产、销售、使用或者处置放射性物品的有效证明，使用与所托运的放射性物品类别相适应的运输容器进行包装，配备必要的辐射监测设备、防护用品和防盗、防破坏设备，并编制运输说明书、核与辐射事故应急响应指南、装卸作业方法、安全防护指南。运输说明书应当包括放射性物品的品名、数量、物理化学形态、危害风险等内容。

《放射性物品运输安全管理条例》第30条规定，托运一类放射性物品的，托运人应当委托有资质的辐射监测机构对其表面污染和辐射水平实施监测，辐射监测机构应当出具辐射监测报告。……监测结果不符合国家放射性物品运输安全标准的，不

得托运。

《放射性物品运输安全管理条例》第31条规定，承运放射性物品应当取得国家规定的运输资质。承运人的资质管理，依照有关法律、行政法规和国务院交通运输、铁路、民航、邮政主管部门的规定执行。

《放射性物品运输安全管理条例》第38条。

《放射性物品道路运输管理规定》第20条规定，道路运输放射性物品的托运人（以下简称托运人）应当制定核与辐射事故应急方案，在放射性物品运输中采取有效的辐射防护和安全保卫措施，并对放射性物品运输中的核与辐射安全负责。

《放射性物品道路运输管理规定》第21条规定，道路运输放射性物品的承运人（以下简称承运人）应当取得相应的放射性物品道路运输资质，并对承运事项是否符合本企业或者单位放射性物品运输资质许可的运输范围负责。

《放射性物品运输安全监督管理办法》第24条第3款规定，放射性物品运输应当有明确并且具备核与辐射安全法律法规规定条件的接收人。……

《放射性物品分类和名录（试行）》。

（6）监管依据

《放射性物品运输安全管理条例》第62条规定，通过道路运输放射性物品，有下列行为之一的，由公安机关责令限期改正，处2万元以上10万元以下的罚款；构成犯罪的，依法追究刑事责任：①未经公安机关批准通过道路运输放射性物品的；②运输车辆未按照指定的时间、路线、速度行驶或者未悬挂警示标志的；③未配备押运人员或者放射性物品脱离押运人员监管的。

（7）实施机关：省级公安机关

（8）审批层级：省级

（9）行使层级：省级/直属

（10）是否由审批机关受理：是

（11）受理层级：省级

（12）是否存在初审环节：否

（13）初审层级：无

（14）对应政务服务事项国家级基本目录名称：放射性物品道路运输许可

（15）要素统一情况：部分要素全国统一

2. 行政许可事项类型：条件型

3. 行政许可条件

（1）准予行政许可的条件：一是托运人和接收人具有生产、销售、使用或者处置相应放射性物品的资质或者资格；二是承运人具有相应的道路危险货物运输资质（放射性物品），承运车辆、驾驶人员、押运人员具有相应的资质或资格（放射性物品）；三是具有有资质的辐射监测机构出具的一类放射性物品辐射监测报告；四是书面说明放射性物品品名、数量、物理化学形态、危害风险、运输时间、路线、经停地点、安全保卫措施等情况；五是具有有效的运输容器检验合格证书；六是制定核与辐射事故应急方案。

（2）规定行政许可条件的依据

《放射性物品运输安全管理条例》第5条、第29条、第30条、第31条、第38条。

《放射性物品道路运输管理规定》第20条、第21条、第24条。

《放射性物品分类和名录（试行）》全文

4. 行政许可服务对象类型与改革举措

（1）服务对象类型：企业法人，事业

单位法人，社会组织法人，非法人企业，行政机关，其他组织

（2）是否为涉企经营许可事项：否

（3）涉企经营许可事项名称：无

（4）涉企经营许可证件名称：无

（5）改革方式：优化审批服务

（6）具体改革举措：将放射性物品道路运输许可审批时限由20日缩短为5日。

（7）加强事中事后监管措施：一是全面推行“双随机、一公开”监管，依法查处违法违规行为，切实提升监管效能。二是充分利用技术手段进行监管。配合有关部门通过技术手段实时掌控车辆全过程运输情况，同时研判分析车辆行进轨迹，对轨迹异常的车辆及时预警、处置。三是严格监管执法。严格路面管控，对运输车辆及押运人员配备、运输容器、包装等进行严格审查，坚决杜绝不符合条件的运输行为。四是依法开展案件查办。对监管中发现的违法违规问题，依法给予责令改正、罚款等；涉嫌犯罪的依法追究刑事责任。

5. 申请材料

（1）申请材料名称：一是托运人和接收人生产、销售、使用或者处置相应放射性物品的资质证明；二是有资质的辐射监测机构出具的一类放射性物品辐射监测报告；三是托运人、承运人签订的放射性物品道路运输服务合同，托运人自行运输的除外；四是承运人相应的道路危险货物运输资质的复印件，相应运输范围的专用运输车辆《道路运输证》及驾驶员、押运员《从业资格证》复印件；五是说明放射性物品品名、数量、物理化学形态、危害风险、运输时间、路线、经停地点、安全保卫措施等情况的书面材料；六是具有有效的运输容器检验合格证书；七是核与辐射事故应急方案复印件。

（2）规定申请材料的依据

《放射性物品运输安全管理条例》第5条、第29条、第30条、第31条、第38条。

《放射性物品道路运输管理规定》第20条、第21条、第24条。

6. 中介服务

（1）有无法定中介服务事项：无

（2）中介服务事项名称：无

（3）设定中介服务事项的依据：无

（4）提供中介服务的机构：无

（5）中介服务事项的收费性质：无

7. 审批程序

（1）办理行政许可的程序环节：一是申请人申请；二是审批机构受理/不予受理；三是审批机构审查；四是核发放射性物品道路运输批准决定书/不予核发放射性物品道路运输批准决定书。

（2）规定行政许可程序的依据

《放射性物品运输安全管理条例》第38条。

（3）是否需要现场勘验：否

（4）是否需要组织听证：否

（5）是否需要招标、拍卖、挂牌交易：否

（6）是否需要检验、检测、检疫：否

（7）是否需要鉴定：否

（8）是否需要专家评审：否

（9）是否需要向社会公示：否

（10）是否实行告知承诺办理：否

（11）审批机关是否委托服务机构开展技术性服务：否

8. 受理和审批时限

（1）承诺受理时限：当场办理

（2）法定审批时限：20个工作日

（3）规定法定审批时限依据

《放射性物品运输安全管理条例》第38条。

（4）承诺审批时限：5个工作日

9. 收费

（1）办理行政许可是否收费：否

（2）收费项目的名称、收费项目的标准、设定收费项目的依据、规定收费标准的依据：无

10. 行政许可证件

（1）审批结果类型：批文，其他

（2）审批结果名称：放射性物品道路运输批准决定书

（3）审批结果的有效期限：当次

（4）规定审批结果有效期限的依据

《放射性物品运输安全管理条例》第38条。

（5）是否需要办理审批结果变更手续：否

（6）办理审批结果变更手续的要求：无

（7）是否需要办理审批结果延续手续：否

（8）办理审批结果延续手续的要求：无

（9）审批结果的有效地域范围：批准的路线

（10）规定审批结果有效地域范围的依据

《放射性物品运输安全管理条例》第38条。

11. 行政许可数量限制

（1）有无行政许可数量限制：无

（2）公布数量限制的方式：无

（3）公布数量限制的周期：无

（4）在数量限制条件下实施行政许可的方式：无

（5）规定在数量限制条件下实施行政许可方式的依据：无

12. 行政许可后年检

（1）有无年检要求：无

（2）设定年检要求的依据：无

（3）年检周期：无

（4）年检是否要求报送材料：无

（5）年检报送材料名称：无

（6）年检是否收费：无

（7）年检收费项目的名称、年检收费项目的标准、设定年检收费项目的依据、规定年检项目收费标准的依据：无

（8）通过年检的证明或者标志：无

13. 行政许可后年报

（1）有无年报要求：无

（2）年报报送材料名称：无

（3）设定年报要求的依据：无

（4）年报周期：无

14. 监管主体

省级公安机关；设区的市级公安机关；县级公安机关。

15. 备注

（三）通过道路运输其他放射性物品许可（设区的市级权限）

1. 基本要素

（1）行政许可事项名称及编码：放射性物品道路运输许可【00010912300Y】

（2）行政许可事项子项名称及编码：通过道路运输其他放射性物品许可（设区的市级权限）【000109123004】

（3）行政许可事项业务办理项名称及编码：无

（4）设定依据

《核安全法》第51条第2款规定，公安机关对核材料、放射性废物道路运输的实物保护实施监督，依法处理可能危及核材料、放射性废物安全运输的事故。通过道路运输核材料、放射性废物的，应当报启运地县级以上人民政府公安机关按照规定权限批准；其中，运输乏燃料或者高水平放射性废物的，应当报国务院公安部门批准。

《放射性物品运输安全管理条例》第38条规定，通过道路运输放射性物品的，应当经公安机关批准，按照指定的时间、路线、速度行驶，并悬挂警示标志，配备押运人员，使放射性物品处于押运人员的监管之下。通过道路运输核反应堆乏燃料的，托运人应当报国务院公安部门批准。通过道路运输其他放射性物品的，托运人应当报启运地县级以上人民政府公安机关批准。具体办法由国务院公安部门商国务院核安全监管部门制定。

（5）实施依据

《核安全法》第51条。

《放射性物品运输安全管理条例》第5条第1、2款规定，运输放射性物品，应当使用专用的放射性物品运输包装容器（以下简称运输容器）。放射性物品的运输和放射性物品运输容器的设计、制造，应当符合国家放射性物品运输安全标准。

《放射性物品运输安全管理条例》第29条规定，托运放射性物品的，托运人应当持有生产、销售、使用或者处置放射性物品的有效证明，使用与所托运的放射性物品类别相适应的运输容器进行包装，配备必要的辐射监测设备、防护用品和防盗、防破坏设备，并编制运输说明书、核与辐射事故应急响应指南、装卸作业方法、安全防护指南。运输说明书应当包括放射性物品的品名、数量、物理化学形态、危害风险等内容。

《放射性物品运输安全管理条例》第30条规定，托运二类、三类放射性物品的，托运人应当对其表面污染和辐射水平实施监测，并编制辐射监测报告。监测结果不符合国家放射性物品运输安全标准的，不得托运。

《放射性物品运输安全管理条例》第31条规定，承运放射性物品应当取得国家规定的运输资质。承运人的资质管理，依照有关法律、行政法规和国务院交通运输、铁路、民航、邮政主管部门的规定执行。

《放射性物品运输安全管理条例》第38条。

《放射性物品道路运输管理规定》第20条规定，道路运输放射性物品的托运人（以下简称托运人）应当制定核与辐射事故应急方案，在放射性物品运输中采取有效的辐射防护和安全保卫措施，并对放射性物品运输中的核与辐射安全负责。

《放射性物品道路运输管理规定》第21条规定，道路运输放射性物品的承运人（以下简称承运人）应当取得相应的放射性物品道路运输资质，并对承运事项是否符合本企业或者单位放射性物品运输资质许可的运输范围负责。

《放射性物品运输安全监督管理办法》第24条第3款规定，放射性物品运输应当有明确并且具备核与辐射安全法律法规规定条件的接收人。……

《放射性物品分类和名录（试行）》。

（6）监管依据

《放射性物品运输安全管理条例》第62条规定，通过道路运输放射性物品，有下列行为之一的，由公安机关责令限期改正，处2万元以上10万元以下的罚款；构成犯罪的，依法追究刑事责任：①未经公安机关批准通过道路运输放射性物品的；②运输车辆未按照指定的时间、路线、速度行驶或者未悬挂警示标志的；③未配备押运人员或者放射性物品脱离押运人员监管的。

（7）实施机关：设区的市级公安机关

（8）审批层级：设区的市级

（9）行使层级：市级/隶属

（10）是否由审批机关受理：是

（11）受理层级：设区的市级

（12）是否存在初审环节：否

（13）初审层级：无

（14）对应政务服务事项国家级基本目录名称：放射性物品道路运输许可

（15）要素统一情况：部分要素全国统一

2. 行政许可事项类型：条件型

3. 行政许可条件

（1）准予行政许可的条件：一是托运人和接收人具有生产、销售、使用或者处置相应放射性物品的资质或者资格；二是承运人具有相应的道路危险货物运输资质（放射性物品），承运车辆、驾驶人员、押运人员具有相应资质或者资格（放射性物品）；三是具有二类放射性物品辐射监测报告；四是书面说明放射性物品品名、数量、物理化学形态、危害风险、运输时间、路线、经停地点、安全保卫措施等情况；五是具有有效的运输容器检验合格证书；六是制定核与辐射事故应急方案。

（2）规定行政许可条件的依据

《放射性物品运输安全管理条例》第5条、第29条、第30条、第31条、第38条。

《放射性物品道路运输管理规定》第20条、第21条、第24条。

《放射性物品分类和名录（试行）》。

4. 行政许可服务对象类型与改革举措

（1）服务对象类型：企业法人，事业单位法人，社会组织法人，非法人企业，行政机关，其他组织

（2）是否为涉企经营许可事项：否

（3）涉企经营许可事项名称：无

（4）涉企经营许可证件名称：无

（5）改革方式：优化审批服务

（6）具体改革举措将放射性物品道路运输许可审批时限由20日缩短为5日。

（7）加强事中事后监管措施：一是全面推行“双随机、一公开”监管，依法查处违法违规行为，切实提升监管效能。二是充分利用技术手段进行监管。配合有关部门通过技术手段实时掌控车辆全过程运输情况，同时研判分析车辆行进轨迹，对轨迹异常的车辆及时预警、处置。三是严格监管执法。严格路面管控，对运输车辆及押运人员配备、运输容器、包装等进行严格审查，坚决杜绝不符合条件的运输行为。四是依法开展案件查办。对监管中发现的违法违规问题，依法给予责令改正、罚款等；涉嫌犯罪的依法追究刑事责任。

5. 申请材料

（1）申请材料名称：一是托运人和接收人生产、销售、使用或者处置放射性物品的有效证明；二是二类放射性物品辐射监测报告；三是托运人、承运人签订的放

射性物品道路运输服务合同，托运人自行运输的除外；四是承运人相应的道路危险货物运输资质的复印件，相应运输范围的专用运输车辆《道路运输证》及驾驶员、押运员《从业资格证》复印件；五是说明放射性物品品名、数量、物理化学形态、危害风险、运输时间、路线、经停地点、安全保卫措施等情况的书面材料；六是运输容器检验合格证书；七是核与辐射事故应急方案复印件。

（2）规定申请材料的依据

《放射性物品运输安全管理条例》第5条、第29条、第30条、第31条、第38条。

《放射性物品道路运输管理规定》第20条、第21条、第24条。

6. 中介服务

（1）有无法定中介服务事项：无

（2）中介服务事项名称：无

（3）设定中介服务事项的依据：无

（4）提供中介服务的机构：无

（5）中介服务事项的收费性质：无

7. 审批程序

（1）办理行政许可的程序环节：一是申请人申请；二是审批机构受理/不予受理；三是审批机构审查；四是核发放射性物品道路运输批准决定书/不予核发放射性物品道路运输批准决定书。

（2）规定行政许可程序的依据

《放射性物品运输安全管理条例》第38条。

（3）是否需要现场勘验：否

（4）是否需要组织听证：否

（5）是否需要招标、拍卖、挂牌交易：否

（6）是否需要检验、检测、检疫：否

（7）是否需要鉴定：否

（8）是否需要专家评审：否

（9）是否需要向社会公示：否

（10）是否实行告知承诺办理：否

（11）审批机关是否委托服务机构开展技术性服务：否

8. 受理和审批时限

（1）承诺受理时限：当场办理

（2）法定审批时限：20个工作日

（3）规定法定审批时限依据

《放射性物品运输安全管理条例》第38条。

（4）承诺审批时限：5个工作日

9. 收费

（1）办理行政许可是否收费：否

（2）收费项目的名称、收费项目的标准、设定收费项目的依据、规定收费标准的依据：无

10. 行政许可证件

（1）审批结果类型：批文，其他

（2）审批结果名称：放射性物品道路运输批准决定书

（3）审批结果的有效期限：当次

（4）规定审批结果有效期限的依据

《放射性物品运输安全管理条例》第38条。

（5）是否需要办理审批结果变更手续：否

（6）办理审批结果变更手续的要求：无

（7）是否需要办理审批结果延续手续：否

（8）办理审批结果延续手续的要求：无

（9）审批结果的有效地域范围：批准的路线

（10）规定审批结果有效地域范围的依据

《放射性物品运输安全管理条例》第38条。

11. 行政许可数量限制

（1）有无行政许可数量限制：无

（2）公布数量限制的方式：无

（3）公布数量限制的周期：无

（4）在数量限制条件下实施行政许可的方式：无

（5）规定在数量限制条件下实施行政许可方式的依据：无

12. 行政许可后年检

（1）有无年检要求：无

（2）设定年检要求的依据：无

（3）年检周期：无

（4）年检是否要求报送材料：无

（5）年检报送材料名称：无

（6）年检是否收费：无

（7）年检收费项目的名称、年检收费项目的标准、设定年检收费项目的依据、规定年检项目收费标准的依据：无

（8）通过年检的证明或者标志：无

13. 行政许可后年报

（1）有无年报要求：无

（2）年报报送材料名称：无

（3）设定年报要求的依据：无

（4）年报周期：无

14. 监管主体

设区的市级公安机关；县级公安机关。

15. 备注

（四）通过道路运输其他放射性物品许可（县级权限）

1. 基本要素

（1）行政许可事项名称及编码：放射性物品道路运输许可【00010912300Y】

（2）行政许可事项子项名称及编码：通过道路运输其他放射性物品许可（县级权限）【000109123005】

（3）行政许可事项业务办理项名称及编码：无

（4）设定依据

《核安全法》第51条第2款规定，公安机关对核材料、放射性废物道路运输的实物保护实施监督，依法处理可能危及核材料、放射性废物安全运输的事故。通过道路运输核材料、放射性废物的，应当报启运地县级以上人民政府公安机关按照规定权限批准；其中，运输乏燃料或者高水平放射性废物的，应当报国务院公安部门批准。

《放射性物品运输安全管理条例》第38条规定，通过道路运输放射性物品的，应当经公安机关批准，按照指定的时间、路线、速度行驶，并悬挂警示标志，配备押运人员，使放射性物品处于押运人员的监管之下。通过道路运输核反应堆乏燃料的，托运人应当报国务院公安部门批准。通过道路运输其他放射性物品的，托运人应当报启运地县级以上人民政府公安机关批准。具体办法由国务院公安部门商国务院核安全监管部门制定。

（5）实施依据

《核安全法》第51条。

《放射性物品运输安全管理条例》第5条第1、2款规定，运输放射性物品，应当

使用专用的放射性物品运输包装容器（以下简称运输容器）。放射性物品的运输和放射性物品运输容器的设计、制造，应当符合国家放射性物品运输安全标准。

《放射性物品运输安全管理条例》第29条规定，托运放射性物品的，托运人应当持有生产、销售、使用或者处置放射性物品的有效证明，使用与所托运的放射性物品类别相适应的运输容器进行包装，配备必要的辐射监测设备、防护用品和防盗、防破坏设备，并编制运输说明书、核与辐射事故应急响应指南、装卸作业方法、安全防护指南。运输说明书应当包括放射性物品的品名、数量、物理化学形态、危害风险等内容。

《放射性物品运输安全管理条例》第30条规定，托运二类、三类放射性物品的，托运人应当对其表面污染和辐射水平实施监测，并编制辐射监测报告。监测结果不符合国家放射性物品运输安全标准的，不得托运。

《放射性物品运输安全管理条例》第31条规定，承运放射性物品应当取得国家规定的运输资质。承运人的资质管理，依照有关法律、行政法规和国务院交通运输、铁路、民航、邮政主管部门的规定执行。

《放射性物品运输安全管理条例》第38条。

《放射性物品道路运输管理规定》第20条规定，道路运输放射性物品的托运人（以下简称托运人）应当制定核与辐射事故应急方案，在放射性物品运输中采取有效的辐射防护和安全保卫措施，并对放射性物品运输中的核与辐射安全负责。

《放射性物品道路运输管理规定》第21条规定，道路运输放射性物品的承运人（以下简称承运人）应当取得相应的放射性物品道路运输资质，并对承运事项是否符合本企业或者单位放射性物品运输资质许可的运输范围负责。

《放射性物品运输安全监督管理办法》第24条第3款规定，放射性物品运输应当有明确并且具备核与辐射安全法律法规规定条件的接收人。……

《放射性物品分类和名录（试行）》。

（6）监管依据

《放射性物品运输安全管理条例》第62条规定，通过道路运输放射性物品，有下列行为之一的，由公安机关责令限期改正，处2万元以上10万元以下的罚款；构成犯罪的，依法追究刑事责任：①未经公安机关批准通过道路运输放射性物品的；②运输车辆未按照指定的时间、路线、速度行驶或者未悬挂警示标志的；③未配备押运人员或者放射性物品脱离押运人员监管的。

（7）实施机关：县级公安机关

（8）审批层级：县级

（9）行使层级：县级

（10）是否由审批机关受理：是

（11）受理层级：县级

（12）是否存在初审环节：否

（13）初审层级：无

（14）对应政务服务事项国家级基本目录名称：放射性物品道路运输许可

（15）要素统一情况：部分要素全国统一

2. 行政许可事项类型：条件型

3. 行政许可条件

（1）准予行政许可的条件：一是托运人和接收人具有生产、销售、使用或者处置相应放射性物品的资质或者资格；二是承运人具有相应的道路危险货物运输资质（放射性物品），承运车辆、驾驶人员、押运人员具有相应资质或者资格（放射性物品）；三是具有三类放射性物品辐射监测报告；四是书面说明放射性物品品名、数量、物理化学形态、危害风险、运输时间、路线、经停地点、安全保卫措施等情况；五是具有有效的运输容器检验合格证书；六是制定核与辐射事故应急方案。

（2）规定行政许可条件的依据

《放射性物品运输安全管理条例》第5条、第29条、第30条、第31条、第38条。

《放射性物品道路运输管理规定》第20条、第21条、第24条。

《放射性物品分类和名录（试行）》。

4. 行政许可服务对象类型与改革举措

（1）服务对象类型：企业法人，事业单位法人，社会组织法人，非法人企业，行政机关，其他组织

（2）是否为涉企经营许可事项：否

（3）涉企经营许可事项名称：无

（4）涉企经营许可证件名称：无

（5）改革方式：优化审批服务

（6）具体改革举措：将放射性物品道路运输许可审批时限由20日缩短为5日。

（7）加强事中事后监管措施：一是全面推行“双随机、一公开”监管，依法查处违法违规行为，切实提升监管效能。二是充分利用技术手段进行监管。配合有关部门通过技术手段实时掌控车辆全过程运输情况，同时研判分析车辆行进轨迹，对轨迹异常的车辆及时预警、处置。三是严格监管执法。严格路面管控，对运输车辆及押运人员配备、运输容器、包装等进行严格审查，坚决杜绝不符合条件的运输行为。四是依法开展案件查办。对监管中发现的违法违规问题，依法给予责令改正、罚款等；涉嫌犯罪的依法追究刑事责任。

5. 申请材料

（1）申请材料名称：一是托运人和接收人生产、销售、使用或者处置放射性物品的有效证明；二是三类放射性物品辐射监测报告；三是托运人、承运人签订的放射性物品道路运输服务合同，托运人自行运输的除外；四是承运人相应的道路危险货物运输资质的复印件，相应运输范围的专用运输车辆《道路运输证》及驾驶员、押运员《从业资格证》复印件；五是说明放射性物品品名、数量、物理化学形态、危害风险、运输时间、路线、经停地点、安全保卫措施等情况的书面材料；六是运输容器检验合格证书；七是核与辐射事故应急方案复印件。

（2）规定申请材料的依据

《放射性物品运输安全管理条例》第5条、第29条、第30条、第31条、第38条。

《放射性物品道路运输管理规定》第20条、第21条、第24条。

6. 中介服务

（1）有无法定中介服务事项：无

（2）中介服务事项名称：无

（3）设定中介服务事项的依据：无

（4）提供中介服务的机构：无

（5）中介服务事项的收费性质：无

7. 审批程序

（1）办理行政许可的程序环节：一是申请人申请；二是审批机构受理/不予受

理；三是审批机构审查；四是核发放射性物品道路运输批准决定书/不予核发放射性物品道路运输批准决定书。

（2）规定行政许可程序的依据

《放射性物品运输安全管理条例》第38条。

（3）是否需要现场勘验：否

（4）是否需要组织听证：否

（5）是否需要招标、拍卖、挂牌交易：否

（6）是否需要检验、检测、检疫：否

（7）是否需要鉴定：否

（8）是否需要专家评审：否

（9）是否需要向社会公示：否

（10）是否实行告知承诺办理：否

（11）审批机关是否委托服务机构开展技术性服务：否

8. 受理和审批时限

（1）承诺受理时限：当场办理

（2）法定审批时限：20个工作日

（3）规定法定审批时限依据

《放射性物品运输安全管理条例》第38条。

（4）承诺审批时限：5个工作日

9. 收费

（1）办理行政许可是否收费：否

（2）收费项目的名称、收费项目的标准、设定收费项目的依据、规定收费标准的依据：无

10. 行政许可证件

（1）审批结果类型：批文，其他

（2）审批结果名称：放射性物品道路运输批准决定书

（3）审批结果的有效期限：当次

（4）规定审批结果有效期限的依据

《放射性物品运输安全管理条例》第38条。

（5）是否需要办理审批结果变更手续：否

（6）办理审批结果变更手续的要求：无

（7）是否需要办理审批结果延续手续：否

（8）办理审批结果延续手续的要求：无

（9）审批结果的有效地域范围：批准的路线

（10）规定审批结果有效地域范围的依据

《放射性物品运输安全管理条例》第38条。

11. 行政许可数量限制

（1）有无行政许可数量限制：无

（2）公布数量限制的方式：无

（3）公布数量限制的周期：无

（4）在数量限制条件下实施行政许可的方式：无

（5）规定在数量限制条件下实施行政许可方式的依据：无

12. 行政许可后年检

（1）有无年检要求：无

（2）设定年检要求的依据：无

（3）年检周期：无

（4）年检是否要求报送材料：无

（5）年检报送材料名称：无

（6）年检是否收费：无

（7）年检收费项目的名称、年检收费项目的标准、设定年检收费项目的依据、规定年检项目收费标准的依据：无

（8）通过年检的证明或者标志：无

13. 行政许可后年报

（1）有无年报要求：无

（2）年报报送材料名称：无

（3）设定年报要求的依据：无

（4）年报周期：无

14. 监管主体

县级公安机关。

15. 备注

三十一、运输危险化学品的车辆进入危险化学品运输车辆限制通行区域审批

运输危险化学品的车辆进入危险化学品运输车辆限制通行区域审批的中央主管部门是公安部，实施机关是省级、设区的市级、县级公安机关，设定和实施依据包括：《危险化学品安全管理条例》《中华人民共和国行政许可法》。该许可项目共有 3 个子项：（1）运输危险化学品的车辆进入危险化学品运输车辆限制通行区域审批（省级行政区域内）；（2）运输危险化学品的车辆进入危险化学品运输车辆限制通行区域审批（设区的市级行政区域内）；（3）运输危险化学品的车辆进入危险化学品运输车辆限制通行区域审批（县级行政区域内）

（一）运输危险化学品的车辆进入危险化学品运输车辆限制通行区域审批（省级行政区域内）

1. 基本要素

（1）行政许可事项名称及编码：运输危险化学品的车辆进入危险化学品运输车辆限制通行区域审批【00010913900Y】

（2）行政许可事项子项名称及编码：运输危险化学品的车辆进入危险化学品运输车辆限制通行区域审批（省级行政区域内）【000109139001】

（3）行政许可事项业务办理项名称及编码：运输危险化学品的车辆进入危险化学品运输车辆限制通行区域审批（省级行政区域内）（00010913900101）

（4）设定依据

《危险化学品安全管理条例》第 49 条规定，未经公安机关批准，运输危险化学品的车辆不得进入危险化学品运输车辆限制通行的区域。危险化学品运输车辆限制通行的区域由县级人民政府公安机关划定，并设置明显的标志。

（5）实施依据

《危险化学品安全管理条例》第 49 条。

（6）监管依据

《危险化学品安全管理条例》第 49 条。

《危险化学品安全管理条例》第 88 条规定，有下列情形之一的，由公安机关责令改正，处 5 万元以上 10 万元以下的罚款；构成违反治安管理行为的，依法给予治安管理处罚；构成犯罪的，依法追究刑事责任：……③运输危险化学品的车辆未经公安机关批准进入危险化学品运输车辆限制通行的区域的；……

（7）实施机关：省级

（8）审批层级：设区的市级，县级

（9）行使层级：市级/隶属，县级

（10）是否由审批机关受理：是

（11）受理层级：设区的市级，县级

（12）是否存在初审环节：否

（13）初审层级：无

（14）对应政务服务事项国家级基本目录名称：运输危险化学品的车辆进入危险化学品运输车辆限制通行区域审批

（15）要素统一情况：部分要素全国统一

2. 行政许可事项类型：条件型

3. 行政许可条件

（1）准予行政许可的条件：一是危险化学品运输车辆行驶证、驾驶人驾驶证；二是危险货物运单；三是危险化学品运输车辆需要进入限制通行区域的必要性说明（说明中要包括危险化学品运输车辆需要进入限制通行区域的原因和必要性、运输危化品种类、进入限制通行区域的具体时间、途径道路和目的地）。公安机关认为有必要审查的其他事项和资料，由公安机关自行通过有关途径进行审查。申请人的申请符合法定条件、标准的，行政机关应当依法作出准予行政许可的书面决定。

（2）规定行政许可条件的依据

《危险化学品安全管理条例》第49条。

4. 行政许可服务对象类型与改革举措

（1）服务对象类型：企业法人，事业单位法人

（2）是否为涉企经营许可事项：否

（3）涉企经营许可事项名称：无

（4）涉企经营许可证件名称：无

（5）改革方式：无

（6）具体改革举措：无

（7）加强事中事后监管措施：一是加强动态监管。道路运输管理机构、公安机关交通管理部门、应急管理部门依据法定职责，对道路运输车辆动态监控工作实施联合监督管理，公安机关交通管理部门可以将道路运输车辆动态监控系统记录的违反禁限行规定等交通违法信息作为执法依据，依法查处。二是加强路面管控。会同交通运输部门依托执法站点，加强对危险化学品运输车辆的检查，对发现的超速、超载、疲劳驾驶等行为依法查处，对发现的违法治安管理处罚法的情形，及时移交处理。三是加强隐患排查。会同行业主管部门深入危险化学品运输企业，检查安全管理制度落实情况，检查车辆安全技术状况、驾驶人安全教育情况，及时督促整改安全隐患。

5. 申请材料

（1）申请材料名称：一是危险化学品运输车辆行驶证、驾驶人驾驶证；二是危险货物运单；三是危险化学品运输车辆需要进入限制通行区域的必要性说明（说明中要包括危险化学品运输车辆需要进入限制通行区域的原因和必要性、运输危化品种类、进入限制通行区域的具体时间、途径道路和目的地）。

（2）规定申请材料的依据：

《行政许可法》第31条第1款规定，申请人申请行政许可，应当如实向行政机关提交有关材料和反映真实情况，并对其申请材料实质内容的真实性负责。行政机关不得要求申请人提交与其申请的行政许可事项无关的技术资料和其他材料。

《危险化学品安全管理条例》第49条。

6. 中介服务

（1）有无法定中介服务事项：无

（2）中介服务事项名称：无

（3）设定中介服务事项的依据：无

（4）提供中介服务的机构：无

（5）中介服务事项的收费性质：无

7. 审批程序

（1）办理行政许可的程序环节：一是申请人申请；二是审批机构受理/不予受理；三是审批机构审查；四是决定核发

许可。

（2）规定行政许可程序的依据

《行政许可法》第 42 条第 1 款规定，除可以当场作出行政许可决定的外，行政机关应当自受理行政许可申请之日起二十日内作出行政许可决定。二十日内不能作出决定的，经本行政机关负责人批准，可以延长十日，并应当将延长期限的理由告知申请人。但是，法律、法规另有规定的，依照其规定。

（3）是否需要现场勘验：部分情况下开展

（4）是否需要组织听证：否

（5）是否需要招标、拍卖、挂牌交易：否

（6）是否需要检验、检测、检疫：部分情况下开展

（7）是否需要鉴定：否

（8）是否需要专家评审：否

（9）是否需要向社会公示：否

（10）是否实行告知承诺办理：否

（11）审批机关是否委托服务机构开展技术性服务：否

8. 受理和审批时限

（1）承诺受理时限：5 个工作日

（2）法定审批时限：20 个工作日，经批准可延长 10 个工作日。

（3）规定法定审批时限依据

《行政许可法》第 42 条。

（4）承诺审批时限：20 个工作日，经批准可延长 10 个工作日。

9. 收费

（1）办理行政许可是否收费：否

（2）收费项目的名称、收费项目的标准、设定收费项目的依据、规定收费标准的依据：无

10. 行政许可证件

（1）审批结果类型：其他

（2）审批结果名称：审批决定通知书

（3）审批结果的有效期限：暂由地方规定

（4）规定审批结果有效期限的依据

《危险化学品安全管理条例》第 49 条。

（5）是否需要办理审批结果变更手续：否

（6）办理审批结果变更手续的要求：无

（7）是否需要办理审批结果延续手续：否

（8）办理审批结果延续手续的要求：无

（9）审批结果的有效地域范围：按照《危险化学品运输车辆进入限制通行区域审批决定通知书》载明的运输车辆、有效期限、路线、时间、速度等要求运输，禁止超载、超速行驶。

（10）规定审批结果有效地域范围的依据

《危险化学品安全管理条例》第 49 条。

11. 行政许可数量限制

（1）有无行政许可数量限制：无

（2）公布数量限制的方式：无

（3）公布数量限制的周期：无

（4）在数量限制条件下实施行政许可的方式：无

（5）规定在数量限制条件下实施行政许可方式的依据：无

12. 行政许可后年检

（1）有无年检要求：无

（2）设定年检要求的依据：无

（3）年检周期：无

（4）年检是否要求报送材料：无

（5）年检报送材料名称：无

（6）年检是否收费：无

（7）年检收费项目的名称、年检收费项目的标准、设定年检收费项目的依据、规定年检项目收费标准的依据：无

（8）通过年检的证明或者标志：无

13. 行政许可后年报

（1）有无年报要求：无

（2）年报报送材料名称：无

（3）设定年报要求的依据：无

（4）年报周期：无

14. 监管主体

省级、设区的市级、县级公安机关。

15. 备注

（二）运输危险化学品的车辆进入危险化学品运输车辆限制通行区域审批（设区的市级行政区域内）

1. 基本要素

（1）行政许可事项名称及编码：运输危险化学品的车辆进入危险化学品运输车辆限制通行区域审批【00010913900Y】

（2）行政许可事项子项名称及编码：运输危险化学品的车辆进入危险化学品运输车辆限制通行区域审批（设区的市级行政区域内）【000109139002】

（3）行政许可事项业务办理项名称及编码：运输危险化学品的车辆进入危险化学品运输车辆限制通行区域审批（设区的市级行政区域内）（00010913900201）

（4）设定依据

《危险化学品安全管理条例》第49条规定，未经公安机关批准，运输危险化学品的车辆不得进入危险化学品运输车辆限制通行的区域。危险化学品运输车辆限制通行的区域由县级人民政府公安机关划定，并设置明显的标志。

（5）实施依据

《危险化学品安全管理条例》第49条。

（6）监管依据

《危险化学品安全管理条例》第49条。

《危险化学品安全管理条例》第88条规定，有下列情形之一的，由公安机关责令改正，处5万元以上10万元以下的罚款；构成违反治安管理行为的，依法给予治安管理处罚；构成犯罪的，依法追究刑事责任：……③运输危险化学品的车辆未经公安机关批准进入危险化学品运输车辆限制通行的区域的；……

（7）实施机关：设区的市级

（8）审批层级：设区的市级，县级

（9）行使层级：市级/隶属，县级

（10）是否由审批机关受理：是

（11）受理层级：设区的市级，县级

（12）是否存在初审环节：否

（13）初审层级：无

（14）对应政务服务事项国家级基本目录名称：运输危险化学品的车辆进入危险化学品运输车辆限制通行区域审批

（15）要素统一情况：部分要素全国统一

2. 行政许可事项类型：条件型

3. 行政许可条件

（1）准予行政许可的条件：一是危险化学品运输车辆行驶证、驾驶人驾驶证；二是危险货物运单；三是危险化学品运输车辆需要进入限制通行区域的必要性说明（说明中要包括危险化学品运输车辆需要进

入限制通行区域的原因和必要性、运输危化品种类、进入限制通行区域的具体时间、途径道路和目的地)。公安机关认为有必要审查的其他事项和资料，由公安机关自行通过有关途径进行审查。申请人的申请符合法定条件、标准的，行政机关应当依法作出准予行政许可的书面决定。

（2）规定行政许可条件的依据

《危险化学品安全管理条例》第49条。

4. 行政许可服务对象类型与改革举措

（1）服务对象类型：企业法人，事业单位法人

（2）是否为涉企经营许可事项：否

（3）涉企经营许可事项名称：无

（4）涉企经营许可证件名称：无

（5）改革方式：无

（6）具体改革举措：无

（7）加强事中事后监管措施：一是加强动态监管。道路运输管理机构、公安机关交通管理部门、应急管理部门依据法定职责，对道路运输车辆动态监控工作实施联合监督管理，公安机关交通管理部门可以将道路运输车辆动态监控系统记录的违反禁限行规定等交通违法信息作为执法依据，依法查处。二是加强路面管控。会同交通运输部门依托执法站点，加强对危险化学品运输车辆的检查，对发现的超速、超载、疲劳驾驶等行为依法查处，对发现的违法治安管理处罚法的情形，及时移交处理。三是加强隐患排查。会同行业主管部门深入危险化学品运输企业，检查安全管理制度落实情况，检查车辆安全技术状况、驾驶人安全教育情况，及时督促整改安全隐患。

5. 申请材料

（1）申请材料名称：一是危险化学品运输车辆行驶证、驾驶人驾驶证；二是危险货物运单；三是危险化学品运输车辆需要进入限制通行区域的必要性说明（说明中要包括危险化学品运输车辆需要进入限制通行区域的原因和必要性、运输危化品种类、进入限制通行区域的具体时间、途径道路和目的地)。

（2）规定申请材料的依据

《行政许可法》第31条第1款规定，申请人申请行政许可，应当如实向行政机关提交有关材料和反映真实情况，并对其申请材料实质内容的真实性负责。行政机关不得要求申请人提交与其申请的行政许可事项无关的技术资料和其他材料。

《危险化学品安全管理条例》第49条。

6. 中介服务

（1）有无法定中介服务事项：无

（2）中介服务事项名称：无

（3）设定中介服务事项的依据：无

（4）提供中介服务的机构：无

（5）中介服务事项的收费性质：无

7. 审批程序

（1）办理行政许可的程序环节：一是申请人申请；二是审批机构受理/不予受理；三是审批机构审查；四是决定核发许可。

（2）规定行政许可程序的依据

《行政许可法》第42条第1款规定，除可以当场作出行政许可决定的外，行政机关应当自受理行政许可申请之日起二十日内作出行政许可决定。二十日内不能作出决定的，经本行政机关负责人批准，可以延长十日，并应当将延长期限的理由告知申请人。但是，法律、法规另有规定的，依照其规定。

（3）是否需要现场勘验：部分情况下开展

（4）是否需要组织听证：否

（5）是否需要招标、拍卖、挂牌交易：否

（6）是否需要检验、检测、检疫：部分情况下开展

（7）是否需要鉴定：否

（8）是否需要专家评审：否

（9）是否需要向社会公示：否

（10）是否实行告知承诺办理：否

（11）审批机关是否委托服务机构开展技术性服务：否

8. 受理和审批时限

（1）承诺受理时限：5个工作日

（2）法定审批时限：20个工作日，经批准可延长10个工作日。

（3）规定法定审批时限依据

《行政许可法》第42条。

（4）承诺审批时限：20个工作日，经批准可延长10个工作日。

9. 收费

（1）办理行政许可是否收费：否

（2）收费项目的名称、收费项目的标准、设定收费项目的依据、规定收费标准的依据：无

10. 行政许可证件

（1）审批结果类型：其他

（2）审批结果名称：审批决定通知书

（3）审批结果的有效期限：暂由地方规定

（4）规定审批结果有效期限的依据

《危险化学品安全管理条例》第49条。

（5）是否需要办理审批结果变更手续：否

（6）办理审批结果变更手续的要求：无

（7）是否需要办理审批结果延续手续：否

（8）办理审批结果延续手续的要求：无

（9）审批结果的有效地域范围：按照《危险化学品运输车辆进入限制通行区域审批决定通知书》载明的运输车辆、有效期限、路线、时间、速度等要求运输，禁止超载、超速行驶。

（10）规定审批结果有效地域范围的依据

《危险化学品安全管理条例》第49条。

11. 行政许可数量限制

（1）有无行政许可数量限制：无

（2）公布数量限制的方式：无

（3）公布数量限制的周期：无

（4）在数量限制条件下实施行政许可的方式：无

（5）规定在数量限制条件下实施行政许可方式的依据：无

12. 行政许可后年检

（1）有无年检要求：无

（2）设定年检要求的依据：无

（3）年检周期：无

（4）年检是否要求报送材料：无

（5）年检报送材料名称：无

（6）年检是否收费：无

（7）年检收费项目的名称、年检收费项目的标准、设定年检收费项目的依据、规定年检项目收费标准的依据：无

（8）通过年检的证明或者标志：无

13. 行政许可后年报

（1）有无年报要求：无

（2）年报报送材料名称：无

（3）设定年报要求的依据：无

（4）年报周期：无

14. 监管主体

设区的市级、县级公安机关。

15. 备注

（三）运输危险化学品的车辆进入危险化学品运输车辆限制通行区域审批（县级行政区域内）

1. 基本要素

（1）行政许可事项名称及编码：运输危险化学品的车辆进入危险化学品运输车辆限制通行区域审批【00010913900Y】

（2）行政许可事项子项名称及编码：运输危险化学品的车辆进入危险化学品运输车辆限制通行区域审批（县级行政区域内）【000109139003】

（3）行政许可事项业务办理项名称及编码：运输危险化学品的车辆进入危险化学品运输车辆限制通行区域审批（县级行政区域内）（00010913900301）

（4）设定依据

《危险化学品安全管理条例》第49条规定，未经公安机关批准，运输危险化学品的车辆不得进入危险化学品运输车辆限制通行的区域。危险化学品运输车辆限制通行的区域由县级人民政府公安机关划定，并设置明显的标志。

（5）实施依据

《危险化学品安全管理条例》第49条。

（6）监管依据

《危险化学品安全管理条例》第49条。

《危险化学品安全管理条例》第88条规定，有下列情形之一的，由公安机关责令改正，处5万元以上10万元以下的罚款；构成违反治安管理行为的，依法给予治安管理处罚；构成犯罪的，依法追究刑事责任……③运输危险化学品的车辆未经公安机关批准进入危险化学品运输车辆限制通行的区域的；……

（7）实施机关：县级公安机关

（8）审批层级：县级

（9）行使层级：县级

（10）是否由审批机关受理：是

（11）受理层级：县级

（12）是否存在初审环节：否

（13）初审层级：无

（14）对应政务服务事项国家级基本目录名称：运输危险化学品的车辆进入危险化学品运输车辆限制通行区域审批

（15）要素统一情况：部分要素全国统一

2. 行政许可事项类型：条件型

3. 行政许可条件

（1）准予行政许可的条件：一是危险化学品运输车辆行驶证、驾驶人驾驶证；二是危险货物运单；三是危险化学品运输车辆需要进入限制通行区域的必要性说明（说明中要包括危险化学品运输车辆需要进入限制通行区域的原因和必要性、运输危化品种类、进入限制通行区域的具体时间、途径道路和目的地）。公安机关认为有必要审查的其他事项和资料，由公安机关自行通过有关途径进行审查。申请人的申请符合法定条件、标准的，行政机关应当依法作出准予行政许可的书面决定。

（2）规定行政许可条件的依据

《危险化学品安全管理条例》第49条。

4. 行政许可服务对象类型与改革举措

（1）服务对象类型：企业法人，事业

单位法人

（2）是否为涉企经营许可事项：否

（3）涉企经营许可事项名称：无

（4）涉企经营许可证件名称：无

（5）改革方式：无

（6）具体改革举措：无

（7）加强事中事后监管措施：一是加强动态监管。道路运输管理机构、公安机关交通管理部门、应急管理部门依据法定职责，对道路运输车辆动态监控工作实施联合监督管理，公安机关交通管理部门可以将道路运输车辆动态监控系统记录的违反禁限行规定等交通违法信息作为执法依据，依法查处。二是加强路面管控。会同交通运输部门依托执法站点，加强对危险化学品运输车辆的检查，对发现的超速、超载、疲劳驾驶等行为依法查处，对发现的违法治安管理处罚法的情形，及时移交处理。三是加强隐患排查。会同行业主管部门深入危险化学品运输企业，检查安全管理制度落实情况，检查车辆安全技术状况、驾驶人安全教育情况，及时督促整改安全隐患。

5. 申请材料

（1）申请材料名称：一是危险化学品运输车辆行驶证、驾驶人驾驶证；二是危险货物运单；三是危险化学品运输车辆需要进入限制通行区域的必要性说明（说明中要包括危险化学品运输车辆需要进入限制通行区域的原因和必要性、运输危化品种类、进入限制通行区域的具体时间、途径道路和目的地）。

（2）规定申请材料的依据

《行政许可法》第31条第1款规定，申请人申请行政许可，应当如实向行政机关提交有关材料和反映真实情况，并对其申请材料实质内容的真实性负责。行政机关不得要求申请人提交与其申请的行政许可事项无关的技术资料和其他材料。

《危险化学品安全管理条例》第49条。

6. 中介服务

（1）有无法定中介服务事项：无

（2）中介服务事项名称：无

（3）设定中介服务事项的依据：无

（4）提供中介服务的机构：无

（5）中介服务事项的收费性质：无

7. 审批程序

（1）办理行政许可的程序环节：一是申请人申请；二是审批机构受理/不予受理；三是审批机构审查；四是决定核发许可。

（2）规定行政许可程序的依据

《行政许可法》第42条第1款规定，除可以当场作出行政许可决定的外，行政机关应当自受理行政许可申请之日起二十日内作出行政许可决定。二十日内不能作出决定的，经本行政机关负责人批准，可以延长十日，并应当将延长期限的理由告知申请人。但是，法律、法规另有规定的，依照其规定。

（3）是否需要现场勘验：部分情况下开展

（4）是否需要组织听证：否

（5）是否需要招标、拍卖、挂牌交易：否

（6）是否需要检验、检测、检疫：部分情况下开展

（7）是否需要鉴定：否

（8）是否需要专家评审：否

（9）是否需要向社会公示：否

（10）是否实行告知承诺办理：否

（11）审批机关是否委托服务机构开展技术性服务：否

8. 受理和审批时限

（1）承诺受理时限：5个工作日

（2）法定审批时限：20个工作日，经批准可延长10个工作日。

（3）规定法定审批时限依据

《行政许可法》第42条。

（4）承诺审批时限：20个工作日，经批准可延长10个工作日。

9. 收费

（1）办理行政许可是否收费：否

（2）收费项目的名称、收费项目的标准、设定收费项目的依据、规定收费标准的依据：无

10. 行政许可证件

（1）审批结果类型：其他

（2）审批结果名称：审批决定通知书

（3）审批结果的有效期限：暂由地方规定

（4）规定审批结果有效期限的依据

《危险化学品安全管理条例》第49条。

（5）是否需要办理审批结果变更手续：否

（6）办理审批结果变更手续的要求：无

（7）是否需要办理审批结果延续手续：否

（8）办理审批结果延续手续的要求：无

（9）审批结果的有效地域范围：按照《危险化学品运输车辆进入限制通行区域审批决定通知书》载明的运输车辆、有效期限、路线、时间、速度等要求运输，禁止超载、超速行驶。

（10）规定审批结果有效地域范围的依据

《危险化学品安全管理条例》第49条。

11. 行政许可数量限制

（1）有无行政许可数量限制：无

（2）公布数量限制的方式：无

（3）公布数量限制的周期：无

（4）在数量限制条件下实施行政许可的方式：无

（5）规定在数量限制条件下实施行政许可方式的依据：无

12. 行政许可后年检

（1）有无年检要求：无

（2）设定年检要求的依据：无

（3）年检周期：无

（4）年检是否要求报送材料：无

（5）年检报送材料名称：无

（6）年检是否收费：无

（7）年检收费项目的名称、年检收费项目的标准、设定年检收费项目的依据、规定年检项目收费标准的依据：无

（8）通过年检的证明或者标志：无

13. 行政许可后年报

（1）有无年报要求：无

（2）年报报送材料名称：无

（3）设定年报要求的依据：无

（4）年报周期：无

14. 监管主体

县级公安机关。

15. 备注

三十二、易制毒化学品购买许可（除第一类中的药品类易制毒化学品外）

易制毒化学品购买许可（除第一类中

的药品类易制毒化学品外）的中央主管部门是公安部，实施机关是省级公安机关和县级公安机关，设定和实施依据包括：《禁毒法》、《易制毒化学品管理条例》、《易制毒化学品购销和运输管理办法》（公安部令第87号）。该许可项目共有3个子项：（1）购买第一类中的非药品类易制毒化学品许可；（2）购买第二类易制毒化学品许可；（3）购买第三类易制毒化学品许可

（一）购买第一类中的非药品类易制毒化学品许可

1. 基本要素

（1）行政许可事项名称及编码：易制毒化学品购买许可（除第一类中的药品类易制毒化学品外）【00010913400Y】

（2）行政许可事项子项名称及编码购买第一类中的非药品类易制毒化学品许可【000109134001】

（3）行政许可事项业务办理项名称及编码购买第一类中的非药品类易制毒化学品许可（00010913400101）

（4）设定依据

《禁毒法》第21条第2款规定，国家对易制毒化学品的生产、经营、购买、运输实行许可制度。

（5）实施依据

《易制毒化学品管理条例》第15条规定，申请购买第一类中的非药品类易制毒化学品的，由所在地的省、自治区、直辖市人民政府公安机关审批。前款规定的行政主管部门应当自收到申请之日起10日内，对申请人提交的申请材料和证件进行审查。对符合规定的，发给购买许可证；不予许可的，应当书面说明理由。审查第一类易制毒化学品购买许可申请材料时，根据需要，可以进行实地核查。

《易制毒化学品购销和运输管理办法》第3条规定，购买第一类中的非药品类易制毒化学品的，应当向所在地省级人民政府公安机关申请购买许可证……取得购买许可证或者购买备案证明后，方可购买易制毒化学品。

（6）监管依据

《易制毒化学品管理条例》第15条。

《易制毒化学品管理条例》第16条第2款规定，个人不得购买第一类、第二类易制毒化学品。

《易制毒化学品管理条例》第18条规定，经营单位销售第一类易制毒化学品时，应当查验购买许可证和经办人的身份证明。对委托代购的，还应当查验购买人持有的委托文书。经营单位在查验无误、留存上述证明材料的复印件后，方可出售第一类易制毒化学品；发现可疑情况的，应当立即向当地公安机关报告。

《易制毒化学品管理条例》第19条第1、2款规定，经营单位应当建立易制毒化学品销售台账，如实记录销售的品种、数量、日期、购买方等情况。销售台账和证明材料复印件应当保存2年备查。第一类易制毒化学品的销售情况，应当自销售之日起5日内报当地公安机关备案；第一类易制毒化学品的使用单位，应当建立使用台账，并保存2年备查。

《易制毒化学品管理条例》第32条规定，县级以上人民政府公安机关、负责药品监督管理的部门、安全生产监督管理部门、商务主管部门、卫生主管部门、价格主管部门、铁路主管部门、交通主管部门、市场监督管理部门、生态环境主管部门和

海关，应当依照本条例和有关法律、行政法规的规定，在各自的职责范围内，加强对易制毒化学品生产、经营、购买、运输、价格以及进口、出口的监督检查；对非法生产、经营、购买、运输易制毒化学品，或者走私易制毒化学品的行为，依法予以查处。前款规定的行政主管部门在进行易制毒化学品监督检查时，可以依法查看现场、查阅和复制有关资料、记录有关情况、扣押相关的证据材料和违法物品；必要时，可以临时查封有关场所。被检查的单位或者个人应当如实提供有关情况和材料、物品，不得拒绝或者隐匿。

《易制毒化学品购销和运输管理办法》第4条规定，个人不得购买第一类易制毒化学品和第二类易制毒化学品。禁止使用现金或者实物进行易制毒化学品交易，但是个人合法购买第一类中的药品类易制毒化学品药品制剂和第三类易制毒化学品的除外。

（7）实施机关：省级公安机关

（8）审批层级：省级

（9）行使层级：省级/直属

（10）是否由审批机关受理：是

（11）受理层级：省级

（12）是否存在初审环节：否

（13）初审层级：无

（14）对应政务服务事项国家级基本目录名称：第一类易制毒化学品（非药品类）购买许可

（15）要素统一情况：全部要素全国统一

2. 行政许可事项类型：条件型

3. 行政许可条件

（1）准予行政许可的条件：一是经营企业提交企业营业执照和合法使用需要证明；二是其他组织提交登记证书（成立批准文件）和合法使用需要证明。

（2）规定行政许可条件的依据

《易制毒化学品管理条例》第14条规定，申请购买第一类易制毒化学品，应当提交下列证件，经本条例第十五条规定的行政主管部门审批，取得购买许可证：①经营企业提交企业营业执照和合法使用需要证明；②其他组织提交登记证书（成立批准文件）和合法使用需要证明。

《易制毒化学品购销和运输管理办法》第5条规定，申请购买第一类中的非药品类易制毒化学品和第二类、第三类易制毒化学品的，应当提交下列申请材料：①经营企业的营业执照（副本和复印件），其他组织的登记证书或者成立批准文件（原件和复印件），或者个人的身份证明（原件和复印件）；②合法使用需要证明（原件）。合法使用需要证明由购买单位或者个人出具，注明拟购买易制毒化学品的品种、数量和用途，并加盖购买单位印章或者个人签名。

4. 行政许可服务对象类型与改革举措

（1）服务对象类型：企业法人，事业单位法人，社会组织法人，非法人企业，其他组织

（2）是否为涉企经营许可事项：否

（3）涉企经营许可事项名称：无

（4）涉企经营许可证件名称：无

（5）改革方式：缩短审批时限

（6）具体改革举措：各地公安禁毒部门要对第一类易制毒化学品的购买许可审批时限由目前的10个工作日缩减为5个工作日。

（7）加强事中事后监管措施：一是加强购买、运输环节监管。各级公安机关对本部门审批的易制毒化学品购买、运输许可证或备案证明的使用情况加强事中事后监管，要求运输企业或个人按照实际运输路线申请运输许可证或备案证明。督促易制毒化学品购买、运输单位落实入库、出库登记制度，在购买、运输活动结束后及时核销许可证或备案证明。发挥公安交管部门与公安检查站的作用，加大对非法运输易制毒化学品的查缉力度。二是加强使用环节监管。各级公安、应急管理等部门加强易制毒化学品使用单位的监管，重点监督使用单位落实易制毒化学品安全管理制度、使用出库报备制度，对其投料、产出情况进行信息研判，严防易制毒化学品被挪作他用。三是加强网上监管。各级公安、网信等部门建立易制毒化学品网上信息发布制度，指导网络运营者健全管理责任制及内部巡查工作机制，提升管理水平。加大对重点化工平台、即时通讯群组、社交网站、微博客等的巡查监控，要求网络运营者及时发现、删除违规发布的易制毒化学品信息，对异常行为和可疑线索落地查控。四是加强物流寄递管制。各级邮政管理、交通运输、公安等部门建立寄递业、相关道路物流业联动查缉机制。按照有关规定，对不实名登记、包装标识不清、物证不符的易制毒化学品，要求物流运营单位不得承运，并应立即向公安机关报告。五是建立易制毒化学品信息化追溯体系。依托全国易制毒化学品网上报备管理系统以及有关部门易制毒化学品管理信息系统，综合利用电子标签、大数据、物联网、人工智能、工业互联网标识等新技术新手段，对易制毒化学品生产、购销、仓储、运输、使用和进口等各环节进行全过程信息化管理和监控，健全最终用户审查和核验核销核查工作机制，提升易制毒化学品管理信息化、标准化、集约化水平。

5. 申请材料

（1）申请材料名称：一是经营企业的营业执照（副本和复印件），其他组织的登记证书或者成立批准文件（原件和复印件），或者个人的身份证明（原件和复印件）；二是合法使用需要证明（原件）。合法使用需要证明由购买单位或者个人出具，注明拟购买易制毒化学品的品种、数量和用途，并加盖购买单位印章或者个人签名。

（2）规定申请材料的依据

《易制毒化学品管理条例》第14条。

《易制毒化学品购销和运输管理办法》第5条。

6. 中介服务

（1）有无法定中介服务事项：无

（2）中介服务事项名称：无

（3）设定中介服务事项的依据：无

（4）提供中介服务的机构：无

（5）中介服务事项的收费性质：无

7. 审批程序

（1）办理行政许可的程序环节：一是申请人申请；二是审批机构受理/不予受理；三是审批机构审查；四是决定核发许可证/不予核发许可证。

（2）规定行政许可程序的依据

《易制毒化学品管理条例》第14条。

《易制毒化学品管理条例》第15条。

《易制毒化学品购销和运输管理办法》第5条。

《易制毒化学品购销和运输管理办法》

第6条规定，申请购买第一类中的非药品类易制毒化学品的，由申请人所在地的省级人民政府公安机关审批。负责审批的公安机关应当自收到申请之日起十日内，对申请人提交的申请材料进行审查。对符合规定的，发给购买许可证；不予许可的，应当书面说明理由。负责审批的公安机关对购买许可证的申请能够当场予以办理的，应当当场办理；对材料不齐备需要补充的，应当一次告知申请人需补充的内容；对提供材料不符合规定不予受理的，应当书面说明理由。

《易制毒化学品购销和运输管理办法》第7条规定，公安机关审查第一类易制毒化学品购买许可申请材料时，根据需要，可以进行实地核查。遇有下列情形之一的，应当进行实地核查：①购买单位第一次申请的；②购买单位提供的申请材料不符合要求的；③对购买单位提供的申请材料有疑问的。

（3）是否需要现场勘验：否

（4）是否需要组织听证：否

（5）是否需要招标、拍卖、挂牌交易：否

（6）是否需要检验、检测、检疫：否

（7）是否需要鉴定：否

（8）是否需要专家评审：否

（9）是否需要向社会公示：否

（10）是否实行告知承诺办理：否

（11）审批机关是否委托服务机构开展技术性服务：否

8. 受理和审批时限

（1）承诺受理时限：当场办理

（2）法定审批时限：10个工作日

（3）规定法定审批时限依据

《易制毒化学品管理条例》第15条。

4. 承诺审批时限：5个工作日

9. 收费

（1）办理行政许可是否收费：否

（2）收费项目的名称、收费项目的标准、设定收费项目的依据、规定收费标准的依据：无

10. 行政许可证件

（1）审批结果类型：证照

（2）审批结果名称：第一类易制毒化学品（非药品类）购买许可证

（3）审批结果的有效期限一次使用有效，有效期1个月。

（4）规定审批结果有效期限的依据

《易制毒化学品购销和运输管理办法》第9条第1款规定易制毒化学品购买许可证一次使用有效，有效期一个月。

（5）是否需要办理审批结果变更手续：否

（6）办理审批结果变更手续的要求：无

（7）是否需要办理审批结果延续手续：否

（8）办理审批结果延续手续的要求：无

（9）审批结果的有效地域范围：全国

（10）规定审批结果有效地域范围的依据：无

11. 行政许可数量限制

（1）有无行政许可数量限制：无

（2）公布数量限制的方式：无

（3）公布数量限制的周期：无

（4）在数量限制条件下实施行政许可的方式：无

（5）规定在数量限制条件下实施行政

许可方式的依据：无

12. 行政许可后年检

（1）有无年检要求：无

（2）设定年检要求的依据：无

（3）年检周期：无

（4）年检是否要求报送材料：无

（5）年检报送材料名称：无

（6）年检是否收费：无

（7）年检收费项目的名称、年检收费项目的标准、设定年检收费项目的依据、规定年检项目收费标准的依据：无

（8）通过年检的证明或者标志：无

13. 行政许可后年报

（1）有无年报要求：有

（2）年报报送材料名称：上年度易制毒化学品的生产、经营、购买、运输或者进口、出口情况

（3）设定年报要求的依据

《易制毒化学品管理条例》第36条规定，生产、经营、购买、运输或者进口、出口易制毒化学品的单位，应当于每年3月31日前向许可或者备案的行政主管部门和公安机关报告本单位上年度易制毒化学品的生产、经营、购买、运输或者进口、出口情况；有条件的生产、经营、购买、运输或者进口、出口单位，可以与有关行政主管部门建立计算机联网，及时通报有关经营情况。

（4）年报周期：1年

14. 监管主体

省级公安机关。

15. 备注

（二）购买第二类易制毒化学品许可

1. 基本要素

（1）行政许可事项名称及编码：易制毒化学品购买许可（除第一类中的药品类易制毒化学品外）【00010913400Y】

（2）行政许可事项子项名称及编码：购买第二类易制毒化学品许可【000109134002】

（3）行政许可事项业务办理项名称及编码：购买第二类易制毒化学品许可（00010913400201）

（4）设定依据

《禁毒法》第21条第2款规定，国家对易制毒化学品的生产、经营、购买、运输实行许可制度。

（5）实施依据

《易制毒化学品管理条例》第17条规定，购买第二类、第三类易制毒化学品的，应当在购买前将所需购买的品种、数量，向所在地的县级人民政府公安机关备案。个人自用购买少量高锰酸钾的，无须备案。

《易制毒化学品购销和运输管理办法》第3条规定，……购买第二类、第三类易制毒化学品的，应当向所在地县级人民政府公安机关备案。取得购买许可证或者购买备案证明后，方可购买易制毒化学品。

（6）监管依据

《易制毒化学品管理条例》第16条第2款规定，个人不得购买第一类、第二类易制毒化学品。

《易制毒化学品管理条例》第17条。

《易制毒化学品管理条例》第19条规定，经营单位应当建立易制毒化学品销售台账，如实记录销售的品种、数量、日期、购买方等情况。销售台账和证明材料复印件应当保存2年备查。……第二类、第三类易制毒化学品的销售情况，应当自销售之日起30日内报当地公安机关备案。

《易制毒化学品管理条例》第32条规定，县级以上人民政府公安机关、负责药品监督管理的部门、安全生产监督管理部门、商务主管部门、卫生主管部门、价格主管部门、铁路主管部门、交通主管部门、市场监督管理部门、生态环境主管部门和海关，应当依照本条例和有关法律、行政法规的规定，在各自的职责范围内，加强对易制毒化学品生产、经营、购买、运输、价格以及进口、出口的监督检查；对非法生产、经营、购买、运输易制毒化学品，或者走私易制毒化学品的行为，依法予以查处。前款规定的行政主管部门在进行易制毒化学品监督检查时，可以依法查看现场、查阅和复制有关资料、记录有关情况、扣押相关的证据材料和违法物品；必要时，可以临时查封有关场所。被检查的单位或者个人应当如实提供有关情况和材料、物品，不得拒绝或者隐匿。

《易制毒化学品购销和运输管理办法》第4条规定，个人不得购买第一类易制毒化学品和第二类易制毒化学品。禁止使用现金或者实物进行易制毒化学品交易，但是个人合法购买第一类中的药品类易制毒化学品药品制剂和第三类易制毒化学品的除外。

（7）实施机关：县级公安机关

（8）审批层级：县级

（9）行使层级：县级

（10）是否由审批机关受理：是

（11）受理层级：县级

（12）是否存在初审环节：否

（13）初审层级：无

（14）对应政务服务事项国家级基本目录名称：第二类、第三类易制毒化学品购买备案证明

（15）要素统一情况：全部要素全国统一

2. 行政许可事项类型：条件型

3. 行政许可条件

（1）准予行政许可的条件：一是经营企业提交企业营业执照和合法使用需要证明；二是其他组织提交登记证书（成立批准文件）和合法使用需要证明。

（2）规定行政许可条件的依据

《易制毒化学品购销和运输管理办法》第5条规定，申请购买第一类中的非药品类易制毒化学品和第二类、第三类易制毒化学品的，应当提交下列申请材料：①经营企业的营业执照（副本和复印件），其他组织的登记证书或者成立批准文件（原件和复印件），或者个人的身份证明（原件和复印件）；②合法使用需要证明（原件）。合法使用需要证明由购买单位或者个人出具，注明拟购买易制毒化学品的品种、数量和用途，并加盖购买单位印章或者个人签名。

4. 行政许可服务对象类型与改革举措

（1）服务对象类型：企业法人，事业单位法人，社会组织法人，非法人企业，其他组织

（2）是否为涉企经营许可事项：否

（3）涉企经营许可事项名称：无

（4）涉企经营许可证件名称：无

（5）改革方式：优化服务措施

（6）具体改革举措：在实现易制毒化学品许可备案网上办理的基础上，会同相关部门大力推进“互联网+监管”，建立易制毒化学品企业“双随机、一公开”监管机制。

（7）加强事中事后监管措施：一是加强购买、运输环节监管。各级公安机关对本部门审批的易制毒化学品购买、运输许可证或备案证明的使用情况加强事中事后监管，要求运输企业或个人按照实际运输路线申请运输许可证或备案证明。督促易制毒化学品购买、运输单位落实入库、出库登记制度，在购买、运输活动结束后及时核销许可证或备案证明。发挥公安交管部门与公安检查站的作用，加大对非法运输易制毒化学品的查缉力度。二是加强使用环节监管。各级公安、应急管理等部门加强易制毒化学品使用单位的监管，重点监督使用单位落实易制毒化学品安全管理制度、使用出库报备制度，对其投料、产出情况进行信息研判，严防易制毒化学品被挪作他用。三是加强网上监管。各级公安、网信等部门建立易制毒化学品网上信息发布制度，指导网络运营者健全管理责任制及内部巡查工作机制，提升管理水平。加大对重点化工平台、即时通讯群组、社交网站、微博客等的巡查监控，要求网络运营者及时发现、删除违规发布的易制毒化学品信息，对异常行为和可疑线索落地查控。四是加强物流寄递管制。各级邮政管理、交通运输、公安等部门建立寄递业、相关道路物流业联动查缉机制。按照有关规定，对不实名登记、包装标识不清、物证不符的易制毒化学品，要求物流运营单位不得承运，并应立即向公安机关报告。五是建立易制毒化学品信息化追溯体系。依托全国易制毒化学品网上报备管理系统以及有关部门易制毒化学品管理信息系统，综合利用电子标签、大数据、物联网、人工智能、工业互联网标识等新技术新手段，对易制毒化学品生产、购销、仓储、运输、使用和进口等各环节进行全过程信息化管理和监控，健全最终用户审查和核验核销核查工作机制，提升易制毒化学品管理信息化、标准化、集约化水平。

5. 申请材料

（1）申请材料名称：一是经营企业的营业执照（副本和复印件），其他组织的登记证书或者成立批准文件（原件和复印件），或者个人的身份证明（原件和复印件）；二是合法使用需要证明（原件）。合法使用需要证明由购买单位或者个人出具，注明拟购买易制毒化学品的品种、数量和用途，并加盖购买单位印章或者个人签名。

（2）规定申请材料的依据

《易制毒化学品购销和运输管理办法》第5条。

6. 中介服务

（1）有无法定中介服务事项：无

（2）中介服务事项名称：无

（3）设定中介服务事项的依据：无

（4）提供中介服务的机构：无

（5）中介服务事项的收费性质：无

7. 审批程序

（1）办理行政许可的程序环节：一是申请人申请；二是审批机构受理/不予受理；三是审批机构审查；四是决定核发许可证/不予核发许可证。

（2）规定行政许可程序的依据

《易制毒化学品管理条例》第17条。

《易制毒化学品购销和运输管理办法》第4条。

《易制毒化学品购销和运输管理办法》第8条规定，购买第二类、第三类易制毒化学品的，应当在购买前将所需购买的品种、数量，向所在地的县级人民政府公安机关备案。公安机关受理备案后，应当于当日出具购买备案证明。自用一次性购买五公斤以下且年用量五十公斤以下高锰酸钾的，无须备案。

（3）是否需要现场勘验：否

（4）是否需要组织听证：否

（5）是否需要招标、拍卖、挂牌交易：否

（6）是否需要检验、检测、检疫：否

（7）是否需要鉴定：否

（8）是否需要专家评审：否

（9）是否需要向社会公示：否

（10）是否实行告知承诺办理：否

（11）审批机关是否委托服务机构开展技术性服务：否

8. 受理和审批时限

（1）承诺受理时限：当场办理

（2）法定审批时限：1个工作日

（3）规定法定审批时限依据

《易制毒化学品购销和运输管理办法》第8条。

（4）承诺审批时限：1个工作日

9. 收费

（1）办理行政许可是否收费：否

（2）收费项目的名称、收费项目的标准、设定收费项目的依据、规定收费标准的依据：无

10. 行政许可证件

（1）审批结果类型：证照

（2）审批结果名称：第二类易制毒化学品购买备案证明

（3）审批结果的有效期限一次使用有效，有效期1个月；对备案后1年内无违规行为的单位，可以发给多次使用有效的备案证明，有效期6个月。

（4）规定审批结果有效期限的依据

《易制毒化学品购销和运输管理办法》第9条第1、2款规定，易制毒化学品购买备案证明一次使用有效，有效期一个月。对备案后一年内无违规行为的单位，可以发给多次使用有效的备案证明，有效期六个月。

（5）是否需要办理审批结果变更手续：否

（6）办理审批结果变更手续的要求：无

（7）是否需要办理审批结果延续手续：否

（8）办理审批结果延续手续的要求：无

（9）审批结果的有效地域范围：全国

（10）规定审批结果有效地域范围的依据：无

11. 行政许可数量限制

（1）有无行政许可数量限制：无

（2）公布数量限制的方式：无

（3）公布数量限制的周期：无

（4）在数量限制条件下实施行政许可的方式：无

（5）规定在数量限制条件下实施行政许可方式的依据：无

12. 行政许可后年检

（1）有无年检要求：无

（2）设定年检要求的依据：无

（3）年检周期：无

（4）年检是否要求报送材料：无

（5）年检报送材料名称：无

（6）年检是否收费：无

（7）年检收费项目的名称、年检收费

项目的标准、设定年检收费项目的依据、规定年检项目收费标准的依据：无

（8）通过年检的证明或者标志：无

13. 行政许可后年报

（1）有无年报要求：有

（2）年报报送材料名称：本单位上年度易制毒化学品的生产、经营、购买、运输或者进口、出口情况

（3）设定年报要求的依据

《易制毒化学品管理条例》第36条规定，生产、经营、购买、运输或者进口、出口易制毒化学品的单位，应当于每年3月31日前向许可或者备案的行政主管部门和公安机关报告本单位上年度易制毒化学品的生产、经营、购买、运输或者进口、出口情况；有条件的生产、经营、购买、运输或者进口、出口单位，可以与有关行政主管部门建立计算机联网，及时通报有关经营情况。

（4）年报周期：1年

14. 监管主体

县级公安机关

15. 备注

（三）购买第三类易制毒化学品许可

1. 基本要素

（1）行政许可事项名称及编码：易制毒化学品购买许可（除第一类中的药品类易制毒化学品外）【00010913400Y】

（2）行政许可事项子项名称及编码购买第三类易制毒化学品许可【000109134003】

（3）行政许可事项业务办理项名称及编码购买第三类易制毒化学品许可（00010913400301）

（4）设定依据

《禁毒法》第21条第2款规定，国家对易制毒化学品的生产、经营、购买、运输实行许可制度。

（5）实施依据

《易制毒化学品管理条例》第17条规定，购买第二类、第三类易制毒化学品的，应当在购买前将所需购买的品种、数量，向所在地的县级人民政府公安机关备案。个人自用购买少量高锰酸钾的，无须备案。

《易制毒化学品购销和运输管理办法》第3条规定，……购买第二类、第三类易制毒化学品的，应当向所在地县级人民政府公安机关备案。取得购买许可证或者购买备案证明后，方可购买易制毒化学品。

（6）监管依据

《易制毒化学品管理条例》第17条。

《易制毒化学品管理条例》第19条规定，经营单位应当建立易制毒化学品销售台账，如实记录销售的品种、数量、日期、购买方等情况。销售台账和证明材料复印件应当保存2年备查。……第二类、第三类易制毒化学品的销售情况，应当自销售之日起30日内报当地公安机关备案。

《易制毒化学品管理条例》第32条规定，县级以上人民政府公安机关、负责药品监督管理的部门、安全生产监督管理部门、商务主管部门、卫生主管部门、价格主管部门、铁路主管部门、交通主管部门、市场监督管理部门、生态环境主管部门和海关，应当依照本条例和有关法律、行政法规的规定，在各自的职责范围内，加强对易制毒化学品生产、经营、购买、运输、价格以及进口、出口的监督检查；对非法生产、经营、购买、运输易制毒化学品，或者走私易制毒化学品的行为，依法予以

查处。前款规定的行政主管部门在进行易制毒化学品监督检查时，可以依法查看现场、查阅和复制有关资料、记录有关情况、扣押相关的证据材料和违法物品；必要时，可以临时查封有关场所。被检查的单位或者个人应当如实提供有关情况和材料、物品，不得拒绝或者隐匿。

（7）实施机关：县级公安机关

（8）审批层级：县级

（9）行使层级：县级

（10）是否由审批机关受理：是

（11）受理层级：县级

（12）是否存在初审环节：否

（13）初审层级：无

（14）对应政务服务事项国家级基本目录名称：第二类、第三类易制毒化学品购买备案证明

（15）要素统一情况：全部要素全国统一

2. 行政许可事项类型：条件型

3. 行政许可条件

（1）准予行政许可的条件：一是经营企业提交企业营业执照和合法使用需要证明；二是其他组织提交登记证书（成立批准文件）和合法使用需要证明。

（2）规定行政许可条件的依据

《易制毒化学品购销和运输管理办法》第5条规定，申请购买第一类中的非药品类易制毒化学品和第二类、第三类易制毒化学品的，应当提交下列申请材料：①经营企业的营业执照（副本和复印件），其他组织的登记证书或者成立批准文件（原件和复印件），或者个人的身份证明（原件和复印件）；②合法使用需要证明（原件）。合法使用需要证明由购买单位或者个人出具，注明拟购买易制毒化学品的品种、数量和用途，并加盖购买单位印章或者个人签名。

4. 行政许可服务对象类型与改革举措

（1）服务对象类型：自然人，企业法人，事业单位法人，社会组织法人，非法人企业，其他组织

（2）是否为涉企经营许可事项：否

（3）涉企经营许可事项名称：无

（4）涉企经营许可证件名称：无

（5）改革方式：优化服务措施

（6）具体改革举措：在实现易制毒化学品许可备案网上办理的基础上，会同相关部门大力推进“互联网+监管”，建立易制毒化学品企业“双随机、一公开”监管机制。

（7）加强事中事后监管措施：一是加强购买、运输环节监管。各级公安机关对本部门审批的易制毒化学品购买、运输许可证或备案证明的使用情况加强事中事后监管，要求运输企业或个人按照实际运输路线申请运输许可证或备案证明。督促易制毒化学品购买、运输单位落实入库、出库登记制度，在购买、运输活动结束后及时核销许可证或备案证明。发挥公安交管部门与公安检查站的作用，加大对非法运输易制毒化学品的查缉力度。二是加强使用环节监管。各级公安、应急管理等部门加强易制毒化学品使用单位的监管，重点监督使用单位落实易制毒化学品安全管理制度、使用出库报备制度，对其投料、产出情况进行信息研判，严防易制毒化学品被挪作他用。三是加强网上监管。各级公安、网信等部门建立易制毒化学品网上信息发布制度，指导网络运营者健全管理责

任制及内部巡查工作机制，提升管理水平。加大对重点化工平台、即时通讯群组、社交网站、微博客等的巡查监控，要求网络运营者及时发现、删除违规发布的易制毒化学品信息，对异常行为和可疑线索落地查控。四是加强物流寄递管制。各级邮政管理、交通运输、公安等部门建立寄递业、相关道路物流业联动查缉机制。按照有关规定，对不实名登记、包装标识不清、物证不符的易制毒化学品，要求物流运营单位不得承运，并应立即向公安机关报告。五是建立易制毒化学品信息化追溯体系。依托全国易制毒化学品网上报备管理系统以及有关部门易制毒化学品管理信息系统，综合利用电子标签、大数据、物联网、人工智能、工业互联网标识等新技术新手段，对易制毒化学品生产、购销、仓储、运输、使用和进口等各环节进行全过程信息化管理和监控，健全最终用户审查和核验核销核查工作机制，提升易制毒化学品管理信息化、标准化、集约化水平。

5. 申请材料

（1）申请材料名称：一是经营企业的营业执照（副本和复印件），其他组织的登记证书或者成立批准文件（原件和复印件），或者个人的身份证明（原件和复印件）；二是合法使用需要证明（原件）。合法使用需要证明由购买单位或者个人出具，注明拟购买易制毒化学品的品种、数量和用途，并加盖购买单位印章或者个人签名。

（2）规定申请材料的依据

《易制毒化学品购销和运输管理办法》第5条。

6. 中介服务

（1）有无法定中介服务事项：无

（2）中介服务事项名称：无

（3）设定中介服务事项的依据：无

（4）提供中介服务的机构：无

（5）中介服务事项的收费性质：无

7. 审批程序

（1）办理行政许可的程序环节：一是申请人申请；二是审批机构受理/不予受理；三是审批机构审查；四是决定核发备案证明/不予核发备案证明。

（2）规定行政许可程序的依据

《易制毒化学品管理条例》第17条。

《易制毒化学品购销和运输管理办法》第5条。

《易制毒化学品购销和运输管理办法》第8条规定，购买第二类、第三类易制毒化学品的，应当在购买前将所需购买的品种、数量，向所在地的县级人民政府公安机关备案。公安机关受理备案后，应当于当日出具购买备案证明。自用一次性购买五公斤以下且年用量五十公斤以下高锰酸钾的，无须备案。

（3）是否需要现场勘验：否

（4）是否需要组织听证：否

（5）是否需要招标、拍卖、挂牌交易：否

（6）是否需要检验、检测、检疫：否

（7）是否需要鉴定：否

（8）是否需要专家评审：否

（9）是否需要向社会公示：否

（10）是否实行告知承诺办理：否

（11）审批机关是否委托服务机构开展技术性服务：否

8. 受理和审批时限

（1）承诺受理时限：当场办理

（2）法定审批时限：1个工作日

（3）规定法定审批时限依据

《易制毒化学品购销和运输管理办法》第8条。

（4）承诺审批时限：1个工作日

9. 收费

（1）办理行政许可是否收费：否

（2）收费项目的名称、收费项目的标准、设定收费项目的依据、规定收费标准的依据：无

10. 行政许可证件

（1）审批结果类型：证照

（2）审批结果名称：第三类易制毒化学品购买备案证明

（3）审批结果的有效期限：一次使用有效，有效期1个月；对备案后1年内无违规行为的单位，可以发给多次使用有效的备案证明，有效期6个月。

（4）规定审批结果有效期限的依据

《易制毒化学品购销和运输管理办法》第9条规定，易制毒化学品购买备案证明一次使用有效，有效期一个月。对备案后一年内无违规行为的单位，可以发给多次使用有效的备案证明，有效期六个月。对个人购买的，只办理一次使用有效的备案证明。

（5）是否需要办理审批结果变更手续：否

（6）办理审批结果变更手续的要求：无

（7）是否需要办理审批结果延续手续：否

（8）办理审批结果延续手续的要求：无

（9）审批结果的有效地域范围：全国

（10）规定审批结果有效地域范围的依据：无

11. 行政许可数量限制

（1）有无行政许可数量限制：无

（2）公布数量限制的方式：无

（3）公布数量限制的周期：无

（4）在数量限制条件下实施行政许可的方式：无

（5）规定在数量限制条件下实施行政许可方式的依据：无

12. 行政许可后年检

（1）有无年检要求：无

（2）设定年检要求的依据：无

（3）年检周期：无

（4）年检是否要求报送材料：无

（5）年检报送材料名称：无

（6）年检是否收费：无

（7）年检收费项目的名称、年检收费项目的标准、设定年检收费项目的依据、规定年检项目收费标准的依据：无

（8）通过年检的证明或者标志：无

13. 行政许可后年报

（1）有无年报要求：有

（2）年报报送材料名称：本单位上年度易制毒化学品的生产、经营、购买、运输或者进口、出口情况

（3）设定年报要求的依据

《易制毒化学品管理条例》第36条规定，生产、经营、购买、运输或者进口、出口易制毒化学品的单位，应当于每年3月31日前向许可或者备案的行政主管部门和公安机关报告本单位上年度易制毒化学品的生产、经营、购买、运输或者进口、出口情况；有条件的生产、经营、购买、运输或者进口、出口单位，可以与有关行政主管部门建立计算机联网，及时通报有

关经营情况。

（4）年报周期：1 年

14. 监管主体

县级公安机关。

15. 备注

三十三、易制毒化学品运输许可

易制毒化学品运输许可的中央主管部门是公安部，实施机关是设区的市级公安机关和县级公安机关，设定和实施依据包括：《禁毒法》、《易制毒化学品管理条例》、《易制毒化学品购销和运输管理办法》（公安部令第 87 号）。该许可项目共有 3 个子项：（1）运输第一类易制毒化学品许可；（2）运输第二类易制毒化学品许可；（3）运输第三类易制毒化学品许可。

（一）运输第一类易制毒化学品许可

1. 基本要素

（1）行政许可事项名称及编码：易制毒化学品运输许可【00010913600Y】

（2）行政许可事项子项名称及编码：运输第一类易制毒化学品许可【000109136001】

（3）行政许可事项业务办理项名称及编码：运输第一类易制毒化学品许可（00010913600101）

（4）设定依据

《禁毒法》第 21 条第 2 款规定，国家对易制毒化学品的生产、经营、购买、运输实行许可制度。

（5）实施依据

《易制毒化学品管理条例》第 20 条第 1 款规定，跨设区的市级行政区域（直辖市为跨市界）或者在国务院公安部门确定的禁毒形势严峻的重点地区跨县级行政区域运输第一类易制毒化学品的，由运出地的设区的市级人民政府公安机关审批；运输第二类易制毒化学品的，由运出地的县级人民政府公安机关审批。经审批取得易制毒化学品运输许可证后，方可运输。

《易制毒化学品购销和运输管理办法》第 15 条规定，运输易制毒化学品，有下列情形之一的，应当申请运输许可证或者进行备案：①跨设区的市级行政区域（直辖市为跨市界）运输的；②在禁毒形势严峻的重点地区跨县级行政区域运输的。禁毒形势严峻的重点地区由公安部确定和调整，名单另行公布。运输第一类易制毒化学品的，应当向运出地的设区的市级人民政府公安机关申请运输许可证。运输第二类易制毒化学品的，应当向运出地县级人民政府公安机关申请运输许可证。运输第三类易制毒化学品的，应当向运出地县级人民政府公安机关备案。

（6）监管依据

《易制毒化学品管理条例》第 20 条。

《易制毒化学品管理条例》第 21 条规定，申请易制毒化学品运输许可，应当提交易制毒化学品的购销合同，货主是企业的，应当提交营业执照；货主是其他组织的，应当提交登记证书（成立批准文件）；货主是个人的，应当提交其个人身份证明。经办人还应当提交本人的身份证明。公安机关应当自收到第一类易制毒化学品运输许可申请之日起 10 日内，收到第二类易制毒化学品运输许可申请之日起 3 日内，对申请人提交的申请材料进行审查。对符合规定的，发给运输许可证；不予许可的，应当书面说明理由。审查第一类易制毒化学品运输许可申请材料时，根据需要，可以进行实地核查。

《易制毒化学品管理条例》第 24 条规定，接受货主委托运输的，承运人应当查验货主提供的运输许可证或者备案证明，并查验所运货物与运输许可证或者备案证明载明的易制毒化学品品种等情况是否相符；不相符的，不得承运。运输易制毒化学品，运输人员应当自启运起全程携带运输许可证或者备案证明。公安机关应当在易制毒化学品的运输过程中进行检查。运输易制毒化学品，应当遵守国家有关货物运输的规定。

《易制毒化学品管理条例》第 32 条规定，县级以上人民政府公安机关、负责药品监督管理的部门、安全生产监督管理部门、商务主管部门、卫生主管部门、价格主管部门、铁路主管部门、交通主管部门、市场监督管理部门、生态环境主管部门和海关，应当依照本条例和有关法律、行政法规的规定，在各自的职责范围内，加强对易制毒化学品生产、经营、购买、运输、价格以及进口、出口的监督检查；对非法生产、经营、购买、运输易制毒化学品，或者走私易制毒化学品的行为，依法予以查处。前款规定的行政主管部门在进行易制毒化学品监督检查时，可以依法查看现场、查阅和复制有关资料、记录有关情况、扣押相关的证据材料和违法物品；必要时，可以临时查封有关场所。被检查的单位或者个人应当如实提供有关情况和材料、物品，不得拒绝或者隐匿。

《易制毒化学品购销和运输管理办法》第 20 条规定，负责审批的公安机关对申请人提交的申请材料，应当核查其真实性和有效性，其中查验购销合同时，可以要求申请人出示购买许可证或者备案证明，核对是否相符；对营业执照和登记证书（或者成立批准文件），应当核查其生产范围、经营范围、使用范围、证照有效期等内容。公安机关审查第一类易制毒化学品运输许可申请材料时，根据需要，可以进行实地核查。遇有下列情形之一的，应当进行实地核查：①申请人第一次申请的；②提供的申请材料不符合要求的；③对提供的申请材料有疑问的。

《易制毒化学品购销和运输管理办法》第 24 条规定，公安机关在易制毒化学品运输过程中应当对运输情况与运输许可证或者备案证明所载内容是否相符等情况进行检查。交警、治安、禁毒、边防等部门应当在交通重点路段和边境地区等加强易制毒化学品运输的检查。

《易制毒化学品购销和运输管理办法》第 25 条规定，易制毒化学品运出地与运入地公安机关应当建立情况通报制度。运出地负责审批或者备案的公安机关应当每季度末将办理的易制毒化学品运输许可或者备案情况通报运入地同级公安机关，运入地同级公安机关应当核查货物的实际运达情况后通报运出地公安机关。

（7）实施机关：设区的市级公安机关

（8）审批层级：设区的市级

（9）行使层级：市级/隶属

（10）是否由审批机关受理：是

（11）受理层级：设区的市级

（12）是否存在初审环节：否

（13）初审层级：无

（14）对应政务服务事项国家级基本目录名称：第一类、第二类易制毒化学品运输许可

（15）要素统一情况：全部要素全国统一

2. 行政许可事项类型：条件型

3. 行政许可条件

（1）准予行政许可的条件：提交易制毒化学品的购销合同，货主是企业的，提交营业执照；货主是其他组织的，提交登记证书（成立批准文件）；货主是个人的，提交其个人身份证明。经办人提交本人的身份证明。

（2）规定行政许可条件的依据

《易制毒化学品管理条例》第21条。

《易制毒化学品购销和运输管理办法》第18条规定，运输易制毒化学品，应当由货主向公安机关申请运输许可证或者进行备案。申请易制毒化学品运输许可证或者进行备案，应当提交下列材料：①经营企业的营业执照（副本和复印件），其他组织的登记证书或者成立批准文件（原件和复印件），个人的身份证明（原件和复印件）；②易制毒化学品购销合同（复印件）；③经办人的身份证明（原件和复印件）。

4. 行政许可服务对象类型与改革举措

（1）服务对象类型：自然人，企业法人，事业单位法人，社会组织法人，非法人企业，其他组织

（2）是否为涉企经营许可事项：否

（3）涉企经营许可事项名称：无

（4）涉企经营许可证件名称：无

（5）改革方式：缩短审批时限

（6）具体改革举措：各地公安禁毒部门要对第一类易制毒化学品的运输许可审批时限由目前的10个工作日缩减为5个工作日。

（7）加强事中事后监管措施：一是加强购买、运输环节监管。各级公安机关对本部门审批的易制毒化学品购买、运输许可证或备案证明的使用情况加强事中事后监管，要求运输企业或个人按照实际运输路线申请运输许可证或备案证明。督促易制毒化学品购买、运输单位落实入库、出库登记制度，在购买、运输活动结束后及时核销许可证或备案证明。发挥公安交管部门与公安检查站的作用，加大对非法运输易制毒化学品的查缉力度。二是加强使用环节监管。各级公安、应急管理等部门加强易制毒化学品使用单位的监管，重点监督使用单位落实易制毒化学品安全管理制度、使用出库报备制度，对其投料、产出情况进行信息研判，严防易制毒化学品被挪作他用。三是加强网上监管。各级公安、网信等部门建立易制毒化学品网上信息发布制度，指导网络运营者健全管理责任制及内部巡查工作机制，提升管理水平。加大对重点化工平台、即时通讯群组、社交网站、微博客等的巡查监控，要求网络运营者及时发现、删除违规发布的易制毒化学品信息，对异常行为和可疑线索落地查控。四是加强物流寄递管制。各级邮政管理、交通运输、公安等部门建立寄递业、相关道路物流业联动查缉机制。按照有关规定，对不实名登记、包装标识不清、物证不符的易制毒化学品，要求物流运营单位不得承运，并应立即向公安机关报告。五是建立易制毒化学品信息化追溯体系。依托全国易制毒化学品网上报备管理系统以及有关部门易制毒化学品管理信息系统，综合利用电子标签、大数据、物联网、人工智能、工业互联网标识等新技术新手段，对易制毒化学品生产、购销、仓储、运输、

使用和进口等各环节进行全过程信息化管理和监控，健全最终用户审查和核验核销核查工作机制，提升易制毒化学品管理信息化、标准化、集约化水平。

5. 申请材料

（1）申请材料名称：一是经营企业的营业执照（副本和复印件），其他组织的登记证书或者成立批准文件（原件和复印件），个人的身份证明（原件和复印件）；二是易制毒化学品购销合同（复印件）；三是经办人的身份证明（原件和复印件）。

（2）规定申请材料的依据

《易制毒化学品管理条例》第21条。

《易制毒化学品购销和运输管理办法》第18条。

6. 中介服务

（1）有无法定中介服务事项：无

（2）中介服务事项名称：无

（3）设定中介服务事项的依据：无

（4）提供中介服务的机构：无

（5）中介服务事项的收费性质：无

7. 审批程序

（1）办理行政许可的程序环节：一是申请人申请；二是审批机构受理/不予受理；三是审批机构审查；四是决定核发许可证/不予核发许可证。

（2）规定行政许可程序的依据

《易制毒化学品管理条例》第20条。

《易制毒化学品管理条例》第21条。

（3）是否需要现场勘验：否

（4）是否需要组织听证：否

（5）是否需要招标、拍卖、挂牌交易：否

（6）是否需要检验、检测、检疫：否

（7）是否需要鉴定：否

（8）是否需要专家评审：否

（9）是否需要向社会公示：否

（10）是否实行告知承诺办理：否

（11）审批机关是否委托服务机构开展技术性服务：否

8. 受理和审批时限

（1）承诺受理时限：当场办理

（2）法定审批时限：10个工作日

（3）规定法定审批时限依据

《易制毒化学品管理条例》第21条。

（4）承诺审批时限：5个工作日

9. 收费

（1）办理行政许可是否收费：否

（2）收费项目的名称、收费项目的标准、设定收费项目的依据、规定收费标准的依据：无

10. 行政许可证件

（1）审批结果类型：证照

（2）审批结果名称：第一类易制毒化学品运输许可证

（3）审批结果的有效期限：一次有效，有效期1个月。

（4）规定审批结果有效期限的依据

《易制毒化学品管理条例》第22条第1款规定，对许可运输第一类易制毒化学品的，发给一次有效的运输许可证。

《易制毒化学品购销和运输管理办法》第21条第1款规定，对许可运输第一类易制毒化学品的，发给一次有效的运输许可证，有效期一个月。

（5）是否需要办理审批结果变更手续：否

（6）办理审批结果变更手续的要求：无

（7）是否需要办理审批结果延续手

续：否

（8）办理审批结果延续手续的要求：无

（9）审批结果的有效地域范围：全国

（10）规定审批结果有效地域范围的依据：无

11. 行政许可数量限制

（1）有无行政许可数量限制：无

（2）公布数量限制的方式：无

（3）公布数量限制的周期：无

（4）在数量限制条件下实施行政许可的方式：无

（5）规定在数量限制条件下实施行政许可方式的依据：无

12. 行政许可后年检

（1）有无年检要求：无

（2）设定年检要求的依据：无

（3）年检周期：无

（4）年检是否要求报送材料：无

（5）年检报送材料名称：无

（6）年检是否收费：无

（7）年检收费项目的名称、年检收费项目的标准、设定年检收费项目的依据、规定年检项目收费标准的依据：无

（8）通过年检的证明或者标志：无

13. 行政许可后年报

（1）有无年报要求：有

（2）年报报送材料名称：本单位上年度易制毒化学品的生产、经营、购买、运输或者进口、出口情况

（3）设定年报要求的依据

《易制毒化学品管理条例》第36条规定，生产、经营、购买、运输或者进口、出口易制毒化学品的单位，应当于每年3月31日前向许可或者备案的行政主管部门和公安机关报告本单位上年度易制毒化学品的生产、经营、购买、运输或者进口、出口情况；有条件的生产、经营、购买、运输或者进口、出口单位，可以与有关行政主管部门建立计算机联网，及时通报有关经营情况。

（4）年报周期：1年

14. 监管主体

设区的市级公安机关。

15. 备注

（二）运输第二类易制毒化学品许可

1. 基本要素

（1）行政许可事项名称及编码：易制毒化学品运输许可【00010913600Y】

（2）行政许可事项子项名称及编码：运输第二类易制毒化学品许可【000109136002】

（3）行政许可事项业务办理项名称及编码：运输第二类易制毒化学品许可（00010913600201）

（4）设定依据

《禁毒法》第21条第2款规定，国家对易制毒化学品的生产、经营、购买、运输实行许可制度。

（5）实施依据

《易制毒化学品管理条例》第20条第1款规定，运输第二类易制毒化学品的，由运出地的县级人民政府公安机关审批。经审批取得易制毒化学品运输许可证后，方可运输。

《易制毒化学品购销和运输管理办法》第15条规定，运输易制毒化学品，有下列情形之一的，应当申请运输许可证或者进行备案：①跨设区的市级行政区域（直辖市为跨市界）运输的；②在禁毒形势严峻

的重点地区跨县级行政区域运输的。禁毒形势严峻的重点地区由公安部确定和调整，名单另行公布。运输第一类易制毒化学品的，应当向运出地的设区的市级人民政府公安机关申请运输许可证。运输第二类易制毒化学品的，应当向运出地县级人民政府公安机关申请运输许可证。运输第三类易制毒化学品的，应当向运出地县级人民政府公安机关备案。

（6）监管依据

《易制毒化学品管理条例》第 20 条规定。

《易制毒化学品管理条例》第 24 条规定，接受货主委托运输的，承运人应当查验货主提供的运输许可证或者备案证明，并查验所运货物与运输许可证或者备案证明载明的易制毒化学品品种等情况是否相符；不相符的，不得承运。运输易制毒化学品，运输人员应当自启运起全程携带运输许可证或者备案证明。公安机关应当在易制毒化学品的运输过程中进行检查。运输易制毒化学品，应当遵守国家有关货物运输的规定。

《易制毒化学品管理条例》第 32 条规定，县级以上人民政府公安机关、负责药品监督管理的部门、安全生产监督管理部门、商务主管部门、卫生主管部门、价格主管部门、铁路主管部门、交通主管部门、市场监督管理部门、生态环境主管部门和海关，应当依照本条例和有关法律、行政法规的规定，在各自的职责范围内，加强对易制毒化学品生产、经营、购买、运输、价格以及进口、出口的监督检查；对非法生产、经营、购买、运输易制毒化学品，或者走私易制毒化学品的行为，依法予以查处。前款规定的行政主管部门在进行易制毒化学品监督检查时，可以依法查看现场、查阅和复制有关资料、记录有关情况、扣押相关的证据材料和违法物品；必要时，可以临时查封有关场所。被检查的单位或者个人应当如实提供有关情况和材料、物品，不得拒绝或者隐匿。

《易制毒化学品购销和运输管理办法》第 20 条第 1 款规定，负责审批的公安机关对申请人提交的申请材料，应当核查其真实性和有效性，其中查验购销合同时，可以要求申请人出示购买许可证或者备案证明，核对是否相符；对营业执照和登记证书（或者成立批准文件），应当核查其生产范围、经营范围、使用范围、证照有效期等内容。

《易制毒化学品购销和运输管理办法》第 24 条规定，公安机关在易制毒化学品运输过程中应当对运输情况与运输许可证或者备案证明所载内容是否相符等情况进行检查。交警、治安、禁毒、边防等部门应当在交通重点路段和边境地区等加强易制毒化学品运输的检查。

《易制毒化学品购销和运输管理办法》第 25 条规定，易制毒化学品运出地与运入地公安机关应当建立情况通报制度。运出地负责审批或者备案的公安机关应当每季度末将办理的易制毒化学品运输许可或者备案情况通报运入地同级公安机关，运入地同级公安机关应当核查货物的实际运达情况后通报运出地公安机关。

（7）实施机关：县级公安机关

（8）审批层级：县级

（9）行使层级：县级

（10）是否由审批机关受理：是

（11）受理层级：县级

（12）是否存在初审环节：否

（13）初审层级：无

（14）对应政务服务事项国家级基本目录名称：第一类、第二类易制毒化学品运输许可

（15）要素统一情况：全部要素全国统一

2. 行政许可事项类型：条件型

3. 行政许可条件

（1）准予行政许可的条件：提交易制毒化学品的购销合同，货主是企业的，提交营业执照；货主是其他组织的，提交登记证书（成立批准文件）；货主是个人的，提交其个人身份证明。经办人提交本人的身份证明。

（2）规定行政许可条件的依据

《易制毒化学品管理条例》第21条第1、2款规定，申请易制毒化学品运输许可，应当提交易制毒化学品的购销合同，货主是企业的，应当提交营业执照；货主是其他组织的，应当提交登记证书（成立批准文件）；货主是个人的，应当提交其个人身份证明。经办人还应当提交本人的身份证明。公安机关应当自收到第一类易制毒化学品运输许可申请之日起10日内，收到第二类易制毒化学品运输许可申请之日起3日内，对申请人提交的申请材料进行审查。对符合规定的，发给运输许可证；不予许可的，应当书面说明理由。

《易制毒化学品购销和运输管理办法》第18条规定，运输易制毒化学品，应当由货主向公安机关申请运输许可证或者进行备案。申请易制毒化学品运输许可证或者进行备案，应当提交下列材料：①经营企业的营业执照（副本和复印件），其他组织的登记证书或者成立批准文件（原件和复印件），个人的身份证明（原件和复印件）；②易制毒化学品购销合同（复印件）；③经办人的身份证明（原件和复印件）。

4. 行政许可服务对象类型与改革举措

（1）服务对象类型：自然人，企业法人，事业单位法人，社会组织法人，非法人企业，其他组织

（2）是否为涉企经营许可事项：否

（3）涉企经营许可事项名称：无

（4）涉企经营许可证件名称：无

（5）改革方式：缩短审批时限

（6）具体改革举措：各地公安禁毒部门要对第二类易制毒化学品运输许可审批时限由目前的3个工作日缩减为2个工作日。

（7）加强事中事后监管措施：一是加强购买、运输环节监管。各级公安机关对本部门审批的易制毒化学品购买、运输许可证或备案证明的使用情况加强事中事后监管，要求运输企业或个人按照实际运输路线申请运输许可证或备案证明。督促易制毒化学品购买、运输单位落实入库、出库登记制度，在购买、运输活动结束后及时核销许可证或备案证明。发挥公安交管部门与公安检查站的作用，加大对非法运输易制毒化学品的查缉力度。二是加强使用环节监管。各级公安、应急管理等部门加强易制毒化学品使用单位的监管，重点监督使用单位落实易制毒化学品安全管理制度、使用出库报备制度，对其投料、产出情况进行信息研判，严防易制毒化学品被挪作他用。三是加强网上监管。各级公安、网信等部门建立易制毒化学品网上信

息发布制度，指导网络运营者健全管理责任制及内部巡查工作机制，提升管理水平。加大对重点化工平台、即时通讯群组、社交网站、微博客等的巡查监控，要求网络运营者及时发现、删除违规发布的易制毒化学品信息，对异常行为和可疑线索落地查控。四是加强物流寄递管制。各级邮政管理、交通运输、公安等部门建立寄递业、相关道路物流业联动查缉机制。按照有关规定，对不实名登记、包装标识不清、物证不符的易制毒化学品，要求物流运营单位不得承运，并应立即向公安机关报告。五是建立易制毒化学品信息化追溯体系。依托全国易制毒化学品网上报备管理系统以及有关部门易制毒化学品管理信息系统，综合利用电子标签、大数据、物联网、人工智能、工业互联网标识等新技术新手段，对易制毒化学品生产、购销、仓储、运输、使用和进口等各环节进行全过程信息化管理和监控，健全最终用户审查和核验核销核查工作机制，提升易制毒化学品管理信息化、标准化、集约化水平。

5. 申请材料

（1）申请材料名称：一是经营企业的营业执照（副本和复印件），其他组织的登记证书或者成立批准文件（原件和复印件），个人的身份证明（原件和复印件）；二是易制毒化学品购销合同（复印件）；三是经办人的身份证明（原件和复印件）。

（2）规定申请材料的依据

《易制毒化学品管理条例》第21条。

《易制毒化学品购销和运输管理办法》第18条。

6. 中介服务

（1）有无法定中介服务事项：无

（2）中介服务事项名称：无

（3）设定中介服务事项的依据：无

（4）提供中介服务的机构：无

（5）中介服务事项的收费性质：无

7. 审批程序

（1）办理行政许可的程序环节：一是申请人申请；二是审批机构受理/不予受理；三是审批机构审查；四是决定核发许可证/不予核发许可证。

（2）规定行政许可程序的依据

《易制毒化学品管理条例》第20条。

《易制毒化学品管理条例》第21条。

（3）是否需要现场勘验：否

（4）是否需要组织听证：否

（5）是否需要招标、拍卖、挂牌交易：否

（6）是否需要检验、检测、检疫：否

（7）是否需要鉴定：否

（8）是否需要专家评审：否

（9）是否需要向社会公示：否

（10）是否实行告知承诺办理：否

（11）审批机关是否委托服务机构开展技术性服务：否

8. 受理和审批时限

（1）承诺受理时限：当场办理

（2）法定审批时限：3个工作日

（3）规定法定审批时限依据

《易制毒化学品管理条例》第21条。

（4）承诺审批时限：2个工作日

9. 收费

（1）办理行政许可是否收费：否

（2）收费项目的名称、收费项目的标准、设定收费项目的依据、规定收费标准的依据：无

10. 行政许可证件

（1）审批结果类型：证照

（2）审批结果名称：第二类易制毒化学品运输许可证

（3）审批结果的有效期限：3 个月；对于领取运输许可证后 6 个月内按照规定运输并保证运输安全的，可以发给有效期 12 个月的运输许可证。

（4）规定审批结果有效期限的依据

《易制毒化学品购销和运输管理办法》第 21 条第 2 款规定，对许可运输第二类易制毒化学品的，发给三个月多次使用有效的运输许可证；……对于领取运输许可证或者运输备案证明后六个月内按照规定运输并保证运输安全的，可以发给有效期十二个月的运输许可证或者运输备案证明。

（5）是否需要办理审批结果变更手续：否

（6）办理审批结果变更手续的要求：无

（7）是否需要办理审批结果延续手续：否

（8）办理审批结果延续手续的要求：无

（9）审批结果的有效地域范围：全国

（10）规定审批结果有效地域范围的依据：无

11. 行政许可数量限制

（1）有无行政许可数量限制：无

（2）公布数量限制的方式：无

（3）公布数量限制的周期：无

（4）在数量限制条件下实施行政许可的方式：无

（5）规定在数量限制条件下实施行政许可方式的依据：无

12. 行政许可后年检

（1）有无年检要求：无

（2）设定年检要求的依据：无

（3）年检周期：无

（4）年检是否要求报送材料：无

（5）年检报送材料名称：无

（6）年检是否收费：无

（7）年检收费项目的名称、年检收费项目的标准、设定年检收费项目的依据、规定年检项目收费标准的依据：无

（8）通过年检的证明或者标志：无

13. 行政许可后年报

（1）有无年报要求：有

（2）年报报送材料名称：本单位上年度易制毒化学品的生产、经营、购买、运输或者进口、出口情况

（3）设定年报要求的依据

《易制毒化学品管理条例》第 36 条规定，生产、经营、购买、运输或者进口、出口易制毒化学品的单位，应当于每年 3 月 31 日前向许可或者备案的行政主管部门和公安机关报告本单位上年度易制毒化学品的生产、经营、购买、运输或者进口、出口情况；有条件的生产、经营、购买、运输或者进口、出口单位，可以与有关行政主管部门建立计算机联网，及时通报有关经营情况。

（4）年报周期：1 年

14. 监管主体

县级公安机关。

15. 备注

（三）运输第三类易制毒化学品许可

1. 基本要素

（1）行政许可事项名称及编码：易制毒化学品运输许可【00010913600Y】

（2）行政许可事项子项名称及编码：运输第三类易制毒化学品许可

【000109136003】

（3）行政许可事项业务办理项名称及编码：运输第三类易制毒化学品许可（00010913600301）

（4）设定依据

《禁毒法》第21条第2款规定，国家对易制毒化学品的生产、经营、购买、运输实行许可制度。

（5）实施依据

《易制毒化学品管理条例》第20条第2款规定，运输第三类易制毒化学品的，应当在运输前向运出地的县级人民政府公安机关备案。公安机关应当于收到备案材料的当日发给备案证明。

《易制毒化学品购销和运输管理办法》第15条规定，运输易制毒化学品，有下列情形之一的，应当申请运输许可证或者进行备案：①跨设区的市级行政区域（直辖市为跨市界）运输的；②在禁毒形势严峻的重点地区跨县级行政区域运输的。禁毒形势严峻的重点地区由公安部确定和调整，名单另行公布。运输第一类易制毒化学品的，应当向运出地的设区的市级人民政府公安机关申请运输许可证。运输第二类易制毒化学品的，应当向运出地县级人民政府公安机关申请运输许可证。运输第三类易制毒化学品的，应当向运出地县级人民政府公安机关备案。

（6）监管依据

《易制毒化学品管理条例》第20条。

《易制毒化学品管理条例》第24条规定，接受货主委托运输的，承运人应当查验货主提供的运输许可证或者备案证明，并查验所运货物与运输许可证或者备案证明载明的易制毒化学品品种等情况是否相符；不相符的，不得承运。运输易制毒化学品，运输人员应当自启运起全程携带运输许可证或者备案证明。公安机关应当在易制毒化学品的运输过程中进行检查。运输易制毒化学品，应当遵守国家有关货物运输的规定。

《易制毒化学品管理条例》第32条规定，县级以上人民政府公安机关、负责药品监督管理的部门、安全生产监督管理部门、商务主管部门、卫生主管部门、价格主管部门、铁路主管部门、交通主管部门、市场监督管理部门、生态环境主管部门和海关，应当依照本条例和有关法律、行政法规的规定，在各自的职责范围内，加强对易制毒化学品生产、经营、购买、运输、价格以及进口、出口的监督检查；对非法生产、经营、购买、运输易制毒化学品，或者走私易制毒化学品的行为，依法予以查处。前款规定的行政主管部门在进行易制毒化学品监督检查时，可以依法查看现场、查阅和复制有关资料、记录有关情况、扣押相关的证据材料和违法物品；必要时，可以临时查封有关场所。被检查的单位或者个人应当如实提供有关情况和材料、物品，不得拒绝或者隐匿。

《易制毒化学品购销和运输管理办法》第20条第1款规定，负责审批的公安机关对申请人提交的申请材料，应当核查其真实性和有效性，其中查验购销合同时，可以要求申请人出示购买许可证或者备案证明，核对是否相符；对营业执照和登记证书（或者成立批准文件），应当核查其生产范围、经营范围、使用范围、证照有效期等内容。

《易制毒化学品购销和运输管理办法》

第24条规定，公安机关在易制毒化学品运输过程中应当对运输情况与运输许可证或者备案证明所载内容是否相符等情况进行检查。交警、治安、禁毒、边防等部门应当在交通重点路段和边境地区等加强易制毒化学品运输的检查。

《易制毒化学品购销和运输管理办法》第25条规定，易制毒化学品运出地与运入地公安机关应当建立情况通报制度。运出地负责审批或者备案的公安机关应当每季度末将办理的易制毒化学品运输许可或者备案情况通报运入地同级公安机关，运入地同级公安机关应当核查货物的实际运达情况后通报运出地公安机关。

（7）实施机关：县级公安机关

（8）审批层级：县级

（9）行使层级：县级

（10）是否由审批机关受理：是

（11）受理层级：县级

（12）是否存在初审环节：否

（13）初审层级：无

（14）对应政务服务事项国家级基本目录名称：第三类易制毒化学品运输备案证明

（15）要素统一情况：全部要素全国统一

2. 行政许可事项类型：条件型

3. 行政许可条件

（1）准予行政许可的条件：提交易制毒化学品的购销合同，货主是企业的，提交营业执照；货主是其他组织的，提交登记证书（成立批准文件）；货主是个人的，提交其个人身份证明。经办人提交本人的身份证明。

（2）规定行政许可条件的依据

《易制毒化学品管理条例》第20条。

《易制毒化学品购销和运输管理办法》第18条规定，运输易制毒化学品，应当由货主向公安机关申请运输许可证或者进行备案。申请易制毒化学品运输许可证或者进行备案，应当提交下列材料：①经营企业的营业执照（副本和复印件），其他组织的登记证书或者成立批准文件（原件和复印件），个人的身份证明（原件和复印件）；②易制毒化学品购销合同（复印件）；③经办人的身份证明（原件和复印件）。

4. 行政许可服务对象类型与改革举措

（1）服务对象类型：自然人，企业法人，事业单位法人，社会组织法人，非法人企业，其他组织

（2）是否为涉企经营许可事项：否

（3）涉企经营许可事项名称：无

（4）涉企经营许可证件名称：无

（5）改革方式：优化服务措施

（6）具体改革举措：在实现易制毒化学品许可备案网上办理的基础上，会同相关部门大力推进“互联网+监管”，建立易制毒化学品企业“双随机、一公开”监管机制。

（7）加强事中事后监管措施：一是加强购买、运输环节监管。各级公安机关对本部门审批的易制毒化学品购买、运输许可证或备案证明的使用情况加强事中事后监管，要求运输企业或个人按照实际运输路线申请运输许可证或备案证明。督促易制毒化学品购买、运输单位落实入库、出库登记制度，在购买、运输活动结束后及时核销许可证或备案证明。发挥公安交管部门与公安检查站的作用，加大对非法运输易制毒化学品的查缉力度。二是加强使

用环节监管。各级公安、应急管理等部门加强易制毒化学品使用单位的监管，重点监督使用单位落实易制毒化学品安全管理制度、使用出库报备制度，对其投料、产出情况进行信息研判，严防易制毒化学品被挪作他用。三是加强网上监管。各级公安、网信等部门建立易制毒化学品网上信息发布制度，指导网络运营者健全管理责任制及内部巡查工作机制，提升管理水平。加大对重点化工平台、即时通讯群组、社交网站、微博客等的巡查监控，要求网络运营者及时发现、删除违规发布的易制毒化学品信息，对异常行为和可疑线索落地查控。四是加强物流寄递管制。各级邮政管理、交通运输、公安等部门建立寄递业、相关道路物流业联动查缉机制。按照有关规定，对不实名登记、包装标识不清、物证不符的易制毒化学品，要求物流运营单位不得承运，并应立即向公安机关报告。五是建立易制毒化学品信息化追溯体系。依托全国易制毒化学品网上报备管理系统以及有关部门易制毒化学品管理信息系统，综合利用电子标签、大数据、物联网、人工智能、工业互联网标识等新技术新手段，对易制毒化学品生产、购销、仓储、运输、使用和进口等各环节进行全过程信息化管理和监控，健全最终用户审查和核验核销核查工作机制，提升易制毒化学品管理信息化、标准化、集约化水平。

5. 申请材料

（1）申请材料名称：一是经营企业的营业执照（副本和复印件），其他组织的登记证书或者成立批准文件（原件和复印件），个人的身份证明（原件和复印件）；二是易制毒化学品购销合同（复印件）；三是经办人的身份证明（原件和复印件）。

（2）规定申请材料的依据

《易制毒化学品购销和运输管理办法》第18条。

《易制毒化学品购销和运输管理办法》第20条。

6. 中介服务

（1）有无法定中介服务事项：无

（2）中介服务事项名称：无

（3）设定中介服务事项的依据：无

（4）提供中介服务的机构：无

（5）中介服务事项的收费性质：无

7. 审批程序

（1）办理行政许可的程序环节：一是申请人申请；二是审批机构受理/不予受理；三是审批机构审查；四是决定核发备案证明/不予核发备案证明。

（2）规定行政许可程序的依据

《易制毒化学品管理条例》第20条。

（3）是否需要现场勘验：否

（4）是否需要组织听证：否

（5）是否需要招标、拍卖、挂牌交易：否

（6）是否需要检验、检测、检疫：否

（7）是否需要鉴定：否

（8）是否需要专家评审：否

（9）是否需要向社会公示：否

（10）是否实行告知承诺办理：否

（11）审批机关是否委托服务机构开展技术性服务：否

8. 受理和审批时限

（1）承诺受理时限：当场办理

（2）法定审批时限：1个工作日

（3）规定法定审批时限依据

《易制毒化学品管理条例》第20条。

9. 收费

（1）办理行政许可是否收费：否

（2）收费项目的名称、收费项目的标准、设定收费项目的依据、规定收费标准的依据：无

10. 行政许可证件

（1）审批结果类型：证照

（2）审批结果名称：第三类易制毒化学品运输备案证明

（3）审批结果的有效期限 3 个月；对于领取运输备案证明后 6 个月内按照规定运输并保证运输安全的，可以发给有效期 12 个月的运输备案证明。

（4）规定审批结果有效期限的依据

《易制毒化学品购销和运输管理办法》第 21 条第 2 款规定，……对第三类易制毒化学品运输备案的，发给三个月多次使用有效的备案证明；对于领取运输许可证或者运输备案证明后六个月内按照规定运输并保证运输安全的，可以发给有效期十二个月的运输许可证或者运输备案证明。

（5）是否需要办理审批结果变更手续：否

（6）办理审批结果变更手续的要求：无

（7）是否需要办理审批结果延续手续：否

（8）办理审批结果延续手续的要求：无

（9）审批结果的有效地域范围：全国

（10）规定审批结果有效地域范围的依据：无

11. 行政许可数量限制

（1）有无行政许可数量限制：无

（2）公布数量限制的方式：无

（3）公布数量限制的周期：无

（4）在数量限制条件下实施行政许可的方式：无

（5）规定在数量限制条件下实施行政许可方式的依据：无

12. 行政许可后年检

（1）有无年检要求：无

（2）设定年检要求的依据：无

（3）年检周期：无

（4）年检是否要求报送材料：无

（5）年检报送材料名称：无

（6）年检是否收费：无

（7）年检收费项目的名称、年检收费项目的标准、设定年检收费项目的依据、规定年检项目收费标准的依据：无

（8）通过年检的证明或者标志：无

13. 行政许可后年报

（1）有无年报要求：有

（2）年报报送材料名称：本单位上年度易制毒化学品的生产、经营、购买、运输或者进口、出口情况

（3）设定年报要求的依据

《易制毒化学品管理条例》第 36 条规定，生产、经营、购买、运输或者进口、出口易制毒化学品的单位，应当于每年 3 月 31 日前向许可或者备案的行政主管部门和公安机关报告本单位上年度易制毒化学品的生产、经营、购买、运输或者进口、出口情况；有条件的生产、经营、购买、运输或者进口、出口单位，可以与有关行政主管部门建立计算机联网，及时通报有关经营情况。

4. 年报周期：1 年

14. 监管主体

县级公安机关。

15. 备注

三十四、金融机构营业场所和金库安全防范设施建设方案审批

金融机构营业场所和金库安全防范设施建设方案审批的中央主管部门是公安部，实施机关是省级、设区的市级、县级公安机关，设定和实施依据包括：《国务院对确需保留的行政审批项目设定行政许可的决定》、《金融机构营业场所和金库安全防范设施建设许可实施办法》（公安部令第86号）。该许可项目共有3个子项：（1）金融机构营业场所和金库安全防范设施建设方案审批（省级权限）；（2）金融机构营业场所和金库安全防范设施建设方案审批（设区的市级权限）；（3）金融机构营业场所和金库安全防范设施建设方案审批（县级权限）。

（一）金融机构营业场所和金库安全防范设施建设方案审批（省级权限）

1. 基本要素

（1）行政许可事项名称及编码：金融机构营业场所和金库安全防范设施建设方案审批【00010913000Y】

（2）行政许可事项子项名称及编码：金融机构营业场所和金库安全防范设施建设方案审批（省级权限）【000109130001】

（3）行政许可事项业务办理项名称及编码：无

（4）设定依据

《国务院对确需保留的行政审批项目设定行政许可的决定》附件第41项：金融机构营业场所、金库安全防范设施建设方案审批及工程验收；实施机关：县级以上地方人民政府公安机关。

《金融机构营业场所和金库安全防范设施建设许可实施办法》第2条第1款规定，在中华人民共和国境内新建、改建金融机构营业场所、金库的，实行安全防范设施建设许可制度。

（5）实施依据

《金融机构营业场所和金库安全防范设施建设许可实施办法》第3条规定，各级人民政府公安机关治安管理部门具体负责组织实施本办法。

《金融机构营业场所和金库安全防范设施建设许可实施办法》第4条规定，金融机构营业场所、金库安全防范设施建设方案审批和工程验收实行“属地管理、分级审批”的原则，由县级以上人民政府公安机关负责实施。各省、自治区、直辖市人民政府公安厅、局可以根据金融机构营业场所、金库的风险等级和防护级别等情况，结合本地区实际，确定本行政区域具体负责实施的公安机关，报公安部备案，并向社会公布。

《金融机构营业场所和金库安全防范设施建设许可实施办法》第5条规定，公安机关治安管理部门应当组织专家组，依据《银行营业场所风险等级和防护级别的规定》（GA 38－2004）、《银行金库》（JR/T 0003－2000）、《安全技术规范》（GB 50348－2004）、《安全工程程序与要求》（GA/T 75）等标准开展审批和验收工作。各省、自治区、直辖市公安厅、局治安管理部门应当建立由公安机关治安、内保、科技民警和金融机构的保卫、业务干部以及安全防范技术、计算机、电子等行业具有国家认可的专业资格的专家组成的专家库，参与本地区公安机关实施的审批和验收工作。专家组应当由5名或者7名专家组成，组长

由公安机关治安管理部门指定。专家组成员对所提出的审批验收意见负责。

《金融机构营业场所和金库安全防范设施建设许可实施办法》第6条规定，申请金融机构营业场所、金库安全防范设施建设许可的，应当向公安机关书面提出。申请人可以到公安机关提出申请，也可以通过信函、传真、电子邮件等形式提出申请。具体负责审批的公安机关应当公布申请渠道，为申请人领取或者下载申请金融机构营业场所、金库安全防范设施建设许可的审批表格提供方便条件。

《金融机构营业场所和金库安全防范设施建设许可实施办法》第7条规定，新建、改建金融机构营业场所、金库前，申请人应当填写《新建、改建金融机构营业场所/金库安全防范设施建设方案审批表》，并附以下材料：①金融监管机构和金融机构上级主管部门有关金融机构营业场所、金库建设的批准文件；②安全防范设施建设工程设计方案或者任务书；③技防设施安装平面图、管线敷设图、监控室布置图、物防设施设计结构图；④安全防范工程设计施工单位营业执照和相关资质证明；⑤安全产品检验报告、国家强制性产品认证证书或者安全技术产品生产登记批准书；⑥金库、保管箱库设计、施工人员身份证件复印件及其所从事工种的说明；⑦运钞车停靠位置和营业场所、金库周边环境平面图；⑧房产租赁或者产权合同复印件和租赁双方签订的安全协议书复印件。

《金融机构营业场所和金库安全防范设施建设许可实施办法》第8条规定，公安机关治安管理部门应当在收到申请后的10个工作日内组织专家组，对安全防范设施建设方案进行论证和审查，确定风险等级和相应的防护级别。专家组应当按照少数服从多数的原则提出意见，并由参与论证和审查的专家签名后，报公安机关治安管理部门审核。公安机关治安管理部门应当在收到专家组意见后的5日内提出审核意见，报本级公安机关负责人审批。本级公安机关负责人应当在5日内提出审批意见。

《金融机构营业场所和金库安全防范设施建设许可实施办法》第9条规定，公安机关对符合条件的，应当批准，并书面通知申请人准予施工；对不符合条件的，不予批准，并书面向申请人说明理由。对不予批准的，申请人整改后，可以按照本办法重新提出申请。

（6）监管依据

《金融机构营业场所和金库安全防范设施建设许可实施办法》第3条。

《金融机构营业场所和金库安全防范设施建设许可实施办法》第13条规定，公安机关应当坚持公开、公平、公正的原则，严格依照本办法的规定，对金融机构营业场所、金库的安全防范设施建设方案进行审批和工程验收，并建立审批和发证管理档案。

《金融机构营业场所和金库安全防范设施建设许可实施办法》第14条规定，公安机关应当监督、指导金融机构严格执行安全防范设施建设的有关规定，督促金融机构营业场所、金库安全防范设施的建设和使用单位建立相应的自检制度。

《金融机构营业场所和金库安全防范设施建设许可实施办法》第15条规定，公安机关应当加强对金融机构安全防范设施的日常安全检查工作，发现金融机构安全防范设施建设、使用存在治安隐患的，应当立即责令限期整改，并依照《企业事业单位内部治安保卫条例》第十九条的规定予以处罚。

《金融机构营业场所和金库安全防范设施建设许可实施办法》第16条规定，违反本办法的规定，金融机构营业场所、金库安全防范设施建设方案未经批准而擅自施工的，公安机关应当责令其停止施工并按照本办法报批，同时对单位处5000元以上2万元以下罚款，对直接负责的主管人员和其他直接责任人员处200元以上1000元以下罚款。

（7）实施机关：省级公安机关

（8）审批层级：省级

（9）行使层级：省级/直属

（10）是否由审批机关受理：是

（11）受理层级：省级

（12）是否存在初审环节：否

（13）初审层级：无

（14）对应政务服务事项国家级基本目录名称：金融机构营业场所、金库安全防范设施建设方案审批及工程验收

（15）要素统一情况：全部要素全国统一

2. 行政许可事项类型：条件型

3. 行政许可条件

（1）准予行政许可的条件：一是安全防范设施建设工程设计符合国家有关标准和规范；二是技防设施安装、管线敷设、监控室布置、物防设施设计结构符合国家有关标准和规范；三是安全产品经检验或认证符合国家有关标准和规范。

2. 规定行政许可条件的依据

《国务院对确需保留的行政审批项目设定行政许可的决定》附件第41项。

《金融机构营业场所和金库安全防范设施建设许可实施办法》第5条、第6条、第7条。

4. 行政许可服务对象类型与改革举措

（1）服务对象类型：企业法人

（2）是否为涉企经营许可事项：否

（3）涉企经营许可事项名称：无

（4）涉企经营许可证件名称：无

（5）改革方式：优化审批服务

（6）具体改革举措：一是金融机构营业场所和金库安全防范设施建设方案审批及工程验收审核时限由20日缩短为15日；二是金融机构申请办理营业场所、金库安全防范设施合格证，不再需要提供金融监管机构的批准文件、上级主管部门批准文件、安全防范工程设计施工单位营业执照和相关资质证明、安全技术产品生产登记批准书、房产租赁或者产权合同复印件和租赁双方签订的安全协议书复印件。

（7）加强事中事后监管措施：一是全面推行“双随机、一公开”监管，常态化落实跨部门监管，加大联合抽查检查力度。二是加强金融机构营业场所和金库安防工程建设的中期核验，留存视频图像资料，确保工程建设质量。三是监督指导金融机构严格执行安全防范设施建设有关规定，督促营业场所、金库安全防范设施的建设和使用单位建立相应的自检制度。四是加强对金融机构安全防范设施的日常检查，组织开展安全评估，及时发现金融机构安防工作中存在的隐患和漏洞，督促落实整改。五是加强能力建设，组织开展学习培训，促进提升基层公安民警、金融机构保卫干部业务能力，推动落实好金融机构安

防工作有关规定和标准。

5. 申请材料

（1）申请材料名称：一是书面申请；二是《新建、改建金融机构营业场所/金库安全防范设施建设方案审批表》；三是安全防范设施建设工程设计方案或者任务书；四是技防设施安装平面图、管线敷设图、监控室布置图、物防设施设计结构图；五是安全产品检验报告、国家强制性产品认证证书；六是金库、保管箱库设计、施工人员身份证件复印件及其所从事工种的说明；七是运钞车停靠位置和营业场所、金库周边环境平面图。

（2）规定申请材料的依据

《金融机构营业场所和金库安全防范设施建设许可实施办法》第6条、第7条。

公安部《关于深化治安管理“放管服”改革优化营商环境便民利民6项措施的补充通知》（公治〔2018〕711号）第2条规定，“减免金融机构申请办理营业场所、金库安全防范设施合格证有关证明材料”：金融机构申请办理营业场所、金库安全防范设施合格证，不再需要提供金融监管机构的批准文件；不再需要提供安全防范工程设计施工单位相关资质证明和安全技术产品生产登记批准书；不再需要提供房产租赁或者产权合同复印件和租赁双方签订的安全协议书复印件。

公安部《关于不再要求提供有关规章设定证明事项和取消有关规范性文件设定证明事项的通知》（公法〔2018〕1248号）附件1第1项：上级主管部门批准文件；第2项：安全防范工程设施施工单位相关资质证明和安全技术产品生产登记批准书；第3项：房产租赁或者产权合同证明和租赁双方签订的安全协议书证明。

公安部《关于第二批不再要求提供有关规章设定证明事项和取消有关规范性文件设定证明事项的通知》（公法〔2019〕224号）附件1第5项：安全防范工程设计施工单位营业执照。

6. 中介服务

（1）有无法定中介服务事项：无

（2）中介服务事项名称：无

（3）设定中介服务事项的依据：无

（4）提供中介服务的机构：无

（5）中介服务事项的收费性质：无

7. 审批程序

（1）办理行政许可的程序环节：一是申请人申请；二是审批机构受理/不予受理；三是审批机构审查；四是决定核发《准予施工通知书》或者《不准予施工通知书》。

（2）规定行政许可程序的依据

《金融机构营业场所和金库安全防范设施建设许可实施办法》第6条、第7条、第8条、第9条。

（3）是否需要现场勘验：是

（4）是否需要组织听证：否

（5）是否需要招标、拍卖、挂牌交易：否

（6）是否需要检验、检测、检疫：是

（7）是否需要鉴定：否

（8）是否需要专家评审：是

（9）是否需要向社会公示：否

（10）是否实行告知承诺办理：否

（11）审批机关是否委托服务机构开展技术性服务：否

8. 受理和审批时限

（1）承诺受理时限：当场办理

（2）法定审批时限：20个工作日

（3）规定法定审批时限依据

《金融机构营业场所和金库安全防范设施建设许可实施办法》第8条。

（4）承诺审批时限：15个工作日

9. 收费

（1）办理行政许可是否收费：否

（2）收费项目的名称、收费项目的标准、设定收费项目的依据、规定收费标准的依据：无

10. 行政许可证件

（1）审批结果类型：批文

（2）审批结果名称：《准予施工通知书》或者《不准予施工通知书》

（3）审批结果的有效期限：无限期

（4）规定审批结果有效期限的依据：无

（5）是否需要办理审批结果变更手续：否

（6）办理审批结果变更手续的要求：无

（7）是否需要办理审批结果延续手续：否

（8）办理审批结果延续手续的要求：无

（9）审批结果的有效地域范围：依申请人申请地址

（10）规定审批结果有效地域范围的依据：无

11. 行政许可数量限制

（1）有无行政许可数量限制：无

（2）公布数量限制的方式：无

（3）公布数量限制的周期：无

（4）在数量限制条件下实施行政许可的方式：无

（5）规定在数量限制条件下实施行政许可方式的依据：无

12. 行政许可后年检

（1）有无年检要求：无

（2）设定年检要求的依据：无

（3）年检周期：无

（4）年检是否要求报送材料：无

（5）年检报送材料名称：无

（6）年检是否收费：无

（7）年检收费项目的名称、年检收费项目的标准、设定年检收费项目的依据、规定年检项目收费标准的依据：无

（8）通过年检的证明或者标志：无

13. 行政许可后年报

（1）有无年报要求：无

（2）年报报送材料名称：无

（3）设定年报要求的依据：无

（4）年报周期：无

14. 监管主体

省级公安机关；设区的市级公安机关；县级公安机关。

15. 备注

（二）金融机构营业场所和金库安全防范设施建设方案审批（设区的市级权限）

1. 基本要素

（1）行政许可事项名称及编码：金融机构营业场所和金库安全防范设施建设方案审批【00010913000Y】

（2）行政许可事项子项名称及编码：金融机构营业场所和金库安全防范设施建设方案审批（设区的市级权限）【000109130002】

（3）行政许可事项业务办理项名称及编码：无

（4）设定依据

《国务院对确需保留的行政审批项目设定行政许可的决定》附件第41项：金融机构营业场所、金库安全防范设施建设方案审批及工程验收；实施机关：县级以上地方人民政府公安机关。

《金融机构营业场所和金库安全防范设施建设许可实施办法》第2条第1款规定，在中华人民共和国境内新建、改建金融机构营业场所、金库的，实行安全防范设施建设许可制度。

（5）实施依据

《金融机构营业场所和金库安全防范设施建设许可实施办法》第3条规定，各级人民政府公安机关治安管理部门具体负责组织实施本办法。

《金融机构营业场所和金库安全防范设施建设许可实施办法》第4条规定，金融机构营业场所、金库安全防范设施建设方案审批和工程验收实行“属地管理、分级审批”的原则，由县级以上人民政府公安机关负责实施。各省、自治区、直辖市人民政府公安厅、局可以根据金融机构营业场所、金库的风险等级和防护级别等情况，结合本地区实际，确定本行政区域具体负责实施的公安机关，报公安部备案，并向社会公布。

《金融机构营业场所和金库安全防范设施建设许可实施办法》第5条规定，公安机关治安管理部门应当组织专家组，依据《银行营业场所风险等级和防护级别的规定》（GA 38－2004）、《银行金库》（JR/T 0003－2000）、《安全技术规范》（GB 50348－2004）、《安全工程程序与要求》（GA/T 75）等标准开展审批和验收工作。各省、自治区、直辖市公安厅、局治安管理部门应当建立由公安机关治安、内保、科技民警和金融机构的保卫、业务干部以及安全防范技术、计算机、电子等行业具有国家认可的专业资格的专家组成的专家库，参与本地区公安机关实施的审批和验收工作。专家组应当由5名或者7名专家组成，组长由公安机关治安管理部门指定。专家组成员对所提出的审批验收意见负责。

《金融机构营业场所和金库安全防范设施建设许可实施办法》第6条规定，申请金融机构营业场所、金库安全防范设施建设许可的，应当向公安机关书面提出。申请人可以到公安机关提出申请，也可以通过信函、传真、电子邮件等形式提出申请。具体负责审批的公安机关应当公布申请渠道，为申请人领取或者下载申请金融机构营业场所、金库安全防范设施建设许可的审批表格提供方便条件。

《金融机构营业场所和金库安全防范设施建设许可实施办法》第7条规定，新建、改建金融机构营业场所、金库前，申请人应当填写《新建、改建金融机构营业场所/金库安全防范设施建设方案审批表》，并附以下材料：①金融监管机构和金融机构上级主管部门有关金融机构营业场所、金库建设的批准文件；②安全防范设施建设工程设计方案或者任务书；③技防设施安装平面图、管线敷设图、监控室布置图、物防设施设计结构图；④安全防范工程设计施工单位营业执照和相关资质证明；⑤安全产品检验报告、国家强制性产品认证证书或者安全技术产品生产登记批准书；⑥金库、保管箱库设计、施工人员身份证件复印件及其所从事工种的说明；⑦运钞车停靠位置和营业场所、金库周边环境平面图；⑧房产租赁或者产权合同复印件和租赁双方签订的安全协议书复印件。

《金融机构营业场所和金库安全防范设施建设许可实施办法》第8条规定，公安机关治安管理部门应当在收到申请后的10个工作日内组织专家组，对安全防范设施建设方案进行论证和审查，确定风险等级和相应的防护级别。专家组应当按照少数服从多数的原则提出意见，并由参与论证和审查的专家签名后，报公安机关治安管理部门审核。公安机关治安管理部门应当在收到专家组意见后的5日内提出审核意见，报本级公安机关负责人审批。本级公安机关负责人应当在5日内提出审批意见。

《金融机构营业场所和金库安全防范设施建设许可实施办法》第9条规定，公安机关对符合条件的，应当批准，并书面通知申请人准予施工；对不符合条件的，不予批准，并书面向申请人说明理由。对不予批准的，申请人整改后，可以按照本办法重新提出申请。

（6）监管依据

《金融机构营业场所和金库安全防范设施建设许可实施办法》第3条、

《金融机构营业场所和金库安全防范设施建设许可实施办法》第13条规定，公安机关应当坚持公开、公平、公正的原则，严格依照本办法的规定，对金融机构营业场所、金库的安全防范设施建设方案进行审批和工程验收，并建立审批和发证管理档案。

《金融机构营业场所和金库安全防范设施建设许可实施办法》第14条规定，公安机关应当监督、指导金融机构严格执行安全防范设施建设的有关规定，督促金融机构营业场所、金库安全防范设施的建设和使用单位建立相应的自检制度。

《金融机构营业场所和金库安全防范设施建设许可实施办法》第15条规定，公安机关应当加强对金融机构安全防范设施的日常安全检查工作，发现金融机构安全防范设施建设、使用存在治安隐患的，应当立即责令限期整改，并依照《企业事业单位内部治安保卫条例》第十九条的规定予以处罚。

《金融机构营业场所和金库安全防范设施建设许可实施办法》第16条规定，违反本办法的规定，金融机构营业场所、金库安全防范设施建设方案未经批准而擅自施工的，公安机关应当责令其停止施工并按照本办法报批，同时对单位处5000元以上2万元以下罚款，对直接负责的主管人员和其他直接责任人员处200元以上1000元以下罚款。

（7）实施机关：设区的市级公安机关

（8）审批层级：设区的市级

（9）行使层级：市级/隶属

（10）是否由审批机关受理：是

（11）受理层级：设区的市级

（12）是否存在初审环节：否

（13）初审层级：无

（14）对应政务服务事项国家级基本目录名称：金融机构营业场所、金库安全防范设施建设方案审批及工程验收

（15）要素统一情况：全部要素全国统一

2. 行政许可事项类型：条件型

3. 行政许可条件

（1）准予行政许可的条件：一是安全

防范设施建设工程设计符合国家有关标准和规范；二是技防设施安装、管线敷设、监控室布置、物防设施设计结构符合国家有关标准和规范；三是安全产品经检验或认证符合国家有关标准和规范。

（2）规定行政许可条件的依据

《国务院对确需保留的行政审批项目设定行政许可的决定》附件第41项。

《金融机构营业场所和金库安全防范设施建设许可实施办法》第5条、第6条、第7条。

4. 行政许可服务对象类型与改革举措

（1）服务对象类型：企业法人

（2）是否为涉企经营许可事项：否

（3）涉企经营许可事项名称：无

（4）涉企经营许可证件名称：无

（5）改革方式：优化审批服务

（6）具体改革举措：一是金融机构营业场所和金库安全防范设施建设方案审批及工程验收审核时限由20日缩短为15日；二是金融机构申请办理营业场所、金库安全防范设施合格证，不再需要提供金融监管机构的批准文件、上级主管部门批准文件、安全防范工程设计施工单位营业执照和相关资质证明、安全技术产品生产登记批准书、房产租赁或者产权合同复印件和租赁双方签订的安全协议书复印件。

（7）加强事中事后监管措施：一是全面推行“双随机、一公开”监管，常态化落实跨部门监管，加大联合抽查检查力度。二是加强金融机构营业场所和金库安防工程建设的中期核验，留存视频图像资料，确保工程建设质量。三是监督指导金融机构严格执行安全防范设施建设有关规定，督促营业场所、金库安全防范设施的建设和使用单位建立相应的自检制度。四是加强对金融机构安全防范设施的日常检查，组织开展安全评估，及时发现金融机构安防工作中存在的隐患和漏洞，督促落实整改。五是加强能力建设，组织开展学习培训，促进提升基层公安民警、金融机构保卫干部业务能力，推动落实好金融机构安防工作有关规定和标准。

5. 申请材料

（1）申请材料名称：一是书面申请；二是《新建、改建金融机构营业场所/金库安全防范设施建设方案审批表》；三是安全防范设施建设工程设计方案或者任务书；四是技防设施安装平面图、管线敷设图、监控室布置图、物防设施设计结构图；五是安全产品检验报告、国家强制性产品认证证书；六是金库、保管箱库设计、施工人员身份证件复印件及其所从事工种的说明；七是运钞车停靠位置和营业场所、金库周边环境平面图。

（2）规定申请材料的依据

《金融机构营业场所和金库安全防范设施建设许可实施办法》第6条、第7条。

公安部《关于深化治安管理“放管服”改革优化营商环境便民利民6项措施的补充通知》（公治〔2018〕711号）第2条规定，“减免金融机构申请办理营业场所、金库安全防范设施合格证有关证明材料”：金融机构申请办理营业场所、金库安全防范设施合格证，不再需要提供金融监管机构的批准文件；不再需要提供安全防范工程设计施工单位相关资质证明和安全技术产品生产登记批准书；不再需要提供房产租赁或者产权合同复印件和租赁双方签订的安全协议书复印件。

公安部《关于不再要求提供有关规章设定证明事项和取消有关规范性文件设定证明事项的通知》（公法〔2018〕1248 号）附件 1 第 1 项：上级主管部门批准文件；第 2 项：安全防范工程设施施工单位相关资质证明和安全技术产品生产登记批准书；第 3 项：房产租赁或者产权合同证明和租赁双方签订的安全协议书证明。

公安部《关于第二批不再要求提供有关规章设定证明事项和取消有关规范性文件设定证明事项的通知》（公法〔2019〕224 号）附件 1 第 5 项：安全防范工程设计施工单位营业执照。

6. 中介服务

（1）有无法定中介服务事项：无

（2）中介服务事项名称：无

（3）设定中介服务事项的依据：无

（4）提供中介服务的机构：无

（5）中介服务事项的收费性质：无

7. 审批程序

（1）办理行政许可的程序环节：一是申请人申请；二是审批机构受理/不予受理；三是审批机构审查；四是决定核发《准予施工通知书》或者《不准予施工通知书》。

（2）规定行政许可程序的依据

《金融机构营业场所和金库安全防范设施建设许可实施办法》第 6 条、第 7 条、第 8 条、第 9 条。

（3）是否需要现场勘验：是

（4）是否需要组织听证：否

（5）是否需要招标、拍卖、挂牌交易：否

（6）是否需要检验、检测、检疫：是

（7）是否需要鉴定：否

（8）是否需要专家评审：是

（9）是否需要向社会公示：否

（10）是否实行告知承诺办理：否

（11）审批机关是否委托服务机构开展技术性服务：否

8. 受理和审批时限

（1）承诺受理时限：当场办理

（2）法定审批时限：20 个工作日

（3）规定法定审批时限依据

《金融机构营业场所和金库安全防范设施建设许可实施办法》第 8 条。

（4）承诺审批时限：15 个工作日

9. 收费

（1）办理行政许可是否收费：否

（2）收费项目的名称、收费项目的标准、设定收费项目的依据、规定收费标准的依据：无

10. 行政许可证件

（1）审批结果类型：批文

（2）审批结果名称：《准予施工通知书》或者《不准予施工通知书》

（3）审批结果的有效期限：无限期

（4）规定审批结果有效期限的依据：无

（5）是否需要办理审批结果变更手续：否

（6）办理审批结果变更手续的要求：无

（7）是否需要办理审批结果延续手续：否

（8）办理审批结果延续手续的要求：无

（9）审批结果的有效地域范围：依申请人申请地址

（10）规定审批结果有效地域范围的依

据：无

11. 行政许可数量限制

（1）有无行政许可数量限制：无

（2）公布数量限制的方式：无

（3）公布数量限制的周期：无

（4）在数量限制条件下实施行政许可的方式：无

（5）规定在数量限制条件下实施行政许可方式的依据：无

12. 行政许可后年检

（1）有无年检要求：无

（2）设定年检要求的依据：无

（3）年检周期：无

（4）年检是否要求报送材料：无

（5）年检报送材料名称：无

（6）年检是否收费：无

（7）年检收费项目的名称、年检收费项目的标准、设定年检收费项目的依据、规定年检项目收费标准的依据：无

（8）通过年检的证明或者标志：无

13. 行政许可后年报

（1）有无年报要求：无

（2）年报报送材料名称：无

（3）设定年报要求的依据：无

（4）年报周期：无

14. 监管主体

设区的市级公安机关；县级公安机关。

15. 备注

（三）金融机构营业场所和金库安全防范设施建设方案审批（县级权限）

1. 基本要素

（1）行政许可事项名称及编码：金融机构营业场所和金库安全防范设施建设方案审批【00010913000Y】

（2）行政许可事项子项名称及编码：金融机构营业场所和金库安全防范设施建设方案审批（县级权限）【000109130003】

（3）行政许可事项业务办理项名称及编码：无

（4）设定依据

《国务院对确需保留的行政审批项目设定行政许可的决定》附件第41项：金融机构营业场所、金库安全防范设施建设方案审批及工程验收；实施机关：县级以上地方人民政府公安机关。

《金融机构营业场所和金库安全防范设施建设许可实施办法》第2条第1款规定，在中华人民共和国境内新建、改建金融机构营业场所、金库的，实行安全防范设施建设许可制度。

（5）实施依据

《金融机构营业场所和金库安全防范设施建设许可实施办法》第3条规定，各级人民政府公安机关治安管理部门具体负责组织实施本办法。

《金融机构营业场所和金库安全防范设施建设许可实施办法》第4条规定，金融机构营业场所、金库安全防范设施建设方案审批和工程验收实行“属地管理、分级审批”的原则，由县级以上人民政府公安机关负责实施。各省、自治区、直辖市人民政府公安厅、局可以根据金融机构营业场所、金库的风险等级和防护级别等情况，结合本地区实际，确定本行政区域具体负责实施的公安机关，报公安部备案，并向社会公布。

《金融机构营业场所和金库安全防范设施建设许可实施办法》第5条规定，公安机关治安管理部门应当组织专家组，依据《银行营业场所风险等级和防护级别的规

定》（GA 38－2004）、《银行金库》（JR/T 0003－2000）、《安全技术规范》（GB 50348－2004）、《安全工程程序与要求》（GA/T 75）等标准开展审批和验收工作。各省、自治区、直辖市公安厅、局治安管理部门应当建立由公安机关治安、内保、科技民警和金融机构的保卫、业务干部以及安全防范技术、计算机、电子等行业具有国家认可的专业资格的专家组成的专家库，参与本地区公安机关实施的审批和验收工作。专家组应当由5名或者7名专家组成，组长由公安机关治安管理部门指定。专家组成员对所提出的审批验收意见负责。

《金融机构营业场所和金库安全防范设施建设许可实施办法》第6条规定，申请金融机构营业场所、金库安全防范设施建设许可的，应当向公安机关书面提出。申请人可以到公安机关提出申请，也可以通过信函、传真、电子邮件等形式提出申请。具体负责审批的公安机关应当公布申请渠道，为申请人领取或者下载申请金融机构营业场所、金库安全防范设施建设许可的审批表格提供方便条件。

《金融机构营业场所和金库安全防范设施建设许可实施办法》第7条规定，新建、改建金融机构营业场所、金库前，申请人应当填写《新建、改建金融机构营业场所/金库安全防范设施建设方案审批表》，并附以下材料：①金融监管机构和金融机构上级主管部门有关金融机构营业场所、金库建设的批准文件；②安全防范设施建设工程设计方案或者任务书；③技防设施安装平面图、管线敷设图、监控室布置图、物防设施设计结构图；④安全防范工程设计施工单位营业执照和相关资质证明；⑤安全产品检验报告、国家强制性产品认证证书或者安全技术产品生产登记批准书；⑥金库、保管箱库设计、施工人员身份证件复印件及其所从事工种的说明；⑦运钞车停靠位置和营业场所、金库周边环境平面图；⑧房产租赁或者产权合同复印件和租赁双方签订的安全协议书复印件。

《金融机构营业场所和金库安全防范设施建设许可实施办法》第8条规定，公安机关治安管理部门应当在收到申请后的10个工作日内组织专家组，对安全防范设施建设方案进行论证和审查，确定风险等级和相应的防护级别。专家组应当按照少数服从多数的原则提出意见，并由参与论证和审查的专家签名后，报公安机关治安管理部门审核。公安机关治安管理部门应当在收到专家组意见后的5日内提出审核意见，报本级公安机关负责人审批。本级公安机关负责人应当在5日内提出审批意见。

《金融机构营业场所和金库安全防范设施建设许可实施办法》第9条规定，公安机关对符合条件的，应当批准，并书面通知申请人准予施工；对不符合条件的，不予批准，并书面向申请人说明理由。对不予批准的，申请人整改后，可以按照本办法重新提出申请。

（6）监管依据

《金融机构营业场所和金库安全防范设施建设许可实施办法》第3条。

《金融机构营业场所和金库安全防范设施建设许可实施办法》第13条规定，公安机关应当坚持公开、公平、公正的原则，严格依照本办法的规定，对金融机构营业场所、金库的安全防范设施建设方案进行审批和工程验收，并建立审批和发证管理档案。

《金融机构营业场所和金库安全防范设施建设许可实施办法》第14条规定，公安机关应当监督、指导金融机构严格执行安全防范设施建设的有关规定，督促金融机构营业场所、金库安全防范设施的建设和使用单位建立相应的自检制度。

《金融机构营业场所和金库安全防范设施建设许可实施办法》第15条规定，公安机关应当加强对金融机构安全防范设施的日常安全检查工作，发现金融机构安全防范设施建设、使用存在治安隐患的，应当立即责令限期整改，并依照《企业事业单位内部治安保卫条例》第十九条的规定予以处罚。

《金融机构营业场所和金库安全防范设施建设许可实施办法》第16条规定，违反本办法的规定，金融机构营业场所、金库安全防范设施建设方案未经批准而擅自施工的，公安机关应当责令其停止施工并按照本办法报批，同时对单位处5000元以上2万元以下罚款，对直接负责的主管人员和其他直接责任人员处200元以上1000元以下罚款。

（7）实施机关：县级公安机关

（8）审批层级：县级

（9）行使层级：县级

（10）是否由审批机关受理：是

（11）受理层级：县级

（12）是否存在初审环节：否

（13）初审层级：无

（14）对应政务服务事项国家级基本目录名称：金融机构营业场所、金库安全防范设施建设方案审批及工程验收

（15）要素统一情况：全部要素全国统一

2. 行政许可事项类型：条件型

3. 行政许可条件

（1）准予行政许可的条件：一是安全防范设施建设工程设计符合国家有关标准和规范；二是技防设施安装、管线敷设、监控室布置、物防设施设计结构符合国家有关标准和规范；三是安全产品经检验或认证符合国家有关标准和规范。

（2）规定行政许可条件的依据

《国务院对确需保留的行政审批项目设定行政许可的决定》附件第41项。

《金融机构营业场所和金库安全防范设施建设许可实施办法》第5条、第6条、第7条。

4. 行政许可服务对象类型与改革举措

（1）服务对象类型：企业法人

（2）是否为涉企经营许可事项：否

（3）涉企经营许可事项名称：无

（4）涉企经营许可证件名称：无

（5）改革方式：优化审批服务

（6）具体改革举措：一是金融机构营业场所和金库安全防范设施建设方案审批及工程验收审核时限由20日缩短为15日；二是金融机构申请办理营业场所、金库安全防范设施合格证，不再需要提供金融监管机构的批准文件、上级主管部门批准文件、安全防范工程设计施工单位营业执照和相关资质证明、安全技术产品生产登记批准书、房产租赁或者产权合同复印件和租赁双方签订的安全协议书复印件。

（7）加强事中事后监管措施：一是全面推行“双随机、一公开”监管，常态化落实跨部门监管，加大联合抽查检查力度。二是加强金融机构营业场所和金库安防工

程建设的中期核验，留存视频图像资料，确保工程建设质量。三是监督指导金融机构严格执行安全防范设施建设有关规定，督促营业场所、金库安全防范设施的建设和使用单位建立相应的自检制度。四是加强对金融机构安全防范设施的日常检查，组织开展安全评估，及时发现金融机构安防工作中存在的隐患和漏洞，督促落实整改。五是加强能力建设，组织开展学习培训，促进提升基层公安民警、金融机构保卫干部业务能力，推动落实好金融机构安防工作有关规定和标准。

5. 申请材料

（1）申请材料名称：一是书面申请；二是《新建、改建金融机构营业场所/金库安全防范设施建设方案审批表》；三是安全防范设施建设工程设计方案或者任务书；四是技防设施安装平面图、管线敷设图、监控室布置图、物防设施设计结构图；五是安全产品检验报告、国家强制性产品认证证书；六是金库、保管箱库设计、施工人员身份证件复印件及其所从事工种的说明；七是运钞车停靠位置和营业场所、金库周边环境平面图。

（2）规定申请材料的依据

《金融机构营业场所和金库安全防范设施建设许可实施办法》第6条、第7条。

公安部《关于深化治安管理“放管服”改革优化营商环境便民利民6项措施的补充通知》（公治〔2018〕711号）第2条规定，“减免金融机构申请办理营业场所、金库安全防范设施合格证有关证明材料”：金融机构申请办理营业场所、金库安全防范设施合格证，不再需要提供金融监管机构的批准文件；不再需要提供安全防范工程设计施工单位相关资质证明和安全技术产品生产登记批准书；不再需要提供房产租赁或者产权合同复印件和租赁双方签订的安全协议书复印件。

公安部《关于不再要求提供有关规章设定证明事项和取消有关规范性文件设定证明事项的通知》（公法〔2018〕1248号）附件1第1项：上级主管部门批准文件；第2项：安全防范工程设施施工单位相关资质证明和安全技术产品生产登记批准书；第3项：房产租赁或者产权合同证明和租赁双方签订的安全协议书证明。

公安部《关于第二批不再要求提供有关规章设定证明事项和取消有关规范性文件设定证明事项的通知》（公法〔2019〕224号）附件1第5项：安全防范工程设计施工单位营业执照。

6. 中介服务

（1）有无法定中介服务事项：无

（2）中介服务事项名称：无

（3）设定中介服务事项的依据：无

（4）提供中介服务的机构：无

（5）中介服务事项的收费性质：无

7. 审批程序

（1）办理行政许可的程序环节：一是申请人申请；二是审批机构受理/不予受理；三是审批机构审查；四是决定核发《准予施工通知书》或者《不准予施工通知书》。

（2）规定行政许可程序的依据

《金融机构营业场所和金库安全防范设施建设许可实施办法》第6条、第7条、第8条、第9条。

（3）是否需要现场勘验：是

（4）是否需要组织听证：否

（5）是否需要招标、拍卖、挂牌交

易：否

（6）是否需要检验、检测、检疫：是

（7）是否需要鉴定：否

（8）是否需要专家评审：是

（9）是否需要向社会公示：否

（10）是否实行告知承诺办理：否

（11）审批机关是否委托服务机构开展技术性服务：否

8. 受理和审批时限

（1）承诺受理时限：当场办理

（2）法定审批时限：20个工作日

（3）规定法定审批时限依据

《金融机构营业场所和金库安全防范设施建设许可实施办法》第8条。

（4）承诺审批时限：15个工作日

9. 收费

（1）办理行政许可是否收费：否

（2）收费项目的名称、收费项目的标准、设定收费项目的依据、规定收费标准的依据：无

10. 行政许可证件

（1）审批结果类型：批文

（2）审批结果名称：《准予施工通知书》或者《不准予施工通知书》

（3）审批结果的有效期限：无限期

（4）规定审批结果有效期限的依据：无

（5）是否需要办理审批结果变更手续：否

（6）办理审批结果变更手续的要求：无

（7）是否需要办理审批结果延续手续：否

（8）办理审批结果延续手续的要求：无

（9）审批结果的有效地域范围：依申请人申请地址

（10）规定审批结果有效地域范围的依据：无

11. 行政许可数量限制

（1）有无行政许可数量限制：无

（2）公布数量限制的方式：无

（3）公布数量限制的周期：无

（4）在数量限制条件下实施行政许可的方式：无

（5）规定在数量限制条件下实施行政许可方式的依据：无

12. 行政许可后年检

（1）有无年检要求：无

（2）设定年检要求的依据：无

（3）年检周期：无

（4）年检是否要求报送材料：无

（5）年检报送材料名称：无

（6）年检是否收费：无

（7）年检收费项目的名称、年检收费项目的标准、设定年检收费项目的依据、规定年检项目收费标准的依据：无

（8）通过年检的证明或者标志：无

13. 行政许可后年报

（1）有无年报要求：无

（2）年报报送材料名称：无

（3）设定年报要求的依据：无

（4）年报周期：无

14. 监管主体

县级公安机关。

15. 备注

三十五、金融机构营业场所和金库安全防范设施建设工程验收

金融机构营业场所和金库安全防范设

施建设工程验收的中央主管部门是公安部，实施机关是省级、设区的市级、县级公安机关，设定和实施依据包括：《国务院对确需保留的行政审批项目设定行政许可的决定》《金融机构营业场所和金库安全防范设施建设许可实施办法》（公安部令第86号）。该许可项目共有3个子项：（1）金融机构营业场所和金库安全防范设施建设工程验收（省级权限）；（2）金融机构营业场所和金库安全防范设施建设工程验收（设区的市级权限）；（3）金融机构营业场所和金库安全防范设施建设工程验收（县级权限）。

（一）金融机构营业场所和金库安全防范设施建设工程验收（省级权限）

1. 基本要素

（1）行政许可事项名称及编码：金融机构营业场所和金库安全防范设施建设工程验收【00010913100Y】

（2）行政许可事项子项名称及编码：金融机构营业场所和金库安全防范设施建设工程验收（省级权限）【000109131001】

（3）行政许可事项业务办理项名称及编码：无

（4）设定依据

《国务院对确需保留的行政审批项目设定行政许可的决定》附件第41项：金融机构营业场所、金库安全防范设施建设方案审批及工程验收；实施机关：县级以上地方人民政府公安机关。

《金融机构营业场所和金库安全防范设施建设许可实施办法》第2条第1款规定，在中华人民共和国境内新建、改建金融机构营业场所、金库的，实行安全防范设施建设许可制度。

（5）实施依据

《金融机构营业场所和金库安全防范设施建设许可实施办法》第3条规定，各级人民政府公安机关治安管理部门具体负责组织实施本办法。

《金融机构营业场所和金库安全防范设施建设许可实施办法》第4条规定，金融机构营业场所、金库安全防范设施建设方案审批和工程验收实行“属地管理、分级审批”的原则，由县级以上人民政府公安机关负责实施。各省、自治区、直辖市人民政府公安厅、局可以根据金融机构营业场所、金库的风险等级和防护级别等情况，结合本地区实际，确定本行政区域具体负责实施的公安机关，报公安部备案，并向社会公布。

《金融机构营业场所和金库安全防范设施建设许可实施办法》第5条规定，公安机关治安管理部门应当组织专家组，依据《银行营业场所风险等级和防护级别的规定》（GA 38－2004）、《银行金库》（JR/T 0003－2000）、《安全技术规范》（GB 50348－2004）、《安全工程程序与要求》（GA/T 75）等标准开展审批和验收工作。各省、自治区、直辖市公安厅、局治安管理部门应当建立由公安机关治安、内保、科技民警和金融机构的保卫、业务干部以及安全防范技术、计算机、电子等行业具有国家认可的专业资格的专家组成的专家库，参与本地区公安机关实施的审批和验收工作。专家组应当由5名或者7名专家组成，组长由公安机关治安管理部门指定。专家组成员对所提出的审批验收意见负责。

《金融机构营业场所和金库安全防范设施建设许可实施办法》第10条规定，新建、改建金融机构营业场所、金库工程竣工后，申请人应当向原审批安全防范设施建设方案的公安机关书面提出验收申请，填写《金融机构营业场所/金库安全防范设施建设工程验收审批表》。

《金融机构营业场所和金库安全防范设施建设许可实施办法》第11条规定，公安机关治安管理部门应当在收到验收申请后的10个工作日内组织专家组完成验收工作。专家组应当按照少数服从多数的原则提出意见，并由参与验收的专家签名后，报公安机关治安管理部门审核。公安机关治安管理部门应当在收到专家组意见后的5日内提出审核意见，报本级公安机关负责人审批。本级公安机关负责人应当在5日内提出审批意见。

《金融机构营业场所和金库安全防范设施建设许可实施办法》第12条规定，公安机关对验收合格的，应当批准，并发给《安全防范设施合格证》；对验收不合格的，不予批准，并书面向申请人说明理由。对验收不合格的，申请人整改后，可以按照本办法重新申请验收。

（6）监管依据

《金融机构营业场所和金库安全防范设施建设许可实施办法》第3条。

《金融机构营业场所和金库安全防范设施建设许可实施办法》第13条规定，公安机关应当坚持公开、公平、公正的原则，严格依照本办法的规定，对金融机构营业场所、金库的安全防范设施建设方案进行审批和工程验收，并建立审批和发证管理档案。

《金融机构营业场所和金库安全防范设施建设许可实施办法》第14条规定，公安机关应当监督、指导金融机构严格执行安全防范设施建设的有关规定，督促金融机构营业场所、金库安全防范设施的建设和使用单位建立相应的自检制度。

《金融机构营业场所和金库安全防范设施建设许可实施办法》第15条规定，公安机关应当加强对金融机构安全防范设施的日常安全检查工作，发现金融机构安全防范设施建设、使用存在治安隐患的，应当立即责令限期整改，并依照《企业事业单位内部治安保卫条例》第十九条的规定予以处罚。

《金融机构营业场所和金库安全防范设施建设许可实施办法》第17条规定，违反本办法的规定，在金融机构营业场所、金库安全防范设施建设工程未经验收即投入使用的，公安机关应当责令金融机构按照本办法报批，并对单位处1万元以上3万元以下罚款，对直接负责的主管人员和其他直接责任人员处200元以上1000元以下罚款。同时，可以建议其上级主管部门对直接负责的主管人员和其他直接责任人员依法给予处分；构成犯罪的，依法追究刑事责任。

（7）实施机关：省级公安机关

（8）审批层级：省级

（9）行使层级：省级/直属

（10）是否由审批机关受理：是

（11）受理层级：省级

（12）是否存在初审环节：否

（13）初审层级：无

（14）对应政务服务事项国家级基本目录名称：金融机构营业场所、金库安全防范设施建设方案审批及工程验收

（15）要素统一情况：全部要素全国

统一

2. 行政许可事项类型：条件型

3. 行政许可条件

（1）准予行政许可的条件：一是安全防范设施建设工程与批准的设计方案相符合；二是技防设施安装、管线敷设、监控室布置、物防设施与批准的设计方案及图纸相符合；三是所用安全产品与批准的设计方案确定的产品一致。

（2）规定行政许可条件的依据

《金融机构营业场所和金库安全防范设施建设许可实施办法》第5条、第10条、第11条、第12条。

4. 行政许可服务对象类型与改革举措

（1）服务对象类型：企业法人

（2）是否为涉企经营许可事项：否

（3）涉企经营许可事项名称：无

（4）涉企经营许可证件名称：无

（5）改革方式：优化审批服务

（6）具体改革举措：金融机构营业场所和金库安全防范设施建设方案审批及工程验收审核时限由20日缩短为15日。

（7）加强事中事后监管措施：一是全面推行“双随机、一公开”监管，常态化落实跨部门监管，加大联合抽查检查力度。二是加强金融机构营业场所和金库安防工程建设的中期核验，留存视频图像资料，确保工程建设质量。三是监督指导金融机构严格执行安全防范设施建设有关规定，督促营业场所、金库安全防范设施的建设和使用单位建立相应的自检制度。四是加强对金融机构安全防范设施的日常检查，组织开展安全评估，及时发现金融机构安防工作中存在的隐患和漏洞，督促落实整改。五是加强能力建设，组织开展学习培训，促进提升基层公安民警、金融机构保卫干部业务能力，推动落实好金融机构安防工作有关规定和标准。

5. 申请材料

（1）申请材料名称：一是书面验收申请；二是《金融机构营业场所/金库安全防范设施建设工程验收审批表》。

（2）规定申请材料的依据

《金融机构营业场所和金库安全防范设施建设许可实施办法》第10条。

6. 中介服务

（1）有无法定中介服务事项：无

（2）中介服务事项名称：无

（3）设定中介服务事项的依据：无

（4）提供中介服务的机构：无

（5）中介服务事项的收费性质：无

7. 审批程序

（1）办理行政许可的程序环节：一是申请人申请；二是审批机构受理/不予受理；三是审批机构审查；四是决定核发《安全防范设施合格证》。

（2）规定行政许可程序的依据

《金融机构营业场所和金库安全防范设施建设许可实施办法》第10条、第11条、第12条。

（3）是否需要现场勘验：是

（4）是否需要组织听证：否

（5）是否需要招标、拍卖、挂牌交易：否

（6）是否需要检验、检测、检疫：是

（7）是否需要鉴定：否

（8）是否需要专家评审：是

（9）是否需要向社会公示：否

（10）是否实行告知承诺办理：否

（11）审批机关是否委托服务机构开展

技术性服务：否

8. 受理和审批时限

（1）承诺受理时限：当场办理

（2）法定审批时限：20个工作日

（3）规定法定审批时限依据

《金融机构营业场所和金库安全防范设施建设许可实施办法》第11条。

（4）承诺审批时限：15个工作日

9. 收费

（1）办理行政许可是否收费：否

（2）收费项目的名称、收费项目的标准、设定收费项目的依据、规定收费标准的依据：无

10. 行政许可证件

（1）审批结果类型：证照

（2）审批结果名称：《安全防范设施合格证》

（3）审批结果的有效期限：无限期

（4）规定审批结果有效期限的依据：无

（5）是否需要办理审批结果变更手续：否

（6）办理审批结果变更手续的要求：无

（7）是否需要办理审批结果延续手续：否

（8）办理审批结果延续手续的要求：无

（9）审批结果的有效地域范围：依申请人申请地址

（10）规定审批结果有效地域范围的依据：无

11. 行政许可数量限制

（1）有无行政许可数量限制：无

（2）公布数量限制的方式：无

（3）公布数量限制的周期：无

（4）在数量限制条件下实施行政许可的方式：无

（5）规定在数量限制条件下实施行政许可方式的依据：无

12. 行政许可后年检

（1）有无年检要求：无

（2）设定年检要求的依据：无

（3）年检周期：无

（4）年检是否要求报送材料：无

（5）年检报送材料名称：无

（6）年检是否收费：无

（7）年检收费项目的名称、年检收费项目的标准、设定年检收费项目的依据、规定年检项目收费标准的依据：无

（8）通过年检的证明或者标志：无

13. 行政许可后年报

（1）有无年报要求：无

（2）年报报送材料名称：无

（3）设定年报要求的依据：无

（4）年报周期：无

14. 监管主体

省级公安机关；设区的市级公安机关；县级公安机关。

15. 备注

（二）金融机构营业场所和金库安全防范设施建设工程验收（设区的市级权限）

1. 基本要素

（1）行政许可事项名称及编码：金融机构营业场所和金库安全防范设施建设工程验收【00010913100Y】

（2）行政许可事项子项名称及编码：金融机构营业场所和金库安全防范设施建设工程验收（设区的市级权限）

【000109131002】

（3）行政许可事项业务办理项名称及编码：无

（4）设定依据

《国务院对确需保留的行政审批项目设定行政许可的决定》附件第41项：金融机构营业场所、金库安全防范设施建设方案审批及工程验收；实施机关：县级以上地方人民政府公安机关。

《金融机构营业场所和金库安全防范设施建设许可实施办法》第2条第1款规定，在中华人民共和国境内新建、改建金融机构营业场所、金库的，实行安全防范设施建设许可制度。

（5）实施依据

《金融机构营业场所和金库安全防范设施建设许可实施办法》第3条规定，各级人民政府公安机关治安管理部门具体负责组织实施本办法。

《金融机构营业场所和金库安全防范设施建设许可实施办法》第4条规定，金融机构营业场所、金库安全防范设施建设方案审批和工程验收实行“属地管理、分级审批”的原则，由县级以上人民政府公安机关负责实施。各省、自治区、直辖市人民政府公安厅、局可以根据金融机构营业场所、金库的风险等级和防护级别等情况，结合本地区实际，确定本行政区域具体负责实施的公安机关，报公安部备案，并向社会公布。

《金融机构营业场所和金库安全防范设施建设许可实施办法》第5条规定，公安机关治安管理部门应当组织专家组，依据《银行营业场所风险等级和防护级别的规定》（GA 38－2004）、《银行金库》（JR/T 0003－2000）、《安全技术规范》（GB 50348－2004）、《安全工程程序与要求》（GA/T 75）等标准开展审批和验收工作。各省、自治区、直辖市公安厅、局治安管理部门应当建立由公安机关治安、内保、科技民警和金融机构的保卫、业务干部以及安全防范技术、计算机、电子等行业具有国家认可的专业资格的专家组成的专家库，参与本地区公安机关实施的审批和验收工作。专家组应当由5名或者7名专家组成，组长由公安机关治安管理部门指定。专家组成员对所提出的审批验收意见负责。

《金融机构营业场所和金库安全防范设施建设许可实施办法》第10条规定，新建、改建金融机构营业场所、金库工程竣工后，申请人应当向原审批安全防范设施建设方案的公安机关书面提出验收申请，填写《金融机构营业场所/金库安全防范设施建设工程验收审批表》。

《金融机构营业场所和金库安全防范设施建设许可实施办法》第11条规定，公安机关治安管理部门应当在收到验收申请后的10个工作日内组织专家组完成验收工作。专家组应当按照少数服从多数的原则提出意见，并由参与验收的专家签名后，报公安机关治安管理部门审核。公安机关治安管理部门应当在收到专家组意见后的5日内提出审核意见，报本级公安机关负责人审批。本级公安机关负责人应当在5日内提出审批意见。

《金融机构营业场所和金库安全防范设施建设许可实施办法》第12条规定，公安机关对验收合格的，应当批准，并发给《安全防范设施合格证》；对验收不合格的，不予批准，并书面向申请人说明理由。对验收不合格的，申请人整改后，可以按照本办法重新申请验收。

（6）监管依据

《金融机构营业场所和金库安全防范设施建设许可实施办法》第3条。

《金融机构营业场所和金库安全防范设施建设许可实施办法》第13条规定，公安机关应当坚持公开、公平、公正的原则，严格依照本办法的规定，对金融机构营业场所、金库的安全防范设施建设方案进行审批和工程验收，并建立审批和发证管理档案。

《金融机构营业场所和金库安全防范设施建设许可实施办法》第14条规定，公安机关应当监督、指导金融机构严格执行安全防范设施建设的有关规定，督促金融机构营业场所、金库安全防范设施的建设和使用单位建立相应的自检制度。

《金融机构营业场所和金库安全防范设施建设许可实施办法》第15条规定，公安机关应当加强对金融机构安全防范设施的日常安全检查工作，发现金融机构安全防范设施建设、使用存在治安隐患的，应当立即责令限期整改，并依照《企业事业单位内部治安保卫条例》第十九条的规定予以处罚。

《金融机构营业场所和金库安全防范设施建设许可实施办法》第17条规定，违反本办法的规定，在金融机构营业场所、金库安全防范设施建设工程未经验收即投入使用的，公安机关应当责令金融机构按照本办法报批，并对单位处1万元以上3万元以下罚款，对直接负责的主管人员和其他直接责任人员处200元以上1000元以下罚款。同时，可以建议其上级主管部门对直接负责的主管人员和其他直接责任人员依法给予处分；构成犯罪的，依法追究刑事责任。

（7）实施机关：设区的市级公安机关

（8）审批层级：设区的市级

（9）行使层级：市级/隶属

（10）是否由审批机关受理：是

（11）受理层级：设区的市级

（12）是否存在初审环节：否

（13）初审层级：无

（14）对应政务服务事项国家级基本目录名称：金融机构营业场所、金库安全防范设施建设方案审批及工程验收

（15）要素统一情况：全部要素全国统一

2. 行政许可事项类型：条件型

3. 行政许可条件

（1）准予行政许可的条件：一是安全防范设施建设工程与批准的设计方案相符合；二是技防设施安装、管线敷设、监控室布置、物防设施与批准的设计方案及图纸相符合；三是所用安全产品与批准的设计方案确定的产品一致。

（2）规定行政许可条件的依据

《金融机构营业场所和金库安全防范设施建设许可实施办法》第5条、第10条、第11条、第12条。

4. 行政许可服务对象类型与改革举措

（1）服务对象类型：企业法人

（2）是否为涉企经营许可事项：否

（3）涉企经营许可事项名称：无

（4）涉企经营许可证件名称：无

（5）改革方式：优化审批服务

（6）具体改革举措：金融机构营业场所和金库安全防范设施建设方案审批及工

程验收审核时限由20日缩短为15日。

（7）加强事中事后监管措施：一是全面推行“双随机、一公开”监管，常态化落实跨部门监管，加大联合抽查检查力度。二是加强金融机构营业场所和金库安防工程建设的中期核验，留存视频图像资料，确保工程建设质量。三是监督指导金融机构严格执行安全防范设施建设有关规定，督促营业场所、金库安全防范设施的建设和使用单位建立相应的自检制度。四是加强对金融机构安全防范设施的日常检查，组织开展安全评估，及时发现金融机构安防工作中存在的隐患和漏洞，督促落实整改。五是加强能力建设，组织开展学习培训，促进提升基层公安民警、金融机构保卫干部业务能力，推动落实好金融机构安防工作有关规定和标准。

5. 申请材料

（1）申请材料名称：一是书面验收申请；二是《金融机构营业场所/金库安全防范设施建设工程验收审批表》。

（2）规定申请材料的依据

《金融机构营业场所和金库安全防范设施建设许可实施办法》第10条。

6. 中介服务

（1）有无法定中介服务事项：无

（2）中介服务事项名称：无

（3）设定中介服务事项的依据：无

（4）提供中介服务的机构：无

（5）中介服务事项的收费性质：无

7. 审批程序

（1）办理行政许可的程序环节：一是申请人申请；二是审批机构受理/不予受理；三是审批机构审查；四是决定核发《安全防范设施合格证》。

（2）规定行政许可程序的依据

《金融机构营业场所和金库安全防范设施建设许可实施办法》第10条、第11条、第12条。

（3）是否需要现场勘验：是

（4）是否需要组织听证：否

（5）是否需要招标、拍卖、挂牌交易：否

（6）是否需要检验、检测、检疫：是

（7）是否需要鉴定：否

（8）是否需要专家评审：是

（9）是否需要向社会公示：否

（10）是否实行告知承诺办理：否

（11）审批机关是否委托服务机构开展技术性服务：否

8. 受理和审批时限

（1）承诺受理时限：当场办理

（2）法定审批时限：20个工作日

（3）规定法定审批时限依据

《金融机构营业场所和金库安全防范设施建设许可实施办法》第11条。

（4）承诺审批时限：15个工作日

9. 收费

（1）办理行政许可是否收费：否

（2）收费项目的名称、收费项目的标准、设定收费项目的依据、规定收费标准的依据：无

10. 行政许可证件

（1）审批结果类型：证照

（2）审批结果名称：《安全防范设施合格证》

（3）审批结果的有效期限：无限期

（4）规定审批结果有效期限的依据：无

（5）是否需要办理审批结果变更手

续：否

（6）办理审批结果变更手续的要求：无

（7）是否需要办理审批结果延续手续：否

（8）办理审批结果延续手续的要求：无

（9）审批结果的有效地域范围：依申请人申请地址

（10）规定审批结果有效地域范围的依据：无

11. 行政许可数量限制

（1）有无行政许可数量限制：无

（2）公布数量限制的方式：无

（3）公布数量限制的周期：无

（4）在数量限制条件下实施行政许可的方式：无

（5）规定在数量限制条件下实施行政许可方式的依据：无

12. 行政许可后年检

（1）有无年检要求：无

（2）设定年检要求的依据：无

（3）年检周期：无

（4）年检是否要求报送材料：无

（5）年检报送材料名称：无

（6）年检是否收费：无

（7）年检收费项目的名称、年检收费项目的标准、设定年检收费项目的依据、规定年检项目收费标准的依据：无

（8）通过年检的证明或者标志：无

13. 行政许可后年报

（1）有无年报要求：无

（2）年报报送材料名称：无

（3）设定年报要求的依据：无

（4）年报周期：无

14. 监管主体

设区的市级公安机关；县级公安机关。

15. 备注

（三）金融机构营业场所和金库安全防范设施建设工程验收（县级权限）

1. 基本要素

（1）行政许可事项名称及编码：金融机构营业场所和金库安全防范设施建设工程验收【00010913100Y】

（2）行政许可事项子项名称及编码：金融机构营业场所和金库安全防范设施建设工程验收（县级权限）【000109131003】

（3）行政许可事项业务办理项名称及编码：无

（4）设定依据

《国务院对确需保留的行政审批项目设定行政许可的决定》附件第41项：金融机构营业场所、金库安全防范设施建设方案审批及工程验收；实施机关：县级以上地方人民政府公安机关。

《金融机构营业场所和金库安全防范设施建设许可实施办法》第2条第1款规定，在中华人民共和国境内新建、改建金融机构营业场所、金库的，实行安全防范设施建设许可制度。

（5）实施依据

《金融机构营业场所和金库安全防范设施建设许可实施办法》第3条规定，各级人民政府公安机关治安管理部门具体负责组织实施本办法。

《金融机构营业场所和金库安全防范设施建设许可实施办法》第4条规定，金融机构营业场所、金库安全防范设施建设方案审批和工程验收实行“属地管理、分级审批”的原则，由县级以上人民政府公安

机关负责实施。各省、自治区、直辖市人民政府公安厅、局可以根据金融机构营业场所、金库的风险等级和防护级别等情况，结合本地区实际，确定本行政区域具体负责实施的公安机关，报公安部备案，并向社会公布。

《金融机构营业场所和金库安全防范设施建设许可实施办法》第5条规定，公安机关治安管理部门应当组织专家组，依据《银行营业场所风险等级和防护级别的规定》（GA 38－2004）、《银行金库》（JR/T 0003－2000）、《安全技术规范》（GB 50348－2004）、《安全工程程序与要求》（GA/T 75）等标准开展审批和验收工作。各省、自治区、直辖市公安厅、局治安管理部门应当建立由公安机关治安、内保、科技民警和金融机构的保卫、业务干部以及安全防范技术、计算机、电子等行业具有国家认可的专业资格的专家组成的专家库，参与本地区公安机关实施的审批和验收工作。专家组应当由5名或者7名专家组成，组长由公安机关治安管理部门指定。专家组成员对所提出的审批验收意见负责。

《金融机构营业场所和金库安全防范设施建设许可实施办法》第10条规定，新建、改建金融机构营业场所、金库工程竣工后，申请人应当向原审批安全防范设施建设方案的公安机关书面提出验收申请，填写《金融机构营业场所/金库安全防范设施建设工程验收审批表》。

《金融机构营业场所和金库安全防范设施建设许可实施办法》第11条规定，公安机关治安管理部门应当在收到验收申请后的10个工作日内组织专家组完成验收工作。专家组应当按照少数服从多数的原则提出意见，并由参与验收的专家签名后，报公安机关治安管理部门审核。公安机关治安管理部门应当在收到专家组意见后的5日内提出审核意见，报本级公安机关负责人审批。本级公安机关负责人应当在5日内提出审批意见。

《金融机构营业场所和金库安全防范设施建设许可实施办法》第12条规定，公安机关对验收合格的，应当批准，并发给《安全防范设施合格证》；对验收不合格的，不予批准，并书面向申请人说明理由。对验收不合格的，申请人整改后，可以按照本办法重新申请验收。

（6）监管依据

《金融机构营业场所和金库安全防范设施建设许可实施办法》第3条。

《金融机构营业场所和金库安全防范设施建设许可实施办法》第13条规定，公安机关应当坚持公开、公平、公正的原则，严格依照本办法的规定，对金融机构营业场所、金库的安全防范设施建设方案进行审批和工程验收，并建立审批和发证管理档案。

《金融机构营业场所和金库安全防范设施建设许可实施办法》第14条规定，公安机关应当监督、指导金融机构严格执行安全防范设施建设的有关规定，督促金融机构营业场所、金库安全防范设施的建设和使用单位建立相应的自检制度。

《金融机构营业场所和金库安全防范设施建设许可实施办法》第15条规定，公安机关应当加强对金融机构安全防范设施的日常安全检查工作，发现金融机构安全防范设施建设、使用存在治安隐患的，应当立即责令限期整改，并依照《企业事业单位内部治安保卫条例》第十九条的规定予以处罚。

《金融机构营业场所和金库安全防范设施建设许可实施办法》第17条规定，违反本办法的规定，在金融机构营业场所、金库安全防范设施建设工程未经验收即投入使用的，公安机关应当责令金融机构按照本办法报批，并对单位处1万元以上3万元以下罚款，对直接负责的主管人员和其他直接责任人员处200元以上1000元以下罚款。同时，可以建议其上级主管部门对直接负责的主管人员和其他直接责任人员依法给予处分；构成犯罪的，依法追究刑事责任。

（7）实施机关：县级公安机关

（8）审批层级：县级

（9）行使层级：县级

（10）是否由审批机关受理：是

（11）受理层级：县级

（12）是否存在初审环节：否

（13）初审层级：无

（14）对应政务服务事项国家级基本目录名称：金融机构营业场所、金库安全防范设施建设方案审批及工程验收

（15）要素统一情况：全部要素全国统一

2. 行政许可事项类型：条件型

3. 行政许可条件

（1）准予行政许可的条件：一是安全防范设施建设工程与批准的设计方案相符合；二是技防设施安装、管线敷设、监控室布置、物防设施与批准的设计方案及图纸相符合；三是所用安全产品与批准的设计方案确定的产品一致。

（2）规定行政许可条件的依据

《金融机构营业场所和金库安全防范设施建设许可实施办法》第5条、第10条、第11条、第12条。

4. 行政许可服务对象类型与改革举措

（1）服务对象类型：企业法人

（2）是否为涉企经营许可事项：否

（3）涉企经营许可事项名称：无

（4）涉企经营许可证件名称：无

（5）改革方式：优化审批服务

（6）具体改革举措金融机构营业场所和金库安全防范设施建设方案审批及工程验收审核时限由20日缩短为15日。

（7）加强事中事后监管措施：一是全面推行“双随机、一公开”监管，常态化落实跨部门监管，加大联合抽查检查力度。二是加强金融机构营业场所和金库安防工程建设的中期核验，留存视频图像资料，确保工程建设质量。三是监督指导金融机构严格执行安全防范设施建设有关规定，督促营业场所、金库安全防范设施的建设和使用单位建立相应的自检制度。四是加强对金融机构安全防范设施的日常检查，组织开展安全评估，及时发现金融机构安防工作中存在的隐患和漏洞，督促落实整改。五是加强能力建设，组织开展学习培训，促进提升基层公安民警、金融机构保卫干部业务能力，推动落实好金融机构安防工作有关规定和标准。

5. 申请材料

（1）申请材料名称：一是书面验收申请；二是《金融机构营业场所/金库安全防范设施建设工程验收审批表》。

（2）规定申请材料的依据

《金融机构营业场所和金库安全防范设施建设许可实施办法》第10条。

6. 中介服务

（1）有无法定中介服务事项：无

（2）中介服务事项名称：无

（3）设定中介服务事项的依据：无

（4）提供中介服务的机构：无

（5）中介服务事项的收费性质：无

7. 审批程序

（1）办理行政许可的程序环节：一是申请人申请；二是审批机构受理/不予受理；三是审批机构审查；四是决定核发《安全防范设施合格证》。

（2）规定行政许可程序的依据

《金融机构营业场所和金库安全防范设施建设许可实施办法》第10条、第11条、第12条。

（3）是否需要现场勘验：是

（4）是否需要组织听证：否

（5）是否需要招标、拍卖、挂牌交易：否

（6）是否需要检验、检测、检疫：是

（7）是否需要鉴定：否

（8）是否需要专家评审：是

（9）是否需要向社会公示：否

（10）是否实行告知承诺办理：否

（11）审批机关是否委托服务机构开展技术性服务：否

8. 受理和审批时限

（1）承诺受理时限：当场办理

（2）法定审批时限：20个工作日

（3）规定法定审批时限依据

《金融机构营业场所和金库安全防范设施建设许可实施办法》第11条。

（4）承诺审批时限：15个工作日

9. 收费

（1）办理行政许可是否收费：否

（2）收费项目的名称、收费项目的标准、设定收费项目的依据、规定收费标准的依据：无

10. 行政许可证件

（1）审批结果类型：证照

（2）审批结果名称：《安全防范设施合格证》

（3）审批结果的有效期限：无限期

（4）规定审批结果有效期限的依据：无

（5）是否需要办理审批结果变更手续：否

（6）办理审批结果变更手续的要求：无

（7）是否需要办理审批结果延续手续：否

（8）办理审批结果延续手续的要求：无

（9）审批结果的有效地域范围：依申请人申请地址

（10）规定审批结果有效地域范围的依据：无

11. 行政许可数量限制

（1）有无行政许可数量限制：无

（2）公布数量限制的方式：无

（3）公布数量限制的周期：无

（4）在数量限制条件下实施行政许可的方式：无

（5）规定在数量限制条件下实施行政许可方式的依据：无

12. 行政许可后年检

（1）有无年检要求：无

（2）设定年检要求的依据：无

（3）年检周期：无

（4）年检是否要求报送材料：无

（5）年检报送材料名称：无

（6）年检是否收费：无

（7）年检收费项目的名称、年检收费项目的标准、设定年检收费项目的依据、规定年检项目收费标准的依据：无

（8）通过年检的证明或者标志：无

13. 行政许可后年报

（1）有无年报要求：无

（2）年报报送材料名称：无

（3）设定年报要求的依据：无

（4）年报周期：无

14. 监管主体

县级公安机关。

15. 备注

三十六、境外非政府组织代表机构登记

境外非政府组织代表机构登记的中央主管部门是公安部，实施机关是公安部和省级公安机关，设定和实施依据是《境外非政府组织境内活动管理法》，该许可项目无子项。

1. 基本要素

（1）行政许可事项名称及编码：境外非政府组织代表机构登记【000109101000】

（2）行政许可事项子项名称及编码：无

（3）行政许可事项业务办理项名称及编码：无

（4）设定依据

《境外非政府组织境内活动管理法》第10条规定，境外非政府组织符合下列条件，根据业务范围、活动地域和开展活动的需要，可以申请在中国境内登记设立代表机构：①在境外合法成立；②能够独立承担民事责任；③章程规定的宗旨和业务范围有利于公益事业发展；④在境外存续二年以上并实质性开展活动；⑤法律、行政法规规定的其他条件。

《境外非政府组织境内活动管理法》第14条规定，境外非政府组织代表机构需要变更登记事项的，应当自业务主管单位同意之日起三十日内，向登记管理机关申请变更登记。

《境外非政府组织境内活动管理法》第15条规定，有下列情形之一的，境外非政府组织代表机构由登记管理机关注销登记，并向社会公告：①境外非政府组织撤销代表机构的；②境外非政府组织终止的；③境外非政府组织代表机构依法被撤销登记或者吊销登记证书的；④由于其他原因终止的。境外非政府组织代表机构注销登记后，设立该代表机构的境外非政府组织应当妥善办理善后事宜。境外非政府组织代表机构不具有法人资格，涉及相关法律责任的，由该境外非政府组织承担。

（5）实施依据

《境外非政府组织境内活动管理法》第6条规定，国务院公安部门和省级人民政府公安机关，是境外非政府组织在中国境内开展活动的登记管理机关。国务院有关部门和单位、省级人民政府有关部门和单位，是境外非政府组织在中国境内开展活动的相应业务主管单位。

《境外非政府组织境内活动管理法》第12条规定，境外非政府组织应当自业务主管单位同意之日起三十日内，向登记管理机关申请设立代表机构登记。申请设立代表机构登记，应当向登记管理机关提交下列文件、材料：①申请书；②符合本法第十条规定的证明文件、材料；③拟设代表

机构首席代表的身份证明、简历及其无犯罪记录证明材料或者声明；④拟设代表机构的住所证明材料；⑤资金来源证明材料；⑥业务主管单位的同意文件；⑦法律、行政法规规定的其他文件、材料。登记管理机关审查境外非政府组织代表机构设立申请，根据需要可以组织专家进行评估。登记管理机关应当自受理申请之日起六十日内作出准予登记或者不予登记的决定。

（6）监管依据

《境外非政府组织境内活动管理法》第41条规定，公安机关负责境外非政府组织代表机构的登记、年度检查，境外非政府组织临时活动的备案，对境外非政府组织及其代表机构的违法行为进行查处。公安机关履行监督管理职责，发现涉嫌违反本法规定行为的，可以依法采取下列措施：①约谈境外非政府组织代表机构的首席代表以及其他负责人；②进入境外非政府组织在中国境内的住所、活动场所进行现场检查；③询问与被调查事件有关的单位和个人，要求其对与被调查事件有关的事项作出说明；④查阅、复制与被调查事件有关的文件、资料，对可能被转移、销毁、隐匿或者篡改的文件、资料予以封存；⑤查封或者扣押涉嫌违法活动的场所、设施或者财物。

（7）实施机关：公安部，省级公安机关

（8）审批层级：省级

（9）行使层级：省级/直属

（10）是否由审批机关受理：是

（11）受理层级：省级

（12）是否存在初审环节：否

（13）初审层级：无

（14）对应政务服务事项国家级基本目录名称：境外非政府组织代表机构登记

（15）要素统一情况：全部要素全国统一

2. 行政许可事项类型：登记型

3. 行政许可条件

（1）准予行政许可的条件

关于申请登记设立条件。境外非政府组织在中国境内登记设立代表机构必须符合以下条件：一是在境外合法成立；二是能够独立承担民事责任；三是章程规定的宗旨和业务范围有利于公益事业发展；四是在境外存续二年以上并实质性开展活动；五是法律、行政法规规定的其他条件。

关于申请变更条件。境外非政府组织代表机构名称、首席代表、住所、业务范围、活动地域、业务主管单位等登记事项发生变化，应当自业务主管单位同意之日起三十日内，向登记管理机关申请变更登记，登记管理机关对符合条件的及时予以变更。

关于注销登记条件。有下列情形之一的，境外非政府组织代表机构由登记管理机关注销登记，并予以公告：一是境外非政府组织撤销代表机构的；二是境外非政府组织终止的；三是境外非政府组织代表机构依法被撤销登记或者吊销登记证书的；四是由于其他原因终止的。

（2）规定行政许可条件的依据

《境外非政府组织境内活动管理法》第10条、第14条、第15条。

4. 行政许可服务对象类型与改革举措

（1）服务对象类型：其他组织

（2）是否为涉企经营许可事项：否

（3）涉企经营许可事项名称：无

（4）涉企经营许可证件名称：无

（5）改革方式：无

（6）具体改革举措：无

（7）加强事中事后监管措施：一是加强年度检查。对境外非政府组织代表机构开展年度检查，核查审计财务会计报告、开展活动情况以及人员和机构变动情况等。二是加强执法查处。依法对境外非政府组织及其代表机构的违法行为进行查处，对涉嫌违法的组织机构，及时调查，依法综合运用约谈、检查、询问、查询、扣押等措施，固定证据，依法查处。

5. 申请材料

（1）申请材料名称

境外非政府组织申请登记设立代表机构需提供以下材料：一是《境外非政府组织代表机构设立申请书》；二是《境外非政府组织代表机构登记事项表》；三是《境外非政府组织代表机构首席代表登记表》；四是境外非政府组织办理设立代表机构登记授权书；五是境外非政府组织在境外合法成立的证明文件、材料；六是境外非政府组织章程；七是境外非政府组织在境外存续二年以上并实质性开展活动的证明材料；八是拟设代表机构首席代表身份证明及简历；九是首席代表无犯罪记录证明材料或者声明；十是拟设代表机构的住所证明材料；十一是资金来源证明材料；十二是业务主管单位的同意文件。

境外非政府组织申请变更登记需提供以下材料：一是名称变更，境外非政府组织名称发生变更的，其境内代表机构名称应作相应变更。需要提供的材料包括：业务主管单位同意文件；境外非政府组织代表机构登记证书复印件；《境外非政府组织代表机构变更登记申请表》；境外非政府组织名称变更的证明文件（需经公证、认证）。名称变更登记完成后，境外非政府组织代表机构需对税务登记证书、印章式样、银行账号等重新进行备案。二是首席代表变更，需要提供的材料包括：业务主管单位同意文件；境外非政府组织代表机构登记证书复印件；《境外非政府组织代表机构变更登记申请表》；境外非政府组织对拟任首席代表任命书（需经公证、认证）；《境外非政府组织代表机构首席代表登记表》；拟任首席代表由外国人以及香港、澳门、台湾居民担任的，应当提交经过公证、认证的身份证明；拟任首席代表无犯罪证明材料或声明。三是住所变更需要提供的材料：业务主管单位同意文件；境外非政府组织代表机构登记证书复印件；《境外非政府组织代表机构变更登记申请表》；新住所证明材料。四是业务范围、活动地域变更，需要提供的材料：业务主管单位同意文件；境外非政府组织代表机构登记证书复印件；《境外非政府组织代表机构变更登记申请表》。因业务范围变更需更换业务主管单位的，应在办理业务范围变更手续同时办理业务主管单位变更。五是业务主管单位变更需要提供的材料：境外非政府组织代表机构登记证书复印件；《境外非政府组织代表机构变更登记申请表》；原业务主管单位同意文件；拟变更业务主管单位同意文件。对于变更两个以上事项的，对于内容相同的材料，不必重复提供。

境外非政府组织申请注销登记需提供以下材料：《境外非政府组织代表机构注销登记申请表》；清算报告（含社会保险费清算情况）；税务机关出具的税务登记注销证

明或者未曾办理税务登记；外汇部门出具的相关事宜已清理完结或未曾办理相关登记手续的证明；银行账户注销证明；印章收缴相关材料；登记证书正、副本；登记管理机关要求提交的其他文件。

（2）规定申请材料的依据

《境外非政府组织境内活动管理法》第12条。

6. 中介服务

（1）有无法定中介服务事项：无

（2）中介服务事项名称：无

（3）设定中介服务事项的依据：无

（4）提供中介服务的机构：无

（5）中介服务事项的收费性质：无

7. 审批程序

（1）办理行政许可的程序环节：一是申请人申请；二是审批机构受理/不予受理；三是审批机构审查；四是根据需要组织专家进行评估；五是决定核发境外非政府组织代表机构登记证书/不予核发境外非政府组织代表机构登记证书。

（2）规定行政许可程序的依据

《境外非政府组织境内活动管理法》第12条、第13条、第14条、第15条。

《境外非政府组织境内活动管理法》第13条第1款规定，对准予登记的境外非政府组织代表机构，登记管理机关发给登记证书，并向社会公告。登记事项包括：①名称；②住所；③业务范围；④活动地域；⑤首席代表；⑥业务主管单位。

（3）是否需要现场勘验：否

（4）是否需要组织听证：否

（5）是否需要招标、拍卖、挂牌交易：否

（6）是否需要检验、检测、检疫：否

（7）是否需要鉴定：否

（8）是否需要专家评审：部分情况下开展

（9）是否需要向社会公示：是

（10）是否实行告知承诺办理：否

（11）审批机关是否委托服务机构开展技术性服务：否

8. 受理和审批时限

（1）承诺受理时限：当场办理

（2）法定审批时限：六十日

（3）规定法定审批时限依据

《境外非政府组织境内活动管理法》第12条。

（4）承诺审批时限：六十日

9. 收费

（1）办理行政许可是否收费：否

（2）收费项目的名称、收费项目的标准、设定收费项目的依据、规定收费标准的依据：无

10. 行政许可证件

（1）审批结果类型：证照

（2）审批结果名称：境外非政府组织代表机构登记证书

（3）审批结果的有效期限：无期限

（4）规定审批结果有效期限的依据：无

（5）是否需要办理审批结果变更手续：是

（6）办理审批结果变更手续的要求应当自业务主管单位同意之日起三十日内，向登记管理机关申请变更登记。

（7）是否需要办理审批结果延续手续：否

（8）办理审批结果延续手续的要求：无

（9）审批结果的有效地域范围根据登记证书确定活动地域

（10）规定审批结果有效地域范围的依据

《境外非政府组织境内活动管理法》第13条。

11. 行政许可数量限制

（1）有无行政许可数量限制：无

（2）公布数量限制的方式：无

（3）公布数量限制的周期：无

（4）在数量限制条件下实施行政许可的方式：无

（5）规定在数量限制条件下实施行政许可方式的依据：无

12. 行政许可后年检

（1）有无年检要求：有

（2）设定年检要求的依据

《境外非政府组织境内活动管理法》第31条第1款规定，境外非政府组织代表机构应当于每年1月31日前向业务主管单位报送上一年度工作报告，经业务主管单位出具意见后，于3月31日前报送登记管理机关，接受年度检查。

（3）年检周期：1年

（4）年检是否要求报送材料：是

（5）年检报送材料名称：《境外非政府组织代表机构年度工作报告》

（6）年检是否收费：否

（7）年检收费项目的名称、年检收费项目的标准、设定年检收费项目的依据、规定年检项目收费标准的依据：无

（8）通过年检的证明或者标志：在登记管理机关统一的网站上向社会公开

13. 行政许可后年报

（1）有无年报要求：有

（2）年报报送材料名称：《境外非政府组织代表机构年度工作报告》

（3）设定年报要求的依据

《境外非政府组织境内活动管理法》第31条。

（4）年报周期：1年

14. 监管主体

县级以上公安机关。

15. 备注

三十七、机动车登记

机动车登记的中央主管部门是公安部，实施机关是省级、设区的市级、县级公安机关，设定和实施依据包括：《道路交通安全法》、《道路交通安全法实施条例》、《警车管理规定》（公安部令第89号）、《机动车登记规定》（公安部令第164号）、《机动车强制报废标准规定》（商务部令2012年第12号）、《国家发展改革委财政部关于加强和规范机动车牌证工本费等收费标准管理有关问题的通知》（发改价格〔2004〕2831号）、《国家发展改革委、财政部关于降低电信网码号资源占用费等部分行政事业性收费标准的通知》（发改价格〔2017〕1186号）、《国家发展改革委、财政部关于降低部分行政事业性收费标准的通知》（发改价格〔2019〕1931号）。该许可项目包括3个子项：（1）机动车登记（直辖市级权限）；（2）机动车登记（设区的市级权限）；（3）警车登记。

（一）机动车登记（直辖市级权限）

1. 基本要素

（1）行政许可事项名称及编码：机动车登记【00010914200Y】

（2）行政许可事项子项名称及编码：

机动车登记（直辖市级权限）【000109142007】

（3）行政许可事项业务办理项名称及编码：机动车登记（直辖市级权限）（00010914200701）

（4）设定依据

《道路交通安全法》第8条规定，国家对机动车实行登记制度。机动车经公安机关交通管理部门登记后，方可上道路行驶。……

（5）实施依据

《道路交通安全法》第9条规定，申请机动车登记，应当提交以下证明、凭证：①机动车所有人的身份证明；②机动车来历证明；③机动车整车出厂合格证明或者进口机动车进口凭证；④车辆购置税的完税证明或者免税凭证；⑤法律、行政法规规定应当在机动车登记时提交的其他证明、凭证。公安机关交通管理部门应当自受理申请之日起五个工作日内完成机动车登记审查工作，对符合前款规定条件的，应当发放机动车登记证书、号牌和行驶证；对不符合前款规定条件的，应当向申请人说明不予登记的理由。公安机关交通管理部门以外的任何单位或者个人不得发放机动车号牌或者要求机动车悬挂其他号牌，本法另有规定的除外。机动车登记证书、号牌、行驶证的式样由国务院公安部门规定并监制。

《道路交通安全法》第10条规定，准予登记的机动车应当符合机动车国家安全技术标准。申请机动车登记时，应当接受对该机动车的安全技术检验。但是，经国家机动车产品主管部门依据机动车国家安全技术标准认定的企业生产的机动车型，该车型的新车在出厂时经检验符合机动车国家安全技术标准，获得检验合格证的，免予安全技术检验。

《道路交通安全法》第12条规定，有下列情形之一的，应当办理相应的登记：①机动车所有权发生转移的；②机动车登记内容变更的；③机动车用作抵押的；④机动车报废的。

《道路交通安全法》第14条规定，国家实行机动车强制报废制度，根据机动车的安全技术状况和不同用途，规定不同的报废标准。应当报废的机动车必须及时办理注销登记。达到报废标准的机动车不得上道路行驶。报废的大型客、货车及其他营运车辆应当在公安机关交通管理部门的监督下解体。

（6）监管依据

《机动车登记规定》第67条规定，公安机关交通管理部门应当建立业务监督管理中心，通过远程监控、数据分析、日常检查、档案抽查、业务回访等方式，对机动车登记及相关业务办理情况进行监督管理。直辖市、设区的市或者相当于同级的公安机关交通管理部门应当通过监管系统每周对机动车登记及相关业务办理情况进行监控、分析，及时查处整改发现的问题。省级公安机关交通管理部门应当通过监管系统每月对机动车登记及相关业务办理情况进行监控、分析，及时查处、通报发现的问题。车辆管理所存在严重违规办理机动车登记情形的，上级公安机关交通管理部门可以暂停该车辆管理所办理相关业务或者指派其他车辆管理所人员接管业务。

（7）实施机关：直辖市公安机关（可委托县级公安机关实施）

（8）审批层级：省级

（9）行使层级：省级/直属

（10）是否由审批机关受理：是

（11）受理层级：省级，县级

（12）是否存在初审环节：否

（13）初审层级：无

（14）对应政务服务事项国家级基本目录名称：机动车登记

（15）要素统一情况：全部要素全国统一

2. 行政许可事项类型：条件型

3. 行政许可条件

（1）准予行政许可的条件：一是机动车所有人为个人或者单位；二是具有机动车来历证明；三是具有机动车整车出厂合格证明或者进口机动车进口凭证；四是具有机动车交通事故责任强制保险凭证；五是具有车辆购置税、车船税完税证明或者免税凭证（法律规定不属于征收范围的除外）；六是法律、行政法规规定应当在机动车登记时提交的其他证明、凭证。

（2）规定行政许可条件的依据

《道路交通安全法》第8条、第9条、第10条、第12条、第14条。

《道路交通安全法实施条例》第5条规定，初次申领机动车号牌、行驶证的，应当向机动车所有人住所地的公安机关交通管理部门申请注册登记。申请机动车注册登记，应当交验机动车，并提交以下证明、凭证：①机动车所有人的身份证明；②购车发票等机动车来历证明；③机动车整车出厂合格证明或者进口机动车进口凭证；④车辆购置税完税证明或者免税凭证；⑤机动车第三者责任强制保险凭证；⑥法律、行政法规规定应当在机动车注册登记时提交的其他证明、凭证。不属于国务院机动车产品主管部门规定免予安全技术检验的车型的，还应当提供机动车安全技术检验合格证明。

4. 行政许可服务对象类型与改革举措

（1）服务对象类型：自然人，企业法人，事业单位法人，社会组织法人，非法人企业，行政机关，其他组织

（2）是否为涉企经营许可事项：否

（3）涉企经营许可事项名称：无

（4）涉企经营许可证件名称：无

（5）改革方式：制修订部门规章，优化登记流程

（6）具体改革举措：修订《机动车登记规定》

（7）加强事中事后监管措施

《机动车登记规定》第67条。

5. 申请材料

（1）申请材料名称

注册登记申请材料名称：一是机动车所有人的身份证明；二是购车发票等机动车来历证明；三是机动车整车出厂合格证明或者进口机动车进口凭证；四是机动车交通事故责任强制保险凭证；五是车辆购置税、车船税完税证明或者免税凭证，但法律规定不属于征收范围的除外；六是不属于经海关进口的机动车和国务院机动车产品主管部门规定免予安全技术检验的机动车，还应当提交机动车安全技术检验合格证明；七是法律、行政法规规定应当在机动车注册登记时提交的其他证明、凭证。

变更登记申请材料名称：一是机动车所有人的身份证明；二是机动车登记证书；三是机动车行驶证；四是属于更换发动机、车身或者车架的，还应当提交机动车安全

技术检验合格证明；五是属于因质量问题更换整车的，还应当提交购车发票等机动车来历证明、机动车整车出厂合格证明或者进口机动车进口凭证、机动车交通事故责任强制保险凭证、车辆购置税、车船税完税证明或者免税凭证，但法律规定不属于征收范围的除外，不属于经海关进口的机动车和国务院机动车产品主管部门规定免予安全技术检验的机动车，还应当提交机动车安全技术检验合格证明等。

转让登记申请材料名称：一是现机动车所有人的身份证明；二是机动车所有权转让的证明、凭证；三是机动车登记证书；四是机动车行驶证；五是属于海关监管的机动车，还应当提交海关监管车辆解除监管证明书或者海关批准的转让证明；六是属于超过检验有效期的机动车，还应当提交机动车安全技术检验合格证明和交通事故责任强制保险凭证。

抵押登记申请材料名称：一是机动车所有人和抵押权人的身份证明；二是机动车登记证书；三是机动车抵押合同。

注销登记申请材料名称：一是机动车所有人身份证明；二是机动车登记证书；三是机动车行驶证；四是属于海关监管的机动车，因故不在我国境内使用的，还应当提交海关出具的海关监管车辆进（出）境领（销）牌照通知书；五是属于因质量问题退车的，还应当提交机动车制造厂或者经销商出具的退车证明；申请人因机动车灭失办理注销登记的，应当书面承诺因自然灾害、失火、交通事故等导致机动车灭失；二手车出口企业因二手车出口办理注销登记的，应当提交机动车所有人身份证明、机动车登记证书和机动车出口证明。

（2）规定申请材料的依据

《机动车登记规定》第 12 条规定，申请注册登记的，机动车所有人应当交验机动车，确认申请信息，并提交以下证明、凭证：①机动车所有人的身份证明；②购车发票等机动车来历证明；③机动车整车出厂合格证明或者进口机动车进口凭证；④机动车交通事故责任强制保险凭证；⑤车辆购置税、车船税完税证明或者免税凭证，但法律规定不属于征收范围的除外；⑥法律、行政法规规定应当在机动车注册登记时提交的其他证明、凭证。不属于经海关进口的机动车和国务院机动车产品主管部门规定免予安全技术检验的机动车，还应当提交机动车安全技术检验合格证明。

《警车管理规定》第 9 条规定，公安机关、国家安全机关、监狱、劳动教养管理机关和人民法院、人民检察院申请办理警车注册登记，应当填写《警车号牌审批表》，提交法定证明、凭证，由本部门所在的设区的市或者相当于同级的主管机关汇总后送当地同级公安机关审查后，报省、自治区、直辖市公安厅、局审批。

《机动车登记规定》第 17 条第 1 款规定，申请变更登记的，机动车所有人应当交验机动车，确认申请信息，并提交以下证明、凭证：①机动车所有人的身份证明；②机动车登记证书；③机动车行驶证；④属于更换发动机、车身或者车架的，还应当提交机动车安全技术检验合格证明；⑤属于因质量问题更换整车的，还应当按照第十二条的规定提交相关证明、凭证。

《机动车登记规定》第 26 条第 1 款规定，申请转让登记的，现机动车所有人应当交验机动车，确认申请信息，并提交以下证明、凭证：①现机动车所有人的身份证明；②机动车所有权转让的证明、凭证；③机动车登记证书；④机动车行驶证；⑤属于海关监管的机动车，还应当提交海关监管车辆解除监管证明书或者海关批准的转让证明；⑥属于超过检验有效期的机动车，还应当提交机动车安全技术检验合格证明和交通事故责任强制保险凭证。

《机动车登记规定》第32条第1款规定，申请抵押登记的，由机动车所有人和抵押权人共同申请，确认申请信息，并提交下列证明、凭证：①机动车所有人和抵押权人的身份证明；②机动车登记证书；③机动车抵押合同。

《机动车登记规定》第37条第1款规定，机动车有下列情形之一的，机动车所有人应当向登记地车辆管理所申请注销登记：①机动车已达到国家强制报废标准的；②机动车未达到国家强制报废标准，机动车所有人自愿报废的；③因自然灾害、失火、交通事故等造成机动车灭失的；④机动车因故不在我国境内使用的；⑤因质量问题退车的。

《机动车登记规定》第39条第1－3款规定，属于第三十七条第一款第三项、第四项、第五项规定情形，机动车所有人申请注销登记的，应当确认申请信息，并提交以下证明、凭证：①机动车所有人身份证明；②机动车登记证书；③机动车行驶证；④属于海关监管的机动车，因故不在我国境内使用的，还应当提交海关出具的海关监管车辆进（出）境领（销）牌照通知书；⑤属于因质量问题退车的，还应当提交机动车制造厂或者经销商出具的退车证明。申请人因机动车灭失办理注销登记的，应当书面承诺因自然灾害、失火、交通事故等导致机动车灭失，并承担不实承诺的法律责任。二手车出口企业因二手车出口办理注销登记的，应当提交机动车所有人身份证明、机动车登记证书和机动车出口证明。

6. 中介服务

（1）有无法定中介服务事项：无

（2）中介服务事项名称：无

（3）设定中介服务事项的依据：无

（4）提供中介服务的机构：无

（5）中介服务事项的收费性质：无

7. 审批程序

（1）办理行政许可的程序环节：一是申请人申请；二是审批机构受理/不予受理；三是审批机构审查；四是决定核发机动车登记证书、号牌、行驶证和检验合格标志。

（2）规定行政许可程序的依据

《道路交通安全法实施条例》第5条。

《道路交通安全法》第9条、第12条。

《道路交通安全法实施条例》第6条规定，已注册登记的机动车有下列情形之一的，机动车所有人应当向登记该机动车的公安机关交通管理部门申请变更登记：①改变机动车车身颜色的；②更换发动机的；③更换车身或者车架的；④因质量有问题，制造厂更换整车的；⑤营运机动车改为非营运机动车或者非营运机动车改为营运机动车的；⑥机动车所有人的住所迁出或者迁入公安机关交通管理部门管辖区域的。申请机动车变更登记，应当提交下列证明、凭证，属于前款第①项、第②项、第③项、第④项、第⑤项情形之一的，还应当交验机动车；属于前款第②项、第

③项情形之一的，还应当同时提交机动车安全技术检验合格证明：①机动车所有人的身份证明；②机动车登记证书；③机动车行驶证。机动车所有人的住所在公安机关交通管理部门管辖区域内迁移、机动车所有人的姓名（单位名称）或者联系方式变更的，应当向登记该机动车的公安机关交通管理部门备案。

《道路交通安全法实施条例》第7条第2款规定，申请机动车转移登记，当事人应当向登记该机动车的公安机关交通管理部门交验机动车，并提交以下证明、凭证：①当事人的身份证明；②机动车所有权转移的证明、凭证；③机动车登记证书；④机动车行驶证。

《道路交通安全法实施条例》第8条规定，机动车所有人将机动车作为抵押物抵押的，机动车所有人应当向登记该机动车的公安机关交通管理部门申请抵押登记。

《道路交通安全法实施条例》第9条规定，已注册登记的机动车达到国家规定的强制报废标准的，公安机关交通管理部门应当在报废期满的2个月前通知机动车所有人办理注销登记。机动车所有人应当在报废期满前将机动车交售给机动车回收企业，由机动车回收企业将报废的机动车登记证书、号牌、行驶证交公安机关交通管理部门注销。机动车所有人逾期不办理注销登记的，公安机关交通管理部门应当公告该机动车登记证书、号牌、行驶证作废。因机动车灭失申请注销登记的，机动车所有人应当向公安机关交通管理部门提交本人身份证明，交回机动车登记证书。

（3）是否需要现场勘验：否

（4）是否需要组织听证：否

（5）是否需要招标、拍卖、挂牌交易：否

（6）是否需要检验、检测、检疫：否

（7）是否需要鉴定：否

（8）是否需要专家评审：否

（9）是否需要向社会公示：否

（10）是否实行告知承诺办理：否

（11）审批机关是否委托服务机构开展技术性服务：否

8. 受理和审批时限

（1）承诺受理时限：当场办理

（2）法定审批时限：5个工作日

（3）规定法定审批时限依据

《道路交通安全法》第9条。

（4）承诺审批时限：5个工作日

9. 收费

（1）办理行政许可是否收费：是

（2）收费项目的名称、收费项目的标准、设定收费项目的依据、规定收费标准的依据

一是收费项目名称：号牌、机动车临时号牌、机动车行驶证、机动车登记证书、机动车号牌固封装置。

二是收费项目标准：各类汽车号牌100元/副，三轮汽车、低速货车号牌40元/副，挂车号牌50元/面，各类摩托车号牌35元/面；机动车临时号牌5元/张；机动车行驶证10元/本；机动车登记证书10元/本；机动车号牌固封装置1元/个。

三是设定收费项目的依据：《道路交通安全法》第81条规定，依照本法发放牌证等收取工本费，应当严格执行国务院价格主管部门核定的收费标准，并全部上缴国库。

四是规定收费标准的依据：根据《国

家发展改革委、财政部关于加强和规范机动车牌证工本费等收费标准管理有关问题的通知》规定，机动车牌证工本费依法实行全国统一的收费标准。①公安机关交通管理部门对汽车、三轮汽车（原三轮农用运输车）、低速货车（原四轮农用运输车）、摩托车，农业（农业机械）主管部门对拖拉机（以下简称“公安机关交通管理部门、农业〔农业机械〕主管部门对机动车”）发放号牌时收取号牌工本费、临时号牌工本费的收费标准为：1）汽车反光号牌每副100元、不反光号牌每副80元；2）挂车反光号牌每面50元、不反光号牌每面30元；3）三轮汽车、低速货车、拖拉机反光号牌每副40元、不反光号牌每副25元；4）摩托车反光号牌每副70元、不反光号牌每副50元；5）机动车临时号牌每张5元。②公安机关交通管理部门、农业（农业机械）主管部门在对机动车发放行驶证、临时行驶证时，收取行驶证、临时行驶证工本费的收费标准为行驶证每本15元、临时行驶证每本10元。行驶证、临时行驶证工本费标准包括机动车行驶证、临时行驶证所附照片的拍摄费用和照片塑封费用。③公安机关交通管理部门、农业（农业机械）主管部门在向机动车登记申请人发放机动车登记证书时，收取机动车登记证书工本费的收费标准为每证10元。……⑤补发机动车牌证和驾驶证均按上述标准收费，不得加收任何费用。单独补发号牌专用固封装置（压有发牌机关代号），每个1元；车主自愿安装号牌架的，铁质号牌架及同类产品每只5元（含号牌安装费），铝合金号牌架及同类产品每只10元（含号牌安装费）。

《国家发展改革委、财政部关于降低部分行政事业性收费标准的通知》规定，摩托车（包括普通摩托车、轻便摩托车、教练摩托车、使馆摩托车、领馆摩托车）号牌工本费收费标准由每副70元调整为35元。

《国家发展改革委、财政部关于降低电信网码号资源占用费等部分行政事业性收费标准的通知》规定，机动车行驶证工本费标准，由每本15元降为每本10元。

10. 行政许可证件

（1）审批结果类型：证照

（2）审批结果名称：机动车登记证书、号牌、行驶证

（3）审批结果的有效期限：根据不同车型确定

（4）规定审批结果有效期限的依据

《机动车强制报废标准规定》第5条规定，各类机动车使用年限分别如下：①小、微型出租客运汽车使用8年，中型出租客运汽车使用10年，大型出租客运汽车使用12年；②租赁载客汽车使用15年；③小型教练载客汽车使用10年，中型教练载客汽车使用12年，大型教练载客汽车使用15年；④公交客运汽车使用13年；⑤其他小、微型营运载客汽车使用10年，大、中型营运载客汽车使用15年；⑥专用校车使用15年；⑦大、中型非营运载客汽车（大型轿车除外）使用20年；⑧三轮汽车、装用单缸发动机的低速货车使用9年，装用多缸发动机的低速货车以及微型载货汽车使用12年，危险品运输载货汽车使用10年，其他载货汽车（包括半挂牵引车和全挂牵引车）使用15年；⑨有载货功能的专项作业车使用15年，无载货功能的专项作业车使用30年；⑩全挂车、危险品运输半

挂车使用10年，集装箱半挂车20年，其他半挂车使用15年；⑪正三轮摩托车使用12年，其他摩托车使用13年。对小、微型出租客运汽车（纯电动汽车除外）和摩托车，省、自治区、直辖市人民政府有关部门可结合本地实际情况，制定严于上述使用年限的规定，但小、微型出租客运汽车不得低于6年，正三轮摩托车不得低于10年，其他摩托车不得低于11年。小、微型非营运载客汽车、大型非营运轿车、轮式专用机械车无使用年限限制。……

（5）是否需要办理审批结果变更手续：否

（6）办理审批结果变更手续的要求：无

（7）是否需要办理审批结果延续手续：否

（8）办理审批结果延续手续的要求：无

（9）审批结果的有效地域范围：全国

（10）规定审批结果有效地域范围的依据

《道路交通安全法》第8条。

11. 行政许可数量限制

（1）有无行政许可数量限制：无

（2）公布数量限制的方式：无

（3）公布数量限制的周期：无

（4）在数量限制条件下实施行政许可的方式：无

（5）规定在数量限制条件下实施行政许可方式的依据：无

12. 行政许可后年检

（1）有无年检要求：有

（2）设定年检要求的依据

《道路交通安全法》第13条第1款规定，对登记后上道路行驶的机动车，应当依照法律、行政法规的规定，根据车辆用途、载客载货数量、使用年限等不同情况，定期进行安全技术检验。对提供机动车行驶证和机动车第三者责任强制保险单的，机动车安全技术检验机构应当予以检验，任何单位不得附加其他条件。对符合机动车国家安全技术标准的，公安机关交通管理部门应当发给检验合格标志。

（3）年检周期：根据不同车型确定

（4）年检是否要求报送材料：是

（5）年检报送材料名称：机动车行驶证和机动车第三者责任强制保险单

（6）年检是否收费：是

（7）年检收费项目的名称、年检收费项目的标准、设定年检收费项目的依据、规定年检项目收费标准的依据：一是年检收费项目的名称：机动车安全技术检验费。二是年检收费项目的标准：由各省、自治区、直辖市价格主管部门会同财政部门核定。三是设定年检收费项目的依据。根据国家发展改革委、财政部《关于加强和规范机动车牌证工本费等收费标准管理有关问题的通知》要求，机动车安全技术检验机构在对机动车进行定期安全技术检验时，收取机动车安全技术检验费的收费标准，由各省、自治区、直辖市价格主管部门会同财政部门核定。机动车安全技术检验机构对机动车检验收取的检验费按照经营服务性收费管理。四是规定年检项目收费标准的依据。即国家发展改革委、财政部《关于加强和规范机动车牌证工本费等收费标准管理有关问题的通知》规定，机动车安全技术检验机构在对机动车进行定期安全技术检验时，收取机动车安全技术检验费的收费标准，由各省、自治区、直辖市价格主管部门会同财政部门核定。

（8）通过年检的证明或者标志：机动车检验合格标志。

13. 行政许可后年报

（1）有无年报要求：无

（2）年报报送材料名称：无

（3）设定年报要求的依据：无

（4）年报周期：无

14. 监管主体

省级公安机关交通管理部门，直辖市、设区的市或者相当于同级的公安机关交通管理部门。

15. 备注

（二）机动车登记（设区的市级权限）

1. 基本要素

（1）行政许可事项名称及编码：机动车登记【00010914200Y】

（2）行政许可事项子项名称及编码：机动车登记（设区的市级权限）【000109142008】

（3）行政许可事项业务办理项名称及编码机动车登记（设区的市级权限）（00010914200801）

（4）设定依据

《道路交通安全法》第8条规定，国家对机动车实行登记制度。机动车经公安机关交通管理部门登记后，方可上道路行驶。……

（5）实施依据

《道路交通安全法》第9条规定，申请机动车登记，应当提交以下证明、凭证：①机动车所有人的身份证明；②机动车来历证明；③机动车整车出厂合格证明或者进口机动车进口凭证；④车辆购置税的完税证明或者免税凭证；⑤法律、行政法规规定应当在机动车登记时提交的其他证明、凭证。公安机关交通管理部门应当自受理申请之日起五个工作日内完成机动车登记审查工作，对符合前款规定条件的，应当发放机动车登记证书、号牌和行驶证；对不符合前款规定条件的，应当向申请人说明不予登记的理由。公安机关交通管理部门以外的任何单位或者个人不得发放机动车号牌或者要求机动车悬挂其他号牌，本法另有规定的除外。机动车登记证书、号牌、行驶证的式样由国务院公安部门规定并监制。

《道路交通安全法》第10条规定，准予登记的机动车应当符合机动车国家安全技术标准。申请机动车登记时，应当接受对该机动车的安全技术检验。但是，经国家机动车产品主管部门依据机动车国家安全技术标准认定的企业生产的机动车型，该车型的新车在出厂时经检验符合机动车国家安全技术标准，获得检验合格证的，免予安全技术检验。

《道路交通安全法》第12条规定，有下列情形之一的，应当办理相应的登记：①机动车所有权发生转移的；②机动车登记内容变更的；③机动车用作抵押的；④机动车报废的。

《道路交通安全法》第14条规定，国家实行机动车强制报废制度，根据机动车的安全技术状况和不同用途，规定不同的报废标准。应当报废的机动车必须及时办理注销登记。达到报废标准的机动车不得上道路行驶。报废的大型客、货车及其他营运车辆应当在公安机关交通管理部门的监督下解体。

（6）监管依据

《机动车登记规定》第67条规定，公安机关交通管理部门应当建立业务监督管理中心，通过远程监控、数据分析、日常检查、档案抽查、业务回访等方式，对机动车登记及相关业务办理情况进行监督管理。直辖市、设区的市或者相当于同级的公安机关交通管理部门应当通过监管系统每周对机动车登记及相关业务办理情况进行监控、分析，及时查处整改发现的问题。省级公安机关交通管理部门应当通过监管系统每月对机动车登记及相关业务办理情况进行监控、分析，及时查处、通报发现的问题。车辆管理所存在严重违规办理机动车登记情形的，上级公安机关交通管理部门可以暂停该车辆管理所办理相关业务或者指派其他车辆管理所人员接管业务。

（7）实施机关：设区的市级公安机关（可委托县级公安机关实施）

（8）审批层级：设区的市级

（9）行使层级：市级/隶属

（10）是否由审批机关受理：是

（11）受理层级：设区的市级，县级

（12）是否存在初审环节：否

（13）初审层级：无

（14）对应政务服务事项国家级基本目录名称：机动车登记

（15）要素统一情况：全部要素全国统一

2. 行政许可事项类型：条件型

3. 行政许可条件

（1）准予行政许可的条件：一是机动车所有人为个人或者单位；二是具有机动车来历证明；三是具有机动车整车出厂合格证明或者进口机动车进口凭证；四是具有机动车交通事故责任强制保险凭证；五是具有车辆购置税、车船税完税证明或者免税凭证（法律规定不属于征收范围的除外）；六是法律、行政法规规定应当在机动车登记时提交的其他证明、凭证。

（2）规定行政许可条件的依据

《道路交通安全法》第8条、第9条、第10条、第12条、第14条。

《道路交通安全法实施条例》第5条规定，初次申领机动车号牌、行驶证的，应当向机动车所有人住所地的公安机关交通管理部门申请注册登记。申请机动车注册登记，应当交验机动车，并提交以下证明、凭证：①机动车所有人的身份证明；②购车发票等机动车来历证明；③机动车整车出厂合格证明或者进口机动车进口凭证；④车辆购置税完税证明或者免税凭证；⑤机动车第三者责任强制保险凭证；⑥法律、行政法规规定应当在机动车注册登记时提交的其他证明、凭证。不属于国务院机动车产品主管部门规定免予安全技术检验的车型的，还应当提供机动车安全技术检验合格证明。

4. 行政许可服务对象类型与改革举措

（1）服务对象类型：自然人，企业法人，事业单位法人，社会组织法人，非法人企业，行政机关，其他组织

（2）是否为涉企经营许可事项：否

（3）涉企经营许可事项名称：无

（4）涉企经营许可证件名称：无

（5）改革方式：制修订部门规章，优化登记流程

（6）具体改革举措：修订《机动车登记规定》

（7）加强事中事后监管措施

《机动车登记规定》第67条。

5. 申请材料

（1）申请材料名称

注册登记申请材料名称：一是机动车所有人的身份证明；二是购车发票等机动车来历证明；三是机动车整车出厂合格证明或者进口机动车进口凭证；四是机动车交通事故责任强制保险凭证；五是车辆购置税、车船税完税证明或者免税凭证，但法律规定不属于征收范围的除外；六是不属于经海关进口的机动车和国务院机动车产品主管部门规定免予安全技术检验的机动车，还应当提交机动车安全技术检验合格证明；七是法律、行政法规规定应当在机动车注册登记时提交的其他证明、凭证。

变更登记申请材料名称：一是机动车所有人的身份证明；二是机动车登记证书；三是机动车行驶证；四是属于更换发动机、车身或者车架的，还应当提交机动车安全技术检验合格证明；五是属于因质量问题更换整车的，还应当提交购车发票等机动车来历证明、机动车整车出厂合格证明或者进口机动车进口凭证、机动车交通事故责任强制保险凭证、车辆购置税、车船税完税证明或者免税凭证，但法律规定不属于征收范围的除外，不属于经海关进口的机动车和国务院机动车产品主管部门规定免予安全技术检验的机动车，还应当提交机动车安全技术检验合格证明等。

转让登记申请材料名称：一是现机动车所有人的身份证明；二是机动车所有权转让的证明、凭证；三是机动车登记证书；四是机动车行驶证；五是属于海关监管的机动车，还应当提交海关监管车辆解除监管证明书或者海关批准的转让证明；六是属于超过检验有效期的机动车，还应当提交机动车安全技术检验合格证明和交通事故责任强制保险凭证。

抵押登记申请材料名称：一是机动车所有人和抵押权人的身份证明；二是机动车登记证书；三是机动车抵押合同。

注销登记申请材料名称：一是机动车所有人身份证明；二是机动车登记证书；三是机动车行驶证；四是属于海关监管的机动车，因故不在我国境内使用的，还应当提交海关出具的海关监管车辆进（出）境领（销）牌照通知书；五是属于因质量问题退车的，还应当提交机动车制造厂或者经销商出具的退车证明；申请人因机动车灭失办理注销登记的，应当书面承诺因自然灾害、失火、交通事故等导致机动车灭失；二手车出口企业因二手车出口办理注销登记的，应当提交机动车所有人身份证明、机动车登记证书和机动车出口证明。

（2）规定申请材料的依据

《机动车登记规定》第12条规定，申请注册登记的，机动车所有人应当交验机动车，确认申请信息，并提交以下证明、凭证：①机动车所有人的身份证明；②购车发票等机动车来历证明；③机动车整车出厂合格证明或者进口机动车进口凭证；④机动车交通事故责任强制保险凭证；⑤车辆购置税、车船税完税证明或者免税凭证，但法律规定不属于征收范围的除外；⑥法律、行政法规规定应当在机动车注册登记时提交的其他证明、凭证。不属于经海关进口的机动车和国务院机动车产品主管部门规定免予安全技术检验的机动车，还应当提交机动车安全技术检验合格证明。

《警车管理规定》第9条规定，公安机

关、国家安全机关、监狱、劳动教养管理机关和人民法院、人民检察院申请办理警车注册登记，应当填写《警车号牌审批表》，提交法定证明、凭证，由本部门所在的设区的市或者相当于同级的主管机关汇总后送当地同级公安机关审查后，报省、自治区、直辖市公安厅、局审批。

《机动车登记规定》第17条第1款规定，申请变更登记的，机动车所有人应当交验机动车，确认申请信息，并提交以下证明、凭证：①机动车所有人的身份证明；②机动车登记证书；③机动车行驶证；④属于更换发动机、车身或者车架的，还应当提交机动车安全技术检验合格证明；⑤属于因质量问题更换整车的，还应当按照第十二条的规定提交相关证明、凭证。

《机动车登记规定》第26条第1款规定，申请转让登记的，现机动车所有人应当交验机动车，确认申请信息，并提交以下证明、凭证：①现机动车所有人的身份证明；②机动车所有权转让的证明、凭证；③机动车登记证书；④机动车行驶证；⑤属于海关监管的机动车，还应当提交海关监管车辆解除监管证明书或者海关批准的转让证明；⑥属于超过检验有效期的机动车，还应当提交机动车安全技术检验合格证明和交通事故责任强制保险凭证。

《机动车登记规定》第32条第1款规定，申请抵押登记的，由机动车所有人和抵押权人共同申请，确认申请信息，并提交下列证明、凭证：①机动车所有人和抵押权人的身份证明；②机动车登记证书；③机动车抵押合同。

《机动车登记规定》第37条第1款规定，机动车有下列情形之一的，机动车所有人应当向登记地车辆管理所申请注销登记：①机动车已达到国家强制报废标准的；②机动车未达到国家强制报废标准，机动车所有人自愿报废的；③因自然灾害、失火、交通事故等造成机动车灭失的；④机动车因故不在我国境内使用的；⑤因质量问题退车的。

《机动车登记规定》第39条第1－3款规定，属于第三十七条第一款第三项、第四项、第五项规定情形，机动车所有人申请注销登记的，应当确认申请信息，并提交以下证明、凭证：①机动车所有人身份证明；②机动车登记证书；③机动车行驶证；④属于海关监管的机动车，因故不在我国境内使用的，还应当提交海关出具的海关监管车辆进（出）境领（销）牌照通知书；⑤属于因质量问题退车的，还应当提交机动车制造厂或者经销商出具的退车证明。申请人因机动车灭失办理注销登记的，应当书面承诺因自然灾害、失火、交通事故等导致机动车灭失，并承担不实承诺的法律责任。二手车出口企业因二手车出口办理注销登记的，应当提交机动车所有人身份证明、机动车登记证书和机动车出口证明。

6. 中介服务

（1）有无法定中介服务事项：无

（2）中介服务事项名称：无

（3）设定中介服务事项的依据：无

（4）提供中介服务的机构：无

（5）中介服务事项的收费性质：无

7. 审批程序

（1）办理行政许可的程序环节：一是申请人申请；二是审批机构受理/不予受理；三是审批机构审查；四是决定核发机

动车登记证书、号牌、行驶证和检验合格标志。

（2）规定行政许可程序的依据

《道路交通安全法》第9条、第12条。

《道路交通安全法实施条例》第5条。

《道路交通安全法实施条例》第6条规定，已注册登记的机动车有下列情形之一的，机动车所有人应当向登记该机动车的公安机关交通管理部门申请变更登记：①改变机动车车身颜色的；②更换发动机的；③更换车身或者车架的；④因质量有问题，制造厂更换整车的；⑤营运机动车改为非营运机动车或者非营运机动车改为营运机动车的；⑥机动车所有人的住所迁出或者迁入公安机关交通管理部门管辖区域的。申请机动车变更登记，应当提交下列证明、凭证，属于前款第①项、第②项、第③项、第④项、第⑤项情形之一的，还应当交验机动车；属于前款第②项、第③项情形之一的，还应当同时提交机动车安全技术检验合格证明：①机动车所有人的身份证明；②机动车登记证书；③机动车行驶证。机动车所有人的住所在公安机关交通管理部门管辖区域内迁移、机动车所有人的姓名（单位名称）或者联系方式变更的，应当向登记该机动车的公安机关交通管理部门备案。

《道路交通安全法实施条例》第7条第2款规定，申请机动车转移登记，当事人应当向登记该机动车的公安机关交通管理部门交验机动车，并提交以下证明、凭证：①当事人的身份证明；②机动车所有权转移的证明、凭证；③机动车登记证书；④机动车行驶证。

《道路交通安全法实施条例》第8条规定，机动车所有人将机动车作为抵押物抵押的，机动车所有人应当向登记该机动车的公安机关交通管理部门申请抵押登记。

《道路交通安全法实施条例》第9条规定，已注册登记的机动车达到国家规定的强制报废标准的，公安机关交通管理部门应当在报废期满的2个月前通知机动车所有人办理注销登记。机动车所有人应当在报废期满前将机动车交售给机动车回收企业，由机动车回收企业将报废的机动车登记证书、号牌、行驶证交公安机关交通管理部门注销。机动车所有人逾期不办理注销登记的，公安机关交通管理部门应当公告该机动车登记证书、号牌、行驶证作废。因机动车灭失申请注销登记的，机动车所有人应当向公安机关交通管理部门提交本人身份证明，交回机动车登记证书。

（3）是否需要现场勘验：否

（4）是否需要组织听证：否

（5）是否需要招标、拍卖、挂牌交易：否

（6）是否需要检验、检测、检疫：否

（7）是否需要鉴定：否

（8）是否需要专家评审：否

（9）是否需要向社会公示：否

（10）是否实行告知承诺办理：否

（11）审批机关是否委托服务机构开展技术性服务：否

8. 受理和审批时限

（1）承诺受理时限：当场办理

（2）法定审批时限：5个工作日

（3）规定法定审批时限依据

《道路交通安全法》第9条。

（4）承诺审批时限：5个工作日

9. 收费

（1）办理行政许可是否收费：是

（2）收费项目的名称、收费项目的标准、设定收费项目的依据、规定收费标准的依据：

一是收费项目名称：号牌、机动车临时号牌、机动车行驶证、机动车登记证书、机动车号牌固封装置。

二是收费项目标准：各类汽车号牌 100 元/副，三轮汽车、低速货车号牌 40 元/副，挂车号牌 50 元/面，各类摩托车号牌 35 元/面；机动车临时号牌 5 元/张；机动车行驶证 10 元/本；机动车登记证书 10 元/本；机动车号牌固封装置 1 元/个。

三是设定收费项目的依据：《道路交通安全法》第 81 条规定，依照本法发放牌证等收取工本费，应当严格执行国务院价格主管部门核定的收费标准，并全部上缴国库。

四是规定收费标准的依据：《国家发展改革委、财政部关于加强和规范机动车牌证工本费等收费标准管理有关问题的通知》要求，机动车牌证工本费依法实行全国统一的收费标准。①公安机关交通管理部门对汽车、三轮汽车（原三轮农用运输车）、低速货车（原四轮农用运输车）、摩托车，农业（农业机械）主管部门对拖拉机（以下简称“公安机关交通管理部门、农业〔农业机械〕主管部门对机动车”）发放号牌时收取号牌工本费、临时号牌工本费的收费标准为：1）汽车反光号牌每副 100 元、不反光号牌每副 80 元；2）挂车反光号牌每面 50 元、不反光号牌每面 30 元；3）三轮汽车、低速货车、拖拉机反光号牌每副 40 元、不反光号牌每副 25 元；4、摩托车反光号牌每副 70 元、不反光号牌每副 50 元；5、机动车临时号牌每张 5 元。②公安机关交通管理部门、农业（农业机械）主管部门在对机动车发放行驶证、临时行驶证时，收取行驶证、临时行驶证工本费的收费标准为行驶证每本 15 元、临时行驶证每本 10 元。行驶证、临时行驶证工本费标准包括机动车行驶证、临时行驶证所附照片的拍摄费用和照片塑封费用。③公安机关交通管理部门、农业（农业机械）主管部门在向机动车登记申请人发放机动车登记证书时，收取机动车登记证书工本费的收费标准为每证 10 元。……⑤补发机动车牌证和驾驶证均按上述标准收费，不得加收任何费用。单独补发号牌专用固封装置（压有发牌机关代号），每个 1 元；车主自愿安装号牌架的，铁质号牌架及同类产品每只 5 元（含号牌安装费），铝合金号牌架及同类产品每只 10 元（含号牌安装费）。

《国家发展改革委、财政部关于降低部分行政事业性收费标准的通知》要求，摩托车（包括普通摩托车、轻便摩托车、教练摩托车、使馆摩托车、领馆摩托车）号牌工本费收费标准由每副 70 元调整为 35 元。

《国家发展改革委、财政部关于降低电信网码号资源占用费等部分行政事业性收费标准的通知》规定，机动车行驶证工本费标准，由每本 15 元降为每本 10 元。

10. 行政许可证件

（1）审批结果类型：证照

（2）审批结果名称：机动车登记证书、号牌、行驶证

（3）审批结果的有效期限：根据不同车型确定

（4）规定审批结果有效期限的依据

《机动车强制报废标准规定》第 5 条规

定，各类机动车使用年限分别如下：①小、微型出租客运汽车使用8年，中型出租客运汽车使用10年，大型出租客运汽车使用12年；②租赁载客汽车使用15年；③小型教练载客汽车使用10年，中型教练载客汽车使用12年，大型教练载客汽车使用15年；④公交客运汽车使用13年；⑤其他小、微型营运载客汽车使用10年，大、中型营运载客汽车使用15年；⑥专用校车使用15年；⑦大、中型非营运载客汽车（大型轿车除外）使用20年；⑧三轮汽车、装用单缸发动机的低速货车使用9年，装用多缸发动机的低速货车以及微型载货汽车使用12年，危险品运输载货汽车使用10年，其他载货汽车（包括半挂牵引车和全挂牵引车）使用15年；⑨有载货功能的专项作业车使用15年，无载货功能的专项作业车使用30年；⑩全挂车、危险品运输半挂车使用10年，集装箱半挂车20年，其他半挂车使用15年；⑪正三轮摩托车使用12年，其他摩托车使用13年。对小、微型出租客运汽车（纯电动汽车除外）和摩托车，省、自治区、直辖市人民政府有关部门可结合本地实际情况，制定严于上述使用年限的规定，但小、微型出租客运汽车不得低于6年，正三轮摩托车不得低于10年，其他摩托车不得低于11年。小、微型非营运载客汽车、大型非营运轿车、轮式专用机械车无使用年限限制。……

（5）是否需要办理审批结果变更手续：否

（6）办理审批结果变更手续的要求：无

（7）是否需要办理审批结果延续手续：否

（8）办理审批结果延续手续的要求：无

（9）审批结果的有效地域范围：全国

（10）规定审批结果有效地域范围的依据

《道路交通安全法》第8条。

11. 行政许可数量限制

（1）有无行政许可数量限制：无

（2）公布数量限制的方式：无

（3）公布数量限制的周期：无

（4）在数量限制条件下实施行政许可的方式：无

（5）规定在数量限制条件下实施行政许可方式的依据：无

12. 行政许可后年检

（1）有无年检要求：有

（2）设定年检要求的依据

《道路交通安全法》第13条第1款规定，对登记后上道路行驶的机动车，应当依照法律、行政法规的规定，根据车辆用途、载客载货数量、使用年限等不同情况，定期进行安全技术检验。对提供机动车行驶证和机动车第三者责任强制保险单的，机动车安全技术检验机构应当予以检验，任何单位不得附加其他条件。对符合机动车国家安全技术标准的，公安机关交通管理部门应当发给检验合格标志。

（3）年检周期：根据不同车型确定

（4）年检是否要求报送材料：是

（5）年检报送材料名称：机动车行驶证和机动车第三者责任强制保险单

（6）年检是否收费：是

（7）年检收费项目的名称、年检收费项目的标准、设定年检收费项目的依据、规定年检项目收费标准的依据。一是年检收费项目的名称：机动车安全技术检验费。二是年检收费项目的标准：由各省、自治区、直辖市价格主管部门会同财政部门核定。三是设定年检收费项目的依据。国家发展改革委、财政部《关于加强和规范机动车牌证工本费等收费标准管理有关问题的通知》要求，机动车安全技术检验机构在对机动车进行定期安全技术检验时，收取机动车安全技术检验费的收费标准，由各省、自治区、直辖市价格主管部门会同财政部门核定。机动车安全技术检验机构对机动车检验收取的检验费按照经营服务性收费管理。四是规定年检项目收费标准的依据。国家发展改革委、财政部《关于加强和规范机动车牌证工本费等收费标准管理有关问题的通知》要求，机动车安全技术检验机构在对机动车进行定期安全技术检验时，收取机动车安全技术检验费的收费标准，由各省、自治区、直辖市价格主管部门会同财政部门核定。

（8）通过年检的证明或者标志：机动车检验合格标志

13. 行政许可后年报

（1）有无年报要求：无

（2）年报报送材料名称：无

（3）设定年报要求的依据：无

（4）年报周期：无

14. 监管主体

省级公安机关交通管理部门，直辖市、设区的市或者相当于同级的公安机关交通管理部门。

15. 备注

（三）警车登记

1. 基本要素

（1）行政许可事项名称及编码：机动车登记【00010914200Y】

（2）行政许可事项子项名称及编码：警车登记【000109142006】

（3）行政许可事项业务办理项名称及编码：警车登记（00010914200601）

（4）设定依据

《道路交通安全法》第8条规定，国家对机动车实行登记制度。机动车经公安机关交通管理部门登记后，方可上道路行驶。……

（5）实施依据

《警车管理规定》第9条规定，公安机关、国家安全机关、监狱、劳动教养管理机关和人民法院、人民检察院申请办理警车注册登记，应当填写《警车号牌审批表》，提交法定证明、凭证，由本部门所在的设区的市或者相当于同级的主管机关汇总后送当地同级公安机关审查后，报省、自治区、直辖市公安厅、局审批。

《道路交通安全法》第9条规定，申请机动车登记，应当提交以下证明、凭证：①机动车所有人的身份证明；②机动车来历证明；③机动车整车出厂合格证明或者进口机动车进口凭证；④车辆购置税的完税证明或者免税凭证；⑤法律、行政法规规定应当在机动车登记时提交的其他证明、凭证。公安机关交通管理部门应当自受理申请之日起五个工作日内完成机动车登记审查工作，对符合前款规定条件的，应当发放机动车登记证书、号牌和行驶证；对不符合前款规定条件的，应当向申请人说明不予登记的理由。公安机关交通管理部门以外的任何单位或者个人不得发放机动车号牌或者要求机动车悬挂其他号牌，本法另有规定的除外。机动车登记证书、号牌、行驶证的式样由国务院公安部门规定并监制。

《道路交通安全法》第10条规定，准予登记的机动车应当符合机动车国家安全技术标准。申请机动车登记时，应当接受对该机动车的安全技术检验。但是，经国家机动车产品主管部门依据机动车国家安全技术标准认定的企业生产的机动车型，该车型的新车在出厂时经检验符合机动车国家安全技术标准，获得检验合格证的，免予安全技术检验。

《道路交通安全法》第12条规定，有下列情形之一的，应当办理相应的登记：①机动车所有权发生转移的；②机动车登记内容变更的；③机动车用作抵押的；④机动车报废的。

《道路交通安全法》第14条规定，国家实行机动车强制报废制度，根据机动车的安全技术状况和不同用途，规定不同的报废标准。应当报废的机动车必须及时办理注销登记。达到报废标准的机动车不得上道路行驶。报废的大型客、货车及其他营运车辆应当在公安机关交通管理部门的监督下解体。

（6）监管依据

《机动车登记规定》第67条规定，公安机关交通管理部门应当建立业务监督管理中心，通过远程监控、数据分析、日常检查、档案抽查、业务回访等方式，对机动车登记及相关业务办理情况进行监督管理。直辖市、设区的市或者相当于同级的公安机关交通管理部门应当通过监管系统每周对机动车登记及相关业务办理情况进行监控、分析，及时查处整改发现的问题。省级公安机关交通管理部门应当通过监管系统每月对机动车登记及相关业务办理情况进行监控、分析，及时查处、通报发现的问题。车辆管理所存在严重违规办理机动车登记情形的，上级公安机关交通管理部门可以暂停该车辆管理所办理相关业务或者指派其他车辆管理所人员接管业务。

（7）实施机关：省级公安机关

（8）审批层级：省级

（9）行使层级：省级/直属

（10）是否由审批机关受理：是

（11）受理层级：设区的市级

（12）是否存在初审环节：否

（13）初审层级：无

（14）对应政务服务事项国家级基本目录名称：机动车登记

（15）要素统一情况：全部要素全国统一

2. 行政许可事项类型：条件型

3. 行政许可条件

（1）准予行政许可的条件：一是机动车所有人为个人或者单位；二是具有机动车来历证明；三是具有机动车整车出厂合格证明或者进口机动车进口凭证；四是缴纳车辆购置税；五是警车车型、外观制式、标志灯具和警报器符合有关规范和标准；六是法律、行政法规规定应当在机动车登记时提交的其他证明、凭证。

（2）规定行政许可条件的依据

《道路交通安全法》第9条、第14条。

4. 行政许可服务对象类型与改革举措

（1）服务对象类型：行政机关

（2）是否为涉企经营许可事项：否

（3）涉企经营许可事项名称：无

（4）涉企经营许可证件名称：无

（5）改革方式：制修订部门规章，优

化登记流程

（6）具体改革举措：修订《机动车登记规定》

（7）加强事中事后监管措施

《机动车登记规定》第67条。

5. 申请材料

（1）申请材料名称

注册登记申请材料名称：①机动车所有人的身份证明；②购车发票等机动车来历证明；③机动车整车出厂合格证明或者进口机动车进口凭证；④机动车交通事故责任强制保险凭证；⑤车辆购置税、车船税完税证明或者免税凭证，但法律规定不属于征收范围的除外；⑥《警车号牌审批表》；⑦不属于经海关进口的机动车和国务院机动车产品主管部门规定免予安全技术检验的机动车，还应当提交机动车安全技术检验合格证明；⑧法律、行政法规规定应当在机动车注册登记时提交的其他证明、凭证。

变更登记申请材料名称：①机动车所有人的身份证明；②机动车登记证书；③机动车行驶证；④属于更换发动机、车身或者车架的，还应当提交机动车安全技术检验合格证明；⑤属于因质量问题更换整车的，还应当提交购车发票等机动车来历证明、机动车整车出厂合格证明或者进口机动车进口凭证、机动车交通事故责任强制保险凭证、车辆购置税、车船税完税证明或者免税凭证，但法律规定不属于征收范围的除外，不属于经海关进口的机动车和国务院机动车产品主管部门规定免予安全技术检验的机动车，还应当提交机动车安全技术检验合格证明等。

转让登记申请材料名称：①现机动车所有人的身份证明；②机动车所有权转让的证明、凭证；③机动车登记证书；④机动车行驶证；⑤属于海关监管的机动车，还应当提交海关监管车辆解除监管证明书或者海关批准的转让证明；⑥属于超过检验有效期的机动车，还应当提交机动车安全技术检验合格证明和交通事故责任强制保险凭证。

抵押登记申请材料名称：①机动车所有人和抵押权人的身份证明；②机动车登记证书；③机动车抵押合同。

注销登记申请材料名称：①机动车所有人身份证明；②机动车登记证书；③机动车行驶证；④属于海关监管的机动车，因故不在我国境内使用的，还应当提交海关出具的海关监管车辆进（出）境领（销）牌照通知书；⑤属于因质量问题退车的，还应当提交机动车制造厂或者经销商出具的退车证明；申请人因机动车灭失办理注销登记的，应当书面承诺因自然灾害、失火、交通事故等导致机动车灭失；二手车出口企业因二手车出口办理注销登记的，应当提交机动车所有人身份证明、机动车登记证书和机动车出口证明。

（2）规定申请材料的依据

《警车管理规定》第9条。

《机动车登记规定》第12条规定，申请注册登记的，机动车所有人应当交验机动车，确认申请信息，并提交以下证明、凭证：①机动车所有人的身份证明；②购车发票等机动车来历证明；③机动车整车出厂合格证明或者进口机动车进口凭证；④机动车交通事故责任强制保险凭证；⑤车辆购置税、车船税完税证明或者免税凭证，但法律规定不属于征收范围的除外；

⑥法律、行政法规规定应当在机动车注册登记时提交的其他证明、凭证。不属于经海关进口的机动车和国务院机动车产品主管部门规定免予安全技术检验的机动车，还应当提交机动车安全技术检验合格证明。

《机动车登记规定》第17条第1款规定，申请变更登记的，机动车所有人应当交验机动车，确认申请信息，并提交以下证明、凭证：①机动车所有人的身份证明；②机动车登记证书；③机动车行驶证；④属于更换发动机、车身或者车架的，还应当提交机动车安全技术检验合格证明；⑤属于因质量问题更换整车的，还应当按照第十二条的规定提交相关证明、凭证。

《机动车登记规定》第26条第1款规定，申请转让登记的，现机动车所有人应当交验机动车，确认申请信息，并提交以下证明、凭证：①现机动车所有人的身份证明；②机动车所有权转让的证明、凭证；③机动车登记证书；④机动车行驶证；⑤属于海关监管的机动车，还应当提交海关监管车辆解除监管证明书或者海关批准的转让证明；⑥属于超过检验有效期的机动车，还应当提交机动车安全技术检验合格证明和交通事故责任强制保险凭证。

《机动车登记规定》第32条第1款规定，申请抵押登记的，由机动车所有人和抵押权人共同申请，确认申请信息，并提交下列证明、凭证：①机动车所有人和抵押权人的身份证明；②机动车登记证书；③机动车抵押合同。

《机动车登记规定》第37条第1款规定，机动车有下列情形之一的，机动车所有人应当向登记地车辆管理所申请注销登记：①机动车已达到国家强制报废标准的；②机动车未达到国家强制报废标准，机动车所有人自愿报废的；③因自然灾害、失火、交通事故等造成机动车灭失的；④机动车因故不在我国境内使用的；⑤因质量问题退车的。

《机动车登记规定》第39条第1－3款规定，属于第三十七条第一款第三项、第四项、第五项规定情形，机动车所有人申请注销登记的，应当确认申请信息，并提交以下证明、凭证：①机动车所有人身份证明；②机动车登记证书；③机动车行驶证；④属于海关监管的机动车，因故不在我国境内使用的，还应当提交海关出具的海关监管车辆进（出）境领（销）牌照通知书；⑤属于因质量问题退车的，还应当提交机动车制造厂或者经销商出具的退车证明。申请人因机动车灭失办理注销登记的，应当书面承诺因自然灾害、失火、交通事故等导致机动车灭失，并承担不实承诺的法律责任。二手车出口企业因二手车出口办理注销登记的，应当提交机动车所有人身份证明、机动车登记证书和机动车出口证明。

6. 中介服务

（1）有无法定中介服务事项：无

（2）中介服务事项名称：无

（3）设定中介服务事项的依据：无

（4）提供中介服务的机构：无

（5）中介服务事项的收费性质：无

7. 审批程序

（1）办理行政许可的程序环节：一是申请人申请；二是审批机构受理/不予受理；三是审批机构审查；四是决定核发机动车登记证书、号牌、行驶证和检验合格标志。

（2）规定行政许可程序的依据

《道路交通安全法》第9条、第12条。

《道路交通安全法实施条例》第5条规定，初次申领机动车号牌、行驶证的，应当向机动车所有人住所地的公安机关交通管理部门申请注册登记。申请机动车注册登记，应当交验机动车，并提交以下证明、凭证：（1）机动车所有人的身份证明；（2）购车发票等机动车来历证明；（3）机动车整车出厂合格证明或者进口机动车进口凭证；（4）车辆购置税完税证明或者免税凭证；（5）机动车第三者责任强制保险凭证；（6）法律、行政法规规定应当在机动车注册登记时提交的其他证明、凭证。不属于国务院机动车产品主管部门规定免予安全技术检验的车型的，还应当提供机动车安全技术检验合格证明。

《道路交通安全法实施条例》第6条规定，已注册登记的机动车有下列情形之一的，机动车所有人应当向登记该机动车的公安机关交通管理部门申请变更登记：①改变机动车车身颜色的；②更换发动机的；③更换车身或者车架的；④因质量有问题，制造厂更换整车的；⑤营运机动车改为非营运机动车或者非营运机动车改为营运机动车的；⑥机动车所有人的住所迁出或者迁入公安机关交通管理部门管辖区域的。申请机动车变更登记，应当提交下列证明、凭证，属于前款第①项、第②项、第③项、第④项、第⑤项情形之一的，还应当交验机动车；属于前款第②项、第③项情形之一的，还应当同时提交机动车安全技术检验合格证明：①机动车所有人的身份证明；②机动车登记证书；③机动车行驶证。机动车所有人的住所在公安机关交通管理部门管辖区域内迁移、机动车所有人的姓名（单位名称）或者联系方式变更的，应当向登记该机动车的公安机关交通管理部门备案。

《道路交通安全法实施条例》第7条第2款规定，申请机动车转移登记，当事人应当向登记该机动车的公安机关交通管理部门交验机动车，并提交以下证明、凭证：①当事人的身份证明；②机动车所有权转移的证明、凭证；③机动车登记证书；④机动车行驶证。

《道路交通安全法实施条例》第8条规定，机动车所有人将机动车作为抵押物抵押的，机动车所有人应当向登记该机动车的公安机关交通管理部门申请抵押登记。

《道路交通安全法实施条例》第9条规定，已注册登记的机动车达到国家规定的强制报废标准的，公安机关交通管理部门应当在报废期满的2个月前通知机动车所有人办理注销登记。机动车所有人应当在报废期满前将机动车交售给机动车回收企业，由机动车回收企业将报废的机动车登记证书、号牌、行驶证交公安机关交通管理部门注销。机动车所有人逾期不办理注销登记的，公安机关交通管理部门应当公告该机动车登记证书、号牌、行驶证作废。因机动车灭失申请注销登记的，机动车所有人应当向公安机关交通管理部门提交本人身份证明，交回机动车登记证书。

（3）是否需要现场勘验：否

（4）是否需要组织听证：否

（5）是否需要招标、拍卖、挂牌交易：否

（6）是否需要检验、检测、检疫：否

（7）是否需要鉴定：否

（8）是否需要专家评审：否

(9) 是否需要向社会公示：否

(10) 是否实行告知承诺办理：否

(11) 审批机关是否委托服务机构开展技术性服务：否

8. 受理和审批时限

(1) 承诺受理时限：当场办理

(2) 法定审批时限：5个工作日

(3) 规定法定审批时限依据

《道路交通安全法》第9条。

(4) 承诺审批时限：5个工作日

9. 收费

(1) 办理行政许可是否收费：是

(2) 收费项目的名称、收费项目的标准、设定收费项目的依据、规定收费标准的依据

收费项目名称：号牌、机动车临时号牌、机动车行驶证、机动车登记证书、机动车号牌固封装置。

收费项目标准：各类汽车号牌100元/副，三轮汽车、低速货车号牌40元/副，挂车号牌50元/面，各类摩托车号牌35元/面；机动车临时号牌5元/张；机动车行驶证10元/本；机动车登记证书10元/本；机动车号牌固封装置1元/个。

设定收费项目的依据：《道路交通安全法》第81条规定，依照本法发放牌证等收取工本费，应当严格执行国务院价格主管部门核定的收费标准，并全部上缴国库。

规定收费标准的依据：《国家发展改革委、财政部关于加强和规范机动车牌证工本费等收费标准管理有关问题的通知》要求。机动车牌证工本费依法实行全国统一的收费标准。①公安机关交通管理部门对汽车、三轮汽车（原三轮农用运输车）、低速货车（原四轮农用运输车）、摩托车，农业（农业机械）主管部门对拖拉机（以下简称“公安机关交通管理部门、农业〔农业机械〕主管部门对机动车”）发放号牌时收取号牌工本费、临时号牌工本费的收费标准为：1）汽车反光号牌每副100元、不反光号牌每副80元；2）挂车反光号牌每面50元、不反光号牌每面30元；3）三轮汽车、低速货车、拖拉机反光号牌每副40元、不反光号牌每副25元；4）摩托车反光号牌每副70元、不反光号牌每副50元；5）机动车临时号牌每张5元。②公安机关交通管理部门、农业（农业机械）主管部门在对机动车发放行驶证、临时行驶证时，收取行驶证、临时行驶证工本费的收费标准为行驶证每本15元、临时行驶证每本10元。行驶证、临时行驶证工本费标准包括机动车行驶证、临时行驶证所附照片的拍摄费用和照片塑封费用。③公安机关交通管理部门、农业（农业机械）主管部门在向机动车登记申请人发放机动车登记证书时，收取机动车登记证书工本费的收费标准为每证10元。……⑤补发机动车牌证和驾驶证均按上述标准收费，不得加收任何费用。单独补发号牌专用固封装置（压有发牌机关代号），每个1元；车主自愿安装号牌架的，铁质号牌架及同类产品每只5元（含号牌安装费），铝合金号牌架及同类产品每只10元（含号牌安装费）。

《国家发展改革委、财政部关于降低部分行政事业性收费标准的通知》……一、摩托车（包括普通摩托车、轻便摩托车、教练摩托车、使馆摩托车、领馆摩托车）号牌工本费收费标准由每副70元调整为35元。

《国家发展改革委、财政部关于降低电

信网码号资源占用费等部分行政事业性收费标准的通知》规定，机动车行驶证工本费标准，由每本15元降为每本10元。

10. 行政许可证件

（1）审批结果类型：证照

（2）审批结果名称：机动车登记证书、号牌、行驶证

（3）审批结果的有效期限：根据不同车型确定

（4）规定审批结果有效期限的依据

《机动车强制报废标准规定》第5条规定，各类机动车使用年限分别如下：①小、微型出租客运汽车使用8年，中型出租客运汽车使用10年，大型出租客运汽车使用12年；②租赁载客汽车使用15年；③小型教练载客汽车使用10年，中型教练载客汽车使用12年，大型教练载客汽车使用15年；④公交客运汽车使用13年；⑤其他小、微型营运载客汽车使用10年，大、中型营运载客汽车使用15年；⑥专用校车使用15年；⑦大、中型非营运载客汽车（大型轿车除外）使用20年；⑧三轮汽车、装用单缸发动机的低速货车使用9年，装用多缸发动机的低速货车以及微型载货汽车使用12年，危险品运输载货汽车使用10年，其他载货汽车（包括半挂牵引车和全挂牵引车）使用15年；⑨有载货功能的专项作业车使用15年，无载货功能的专项作业车使用30年；⑩全挂车、危险品运输半挂车使用10年，集装箱半挂车20年，其他半挂车使用15年；⑪正三轮摩托车使用12年，其他摩托车使用13年。对小、微型出租客运汽车（纯电动汽车除外）和摩托车，省、自治区、直辖市人民政府有关部门可结合本地实际情况，制定严于上述使用年限的规定，但小、微型出租客运汽车不得低于6年，正三轮摩托车不得低于10年，其他摩托车不得低于11年。小、微型非营运载客汽车、大型非营运轿车、轮式专用机械车无使用年限限制。机动车使用年限起始日期按照注册登记日期计算，但自出厂之日起超过2年未办理注册登记手续的，按照出厂日期计算。

（5）是否需要办理审批结果变更手续：否

（6）办理审批结果变更手续的要求：无

（7）是否需要办理审批结果延续手续：否

（8）办理审批结果延续手续的要求：无

（9）审批结果的有效地域范围：全国

（10）规定审批结果有效地域范围的依据

《道路交通安全法》第8条。

11. 行政许可数量限制

（1）有无行政许可数量限制：无

（2）公布数量限制的方式：无

（3）公布数量限制的周期：无

（4）在数量限制条件下实施行政许可的方式：无

（5）规定在数量限制条件下实施行政许可方式的依据：无

12. 行政许可后年检

（1）有无年检要求：有

（2）设定年检要求的依据

《道路交通安全法》第13条第1款规定，对登记后上道路行驶的机动车，应当依照法律、行政法规的规定，根据车辆用途、载客载货数量、使用年限等不同情况，

定期进行安全技术检验。对提供机动车行驶证和机动车第三者责任强制保险单的，机动车安全技术检验机构应当予以检验，任何单位不得附加其他条件。对符合机动车国家安全技术标准的，公安机关交通管理部门应当发给检验合格标志。

（3）年检周期：根据不同车型确定

（4）年检是否要求报送材料：是

（5）年检报送材料名称：机动车行驶证和机动车第三者责任强制保险单

（6）年检是否收费：是

（7）年检收费项目的名称、年检收费项目的标准、设定年检收费项目的依据、规定年检项目收费标准的依据

年检收费项目的名称：机动车安全技术检验费

年检收费项目的标准：由各省、自治区、直辖市价格主管部门会同财政部门核定

设定年检收费项目的依据：国家发展改革委、财政部《关于加强和规范机动车牌证工本费等收费标准管理有关问题的通知》规定，机动车安全技术检验机构在对机动车进行定期安全技术检验时，收取机动车安全技术检验费的收费标准，由各省、自治区、直辖市价格主管部门会同财政部门核定。机动车安全技术检验机构对机动车检验收取的检验费按照经营服务性收费管理。

规定年检项目收费标准的依据：国家发展改革委、财政部《关于加强和规范机动车牌证工本费等收费标准管理有关问题的通知》规定，机动车安全技术检验机构在对机动车进行定期安全技术检验时，收取机动车安全技术检验费的收费标准，由各省、自治区、直辖市价格主管部门会同财政部门核定。

（8）通过年检的证明或者标志：机动车检验合格标志

13. 行政许可后年报

（1）有无年报要求：无

（2）年报报送材料名称：无

（3）设定年报要求的依据：无

（4）年报周期：无

14. 监管主体

省级公安机关交通管理部门，直辖市、设区的市或者相当于同级的公安机关交通管理部门。

15. 备注

三十八、机动车临时通行牌证核发

机动车临时通行牌证核发的中央主管部门是公安部，实施机关是直辖市公安机关；设区的市级、县级公安机关，设定和实施依据包括：《道路交通安全法》、《道路交通安全法实施条例》、《临时入境机动车和驾驶人管理规定》（公安部令第 90 号）、《机动车登记规定》（公安部令第 164 号）、《国家发展改革委、财政部关于加强和规范机动车牌证工本费等收费标准管理有关问题的通知》（发改价格〔2004〕2831 号）、《国家发展改革委、财政部关于临时入境机动车牌证工本费收费标准及有关问题的通知》（发改价格〔2008〕1575 号）、《国家发展改革委、财政部关于降低电信网码号资源占用费等部分行政事业性收费标准的通知》（发改价格〔2017〕1186 号）。该许可项目共有 2 个子项：（1）机动车临时通行牌证核发（直辖市级权限）；（2）机动车临时通行牌证核发（设区的市级权限）

（一）机动车临时通行牌证核发（直辖市级权限）

1. 基本要素

（1）行政许可事项名称及编码：机动车临时通行牌证核发【00010914100Y】

（2）行政许可事项子项名称及编码：机动车临时通行牌证核发（直辖市级权限）【000109141003】

（3）行政许可事项业务办理项名称及编码：无

（4）设定依据

《道路交通安全法》第8条规定，国家对机动车实行登记制度。机动车经公安机关交通管理部门登记后，方可上道路行驶。尚未登记的机动车，需要临时上道路行驶的，应当取得临时通行牌证。

《道路交通安全法实施条例》第113条规定，境外机动车入境行驶，应当向入境地的公安机关交通管理部门申请临时通行号牌、行驶证。临时通行号牌、行驶证应当根据行驶需要，载明有效日期和允许行驶的区域。入境的境外机动车申请临时通行号牌、行驶证以及境外人员申请机动车驾驶许可的条件、考试办法由国务院公安部门规定。

（5）实施依据

《机动车登记规定》第46条规定，机动车具有下列情形之一，需要临时上道路行驶的，机动车所有人应当向车辆管理所申领临时行驶车号牌：①未销售的；②购买、调拨、赠予等方式获得机动车后尚未注册登记的；③新车出口销售的；④进行科研、定型试验的；⑤因轴荷、总质量、外廓尺寸超出国家标准不予办理注册登记的特型机动车。

《机动车登记规定》第47条规定，机动车所有人申领临时行驶车号牌应当提交以下证明、凭证：①机动车所有人的身份证明；②机动车交通事故责任强制保险凭证；③属于第四十六条第一项、第五项规定情形的，还应当提交机动车整车出厂合格证明或者进口机动车进口凭证；④属于第四十六条第二项规定情形的，还应当提交机动车来历证明，以及机动车整车出厂合格证明或者进口机动车进口凭证；⑤属于第四十六条第三项规定情形的，还应当提交机动车制造厂出具的安全技术检验证明以及机动车出口证明；⑥属于第四十六条第四项规定情形的，还应当提交书面申请，以及机动车安全技术检验合格证明或者机动车制造厂出具的安全技术检验证明。车辆管理所应当自受理之日起一日内，审查提交的证明、凭证，属于第四十六条第一项、第二项、第三项规定情形，需要临时上道路行驶的，核发有效期不超过三十日的临时行驶车号牌。属于第四十六条第四项规定情形的，核发有效期不超过六个月的临时行驶车号牌。属于第四十六条第五项规定情形的，核发有效期不超过九十日的临时行驶车号牌。因号牌制作的原因，无法在规定时限内核发号牌的，车辆管理所应当核发有效期不超过十五日的临时行驶车号牌。对属于第四十六条第一项、第二项规定情形，机动车所有人需要多次申领临时行驶车号牌的，车辆管理所核发临时行驶车号牌不得超过三次。属于第四十六条第三项规定情形的，车辆管理所核发一次临时行驶车号牌。临时行驶车号牌有效期不得超过机动车交通事故责任强制保险有效期。机动车办理登记后，机动车所有人收到机动车号牌之日起三日后，临时行驶车号牌作废，不得继续使用。

《机动车登记规定》第 48 条规定，对智能网联机动车进行道路测试、示范应用需要上道路行驶的，道路测试、示范应用单位应当向车辆管理所申领临时行驶车号牌，提交以下证明、凭证：①道路测试、示范应用单位的身份证明；②机动车交通事故责任强制保险凭证；③经主管部门确认的道路测试、示范应用凭证；④机动车安全技术检验合格证明。车辆管理所应当自受理之日起一日内，审查提交的证明、凭证，核发临时行驶车号牌。临时行驶车号牌有效期应当与准予道路测试、示范应用凭证上签注的期限保持一致，但最长不得超过六个月。

《机动车登记规定》第 49 条规定，对临时入境的机动车需要上道路行驶的，机动车所有人应当按规定向入境地或者始发地车辆管理所申领临时入境机动车号牌和行驶证。

《临时入境机动车和驾驶人管理规定》第 4 条规定，申请临时入境机动车号牌、行驶证的，应当用中文填写《临时入境机动车号牌、行驶证申请表》，交验机动车，并提交以下证明、凭证：①境外主管部门核发的机动车登记证明，属于非中文表述的，还应当出具中文翻译文本；②中国海关等部门出具的准许机动车入境的凭证；③属于有组织的旅游、比赛以及其他交往活动的，还应当提交中国相关主管部门出具的证明；④机动车安全技术检验合格证明，属于境外主管部门核发的，还应当出具中文翻译文本；⑤不少于临时入境期限的中国机动车交通事故责任强制保险凭证。公安机关交通管理部门应当在收到申请材料之日起三日内审查提交的证明、凭证，查验机动车。符合规定的，核发临时入境机动车号牌和行驶证。

（6）监管依据

《机动车登记规定》第 50 条规定，公安机关交通管理部门应当使用统一的号牌管理信息系统制作、发放、收回、销毁机动车号牌和临时行驶车号牌。

《机动车登记规定》第 67 条规定，公安机关交通管理部门应当建立业务监督管理中心，通过远程监控、数据分析、日常检查、档案抽查、业务回访等方式，对机动车登记及相关业务办理情况进行监督管理。直辖市、设区的市或者相当于同级的公安机关交通管理部门应当通过监管系统每周对机动车登记及相关业务办理情况进行监控、分析，及时查处整改发现的问题。省级公安机关交通管理部门应当通过监管系统每月对机动车登记及相关业务办理情况进行监控、分析，及时查处、通报发现的问题。车辆管理所存在严重违规办理机动车登记情形的，上级公安机关交通管理部门可以暂停该车辆管理所办理相关业务或者指派其他车辆管理所人员接管业务。

（7）实施机关：直辖市公安机关（可委托县级公安机关实施）

（8）审批层级：省级

（9）行使层级：省级/直属

（10）是否由审批机关受理：是

（11）受理层级：省级，县级

（12）是否存在初审环节：否

（13）初审层级：无

（14）对应政务服务事项国家级基本目录名称：机动车临时通行牌证核发

（15）要素统一情况：全部要素全国统一

2. 行政许可事项类型：条件型

3. 行政许可条件

（1）准予行政许可的条件：一是机动车所有人为个人或者单位；二是具有机动车来历证明；三是具有机动车整车出厂合格证明或者进口机动车进口凭证；四是机动车交通事故责任强制保险凭证；五是法律、行政法规规定应当在机动车临时通行牌证核发时提交的其他证明、凭证。

（2）规定行政许可条件的依据

《机动车登记规定》第 47 条规定。

4. 行政许可服务对象类型与改革举措

（1）服务对象类型：自然人，企业法人，事业单位法人，社会组织法人，非法人企业，行政机关，其他组织

（2）是否为涉企经营许可事项：否

（3）涉企经营许可事项名称：无

（4）涉企经营许可证件名称：无

（5）改革方式：无

（6）具体改革举措：修订《机动车登记规定》

（7）加强事中事后监管措施：一是《机动车登记规定》第 50 条规定。二是《机动车登记规定》第 67 条规定。

5. 申请材料

（1）申请材料名称

临时行驶车号牌申请材料名称：①机动车所有人的身份证明；②购车发票等机动车来历证明；③机动车整车出厂合格证明或者进口机动车进口凭证；④机动车交通事故责任强制保险凭证；⑤法律、行政法规规定应当在机动车临时通行牌证核发时提交的其他证明、凭证。⑥智能网联机动车进行道路测试、示范应用需要上道路行驶的，申领临时行驶车号牌按照《机动车登记规定》第 48 条有关规定提交材料。

临时入境机动车号牌和行驶证申请材料名称：①临时入境的机动车；②机动车安全技术检验合格证明，属于境外主管部门核发的非中文表述的，还应当审查中文翻译文本，但属于免予到机动车安全技术检验机构检验的机动车除外；③准许机动车入境的凭证；④中国机动车交通事故责任强制保险凭证；⑤境外主管部门核发的机动车登记证明，属于非中文表述的，还应当审查中文翻译文本；⑥属于有组织的旅游、比赛以及其他交往活动的，还应当审查我国相关部门出具的证明。

（2）规定申请材料的依据

《机动车登记规定》第 47 条、第 48 条。

《临时入境机动车和驾驶人管理规定》第 4 条。

6. 中介服务

（1）有无法定中介服务事项：无

（2）中介服务事项名称：无

（3）设定中介服务事项的依据：无

（4）提供中介服务的机构：无

（5）中介服务事项的收费性质：无

7. 审批程序

（1）办理行政许可的程序环节：一是申请人申请；二是审批机构受理/不予受理；三是审批机构审查；四是决定核发临时行驶车号牌。

（2）规定行政许可程序的依据

《道路交通安全法》第 8 条。

《道路交通安全法实施条例》第 113 条。

《机动车登记规定》第46条。

《临时入境机动车和驾驶人管理规定》第2条规定，本规定适用于下列临时进入中华人民共和国境内不超过三个月的机动车和机动车驾驶人：①经国家主管部门批准，临时入境参加有组织的旅游、比赛以及其他交往活动的外国机动车和机动车驾驶人；②临时入境后仅在边境地区一定范围内行驶的外国机动车和机动车驾驶人；③临时入境后需驾驶租赁的中国机动车的外国机动车驾驶人。与中国签订有双边或者多边过境运输协定的，按照协定办理。国家或者政府之间对机动车牌证和驾驶证有互相认可协议的，按照协议办理。

《临时入境机动车和驾驶人管理规定》第3条规定，外国机动车临时入境行驶，应当向入境地或者始发地所在的直辖市或者设区的市公安机关交通管理部门申领临时入境机动车号牌和行驶证。

（3）是否需要现场勘验：否

（4）是否需要组织听证：否

（5）是否需要招标、拍卖、挂牌交易：否

（6）是否需要检验、检测、检疫：否

（7）是否需要鉴定：否

（8）是否需要专家评审：否

（9）是否需要向社会公示：否

（10）是否实行告知承诺办理：否

（11）审批机关是否委托服务机构开展技术性服务：否

8. 受理和审批时限

（1）承诺受理时限：当场办理

（2）法定审批时限：临时行驶车号牌1个工作日；临时入境机动车号牌3个工作日

（3）规定法定审批时限依据

《机动车登记规定》第47条、第48条。

《临时入境机动车和驾驶人管理规定》第4条。

（4）承诺审批时限：临时行驶车号牌1个工作日；临时入境机动车号牌3个工作日

9. 收费

（1）办理行政许可是否收费：是

（2）收费项目的名称、收费项目的标准、设定收费项目的依据、规定收费标准的依据

收费项目名称：机动车临时号牌费；临时入境机动车号牌和行驶证工本费

收费项目标准：机动车临时号牌每张5元；临时入境机动车号牌和行驶证工本费每本10元

设定收费项目的依据：《道路交通安全法》第81条规定，依照本法发放牌证等收取工本费，应当严格执行国务院价格主管部门核定的收费标准，并全部上缴国库。

规定收费标准的依据：《国家发展改革委、财政部关于加强和规范机动车牌证工本费等收费标准管理有关问题的通知》规定，机动车临时号牌每张5元。《国家发展改革委财政部关于降低电信网码号资源占用费等部分行政事业性收费标准的通知》规定，临时入境机动车号牌和行驶证工本费标准，由每本15元降为每本10元。

10. 行政许可证件

（1）审批结果类型：证照

（2）审批结果名称：临时行驶车号牌；临时入境汽车号牌；临时入境摩托车号牌

（3）审批结果的有效期限：一是属于未销售的、购买、调拨、赠予等方式获得

机动车后尚未注册登记的、新车出口销售的规定情形，需要临时上道路行驶的，核发有效期不超过30日的临时行驶车号牌。二是属于进行科研、定型试验的规定情形的，核发有效期不超过6个月的临时行驶车号牌。三是属于因轴荷、总质量、外廓尺寸超出国家标准不予办理注册登记的特型机动车规定情形的，核发有效期不超过90日的临时行驶车号牌。四是智能网联机动车进行道路测试、示范应用需要上道路行驶的，临时行驶车号牌有效期应当与准予道路测试、示范应用凭证上签注的期限保持一致，但最长不得超过6个月。五是临时入境机动车号牌和行驶证有效期应当与入境批准文件上签注的期限一致，但最长不得超过3个月。临时入境机动车号牌和行驶证有效期不得延期。

（4）规定审批结果有效期限的依据

《机动车登记规定》第47条、第48条。

《临时入境机动车和驾驶人管理规定》第6条规定，临时入境机动车号牌和行驶证有效期应当与入境批准文件上签注的期限一致，但最长不得超过三个月。临时入境机动车号牌和行驶证有效期不得延期。

（5）是否需要办理审批结果变更手续：否

（6）办理审批结果变更手续的要求：无

（7）是否需要办理审批结果延续手续：否

（8）办理审批结果延续手续的要求：无

（9）审批结果的有效地域范围：全国

（10）规定审批结果有效地域范围的依据

《道路交通安全法》第8条。

11. 行政许可数量限制

（1）有无行政许可数量限制：有

（2）公布数量限制的方式：部门规章

（3）公布数量限制的周期：无

（4）在数量限制条件下实施行政许可的方式：审批

（5）规定在数量限制条件下实施行政许可方式的依据

《机动车登记规定》第46条、第47条。

12. 行政许可后年检

（1）有无年检要求：无

（2）设定年检要求的依据：无

（3）年检周期：无

（4）年检是否要求报送材料：无

（5）年检报送材料名称：无

（6）年检是否收费：无

（7）年检收费项目的名称、年检收费项目的标准、设定年检收费项目的依据、规定年检项目收费标准的依据：无

（8）通过年检的证明或者标志：无

13. 行政许可后年报

（1）有无年报要求：无

（2）年报报送材料名称：无

（3）设定年报要求的依据：无

（4）年报周期：无

14. 监管主体

省级公安机关交通管理部门，直辖市、设区的市或者相当于同级的公安机关交通管理部门。

15. 备注：无

（二）机动车临时通行牌证核发（设区的市级权限）

1. 基本要素

（1）行政许可事项名称及编码：机动

车临时通行牌证核发【00010914100Y】

（2）行政许可事项子项名称及编码：机动车临时通行牌证核发（设区的市级权限）【000109141004】

（3）行政许可事项业务办理项名称及编码：无

（4）设定依据

《道路交通安全法》第8条规定，国家对机动车实行登记制度。机动车经公安机关交通管理部门登记后，方可上道路行驶。尚未登记的机动车，需要临时上道路行驶的，应当取得临时通行牌证。

《道路交通安全法实施条例》第113条规定，境外机动车入境行驶，应当向入境地的公安机关交通管理部门申请临时通行号牌、行驶证。临时通行号牌、行驶证应当根据行驶需要，载明有效日期和允许行驶的区域。入境的境外机动车申请临时通行号牌、行驶证以及境外人员申请机动车驾驶许可的条件、考试办法由国务院公安部门规定。

（5）实施依据

《机动车登记规定》第46条规定，机动车具有下列情形之一，需要临时上道路行驶的，机动车所有人应当向车辆管理所申领临时行驶车号牌：①未销售的；②购买、调拨、赠予等方式获得机动车后尚未注册登记的；③新车出口销售的；④进行科研、定型试验的；⑤因轴荷、总质量、外廓尺寸超出国家标准不予办理注册登记的特型机动车。

《机动车登记规定》第47条规定，机动车所有人申领临时行驶车号牌应当提交以下证明、凭证：①机动车所有人的身份证明；②机动车交通事故责任强制保险凭证；③属于第四十六条第一项、第五项规定情形的，还应当提交机动车整车出厂合格证明或者进口机动车进口凭证；④属于第四十六条第二项规定情形的，还应当提交机动车来历证明，以及机动车整车出厂合格证明或者进口机动车进口凭证；⑤属于第四十六条第三项规定情形的，还应当提交机动车制造厂出具的安全技术检验证明以及机动车出口证明；⑥属于第四十六条第四项规定情形的，还应当提交书面申请，以及机动车安全技术检验合格证明或者机动车制造厂出具的安全技术检验证明。车辆管理所应当自受理之日起一日内，审查提交的证明、凭证，属于第四十六条第一项、第二项、第三项规定情形，需要临时上道路行驶的，核发有效期不超过三十日的临时行驶车号牌。属于第四十六条第四项规定情形的，核发有效期不超过六个月的临时行驶车号牌。属于第四十六条第五项规定情形的，核发有效期不超过九十日的临时行驶车号牌。因号牌制作的原因，无法在规定时限内核发号牌的，车辆管理所应当核发有效期不超过十五日的临时行驶车号牌。对属于第四十六条第一项、第二项规定情形，机动车所有人需要多次申领临时行驶车号牌的，车辆管理所核发临时行驶车号牌不得超过三次。属于第四十六条第三项规定情形的，车辆管理所核发一次临时行驶车号牌。临时行驶车号牌有效期不得超过机动车交通事故责任强制保险有效期。机动车办理登记后，机动车所有人收到机动车号牌之日起三日后，临时行驶车号牌作废，不得继续使用。

《机动车登记规定》第48条规定，对智能网联机动车进行道路测试、示范应用需要上道路行驶的，道路测试、示范应用单位应当向车辆管理所申领临时行驶车号牌，提交以下证明、凭证：①道路测试、示范应用单位的身份证明；②机动车交通事故责任强制保险凭证；③经主管部门确认的道路测试、示范应用凭证；④机动车安全技术检验合格证明。车辆管理所应当自受理之日起一日内，审查提交的证明、凭证，核发临时行驶车号牌。临时行驶车号牌有效期应当与准予道路测试、示范应用凭证上签注的期限保持一致，但最长不得超过六个月。

《机动车登记规定》第49条规定，对临时入境的机动车需要上道路行驶的，机动车所有人应当按规定向入境地或者始发地车辆管理所申领临时入境机动车号牌和行驶证。

《临时入境机动车和驾驶人管理规定》第4条规定，申请临时入境机动车号牌、行驶证的，应当用中文填写《临时入境机动车号牌、行驶证申请表》，交验机动车，并提交以下证明、凭证：①境外主管部门核发的机动车登记证明，属于非中文表述的，还应当出具中文翻译文本；②中国海关等部门出具的准许机动车入境的凭证；③属于有组织的旅游、比赛以及其他交往活动的，还应当提交中国相关主管部门出具的证明；④机动车安全技术检验合格证明，属于境外主管部门核发的，还应当出具中文翻译文本；⑤不少于临时入境期限的中国机动车交通事故责任强制保险凭证。公安机关交通管理部门应当在收到申请材料之日起三日内审查提交的证明、凭证，查验机动车。符合规定的，核发临时入境机动车号牌和行驶证。

（6）监管依据

《机动车登记规定》第50条规定，公安机关交通管理部门应当使用统一的号牌管理信息系统制作、发放、收回、销毁机动车号牌和临时行驶车号牌。

《机动车登记规定》第67条规定，公安机关交通管理部门应当建立业务监督管理中心，通过远程监控、数据分析、日常检查、档案抽查、业务回访等方式，对机动车登记及相关业务办理情况进行监督管理。直辖市、设区的市或者相当于同级的公安机关交通管理部门应当通过监管系统每周对机动车登记及相关业务办理情况进行监控、分析，及时查处整改发现的问题。省级公安机关交通管理部门应当通过监管系统每月对机动车登记及相关业务办理情况进行监控、分析，及时查处、通报发现的问题。车辆管理所存在严重违规办理机动车登记情形的，上级公安机关交通管理部门可以暂停该车辆管理所办理相关业务或者指派其他车辆管理所人员接管业务。

（7）实施机关：设区的市级公安机关（可委托县级公安机关实施）

（8）审批层级：设区的市级

（9）行使层级：市级/隶属

（10）是否由审批机关受理：是

（11）受理层级：设区的市级，县级

（12）是否存在初审环节：否

（13）初审层级：无

（14）对应政务服务事项国家级基本目录名称：机动车临时通行牌证核发

（15）要素统一情况：全部要素全国统一

2. 行政许可事项类型：条件型

3. 行政许可条件

（1）准予行政许可的条件：一是机动

车所有人为个人或者单位；二是具有机动车来历证明；三是具有机动车整车出厂合格证明或者进口机动车进口凭证；四是机动车交通事故责任强制保险凭证；五是法律、行政法规规定应当在机动车临时通行牌证核发时提交的其他证明、凭证。

（2）规定行政许可条件的依据

《机动车登记规定》第47条。

4. 行政许可服务对象类型与改革举措

（1）服务对象类型：自然人，企业法人，事业单位法人，社会组织法人，非法人企业，行政机关，其他组织

（2）是否为涉企经营许可事项：否

（3）涉企经营许可事项名称：无

（4）涉企经营许可证件名称：无

（5）改革方式：无

（6）具体改革举措：修订《机动车登记规定》

（7）加强事中事后监管措施：一是《机动车登记规定》第50条规定。二是《机动车登记规定》第67条规定。

5. 申请材料

（1）申请材料名称

临时行驶车号牌申请材料名称：①机动车所有人的身份证明；②购车发票等机动车来历证明；③机动车整车出厂合格证明或者进口机动车进口凭证；④机动车交通事故责任强制保险凭证；⑤法律、行政法规规定应当在机动车临时通行牌证核发时提交的其他证明、凭证。⑥智能网联机动车进行道路测试、示范应用需要上道路行驶的，申领临时行驶车号牌按照《机动车登记规定》第48条有关规定提交材料。

临时入境机动车号牌和行驶证申请材料名称：①临时入境的机动车；②机动车安全技术检验合格证明，属于境外主管部门核发的非中文表述的，还应当审查中文翻译文本，但属于免予到机动车安全技术检验机构检验的机动车除外；③准许机动车入境的凭证；④中国机动车交通事故责任强制保险凭证；⑤境外主管部门核发的机动车登记证明，属于非中文表述的，还应当审查中文翻译文本；⑥属于有组织的旅游、比赛以及其他交往活动的，还应当审查我国相关部门出具的证明。

（2）规定申请材料的依据

《机动车登记规定》第47条、第48条。

《临时入境机动车和驾驶人管理规定》第4条。

6. 中介服务

（1）有无法定中介服务事项：无

（2）中介服务事项名称：无

（3）设定中介服务事项的依据：无

（4）提供中介服务的机构：无

（5）中介服务事项的收费性质：无

7. 审批程序

（1）办理行政许可的程序环节：一是申请人申请；二是审批机构受理/不予受理；三是审批机构审查；四是决定核发临时行驶车号牌。

（2）规定行政许可程序的依据

《道路交通安全法》第8条。

《道路交通安全法实施条例》第113条。

《机动车登记规定》第46条。

《临时入境机动车和驾驶人管理规定》第2条规定，本规定适用于下列临时进入中华人民共和国境内不超过三个月的机动车和机动车驾驶人：①经国家主管部门批

准，临时入境参加有组织的旅游、比赛以及其他交往活动的外国机动车和机动车驾驶人；②临时入境后仅在边境地区一定范围内行驶的外国机动车和机动车驾驶人；③临时入境后需驾驶租赁的中国机动车的外国机动车驾驶人。与中国签订有双边或者多边过境运输协定的，按照协定办理。国家或者政府之间对机动车牌证和驾驶证有互相认可协议的，按照协议办理。

《临时入境机动车和驾驶人管理规定》第3条规定，外国机动车临时入境行驶，应当向入境地或者始发地所在的直辖市或者设区的市公安机关交通管理部门申领临时入境机动车号牌和行驶证。

（3）是否需要现场勘验：否

（4）是否需要组织听证：否

（5）是否需要招标、拍卖、挂牌交易：否

（6）是否需要检验、检测、检疫：否

（7）是否需要鉴定：否

（8）是否需要专家评审：否

（9）是否需要向社会公示：否

（10）是否实行告知承诺办理：否

（11）审批机关是否委托服务机构开展技术性服务：否

8. 受理和审批时限

（1）承诺受理时限：当场办理

（2）法定审批时限：临时行驶车号牌1个工作日；临时入境机动车号牌3个工作日

（3）规定法定审批时限依据

《机动车登记规定》第47条、第48条。

《临时入境机动车和驾驶人管理规定》第4条。

（4）承诺审批时限：临时行驶车号牌1个工作日；临时入境机动车号牌3个工作日

9. 收费

（1）办理行政许可是否收费：是

（2）收费项目的名称、收费项目的标准、设定收费项目的依据、规定收费标准的依据

收费项目名称：机动车临时号牌费；临时入境机动车号牌和行驶证工本费。

收费项目标准：机动车临时号牌每张5元；临时入境机动车号牌和行驶证工本费每本10元。

设定收费项目的依据：《道路交通安全法》第81条规定，依照本法发放牌证等收取工本费，应当严格执行国务院价格主管部门核定的收费标准，并全部上缴国库。

规定收费标准的依据：①《国家发展改革委、财政部关于加强和规范机动车牌证工本费等收费标准管理有关问题的通知》规定，机动车临时号牌每张5元。②《国家发展改革委、财政部关于降低电信网码号资源占用费等部分行政事业性收费标准的通知》规定，临时入境机动车号牌和行驶证工本费标准，由每本15元降为每本10元。

10. 行政许可证件

（1）审批结果类型：证照

（2）审批结果名称：临时行驶车号牌；临时入境汽车号牌；临时入境摩托车号牌

（3）审批结果的有效期限：一是属于未销售的、购买、调拨、赠予等方式获得机动车后尚未注册登记的、新车出口销售的规定情形，需要临时上道路行驶的，核发有效期不超过30日的临时行驶车号牌。

二是属于进行科研、定型试验的规定情形的，核发有效期不超过6个月的临时行驶车号牌。三是属于因轴荷、总质量、外廓尺寸超出国家标准不予办理注册登记的特型机动车规定情形的，核发有效期不超过90日的临时行驶车号牌。四是智能网联机动车进行道路测试、示范应用需要上道路行驶的，临时行驶车号牌有效期应当与准予道路测试、示范应用凭证上签注的期限保持一致，但最长不得超过6个月。五是临时入境机动车号牌和行驶证有效期应当与入境批准文件上签注的期限一致，但最长不得超过3个月。临时入境机动车号牌和行驶证有效期不得延期。

（4）规定审批结果有效期限的依据

《机动车登记规定》第47条、第48条。

《临时入境机动车和驾驶人管理规定》第6条规定，临时入境机动车号牌和行驶证有效期应当与入境批准文件上签注的期限一致，但最长不得超过三个月。临时入境机动车号牌和行驶证有效期不得延期。

（5）是否需要办理审批结果变更手续：否

（6）办理审批结果变更手续的要求：无

（7）是否需要办理审批结果延续手续：否

（8）办理审批结果延续手续的要求：无

（9）审批结果的有效地域范围：全国

（10）规定审批结果有效地域范围的依据

《道路交通安全法》第8条。

11. 行政许可数量限制

（1）有无行政许可数量限制：有

（2）公布数量限制的方式：部门规章

（3）公布数量限制的周期：无

（4）在数量限制条件下实施行政许可的方式：审批

（5）规定在数量限制条件下实施行政许可方式的依据

《机动车登记规定》第46条、第47条。

12. 行政许可后年检

（1）有无年检要求：无

（2）设定年检要求的依据：无

（3）年检周期：无

（4）年检是否要求报送材料：无

（5）年检报送材料名称：无

（6）年检是否收费：无

（7）年检收费项目的名称、年检收费项目的标准、设定年检收费项目的依据、规定年检项目收费标准的依据：无

（8）通过年检的证明或者标志：无

13. 行政许可后年报

（1）有无年报要求：无

（2）年报报送材料名称：无

（3）设定年报要求的依据：无

（4）年报周期：无

14. 监管主体

省级公安机关交通管理部门，直辖市、设区的市或者相当于同级的公安机关交通管理部门。

15. 备注

三十九、机动车检验合格标志核发

机动车检验合格标志核发的中央主管部门是公安部，实施机关是直辖市公安机关；设区的市级、县级公安机关。设定和实施依据：《道路交通安全法》、《车船税

法》、《道路交通安全法实施条例》、《机动车交通事故责任强制保险条例》、《机动车登记规定》（公安部令第164号）。该许可项目共有2个子项：（1）机动车检验合格标志核发（直辖市级权限）；（2）机动车检验合格标志核发（设区的市级权限）。

（一）机动车检验合格标志核发（直辖市级权限）

1. 基本要素

（1）行政许可事项名称及编码：机动车检验合格标志核发【00010914300Y】

（2）行政许可事项子项名称及编码：机动车检验合格标志核发（直辖市级权限）【000109143004】

（3）行政许可事项业务办理项名称及编码：无

（4）设定依据

《道路交通安全法》第13条第1款规定，对登记后上道路行驶的机动车，应当依照法律、行政法规的规定，根据车辆用途、载客载货数量、使用年限等不同情况，定期进行安全技术检验。对提供机动车行驶证和机动车第三者责任强制保险单的，机动车安全技术检验机构应当予以检验，任何单位不得附加其他条件。对符合机动车国家安全技术标准的，公安机关交通管理部门应当发给检验合格标志。

（5）实施依据

《机动车登记规定》第54条规定，机动车所有人可以在机动车检验有效期满前三个月内向车辆管理所申请检验合格标志。除大型载客汽车、校车以外的机动车因故不能在登记地检验的，机动车所有人可以向车辆所在地车辆管理所申请检验合格标志。申请前，机动车所有人应当将涉及该车的道路交通安全违法行为和交通事故处理完毕。申请时，机动车所有人应当确认申请信息并提交行驶证、机动车交通事故责任强制保险凭证、车船税纳税或者免税证明、机动车安全技术检验合格证明。车辆管理所应当自受理之日起一日内，审查提交的证明、凭证，核发检验合格标志。

《机动车登记规定》第55条规定，对免予到机动车安全技术检验机构检验的机动车，机动车所有人申请检验合格标志时，应当提交机动车所有人身份证明或者行驶证、机动车交通事故责任强制保险凭证、车船税纳税或者免税证明。车辆管理所应当自受理之日起一日内，审查提交的证明、凭证，核发检验合格标志。

（6）监管依据

《机动车登记规定》第67条规定，公安机关交通管理部门应当建立业务监督管理中心，通过远程监控、数据分析、日常检查、档案抽查、业务回访等方式，对机动车登记及相关业务办理情况进行监督管理。直辖市、设区的市或者相当于同级的公安机关交通管理部门应当通过监管系统每周对机动车登记及相关业务办理情况进行监控、分析，及时查处整改发现的问题。省级公安机关交通管理部门应当通过监管系统每月对机动车登记及相关业务办理情况进行监控、分析，及时查处、通报发现的问题。车辆管理所存在严重违规办理机动车登记情形的，上级公安机关交通管理部门可以暂停该车辆管理所办理相关业务或者指派其他车辆管理所人员接管业务。

（7）实施机关：直辖市公安机关（可委托县级公安机关实施）

（8）审批层级：省级

(9) 行使层级：省级/直属

(10) 是否由审批机关受理：是

(11) 受理层级：省级，县级

(12) 是否存在初审环节：否

(13) 初审层级：无

(14) 对应政务服务事项国家级基本目录名称：机动车检验合格标志核发

(15) 要素统一情况：全部要素全国统一

2. 行政许可事项类型：条件型

3. 行政许可条件

(1) 准予行政许可的条件：一是机动车已注册登记；二是提交《机动车牌证申请表》；三是具有行驶证；四是具有机动车安全技术检验合格证明（免予到机动车安全技术检验机构检验的机动车除外）；五是具有机动车交通事故责任强制保险凭证；六是具有车船税纳税或者免税证明。

(2) 规定行政许可条件的依据

《道路交通安全法》第13条。

《道路交通安全法实施条例》第17条规定，已注册登记的机动车进行安全技术检验时，机动车行驶证记载的登记内容与该机动车的有关情况不符，或者未按照规定提供机动车第三者责任强制保险凭证的，不予通过检验。

《车船税法》第10条规定，公安、交通运输、农业、渔业等车船登记管理部门、船舶检验机构和车船税扣缴义务人的行业主管部门应当在提供车船有关信息等方面，协助税务机关加强车船税的征收管理。车辆所有人或者管理人在申请办理车辆相关登记、定期检验手续时，应当向公安机关交通管理部门提交依法纳税或者免税证明。公安机关交通管理部门核查后办理相关手续。

《机动车交通事故责任强制保险条例》第4条规定，国务院保险监督管理机构依法对保险公司的机动车交通事故责任强制保险业务实施监督管理。公安机关交通管理部门、农业（农业机械）主管部门（以下统称机动车管理部门）应当依法对机动车参加机动车交通事故责任强制保险的情况实施监督检查。对未参加机动车交通事故责任强制保险的机动车，机动车管理部门不得予以登记，机动车安全技术检验机构不得予以检验。公安机关交通管理部门及其交通警察在调查处理道路交通安全违法行为和道路交通事故时，应当依法检查机动车交通事故责任强制保险的保险标志。

《机动车登记规定》第54条、第55条。

4. 行政许可服务对象类型与改革举措

(1) 服务对象类型：自然人，企业法人，事业单位法人，社会组织法人，非法人企业，行政机关，其他组织

(2) 是否为涉企经营许可事项：否

(3) 涉企经营许可事项名称：无

(4) 涉企经营许可证件名称：无

(5) 改革方式：修订部门规章，优化服务流程

(6) 具体改革举措：修订《机动车登记规定》

(7) 加强事中事后监管措施：《机动车登记规定》第67条

5. 申请材料

(1) 申请材料名称

参加定期安全技术检验合格的已注册登记的机动车申请材料名称：①《机动车牌证申请表》；②机动车行驶证；③机动车

安全技术检验合格证明；④机动车交通事故责任强制保险凭证；⑤车船税完税证明或者免税凭证。

免予到机动车安全技术检验机构检验的机动车申请材料名称：①《机动车牌证申请表》；②机动车所有人身份证明或者机动车行驶证；③机动车交通事故责任强制保险凭证；④车船税完税证明或者免税凭证。

（2）规定申请材料的依据

《机动车登记规定》第54条、第55条。

6. 中介服务

（1）有无法定中介服务事项：无

（2）中介服务事项名称：无

（3）设定中介服务事项的依据：无

（4）提供中介服务的机构：无

（5）中介服务事项的收费性质：无

7. 审批程序

（1）办理行政许可的程序环节：一是申请人申请；二是审批机构受理/不予受理；三是审批机构审查；四是决定核发机动车检验合格标志。

（2）规定行政许可程序的依据

《道路交通安全法》第13条。

《道路交通安全法实施条例》第17条。

《机动车登记规定》第54条、第55条。

（3）是否需要现场勘验：否

（4）是否需要组织听证：否

（5）是否需要招标、拍卖、挂牌交易：否

（6）是否需要检验、检测、检疫：是

（7）是否需要鉴定：否

（8）是否需要专家评审：否

（9）是否需要向社会公示：否

（10）是否实行告知承诺办理：否

（11）审批机关是否委托服务机构开展技术性服务：否

8. 受理和审批时限

（1）承诺受理时限：当场办理

（2）法定审批时限：1个工作日

（3）规定法定审批时限依据

《机动车登记规定》第54条、第55条。

（4）承诺审批时限：1个工作日

9. 收费

（1）办理行政许可是否收费：否

（2）收费项目的名称、收费项目的标准、设定收费项目的依据、规定收费标准的依据：无

10. 行政许可证件

（1）审批结果类型：证照

（2）审批结果名称：机动车检验合格标志

（3）审批结果的有效期限：根据不同车辆确定

（4）规定审批结果有效期限的依据

《道路交通安全法》第13条。

（5）是否需要办理审批结果变更手续：否

（6）办理审批结果变更手续的要求：无

（7）是否需要办理审批结果延续手续：否

（8）办理审批结果延续手续的要求：无

（9）审批结果的有效地域范围：全国

（10）规定审批结果有效地域范围的依据

《道路交通安全法》第13条。

11. 行政许可数量限制

（1）有无行政许可数量限制：无

（2）公布数量限制的方式：无

（3）公布数量限制的周期：无

（4）在数量限制条件下实施行政许可的方式：无

（5）规定在数量限制条件下实施行政许可方式的依据：无

12. 行政许可后年检

（1）有无年检要求：无

（2）设定年检要求的依据：无

（3）年检周期：无

（4）年检是否要求报送材料：无

（5）年检报送材料名称：无

（6）年检是否收费：无

（7）年检收费项目的名称、年检收费项目的标准、设定年检收费项目的依据、规定年检项目收费标准的依据：无

（8）通过年检的证明或者标志：无

13. 行政许可后年报

（1）有无年报要求：无

（2）年报报送材料名称：无

（3）设定年报要求的依据：无

（4）年报周期：无

14. 监管主体

省级公安机关交通管理部门，直辖市、设区的市或者相当于同级的公安机关交通管理部门。

15. 备注

（二）机动车检验合格标志核发（设区的市级权限）

1. 基本要素

（1）行政许可事项名称及编码：机动车检验合格标志核发【00010914300Y】

（2）行政许可事项子项名称及编码：机动车检验合格标志核发（设区的市级权限）【000109143005】

（3）行政许可事项业务办理项名称及编码：无

（4）设定依据

《道路交通安全法》第13条第1款规定，对登记后上道路行驶的机动车，应当依照法律、行政法规的规定，根据车辆用途、载客载货数量、使用年限等不同情况，定期进行安全技术检验。对提供机动车行驶证和机动车第三者责任强制保险单的，机动车安全技术检验机构应当予以检验，任何单位不得附加其他条件。对符合机动车国家安全技术标准的，公安机关交通管理部门应当发给检验合格标志。

（5）实施依据

《机动车登记规定》第54条规定，机动车所有人可以在机动车检验有效期满前三个月内向车辆管理所申请检验合格标志。除大型载客汽车、校车以外的机动车因故不能在登记地检验的，机动车所有人可以向车辆所在地车辆管理所申请检验合格标志。申请前，机动车所有人应当将涉及该车的道路交通安全违法行为和交通事故处理完毕。申请时，机动车所有人应当确认申请信息并提交行驶证、机动车交通事故责任强制保险凭证、车船税纳税或者免税证明、机动车安全技术检验合格证明。车辆管理所应当自受理之日起一日内，审查提交的证明、凭证，核发检验合格标志。

《机动车登记规定》第55条规定，对免予到机动车安全技术检验机构检验的机动车，机动车所有人申请检验合格标志时，应当提交机动车所有人身份证明或者行驶

证、机动车交通事故责任强制保险凭证、车船税纳税或者免税证明。车辆管理所应当自受理之日起一日内，审查提交的证明、凭证，核发检验合格标志。

（6）监管依据

《机动车登记规定》第67条规定，公安机关交通管理部门应当建立业务监督管理中心，通过远程监控、数据分析、日常检查、档案抽查、业务回访等方式，对机动车登记及相关业务办理情况进行监督管理。直辖市、设区的市或者相当于同级的公安机关交通管理部门应当通过监管系统每周对机动车登记及相关业务办理情况进行监控、分析，及时查处整改发现的问题。省级公安机关交通管理部门应当通过监管系统每月对机动车登记及相关业务办理情况进行监控、分析，及时查处、通报发现的问题。车辆管理所存在严重违规办理机动车登记情形的，上级公安机关交通管理部门可以暂停该车辆管理所办理相关业务或者指派其他车辆管理所人员接管业务。

（7）实施机关：设区的市级公安机关（可委托县级公安机关实施）

（8）审批层级：设区的市级

（9）行使层级：市级/隶属

（10）是否由审批机关受理：是

（11）受理层级：设区的市级，县级

（12）是否存在初审环节：否

（13）初审层级：无

（14）对应政务服务事项国家级基本目录名称：机动车检验合格标志核发

（15）要素统一情况：全部要素全国统一

2. 行政许可事项类型：条件型

3. 行政许可条件

（1）准予行政许可的条件：一是机动车已注册登记；二是提交《机动车牌证申请表》；三是具有行驶证；四是具有机动车安全技术检验合格证明（免予到机动车安全技术检验机构检验的机动车除外）；五是具有机动车交通事故责任强制保险凭证；六是具有车船税纳税或者免税证明。

（2）规定行政许可条件的依据

《道路交通安全法》第13条。

《道路交通安全法实施条例》第17条规定，已注册登记的机动车进行安全技术检验时，机动车行驶证记载的登记内容与该机动车的有关情况不符，或者未按照规定提供机动车第三者责任强制保险凭证的，不予通过检验。

《车船税法》第10条规定，公安、交通运输、农业、渔业等车船登记管理部门、船舶检验机构和车船税扣缴义务人的行业主管部门应当在提供车船有关信息等方面，协助税务机关加强车船税的征收管理。车辆所有人或者管理人在申请办理车辆相关登记、定期检验手续时，应当向公安机关交通管理部门提交依法纳税或者免税证明。公安机关交通管理部门核查后办理相关手续。

《机动车交通事故责任强制保险条例》第4条规定，国务院保险监督管理机构依法对保险公司的机动车交通事故责任强制保险业务实施监督管理。公安机关交通管理部门、农业（农业机械）主管部门（以下统称机动车管理部门）应当依法对机动车参加机动车交通事故责任强制保险的情况实施监督检查。对未参加机动车交通事故责任强制保险的机动车，机动车管理部门不得予以登记，机动车安全技术检验机构不得予以检验。公安机关交通管理部门及其交通警察在调查处理道路交通安全违法行为和道路交通事故时，应当依法检查机动车交通事故责任强制保险的保险标志。

《机动车登记规定》第 54 条、第 55 条。

4. 行政许可服务对象类型与改革举措

（1）服务对象类型：自然人，企业法人，事业单位法人，社会组织法人，非法人企业，行政机关，其他组织

（2）是否为涉企经营许可事项：否

（3）涉企经营许可事项名称：无

（4）涉企经营许可证件名称：无

（5）改革方式：修订部门规章，优化服务流程

（6）具体改革举措：修订《机动车登记规定》

（7）加强事中事后监管措施：《机动车登记规定》第 67 条

5. 申请材料

（1）申请材料名称

参加定期安全技术检验合格的已注册登记的机动车申请材料名称：①《机动车牌证申请表》；②机动车行驶证；③机动车安全技术检验合格证明；④机动车交通事故责任强制保险凭证；⑤车船税完税证明或者免税凭证。

免予到机动车安全技术检验机构检验的机动车申请材料名称：①《机动车牌证申请表》；②机动车所有人身份证明或者机动车行驶证；③机动车交通事故责任强制保险凭证；④车船税完税证明或者免税凭证。

（2）规定申请材料的依据

《机动车登记规定》第 54 条、第 55 条。

6. 中介服务

（1）有无法定中介服务事项：无

（2）中介服务事项名称：无

（3）设定中介服务事项的依据：无

（4）提供中介服务的机构：无

（5）中介服务事项的收费性质：无

7. 审批程序

（1）办理行政许可的程序环节：一是申请人申请；二是审批机构受理/不予受理；三是审批机构审查；四是决定核发机动车检验合格标志。

（2）规定行政许可程序的依据

《道路交通安全法》第 13 条。

《道路交通安全法实施条例》第 17 条。

《机动车登记规定》第 54 条、第 55 条。

（3）是否需要现场勘验：否

（4）是否需要组织听证：否

（5）是否需要招标、拍卖、挂牌交易：否

（6）是否需要检验、检测、检疫：是

（7）是否需要鉴定：否

（8）是否需要专家评审：否

（9）是否需要向社会公示：否

（10）是否实行告知承诺办理：否

（11）审批机关是否委托服务机构开展技术性服务：否

8. 受理和审批时限

（1）承诺受理时限：当场办理

（2）法定审批时限：1 个工作日

（3）规定法定审批时限依据

《机动车登记规定》第 54 条、第 55 条。

（4）承诺审批时限：1 个工作日

9. 收费

（1）办理行政许可是否收费：否

（2）收费项目的名称、收费项目的标准、设定收费项目的依据、规定收费标准的依据：无

10. 行政许可证件

（1）审批结果类型：证照

（2）审批结果名称：机动车检验合格标志

（3）审批结果的有效期限：根据不同车辆确定

（4）规定审批结果有效期限的依据

《道路交通安全法》第13条。

（5）是否需要办理审批结果变更手续：否

（6）办理审批结果变更手续的要求：无

（7）是否需要办理审批结果延续手续：否

（8）办理审批结果延续手续的要求：无

（9）审批结果的有效地域范围：全国

（10）规定审批结果有效地域范围的依据

《道路交通安全法》第13条。

11. 行政许可数量限制

（1）有无行政许可数量限制：无

（2）公布数量限制的方式：无

（3）公布数量限制的周期：无

（4）在数量限制条件下实施行政许可的方式：无

（5）规定在数量限制条件下实施行政许可方式的依据：无

12. 行政许可后年检

（1）有无年检要求：无

（2）设定年检要求的依据：无

（3）年检周期：无

（4）年检是否要求报送材料：无

（5）年检报送材料名称：无

（6）年检是否收费：无

（7）年检收费项目的名称、年检收费项目的标准、设定年检收费项目的依据、规定年检项目收费标准的依据：无

（8）通过年检的证明或者标志：无

13. 行政许可后年报

（1）有无年报要求：无

（2）年报报送材料名称：无

（3）设定年报要求的依据：无

（4）年报周期：无

14. 监管主体

省级公安机关交通管理部门，直辖市、设区的市或者相当于同级的公安机关交通管理部门。

15. 备注

四十、机动车驾驶证核发、审验

机动车驾驶证核发、审验的中央主管部门是公安部，实施机关是直辖市公安机关和设区的市级、县级公安机关，设定和实施依据包括：《道路交通安全法》、《道路交通安全法实施条例》、《机动车驾驶证申领和使用规定》（公安部令第162号）、《国家发展改革委、财政部关于加强和规范机动车牌证工本费等收费标准管理有关问题的通知》（发改价格〔2004〕2831号）。该许可项目包括2个子项：（1）机动车驾驶证核发、审验（直辖市级权限）；（2）机动车驾驶证核发、审验（设区的市级权限）

（一）机动车驾驶证核发、审验（直辖市级权限）

1. 基本要素

（1）行政许可事项名称及编码：机动

车驾驶证核发、审验【00010914000Y】

（2）行政许可事项子项名称及编码：机动车驾驶证核发、审验（直辖市级权限）【000109140008】

（3）行政许可事项业务办理项名称及编码：无

（4）设定依据

《道路交通安全法》第19条规定，驾驶机动车，应当依法取得机动车驾驶证。申请机动车驾驶证，应当符合国务院公安部门规定的驾驶许可条件；经考试合格后，由公安机关交通管理部门发给相应类别的机动车驾驶证。持有境外机动车驾驶证的人，符合国务院公安部门规定的驾驶许可条件，经公安机关交通管理部门考核合格的，可以发给中国的机动车驾驶证。……

《道路交通安全法》第23条规定，公安机关交通管理部门依照法律、行政法规的规定，定期对机动车驾驶证实施审验。

（5）实施依据

《道路交通安全法实施条例》第19条第1款规定，符合国务院公安部门规定的驾驶许可条件的人，可以向公安机关交通管理部门申请机动车驾驶证。

《机动车驾驶证申领和使用规定》第72条第1款规定，机动车驾驶人应当按照法律、行政法规的规定，定期到公安机关交通管理部门接受审验。

（6）监管依据

《机动车驾驶证申领和使用规定》第55条规定，公安机关交通管理部门应当建立业务监督管理中心，通过远程监控、数据分析、日常检查、档案抽查、业务回访等方式，对机动车驾驶人考试和机动车驾驶证业务办理情况进行监督管理。直辖市、设区的市或者相当于同级的公安机关交通管理部门应当通过监管系统每周对机动车驾驶人考试情况进行监控、分析，及时查处整改发现的问题。省级公安机关交通管理部门应当通过监管系统每月对机动车驾驶人考试情况进行监控、分析，及时查处、通报发现的问题。车辆管理所存在为未经考试或者考试不合格人员核发机动车驾驶证等严重违规办理机动车驾驶证业务情形的，上级公安机关交通管理部门可以暂停该车辆管理所办理相关业务或者指派其他车辆管理所人员接管业务。

（7）实施机关：直辖市公安机关（可委托县级公安机关实施）

（8）审批层级：省级

（9）行使层级：省级/直属

（10）是否由审批机关受理：是

（11）受理层级：省级，县级

（12）是否存在初审环节：否

（13）初审层级：无

（14）对应政务服务事项国家级基本目录名称：机动车驾驶证核发、审验

（15）要素统一情况：全部要素全国统一

2. 行政许可事项类型：条件型

3. 行政许可条件

（1）准予行政许可的条件

《机动车驾驶证申领和使用规定》第14条规定，申请机动车驾驶证的，应当符合下列规定：一是年龄条件。①申请小型汽车、小型自动挡汽车、残疾人专用小型自动挡载客汽车、轻便摩托车准驾车型的，在18周岁以上；②申请低速载货汽车、三轮汽车、普通三轮摩托车、普通二轮摩托车或者轮式专用机械车准驾车型的，在18

周岁以上，60周岁以下；③申请城市公交车、中型客车、大型货车、轻型牵引挂车、无轨电车或者有轨电车准驾车型的，在20周岁以上，60周岁以下；④申请大型客车、重型牵引挂车准驾车型的，在22周岁以上，60周岁以下；⑤接受全日制驾驶职业教育的学生，申请大型客车、重型牵引挂车准驾车型的，在19周岁以上，60周岁以下。

二是身体条件：①身高：申请大型客车、重型牵引挂车、城市公交车、大型货车、无轨电车准驾车型的，身高为155厘米以上。申请中型客车准驾车型的，身高为150厘米以上；②视力：申请大型客车、重型牵引挂车、城市公交车、中型客车、大型货车、无轨电车或者有轨电车准驾车型的，两眼裸视力或者矫正视力达到对数视力表5.0以上。申请其他准驾车型的，两眼裸视力或者矫正视力达到对数视力表4.9以上。单眼视力障碍，优眼裸视力或者矫正视力达到对数视力表5.0以上，且水平视野达到150度的，可以申请小型汽车、小型自动挡汽车、低速载货汽车、三轮汽车、残疾人专用小型自动挡载客汽车准驾车型的机动车驾驶证；③辨色力：无红绿色盲；④听力：两耳分别距音叉50厘米能辨别声源方向。有听力障碍但佩戴助听设备能够达到以上条件的，可以申请小型汽车、小型自动挡汽车准驾车型的机动车驾驶证；⑤上肢：双手拇指健全，每只手其他手指必须有三指健全，肢体和手指运动功能正常。但手指末节残缺或者左手有三指健全，且双手手掌完整的，可以申请小型汽车、小型自动挡汽车、低速载货汽车、三轮汽车准驾车型的机动车驾驶证；⑥下肢：双下肢健全且运动功能正常，不等长度不得大于5厘米。单独左下肢缺失或者丧失运动功能，但右下肢正常的，可以申请小型自动挡汽车准驾车型的机动车驾驶证；⑦躯干、颈部：无运动功能障碍；⑧右下肢、双下肢缺失或者丧失运动功能但能够自主坐立，且上肢符合身体条件规定的，可以申请残疾人专用小型自动挡载客汽车准驾车型的机动车驾驶证。一只手掌缺失，另一只手拇指健全，其他手指中有两指健全，上肢和手指运动功能正常，且下肢符合身体条件规定的，可以申请残疾人专用小型自动挡载客汽车准驾车型的机动车驾驶证；⑨年龄在70周岁以上能够通过记忆力、判断力、反应力等能力测试的，可以申请小型汽车、小型自动挡汽车、残疾人专用小型自动挡载客汽车、轻便摩托车准驾车型的机动车驾驶证。

（2）规定行政许可条件的依据

《道路交通安全法实施条例》第21条规定，公安机关交通管理部门应当对申请机动车驾驶证的人进行考试，对考试合格的，在5日内核发机动车驾驶证；对考试不合格的，书面说明理由。

《机动车驾驶证申领和使用规定》第14条。

《机动车驾驶证申领和使用规定》第15条规定，有下列情形之一的，不得申请机动车驾驶证：①有器质性心脏病、癫痫病、美尼尔氏症、眩晕症、癔病、震颤麻痹、精神病、痴呆以及影响肢体活动的神经系统疾病等妨碍安全驾驶疾病的；②三年内有吸食、注射毒品行为或者解除强制隔离戒毒措施未满三年，以及长期服用依赖性精神药品成瘾尚未戒除的；③造成交通事故后逃逸构成犯罪的；④饮酒后或者醉酒驾驶机动车发生重大交通事故构成犯罪的；⑤醉酒驾驶机动车或者饮酒后驾驶营运机动车依法被吊销机动车驾驶证未满五年的；⑥醉酒驾驶营运机动车依法被吊销机动车驾驶证未满十年的；⑦驾驶机动车追逐竞驶、超员、超速、违反危险化学品安全管理规定运输危险化学品构成犯罪依法被吊销机动车驾驶证未满五年的；⑧因本款第四项以外的其他违反交通管理法律法规的行为发生重大交通事故构成犯罪依法被吊销机动车驾驶证未满十年的；⑨因其他情形依法被吊销机动车驾驶证未满二年的；⑩驾驶许可依法被撤销未满三年的；⑪未取得机动车驾驶证驾驶机动车，发生负同等以上责任交通事故造成人员重伤或者死亡未满十年的；⑫三年内有代替他人参加机动车驾驶人考试行为的；⑬法律、行政法规规定的其他情形。未取得机动车驾驶证驾驶机动车，有第一款第五项至第八项行为之一的，在规定期限内不得申请机动车驾驶证。

《机动车驾驶证申领和使用规定》第16条规定，初次申领机动车驾驶证的，可以申请准驾车型为城市公交车、大型货车、小型汽车、小型自动挡汽车、低速载货汽车、三轮汽车、残疾人专用小型自动挡载客汽车、普通三轮摩托车、普通二轮摩托车、轻便摩托车、轮式专用机械车、无轨电车、有轨电车的机动车驾驶证。已持有机动车驾驶证，申请增加准驾车型的，可以申请增加的准驾车型为大型客车、重型牵引挂车、城市公交车、中型客车、大型货车、小型汽车、小型自动挡汽车、低速载货汽车、三轮汽车、轻型牵引挂车、普通三轮摩托车、普通二轮摩托车、轻便摩托车、轮式专用机械车、无轨电车、有轨电车。

《机动车驾驶证申领和使用规定》第17条规定，已持有机动车驾驶证，申请增加准驾车型的，应当在本记分周期和申请前最近一个记分周期内没有记满12分记录。申请增加轻型牵引挂车、中型客车、重型牵引挂车、大型客车准驾车型的，还应当符合下列规定：①申请增加轻型牵引挂车准驾车型的，已取得驾驶小型汽车、小型自动挡汽车准驾车型资格一年以上；②申请增加中型客车准驾车型的，已取得驾驶城市公交车、大型货车、小型汽车、小型自动挡汽车、低速载货汽车或者三轮汽车准驾车型资格二年以上，并在申请前最近连续二个记分周期内没有记满12分记录；③申请增加重型牵引挂车准驾车型的，已取得驾驶中型客车或者大型货车准驾车型资格二年以上，或者取得驾驶大型客车准驾车型资格一年以上，并在申请前最近连续二个记分周期内没有记满12分记录；④申请增加大型客车准驾车型的，已取得驾驶城市公交车、中型客车准驾车型资格二年以上、已取得驾驶大型货车准驾车型资格三年以上，或者取得驾驶重型牵引挂车准驾车型资格一年以上，并在申请前最近连续三个记分周期内没有记满12分记录。正在接受全日制驾驶职业教育的学生，已在校取得驾驶小型汽车准驾车型资格，并在本记分周期和申请前最近一个记分周期内没有记满12分记录的，可以申请增加大型客车、重型牵引挂车准驾车型。

《机动车驾驶证申领和使用规定》第18条规定，有下列情形之一的，不得申请大型客车、重型牵引挂车、城市公交车、中型客车、大型货车准驾车型：①发生交通事故造成人员死亡，承担同等以上责任的；②醉酒后驾驶机动车的；③再次饮酒后驾驶机动车的；④有吸食、注射毒品后驾驶机动车行为的，或者有执行社区戒毒、强制隔离戒毒、社区康复措施记录的；⑤驾驶机动车追逐竞驶、超员、超速、违反危险化学品安全管理规定运输危险化学品构成犯罪的；⑥被吊销或者撤销机动车驾驶证未满十年的；⑦未取得机动车驾驶证驾驶机动车，发生负同等以上责任交通事故造成人员重伤或者死亡的。

《机动车驾驶证申领和使用规定》第19条规定，持有军队、武装警察部队机动车驾驶证，符合本规定的申请条件，可以申请对应准驾车型的机动车驾驶证。

《机动车驾驶证申领和使用规定》第20条规定，持有境外机动车驾驶证，符合本规定的申请条件，且取得该驾驶证时在核发国家或者地区一年内累计居留九十日以上的，可以申请对应准驾车型的机动车驾驶证。属于申请准驾车型为大型客车、重型牵引挂车、中型客车机动车驾驶证的，还应当取得境外相应准驾车型机动车驾驶证二年以上。

《机动车驾驶证申领和使用规定》第22条规定，申领机动车驾驶证的人，按照下列规定向车辆管理所提出申请：①在户籍所在地居住的，应当在户籍所在地提出申请；②在户籍所在地以外居住的，可以在居住地提出申请；③现役军人（含武警），应当在部队驻地提出申请；④境外人员，应当在居留地或者居住地提出申请；⑤申请增加准驾车型的，应当在所持机动车驾驶证核发地提出申请；⑥接受全日制驾驶职业教育，申请增加大型客车、重型牵引挂车准驾车型的，应当在接受教育地提出申请。

《机动车驾驶证申领和使用规定》第27条规定，申请机动车驾驶证的人，符合本规定要求的驾驶许可条件，有下列情形之一的，可以按照第十六条第一款和第二十三条的规定直接申请相应准驾车型的机动车驾驶证考试：①原机动车驾驶证因超过有效期未换证被注销的；②原机动车驾驶证因未提交身体条件证明被注销的；③原机动车驾驶证由本人申请注销的；④原机动车驾驶证因身体条件暂时不符合规定被注销的；⑤原机动车驾驶证或者准驾车型资格因其他原因被注销的，但机动车驾驶证被吊销或者被撤销的除外；⑥持有的军队、武装警察部队机动车驾驶证超过有效期的；⑦持有境外机动车驾驶证或者境外机动车驾驶证超过有效期的。有前款第六项、第七项规定情形之一的，还应当提交机动车驾驶证。

《机动车驾驶证申领和使用规定》第72条规定，机动车驾驶人应当按照法律、行政法规的规定，定期到公安机关交通管理部门接受审验。机动车驾驶人按照本规定第六十三条、第六十四条换领机动车驾驶证时，应当接受公安机关交通管理部门的审验。持有大型客车、重型牵引挂车、城市公交车、中型客车、大型货车驾驶证的驾驶人，应当在每个记分周期结束后三十日内到公安机关交通管理部门接受审验。但在一个记分周期内没有记分记录的，免予本记分周期审验。持有第三款规定以外准驾车型驾驶证的驾驶人，发生交通事故造成人员死亡承担同等以上责任未被吊销机动车驾驶证的，应当在本记分周期结束后三十日内到公安机关交通管理部门接受审验。年龄在70周岁以上的机动车驾驶人发生责任交通事故造成人员重伤或者死亡的，应当在本记分周期结束后三十日内到公安机关交通管理部门接受审验。机动车驾驶人可以在机动车驾驶证核发地或者核发地以外的地方参加审验、提交身体条件证明。

《机动车驾驶证申领和使用规定》第73条规定，机动车驾驶证审验内容包括：①道路交通安全违法行为、交通事故处理情况；②身体条件情况；③道路交通安全违法行为记分及记满12分后参加学习和考试情况。持有大型客车、重型牵引挂车、城市公交车、中型客车、大型货车驾驶证一个记分周期内有记分的，以及持有其他准驾车型驾驶证发生交通事故造成人员死亡承担同等以上责任未被吊销机动车驾驶证的驾驶人，审验时应当参加不少于三小时的道路交通安全法律法规、交通安全文明驾驶、应急处置等知识学习，并接受交通事故案例警示教育。年龄在70周岁以上的机动车驾驶人审验时还应当按照规定进行记忆力、判断力、反应力等能力测试。对道路交通安全违法行为或者交通事故未处理完毕的、身体条件不符合驾驶许可条件的、未按照规定参加学习、教育和考试的，不予通过审验。

《机动车驾驶证申领和使用规定》第74条规定，年龄在70周岁以上的机动车驾驶人，应当每年进行一次身体检查，在记分周期结束后三十日内，提交医疗机构出具的有关身体条件的证明。持有残疾人专用小型自动挡载客汽车驾驶证的机动车驾驶人，应当每三年进行一次身体检查，在记分周期结束后三十日内，提交医疗机构出具的有关身体条件的证明。机动车驾驶人按照本规定第七十二条第三款、第四款规定参加审验时，应当申报身体条件情况。

4. 行政许可服务对象类型与改革举措

（1）服务对象类型：自然人

（2）是否为涉企经营许可事项：否

（3）涉企经营许可事项名称：无

（4）涉企经营许可证件名称：无

（5）改革方式：修订部门规章，优化服务流程

（6）具体改革举措：修订《机动车驾驶证申领和使用规定》

（7）加强事中事后监管措施：《机动车驾驶证申领和使用规定》第55条

5. 申请材料

（1）申请材料名称

初次申领机动车驾驶证申请材料名称：①申请人的身份证明；②医疗机构出具的有关身体条件的证明。

持军队、武装警察部队驾驶证申请机动车驾驶证申请材料名称：①申请人的身份证明。属于复员、转业、退伍的人员，还应当提交军队、武装警察部队核发的复员、转业、退伍证明；②医疗机构出具的有关身体条件的证明；③军队、武装警察部队机动车驾驶证。

持境外机动车驾驶证申请机动车驾驶证申请材料名称：①申请人的身份证明；②医疗机构出具的有关身体条件的证明；③所持机动车驾驶证。属于非中文表述的，还应当提供翻译机构出具或者公证机构公证的中文翻译文本。属于外国驻华使馆、

领馆人员及国际组织驻华代表机构人员申请的，按照外交对等原则执行。属于内地居民申请的，还应当提交申请人的护照或者往来港澳通行证、往来台湾通行证。

按照驾驶证互认换领协议申领机动车驾驶证申请材料名称：按照协议办理。

（2）规定申请材料的依据

《机动车驾驶证申领和使用规定》第23条规定，申请机动车驾驶证，应当确认申请信息，并提交以下证明：①申请人的身份证明；②医疗机构出具的有关身体条件的证明。

《机动车驾驶证申领和使用规定》第24条规定，持军队、武装警察部队机动车驾驶证的人申请机动车驾驶证，应当确认申请信息，并提交以下证明、凭证：①申请人的身份证明。属于复员、转业、退伍的人员，还应当提交军队、武装警察部队核发的复员、转业、退伍证明；②医疗机构出具的有关身体条件的证明；③军队、武装警察部队机动车驾驶证。

《机动车驾驶证申领和使用规定》第25条规定，持境外机动车驾驶证的人申请机动车驾驶证，应当确认申请信息，并提交以下证明、凭证：①申请人的身份证明；②医疗机构出具的有关身体条件的证明；③所持机动车驾驶证。属于非中文表述的，还应当提供翻译机构出具或者公证机构公证的中文翻译文本。属于外国驻华使馆、领馆人员及国际组织驻华代表机构人员申请的，按照外交对等原则执行。属于内地居民申请的，还应当提交申请人的护照或者往来港澳通行证、往来台湾通行证。

《机动车驾驶证申领和使用规定》第104条规定，国家之间对机动车驾驶证有互相认可协议的，按照协议办理。国家之间签订有关协定涉及机动车驾驶证的，按照协定执行。

6. 中介服务

（1）有无法定中介服务事项：无

（2）中介服务事项名称：无

（3）设定中介服务事项的依据：无

（4）提供中介服务的机构：无

（5）中介服务事项的收费性质：无

7. 审批程序

（1）办理行政许可的程序环节：一是申请人申请；二是审批机构受理/不予受理；三是审批机构审查；四是决定核发机动车驾驶证，或决定审验驾驶证通过。

（2）规定行政许可程序的依据

《道路交通安全法》第19条。

《机动车驾驶证申领和使用规定》第28条规定，申请人提交的证明、凭证齐全、符合法定形式的，车辆管理所应当受理，并按规定审查申请人的机动车驾驶证申请条件。属于持境外机动车驾驶证的人申请机动车驾驶证的，还应当核查申请人的出入境记录；属于第二十七条第一款第一项至第五项规定情形之一的，还应当核查申请人的驾驶经历；属于正在接受全日制驾驶职业教育的学生，申请增加大型客车、重型牵引挂车准驾车型的，还应当核查申请人的学籍。公安机关交通管理部门已经实现与医疗机构等单位联网核查的，申请人免予提交身体条件证明等证明、凭证。对于符合申请条件的，车辆管理所应当按规定安排预约考试；不需要考试的，一日内核发机动车驾驶证。申请人属于复员、转业、退伍人员持军队、武装警察部队机动车驾驶证申请机动车驾驶证的，应当收回军队、武装警察部队机动车驾驶证。

（3）是否需要现场勘验：否

（4）是否需要组织听证：否

（5）是否需要招标、拍卖、挂牌交易：否

（6）是否需要检验、检测、检疫：否

（7）是否需要鉴定：否

（8）是否需要专家评审：否

（9）是否需要向社会公示：否

（10）是否实行告知承诺办理：否

（11）审批机关是否委托服务机构开展技术性服务：否

8. 受理和审批时限

（1）承诺受理时限：当场办理

（2）法定审批时限：5个工作日

（3）规定法定审批时限依据

《道路交通安全法实施条例》第21条。

（4）承诺审批时限：5个工作日

9. 收费

（1）办理行政许可是否收费：是

（2）收费项目的名称、收费项目的标准、设定收费项目的依据、规定收费标准的依据

收费项目名称：机动车驾驶证工本费、机动车驾驶人考试费。

收费项目标准：驾驶证工本费的收费标准为每证10元；收取驾驶许可考试费的收费标准，由省、自治区、直辖市价格主管部门会同财政部门根据本地公安机关交通管理部门、农业（农业机械）主管部门组织驾驶许可考试的实际成本支出核定。

设定收费项目的依据：《道路交通安全法》第81条规定，依照本法发放牌证等收取工本费，应当严格执行国务院价格主管部门核定的收费标准，并全部上缴国库。

规定收费标准的依据：①《国家发展改革委、财政部关于加强和规范机动车牌证工本费等收费标准管理有关问题的通知》规定，公安机关交通管理部门、农业（农业机械）主管部门在对考试合格的机动车驾驶证申请人发放驾驶证时，收取驾驶证工本费的收费标准为每证10元。②《国家发展改革委、财政部关于加强和规范机动车牌证工本费等收费标准管理有关问题的通知》规定，公安机关交通管理部门、农业（农业机械）主管部门在组织机动车驾驶证申请人进行道路交通安全法律、法规、驾驶技能考试时收取驾驶许可考试费的收费标准，由省、自治区、直辖市价格主管部门会同财政部门根据本地公安机关交通管理部门、农业（农业机械）主管部门组织驾驶许可考试的实际成本支出核定。

10. 行政许可证件

（1）审批结果类型：证照

（2）审批结果名称：机动车驾驶证

（3）审批结果的有效期限：6年/10年/长期

（4）规定审批结果有效期限的依据

《道路交通安全法实施条例》第22条、第26条。

《机动车驾驶证申领和使用规定》第13条。

（5）是否需要办理审批结果变更手续：是

（6）办理审批结果变更手续的要求：一是已持有机动车驾驶证，需要增加的准驾车型为大型客车、重型牵引挂车、城市公交车、中型客车、大型货车、小型汽车、小型自动挡汽车、低速载货汽车、三轮汽车、轻型牵引挂车、普通三轮摩托车、普

通二轮摩托车、轻便摩托车、轮式专用机械车、无轨电车、有轨电车。申请增加准驾车型的，应当在本记分周期和申请前最近一个记分周期内没有记满12分记录。二是申请增加轻型牵引挂车、中型客车、重型牵引挂车、大型客车准驾车型的，还应当符合下列规定：①申请增加轻型牵引挂车准驾车型的，已取得驾驶小型汽车、小型自动挡汽车准驾车型资格一年以上；②申请增加中型客车准驾车型的，已取得驾驶城市公交车、大型货车、小型汽车、小型自动挡汽车、低速载货汽车或者三轮汽车准驾车型资格二年以上，并在申请前最近连续二个记分周期内没有记满12分记录；③申请增加重型牵引挂车准驾车型的，已取得驾驶中型客车或者大型货车准驾车型资格二年以上，或者取得驾驶大型客车准驾车型资格一年以上，并在申请前最近连续二个记分周期内没有记满12分记录；④申请增加大型客车准驾车型的，已取得驾驶城市公交车、中型客车准驾车型资格二年以上、已取得驾驶大型货车准驾车型资格三年以上，或者取得驾驶重型牵引挂车准驾车型资格一年以上，并在申请前最近连续三个记分周期内没有记满12分记录。⑤正在接受全日制驾驶职业教育的学生，已在校取得驾驶小型汽车准驾车型资格，并在本记分周期和申请前最近一个记分周期内没有记满12分记录的，可以申请增加大型客车、重型牵引挂车准驾车型。三是不得申请大型客车、重型牵引挂车、城市公交车、中型客车、大型货车准驾车型的情形：①发生交通事故造成人员死亡，承担同等以上责任的；②醉酒后驾驶机动车的；③再次饮酒后驾驶机动车的；④有吸食、注射毒品后驾驶机动车行为的，或者有执行社区戒毒、强制隔离戒毒、社区康复措施记录的；⑤驾驶机动车追逐竞驶、超员、超速、违反危险化学品安全管理规定运输危险化学品构成犯罪的；⑥被吊销或者撤销机动车驾驶证未满十年的；⑦未取得机动车驾驶证驾驶机动车，发生负同等以上责任交通事故造成人员重伤或者死亡的。

（7）是否需要办理审批结果延续手续：是

（8）办理审批结果延续手续的要求机动车驾驶人在机动车驾驶证的6年有效期内，每个记分周期均未达到12分的，换发10年有效期的机动车驾驶证；在机动车驾驶证的10年有效期内，每个记分周期均未达到12分的，换发长期有效的机动车驾驶证。

（9）审批结果的有效地域范围：全国

（10）规定审批结果有效地域范围的依据

《道路交通安全法》第19条。

11. 行政许可数量限制

（1）有无行政许可数量限制：无

（2）公布数量限制的方式：无

（3）公布数量限制的周期：无

（4）在数量限制条件下实施行政许可的方式：无

（5）规定在数量限制条件下实施行政许可方式的依据：无

12. 行政许可后年检

（1）有无年检要求：有

（2）设定年检要求的依据

《机动车驾驶证申领和使用规定》第63条规定，机动车驾驶人应当于机动车驾驶证有效期满前九十日内，向机动车驾驶证核发地或者核发地以外的车辆管理所申请换证。申请时应当确认申请信息，并提交以下证明、凭证：①机动车驾驶人的身份证明；②医疗机构出具的有关身体条件的证明。

（3）年检周期：6 年/10 年

（4）年检是否要求报送材料：是

（5）年检报送材料名称：机动车驾驶人的身份证明、医疗机构出具的有关身体条件的证明

（6）年检是否收费：是

（7）年检收费项目的名称、年检收费项目的标准、设定年检收费项目的依据、规定年检项目收费标准的依据

年检收费项目的名称：机动车驾驶证工本费。

年检收费项目的标准：驾驶证工本费的收费标准为每证 10 元。

设定年检收费项目的依据：《道路交通安全法》第 81 条规定，依照本法发放牌证等收取工本费，应当严格执行国务院价格主管部门核定的收费标准，并全部上缴国库。

规定年检项目收费标准的依据：《国家发展改革委、财政部关于加强和规范机动车牌证工本费等收费标准管理有关问题的通知》规定，公安机关交通管理部门、农业（农业机械）主管部门在对考试合格的机动车驾驶证申请人发放驾驶证时，收取驾驶证工本费的收费标准为每证 10 元。

（8）通过年检的证明或者标志：机动车驾驶证

13. 行政许可后年报

（1）有无年报要求：无

（2）年报报送材料名称：无

（3）设定年报要求的依据：无

（4）年报周期：无

14. 监管主体

直辖市公安机关交通管理部门。

15. 备注

（二）机动车驾驶证核发、审验（设区的市级权限）

1. 基本要素

（1）行政许可事项名称及编码：机动车驾驶证核发、审验【00010914000Y】

（2）行政许可事项子项名称及编码：机动车驾驶证核发、审验（设区的市级权限）【000109140009】

（3）行政许可事项业务办理项名称及编码：无

（4）设定依据

《道路交通安全法》第 19 条规定，驾驶机动车，应当依法取得机动车驾驶证。申请机动车驾驶证，应当符合国务院公安部门规定的驾驶许可条件；经考试合格后，由公安机关交通管理部门发给相应类别的机动车驾驶证。持有境外机动车驾驶证的人，符合国务院公安部门规定的驾驶许可条件，经公安机关交通管理部门考核合格的，可以发给中国的机动车驾驶证。……

《道路交通安全法》第 23 条规定，公安机关交通管理部门依照法律、行政法规的规定，定期对机动车驾驶证实施审验。

（5）实施依据

《道路交通安全法实施条例》第 19 条第 1 款规定，符合国务院公安部门规定的驾驶许可条件的人，可以向公安机关交通管理部门申请机动车驾驶证。

《机动车驾驶证申领和使用规定》第 72

条第1款规定，机动车驾驶人应当按照法律、行政法规的规定，定期到公安机关交通管理部门接受审验。

（6）监管依据

《机动车驾驶证申领和使用规定》第55条规定，公安机关交通管理部门应当建立业务监督管理中心，通过远程监控、数据分析、日常检查、档案抽查、业务回访等方式，对机动车驾驶人考试和机动车驾驶证业务办理情况进行监督管理。直辖市、设区的市或者相当于同级的公安机关交通管理部门应当通过监管系统每周对机动车驾驶人考试情况进行监控、分析，及时查处整改发现的问题。省级公安机关交通管理部门应当通过监管系统每月对机动车驾驶人考试情况进行监控、分析，及时查处、通报发现的问题。车辆管理所存在为未经考试或者考试不合格人员核发机动车驾驶证等严重违规办理机动车驾驶证业务情形的，上级公安机关交通管理部门可以暂停该车辆管理所办理相关业务或者指派其他车辆管理所人员接管业务。

（7）实施机关：设区的市级公安机关（可委托县级公安机关实施）

（8）审批层级：设区的市级

（9）行使层级：市级/隶属

（10）是否由审批机关受理：是

（11）受理层级：设区的市级，县级

（12）是否存在初审环节：否

（13）初审层级：无

（14）对应政务服务事项国家级基本目录名称：机动车驾驶证核发、审验

（15）要素统一情况：全部要素全国统一

2. 行政许可事项类型：条件型

3. 行政许可条件

（1）准予行政许可的条件

《机动车驾驶证申领和使用规定》第14条规定，申请机动车驾驶证的人应当符合下列规定：一是年龄条件。①申请小型汽车、小型自动挡汽车、残疾人专用小型自动挡载客汽车、轻便摩托车准驾车型的，在18周岁以上；②申请低速载货汽车、三轮汽车、普通三轮摩托车、普通二轮摩托车或者轮式专用机械车准驾车型的，在18周岁以上，60周岁以下；③申请城市公交车、中型客车、大型货车、轻型牵引挂车、无轨电车或者有轨电车准驾车型的，在20周岁以上，60周岁以下；④申请大型客车、重型牵引挂车准驾车型的，在22周岁以上，60周岁以下；⑤接受全日制驾驶职业教育的学生，申请大型客车、重型牵引挂车准驾车型的，在19周岁以上，60周岁以下。

二是身体条件。①身高：申请大型客车、重型牵引挂车、城市公交车、大型货车、无轨电车准驾车型的，身高为155厘米以上。申请中型客车准驾车型的，身高为150厘米以上；②视力：申请大型客车、重型牵引挂车、城市公交车、中型客车、大型货车、无轨电车或者有轨电车准驾车型的，两眼裸视力或者矫正视力达到对数视力表5.0以上。申请其他准驾车型的，两眼裸视力或者矫正视力达到对数视力表4.9以上。单眼视力障碍，优眼裸视力或者矫正视力达到对数视力表5.0以上，且水平视野达到150度的，可以申请小型汽车、小型自动挡汽车、低速载货汽车、三轮汽车、残疾人专用小型自动挡载客汽车准驾

车型的机动车驾驶证；③辨色力：无红绿色盲；④听力：两耳分别距音叉50厘米能辨别声源方向。有听力障碍但佩戴助听设备能够达到以上条件的，可以申请小型汽车、小型自动挡汽车准驾车型的机动车驾驶证；⑤上肢：双手拇指健全，每只手其他手指必须有三指健全，肢体和手指运动功能正常。但手指末节残缺或者左手有三指健全，且双手手掌完整的，可以申请小型汽车、小型自动挡汽车、低速载货汽车、三轮汽车准驾车型的机动车驾驶证；⑥下肢：双下肢健全且运动功能正常，不等长度不得大于5厘米。单独左下肢缺失或者丧失运动功能，但右下肢正常的，可以申请小型自动挡汽车准驾车型的机动车驾驶证；⑦躯干、颈部：无运动功能障碍；⑧右下肢、双下肢缺失或者丧失运动功能但能够自主坐立，且上肢符合身体条件规定的，可以申请残疾人专用小型自动挡载客汽车准驾车型的机动车驾驶证。一只手掌缺失，另一只手拇指健全，其他手指中有两指健全，上肢和手指运动功能正常，且下肢符合身体条件规定的，可以申请残疾人专用小型自动挡载客汽车准驾车型的机动车驾驶证；⑨年龄在70周岁以上能够通过记忆力、判断力、反应力等能力测试的，可以申请小型汽车、小型自动挡汽车、残疾人专用小型自动挡载客汽车、轻便摩托车准驾车型的机动车驾驶证。

（2）规定行政许可条件的依据

《道路交通安全法实施条例》第21条。

《机动车驾驶证申领和使用规定》第14条、第15条、第16条、第17条、第18条、第20条、第22条、第27条、第72条、第73条、第74条。

4. 行政许可服务对象类型与改革举措

（1）服务对象类型：自然人

（2）是否为涉企经营许可事项：否

（3）涉企经营许可事项名称：无

（4）涉企经营许可证件名称：无

（5）改革方式：修订部门规章，优化服务流程

（6）具体改革举措：修订《机动车驾驶证申领和使用规定》

（7）加强事中事后监管措施：《机动车驾驶证申领和使用规定》第55条

5. 申请材料

（1）申请材料名称

初次申领机动车驾驶证：①申请人的身份证明；②医疗机构出具的有关身体条件的证明。

持军队、武装警察部队驾驶证申请机动车驾驶证：①申请人的身份证明。属于复员、转业、退伍的人员，还应当提交军队、武装警察部队核发的复员、转业、退伍证明；②医疗机构出具的有关身体条件的证明；③军队、武装警察部队机动车驾驶证。

持境外机动车驾驶证申请机动车驾驶证：①申请人的身份证明；②医疗机构出具的有关身体条件的证明；③所持机动车驾驶证。属于非中文表述的，还应当提供翻译机构出具或者公证机构公证的中文翻译文本。属于外国驻华使馆、领馆人员及国际组织驻华代表机构人员申请的，按照外交对等原则执行。属于内地居民申请的，还应当提交申请人的护照或者往来港澳通行证、往来台湾通行证。

按照驾驶证互认换领协议申领机动车驾驶证：按照协议办理。

（2）规定申请材料的依据

《机动车驾驶证申领和使用规定》第23条、第24条、第25条、第104条。

6. 中介服务

（1）有无法定中介服务事项：无

（2）中介服务事项名称：无

（3）设定中介服务事项的依据：无

（4）提供中介服务的机构：无

（5）中介服务事项的收费性质：无

7. 审批程序

（1）办理行政许可的程序环节：一是申请人申请；二是审批机构受理/不予受理；三是审批机构审查；四是决定核发机动车驾驶证，或决定审验驾驶证通过。

（2）规定行政许可程序的依据

《道路交通安全法》第19条。

《机动车驾驶证申领和使用规定》第28条规定，申请人提交的证明、凭证齐全、符合法定形式的，车辆管理所应当受理，并按规定审查申请人的机动车驾驶证申请条件。属于持境外机动车驾驶证的人申请机动车驾驶证的，还应当核查申请人的出入境记录；属于第二十七条第一款第一项至第五项规定情形之一的，还应当核查申请人的驾驶经历；属于正在接受全日制驾驶职业教育的学生，申请增加大型客车、重型牵引挂车准驾车型的，还应当核查申请人的学籍。公安机关交通管理部门已经实现与医疗机构等单位联网核查的，申请人免予提交身体条件证明等证明、凭证。对于符合申请条件的，车辆管理所应当按规定安排预约考试；不需要考试的，一日内核发机动车驾驶证。申请人属于复员、转业、退伍人员持军队、武装警察部队机动车驾驶证申请机动车驾驶证的，应当收回军队、武装警察部队机动车驾驶证。

（3）是否需要现场勘验：否

（4）是否需要组织听证：否

（5）是否需要招标、拍卖、挂牌交易：否

（6）是否需要检验、检测、检疫：否

（7）是否需要鉴定：否

（8）是否需要专家评审：否

（9）是否需要向社会公示：否

（10）是否实行告知承诺办理：否

（11）审批机关是否委托服务机构开展技术性服务：否

8. 受理和审批时限

（1）承诺受理时限：当场办理

（2）法定审批时限：5个工作日

（3）规定法定审批时限依据：《道路交通安全法实施条例》第21条规定，公安机关交通管理部门应当对申请机动车驾驶证的人进行考试，对考试合格的，在5日内核发机动车驾驶证；对考试不合格的，书面说明理由。

（4）承诺审批时限：5个工作日

9. 收费

（1）办理行政许可是否收费：是

（2）收费项目的名称、收费项目的标准、设定收费项目的依据、规定收费标准的依据

收费项目名称：机动车驾驶证工本费、机动车驾驶人考试费。

收费项目标准：驾驶证工本费的收费标准为每证10元；收取驾驶许可考试费的收费标准，由省、自治区、直辖市价格主管部门会同财政部门根据本地公安机关交通管理部门、农业（农业机械）主管部门组织驾驶许可考试的实际成本支出核定。

设定收费项目的依据：《道路交通安全法》第81条规定，依照本法发放牌证等收取工本费，应当严格执行国务院价格主管部门核定的收费标准，并全部上缴国库。

规定收费标准的依据：①《国家发展改革委、财政部关于加强和规范机动车牌证工本费等收费标准管理有关问题的通知》规定，公安机关交通管理部门、农业（农业机械）主管部门在对考试合格的机动车驾驶证申请人发放驾驶证时，收取驾驶证工本费的收费标准为每证10元。②《国家发展改革委、财政部关于加强和规范机动车牌证工本费等收费标准管理有关问题的通知》规定，公安机关交通管理部门、农业（农业机械）主管部门在组织机动车驾驶证申请人进行道路交通安全法律、法规、驾驶技能考试时收取驾驶许可考试费的收费标准，由省、自治区、直辖市价格主管部门会同财政部门根据本地公安机关交通管理部门、农业（农业机械）主管部门组织驾驶许可考试的实际成本支出核定。

10. 行政许可证件

（1）审批结果类型：证照

（2）审批结果名称：机动车驾驶证

（3）审批结果的有效期限：6年/10年/长期

（4）规定审批结果有效期限的依据

《道路交通安全法实施条例》第22条。

《道路交通安全法实施条例》第26条。

《机动车驾驶证申领和使用规定》第13条。

（5）是否需要办理审批结果变更手续：是

（6）办理审批结果变更手续的要求：一是已持有机动车驾驶证，需要增加的准驾车型为大型客车、重型牵引挂车、城市公交车、中型客车、大型货车、小型汽车、小型自动挡汽车、低速载货汽车、三轮汽车、轻型牵引挂车、普通三轮摩托车、普通二轮摩托车、轻便摩托车、轮式专用机械车、无轨电车、有轨电车。申请增加准驾车型的，应当在本记分周期和申请前最近一个记分周期内没有记满12分记录。二是申请增加轻型牵引挂车、中型客车、重型牵引挂车、大型客车准驾车型的，还应当符合下列规定：①申请增加轻型牵引挂车准驾车型的，已取得驾驶小型汽车、小型自动挡汽车准驾车型资格一年以上；②申请增加中型客车准驾车型的，已取得驾驶城市公交车、大型货车、小型汽车、小型自动挡汽车、低速载货汽车或者三轮汽车准驾车型资格二年以上，并在申请前最近连续二个记分周期内没有记满12分记录；③申请增加重型牵引挂车准驾车型的，已取得驾驶中型客车或者大型货车准驾车型资格二年以上，或者取得驾驶大型客车准驾车型资格一年以上，并在申请前最近连续二个记分周期内没有记满12分记录；④申请增加大型客车准驾车型的，已取得驾驶城市公交车、中型客车准驾车型资格二年以上、已取得驾驶大型货车准驾车型资格三年以上，或者取得驾驶重型牵引挂车准驾车型资格一年以上，并在申请前最近连续三个记分周期内没有记满12分记录。⑤正在接受全日制驾驶职业教育的学生，已在校取得驾驶小型汽车准驾车型资格，并在本记分周期和申请前最近一个记分周期内没有记满12分记录的，可以申请增加大型客车、重型牵引挂车准驾车型。三是不得申请大型客车、重型牵引挂车、城市公交车、中型客车、大型货车准驾车型的情形：①发生交通事故造成人员死亡，承担同等以上责任的；②醉酒后驾驶机动车的；③再次饮酒后驾驶机动车的；④有吸食、注射毒品后驾驶机动车行为的，或者有执行社区戒毒、强制隔离戒毒、社区康复措施记录的；⑤驾驶机动车追逐竞驶、超员、超速、违反危险化学品安全管理规定运输危险化学品构成犯罪的；⑥被吊销或者撤销机动车驾驶证未满十年的；⑦未取得机动车驾驶证驾驶机动车，发生负同等以上责任交通事故造成人员重伤或者死亡的。

（7）是否需要办理审批结果延续手续：是

（8）办理审批结果延续手续的要求机动车驾驶人在机动车驾驶证的 6 年有效期内，每个记分周期均未达到 12 分的，换发 10 年有效期的机动车驾驶证；在机动车驾驶证的 10 年有效期内，每个记分周期均未达到 12 分的，换发长期有效的机动车驾驶证。

（9）审批结果的有效地域范围：全国

（10）规定审批结果有效地域范围的依据：《道路交通安全法》第 19 条。

11. 行政许可数量限制

（1）有无行政许可数量限制：无

（2）公布数量限制的方式：无

（3）公布数量限制的周期：无

（4）在数量限制条件下实施行政许可的方式：无

（5）规定在数量限制条件下实施行政许可方式的依据：无

12. 行政许可后年检

（1）有无年检要求：有

（2）设定年检要求的依据：

《机动车驾驶证申领和使用规定》第 63 条规定，机动车驾驶人应当于机动车驾驶证有效期满前九十日内，向机动车驾驶证核发地或者核发地以外的车辆管理所申请换证。申请时应当确认申请信息，并提交以下证明、凭证：①机动车驾驶人的身份证明；②医疗机构出具的有关身体条件的证明。

（3）年检周期：6 年/10 年

（4）年检是否要求报送材料：是

（5）年检报送材料名称：机动车驾驶人的身份证明、医疗机构出具的有关身体条件的证明

（6）年检是否收费：是

（7）年检收费项目的名称、年检收费项目的标准、设定年检收费项目的依据、规定年检项目收费标准的依据

年检收费项目的名称：机动车驾驶证工本费。

年检收费项目的标准：驾驶证工本费的收费标准为每证 10 元。

设定年检收费项目的依据；《道路交通安全法》第 81 条。

规定年检项目收费标准的依据：《国家发展改革委、财政部关于加强和规范机动车牌证工本费等收费标准管理有关问题的通知》。

（8）通过年检的证明或者标志：机动车驾驶证

13. 行政许可后年报

（1）有无年报要求：无

（2）年报报送材料名称：无

（3）设定年报要求的依据：无

（4）年报周期：无

14. 监管主体

省级公安机关交通管理部门，设区的市或者相当于同级的公安机关交通管理部门。

15. 备注

四十一、校车驾驶资格许可

校车驾驶资格许可的中央主管部门是公安部，实施机关是设区的市级、县级公安机关，设定和实施依据包括：《校车安全管理条例》、《道路交通安全法实施条例》、《机动车驾驶证申领和使用规定》（公安部令第162号）。该许可项目共有3个子项：（1）校车驾驶资格许可（直辖市级权限）；（2）校车驾驶资格许可（设区的市级权限）；（3）校车驾驶资格许可（县级权限）。

（一）校车驾驶资格许可（直辖市级权限）

1. 基本要素

（1）行政许可事项名称及编码：校车驾驶资格许可【00010914500Y】

（2）行政许可事项子项名称及编码：校车驾驶资格许可（直辖市级权限）【000109145003】

（3）行政许可事项业务办理项名称及编码：校车驾驶资格许可（直辖市级权限）（00010914500301）

（4）设定依据

《校车安全管理条例》第23条规定，校车驾驶人应当依照本条例的规定取得校车驾驶资格。取得校车驾驶资格应当符合下列条件：①取得相应准驾车型驾驶证并具有3年以上驾驶经历，年龄在25周岁以上、不超过60周岁；②最近连续3个记分周期内没有被记满分记录；③无致人死亡或者重伤的交通事故责任记录；④无饮酒后驾驶或者醉酒驾驶机动车记录，最近1年内无驾驶客运车辆超员、超速等严重交通违法行为记录；⑤无犯罪记录；⑥身心健康，无传染性疾病，无癫痫、精神病等可能危及行车安全的疾病病史，无酗酒、吸毒行为记录。

（5）实施依据

《校车安全管理条例》第24条规定，机动车驾驶人申请取得校车驾驶资格，应当向县级或者设区的市级人民政府公安机关交通管理部门提交书面申请和证明其符合本条例第二十三条规定条件的材料。公安机关交通管理部门应当自收到申请材料之日起5个工作日内审查完毕，对符合条件的，在机动车驾驶证上签注准许驾驶校车；不符合条件的，书面说明理由。

（6）监管依据

《校车安全管理条例》第25条规定，机动车驾驶人未取得校车驾驶资格，不得驾驶校车。禁止聘用未取得校车驾驶资格的机动车驾驶人驾驶校车。

《校车安全管理条例》第26条规定，校车驾驶人应当每年接受公安机关交通管理部门的审验。

《校车安全管理条例》第27条规定，校车驾驶人应当遵守道路交通安全法律法规，严格按照机动车道路通行规则和驾驶操作规范安全驾驶、文明驾驶。

《机动车驾驶证申领和使用规定》第90条规定，校车驾驶人应当在每个记分周期结束后三十日内到公安机关交通管理部门接受审验。审验时，应当提交医疗机构出具的有关身体条件的证明，参加不少于三小时的道路交通安全法律法规、交通安全文明驾驶、应急处置等知识学习，并接受交通事故案例警示教育。

《机动车驾驶证申领和使用规定》第91条规定，公安机关交通管理部门应当与教育行政部门和学校建立校车驾驶人的信息交换机制，每月通报校车驾驶人的交通违法、交通事故和审验等情况。

《机动车驾驶证申领和使用规定》第92条规定，校车驾驶人有下列情形之一的，公安机关交通管理部门应当注销其校车驾驶资格，通知机动车驾驶人换领机动车驾驶证，并通报教育行政部门和学校：①提出注销申请的；②年龄超过60周岁的；③在致人死亡或者重伤的交通事故负有责任的；④有酒后驾驶或者醉酒驾驶机动车，以及驾驶客运车辆超员、超速等严重道路交通安全违法行为的；⑤有记满12分或者犯罪记录的；⑥有传染性疾病，癫痫病、精神病等可能危及行车安全的疾病，有酗酒、吸毒行为记录的。未收回签注校车驾驶许可的机动车驾驶证的，应当公告其校车驾驶资格作废。

（7）实施机关：直辖市公安机关

（8）审批层级：省级

（9）行使层级：省级/直属

（10）是否由审批机关受理：是

（11）受理层级：省级，县级

（12）是否存在初审环节：否

（13）初审层级：无

（14）对应政务服务事项国家级基本目录名称：校车驾驶资格许可

（15）要素统一情况：全部要素全国统一

2. 行政许可事项类型：条件型

3. 行政许可条件

（1）准予行政许可的条件：一是取得相应准驾车型驾驶证并具有3年以上驾驶经历，年龄在25周岁以上、不超过60周岁；二是最近连续3个记分周期内没有被记满分记录；三是无致人死亡或者重伤的交通事故责任记录；四是无饮酒后驾驶或者醉酒驾驶机动车记录，最近1年内无驾驶客运车辆超员、超速等严重交通违法行为记录；五是无犯罪记录；六是身心健康，无传染性疾病，无癫痫、精神病等可能危及行车安全的疾病病史，无酗酒、吸毒行为记录。

（2）规定行政许可条件的依据

《校车安全管理条例》第23条。

《机动车驾驶证申领和使用规定》第87条第2款规定，取得校车驾驶资格应当符合下列条件：①取得相应准驾车型驾驶证并具有三年以上驾驶经历，年龄在25周岁以上、不超过60周岁；②最近连续三个记分周期内没有被记满12分记录；③无致人死亡或者重伤的交通事故责任记录；④无酒后驾驶或者醉酒驾驶机动车记录，最近一年内无驾驶客运车辆超员、超速等严重道路交通安全违法行为记录；⑤无犯罪记录；⑥身心健康，无传染性疾病，无癫痫病、精神病等可能危及行车安全的疾病病史，无酗酒、吸毒行为记录。

《机动车驾驶证申领和使用规定》第92条。

4. 行政许可服务对象类型与改革举措

（1）服务对象类型：自然人

（2）是否为涉企经营许可事项：否

（3）涉企经营许可事项名称：无

（4）涉企经营许可证件名称：无

（5）改革方式：无

（6）具体改革举措：修订《机动车驾

驶证申领和使用规定》

(7) 加强事中事后监管措施:《机动车驾驶证申领和使用规定》第55条规定,公安机关交通管理部门应当建立业务监督管理中心,通过远程监控、数据分析、日常检查、档案抽查、业务回访等方式,对机动车驾驶人考试和机动车驾驶证业务办理情况进行监督管理。直辖市、设区的市或者相当于同级的公安机关交通管理部门应当通过监管系统每周对机动车驾驶人考试情况进行监控、分析,及时查处整改发现的问题。省级公安机关交通管理部门应当通过监管系统每月对机动车驾驶人考试情况进行监控、分析,及时查处、通报发现的问题。车辆管理所存在为未经考试或者考试不合格人员核发机动车驾驶证等严重违规办理机动车驾驶证业务情形的,上级公安机关交通管理部门可以暂停该车辆管理所办理相关业务或者指派其他车辆管理所人员接管业务。

5. 申请材料

(1) 申请材料名称:一是申请人的身份证明;二是机动车驾驶证;三是医疗机构出具的有关身体条件的证明。

(2) 规定申请材料的依据

《机动车驾驶证申领和使用规定》第88条规定,机动车驾驶人申请取得校车驾驶资格,应当向县级或者设区的市级公安机关交通管理部门提出申请,确认申请信息,并提交以下证明、凭证:①申请人的身份证明;②机动车驾驶证;③医疗机构出具的有关身体条件的证明。

6. 中介服务

(1) 有无法定中介服务事项:无

(2) 中介服务事项名称:无

(3) 设定中介服务事项的依据:无

(4) 提供中介服务的机构:无

(5) 中介服务事项的收费性质:无

7. 审批程序

(1) 办理行政许可的程序环节:一是申请人申请;二是审批机构受理/不予受理;三是审批机构审查;四是决定核发校车驾驶许可。

(2) 规定行政许可程序的依据

《机动车驾驶证申领和使用规定》第88条。

《机动车驾驶证申领和使用规定》第89条规定,公安机关交通管理部门自受理申请之日起五日内审查提交的证明、凭证,并向所在地县级公安机关核查,确认申请人无犯罪、吸毒行为记录。对符合条件的,在机动车驾驶证上签注准许驾驶校车及相应车型,并通报教育行政部门;不符合条件的,应当书面说明理由。

(3) 是否需要现场勘验:否

(4) 是否需要组织听证:否

(5) 是否需要招标、拍卖、挂牌交易:否

(6) 是否需要检验、检测、检疫:否

(7) 是否需要鉴定:否

(8) 是否需要专家评审:否

(9) 是否需要向社会公示:否

(10) 是否实行告知承诺办理:否

(11) 审批机关是否委托服务机构开展技术性服务:否

8. 受理和审批时限

(1) 承诺受理时限:当场办理

(2) 法定审批时限:5个工作日

(3) 规定法定审批时限依据

《机动车驾驶证申领和使用规定》第89

条。

（4）承诺审批时限：5个工作日

9. 收费

（1）办理行政许可是否收费：否

（2）收费项目的名称、收费项目的标准、设定收费项目的依据、规定收费标准的依据：无

10. 行政许可证件

（1）审批结果类型：证照

（2）审批结果名称：机动车驾驶证

（3）审批结果的有效期限：与驾驶证有效期一致（每个记分周期需接受审验）

（4）规定审批结果有效期限的依据

《道路交通安全法实施条例》第22条第1款规定，机动车驾驶证的有效期为6年，本条例另有规定的除外。

《道路交通安全法实施条例》第26条第1款规定，机动车驾驶人在机动车驾驶证的6年有效期内，每个记分周期均未达到12分的，换发10年有效期的机动车驾驶证；在机动车驾驶证的10年有效期内，每个记分周期均未达到12分的，换发长期有效的机动车驾驶证。

《机动车驾驶证申领和使用规定》第13条规定，机动车驾驶证有效期分为六年、十年和长期。

（5）是否需要办理审批结果变更手续：否

（6）办理审批结果变更手续的要求：无

（7）是否需要办理审批结果延续手续：否

（8）办理审批结果延续手续的要求：无

（9）审批结果的有效地域范围：经审核确定的线路，遇有交通管制、道路施工以及自然灾害、恶劣气象条件或者重大交通事故等影响道路通行情形的除外。

（10）规定审批结果有效地域范围的依据

《校车安全管理条例》第30条第2款规定，校车运载学生，应当按照经审核确定的线路行驶，遇有交通管制、道路施工以及自然灾害、恶劣气象条件或者重大交通事故等影响道路通行情形的除外。

11. 行政许可数量限制

（1）有无行政许可数量限制：无

（2）公布数量限制的方式：无

（3）公布数量限制的周期：无

（4）在数量限制条件下实施行政许可的方式：无

（5）规定在数量限制条件下实施行政许可方式的依据：无

12. 行政许可后年检

（1）有无年检要求：有

（2）设定年检要求的依据：《机动车驾驶证申领和使用规定》第90条

（3）年检周期：1年

（4）年检是否要求报送材料：是

（5）年检报送材料名称：机动车驾驶人的身份证明、医疗机构出具的有关身体条件的证明

（6）年检是否收费：否

（7）年检收费项目的名称、年检收费项目的标准、设定年检收费项目的依据、规定年检项目收费标准的依据：无

（8）通过年检的证明或者标志：机动车驾驶证

13. 行政许可后年报

（1）有无年报要求：无

（2）年报报送材料名称：无

（3）设定年报要求的依据：无

（4）年报周期：无

14. 监管主体

直辖市公安机关交通管理部门。

15. 备注

（二）校车驾驶资格许可（设区的市级权限）

1. 基本要素

（1）行政许可事项名称及编码：校车驾驶资格许可【00010914500Y】

（2）行政许可事项子项名称及编码：校车驾驶资格许可（设区的市级权限）【000109145004】

（3）行政许可事项业务办理项名称及编码：校车驾驶资格许可（设区的市级权限）（00010914500401）

（4）设定依据

《校车安全管理条例》第23条规定，校车驾驶人应当依照本条例的规定取得校车驾驶资格。取得校车驾驶资格应当符合下列条件：①取得相应准驾车型驾驶证并具有3年以上驾驶经历，年龄在25周岁以上、不超过60周岁；②最近连续3个记分周期内没有被记满分记录；③无致人死亡或者重伤的交通事故责任记录；④无饮酒后驾驶或者醉酒驾驶机动车记录，最近1年内无驾驶客运车辆超员、超速等严重交通违法行为记录；⑤无犯罪记录；⑥身心健康，无传染性疾病，无癫痫、精神病等可能危及行车安全的疾病病史，无酗酒、吸毒行为记录。

（5）实施依据

《校车安全管理条例》第24条规定，机动车驾驶人申请取得校车驾驶资格，应当向县级或者设区的市级人民政府公安机关交通管理部门提交书面申请和证明其符合本条例第二十三条规定条件的材料。公安机关交通管理部门应当自收到申请材料之日起5个工作日内审查完毕，对符合条件的，在机动车驾驶证上签注准许驾驶校车；不符合条件的，书面说明理由。

（6）监管依据

《校车安全管理条例》第25条规定，机动车驾驶人未取得校车驾驶资格，不得驾驶校车。禁止聘用未取得校车驾驶资格的机动车驾驶人驾驶校车。

《校车安全管理条例》第26条规定，校车驾驶人应当每年接受公安机关交通管理部门的审验。

《校车安全管理条例》第27条规定，校车驾驶人应当遵守道路交通安全法律法规，严格按照机动车道路通行规则和驾驶操作规范安全驾驶、文明驾驶。

《机动车驾驶证申领和使用规定》第90条规定，校车驾驶人应当在每个记分周期结束后三十日内到公安机关交通管理部门接受审验。审验时，应当提交医疗机构出具的有关身体条件的证明，参加不少于三小时的道路交通安全法律法规、交通安全文明驾驶、应急处置等知识学习，并接受交通事故案例警示教育。

《机动车驾驶证申领和使用规定》第91条公安机关交通管理部门应当与教育行政部门和学校建立校车驾驶人的信息交换机制，每月通报校车驾驶人的交通违法、交通事故和审验等情况。

《机动车驾驶证申领和使用规定》第92条规定，校车驾驶人有下列情形之一的，公安机关交通管理部门应当注销其校车驾驶资格，通知机动车驾驶人换领机动车驾驶证，并通报教育行政部门和学校：①提出注销申请的；②年龄超过60周岁的；③在致人死亡或者重伤的交通事故负有责任的；④有酒后驾驶或者醉酒驾驶机动车，以及驾驶客运车辆超员、超速等严重道路交通安全违法行为的；⑤有记满12分或者犯罪记录的；⑥有传染性疾病，癫痫病、精神病等可能危及行车安全的疾病，有酗酒、吸毒行为记录的。未收回签注校车驾驶许可的机动车驾驶证的，应当公告其校车驾驶资格作废。

（7）实施机关：设区的市级公安机关

（8）审批层级：设区的市级

（9）行使层级：市级/隶属

（10）是否由审批机关受理：是

（11）受理层级：设区的市级，县级

（12）是否存在初审环节：否

（13）初审层级：无

（14）对应政务服务事项国家级基本目录名称：校车驾驶资格许可

（15）要素统一情况：全部要素全国统一

2. 行政许可事项类型：条件型

3. 行政许可条件

（1）准予行政许可的条件：一是取得相应准驾车型驾驶证并具有3年以上驾驶经历，年龄在25周岁以上、不超过60周岁；二是最近连续3个记分周期内没有被记满分记录；三是无致人死亡或者重伤的交通事故责任记录；四是无饮酒后驾驶或者醉酒驾驶机动车记录，最近1年内无驾驶客运车辆超员、超速等严重交通违法行为记录；五是无犯罪记录；六是身心健康，无传染性疾病，无癫痫、精神病等可能危及行车安全的疾病病史，无酗酒、吸毒行为记录。

（2）规定行政许可条件的依据

《校车安全管理条例》第23条。

《机动车驾驶证申领和使用规定》第87条第2款规定，取得校车驾驶资格应当符合下列条件：①取得相应准驾车型驾驶证并具有三年以上驾驶经历，年龄在25周岁以上、不超过60周岁；②最近连续三个记分周期内没有被记满12分记录；③无致人死亡或者重伤的交通事故责任记录；④无酒后驾驶或者醉酒驾驶机动车记录，最近一年内无驾驶客运车辆超员、超速等严重道路交通安全违法行为记录；⑤无犯罪记录；⑥身心健康，无传染性疾病，无癫痫病、精神病等可能危及行车安全的疾病病史，无酗酒、吸毒行为记录。

《机动车驾驶证申领和使用规定》第92条。

4. 行政许可服务对象类型与改革举措

（1）服务对象类型：自然人

（2）是否为涉企经营许可事项：否

（3）涉企经营许可事项名称：无

（4）涉企经营许可证件名称：无

（5）改革方式：无

（6）具体改革举措：修订《机动车驾驶证申领和使用规定》

（7）加强事中事后监管措施：《机动车驾驶证申领和使用规定》第55条规定，公安机关交通管理部门应当建立业务监督管理中心，通过远程监控、数据分析、日常检查、档案抽查、业务回访等方式，对机动车驾驶人考试和机动车驾驶证业务办理情况进行监督管理。直辖市、设区的市或者相当于同级的公安机关交通管理部门应当通过监管系统每周对机动车驾驶人考试情况进行监控、分析，及时查处整改发现的问题。省级公安机关交通管理部门应当通过监管系统每月对机动车驾驶人考试情况进行监控、分析，及时查处、通报发现的问题。车辆管理所存在为未经考试或者考试不合格人员核发机动车驾驶证等严重违规办理机动车驾驶证业务情形的，上级公安机关交通管理部门可以暂停该车辆管理所办理相关业务或者指派其他车辆管理所人员接管业务。

5. 申请材料

（1）申请材料名称：一是申请人的身份证明；二是机动车驾驶证；三是医疗机构出具的有关身体条件的证明。

（2）规定申请材料的依据

《机动车驾驶证申领和使用规定》第88条规定，机动车驾驶人申请取得校车驾驶资格，应当向县级或者设区的市级公安机关交通管理部门提出申请，确认申请信息，并提交以下证明、凭证：①申请人的身份证明；②机动车驾驶证；③医疗机构出具的有关身体条件的证明。

6. 中介服务

（1）有无法定中介服务事项：无

（2）中介服务事项名称：无

（3）设定中介服务事项的依据：无

（4）提供中介服务的机构：无

（5）中介服务事项的收费性质：无

7. 审批程序

（1）办理行政许可的程序环节：一是申请人申请；二是审批机构受理/不予受理；三是审批机构审查；四是决定核发校车驾驶许可。

（2）规定行政许可程序的依据

《机动车驾驶证申领和使用规定》第88条。

（3）是否需要现场勘验：否

（4）是否需要组织听证：否

（5）是否需要招标、拍卖、挂牌交易：否

（6）是否需要检验、检测、检疫：否

（7）是否需要鉴定：否

（8）是否需要专家评审：否

（9）是否需要向社会公示：否

（10）是否实行告知承诺办理：否

（11）审批机关是否委托服务机构开展技术性服务：否

8. 受理和审批时限

（1）承诺受理时限：当场办理

（2）法定审批时限：5个工作日

（3）规定法定审批时限依据

《机动车驾驶证申领和使用规定》第89条规定，公安机关交通管理部门自受理申请之日起五日内审查提交的证明、凭证，并向所在地县级公安机关核查，确认申请人无犯罪、吸毒行为记录。对符合条件的，在机动车驾驶证上签注准许驾驶校车及相应车型，并通报教育行政部门；不符合条件的，应当书面说明理由。

（4）承诺审批时限：5个工作日

9. 收费

（1）办理行政许可是否收费：否

（2）收费项目的名称、收费项目的标准、设定收费项目的依据、规定收费标准的依据：无

10. 行政许可证件

（1）审批结果类型：证照

（2）审批结果名称：机动车驾驶证

（3）审批结果的有效期限：与驾驶证

有效期一致（每个记分周期需接受审验）

（4）规定审批结果有效期限的依据

《道路交通安全法实施条例》第22条第1款规定，机动车驾驶证的有效期为6年，本条例另有规定的除外。

《道路交通安全法实施条例》第26条第1款规定，机动车驾驶人在机动车驾驶证的6年有效期内，每个记分周期均未达到12分的，换发10年有效期的机动车驾驶证；在机动车驾驶证的10年有效期内，每个记分周期均未达到12分的，换发长期有效的机动车驾驶证。

《机动车驾驶证申领和使用规定》第13条规定，机动车驾驶证有效期分为六年、十年和长期。

（5）是否需要办理审批结果变更手续：否

（6）办理审批结果变更手续的要求：无

（7）是否需要办理审批结果延续手续：否

（8）办理审批结果延续手续的要求：无

（9）审批结果的有效地域范围：经审核确定的线路，遇有交通管制、道路施工以及自然灾害、恶劣气象条件或者重大交通事故等影响道路通行情形的除外。

（10）规定审批结果有效地域范围的依据

《校车安全管理条例》第30条第2款规定，校车运载学生，应当按照经审核确定的线路行驶，遇有交通管制、道路施工以及自然灾害、恶劣气象条件或者重大交通事故等影响道路通行情形的除外。

11. 行政许可数量限制

（1）有无行政许可数量限制：无

（2）公布数量限制的方式：无

（3）公布数量限制的周期：无

（4）在数量限制条件下实施行政许可的方式：无

（5）规定在数量限制条件下实施行政许可方式的依据：无

12. 行政许可后年检

（1）有无年检要求：有

（2）设定年检要求的依据

《机动车驾驶证申领和使用规定》第90条规定，校车驾驶人应当在每个记分周期结束后三十日内到公安机关交通管理部门接受审验。审验时，应当提交医疗机构出具的有关身体条件的证明，参加不少于三小时的道路交通安全法律法规、交通安全文明驾驶、应急处置等知识学习，并接受交通事故案例警示教育。

（3）年检周期：1年

（4）年检是否要求报送材料：是

（5）年检报送材料名称：机动车驾驶人的身份证明、医疗机构出具的有关身体条件的证明。

（6）年检是否收费：否

（7）年检收费项目的名称、年检收费项目的标准、设定年检收费项目的依据、规定年检项目收费标准的依据：无

（8）通过年检的证明或者标志：机动车驾驶证

13. 行政许可后年报

（1）有无年报要求：无

（2）年报报送材料名称：无

（3）设定年报要求的依据：无

（4）年报周期：无

14. 监管主体

省级公安机关交通管理部门，设区的

市或者相当于同级的公安机关交通管理部门。

15. 备注

（三）校车驾驶资格许可（县级权限）

1. 基本要素

（1）行政许可事项名称及编码：校车驾驶资格许可【00010914500Y】

（2）行政许可事项子项名称及编码：校车驾驶资格许可（县级权限）【000109145005】

（3）行政许可事项业务办理项名称及编码：校车驾驶资格许可（县级权限）（00010914500501）

（4）设定依据

《校车安全管理条例》第23条规定，校车驾驶人应当依照本条例的规定取得校车驾驶资格。取得校车驾驶资格应当符合下列条件：①取得相应准驾车型驾驶证并具有3年以上驾驶经历，年龄在25周岁以上、不超过60周岁；②最近连续3个记分周期内没有被记满分记录；③致人死亡或者重伤的交通事故责任记录；④无饮酒后驾驶或者醉酒驾驶机动车记录，最近1年内无驾驶客运车辆超员、超速等严重交通违法行为记录；⑤无犯罪记录；⑥身心健康，无传染性疾病，无癫痫、精神病等可能危及行车安全的疾病病史，无酗酒、吸毒行为记录。

（5）实施依据

《校车安全管理条例》第24条规定，机动车驾驶人申请取得校车驾驶资格，应当向县级或者设区的市级人民政府公安机关交通管理部门提交书面申请和证明其符合本条例第二十三条规定条件的材料。公安机关交通管理部门应当自收到申请材料之日起5个工作日内审查完毕，对符合条件的，在机动车驾驶证上签注准许驾驶校车；不符合条件的，书面说明理由。

（6）监管依据

《校车安全管理条例》第25条规定，机动车驾驶人未取得校车驾驶资格，不得驾驶校车。禁止聘用未取得校车驾驶资格的机动车驾驶人驾驶校车。

《校车安全管理条例》第26条规定，校车驾驶人应当每年接受公安机关交通管理部门的审验。

《校车安全管理条例》第27条规定，校车驾驶人应当遵守道路交通安全法律法规，严格按照机动车道路通行规则和驾驶操作规范安全驾驶、文明驾驶。

《机动车驾驶证申领和使用规定》第90条规定，校车驾驶人应当在每个记分周期结束后三十日内到公安机关交通管理部门接受审验。审验时，应当提交医疗机构出具的有关身体条件的证明，参加不少于三小时的道路交通安全法律法规、交通安全文明驾驶、应急处置等知识学习，并接受交通事故案例警示教育。

《机动车驾驶证申领和使用规定》第91条规定，公安机关交通管理部门应当与教育行政部门和学校建立校车驾驶人的信息交换机制，每月通报校车驾驶人的交通违法、交通事故和审验等情况。

《机动车驾驶证申领和使用规定》第92条规定，校车驾驶人有下列情形之一的，公安机关交通管理部门应当注销其校车驾驶资格，通知机动车驾驶人换领机动车驾驶证，并通报教育行政部门和学校：①提出注销申请的；②年龄超过60周岁的；③在致人死亡或者重伤的交通事故负有责任的；④有酒后驾驶或者醉酒驾驶机动车，以及驾驶客运车辆超员、超速等严重道路交通安全违法行为的；⑤有记满12分或者犯罪记录的；⑥有传染性疾病，癫痫病、精神病等可能危及行车安全的疾病，有酗酒、吸毒行为记录的。未收回签注校车驾驶许可的机动车驾驶证的，应当公告其校车驾驶资格作废。

（7）实施机关：县级公安机关

（8）审批层级：县级

（9）行使层级：县级

（10）是否由审批机关受理：是

（11）受理层级：县级

（12）是否存在初审环节：否

（13）初审层级：无

（14）对应政务服务事项国家级基本目录名称：校车驾驶资格许可

（15）要素统一情况：全部要素全国统一

2. 行政许可事项类型：条件型

3. 行政许可条件

（1）准予行政许可的条件：一是取得相应准驾车型驾驶证并具有3年以上驾驶经历，年龄在25周岁以上、不超过60周岁；二是最近连续3个记分周期内没有被记满分记录；三是无致人死亡或者重伤的交通事故责任记录；四是无饮酒后驾驶或者醉酒驾驶机动车记录，最近1年内无驾驶客运车辆超员、超速等严重交通违法行为记录；五是无犯罪记录；六是身心健康，无传染性疾病，无癫痫、精神病等可能危及行车安全的疾病病史，无酗酒、吸毒行为记录。

（2）规定行政许可条件的依据

《校车安全管理条例》第23条。

《机动车驾驶证申领和使用规定》第87条第2款规定，取得校车驾驶资格应当符合下列条件：①取得相应准驾车型驾驶证并具有三年以上驾驶经历，年龄在25周岁以上、不超过60周岁；②最近连续三个记分周期内没有被记满12分记录；③无致人死亡或者重伤的交通事故责任记录；④无酒后驾驶或者醉酒驾驶机动车记录，最近一年内无驾驶客运车辆超员、超速等严重道路交通安全违法行为记录；⑤无犯罪记录；⑥身心健康，无传染性疾病，无癫痫病、精神病等可能危及行车安全的疾病病史，无酗酒、吸毒行为记录。

《机动车驾驶证申领和使用规定》第92条。

4. 行政许可服务对象类型与改革举措

（1）服务对象类型：自然人

（2）是否为涉企经营许可事项：否

（3）涉企经营许可事项名称：无

（4）涉企经营许可证件名称：无

（5）改革方式：无

（6）具体改革举措：修订《机动车驾驶证申领和使用规定》

（7）加强事中事后监管措施：《机动车驾驶证申领和使用规定》第55条规定，公安机关交通管理部门应当建立业务监督管理中心，通过远程监控、数据分析、日常检查、档案抽查、业务回访等方式，对机动车驾驶人考试和机动车驾驶证业务办理情况进行监督管理。直辖市、设区的市或者相当于同级的公安机关交通管理部门应当通过监管系统每周对机动车驾驶人考试情况进行监控、分析，及时查处整改发现的问题。省级公安机关交通管理部门应当通过监管系统每月对机动车驾驶人考试情况进行监控、分析，及时查处、通报发现的问题。车辆管理所存在为未经考试或者考试不合格人员核发机动车驾驶证等严重违规办理机动车驾驶证业务情形的，上级公安机关交通管理部门可以暂停该车辆管理所办理相关业务或者指派其他车辆管理所人员接管业务。

5. 申请材料

（1）申请材料名称：一是申请人的身份证明；二是机动车驾驶证；三是医疗机构出具的有关身体条件的证明。

（2）规定申请材料的依据

《机动车驾驶证申领和使用规定》第88条规定，机动车驾驶人申请取得校车驾驶资格，应当向县级或者设区的市级公安机关交通管理部门提出申请，确认申请信息，并提交以下证明、凭证：①申请人的身份证明；②机动车驾驶证；③医疗机构出具的有关身体条件的证明。

6. 中介服务

（1）有无法定中介服务事项：无

（2）中介服务事项名称：无

（3）设定中介服务事项的依据：无

（4）提供中介服务的机构：无

（5）中介服务事项的收费性质：无

7. 审批程序

（1）办理行政许可的程序环节：一是申请人申请；二是审批机构受理/不予受理；三是审批机构审查；四是决定核发校车驾驶许可。

（2）规定行政许可程序的依据

《机动车驾驶证申领和使用规定》第88条。

《机动车驾驶证申领和使用规定》第89条规定，公安机关交通管理部门自受理申请之日起五日内审查提交的证明、凭证，并向所在地县级公安机关核查，确认申请人无犯罪、吸毒行为记录。对符合条件的，在机动车驾驶证上签注准许驾驶校车及相应车型，并通报教育行政部门；不符合条件的，应当书面说明理由。

（3）是否需要现场勘验：否

（4）是否需要组织听证：否

（5）是否需要招标、拍卖、挂牌交易：否

（6）是否需要检验、检测、检疫：否

（7）是否需要鉴定：否

（8）是否需要专家评审：否

（9）是否需要向社会公示：否

（10）是否实行告知承诺办理：否

（11）审批机关是否委托服务机构开展技术性服务：否

8. 受理和审批时限

（1）承诺受理时限：当场办理

（2）法定审批时限：5个工作日

（3）规定法定审批时限依据

《机动车驾驶证申领和使用规定》第89条。

（4）承诺审批时限：5个工作日

9. 收费

（1）办理行政许可是否收费：否

（2）收费项目的名称、收费项目的标准、设定收费项目的依据、规定收费标准的依据：无

10. 行政许可证件

（1）审批结果类型：证照

（2）审批结果名称：机动车驾驶证

（3）审批结果的有效期限：与驾驶证有效期一致（每个记分周期需接受审验）

（4）规定审批结果有效期限的依据

《道路交通安全法实施条例》第22条第1款规定，机动车驾驶证的有效期为6年，本条例另有规定的除外。

《道路交通安全法实施条例》第26条第1款规定，机动车驾驶人在机动车驾驶证的6年有效期内，每个记分周期均未达到12分的，换发10年有效期的机动车驾驶证；在机动车驾驶证的10年有效期内，每个记分周期均未达到12分的，换发长期有效的机动车驾驶证。

《机动车驾驶证申领和使用规定》第13条规定，机动车驾驶证有效期分为六年、十年和长期。

（5）是否需要办理审批结果变更手续：否

（6）办理审批结果变更手续的要求：无

（7）是否需要办理审批结果延续手续：否

（8）办理审批结果延续手续的要求：无

（9）审批结果的有效地域范围：经审核确定的线路，遇有交通管制、道路施工以及自然灾害、恶劣气象条件或者重大交通事故等影响道路通行情形的除外。

（10）规定审批结果有效地域范围的依据

《校车安全管理条例》第30条第2款规定，校车运载学生，应当按照经审核确定的线路行驶，遇有交通管制、道路施工以及自然灾害、恶劣气象条件或者重大交通事故等影响道路通行情形的除外。

11. 行政许可数量限制

（1）有无行政许可数量限制：无

（2）公布数量限制的方式：无

（3）公布数量限制的周期：无

（4）在数量限制条件下实施行政许可的方式：无

（5）规定在数量限制条件下实施行政许可方式的依据：无

12. 行政许可后年检

（1）有无年检要求：有

（2）设定年检要求的依据

《机动车驾驶证申领和使用规定》第90条。

（3）年检周期：1年

（4）年检是否要求报送材料：是

（5）年检报送材料名称：机动车驾驶人的身份证明、医疗机构出具的有关身体条件的证明。

（6）年检是否收费：否

（7）年检收费项目的名称、年检收费项目的标准、设定年检收费项目的依据、规定年检项目收费标准的依据：无

（8）通过年检的证明或者标志：机动车驾驶证

13. 行政许可后年报

（1）有无年报要求：无

（2）年报报送材料名称：无

（3）设定年报要求的依据：无

（4）年报周期：无

14. 监管主体

省级公安机关交通管理部门，直辖市、设区的市或者相当于同级的公安机关交通管理部门，县级公安机关交通管理部门。

15. 备注

四十二、非机动车登记

非机动车登记的中央主管部门是公安部，实施机关是直辖市公安机关和设区的

市级、县级公安机关，设定和实施依据是《道路交通安全法》。该许可项目共有3个子项：(1) 非机动车登记（直辖市级权限）；(2) 非机动车登记（设区的市级权限）；(3) 非机动车登记（县级权限）。

(一) 非机动车登记（直辖市级权限）

1. 基本要素

(1) 行政许可事项名称及编码：非机动车登记【00010914400Y】

(2) 行政许可事项子项名称及编码：非机动车登记（直辖市级权限）【000109144001】

(3) 行政许可事项业务办理项名称及编码：非机动车登记（直辖市级权限）(00010914400101)

(4) 设定依据

《道路交通安全法》第18条规定，依法应当登记的非机动车，经公安机关交通管理部门登记后，方可上道路行驶。依法应当登记的非机动车的种类，由省、自治区、直辖市人民政府根据当地实际情况规定。非机动车的外形尺寸、质量、制动器、车铃和夜间反光装置，应当符合非机动车安全技术标准。

(5) 实施依据

《道路交通安全法》第18条。

(6) 监管依据

《道路交通安全法》第18条。

(7) 实施机关：直辖市公安机关

(8) 审批层级：省级

(9) 行使层级：省级/直属，县级

(10) 是否由审批机关受理：是

(11) 受理层级：省级，县级

(12) 是否存在初审环节：否

(13) 初审层级：无

(14) 对应政务服务事项国家级基本目录名称：非机动车登记

(15) 要素统一情况：部分要素全国统一

2. 行政许可事项类型：条件型

3. 行政许可条件

(1) 准予行政许可的条件：非机动车的外形尺寸、质量、制动器、车铃和夜间反光装置，应当符合非机动车安全技术标准。其他由各地区自行规定。

(2) 规定行政许可条件的依据

《道路交通安全法》第18条。

4. 行政许可服务对象类型与改革举措

(1) 服务对象类型：自然人，企业法人，事业单位法人，社会组织法人，非法人企业，行政机关，其他组织

(2) 是否为涉企经营许可事项：否

(3) 涉企经营许可事项名称：无

(4) 涉企经营许可证件名称：无

(5) 改革方式：无

(6) 具体改革举措：由各地区自行规定

(7) 加强事中事后监管措施：公安机关交通管理部门通过车辆查验、通行管理等方式，加强事中、事后监管。一是加强非机动车查验。对依法依规应当登记的非机动车，公安机关交通管理部门查验确认非机动车的外形尺寸、质量、制动器、车铃和夜间反光装置安全技术标准后方予登记，核发非机动车号牌和行驶证。二是加强违规车辆查处。公安机关交通管理部门依法依规严格查处拼装、加装、改装等改变非机动车外形结构或者更改技术参数的行为。三是加强违法行为查处。公安机关交通管理部门严格查处驾驶依法依规应当

登记但未登记的非机动车上路行驶、已登记非机动车未悬挂号牌等行为查处。

5. 申请材料

（1）申请材料名称：由各地区自行规定

（2）规定申请材料的依据

《道路交通安全法》第18条。

6. 中介服务

（1）有无法定中介服务事项：无

（2）中介服务事项名称：无

（3）设定中介服务事项的依据：无

（4）提供中介服务的机构：无

（5）中介服务事项的收费性质：无

7. 审批程序

（1）办理行政许可的程序环节：由各地区自行规定

（2）规定行政许可程序的依据

《道路交通安全法》第18条。

（3）是否需要现场勘验：否

（4）是否需要组织听证：否

（5）是否需要招标、拍卖、挂牌交易：否

（6）是否需要检验、检测、检疫：否

（7）是否需要鉴定：否

（8）是否需要专家评审：否

（9）是否需要向社会公示：否

（10）是否实行告知承诺办理：否

（11）审批机关是否委托服务机构开展技术性服务：否

8. 受理和审批时限

（1）承诺受理时限：由各地区自行规定

（2）法定审批时限：20个工作日，经批准可延长10个工作日。

（3）规定法定审批时限依据

《行政许可法》第42条第1款规定，除可以当场作出行政许可决定的外，行政机关应当自受理行政许可申请之日起二十日内作出行政许可决定。二十日内不能作出决定的，经本行政机关负责人批准，可以延长十日，并应当将延长期限的理由告知申请人。但是，法律、法规另有规定的，依照其规定。

（4）承诺审批时限：由各地区自行规定

9. 收费

（1）办理行政许可是否收费：由各地区自行规定

（2）收费项目的名称、收费项目的标准、设定收费项目的依据、规定收费标准的依据

收费项目名称：非机动车牌证制作费。

收费项目标准：由各地区自行规定。

设定收费项目的依据：由各地区自行规定。

规定收费标准的依据：由各地区自行规定。

11. 行政许可证件

（1）审批结果类型：证照

（2）审批结果名称：号牌、行驶证

（3）审批结果的有效期限：由地方规定有无行政许可证件的有效期限

（4）规定审批结果有效期限的依据

《道路交通安全法》第18条。

（5）是否需要办理审批结果变更手续：否

（6）办理审批结果变更手续的要求：无

（7）是否需要办理审批结果延续手续：否

(8) 办理审批结果延续手续的要求：无

(9) 审批结果的有效地域范围：由各地区自行规定

(10) 规定审批结果有效地域范围的依据

《道路交通安全法》第18条。

11. 行政许可数量限制

(1) 有无行政许可数量限制：无

(2) 公布数量限制的方式：无

(3) 公布数量限制的周期：无

(4) 在数量限制条件下实施行政许可的方式：无

(5) 规定在数量限制条件下实施行政许可方式的依据：无

12. 行政许可后年检

(1) 有无年检要求：无

(2) 设定年检要求的依据：无

(3) 年检周期：无

(4) 年检是否要求报送材料：无

(5) 年检报送材料名称：无

(6) 年检是否收费：无

(7) 年检收费项目的名称、年检收费项目的标准、设定年检收费项目的依据、规定年检项目收费标准的依据：无

(8) 通过年检的证明或者标志：无

13. 行政许可后年报

(1) 有无年报要求：无

(2) 年报报送材料名称：无

(3) 设定年报要求的依据：无

(4) 年报周期：无

14. 监管主体

省级公安机关交通管理部门，直辖市或者相当于同级的公安机关交通管理部门。

15. 备注

(二) 非机动车登记（设区的市级权限）

1. 基本要素

(1) 行政许可事项名称及编码：非机动车登记【00010914400Y】

(2) 行政许可事项子项名称及编码：非机动车登记（设区的市级权限）【000109144002】

(3) 行政许可事项业务办理项名称及编码：非机动车登记（设区的市级权限）(00010914400201)

(4) 设定依据

《道路交通安全法》第18条规定，依法应当登记的非机动车，经公安机关交通管理部门登记后，方可上道路行驶。依法应当登记的非机动车的种类，由省、自治区、直辖市人民政府根据当地实际情况规定。非机动车的外形尺寸、质量、制动器、车铃和夜间反光装置，应当符合非机动车安全技术标准。

(5) 实施依据

《道路交通安全法》第18条。

(6) 监管依据

《道路交通安全法》第18条。

(7) 实施机关：设区的市级公安机关

(8) 审批层级：设区的市级

(9) 行使层级：市级/隶属

(10) 是否由审批机关受理：是

(11) 受理层级：设区的市级，县级

(12) 是否存在初审环节：否

(13) 初审层级：无

(14) 对应政务服务事项国家级基本目录名称：非机动车登记

(15) 要素统一情况：部分要素全国统一

2. 行政许可事项类型：条件型

3. 行政许可条件

（1）准予行政许可的条件：非机动车的外形尺寸、质量、制动器、车铃和夜间反光装置，应当符合非机动车安全技术标准。其他由各地区自行规定。

（2）规定行政许可条件的依据

《道路交通安全法》第18条。

4. 行政许可服务对象类型与改革举措

（1）服务对象类型：自然人，企业法人，事业单位法人，社会组织法人，非法人企业，行政机关，其他组织

（2）是否为涉企经营许可事项：否

（3）涉企经营许可事项名称：无

（4）涉企经营许可证件名称：无

（5）改革方式：无

（6）具体改革举措：由各地区自行规定

（7）加强事中事后监管措施：公安机关交通管理部门通过车辆查验、通行管理等方式，加强事中、事后监管。一是加强非机动车查验。对依法依规应当登记的非机动车，公安机关交通管理部门查验确认非机动车的外形尺寸、质量、制动器、车铃和夜间反光装置安全技术标准后方予登记，核发非机动车号牌和行驶证。二是加强违规车辆查处。公安机关交通管理部门依法依规严格查处拼装、加装、改装等改变非机动车外形结构或者更改技术参数的行为。三是加强违法行为查处。公安机关交通管理部门严格查处驾驶依法依规应当登记但未登记的非机动车上路行驶、已登记非机动车未悬挂号牌等行为查处。

5. 申请材料

（1）申请材料名称：由各地区自行规定

（2）规定申请材料的依据

《道路交通安全法》第18条。

6. 中介服务

（1）有无法定中介服务事项：无

（2）中介服务事项名称：无

（3）设定中介服务事项的依据：无

（4）提供中介服务的机构：无

（5）中介服务事项的收费性质：无

7. 审批程序

（1）办理行政许可的程序环节：由各地区自行规定

（2）规定行政许可程序的依据

《道路交通安全法》第18条。

（3）是否需要现场勘验：否

（4）是否需要组织听证：否

（5）是否需要招标、拍卖、挂牌交易：否

（6）是否需要检验、检测、检疫：否

（7）是否需要鉴定：否

（8）是否需要专家评审：否

（9）是否需要向社会公示：否

（10）是否实行告知承诺办理：否

（11）审批机关是否委托服务机构开展技术性服务：否

8. 受理和审批时限

（1）承诺受理时限：由各地区自行规定

（2）法定审批时限：20个工作日，经批准可延长10个工作日。

（3）规定法定审批时限依据

《行政许可法》第42条第1款规定，除可以当场作出行政许可决定的外，行政机关应当自受理行政许可申请之日起二十日内作出行政许可决定。二十日内不能作

出决定的，经本行政机关负责人批准，可以延长十日，并应当将延长期限的理由告知申请人。但是，法律、法规另有规定的，依照其规定。

（4）承诺审批时限：由各地区自行规定

9. 收费

（1）办理行政许可是否收费：由各地区自行规定

（2）收费项目的名称、收费项目的标准、设定收费项目的依据、规定收费标准的依据

收费项目名称：非机动车牌证制作费。

收费项目标准：由各地区自行规定。

设定收费项目的依据：由各地区自行规定。

规定收费标准的依据：由各地区自行规定。

10. 行政许可证件

（1）审批结果类型：证照

（2）审批结果名称：号牌、行驶证

（3）审批结果的有效期限：由地方规定有无行政许可证件的有效期限

（4）规定审批结果有效期限的依据

《道路交通安全法》第18条。

（5）是否需要办理审批结果变更手续：否

（6）办理审批结果变更手续的要求：无

（7）是否需要办理审批结果延续手续：否

（8）办理审批结果延续手续的要求：无

（9）审批结果的有效地域范围：由各地区自行规定

（10）规定审批结果有效地域范围的依据

《道路交通安全法》第18条。

11. 行政许可数量限制

（1）有无行政许可数量限制：无

（2）公布数量限制的方式：无

（3）公布数量限制的周期：无

（4）在数量限制条件下实施行政许可的方式：无

（5）规定在数量限制条件下实施行政许可方式的依据：无

12. 行政许可后年检

（1）有无年检要求：无

（2）设定年检要求的依据：无

（3）年检周期：无

（4）年检是否要求报送材料：无

（5）年检报送材料名称：无

（6）年检是否收费：无

（7）年检收费项目的名称、年检收费项目的标准、设定年检收费项目的依据、规定年检项目收费标准的依据：无

（8）通过年检的证明或者标志：无

13. 行政许可后年报

（1）有无年报要求：无

（2）年报报送材料名称：无

（3）设定年报要求的依据：无

（4）年报周期：无

14. 监管主体

省级公安机关交通管理部门，直辖市或者相当于同级的公安机关交通管理部门。

15. 备注

（三）非机动车登记（县级权限）

1. 基本要素

（1）行政许可事项名称及编码：非机动车登记【00010914400Y】

（2）行政许可事项子项名称及编码：非机动车登记（县级权限）【000109144003】

（3）行政许可事项业务办理项名称及编码：非机动车登记（县级权限）（00010914400301）

（4）设定依据

《道路交通安全法》第18条规定，依法应当登记的非机动车，经公安机关交通管理部门登记后，方可上道路行驶。依法应当登记的非机动车的种类，由省、自治区、直辖市人民政府根据当地实际情况规定。非机动车的外形尺寸、质量、制动器、车铃和夜间反光装置，应当符合非机动车安全技术标准。

（5）实施依据

《道路交通安全法》第18条。

（6）监管依据

《道路交通安全法》第18条。

（7）实施机关：县级公安机关

（8）审批层级：省级，设区的市级

（9）行使层级：县级

（10）是否由审批机关受理：是

（11）受理层级：县级

（12）是否存在初审环节：否

（13）初审层级：无

（14）对应政务服务事项国家级基本目录名称：非机动车登记

（15）要素统一情况：部分要素全国统一

2. 行政许可事项类型：条件型

3. 行政许可条件

（1）准予行政许可的条件：非机动车的外形尺寸、质量、制动器、车铃和夜间反光装置，应当符合非机动车安全技术标准。其他由各地区自行规定。

（2）规定行政许可条件的依据

《道路交通安全法》第18条。

4. 行政许可服务对象类型与改革举措

（1）服务对象类型：自然人，企业法人，事业单位法人，社会组织法人，非法人企业，行政机关，其他组织

（2）是否为涉企经营许可事项：否

（3）涉企经营许可事项名称：无

（4）涉企经营许可证件名称：无

（5）改革方式：无

（6）具体改革举措：由各地区自行规定

（7）加强事中事后监管措施：公安机关交通管理部门通过车辆查验、通行管理等方式，加强事中、事后监管。一是加强非机动车查验。对依法依规应当登记的非机动车，公安机关交通管理部门查验确认非机动车的外形尺寸、质量、制动器、车铃和夜间反光装置安全技术标准后方予登记，核发非机动车号牌和行驶证。二是加强违规车辆查处。公安机关交通管理部门依法依规严格查处拼装、加装、改装等改变非机动车外形结构或者更改技术参数的行为。三是加强违法行为查处。公安机关交通管理部门严格查处驾驶依法依规应当登记但未登记的非机动车上路行驶、已登记非机动车未悬挂号牌等行为查处。

5. 申请材料

（1）申请材料名称：由各地区自行规定。

（2）规定申请材料的依据

《道路交通安全法》第18条。

6. 中介服务

（1）有无法定中介服务事项：无

（2）中介服务事项名称：无

（3）设定中介服务事项的依据：无

（4）提供中介服务的机构：无

（5）中介服务事项的收费性质：无

7. 审批程序

（1）办理行政许可的程序环节：由各地区自行规定。

（2）规定行政许可程序的依据

《道路交通安全法》第18条。

（3）是否需要现场勘验：否

（4）是否需要组织听证：否

（5）是否需要招标、拍卖、挂牌交易：否

（6）是否需要检验、检测、检疫：否

（7）是否需要鉴定：否

（8）是否需要专家评审：否

（9）是否需要向社会公示：否

（10）是否实行告知承诺办理：否

（11）审批机关是否委托服务机构开展技术性服务：否

8. 受理和审批时限

（1）承诺受理时限：由各地区自行规定。

（2）法定审批时限：20个工作日，经批准可延长10个工作日。

（3）规定法定审批时限依据

《行政许可法》第42条第1款规定，除可以当场作出行政许可决定的外，行政机关应当自受理行政许可申请之日起二十日内作出行政许可决定。二十日内不能作出决定的，经本行政机关负责人批准，可以延长十日，并应当将延长期限的理由告知申请人。但是，法律、法规另有规定的，依照其规定。

（4）承诺审批时限：由各地区自行规定。

9. 收费

（1）办理行政许可是否收费：由各地区自行规定。

（2）收费项目的名称、收费项目的标准、设定收费项目的依据、规定收费标准的依据

收费项目名称：非机动车牌证制作费。

收费项目标准：由各地区自行规定。

设定收费项目的依据：由各地区自行规定。

规定收费标准的依据：由各地区自行规定。

10. 行政许可证件

（1）审批结果类型：证照

（2）审批结果名称：号牌、行驶证

（3）审批结果的有效期限：由地方规定有无行政许可证件的有效期限。

（4）规定审批结果有效期限的依据

《道路交通安全法》第18条。

（5）是否需要办理审批结果变更手续：否

（6）办理审批结果变更手续的要求：无

（7）是否需要办理审批结果延续手续：否

（8）办理审批结果延续手续的要求：无

（9）审批结果的有效地域范围：由各地区自行规定

（10）规定审批结果有效地域范围的依据

《道路交通安全法》第18条。

11. 行政许可数量限制

（1）有无行政许可数量限制：无

（2）公布数量限制的方式：无

（3）公布数量限制的周期：无

（4）在数量限制条件下实施行政许可的方式：无

（5）规定在数量限制条件下实施行政许可方式的依据：无

12. 行政许可后年检

（1）有无年检要求：无

（2）设定年检要求的依据：无

（3）年检周期：无

（4）年检是否要求报送材料：无

（5）年检报送材料名称：无

（6）年检是否收费：无

（7）年检收费项目的名称、年检收费项目的标准、设定年检收费项目的依据、规定年检项目收费标准的依据：无

（8）通过年检的证明或者标志：无

13. 行政许可后年报

（1）有无年报要求：无

（2）年报报送材料名称：无

（3）设定年报要求的依据：无

（4）年报周期：无

14. 监管主体

省级公安机关交通管理部门，直辖市或者相当于同级的公安机关交通管理部门。

15. 备注

四十三、涉路施工交通安全审查

涉路施工交通安全审查的中央主管部门是公安部，实施机关是省级、设区的市级、县级公安机关，设定和实施依据包括：《道路交通安全法》《道路交通安全法实施条例》《城市道路管理条例》。该许可项目共有3个子项：（1）涉路施工交通安全审查（省级权限）；（2）涉路施工交通安全审查（设区的市级权限）；（3）涉路施工交通安全审查（县级权限）。

（一）涉路施工交通安全审查（省级权限）

1. 基本要素

（1）行政许可事项名称及编码：涉路施工交通安全审查【00010914600Y】

（2）行政许可事项子项名称及编码：涉路施工交通安全审查（省级权限）【000109146001】

（3）行政许可事项业务办理项名称及编码：涉路施工交通安全审查（省级权限）（00010914600101）

（4）设定依据

《道路交通安全法》第32条第1款规定，因工程建设需要占用、挖掘道路，或者跨越、穿越道路架设、增设管线设施，应当事先征得道路主管部门的同意；影响交通安全的，还应当征得公安机关交通管理部门的同意。

《城市道路管理条例》第30条规定，未经市政工程行政主管部门和公安交通管理部门批准，任何单位或者个人不得占用或者挖掘城市道路。

《城市道路管理条例》第31条第1款规定，因特殊情况需要临时占用城市道路的，须经市政工程行政主管部门和公安交通管理部门批准，方可按照规定占用。

《城市道路管理条例》第33条第1款规定，因工程建设需要挖掘城市道路的，应当持城市规划部门批准签发的文件和有关设计文件，到市政工程行政主管部门和公安交通管理部门办理审批手续，方可按照规定挖掘。

《城市道路管理条例》第34条规定，

埋设在城市道路下的管线发生故障需要紧急抢修的，可以先行破路抢修，并同时通知市政工程行政主管部门和公安交通管理部门，在24小时内按照规定补办批准手续。

（5）实施依据

《道路交通安全法》第31条。

《道路交通安全法》第32条规定，因工程建设需要占用、挖掘道路，或者跨越、穿越道路架设、增设管线设施，应当事先征得道路主管部门的同意；影响交通安全的，还应当征得公安机关交通管理部门的同意。施工作业单位应当在经批准的路段和时间内施工作业，并在距离施工作业地点来车方向安全距离处设置明显的安全警示标志，采取防护措施；施工作业完毕，应当迅速清除道路上的障碍物，消除安全隐患，经道路主管部门和公安机关交通管理部门验收合格，符合通行要求后，方可恢复通行。对未中断交通的施工作业道路，公安机关交通管理部门应当加强交通安全监督检查，维护道路交通秩序。

《道路交通安全法实施条例》第35条规定，道路养护施工单位在道路上进行养护、维修时，应当按照规定设置规范的安全警示标志和安全防护设施。道路养护施工作业车辆、机械应当安装示警灯，喷涂明显的标志图案，作业时应当开启示警灯和危险报警闪光灯。对未中断交通的施工作业道路，公安机关交通管理部门应当加强交通安全监督检查。发生交通阻塞时，及时做好分流、疏导，维护交通秩序。道路施工需要车辆绕行的，施工单位应当在绕行处设置标志；不能绕行的，应当修建临时通道，保证车辆和行人通行。需要封闭道路中断交通的，除紧急情况外，应当提前5日向社会公告。

《城市道路管理条例》第30条、第31条、第33条、第34条。

（6）监管依据

《道路交通安全法》第104条规定，未经批准，擅自挖掘道路、占用道路施工或者从事其他影响道路交通安全活动的，由道路主管部门责令停止违法行为，并恢复原状，可以依法给予罚款；致使通行的人员、车辆及其他财产遭受损失的，依法承担赔偿责任。有前款行为，影响道路交通安全活动的，公安机关交通管理部门可以责令停止违法行为，迅速恢复交通。

《道路交通安全法实施条例》第102条规定，违反本条例规定的行为，依照道路交通安全法和本条例的规定处罚。

（7）实施机关：省级公安机关

（8）审批层级：省级

（9）行使层级：省级/直属

（10）是否由审批机关受理：是

（11）受理层级：省级

（12）是否存在初审环节：否

（13）初审层级：无

（14）对应政务服务事项国家级基本目录名称：无对应政务服务事项

（15）要素统一情况：部分要素全国统一

2. 行政许可事项类型条件型

3. 行政许可条件

（1）准予行政许可的条件：一是涉路施工交通组织应当符合《道路交通标志和标线》（G B5768）、《城市道路交通标志和标线设置规范》（GB 51038）、《城市道路交通组织设计规范》（GB/T 36670）、《城市道路施工作业交通组织规范》（GA/T 900）等国家、行业及地方技术标准规范。二是保障安全，交通组织方案应当注重保障道路交通安全，根据施工作业区周边道路条件和交通特点，在安全距离规范设置交通安全设施、交通安全指示标志、限速标志等，减少施工作业区出入口交通冲突。三是保障畅通，交通组织方案应当注重保障道路交通运行顺畅，统筹安排涉路施工时间、时序和工期，对重点道路原则上不采取中断交通的施工方式。具备条件的，应采用“占一还一”“占辅不占主”等方式，最大限度保障施工点段及其周边道路网的通行能力。四是方便群众，交通组织方案应合理制定交通疏解绕行措施，在确保交通安全的前提下，保障施工作业区沿线居民、单位工作人员、学生的日常出行，确保公共交通、慢行交通安全便捷。

（2）规定行政许可条件的依据

《道路交通安全法》第3条规定，道路交通安全工作，应当遵循依法管理、方便群众的原则，保障道路交通有序、安全、畅通。

《道路交通安全法》第32条。

《道路交通安全法实施条例》第35条。

4. 行政许可服务对象类型与改革举措

（1）服务对象类型：企业法人，事业单位法人，社会组织法人，非法人企业，行政机关，其他组织

（2）是否为涉企经营许可事项：否

（3）涉企经营许可事项名称：无

（4）涉企经营许可证件名称：无

（5）改革方式：无

（6）具体改革举措：无

（7）加强事中事后监管措施：公安机关交通管理部门应当通过现场检查、线上监测、群众举报等方式，加强事中、事后监管。一是加强规范施工提示。公安交管部门在单独审批核发许可或配合相关部门审批反馈审查意见时，对施工时间、施工范围以及配套交通组织、交通设施等要求进行重点提示，提醒施工单位落实安全主体责任，严格规范安全施工。二是加强施工安全检查。公安交管部门加强对辖区占道施工的安全检查，重点检查有无施工许可、是否按规定时间施工、是否超范围施工、是否落实配套交通组织措施等情况。有条件的地方，依托施工点位周边视频监控，加强网上巡查监管。发现施工单位未按照要求或者违反相关规定施工，存在安全隐患的，联合相关主管部门依法推动整改。三是加强施工验收检查。公安交管部门在开展或者配合相关主管部门开展涉路施工验收工作时，重点检查竣工后相关交通设施恢复情况。未按规定恢复交通设施或者存在其他安全隐患的，要求施工单位及时恢复。

5. 申请材料

（1）申请材料名称

涉路施工交通安全审查申请：一是工程基本情况。包括工程背景、工程区位、工程主要内容、建设单位、施工单位、施工工期、施工组织、占用道路情况等信息。二是交通影响评估报告。施工期间对施工道路及周边道路交通影响范围、影响程度等信息。对道路交通影响较大的，建设单位应当委托具备资质的第三方专业机构开展交通影响评估，并提交交通影响评估报告。三是交通组织措施。包括绕行路线、分流路线以及机动车交通组织、慢行交通

组织、公共交通组织、停车管理、施工工地出入口设置、工程车辆管理、交通诱导提示措施、交通组织示意图等。四是交通安全防护措施。包括施工作业区域及周边道路的交通警示设施设备的设置、施工围挡、夜间照明设备、交通安全引导和管理人员安排等。五是交通应急处置措施。根据施工作业区影响范围制定控制区域、应急启动条件、应急管理措施、应急物资准备等；六是交通恢复措施。包括占用期满后恢复道路通行条件和交通设施的措施。

涉路施工有效期届满申请延期：涉及交通组织方案调整的，提交交通组织方案。

（2）规定申请材料的依据

《道路交通安全法》第32条。

《道路交通安全法实施条例》第35条。

《城市道路管理条例》第36条规定，经批准占用或者挖掘城市道路的，应当按照批准的位置、面积、期限占用或者挖掘。需要移动位置、扩大面积、延长时间的，应当提前办理变更审批手续。

6. 中介服务

（1）有无法定中介服务事项：无

（2）中介服务事项名称：无

（3）设定中介服务事项的依据：无

（4）提供中介服务的机构：无

（5）中介服务事项的收费性质：无

7. 审批程序

（1）办理行政许可的程序环节：一是审查机构受理/不予受理；二是审查机构审查；三是出具同意意见/出具不同意意见。

（2）规定行政许可程序的依据

《道路交通安全法》第32条。

《城市道路管理条例》第30条。

（3）是否需要现场勘验：部分情况下开展

（4）是否需要组织听证：否

（5）是否需要招标、拍卖、挂牌交易：否

（6）是否需要检验、检测、检疫：否

（7）是否需要鉴定：否

（8）是否需要专家评审：部分情况下开展

（9）是否需要向社会公示：是

（10）是否实行告知承诺办理：部分情况下开展

（11）审批机关是否委托服务机构开展技术性服务：部分情况下开展

8. 受理和审批时限

（1）承诺受理时限：3个工作日

（2）法定审批时限：20个工作日，经批准可延长10个工作日。

（3）规定法定审批时限依据

《行政许可法》第42条第1款规定，除可以当场作出行政许可决定的外，行政机关应当自受理行政许可申请之日起二十日内作出行政许可决定。二十日内不能作出决定的，经本行政机关负责人批准，可以延长十日，并应当将延长期限的理由告知申请人。但是，法律、法规另有规定的，依照其规定。

（4）承诺审批时限20个工作日；依法进行专家评审另需时间不超过10个工作日，依法进行申请单位需要修改交通组织方案的另需时间不计算在该时限。

9. 收费

（1）办理行政许可是否收费：否

（2）收费项目的名称、收费项目的标准、设定收费项目的依据、规定收费标准的依据：无

10. 行政许可证件

（1）审批结果类型：批文

（2）审批结果名称：涉路施工交通安全审查

（3）审批结果的有效期限：根据实际情况确定

（4）规定审批结果有效期限的依据

《道路交通安全法》第32条。

（5）是否需要办理审批结果变更手续：否

（6）办理审批结果变更手续的要求：无

（7）是否需要办理审批结果延续手续：是

（8）办理审批结果延续手续的要求不能按期结束需延期施工的，建设单位应在许可有效期届满10个工作日前提交延期申请。施工工期不足10个工作日的，应提前3个工作日提交延期申请。涉及交通组织方案调整的，应重新提交交通组织方案。

（9）审批结果的有效地域范围：申请进行涉路施工范围。

（10）规定审批结果有效地域范围的依据

《道路交通安全法》第32条。

11. 行政许可数量限制

（1）有无行政许可数量限制：无

（2）公布数量限制的方式：无

（3）公布数量限制的周期：无

（4）在数量限制条件下实施行政许可的方式：无

（5）规定在数量限制条件下实施行政许可方式的依据：无

12. 行政许可后年检

（1）有无年检要求：无

（2）设定年检要求的依据：无

（3）年检周期：无

（4）年检是否要求报送材料：无

（5）年检报送材料名称：无

（6）年检是否收费：无

（7）年检收费项目的名称、年检收费项目的标准、设定年检收费项目的依据、规定年检项目收费标准的依据：无

（8）通过年检的证明或者标志：无

13. 行政许可后年报

（1）有无年报要求：无

（2）年报报送材料名称：无

（3）设定年报要求的依据：无

（4）年报周期：无

14. 监管主体

省、自治区、直辖市公安机关交通管理部门。

15. 备注

（二）涉路施工交通安全审查（设区的市级权限）

1. 基本要素

（1）行政许可事项名称及编码：涉路施工交通安全审查【00010914600Y】

（2）行政许可事项子项名称及编码：涉路施工交通安全审查（设区的市级权限）【000109146002】

（3）行政许可事项业务办理项名称及编码：涉路施工交通安全审查（设区的市级权限）（00010914600201）

（4）设定依据

《道路交通安全法》第32条第1款规定，因工程建设需要占用、挖掘道路，或者跨越、穿越道路架设、增设管线设施，应当事先征得道路主管部门的同意；影响交通安全的，还应当征得公安机关交通管

理部门的同意。

《城市道路管理条例》第30条规定，未经市政工程行政主管部门和公安交通管理部门批准，任何单位或者个人不得占用或者挖掘城市道路。

《城市道路管理条例》第31条第1款规定，因特殊情况需要临时占用城市道路的，须经市政工程行政主管部门和公安交通管理部门批准，方可按照规定占用。

《城市道路管理条例》第33条第1款规定，因工程建设需要挖掘城市道路的，应当持城市规划部门批准签发的文件和有关设计文件，到市政工程行政主管部门和公安交通管理部门办理审批手续，方可按照规定挖掘。

《城市道路管理条例》第34条规定，埋设在城市道路下的管线发生故障需要紧急抢修的，可以先行破路抢修，并同时通知市政工程行政主管部门和公安交通管理部门，在24小时内按照规定补办批准手续。

（5）实施依据

《道路交通安全法》第31条。

《道路交通安全法》第32条规定，因工程建设需要占用、挖掘道路，或者跨越、穿越道路架设、增设管线设施，应当事先征得道路主管部门的同意；影响交通安全的，还应当征得公安机关交通管理部门的同意。施工作业单位应当在经批准的路段和时间内施工作业，并在距离施工作业地点来车方向安全距离处设置明显的安全警示标志，采取防护措施；施工作业完毕，应当迅速清除道路上的障碍物，消除安全隐患，经道路主管部门和公安机关交通管理部门验收合格，符合通行要求后，方可恢复通行。对未中断交通的施工作业道路，公安机关交通管理部门应当加强交通安全监督检查，维护道路交通秩序。

《道路交通安全法实施条例》第35条规定，道路养护施工单位在道路上进行养护、维修时，应当按照规定设置规范的安全警示标志和安全防护设施。道路养护施工作业车辆、机械应当安装示警灯，喷涂明显的标志图案，作业时应当开启示警灯和危险报警闪光灯。对未中断交通的施工作业道路，公安机关交通管理部门应当加强交通安全监督检查。发生交通阻塞时，及时做好分流、疏导，维护交通秩序。道路施工需要车辆绕行的，施工单位应当在绕行处设置标志；不能绕行的，应当修建临时通道，保证车辆和行人通行。需要封闭道路中断交通的，除紧急情况外，应当提前5日向社会公告。

《城市道路管理条例》第30条、第31条、第33条、第34条。

（6）监管依据

《道路交通安全法》第104条规定，未经批准，擅自挖掘道路、占用道路施工或者从事其他影响道路交通安全活动的，由道路主管部门责令停止违法行为，并恢复原状，可以依法给予罚款；致使通行的人员、车辆及其他财产遭受损失的，依法承担赔偿责任。有前款行为，影响道路交通安全活动的，公安机关交通管理部门可以责令停止违法行为，迅速恢复交通。

《道路交通安全法实施条例》第102条规定，违反本条例规定的行为，依照道路交通安全法和本条例的规定处罚。

（7）实施机关：设区的市级公安机关

（8）审批层级：设区的市级

（9）行使层级：市级/隶属

（10）是否由审批机关受理：是

（11）受理层级：设区的市级

（12）是否存在初审环节：否

（13）初审层级：无

（14）对应政务服务事项国家级基本目录名称：无对应政务服务事项

（15）要素统一情况：部分要素全国统一

2. 行政许可事项类型：条件型

3. 行政许可条件

（1）准予行政许可的条件：一是涉路施工交通组织应当符合《道路交通标志和标线》（GB5768）、《城市道路交通标志和标线设置规范》（GB51038）、《城市道路交通组织设计规范》（GB/T36670）、《城市道路施工作业交通组织规范》（GA/T900）等国家、行业及地方技术标准规范。二是保障安全，交通组织方案应当注重保障道路交通安全，根据施工作业区周边道路条件和交通特点，在安全距离规范设置交通安全设施、交通安全指示标志、限速标志等，减少施工作业区出入口交通冲突。三是保障畅通，交通组织方案应当注重保障道路交通运行顺畅，统筹安排涉路施工时间、时序和工期，对重点道路原则上不采取中断交通的施工方式。具备条件的，应采用“占一还一”“占辅不占主”等方式，最大限度保障施工点段及其周边道路网的通行能力。四是方便群众，交通组织方案应合理制定交通疏解绕行措施，在确保交通安全的前提下，保障施工作业区沿线居民、单位工作人员、学生的日常出行，确保公共交通、慢行交通安全便捷。

（2）规定行政许可条件的依据

《道路交通安全法》第3条规定，道路交通安全工作，应当遵循依法管理、方便群众的原则，保障道路交通有序、安全、畅通。

《道路交通安全法》第32条。

《道路交通安全法实施条例》第35条。

4. 行政许可服务对象类型与改革举措

（1）服务对象类型：企业法人，事业单位法人，社会组织法人，非法人企业，行政机关，其他组织

（2）是否为涉企经营许可事项：否

（3）涉企经营许可事项名称：无

（4）涉企经营许可证件名称：无

（5）改革方式：无

（6）具体改革举措：无

（7）加强事中事后监管措施：公安机关交通管理部门应当通过现场检查、线上监测、群众举报等方式，加强事中、事后监管。一是加强规范施工提示。公安交管部门在单独审批核发许可或配合相关部门审批反馈审查意见时，对施工时间、施工范围以及配套交通组织、交通设施等要求进行重点提示，提醒施工单位落实安全主体责任，严格规范安全施工。二是加强施工安全检查。公安交管部门加强对辖区占道施工的安全检查，重点检查有无施工许可、是否按规定时间施工、是否超范围施工、是否落实配套交通组织措施等情况。有条件的地方，依托施工点位周边视频监控，加强网上巡查监管。发现施工单位未按照要求或者违反相关规定施工，存在安全隐患的，联合相关主管部门依法推动整改。三是加强施工验收检查。公安交管部门在开展或者配合相关主管部门开展涉路施工验收工作时，重点检查竣工后相关交

通设施恢复情况。未按规定恢复交通设施或者存在其他安全隐患的，要求施工单位及时恢复。

5. 申请材料

（1）申请材料名称

涉路施工交通安全审查申请：一是工程基本情况。包括工程背景、工程区位、工程主要内容、建设单位、施工单位、施工工期、施工组织、占用道路情况等信息。二是交通影响评估报告。施工期间对施工道路及周边道路交通影响范围、影响程度等信息。对道路交通影响较大的，建设单位应当委托具备资质的第三方专业机构开展交通影响评估，并提交交通影响评估报告。三是交通组织措施。包括绕行路线、分流路线以及机动车交通组织、慢行交通组织、公共交通组织、停车管理、施工工地出入口设置、工程车辆管理、交通诱导提示措施、交通组织示意图等。四是交通安全防护措施。包括施工作业区域及周边道路的交通警示设施设备的设置、施工围挡、夜间照明设备、交通安全引导和管理人员安排等。五是交通应急处置措施。根据施工作业区影响范围制定控制区域、应急启动条件、应急管理措施、应急物资准备等。六是交通恢复措施。包括占用期满后恢复道路通行条件和交通设施的措施。

涉路施工有效期届满申请延期：涉及交通组织方案调整的，提交交通组织方案。

（2）规定申请材料的依据

《道路交通安全法》第32条。

《道路交通安全法实施条例》第35条。

《城市道路管理条例》第36条规定，经批准占用或者挖掘城市道路的，应当按照批准的位置、面积、期限占用或者挖掘。需要移动位置、扩大面积、延长时间的，应当提前办理变更审批手续。

6. 中介服务

（1）有无法定中介服务事项：无

（2）中介服务事项名称：无

（3）设定中介服务事项的依据：无

（4）提供中介服务的机构：无

（5）中介服务事项的收费性质：无

7. 审批程序

（1）办理行政许可的程序环节：一是审查机构受理/不予受理；二是审查机构审查；三是出具同意意见/出具不同意意见。

（2）规定行政许可程序的依据

《道路交通安全法》第32条。

《城市道路管理条例》第30条。

（3）是否需要现场勘验：部分情况下开展

（4）是否需要组织听证：否

（5）是否需要招标、拍卖、挂牌交易：否

（6）是否需要检验、检测、检疫：否

（7）是否需要鉴定：否

（8）是否需要专家评审：部分情况下开展

（9）是否需要向社会公示：是

（10）是否实行告知承诺办理：部分情况下开展

（11）审批机关是否委托服务机构开展技术性服务：部分情况下开展

8. 受理和审批时限

（1）承诺受理时限：3个工作日

（2）法定审批时限：20个工作日，经批准可延长10个工作日。

（3）规定法定审批时限依据

《行政许可法》第42条第1款规定，

除可以当场作出行政许可决定的外，行政机关应当自受理行政许可申请之日起二十日内作出行政许可决定。二十日内不能作出决定的，经本行政机关负责人批准，可以延长十日，并应当将延长期限的理由告知申请人。但是，法律、法规另有规定的，依照其规定。

（4）承诺审批时限20个工作日；依法进行专家评审另需时间不超过10个工作日，依法进行申请单位需要修改交通组织方案的另需时间不计算在该时限。

9. 收费

（1）办理行政许可是否收费：否

（2）收费项目的名称、收费项目的标准、设定收费项目的依据、规定收费标准的依据：无

10. 行政许可证件

（1）审批结果类型：批文

（2）审批结果名称：涉路施工交通安全审查

（3）审批结果的有效期限：根据实际情况确定

（4）规定审批结果有效期限的依据

《道路交通安全法》第32条。

（5）是否需要办理审批结果变更手续：否

（6）办理审批结果变更手续的要求：无

（7）是否需要办理审批结果延续手续：是

（8）办理审批结果延续手续的要求：不能按期结束需延期施工的，建设单位应在许可有效期届满10个工作日前提交延期申请。施工工期不足10个工作日的，应提前3个工作日提交延期申请。涉及交通组织方案调整的，应重新提交交通组织方案。

（9）审批结果的有效地域范围：申请进行涉路施工范围

（10）规定审批结果有效地域范围的依据

《道路交通安全法》第32条。

11. 行政许可数量限制

（1）有无行政许可数量限制：无

（2）公布数量限制的方式：无

（3）公布数量限制的周期：无

（4）在数量限制条件下实施行政许可的方式：无

（5）规定在数量限制条件下实施行政许可方式的依据：无

12. 行政许可后年检

（1）有无年检要求：无

（2）设定年检要求的依据：无

（3）年检周期：无

（4）年检是否要求报送材料：无

（5）年检报送材料名称：无

（6）年检是否收费：无

（7）年检收费项目的名称、年检收费项目的标准、设定年检收费项目的依据、规定年检项目收费标准的依据：无

（8）通过年检的证明或者标志：无

13. 行政许可后年报

（1）有无年报要求：无

（2）年报报送材料名称：无

（3）设定年报要求的依据：无

（4）年报周期：无

14. 监管主体

设区的市级公安机关交通管理部门。

15. 备注

（三）涉路施工交通安全审查（县级权限）

1. 基本要素

（1）行政许可事项名称及编码：涉路施工交通安全审查【00010914600Y】

（2）行政许可事项子项名称及编码：涉路施工交通安全审查（县级权限）【000109146003】

（3）行政许可事项业务办理项名称及编码：涉路施工交通安全审查（县级权限）（00010914600301）

（4）设定依据

《道路交通安全法》第32条第1款规定，因工程建设需要占用、挖掘道路，或者跨越、穿越道路架设、增设管线设施，应当事先征得道路主管部门的同意；影响交通安全的，还应当征得公安机关交通管理部门的同意。

《城市道路管理条例》第30条规定，未经市政工程行政主管部门和公安交通管理部门批准，任何单位或者个人不得占用或者挖掘城市道路。

《城市道路管理条例》第31条第1款规定，因特殊情况需要临时占用城市道路的，须经市政工程行政主管部门和公安交通管理部门批准，方可按照规定占用。

《城市道路管理条例》第33条第1款规定，条因工程建设需要挖掘城市道路的，应当持城市规划部门批准签发的文件和有关设计文件，到市政工程行政主管部门和公安交通管理部门办理审批手续，方可按照规定挖掘。

《城市道路管理条例》第34条规定，埋设在城市道路下的管线发生故障需要紧急抢修的，可以先行破路抢修，并同时通知市政工程行政主管部门和公安交通管理部门，在24小时内按照规定补办批准手续。

（5）实施依据

《道路交通安全法》第31条。

《道路交通安全法》第32条规定，因工程建设需要占用、挖掘道路，或者跨越、穿越道路架设、增设管线设施，应当事先征得道路主管部门的同意；影响交通安全的，还应当征得公安机关交通管理部门的同意。施工作业单位应当在经批准的路段和时间内施工作业，并在距离施工作业地点来车方向安全距离处设置明显的安全警示标志，采取防护措施；施工作业完毕，应当迅速清除道路上的障碍物，消除安全隐患，经道路主管部门和公安机关交通管理部门验收合格，符合通行要求后，方可恢复通行。对未中断交通的施工作业道路，公安机关交通管理部门应当加强交通安全监督检查，维护道路交通秩序。

《道路交通安全法实施条例》第35条规定，道路养护施工单位在道路上进行养护、维修时，应当按照规定设置规范的安全警示标志和安全防护设施。道路养护施工作业车辆、机械应当安装示警灯，喷涂明显的标志图案，作业时应当开启示警灯和危险报警闪光灯。对未中断交通的施工作业道路，公安机关交通管理部门应当加强交通安全监督检查。发生交通阻塞时，及时做好分流、疏导，维护交通秩序。道路施工需要车辆绕行的，施工单位应当在绕行处设置标志；不能绕行的，应当修建临时通道，保证车辆和行人通行。需要封闭道路中断交通的，除紧急情况外，应当提前5日向社会公告。

《城市道路管理条例》第 30 条、第 31 条、第 33 条、第 34 条。

（6）监管依据

《道路交通安全法》第 104 条规定，未经批准，擅自挖掘道路、占用道路施工或者从事其他影响道路交通安全活动的，由道路主管部门责令停止违法行为，并恢复原状，可以依法给予罚款；致使通行的人员、车辆及其他财产遭受损失的，依法承担赔偿责任。有前款行为，影响道路交通安全活动的，公安机关交通管理部门可以责令停止违法行为，迅速恢复交通。

《道路交通安全法实施条例》第 102 条规定，违反本条例规定的行为，依照道路交通安全法和本条例的规定处罚。

（7）实施机关：县级公安机关

（8）审批层级：县级

（9）行使层级：县级

（10）是否由审批机关受理：是

（11）受理层级：县级

（12）是否存在初审环节：否

（13）初审层级：无

（14）对应政务服务事项国家级基本目录名称：无对应政务服务事项

（15）要素统一情况：部分要素全国统一

2. 行政许可事项类型：条件型

3. 行政许可条件

（1）准予行政许可的条件：一是涉路施工交通组织应当符合《道路交通标志和标线》（GB5768）、《城市道路交通标志和标线设置规范》（GB51038）、《城市道路交通组织设计规范》（GB/T36670）、《城市道路施工作业交通组织规范》（GA/T900）等国家、行业及地方技术标准规范。二是保障安全，交通组织方案应当注重保障道路交通安全，根据施工作业区周边道路条件和交通特点，在安全距离规范设置交通安全设施、交通安全指示标志、限速标志等，减少施工作业区出入口交通冲突。三是保障畅通，交通组织方案应当注重保障道路交通运行顺畅，统筹安排涉路施工时间、时序和工期，对重点道路原则上不采取中断交通的施工方式。具备条件的，应采用“占一还一”“占辅不占主”等方式，最大限度保障施工点段及其周边道路网的通行能力。四是方便群众，交通组织方案应合理制定交通疏解绕行措施，在确保交通安全的前提下，保障施工作业区沿线居民、单位工作人员、学生的日常出行，确保公共交通、慢行交通安全便捷。

（2）规定行政许可条件的依据

《道路交通安全法》第 3 条规定，道路交通安全工作，应当遵循依法管理、方便群众的原则，保障道路交通有序、安全、畅通。

《道路交通安全法》第 32 条。

《道路交通安全法实施条例》第 35 条。

4. 行政许可服务对象类型与改革举措

（1）服务对象类型：企业法人，事业单位法人，社会组织法人，非法人企业，行政机关，其他组织

（2）是否为涉企经营许可事项：否

（3）涉企经营许可事项名称：无

（4）涉企经营许可证件名称：无

（5）改革方式：无

（6）具体改革举措：无

（7）加强事中事后监管措施：公安机关交通管理部门应当通过现场检查、线上监测、群众举报等方式，加强事中、事后

监管。一是加强规范施工提示。公安交管部门在单独审批核发许可或配合相关部门审批反馈审查意见时，对施工时间、施工范围以及配套交通组织、交通设施等要求进行重点提示，提醒施工单位落实安全主体责任，严格规范安全施工。二是加强施工安全检查。公安交管部门加强对辖区占道施工的安全检查，重点检查有无施工许可、是否按规定时间施工、是否超范围施工、是否落实配套交通组织措施等情况。有条件的地方，依托施工点位周边视频监控，加强网上巡查监管。发现施工单位未按照要求或者违反相关规定施工，存在安全隐患的，联合相关主管部门依法推动整改。三是加强施工验收检查。公安交管部门在开展或者配合相关主管部门开展涉路施工验收工作时，重点检查竣工后相关交通设施恢复情况。未按规定恢复交通设施或者存在其他安全隐患的，要求施工单位及时恢复。

5. 申请材料

（1）申请材料名称

涉路施工交通安全审查申请：一是工程基本情况。包括工程背景、工程区位、工程主要内容、建设单位、施工单位、施工工期、施工组织、占用道路情况等信息。二是交通影响评估报告。施工期间对施工道路及周边道路交通影响范围、影响程度等信息。对道路交通影响较大的，建设单位应当委托具备资质的第三方专业机构开展交通影响评估，并提交交通影响评估报告。三是交通组织措施。包括绕行路线、分流路线以及机动车交通组织、慢行交通组织、公共交通组织、停车管理、施工工地出入口设置、工程车辆管理、交通诱导提示措施、交通组织示意图等。四是交通安全防护措施。包括施工作业区域及周边道路的交通警示设施设备的设置、施工围挡、夜间照明设备、交通安全引导和管理人员安排等。五是交通应急处置措施。根据施工作业区影响范围制定控制区域、应急启动条件、应急管理措施、应急物资准备等。六是交通恢复措施。包括占用期满后恢复道路通行条件和交通设施的措施。

涉路施工有效期届满申请延期：涉及交通组织方案调整的，提交交通组织方案。

（2）规定申请材料的依据

《道路交通安全法》第32条。

《道路交通安全法实施条例》第35条。

《城市道路管理条例》第36条。

6. 中介服务

（1）有无法定中介服务事项：无

（2）中介服务事项名称：无

（3）设定中介服务事项的依据：无

（4）提供中介服务的机构：无

（5）中介服务事项的收费性质：无

7. 审批程序

（1）办理行政许可的程序环节：一是审查机构受理/不予受理；二是审查机构审查；三是出具同意意见/出具不同意意见。

（2）规定行政许可程序的依据

《道路交通安全法》第32条。

《城市道路管理条例》第30条。

（3）是否需要现场勘验：部分情况下开展

（4）是否需要组织听证：否

（5）是否需要招标、拍卖、挂牌交易：否

（6）是否需要检验、检测、检疫：否

（7）是否需要鉴定：否

（8）是否需要专家评审：部分情况下开展

（9）是否需要向社会公示：是

（10）是否实行告知承诺办理：部分情况下开展

（11）审批机关是否委托服务机构开展技术性服务：部分情况下开展

8. 受理和审批时限

（1）承诺受理时限：3个工作日

（2）法定审批时限：20个工作日，经批准可延长10个工作日。

（3）规定法定审批时限依据

《行政许可法》第42条第1款规定，除可以当场作出行政许可决定的外，行政机关应当自受理行政许可申请之日起二十日内作出行政许可决定。二十日内不能作出决定的，经本行政机关负责人批准，可以延长十日，并应当将延长期限的理由告知申请人。但是，法律、法规另有规定的，依照其规定。

（4）承诺审批时限20个工作日；依法进行专家评审另需时间不超过10个工作日，依法进行申请单位需要修改交通组织方案的另需时间不计算在该时限。

9. 收费

（1）办理行政许可是否收费：否

（2）收费项目的名称、收费项目的标准、设定收费项目的依据、规定收费标准的依据：无

10. 行政许可证件

（1）审批结果类型：批文

（2）审批结果名称：涉路施工交通安全审查

（3）审批结果的有效期限：根据实际情况确定

（4）规定审批结果有效期限的依据

《道路交通安全法》第32条。

（5）是否需要办理审批结果变更手续：否

（6）办理审批结果变更手续的要求：无

（7）是否需要办理审批结果延续手续：是

（8）办理审批结果延续手续的要求不能按期结束需延期施工的，建设单位应在许可有效期届满10个工作日前提交延期申请。施工工期不足10个工作日的，应提前3个工作日提交延期申请。涉及交通组织方案调整的，应重新提交交通组织方案。

（9）审批结果的有效地域范围：申请进行涉路施工范围

（10）规定审批结果有效地域范围的依据

《道路交通安全法》第32条。

11. 行政许可数量限制

（1）有无行政许可数量限制：无

（2）公布数量限制的方式：无

（3）公布数量限制的周期：无

（4）在数量限制条件下实施行政许可的方式：无

（5）规定在数量限制条件下实施行政许可方式的依据：无

12. 行政许可后年检

（1）有无年检要求：无

（2）设定年检要求的依据：无

（3）年检周期：无

（4）年检是否要求报送材料：无

（5）年检报送材料名称：无

（6）年检是否收费：无

（7）年检收费项目的名称、年检收费

项目的标准、设定年检收费项目的依据、规定年检项目收费标准的依据：无

（8）通过年检的证明或者标志：无

13. 行政许可后年报

（1）有无年报要求：无

（2）年报报送材料名称：无

（3）设定年报要求的依据：无

（4）年报周期：无

14. 监管主体

县级公安机关交通管理部门。

15. 备注

四十四、户口迁移审批

户口迁移审批的中央主管部门是公安部，实施机关是直辖市公安机关和设区的市级、县级公安机关，设定和实施依据包括：《户口登记条例》、《国务院关于进一步推进户籍制度改革的意见》（国发〔2014〕25号）、《户口居民身份证管理工作规范（试行）》（公通字〔2021〕12号）。该许可项目共有3个子项：（1）户口迁移审批（直辖市级权限）；（2）户口迁移审批（设区的市级权限）；（3）户口迁移审批（县级权限）。

（一）户口迁移审批（直辖市级权限）

1. 基本要素

（1）行政许可事项名称及编码：户口迁移审批【00010914700Y】

（2）行政许可事项子项名称及编码：户口迁移审批（直辖市级权限）【000109147001】

（3）行政许可事项业务办理项名称及编码：无

（4）设定依据

《户口登记条例》第10条规定，公民迁出本户口管辖区，由本人或者户主在迁出前向户口登记机关申报迁出登记，领取迁移证件，注销户口。公民由农村迁往城市，必须持有城市劳动部门的录用证明，学校的录取证明，或者城市户口登记机关的准予迁入的证明，向常住地户口登记机关申请办理迁出手续。公民迁往边防地区，必须经过常住地县、市、市辖区公安机关批准。

《户口登记条例》第13条规定，公民迁移，从到达迁入地的时候起，城市在三日以内，农村在十日以内，由本人或者户主持迁移证件向户口登记机关申报迁入登记，缴销迁移证件。没有迁移证件的公民，凭下列证件到迁入地的户口登记机关申报迁入登记：①复员、转业和退伍的军人，凭县、市兵役机关或者团以上军事机关发给的证件；②从国外回来的华侨和留学生，凭中华人民共和国护照或者入境证件；③被人民法院、人民检察院或者公安机关释放的人，凭释放机关发给的证件。

（5）实施依据

《户口登记条例》第3条规定，户口登记工作，由各级公安机关主管。城市和设有公安派出所的镇，以公安派出所管辖区为户口管辖区；乡和不设公安派出所的镇，以乡、镇管辖区为户口管辖区。乡、镇人民委员会和公安派出所为户口登记机关。居住在机关、团体、学校、企业、事业等单位内部和公共宿舍的户口，由各单位指定专人，协助户口登记机关办理户口登记；分散居住的户口，由户口登记机关直接办理户口登记。居住在军事机关和军人宿舍的非现役军人的户口，由各单位指定专人，协助户口登记机关办理户口登记。农业、

渔业、盐业、林业、畜牧业、手工业等生产合作社的户口，由合作社指定专人，协助户口登记机关办理户口登记。合作社以外的户口，由户口登记机关直接办理户口登记。

《户口登记条例》第10条、第13条。

《户口登记条例》第14条规定，被假释、缓刑的犯人，被管制分子和其他依法被剥夺政治权利的人，在迁移的时候，必须经过户口登记机关转报县、市、市辖区人民法院或者公安机关批准，才可以办理迁出登记；到达迁入地后，应当立即向户口登记机关申报迁入登记。

《国务院关于进一步推进户籍制度改革的意见》规定，坚持因地制宜、区别对待。充分考虑当地经济社会发展水平、城市综合承载能力和提供基本公共服务的能力，实施差别化落户政策。

《户口居民身份证管理工作规范（试行）》第6条规定，公安部负责全国户口、居民身份证管理工作。地方各级公安机关按照属地管理的原则，负责本地户口、居民身份证管理工作。

《户口居民身份证管理工作规范（试行）》第39条规定，公民拟迁出本户口管辖区，符合拟迁入地户口迁移政策的，可以申请办理户口迁移登记。

《户口居民身份证管理工作规范（试行）》第40条规定，公民申请办理户口迁移登记的，应当使用户口迁移证件。户口迁移证件包括户口准迁证和户口迁移证。

《户口居民身份证管理工作规范（试行）》第41条规定，公民跨省（自治区、直辖市）的户口迁移，应当办理户口准迁证。普通高等学校、中等职业学校录取和毕业的学生凭录取通知书、毕业（结业）证书等办理户口迁移，可以不使用户口准迁证。

《户口居民身份证管理工作规范（试行）》第42条规定，公民迁出本地市范围的，应当使用户口迁移证，其中同一省级行政区域内跨地市户口迁移是否使用户口迁移证，由各省、自治区、直辖市公安厅、局自行决定。

《户口居民身份证管理工作规范（试行）》第43条规定，公民申请办理户口跨省（自治区、直辖市）迁移的，按照以下程序办理：①向拟迁入地公安机关提出申请，符合当地户口迁移政策的，公安机关应当为其签发户口准迁证；②凭户口准迁证向拟迁出地公安机关申请迁出户口，公安机关应当为其办理户口迁出登记并签发户口迁移证；③凭居民户口簿、户口准迁证、户口迁移证到拟迁入地公安机关办理户口迁入登记。

《户口居民身份证管理工作规范（试行）》第44条规定，公民申请第四十二、四十三条规定情形之外户口迁移的，按照拟迁入地规定的程序办理。

《户口居民身份证管理工作规范（试行）》第45条规定，各地应着力推进户口迁移“跨省通办”，逐步建立实施户口迁移信息网上流转核验机制，积极优化办理流程，简化迁移手续，减轻群众负担。

（6）监管依据

《户口登记条例》第3条。

《户口登记条例》第20条规定，有下列情形之一的，根据情节轻重，依法给予治安管理处罚或者追究刑事责任：①不按照本条例的规定申报户口的；②假报户口的；③伪造、涂改、转让、出借、出卖户口证件的；④冒名顶替他人户口的；……

（7）实施机关：直辖市公安机关

（8）审批层级：省级

（9）行使层级：省级

（10）是否由审批机关受理：否

（11）受理层级：乡级

（12）是否存在初审环节：是

（13）初审层级：乡级、区县级

（14）对应政务服务事项国家级基本目录名称：户口迁移审批

（15）要素统一情况：部分要素全国统一

2. 行政许可事项类型：条件型

3. 行政许可条件

（1）准予行政许可的条件：坚持因地制宜、区别对待。充分考虑当地经济社会发展水平、城市综合承载能力和提供基本公共服务的能力，实施差别化落户政策。

（2）规定行政许可条件的依据

《国务院关于进一步推进户籍制度改革的意见》。

4. 行政许可服务对象类型与改革举措

（1）服务对象类型：自然人

（2）是否为涉企经营许可事项：否

（3）涉企经营许可事项名称：无

（4）涉企经营许可证件名称：无

（5）改革方式：深化户政管理服务改革

（6）具体改革举措：制定出台面向群众的户籍窗口单位服务规范和户政业务服务指南，深化推进落实户籍管理领域基层政务公开标准指引，明确户口迁移事项的办理条件、办理材料、办理流程，在办事大厅、官方网站等公布，便利办事群众查阅咨询；推行一次告知、一表申请，进一步精简办事程序、减少办事环节，最大限度方便群众。

（7）加强事中事后监管措施：一是户口、居民身份证管理工作由户口管理岗位在编在职民警负责。公安机关聘用的警务辅助人员，经县级以上公安机关培训、考核合格后，可以协助从事户口和居民身份证事项的受理、信息采集、档案整理等辅助性工作。二是户口、居民身份证管理部门对属于职责范围内的事项实行首接责任制和民警终身责任制。三是本级公安机关要主动加强对本级实施户口迁移审批的监督检查，及时发现问题、整改到位。上级公安机关要加强对下级公安机关实施户口迁移审批的监督检查，及时纠正违法违规行为。四是对于下列情形，实施户口迁移审批行政许可的公安机关或者其上级公安机关，根据利害关系人的请求或者依据职权，可以撤销行政许可：①公安机关工作人员滥用职权、玩忽职守作出准予户口迁移审批行政许可决定的；②超越法定职权作出准予户口迁移审批行政许可决定的；③违反法定程序作出准予户口迁移审批行政许可决定的；④对不具备申请资格或者不符合法定条件的申请人准予户口迁移审批行政许可的；⑤依法可以撤销户口迁移审批行政许可的其他情形。

5. 申请材料

（1）申请材料名称：一是居民户口簿；二是其他拟迁入地落户要求的材料。

（2）规定申请材料的依据

《国务院关于进一步推进户籍制度改革的意见》。

6. 中介服务

（1）有无法定中介服务事项：无

（2）中介服务事项名称：无

（3）设定中介服务事项的依据：无

（4）提供中介服务的机构：无

（5）中介服务事项的收费性质：无

7. 审批程序

（1）办理行政许可的程序环节：一是申请人申请并提供相关材料；二是审批机构审查申请人主体资格及申请材料；三是审批机构受理/不予受理；四是决定准予户口迁移/不准予户口迁移。

（2）规定行政许可程序的依据

《户口登记条例》第10条、第13条、第14条。

《户口居民身份证管理工作规范（试行）》第39条、第40条、第41条、第42条、第43条、第44条、第45条。

《户口居民身份证管理工作规范（试行）》第98条规定，各地可以依照本规范制定具体的工作操作规范。

（3）是否需要现场勘验：否

（4）是否需要组织听证：否

（5）是否需要招标、拍卖、挂牌交易：否

（6）是否需要检验、检测、检疫：否

（7）是否需要鉴定：否

（8）是否需要专家评审：否

（9）是否需要向社会公示：否

（10）是否实行告知承诺办理：否

（11）审批机关是否委托服务机构开展技术性服务：否

8. 受理和审批时限

（1）承诺受理时限：当场办理

（2）法定审批时限：20个工作日

（3）规定法定审批时限依据

《行政许可法》第42条第1款规定，除可以当场作出行政许可决定的外，行政机关应当自受理行政许可申请之日起二十日内作出行政许可决定。二十日内不能作出决定的，经本行政机关负责人批准，可以延长十日，并应当将延长期限的理由告知申请人。但是，法律、法规另有规定的，依照其规定。

（4）承诺审批时限：各地结合实际自行规定

9. 收费

（1）办理行政许可是否收费：否

（2）收费项目的名称、收费项目的标准、设定收费项目的依据、规定收费标准的依据：无

10. 行政许可证件

（1）审批结果类型：证照

（2）审批结果名称：户口准迁证、户口迁移证

（3）审批结果的有效期限：40天（户口准迁证）、30天（户口迁移证）

（4）规定审批结果有效期限的依据

《公安部关于启用新的户口迁移证、户口准迁证的通知》规定，户口准迁证由县公安局或者不设区的市公安局或者市辖区公安分局签发并加盖签发机关户口专用章，证件有效期限自签发之日起为40天。户口迁移证由户口登记机关签发并加盖户口专用章，证件有效期限自签发之日起不超过30天。

（5）是否需要办理审批结果变更手续：否

（6）办理审批结果变更手续的要求：无

（7）是否需要办理审批结果延续手续：否

(8) 办理审批结果延续手续的要求：无

(9) 审批结果的有效地域范围：审批机关行政管辖区域

(10) 规定审批结果有效地域范围的依据

《户口登记条例》第10条、第13条、第14条。

《户口居民身份证管理工作规范（试行）》第40条、第41条、第42条、第43条、第44条。

11. 行政许可数量限制

(1) 有无行政许可数量限制：无

(2) 公布数量限制的方式：无

(3) 公布数量限制的周期：无

(4) 在数量限制条件下实施行政许可的方式：无

(5) 规定在数量限制条件下实施行政许可方式的依据：无

12. 行政许可后年检

(1) 有无年检要求：无

(2) 设定年检要求的依据：无

(3) 年检周期：无

(4) 年检是否要求报送材料：无

(5) 年检报送材料名称：无

(6) 年检是否收费：无

(7) 年检收费项目的名称、年检收费项目的标准、设定年检收费项目的依据、规定年检项目收费标准的依据：无

(8) 通过年检的证明或者标志：无

13. 行政许可后年报

(1) 有无年报要求：无

(2) 年报报送材料名称：无

(3) 设定年报要求的依据：无

(4) 年报周期：无

14. 监管主体

直辖市公安机关。

15. 备注

各地政策文件有特别规定的，从其规定。

(二) 户口迁移审批（设区的市级权限）

1. 基本要素

(1) 行政许可事项名称及编码：户口迁移审批【00010914700Y】

(2) 行政许可事项子项名称及编码：户口迁移审批（设区的市级权限）【000109147002】

(3) 行政许可事项业务办理项名称及编码：无

(4) 设定依据

《户口登记条例》第10条规定，公民迁出本户口管辖区，由本人或者户主在迁出前向户口登记机关申报迁出登记，领取迁移证件，注销户口。公民由农村迁往城市，必须持有城市劳动部门的录用证明，学校的录取证明，或者城市户口登记机关的准予迁入的证明，向常住地户口登记机关申请办理迁出手续。公民迁往边防地区，必须经过常住地县、市、市辖区公安机关批准。

《户口登记条例》第13条规定，公民迁移，从到达迁入地的时候起，城市在三日以内，农村在十日以内，由本人或者户主持迁移证件向户口登记机关申报迁入登记，缴销迁移证件。没有迁移证件的公民，凭下列证件到迁入地的户口登记机关申报迁入登记：①复员、转业和退伍的军人，凭县、市兵役机关或者团以上军事机关发给的证件；②从国外回来的华侨和留学生，

凭中华人民共和国护照或者入境证件；③被人民法院、人民检察院或者公安机关释放的人，凭释放机关发给的证件。

（5）实施依据

《户口登记条例》第3条规定，户口登记工作，由各级公安机关主管。城市和设有公安派出所的镇，以公安派出所管辖区为户口管辖区；乡和不设公安派出所的镇，以乡、镇管辖区为户口管辖区。乡、镇人民委员会和公安派出所为户口登记机关。居住在机关、团体、学校、企业、事业等单位内部和公共宿舍的户口，由各单位指定专人，协助户口登记机关办理户口登记；分散居住的户口，由户口登记机关直接办理户口登记。居住在军事机关和军人宿舍的非现役军人的户口，由各单位指定专人，协助户口登记机关办理户口登记。农业、渔业、盐业、林业、畜牧业、手工业等生产合作社的户口，由合作社指定专人，协助户口登记机关办理户口登记。合作社以外的户口，由户口登记机关直接办理户口登记。

《户口登记条例》第10条、第13条。

《户口登记条例》第14条规定，被假释、缓刑的犯人，被管制分子和其他依法被剥夺政治权利的人，在迁移的时候，必须经过户口登记机关转报县、市、市辖区人民法院或者公安机关批准，才可以办理迁出登记；到达迁入地后，应当立即向户口登记机关申报迁入登记。

《国务院关于进一步推进户籍制度改革的意见》规定，坚持因地制宜、区别对待。充分考虑当地经济社会发展水平、城市综合承载能力和提供基本公共服务的能力，实施差别化落户政策。

《户口居民身份证管理工作规范（试行）》第6条规定，公安部负责全国户口、居民身份证管理工作。地方各级公安机关按照属地管理的原则，负责本地户口、居民身份证管理工作。

《户口居民身份证管理工作规范（试行）》第39条规定，公民拟迁出本户口管辖区，符合拟迁入地户口迁移政策的，可以申请办理户口迁移登记。

《户口居民身份证管理工作规范（试行）》第40条规定，公民申请办理户口迁移登记的，应当使用户口迁移证件。户口迁移证件包括户口准迁证和户口迁移证。

《户口居民身份证管理工作规范（试行）》第41条规定，公民跨省（自治区、直辖市）的户口迁移，应当办理户口准迁证。普通高等学校、中等职业学校录取和毕业的学生凭录取通知书、毕业（结业）证书等办理户口迁移，可以不使用户口准迁证。

《户口居民身份证管理工作规范（试行）》第42条规定，公民迁出本地市范围的，应当使用户口迁移证，其中同一省级行政区域内跨地市户口迁移是否使用户口迁移证，由各省、自治区、直辖市公安厅、局自行决定。

《户口居民身份证管理工作规范（试行）》第43条规定，公民申请办理户口跨省（自治区、直辖市）迁移的，按照以下程序办理：①向拟迁入地公安机关提出申请，符合当地户口迁移政策的，公安机关应当为其签发户口准迁证；②凭户口准迁证向拟迁出地公安机关申请迁出户口，公安机关应当为其办理户口迁出登记并签发户口迁移证；③凭居民户口簿、户口准迁证、户口迁移证到拟迁入地公安机关办理户口迁入登记。

《户口居民身份证管理工作规范（试行）》第44条规定，公民申请第四十二、四十三条规定情形之外户口迁移的，按照拟迁入地规定的程序办理。

《户口居民身份证管理工作规范（试行）》第45条规定，各地应着力推进户口迁移“跨省通办”，逐步建立实施户口迁移信息网上流转核验机制，积极优化办理流程，简化迁移手续，减轻群众负担。

（6）监管依据

《户口登记条例》第3条。

《户口登记条例》第20条规定，有下列情形之一的，根据情节轻重，依法给予治安管理处罚或者追究刑事责任：①不按照本条例的规定申报户口的；②假报户口的；③伪造、涂改、转让、出借、出卖户口证件的；四、冒名顶替他人户口的；……

（7）实施机关：设区的市级公安机关

（8）审批层级：设区的市级

（9）行使层级：设区的市级

（10）是否由审批机关受理：否

（11）受理层级：乡级

（12）是否存在初审环节：是

（13）初审层级：乡级、区县级

（14）对应政务服务事项国家级基本目录名称：户口迁移审批

（15）要素统一情况：部分要素全国统一

2. 行政许可事项类型：条件型

3. 行政许可条件

（1）准予行政许可的条件：坚持因地制宜、区别对待。充分考虑当地经济社会发展水平、城市综合承载能力和提供基本公共服务的能力，实施差别化落户政策。

（2）规定行政许可条件的依据

《国务院关于进一步推进户籍制度改革的意见》……坚持因地制宜、区别对待。充分考虑当地经济社会发展水平、城市综合承载能力和提供基本公共服务的能力，实施差别化落户政策。

4. 行政许可服务对象类型与改革举措

（1）服务对象类型：自然人

（2）是否为涉企经营许可事项：否

（3）涉企经营许可事项名称：无

（4）涉企经营许可证件名称：无

（5）改革方式：深化户政管理服务改革

（6）具体改革举措：制定出台面向群众的户籍窗口单位服务规范和户政业务服务指南，深化推进落实户籍管理领域基层政务公开标准指引，明确户口迁移事项的办理条件、办理材料、办理流程，在办事大厅、官方网站等公布，便利办事群众查阅咨询；推行一次告知、一表申请，进一步精简办事程序、减少办事环节，最大限度方便群众。

（7）加强事中事后监管措施：一是户口、居民身份证管理工作由户口管理岗位在编在职民警负责。公安机关聘用的警务辅助人员，经县级以上公安机关培训、考核合格后，可以协助从事户口和居民身份证事项的受理、信息采集、档案整理等辅助性工作。二是户口、居民身份证管理部门对属于职责范围内的事项实行首接责任制和民警终身责任制。三是本级公安机关要主动加强对本级实施户口迁移审批的监督检查，及时发现问题、整改到位。上级公安机关要加强对下级公安机关实施户口迁移审批的监督检查，及时纠正违法违规行为。四是对于下列情形，实施户口迁移审批行政许可的公安机关或者其上级公安机关，根据利害关系人的请求或者依据职权，可以撤销行政许可：①公安机关工作人员滥用职权、玩忽职守作出准予户口迁移审批行政许可决定的；②超越法定职权作出准予户口迁移审批行政许可决定的；③违反法定程序作出准予户口迁移审批行政许可决定的；④对不具备申请资格或者不符合法定条件的申请人准予户口迁移审批行政许可的；⑤依法可以撤销户口迁移审批行政许可的其他情形。

5. 申请材料

（1）申请材料名称：一是居民户口簿；二是其他拟迁入地落户要求的材料。

（2）规定申请材料的依据

《国务院关于进一步推进户籍制度改革的意见》。

6. 中介服务

（1）有无法定中介服务事项：无

（2）中介服务事项名称：无

（3）设定中介服务事项的依据：无

（4）提供中介服务的机构：无

（5）中介服务事项的收费性质：无

7. 审批程序

（1）办理行政许可的程序环节：一是申请人申请并提供相关材料；二是审批机构审查申请人主体资格及申请材料；三是审批机构受理/不予受理；四是决定准予户口迁移/不准予户口迁移。

（2）规定行政许可程序的依据

《户口登记条例》第 10 条、第 13 条、第 14 条。

《户口居民身份证管理工作规范（试行）》第 39 条、第 40 条、第 42 条、第 43 条、第 44 条、第 45 条。

《户口居民身份证管理工作规范（试行）》第 98 条规定，各地可以依照本规范制定具体的工作操作规范。

（3）是否需要现场勘验：否

（4）是否需要组织听证：否

（5）是否需要招标、拍卖、挂牌交易：否

（6）是否需要检验、检测、检疫：否

（7）是否需要鉴定：否

（8）是否需要专家评审：否

（9）是否需要向社会公示：否

（10）是否实行告知承诺办理：否

（11）审批机关是否委托服务机构开展技术性服务：否

8. 受理和审批时限

（1）承诺受理时限：当场办理

（2）法定审批时限：20 个工作日

（3）规定法定审批时限依据

《行政许可法》第 42 条第 1 款规定，除可以当场作出行政许可决定的外，行政机关应当自受理行政许可申请之日起二十日内作出行政许可决定。二十日内不能作出决定的，经本行政机关负责人批准，可以延长十日，并应当将延长期限的理由告知申请人。但是，法律、法规另有规定的，依照其规定。

（4）承诺审批时限：各地结合实际自行规定

9. 收费

（1）办理行政许可是否收费：否

（2）收费项目的名称、收费项目的标准、设定收费项目的依据、规定收费标准

的依据：无

10. 行政许可证件

（1）审批结果类型：证照

（2）审批结果名称：户口准迁证、户口迁移证

（3）审批结果的有效期限：40天（户口准迁证）、30天（户口迁移证）

（4）规定审批结果有效期限的依据

《公安部关于启用新的户口迁移证、户口准迁证的通知》规定，户口准迁证由县公安局或者不设区的市公安局或者市辖区公安分局签发并加盖签发机关户口专用章，证件有效期限自签发之日起为40天。户口迁移证由户口登记机关签发并加盖户口专用章，证件有效期限自签发之日起不超过30天。

（5）是否需要办理审批结果变更手续：否

（6）办理审批结果变更手续的要求：无

（7）是否需要办理审批结果延续手续：否

（8）办理审批结果延续手续的要求：无

（9）审批结果的有效地域范围：本市辖区范围内

（10）规定审批结果有效地域范围的依据

《户口登记条例》第10条、第13条、第14条。

《户口居民身份证管理工作规范（试行）》第40条、第42条、第43条、第44条。

11. 行政许可数量限制

（1）有无行政许可数量限制：无

（2）公布数量限制的方式：无

（3）公布数量限制的周期：无

（4）在数量限制条件下实施行政许可的方式：无

（5）规定在数量限制条件下实施行政许可方式的依据：无

12. 行政许可后年检

（1）有无年检要求：无

（2）设定年检要求的依据：无

（3）年检周期：无

（4）年检是否要求报送材料：无

（5）年检报送材料名称：无

（6）年检是否收费：无

（7）年检收费项目的名称、年检收费项目的标准、设定年检收费项目的依据、规定年检项目收费标准的依据：无

（8）通过年检的证明或者标志：无

13. 行政许可后年报

（1）有无年报要求：无

（2）年报报送材料名称：无

（3）设定年报要求的依据：无

（4）年报周期：无

14. 监管主体

省级公安机关。

15. 备注

各地政策文件有特别规定的，从其规定。

（三）户口迁移审批（县级权限）

1. 基本要素

（1）行政许可事项名称及编码：户口迁移审批【00010914700Y】

（2）行政许可事项子项名称及编码：户口迁移审批（县级权限）【000109147003】

（3）行政许可事项业务办理项名称及

编码：无

（4）设定依据

《户口登记条例》第10条规定，公民迁出本户口管辖区，由本人或者户主在迁出前向户口登记机关申报迁出登记，领取迁移证件，注销户口。公民由农村迁往城市，必须持有城市劳动部门的录用证明，学校的录取证明，或者城市户口登记机关的准予迁入的证明，向常住地户口登记机关申请办理迁出手续。公民迁往边防地区，必须经过常住地县、市、市辖区公安机关批准。

《户口登记条例》第13条规定，公民迁移，从到达迁入地的时候起，城市在三日以内，农村在十日以内，由本人或者户主持迁移证件向户口登记机关申报迁入登记，缴销迁移证件。没有迁移证件的公民，凭下列证件到迁入地的户口登记机关申报迁入登记：①复员、转业和退伍的军人，凭县、市兵役机关或者团以上军事机关发给的证件；②从国外回来的华侨和留学生，凭中华人民共和国护照或者入境证件；③被人民法院、人民检察院或者公安机关释放的人，凭释放机关发给的证件。

（5）实施依据

《户口登记条例》第3条规定，户口登记工作，由各级公安机关主管。城市和设有公安派出所的镇，以公安派出所管辖区为户口管辖区；乡和不设公安派出所的镇，以乡、镇管辖区为户口管辖区。乡、镇人民委员会和公安派出所为户口登记机关。居住在机关、团体、学校、企业、事业等单位内部和公共宿舍的户口，由各单位指定专人，协助户口登记机关办理户口登记；分散居住的户口，由户口登记机关直接办理户口登记。居住在军事机关和军人宿舍的非现役军人的户口，由各单位指定专人，协助户口登记机关办理户口登记。农业、渔业、盐业、林业、畜牧业、手工业等生产合作社的户口，由合作社指定专人，协助户口登记机关办理户口登记。合作社以外的户口，由户口登记机关直接办理户口登记。

《户口登记条例》第10条、第13条。

《户口登记条例》第14条规定，被假释、缓刑的犯人，被管制分子和其他依法被剥夺政治权利的人，在迁移的时候，必须经过户口登记机关转报县、市、市辖区人民法院或者公安机关批准，才可以办理迁出登记；到达迁入地后，应当立即向户口登记机关申报迁入登记。

《国务院关于进一步推进户籍制度改革的意见》规定，坚持因地制宜、区别对待。充分考虑当地经济社会发展水平、城市综合承载能力和提供基本公共服务的能力，实施差别化落户政策。

《户口居民身份证管理工作规范（试行）》第6条规定，公安部负责全国户口、居民身份证管理工作。地方各级公安机关按照属地管理的原则，负责本地户口、居民身份证管理工作。

《户口居民身份证管理工作规范（试行）》第39条规定，公民拟迁出本户口管辖区，符合拟迁入地户口迁移政策的，可以申请办理户口迁移登记。

《户口居民身份证管理工作规范（试行）》第42条规定，公民迁出本地市范围的，应当使用户口迁移证，其中同一省级行政区域内跨地市户口迁移是否使用户口迁移证，由各省、自治区、直辖市公安厅、局自行决定。

《户口居民身份证管理工作规范（试行）》第43条规定，公民申请办理户口跨省（自治区、直辖市）迁移的，按照以下程序办理：①向拟迁入地公安机关提出申请，符合当地户口迁移政策的，公安机关应当为其签发户口准迁证；②凭户口准迁证向拟迁出地公安机关申请迁出户口，公安机关应当为其办理户口迁出登记并签发户口迁移证；③凭居民户口簿、户口准迁证、户口迁移证到拟迁入地公安机关办理户口迁入登记。

《户口居民身份证管理工作规范（试行）》第44条规定，公民申请第四十二、四十三条规定情形之外户口迁移的，按照拟迁入地规定的程序办理。

（6）监管依据

《户口登记条例》第3条。

《户口登记条例》第20条规定，有下列情形之一的，根据情节轻重，依法给予治安管理处罚或者追究刑事责任：①不按照本条例的规定申报户口的；②假报户口的；③伪造、涂改、转让、出借、出卖户口证件的；④冒名顶替他人户口的；……

（7）实施机关：县级公安机关

（8）审批层级：县级

（9）行使层级：县级

（10）是否由审批机关受理：是

（11）受理层级：乡级

（12）是否存在初审环节：是

（13）初审层级：乡级

（14）对应政务服务事项国家级基本目录名称：户口迁移审批

（15）要素统一情况：部分要素全国统一

2. 行政许可事项类型：条件型

3. 行政许可条件

（1）准予行政许可的条件：坚持因地制宜、区别对待。充分考虑当地经济社会发展水平、城市综合承载能力和提供基本公共服务的能力，实施差别化落户政策。

（2）规定行政许可条件的依据

《国务院关于进一步推进户籍制度改革的意见》。

4. 行政许可服务对象类型与改革举措

（1）服务对象类型：自然人

（2）是否为涉企经营许可事项：否

（3）涉企经营许可事项名称：无

（4）涉企经营许可证件名称：无

（5）改革方式：深化户政管理服务改革

（6）具体改革举措：制定出台面向群众的户籍窗口单位服务规范和户政业务服务指南，深化推进落实户籍管理领域基层政务公开标准指引，明确户口迁移事项的办理条件、办理材料、办理流程，在办事大厅、官方网站等公布，便利办事群众查阅咨询；推行一次告知、一表申请，进一步精简办事程序、减少办事环节，最大限度方便群众。

（7）加强事中事后监管措施：一是户口、居民身份证管理工作由户口管理岗位在编在职民警负责。公安机关聘用的警务辅助人员，经县级以上公安机关培训、考核合格后，可以协助从事户口和居民身份证事项的受理、信息采集、档案整理等辅助性工作。二是户口、居民身份证管理部门对属于职责范围内的事项实行首接责任制和民警终身责任制。三是本级公安机关要主动加强对本级实施户口迁移审批的监督检查，及时发现问题、整改到位。上级公安机关要加强对下级公安机关实施户口迁移审批的监督检查，及时纠正违法违规行为。四是对于下列情形，实施户口迁移审批行政许可的公安机关或者其上级公安机关，根据利害关系人的请求或者依据职权，可以撤销行政许可：①公安机关工作人员滥用职权、玩忽职守作出准予户口迁移审批行政许可决定的；②超越法定职权作出准予户口迁移审批行政许可决定的；③违反法定程序作出准予户口迁移审批行政许可决定的；④对不具备申请资格或者不符合法定条件的申请人准予户口迁移审批行政许可的；⑤依法可以撤销户口迁移审批行政许可的其他情形。

5. 申请材料

（1）申请材料名称：一是居民户口簿；二是其他拟迁入地落户要求的材料。

（2）规定申请材料的依据

《国务院关于进一步推进户籍制度改革的意见》。

6. 中介服务

（1）有无法定中介服务事项：无

（2）中介服务事项名称：无

（3）设定中介服务事项的依据：无

（4）提供中介服务的机构：无

（5）中介服务事项的收费性质：无

7. 审批程序

（1）办理行政许可的程序环节：一是申请人申请并提供相关材料；二是审批机构审查申请人主体资格及申请材料；三是审批机构受理/不予受理；四是决定准予户口迁移/不准予户口迁移。

（2）规定行政许可程序的依据

《户口登记条例》第10条、第13条、第14条。

《户口居民身份证管理工作规范（试行）》第39条、第40条、第42条、第43条、第44条、第45条。

《户口居民身份证管理工作规范（试行）》第98条规定，各地可以依照本规范制定具体的工作操作规范。

（3）是否需要现场勘验：否

（4）是否需要组织听证：否

（5）是否需要招标、拍卖、挂牌交易：否

（6）是否需要检验、检测、检疫：否

（7）是否需要鉴定：否

（8）是否需要专家评审：否

（9）是否需要向社会公示：否

（10）是否实行告知承诺办理：否

（11）审批机关是否委托服务机构开展技术性服务：否

8. 受理和审批时限

（1）承诺受理时限：当场办理

（2）法定审批时限：20个工作日

（3）规定法定审批时限依据

《行政许可法》第42条第1款规定，除可以当场作出行政许可决定的外，行政机关应当自受理行政许可申请之日起二十日内作出行政许可决定。二十日内不能作出决定的，经本行政机关负责人批准，可以延长十日，并应当将延长期限的理由告知申请人。但是，法律、法规另有规定的，依照其规定。

（4）承诺审批时限：各地结合实际自行规定

9. 收费

（1）办理行政许可是否收费：否

（2）收费项目的名称、收费项目的标

准、设定收费项目的依据、规定收费标准的依据：无

10. 行政许可证件

（1）审批结果类型：证照

（2）审批结果名称：户口准迁证、户口迁移证

（3）审批结果的有效期限：40天（户口准迁证）、30天（户口迁移证）

（4）规定审批结果有效期限的依据

《公安部关于启用新的户口迁移证、户口准迁证的通知》规定，户口准迁证由县公安局或者不设区的市公安局或者市辖区公安分局签发并加盖签发机关户口专用章，证件有效期限自签发之日起为40天。户口迁移证由户口登记机关签发并加盖户口专用章，证件有效期限自签发之日起不超过30天。

（5）是否需要办理审批结果变更手续：否

（6）办理审批结果变更手续的要求：无

（7）是否需要办理审批结果延续手续：否

（8）办理审批结果延续手续的要求：无

（9）审批结果的有效地域范围：本行政辖区内

（10）规定审批结果有效地域范围的依据

《户口登记条例》第10条、第13条、第14条。

《户口居民身份证管理工作规范（试行）》第40条、第42条、第43条、第44条。

11. 行政许可数量限制

（1）有无行政许可数量限制：无

（2）公布数量限制的方式：无

（3）公布数量限制的周期：无

（4）在数量限制条件下实施行政许可的方式：无

（5）规定在数量限制条件下实施行政许可方式的依据：无

12. 行政许可后年检

（1）有无年检要求：无

（2）设定年检要求的依据：无

（3）年检周期：无

（4）年检是否要求报送材料：无

（5）年检报送材料名称：无

（6）年检是否收费：无

（7）年检收费项目的名称、年检收费项目的标准、设定年检收费项目的依据、规定年检项目收费标准的依据：无

（8）通过年检的证明或者标志：无

13. 行政许可后年报

（1）有无年报要求：无

（2）年报报送材料名称：无

（3）设定年报要求的依据：无

（4）年报周期：无

14. 监管主体

设区的市级公安机关。

15. 备注

各地政策文件有特别规定的，从其规定。

四十五、犬类准养证核发

犬类准养证核发的中央主管部门是公安部，实施机关是县级公安机关或者直辖市、设区的市级政府指定部门，设定和实施依据包括：《动物防疫法》《传染病防治法实施办法》。该许可项目无子项。

1. 基本要素

（1）行政许可事项名称及编码：犬类

准养证核发【000109129000】

（2）行政许可事项子项名称及编码：无

（3）行政许可事项业务办理项名称及编码：无

（4）设定依据

《动物防疫法》第30条规定，单位和个人饲养犬只，应当按照规定定期免疫接种狂犬病疫苗，凭动物诊疗机构出具的免疫证明向所在地养犬登记机关申请登记。……饲养犬只防疫管理的具体办法，由省、自治区、直辖市制定。

《传染病防治法实施办法》第29条规定，狂犬病的防治管理工作按照下列规定分工负责：①公安部门负责县以上城市养犬的审批与违章养犬的处理，捕杀狂犬、野犬。……

（5）实施依据

《动物防疫法》第30条。

《传染病防治法实施办法》第29条。

（6）监管依据

《动物防疫法》第30条。

《传染病防治法实施办法》第29条。

（7）实施机关：县级公安机关或者直辖市、设区的市级政府指定部门

（8）审批层级：县级

（9）行使层级：县级

（10）是否由审批机关受理：是

（11）受理层级：县级

（12）是否存在初审环节：暂由各地区自行规定

（13）初审层级：暂由各地区自行规定

（14）对应政务服务事项国家级基本目录名称：无

（15）要素统一情况：部分要素全国统一

2. 行政许可事项类型：条件型

3. 行政许可条件

（1）准予行政许可的条件：暂由各地区自行规定

（2）规定行政许可条件的依据：暂由各地区自行规定

4. 行政许可服务对象类型与改革举措

（1）服务对象类型：自然人，企业法人，事业单位法人，社会组织法人，非法人企业，行政机关及其他组织

（2）是否为涉企经营许可事项：否

（3）涉企经营许可事项名称：无

（4）涉企经营许可证件名称：无

（5）改革方式：暂由各地区自行规定

（6）具体改革举措：暂由各地区自行规定

（7）加强事中事后监管措施：一是加强定期年检审核。及时公布犬只登记、免疫、年检等事项具体要求，符合法律法规要求的，依法依规予以办理犬类准养证及年检手续。二是加强文明养犬检查。加强对违法违规养犬行为进行执法检查，对犬扰民、遛犬不拴犬绳等行为进行纠正并依法依规作出相应处理。三是加强宣传引导教育。着力营造依法文明养犬的良好氛围，加大对违法违规养犬、不文明养犬行为的曝光力度，及时发布违法违规养犬典型案例，教育引导养犬人对饲养犬只要依法依规登记、免疫，确保文明规范养犬。四是各地区自行规定的其他事中事后监管措施。

5. 申请材料

（1）申请材料名称：暂由各地区自行规定

（2）规定申请材料的依据：暂由各地

区自行规定

6. 中介服务

（1）有无法定中介服务事项：暂由各地区自行规定

（2）中介服务事项名称：暂由各地区自行规定

（3）设定中介服务事项的依据：暂由各地区自行规定

（4）提供中介服务的机构：暂由各地区自行规定

（5）中介服务事项的收费性质：暂由各地区自行规定

7. 审批程序

（1）办理行政许可的程序环节：暂由各地区自行规定

（2）规定行政许可程序的依据：暂由各地区自行规定

（3）是否需要现场勘验：暂由各地区自行规定

（4）是否需要组织听证：暂由各地区自行规定

（5）是否需要招标、拍卖、挂牌交易：暂由各地区自行规定

（6）是否需要检验、检测、检疫：暂由各地区自行规定

（7）是否需要鉴定：暂由各地区自行规定

（8）是否需要专家评审：暂由各地区自行规定

（9）是否需要向社会公示：暂由各地区自行规定

（10）是否实行告知承诺办理：暂由各地区自行规定

（11）审批机关是否委托服务机构开展技术性服务：暂由各地区自行规定

8. 受理和审批时限

（1）承诺受理时限：暂由各地区自行规定

（2）法定审批时限：暂由各地区自行规定

（3）规定法定审批时限依据：暂由各地区自行规定

（4）承诺审批时限：暂由各地区自行规定

9. 收费

（1）办理行政许可是否收费：暂由各地区自行规定

（2）收费项目的名称、收费项目的标准、设定收费项目的依据、规定收费标准的依据：暂由各地区自行规定

10. 行政许可证件

（1）审批结果类型：暂由各地区自行规定

（2）审批结果名称：暂由各地区自行规定

（3）审批结果的有效期限：暂由各地区自行规定

（4）规定审批结果有效期限的依据：暂由各地区自行规定

（5）是否需要办理审批结果变更手续：暂由各地区自行规定

（6）办理审批结果变更手续的要求：暂由各地区自行规定

（7）是否需要办理审批结果延续手续：暂由各地区自行规定

（8）办理审批结果延续手续的要求：暂由各地区自行规定

（9）审批结果的有效地域范围：暂由各地区自行规定

（10）规定审批结果有效地域范围的依

据：暂由各地区自行规定

11. 行政许可数量限制

（1）有无行政许可数量限制：暂由各地区自行规定

（2）公布数量限制的方式：暂由各地区自行规定

（3）公布数量限制的周期：暂由各地区自行规定

（4）在数量限制条件下实施行政许可的方式：暂由各地区自行规定

（5）规定在数量限制条件下实施行政许可方式的依据：暂由各地区自行规定

12. 行政许可后年检

（1）有无年检要求：暂由各地区自行规定

（2）设定年检要求的依据：暂由各地区自行规定

（3）年检周期：暂由各地区自行规定

（4）年检是否要求报送材料：暂由各地区自行规定

（5）年检报送材料名称：暂由各地区自行规定

（6）年检是否收费：暂由各地区自行规定

（7）年检收费项目的名称、年检收费项目的标准、设定年检收费项目的依据、规定年检项目收费标准的依据：暂由各地区自行规定

（8）通过年检的证明或者标志：暂由各地区自行规定

13. 行政许可后年报

（1）有无年报要求：暂由各地区自行规定

（2）年报报送材料名称：暂由各地区自行规定

（3）设定年报要求的依据：暂由各地区自行规定

（4）年报周期：暂由各地区自行规定

14. 监管主体

县级公安机关或者直辖市、设区的市级政府指定部门。

15. 备注

第三部分

公安机关学习贯彻新行政复议法实务指导

第一章　新《行政复议法》修改的主要内容

行政复议是化解行政争议的重要法律制度，主要功能是防止和纠正违法的或者不当的行政行为，保护公民、法人或者其他组织的合法权益。现行《行政复议法》是1999年4月29日第九届全国人民代表大会常务委员会第九次会议通过的，2009年和2017年先后两次作了个别条文修改。《行政复议法》的颁布实施，是我国民主法治建设进程中的一件大事，对防止和纠正违法的或者不当的行政行为，保护公民、法人和其他组织的合法权益，保障和监督行政机关依法行使职权发挥了重要作用。20多年来，行政复议作为有效解决行政争议的法定机制，利用其方便群众、快捷高效、方式灵活等优势，成为化解行政争议和维护人民群众合法权益的重要渠道。但是，随着我国经济社会发展，需要进一步加强和改进行政复议工作，有效解决制约行政复议发挥监督、救济作用的突出问题，切实满足人民群众对实质性化解行政争议的新要求、新期待。为贯彻落实党中央决策部署，巩固改革成果，完善、优化行政复议制度，有效发挥行政复议化解行政争议的作用，此次对《行政复议法》进行了全面修订。十四届全国人大常委会第五次会议于2023年9月1日通过了《中华人民共和国行政复议法（修订草案）》。新《行政复议法》自2024年1月1日起施行。

此次修订，是1999年《行政复议法》施行以来的首次大修。修订《行政复议法》的必要性：一是建设公正、权威的中国特色社会主义行政复议制度，是贯彻落实习近平法治思想和党中央决策部署的重要举措，是坚持立法决策与改革决策相衔接、相统一，以法治方式推进改革的必然要求。二是着力践行以人民为中心的发展思想，将人民是否得到实惠、人民权益是否得到保障，作为检验立法工作的标尺，将有力促进社会公平正义，使人民群众的获得感、幸福感、安全感更加充实、更有保障、更可持续。三是强化行政复议吸纳和化解行政争议的能力，发挥行政复议化解行政争议的主渠道作用，对于创新有效预防和化解社会矛盾体制，完善多元化纠纷解决机制，提升社会治理效能具有十分重要的意义。四是构建统一、科学的行政复议体制，完善规范、高效的行政复议工作机制，充分发挥行政复议监督依法行政的制度目标，是推进国家治理体系和治理能力现代化，深入推进法治国家、法治政府、法治社会一体化建设的有力法治保障。

修订《行政复议法》，将习近平总书记关于行政复议工作的重要指示和党的二十大精神、党中央关于行政复议的重大决策部署充分体现到立法目的、主要原则和具体规定中，是贯彻落实习近平新时代中国特色社会主义思想，通过法定程序将“党言党语”转化为“法言法语”，确保党的主张成为国家意志的生动实践。为在全面建设社会主义现代化国家的征程中，实现党的二十大确立的到2035年基本实现国家治理体系和治理能力现代化，基本建成法治国家、法治政府、法治社会等目标，贡献重要法治力量。现阶段出台新修订的《行政复议法》，正当其时，意义重大。

新《行政复议法》把握行政复议制度定位和特点，贯彻落实改革部署，总结改革经验，注重提升行政复议的公信力和权威性，重点解决制约行政复议发挥化解行政争议主渠道作用的突出矛盾问题，将行政复议的制度优势转化为制度效能。新《行政复议法》体现了下列基本原则：一是坚持党的领导。在总则中增加规定“行政复议工作坚持中国共产党的领导”，将党中央关于行政复议体制改革的各项要求全面、完整、准确体现到法律规定中。二是坚持人民至上。将保护公民、法人和其他组织的合法权益作为立法的出发点和落脚点。紧紧围绕“便民为民”制度要求，在提出申请、案件受理、案件审理等各个阶段丰富便民举措，方便人民群众及时通过行政复议渠道解决行政争议，打造行政复议便捷高效的制度“名片”。三是坚持问题导向。着力提升行政复议公正性和公信力，针对制约行政复议发展的主要矛盾，实施“靶向治理”。整合地方行政复议职责，落实管辖体制改革要求；引入外部监督机制，增设行政复议委员会制度；加强听证、听取意见、证据收集等要求，力促案件公正审理。努力让人民群众在每一个行政复议案件中都感受到公平正义。四是坚持守正创新。一方面，立足行政复议内部监督特点，坚持免费受理、高效办理、深度审理，做到“不忘本来”。另一方面，抓住实质性化解行政争议这个目标导向，在强化调解适用、完善复议范围、规范提级审理、优化决定体系等方面，作出了若干制度创新，做到“面向未来”。

概括来说，新《行政复议法》增加和修改的主要内容包括六个方面：一是明确行政复议有关原则和要求。明确行政复议机关应当遵循合法、公正、公开、高效、便民、为民的原则，办理行政复议案件可以进行调解；提出国家建立专业化、职业化行政复议人员队伍，要求行政复议机关支持和保障行政复议机构履行职责，对行政复议指导性案例发布、人员和场所保障等作出规定。二是优化行政复议管辖体制。取消地方人民政府工作部门的行政复议职责，由县级以上地方人民政府统一行使，同时保留实行垂直领导的行政机关、税务和国家安全机关的特殊情形，相应调整国务院部门的管辖权限，并对有关派出机构作出灵活规定。三是加强行政复议吸纳行政争议的能力。扩大行政复议范围，明确对行政赔偿、工伤认定、行政协议、政府信息公开等行为不服的，可以申请行政复议；优化行政复议前置范围，明确对当场作出的行政处罚决定、未履行法定职责、不予公开政府信息等行为不服的，应当先申请行政复议，将行政复议前置其他情形的设定权限明确为法律和行政法规。四是健全行政复议申请和受理程序。增加申请复议便民举措，提出复议前置情形告知要求，明确行政复议受理条件，增设申请材料补正制度。五是完善行政复议审理程序。

建立提级审理制度，增加简易程序及其适用情形，健全行政复议证据规则，实行普通程序听取意见原则，新增听证和行政复议委员会制度，完善行政复议附带审查规范性文件程序。六是强化行政复议决定及其监督体系。细化变更、确认违法等决定的适用情形，调整决定顺序，增加确认无效、责令履行行政协议等决定类型；增设行政复议意见书、约谈和通报批评、行政复议决定抄告等监督制度。具体来说，新《行政复议法》增加和修改的主要内容如下：

一、明确行政复议的基本原则

新《行政复议法》第 3 条第 2 款规定，行政复议机关履行行政复议职责，应当遵循合法、公正、公开、高效、便民、为民的原则，坚持有错必纠，保障法律、法规的正确实施。

合法是任何行政复议机关履行行政复议职责时都必须遵守的原则。行政复议机关在处理行政复议案件时，应当以事实为根据，以法律为准绳。公正是提高行政复议公信力的必然要求，关键在于提升行政复议审理的公正性，使行政复议取信于民。公开是指依法应当告知公民、法人或者其他组织或者按规定向社会公开。高效是行政复议区别于行政诉讼的重要特点，要求行政复议机关在受理、审理和作出决定时，要按照法定期限执行，延长期限必须严格按照法律规定；同时，应当加强信息化建设，运用现代信息技术，提高行政复议工作质量和效率。便民、为民，是指行政复议机关应当依法为公民、法人和其他组织提供一些便民、利民措施，方便其参加行政复议活动。此外，通过行政复议机关发现原行政机关行政行为错误违法的，应当坚持有错必纠，及时予以纠正，以保障法律、法规的正确实施。

二、优化行政复议管辖体制

行政复议管辖体制是行政复议的制度基础，此次修订《行政复议法》，着力构建统一、科学的行政复议管辖体制，主要作了以下规定：

一是明确县级以上地方各级人民政府统一行使行政复议职责，取消地方各级人民政府工作部门的行政复议职责。构建统一、科学的行政复议体制，是此次修改《行政复议法》的一个重要目标。近年来，随着经济社会发展，行政复议制度在实施中也暴露出了一些问题，比如案件管辖体制过于分散，群众难以找准行政复议机关，将行政争议等矛盾纠纷化解在基层和萌芽状态的效果不理想等。按照行政复议体制改革方案，整合地方行政复议职责，除实行垂直领导的行政机关、税务和国家安全机关外，原则上县级以上一级地方人民政府只保留一个行政复议机关，由本级人民政府统一行使行政复议职责。此次修法坚持立法与改革衔接统一，吸收和巩固行政复议体制改革成果，将有关改革措施转化为具体的法律制度。新《行政复议法》第 24 条规定，县级以上地方各级人民政府管辖下列行政复议案件：（1）对本级人民政府工作部门作出的行政行为不服的；（2）对下一级人民政府作出的行政行为不服的；（3）对本级人民政府依法设立的派出机关作出的行政行为不服的；（4）对本级人民政府或者其工作部门管理的法律、法规、规章授权的组织作出的行政行为不服的。除前款规定外，省、自治区、直辖市人民政府同时管辖对本机关作出的行政行为不服的行政复议案件。省、自治区人民政府依法设立的派出机关参照设区的市级人民政府的职责权限，管辖相关行政复议案件。对县级以上地方各级人民政府工作部门依法设立的派出机构依照法律、法规、规章规定，以派出机构的名义作出的行政行为不服的行政复议案件，由本级人民政府管辖；其中，对直辖市、设区的市人民政府工作部门按照行政区划设立的派出机构作出的行政行为不服的，也可以由其所在地的人民政府管辖。

二是规定海关、金融、外汇管理等实行垂直领导的行政机关、税务和国家安全机关，保留行政复议职责。鉴于我国行政管理领域的多样性和复杂性，特别是对于那些实行垂直领导的行政机关，行政管理主要是以“条条”为主的，相关法律、法规、规章的专业性较强，在行政复议管辖问题上如果采取“一刀切”的制度设计，也由同级地方人民政府进行复议管辖，既不符合当前我国行政管理工作的实际，也不利于行政监督工作的有效开展。如果这些机关作为被申请人的行政复议案件，则由上一级主管部门管辖。新《行政复议法》第27条规定，对海关、金融、外汇管理等实行垂直领导的行政机关、税务和国家安全机关的行政行为不服的，向上一级主管部门申请行政复议。

三是规定国务院部门管辖本部门及其派出机构、授权组织作为被申请人的行政复议案件。与原法有关规定相比，此次修法对中央政府层面的行政复议职责配置没有进行大的调整，主要由国务院部门作为行政复议机关履行行政复议职责。新《行政复议法》第25条规定，国务院部门管辖下列行政复议案件：（1）对本部门作出的行政行为不服的；（2）对本部门依法设立的派出机构依照法律、行政法规、部门规章规定，以自己的名义作出的行政行为不服的；（3）对本部门管理的法律、行政法规、部门规章授权的组织作出的行政行为不服的。

四是对直辖市、设区的市人民政府工作部门依法设立的派出机构作为被申请人的行政复议案件，作出相对灵活的管辖制度安排。根据新《行政复议法》第24条规定，省、自治区人民政府依法设立的派出机关参照设区的市级人民政府的职责权限，管辖相关行政复议案件。对直辖市、设区的市人民政府工作部门按照行政区划设立的派出机构作出的行政行为不服的，也可以由其所在地的人民政府管辖。

五是规定对履行行政复议机构职责的地方人民政府司法行政部门的行政行为不服的，申请人可以向本级人民政府申请行政复议，也可以向上一级司法行政部门申请行政复议。在修法过程中，有不少意见提出，司法行政部门自己审查自己作出的行政行为，从法律制度上说不够合理，难以保障行政复议的公正性，也不利于充分保护公民、法人和其他组织的合法权益。为此，有必要作出灵活的制度安排，引入申请人也可以向上一级司法行政部门申请复议的渠道，避免作“一刀切”的规定。因此，新《行政复议法》第28条规定，对履行行政复议机构职责的地方人民政府司法行政部门的行政行为不服的，可以向本级人民政府申请行政复议，也可以向上一级司法行政部门申请行政复议。

总的来说，关于管辖制度的最主要修改是，除垂直领导等特殊情形外，申请人对县级以上地方各级人民政府工作部门及其派出机构、授权组织等作出的行政行为不服的，以前是选择向本级人民政府申请行政复议或者上一级主管部门申请行政复议，今后是统一向本级人民政府申请行政复议。

三、扩大行政复议范围

为充分发挥行政复议化解行政争议的主渠道作用，有必要强化行政复议吸纳行政争议的能力。新《行政复议法》主要从扩大行政复议范围、完善行政复议前置两方面作出规定。

根据新《行政复议法》第11条规定，有下列情形之一的，公民、法人或者其他组织可以依照本法申请行政复议：（1）对行政机关作出的行政处罚决定不服；（2）对行政机关作出的行政强制措施、行政强制执行决定不服；（3）申请行政许可，行政机关拒绝或者在法定期限内不予答复，或者对行政机关作出的有关行政许可的其他决定不服；（4）对行政机关作出的确认自然资源的所有权或者使用权的决定不服；（5）对行政机关作出的征收征用决定及其补偿决定不服；（6）对行政机关作出的赔偿决定或者不予赔偿决定不服；（7）对行政机关作出的不予受理工伤认定申请的决定或者工伤认定结论不服；（8）认为行政机关侵犯其经营自主权或者农村土地承包经营权、农村土地经营权；（9）认为行政机关滥用行政权力排除或者限制竞争；（10）认为行政机关违法集资、摊派费用或者违法要求履行其他义务；（11）申请行政机关履行保护人身权利、财产权利、受教育权利等合法权益的法定职责，行政机关拒绝履行、未依法履行或者不予答复；（12）申请行政机关依法给付抚恤金、社会保险待遇或者最低生活保障等社会保障，行政机关没有依法给付；（13）认为行政机关不依法订立、不依法履行、未按照约定履行或者违法变更、解除政府特许经营协议、土地房屋征收补偿协议等行政协议；（14）认为行政机关在政府信息公开工作中侵犯其合法权益；（15）认为行政机关的其他行政行为侵犯其合法权益。

与原《行政复议法》规定的范围相比，新《行政复议法》在维持对罚款、行政拘留、吊销许可证等行政行为可申请行政复议的基础上，增加了一些新的可以申请行政复议的行为：一是对行政机关作出的征收征用决定及其补偿决定不服；二是对行政机关作出的赔偿决定或者不予赔偿决定不服；三是对行政机关作出的不予受理工伤认定申请决定或者工伤认定结论不服；四是认为行政机关不依法订立、不依法履行、未按照约定履行或者违法变更、解除政府特许经营协议、土地房屋征收补偿协议等行政协议；五是认为行政机关在政府信息公开工作中侵犯其合法权益。

四、增加先复议后诉讼的前置情形

新《行政复议法》第23条规定，有下列情形之一的，申请人应当先向行政复议机关申请行政复议，对行政复议决定不服的，可以再依法向人民法院提起行政诉讼：（1）对当场作出的行政处罚决定不服；（2）对行政机关作出的侵犯其已经依法取得的自然资源的所有权或者使用权的决定不服；（3）认为行政机关存在本法第11条规定的未履行法定职责情形；（4）申请政府信息公开，行政机关不予公开；（5）法律、行政法规规定应当先向行政复议机关申请行政复议的其他情形。对前款规定的情形，行政机关在作出行政行为时应当告知公民、法人或者其他组织先向行政复议机关申请行政复议。

增加先复议后诉讼的前置情形，是为了提高化解行政争议的效率。1989 年《行政诉讼法》首次对行政复议前置作出规定。2017 年修正的《行政诉讼法》第 44 条也规定了前置程序，即法律、法规规定应当先向行政机关申请复议，对复议决定不服再向人民法院提起诉讼的，依照法律、法规的规定。1999 年《行政复议法》对行政复议前置再次作出规定，法律、法规规定应当先向行政复议机关申请行政复议、对行政复议决定不服再向人民法院提起诉讼的，在法定行政复议期限内不得向人民法院提起行政诉讼。上述两部法律共同确立了“以当事人自由选择为原则，以复议前置为例外”的制度模式。此次修订《行政复议法》，为进一步发挥行政复议化解行政争议的主渠道作用，适当增加了行政复议前置的情形，并将其他行政复议前置情形的设定权限调整为“法律、行政法规”；同时，增加规定了行政机关对行政复议前置的告知义务。

新增加的先复议后诉讼的前置情形：一是对当场作出的行政处罚决定不服。行政处罚法规定了简易程序，即对依法应当予以处罚，事实确凿、处罚较轻的违法行为，当场作出行政处罚决定的程序。当场作出的行政处罚决定，无论从处罚内容还是处罚程序上，都相对简单，往往事实较为清楚、争议不大，不少还关乎合理性问题，由行政复议机关先行处理有利于争议的及时解决，也有利于及时保护当事人权益。二是认为行政机关未履行法定职责。未履行法定职责，也称“不作为”，是指行政机关在法定期限内不履行其法定职责。对未履行法定职责导致的行政争议，由行政复议机关先行处理，通过行政机关内部监督予以纠正，有利于行政争议的及时解决，也有利于行政机关及时纠错，促进行政机关依法行政。三是申请政府信息公开，行政机关不予公开。政府信息公开案件大部分相对简单，行政机关也更加了解情况，由行政机关先行处理，能够发挥行政复议的便捷性优势。尤其对于不予公开的行为，行政机关先行处理的便捷性更为显著。

五、健全完善行政复议处理方式

为进一步强化行政复议化解行政争议能力，新《行政复议法》新增调解、和解、部分撤销制度，对确认违法、决定履行、变更等制度进一步健全完善，有利于实现案结事了。

1. 调解。从行政复议立法看，1999 年《行政复议法》未对行政复议调解作出规定。行政复议调解是此次修订新增内容。1990 年《行政复议条例》规定，复议机关审理复议案件，不适用调解。2007 年《行政复议法实施条例》规定行政复议机关对两类案件可以进行调解：一是公民、法人或者其他组织对行政机关行使法律、法规规定的自由裁量权作出的具体行政行为不服申请行政复议的；二是当事人之间的行政赔偿或者行政补偿纠纷。从行政诉讼立法看，1989 年《行政诉讼法》规定，人民法院审理行政诉讼案件，不适用调解。同时规定“赔偿诉讼可以适用调解”。2014年修改后的《行政诉讼法》规定，人民法院审理行政案件，不适用调解；但是，行政赔偿、补偿以及行政机关行使法律、法规规定的自由裁量权的案件可以调解。新《行政复议法》第5条第1款规定，行政复议机关办理行政复议案件，可以进行调解。应当注意，这里规定的是“可以”进行调解，而不是“应当”进行调解，调解不是必经程序，应当综合考虑当事人意愿、行政争议性质、相关法律法规规定等因素进行确定。

2. 和解。1999年《行政复议法》未对行政复议和解作出规定。2007年《行政复议法实施条例》对行政复议和解作出规定，并将行政复议机构准许达成和解作为行政复议终止的情形之一。此次修法根据行政法规规定及其实践，增加了行政复议和解的规定。新《行政复议法》第74条规定，当事人在行政复议决定作出前可以自愿达成和解，和解内容不得损害国家利益、社会公共利益和他人合法权益，不得违反法律、法规的强制性规定。当事人达成和解后，由申请人向行政复议机构撤回行政复议申请。行政复议机构准予撤回行政复议申请、行政复议机关决定终止行政复议的，申请人不得再以同一事实和理由提出行政复议申请。但是，申请人能够证明撤回行政复议申请违背其真实意愿的除外。

3. 部分撤销。部分撤销决定是本次修订新增加的内容，主要参考《行政诉讼法》第70条的规定，即对于具有所列情形之一的行政行为，人民法院判决撤销或者部分撤销，并可以判决被告重新作出行政行为。事实上，1989年《行政诉讼法》就有类似规定。在行政复议领域，尽管此前《行政复议法》及其实施条例包括1990年《行政复议条例》均未规定，但实践中行政复议机关决定撤销部分行政行为的案例并不少见，因此本次修订时作了补充规定。部分撤销决定是行政复议决定的一种类型，指行政复议机关经审理发现被申请人作出的行政行为存在部分违法问题，依法对该行政行为的违法部分作出撤销的行政复议决定。按照新《行政复议法》第64条规定，撤销决定可分为两种：一种是撤销全部行政行为，另一种是撤销部分行政行为。本条中的“撤销”决定应当是指全部撤销，与“部分撤销”共同构成撤销决定的两种方式。因此，本条中的“撤销”与“部分撤销”是并列关系，而非从属或者附属关系。

4. 确认违法。确认违法决定，是指行政复议机关经审理后，认为被申请人作出的行政行为存在违法问题，但不宜或者无法予以变更或者撤销，因此作出确认该行政行为违法的行政复议决定。新《行政复议法》第65条新增了对程序轻微违法，但是对申请人权利不产生实际影响的，行政复议机关不撤销该行政行为，但是确认该行政行为违法，使确认违法制度更加完善。所谓程序轻微违法，主要是指行政程序可以补正的一些情形，不影响实体决定的正确性，大致可以理解为程序上有瑕疵，而不是主要程序的缺失，比如应当听证而未听证显然就不属于程序轻微违法。所谓对申请人权利不产生实际影响，这里的权利既包括实体权利，也包括程序权利，比如申请人被行政处罚前的申辩权，行政机关如果没有告知就会对申请人产生实际影响。

5. 决定履行。新《行政复议法》第66

条规定，被申请人不履行法定职责的，行政复议机关决定被申请人在一定期限内履行。不作为是一种违法行政行为，同样会侵害公民、法人和其他组织的合法权益。每个行政机关都有特定的职责，这些职责权限主要由法律法规规章予以规定，体现在该行政机关的管理服务工作中。如果该行政机关没有履行其应当履行的法定职责，行政相对人可以通过申请行政复议维护自己的合法权益。行政复议申请人认为被申请人不履行法定职责，应当作为而不作为的，可以要求被申请人履行有关法定职责；行政复议机关经审理查明，被申请人负有该法定职责而不履行的，应当决定被申请人在一定期限内履行法定职责。

6. 变更。在原《行政复议法》中，变更与撤销、确认违法同在第28条第3款中规定。明确变更、撤销与确认违法各自的适用情形，使行政复议决定进一步类型化、精细化，是行政复议制度走向成熟的标志，对于充分发挥行政复议的功能作用具有重要意义。新《行政复议法》第63条规定，行政行为有下列情形之一的，行政复议机关决定变更该行政行为：（1）事实清楚，证据确凿，适用依据正确，程序合法，但是内容不适当；（2）事实清楚，证据确凿，程序合法，但是未正确适用依据；（3）事实不清、证据不足，经行政复议机关查清事实和证据。行政复议机关不得作出对申请人更为不利的变更决定，但是第三人提出相反请求的除外。

六、新增完善多项行政复议便民为民举措

新《行政复议法》增加规定了多项便民为民举措，为当事人申请、参加行政复议提供便利，保障当事人在行政复议中的各项权利。

1. 完善行政复议代理人制度。新《行政复议法》第17条第1款规定，申请人、第三人可以委托一至二名律师、基层法律服务工作者或者其他代理人代为参加行政复议。委托代理人制度是原《行政复议法》确定的一项重要制度，此次修订进一步明确了委托代理人的范围，即律师、基层法律服务工作者或者其他代理人。同时，增加了委托代理人的程序、授权委托书内容、变更或者解除代理权限等具体内容。即新《行政复议法》第17条第2款规定，申请人、第三人委托代理人的，应当向行政复议机构提交授权委托书、委托人及被委托人的身份证明文件。授权委托书应当载明委托事项、权限和期限。申请人、第三人变更或者解除代理人权限的，应当书面告知行政复议机构。

2. 新增行政复议法律援助制度。新《行政复议法》第18条规定，符合法律援助条件的行政复议申请人申请法律援助的，法律援助机构应当依法为其提供法律援助。本条是此次修法新增加的内容，目的是充分发挥行政复议制度公正高效、便民为民的制度优势，让老百姓在行政复议过程中，遇到法律问题或者认为自身合法权利受到了侵害，可以依法申请获得必要的法律援助服务权利，充分发挥了法律援助制度的兜底和保障作用，让老百姓在每一个行政复议案件中感受到公平、正义。

3. 完善行政复议申请提出渠道。申请人申请行政复议，可以书面申请；书面申请有困难的，也可以口头申请。书面申请

的，可以通过邮寄或者行政复议机关指定的互联网渠道等方式提交行政复议申请书，也可以当面提交行政复议申请书。口头申请的，行政复议机关应当当场记录申请人的基本情况、行政复议请求、申请行政复议的主要事实、理由和时间。此次修订进一步明确了书面申请的提交方式；新《行政复议法》第22条增加规定行政机关通过互联网渠道送达行政行为决定的，应当同时提供提交行政复议申请书的互联网渠道；同时，还增加规定申请人对两个以上行政行为不服的，应当分别申请行政复议。

4. 新增申请人补正行政复议申请材料。新《行政复议法》第31条规定，行政复议申请材料不齐全或者表述不清楚，无法判断行政复议申请是否符合本法第30条第1款规定的，行政复议机关应当自收到申请之日起5日内书面通知申请人补正。补正通知应当一次性载明需要补正的事项。申请人应当自收到补正通知之日起10日内提交补正材料。有正当理由不能按期补正的，行政复议机关可以延长合理的补正期限。无正当理由逾期不补正的，视为申请人放弃行政复议申请，并记录在案。行政复议机关收到补正材料后，依照本法第30条的规定处理。本条是此次修法新增内容，规定了行政复议申请材料补正的情形、补正期限、补正后的处理等。之所以这样规定，主要是为了规范行政复议申请材料提交和补正程序，提高行政复议案件办理质量，维护申请人的合法权益。

5. 新增通过行政处罚机关提交行政复议申请。新《行政复议法》第32条规定，对当场作出或者依据电子技术监控设备记录的违法事实作出的行政处罚决定不服申请行政复议的，可以通过作出行政处罚决定的行政机关提交行政复议申请。行政机关收到行政复议申请后，应当及时处理；认为需要维持行政处罚决定的，应当自收到行政复议申请之日起5日内转送行政复议机关。本条是此次修法新增内容。当场作出或者依据电子技术监控设备记录的违法事实作出的行政处罚决定，实践中主要集中在道路交通管理、市场监管现场执法等领域，规定在这些领域申请人可以通过作出行政处罚决定的行政机关提交行政复议申请，是一项重要的机制创新：从当事人角度看，为其增加了提交行政复议申请的途径，是行政复议便民为民原则的体现；从作出行政处罚决定的行政机关角度看，为其提供了行政行为进一步处理的机会，由行政机关对其违法或者不当的行政行为进行自我纠错，有利于行政争议和矛盾纠纷的多元、及时化解。

七、完善行政复议审理程序

提高行政复议公信力，关键在于提升行政复议审理的公正性，使行政复议取信于民。修订后的行政复议法，着力完善行政复议审理程序，主要从两个方面作了以下规定：

关于行政复议审理的一般要求：一是规定上级行政复议机关根据需要，可以审理下级行政复议机关管辖的行政复议案件。二是规定行政复议中止、终止程序，对行政复议期间停止执行的情形作出规定。三是完善行政复议证据规定，对申请人、被申请人的举证责任，以及行政复议机关的调查取证予以明确。四是增加了简易程序，促进行政复议案件的“繁简分流”。

关于适用普通程序审理案件的要求：一是规定除当事人原因不能听取意见外，行政复议机构应当通过多种方式听取当事人意见。二是规定审理重大、疑难、复杂案件，行政复议机构应当组织听证。三是规定县级以上各级人民政府应当建立行政复议委员会，为办理行政复议案件提供咨询意见，就行政复议工作中的重大事项和共性问题研究提出意见。行政复议委员会的咨询意见是行政复议决定的重要参考依据。

八、新增简易程序

对于一些事实清楚、权利义务关系明确、争议不大的行政复议案件，与重大、疑难、复杂案件适用相同的程序，既增加了当事人的成本，也浪费了行政复议资源。此次修订的《行政复议法》，新增简易程序制度是本次修法的一大亮点。根据实践需要，建立"繁简分流"制度，根据案件的难易程度分别适用普通程序和简易程序，实现简案快办、难案精办。简易程序是与普通程序相对的程序，在审理程序、审理期限、等方面都作了简化，有利于及时审结案件，保护当事人的合法权益。

新《行政复议法》第53条规定了适用简易程序的条件，即行政复议机关审理下列行政复议案件，认为事实清楚、权利义务关系明确、争议不大的，可以适用简易程序：（1）被申请行政复议的行政行为是当场作出；（2）被申请行政复议的行政行为是警告或者通报批评；（3）案件涉及款额3000元以下；（4）属于政府信息公开案件。除前款规定以外的行政复议案件，当事人各方同意适用简易程序的，可以适用简易程序。

新《行政复议法》第54条规定了简易程序答复期限及审理方式，即适用简易程序审理的行政复议案件，行政复议机构应当自受理行政复议申请之日起3日内，将行政复议申请书副本或者行政复议申请笔录复印件发送被申请人。被申请人应当自收到行政复议申请书副本或者行政复议申请笔录复印件之日起5日内，提出书面答复，并提交作出行政行为的证据、依据和其他有关材料。适用简易程序审理的行政复议案件，可以书面审理。

新《行政复议法》第55条规定了简易程序转为普通程序，即适用简易程序审理的行政复议案件，行政复议机构认为不宜适用简易程序的，经行政复议机构的负责人批准，可以转为普通程序审理。

九、新增听取当事人意见制度

本次修法之前，行政复议原则上采取书面方面审理，申请人的参与度不高，不少申请人质疑行政复议审理程序不透明，影响了其对行政复议结果的认同度。新《行政复议法》第49条新增了听取行政复议申请人意见制度，即适用普通程序审理的行政复议案件，行政复议机构应当当面或者通过互联网、电话等方式听取当事人的意见，并将听取的意见记录在案。因当事人原因不能听取意见的，可以书面审理。

十、新增听证制度

行政复议听证，是指行政复议机构在办理行政复议案件过程中，组织涉案人员通过陈述、举证、质证、辩论等形式，查明案件事实的审理方式。行政复议听证是行政复议机关查明案件事实的重要方式，是当事人的一项重要权利。修订前的《行政复议法》对听证没有专门规定，《行政复议法实施条例》第 33 条作了原则性规定：行政复议机构认为必要时，可以实地调查核实证据；对重大、复杂的案件，申请人提出要求或者行政复议机构认为必要时，可以采取听证的方式审理。

新《行政复议法》第 50 条、第 51 条对听证作了较为详细的规定，明确了听证的适用情形、人员组成等。第 50 条规定，审理重大、疑难、复杂的行政复议案件，行政复议机构应当组织听证。行政复议机构认为有必要听证的，或者申请人请求听证的，行政复议机构可以组织听证。听证由一名行政复议人员任主持人，两名以上行政复议人员任听证员，一名记录员制作听证笔录。第 51 条规定，行政复议机构组织听证的，应当于举行听证的五日前将听证的时间、地点和拟听证事项书面通知当事人。申请人无正当理由拒不参加听证的，视为放弃听证权利。被申请人的负责人应当参加听证。不能参加的，应当说明理由并委托相应的工作人员参加听证。

十一、新增行政复议委员会制度

行政复议委员会制度是此次修法新建立的制度，是《行政复议法》修订的亮点之一。法律修订以前，行政复议工作原则上采取书面方式审理，外部参与度不高，难免会引起“官官相护”的质疑，影响了行政复议的公正性和公信力。2006 年 12 月，国务院召开的全国行政复议工作座谈会明确提出，“有条件的地方和部门可以开展行政复议委员会的试点”。2008 年，国务院法制办下发《国务院法制办公室关于在部分省、直辖市开展行政复议委员会试点工作的通知》（国法〔2008〕71 号），推动在各地方试点开展行政复议体制改革工作，先行探索设立行政复议委员会，提高行政复议办案质量。进入新时代以来，中央有关文件对行政复议委员会提出了新的要求。中共中央、国务院《法治政府建设实施纲要（2021—2025 年）》要求：“县级以上各级政府建立行政复议委员会，为重大、疑难、复杂的案件提供咨询意见。”此次修法就是落实中央要求，在总结地方实践经验的基础上，正式确立了行政复议委员会制度。

新《行政复议法》第 52 条规定，县级以上各级人民政府应当建立相关政府部门、专家、学者等参与的行政复议委员会，为办理行政复议案件提供咨询意见，并就行政复议工作中的重大事项和共性问题研究提出意见。行政复议委员会的组成和开展工作的具体办法，由国务院行政复议机构制定。审理行政复议案件涉及下列情形之一的，行政复议机构应当提请行政复议委员会提出咨询意见：（1）案情重大、疑难、复杂；（2）专业性、技术性较强；（3）本法第 24 条第 2 款规定的行政复议案件；（4）行政复议机构认为有必要。行政复议机构应当记录行政复议委员会的咨询意见。

由此可见，建立行政复议委员会的主体为承担行政复议法定职责的县级以上各级人民政府，包括国务院及省、市、县三级政府。对于依照《行政复议法》仍履行行政复议职责的政府部门，不强制性要求建立行政复议委员会，如果有需要，可以参照本条规定建立行政复议委员会。行政复议委员会的职责主要有两项：第一项是咨询功能，主要是就办理行政复议案件提供咨询意见。第二是议决功能，主要是就行政复议工作中的重大事项和共性问题进行研究提出意见。立法过程中，有意见认为行政复议委员会的功能主要是咨询性的，因此对于重大事项和共性问题的咨询结果应当是“研究提出意见建议”。最终通过的法律没有采纳这一意见。主要考虑是，不少地方已经建立的行政复议委员会有政府负责同志参加，对行政复议工作中遇到的重大事项和共性问题有决策权，继续保留议决功能符合实践需要。

新《行政复议法》第 61 条第 3 款规定，提请行政复议委员会提出咨询意见的行政复议案件，行政复议机关应当将咨询意见作为作出行政复议决定的重要参考依据。

十二、优化行政复议决定体系和监督手段

行政复议机关作出的行政复议决定的质量和执行效果，直接关系到行政复议的权威性，新《行政复议法》，进一步优化了行政复议决定体系，强化行政复议决定的执行监督力度。

关于优化行政复议决定体系：一是重新调整行政复议决定的顺序，将变更决定、撤销决定和确认违法决定予以细化，并放在突出位置。二是强化变更决定的运用，增加变更决定的适用情形。三是对行政协议的决定类型作特殊规定。四是对调解书的制作和生效、行政复议和解等作出规定。五是规定行政复议机关在办理行政复议案件中，发现被申请人或者其他下级行政机关的有关行政行为违法或者不当的，可以制发行政复议意见书。

关于强化执行行政复议决定的执行监督力度：一是规定被申请人不履行或者无正当理由拖延履行行政复议决定书、调解书、意见书的，行政复议机关或者有关上级行政机关应当责令其限期履行，并可以约谈被申请人的有关负责人或者予以通报批评。二是规定申请人、第三人逾期不起诉又不履行行政复议决定书、调解书，或者不履行最终裁决的行政复议决定的，根据不同的决定类型，分别由有关机关强制执行。三是针对被申请人不履行或者无正当理由拖延履行行政复议决定书、调解书、意见书的行为，规定相应法律责任。

十三、新增制发行政复议意见书

新《行政复议法》第 76 条规定，行政复议机关在办理行政复议案件过程中，发现被申请人或者其他下级行政机关的有关行政行为违法或者不当的，可以向其制发行政复议意见书。有关机关应当自收到行政复议意见书之日起 60 日内，将纠正相关违法或者不当行政行为的情况报送行政复议机关。

本条规定是此次修订行政复议法新增的内容。近年来，各地行政复议机关持续推动行政复议工作规范化建设，通过制发行政复议意见书，及时纠正行政执法过程中存在的问题，督促行政机关规范执法行为。行政复议意见书成为行政监督的重要手段，也是行政复议机构履行监督职责的重要体现，既指出了行政机关在行政执法过程中存在的问题，又对行政机关作出行政行为起到监督指导作用。中央有关文件提出，县级

以上地方人民政府要建立运用行政复议倒逼依法行政、推进法治政府建设的监督机制。此次《行政复议法》修改，增加了行政复议意见书的规定，明确行政复议机关在办理行政复议案件过程中，发现被申请人或者其他下级行政机关的有关行政行为违法或者不当的，可以向其制发行政复议意见书；有关机关应当自收到行政复议意见书之日起60日内，将纠正相关违法或者不当行政行为的情况报送行政复议机关。

十四、新增将行政复议决定书向社会公开

新《行政复议法》第79条第1款规定，行政复议机关根据被申请行政复议的行政行为的公开情况，按照国家有关规定将行政复议决定书向社会公开。

中共中央、国务院印发《法治政府建设实施纲要（2021—2025年）》提出，全面落实行政复议决定书网上公开制度。新《行政复议法》第3条规定，行政复议机关履行行政复议职责，应当遵循公开等原则。将行政复议决定书向社会公开，是贯彻落实党中央有关要求，遵循和体现行政复议公开原则的一个重要举措。在修订草案征求意见过程中，有些中央单位、全国人大代表、地方提出，增加行政复议决定书公开的内容。综合各方面的情况和意见建议，考虑到行政复议决定书向社会公开，有利于充分发挥全社会的监督作用，保障行政复议公正高效进行，督促推动行政复议机关依法保障公民、法人和其他组织的合法权益，达到实质性化解行政争议的效果，新《行政复议法》第79条第1款作出规定，明确行政复议机关公开行政复议决定书遵循两个方面的要求：一是根据被申请行政复议的行政行为的公开情况，公开行政复议决定书。行政复议决定书公开不是无条件的，取决于被申请行政复议的行政行为的公开情况，这是一个重要的实质性条件。比如，《行政处罚法》第48条对行政处罚决定书的公开作了规定，即具有一定社会影响的行政处罚决定应当依法公开。行政复议机关应当结合被申请行政复议的行政行为是否公开、公开范围、公开方式等情况来决定行政复议决定书是否公开，是全部公开还是部分公开。二是按照国家有关规定，公开行政复议决定书。根据《政府信息公开条例》规定，行政机关制作的政府信息，由制作该政府信息的行政机关负责公开。依法确定为国家秘密的政府信息，法律、行政法规禁止公开的政府信息，以及公开后可能危及国家安全、公共安全、经济安全、社会稳定的政府信息，不予公开。涉及商业秘密、个人隐私等公开会对第三方合法权益造成损害的政府信息，行政机关不得公开。但是，第三方同意公开或者行政机关认为不公开会对公共利益造成重大影响的，予以公开。行政复议决定书属于政府信息的范畴，由行政复议机关制作，也由行政复议机关负责公开。同时，还要遵循政府信息公开有关保密审查、载体方式、便民等要求。

十五、新增将行政复议决定书、意见书抄告上一级主管部门

新《行政复议法》第79条第2款规定，县级以上地方各级人民政府办理以本级人民政府工作部门为被申请人的行政复议案件，应当将发生法律效力的行政复议

决定书、意见书同时抄告被申请人的上一级主管部门。

行政复议是化解行政争议的法定机制，行政复议决定书、意见书都是具有法律效力的文书，其是否得到履行和落实，关系到行政复议解决行政争议、权利救济、监督纠错等功能的发挥，同时也影响行政复议制度的权威性和公信力。按照行政复议体制改革方案，在办理涉及本级人民政府部门的案件时，要将行政复议决定同时抄告被申请人的上一级主管部门。中共中央、国务院印发《法治政府建设实施纲要(2021—2025年)》中提出，建立行政复议决定书以及行政复议意见书、建议书执行监督机制，实现个案监督纠错与倒逼依法行政的有机结合。为贯彻落实中央决策部署，加强对行政复议决定书、意见书执行的监督，保障和提升行政复议的权威性和公信力，此次修法增加规定将发生法律效力的行政复议决定书、意见书抄告被申请人的上一级主管部门。

十六、新增对被申请人进行约谈、给予通报批评和处分

新《行政复议法》第77条规定，被申请人应当履行行政复议决定书、调解书、意见书。被申请人不履行或者无正当理由拖延履行行政复议决定书、调解书、意见书的，行政复议机关或者有关上级行政机关应当责令其限期履行，并可以约谈被申请人的有关负责人或者予以通报批评。

行政复议决定书、调解书、意见书生效后，即具有法律效力。对行政复议决定书、调解书，各方当事人都应当自觉履行，包括申请人、第三人和被申请人；对行政复议意见书，被申请人或者有关行政机关也应当自觉履行。如果被申请人不履行或者无正当理由拖延履行行政复议决定书、调解书、意见书的，行政复议机关或者有关上级行政机关应当责令其限期履行，并可以约谈被申请人的有关负责人或者予以通报批评。责令限期履行是上级行政机关督促下级行政机关依法履行法定职责的一种方式。考虑到实践中，行政机关履行行政复议决定书、调解书、意见书需要一定期限，本条特别强调行政复议机关或者有关上级行政机关采用责令限期履行的方式，要求被申请人在一定期限内履行。约谈是行政机关系统内部上级机关对下级机关进行监督的一种方式，可以有效地监督下级行政机关依法履行职责，防止下级行政机关不作为、乱作为。作为行政机关内部监督措施，约谈的主要目的是提出问题，进行告诫，落实责任，督促整改。通报批评适用范围较广，不仅适用于对行政违法行为的惩处，也适用于行政机关内部监督和党内监督。本条规定的通报批评，是行政复议机关或者有关上级行政机关对被申请人的有关负责人的通报批评，属于行政机关内部监督的一种方式，目的在于对被申请人不履行行政复议决定书、调解书、意见书予以告诫，督促其履行。此外，根据本法第83条规定，被申请人不履行或者无正当理由拖延履行行政复议决定书、调解书、意见书的，对负有责任的领导人员和直接责任人员依法给予警告、记过、记大过的处分；经责令履行仍拒不履行的，依法给予降级、撤职、开除的处分。

第二章 公安机关学习贯彻新《行政复议法》应当注意的问题

一、公安机关应当带头学习宣传贯彻新《行政复议法》

公安机关是国家重要的执法机关，承担着大量的行政执法和刑事司法任务。在行政执法领域，公安机关主要承担行政处罚、行政强制、行政许可等职责。其中，仅2020年8月公安部印发修订后的《违反公安行政管理行为的名称及其适用意见》就规范了783个公安机关管辖的行政违法行为，涉及违反境外非政府组织境内活动秩序行为、违反治安管理秩序行为、违反反恐怖主义管理秩序行为、违反食品药品和环境安全管理秩序行为、违反计算机和网络安全管理秩序行为、违反交通管理秩序行为、违反禁毒管理秩序行为等。近年来，随着《网络安全法》《药品管理法》《反有组织犯罪法》《反电信网络诈骗法》《无人驾驶航空器飞行管理暂行条例》等法律法规相继出台，给公安机关新增了大量的执法办案任务。在行政强制方面，公安机关有权依法采取继续盘问、对醉酒的违法嫌疑人进行约束、对恐怖活动嫌疑人实施约束措施、强制传唤、强制检测、拘留审查、限制活动范围、扣押、扣留、查封、抽样取证、先行登记保存、冻结等行政强制措施，有权依法对罚款、行政拘留、吊销许可证件、取缔、责令停产停业决定、强制隔离戒毒等强制执行。在行政许可方面，公安部目前主管的行政许可事项共有44项，涉及境外非政府组织管理行政许可、治安管理行政许可、网络安全行政许可、道路交通安全行政许可、易制毒化学品管理行政许可等。由此可见，公安行政执法面广、量大，点多、线长，如果广大民警不严格规范公安文明执法办案，就很容易引起行政复议和行政诉讼。所以，各级公安机关应当组织广大民警认真学习宣传、贯彻执行新《行政复议法》，这项工作意义深远，责任重大。虽然新《行政复议法》实施后，地方公安机关不再承担行政复议职责，但是，作为行政复议被申请人，也需要认真学习掌握新《行政复议法》的规定精神，特别是其中的一些新制度新规定，强化了被申请人的义务，公安机关必须依法积极应对被复议、被诉讼，依法积极履行行政复议法律文确定的义务，及时纠正违法或者不当的行政行为，在全面推进依法治国和法治公安建设中，更好发挥示范带动作用。

二、公安机关应当依法及时纠正复议前置情形中存在的问题

为进一步发挥行政复议化解行政争议

的主渠道作用，新《行政复议法》增加了行政复议前置的情形。新《行政复议法》第23条规定，有下列情形之一的，申请人应当先向行政复议机关申请行政复议，对行政复议决定不服的，可以再依法向人民法院提起行政诉讼：（1）对当场作出的行政处罚决定不服；（2）对行政机关作出的侵犯其已经依法取得的自然资源的所有权或者使用权的决定不服；（3）认为行政机关存在本法第11条规定的未履行法定职责情形；（4）申请政府信息公开，行政机关不予公开；（5）法律、行政法规规定应当先向行政复议机关申请行政复议的其他情形。对前款规定的情形，行政机关在作出行政行为时应当告知公民、法人或者其他组织先向行政复议机关申请行政复议。

公安机关在遇到新《行政复议法》规定的复议前置情形时，应当注意：一是依法履行告知义务。这样可以避免行政相对人因为不知道公安机关的行政行为属于行政复议前置事项而错过起诉期限的问题，最大限度保护行政相对人的权利。二是自觉纠正复议前置情形中的错误行为。如果当事人对公安机关实施的当场处罚、未履行法定职责、不依法公开政府信息等复议前置的行政行为提起行政复议，公安机关应当认真核实，发现错误，依法及时纠正。《行政处罚法》第51条规定，违法事实确凿并有法定依据，对公民处以200百元以下、对法人或者其他组织处以3000元以下罚款或者警告的行政处罚的，可以当场作出行政处罚决定。法律另有规定的，从其规定。而《公安机关办理行政案件程序规定》第37条规定，违法事实确凿，且具有下列情形之一的，人民警察可以当场作出处罚决定，有违禁品的，可以当场收缴：（1）对违反治安管理行为人或者道路交通违法行为人处200元以下罚款或者警告的；（2）出入境边防检查机关对违反出境入境管理行为人处500元以下罚款或者警告的；（3）对有其他违法行为的个人处50元以下罚款或者警告、对单位处1000元以下罚款或者警告的；（4）法律规定可以当场处罚的其他情形。涉及卖淫、嫖娼、赌博、毒品的案件，不适用当场处罚。可见，该条规定与《行政处罚法》第51条规定不一致，应当以《行政处罚法》为准。针对未履行法定职责或者“不作为”导致的行政争议，公安机关应当及时组织核实，发现错误的及时纠正。涉及公安机关的政府信息公开很多，各级公安机关应当依法公开政府信息，发现不公开错误的，及时予以公开，以保障当事人的知情权，主动接受群众监督和社会监督。

三、公安机关应当依法及时纠正当场处罚或者非现场处罚中存在的问题

新《行政复议法》第32条规定，对当场作出或者依据电子技术监控设备记录的违法事实作出的行政处罚决定不服申请行政复议的，可以通过作出行政处罚决定的行政机关提交行政复议申请。行政机关收到行政复议申请后，应当及时处理；认为需要维持行政处罚决定的，应当自收到行政复议申请之日起5日内转送行政复议机关。

公安机关当场处罚或者依据电子技术监控设备记录的违法事实作出的非现场行政处罚决定，主要集中在道路交通管理、治安管理等领域，规定在这些领域申请人

可以通过作出行政处罚决定的行政机关提交行政复议申请，是一项重要的机制创新。从当事人角度看，为其增加了提交行政复议申请的途径，是行政复议便民为民原则的体现。从作出行政处罚决定的公安机关角度看，为其提供了主动纠错的机会，有利于行政争议和矛盾纠纷的及时化解。《行政处罚法》第51条规定，违法事实确凿并有法定依据，对公民处以200元以下、对法人或者其他组织处以3000元以下罚款或者警告的行政处罚的，可以当场作出行政处罚决定。法律另有规定的，从其规定。《道路交通安全法》第107条第1款规定，对道路交通违法行为人予以警告、200元以下罚款，交通警察可以当场作出行政处罚决定，并出具行政处罚决定书。《治安管理处罚法》第100规定，违反治安管理行为事实清楚，证据确凿，处警告或者200元以下罚款的，可以当场作出治安管理处罚决定。关于依据电子技术监控设备记录的违法事实作出的非现场行政处罚，《行政处罚法》第41条第1、2款规定，行政机关依照法律、行政法规规定利用电子技术监控设备收集、固定违法事实的，应当经过法制和技术审核，确保电子技术监控设备符合标准、设置合理、标志明显，设置地点应当向社会公布。电子技术监控设备记录违法事实应当真实、清晰、完整、准确。行政机关应当审核记录内容是否符合要求；未经审核或者经审核不符合要求的，不得作为行政处罚的证据。《交通运输行政执法程序规定》第38条第5项规定，依照法律、行政法规规定利用电子技术监控设备收集、固定违法事实的，应当经过法制和技术审核，确保电子技术监控设备符合标准、设置合理、标志明显，设置地点应当向社会公布。电子技术监控设备记录违法事实应当真实、清晰、完整、准确。执法部门应当审核记录内容是否符合要求；未经审核或者经审核不符合要求的，不得作为行政处罚的证据。执法部门应当及时告知当事人违法事实，并采取信息化手段或者其他措施，为当事人查询、陈述和申辩提供便利。针对上述两种情形提出的行政复议申请，公安机关收到行政复议申请后，应当以下区分不同情况作出处理：一是认为作出的行政行为违法或者不当的，应当及时自行纠错。申请人如果不服公安机关作出的新的行政处罚等决定，可以向行政复议机关提出新的行政复议申请。二是认为需要维持行政处罚决定的，应当及时转送有管辖权的行政复议机关，而不能转给没有管辖权的其他行政机关。

四、公安机关应当积极履行举证责任

新《行政复议法》第44条规定，被申请人对其作出的行政行为的合法性、适当性负有举证责任。有下列情形之一的，申请人应当提供证据：（1）认为被申请人不履行法定职责的，提供曾经要求被申请人履行法定职责的证据，但是被申请人应当依职权主动履行法定职责或者申请人因正当理由不能提供的除外；（2）申请人提出行政赔偿请求的，提供受行政行为侵害而造成损害的证据，但是因被申请人原因导致申请人无法举证的，由被申请人承担举证责任；（3）法律、法规规定需要申请人提供证据的其他情形。

举证责任是指当事人根据法律的规定所负有的对特定案件事实提供证据予以证

明的责任。举证责任是依法对当事人双方分配的，如果当事人不能提供相应的证据，将会承担不利的后果。在行政复议中，举证责任原则上由被申请人承担。这不同于民事案件的“谁主张、谁举证”的举证责任分配要求，行政复议案件的举证责任以被申请人承担为原则、申请人承担为例外。这主要是考虑到，行政机关在行政管理过程中处于管理者的优势地位，对公民、法人或者其他组织作出行政执法行为时无需征得其同意，因此，行政机关应当自觉约束和规范行政权力的运行，在作出执法行为时就应当依法履行法定程序，确保全面、客观地收集并固定证据，在作出行政行为后还要按要求将证据整理归档。行政管理的特性决定了行政机关在举证能力上优于行政管理相对人，在行政复议审理中应当承担主要的举证责任。所以，如果公安机关成为行政复议的被申请人，公安机关就应当依法承担相应的举证责任，既要对行政行为的合法性举证，也要对行政行为的适当性举证，而不能以申请人未提出对适当性进行审查的诉求为理由不提供相应证据，否则就要承担不利的后果。

应当注意，新《行政复议法》第46条规定，行政复议期间，被申请人不得自行向申请人和其他有关单位或者个人收集证据；自行收集的证据不作为认定行政行为合法性、适当性的依据。行政复议期间，申请人或者第三人提出了被申请行政复议的行政行为作出时没有提出的理由或者证据的，经行政复议机构同意，被申请人可以补充证据。这是对行政复议被申请人收集证据限制性的规定，公安机关必须严格执行。

五、公安机关应当依法及时纠正行政复议意见书中指出的问题

新《行政复议法》第76条规定，行政复议机关在办理行政复议案件过程中，发现被申请人或者其他下级行政机关的有关行政行为违法或者不当的，可以向其制发行政复议意见书。有关机关应当自收到行政复议意见书之日起60日内，将纠正相关违法或者不当行政行为的情况报送行政复议机关。

行政复议机关在行政复议工作中，发现有关行政行为违法或者不当，通过制发行政复议意见书，有利于及时纠正行政执法过程中存在的问题，督促行政机关规范执法行为。公安机关在收到行政复议意见书后，应当及时进行核查，既审查行政行为的合法性，也要审查合理性。合法性审查主要审查行政行为事实是否清楚、证据是否确凿、适用依据是否正确、程序是否合法等。合理性审查主要审查行政行为是否公平、合理。发现行政行为违法或者不当的，应当主动纠正，并将纠正相关违法或者不当行政行为的情况报送行政复议机关。如果公安机关不履行或者无正当理由拖延履行行政复议意见书，根据新《行政复议法》第83条规定，对负有责任的领导人员和直接责任人员依法给予警告、记过、记大过的处分；经责令履行仍拒不履行的，依法给予降级、撤职、开除的处分。

六、公安机关应当依法及时履行行政复议法律文书义务

新《行政复议法》第77条规定，被申请人应当履行行政复议决定书、调解书、

意见书。被申请人不履行或者无正当理由拖延履行行政复议决定书、调解书、意见书的，行政复议机关或者有关上级行政机关应当责令其限期履行，并可以约谈被申请人的有关负责人或者予以通报批评。

行政复议决定书、调解书、意见书生效后，即具有法律效力。对行政复议决定书、调解书，各方当事人都应当自觉履行，包括申请人、第三人和被申请人；对行政复议意见书，有关公安机关应当自觉履行，切实维护法律的尊严和行政复议工作的权威。关于行政复议决定书的履行，行政复议机关作出的有关行政复议决定有履行内容的，公安机关应当履行有关义务。比如，行政复议机关决定撤销或者部分撤销行政行为，并责令公安机关在一定期限内重新作出行政行为的，有关公安机关应当在规定的期限内重新作出行政行为，且不得以同一事实和理由作出与被申请行政复议的行政行为相同或者基本相同的行政行为。行政复议机关决定变更行政行为的，有关公安机关应当根据行政复议机关的决定对原行政行为的有关内容进行调整并执行。关于行政复议调解书的履行，行政复议调解书经签字、盖章后具有法律效力，其中需要公安机关履行有关内容的，公安机关应当履行。关于行政复议意见书的履行，如公安机关收到行政复议机关就有关行政行为违法或者不当制发的行政复议意见书，应当及时纠正相关违法或者不当行政行为，并在规定期限内向行政复议机关报送纠正情况。如果公安机关不履行或者无正当理由拖延履行行政复议决定书、调解书、意见书的，行政复议机关或者有关上级公安机关应当责令其限期履行，并可以约谈下级公安机关有关负责人或者予以通报批评；对负有责任的领导人员和直接责任人员依法给予警告、记过、记大过的处分；经责令履行仍拒不履行的，依法给予降级、撤职、开除的处分。

七、上级公安机关应当督促下级公安机关履行相关义务

新《行政复议法》第 79 条第 2 款规定，县级以上地方各级人民政府办理以本级人民政府工作部门为被申请人的行政复议案件，应当将发生法律效力的行政复议决定书、意见书同时抄告被申请人的上一级主管部门。

建立行政复议决定书以及行政复议意见书、建议书执行监督机制，有利于实现个案监督纠错与倒逼依法行政有机结合。为贯彻落实中央决策部署，加强对行政复议决定书、意见书执行的监督，保障和提升行政复议的权威性和公信力，新《行政复议法》增加规定将发生法律效力的行政复议决定书、意见书抄告被申请人的上一级主管部门。对于行政机关不依法履行行政复议法律文书的，新《行政复议法》第 77 条第 2 款规定，被申请人或者其他下级行政机关不履行或者无正当理由拖延履行的，行政复议机关或者有关上级行政机关应当责令其限期履行；仍不履行的，行政复议机关或者有关上级行政机关可以约谈被申请人或者其他下级行政机关的有关负责人或者予以通报批评。新《行政复议法》第 79 条第 2 款规定将行政复议决定书、意见书抄告被申请人的上一级主管部门，有利于上一级主管部门及时掌握被申请人依法行政情况，加强对行政复议决定书、意

见书执行的监督。行政复议决定书涉及维持、变更、撤销或者部分撤销行政行为等多种情形，其中重点抄告的应当是被申请人有履行义务的；有的行政复议决定，比如维持行政行为、确认行政行为违法，虽不涉及监督执行问题，但抄告上一级主管部门也有利于其全面了解下级部门依法行政情况，也应当依法抄告。上级公安机关在收到要求下级公安机关履行义务的行政复议决定书、意见书后，应当督促下级公安机关依法及时履行义务，纠正违法或者不当的行政行为。

第三章　公安行政复议与国家行政复议体制改革

一、行政复议立法和行政复议体制改革背景

我国行政复议立法和行政复议体制改革相伴而生，改革的成果最终以立法形式固定下来。早在 1990 年，国务院出台了《行政复议条例》，结束了行政复议分散立法状况，该条例作为我国第一部行政复议统一立法，确立了我国行政复议原则上实行"条条管辖"模式，"条块管辖"和"自我管辖"作为例外情形补充适用。即地方各级人民政府为被申请人的案件，原则上由上一级人民政府管辖。例外情形是，省级人民政府实行自我管辖。针对县级以上地方各级人民政府工作部门为被申请人的案件，原则上由上一级主管部门管辖，有两种例外情形：一是被申请人上一级没有相应主管部门或者法律、法规规定由人民政府管辖的案件，由同级人民政府担任行政复议机关；二是国务院部门实行自我管辖。1994 年修订的《行政复议条例》，对管辖规则进行了调整，将"条条管辖"原则变更为以"条块管辖"为原则，即以政府部门为被申请人案件的双重管辖规则，首次赋予人民政府对此类案件的普遍管辖权。1999 年出台的《行政复议法》，沿用了 1994 年《行政复议条例》确定的"条块管辖"原则，进一步规定了垂直管理部门和国家安全机关"条条管辖"的例外情况。此后，2009 年、2017 年先后两次修改了《行政复议法》，均保留行政复议管辖原则性规定。

我国行政复议体制改革始于 2008 年的试点探索。2008 年，国务院法制办发布《国务院法制办公室关于在部分省、直辖市开展行政复议委员会试点工作的通知》，在八个省（直辖市）率先开展行政复议委员会试点工作。重点要求在试点地区对相对集中行政复议权、行政复议委员会和行政复议运行机制进行初步探索。2010 年，国务院发布《国务院关于加强法治政府建设的意见》，明确提出要"探索开展相对集中行政复议审理工作，进行行政复议委员会试点"。2013 年，党的十八届三中全会通过《中共中央关于全面深化改革若干重大问题的决定》，明确要求"改革行政复议体制，健全行政复议案件审理机制，纠正违法或不当行政行为"。2014 年，第十二届全国人大常委会第六次会议审议通过《全国人民代表大会常务委员会执法检查组关于检查〈中华人民共和国行政复议法〉实施情况的报告》，要求"总结各地相对集中复议权试点经验，合理确定复议受理机关，研究整合复议资源、提高复议效率，进一步完善行政复议体制"。2015 年，中共中央、国务院印发的《法治政府建设实施纲要

(2015—2020年)》中提出要“改革行政复议体制，积极探索整合地方行政复议职责”。2017年，国务院法制办在报送国务院的《关于行政复议服务“放管服”改革情况的报告》中提出，“加快推进地方行政复议体制改革，落实党的十八届三中全会关于改革行政复议体制的要求，探索集中行政复议权，实行地方政府‘一个窗口对外’，适应‘放管服’改革发展趋势要求”。2019年，中央依法治国办发布《市县法治政府建设示范指标体系（2019年版)》，将行政复议体制改革的落实情况作为法治政府建设评估的重要考核点。

2020年2月5日，中央全面依法治国委员会第三次会议审议通过了《行政复议体制改革方案》，明确提出了行政复议体制改革的具体措施，要求通过整合地方行政复议职责、健全配套工作机制、充分发挥行政复议监督功能、加强对行政复议工作的保障和监督等改革方式，有效解决制约行政复议工作发展的深层次体制机制问题。《行政复议体制改革方案》是地方行政复议体制改革的基本依据，首次在国家层面为改革工作的全方位落实提供了明确的指导思想和具体措施。至此以后，全国行政复议体制改革全面铺开。同年11月24日，司法部发布《中华人民共和国行政复议法（修订）（征求意见稿)》，积极回应了地方行政复议体制改革的新发展，并对现行行政复议管辖体制进行了大幅度修改，即原则上取消地方政府部门的复议职责，但实行国家垂直管理体制的部门除外。为提高国家治理能力，充分发挥行政复议在化解行政争议中的主渠道作用，2021年1月10日，中共中央印发《法治中国建设规划(2020—2025年)》，明确提出推进行政复议体制改革、整合行政复议职权对加强行政复议工作的决定性地位。同年3月11日，全国人民代表大会发布《中华人民共和国国民经济和社会发展第十四个五年规划和2035年远景目标纲要》，提出要“推进行政复议体制改革”，明确了未来一段时期内行政复议体制改革对于全面推进依法治国的关键作用。同年8月11日，中共中央、国务院印发《法治政府建设实施纲要(2021—2025年)》，提出“全面深化行政复议体制改革，整合地方行政复议职责，按照事编匹配、优化节约、按需调剂的原则，合理调配编制资源”的要求，并对“2022年年底前基本形成公正权威、统一高效的行政复议体制”进行部署。同年8月27日，《市县法治政府建设示范指标体系(2021年版)》正式发布，其中行政复议体制改革的推进力度，作为市县法治政府建设示范指标体系的重要考核指标。2022年10月27日，《行政复议法（修订草案)》首次提请十三届全国人大常委会第三十七次会议审议。2023年6月27日，十四届全国人大常委会第三次会议对行政复议法修订草案二审稿进行分组审议。同年9月1日，十四届全国人大常委会第五次会议通过了《中华人民共和国行政复议法（修订草案)》，自2024年1月1日起施行，以法律形式固化了行政复议体制改革成果。

二、行政复议体制改革的积极探索及改革成效

为贯彻落实《行政复议体制改革方案》，各地高度重视，针对现行行政复议体制存在的行政复议“多机关、多窗口”、复

议职权分散、难以就地就近解决矛盾纠纷等突出问题，县级以上地方各级政府普遍制定出台了本地的行政复议体制改革实施方案，提出了具体的改革要求。

一是探索建立相对集中复议体制。大多数地区采取了行政复议委员会办公室或者行政复议办公室模式。即由地方人民政府司法行政部门代表本级人民政府依法办理行政复议事项，由本级司法行政部门相关处（科）室承担行政复议工作职责。行政复议机构主要负责依法办理本级人民政府行政复议事项、组织办理本级人民政府行政应诉事项、指导监督下级行政复议机构的行政复议和行政应诉工作等。上述机构以同级人民政府行政复议委员会或者行政复议办公室名义开展工作。有的地方采取行政复议局模式。例如，2021 年 6 月，上海市委市政府办公厅印发《上海市行政复议体制改革实施方案》，明确各区司法局加挂区行政复议局牌子，承担区政府行政复议机构职能。

二是探索建立行政复议委员会。《行政复议体制改革方案》明确指出，行政复议咨询委员会是健全配套工作机制的重要一环，职能是为重大、疑难、复杂的案件提供咨询意见，组织形式是由政府主导、相关政府部门和专家学者参与。为此，各地普遍成立了行政复议委员会，有议事咨询型和议决型两种模式。两者的主要区别在于委员会是否享有对案件的议决权，这直接决定了其在行政复议机关中的性质和在案审程序中的定位。议事咨询型模式下的行政复议咨询委员会，在案件审理后的表决结果并不必然形成最终复议决定，仅作为行政复议机关的参考意见。议决型模式下的行政复议委员会，其表决结果对案件最终决定产生直接影响。

三是同步推进行政复议信息化、规范化、专业化改革。部分地区积极探索建立区域化的智慧复议平台，实行网上提交证据、网上质证、网上答辩、网上公开的全流程一体化“智慧复议”改革。为进一步推进行政复议规范化，各地从案件受理、审理、决定、指导监督、基础性工作、保障性建设、组织领导等方面不断健全完善行政复议规范化建设。同时，加强行政复议人员专业队伍建设，最大限度使得行政复议机关的人员配备与工作实际相适应，不断提高行政复议人员的专业化、职业化水平。

从行政复议体制改革的成效来看，据 2022 年 4 月 22 日司法部有关领导在中共中央宣传部举行的“中国这十年”系列主题新闻发布会上介绍，各地按照《行政复议体制改革方案》的要求，将分散在政府部门的行政复议职责整合到政府统一行使，实现一级政府只设立一个行政复议机关，“一口对外”受理行政复议案件，优化了行政复议资源配置，畅通了行政复议申请渠道。按照“事编匹配、优化节约、按需调剂”的原则，为政府行政复议机构合理调配编制，增强了工作力量。截至目前，30 个省、自治区、直辖市出台了改革实施方案。其中，23 个省、自治区、直辖市实现省市县三级行政复议职责集中。各地进一步加强行政复议规范化建设，普遍建立行政复议（咨询）委员会，出台了配套制度，统一了办案标准，优化了办案流程。坚持围绕中心服务大局，聚焦重点领域，强化监督功能，加大对违法和不当行为的纠错力度，为促进经济社会高质量发展提供有力保障。通过改革，行政复议体制机制进一步优化，办案质量和效率也得到提升，行政复议的权威性、公正性和公信力都明显增强。越来越多的群众选择通过行政复议表达诉求、维护权益，2021年的案件数量比改革以前增长了22.3%。各地按照"应收尽收、应调尽调、应纠尽纠、应赔尽赔"的原则，注重实质性化解行政争议，约70%案件实现"案结事了"，行政复议化解行政争议主渠道的效果初步显现。

三、公安行政复议体制改革

与行政复议立法和国家行政复议体制改革相适应，公安行政复议也经历了一个从初步建立到不断发展再到健全完善、顺应改革的过程。

随着1990年国务院《行政复议条例》的出台，各级公安机关逐步建立健全行政复议机制，办理了大量的行政复议案件。据不完全统计，从1991年1月至1998年底，公安机关办理的行政复议案件占全国行政复议案件总量的60%至70%，地市级公安机关办理的行政复议案件占全国公安行政复议案件的80%左右。

1999年《行政复议法》颁布实施后，对公安行政复议工作提出许多新的要求。公安部下发通知，要求进一步健全完善公安行政复议机制，充实行政复议人员，全国公安行政复议工作全部统一归口法制部门。法制部门内设的行政复议机构是该公安机关的行政复议机构，公安机关其他业务部门内设的法制机构不办理行政复议案件。公安部法制局设行政复议处，地市和县级公安机关设行政复议科（股），专门负责公安行政复议工作。据统计，从1999年至2008年底，全国公安机关共办理行政复议案件25万件。通过办理行政复议案件，及时发现纠正了一大批执法问题，有力促进了公安执法办案质量和执法水平的不断提升。

2008年国家在全国八省开展行政复议体制改革试点后，有关地方公安机关积极响应，配合做好改革试点的相关工作。本来，公民、法人或者其他组织对公安机关的具体行政行为不服的，依法可以向该公安机关的本级人民政府申请行政复议，也可以向上一级主管公安机关申请行政复议。法律、法规另有规定的除外。多年来的实践表明，这种既可以向本级人民政府申请行政复议又可以向上公安机关申请复议的体制，存在很多弊端，不符合国家行政复议体制改革关于"一级政府只设立一个行政复议机关"要求。所以，随着近年来国家行政复议体制的改革，特别是2020年中央下发《行政复议体制改革方案》后，公安行政复议体制也发生了根本性的转变，省级以下公安机关不再设立行政复议机构，公民、法人或者其他组织对公安机关的行政行为不服的，只能依法向该公安机关的本级人民政府申请行政复议。但公安部作为中央人民政府的重要组成部门，在法制局设立的行政复议机构仍然存在，并依照新《行政复议法》有关规定承担相应行政复议职责。根据新《行政复议法》第25条规定，国务院部门管辖下列行政复议案件：①对本部门作出的行政行为不服的；②对本部门依法设立的派出机构依照法律、行政法规、部门规章规定，以派出机构的名义作出的行政行为不服的；③对本部门管理的法律、行政法规、部门规章授权的组织作出的行政行为不服的。

第四章　公安行政复议与公安行政处罚

一、公安行政复议与公安行政处罚的关系

行政处罚是行政机关有效实施行政管理，保障法律、法规贯彻施行的重要手段。公安行政处罚，是指公安机关依据有关法律规定，按照法定程序，对违反公安行政管理行为相对人所实施的一种法律制裁。包括警告、罚款、行政拘留，吊销公安机关发放的许可证、执照，责令停产停业，收缴、追缴、没收违法所得和没收非法财物，限制出境、驱逐出境等。应当注意，行政拘留权只能由公安机关行使，其他行政机关无权行使。

公安行政处罚的对象是违反公安行政管理行为相对人。公安行政处罚的情形十分广泛。通过对有关法律、行政法规和部门规章的梳理，2015 年 11 月公安部修订出台的《违反公安行政管理行为的名称及其适用意见》明确规定了 748 种违反公安行政管理的行为名称。近年来，随着《境外非政府组织境内活动管理法》《反恐怖主义法》《网络安全法》《药品管理法》等一批法律法规的修改出台，公安行政处罚内容大幅增加。加之，国务院机构改革后，公安机关消防管理职责划转应急管理部门，行业公安管理体制改革作了相应调整，公安部对违反公安行政管理行为的名称进行了修改。2020 年 8 月公安部印发修订后的《违反公安行政管理行为的名称及其适用意见》，共规范了 783 个违法行为名称，这些违法行为基本上涵盖了目前公安行政处罚的范围。

根据新《行政复议法》第 11 条第 1 项规定，对行政机关作出的行政处罚决定不服的，公民、法人或者其他组织可以依法申请行政复议。可见，公安行政处罚决定属于行政复议的范围。由于公安行政处罚量大面广，如果处罚不当，将直接影响到当事人的合法权益。在涉及公安机关的行政复议案件中，因对公安行政处罚决定不服提起的行政复议占比最大。所以，公安机关严格规范日常的行政处罚行为，规范行政自由裁量权的行使，自觉做到严格规范公正文明执法，不断提升公安机关办理行政案件的质量和执法公信力，就能从根本上减少涉及公安机关的行政复议案件。

二、公安机关实施公安行政处罚行为应当注意的问题

（一）公安机关应当健全完善与其他行政机关的行刑衔接制度

《行政处罚法》第 27 条规定，违法行为涉嫌犯罪的，行政机关应当及时将案件移送司法机关，依法追究刑事责任。对依法不需要追究刑事责任或者免予刑事处罚，

但应当给予行政处罚的，司法机关应当及时将案件移送有关行政机关。行政处罚实施机关与司法机关之间应当加强协调配合，建立健全案件移送制度，加强证据材料移交、接收衔接，完善案件处理信息通报机制。

公安机关在适用《行政处罚法》第27条规定时，应当注意以下几个问题：

1. 依法接受和处理其他行政执法机关移送的涉嫌犯罪案件

对其他行政执法机关移送的涉嫌犯罪案件，公安机关应当接受，及时录入执法办案信息系统，并检查是否附有下列材料：(1) 案件移送书，载明移送机关名称、行政违法行为涉嫌犯罪罪名、案件主办人及联系电话等。案件移送书应当附移送材料清单，并加盖移送机关公章；(2) 案件调查报告，载明案件来源、查获情况、嫌疑人基本情况、涉嫌犯罪的事实、证据和法律依据、处理建议等；(3) 涉案物品清单，载明涉案物品的名称、数量、特征、存放地等事项，并附采取行政强制措施、现场笔录等表明涉案物品来源的相关材料；(4) 附有鉴定机构和鉴定人资质证明或者其他证明文件的检验报告或者鉴定意见；(5) 现场照片、询问笔录、电子数据、视听资料、认定意见、责令整改通知书等其他与案件有关的证据材料。移送材料表明移送案件的行政执法机关已经或者曾经作出有关行政处罚决定的，应当检查是否附有有关行政处罚决定书。对材料不全的，应当在接受案件的24小时内书面告知移送的行政执法机关在3日内补正。但不得以材料不全为由，不接受移送案件。

对接受的案件，公安机关应当按照下列情形分别处理：(1) 对属于本公安机关管辖的，迅速进行立案审查；(2) 对属于公安机关管辖但不属于本公安机关管辖的，移送有管辖权的公安机关，并书面告知移送案件的行政执法机关；(3) 对不属于公安机关管辖的，退回移送案件的行政执法机关，并书面说明理由。

对接受的案件，公安机关应当立即审查，并在规定的时间内作出立案或者不立案的决定。决定立案的，应当书面通知移送案件的行政执法机关。对决定不立案的，应当说明理由，制作不予立案通知书，连同案卷材料在3日内送达移送案件的行政执法机关。公安机关审查发现涉嫌犯罪案件移送材料不全、证据不充分的，可以就证明有犯罪事实的相关证据要求等提出补充调查意见，商请移送案件的行政执法机关补充调查。必要时，公安机关可以自行调查。

交接涉案物品及与案件有关的其他证据材料。对决定立案的，公安机关应当自立案之日起3日内与行政执法机关交接涉案物品以及与案件有关的其他证据材料。对保管条件、保管场所有特殊要求的涉案物品，公安机关可以在采取必要措施固定留取证据后，商请行政执法机关代为保管。移送案件的行政执法机关在移送案件后，需要作出责令停产停业、吊销许可证等行政处罚，或者在相关行政复议、行政诉讼中，需要使用已移送公安机关证据材料的，公安机关应当协助。

单位或者个人认为行政执法机关办理的行政案件涉嫌犯罪，向公安机关报案、控告、举报或者自首的，公安机关应当接受，不得要求相关单位或者人员先行向行政执法机关报案、控告、举报或者自首。

2. 依法移送有关行政机关作出行政处罚

对行政执法机关移送的涉嫌犯罪案件，公安机关立案后决定撤销案件的，应当将撤销案件决定书连同案卷材料送达移送案件的行政执法机关。对依法应当追究行政法律责任的，可以同时向行政执法机关提出书面建议。

3. 健全完善协作监督机制

公安机关应当定期总结受理审查行政执法机关移送涉嫌犯罪案件情况，分析衔接工作中存在的问题，并提出意见建议，通报行政执法机关、同级人民检察院。必要时，同时通报本级或者上一级人民政府，或者实行垂直管理的行政执法机关的上一级机关。公安机关受理行政执法机关移送涉嫌犯罪案件，依法接受人民检察院的法律监督。公安机关可以根据法律法规，联合同级人民检察院、人民法院、行政执法机关制定行政执法机关移送涉嫌犯罪案件类型、移送标准、证据要求、法律文书等文件。

（二）公安机关应当进一步健全完善行政处罚裁量基准制度

《行政处罚法》第 34 条规定，行政机关可以依法制定行政处罚裁量基准，规范行使行政处罚裁量权。行政处罚裁量基准应当向社会公布。

行政处罚是公安机关行使的重要执法权，处罚裁量是否合理、适当，直接影响当事人权益。建立行政处罚裁量基准制度，对于规范公安机关行政处罚裁量权的行使，切实保障法律、法规和规章的正确实施，提高公安机关执法质量和公信力，促进社会公平正义，具有重要意义，也是贯彻落实党中央、国务院要求，推进公安机关执法权力运行机制改革的重要举措。为促进公安行政处罚裁量基准制度的建立、完善和落实，公安部 2016 年 7 月下发了《公安部关于实施公安行政处罚裁量基准制度的指导意见》。2018 年 6 月，公安部下发了《公安机关对部分违反治安管理行为实施处罚的裁量指导意见》。公安机关在适用《行政处罚法》第 34 条规定时，应当注意把握以下几个方面的问题：

1. 公安行政处罚裁量基准的含义和内容

公安行政处罚裁量权是指公安机关及其所属具有行政处罚权的机构依据法律、法规和规章的规定，在法定权限内，根据违法行为的事实、性质、情节后果以及社会危害程度，决定是否处罚以及对行政处罚的种类、幅度选择适用的权限。公安行政处罚裁量基准是公安机关法定裁量权的具体化，是公安机关结合执法实践，对法律、法规和规章中关于行政处罚的适用条件、情形以及相应的处罚种类和幅度予以细化而形成的裁量细则。

公安行政处罚裁量基准以法律、法规和规章为依据，法律、法规之间不一致，或者地方性法规、规章之间不一致的，按照《立法法》和有关法律适用规则处理。

公安行政处罚裁量基准一般包括法律依据、违法行为名称、违法情节和处罚幅度四个方面，主要细化、明确以下内容：（1）可以选择处罚种类的，列出选择处罚种类的裁量情形；（2）有处罚幅度的，列出 2 至 3 个裁量阶次，处罚幅度较大的，可以列出 3 个以上的裁量阶次；（3）对“情节较轻”“情节较重”“情节严重”等违法情节仅有原则性规定的，明确裁量情形；

(4) 处罚可以单处也可以并处的，明确单处或者并处的裁量情形。

裁量基准作为公安机关行使法定裁量权的一般性指引，不在行政处罚决定书中援引。

2. 裁量基准制度的基本原则。

(1) 合法性原则。坚持合法性为前提，符合立法目的和法治精神，法律、法规和规章对处罚种类和幅度，不予处罚，减轻、从轻或者从重处罚的情形有规定的，不得突破其规定。

(2) 合理性原则。实施裁量基准制度是为了合理规范而非剥夺裁量权，应当根据过罚相当、公平、公正、教育与处罚相结合的要求，从违法行为的目的、动机、方式以及违法行为的性质、对象、次数、后果及社会危害程度等方面综合考量，合理确定裁量情节和阶次，避免僵化、机械执法。

(3) 科学性原则。根据执法实践中已经或者可能遇到的具体情况，对法律、法规、规章中规定的适用条件、情形等进行细化、量化，做到符合客观事实，具有可操作性。

各地公安机关紧密结合实际，重点针对执法实践中常见、多发或者法律规定较为原则、裁量幅度较大的违法行为制定裁量基准，对不具备细化、量化条件的，可以不作细化、量化，或者作出原则规范。

3. 裁量基准的制定主体、备案和修改完善。

(1) 制定主体。裁量基准原则上由设区的市（地、州）以上的公安机关制定。

上级公安机关已经制定裁量基准的，下级公安机关可以根据实际对相关内容予以补充或者细化，但不得与之相冲突。对地方性立法规定的公安行政处罚事项，由当地公安机关制定裁量基准。

(2) 备案。下级公安机关制定的裁量基准应当报上一级公安机关备案。

(3) 修改完善。各级公安机关应当建立裁量基准定期评估、清理制度，及时根据法律、法规、规章和上级公安机关裁量基准的变化以及执法实践需要对裁量基准进行修改、废止和补充。

4. 裁量基准的适用。

(1) 公安机关在行政执法办案中应当合法、及时、客观、全面收集与裁量情节相关的证据，严格依据证据准确认定裁量情节，合理适用裁量基准。

(2) 公安机关适用裁量基准应当坚持公平、公正，同等情况同等对待，不得因与违法行为不相关的因素区别对待当事人。

(3) 违法行为人具有从轻、减轻、从重处罚或者不予处罚情节，但裁量基准未规定相关情节的，应当根据法定处罚幅度从轻、减轻、从重处罚或者不予处罚。

(4) 对具有多个裁量情节的，在调节处罚幅度时一般采取同向情节相叠加、逆向情节相抵减的方式，也可以将对整个案情影响较大的情节作为主要考虑因素。

应当注意，《行政处罚法》第33条第1款规定，违法行为轻微并及时改正，没有造成危害后果的，不予行政处罚。初次违法且危害后果轻微并及时改正的，可以不予行政处罚。《行政处罚法》第33条第2款规定，当事人有证据足以证明没有主观过错的，不予行政处罚。法律、行政法规另有规定的，从其规定。公安机关应当严格按照《行政处罚法》的有关规定执行。

对于有从重情节的违法行为人，同时有立功、主动投案并如实陈述自己违法行为等情节，需要在“减轻或者不予处罚”之间选择认定的，原则上认定为“减轻处罚”。

违法行为人同时有两个以上应当给予行政处罚的违法行为的，应当分别裁量，在具体裁量时互不作为从重情节。

一是完善从轻、减轻的法定情形。二是增加规定当事人有证据证明没有主观过错的，不予行政处罚。

（5）对于法律、法规和规章有专门条款将从重处罚情节规定为独立的违法行为的，如教唆、引诱、欺骗他人吸毒等，对该有关行为按照专门条款的规定处罚，处罚裁量时不再将教唆、诱骗等情节作为从重处罚情节。

（6）公安机关在办案中应当将实质影响行政处罚裁量的事项作为听取当事人陈述和申辩的重点，并在询问笔录或者行政处罚告知笔录中予以体现；在行政处罚内部审批报告或者审批表中说明裁量基准适用情况，并在行政处罚决定书中明确处罚的事实根据和法律依据，包括从重、从轻、减轻、不予处罚等情节，增强说理性。

（7）违法行为适用的裁量基准与刑事案件追诉标准接近的，应当首先查证该行为是否涉嫌犯罪，防止以罚代刑，放纵犯罪行为。

（8）不得对裁量基准作出前后不一致的解释，事实认定和法律适用不得反复无常。个别案件确实不宜适用裁量基准的，可以突破裁量基准依法作出处罚决定，但应当有充分的理由，并履行更加严格的审核审批、集体议案等程序。

5. 裁量基准制度的监督指导。

（1）裁量基准的制定主体，特别是省级公安机关应当定期整理、编发适用裁量基准的典型案例，通过具体案例指导行政处罚裁量权的合理行使。

各地公安机关应当逐步将裁量基准嵌入公安机关执法办案信息系统，以信息化手段保障裁量基准制度的实施。对需要社会公众普遍知晓的重大行政处罚决定要依法主动向社会公开，自觉接受社会对处罚裁量权的监督。

（2）各级公安机关应当通过案件法制审核、行政复议等途径加强对行政处罚裁量权行使的监督，并将行政处罚裁量基准执行情况纳入执法质量考评。对滥用行政处罚裁量权，构成违纪违法的人员，应当依据有关纪律规定及法律法规严肃处理。

（三）公安机关应当进一步规范非现场执法

《行政处罚法》第 41 条规定，行政机关依照法律、行政法规规定利用电子技术监控设备收集、固定违法事实的，应当经过法制和技术审核，确保电子技术监控设备符合标准、设置合理、标志明显，设置地点应当向社会公布。

与现场执法相对，非现场执法是指公安机关利用电子技术监控设备收集、固定违法事实并依法作出行政处罚决定的行为。目前，公安机关交通管理部门在道路交通管理中普遍采用非现场执法方式，对违反道路交通安全的违法行为予以处罚。《道路交通安全法》第 114 条规定，公安机关交通管理部门根据交通技术监控记录资料，可以对违法的机动车所有人或者管理人依法予以处罚。对能够确定驾驶人的，可以依照本法的规定依法予以处罚。《道路交通安全违法行为处理程序规定》对非现场执法作出更加明确具体的规定。公安机关适用《行政处罚法》第41条规定时，应当注意以下几个方面的问题：

1. 利用电子技术监控设备收集、固定违法事实应当经过法制和技术审核。

这是《行政处罚法》对设置电子技术监控系统本身的合法性、合理性、规范性提出的明确要求，其目的是确保电子技术监控设备符合标准、设置合理、标志明显。公安机关应当按照《行政处罚法》的要求，进一步健全完善法制审核、技术审核的制度规范。根据《道路交通安全违法行为处理程序规定》，公安机关交通管理部门可以利用交通技术监控设备、执法记录设备收集、固定违法行为证据。交通技术监控设备、执法记录设备应当符合国家标准或者行业标准，需要认定、检定的交通技术监控设备应当经认定、检定合格后，方可用于收集、固定违法行为证据。交通技术监控设备应当定期维护、保养、检测，保持功能完好。交通技术监控设备的设置应当遵循科学、规范、合理的原则，设置的地点应当有明确规范相应交通行为的交通信号。固定式交通技术监控设备设置地点应当向社会公布。使用固定式交通技术监控设备测速的路段，应当设置测速警告标志。使用移动测速设备测速的，应当由交通警察操作。使用车载移动测速设备的，还应当使用制式警车。

2. 电子技术监控设备记录违法事实应当经过审核符合要求。

这是针对利用电子技术监控设备记录的违法事实是否真实、清晰、完整、准确提出的明确要求。公安机关应当审核记录内容是否符合要求；未经审核或者经审核不符合要求的，不得作为行政处罚的证据。根据《道路交通安全违法行为处理程序规定》，作为处理依据的交通技术监控设备收集的违法行为记录资料，应当清晰、准确地反映机动车类型、号牌、外观等特征以及违法时间、地点、事实。交通技术监控设备收集违法行为记录资料后5日内，违法行为发生地公安机关交通管理部门应当对记录内容进行审核，经审核无误后录入道路交通违法信息管理系统，作为处罚违法行为的证据。

3. 公安机关应当告知当事人违法事实并为当事人查询、陈述和申辩提供便利。

这是为了保护当事人的知情权、陈述权、申辩权而提出的明确要求。根据《道路交通安全违法行为处理程序规定》，交通技术监控设备记录的违法行为信息录入道路交通违法信息管理系统后当日，违法行为发生地和机动车登记地公安机关交通管理部门应当向社会提供查询。违法行为发生地公安机关交通管理部门应当在违法行为信息录入道路交通违法信息管理系统后5日内，按照机动车备案信息中的联系方式，通过移动互联网应用程序、手机短信或者邮寄等方式将违法时间、地点、事实通知违法行为人或者机动车所有人、管理人，并告知其在30日内接受处理。公安机关交通管理部门应当在违法行为人或者机动车所有人、管理人处理违法行为和交通事故、办理机动车或者驾驶证业务时，书面确认违法行为人或者机动车所有人、管理人的联系方式和法律文书送达方式，并告知其可以通过公安机关交通管理部门互联网站、移动互联网应用程序等方式备案或者变更联系方式、法律文书送达方式。

（四）公安机关应当不断提高广大民警的法律素质和执法能力

《行政处罚法》第 42 条第 1 款规定，行政处罚应当由具有行政执法资格的执法人员实施。执法人员不得少于两人，法律另有规定的除外。第 38 条第 1 款规定，行政处罚没有依据或者实施主体不具有行政主体资格的，行政处罚无效。第 58 条第 2 款规定，行政机关中初次从事行政处罚决定法制审核的人员，应当通过国家统一法律职业资格考试取得法律职业资格。

为提高公安队伍的法律素质和执法水平，从 2011 年开始，各级公安机关就定期组织开展执法资格等级考试工作，并把考试结果与民警的执法办案权限和基层执法部门干部任用挂钩，广大民警尊法学法守法用法的积极性和自觉性不断增强，运用法治思维、法治方式解决问题的能力不断提高，达到了以考促学、以考促训、以考促用的目的。

按照《行政处罚法》有关要求，各级公安机关应当把提高广大民警的法律素质和执法能力作为一项长期任务，采取有效措施抓好落实：一是应当进一步抓好执法资格等级考试工作，完善考试制度机制，严密考试纪律，创新激励政策，强化考试结果运用，更好地发挥执法等级考试的作用。二是在案件审核、审批工作中，应当审查办案民警是否具有执法主体资格，不具备执法主体资格的，应当及时纠正，对收集的相关证据依法予以排除，并由具有执法主体资格的民警重新办理。三是应当出台相关制度措施，鼓励广大民警积极参加国家统一法律职业资格考试，确保公安机关初次从事行政处罚决定审核、行政复议的人员取得国家统一法律职业资格。这也是中办、国办《关于完善国家统一法律职业资格制度的意见》和修改后的《公务员法》《行政处罚法》《行政复议法》的明确规定。

（五）公安机关应当文明执法、尊重和保护当事人合法权益

《行政处罚法》第 42 条第 2 款规定，执法人员应当文明执法，尊重和保护当事人合法权益。

坚持严格规范公正文明执法，是公安机关贯彻落实全面依法治国的基本要求，是维护社会公平正义的重大举措，是提升执法公信力的重要途径。如果执法不严、执法不公，该处罚的不处罚或者同事不同罚，甚至办关系案、人情案、金钱案，社会就失去了最起码的公平公正，就会引发大量社会矛盾、影响和谐稳定。坚持严格规范公正文明执法是一个有机统一的整体。其中，严格是执法基本要求，规范是执法行为准则，公正是执法价值取向，文明是执法职业素养。公安机关在适用《行政处罚法》第 42 条第 2 款规定时，应当注意以下几个方面的问题：

一是执法方式文明。执法方式的文明程度，反映出执法水平的高低。公安民警在执法中，应当注意方式方法。在履行行政管理职责过程中，应当更多地注入文明元素，采取文明的方法，尽量减少对群众正常生产生活的干扰。在打击违法犯罪活动中，应当依法处理好文明执法与严格执法的关系，尊重违法犯罪嫌疑人的人格尊严，防止野蛮执法、粗暴执法。

二是执法形象文明。通过不断的教育培训，完善文明执法的相关制度，提高公安民警的道德文化素养，培养公安民警的人权保护意识，规范公安民警的执法语言，让公安民警知道哪些该说、哪些不该说，使文明执法成为公安民警的自觉行为，切实做到执法方式方法得体，态度公允，举止文明，形象良好。

三是执法结果文明。公安机关应当尊重他人的生命、健康以及合法财产权利，公正地作出处理决定，坚决避免处理结果不文明损害当事人的合法权益，努力实现实体正义。

（六）公安机关应当加强行政处罚决定法制审核

《行政处罚法》第58条第1款规定，有下列情形之一，在行政机关负责人作出行政处罚的决定之前，应当由从事行政处罚决定法制审核的人员进行法制审核；未经法制审核或者审核未通过的，不得作出决定：（1）涉及重大公共利益的；（2）直接关系当事人或者第三人重大权益，经过听证程序的；（3）案件情况疑难复杂、涉及多个法律关系的；（4）法律、法规规定应当进行法制审核的其他情形。

案件审核把关是各级公安法制部门的重要职责。公安机关在适用《行政处罚法》第58条规定时，重点是按照公安部关于加强案件审核的有关规定执行。

《公安部关于加强公安法制建设的决定》要求加强案件审核工作，各级公安机关按照《公安机关内部执法监督工作规定》，对疑难、有分歧、易出问题和各级公安机关决定需要专门监督的案件，进行案件审核，保障和提高案件质量。《公安部关于进一步加强公安法制队伍履职能力建设的意见》要求健全落实案件审核制度，对重大、敏感案件，法制部门要从受立案开始，加强对案件“入口”“出口”等重点环节的法律审核，及时发现和纠正执法问题，确保案件事实清楚、证据确实充分、办案程序合法、法律适用正确。在刑事执法领域，全国公安机关普遍推行法制部门统一审核、统一出口工作机制，简称刑事案件“两统一”工作机制。在行政执法领域，各地公安机关普遍建立起了行政案件审核把关制度。

公安机关在适用《行政处罚法》第58条规定时，要注意以下几个方面的问题：

一是对《行政处罚法》规定的审核事项，必须经法制部门审核把关。这些事项未经法制审核或者审核未通过的，不得作出决定。法律、法规、规章未明确要求法制部门审核的，各地公安机关可以根据本地实际情况确定是否需要法制部门审核把关。

二是应当发挥法制员的初审作用。为加强基层执法监督管理，提高执法质量和水平，推进基层执法规范化建设，公安部要求全面推行法制员制度，下发《关于县级公安机关建立完善法制员制度的意见》，对法制员的选派任用、职责任务、管理考核提出了明确要求。在基层执法工作中，法制员边审核、边指导、边监督，就像工厂的“车间质检员”，监督检查每个执法环节，有利于及时发现并纠正执法办案过程中存在的问题。与事后监督、案件倒查相比，法制员的监督具有“过程控制”和“现场控制”性质，有利于加强对执法活动的实时监督，防止出现执法问题。对于

《行政处罚法》第58条规定的情形，经过法制员初审后，应当报法制部门审核把关。

三是对于一些重大敏感复杂的案件，应当充分发挥执法管理委员会机制作用。省级以下公安机关执法管理委员会应当定期总结研判执法整体情况，各主要执法部门应当对本部门执法突出问题进行梳理、整改，定期向执法管理委员会报告。各地公安机关应当建立重大疑难案件集体讨论制度，由公安机关负责人召集执法办案部门、法制部门负责人集体研究，集体研究意见以及不同意见均应当如实记录在案。

（七）公安机关应当健全完善行政处罚公开制度

《行政处罚法》第39条规定，行政处罚的实施机关、立案依据、实施程序和救济渠道等信息应当公示。第48条规定，具有一定社会影响的行政处罚决定应当依法公开。公开的行政处罚决定被依法变更、撤销、确认违法或者确认无效的，行政机关应当在3日内撤回行政处罚决定信息并公开说明理由。

办案公开是执法公开的重要内容，是深化执法规范化建设的必然要求。为深入推进执法规范化建设，进一步规范和加强执法公开工作，公安部于2012年8月18日制定下发了《公安机关执法公开规定》，2018年8月23日进行修订，于同年12月1日起施行。公安机关在适用《行政处罚法》第39条、第48条规定时，重点是按照《公安机关执法公开规定》执行。

对涉及公共利益、公众普遍关注、需要社会知晓的执法信息，公安机关应当主动向社会公开；对不宜向社会公开，但涉及特定对象权利义务、需要特定对象知悉的，应当主动告知特定对象，或者为特定对象提供查询服务。对于涉及国家秘密或者警务工作秘密，以及公开后可能影响国家安全、公共安全、经济安全和社会稳定或者妨害执法活动的执法信息，公安机关不得公开。对于涉及商业秘密、个人隐私的执法信息，公安机关不得向权利人以外的公民、法人或者其他组织公开。但是，经权利人同意公开，或者公安机关认为不公开可能对公共利益造成重大影响的，可以公开。

对于行政处罚决定、行政复议结果的生效法律文书，公安机关应当逐步向社会公开。《行政处罚法》第48条要求具有一定社会影响的行政处罚决定应当依法公开。这个范围比《公安机关执法公开规定》要求公安的行政处罚决定范围要小，各地公安机关应当按照《公安机关执法公开规定》要求公开行政处罚决定。适用简易程序作出的行政处罚决定生效法律文书可以不向社会公开。向社会公开法律文书，应当对文书中载明的自然人姓名作隐名处理，保留姓氏，名字以“某”替代；同时，还应当删除文书中载明自然人的住所地详址、工作单位、家庭成员、联系方式、公民身份号码、健康状况、机动车号牌号码，以及其他能够判明其身份和具体财产等相关信息。

（八）公安机关应当健全完善执法全过程记录制度

《行政处罚法》第47条规定，行政机关应当依法以文字、音像等形式，对行政处罚的启动、调查取证、审核、决定、送达、执行等进行全过程记录，归档保存。

健全完善执法全过程记录制度，主要

是通过文字、音像等形式，对行政处罚的启动、调查取证、审核、决定、送达、执行等进行全过程记录，客观真实地反映执法办案情况。在建立健全执法全过程记录机制方面，公安部制定下发了指导意见，明确要求通过全程、客观记录从接处警到案件办结的执法办案各领域、各环节的情况，固定案件证据，为证明执法活动合法性提供依据。重点是健全完善接报案登记、全面开展现场执法视音频记录、健全完善办案区使用管理记录、全面落实讯问录音录像要求、严格涉案财物管理记录、全面深化网上办案等制度措施，目标是打造全面覆盖、有机衔接、闭环管理的执法记录链条，实现执法活动全过程留痕、可回溯管理，有效规范执法活动、提升办案效率、保障民警依法履职。公安机关在适用《行政处罚法》第47条规定时，重点是按照已经出台的执法全流程记录规定抓好贯彻落实。

在落实接报案网上登记方面，各级公安机关应当依托警务信息综合应用平台，建立完善全省区市统一的接报案、受案立案信息系统或者功能模块，严格落实接报案网上登记制度和群众上门报案“三个当场”要求，实现接报案、受案立案工作信息全要素网上记载、全流程网上运转，并与接处警、办案、结案等上下游流程的执法信息整合贯通。加强对接报案信息的检查监督，防止案件流失、不破不立、网外循环等问题发生。

在落实现场执法视音频记录方面，各级公安机关应当按照规定配备单警执法记录仪等现场执法记录设备和现场执法视音频资料自动传输、存储、管理等设备。对于以下现场执法活动，公安机关应当进行现场执法视音频记录：（1）接受群众报警或者110指令后处警；（2）当场盘问、检查；（3）对日常工作中发现的违反治安管理、出入境管理、道路交通安全管理等违法犯罪行为和道路交通事故等进行现场处置、当场处罚；（4）办理行政、刑事案件进行现场勘验、检查、搜查、扣押、辨认、扣留；（5）道路交通安全管理等领域的排除妨害、恢复原状和强制停止施工、停止使用、停产停业等行政强制执行；（6）处置重大突发事件、群体性事件。地方公安机关和各警种可以根据本地区、本警种实际情况，确定其他进行现场执法视音频记录的情形。开展现场执法视音频记录时，应当对执法过程进行全程不间断记录，自到达现场开展执法活动时开始，至执法活动结束时停止；从现场带回违法犯罪嫌疑人的，应当记录至将违法犯罪嫌疑人带入公安机关执法办案场所办案区时停止。现场执法视音频记录过程中，因设备故障、损坏，天气情况恶劣或者电量、存储空间不足等客观原因而中止记录的，重新开始记录时应当对中断原因进行语音说明。确实无法继续记录的，应当立即向所属部门负责人报告，并在事后书面说明情况。

在健全完善办案区使用管理记录方面，应当健全完善办案区使用管理规定和“四个一律”工作要求，做到办案区视频监控全覆盖、执法活动全记录，特别是对办案区人员出入和违法犯罪嫌疑人安全检查、信息采集、随身物品、涉案财物、活动轨迹等进行准确记录。研发运行办案区智能化管理系统，实现办案民警违规操作自动预警、嫌疑人活动轨迹自动跟踪、执法视音频资料自动归集，在对办案区执法活动进行全程、动态监督管控的同时，方便民警办案。

在落实讯问（询问）录音录像方面，公安部要求，在办案区讯问（询问）违法犯罪嫌疑人，应当按照有关规定进行录音录像。对于公安机关办理行政案件中询问违法嫌疑人是否录音录像没有硬性要求。《公安机关办理行政案件程序规定》规定，询问时，可以全程录音录像，并保持录音、录像资料的完整性。对于刑事案件，《刑事诉讼法》明确规定，侦查人员在讯问犯罪嫌疑人的时候，可以对讯问过程进行录音或者录像；对于可能判处无期徒刑、死刑的案件或者其他重大犯罪案件，应当对讯问过程进行录音或者录像。《公安机关讯问犯罪嫌疑人录音录像工作规定》规定，对5类重大犯罪案件和具有8种情形之一的案件，应当对讯问过程进行录音录像。同时要求，各级公安机关应当积极创造条件，尽快实现对所有刑事案件讯问过程全程录音录像。与此同时，积极推动重大案件询问被害人、证人过程进行同步录音录像。应当注意，《刑事诉讼法》规定应当录音录像的案件必须录音录像，而《公安机关讯问犯罪嫌疑人录音录像工作规定》是公安机关内部执法规范，对所有刑事案件讯问过程全程录音录像是更高的工作要求，但不对外产生法定义务。

在落实涉案财物管理信息记录方面，应当健全完善涉案财物集中管理信息系统或者功能模块，详细记录涉案财物的基本情况、案由、来源、保管状态、保管场所及移交、调用、发还、处置等信息，并与案件信息相关联。推动研发使用公检法跨部门涉案财物管理信息平台，建立“换押式”移交管理机制，即只办理移交手续、不移动实际财物，实现涉案财物管理信息跨部门流转。

在落实网上办案记录方面，应当进一步完善优化执法办案信息系统功能，加强系统使用管理，合理设置网上执法办案和监督管理流程，全面实现案件信息和主要证据信息网上记载，案件审核审批网上进行，案件卷宗和执法档案网上生成，案件质量网上考核，执法问题网上预警，执法情况网上统计。尤其是应当强化网上监督管理功能，针对执法风险隐患设置监督点，实时提示执法问题和违规自动报警；同时，开展网上执法巡查、网上执法监督和网上执法质量考评，强化对执法办案的标准化管理、信息化监督、全流程管控。对受立案、采取强制措施、案件处理、移送审查起诉等办案重点环节和取证重大瑕疵，超出办理期限、超期羁押等执法问题进行分类统计，为领导决策、改进执法、精准培训提供参与。

（九）公安机关应当健全完善行政处罚案件立案标准

《行政处罚法》第54条规定，除本法第51条规定的可以当场作出的行政处罚外，行政机关发现公民、法人或者其他组织有依法应当给予行政处罚的行为的，必须全面、客观、公正地调查，收集有关证据；必要时，依照法律、法规的规定，可以进行检查。符合立案标准的，行政机关应当及时立案。

《行政处罚法》要求，除可以当场作出的行政处罚外，符合立案标准的，行政机关应当及时立案。这是一项行政执法制度创新。公安机关在适用《行政处罚法》第54条规定时，应当注意以下几个方面的问题：

一是如何确定行政处罚案件的立案标准，有待进一步探索研究。笔者认为，如果要确立行政处罚案件的立案标准，主要应当把应该受到行政处罚的情形作为立案标准，即公安部下发的《违反公安行政管理行为的名称及其适用意见》列举的783种行政违法行为。

二是抓好受案立案改革措施的贯彻落实。受立案改革是中央全面深化公安改革的重要内容，事关人民群众切身利益，事关社会公平正义。受案立案是公安机关执法办案的源头，也是容易引发执法问题的重点环节，必须加强监督管理，切实解决人民群众反映强烈的报案不接、接报案后不受案不立案、违法受案立案等问题。2015年11月4日，公安部制定下发了《公安部关于改革完善受案立案制度的意见》，对受案立案改革提出了明确具体的要求。如，进一步规范受案立案工作流程，明确规定受立案审查时限；明确提出“三个当场”要求，即对群众上门报案的，公安机关应当当场进行报案登记，当场接受证据材料，当场出具报案回执并告知查询案件进展情况的方式和途径；规定各级公安机关法制部门是受案立案监督管理主管部门，主要履行全面掌握受案立案情况、监督受案立案流程、解决受案立案环节执法问题等职责；各省级公安机关依托警务信息综合应用平台，建立完善全省区市统一的接报案、受案立案功能模块，实现接报案、受案立案工作信息全要素网上记载、全流程网上运转，并与接处警、办案等上下游流程信息整合贯通；积极争取党委、政府对公安机关受案立案改革的支持，不断优化平安建设、综合治理中涉及公安机关受案立案工作的考评指标。

三是抓好修正后的《公安机关办理行政案件程序规定》有关规定的贯彻执行。《公安机关办理行政案件程序规定》将受立案改革成果上升为公安部规章。第60条规定，县级公安机关及其公安派出所、依法具有独立执法主体资格的公安机关业务部门以及出入境边防检查站对报案、控告、举报、群众扭送或者违法嫌疑人投案，以及其他国家机关移送的案件，应当及时受理并按照规定进行网上接报案登记。对重复报案、案件正在办理或者已经办结的，应当向报案人、控告人、举报人、扭送人、投案人作出解释，不再登记。第61条规定，公安机关应当对报案、控告、举报、群众扭送或者违法嫌疑人投案分别作出下列处理，并将处理情况在接报案登记中注明：（1）对属于本单位管辖范围内的案件，应当立即调查处理，制作受案登记表和受案回执，并将受案回执交报案人、控告人、举报人、扭送人；（2）对属于公安机关职责范围，但不属于本单位管辖的，应当在24小时内移送有管辖权的单位处理，并告知报案人、控告人、举报人、扭送人、投案人；（3）对不属于公安机关职责范围的事项，在接报案时能够当场判断的，应当立即口头告知报案人、控告人、举报人、扭送人、投案人向其他主管机关报案或者投案，报案人、控告人、举报人、扭送人、投案人对口头告知内容有异议或者不能当场判断的，应当书面告知，但因没有联系方式、身份不明等客观原因无法书面告知的除外。在日常执法执勤中发现的违法行为，适用前款规定。

（十）公安机关应当坚决取消罚没款考核指标

《行政处罚法》第74条第3款规定，罚款、没收的违法所得或者没收非法财物拍卖的款项，不得同作出行政处罚决定的行政机关及其工作人员的考核、考评直接或者变相挂钩。除依法应当退还、退赔的外，财政部门不得以任何形式向作出行政处罚决定的行政机关返还罚款、没收的违法所得或者没收非法财物拍卖的款项。

取消不科学、不合理的罚没款考核指标和实行收支两条线是促进行政机关严格规范公正文明执法的重要保证。为此，公安部明确要求各地公安机关坚决取消不科学、不合理的考核指标，并积极争取政府有关部门的支持，切实加强对公安工作的经费保障。公安机关在适用《行政处罚法》第74条第3款规定时，应当注意以下几个方面的问题：

一是要树立科学的考评导向。为了防止冤假错案，公安部下发了《关于进一步加强和改进刑事执法办案工作切实防止发生冤假错案的通知》，明确提出要进一步增强法治思维，切实打牢防止冤假错案的思想基础；要进一步强化证据意识，既注重收集有罪、罪重的证据，也注重收集无罪、罪轻的证据，防止因证据收集不全面、不充分导致冤假错案发生；要进一步健全完善执法制度和办案标准，从源头上有效防止冤假错案发生；要进一步强化案件审核把关，及时发现纠正刑事执法办案中存在的问题；要进一步规范考评奖惩，推动形成正确的执法绩效观，不提不切实际的“口号”和工作要求，不得以不科学、不合理的破案率、批捕率、起诉率、退查率等指标搞排名通报，坚决防止广大民警因办案指标和“限时破案”压力而刑讯逼供、办错案、办假案。

二是坚决取消不科学、不合理的考评指标。为正确发挥执法质量考评的导向作用，《公安机关执法质量考核评议规定》要求科学设定执法质量考评项目和指标，坚决取消不科学、不合理的考评指标，激励民警又好又多地执法办案。执法质量考评项目和指标科学、合理，考评工作客观公正，考评结果充分运用，该奖就奖、该惩就惩，就能够树立起正确的执法绩效观，从而充分调动广大民警执法办案的积极性，形成自觉规范执法行为、积极主动执法办案、努力提高执法质量和水平的良好氛围。反之，会产生错误的导向，从而影响、挫伤广大民警执法办案积极性。为防止乱下考评指标等问题，各地执法质量考核评议项目和指标应当由省级公安机关统一确定，各级公安机关部门、警种不得以部门、警种名义下达执法质量考核评议项目和指标。确定执法质量考核评议项目和指标，应当把执法质量与执法数量、执法效率、执法效果结合起来，激励民警又好又多地执法办案，但不得以不科学、不合理的罚没款数额、刑事拘留数、行政拘留数、发案数、退查率、破案率等作为考评指标。对违反规定下达、设定考核评议指标以及不按照规定组织开展执法质量考核评议工作的，应当及时纠正，并依照有关规定予以追究责任。

三是坚决取消影响受立案改革的考评指标。按照《公安部关于改革完善受案立案制度的意见》要求，坚决取消发案数、破案率等影响依法如实受案立案的不科学、不合理考评指标，增加案件当事人对公安机关接报案、受案立案工作满意度的评价比重，树立正确的考核评价激励导向，促进和保障依法如实受案立案。同时，积极争取党委、政府对公安机关受案立案改革的支持，不断优化平安建设、综合治理中涉及公安机关受案立案工作的考评指标。

第五章　公安行政复议与公安行政强制

一、公安行政复议与公安行政强制的关系

行政强制是发生在行政管理领域中，为了实现行政管理目的，主要由行政机关依照行政程序作出的行政行为。根据《行政强制法》第2条规定，行政强制包括行政强制措施和行政强制执行。行政强制措施，是指行政机关在行政管理过程中，为制止违法行为、防止证据损毁、避免危害发生、控制危险扩大等情形，依法对公民人身自由实施暂时性限制，或者对公民、法人或者其他组织的财产实施暂时性控制的行为。行政强制执行，是指行政机关或者行政机关申请人民法院，对不履行行政决定的公民、法人或者其他组织，依法强制履行义务的行为。

公安行政强制是公安机关及其人民警察对违反治安管理或者其他公安行政管理法律、法规的公民、法人或者其他组织的人身、财产，依法予以强制限制的管理手段。公安行政强制种类较多，散见于有关公安行政法律、法规中，主要包括公安行政强制措施和行政强制执行两大类。公安行政强制措施、公安行政处罚与公安行政强制执行关系密切，公安行政强制执行主要涉及公安行政处罚的执行方式问题，所以公安行政处罚是公安行政强制执行的前提和基础，如果当事人自动履行行政处罚决定，就不需要公安机关或者公安机关申请人民法院强制执行。

根据《行政强制法》第9条规定，行政强制措施的种类：（1）限制公民人身自由；（2）查封场所、设施或者财物；（3）扣押财物；（4）冻结存款、汇款；（5）其他行政强制措施。根据《公安机关办理行政案件程序规定》第54条规定，办理行政案件时，可以依法采取下列行政强制措施：（1）对物品、设施、场所采取扣押、扣留、查封、先行登记保存、抽样取证、封存文件资料等强制措施，对恐怖活动嫌疑人的存款、汇款、债券、股票、基金份额等财产还可以采取冻结措施；（2）对违法嫌疑人采取保护性约束措施、继续盘问、强制传唤、强制检测、拘留审查、限制活动范围，对恐怖活动嫌疑人采取约束措施等强制措施。

根据《行政强制法》第12条规定，行政强制执行的方式：（1）加处罚款或者滞纳金；（2）划拨存款、汇款；（3）拍卖或者依法处理查封、扣押的场所、设施或者财物；（4）排除妨碍、恢复原状；（5）代履行；（6）其他强制执行方式。根据《公安机关办理行政案件程序规定》第198条规定，公安机关依法作出行政处理决定后，被处理人应当在行政处理决定的期限内予以履行。逾期不履行的，作出行政处理决

定的公安机关可以依法强制执行或者申请人民法院强制执行。

根据新《行政复议法》第11条第2项规定，对行政机关作出的行政强制措施、行政强制执行决定不服的，公民、法人或者其他组织可以依法申请行政复议。可见，行政强制措施、行政强制执行决定属于行政复议范围。由于公安行政强制措施、公安行政强制执行直接影响到当事人的人身、财产等合法权益，公安机关应当按照《行政强制法》《公安机关办理行政案件程序规定》等有关规定，严格规范公安行政强制措施、公安行政强制执行行为，切实做到严格规范公正文明执法，努力减少因采取公安行政强制措施、公安行政强制执行行为不当或者违法，引起的涉及公安机关的行政复议案件，不断提升公安机关执法能力和执法公信力。

二、公安机关实施公安行政强制行为应当注意的问题

《行政强制法》《公安机关办理行政案件程序规定》对采取行政强制措施、行政强制执行程序作出明确规定，各级公安机关应当严格遵守相关法定程序。为减少因公安行政强制行为引发的行政复议案件，公安机关应当进一步规范公安行政强制措施、行政强制执行。

（一）实施公安行政强制措施应当严格遵守法定程序

1. 实施前须依法向公安机关负责人报告并经批准。

2. 通知当事人到场，当场告知当事人采取行政强制措施的理由、依据以及当事人依法享有的权利、救济途径。当事人不到场的，邀请见证人到场，并在现场笔录中注明。

3. 听取当事人的陈述和申辩。

4. 制作现场笔录，由当事人和办案人民警察签名或者盖章，当事人拒绝的，在笔录中注明。当事人不在场的，由见证人和办案人民警察在笔录上签名或者盖章。勘验、检查时实施行政强制措施，制作勘验、检查笔录的，不再制作现场笔录。实施行政强制措施的全程录音录像，已经具备有关规定的实质要素的，可以替代书面现场笔录，但应当对视听资料的关键内容和相应时间段等作文字说明。

5. 实施限制公民人身自由的行政强制措施的，应当当场告知当事人家属实施强制措施的公安机关、理由、地点和期限；无法当场告知的，应当在实施强制措施后立即通过电话、短信、传真等方式通知；身份不明、拒不提供家属联系方式或者因自然灾害等不可抗力导致无法通知的，可以不予通知。告知、通知家属情况或者无法通知家属的原因应当在询问笔录中注明。

6. 法律、法规规定的其他程序。

7. 紧急情况下实施行政强制措施应当注意的问题。情况紧急，当场实施行政强制措施的，办案人民警察应当在二十四小时内依法向其所属的公安机关负责人报告，并补办批准手续。当场实施限制公民人身自由的行政强制措施的，办案人民警察应当在返回单位后立即报告，并补办批准手续。公安机关负责人认为不应当采取行政强制措施的，应当立即解除。

（二）实施公安行政强制执行应当严格遵守法定程序

1. 催告程序。

公安机关依法作出行政处理决定后，被处理人应当在行政处理决定的期限内予以履行。逾期不履行的，作出行政处理决定的公安机关可以依法强制执行。如果法律没有规定由公安机关强制执行的，被处理人在规定期限内不申请行政复议或者提起行政诉讼，公安机关可以申请人民法院强制执行。应当注意，被处理人对行政处理决定不服申请行政复议或者提起行政诉讼的，行政处理决定不停止执行，但法律另有规定的除外。

公安机关在依法作出强制执行决定或者申请人民法院强制执行前，应当事先催告被处理人履行行政处理决定。催告以书面形式作出，并直接送达被处理人。被处理人拒绝接受或者无法直接送达被处理人的，依照有关规定送达。催告书应当载明下列事项：（1）履行行政处理决定的期限和方式；（2）涉及金钱给付的，应当有明确的金额和给付方式；（3）被处理人依法享有的陈述权和申辩权。被处理人收到催告书后有权进行陈述和申辩。公安机关应当充分听取并记录、复核。被处理人提出的事实、理由或者证据成立的，公安机关应当采纳。经催告，被处理人无正当理由逾期仍不履行行政处理决定，法律规定由公安机关强制执行的，公安机关可以依法作出强制执行决定。在催告期间，对有证据证明有转移或者隐匿财物迹象的，公安机关可以作出立即强制执行决定。

强制执行决定应当以书面形式作出，并载明下列事项：（1）被处理人的姓名或者名称、地址；（2）强制执行的理由和依据；（3）强制执行的方式和时间；（4）申请行政复议或者提起行政诉讼的途径和期限；（5）作出决定的公安机关名称、印章和日期。

2. 代履行程序

依法作出要求被处理人履行排除妨碍、恢复原状等义务的行政处理决定，被处理人逾期不履行，经催告仍不履行，其后果已经或者将危害交通安全的，公安机关可以代履行，或者委托没有利害关系的第三人代履行。代履行应当遵守下列规定：（1）代履行前送达决定书，代履行决定书应当载明当事人的姓名或者名称、地址，代履行的理由和依据、方式和时间、标的、费用预算及代履行人；（2）代履行三日前，催告当事人履行，当事人履行的，停止代履行；（3）代履行时，作出决定的公安机关应当派员到场监督；（4）代履行完毕，公安机关到场监督人员、代履行人和当事人或者见证人应当在执行文书上签名或者盖章。代履行的费用由当事人承担。但是，法律另有规定的除外。应当注意，需要立即清理道路的障碍物，当事人不能清除的，或者有其他紧急情况需要立即履行的，公安机关可以决定立即实施代履行。当事人不在场的，公安机关应当在事后立即通知当事人，并依法作出处理。

3. 执行和解程序

实施行政强制执行，公安机关可以在不损害公共利益和他人合法权益的情况下，与当事人达成执行协议。执行协议可以约定分阶段履行；当事人采取补救措施的，可以减免加处的罚款。执行协议应当履行。被处罚人不履行执行协议的，公安机关应当恢复强制执行。

4. 申请法院强制执行程序。

当事人在法定期限内不申请行政复议或者提起行政诉讼，又不履行行政处理决定的，法律没有规定公安机关强制执行的，作出行政处理决定的公安机关可以自期限届满之日起三个月内，向所在地有管辖权的人民法院申请强制执行。因情况紧急，为保障公共安全，公安机关可以申请人民法院立即执行。强制执行的费用由被执行人承担。

申请人民法院强制执行前，公安机关应当催告被处理人履行义务，催告书送达十日后被处理人仍未履行义务的，公安机关可以向人民法院申请强制执行。

公安机关向人民法院申请强制执行，应当提供下列材料：（1）强制执行申请书；（2）行政处理决定书及作出决定的事实、理由和依据；（3）当事人的意见及公安机关催告情况；（4）申请强制执行标的情况；（5）法律、法规规定的其他材料。强制执行申请书应当由作出处理决定的公安机关负责人签名，加盖公安机关印章，并注明日期。

公安机关对人民法院不予受理强制执行申请、不予强制执行的裁定有异议的，可以在十五日内向上一级人民法院申请复议。

5. 中止强制执行。

具有下列情形之一的，中止强制执行：（1）当事人暂无履行能力的；（2）第三人对执行标的主张权利，确有理由的；（3）执行可能对他人或者公共利益造成难以弥补的重大损失的；（4）其他需要中止执行的。中止执行的情形消失后，公安机关应当恢复执行。对没有明显社会危害，当事人确无能力履行，中止执行满三年未恢复执行的，不再执行。

6. 终结强制执行。

具有下列情形之一的，终结强制执行：（1）公民死亡，无遗产可供执行，又无义务承受人的；（2）法人或者其他组织终止，无财产可供执行，又无义务承受人的；（3）执行标的灭失的；（4）据以执行的行政处理决定被撤销的；（5）其他需要终结执行的。

7. 执行回转。

在执行中或者执行完毕后，据以执行的行政处理决定被撤销、变更，或者执行错误，应当恢复原状或者退还财物；不能恢复原状或者退还财物的，依法给予赔偿。

8. 违法所得和非法财物处理。

除依法应当销毁的物品外，公安机关依法没收或者收缴、追缴的违法所得和非法财物，必须按照国家有关规定处理或者上缴国库。罚款、没收或者收缴的违法所得和非法财物拍卖或者变卖的款项和没收的保证金，必须全部上缴国库，不得以任何形式截留、私分或者变相私分。

第六章　公安行政复议与公安行政许可

一、公安行政复议与公安行政许可的关系

行政许可，是行政机关根据公民、法人或者其他组织的申请，经依法审查，准予其从事特定活动的行为。有关行政机关对其他机关或者对其直接管理的事业单位的人事、财务、外事等事项的审批，不属于行政许可范围。公安行政许可的法律依据是《行政许可法》和《公安机关行政许可工作规定》。

设定和实施行政许可，应当依照法定的权限、范围、条件和程序。设定和实施行政许可，应当遵循公开、公平、公正的原则。有关行政许可的规定应当公布；未经公布的，不得作为实施行政许可的依据。行政许可的实施和结果，除涉及国家秘密、商业秘密或者个人隐私的外，应当公开。符合法定条件、标准的，申请人有依法取得行政许可的平等权利，行政机关不得歧视。实施行政许可，应当遵循便民的原则，提高办事效率，提供优质服务。公民、法人或者其他组织对行政机关实施行政许可，享有陈述权、申辩权；有权依法申请行政复议或者提起行政诉讼；其合法权益因行政机关违法实施行政许可受到损害的，有权依法要求赔偿。公民、法人或者其他组织依法取得的行政许可受法律保护，行政机关不得擅自改变已经生效的行政许可。行政许可所依据的法律、法规、规章修改或者废止，或者准予行政许可所依据的客观情况发生重大变化的，为了公共利益的需要，行政机关可以依法变更或者撤回已经生效的行政许可。由此给公民、法人或者其他组织造成财产损失的，行政机关应当依法给予补偿。依法取得的行政许可，除法律、法规规定依照法定条件和程序可以转让的外，不得转让。县级以上人民政府应当建立健全对行政机关实施行政许可的监督制度，加强对行政机关实施行政许可的监督检查。行政机关应当对公民、法人或者其他组织从事行政许可事项的活动实施有效监督。

法律法规授权公安机关对特定事项实施行政许可。近年来，国务院不断对行政许可事项进行改革，先后取消、下放了多批公安行政许可事项。根据国务院办公厅关于公布《法律、行政法规、国务院决定设定的行政许可事项清单（2023 年版）》的通知（国办发〔2023〕5 号），公安部主管的行政许可事项共有 45 项。其中，根据国家互联网信息办公室、工业和信息化部、公安部、财政部、国家认证认可监督管理委员会联合发布的《关于调整网络安全专用产品安全管理有关事项的公告》（2023 年第 1 号），从 2023 年 7 月 1 日起，停止颁

发《计算机信息系统安全专用产品销售许可证》，产品生产者无需申领。此前已经获得销售许可证的产品在有效期内可继续销售或者提供。目前，公安部主管的行政许可事项共有44项，涉及境外非政府组织管理行政许可、治安管理行政许可、网络安全行政许可、道路交通安全行政许可、易制毒化学品管理行政许可等。此外，国家移民局主管的行政许可共15项。按照《国务院办公厅关于全面实行行政许可事项清单管理的通知》（国办发〔2022〕2号）要求，公安部于2023年8月公布了《公安部主管的行政许可事项实施规范》，对41种公安行政许可事项进行了规范，部分许可事项下还包括若干子项。此外，对公务用枪及枪支主要零部件、弹药配备许可，公务用枪持枪许可、举行集会游行示威许可等3种许可事项尚未公开实施规范。全面实施行政许可事项清单管理，有利于推进行政许可标准化、规范化、便利化，为企业和群众打造更加公平高效的审批环境，更大激发市场活力和社会创造力，对推进公安行政管理服务工作现代化、更好服务保障高质量发展具有重要意义。为帮助广大民警学习掌握公安行政许可行为标准，本书对公安机关负责的44种行政许可项目及其子项目逐一进行解读，以便各级公安机关及各警种部门依法依规办理行政许可事项，切实实现同一事项在不同地区和层级同要素管理、同标准办理，更好满足企业群众办事需求。

根据新《行政复议法》第11条第3项规定，申请行政许可，行政机关拒绝或者在法定期限内不予答复，或者对行政机关作出的有关行政许可的其他决定不服，公民、法人或者其他组织可以依法申请行政复议。由于公安行政许可直接影响到当事人的合法权益，公安机关应当按照《行政许可法》《公安机关行政许可工作规定》等有关规定，严格按照行政许可的条件、程序、办理时限等相关要求，依法及时进行受理、审核、审批，及时送达行政许可决定，不予许可的，及时告知当事人并说明理由。当事人对公安行政许可不服的，可以依法提起行政复议或者行政诉讼。所以，只有公安机关自觉严格规范公安行政许可行为，才能尽量减少因行政许可行为引起的公安行政复议、诉讼案件，切实有效保护公民、法人或者其他组织的合法权益。

二、公安机关实施公安行政许可行为应当注意的问题

（一）公安行政许可的申请与受理

1. 申请。

公民、法人或者其他组织依法需要取得公安行政许可的，应当向公安机关提出申请。申请人可以委托代理人提出行政许可申请，也可以通过信函、电报、电传、传真、电子数据交换和电子邮件等方式提出行政许可申请，但是依法应当由申请人到公安机关办公场所当面提出行政许可申请的除外。

对申请人委托代理人提出行政许可申请的，公安机关应当要求当事人出具授权委托书或者在申请表上委托栏中载明委托人和代理人的简要情况，并签名或者盖章，出示委托人身份证件。

2. 受理。

公安机关应当在办公场所便于公众知晓的位置公布受理行政许可的内设机构名

称、地址、联系电话。办公场所分散、行政许可工作量大的公安机关可以设立统一对外、集中受理公安行政许可申请的场所。

同一行政许可需要公安机关多个内设机构办理的，由最先收到申请的机构或者本机关指定的机构统一受理，并负责统一送达行政许可决定。

接到申请的机构应当将行政许可申请转告有关机构分别提出意见后统一办理，或者组织有关机构联合办理。设区的市级以上公安机关可以将自己负责实施的行政许可，委托县、区公安机关受理。

申请材料有更正痕迹的，受理机关应当要求申请人在更正处签名、盖章或者捺指印确认。

受理机关接到行政许可申请后，应当就下列事项进行初步审查：

（1）申请事项是否属于依法需要取得行政许可的事项；

（2）申请事项是否属于本机关管辖；

（3）申请材料是否齐全和符合法定形式，内容填写是否正确。

受理机关对申请人提出的行政许可申请，经初步审查，按照下列情形分别作出处理：

（1）依法不需要取得行政许可的，应当即时口头告知申请人不予受理，并说明理由；申请人要求书面决定的，公安机关应当出具不予受理决定书；

（2）申请事项依法不属于本机关职权范围的，应当口头告知申请人向有关行政机关申请；申请人要求书面决定的，公安机关应当出具不予受理决定书；

（3）申请材料存在可以当场更正的错误的，应当允许申请人当场更正，并由申请人签字或者捺指印确认；

（4）申请材料不齐全或者不符合法定形式的，应当当场或者在五日内一次告知申请人需要补正的全部内容；逾期不告知的，自收到申请材料之日起即为受理；

（5）申请事项属于本机关职权范围，申请材料齐全、符合法定形式，或者申请人按照本机关的要求提交全部补正申请材料的，应当受理行政许可申请。

对申请人通过信函、电报、电传、传真、电子数据交换和电子邮件等方式提出申请的，公安机关应当自收到申请材料之日起五日内按照《公安机关行政许可工作规定》第11条的规定分别情形作出处理，并通知申请人。逾期未通知的，视为受理。但因为申请人原因无法通知的除外。

公安机关受理行政许可申请的，应当出具受理行政许可申请凭证。受理凭证应当注明申请事项和办理时限、联系人、咨询电话和收到的申请材料的目录，加盖本机关专用章，并注明受理日期。公安机关当场作出行政许可决定的，无需出具受理凭证。

公安机关依据规定出具的不予受理行政许可申请决定书应当写明理由，告知申请人有申请行政复议或者提起行政诉讼的权利，加盖本机关专用章，并注明日期。

（二）公安行政许可的审查与决定

1. 审查。

公安机关受理行政许可申请后，除依法可以当场作出许可决定外，应当指定工作人员负责对申请材料进行审查。审查人员审查后应当提出明确的书面审查意见并签名。

根据法定条件和程序，需要对申请材

料的实质内容进行核实的，公安机关应当指派工作人员进行核查。核查可以采取实地或者实物查看、检验、检测以及询问、调查等方式进行。核查应当制作核查记录，全面、客观地记载核查情况。核查记录应当由核查人员和被核查方签字确认。

公安机关在审查行政许可申请时，涉及专业知识或者技术问题的，可以委托专业机构或者专家进行评审，由专业机构或者专家出具评审意见，也可以召开专家评审会。公安机关不得事先公开专家名单。专家评审会不公开举行，申请人不得参加专家评审会。公安机关作出最终决定时应当参考专业机构或者专家评审意见。

公安机关对行政许可申请进行审查时，发现行政许可事项直接关系他人重大利益或者直接涉及申请人与他人之间重大利益关系的，应当告知利害关系人行政许可事项，并告知申请人、利害关系人有权进行陈述、申辩和要求听证。对申请人或者利害关系人的陈述和申辩，公安机关应当记录在案，并纳入行政许可审查范围。

2. 听证。

申请人或者利害关系人要求听证的，应当在被告知听证权利之日起五日内提出听证申请。公安机关应当在申请人或者利害关系人提出听证申请之日起二十日内组织听证。法律、法规、规章规定实施行政许可应当举行听证的事项，或者公安机关认为需要听证的其他涉及公共安全等公共利益的重大行政许可事项，公安机关应当向社会公告，公告期为十日，并在公告期满后二十日内举行听证，公告期不计入公安机关办理行政许可的期限。公民、法人或者其他组织在公告期内报名参加听证的，公安机关应当登记。公告期内无人报名参加听证的，公安机关应当在案卷中载明，不再举行听证。报名人数过多难以组织安排的，公安机关可从报名者中采取随机方式确定五至十人参加听证。行政许可听证由负责审查该行政许可申请的工作人员以外的人员担任听证主持人。申请人、利害关系人不承担组织听证的费用。经过听证的行政许可，公安机关应当根据听证笔录，作出行政许可决定；未经听证的证据，不得作为行政许可决定的根据。

3. 决定。

公安机关作出行政许可决定应当经公安机关负责人或者其授权的工作人员批准。公安机关拟作出的行政许可决定对申请人申请的行政许可范围、数量、期限、内容等事项有重大改变的，应当事先告知申请人，征得其同意，并在申请材料上注明。申请人不同意的，依法作出不予许可的决定。

公安机关办理行政许可，必须遵循《行政许可法》规定的期限。法律、法规另有规定的，依照其规定。依法应当先经下级公安机关审查后报上级公安机关决定的行政许可，下级公安机关应当自其受理行政许可申请之日起二十日内审查完毕，并将审查意见和全部申请材料报送上级公安机关，上级公安机关应当自收到下级公安机关报送的审查意见和申请材料之日起二十日内作出决定。

公安机关依法收取行政许可费用，必须向交费人开具财政部门统一制发的票据。

被许可人申请变更行政许可事项的，按照行政许可申请程序和期限办理。

（三）公安行政许可的监督检查

公安机关应当按照《行政许可法》第六章的规定加强对被许可人从事行政许可事项活动的监督检查。监督检查可以采取下列方式：（1）实地检查；（2）抽样检查、检验、检测；（3）查阅从事行政许可事项活动的相关资料；（4）其他法律、法规、规章规定的监督检查方式。

公安机关监督检查人员公开对被许可事项进行监督检查时，应当向被许可人出示执法身份证件。对公共场所监督检查时，可以采用暗查方式。对直接关系公共安全、人身健康、生命财产安全的重要设备、设施，公安机关应当在其职责范围内依法督促设计、建造、安装和使用单位建立健全相应的自检制度。

公安机关监督检查人员在监督检查时，发现直接关系公共安全、人身健康、生命财产安全的重要设备、设施存在安全隐患，能够当场改正的，应当责令设备、设施所属单位当场改正；不能当场改正，无法保证安全的，应当当场口头或者书面责令暂时停止建造、安装或者使用，并在二十四小时内向所属公安机关报告。公安机关应当在接到报告后二日内向建造、安装或者使用单位送达正式处理决定书，责令其限期整改。对属于其他行政机关管辖的，应当及时通知其他行政机关。被许可单位存在安全隐患，拒不整改的，公安机关应当依法予以处罚或者采取强制措施督促其整改，并可以向社会公布其安全隐患情况，在隐患单位挂牌警示。

公安机关应当建立健全被许可人档案。公安机关对被许可人的监督检查情况和处理结果，应当予以记录，并由监督检查人员签字后归档，保留期限为两年，法律、法规和其他规章另有规定的除外。

被许可活动属于生产经营活动或者直接涉及公众利益的，公安机关可以公布对被许可人的监督检查情况和处理结果以及对被许可人从事许可活动的评价意见。被许可活动涉及公共安全的，公安机关可以建立被许可单位的公共安全等级评定制度，并向社会公布被许可单位的公共安全等级。

公安机关依照《行政许可法》第 69 条规定撤销行政许可时，应当作出书面决定，并告知被许可人撤销行政许可的法律依据和事实基础，同时责令当事人自行政许可撤销之日起停止从事行政许可事项活动。撤销行政许可应当收回许可证件。当事人拒绝交回的，公安机关应当予以注销，并予公告。

公安机关鼓励个人和组织参与对行政许可事项活动的监督。个人或者组织向公安机关举报违法从事行政许可事项活动，经查证属实的，公安机关可以给予适当奖励。

对利害关系人根据《行政许可法》第 69 条规定提出的撤销行政许可请求，公安机关应当进行调查，并自收到撤销行政许可请求之日起一个月内作出处理决定，告知利害关系人。情况复杂，不能在规定期限内调查清楚，作出处理决定的，经公安机关负责人批准，可以延长时限。延长时限不超过一个月。

公安机关依法变更或者撤回已经生效的行政许可，应当事前告知被许可人或者向社会公告，并说明理由。

（四）对公安行政许可的执法监督

上级公安机关及其业务部门应当加强

对下级公安机关及其业务部门实施行政许可的监督检查，并将其纳入执法质量考评范围，及时纠正行政许可实施中的违法行为。公安机关警务督察部门应当加强对行政许可工作的现场督察。

公安机关应当建立健全实施行政许可的举报和投诉制度，公布投诉电话或者信箱。对公民、法人或者其他组织的举报或者投诉，应当及时查处。

公安机关从事行政许可工作的人员具有下列情形之一的，依法给予行政处分，并可以视情调离行政许可工作岗位；构成犯罪的，依法追究刑事责任：（1）索取或者收受他人财物或者其他利益的；（2）玩忽职守或者滥用职权的；（3）一年内受到二次以上投诉，且投诉属实，情节严重、影响恶劣的；（4）其他违法违纪情形。

公安机关从事行政许可的工作人员在实施行政许可工作中有执法过错的，按照《公安机关人民警察执法过错责任追究规定》追究责任；构成犯罪的，依法追究刑事责任。

第七章　公安行政复议与政府信息公开

一、公安行政复议与政府信息公开的关系

为了保障公民、法人和其他组织依法获取政府信息，提高政府工作的透明度，建设法治政府，充分发挥政府信息对人民群众生产、生活和经济社会活动的服务作用，国务院在2007年4月5日公布了《政府信息公开条例》，2019年4月3日国务院公布了修订后的《政府信息公开条例》。根据《政府信息公开条例》有关规定，各级人民政府及县级以上人民政府部门应当建立健全本行政机关的政府信息公开工作制度，并指定机构（以下统称政府信息公开工作机构）负责本行政机关政府信息公开的日常工作。所谓政府信息，是指行政机关在履行行政管理职能过程中制作或者获取的，以一定形式记录、保存的信息。行政机关公开政府信息，应当坚持以公开为常态、不公开为例外，遵循公正、公平、合法、便民的原则。行政机关应当及时、准确地公开政府信息。行政机关发现影响或者可能影响社会稳定、扰乱社会和经济管理秩序的虚假或者不完整信息的，应当发布准确的政府信息予以澄清。各级人民政府应当积极推进政府信息公开工作，逐步增加政府信息公开的内容。各级人民政府应当加强政府信息资源的规范化、标准化、信息化管理，加强互联网政府信息公开平台建设，推进政府信息公开平台与政务服务平台融合，提高政府信息公开在线办理水平。公民、法人和其他组织有权对行政机关的政府信息公开工作进行监督，并提出批评和建议。

与此相适应，各级公安机关高度重视公安执法公开工作。公安部于2012年8月18日制定下发了《公安机关执法公开规定》，2018年8月23日进行了修订，同年12月1日起施行。所谓公安执法公开，是指公安机关依照法律、法规、规章和其他规范性文件规定，向社会公众或者特定对象公开刑事、行政执法的依据、流程、进展、结果等相关信息，以及开展网上公开办事的活动。总的来看，对涉及公共利益、公众普遍关注、需要社会知晓的执法信息，公安机关应当主动向社会公开；对不宜向社会公开，但涉及特定对象权利义务、需要特定对象知悉的，应当主动告知特定对象，或者为特定对象提供查询服务。对于涉及国家秘密或者警务工作秘密，以及公开后可能影响国家安全、公共安全、经济安全和社会稳定或者妨害执法活动的执法信息，公安机关不得公开。对于涉及商业秘密、个人隐私的执法信息，公安机关不得向权利人以外的公民、法人或者其他组织公开。但是，经权利人同意公开，或者

公安机关认为不公开可能对公共利益造成重大影响的，可以公开。公安机关执法公开应当遵循合法有序、及时准确、便民利民的原则，应当建立健全执法信息发布协调机制和执法信息资源共享机制。发布执法信息涉及其他部门的，应当在发布前与有关部门确认。公开执法信息依照国家有关规定需要批准的，应当在批准后公开。公安机关还应当适应社会发展的需要，充分利用信息技术手段，丰富公开内容，创新公开方式，拓宽公开渠道，提供便捷的执法公开服务。

根据新《行政复议法》第 11 条第 14 项规定，公民、法人或者其他组织认为行政机关在政府信息公开工作中侵犯其合法权益的，可以依法申请行政复议。由于公安执法公开直接影响到当事人的合法权益，公安机关应当按照《政府信息公开条例》《公安机关执法开规定》等有关规定，严格按照执法公开的主体、范围、途径、期限等相关要求，依法及时公开公安执法信息，自觉规范公安执法公开行为，尽量减少因公安执法公开不及时、不规范、不作为等行为引起的公安行政复议、诉讼案件，切实有效保护公民、法人或者其他组织的合法权。

二、公安机关实施政府信息公开行为应当注意的问题

（一）公安机关向社会公开

1. 应当主动向社会公开的执法信息。

公安机关应当向社会主动公开下列执法信息：

（1）公安机关的职责权限，人民警察的权利义务、纪律要求和职业道德规范；

（2）涉及公民、法人和其他组织权利义务的规范性文件；

（3）刑事、行政、行政复议、国家赔偿等案件的受理范围、受理部门及其联系方式、申请条件及要求、办理程序及期限和对外法律文书式样，以及当事人的权利义务和监督救济渠道；

（4）行政管理相对人的权利义务和监督救济渠道；

（5）与执法相关的便民服务措施；

（6）举报投诉的方式和途径；

（7）承担对外执法任务的内设机构和派出机构的名称及其职责权限；

（8）窗口单位的办公地址、工作时间、联系方式以及民警姓名、警号；

（9）固定式交通技术监控设备的设置信息；

（10）采取限制交通措施、交通管制和现场管制的方式、区域、起止时间等信息；

（11）法律、法规、规章和其他规范性文件规定应当向社会公开的其他执法信息。

上述第一项至第五项所列执法信息，上级机关公开后，下级公安机关可以通过适当途径使社会广为知晓。

此外，公安机关应当向社会公开涉及公共利益、社会高度关注的重大案事件调查进展和处理结果，以及打击违法犯罪活动的重大决策和行动。但公开后可能影响国家安全、公共安全、经济安全和社会稳定或者妨害正常执法活动的除外。

2. 可以向社会公开的信息。

公安机关可以向社会公开辖区治安状况、道路交通安全形势、安全防范预警等信息。

3. 行政处罚决定、行政复议结果的公开。

对于行政处罚决定、行政复议结果的生效法律文书，公安机关应当逐步向社会公开。适用简易程序作出的行政处罚决定生效法律文书可以不向社会公开。向社会公开法律文书，应当对文书中载明的自然人姓名作隐名处理，保留姓氏，名字以“某”替代；同时，还应当删除文书中载明自然人的住所地详址、工作单位、家庭成员、联系方式、公民身份号码、健康状况、机动车号牌号码，以及其他能够判明其身份和具体财产等的相关信息。

4. 不得向社会公开的信息。

法律文书有下列情形之一的，不得向社会公开：

（1）案件事实涉及国家秘密或者警务工作秘密的；

（2）被行政处罚人、行政复议申请人是未成年人的；

（3）经本机关负责人批准不予公开的其他情形。

5. 向社会公开执法信息的主体。

向社会公开执法信息，由制作或者获取该信息的内设机构或者派出机构负责。必要时，征求政务公开、法制、保密部门的意见，并经本机关负责人批准。

（二）公安机关向特定对象公开

公安机关办理刑事、行政、行政复议、国家赔偿等案件，或者开展行政管理活动，法律、法规、规章和其他规范性文件规定向特定对象告知执法信息的，应当依照有关规定执行。

除按照规定向特定对象告知执法信息外，公安机关应当通过提供查询的方式，向报案或者控告的被害人、被侵害人或者其监护人、家属公开下列执法信息：

（1）办案单位名称、地址和联系方式；

（2）刑事立案、移送审查起诉、终止侦查、撤销案件等情况，对犯罪嫌疑人采取刑事强制措施的种类；

（3）行政案件立案、办理结果。公安机关在接受报案时，应当告知报案或者控告的被害人、被侵害人或者其监护人、家属上述所列执法信息的查询方式和途径。

向特定对象提供执法信息查询服务，应当自该信息形成或者变更之日起5个工作日内进行。法律、法规和规范性文件对期限另有规定的，从其规定。

向特定对象提供执法信息查询服务，应当通过互联网政府公开平台进行，同时可以通过移动客户端、自助终端等方式进行。

向特定对象公开执法信息，由制作或者获取该信息的内设机构或者派出机构负责。

（三）网上公开办事

公安机关应当开展行政许可、登记、备案等行政管理事项的网上办理。除法律、法规、规章规定申请人应当到现场办理的事项或者环节外，公安机关不得要求申请人到现场办理。

网上公开办事应当提供下列服务：

（1）公开网上办事事项的名称、依据、申请条件、申请途径或者方式、申请需要提交材料清单、办理程序及期限，提供申请文书式样及示范文本；

（2）公开行政事业性收费事项的名称、依据、收费标准、办事程序和期限；

（3）网上咨询，解答相关法律政策、注意事项等常见问题；

（4）网上预约办理；

（5）申请文书的在线下载、网上制作，实现网上申请；

（6）受理情况、办理进展、办理结果等执法信息的网上查询。

法律、法规、规章和其他规范性文件规定向申请人告知执法信息的，还应当依照有关规定告知。

公安机关在网上或者窗口单位接受办事事项申请时，应当告知申请人执法信息的查询方式和途径。向申请人提供办事事项执法信息查询服务，应当自该信息形成或者变更之日起5个工作日内进行。法律、法规、规章和其他规范性文件另有规定的，从其规定。

开展网上公开办事，应当通过互联网政府网站进行，同时可以通过移动客户端、自助终端等方式进行。向申请人告知办事事项执法信息，除依照法律、法规、规章和其他规范性文件规定的方式执行外，同时可以通过移动客户端、电话、电子邮件等方式告知。

（四）监督和保障

1. 机构机制保障。

公安机关应当指定专门机构，负责组织、协调、推动执法公开工作，并为开展执法公开提供必要的人员、物质保障。公安机关应当建立执法公开审核审批、保密审查、信息发布协调的程序和机制，实现执法公开规范化。

2. 平台保障。

公安机关应当建设互联网政府公开平台，统一公开本机关执法信息。上级公安机关或者本级人民政府提供统一互联网公开平台的，可以通过该平台公开。公安机关应当完善互联网政府网站办事服务功能，统一提供本机关网上办事服务。上级公安机关或者本级人民政府提供统一互联网办事服务载体的，可以通过该载体提供。公安机关应当推动发展信息安全交互技术，为高效便捷开展执法公开提供技术支持。

3. 群众监督。

（1）投诉。公民、法人或者其他组织认为公安机关未按照规定履行执法公开义务的，可以向该公安机关或者其上一级公安机关投诉。

（2）执法公开满意度测评。公安机关应当开展执法公开满意度测评，可以通过互联网公开平台或者政府网站、移动客户端、自助终端、电话等方式进行，也可以在窗口单位现场进行。

（3）第三方评估。公安机关可以委托第三方机构对执法公开情况进行评估，并参考评估结果改进工作。

4. 内部监督和责任追究。

（1）公安机关应当将执法公开情况纳入执法质量考评和绩效考核范围，建立完善奖惩机制。

（2）有下列情形之一的，应当立即改正；情节严重的，依照有关规定对主管人员和其他责任人员予以处理：未按照本规定履行执法公开义务的；公开的信息错误、不准确且不及时更正，或者弄虚作假的；公开不应当公开的信息且不及时撤回的；违反本规定的其他行为。

第八章　公安行政复议与公安行政诉讼

一、公安行政复议与公安行政诉讼的关系

根据《行政诉讼法》第 44 条规定，对属于人民法院受案范围的行政案件，公民、法人或者其他组织可以先向行政机关申请复议，对复议决定不服的，再向人民法院提起诉讼；也可以直接向人民法院提起诉讼。法律、法规规定应当先向行政机关申请复议，对复议决定不服再向人民法院提起诉讼的，依照法律、法规的规定。

由此可见，公安行政复议与公安行政诉讼关系极为密切。对于当事人而言，行政复议和行政诉讼都是救济措施，除个别法律、法规规定必须先走行政复议前置程序除外，当事人可以选择是提起行政复议还是直接提起行政诉讼。

一般来说，行政复议的范围比行政诉讼的范围更加宽泛。根据新《行政复议法》第 11 条规定，行政复议的范围包括：对行政机关作出的行政处罚决定不服；对行政机关作出的行政强制措施、行政强制执行决定不服；申请行政许可，行政机关拒绝或者在法定期限内不予答复，或者对行政机关作出的有关行政许可的其他决定不服；对行政机关作出的确认自然资源的所有权或者使用权的决定不服；对行政机关作出的征收征用决定及其补偿决定不服；对行政机关作出的赔偿决定或者不予赔偿决定不服；对行政机关作出的不予受理工伤认定申请的决定或者工伤认定结论不服；认为行政机关侵犯其经营自主权或者农村土地承包经营权、农村土地经营权；认为行政机关滥用行政权力排除或者限制竞争；认为行政机关违法集资、摊派费用或者违法要求履行其他义务；申请行政机关履行保护人身权利、财产权利、受教育权利等合法权益的法定职责，行政机关拒绝履行、未依法履行或者不予答复；申请行政机关依法给付抚恤金、社会保险待遇或者最低生活保障等社会保障，行政机关没有依法给付；认为行政机关不依法订立、不依法履行、未按照约定履行或者违法变更、解除政府特许经营协议、土地房屋征收补偿协议等行政协议；认为行政机关在政府信息公开工作中侵犯其合法权益；认为行政机关的其他行政行为侵犯其合法权益。另外，根据新《行政复议法》第 13 条规定，公民、法人或者其他组织认为行政机关的行政行为所依据的下列规范性文件不合法，在对行政行为申请行政复议时，可以一并向行政复议机关提出对该规范性文件的附带审查申请：国务院部门的规范性文件；县级以上地方各级人民政府及其工作部门的规范性文件；乡、镇人民政府的规范性文件；法律、法规、规章授权的组织的规

范性文件。前款所列规范性文件不含规章。规章的审查依照法律、行政法规办理。

根据《行政诉讼法》的规定，人民法院受理公民、法人或者其他组织提起的下列诉讼：对行政拘留、暂扣或者吊销许可证和执照、责令停产停业、没收违法所得、没收非法财物、罚款、警告等行政处罚不服的；对限制人身自由或者对财产的查封、扣押、冻结等行政强制措施和行政强制执行不服的；申请行政许可，行政机关拒绝或者在法定期限内不予答复，或者对行政机关作出的有关行政许可的其他决定不服的；对行政机关作出的关于确认土地、矿藏、水流、森林、山岭、草原、荒地、滩涂、海域等自然资源的所有权或者使用权的决定不服的；对征收、征用决定及其补偿决定不服的；申请行政机关履行保护人身权、财产权等合法权益的法定职责，行政机关拒绝履行或者不予答复的；认为行政机关侵犯其经营自主权或者农村土地承包经营权、农村土地经营权的；认为行政机关滥用行政权力排除或者限制竞争的；认为行政机关违法集资、摊派费用或者违法要求履行其他义务的；认为行政机关没有依法支付抚恤金、最低生活保障待遇或者社会保险待遇的；认为行政机关不依法履行、未按照约定履行或者违法变更、解除政府特许经营协议、土地房屋征收补偿协议等协议的；认为行政机关侵犯其他人身权、财产权等合法权益的。

应当注意，法律、法规规定应当先向行政机关申请复议，对复议决定不服再向人民法院提起诉讼的，当事人必须先复议再诉讼，个别情况属于复议终局，当事人不能再提起行政诉讼。根据新《行政复议法》第23条规定，有下列情形之一的，申请人应当先向行政复议机关申请行政复议，对行政复议决定不服的，可以再依法向人民法院提起行政诉讼：(1) 对当场作出的行政处罚决定不服；(2) 对行政机关作出的侵犯其已经依法取得的自然资源的所有权或者使用权的决定不服；(3) 认为行政机关存在本法第十一条规定的未履行法定职责情形；(4) 申请政府信息公开，行政机关不予公开；(5) 法律、行政法规规定应当先向行政复议机关申请行政复议的其他情形。对前款规定的情形，行政机关在作出行政行为时应当告知公民、法人或者其他组织先向行政复议机关申请行政复议。根据新《行政复议法》第26条规定，对省、自治区、直辖市人民政府依照本法第24条第2款的规定、国务院部门依照本法第25条第1项的规定作出的行政复议决定不服的，可以向人民法院提起行政诉讼；也可以向国务院申请裁决，国务院依照本法的规定作出最终裁决。

提高行政复议案件质量是减少公安行政诉讼案件的重要途径。一般来说，行政复议既能审查公安行政行为的合法性，又能审查公安行政行为的合理性，所以只要行政复议机关尽职尽责，当事人的合法诉求一般都能够满足，无需再提起行政诉讼。根据新《行政复议法》第29条规定，公民、法人或者其他组织申请行政复议，行政复议机关已经依法受理的，在行政复议期间不得向人民法院提起行政诉讼。公民、法人或者其他组织向人民法院提起行政诉讼，人民法院已经依法受理的，不得申请行政复议。一般来说，对于公民、法人或者其他组织既可以提起行政诉讼又可以申请行政复议的案件，由先受理的机关管辖；同时受理的，由公民、法人或者其他组织选择。公民、法人或者其他组织已经申请行政复议，在法定复议期间内又向人民法院提起诉讼的，人民法院不予受理。对于公民、法人或者其他组织向复议机关申请行政复议后，又经复议机关同意撤回复议申请，在法定起诉期限内对原行政行为提起诉讼的，人民法院应当依法受理。

关于经过行政复议的案件再提起行政起诉的期限问题。根据《行政诉讼法》第45条规定，公民、法人或者其他组织不服复议决定的，可以在收到复议决定书之日起十五日内向人民法院提起诉讼。复议机关逾期不作决定的，申请人可以在复议期满之日起十五日内向人民法院提起诉讼。法律另有规定的除外。根据新《行政复议法》第62条规定，适用普通程序审理的行政复议案件，行政复议机关应当自受理申请之日起六十日内作出行政复议决定；但是法律规定的行政复议期限少于六十日的除外。情况复杂，不能在规定期限内作出行政复议决定的，经行政复议机构的负责人批准，可以适当延长，并书面告知当事人；但是延长期限最多不得超过三十日。适用简易程序审理的行政复议案件，行政复议机关应当自受理申请之日起三十日内作出行政复议决定。

二、公安机关做好行政应诉工作应当注意的问题

（一）应诉机关的确定

1. 公安机关作出行政行为，当事人不服提起诉讼的，由该公安机关应诉。

2. 公安机关设立的内设机构、派出机构或者其他组织，在法律、法规或者规章授权范围内，或者超出法定授权范围实施行政行为，当事人不服提起诉讼的，由实施该行为的机构或者组织应诉。

3. 公安机关的内设机构或者派出机构在没有法律、法规或者规章授权的情况下，以自己的名义作出行政行为，当事人不服提起诉讼的，由该公安机关应诉。

4. 公安机关在没有法律、法规或者规章规定的情况下，授权其内设机构、派出机构或者其他组织行使行政职权，当事人不服提起诉讼的，由该公安机关应诉。

5. 公安机关经上级公安机关批准作出行政行为，当事人不服提起诉讼的，由在对外发生法律效力的文书上署名的公安机关应诉。

6. 当事人对行政复议决定不服提起诉讼的，按照下列情形分别确定应诉机关：

（1）行政复议维持原行政行为的，由作出原行政行为的公安机关和行政复议机关共同应诉；

（2）行政复议以已履行法定职责或者没有法定职责为由驳回复议申请的，由作出原行政行为的公安机关和行政复议机关共同应诉；

（3）行政复议改变原行政行为的，由行政复议机关应诉；

（4）行政复议决定既有维持原行政行为内容，又有改变原行政行为内容或者不予受理申请内容的，由作出原行政行为的公安机关和行政复议机关共同应诉。

7. 行政复议机关在法定期间内不作出复议决定，当事人提起诉讼的，按照下列情形分别确定应诉机关：

（1）对原行政行为不服提起诉讼的，由作出原行政行为的公安机关应诉；

（2）对行政复议机关不作为不服提起诉讼的，由行政复议机关应诉。

8. 公安机关应诉工作机制。由法制部门负责出庭应诉。其他部门对涉及本部门的行政应诉案件，应当及时提供相关证据等材料，与法制部门共同研究案情、共同出庭应诉。

（二）认真做好出庭应诉准备工作

公安机关收到原告起诉书副本后，应当做好下列准备工作：

1. 审阅案卷材料，全面审查被诉行政行为的事实、证据、程序及适用依据，并作阅卷记录。

2. 熟悉被诉行政行为涉及的法律规定。

3. 研究应诉方案，制作答辩状、答辩（代理）词，准备相关证据、依据材料。答辩状应当包括下列内容：

（1）答辩人及诉讼代理人的基本情况；

（2）案由；

（3）作出被诉行政行为的事实和依据；

（4）反驳起诉的理由，应诉主张和要求；

（5）受理案件的人民法院名称、答辩人署名和答辩时间；

（6）答辩状附送的材料名称及数量。

答辩（代理）词应当包括下列内容：

（1）开庭应诉准备工作情况；

（2）对被诉行政行为合法性的论证；

（3）对原告方提出观点和主张的反驳。答辩状、答辩（代理）词以及准备提交人民法院的案件相关证据、依据材料等，应当逐级呈报公安机关主管领导或者法定代表人审批。

公安机关应当在收到起诉状副本之日起15日内向人民法院提交下列材料：

（1）答辩状；

（2）被诉行政行为涉及案件的基本材料，包括案件来源、基本事实、认定的证据及调查经过；

（3）行政相对人的陈述和申辩；

（4）第三人的陈述和申辩；

（5）证人证言；

（6）书证、物证、鉴定意见、检测结论、勘验、检查笔录、现场笔录及其他证据；

（7）作出被诉行政行为依据的规范性文件；

（8）法定代表人身份证明书；

（9）授权委托书；

（10）其他需要提交的材料。

诉讼案件涉及国家秘密、警务工作秘密的，公安机关应当于开庭审理前书面向人民法院提出不公开审理的建议。

复议机关决定维持原行政行为的，或者以已履行法定职责或者没有法定职责为由驳回行政复议申请的，作出原行政行为的公安机关和行政复议机关对原行政行为合法性共同承担举证责任，可以由其中一个机关实施举证行为。复议机关对复议决定的合法性承担举证责任。

（三）公安机关负责人应当出庭应诉

1. 公安机关负责人应当带头出庭应诉。《行政诉讼法》第3条规定，被诉行政机关负责人应当出庭应诉。不能出庭的，应当委托行政机关相应的工作人员出庭。公安机关接到人民法院应诉通知书后，正职、副职负责人或者其他参与分管的负责人应当出庭应诉，并可以另行委托1至2名诉讼代理人共同出庭应诉。公安机关正职、副职负责人或者其他参与分管的负责人不能出庭应诉的，应当委托公安机关的工作人员出庭应诉。

2. 出庭应诉的基本要求。公安机关应当依法出庭应诉，无正当理由拒不出庭的，追究直接责任人员的责任。对涉及重大公共利益、社会高度关注或者可能引发群体性事件等案件，以及人民法院书面建议行政机关负责人出庭的案件，公安机关负责人应当出庭。公安机关负责人有正当理由不能出庭应诉的，应当向人民法院提交情况说明，情况说明应当加盖公安机关印章或者由该公安机关主要负责人签字认可。出庭应诉时，出庭应诉人员应当尊重法庭，尊重原告，自觉遵守法庭纪律和法庭秩序；应当着装规范、仪表整洁、举止端庄、语言文明。

3. 出庭应诉权利。包括：申请回避；辩论；经法庭允许向原告方或者原告方提供的证人发问；经法庭允许传召证人出庭；审阅庭审笔录，对错漏处提出意见；其他出庭应诉权利。

4. 申请回避。出庭应诉人员认为审判人员、书记员、翻译人员、鉴定人、勘验人与本案有利害关系或者有其他关系可能影响案件公正审理的，应当说明理由，在案件开始审理时提出回避申请；回避事由在案件开始审理后知道的，应当在法庭辩论终结前提出。对人民法院驳回回避申请决定不服，可以在接到决定时向作出决定的人民法院申请复议一次。

5. 法庭调查。出庭应诉人员应当客观、全面阐述行政行为的事实、证据和依据，协助法庭调查。包括：

（1）宣读答辩状。

（2）如实、简明回答法庭询问，并适时宣读、出示作出行政行为的证据和法律依据。

（3）对原告证人所作的陈述或者所提交的书面证言，需要当庭发问的，经法庭允许可以发问。需要当庭对质的，可以申请法庭准许当庭对质。发现有伪证时，应当及时向法庭提出。

（4）对鉴定意见、勘验笔录有异议或者需要当庭发问的，经法庭允许可以发表异议或者发问，也可以申请法庭重新进行鉴定或者勘验。

（5）被诉行政行为涉及专门性问题的，可以向人民法院申请专业人员出庭说明。

（6）人民法院依法要求公安机关人民警察到庭就案件有关事实接受询问、说明情况的，公安民警应当出庭。人民法院依法要求出庭接受询问、说明情况的公安民警签署有关“据实陈述”保证书的，公安民警应当予以配合。

6. 法庭辩论。出庭应诉人员应当围绕争议焦点进行辩论。辩论的内容应当与案件事实、证据等有关联，不得采用引诱、威胁、侮辱等语言或者方式。原告发表意见后，宣读答辩（代理）词。围绕争议焦点互相辩论。涉及行政赔偿、补偿或者行使法律、法规规定的自由裁量权的，经法庭同意，可以提出调解要求。法庭辩论终结，有未尽事宜需要向法庭说明的，出庭应诉人员可以发表最后意见。

7. 查阅法庭记录。出庭应诉人员应当查阅法庭记录，发现有遗漏或者与实际陈述不一致的，应当申请补正。查阅完毕后，出庭应诉人员应当签名或者盖章。

8. 撤销、变更被诉行政行为。诉讼期

间发现被诉行政行为确有错误或者不当的，出庭应诉人员应当向本机关法定代表人建议撤销或者变更，并将撤销或者变更情况书面告知人民法院和原告。需要撤销或者变更的被诉行政行为，已经过行政复议维持的，应诉公安机关应当及时报请复议机关予以纠正。复议机关认为复议决定正确，不需要纠正的，应当及时告知应诉公安机关，共同做好出庭应诉工作。

9. 停止执行行政行为。诉讼期间，公安机关不停止行政行为的执行。但有下列情形之一的，停止行政行为的执行：

（1）公安机关认为需要停止执行的；

（2）原告或者利害关系人申请停止执行，人民法院裁定停止执行的；

（3）人民法院直接裁定停止执行的；

（4）法律、法规规定停止执行的。

（四）上诉和申诉

人民法院对行政行为作出撤销、变更、确认违法等判决或者裁定的，出庭应诉人员视情提出是否上诉的意见，报本机关负责人决定是否上诉。

公安机关决定上诉的，应当在判决书送达之日起15日内或者裁定书送达之日起10日内，出庭应诉人员应当制作上诉状，报法制部门负责人审核后报本机关负责人审批，向原审人民法院或者其上一级人民法院提交上诉状并交纳诉讼费。公安机关应当按照其他当事人或者诉讼代表人的人数提交上诉状副本。上诉时应当针对原判决或者裁定的不当内容全面阐述上诉理由，并提交相应的证据或者依据。

原告或者第三人提出上诉的，公安机关在收到上诉状副本之日起15日内，出庭应诉人员应当制作答辩状，报法制部门负责人审核后报本机关负责人审批，提交原审人民法院或者其上一级人民法院。

公安机关认为已经发生法律效力的判决、裁定确有错误的，可以向上一级人民法院申请再审，也可以向人民检察院请求提出抗诉或者检察建议。

（五）公安机关应当执行生效判决裁定

公安机关应当履行人民法院发生法律效力的行政判决书、行政裁定书、行政赔偿判决书和行政赔偿调解书。认为已经发生法律效力的判决、裁定确有错误的，可以申请人民法院中止执行。人民法院未予裁定中止执行的，判决、裁定不停止执行。

公安机关的行政行为侵犯公民、法人或者其他组织的合法权益造成损害，人民法院判决公安机关负责赔偿的，公安机关赔偿损失后，应当责令有故意或者重大过失的责任人员承担部分或者全部赔偿费用。

人民法院判决公安机关重新作出行政行为的，公安机关不得以同一事实和理由作出与原行政行为基本相同的行政行为。人民法院判决公安机关重新作出行政行为，公安机关重新作出的行政行为所依据的主要事实或者理由改变的，不属于以同一事实和理由作出与原行政行为相同或者基本相同的行政行为。

对发生法律效力的行政判决书、行政裁定书、行政赔偿判决书和行政赔偿调解书，公民、法人或者其他组织拒绝履行的，公安机关或者第三人可以依法申请人民法院强制执行。人民法院认为公安机关强制执行申请不符合条件，裁定不予受理，公安机关对裁定不予受理有异议的，可以在15日内向上一级人民法院申请复议。

第九章　公安行政复议与国家行政赔偿

一、公安行政复议与国家行政赔偿的关系

国家赔偿包括行政赔偿和刑事赔偿。所谓行政赔偿，是指行政机关及其工作人员违法行使职权，侵犯公民、法人或者其他组织的合法权益并造成损害，依法由国家承担赔偿的制度。公安机关作为国家行政机关，承担着行政执法与刑事司法双重职能。如果公安机关在行政执法过程中违法行使职权，侵犯公民、法人或者其他组织的合法权益并造成损害，依法应当由国家承担行政赔偿责任。

侵犯人身权行政赔偿包括：

（1）违法拘留或者违法采取限制公民人身自由的行政强制措施的；

（2）非法拘禁或者以其他方法非法剥夺公民人身自由的；

（3）以殴打、虐待等行为或者唆使、放纵他人以殴打、虐待等行为造成公民身体伤害或者死亡的；

（4）违法使用武器、警械造成公民身体伤害或者死亡的；

（5）造成公民身体伤害或者死亡的其他违法行为。

侵犯财产权行政赔偿包括：

（1）违法实施罚款、吊销许可证和执照、责令停产停业、没收财物等行政处罚的；

（2）违法对财产采取查封、扣押、冻结等行政强制措的；

（3）违法征收、征用财产的；

（4）造成财产损害的其他违法行为。

由此可见，公安机关及其人民警察违法行使行政执法职能，给予公民、法人或者其他组织造成损害的，就应当承担国家行政赔偿责任。这些行为既包括违法行政处罚，也包括违法实施行政强制措施和行政强制执行，还包括违法征收、征用财产，违法使用武器、警械造成公民身体伤害或者死亡等情形。

对上述侵犯人身权、财产权的违法行为，公民、法人或者其他组织既可以单独提出赔偿请求，也可以在提起行政复议、行政诉讼的同时提出赔偿请求。根据新《行政复议法》第 72 条规定，申请人在申请行政复议时一并提出行政赔偿请求，行政复议机关对依照《中华人民共和国国家赔偿法》的有关规定应当不予赔偿的，在作出行政复议决定时，应当同时决定驳回行政赔偿请求；对符合《中华人民共和国国家赔偿法》的有关规定应当给予赔偿的，在决定撤销或者部分撤销、变更行政行为或者确认行政行为违法、无效时，应当同时决定被申请人依法给予赔偿；确认行政行为违法的，还可以同时责令被申请人采

取补救措施。申请人在申请行政复议时没有提出行政赔偿请求的，行政复议机关在依法决定撤销或者部分撤销、变更罚款，撤销或者部分撤销违法集资、没收财物、征收征用、摊派费用以及对财产的查封、扣押、冻结等行政行为时，应当同时责令被申请人返还财产，解除对财产的查封、扣押、冻结措施，或者赔偿相应的价款。

二、公安机关办理国家赔偿案件应当注意的问题

（一）主管部门及职责

公安机关法制部门是办理国家赔偿案件的主管部门，依法履行下列职责：

（1）接收赔偿申请，审查赔偿请求和事实理由，履行相关法律手续；

（2）接收刑事赔偿复议申请，审查复议请求和事实理由，履行相关法律手续；

（3）接收并审查支付赔偿费用申请，接收并审查对支付赔偿费用申请不予受理决定的复核申请；

（4）参加人民法院审理赔偿案件活动；

（5）提出追偿赔偿费用意见，接收并审查对追偿赔偿费用不服的申诉；

（6）其他应当履行的职责。

公安机关相关部门应当按照职责分工，配合法制部门共同做好国家赔偿案件办理工作。执法办案部门负责提供赔偿请求所涉职权行为的情况及相关材料，与法制部门共同研究案情，共同参加人民法院审理赔偿案件活动。装备财务（警务保障）部门负责向财政部门申请支付赔偿费用，向赔偿请求人支付赔偿费用，将追偿的赔偿费用上缴财政部门。

（二）申请和受理

赔偿请求人申请赔偿，应当向赔偿义务机关提出。公安机关及其工作人员行使职权侵犯公民、法人或者其他组织合法权益，造成损害的，该公安机关为赔偿义务机关。公安机关内设机构和派出机构及其工作人员有上述情形的，所属公安机关为赔偿义务机关。看守所、拘留所、强制隔离戒毒所等羁押监管场所及其工作人员有上述情形的，主管公安机关为赔偿义务机关。

申请赔偿应当提交赔偿申请书，载明受害人的基本情况、赔偿请求、事实根据和理由、申请日期，并由赔偿请求人签名、盖章或者捺指印。赔偿请求人书写确有困难的，可以口头申请。赔偿义务机关法制部门应当制作笔录，经赔偿请求人确认无误后签名、盖章或者捺指印。

赔偿义务机关法制部门收到当面递交赔偿申请的，应当当场出具接收凭证。赔偿义务机关其他部门遇有赔偿请求人当面递交或者口头提出赔偿申请的，应当当场联系法制部门接收；收到以邮寄或者其他方式递交的赔偿申请，应当自收到之日起2个工作日内转送法制部门。

赔偿义务机关法制部门收到赔偿申请后，应当在5个工作日内予以审查，并分别作出下列处理：

（1）申请材料不齐全或者表述不清楚的，经本部门负责人批准，一次性书面告知赔偿请求人需要补正的全部事项和合理的补正期限；

（2）不符合申请条件的，经本机关负责人批准，决定不予受理并书面告知赔偿请求人；

(3) 除第 1 项、第 2 项情形外，自赔偿义务机关法制部门收到申请之日起即为受理。

（三）审查

赔偿义务机关法制部门应当自赔偿申请受理之日起 5 个工作日内，将申请材料副本送赔偿请求所涉执法办案部门。执法办案部门应当自收到之日起 10 个工作日内向法制部门作出书面答复，并提供赔偿请求所涉职权行为的证据、依据和其他材料。

赔偿义务机关应当全面审查赔偿请求的事实、证据和理由。重点查明下列事项：

(1) 赔偿请求所涉职权行为的合法性；

(2) 侵害事实、损害后果及因果关系；

(3) 是否具有国家不承担赔偿责任的法定情形。

赔偿请求人主张人身自由权赔偿的，重点审查赔偿请求所涉限制人身自由的起止时间。

赔偿请求人主张生命健康权赔偿的，重点审查下列事项：

(1) 诊断证明、医疗费用凭据，以及护理、康复、后续治疗的证明；

(2) 死亡证明书，伤残、部分或者全部丧失劳动能力的鉴定意见。

赔偿请求提出因误工减少收入的，还应当审查收入证明、误工证明等。受害人死亡或者全部丧失劳动能力的，还应当审查其是否扶养未成年人或者其他无劳动能力人，以及所承担的扶养义务。

赔偿请求人主张财产权赔偿的，重点审查下列事项：

(1) 查封、扣押、冻结、收缴、追缴、没收的财物不能恢复原状或者灭失的，财物损失发生时的市场价格；查封、扣押、冻结、收缴、追缴、没收的财物被拍卖或者变卖的，拍卖或者变卖及其价格的证明材料，以及变卖时的市场价格；

(2) 停产停业期间必要经常性开支的证明材料。

赔偿请求人主张精神损害赔偿的，重点审查下列事项：

(1) 是否存在《国家赔偿法》第 3 条或者第 17 条规定的侵犯人身权行为；

(2) 精神损害事实及后果；

(3) 侵犯人身权行为与精神损害事实及后果的因果关系。

赔偿审查期间，赔偿请求人可以变更赔偿请求。赔偿义务机关认为赔偿请求人提出的赔偿请求事项不全或者不准确的，可以告知赔偿请求人在审查期限届满前变更赔偿请求。赔偿审查期间，赔偿义务机关法制部门可以调查核实情况，收集有关证据。有关单位和人员应当予以配合。对赔偿请求所涉职权行为，有权机关已经作出生效法律结论，该结论所采信的证据可以作为赔偿审查的证据。

（四）决定

对受理的赔偿申请，赔偿义务机关应当自受理之日起 2 个月内，经本机关负责人批准，分别作出下列决定：

(1) 违法行使职权造成侵权的事实清楚，应当予以赔偿的，作出予以赔偿的决定，并载明赔偿方式、项目和数额；

(2) 违法行使职权造成侵权的事实不成立，或者具有国家不承担赔偿责任法定情形的，作出不予赔偿的决定。按照前款第 1 项作出决定，不限于赔偿请求人主张的赔偿方式、项目和数额。

在查清事实的基础上，对应当予以赔

偿的，赔偿义务机关应当充分听取赔偿请求人的意见，可以就赔偿方式、项目和数额在法定范围内进行协商。协商应当遵循自愿、合法原则。协商达成一致的，赔偿义务机关应当按照协商结果作出赔偿决定；赔偿请求人不同意协商，或者协商未达成一致，或者赔偿请求人在赔偿决定作出前反悔的，赔偿义务机关应当依法作出赔偿决定。

（五）执行

赔偿义务机关必须执行生效赔偿决定、复议决定、判决和调解。

生效赔偿决定、复议决定、判决和调解按照下列方式执行：

（1）要求返还财物或者恢复原状的，赔偿请求所涉赔偿义务机关执法办案部门应当在30日内办结。情况复杂的，经本机关负责人批准，可以延长30日。

（2）要求支付赔偿金的，赔偿义务机关法制部门应当依照《国家赔偿费用管理条例》的规定，将生效的赔偿决定书、复议决定书、判决书和调解书等有关材料提供给装备财务（警务保障）部门，装备财务（警务保障）部门报经本机关负责人批准后，依照预算管理权限向财政部门提出书面支付申请并提供有关材料。

（3）要求为赔偿请求人消除影响、恢复名誉、赔礼道歉的，赔偿义务机关或者其负责人应当及时执行。

第四部分

新行政复议法条文解读

第一章　总　　则

第一条　为了防止和纠正违法的或者不当的行政行为，保护公民、法人和其他组织的合法权益，监督和保障行政机关依法行使职权，发挥行政复议化解行政争议的主渠道作用，推进法治政府建设，根据宪法，制定本法。

【释义】本条是关于立法宗旨和立法依据的规定。

行政复议法于1999年制定，2009年、2017年分别经过两次修正，2023年9月1日第十四届全国人民代表大会常务委员会第五次会议进行了全面修订。关于立法宗旨，此次修订进一步丰富完善了立法目的，增加规定“发挥行政复议化解行政争议的主渠道作用”和“推进法治政府建设”。

一、关于防止和纠正违法的或者不当的行政行为

行政机关作出行政行为，应当遵循合法性原则和合理性原则。合法行政，要求行政机关实施行政管理，应当依照法律、法规、规章的规定进行；没有法律、法规、规章的规定，行政机关不得作出影响公民、法人和其他组织合法权益或者增加公民、法人和其他组织义务的决定。合理行政，要求行政机关实施行政管理，应当遵循公平、公正的原则，平等对待行政管理相对人，不偏私、不歧视；行使自由裁量权应当符合法律目的，排除不相关因素的干扰；所采取的措施和手段应当必要、适当；行政机关实施行政管理可以采用多种方式实现行政目的的，应当避免采用减损当事人权益的方式。如行政处罚法规定，公民、法人或者其他组织违反行政管理秩序的行为，应当给予行政处罚的，依照本法由法律、法规、规章规定，并由行政机关依照本法规定的程序实施；设定和实施行政处罚必须以事实为依据，与违法行为的事实、性质、情节以及社会危害程度相当。

行政复议制度基于层级监督关系，上级行政机关有权对下级行政机关的行政行为进行全面审查，既包括合法性审查，也包括合理性审查。根据本法规定，行政复议机关履行行政复议职责，应当遵循合法、公正、公开、高效、便民、为民的原则，坚持有错必纠，保障法律、法规、规章的正确实施；被申请人对其作出的行政行为的合法性、适当性负有举证责任；行政复议机关可以对违法或者不当的行政行为作出变更决定。

二、关于保护公民、法人和其他组织的合法权益

行政复议和行政诉讼一样，是解决“民告官”行政争议的救济制度，是保障公民、法人和其他组织合法权益的重要途径。

在行政管理中，行政机关需要对行政相对人实施行政行为以实现行政管理目的，如对违法的公民、法人等给予行政处罚；为制止违法行为、防止证据损毁、避免危害发生、控制危险扩大等，对公民、法人等的人身和财物实施行政强制措施；根据公民、法人或者其他组织的申请，经依法审查，准予其从事特定活动。这些行政行为都涉及公民、法人的人身权、财产权和其他权益，而且行政行为一经作出即产生确定力、拘束力和执行力，行政相对人必须服从，否则行政机关将依法予以制裁或予以强制执行。正是因为行政行为具有这样的特点，所以在行政争议中，行政相对人一方往往处于弱势的地位，他们的合法权益有可能受到违法实施的行政行为的侵害。行政复议作为对行政相对人进行救济的渠道，通过行政机关的内部监督来保护公民、法人和其他组织的合法权益，使他们受损害的权益得到救济和恢复，这是行政复议的重要目的。

三、关于监督和保障行政机关依法行使职权

行政复议是政府系统自我纠错的监督制度。行政复议制度的作用之一，就是通过上下级行政机关的领导关系所形成的监督关系，由行政机关自己改正违法的和不当的行政行为。本次修订将原法中“保障和监督行政机关依法行使职权”中的“保障和监督”顺序作了调整，突出行政复议对于监督依法行政、推进法治政府建设的重要作用。一方面，通过发挥监督作用，促使行政机关依法履行职责；另一方面，对于合法的行政行为予以维持，保障行政机关依法行政职权。

四、关于发挥行政复议化解行政争议的主渠道作用

习近平总书记指出，要发挥行政复议公正高效、便民为民的制度优势和化解行政争议的主渠道作用。将行政复议打造成化解行政争议的主渠道，需要充分发挥行政复议的制度优势，实现化解行政争议的主渠道，要求行政复议案件数量合理增长、质量有效提升和效能持续强化。此次修订，全面巩固和深化行政复议体制改革成果，形成公正权威、统一高效的行政复议体制；扩大行政复议范围，调整行政复议前置范围，解决行政复议吸纳行政争议入口偏窄的问题；健全行政复议案件审理机制，发挥行政复议委员会的作用，提升行政复议公信力；加强行政复议调解，将调解作为一项工作原则规定在总则中，不但适用于各种类型的行政争议，而且贯穿案前、案中、案后审理的全过程。同时，更加强调变更决定的作用等。通过一系列制度，争取实现绝大多数行政争议被吸纳到行政复议程序中，并且能够实质性化解在行政复议阶段。

五、关于推进法治政府建设

法治政府建设是全面依法治国的重点任务和主体工程，是推进国家治理体系和治理能力现代化的重要支撑，在推进法治中国建设过程中必须率先取得突破。法治政府建设要求形成监督合力，积极发挥审计监督、财会监督、统计监督、执法监督、行政复议等监督作用。中共中央、国务院印发的《法治政府建设实施纲要（2021—

2025 年)》提出，全面深化行政复议体制改革，整合地方行政复议职责，按照“事编匹配、优化节约、按需调剂”的原则，合理调配编制资源，形成公正权威、统一高效的行政复议体制。全面推进行政复议规范化、专业化、信息化建设，不断提高办案质量和效率。健全优化行政复议审理机制。县级以上各级政府建立行政复议委员会，为重大、疑难、复杂的案件提供咨询意见。建立行政复议决定书以及行政复议意见书、建议书执行监督机制，实现个案监督纠错与倒逼依法行政的有机结合。行政复议作为政府系统自我纠错的监督制度，通过切实纠正侵犯公民、法人和其他组织合法权益的违法或不当行政行为，提高政府依法行政水平和公信力，是推动法治政府建设的一个重要抓手。此次修订，完善了行政复议的体制机制，优化了案件审理的程序，加强行政复议决定书、调解书、建议书的履行监督，有利于进一步规范行政执法，确保行政权力始终在法治轨道上运行。

六、关于“根据宪法”

本条规定“根据宪法，制定本法”。宪法第 5 条第 4 款规定，一切国家机关和武装力量、各政党和各社会团体、各企业事业组织都必须遵守宪法和法律。一切违反宪法和法律的行为，必须予以追究。第 41 条第 1 款规定，中华人民共和国公民对于任何国家机关和国家工作人员，有提出批评和建议的权利；对于任何国家机关和国家工作人员的违法失职行为，有向有关国家机关提出申诉、控告或者检举的权利，但是不得捏造或者歪曲事实进行诬告陷害。第 89 条规定，国务院有权改变或者撤销各部、各委员会发布的不适当的命令、指示和规章，改变或者撤销地方各级国家行政机关的不适当的决定和命令。第 108 条规定，县级以上的地方各级人民政府领导所属各工作部门和下级人民政府的工作，有权改变或者撤销所属各工作部门和下级人民政府的不适当的决定。宪法的以上规定和其他相关的规定，是制定本法的重要依据。

第二条　公民、法人或者其他组织认为行政机关的行政行为侵犯其合法权益，向行政复议机关提出行政复议申请，行政复议机关办理行政复议案件，适用本法。

前款所称行政行为，包括法律、法规、规章授权的组织的行政行为。

【释义】本条是关于本法适用范围的规定。

一、关于申请人的范围

本法第 14 条规定，依照本法申请行政复议的公民、法人或者其他组织是申请人。有权申请行政复议的公民死亡的，其近亲属可以申请行政复议。有权申请行政复议的法人或者其他组织终止的，其权利义务承受人可以申请行政复议。有权申请行政复议的公民为无民事行为能力人或者限制民事行为能力人的，其法定代理人可以代为申请行政复议。据此，行政复议申请人是公民、法人或者其他组织。

二、关于行政行为的类型

本法第 11 条对侵犯公民、法人和其他组织合法权益的行政行为进行了列举。一是行政行为不包括行政机关制定的“规范性文件”。二是行政行为既包括作为，也包括不作为。行政行为侵犯公民、法人或者其他组织的合法权益，既可以由行政机关积极作为引起，也可以由行政机关消极不作为引起。公民、法人或者其他组织既可以对行政处罚、行政强制等行政作为不服申请行政复议，也可以对行政机关拒绝履行、不予答复等行政不作为申请行政复议。合法权益包括但不限于人身权、财产权、受教育权等。

三、关于行政行为的范围

行政机关是国家机构中行使行政权的组织。我国的行政机关包括各级人民政府及其职能部门。行政行为除了行政机关的行政行为外，还包括法律、法规、规章授权的组织的行政行为。行政处罚法第 19 条规定，法律、法规授权的具有管理公共事务职能的组织可以在法定授权范围内实施行政处罚。行政许可法第 23 条规定，法律、法规授权的具有管理公共事务职能的组织，在法定授权范围内，以自己的名义实施行政许可。被授权的组织适用本法有关行政机关的规定。行政强制法第 70 条规定，法律、行政法规授权的具有管理公共事务职能的组织在法定授权范围内，以自己的名义实施行政强制，适用本法有关行政机关的规定。一些授益性的行政行为和服务行为，也可以由规章授权。授权性规定具有以下特点：一是法律、法规、规章授权。这一规定限定了授权的依据，除了法律、法规、规章以外，规范性文件不得授权。二是在法定授权范围内以自己的名义实施行政行为。

第三条　行政复议工作坚持中国共产党的领导。

行政复议机关履行行政复议职责，应当遵循合法、公正、公开、高效、便民、为民的原则，坚持有错必纠，保障法律、法规的正确实施。

【释义】本条是关于行政复议工作坚持党的领导和行政复议机关履行职责应当遵守的原则的规定。

行政复议工作的指导思想和原则，是立法价值取向和制度构建的重要基础，随着行政复议体制改革和实践发展不断充实和完善。此次修法增加规定“行政复议工作坚持中国共产党的领导”，同时进一步明确高效、为民等履职原则，完整体现行政复议“公正高效、便民为民”的制度优势。

一、坚持中国共产党的领导

党的领导是全面依法治国、建设法治政府的根本保证，必须坚持党总揽全局、协调各方，发挥各级党委的领导作用。党的十八大以来，以习近平同志为核心的党中央高度重视行政复议工作，作出一系列重大决策部署。党的十八届三中全会提出，改革行政复议体制，健全行政复议案件审理机制，纠正违法或不当行政行为。2020 年 2 月，习近平总书记主持召开中央全面依法治国委员会第三次会议，审议通过了《行政复议体制改革方案》。习近平总书记指出，要发挥行政复议公正高效、便民为民的制度优势和化解行政争议的主渠道作用。《法治中国建设规划（2020—2025 年）》和《法治政府建设实施纲要（2021—2025 年）》对推进行政复议体制改革、加强和改进行政复议工作等提出明确要求。做好行政复议工作，必须坚决贯彻党的路线方针政策，始终将党的领导贯穿行政复议工作的全过程和各方面，确保行政复议工作始终在党的领导之下，确保在党的领导下有力发挥建设法治政府的抓手作用。

二、行政复议机关履行行政复议职责应当遵循的原则

1. 合法。行政复议是行政机关行使行政职权的一个具体领域，受到行政合法原则的约束和规范。行政复议机关履行行政复议职责，必须在法定的职权范围内，严格按照法定的程序进行。行政复议机关在处理行政复议案件时，应当以事实为根据，以法律为准绳，在法律框架内履行行政复议各项职责。

2. 公正。提高行政复议公信力，关键在于提升行政复议审理的公正性，使行政复议取信于民。如本法为了提高公正性，一个重要的制度设计是建立了行政复议委员会制度并完善了相关机制。

3. 公开。公开是提升行政复议公信力的保证，本法第39条第3款规定，行政复议机关中止、恢复行政复议案件的审理，应当书面告知当事人。第49条规定，适用普通程序审理的行政复议案件，行政复议机构应当当面或者通过互联网、电话等方式听取当事人的意见，并将听取的意见记录在案。因当事人原因不能听取意见的，可以书面审理。第79条第1款规定，行政复议机关根据被申请行政复议的行政行为的公开情况，按照国家有关规定将行政复议决定书向社会公开。

4. 高效。高效是行政复议区别于行政诉讼的重要特点。行政复议的时限一般都少于行政诉讼。高效原则要求：一是行政复议机关在受理、审理和作出决定时，要按照法定期限执行，延长期限必须严格按照法律规定。行政复议机关收到行政复议申请后，应当在5日内进行审查。行政复议机关受理行政复议申请后，适用普通程序的，行政复议机构应当自行政复议申请受理之日起7日内，将行政复议申请书副本或者行政复议申请笔录复印件发送被申请人；适用简易程序进行审理的，行政复议机构应当自受理行政复议申请之日起3日内，将行政复议申请书副本或者行政复议申请笔录复印件发送被申请人。适用普通程序审理的行政复议案件，行政复议机关应当自受理申请之日起60日内作出行政复议决定；但是法律规定的行政复议期限少于60日的除外。情况复杂，不能在规定期限内作出行政复议决定的，经行政复议机构的负责人批准，可以适当延长，并书面告知当事人；但是延长期限最多不得超过30日。适用简易程序审理的行政复议案件，行政复议机关应当自受理申请之日起30日内作出行政复议决定。二是行政复议机关应当加强信息化建设，运用现代信息技术，提高工作质量和效率。

5. 便民、为民。行政复议是维护人民群众合法权益的重要渠道，是解决人民群众急难愁盼问题的重要方式。充分发挥行政复议公正高效、便民为民的制度优势，有力促进社会公平正义，使人民群众的获得感、幸福感、安全感更加充实、更有保障、更可持续，是本次修法的一个重要考虑。本法规定了一系列便民为民的措施，保护公民、法人和其他组织的合法权益：行政复议机关应当加强信息化建设，运用现代信息技术，方便公民、法人或者其他

组织申请、参加行政复议；行政机关通过互联网渠道送达行政行为决定书的，应当同时提供提交行政复议申请书的互联网渠道；对当场作出或者依据电子技术监控设备记录的违法事实作出的行政处罚决定不服申请行政复议的，可以通过作出行政处罚决定的行政机关提交行政复议申请；申请人、第三人可以委托1至2名律师、基层法律服务工作者或者其他代理人代为参加行政复议；符合法律援助条件的行政复议申请人申请法律援助的，法律援助机构应当依法为其提供法律援助；行政复议机关受理行政复议申请，不得向申请人收取任何费用。

6. 坚持有错必纠，保障法律、法规的正确实施。行政复议机关发现行政行为违法或者不当的，应当及时予以纠正；有权机关认为有关规范性文件或者依据不合法的，应当及时予以纠正；有权机关发现复议机关及复议人员在行政复议工作中有违法违纪行为的，也应当及时纠正。上述措施能有效防止违法行政、滥用复议权现象的发生，保证行政复议制度发挥其应有的作用。根据本法规定，行政复议机关的一项重要职责，就是通过办理行政复议案件纠正违法的或者不当的行政行为。同时，修订后的法律加强了行政复议机关和有关人员的责任，规定行政复议机关不依照本法规定履行行政复议职责，对负有责任的领导人员和直接责任人员依法给予警告、记过、记大过的处分，经有权监督的机关督促仍不改正或者造成严重后果的，依法给予降级、撤职、开除的处分。

第四条　县级以上各级人民政府以及其他依照本法履行行政复议职责的行政机关是行政复议机关。

行政复议机关办理行政复议事项的机构是行政复议机构。行政复议机构同时组织办理行政复议机关的行政应诉事项。

行政复议机关应当加强行政复议工作，支持和保障行政复议机构依法履行职责。上级行政复议机构对下级行政复议机构的行政复议工作进行指导、监督。

国务院行政复议机构可以发布行政复议指导性案例。

【释义】本条是关于行政复议机关、行政复议机构及其职责的规定。

按照行政复议体制改革要求，调整和明确行政复议机关、行政复议机构及其职责，是此次行政复议法修改的重点内容之一。与修订前的行政复议法相比，本条进一步突出了“县级以上各级人民政府”行政复议机关的地位，简化了行政复议机构职责表述，同时规定了行政复议机关支持和保障行政复议机构依法履行职责，上级行政复议机构指导、监督下级行政复议机构的行政复议工作，以及国务院行政复议机构可以发布行政复议指导性案例等内容。

一、行政复议机关及其职责

根据本条第1款规定，行政复议机关包括两类：一是县级以上各级人民政府；二是其他依照本法履行行政复议职责的行政机关。在行政复议体制改革前，“条块结合”的体制决定了行政复议机关的层级和数量较多，既包括县级以上各级人民政府，也包括作出行政行为机关的上级主管部门等，确定管辖的规则也相对复杂。此次行政复议体制改革整合地方行政复议职责，明确除实行垂直领导的行政机关、税务和国家安全机关外，县级以上一级地方人民政府原则上只保留一个行政复议机关，由本级人民政府统一行使行政复议职责。根据本法第二章第四节关于管辖的规定，县级以上地方人民政府作为行政复议机关的地位更加凸显，是地方层面开展行政复议工作的重要主体，因此，此次修改突出规定了"县级以上各级人民政府"是行政复议机关。需要说明的是，根据本条规定，县级以上各级人民政府包括了中央人民政府，即国务院。国务院依照本法第 26 条对有关事项作出裁决时，作为行政复议机关履行相应的职责。

此次修法还明确"其他依照本法履行行政复议职责的行政机关是行政复议机关"，主要考虑是按照行政复议体制改革方案和本法规定，除了县级以上各级人民政府外，国务院部门，海关、金融、外汇管理等实行垂直领导的行政机关，税务和国家安全机关，以及履行行政复议机构职责的地方人民政府司法行政部门，也可以依照本法规定，在特定的行政管理领域和特定情形下，作为行政复议机关履行相应的职责。

按照本法有关规定，行政复议机关的职责主要包括：受理行政复议申请、审理行政复议案件、主持行政复议调解、向有关单位和个人调查取证、对有关规范性文件和作出行政行为的依据进行审查、作出行政复议决定、制作行政复议调解书、制发行政复议意见书、责令被申请人履行行政复议决定书等文书、按照有关规定公开行政复议决定书、移送有关人员违法的事实材料、移送职务违法或者职务犯罪的问题线索等。

二、行政复议机构及其职责

本条第 2 款对行政复议机构作了规定。主要包括两个方面的内容：一是行政复议机构与行政复议机关的关系；二是行政复议机构的职责。

1. 行政复议机构与行政复议机关的关系。本条第 2 款规定，行政复议机关办理行政复议事项的机构是行政复议机构。行政复议体制改革后，行政复议机构主要有以下几种情况：一是县级以上地方人民政府的司法行政部门，作为本级人民政府的行政复议机构；二是国务院部门的内设机构，多数是负责法制工作的机构，比如法规司；三是根据本法第 27 条、第 28 条规定履行行政复议机关职责的上一级主管部门和司法行政部门，其内设机构（多数也是负责法制工作的机构），作为本部门的行政复议机构；四是行政复议体制改革后，个别地方人民政府明确由政府办公厅承担本级人民政府的行政复议机构职责；五是国务院行政复议机构。司法部作为国务院组成部门，2018 年机构改革后，承担国务院行政复议机构的职责。

在修法过程中，有些意见建议，进一步明确行政复议机构的地位、性质及其与行政复议机关的关系，如在法律中规定"行政复议机关下设行政复议机构""县级以上各级人民政府设立行政复议局作为行政复议机构"等等。考虑到实践中行政复议机构的设置情况比较复杂，原则规定行政复议机关办理行政复议事项的机构是行政复议机构，可以涵盖目前各种类型的行政复议机构，也为今后行政复议体制进一步改革调整留有空间。本法不仅在总则中原则规定行政复议机构的职责，同时在有关章节对行政复议机构的职责作了具体规定，为各类行政复议机构依法履行职责提供了明确的依据。

2. 行政复议机构的职责。行政复议机构的职责主要有两个方面：一是办理行政复议机关的行政复议事项。行政复议机关履行各项职责，主要由行政复议机构承担具体工作。本法在具体条文中，对行政复议机关和行政复议机构的职责作出区分，有的条款规定行政复议机关的职责，有的条款规定行政复议机构的职责。主要考虑是：受理、调查取证、作出决定、移送线索等对外的职责及审理案件，由行政复议机关以自己的名义行使职责；案件进入审理程序后，发送申请书副本、听取当事人意见、组织听证、提请行政复议委员会提出咨询意见、简易程序转为普通程序、对行政行为进行审查提出意见等具体事项，由行政复议机构办理。二是组织办理行政复议机关的行政应诉事项。这里的行政应诉事项，既包括原告对行政复议机关直接作出的行政行为不服提起的行政诉讼，也包括按照行政诉讼法的规定，以行政复议机关的身份作为被告的行政诉讼。行政复议机构负责组织办理举证、答辩、出庭应诉等具体工作。

三、行政复议机关支持和保障行政复议机构依法履行职责

本条第 3 款规定，行政复议机关应当加强行政复议工作，支持和保障行政复议机构依法履行职责。行政复议体制改革的一个重点内容是，县级以上地方人民政府司法行政部门作为行政复议机构，依法办理本级人民政府的行政复议事项。司法行政部门等行政复议机构在履行职责过程中，代表行政复议机关开展调查取证、案件审理和约谈、移送线索等工作，需要被申请人和其他有关部门的配合，以及行政复议机关的支持和保障。为强化行政复议机构职责，促使其更好开展行政复议工作，本条规定县级以上各级人民政府等各类行政复议机关，应当支持和保障行政复议机构依法履行职责。具体的支持和保障措施包括：加强对行政复议工作的领导，加强行政复议机构建设和能力建设，定期研究和统筹解决行政复议工作中的重大问题，排除有关方面对行政复议工作的干扰，保证行政复议机构依法、公正办理案件，强化行政复议工作在法治政府建设中的作用，为行政复议机构开展工作创造良好的条件和环境等。

四、上级行政复议机构对下级行政复议机构的指导、监督

加强对行政复议工作的监督制约，确保行政复议权在法治轨道上公正有效行使，需要发挥行政复议机构内部层级监督的优势，由上级行政复议机构对下级行政复议机构进行指导和监督。各级行政复议机构要在本级行政复议机关的领导下，按照职责权限对下级行政复议机构的工作进行监督。上级行政复议机构开展指导和监督有多种方式，比如通过各种方式听取下级行政复议机构的意见和建议，对行政复议工作出现的问题及时加以研究和指导，对下级行政复议机构的请示及时给予答复；在

本级行政复议机关的领导下，通过定期组织检查、案件评查等形式，对下级行政复议机构开展行政复议工作情况进行监督。

五、关于行政复议指导性案例

行政复议指导性案例制度是此次修改行政复议法新增的内容。从审判、检察和部分行政执法领域的实践来看，指导性案例在统一司法和执法标准、促进司法执法公正、提升司法执法公信力等方面发挥了积极作用。行政复议指导性案例制度是一项比较新的制度，要立足行政复议工作要求和案件审理特点，参考执法司法领域有关做法，在实践中不断健全完善，包括以下几个方面的内容：一是指导性案例的范围。将行政复议决定已经发生法律效力，认定事实清楚，适用法律正确，论证说理充分，具备较好的法律效果和社会效果，对各级行政复议机关审理类似案件具有普遍指导意义的案例纳入行政复议指导性案例。二是指导性案例的发布主体。按照本法规定，指导性案例的发布主体是国务院行政复议机构。国务院有关部门和县级以上地方人民政府等行政复议机关及其行政复议机构，可以向国务院行政复议机构推荐行政复议指导性案例。三是指导性案例的确定和发布等程序。国务院行政复议机构要做好指导性案例的征集、筛选、审查、发布、研究和编纂等工作。国务院行政复议机构要对各方面报送的行政复议案件进行筛选，严格按程序进行确定后予以发布。四是行政复议指导性案例的作用和效力。指导性案例供各级行政复议机关审理类似案件参考，但不作为作出行政复议决定的依据。

第五条　行政复议机关办理行政复议案件，可以进行调解。

调解应当遵循合法、自愿的原则，不得损害国家利益、社会公共利益和他人合法权益，不得违反法律、法规的强制性规定。

【释义】本条是关于行政复议调解及其原则的规定。

行政复议调解，是指行政复议机关、行政复议机构依照法律、法规规定，在办理行政复议案件过程中，组织申请人和被申请人就行政争议进行协商、化解行政争议的活动。行政复议调解是此次修订新增内容。

一、行政复议调解制度的建立和发展

行政复议中的调解，伴随行政法治的不断健全以及行政诉讼中调解制度的建立和完善，经历了发展转变的过程。1989 年制定的行政诉讼法规定，人民法院审理行政诉讼案件，不适用调解。同时规定“赔偿诉讼可以适用调解”。1990 年国务院制定的《行政复议条例》规定，复议机关审理复议案件，不适用调解。1999 年制定行政复议法时，未对行政复议调解作出规定。2007 年国务院制定的《中华人民共和国行政复议法实施条例》（以下简称《行政复议法实施条例》）第 50 条规定，行政复议机关对两类案件可以进行调解：一是公民、法人或者其他组织对行政机关行使法律、法规规定的自由裁量权作出的具体行政行为不服申请行政复议的；二是当事人之间的行政赔偿或者行政补偿纠纷。该条例同时对调解书的制作和生效作了明确规定。

2014 年修改后的行政诉讼法规定，人民法院审理行政案件，不适用调解；但是，行政赔偿、补偿以及行政机关行使法律、法规规定的自由裁量权的案件可以调解；调解应当遵循自愿、合法原则，不得损害国家利益、社会公共利益和他人合法权益。

本条第 1 款规定的行政复议调解，主要从以下两个方面理解：一是行政复议机关办理行政复议案件进行调解的阶段，并不限于案件受理后的审理环节。申请人提出行政复议申请，行政复议机关尚未受理行政复议申请之前，也可以依法进行调解；调解不成的，行政复议机关按照本法第 73 条的规定，依法继续审查决定是否受理。二是行政复议机关“可以”进行调解，而不是“应当”进行调解。在此次修法过程中，有的意见建议将调解明确为必经程序，规定“应当”进行调解。经研究认为，调解制度在行政复议中的运用，应当综合考虑当事人意愿、行政争议性质、相关法律法规规定等因素，宜由行政复议机关根据具体情况，研判和决定案件是否进行调解。

二、行政复议调解应当遵循的原则

行政复议调解应当遵循一定原则，遵守有关规定，确保依法进行、发挥应有功能。主要包括以下两个方面：

1. 合法的原则。合法原则主要包括三个方面的内容：一是当事人在行政复议机关主持下进行的调解，应当按照法律法规规定的程序进行，做到过程合法、程序合法。调解过程违反相关程序规定，将影响到调解协议的效力。二是调解的内容应当符合法律、法规规定，对于法律法规明确规定的行政处罚种类和幅度、行政许可条件等，不得违反法律法规的规定随意增减。三是调解不得损害国家利益、社会公共利益和他人合法权益，不得违反法律、法规的强制性规定。这一要求是行政复议调解合法原则的具体体现和重要内容。比如，行政复议机关主持调解，应在查明事实、分清责任的基础上进行，不能为了达成调解结果，违反有关法定要求或者损害国家利益、社会公共利益和他人合法权益。

2. 自愿的原则。行政复议机关应当尊重当事人的意愿，只有在取得当事人的同意时，才能进行调解。调解自愿原则包括三个方面：一是当事人同意启动调解；二是当事人在调解过程中对实体利益和程序权利的让步是基于自己的意愿；三是当事人自愿接受调解结果。强调行政复议调解必须遵循自愿原则，主要是考虑到被申请人和申请人之间是一种管理和被管理的关系，处于不对等的地位，防止被申请人利用其优势地位，强迫申请人接受调解，损害申请人的合法权益。

第六条 国家建立专业化、职业化行政复议人员队伍。

行政复议机构中初次从事行政复议工作的人员，应当通过国家统一法律职业资格考试取得法律职业资格，并参加统一职前培训。

国务院行政复议机构应当会同有关部门制定行政复议人员工作规范，加强对行政复议人员的业务考核和管理。

【释义】本条是关于行政复议人员队伍的规定。

行政复议人员队伍是行政复议工作的

重要支撑。此次修法对行政复议人员的规定作了较大幅度修改：在原法规定从事行政复议工作的人员应当取得法律职业资格的基础上，增加规定“国家建立专业化、职业化行政复议人员队伍”；将应当取得法律职业资格的人员范围明确为行政复议机构中初次从事行政复议工作的人员，增加应当参加统一职前培训的要求；增加规定行政复议人员工作规范的内容。

一、国家建立专业化、职业化行政复议人员队伍

建设公正、权威的行政复议制度，需要高素质的行政复议人员队伍支撑。打造专业化、职业化的行政复议专门队伍，是行政复议体制改革的重要任务之一。行政复议体制改革以来，一些地方在推进行政复议人员专业化、职业化方面进行了有效探索。比如，杭州市 2022 年 7 月印发《杭州市行政复议员任命管理办法（试行）》，对行政复议员的资格条件、提名和任命、权利和义务、履职要求等作了规定，并要求行政复议机构应当建立以专业能力水平为依据的行政复议员分级管理制度，加强执业规范管理；要求各区、县（市）政府应当加强行政复议员能力建设，探索完善行政复议员激励保障机制，健全行政复议办案辅助机制，为行政复议员依法履职提供必要的工作保障。这些地方的探索增强了行政复议的职业认同感和荣誉感，强化了行政复议岗位吸引力和队伍稳定性，对加强行政复议人员管理，提升行政复议队伍专业能力和行政复议办案成效发挥了积极作用，为国家建立健全行政复议人员专业化、职业化制度积累了有益经验。下一步，要具体落实行政复议体制改革要求，在加强专业化、职业化建设方面加强顶层制度设计，逐步出台行政复议人员队伍建设的具体制度，体现行政复议办案“准司法”的特点和队伍建设的客观需要，将专业化、职业化的有关要求具体化，为打造一支较强专业性、稳定性的行政复议队伍提供有力制度保障。

二、行政复议人员法律职业资格和参加培训的要求

行政复议工作专业性强，从事这项工作的人员需要具备较高的素质，特别是法律专业素养，保证行政复议工作的专业性、连贯性、统一性和权威性。党的十八届四中全会提出，完善法律职业资格准入制度，健全国家统一法律职业资格管理制度。为贯彻落实这一要求，十二届全国人大常委会第二十九次会议于 2017 年 9 月 1 日通过关于修改《中华人民共和国法官法》等八部法律（含行政复议法）的决定，在原行政复议法第 3 条中增加 1 款，作为第 2 款：“行政机关中初次从事行政复议的人员，应当通过国家统一法律职业资格考试取得法律职业资格。”本条规定中的“初次从事行政复议工作的人员”，是指自 2018 年 1 月 1 日修改后的行政复议法实施以来，首次从事行政复议工作的人员，不包括 2018 年以前已经从事行政复议工作的人员，对之前的这些人员实行“老人老办法”，未取得法律职业资格的，可继续从事行政复议工作。

此次修改行政复议法，考虑到“从事行政复议工作的人员”范围较广，既包括具体负责行政复议案件受理、审理的行政复议机构的人员，也包括签发行政复议决

定书的行政复议机关负责人等人员，还包括为行政复议案件办理提供辅助服务的人员等。为突出行政复议机构的专业性要求，符合行政复议工作实际的人员配备等要求，将原法“行政机关中初次从事行政复议的人员”修改为“行政复议机构中初次从事行政复议工作的人员”，确保法律规定符合工作实际，更具操作性。

为提高行政复议人员的办案素质，此次修法还增加了行政复议人员应当参加统一职前培训的要求。2022 年 2 月，中央组织部、最高人民法院、最高人民检察院、司法部印发《关于建立法律职业人员统一职前培训制度的指导意见》的通知，要求遵循法律职业人才特殊的职业素养、职业能力、职业操守要求，加大法律职业立场、伦理、技能的培训力度，因地制宜、有序推进初次从事行政复议等工作的人员职前培训工作。职前培训时间由行政复议机关和行政复议机构根据实践需要确定。培训期间，参加培训的人员按照国家规定享受正常工资待遇。通过统一的职前培训，可以有效提高行政复议人员的职业素养和专业水平，使其达到从事行政复议工作所需要的初任标准，尽快投入并更好开展行政复议工作。

三、关于行政复议人员工作规范

行政复议人员应当具备与履行行政复议职责相适应的品行、专业知识和业务能力。建立工作规范，加强培训、考核和管理，是提高队伍政治素质和业务能力、保障行政复议工作规范有效开展的重要措施。此次修改行政复议法，增加规定国务院行政复议机构应当会同有关部门制定行政复议人员工作规范，加强对行政复议人员的业务考核和管理。国务院行政复议机构应当按照法律规定要求，综合行政复议工作实际、办案程序要求和队伍管理特点等因素，及时制定行政复议人员工作规范。通过行政复议工作规范的制定和实施，加强对行政复议人员的业务考核和管理。需要说明的是，国家对公务员的考核和管理已有一套完整的法规政策体系，本条规定的考核和管理，主要侧重于行政复议业务考核和管理，聚焦行政复议工作特点和要求，提高考核管理的针对性和有效性。相关的考核标准和管理要求可在行政复议人员工作规范中予以明确。

第七条　行政复议机关应当确保行政复议机构的人员配备与所承担的工作任务相适应，提高行政复议人员专业素质，根据工作需要保障办案场所、装备等设施。县级以上各级人民政府应当将行政复议工作经费列入本级预算。

【释义】本条是关于行政复议工作保障的规定。

加强对行政复议工作的保障是此次行政复议体制改革的重点任务之一。此次修法新增本条关于行政复议人财物保障的规定，主要包括三个方面：一是行政复议机关应当确保行政复议机构的人员配备与所承担的工作任务相适应，提高行政复议人员专业素质；二是行政复议机关根据工作需要保障办案场所、装备等设施；三是县级以上各级人民政府应当将行政复议工作经费列入本级预算。

一、关于行政复议工作的人员保障

在行政复议体制改革过程中，县级以

上地方人民政府按照“事编匹配、优化节约、按需调剂”的原则，合理调配编制资源，通过内部挖潜、部门划转和统筹调剂政法专项编制等方式，充实了行政复议工作力量。本次修法扩大行政复议范围，完善行政复议前置情形，优化行政复议受理审理程序，对行政复议工作的质量和效率提出了更高要求，也对行政复议办案力量和人员素质提出了更高的要求。地方各级人民政府和编制管理部门要综合考虑行政复议工作量和质效标准等情况，及时调整优化行政复议人员数量和结构，确保行政复议机构的人员配备与工作实际相适应；同时，通过招录、调动和培训等多种方式，加强行政复议人员整体的专业素质，确保人岗适应，提高行政复议办案质量和效率，切实发挥行政复议化解行政争议的主渠道作用。

二、关于行政复议办案场所、装备等设施保障

保障行政复议办案场所、装备等设施，是实现行政复议案件办理规范化的一个重要前提。行政复议体制改革后，行政复议范围和前置情形扩大，案件数量增多，行政复议机构除了承担受理审查、案件审查、调查取证、组织听证等工作外，还负责组织办理行政复议机关的行政应诉事项。因此，行政复议机关要根据行政复议工作的实际需要，保障办案车辆、听证场所、信息化设备等设施。行政复议体制改革以来，不少地方推进行政复议规范化建设，在政务大厅、群众来访中心等处设立行政复议申请事项的咨询和收取材料窗口，在行政复议机构设置接待室、阅卷室、调解室、听证室、审理室、档案室等办案专用区，有效保障了行政复议工作顺利开展。下一步，各级行政复议机构还需要按照法律规定，根据工作需要进一步加强保障力度。

三、关于行政复议工作经费保障

行政复议作为政府系统自我纠错的监督制度，受理行政复议申请、审理行政复议案件、作出行政复议决定，是法律赋予行政复议机关的职责。根据本法第87条的规定，行政复议机关受理行政复议申请，不得向申请人收取任何费用。据此，行政复议机关不得以经费不足为由，在受理行政复议申请时向申请人收取任何费用。为确保行政复议机关和行政复议机构依法高效履职，本条规定县级以上各级人民政府应当将行政复议工作经费列入本级预算。预算是国家管理社会经济事务、保障政府和社会正常运转的重要手段之一。通过预算保障行政复议工作经费，对于保障行政复议工作顺利开展，切实维护申请人的合法权益具有十分重要的意义。行政复议工作经费列入本级人民政府预算后，应当及时、足额予以拨付，并不得擅自改变用途。

第八条　行政复议机关应当加强信息化建设，运用现代信息技术，方便公民、法人或者其他组织申请、参加行政复议，提高工作质量和效率。

【释义】本条是关于行政复议机关应当加强信息化建设的规定。

在信息社会，加强行政复议工作的信息化建设，对于改进行政复议工作方式方法、促进行政复议工作经验的共享推广、减少和避免“同案不同判”，提高行政复议

工作质量和效率具有重要意义。本条是此次修法新增内容，主要对行政复议机关加强信息化建设的职责作出规定，同时，明确加强信息化建设的目的是方便公民、法人或者其他组织申请、参加行政复议，提高工作质量和效率。本条规定可以从以下两个方面来理解：

首先，在法律中规定加强行政复议信息化建设，是贯彻落实行政复议体制改革有关要求的重要举措。"加强行政复议工作信息化建设"，是行政复议体制改革的一项重要内容，在有关改革方案中有明确要求。总结近年来各级行政复议机关信息化建设的经验成效，在本次修法中规定行政复议机关应当加强信息化建设，将改革措施上升为法律要求，为改革提供法治保障，有利于推动改革任务落地落实。

其次，行政复议机关加强信息化建设应当从几个方面入手：一是加强行政复议平台等信息化建设。比如，国务院行政复议机构加强全国行政复议工作平台建设，实时在线办理行政复议案件，归集全国数据、规范办案流程、方便服务群众。其他行政复议机构要积极运用，提升工作效率。二是应当运用现代信息技术。现代信息技术是借助以微电子学为基础的计算机技术和电信技术的结合而形成的手段，对声音的、图像的、文字的、数字的和各种传感信号的信息进行获取、加工处理、储存、传播和使用的能动技术，其核心是计算机技术和通信技术。运用现代信息技术推动行政复议工作，是为其插上科技的翅膀，有利于行政复议工作高质高效开展。三是行政复议信息化建设既是为了方便公民、法人或者其他组织申请，参加行政复议，也是为了提高工作质量和效率。比如可以建立网上申请和网上听证平台，真正实现"让数据多跑腿，让群众少跑路"。

第九条　对在行政复议工作中做出显著成绩的单位和个人，按照国家有关规定给予表彰和奖励。

【释义】本条是关于表彰和奖励的规定。

行政复议人员队伍是一支具有良好素质的队伍。行政复议人员需要通过公务员招录和国家统一法律职业资格双重考试，入职门槛较高，培养周期较长，工作负担也相对较重。榜样的力量是无穷的。国家通过各种形式，对在行政复议工作中做出显著成绩的单位和个人给予表彰、奖励，是对这支队伍积极履职尽责的肯定和褒奖，具有积极的意义。一方面，表彰、奖励对提高行政复议人员的社会地位，调动他们的工作积极性，激励他们努力奋斗、积极奉献、建功立业具有重要作用。另一方面，表彰、奖励也是一种宣传，会吸引更多的人才投身行政复议事业、加入行政复议工作队伍，在全社会推动行政复议事业向更好方向发展。同时，参与行政复议工作的主体较多，涉及方方面面，对在行政复议工作中做出显著成绩的有关单位和人员进行表彰奖励，也有利于推进行政复议工作的顺利进行。

这里需要注意几点：一是给予表彰、奖励的对象是"在行政复议工作中做出显著成绩的单位和个人"，不是一般的做出成绩即可成为奖励对象。当然，考虑到行政复议涉及方方面面，奖励的对象不限于行政复议机构和行政复议人员，还有行政复议工作有关的单位和个人。二是给予表彰、奖励的主体，既包括各级人民政府，也包括司法等政府有关部门。三是给予表彰、奖励的方式，既包括物质奖励，如颁发奖金、颁发奖品等；也包括精神方面的表彰，如给予通报表扬、授予荣誉称号等。四是表彰、奖励要“按照国家有关规定”进行。党和国家出台了一系列关于功勋荣誉表彰和评比奖励的有关规定。这些都为如何表彰、奖励在行政复议工作中做出显著成绩的单位和个人提供了具体指导和依据。同时，国务院行政复议机构根据需要，也可以根据行政复议工作本身的特点，对表彰和奖励的条件、程序、方式等作出具体规定。

第十条　公民、法人或者其他组织对行政复议决定不服的，可以依照《中华人民共和国行政诉讼法》的规定向人民法院提起行政诉讼，但是法律规定行政复议决定为最终裁决的除外。

【释义】本条是关于对行政复议决定不服可以依法向人民法院提起行政诉讼的规定。

行政复议是行政系统内部的一项监督工作，同时也是一种行政行为，虽然其具有法律救济的性质，但仍然在行政系统内部运作，属于行政系统内部的一种自我纠错机制。从设计监督机制的角度，对行政复议行为应当设立外部监督机制，提供司法救济途径。对此，本条规定了对行政复议决定不服的救济途径。此次修订对本条内容未作实质性修改。

一、规定不服行政复议决定可以提起行政诉讼的意义

为了防止和纠正违法的或者不当的行政行为，切实保障公民、法人及其他组织的合法权益，监督和保障行政机关依法行使职权，有必要从制度上明确不服行政复议决定的外部监督机制，提供相应的司法救济途径。因此，本条规定，除法律规定行政复议决定为最终裁决的以外，公民、法人或者其他组织对行政复议决定不服的，可以依法向人民法院提起行政诉讼。

行政诉讼是指公民、法人及其他组织对行政机关作出的行政行为不服，或者认为行政机关侵害其合法权益的，可以通过向人民法院提起诉讼而获得法律救济的一种纠纷解决机制。行政诉讼具有以下特点：一是一方当事人是特定的，即被告一定是行使行政权力的行政机关或者法律、法规授权的组织，公民、法人以及其他组织不能成为被告，不行使行政权力的国家机关，如法院、检察院等也不能成为被告。二是行政诉讼争议的内容，主要是行政机关作出的行政行为是否合法。三是人民法院在审理行政诉讼案件中，主要审查行政机关的行政行为，不受理公民、法人或者其他组织对行政法规、规章或者行政机关制定、发布的具有普遍约束力的决定、命令提起的诉讼。人民法院在审理行政案件中，经审查认为行政行为所依据的国务院部门和地方人民政府及其部门制定的除规章以外的规范性文件不合法的，不作为认定行政行为合法的依据，并向制定机关提出处理建议。

二、行政复议与行政诉讼制度的衔接

行政复议与行政诉讼两项法律制度相衔接，是由以下两项法律原则所决定的：一是司法最终解决原则，即除国务院裁决外行政复议并非终局裁决，行政相对人对行政复议决定不服的，仍然可以提起诉讼。最终对所争议的行政行为究竟如何裁决，由司法机关决定。二是行政复议并非必经阶段原则。对行政争议，除法律有特别规定比如行政复议前置或者行政决定本身就属于最终决定外，一般情况下行政相对人可以进行选择，既可以行政复议，也可以直接向人民法院起诉；还可以先行政复议，对行政复议决定不服时，再向人民法院起诉。

对与行政复议制度的衔接，行政诉讼法作了如下规定：一是对属于人民法院受案范围的行政案件，公民、法人或者其他组织可以先向行政机关申请复议，对复议决定不服的，再向人民法院提起诉讼，也可以直接向人民法院提起诉讼。二是法律、法规规定应当先向行政机关申请复议，对复议决定不服再向人民法院提起诉讼的，依照法律、法规的规定。三是公民、法人或者其他组织不服复议决定的，可以在收到复议决定书之日起15日内向人民法院提起诉讼。复议机关逾期不作决定的，申请人可以在复议期满之日起15日内向人民法院提起诉讼。法律另有规定的除外。上述规定表明了行政诉讼与行政复议的关系。

为了与行政诉讼制度做好衔接，行政复议法也作了衔接性的规定，包括：一是法律、行政法规规定应当先向行政复议机关申请行政复议、对行政复议决定不服再向人民法院提起行政诉讼的，行政复议机关决定不予受理、驳回申请或者受理后超过行政复议期限不作答复的，公民、法人或者其他组织可以自收到决定书之日起或者行政复议期限届满之日起15日内，依法向人民法院提起行政诉讼。二是公民、法人或者其他组织申请行政复议，行政复议机关已经依法受理的，在行政复议期间不得向人民法院提起行政诉讼。三是公民、法人或者其他组织向人民法院提起行政诉讼，人民法院已经依法受理的，不得申请行政复议。四是对省、自治区、直辖市人民政府依照本法第24条第2款的规定、国务院部门依照本法第25条第1项的规定作出的行政复议决定不服的，可以向人民法院提起行政诉讼；也可以向国务院申请裁决，国务院依照本法的规定作出最终裁决。

三、关于不得对法律规定为最终裁决的行政复议决定提起行政诉讼

按照本条规定，公民、法人或者其他组织对行政复议决定不服的，可以依法向人民法院提起行政诉讼，但是法律规定行政复议决定为最终裁决的除外。也就是说，公民、法人或者其他组织对法律规定为最终裁决的行政复议决定不服的，不可以向人民法院提起行政诉讼。

这里的“最终裁决”，即按照法律规定，行政机关拥有最终裁决权，其作出行政复议决定，当事人不得提起行政诉讼。最终裁决的行政复议决定有三个特征：一是这种行为体现着行政机关拥有最终裁决权，最终裁决的行政复议决定一经作出，即拥有终局的法律效力。当事人对该行政

复议决定不服的，不能向人民法院提起行政诉讼，不能寻求司法救济。二是最终裁决的行政复议决定必须由法律规定，行政法规、地方性法规、规章和其他规范性文件均无权规定。

行政复议法对最终裁决作了以下规定：一是对省、自治区、直辖市人民政府依照本法第 24 条第 2 款的规定作出的行政复议决定不服的，可以向人民法院提起行政诉讼；也可以向国务院申请裁决，国务院依照本法的规定作出最终裁决。按照本法第 24 条第 2 款规定，省、自治区、直辖市人民政府同时管辖对本机关作出的行政行为不服的行政复议案件。对省、自治区、直辖市人民政府作出的此类行政复议决定不服的，如果向国务院申请裁决，国务院将作出最终裁决。二是对国务院部门依照本法第 25 条第 1 项的规定作出的行政复议决定不服的，可以向人民法院提起行政诉讼；也可以向国务院申请裁决，国务院依照本法的规定作出最终裁决。按照本法第 25 条第 1 项规定，国务院部门管辖对本部门作出的行政行为不服的行政复议案件。对国务院部门作出的此类行政复议决定不服的，如果向国务院申请裁决，国务院将作出最终裁决。在上述两种情形下，国务院一旦作出最终裁决，当事人即便不服该裁决，也不得提起行政诉讼。

目前还有其他一些法律对终局裁决的行政复议决定作出了规定。如出境入境管理法规定，外国人对依照本法规定对其实施的继续盘问、拘留审查、限制活动范围、遣送出境措施不服的，可以依法申请行政复议，该行政复议决定为最终决定；其他境外人员对依照本法规定对其实施的遣送出境措施不服，申请行政复议的，适用上述规定。又如，出口管制法规定，有关组织或者个人对国家出口管制管理部门的不予许可决定不服的，可以依法申请行政复议。行政复议决定为最终裁决。

需要注意的是，虽然我国一些法律中规定了最终裁决的行政复议决定，但是从法律制度整体来说，作为最终裁决的行政复议决定还是特殊的和个别的情况。行政复议机关作出最终裁决的行政复议决定的事项范围应控制在必要的范围，这是由行政行为必须受到监督制约这一项法治原则所决定的。

第二章　行政复议申请

第一节　行政复议范围

第十一条　有下列情形之一的，公民、法人或者其他组织可以依照本法申请行政复议：

（一）对行政机关作出的行政处罚决定不服；

（二）对行政机关作出的行政强制措施、行政强制执行决定不服；

（三）申请行政许可，行政机关拒绝或者在法定期限内不予答复，或者对行政机关作出的有关行政许可的其他决定不服；

（四）对行政机关作出的确认自然资源的所有权或者使用权的决定不服；

（五）对行政机关作出的征收征用决定及其补偿决定不服；

（六）对行政机关作出的赔偿决定或者不予赔偿决定不服；

（七）对行政机关作出的不予受理工伤认定申请的决定或者工伤认定结论不服；

（八）认为行政机关侵犯其经营自主权或者农村土地承包经营权、农村土地经营权；

（九）认为行政机关滥用行政权力排除或者限制竞争；

（十）认为行政机关违法集资、摊派费用或者违法要求履行其他义务；

（十一）申请行政机关履行保护人身权利、财产权利、受教育权利等合法权益的法定职责，行政机关拒绝履行、未依法履行或者不予答复；

（十二）申请行政机关依法给付抚恤金、社会保险待遇或者最低生活保障等社会保障，行政机关没有依法给付；

（十三）认为行政机关不依法订立、不依法履行、未按照约定履行或者违法变更、解除政府特许经营协议、土地房屋征收补偿协议等行政协议；

（十四）认为行政机关在政府信息公开工作中侵犯其合法权益；

（十五）认为行政机关的其他行政行为侵犯其合法权益。

【释义】本条是关于行政复议范围的规定。

公民、法人或者其他组织认为行政机关的行政行为侵犯其合法权益，可以依照本法申请行政复议。本条列举了可以申请行政复议的范围，为当事人申请行政复议提供明确指引。这一范围比原行政复议法规定的范围有所扩充。

一、对行政机关作出的行政处罚决定不服

行政处罚是行政机关依法对违反行政管理秩序的公民、法人或者其他组织，以减损权益或者增加义务的方式予以惩戒的

行为。行政处罚法对行政处罚的种类作了规定，明确列举了警告、通报批评等五类行政处罚措施，以及法律、行政法规规定的其他行政处罚。同时，行政处罚法对实施行政处罚的管辖、适用、程序、执行等作出规范。行政相对人认为行政机关违反行政处罚法相关规定作出行政处罚决定，或者认为行政处罚决定违反其他法律法规规定的，以及认为行政处罚存在裁量过重等情形的，行政相对人均可以申请行政复议。

二、对行政机关作出的行政强制措施、行政强制执行决定不服

根据行政强制法的规定，行政强制包括行政强制措施和行政强制执行。行政强制措施是指行政机关在行政管理过程中，为制止违法行为、防止证据损毁、避免危害发生、控制危险扩大等情形，依法对公民的人身自由实施暂时性限制，或者对公民、法人或者其他组织的财物实施暂时性控制的行为。行政强制法对行政强制措施的实施程序作了规定，并对行政强制措施中的查封、扣押程序和冻结程序作出专门规定。比如，行政强制法第29条规定，冻结存款、汇款应当由法律规定的行政机关实施，其他任何行政机关或者组织不得冻结存款、汇款。据此，对于法律规定的行政机关以外的行政机关实施冻结存款行为的，当事人可以通过申请行政复议保护自身合法权益。行政强制执行，是指行政机关或者行政机关申请人民法院，对不履行行政决定的公民、法人或者其他组织，依法强制履行义务的行为。具有强制执行权的行政机关可以依照行政强制法的规定实施强制执行，行政机关作出强制执行决定应当符合行政强制法规定的催告、听取意见、复核等严格的程序。当事人对行政强制执行决定及其程序不服的，可以申请行政复议。

三、申请行政许可，行政机关拒绝或者在法定期限内不予答复，或者对行政机关作出的有关行政许可的其他决定不服

行政许可，是指行政机关根据公民、法人或者其他组织的申请，经依法审查，准予其从事特定活动的行为。行政许可法第7条中规定，公民、法人或者其他组织对行政机关实施行政许可，享有陈述、申辩权；有权依法申请行政复议或者提起行政诉讼。根据行政许可法的规定，公民、法人或者其他组织从事特定活动，依法需要取得行政许可的，向行政机关提出申请，申请人应当向行政机关提交有关材料和反映真实情况，行政机关依法作出不受理、允许当事人当场更正、限期补正、受理等处理。行政机关受理申请后，对提交的申请材料进行审查，能够当场作出决定的，应当当场作出书面的行政许可决定，其他情形下在法定期限内按照规定程序作出行政许可决定，作出不予行政许可的书面决定应当说明理由。同时，行政许可法还对行政许可的实施机关、期限、听证、变更和延续等程序作了规定。行政机关拒绝给予行政许可、在法定期限内不予答复，或者作出准予、变更、延续、撤销、撤回、注销行政许可等决定的，行政相对人不服的，可以申请行政复议。本项所称法定期限，是指行政许可法第42条至第44条明确

规定的期限，以及依据行政许可法的授权由有关法律、法规规定的期限。

四、对行政机关作出的确认自然资源的所有权或者使用权的决定不服

根据土地管理法、森林法、水法、草原法、渔业法、海域使用管理法等法律规定，相关自然资源的所有权或者使用权应当经行政机关登记确认。例如，土地管理法第12条第1款规定，土地的所有权和使用权的登记，依照有关不动产登记的法律、行政法规执行。森林法第15条第1款中规定，林地和林地上的森林、林木的所有权、使用权，由不动产登记机构统一登记造册，核发证书。矿产资源法第3条第3款中规定，勘查、开采矿产资源，必须依法分别申请、经批准取得探矿权、采矿权，并办理登记。公民、法人或者其他组织认为行政机关确认自然资源的所有权或者使用权的决定不服的，可以申请行政复议。需要注意的是，原行政复议法第30条第2款规定，根据国务院或者省、自治区、直辖市人民政府对行政区划的勘定、调整或者征收土地的决定，省、自治区、直辖市人民政府确认土地、矿藏、水流、森林、山岭、草原、荒地、滩涂、海域等自然资源的所有权或者使用权的行政复议决定为最终裁决。本次修订删去了该规定，此类行政复议决定已不属于最终裁决。

五、对行政机关作出的征收征用决定及其补偿决定不服

土地管理法第2条第4款规定，国家为了公共利益的需要，可以依法对土地实行征收或者征用并给予补偿；第45条规定，为了公共利益的需要，有军事和外交需要用地，以及由政府组织实施的能源、交通、水利、通信、邮政等基础设施建设需要用地等情形，确需征收农民集体所有的土地的，可以依法实施征收。根据土地管理法的规定，征收土地依法由国务院或者省、自治区、直辖市人民政府批准；征收土地应当给予公平、合理的补偿；国家征收土地的，依照法定程序批准后，由县级以上地方人民政府予以公告并组织实施，经过拟征收土地现状调查和社会稳定风险评估、签订补偿安置协议等前期工作后，县级以上地方人民政府方可申请征收土地。民法典第245条规定，因抢险救灾、疫情防控等紧急需要，依照法律规定的权限和程序可以征用组织、个人的不动产或者动产；被征用的不动产或者动产使用后，应当返还被征用人；组织、个人的不动产或者动产被征用或者征用后毁损、灭失的，应当给予补偿。根据法律规定，无论征收还是征用，都应当依法给予权利人相应补偿。公民、法人或者其他组织对征收征用以及征收征用的补偿决定不服的，可以申请行政复议。

六、对行政机关作出的赔偿决定或者不予赔偿决定不服

本项规定是本次修订新增的内容。国家赔偿法第二章规定了行政赔偿的赔偿范围、赔偿请求人、赔偿义务机关和赔偿程序。行政机关及其工作人员行使行政职权时侵犯人身权或者财产权的，受害人有取得赔偿的权利。根据国家赔偿法的规定，赔偿义务机关应当自收到申请之日起2个

月内，作出是否赔偿的决定。赔偿义务机关决定赔偿的，应当制作赔偿决定书，并自作出决定之日起10日内送达赔偿请求人；赔偿义务机关决定不予赔偿的，应当自作出决定之日起10日内书面通知赔偿请求人，并说明不予赔偿的理由。国家赔偿法规定，对不服不予赔偿决定或者在规定期限内未作出赔偿决定的，以及对赔偿的方式、项目、数额有异议的，赔偿请求人可以提起诉讼。为妥善保护赔偿请求人的合法权益，本法同时明确，对上述行为不服的，当事人可以申请行政复议。

七、对行政机关作出的不予受理工伤认定申请的决定或者工伤认定结论不服

本项规定是本次修订新增的内容。《工伤保险条例》对工伤认定申请和工伤认定结论作了规定。其第17条第1款、第2款规定，职工发生事故伤害或者按照职业病防治法规定被诊断、鉴定为职业病，所在单位应当向统筹地区社会保险行政部门提出工伤认定申请，用人单位未按前款提出工伤认定申请的，工伤职工或者其近亲属、工会组织在事故伤害发生之日或者被诊断、鉴定为职业病之日起1年内，可以直接向用人单位所在地统筹地区社会保险行政部门提出工伤认定申请。第20条第1款、第2款中规定，社会保险行政部门应当自受理工伤认定申请之日起60日内作出工伤认定的决定；社会保险行政部门对受理的事实清楚、权利义务明确的工伤认定申请，应当在15日内作出工伤认定的决定。根据第55条第1项、第2项规定，申请工伤认定的职工或者其近亲属、该职工所在单位对工伤认定申请不予受理的决定、工伤认定结论不服的，有关单位或者个人可以依法申请行政复议，也可以依法向人民法院提起行政诉讼。第31条规定，社会保险行政部门作出认定为工伤的决定后发生行政复议、行政诉讼的，行政复议和行政诉讼期间不停止支付工伤职工治疗工伤的医疗费用。根据上述规定，当事人对行政机关作出的不予受理工伤认定申请的决定或者工伤认定结论不服的，可以申请行政复议。

八、认为行政机关侵犯其经营自主权或者农村土地承包经营权、农村土地经营权

经营自主权是企业、个体经营者等依法享有的调配使用自己的人财物，自主组织生产经营活动的权利。除法律、法规对投资领域、商品价格、出口管制等事项有明确限制外，行政机关不得干预其生产经营；如果干预，企业和个体经营者可以申请行政复议或者向法院提起行政诉讼。对此，有关法律法规也有规定，如种子法第40条第7款规定，任何单位和个人不得非法干预种子生产经营者的生产经营自主权。

农村土地承包法对农村土地承包经营权、农村土地经营权作了规定。其第9条规定，承包方承包土地后，享有土地承包经营权，可以自己经营，也可以保留土地承包权，流转其承包地的土地经营权，由他人经营。第17条规定，承包方享有下列权利：依法享有承包地使用、收益的权利，有权自主组织生产经营和处置产品；依法互换、转让土地承包经营权；依法流转土地经营权；承包地被依法征收、征用、占用的，有权依法获得相应的补偿；法律、行政法规规定的其

他权利。第36条规定，承包方可以自主决定依法采取出租（转包）、入股或者其他方式向他人流转土地经营权，并向发包方备案。第37条规定，土地经营权人有权在合同约定的期限内占有农村土地，自主开展农业生产经营并取得收益。对于上述农村土地承包经营权和农村土地经营权，如果权利人认为乡镇政府或者县级以上地方人民政府有关部门违反有关规定，干涉农村土地承包经营，变更、解除承包经营合同，干涉承包经营当事人依法享有的生产经营自主权，强迫、阻碍承包经营当事人进行土地承包经营权互换、转让或者土地经营权流转等侵害土地承包经营权、土地经营权的，可以依法申请行政复议。

九、认为行政机关滥用行政权力排除或者限制竞争

反垄断法第10条规定，行政机关和法律、法规授权的具有管理公共事务职能的组织不得滥用行政权力，排除、限制竞争。第39条至第45条规定了滥用行政权力排除或者限制竞争的情形，包括：一是限定或者变相限定单位或者个人经营、购买、使用其指定的经营者提供的商品；二是通过与经营者签订合作协议、备忘录等方式，妨碍其他经营者进入相关市场或者对其他经营者实行不平等待遇，排除、限制竞争；三是实施对外地商品设定歧视性收费项目、实行歧视性收费标准，或者规定歧视性价格等行为，妨碍商品在地区之间的自由流通；四是以设定歧视性资质要求、评审标准或者不依法发布信息等方式，排斥或者限制经营者参加招标投标以及其他经营活动；五是采取与本地经营者不平等待遇等方式，排斥、限制、强制或者变相强制外地经营者在本地投资或者设立分支机构；六是强制或者变相强制经营者从事本法规定的垄断行为；七是制定含有排除、限制竞争内容的规定。经营者认为行政机关违反上述规定，侵犯其合法权益的，可以向行政复议机关申请行政复议。

十、认为行政机关违法集资、摊派费用或者违法要求履行其他义务

本项规定是原行政复议法规定的内容。近年来，随着依法行政深入推进，行政机关向个人、企业乱集资、乱摊派、乱收费等现象得到了有效遏制。但是，此类行为并未完全杜绝。行政机关向公民、法人或者其他组织收取费用或者要求履行义务的，必须有法律、法规的依据。我国民法典、税收征收管理法、突发事件应对法等对行政机关依法向行政相对人集资、摊派费用、要求履行义务等行为作了规定，行政机关可以在法定权限内作出有关行为。对于没有法定依据的，行政相对人可以通过行政复议等法定渠道寻求救济。

十一、申请行政机关履行保护人身权利、财产权利、受教育权利等合法权益的法定职责，行政机关拒绝履行、未依法履行或者不予答复

人身权利是与公民人身相关的权利，包括民法典规定的生命权、肖像权、名誉权、隐私权等人格权，结婚、收养、继承等身份权，以及其他法律法规规定的公民人身权利。财产权利主要是指民法典规定的物权、债权以及其他法律法规规定的知

识产权、数据权利等表现为经济利益的权利。受教育权利是教育法、义务教育法等法律法规规定的公民享有的接受教育的权利。这些都是宪法赋予公民的基本权利，行政机关负有保护这些合法权益的职责。公民、法人或者其他组织申请行政机关保护其合法权益时，行政机关不得拒绝；如果行政机关拒绝履行、未依法履行或者不予答复的，公民、法人或者其他组织可以申请行政复议。

十二、申请行政机关依法给付抚恤金、社会保险待遇或者最低生活保障等社会保障，行政机关没有依法给付

抚恤金，是公民因公、因病致残或者死亡后，由有关部门发给其本人或者亲属的生活费用。主要包括因公死亡人员的遗属的死亡抚恤金和因公致伤、致残者本人的伤残抚恤金。公民认为符合条件应当发放抚恤金，行政机关没有发放或者对发放的金额有争议的，可以申请行政复议。

社会保险法规定，国家建立基本养老保险、基本医疗保险、工伤保险、失业保险、生育保险等社会保险制度，保障公民在年老、疾病、工伤、失业、生育等情况下依法从国家和社会获得物质帮助的权利。该法规定，县级以上地方人民政府社会保险行政部门负责本行政区域的社会保险管理工作，县级以上地方人民政府其他有关部门在各自的职责范围内负责有关的社会保险工作；社会保险经办机构应当建立健全业务、财务、安全和风险管理制度，社会保险经办机构应当按时足额支付社会保险待遇。根据该法规定，用人单位或者个人认为社会保险费征收机构的行为侵害自己合法权益的，可以依法申请行政复议或者提起行政诉讼。用人单位或者个人对社会保险经办机构不依法办理社会保险登记、核定社会保险费、支付社会保险待遇、办理社会保险转移接续手续或者侵害其他社会保险权益的行为，可以依法申请行政复议或者提起行政诉讼。

国家对共同生活的家庭成员人均收入低于当地最低生活保障标准，且符合当地最低生活保障家庭财产状况规定的家庭，给予最低生活保障。对批准获得最低生活保障的家庭，县级人民政府民政部门按照共同生活的家庭成员人均收入低于当地最低生活保障标准的差额，按月发给最低生活保障金。行政机关违反相关义务没有支付最低生活保障金的，权利人可以申请行政复议。

十三、认为行政机关不依法订立、不依法履行、未按照约定履行或者违法变更、解除政府特许经营协议、土地房屋征收补偿协议等行政协议

政府特许经营协议是政府通过招标等公平竞争方式许可特许经营者经营某项公共产品或者提供某项公共服务。行政许可法第 12 条第 2 项规定，有限自然资源开发利用、公共资源配置以及直接关系公共利益的特定行业的市场准入等，需要赋予特定权利的事项，可以设定行政许可。这里所称的赋予特定权利的事项，经常采用签订行政协议的方式，也就是政府特许经营协议。《市政公用事业特许经营管理办法》等部门规章规定了政府特许经营的程序，其中规定城市供水、供气、供热、公共交通、污水处理、垃圾处理等行业，依法实施特许经营的，一般采取签订政府特许经

营协议的形式。

土地征收补偿协议是政府依法对征收农村集体土地给予补偿时签订的协议。根据土地管理法的规定，国家征收土地的，依照法定程序批准后，由县级以上地方人民政府予以公告并组织实施，经过签订补偿安置协议等前期工作后，县级以上地方人民政府方可申请征收土地。房屋征收补偿是政府征收国有土地上的房屋给予补偿时签订的协议。根据《国有土地上房屋征收与补偿条例》规定：为了公共利益的需要，征收国有土地上单位、个人的房屋，应当对被征收房屋所有权人给予公平补偿；房屋征收部门与被征收人依照本条例的规定，就补偿方式、补偿金额和支付期限、用于产权调换房屋的地点和面积、搬迁费、临时安置费或者周转用房、停产停业损失、搬迁期限、过渡方式和过渡期限等事项，订立补偿协议。

行政协议有关的行为和行政争议是否属于行政复议范围和行政诉讼受案范围，曾经存在争议。有的认为，行政协议属于合同的一种类型，有关争议应当适用民事诉讼程序；有的认为行政协议与民事合同有本质上的不同，应当进入行政救济渠道。2014 年修正行政诉讼法时，认为此类争议中往往伴随着行政权力引起的争议，将其纳入行政诉讼受案范围，有利于争议的一并解决，于是将"政府特许经营协议、土地房屋征收补偿协议等协议"纳入行政诉讼受案范围。从司法实践看，有关行政协议的行政诉讼案件数量逐渐增加，其重要性和影响力逐渐凸显，对于解决有关争议、监督行政机关行使职权具有一定意义。行政协议有关争议出现在签订、履行、变更、解除等各个环节，在这些环节，行政机关均可能违法行使行政权力。为了加强对行政机关依法行政的监督，将政府特许经营协议、土地房屋征收补偿协议等行政协议在签订、履行、变更、解除等环节的行政争议纳入行政复议范围，是有必要的。

十四、认为行政机关在政府信息公开工作中侵犯其合法权益

本项规定是本次修订新增的内容。《中华人民共和国政府信息公开条例》规定，行政机关公开政府信息，采取主动公开和依申请公开的方式。一方面，对涉及公众利益调整、需要公众广泛知晓或者需要公众参与决策的政府信息，行政机关应当主动公开。另一方面，除行政机关主动公开的政府信息外，公民、法人或者其他组织可以向地方各级人民政府、对外以自己名义履行行政管理职能的县级以上人民政府部门申请获取相关政府信息。

《中华人民共和国政府信息公开条例》对依申请公开的程序作了较为详细的规定。行政机关收到政府信息公开申请，能够当场答复的，应当当场予以答复；行政机关不能当场答复的，应当自收到申请之日起 20 个工作日内予以答复；需要延长答复期限的，应当经政府信息公开工作机构负责人同意并告知申请人，延长的期限最长不得超过 20 个工作日。对于政府信息公开申请，行政机关根据不同情况分别作出答复：告知获取信息途径、提供政府信息、决定不予公开、告知该政府信息不存在、告知不属于本行政机关负责公开、告知申请人不予重复处理等。该条例同时规定，公民、法人或者其他组织认为行政机关在政府信

息公开工作中侵犯其合法权益的，可以向上一级行政机关或者政府信息公开工作主管部门投诉、举报，也可以依法申请行政复议或者提起行政诉讼。

十五、认为行政机关的其他行政行为侵犯其合法权益

属于行政复议范围的主要标准：一是属于行政行为，二是侵犯申请人合法权益。本条前14项列举了常见的可能侵犯公民、法人或者其他组织合法权益、引发行政争议的具体情形，主要是为公民、法人或者其他组织申请行政复议提供明确指引，但尚未囊括全部情形。比如，按照《工伤保险条例》第55条的规定，除了行政复议法在本条第7项规定的情形外，用人单位对经办机构确定的单位缴费费率不服，签订服务协议的医疗机构、辅助器具配置机构认为经办机构未履行有关协议或者规定，以及工伤职工或者其近亲属对经办机构核定的工伤保险待遇有异议的，也可以申请行政复议。此外，随着经济社会发展，还有一些新出现的或者已经出现但并不常见的情形，虽然符合上述标准，也没有在本条中明确列举，但并不意味着这些情形就不能申请行政复议。因此，为更好保护公民、法人或者其他组织的合法权益，本项作了兜底性规定。

第十二条　下列事项不属于行政复议范围：

（一）国防、外交等国家行为；

（二）行政法规、规章或者行政机关制定、发布的具有普遍约束力的决定、命令等规范性文件；

（三）行政机关对行政机关工作人员的奖惩、任免等决定；

（四）行政机关对民事纠纷作出的调解。

【释义】本条是关于不属于行政复议范围事项的规定。

行政复议的范围，受国家机关之间的职权分工影响，取决于行政复议机关在国家机关中的角色和功能定位，并非行政机关的所有行为都纳入行政复议范围。本条规定了不属于行政复议范围的事项，与原法相比增加了国防、外交等国家行为，以及行政法规、规章或者行政机关制定、发布的具有普遍约束力的决定、命令等规范性文件。

一、国防、外交等国家行为

国防、外交等国家行为，具有高度的政治性，不同于一般的行政行为，不适宜由行政复议机关进行监督。行政诉讼受理范围也明确排除了此类行为。关于国家行为的含义，可以参考最高人民法院2018年颁布的《最高人民法院关于适用〈中华人民共和国行政诉讼法〉的解释》的规定，国家行为，是指国务院、中央军事委员会、国防部、外交部等根据宪法和法律的授权，以国家的名义实施的有关国防和外交事务的行为，以及经宪法和法律授权的国家机关宣布紧急状态等行为。国防行为主要是指国家为了防备和抵抗侵略，制止武装颠覆，保卫国家的主权、领土完整和安全所进行的军事活动，如宣传、发布动员令、戒严令、军事演习、设立军事禁区等。外交行为是指国家之间或者国家与国际组织之间的交往行为，如对外国国家和政府的

承认、建交、断交，缔结条约、公约和协定等。上述行为，在我国主要由全国人大及其常委会决定，由国务院执行。行政复议机关无权对此类行为的合法性、合理性作出判断。

二、行政法规、规章或者行政机关制定、发布的具有普遍约束力的决定、命令等规范性文件

制定行政法规、规章是立法行为。根据宪法、立法法的规定，行政法规、规章由全国人大及其常委会和地方人大及其常委会，或者国务院以及省级人民政府进行监督，其监督方式主要是备案审查，不宜纳入行政复议范围。

我国法律中对规范性文件作了规定。地方各级人民代表大会和地方各级人民政府组织法第75条规定，县级以上的地方各级人民政府制定涉及个人、组织权利义务的规范性文件，应当依照法定权限和程序，进行评估论证、公开征求意见、合法性审查、集体讨论决定，并予以公布和备案。立法法第116条规定，对法律、行政法规、地方性法规、自治条例和单行条例、规章和其他规范性文件，制定机关根据维护法制统一的原则和改革发展的需要进行清理。根据上述法律规定，行政机关制定的规范性文件的范围比较宽泛，本项所称的规范性文件是指狭义的行政规范性文件。行政法规、规章之外的由行政机关制定的规范性文件属于狭义的行政规范性文件，是指行政机关制定的涉及个人、组织权利义务的具有普遍约束力的文件，其主要表现形式包括具有普遍约束力的决定、命令等。

现实中，行政规范性文件在行政管理中大量存在，发挥了重要作用，但也存在一些违法问题，侵犯了公民、法人或者其他组织的合法权益。对于行政规范性文件的合法性审查已有相关规定。如宪法规定，国务院有权改变或者撤销各部、各委员会发布的不适当的命令、指示、规章，改变或者撤销地方各级国家行政机关的不适当的决定和命令；地方各级人民代表大会和地方各级人民政府组织法规定，县级以上的地方各级人民代表大会有权撤销本级人民政府的不适当的决定和命令，县级以上的地方各级人民政府有权改变或者撤销所属各工作部门的不适当的命令、指示和下级人民政府的不适当的决定、命令。《国务院办公厅关于全面推行行政规范性文件合法性审核机制的指导意见》（国办发〔2018〕115号）规定，凡涉及公民、法人和其他组织权利义务的规范性文件，均要纳入合法性审核范围，确保实现全覆盖，做到应审必审；各地区、各部门要根据实际情况确定规范性文件合法性审核程序。根据上述规定，县级以上地方各级人民代表大会、县级以上各级人民政府对规范性文件具有合法性审查权限。

由于行政规范性文件具有普遍约束力，其影响范围不确定，涉及权利义务主体不特定，对规范性文件的合法性审查，一般难以通过行政诉讼、行政复议等需要特定主体提起的救济渠道进行解决。目前，对行政规范性文件进行审查的主要方式是事前合法性审查和事后备案审查。通过直接提起行政复议的方式进行审查，允许不特定多数人都可以提起行政复议，行政复议机关难以判断其利害关系，行政规范性文件的审查处理效果将同时受到影响。因此，

行政复议法将规范性文件排除在行政复议范围之外，仅受理在对行政行为申请行政复议时，一并向行政复议机关提出的规范性文件的附带审查申请。

三、行政机关对行政机关工作人员的奖惩、任免等决定

行政机关对行政机关工作人员的奖惩、任免，属于行政机关内部的管理行为，不同于针对行政相对人的外部行政行为，而行政复议制度主要是为了保护行政相对人及有关利害关系人的合法权益，因此这类内部行为不能通过行政复议进行救济。公务员法规定，公务员对涉及本人的处分、辞退或者取消录用、降职、免职等人事处理不服的，可以向原处理机关申请复核；对复核结果不服的，可以按照规定向同级公务员主管部门或者作出该人事处理的机关的上一级机关提出申诉；也可以不经复核直接提出申诉。公务员认为机关及其领导人员侵犯其合法权益的，还可以依法向上级机关或者监察机关提出控告。可以说，对于公务员的奖惩、任免有相应的救济渠道，无须纳入行政复议范围。

四、行政机关对民事纠纷作出的调解

行政机关对民事纠纷的调解，是指行政机关主持的，以法律法规为依据，以自愿为原则，促使民事纠纷双方互谅互让，达成一致意见的一种活动，可以称作"行政调解"。行政调解是社会矛盾纠纷多元化解机制的重要一环，一些法律法规中对行政调解作了规定。如种子法第 72 条第 2 款中规定，县级以上人民政府农业农村、林业草原主管部门，根据当事人自愿的原则，对侵犯植物新品种权所造成的损害赔偿可以进行调解。农村土地承包法第 55 条第 1 款规定，因土地承包经营发生纠纷的，双方当事人可以通过协商解决，也可以请求村民委员会、乡（镇）人民政府等调解解决。土壤污染防治法第 96 条第 3 款规定，土壤污染引起的民事纠纷，当事人可以向地方人民政府生态环境等主管部门申请调解处理，也可以向人民法院提起诉讼。

经过行政调解，双方达成一致的，一般会形成调解协议或制作调解书。调解的法律后果是双方协商达成的，行政机关在调解中的角色是居中的，其行为不直接影响当事人双方的权利义务。行政调解不属于行政行为，不宜纳入行政复议范围。对于行政调解结果不满意的，仍可以通过民事诉讼、仲裁等其他手段解决争议的事项。比如种子法规定，调解达成协议的，当事人应当履行；当事人不履行协议或者调解未达成协议的，植物新品种权所有人或者利害关系人可以依法向人民法院提起诉讼。

第十三条　公民、法人或者其他组织认为行政机关的行政行为所依据的下列规范性文件不合法，在对行政行为申请行政复议时，可以一并向行政复议机关提出对该规范性文件的附带审查申请：

（一）国务院部门的规范性文件；

（二）县级以上地方各级人民政府及其工作部门的规范性文件；

（三）乡、镇人民政府的规范性文件；

（四）法律、法规、规章授权的组织的规范性文件。

前款所列规范性文件不含规章。规章的审查依照法律、行政法规办理。

【释义】本条是关于规范性文件附带审查的规定。

根据宪法和有关法律，行政机关有权制定规范性文件。制定规范性文件，是行政机关履行行政管理职责的重要方式，有利于规范依法行政、提高行政效率。规范性文件具有调整对象不特定、涉及面广、影响当事人权利义务等特点，如果出现损害公民、法人或者其他组织合法权益的问题，其影响往往会超过对特定行政相对人作出的行政行为。本条针对规范性文件的这些特点，规定了公民、法人或者其他组织在对行政行为申请行政复议时，可以提出对规范性文件的附带审查申请。

一、规范性文件附带审查的作用

根据我国宪法和有关法律的规定，行政机关制定规范性文件的具体权限包括：国务院根据宪法和法律，有权发布决定和命令；国务院各部、委员会根据法律和国务院的行政法规、决定、命令，在本部门的权限内，发布命令、指示和规章；县级以上地方各级人民政府可以规定行政措施，发布决议和命令；省、自治区、直辖市和设区的市、自治州的人民政府，可以根据法律、行政法规和本省、自治区、直辖市的地方性法规，制定规章；乡、民族乡、镇的人民政府执行本级人民代表大会的决议和上级国家行政机关的决定和命令，发布决定和命令。

规范性文件的合法性和质量，直接影响法制统一和尊严，关乎依法行政的水平。目前，规范性文件的事前合法性审查和事后备案审查均取得积极成效，但仍需要附带审查作为补充。不少行政争议与行政行为所依据的规范性文件有直接关联，规范性文件在具体适用时容易暴露出问题。在行政复议和行政诉讼中，对规范性文件进行附带审查，可以作为备案审查制度的有效补充和衔接，能够及时发现合法性问题，有利于规范性文件进入备案审查视野，同时对于有权处理的规范性文件，行政复议机关还可以及时纠正有关问题。

二、规范性文件附带审查的范围

纳入行政复议附带审查的只是规章以下的规范性文件。主要考虑有：一是，根据有关法律的规定，对国务院制定的行政法规、决定和命令，只能由全国人大常委会行使撤销权。二是，规章由国务院部门或者设区的市级以上地方人民政府制定，有较为严格的制定程序和备案审查要求，立法法、《法规规章备案条例》等对规章的审查均有规定；据此，本条第 2 款规定，规章的审查依照法律、行政法规办理。三是，规章是行政复议的依据之一，本法第 37 条第 1 款规定，行政复议机关依照法律、法规、规章审理行政复议案件。

基于上述考虑，本条明确了规范性文件附带审查的具体范围：一是国务院部门的规范性文件；二是县级以上地方各级人民政府及其工作部门的规范性文件；三是乡、镇人民政府的规范性文件；四是法律、法规、规章授权的组织的规范性文件。需要说明的是，根据地方各级人民代表大会和地方各级人民政府组织法的规定，乡、民族乡、镇设立人民政府；市辖区、不设区的市的人民政府，经上一级人民政府批准，可以设立若干街道办事处，作为它的派出机关。乡、民族乡、镇的人民政府有权发布决定和命令。街道办事处在本辖区内办理派出它的人民政府交办的公共服务、公共管理、公共安全等工作，依法履行综合管理、统筹协调、应急处置和行政执法等职责。地方各级人民代表大会和地方各级人民政府组织法没有概括授予街道办事处制定、发布规范性文件的权限，街道办事处制定规范性文件，需要有法律、法规、规章的依据。因此，本条未明确列举街道办事处的规范性文件。当然，如果行政行为是依据街道办事处的规范性文件作出的，公民、法人或者其他组织认为规范性文件不合法的，同样可以提出附带审查申请。

三、附带审查申请的提出

行政机关制定的规范性文件是针对不特定的多数人作出的，如果不被具体适用于作出行政行为，则不会出现侵犯公民、法人或者其他组织合法权益的情况。如果允许公民、法人或者其他组织对与其相关的规范性文件均可以提出行政复议申请，那么行政机关将陷入不断的纠纷之中。公民、法人或者其他组织在没有受到实际侵害的情况下，认为规范性文件不合法的，可以通过其他途径提出备案审查申请或者其他监督请求。本法规定的能够提出附带审查申请的公民、法人或者其他组织需要具备下列条件：一是认为行政机关的行政行为侵犯其合法权益并提出行政复议申请；二是认为行政机关的行政行为所依据的规范性文件不合法；三是附带审查申请应当一并提出。本法第56条至第60条对附带审查的程序和期限等作了规定，行政复议机关应当遵照执行。

第二节　行政复议参加人

第十四条　依照本法申请行政复议的公民、法人或者其他组织是申请人。

有权申请行政复议的公民死亡的，其近亲属可以申请行政复议。有权申请行政复议的法人或者其他组织终止的，其权利义务承受人可以申请行政复议。

有权申请行政复议的公民为无民事行为能力人或者限制民事行为能力人的，其法定代理人可以代为申请行政复议。

【释义】本条是关于行政复议申请人的规定。

本条主要是对申请人以及特殊情况的申请人和代为申请作出规定，此次修订除了将“承受其权利的法人或者其他组织”修改为“其权利义务承受人”外，对原法未作修改。

一、关于行政复议申请人

行政复议申请人是指认为行政机关的行政行为侵犯其合法权益，依法向行政复议机关提出行政复议申请的公民、法人或者其他组织。本条明确规定行政复议申请人的范围是公民、法人或者其他组织。其中，公民是指具有中华人民共和国国籍的人。法人是指具有民事权利能力和民事行为能力，依法独立享有民事权利和承担民事义务的组织，即依法成立，有自己的名称、组织机构、住所、财产或者经费，独立承担民事责任的组织。法人分为营利法人、非营利法人以及特别法人。营利法人包括有限责任公司、股份有限公司和其他企业法人等。非营利法人包括事业单位、社会团体、基金会、社会服务机构等。特别法人包括机关法人、农村集体经济组织法人、城镇农村的合作经济组织法人、基层群众性自治组织法人。其他组织是指法人之外的其他社会组织，不具有法人资格，但作为行政相对人时，可以提出行政复议申请。同时，本法第 89 条规定，外国人、无国籍人、外国组织在中华人民共和国境内申请行政复议，适用本法。

二、关于近亲属和权利义务承受人申请行政复议

本条第 2 款对公民死亡、法人或者其他组织终止的特殊情况下申请行政复议作了明确规定。一是针对有权申请行政复议的公民死亡的，本法赋予了其近亲属申请行政复议的权利，其地位等同于申请人。根据有关法律规定，近亲属包括配偶、父母、子女、兄弟姐妹、祖父母、外祖父母、孙子女、外孙子女。二是针对有权申请行政复议的法人或者其他组织终止的，本法赋予了其权利义务承受人申请行政复议的权利。主要有两种情况：一种是有权申请行政复议的法人或者其他组织合并；另一种是有权申请行政复议的法人或者其他组织分立，分立后新的法人或者其他组织与合法权益有关就可以申请行政复议，可以是分立后的认为侵犯其合法权益的所有法人或者其他组织，也可以是其中的一个法人或者其他组织。

三、关于法定代理人代为申请行政复议

行政复议代理是以申请人的名义，为维护申请人的合法权益进行行政复议活动。本条第 3 款规定有权申请行政复议的公民为无民事行为能力人或者限制民事行为能力人的，其法定代理人可以代为申请行政复议。作为有权申请行政复议的公民虽是无行为能力人或者是限制行为能力人，其行为能力欠缺，但是在行政复议过程中，该公民仍然是行政复议申请人，其法定代理人只是代为申请和参加行政复议。

根据民法典的规定，不满八周岁的未成年人、不能辨认自己行为的成年人以及八周岁以上不能辨认自己行为的未成年人为无民事行为能力人；八周岁以上的未成年人和不能完全辨认自己行为的成年人为限制民事行为能力人。根据民法典的规定，无行为能力人和限制行为能力人的法定代理人是其监护人，其中，未成年人的父母是代理人；未成年人的父母已经死亡或者没有代理能力的，祖父母、外祖父母，兄、姐，其他愿意担任监护人的个人或者组织是其代理人；无民事行为能力或者限制民事行为能力的成年人，配偶、父母、子女、其他近亲属以及其他愿意担任监护人的个人或者组织是其代理人。

法定代理人是基于法律规定行使代理权的人，不需要当事人的意思表示，也不需要签订委托代理合同，代理权限是法定的。法定代理人应当主动代理无民事行为能力人或者限制民事行为能力人进行行政复议，代为行使行政复议权利，维护申请行政复议公民的合法权益。在行政复议过程中，法定代理人的行为对其所代表的申请人发生法律效力。

第十五条　同一行政复议案件申请人人数众多的，可以由申请人推选代表人参加行政复议。

代表人参加行政复议的行为对其所代表的申请人发生效力，但是代表人变更行政复议请求、撤回行政复议申请、承认第三人请求的，应当经被代表的申请人同意。

【释义】 *本条是关于申请人推选代表人参加行政复议的规定。*

本条规定是此次修法新增加的内容。实践中，有很多行政复议案件涉及人数众多，如征地拆迁案件，如果所有的申请人均来参加行政复议活动，不利于有效反映申请人的行政复议请求、化解行政争议，也不利于行政复议机关高效审理行政复议案件。本次修法吸纳各方面意见，对同一行政复议案件申请人人数众多的情形，明确可以由申请人推选代表人参加行政复议，主要目的是节约行政复议的人力、物力以及时间成本。行政诉讼法中也有类似的制度设计，行政诉讼法第 28 条规定，当事人一方人数众多的共同诉讼，可以由当事人推选代表人进行诉讼。代表人的诉讼行为对其所代表的当事人发生效力，但代表人变更、放弃诉讼请求或者承认对方当事人的诉讼请求，应当经被代表的当事人同意。需要说明的是，申请人人数众多的同一行政复议案件不是必须要推选代表人进行行政复议的，按照本条规定可以选择是否推选代表人进行行政复议。如果部分或者全部申请人不愿推选代表，而是选择亲自参加行政复议，也是被法律允许的。

一、申请人推选代表人参加行政复议

本条第 1 款明确规定，同一行政复议案件申请人人数众多的，可以由申请人推选代表人参加行政复议。可以看出，推荐代表人参加行政复议应当符合以下条件：一是必须是同一个行政复议案件，这要求申请人之间存在着共同的法律问题或者事实问题，具有共同利益请求，特别是所有的申请人都必须与被申请行政复议的行政行为有利害关系。二是申请人人数众多，可以由申请人推选代表人参加行政复议。在修改行政复议法过程中，有的意见建议，明确申请人人数众多的标准以及推选代表人的人数，以方便法律规定的实施。在这方面，《最高人民法院关于适用〈中华人民共和国行政诉讼法〉的解释》第 29 条明确规定，“人数众多”一般是指 10 人以上；代表人为 2 至 5 人，代表人可以委托 1 至 2 人作为诉讼代理人；《行政复议法实施条例》第 8 条规定，同一行政复议案件申请人超过 5 人的，推选 1 至 5 名代表参加行政复议。考虑到实践中的申请人人数众多的行政复议案件情况比较复杂，且该问题属于具体操作层面的问题，宜由主管部门结合实践情况，在制定相关配套规定时予以明确。三是关于代表人主体适格。推选的代表人必须是行政复议的申请人。作为代表人要具有参加行政复议的民事行为能力，由其他申请人合法推选产生，代表人必须能够维护被代表申请人的合法权益。

二、代表人参加行政复议行为的法律效力

为了保障行政复议高效进行，本条规定同一行政复议案件申请人人数众多的，可以通过推选代表人参加行政复议，这是申请人之间的真实意思表示。为此，推选

产生的代表人参加行政复议的行为，对其所代表的申请人发生法律效力。

按照本条规定，代表人参加行政复议的行为，如提出管辖权异议、提供证据、进行听证等，对其所代表的申请人直接发生法律效力，无须征得被代表的申请人同意。但是，为了避免发生代表人与行政机关串通，损害被代表的申请人的合法权益情况，如变更行政复议请求、撤回行政复议申请、承认第三人请求三种影响申请人重要实体权利的情形，应当经被代表的申请人同意，否则将构成对被代表的申请人权利的侵犯，不对其产生法律效力。

本条规定了行政复议代表人制度，本法第17条规定了行政复议代理人制度。两者之间有很多相似之处：一是行政复议代表人和代理人均代表被代表人或者被代理人的利益；二是其代表行为或者代理行为均对被代表人或者被代理人产生法律效力；三是行政复议代表人和代理人要具有民事行为能力；四是行政复议代表人和代理人依法保障被代表人和代理人的合法权益；五是行政复议代表人和代理人在行政复议过程中，可以依法更换。同时二者也有明显区别：一是提出主体不同，代表人推选主体是申请人，而代理人提出主体是申请人和第三人；二是代表人本身就是行政复议申请人之一，而代理人是律师、基层法律服务工作者等，不是申请人或者第三人；三是代表和代理权限不同，通常代表人除变更行政复议请求、撤回行政复议申请、承认第三人请求需要经被代表的申请人同意外，其他可以全权代表，而代理人的权限基于委托合同规定的代理权限；四是代表人还可以委托1至2名律师、基层法律服务工作者或者其他代理人代为参加行政复议。

第十六条　申请人以外的同被申请行政复议的行政行为或者行政复议案件处理结果有利害关系的公民、法人或者其他组织，可以作为第三人申请参加行政复议，或者由行政复议机构通知其作为第三人参加行政复议。

第三人不参加行政复议，不影响行政复议案件的审理。

【释义】本条是关于行政复议第三人的规定。

此次修法对行政复议第三人制度规定作了进一步完善，增加了同行政复议案件处理结果有利害关系的公民、法人或者其他组织，可以作为第三人参加行政复议；同时，还增加了“第三人不参加行政复议，不影响行政复议案件的审理”的内容。

一、行政复议第三人

行政复议第三人，是指申请人以外的同被申请行政复议的行政行为或者行政复议案件处理结果有利害关系的公民、法人或者其他组织。在行政复议中，第三人与申请人之间有一定的联系，比如在申请人以外的同被申请行政复议的行政行为有利害关系的第三人，可以自己名义申请行政复议，作为申请人。但是在同一行政复议案件中公民、法人或者其他组织不可以既作为第三人，又作为申请人，只能以一种身份出现。修改后的行政复议法将第三人情形区分为两类：一类是申请人以外的同被申请行政复议的行政行为有利害关系的公民、法人或者其他组织；另一类是申请人以外的同行政复议案件处理结果有利害关系的公民、法人或者其他组织。

根据本条第1款规定，第三人要具备以下条件：一是同被申请行政复议的行政行为或者行政复议案件处理结果有利害关系。二是参与的时间阶段，是在行政复议受理后，第三人才能参与到行政复议过程中。三是为了保护申请人、第三人的合法权益，需要经过行政复议机构的准予并通知，第三人才能进入行政复议。

本条第1款还对第三人参加行政复议的两种方式作出规定：一种方式是申请人以外的同被申请行政复议的行政行为或者行政复议案件处理结果有利害关系的公民、法人或者其他组织，如果没有申请行政复议，其他有利害关系的公民、法人或者其他组织已经提出行政复议申请，可以主动向行政复议机构申请作为第三人参加行政复议。另外一种方式是行政复议机构发现还存在申请人以外的同被申请行政复议的行政行为或者行政复议案件处理结果有利害关系的公民、法人或者其他组织，主动通知其作为第三人参加行政复议案件审理。如果有利害关系的公民、法人或者其他组织不愿意作为第三人参加行政复议，行政复议机构应当尊重第三人的选择。

二、第三人不参加行政复议的法律后果

本条第2款对第三人不参加行政复议的法律后果作出了规定，即第三人不参加行政复议，不影响行政复议案件的审理。具体情况可以根据申请参与行政复议情形予以区分：一是申请人以外的同被申请行政复议的行政行为或者行政复议案件处理结果有利害关系的公民、法人或者其他组织没有主动申请参加行政复议，行政复议机构也没有发现的，其没有作为第三人参加行政复议，不影响行政复议机构继续审理行政复议案件。二是行政复议机构主动发现，认为有必要通知申请人以外的同被申请行政复议的行政行为或者行政复议案件处理结果有利害关系的公民、法人或者其他组织参加行政复议。如果有利害关系的公民、法人或者其他组织接到通知后不愿意参与到行政复议中，行政复议机构不能强迫其参加，应当尊重其意思表示并记录在案，不影响行政复议机构审理行政复议案件。当然，作为有利害关系的公民、法人或者其他组织，可以依法通过申请行政复议、提起行政诉讼等方式维护自身合法权益。

第十七条　申请人、第三人可以委托一至二名律师、基层法律服务工作者或者其他代理人代为参加行政复议。

申请人、第三人委托代理人的，应当向行政复议机构提交授权委托书、委托人及被委托人的身份证明文件。授权委托书应当载明委托事项、权限和期限。申请人、第三人变更或者解除代理人权限的，应当书面告知行政复议机构。

【释义】本条是关于申请人、第三人委托代理人参加行政复议的规定。

委托代理人制度是原行政复议法确定的一项重要制度。此次修订进一步明确了委托代理人的范围，增加了委托代理人的程序、授权委托书内容、变更或者解除代理人权限等内容。

一、申请人、第三人委托代理人参加行政复议

本条规定了行政复议的委托代理制度，主要是基于被代理人授权的意思表示而发生的代理。设置委托代理制度目的是更好地保障申请人、第三人的合法权益，实践中，有的申请人、第三人对行政复议相关法律法规不了解，不熟悉行政复议流程，有时候也存在不便于参加行政复议的情况，这时候允许委托专业的律师等代理人代为参加行政复议，可以充分表达申请人、第三人的主张和理由，有利于查清事实，化解行政争议，也有利于行政复议机关高效审理行政复议案件。从某种意义上说，也有利于监督和保障行政机关依法行使职权，纠正和防止违法或者不当的行政行为。

委托代理人参加行政复议具有以下特征：一是基于申请人、第三人与被代理人的真实意思表示，一般是通过签订书面委托合同来确定委托关系；二是代理人只能以被代理的申请人或者第三人名义参加行政复议，而不能直接以自己的名义进行行政复议；三是代理人只能在代理权限范围内开展行政复议活动，代理权限内的法律后果由被代理人承担。

本次修法明确了代理人范围，即律师、基层法律服务工作者或者其他代理人。律师是指依法取得律师执业证书，接受委托或者指定，为当事人提供法律服务的执业人员。基层法律服务工作者是指符合《基层法律服务工作者管理办法》规定的执业条件，经司法行政机关核准取得《基层法律服务工作者执业证》，在基层法律服务所执业，为社会提供法律服务的人员。其他代理人是指经行政复议机构同意的其他代理人，属于兜底条款。在修法过程中，有意见提出，行政复议是专业性很强的行政活动，应当参照行政诉讼法第 31 条第 2 款规定，明确行政复议代理人是律师、基层法律服务工作者，近亲属或者工作人员和所在社区、单位以及有关社会团体推荐的公民。考虑到行政复议制度具有高效、便民的特点，不宜对委托代理人的范围作过多限定，作为行政复议申请人、第三人因经济困难不能委托律师等专业人员，也没有可以委托的近亲属或者工作人员，所在社区、单位以及有关社会团体推荐的公民，对于这种情况，也可以委托其他代理人代为行政复议。

本次修法明确了代理人的人数，即申请人、第三人可以委托1至2名代理人。对于同一案件的多名申请人，可以共同委托1至2名代理人代为行政复议；如果申请人意见不一致，也可以分别委托1至2名代理人代为行政复议。

二、申请人、第三人委托代理的程序要求

本条第 2 款对申请人、第三人委托代理的程序要求作了规定。行政复议委托形式只能是书面形式，由申请人、第三人与代理人签订授权委托书，明确双方委托代理关系。授权委托书应当载明委托事项、权限和期限，具体内容由申请人、第三人授权决定。本款未对委托事项作出限制，申请人、第三人可以特别委托代理人处理行政复议活动中的一项或者数项事务，也可以概括委托代理人处理行政复议活动中的一切事务。

申请人、第三人委托代理人的，应当向行政复议机构提交授权委托书、委托人及被委托人的身份证明文件。行政复议机构应当对提交的授权委托书、委托人及被委托人的身份证明文件进行核查。行政复议机构对于申请人、第三人委托的代理人，应当依其与申请人、第三人签订的授权委托书内容，在授权事项、权限和期限范围内视之为申请人、第三人，代理人在授权范围内所为之行为，视为被代理人的行为，对被代理人产生法律效力。委托代理关系成立后，申请人、第三人可以根据需要变更或者解除代理人权限，应及时用书面形式告知行政复议机构，以便于行政复议机构及时知晓保障申请人、第三人在行政复议的各项权利。

第十八条　符合法律援助条件的行政复议申请人申请法律援助的，法律援助机构应当依法为其提供法律援助。

【释义】本条是关于为符合条件的行政复议申请人提供法律援助的规定。

法律援助是国家建立的保障经济困难公民和特殊案件当事人获得必要的法律咨询、代理、刑事辩护等无偿法律服务，维护当事人合法权益、维护法律正确实施、维护社会公平正义的一项重要法律制度。党的十八届四中全会通过《中共中央关于全面推进依法治国若干重大问题的决定》明确提出，完善法律援助制度，扩大援助范围，健全司法救助体系，保证人民群众在遇到法律问题或者权利受到侵害时获得及时有效法律援助。2015 年，中共中央办公厅、国务院办公厅出台了《关于完善法律援助制度的意见》，提出了新时代法律援助的指导思想和基本原则，明确了扩大法律援助范围、提高法律援助质量、提高法律援助保障能力等具体措施。同时明确要求推进法律援助立法工作，提高法治化水平。为进一步贯彻落实党中央决策部署，完善中国特色社会主义法律援助制度，2021 年 8 月，十三届全国人大常委会第三十次会议审议通过了法律援助法。法律援助法对法律援助机构和人员、形式和范围、程序和实施等作出规定，规范和促进法律援助工作。

本条是此次修法新增加的内容，目的就是充分发挥行政复议制度公正高效、便民为民的制度优势，让老百姓申请、参加行政复议时可以依法获得必要的法律援助服务，充分发挥法律援助制度的兜底和保障作用，让老百姓在每一个行政复议案件中感受到公平、正义。

一、符合法律援助条件的行政复议申请人可以申请法律援助

行政复议机关在办理行政复议案件时，应当提示行政复议申请人享有依法申请法律援助的权利，并告知申请法律援助的条件和程序。按照法律援助法的规定，因经济困难没有委托代理人的，可以向法律援助机关申请法律援助，经济困难的标准，由省、自治区、直辖市人民政府根据本行政区域经济发展状况和法律援助工作需要确定。同时也规定，当事人申请特殊法律援助的，可以不受经济困难条件的限制。据此，符合法律援助条件的行政复议申请人可以申请法律援助。对于无民事行为能力人或者限制民事行为能力人需要法律援助的，可以由其法定代理人代为提出申请。

法定代理人侵犯无民事行为能力人、限制民事行为能力人合法权益的，其他法定代理人或者近亲属可以代为提出法律援助申请。

二、法律援助机构应当依法为其提供法律援助

在我国，县级以上人民政府司法行政部门应当设立法律援助机构，名称一般为“法律援助中心”，代表国家和政府来组织实施法律援助。法律援助机构负责组织实施法律援助工作，受理、审查法律援助申请，指派律师、基层法律服务工作者、法律援助志愿者等法律援助人员提供法律援助，支付法律援助补贴。

法律援助机构收到法律援助申请后，首先要进行审核。根据法律援助法规定，法律援助机构应当自收到法律援助申请之日起7日内进行审查，并作出是否给予法律援助的决定。法律援助机构决定给予法律援助的，应当自作出决定之日起3日内指派法律援助人员为申请人提供法律援助。法律援助机构决定不给予法律援助的，应当书面告知申请人，并说明理由。申请人提交的申请材料不齐全的，法律援助机构应当一次性告知申请人需要补充的材料或者要求申请人作出说明。申请人未按要求补充材料或者作出说明的，视为撤回申请。此外，法律援助机构收到法律援助申请后，发现距离法定时效或者期限届满不足7日，需要及时提起行政复议的，可以决定先行提供法律援助。

法律援助机构作出提供相关法律援助决定后，应当指派法律援助人员向申请人依法提供法律咨询、代拟法律文书等法律援助。法律援助人员应当依法履行职责，无正当理由不得拒绝、拖延或者终止提供法律援助服务，及时为申请人提供符合标准的法律服务，维护受援人的合法权益，不能敷衍了事，出工不出力，应当恪守职业道德和执业纪律，不得向申请人收取任何财物，对提供法律援助过程中知悉的国家秘密、商业秘密和个人隐私应当保密。与此同时，法律援助机构及其工作人员存在拒绝为符合法律援助条件的申请人提供法律援助、指派不符合本法规定的人员提供法律援助等情形的，由设立该法律援助机构的司法行政部门责令限期改正，有违法所得，责令退还或者没收违法所得，对直接负责的主管人员和其他直接责任人员，依法给予处分。

受援助申请人应当向法律援助人员如实陈述与法律援助事项有关的情况，及时提供证据材料，协助、配合办理法院援助事项。受援助申请人有权向法律援助机构、法律援助人员了解法律援助事项办理情况。法律援助机构、法律援助人员未依法履行职责的，申请人可以向司法行政部门投诉，并可以请求法律援助机构更换法律援助人员。与此同时，如果受援助的申请人存在以欺骗或者其他不正当手段获得法律援助等情形，法律援助机构应当作出终止法律援助的决定。由司法行政部门责令其支付已实施法律援助的费用，并处3000元以下罚款。法律援助事项办理结束后，法律援助人员应当及时向法律援助机构报告，提交有关法律文书的副本或者复印件、办理情况报告等材料。

第十九条　公民、法人或者其他组织对行政行为不服申请行政复议的，作出行政行为的行政机关或者法律、法规、规章授权的组织是被申请人。

两个以上行政机关以共同的名义作出同一行政行为的，共同作出行政行为的行政机关是被申请人。

行政机关委托的组织作出行政行为的，委托的行政机关是被申请人。

作出行政行为的行政机关被撤销或者职权变更的，继续行使其职权的行政机关是被申请人。

【释义】本条是关于行政复议被申请人的规定。

本条在原行政复议法基础上，主要增加了法律、法规、规章授权的组织为被申请人，以及行政机关委托的组织作出行政行为的，委托的行政机关是被申请人的规定。

一、被申请人的概念

被申请人是相对于申请人而言，本条第1款规定，公民、法人或者其他组织对行政行为不服申请行政复议的，作出行政行为的行政机关或者法律、法规、规章授权的组织是被申请人。行政机关是国家机构中行使行政管理权的组织，主要包括国务院及其组成部门、地方各级人民政府及其所属的各工作部门等。法律、法规、规章授权的组织按照法律、法规、规章规定行使行政管理职权，其行为也属于行政行为，具有被申请人的资格。为此，授权的组织行使有关职权、作出行政行为需要遵守相应的规定。比如，行政处罚法第19条规定，法律、法规授权的具有管理公共事务职能的组织可以在法定授权范围内实施行政处罚。据此，规章不能授权组织行使行政处罚权。

根据上述规定作为行政复议被申请人应当具备以下条件：一是作出行政行为的行政机关，包括法律、法规、规章授权的组织。行政机关或者法律、法规、规章授权的组织以自己的名义行使职权，承担相应的法律后果。二是公民、法人或者其他组织对行政机关作出的行政行为不服，申请行政复议，认为行政机关的行政行为侵犯其合法权益。三是行政复议机关受理申请人的行政复议申请后，经核查确定作出行政行为的行政机关和法律、法规、规章授权的组织，并通知其参加行政复议活动，一般需要有正式的法律文书。

二、两个以上行政机关以共同的名义作出同一行政行为的被申请人

通常行政行为是由一个行政机关作出，但是实践中也有很多特殊情况，比如联合执法过程中，由两个或者两个以上行政机关以共同的名义执法，执法结束后作出同一行政行为。在此情况下，共同作出行政行为的行政机关是被申请人，且被申请人具有以下特点：一是行政行为的主体不再是一个行政机关，而是两个或者两个以上行政机关。二是具有同样的行政复议权利义务。三是共同承担行政复议的法律后果。

三、行政机关委托的组织作出行政行为的被申请人

本条第3款明确规定，行政机关委托的组织作出行政行为的，委托的行政机关

是被申请人。即行政机关通过委托，由被委托组织实施其行政职权，但是法律后果由委托的行政机关承担，受委托组织不具有独立承担法律责任的主体资格，受委托的组织不是以自己的名义作出行政行为，不能对受委托作出的行政行为承担法律后果。根据法律有关规定，委托行政机关对受委托组织的行政行为负责监督。如行政处罚法第20条中规定，委托行政机关对受委托组织实施行政处罚的行为应当负责监督，并对该行为的后果承担法律责任。需要注意：一是被委托的组织本身不具有该委托的职权；二是委托组织中包括其他行政机关。三是委托需要依照法律、法规、规章的规定，在法定权限内委托。四是委托行政机关和受委托组织应当签订委托书并将委托书向社会公布。例如，A行政机关委托B组织实施A行政机关的行政处罚权，受到行政处罚的公民、法人或者其他组织不服行政处罚申请行政复议，A行政机关是被申请人。

四、作出行政行为的机关被撤销后的被申请人

在机构改革过程中，有的行政机关被撤销，有的进行了合并，也有的予以分立，所涉及的职权也随之发生了变化。对申请人来说，行政机关被撤销前作出的行政行为仍然具有法律效力，如不服这些行政行为申请行政复议，需要明确由谁作为行政复议被申请人。本条第4款规定，作出行政行为的行政机关被撤销或者职权变更的，继续行使其职权的行政机关是被申请人。主要有以下几种情形：一是作出行政行为的行政机关被撤销，行政管理职权仍然存在，由其他行政机关行使，继续行使其职权的行政机关是被申请人；二是作出行政行为的行政机关职权变更的，继续行使其职权的行政机关是被申请人。此外还有两种情况：一是作出行政行为的行政机关有关职权被取消但行政机关依然存在，仍由该行政机关作为被申请人。二是作出行政行为的行政机关被撤销，但没有继续行使其职权的行政机关，有意见提出由撤销原行政机关的行政机关作为被申请人。针对这种情况，由行政复议机关结合实际和有关法律规定的精神予以把握。比如，国家赔偿法第7条第5款规定，赔偿义务机关被撤销的，继续行使其职权的行政机关为赔偿义务机关；没有继续行使其职权的行政机关的，撤销该赔偿义务机关的行政机关为赔偿义务机关。

第三节　申请的提出

第二十条　公民、法人或者其他组织认为行政行为侵犯其合法权益的，可以自知道或者应当知道该行政行为之日起六十日内提出行政复议申请；但是法律规定的申请期限超过六十日的除外。

因不可抗力或者其他正当理由耽误法定申请期限的，申请期限自障碍消除之日起继续计算。

行政机关作出行政行为时，未告知公民、法人或者其他组织申请行政复议的权利、行政复议机关和申请期限的，申请期限自公民、法人或者其他组织知道或者应当知道申请行政复议的权利、行政复议机关和申请期限之日起计算，但是自知道或

者应当知道行政行为内容之日起最长不得超过一年。

【释义】本条是关于行政复议申请期限的规定。

行政复议申请期限，是申请人向行政复议机关提出行政复议申请，并获得行政复议机关受理的期间，是受理行政复议申请的条件之一。根据本法第30条规定，“在法定申请期限内”提出行政复议申请，是行政复议机关受理的前提。在法律上确定行政复议申请期限的目的，是督促申请人及时启动权利救济程序，避免行政争议长期处于不确定状态。此次修订，在原法行政复议申请期限基础上，增加规定了行政机关未履行相关告知义务时申请期限的起算规则，以及最长申请期限。

一、通常情况下的行政复议申请期限

1. 关于行政复议60日申请期限。1999年制定行政复议法时，考虑当时随着市场经济发展，行政管理方式日趋多样，行政活动内容也更加复杂，行政复议的范围不断扩大，为保证申请人有充足的时间准备行政复议申请，寻求法律上的救济途径，同时也为统一规范单行法中行政复议申请期限的规定，将原《行政复议条例》规定的15日行政复议申请期限调整为60日。1999年行政复议法通过后，之前其他法律法规规定申请期限少于60日的，应当执行60日申请期限的规定。

此次修改行政复议法，对行政复议通常的申请期限未作修改。与行政诉讼6个月的起诉期限相比，行政复议的申请期限相对较短，这主要是考虑行政复议作为政府系统自我纠错的监督制度，要遵循行政效率原则。同时，本条第1款还规定，法律规定的申请期限超过60日的除外，也就是说，其他法律从更好保护申请人期限利益的角度，以及考虑个别特殊的行政管理领域申请行政复议的需要，可以规定超过60日的行政复议期限。

2. “知道或者应当知道该行政行为之日”如何把握。关于行政复议申请期限60日的起算点，本条第1款规定为“知道或者应当知道该行政行为之日”。理解这一规定，可以从以下几个方面进行把握：一是对当场作出的行政行为，自行政行为作出之日起计算；二是载明行政行为的法律文书直接送达的，自受送达人签收之日起计算；三是载明行政行为的法律文书邮寄送达的，自受送达人在邮件签收单上签收之日起计算，没有邮件签收单的，自受送达人在送达回执上签名之日起计算；四是行政行为依法通过公告形式告知受送达人的，自公告规定的期限届满之日起计算；五是行政机关作出行政行为时未告知公民、法人或者其他组织，事后补充告知的，自该公民、法人或者其他组织收到行政机关补充告知的通知之日起计算；六是被申请人能够证明公民、法人或者其他组织知道行政行为的，自证据材料证明其知道行政行为之日起计算。行政机关作出行政行为，依法应当向有关公民、法人或者其他组织送达法律文书而未送达的，视为该公民、法人或者其他组织不知道该行政行为。

二、因不可抗力或者其他正当理由耽误法定申请期限

本条第2款规定，因不可抗力或者其他正当理由耽误法定申请期限的，申请期

限自障碍消除之日起继续计算。这是对发生了法定的意外情况，行政复议申请期限可以延期的规定，主要是两种情况：一是因不可抗力的发生耽误法定申请期限。根据我国民法典第180条第2款规定，不可抗力是不能预见、不能避免且不能克服的客观情况，如地震、水灾、台风、军事行动等。二是其他正当理由耽误法定申请期限。如法人处于合并或者改组阶段，行政复议申请人病重等。是否属于因不可抗力或者其他正当理由，由行政复议机关进行审查和判断。出现上述两种情况耽误了法定申请期限，申请期限自障碍消除之日起继续计算。继续计算是指把因不可抗力或者其他正当理由而耽误的期限补足，如法定申请期限为60日，而在期限开始的第21天遭遇了不可抗力事件，申请人在这一障碍消除后，还有40天的申请复议期限。也就是说，在不可抗力或者其他正当理由出现时，申请复议的期限处于中止状态，当这些障碍消除后，申请复议期限是继续计算而不是重新计算。

三、行政机关未履行有关告知义务的申请期限起算及最长期限

实践中，有的行政管理相对人因各种原因不知道自己有申请行政复议的权利，或者不知道行政复议机关或者申请期限，在法定申请期限内没有申请行政复议，权利难以得到保障。为解决这一问题，此次修改行政复议法，参考《最高人民法院关于适用〈中华人民共和国行政诉讼法〉的解释》（法释〔2008〕1号）第64条规定，在本条增加1款作为第3款，对行政机关未履行有关告知义务时申请期限的起算规则予以明确，并规定了此种情形的最长申请期限。

理解第3款的规定应当把握好以下两个方面：一是行政机关在作出行政行为时，应当完整准确告知公民、法人或者其他组织申请行政复议的权利、行政复议机关和行政复议申请期限。如果行政机关只告知其中一项而没有告诉其他信息，比如只告知申请行政复议的权利，而没有告知行政复议机关和行政复议申请期限，申请人可以据此主张延迟申请期限的起算点。二是延迟起算行政复议申请期限也有一定限制，即申请期限自知道或者应当知道行政行为内容之日起最长不得超过1年。也就是说在知道或者应当知道行政行为内容的情况下，即便行政机关未告知申请行政复议的权利、行政复议机关和申请期限，公民、法人或者其他组织也不能主张无限延迟申请期限的起算点；而是只要知道行政行为的内容，认为其侵犯了自身合法权益，就应当及时寻求救济渠道和途径，超过1年仍未寻求救济则表明其对自身合法权益没有足够重视。为避免法律关系长期处于不稳定状态，鼓励当事人及时维护自身合法权益，本法规定，行政复议的申请期限自申请人知道或者应当知道行政行为内容之日起最长不得超过1年。

在此次行政复议法修订过程中，有意见建议明确行政机关不履行法定职责的行政复议申请期限。考虑到实践中行政机关不履行法定职责的情况比较复杂，法定申请期限的确定不宜一概而论，因此在法律上没有作出统一明确的规定。根据《行政复议法实施条例》和有关实践，目前对公民、法人或者其他组织申请行政机关履行

法定职责，行政机关未履行，确定行政复议申请期限，一般从以下三个方面予以把握：一是对履行期限有规定的，自履行期限届满之日起计算；二是对履行期限没有规定的，自行政机关收到申请满60日起计算；三是公民、法人或者其他组织在紧急情况下请求行政机关履行保护人身权、财产权的法定职责，行政机关不履行的，行政复议申请期限不受前述两种情况的限制。

第二十一条　因不动产提出的行政复议申请自行政行为作出之日起超过二十年，其他行政复议申请自行政行为作出之日起超过五年的，行政复议机关不予受理。

【释义】本条是关于最长行政复议期限的规定。

2014年修正的行政诉讼法明确了最长诉讼保护期限，规定："因不动产提起诉讼的案件自行政行为作出之日起超过二十年，其他案件自行政行为作出之日起超过五年提起诉讼的，人民法院不予受理。"原行政复议法及其实施条例均未对行政复议最长申请期限问题作出规定，随着行政复议实践发展，两法不衔接的问题日渐突出。因此，在行政复议法中规定最长行政复议期限是有必要的。

一、最长行政复议申请期限的制度功能

诉讼时效制度起源于民法。在民事权利义务关系中设定诉讼时效，具有不可或缺的制度功能：一是督促权利人及时行使权利，否则义务人的法律地位将长期处于不确定状态。二是避免义务人举证困难。如果允许权利人无论超过多长时间均可以提起诉讼，证据的损毁和灭失将导致义务人很难再提出有利证据。三是减轻法院的审判负担。对于法院来说，过长时间后将难以核实证据、判断事实。四是维持社会稳定，维护社会公共利益。诉讼时效制度限制了权利人主张权利的时机，保护不特定第三人对当事人之间权利义务关系的信赖，从而保护交易安全，维持社会稳定。

民法典将诉讼时效分为一般诉讼时效和最长诉讼保护期限，前者为3年，后者为20年。民法典第188条规定，向人民法院请求保护民事权利的诉讼时效期间为3年。法律另有规定的，依照其规定。诉讼时效期间自权利人知道或者应当知道权利受到损害以及义务人之日起计算。法律另有规定的，依照其规定。但是，自权利受到损害之日起超过20年的，人民法院不予保护，有特殊情况的，人民法院可以根据权利人的申请决定延长。最长诉讼时效的意义在于，权利人对于权利迟迟不予主张，无论是不知道权利存在或者怠于行使权利，都不能因此将不特定第三人的权益置于长期不确定状态，从而对公共利益造成损害。

修订后的行政复议法规定的最长行政复议申请期限，与民法典、行政诉讼法等规定最长诉讼时效的作用是相似的。在行政复议中，超过一段较长时限仍然无人主张行政机关侵害其合法权益的，为了避免行政法律关系长期处于不稳定状态，保证行政行为的公定力，同时也为了维护不特定第三人的权益，有必要设定最长行政复议期限。

二、最长行政复议申请期限的适用

最长行政复议申请期限与行政相对人

知道或者应当知道行政行为无关，仅考虑行政行为的作出时间。对于因不动产提出的行政复议申请，自行政行为作出之日起超过20年，行政复议机关不予受理；对于其他行政复议申请，自行政行为作出之日起超过5年，行政复议机关不予受理。关于“因不动产提出的行政复议申请”的理解，可以参考《最高人民法院关于适用〈中华人民共和国行政诉讼法〉的解释》中的规定，即行政诉讼法第20条规定的“因不动产提起的行政诉讼”是指因行政行为导致不动产物权变动而提起的诉讼。不动产物权变动包括不动产的所有权、用益物权、担保权的变动。民法典第208条中规定，不动产物权的设立、变更、转让和消灭，应当依照法律规定登记。根据本法第11条的规定，因不动产提出的行政复议申请，包括对涉及不动产的所有权或者使用权、征收决定、农村土地承包经营权等行政争议提出的行政复议申请。

第二十二条　申请人申请行政复议，可以书面申请；书面申请有困难的，也可以口头申请。

书面申请的，可以通过邮寄或者行政复议机关指定的互联网渠道等方式提交行政复议申请书，也可以当面提交行政复议申请书。行政机关通过互联网渠道送达行政行为决定书的，应当同时提供提交行政复议申请书的互联网渠道。

口头申请的，行政复议机关应当当场记录申请人的基本情况、行政复议请求、申请行政复议的主要事实、理由和时间。

申请人对两个以上行政行为不服的，应当分别申请行政复议。

【释义】本条是关于行政复议申请方式的规定。

此次修订在原法规定基础上，进一步明确了书面申请的提交方式；增加规定行政机关通过互联网渠道送达行政行为决定的，应当同时提供提交行政复议申请书的互联网渠道；同时，还增加规定申请人对两个以上行政行为不服的，应当分别申请行政复议。

一、行政复议申请包括书面申请和口头申请

书面申请是行政复议申请的主要方式，即申请人通过书面方式向行政复议机关提出启动行政复议程序的请求。采取书面方式提出申请，相比口头申请有一定优势：一是能够确保行政复议申请内容明确具体，使行政复议的理由和请求清晰明了；二是有利于提高行政复议工作的效率，便于行政复议机关针对行政复议的书面申请进行审理；三是书面申请载体明确，有据可查，有利于对行政复议工作的监督。同时，随着我国经济社会发展，不具备书写能力的公民比例已经大幅降低。实践中，各地推进服务型政府建设，行政复议机关一般会为书面申请提供指导或者样本，方便公民、法人或者其他组织书写行政复议申请书。总的来说，书面申请已经成为主流。

对于不具备书写能力的人民群众，应当为其申请行政复议提供方便，因此口头申请依然具有其存在的必要性。本条规定，书面申请有困难的，也可以口头申请。对于口头申请，行政复议机关应当当场记录。记录的内容包括：申请人的基本情况、行政复议请求、申请行政复议的主要事实、

理由和时间。作出相对完整准确的记录后，行政复议机关在5日内对相关情况进行审查，作出是否受理的决定。

二、提交书面申请的方式

本法规定了多种提交行政复议申请书的方式。一是当面提交行政复议申请书。当面提交申请书是行政复议申请的传统方式，也是最为重要的方式。行政复议机关通常设有行政复议申请接待窗口，接收当面提交的申请书。二是邮寄行政复议申请书。邮寄方式也是一种传统的接收行政复议申请的方式，在距离较远、不方便使用互联网等情形下，邮寄方式满足了申请人提交行政复议申请书的需求。三是通过行政复议机关指定的互联网渠道提交行政复议申请书。本法第8条中规定，行政复议机关应当加强信息化建设，运用现代信息技术，方便公民、法人或者其他组织申请、参加行政复议。随着行政复议信息化建设，互联网提交的方式将会更加重要。四是其他方式。比如，发送传真等方式。

一般来说，行政复议申请应当包括下列事项：一是申请人的基本情况。包括姓名、住所、身份证号码和法人名称、法定代表人等事项。二是被申请人的名称。需要根据本法第19条的规定，以及有关法律、法规、规章的规定，载明符合本法规定的被申请人。三是行政复议请求、申请行政复议的主要事实和理由。这是申请行政复议的主要目的和理由，也是判断申请人与被申请行政复议的行政行为是否具有利害关系、对行政复议申请是否受理的关键要素。四是申请人的签名或者盖章。五是申请行政复议的日期。

三、行政机关通过互联网渠道送达行政行为决定的，应当同时提供提交行政复议申请书的互联网渠道

随着信息技术发展，互联网平台成为行政机关提供政务服务、开展行政监管的重要方式。《优化营商环境条例》第37条中规定，国家加快建设全国一体化在线政务服务平台，推动政务服务事项在全国范围内实现“一网通办”；各地区、各部门应当推动政务服务大厅与政务服务平台全面对接融合，市场主体有权自主选择政务服务办理渠道，行政机关不得限定办理渠道。第56条中规定，政府及其有关部门应当充分运用互联网、大数据等技术手段，推行以远程监管、移动监管、预警防控为特征的非现场监管。根据有关法律、法规、规章的规定，行政机关可以通过互联网渠道送达行政处罚等行政决定。例如，行政处罚法第61条第2款规定，当事人同意并签订确认书的，行政机关可以采用传真、电子邮件等方式，将行政处罚决定书等送达当事人。

近年来，各地、各部门在电子政务服务方面作出许多探索，例如，有的公安机关通过12123App送达交通违法方面的行政处罚决定。为了便于行政相对人及时申请行政复议，将便利从作出行政处罚决定前的陈述、申辩一直延伸至行政处罚决定作出后的权利救济，本条规定，对于通过互联网渠道送达行政决定的，行政机关应当同时提供提交行政复议申请书的互联网渠道。根据本条规定，下一步有关行政机关要尽快完善相关的信息化平台，方便申请人通过互联网提交行政复议申请。

四、申请人对两个以上行政行为不服的，应当分别申请行政复议

根据本法第30条的规定，行政复议机关受理的行政复议案件应当有具体的行政复议请求。这里对行政复议请求的要求是要具体，不能模棱两可，也不能过于复杂。在一个行政复议案件中，行政行为一般仅为一个行政机关作出的一个行政行为，或者两个以上的行政机关作出的同一行政行为。否则，行政复议机关不易确定被申请人，也不易确定行政行为与申请人的利害关系，难以聚焦被申请的行政行为、认定案件事实、准确适用法律，进而影响案件公正审理。公民、法人或者其他组织在申请行政复议时，可以提出多项具有内在逻辑关联的申请，但行政复议申请所涉及的行政行为应当只有一个。这与行政诉讼的要求是类似的，行政诉讼法同样要求有具体的诉讼请求。在行政诉讼案件中，一般也不允许一个行政案件中将两个或两个以上的行政行为列为被诉行政行为。因此，本条规定，申请人对两个以上行政行为不服申请行政复议的，应当分别进行行政复议，提出两个以上行政复议申请。

第二十三条　有下列情形之一的，申请人应当先向行政复议机关申请行政复议，对行政复议决定不服的，可以再依法向人民法院提起行政诉讼：

（一）对当场作出的行政处罚决定不服；

（二）对行政机关作出的侵犯其已经依法取得的自然资源的所有权或者使用权的决定不服；

（三）认为行政机关存在本法第十一条规定的未履行法定职责情形；

（四）申请政府信息公开，行政机关不予公开；

（五）法律、行政法规规定应当先向行政复议机关申请行政复议的其他情形。

对前款规定的情形，行政机关在作出行政行为时应当告知公民、法人或者其他组织先向行政复议机关申请行政复议。

【释义】本条是关于行政复议前置的规定。

1989年制定的行政诉讼法，首次对行政复议前置作出规定。2017年修正后的行政诉讼法第44条第2款规定：“法律、法规规定应当先向行政机关申请复议，对复议决定不服再向人民法院提起诉讼的，依照法律、法规的规定。”1999年制定的行政复议法对行政复议前置再次作出规定，“法律、法规规定应当先向行政复议机关申请行政复议、对行政复议决定不服再向人民法院提起行政诉讼的，在法定行政复议期限内不得向人民法院提起行政诉讼”。上述两部法律共同确立了“以当事人自由选择为原则，以复议前置为例外”的制度模式。此次修订行政复议法，为进一步发挥行政复议化解行政争议的主渠道作用，适当增加了行政复议前置的情形，并将其他行政复议前置情形的设定权限调整为“法律、行政法规”；同时，增加规定了行政机关对行政复议前置的告知义务。

一、关于行政复议前置的规定

此次行政复议法修订前，一些法律、法规从实体法层面对行政复议前置的领域作出了具体规定：一是税收征收管理法第

88 条第 1 款、海关法第 64 条规定的纳税争议；二是原行政复议法第 30 条规定的自然资源争议；三是反垄断法第 65 条规定的反垄断争议；四是电影产业促进法第 58 条规定的电影公映许可争议；五是反间谍法第 68 条规定的反间谍领域行政争议；六是注册会计师法第 11 条、第 13 条规定的会计师注册争议。同时，还有约 20 部行政法规规定了行政复议前置，如《价格违法行为行政处罚规定》《军品出口管理条例》《外国人来华登山管理办法》《外汇管理条例》《城市居民最低生活保障条例》等。此外，据不完全统计，自 1999 年行政复议法制定以来，除了不少地方性法规重复或落实法律、行政法规有关规定，对行政复议前置作出规定外，还有个别现行有效的省级地方性法规在没有上位法规定行政复议前置的情况下，创设规定了行政复议前置情形。

立法过程中，社会各界对行政复议前置有关规定的主要意见包括：一是认为实行行政复议前置，可以将行政争议成规模地纳入行政复议，既可以将过滤作用发挥到最大，又能够大幅提升行政复议的主渠道地位，应当确立“以复议前置为原则，以当事人选择为例外”的模式。二是认为现行法确立的原则基本保障了当事人的诉权，但尚未充分发挥复议前置的区分作用，应当保留现行的“以当事人选择为原则，以复议前置为例外”模式，但应部分扩大行政复议前置的范围。三是认为应当优先保障当事人在诉讼渠道上的自由选择权，不宜扩大行政复议前置范围，而应保持或者限缩现行的复议前置范围。总的来说，认为应当保留现行法的原则，并适度扩大行政复议前置范围的观点占据主流。行政复议前置可以让不了解行政复议制度优势的当事人，通过行政复议进行救济；对于更适合通过行政复议解决的纠纷，可以让当事人及时进入行政复议程序，减少其寻求救济的成本。这一观点符合目前行政复议的现状和发展方向。

关于实行行政复议前置时，申请行政复议和提起行政诉讼的关系。根据本法和有关法律、行政法规的规定，行政复议前置时，行政相对人对行政机关作出的行政行为不服，必须先向行政复议机关申请复议，不允许未经过行政复议程序直接向人民法院提起行政诉讼，只有对行政复议决定不服，才能到法院提起行政诉讼。例如，税收征收管理法第 88 条第 1 款规定：“纳税人、扣缴义务人、纳税担保人同税务机关在纳税上发生争议时，必须先依照税务机关的纳税决定缴纳或者解缴税款及滞纳金或者提供相应的担保，然后可以依法申请行政复议；对行政复议决定不服的，可以依法向人民法院起诉。”在行政复议前置情形下，行政复议是提起行政诉讼必经的前置程序，行政相对人必须先向行政复议机关申请行政复议，行政复议机关已经依法受理的，按照本法规定，在法定行政复议期限内也不得提起行政诉讼。

二、行政复议前置的具体情形

本条列举了行政复议前置的四种情形，以及一项兜底条款。

（一）对当场作出的行政处罚决定不服

行政处罚法规定了简易程序，即对依法应当予以处罚，事实确凿、处罚较轻的违法行为当场作出行政处罚决定的程序。其第 51 条规定，违法事实确凿并有法定依据，对公民处以200元以下、对法人或者其他组织处以3000元以下罚款或者警告的行政处罚的，可以当场作出行政处罚决定。法律另有规定的，从其规定。第52条第1款中规定，执法人员当场作出行政处罚决定的，应当向当事人出示执法证件，填写预定格式、编有号码的行政处罚决定书，并当场交付当事人。当场作出的行政处罚决定，无论从处罚内容还是处罚程序上，都相对简单，往往事实较为清楚，同时因为当场处罚受到一些客观因素的限制，难免出现争议，由行政复议机关先行处理有利于争议的及时解决，也有利于及时保护当事人权益。

（二）对行政机关作出的侵犯其已经依法取得的自然资源的所有权或者使用权的决定不服

本项规定是指，公民、法人或者其他组织认为行政机关确认土地、矿藏、水流、森林、山岭、草原、荒地、滩涂、海域等自然资源的所有权或者使用权的行政行为，侵犯其已经依法取得的自然资源所有权或者使用权的，经行政复议后才可以向人民法院提起行政诉讼。需要满足以下条件：一是行政相对人认为行政行为侵犯了自己合法的使用权或所有权；二是行政相对人已经依法取得了所涉自然资源的所有权或使用权，持有相应证件或法律文书。这类案件包括不服收回、撤销或变更所有权或使用权证、许可证等。对涉及自然资源所有权或者使用权的行政处罚、行政强制措施等其他行政行为的，不属于本规定的范围。当然，行政相对人认为自己已经“依法取得”自然资源所有权或使用权的情况比较复杂，有些虽未取得有关证件，但已实际使用多年，他人也无异议，有些存在争议虽经有关部门解决多次仍无结果，争议当事人或多或少都有一定证据或理由认为依法应由自己所有或使用，也符合本项规定的条件。

此外，根据土地管理法、森林法、矿产资源法等法律法规的规定，处理土地所有权和使用权争议一般是人民政府的专属职权，对自然资源的权属争议往往争议时间长、情况比较复杂，解决此类争议的专业性、政策性也较强，由行政机关先行复议，有利于行政机关履行职责，有利于解决矛盾，平息纠纷。

（三）认为行政机关存在本法第11条规定的未履行法定职责情形

未履行法定职责，也称“不作为”，是指行政机关在法定期限内不履行其法定职责。本法所规定的实行复议前置的不履行法定职责情形，主要是指申请行政许可，行政机关在法定期限内不予答复；申请行政机关履行保护人身权利、财产权利、受教育权利等合法权益的法定职责，行政机关未依法履行或者不予答复；申请行政机关依法给付抚恤金、社会保险待遇或者最低生活保障等社会保障，行政机关没有依法给付。实行行政复议前置的未履行法定职责情形，应当符合下列条件：一是行政机关依法具有某方面的法定职责；二是行政相对人申请行政机关履行相应法定职责；三是行政机关在法定期限内未履行、不予受理或者不予答复。对于这些情形导致的行政争议，由行政复议机关先行处理，通过行政机关内部监督予以纠正，有利于行政争议的及时解决，也有利于行政机关及时纠错，促进行政机关依法行政。

（四）申请政府信息公开，行政机关不予公开

将政府信息公开案件纳入行政复议前置范围，是此次修订行政复议法的重要内容之一。据有关方面反映，近年来，行政复议中的政府信息公开案件数量较多，且大部分不再提起行政诉讼，行政复议在解决政府信息公开案件有关争议中的作用比较明显。政府信息公开案件大部分相对简单，行政机关也更加了解情况，由行政复议机关进行处理，能够发挥行政复议的便捷性优势。尤其对于不予公开的行为，行政机关先行处理的便捷性更为显著。申请政府信息公开，行政机关不予公开，主要是指行政机关依据《中华人民共和国政府信息公开条例》第 14 条、第 15 条、第 16 条的规定决定不予公开，告知申请人不予公开并说明理由的情形。

三、法律、行政法规可以规定行政复议前置的其他情形

如前所述，行政诉讼法和原行政复议法均规定，法律、法规可以规定行政复议前置的其他情形，行政法规和个别地方性法规对此已有规定。在立法过程中，有意见提出，由地方性法规设定行政复议前置的情形，合理性和必要性有待商榷。一是地方性法规的制定主体过多，允许其设定行政复议前置事项将导致前置事项欠缺统一的标准，影响法制统一。二是由地方性法规作出复议前置要求，将造成同样的案件在有的地区可以直接提起诉讼，有的地区不能直接提起诉讼，出现同案不同审的现象。三是此次修订在行政复议法中对行政复议前置范围作了相对明确、具体的规定，地方性法规新增复议前置范围的必要性并不充分。这一意见符合设定行政复议前置的理论和实践。因此，本条第 1 款第 5 项规定，法律、行政法规可以规定行政复议前置的其他情形，地方性法规不再具有设定行政复议前置其他情形的权限。本法实施后，行政诉讼法、原行政复议法关于行政复议前置情形设定权限的规定将作出调整，均依照本法规定执行。

四、对属于行政复议前置范围的情形，行政机关在作出行政行为时应当告知

在本法修订过程中，有意见提出，行政复议的申请期限与行政诉讼的起诉期限不一致，在行政复议前置情形下可能影响当事人的诉讼权利。根据行政复议法和行政诉讼法的规定，行政复议的申请期限是 60 日，行政诉讼的起诉期限是 6 个月。一般情况下，当事人超过 60 日未申请行政复议的，在起诉期限内仍然可以提起诉讼，但在行政复议前置情形下，当事人超过行政复议期限提起行政诉讼的，人民法院可能不予受理，当事人因此将丧失约 4 个月的期限利益。对于这一意见，本法作出如下制度安排：一是，本法第 20 条中规定，有正当理由耽误法定申请期限的，申请期限自障碍消除之日起继续计算。对于符合该情形的，当事人仍可以继续申请行政复议，对行政复议决定不服的可以提起行政诉讼。这一规定可以部分解决起诉期限问题。二是，行政机关在作出行政行为时应当明确告知行政相对人实行行政复议前置以及具体的起诉期限，这样可以避免行政相对人因为不知道行政行为属于行政复议

前置事项而错过起诉期限的问题。据此，本条第2款规定，对属于行政复议前置范围的情形，行政机关在作出行政行为时应当告知公民、法人或者其他组织先向行政复议机关申请行政复议。通过这一规定，最大限度保护行政相对人的权利。

第四节 行政复议管辖

第二十四条 县级以上地方各级人民政府管辖下列行政复议案件：

（一）对本级人民政府工作部门作出的行政行为不服的；

（二）对下一级人民政府作出的行政行为不服的；

（三）对本级人民政府依法设立的派出机关作出的行政行为不服的；

（四）对本级人民政府或者其工作部门管理的法律、法规、规章授权的组织作出的行政行为不服的。

除前款规定外，省、自治区、直辖市人民政府同时管辖对本机关作出的行政行为不服的行政复议案件。

省、自治区人民政府依法设立的派出机关参照设区的市级人民政府的职责权限，管辖相关行政复议案件。

对县级以上地方各级人民政府工作部门依法设立的派出机构依照法律、法规、规章规定，以派出机构的名义作出的行政行为不服的行政复议案件，由本级人民政府管辖；其中，对直辖市、设区的市人民政府工作部门按照行政区划设立的派出机构作出的行政行为不服的，也可以由其所在地的人民政府管辖。

【释义】本条是关于县级以上地方各级人民政府管辖行政复议案件的规定。

构建统一、科学的行政复议体制，是本次修改行政复议法的一个重要目标。近年来，随着经济社会发展，行政复议制度在实施中暴露出了一些问题，比如案件管辖体制过于分散，群众难以找准行政复议机关，将行政争议等矛盾纠纷化解在基层和萌芽状态的效果不理想等。按照行政复议体制改革方案，整合地方行政复议职责，除实行垂直领导的行政机关、税务和国家安全机关外，原则上县级以上一级地方人民政府只保留一个行政复议机关，由本级人民政府统一行使行政复议职责。本次修法坚持立法与改革相衔接统一，巩固和深化行政复议体制改革成果，将有关改革措施转化为具体的法律制度。

一、关于县级以上地方各级人民政府管辖的行政复议案件

按照《行政复议体制改革方案》，改革后县级以上地方人民政府统一管辖以本级人民政府派出机关、本级人民政府部门及其派出机构、下一级人民政府以及有关法律、法规授权的组织为被申请人的行政复议案件。本条第1款对县级以上地方各级人民政府管辖的行政复议案件作了规定，具体包括四类案件。

1. 对本级人民政府工作部门作出的行政行为不服的案件。

关于对县级以上地方人民政府工作部门的行政行为申请行政复议，1990年国务院制定的《行政复议条例》明确规定，“对县级以上的地方各级人民政府工作部门的具体行政行为不服申请的复议，由上一级

主管部门管辖”，采取“条条”管辖模式。国务院于1994年对《行政复议条例》进行修改，对复议管辖的规定从以“条条为主”调整为“条条”和“块块”都有管辖权，即“对县级以上地方各级人民政府工作部门的具体行政行为不服申请的复议，由本级人民政府或者上一级主管部门管辖”。1999年制定行政复议法时，在《行政复议条例》的规定基础上，又进一步明确规定：“对县级以上地方各级人民政府工作部门的具体行政行为不服的，由申请人选择，可以向该部门的本级人民政府申请行政复议，也可以向上一级主管部门申请行政复议。”

本次修法明确对县级以上地方各级人民政府工作部门作出的行政行为不服的案件，原则上统一由本级人民政府作为行政复议机关行使管辖权，上一级主管部门不再进行行政复议管辖。地方各级人民代表大会和地方各级人民政府组织法第83条规定：“省、自治区、直辖市的人民政府的各工作部门受人民政府统一领导，并且依照法律或者行政法规的规定受国务院主管部门的业务指导或者领导。自治州、县、自治县、市、市辖区的人民政府的各工作部门受人民政府统一领导，并且依照法律或者行政法规的规定受上级人民政府主管部门的业务指导或者领导。”根据这一规定，县级以上地方各级人民政府工作部门是同时受本级人民政府领导和上级人民政府主管部门指导或者领导的。本次修法将“条条”和“块块”都有管辖权调整为“块块管辖”，主要考虑是解决行政复议案件管辖体制过于分散的问题，实现“一个窗口”对外，方便群众快速准确找到行政复议机关。同时，还有两个方面的考虑：一是政府工作部门在作出行政行为时，时常向上级主管部门事先请示、沟通，上一级主管部门管辖行政复议案件，难以避免部门保护的影响，不利于保护申请人的合法权益；二是向上一级主管部门申请复议多数情况下需要到异地，往往会给申请人申请、参加行政复议带来不便。

2. 对下一级人民政府作出的行政行为不服的案件。

地方各级人民代表大会和地方各级人民政府组织法第73条对县级以上地方各级人民政府的职权作了规定，从总体上讲，地方各级人民政府在行政管理方面主要是以宏观管理为主。因此，与政府工作部门实施行政行为相比，地方各级人民政府作出行政行为的情况较少，主要集中在土地、矿产、森林等行政管理领域。

对于地方各级人民政府作出的行政行为不服，只能向上一级地方人民政府申请行政复议。地方各级人民代表大会和地方各级人民政府组织法第69条中规定，“地方各级人民政府对本级人民代表大会和上一级国家行政机关负责并报告工作。”根据这一规定，地方各级人民政府的工作受同级人民代表大会和上一级国家行政机关的监督。考虑到行政复议是政府系统自我监督纠错的制度机制，属于接受上一级国家行政机关监督的范畴，所以由上一级人民政府进行复议管辖。上一级人民政府的工作部门与下一级人民政府之间没有领导关系，所以无权对下一级人民政府作出的行政行为进行行政复议管辖。

另外，根据地方各级人民代表大会和地方各级人民政府组织法第73条规定，县级以上地方各级人民政府领导下级人民政府的工作。这里的领导包括工作的决策权、指挥权、监督权以及检查权、协调权等。县级以上地方各级人民政府作为行政复议机关，通过行政复议对下一级人民政府作出的行政行为进行监督和纠错，也是其行使领导权的一个具体方面。因此，县级以上地方各级人民政府有权管辖下一级人民政府作为被申请人的行政复议案件。

3. 对本级人民政府依法设立的派出机关作出的行政行为不服的案件。

本条所称“派出机关”，是指县级以上地方人民政府根据需要，经上一级国家行政机关批准，在其辖区内设立的，并委托它们指导下级行政机关工作和办理各项事宜的行政机关。地方各级人民代表大会和地方各级人民政府组织法第 85 条规定：“省、自治区的人民政府在必要的时候，经国务院批准，可以设立若干派出机关。县、自治县的人民政府在必要的时候，经省、自治区、直辖市的人民政府批准，可以设立若干区公所，作为它的派出机关。市辖区、不设区的市的人民政府，经上一级人民政府批准，可以设立若干街道办事处，作为它的派出机关。”根据这一规定，目前县级以上地方人民政府设立的派出机关主要有三种：一是省、自治区人民政府根据需要，经国务院批准，在其所辖行政区域内按照地区设立的派出机关，在实践中称行政公署或盟，由专员主持工作；二是县、自治县人民政府根据需要，经上一级人民政府批准，设立的区公所，其代表县、自治县人民政府督促、检查、指导所属乡、民族乡、镇的工作，办理上级人民政府交办的事项；三是市辖区、不设区的市人民政府根据需要，经上一级人民政府批准，设立的街道办事处。

从性质上看，县级以上地方人民政府设立的派出机关不是一级国家机关，不设与之相应的国家权力机关，但在其所管辖的范围内对本辖区的经济社会文化治安等社会生活的方方面面行使管理权。归纳起来，这些派出机关有四个特点：第一，它不是一级独立的行政机关；第二，从属于派出它的机关，受派出它的机关的领导；第三，派出机关的任务主要是，受派出它的机关委托，代表派出它的机关开展行政管理工作；第四，地方人民政府设立派出机关是依照法律规定，并经上一级人民政府批准的。

这些派出机关在社会生活和行政管理工作中发挥了十分重要的作用，它们虽然不是一级政府，但受政府委托履行了一级政府的职能，以自己的名义实施行政行为引起了行政复议，成为被申请人，而管辖这一类行政复议案件的理应是设立它的地方人民政府。从另一个角度讲，行政复议是上级行政机关监督下级行政机关的一个重要手段，人民政府对它自己的派出机关有领导和监督的职责，复议管辖由派出它的人民政府负责也是理所当然。具体来说，对行政公署、盟作出的行政行为不服，向派出它的省或者自治区人民政府申请复议；对区公所作出的行政行为不服，向派出它的县或者自治县人民政府申请复议；对街道办事处作出的行政行为不服，向派出它的市辖区或者不设区的市人民政府申请复议。

4. 对本级人民政府或者其工作部门管理的法律、法规、规章授权的组织作出的行政行为不服的案件。

对县级以上地方各级人民政府管理的法律、法规、规章授权的组织作出的行政行为不服的，以及对其工作部门管理的法律、法规、规章授权的组织作出的行政行为不服的，均向同级地方人民政府申请行政复议。所谓授权，是指法律、法规、规章将某些行政管理权授予非行政机关的组织行使。经过授权，该组织取得了行政管理的主体资格，可以以自己的名义行使行政管理权，以自己的名义独立承担因行使行政管理权而引起的法律后果。授权有几个要件：一是授权主体是特定的国家机关，它以制定法律、行政法规、地方性法规和规章的形式作出授权；二是被授权的行政管理权是共有权力，类似行政拘留等专属权力不能授权；三是应当授权给有公共事务管理职能的组织，被授权的组织应当有一定的管理和承担责任的能力；四是经授权后被授权组织在某一方面或者某几个方面，取得了以自己的名义独立行使行政管理权的权力，同时承担由此引起的法律后果。

授权有关组织行使行政管理权是行政管理的现实需要。根据传统行政法理论，国家的行政权应当由行政机关和公务员行使，其他组织无权对公民、法人等实施行政管理。但是，随着经济社会发展，社会生活日趋复杂，国家对社会生活的干预无论是广度还是深度都在加强，行政管理的范围也越来越大，行政机关和公务员不可能无限制的增加。为了满足现实行政管理的需要，一些法律、法规、规章就授权一些具有公共事务管理职能的组织来代行一些行政管理权。比如，行政许可法第 23 条中规定，法律、法规授权的具有管理公共事务职能的组织，在法定授权范围内，以自己的名义实施行政许可。行政处罚法第 19 条规定，法律、法规授权的具有管理公共事务职能的组织可以在法定授权范围内实施行政处罚。同时，从我国的现实情况看，根据机构改革和政府职能转变，还存在一些行政部门转变为企业后，仍行使着一部分行政管理权的情况。总之，由法律、法规、规章明确授权一些组织享有一定的行政管理权，同时规定相应的责任，符合行政管理的现实需要。

对法律、法规、规章授权的组织作出的行政行为不服，应当向谁提出行政复议申请，按照原行政复议法的规定，主要取决于这个组织由谁直接管理。具体包括两种情形：一是对由地方人民政府直接管理的组织，向地方人民政府申请复议；二是对由地方人民政府工作部门直接管理的组织，向地方人民政府工作部门申请复议。本次修法对地方行政复议职责进行了整合，除本法第 27 条、第 28 条规定的情形外，地方人民政府工作部门已经没有行政复议管辖权。对上述前一种情形，本法修改后没有调整，仍向地方人民政府申请行政复议。如市里某一组织是直接从属于市人民政府的，由市人民政府进行复议管辖。对上述后一种情形，本法修改后不再向部门申请行政复议，也向该部门的同级地方人民政府申请行政复议。

二、关于省、自治区、直辖市人民政府管辖对本机关作出的行政行为不服的行政复议案件

本条第 2 款明确规定了省、自治区、

直辖市人民政府管辖对本机关作出的行政行为不服的行政复议案件。对省、自治区、直辖市人民政府作出的行政行为不服的，从行政复议具有层级监督的性质来讲，似应向上一级行政机关，即国务院申请复议。在征求意见过程中，有一些意见提出，省级人民政府作出的行政行为一般都涉及行政相对人重大利益，会对行政相对人造成较大影响；由国务院受理行政复议申请，有利于发现和纠正省级人民政府实施的违法或者不当的行政行为，加强对省级人民政府的监督。但是，从我国行政系统的组织架构和职权配置来看，国务院是最高国家行政机关，主要职能是制定方针政策，从全局上处理行政事务，一般不宜、也难以处理大量的如办理行政复议案件等较为具体的行政事务。如果规定这类行政复议案件由国务院管辖，可能会影响国务院其他职能的发挥。

从行政管理的层级来说，省级人民政府是仅次于国务院的一级行政机关，依法行政的意识和观念相对比较强，在行政复议工作中纠正违法或者不当行政行为的能力和水平也更高。同时，就省级人民政府管辖对本机关作出的行政行为不服的行政复议案件，本法也作了一些针对性的制度设计，确保案件公正审理，并规定有后续救济措施。比如本法第 52 条要求行政复议机构在适用普通程序审理这类行政复议案件时，应当提请行政复议委员会提出咨询意见，保障案件办理的公正性。总的来说，规定这类行政复议案件由省级人民政府进行管辖是可行的。

三、关于省、自治区人民政府依法设立的派出机关的行政复议管辖权

本条第 3 款明确规定了省、自治区人民政府依法设立的派出机关参照设区的市级人民政府的职责权限，管辖相关行政复议案件。这是根据我国的实际情况作出的专门规定。地方各级人民代表大会和地方各级人民政府组织法第 85 条第 1 款规定，省、自治区的人民政府在必要的时候，经国务院批准，可以设立若干派出机关。目前，在我国省、自治区人民政府设立的派出机关主要是行政公署、盟，它们不是一级独立的行政机关，从属于派出它的省、自治区人民政府，受其领导。这些派出机关的任务主要是受省、自治区人民政府的委托，代表省、自治区人民政府，指导和管理下级行政机关完成行政管理任务。这些派出机关指导和管理的下级行政机关，包括本机关所属的县级人民政府，以及由本机关设置的一些工作部门。

在行政复议体制改革过程中，对这些派出机关的下级行政机关作出的行政行为不服，向谁申请行政复议的问题，考虑到我国存在这样一种特殊的行政管理方式，提出了相应的改革措施，即省、自治区人民政府依法设立的派出机关参照设区的市级人民政府，统一行使行政复议职责。本次修法也对这一特殊问题作出特别规定，明确省、自治区人民政府依法设立的派出机关参照设区的市级人民政府的职责权限，统一对相关行政复议案件进行管辖。也就是说，对这些派出机关指导和管理的县级人民政府，以及本机关所属工作部门作出的行政行为不服的，申请人向该派出机关

申请行政复议。这样规定符合块块管辖的精神，也符合行政复议便民的原则。

四、关于县级以上地方各级人民政府工作部门依法设立的派出机构作为被申请人的行政复议案件管辖

当前一些县级以上地方人民政府工作部门，根据有关法律、法规和规章的规定，设立了一些派出机构，如公安派出所、税务所、市场监督管理所等。虽说都是派出机构，但不是都有权力以自己的名义作出行政行为，更不是在哪个方面都有权力以自己的名义作出行政行为。如一些市、县税务局派出的税务所，有权以自己的名义行使征税的职权，但对违反税收征管的处罚，有的税务所就无权以自己的名义实施。关于哪些派出机构可以以自己的名义实施行政行为，实施何种行政行为，必须要有法律、法规、规章的依据。如治安管理处罚法第 91 条规定："治安管理处罚由县级以上人民政府公安机关决定；其中警告、五百元以下的罚款可以由公安派出所决定。"这一规定明确了对公民违反治安管理处以警告或者 500 元以下罚款时，公安派出所可以以自己的名义实施处罚。

对这些派出机构依据法律、法规、规章规定，以自己的名义作出的行政行为不服的行政复议案件，按照修订前的行政复议法规定，向设立该派出机构的部门或者该部门的本级地方人民政府申请行政复议。本次修法对地方行政复议职责进行整合后，设立该派出机构的部门不再进行复议管辖。本条第 4 款规定这类案件一般由该部门的本级人民政府管辖，同时考虑保障行政复议工作质量和效率的需要，对直辖市和设区的市的这类案件管辖作了特别的规定。

从直辖市和设区的市的情况来看，以市人民政府工作部门在区一级设立的派出机构为被申请人的行政复议案件数量较大，规定一律由市政府管辖，执行起来比较困难。目前，实践中各地的做法也不尽相同，比如公安系统，市公安局在各区设立的公安分局属于市公安局的派出机构。对于以区公安分局为被申请人的案件，有的地方申请人可以向市政府申请行政复议；有的地方申请人可以向市公安局或者区政府申请；有的地方申请人可以向区政府申请行政复议。综合考虑实际情况和各方面的意见，本次修法在明确这类案件一般由设立派出机构的部门的本级人民政府管辖的基础上，同时对这类案件管辖作出灵活的制度安排，规定对直辖市、设区的市人民政府工作部门按照行政区划设立的派出机构作出的行政行为不服的，也可以由其所在地的人民政府管辖。

第二十五条　国务院部门管辖下列行政复议案件：

（一）对本部门作出的行政行为不服的；

（二）对本部门依法设立的派出机构依照法律、行政法规、部门规章规定，以派出机构的名义作出的行政行为不服的；

（三）对本部门管理的法律、行政法规、部门规章授权的组织作出的行政行为不服的。

【释义】本条是关于国务院部门管辖行政复议案件的规定。

与原法有关规定相比，本次修法对中央政府层面的行政复议职责配置没有进行

大的调整，主要由国务院部门作为行政复议机关履行行政复议职责。具体来说，国务院部门管辖的行政复议案件包括以下三类：

一、对国务院部门作出的行政行为不服的案件

对国务院部门作出的行政行为不服的，按照向上一级行政机关申请复议的原则，理应向国务院复议。但是，如同对省级人民政府的行政行为不服申请复议，不宜由国务院进行复议管辖，本条也规定这类案件不直接由国务院管辖，而是由国务院部门自己复议本部门作出的行政行为。同样也是考虑到国务院作为最高国家行政机关，它主要是制定方针政策的，从整个国家的全局上处理行政事务，一般不宜、也难以处理大量的具体行政事务。如果规定国务院也要受理不服各部门行政行为提出的复议申请、作出复议决定，将会影响国务院的其他工作。因此，对不服国务院部门行政行为的复议管辖，有必要作出与不服地方政府工作部门行政行为的复议管辖不同的制度安排。

二、对国务院部门依法设立的派出机构依照法律、行政法规、部门规章规定，以派出机构的名义作出的行政行为不服的案件

当前一些国务院部门，根据法律、行政法规、部门规章规定，设立了一些派出机构。虽说都是派出机构，但不是都有权力以派出机构的名义作出行政行为，更不是在哪个方面都有权力以派出机构的名义作出行政行为，必须要有法律、行政法规或者部门规章的依据。对政府工作部门依法设立的派出机构，依照法律、法规或者规章规定，以派出机构的名义作出的行政行为不服的行政复议案件，修订前的行政复议法规定向设立该派出机构的部门或者该部门的本级地方人民政府申请行政复议，对国务院部门设立的派出机构的行政行为不服的，逻辑上不存在“该部门的本级地方人民政府”，所以实际上只能向设立该派出机构的国务院部门申请复议。本次修法对不服这类派出机构的行政行为的复议管辖分别作出规定。本条第2项明确对国务院部门设立的派出机构，依照法律、行政法规或者部门规章规定，以派出机构的名义作出的行政行为不服的，向设立该派出机构的国务院部门申请行政复议。

三、对国务院部门管理的法律、行政法规、部门规章授权的组织作出的行政行为不服的案件

为了满足现实行政管理的需要，一些法律、行政法规、部门规章将某些行政管理权授予组织行使，这些组织取得了行政管理的主体资格，可以以组织的名义行使行政管理权，以组织的名义独立承担因行使行政管理权而引起的法律后果。对于这些组织作出的行政行为不服，应当向谁提出行政复议申请，主要取决于这个组织由谁直接管理。因此，对国务院部门管理的法律、行政法规、部门规章授权的组织作出的行政行为不服的，向该国务院部门申请行政复议也是理所当然的。申请人在提出行政复议申请时，应当按照与该组织是否存在直接管理关系来确定具体的行政复

议机关。

第二十六条　对省、自治区、直辖市人民政府依照本法第二十四条第二款的规定、国务院部门依照本法第二十五条第一项的规定作出的行政复议决定不服的，可以向人民法院提起行政诉讼；也可以向国务院申请裁决，国务院依照本法的规定作出最终裁决。

【释义】本条是关于不服省级人民政府、国务院部门作出的行政复议决定进行救济的规定。

依照本法第24条第2款、第25条第1项的规定，不服省、自治区、直辖市人民政府或者国务院部门作出的行政行为，只能向作出该行政行为的行政机关申请行政复议。这种由作出行政行为的行政机关审查本机关行政行为合法性和适当性的做法，属于“自己监督自己”的情形，有必要进一步提供救济途径。为了切实防止和纠正违法或者不当的行政行为，维护公民、法人和其他组织的合法权益，本法特别对当事人不服这类行政复议决定，如何进行权利救济作了规定，即可以向人民法院提起诉讼；也可以向国务院部门或者省、自治区、直辖市人民政府的上一级行政机关，即向国务院申请裁决，国务院作出的行政复议决定为最终裁决。

需要注意的是，被申请行政复议的行政行为必须是省、自治区、直辖市人民政府和国务院部门自己作出的行政行为，不包括它们设立的派出机构依照法律等规定，以派出机构的名义作出的行政行为，也不包括它们管理的法律、法规、规章授权的组织作出的行政行为。同时，当事人对两条救济途径的选择是“二选一”的关系。也就是说，选择了向人民法院提起行政诉讼，就不得再向国务院申请裁决；选择了向国务院申请裁决，就不得再向法院提起行政诉讼，国务院作出的行政复议决定为最终裁决。这一规定的根本目的，是为了保证更有效地纠正违法的或者不当的行政行为，保障公民、法人或者其他组织的合法权益，也体现了国务院对下级行政机关实施的行政行为负有监督权力和职责，以及司法对行政权的监督。

第二十七条　对海关、金融、外汇管理等实行垂直领导的行政机关、税务和国家安全机关的行政行为不服的，向上一级主管部门申请行政复议。

【释义】本条是关于不服部分行政机关的行政行为向上一级主管部门申请行政复议的规定。

本法第24条对县级以上地方各级人民政府工作部门的行政行为不服的，规定了申请人可以向同级地方人民政府申请行政复议，同时本法也对实行垂直领导的行政机关、税务和国家安全机关作了例外规定。主要是考虑到我国行政管理领域的多样性和复杂性，特别是对于那些实行垂直领导的行政机关，行政管理主要是以“条条”为主的，相关法律、法规、规章的专业性较强，在行政复议管辖问题上如果采取“一刀切”的制度设计，也由同级地方人民政府进行复议管辖，既不符合当前我国行政管理工作的实际，也不利于行政监督工作的有效开展。需要注意的是，本条对向上一级主管部门申请行政复议的情形作了比较明确的规定，具体来说，包括三类案件：一是海关、金融、外汇管理等实行垂直领导的行政机关作为被申请人的行政复议案件；二是税务机关作为被申请人的行政复议案件；三是国家安全机关作为被申请人的行政复议案件。

第二十八条　对履行行政复议机构职责的地方人民政府司法行政部门的行政行为不服的，可以向本级人民政府申请行政复议，也可以向上一级司法行政部门申请行政复议。

【释义】本条是关于不服地方人民政府司法行政部门的行政行为申请行政复议的规定。

本法第2条第1款规定，公民、法人或者其他组织认为行政机关的行政行为侵犯其合法权益，向行政复议机关提出行政复议申请，行政复议机关办理行政复议案件，适用本法。第4条中规定，县级以上各级人民政府以及其他依照本法履行行政复议职责的行政机关是行政复议机关。行政复议机关办理行政复议事项的机构是行政复议机构。目前，在行政复议实践中，除海关、金融、外汇管理等实行垂直领导的行政机关、税务和国家安全机关外，原则上县级以上一级政府只设一个行政复议机关，由司法行政部门作为本级人民政府的行政复议机构，依法办理同级人民政府的行政复议事项。

司法行政部门承担着行政复议机构的职责，其本身作为行政机关，依法行使相应的行政管理职权，作出的行政行为也可能引发行政争议，导致行政相对人申请行政复议。如果按照本法第24条关于对县级以上地方各级人民政府工作部门的行政行为不服的，向同级地方人民政府申请行政复议的规定，将以司法行政部门为被申请人的案件一律交由同级地方人民政府管辖，实际上就是由司法行政部门作为行政复议机构，对自己作出的行政行为进行监督纠错。在修法过程中，有不少意见提出，司法行政部门自己审查自己作出的行政行为不够合理，难以保障行政复议的公正性，也不利于充分保护公民、法人和其他组织的合法权益；有必要作出相对灵活的制度安排，引入申请人也可以向上一级司法行政部门申请复议的渠道，避免“一刀切”。因此，本法对以地方司法行政部门为被申请人的行政复议案件管辖作出特别规定，赋予了申请人选择权，可以向本级人民政府申请复议，也可以向上一级司法行政部门申请行政复议。

第二十九条　公民、法人或者其他组织申请行政复议，行政复议机关已经依法受理的，在行政复议期间不得向人民法院提起行政诉讼。

公民、法人或者其他组织向人民法院提起行政诉讼，人民法院已经依法受理的，不得申请行政复议。

【释义】本条是关于公民、法人或者其他组织如何处理行政复议和行政诉讼的关系的规定。

行政复议和行政诉讼都是由不服行政行为的行政相对人提出，但它们是两种不同的法律制度，存在较为明显的区别。行政复议是行政系统内部的一种监督和纠错制度，行政复议机关根据层级监督关系或者法律规定，通过审查行政行为的合法性和适当性，为行政相对人维护其合法权益提供法律救济。行政诉讼则是行政系统外部的一种监督和纠错制度，人民法院依照司法程序主要审查行政行为的合法性，为行政相对人维护其合法权益提供法律救济。行政复议有行政复议的程序要求，行政诉讼有行政诉讼的程序要求，不能混为一谈，更不能混同进行。因此，为了避免行政复议与行政诉讼的交叉进行，有效利用行政资源和司法资源，有必要对申请行政复议与提起行政诉讼之间的关系作出规定，以切实发挥两者在解决行政争议方面的各自作用。此次修订，将行政复议前置有关的内容调整至第23条中予以规定，其他内容未作修改。

一、关于行政复议和行政诉讼的关系

从行政相对人的角度来讲，由于行政复议和行政诉讼都为了解决行政争议，而又用两种不同的法律途径去解决，这就不可避免地会发生冲突，即行政争议一旦发生，不服行政行为的行政相对人到底采取哪种方式来维护自身合法权益，解决行政争议。这就涉及从行政相对人行使救济权利的视角，如何处理申请行政复议与提起行政诉讼的关系。行政诉讼法第44条规定："对属于人民法院受案范围的行政案件，公民、法人或者其他组织可以先向行政机关申请复议，对复议决定不服的，再向人民法院提起诉讼；也可以直接向人民法院提起诉讼。法律、法规规定应当先向行政机关申请复议，对复议决定不服再向人民法院提起诉讼的，依照法律、法规的规定。"根据这一规定以及其他有关单行法的具体规定，对这两者的关系主要有两种处理方式：一是自由选择制度，即由行政相对人选择解决行政争议的方式，可以申请行政复议，也可以提起行政诉讼。二是行政复议前置制度，即行政相对人提起行政诉讼，必须以经过行政复议为前提，只有经过行政复议，对行政复议决定不服才能提起行政诉讼。

二、关于不得提起行政诉讼的情形

本条第1款主要规定了行政复议程序正式启动后，在法定的行政复议期限内，申请人不得向人民法院提起行政诉讼。根据行政程序的一般原则，行政程序往往先于司法程序，行政程序正在进行时，司法程序不能介入。如果行政复议机关已经受理了该行政复议申请，在这一规定的行政复议期限内，申请人不得向人民法院提起行政诉讼。在通常情况下，依照法律、法规的规定，行政相对人对行政机关作出的行政行为不服，可以采取两种救济手段，即向行政复议机关申请复议或者向法院提起行政诉讼。例如，反电信网络诈骗法第48条规定："有关单位和个人对依照本法作出的行政处罚和行政强制措施决定不服的，可以依法申请行政复议或者提起行政诉讼。"在这种情况下，如果行政相对人选择了向行政复议机关申请行政复议，行政复议机关已经依法受理的，在法定行政复议期限内不得提起行政诉讼，确保通过行政复议程序解决行政争议的稳定性、连续性。

关于"行政复议机关已经依法受理"，本法第30条对行政机关受理行政复议申请的条件与程序作出了规定："行政复议机关收到行政复议申请后，应当在五日内进行审查。对符合下列规定的，行政复议机关应当予以受理：（一）有明确的申请人和符合本法规定的被申请人；（二）申请人与被申请行政复议的行政行为有利害关系；（三）有具体的行政复议请求和理由；（四）在法定申请期限内提出；（五）属于本法规定的行政复议范围；（六）属于本机关的管辖范围；（七）行政复议机关未受理过该申请人就同一行政行为提出的行政复议申请，并且人民法院未受理过该申请人就同一行政行为提起的行政诉讼。对不符合前款规定的行政复议申请，行政复议机关应当在审查期限内决定不予受理并说明理由；不属于本机关管辖的，还应当在不予受理决定中告知申请人有管辖权的行政复议机关。行政复议申请的审查期限届满，行政复议机关未作出不予受理决定的，审查期限届满之日起视为受理。”根据这一规定，申请人向行政复议机关提出复议申请，如果在申请提出的5日内（行政复议机关对行政复议申请进行审查的法定期限），没有接到行政复议机关不予受理的书面通知，也没有被告知该行政复议申请不属于该行政复议机关受理的事项，申请人就有理由认为行政复议机关已经受理。

关于“行政复议期限”，本法第62条对行政复议审理期限作出了规定：“适用普通程序审理的行政复议案件，行政复议机关应当自受理申请之日起六十日内作出行政复议决定；但是法律规定的行政复议期限少于六十日的除外。情况复杂，不能在规定期限内作出行政复议决定的，经行政复议机构的负责人批准，可以适当延长，并书面告知当事人；但是延长期限最多不得超过三十日。适用简易程序审理的行政复议案件，行政复议机关应当自受理申请之日起二十日内作出行政复议决定。”行政复议机关适用普通程序或者简易程序审理行政复议案件期间，申请人在相应的期限内不得提起行政诉讼。

三、关于不得申请行政复议的情形

本条第2款规定的是行政相对人向人民法院提起行政诉讼并已受理的，不得再申请行政复议的问题。根据司法程序的一般原则，选择了司法程序进行救济，也就意味着对行政救济程序的放弃。行政相对人不服行政行为，如果选择直接向人民法院提起行政诉讼，人民法院决定立案的，意味着司法程序已经开始。对作为原告的行政相对人来说，表明其已经选择了司法救济的途径，放弃了通过行政复议渠道进行救济的权利，因此不得再向行政复议机关提出行政复议申请。

第三章　行政复议受理

第三十条　行政复议机关收到行政复议申请后，应当在五日内进行审查。对符合下列规定的，行政复议机关应当予以受理：

（一）有明确的申请人和符合本法规定的被申请人；

（二）申请人与被申请行政复议的行政行为有利害关系；

（三）有具体的行政复议请求和理由；

（四）在法定申请期限内提出；

（五）属于本法规定的行政复议范围；

（六）属于本机关的管辖范围；

（七）行政复议机关未受理过该申请人就同一行政行为提出的行政复议申请，并且人民法院未受理过该申请人就同一行政行为提起的行政诉讼。

对不符合前款规定的行政复议申请，行政复议机关应当在审查期限内决定不予受理并说明理由；不属于本机关管辖的，还应当在不予受理决定中告知申请人有管辖权的行政复议机关。

行政复议申请的审查期限届满，行政复议机关未作出不予受理决定的，审查期限届满之日起视为受理。

【释义】本条是关于行政复议受理条件和受理程序的规定。

行政复议受理是指公民、法人或者其他组织提出行政复议申请后，具有管辖权的行政复议机关进行审查，认为行政复议申请符合受理条件并予以受理的活动。行政复议受理是行政复议案件办理的一个重要环节。本条主要对行政复议受理审查期限、受理条件、不予受理及视为受理的情形等作了规定。其中，受理条件是此次修法新增内容。

一、行政复议申请的审查和受理

完整的行政复议程序，包括行政复议申请的提出、行政复议申请的受理、对行政复议案件进行审理、行政复议决定的作出等环节。对行政复议申请进行审查，受理符合条件的行政复议申请，是行政复议机关的职责。在法律中对行政复议申请的审查期限、受理条件等作出明确规定，有利于行政复议机关依法受理符合条件的行政复议申请；对于不符合受理条件的行政复议申请，行政复议机关依法不予受理。

本条第1款中规定，行政复议机关收到行政复议申请后，应当在5日内进行审查。所谓行政复议申请的审查，是指行政复议机关对公民、法人或者其他组织提出的行政复议申请，审查其是否符合法律规定的条件和要求。对于公民、法人或者其他组织提出的行政复议申请，行政复议机关应当根据行政复议受理条件依法进行审查，决定是否受理。在法律中明确规定行政复议申请的审查程序，一方面，对申请人提出行政复议申请明确了规范要求，便于申请人了解受理条件，依法提出行政复议申请；另一方面，也为行政复议机关在审查过程中通知申请人补正、开展解释说明等具体工作提供了依据，使行政复议活动得以顺利进行。

二、行政复议受理条件

行政复议受理条件的规定，是行政复议机关决定是否受理行政复议申请的重要依据。此次修法增加规定了以下 7 项受理条件：

1. 有明确的申请人和符合本法规定的被申请人。

行政复议申请应当有明确的申请人和符合本法规定的被申请人，便于行政复议机关在办理行政复议案件中通知、送达行政复议有关信息，并根据审理情况明确承受权利和义务的当事人。

一是有明确的申请人。申请人须列明自身基本信息。本法第 14 条第 1 款规定："依照本法申请行政复议的公民、法人或者其他组织是申请人。"申请人是自然人的，应当在行政复议申请书中载明姓名、身份证号码、住所等基本信息。申请人是法人或者其他组织的，应当载明法人或者其他组织的名称、法定代表人或者主要负责人姓名、住所等基本信息。

二是有符合本法规定的被申请人。本法第 19 条第 1 款对被申请人作了规定。一般情况下，"作出行政行为的行政机关或者法律、法规、规章授权的组织是被申请人"。此外，还有一些相对特殊的情形，比如两个以上行政机关共同作出行政行为，行政机关委托的组织作出行政行为，作出行政行为的行政机关被撤销或者职权变更，以及经批准的行为、派出机构作出的行政行为等情形。在这些情况下，要根据相应的法律规则确定被申请人。如果申请人提出行政复议申请时错列被申请人，行政复议机关工作人员应当予以说明，告知申请人变更被申请人，帮助申请人确定符合本法规定的被申请人。

2. 申请人与被申请行政复议的行政行为有利害关系。

利害关系是判断行政复议申请是否应当被受理的重要条件和标准。申请人与被申请行政复议的行政行为有利害关系，一般是指申请人自己的合法权益受到行政行为侵犯，为维护权益而提起行政复议申请。根据行政诉讼法，行政行为的相对人以及其他与行政行为有利害关系的公民、法人或者其他组织，有权提起诉讼。可以看出，本法和行政诉讼法均强调与行政行为有"利害关系"，这有利于行政复议机关和人民法院准确确定申请人和原告资格，及时作出受理或者不予受理的决定。

考虑到行政争议类型较多，情况复杂，相关法规和配套规定可以进一步细化"利害关系"的判断标准。一般来说，行政机关实施行政处罚、行政强制等情况下的行政相对人，其与行政行为的利害关系易于认定。根据行政诉讼法有关司法解释和实践，除行政相对人以外，其他与被申请行政复议的行政行为有利害关系的情形，主要包括该行政行为涉及其相邻权或者公平竞争权、撤销或者变更行政行为涉及其合法权益等。行政复议机关在对行政复议申请进行审查时，应根据有关规定和具体情况予以把握。

3. 有具体的行政复议请求和理由。

行政复议请求和理由，是行政复议申请应当具备的重要内容。申请人提出的行政复议请求和理由，应当明确、具体，便于行政复议机关在审查时，更好了解行政争议的基本事实和申请人诉求，决定是否受理行政复议申请。

一是要有具体的行政复议请求。具体的行政复议请求，是指申请人必须明确其提出行政复议申请需要解决的问题和具体诉求。比如，申请人请求行政复议机关撤销或者变更行政行为、确认行政行为违法或者无效，以及请求行政复议机关责令被申请人履行特定法定职责或者给付义务、决定被申请人予以赔偿或者补偿，一并审查有关规范性文件等。

二是要有具体的理由。在提交行政复议申请时，当事人应当向行政复议机关说明相关请求的理由，比如行政行为的基本情况和违法理由、自身合法权益受到行政行为侵害等情况，为行政复议请求提供基本的支撑，便于行政复议机关判断行政行为与当事人合法权益的关联。行政复议请求涉及相关证据和依据的，应当在提出行政复议申请时一并提交。

4. 在法定申请期限内提出。

本法第 20 条对行政复议的法定申请期限作了规定，第 21 条对最长申请期限作了规定，申请人应当在规定的期限内提出行政复议申请。行政机关作出的行政行为对公民、法人或者其他组织的权利、义务可能产生不利影响的，应当告知其申请行政复议的权利、行政复议机关和行政复议申请期限。行政复议机关在审查行政复议申请时，要充分考虑被申请人在作出行政行为时是否履行了行政复议申请期限等告知义务，以及是否存在因不可抗力或者其他正当理由耽误法定申请期限等情况。

5. 属于本法规定的行政复议范围。

本法第 11 条规定了行政复议范围，明确列举了公民、法人或者其他组织可以依法申请行政复议的 14 种情形，其中此次修法明确增加了行政赔偿、工伤认定、滥用行政权力排除或者限制竞争、行政协议、政府信息公开相关的情形；同时，还规定了兜底情形即“认为行政机关的其他行政行为侵犯其合法权益”。本法第 12 条对不属于行政复议范围的事项进行了列举，即国防、外交等国家行为，行政法规、规章或者行政机关制定、发布的具有普遍约束力的决定、命令等规范性文件，行政机关对行政机关工作人员的奖惩、任免等决定，行政机关对民事纠纷作出的调解。应该说，此次修法进一步扩大行政复议范围，充分体现了发挥行政复议化解行政争议的主渠道作用的要求。行政复议机关在审查行政复议申请时，应当结合此次修法精神、法律规定以及案件具体情况，判断是否属于行政复议范围。

6. 属于本机关的管辖范围。

本法第二章第四节对行政复议管辖作了规定。为贯彻落实《行政复议体制改革方案》，本法修改后确定的行政复议管辖主要包括以下几个方面：一是县级以上地方各级人民政府统一行使行政复议职责，原则上不再保留地方各级人民政府工作部门的行政复议职责。二是海关、金融、外汇管理等实行垂直领导的行政机关、税务和国家安全机关，保留原有的行政复议职责。三是国务院部门管辖本部门及其派出机构、授权组织作为被申请人的行政复议案件。此外，还对直辖市、设区的市人民政府工作部门依法设立的派出机构作为被申请人，以及对履行行政复议机构职责的地方人民政府司法行政部门的行政行为不服的行政复议案件管辖作了特殊规定。行政复议机关审查行政复议申请时，根据上述有关管辖的规定，确定是否属于本机关管辖。

7. 行政复议机关未受理过申请人就同一行政行为提出的行政复议申请，并且人民法院未受理过该申请人就同一行政行为提起的行政诉讼。

为了维护行政复议决定、法院判决的稳定和权威，避免争讼不休，行政复议实行“一事不再理”的原则，主要包含三层含义：一是行政复议申请一旦进入行政复议受理程序，申请人即不得再以同一行政行为提出行政复议申请；二是根据本法第29条第2款规定，公民、法人或者其他组织向人民法院提起行政诉讼，人民法院已经依法受理的，不得申请行政复议；三是申请人对已经发生法律效力的行政复议决定或者行政诉讼判决，不得再次就同一行政争议提起行政复议。因此，符合受理条件的行政复议申请，是既未被行政复议机关受理过，也未被法院受理过的行政复议申请。判断前后申请或申请、起诉是否属于“一事”的标准有两个方面：一是看是否属于“同一申请人（原告）”；二是看是否属于“同一行政行为”。

三、不符合受理条件的处理方式

本条第2款对不符合受理条件的行政复议申请，规定了行政复议机关两方面的处理方式和义务：一是对不符合受理条件的行政复议申请，行政复议机关应当在审查期限内决定不予受理，并向申请人说明不予受理的理由，比如经审查认为申请人与被申请行政复议的行政行为没有利害关系，或者法院已经受理申请人就同一行政行为提起的行政诉讼等。二是对不属于本机关管辖的，在说明不予受理的理由的同时，还应当在不予受理决定中，告知申请人有管辖权的行政复议机关，便于申请人在符合其他行政复议申请条件的情况下，继续向有管辖权的行政复议机关申请行政复议。

四、视为受理的情形

为防止行政复议机关怠于行使审查行政复议申请的法定职责，更好维护申请人的合法权益，本条第3款规定，行政复议申请的审查期限届满，行政复议机关未作出不予受理决定的，审查期限届满之日起视为受理。在法律中对视为受理情形作出规定，一方面能够约束行政复议机关不作为或者未及时审查的行为，督促其在申请审查期限内及时对行政复议申请进行审查，作出受理、不予受理决定或者通知申请人补正；另一方面，可以更好体现行政复议便民为民的原则，让更多的行政复议申请进入行政复议审理程序。

第三十一条　行政复议申请材料不齐全或者表述不清楚，无法判断行政复议申请是否符合本法第三十条第一款规定的，行政复议机关应当自收到申请之日起五日内书面通知申请人补正。补正通知应当一次性载明需要补正的事项。

申请人应当自收到补正通知之日起十

日内提交补正材料。有正当理由不能按期补正的，行政复议机关可以延长合理的补正期限。无正当理由逾期不补正的，视为申请人放弃行政复议申请，并记录在案。

行政复议机关收到补正材料后，依照本法第三十条的规定处理。

【释义】本条规定了行政复议申请材料的补正程序。

本条共3款，规定了行政复议申请材料补正的情形、补正期限、补正后的处理等内容，是此次修法新增内容。在法律中规定行政复议申请材料补正，主要是为了规范行政复议申请材料提交和补正程序，提高行政复议案件办理质量，维护申请人的合法权益。

一、关于行政复议机关通知申请人补正

申请人向行政复议机关提交行政复议申请材料时，由于对行政复议申请条件、法定程序和内容要求理解不到位、掌握不全面等原因，难免出现申请材料不齐全或者表述不清楚的情况，行政复议机关可能因此难以判断行政复议申请是否符合法定受理条件。申请材料不齐全，是指提交的材料内容不齐全，或者填写的信息不完整，遗漏行政复议申请必要的信息等情况；申请材料表述不清楚，是指提交的材料表述模糊、含义不清，无法表达申请人的请求和理由，或者不符合其他规范表述的要求。

出现行政复议申请材料不齐全或者表述不清楚、无法判断是否符合受理条件的情况，如果行政复议机关据此作出不予受理的决定，将影响到申请人通过行政复议寻求救济的机会。因此，本条专门规定了行政复议申请材料补正的程序。在行政复议机关无法判断行政复议申请是否符合本法规定的受理条件的情况下，应当在5日内书面通知申请人补正材料。理解这一程序，需要把握好以下四个方面：一是书面通知补正的前提。除了行政复议申请材料不齐全或者表述不清楚外，还需要以无法判断是否符合受理条件为前提。也就是说，虽然行政复议申请材料不齐全或者表述不清楚，但可以明确判断不符合受理条件的，比如已经明显不符合法定申请期限要求的，行政复议机关可以直接决定不予受理，无须再通知当事人补正。二是行政复议机关书面通知补正的时间要求。本法第30条第1款中规定，行政复议机关收到行政复议申请后，应当在5日内进行审查。据此，如果行政复议机关需要书面通知补正，应当在这5日的受理审查时限内进行。三是补正应当以书面方式作出。补正通知要详细列明需要补正的材料和补正时限要求，便于申请人准确理解和进行补正。比如说，没有明确被申请人的，应当查明被申请人后再申请；行政复议请求不具体的，应当补充写明；应当由申请人提供的理由根据没有提供的，应当写明案情事实，补充证据。四是补正通知应当一次性载明需要补正的事项。该规定的目的是防止行政复议机关以材料不齐全或者表述不清楚为由，多次不断要求申请人补正，变相拒绝受理。

二、关于行政复议申请人补正材料

申请人能否及时、准确地补正行政复议申请材料，直接关系到行政复议申请的受理。本条第2款对申请人补正材料的义务和要求作了规定，主要包括以下两个

方面：

1. 提交补正材料的期限。主要包括两种情况：一是申请人应当自收到补正通知之日起10日内提交补正材料。二是有正当理由不能按期补正的，行政复议机关可以延长合理的补正期限。申请人遇到不可抗力或者其他正当理由，未能及时提交补正材料的，应当向行政复议机关提出延期提交补正材料申请，或者提供相应的证明，行政复议机关根据具体情况进行判断，作出是否延长补正期限的决定。

2. 申请人逾期不补正的后果。申请人应当正确对待并及时行使补正材料的权利。无正当理由逾期不补正的，视为申请人放弃行政复议申请并记录在案。要从以下两个方面理解该规定：一是当事人无正当理由逾期不补正，属于怠于行使法律赋予的补正材料的权利，行政复议机关可视为其放弃行政复议申请。二是行政复议机关要对当事人无正当理由逾期不补正的情况予以记录，同时记录视为申请人放弃申请的结论，作为终结行政复议申请审查程序的依据。

三、行政复议机关收到补正材料后的处理

申请人在法定时限内按照补正通知的要求提交补正材料后，行政复议机关应当依照本法第30条规定处理。也就是说，对于补正后的行政复议申请，重新计算审查期限，行政复议机关自收到补正材料后在5日内进行审查。行政复议机关按照审查条件和标准，认为补正后的行政复议申请符合受理条件的，应当予以受理；对不符合受理条件的，在审查期限内决定不予受理；审查期限届满未作出不予受理决定的，审查期限届满之日起视为受理。

第三十二条　对当场作出或者依据电子技术监控设备记录的违法事实作出的行政处罚决定不服申请行政复议的，可以通过作出行政处罚决定的行政机关提交行政复议申请。

行政机关收到行政复议申请后，应当及时处理；认为需要维持行政处罚决定的，应当自收到行政复议申请之日起五日内转送行政复议机关。

【释义】本条规定了通过作出行政处罚决定的行政机关提交行政复议的情形。

本条是此次修法新增内容。当场作出或者依据电子技术监控设备记录的违法事实作出的行政处罚决定，实践中主要集中在道路交通管理、市场监管现场执法等领域，规定在这些领域申请人可以通过作出行政处罚决定的行政机关提交行政复议申请，是一项重要的机制创新：从当事人角度看，为其增加了提交行政复议申请的途径，是行政复议便民为民原则的体现；从作出行政处罚决定的行政机关角度看，为其提供了进一步处理的机会，由行政机关对其违法或者不当的行政行为进行自我纠错，有利于行政争议和矛盾纠纷的多元、及时化解。

一、通过原行政机关提交行政复议申请的情形

申请人通过作出行政处罚决定的行政机关提交行政复议申请，是提交行政复议申请形式之一，应当遵守本法关于行政复议申请期限、申请材料、申请程序等有关

要求。根据本条规定，申请人通过作出行政处罚决定的行政机关提交行政复议申请，适用于以下两种情形：

一是申请人对当场作出的行政处罚决定不服。行政处罚法和有关法律对当场作出行政处罚决定的具体情形作了规定。行政处罚法第51条规定："违法事实确凿并有法定依据，对公民处以二百元以下、对法人或者其他组织处以三千元以下罚款或者警告的行政处罚的，可以当场作出行政处罚决定。法律另有规定的，从其规定。"此外，还有一些法律法规规定了当场作出行政处罚的情形。例如道路交通安全法第107条第1款规定："对道路交通违法行为人予以警告、二百元以下罚款，交通警察可以当场作出行政处罚决定，并出具行政处罚决定书。"又如治安管理处罚法第100条规定："违反治安管理行为事实清楚，证据确凿，处警告或者二百元以下罚款的，可以当场作出治安管理处罚决定。"

二是申请人对依据电子技术监控设备记录的违法事实作出的行政处罚决定不服。行政处罚法第41条第1款、第2款规定："行政机关依照法律、行政法规规定利用电子技术监控设备收集、固定违法事实的，应当经过法制和技术审核，确保电子技术监控设备符合标准、设置合理、标志明显，设置地点应当向社会公布。电子技术监控设备记录违法事实应当真实、清晰、完整、准确。行政机关应当审核记录内容是否符合要求；未经审核或者经审核不符合要求的，不得作为行政处罚的证据。"此外，还有一些法律法规规定了依据电子技术监控设备记录的违法事实作出的行政处罚的情形。《交通运输行政执法程序规定》第38条第5项中规定："依照法律、行政法规规定利用电子技术监控设备收集、固定违法事实的，应当经过法制和技术审核，确保电子技术监控设备符合标准、设置合理、标志明显，设置地点应当向社会公布。电子技术监控设备记录违法事实应当真实、清晰、完整、准确。执法部门应当审核记录内容是否符合要求；未经审核或者经审核不符合要求的，不得作为行政处罚的证据。执法部门应当及时告知当事人违法事实，并采取信息化手段或者其他措施，为当事人查询、陈述和申辩提供便利。不得限制或者变相限制当事人享有的陈述权、申辩权。"

二、原行政机关对行政复议申请的处理

作为申请人提交行政复议申请的一种特殊制度安排，作出行政处罚决定的行政机关收到行政复议申请后，应当区分以下不同情况作出以下处理：

1. 认为作出的行政行为违法或者不当的，及时自行纠错。行政机关收到行政复议申请后，可以通过复核、复查等程序，对被申请行政复议的行政行为进行审查，根据不同情况自行采取变更、撤销、重作等方式予以纠正，根据情况对申请人进行赔偿或者补偿，或者与申请人达成和解。自行纠正后可不再向行政复议机关转送行政复议申请。行政机关对行政处罚决定自行纠错作出处理后，申请人如果不服行政机关作出的新的行政处罚等决定，可以向行政复议机关提出新的行政复议申请。

2. 认为需要维持行政处罚决定的，应当及时转送行政复议机关。一是应当自收

到行政复议申请之日起5日内，转送行政复议机关。二是应当转送给有管辖权的行政复议机关，而不能转送给没有管辖权的其他行政机关。需要注意的是，本条规定的上述处理及转送时间，不计入行政复议机关对行政复议申请的审查期限。接受转送的行政复议机关收到行政复议申请后，按照本法第30条的规定启动正式的受理审查程序，在5日内进行审查，符合受理条件的依法予以受理；对不符合受理条件的决定不予受理。

第三十三条　行政复议机关受理行政复议申请后，发现该行政复议申请不符合本法第三十条第一款规定的，应当决定驳回申请并说明理由。

【释义】本条是关于行政复议机关受理后驳回不符合受理条件的行政复议申请的规定。

行政复议机关对行政复议申请进行审查，在案情复杂且审查期限较短的情况下，可能会将一些不符合受理条件的案件予以受理；同时视为受理的案件中也有可能存在不符合受理条件的情况。为妥善处理此类案件，此次修法新增了本条规定。

一、程序性驳回行政复议申请的适用情形

本条规定的适用情形是，行政复议机关受理行政复议申请后，发现该行政复议申请不符合本法第30条第1款关于受理条件的规定。可能造成这种情况的原因主要有：一是有些行政复议申请涉及的案件比较复杂，行政复议机关难以在5日的审查期限进行核实和甄别，通过补正后也无法完全判断是否符合受理条件，为维护申请人的权益，决定予以受理；二是由于行政复议机关工作人员对申请材料审查不严、受理条件把握不准等方面的原因，导致不符合受理条件的案件进入了受理程序；三是根据本法第30条第3款的规定，行政复议机关未作出不予受理决定的，审查期限届满之日起视为受理，此类案件在进一步的审查过程中，也可能发现不符合受理条件。

在本法中增加规定程序性驳回行政复议申请的意义在于：第一，有助于让更多的行政复议申请进入受理环节。受理审查期限内行政复议机关如果不能判断申请是否符合受理条件，可以先行受理行政复议申请，受理后发现不符合受理条件，再决定驳回复议申请。第二，给予了行政复议机关更为灵活的受理审查处理方式。行政复议机关在受理行政复议申请后，仍然有可能发现该行政复议申请不符合受理条件，此时应当决定驳回申请并说明理由。

二、本条规定与实体驳回行政复议请求的区别

行政复议机关以复议申请不符合受理条件为由驳回复议申请的，尚未对案件进行实体性审理，属于程序性驳回复议申请。与之相关联的是，本法第69条对驳回行政复议请求作了规定。两者的区别是适用情形和法律性质不同。一是本条规定的程序性驳回行政复议申请，适用于受理后发现不符合受理条件的情形；第69条规定的驳回行政复议请求适用履职类行政复议申请，受理后发现被申请人没有相应法定职责或者在受理前已经履行法定职责。二是本条

规定以不符合受理条件为由程序性驳回行政复议申请，未对行政复议请求进行实体审查，性质上不属于维持原行政行为；第69条规定的驳回行政复议请求，根据有关司法解释和司法实践，一般认定为属于“复议机关决定维持原行政行为”。

三、驳回行政复议申请后应当说明理由

行政复议机关驳回行政复议申请后，应当说明理由，告知申请人驳回申请的理由，特别是不符合受理条件的具体原因。“说明理由”的主要目的是规范行政复议机关驳回申请程序，要求行政复议机关主动说理和接受监督，便于申请人了解被驳回申请的原因。行政复议机关通过说明理由，让申请人对有关事实和程序进行全面认识，比如通过对申请人与被申请行政复议的行政行为之间利害关系的说理，让申请人认识到自身权益是否受到侵害，如果通过说明理由申请人认识到行政行为合法，则行政争议能够得到实质化解；如果申请人仍然认为行政行为侵犯其合法权益，则可以继续通过其他合法渠道维护自身合法权益。

第三十四条　法律、行政法规规定应当先向行政复议机关申请行政复议、对行政复议决定不服再向人民法院提起行政诉讼的，行政复议机关决定不予受理、驳回申请或者受理后超过行政复议期限不作答复的，公民、法人或者其他组织可以自收到决定书之日起或者行政复议期限届满之日起十五日内，依法向人民法院提起行政诉讼。

【释义】本条是行政复议与行政诉讼衔接的规定。

公民、法人或者其他组织申请行政复议，行政复议机关已经依法受理的，或者法律、行政法规规定应当先向行政复议机关申请行政复议、对行政复议决定不服再向人民法院提起行政诉讼的，在法定行政复议期限内，申请人不得向人民法院提起行政诉讼。根据行政诉讼法第45条中规定：“公民、法人或者其他组织不服复议决定的，可以在收到复议决定书之日起15日内向人民法院提起诉讼。”为做好与行政诉讼法的衔接，本条对行政复议前置和行政机关作出有关程序性决定情况下的起诉期限和程序作了规定。

一、行政复议前置与行政诉讼的衔接

本法第23条对行政复议前置情形作了规定，列举了行政复议前置的四种情形以及一项兜底条款。一是对当场作出的行政处罚决定不服；二是对行政机关作出的侵犯其已经依法取得的自然资源的所有权或者使用权的决定不服；三是认为行政机关存在本法第11条规定的未履行法定职责情形；四是申请政府信息公开，行政机关不予公开。此外，法律、行政法规可以规定行政复议前置的其他情形。

在行政复议前置情形下，公民、法人或者其他组织不服行政机关作出的行政行为，应当先向行政复议机关申请行政复议，对行政复议机关作出的行政复议决定不服的，才能向人民法院提起行政诉讼。在这种情况下，行政复议成为提起行政诉讼的前置条件，不经过行政复议而直接向人民法院提起行政诉讼的，人民法院不予受理。

在此情况下，申请人对行政复议决定不服，按照行政诉讼法第45条的规定，可以在收到复议决定书之日起15日内向人民法院提起诉讼。

需要注意的是，本法第23条第2款规定，对属于行政复议前置范围的情形，行政机关在作出行政行为时应当告知公民、法人或者其他组织先向行政复议机关申请行政复议。要求行政机关在作出行政行为时应当明确告知行政相对人实行行政复议前置以及具体的起诉期限，可以避免行政相对人因为不知道行政行为属于行政复议前置事项而错过起诉期限的问题，维护申请人合法权益。

二、行政复议机关决定不予受理等情形与行政诉讼的衔接

申请人申请行政复议后，行政复议可能因各种原因未进入实体审理阶段，主要包括三种情形：一是行政复议申请在申请审查环节中未得到受理，行政复议机关作出不予受理决定；二是行政复议机关在受理后发现该申请不符合行政复议受理条件，驳回行政复议申请；三是行政复议机关在受理后超过行政复议期限不作答复，未对案件进行审理。不予受理、驳回申请或者受理后超过期限不作答复，是对行政复议案件未进行实体审理，但已经完成了行政复议程序，申请人提起行政诉讼的权利应当予以保障。与三种情形相对应的提起行政诉讼的程序：一是行政相对人提出行政复议申请以后，行政复议机关决定不予受理行政复议申请的，行政相对人可以自收到不予受理决定书之日起15日内，依法向人民法院提起行政诉讼。二是行政相对人提出行政复议申请后，行政复议机关受理或视为受理后，认为不符合行政复议受理条件驳回申请的，行政相对人可以自驳回申请之日起15日内，依法向人民法院提起行政诉讼。三是行政相对人提出行政复议申请，行政复议机关受理后超过行政复议期限不作答复的，行政相对人可以自行政复议期限届满之日起15日内，依法向人民法院提起行政诉讼。

需要注意的是，本条规定的行政复议期限是指审理期限。根据本法第62条规定，行政复议申请被受理后，行政复议机关按照普通程序应当自受理申请之日起60日内作出行政复议决定。审理期限与申请期限不同。一般情况下，申请期限是行政行为发生后，公民、法人和其他组织可以自知道或者应当知道该行政行为之日起60日内，提出行政复议申请。行政复议审理期限是受理后，行政复议机关作出行政复议决定的期限。如果行政复议机关在受理或者视为受理之日起，超过60日的行政复议期限不作答复，那么申请人可以自行政复议期限届满之日起15日内，向人民法院提起行政诉讼。

第三十五条　公民、法人或者其他组织依法提出行政复议申请，行政复议机关无正当理由不予受理、驳回申请或者受理后超过行政复议期限不作答复的，申请人有权向上级行政机关反映，上级行政机关应当责令其纠正；必要时，上级行政复议机关可以直接受理。

【释义】 本条是上级行政机关对下级行政复议机关进行监督的规定。

提出行政复议申请，是公民、法人或

者其他组织的法定权利，应当予以尊重和保护。同时，依法受理公民、法人或者其他组织提出的行政复议申请，是行政复议机关的一项法定职责。对于法定职责，行政复议机关应当严格依法履行。随着法治政府建设深入推进，行政复议机关漠视行政复议申请的情况已经很少出现，但仍然不排除有的行政复议机关未正确对待行政相对人提出的行政复议申请，无正当理由不予受理，或者超过法定期限不予答复。本条规定是行政机关内部监督职能的体现，有利于督促行政复议机关依法行使职权。

一、上级行政机关责令纠正

对于行政复议机关因为不当履职或者不作为，没有对行政复议案件依法进行受理的，上级行政机关知道该情况后，应当责令其纠正。这里既可以是上级行政机关主动发现，也可以是申请人向上级行政机关反映。根据修订后的行政复议法的规定，行政复议机关一般是各级人民政府，其上级行政机关一般是上一级人民政府。对于海关、金融、外汇管理等实行垂直领导的机关，上级行政机关是行政复议机关的上一级主管部门。

行政机关发现行政复议机关不履行法定职责的途径有两种：一是，申请人向上级行政机关反映。规定申请人有权向上级行政机关反映，主要考虑是上级行政机关不一定全面掌握行政复议机关不予受理等情况，通过明确申请人反映权利，增加上级机关发现问题的渠道，保障申请人寻求救济的权利，有利于保障公民、法人和其他组织的行政复议权利，发挥行政复议化解行政争议作用。这一规定，不影响上级行政机关主动发现问题并予以纠正。二是，上级行政机关主动发现并纠正。在具体工作中，行政机关可以通过各种监督渠道发现下级行政复议机关未履行法定职责的情形。

二、必要时，上级行政复议机关可以直接受理行政复议案件

对于行政复议机关无正当理由不予受理、驳回申请或者受理后超过法定期限不作答复的，上级行政复议机关在一定情形下可以直接受理该行政复议案件。至于哪些情形下可以直接受理，需要在实践中予以把握，国务院行政复议机构或者各省（自治区、直辖市）行政复议机关也可以根据实际情况制定相关规定，明确直接受理的情形。一般来说，直接受理至少应当满足两个条件：一是该行政复议案件符合本法规定的受理条件；二是行政复议机关无正当理由未受理该行政复议案件。满足上述条件后，在下列情形下，上级行政复议机关可以直接受理：一是上级行政复议机关发现后要求行政复议机关予以纠正，行政复议机关在一定期限内未予纠正；二是上级行政复议机关发现后认为行政复议机关审理不适宜的，无须纠正即可以直接受理。

为了切实保障当事人的行政复议权利，监督行政复议机关依法行使职权，本法第80条规定："行政复议机关不依照本法规定履行行政复议职责，对负有责任的领导人员和直接责任人员依法给予警告、记过、记大过的处分；经有权监督的机关督促仍不改正或者造成严重后果的，依法给予降级、撤职、开除的处分。"

第四章　行政复议审理

第一节　一般规定

第三十六条　行政复议机关受理行政复议申请后，依照本法适用普通程序或者简易程序进行审理。行政复议机构应当指定行政复议人员负责办理行政复议案件。

行政复议人员对办理行政复议案件过程中知悉的国家秘密、商业秘密和个人隐私，应当予以保密。

【释义】本条是关于行政复议审理的基本规定。

行政复议审理是行政复议办案工作的主要环节，是实现行政复议制度功能作用的重要前提和基础。1999 年行政复议法将行政复议活动划分为行政复议申请、行政复议受理、行政复议决定三个环节，行政复议审理的内容主要是在行政复议决定一章中作出规定。当前，随着实践发展，行政复议要发挥化解行政争议的主渠道作用，就必须进一步增强制度公信力，有效分流并实质性化解行政争议，实现行政复议案件数量的合理增长、质量的稳步提升、效能的持续强化。面临这一新使命新任务，本次修法将完善行政复议审理程序作为重点之一，以第四章专章对行政复议审理程序作出规定，强化了行政复议审理在行政复议办案中的重要性。从章节设置来看，行政复议审理是行政复议申请审查受理之后、行政复议决定作出之前行政复议机关办理案件的各种活动的总和。本章第一节是“一般规定”，是对行政复议审理所作的类似于“总则”的一般性规定，明确了行政复议审理活动所应遵循的基本要求。本条是行政复议机关启动审理活动后所应遵循的首要要求，即进入审理程序后，先对案件应当适用普通程序还是简易程序作出选择，然后再按照相应具体程序办理。对本条规定应当从以下方面予以把握。

一、行政复议办案采取“繁简分流”模式

1999 年行政复议法规定的是单一的审理程序，不区分案件的简单或者复杂程度，对所有的行政争议都适用同样程序审理，一定程度上不利于提高争议化解效率。为进一步发挥行政复议便捷、高效的制度特点，新修订的行政复议法创新规定了“繁简分流”的审理模式，即行政复议机关可以根据案件难易程度，选择适用普通程序或者简易程序办理行政复议案件，实现简案快办，繁案精办，在行政复议这条“快车道”中进一步打造出一条“高速路”，为人民群众更加快捷地解决矛盾、定分止争。新修订的行政复议法第四章第一节的所有条款，都既适用于普通程序，也适用于简易程序。

二、行政复议机构指定行政复议人员办案

行政复议人员具体办理行政复议案件，其能力水平、责任意识与行政复议案件的办理质量密切相关。为了强化行政复议人员办案责任制，确保行政复议办案质量过硬，本条规定行政复议机构应当指定行政复议人员负责办理行政复议案件。原则上，被指定的行政复议人员实行"专人专案"，全程负责案件审理工作，中途一般不得更换，并对所办案件高度负责，认真依法开展各项办案工作，查清事实和证据，提出案件处理意见，为行政复议机关作出行政复议决定打好坚实基础。需要说明的是，按照地方各级人民代表大会和地方各级人民政府组织法的规定，地方各级人民政府实行首长负责制，行政复议人员对案件的办理意见需要层层呈报行政复议机关负责人决定。因此需要辩证把握行政复议人员与行政复议机关负责人对行政复议办案结果的不同责任，既要压实行政复议人员的办案责任，确保案件审理扎实、证据确凿、论证深入、法理清晰，又要强调行政复议机关负责人的审批责任，使行政复议机关负责人恪尽职守，认真依法对案件处理提出审批意见。

三、行政复议人员在办案中负有保密义务

行政复议人员在具体办案过程中，因工作需要会接触到国家秘密、商业秘密和个人隐私。例如，在办理政府信息公开答复类行政复议案件时，申请人要求公开涉及国家秘密的政府信息，被申请人依法不予公开，并在行政复议答复过程中向行政复议人员提交了相应证据，不予公开的政府信息属于国家秘密；在办理涉企行政复议案件时，行政复议人员可能接触到涉案企业的商业秘密；在办理涉及公民个人的行政复议案件时，行政复议人员可能了解到当事人的个人隐私，如病历、财产状况、档案材料、行踪信息等不愿为他人知晓的私密信息。对国家秘密、商业秘密和个人隐私，行政复议人员应当予以保密，不得主动泄露或者向他人非法提供，同时还要采取有效措施保护这些国家秘密、商业秘密和个人隐私不被泄露、不被公开。

需要说明的是，1999 年行政复议法对行政复议办案活动使用的是"审查"一词，考虑到行政复议的"准司法"性质，对于被申请行政复议的行政机关而言，上级政府或者有管辖权的上级部门都是作为中立的第三方对其行政行为进行行政复议，因此新修订的行政复议法将"审查"一词改为"审理"，以更好体现行政复议的制度性质。

第三十七条　行政复议机关依照法律、法规、规章审理行政复议案件。

行政复议机关审理民族自治地方的行政复议案件，同时依照该民族自治地方的自治条例和单行条例。

【释义】本条是关于行政复议审理依据的规定。

行政复议审理需要以事实为依据，以法律为准绳。准确适用法律，是确保行政复议审理质量、保障法治统一的重要方面。1999 年行政复议法没有对行政复议审理依据作出规定，本次修法根据立法法等法律

的要求，结合行政复议审理实践需要，明确了行政复议审理依据包括法律、法规、规章，其中审理民族自治地方的行政复议案件，同时要以该民族自治地方的自治条例和单行条例为依据。

一、关于依照法律审理行政复议案件

法律由全国人民代表大会及其常务委员会根据宪法规定的国家立法权，按照法定的立法程序制定，并由国家主席签署主席令予以公布，如《中华人民共和国民法典》《中华人民共和国土地管理法》等，同时也包括全国人民代表大会及其常务委员会适用立法法所作出有关法律问题的决定。

二、关于依照法规审理行政复议案件

法规包括行政法规和地方性法规。行政法规是指国务院根据宪法和法律，就为执行法律的规定需要制定行政法规的事项，以及为执行宪法第 89 条规定的国务院行政管理职权的事项所制定的、由国务院总理签署国务院令公布的规范体系。目前，现行有效的行政法规共 600 余部。地方性法规是指省、自治区、直辖市的人民代表大会及其常务委员会根据本行政区域的具体情况和实际需要，在不同宪法、法律、行政法规相抵触的前提下制定的规范体系。此外，设区的市的人民代表大会及其常务委员会根据本地区的具体情况和实际需要，在不同宪法、法律、行政法规和本省、自治区的地方性法规相抵触的前提下，可以对城乡建设与管理、生态文明建设、历史文化保护、基层治理等方面的事项制定地方性法规；经济特区所在地的省、市的人民代表大会及其常务委员会根据全国人民代表大会的授权决定，制定在经济特区范围内实施的经济特区法规。

三、关于依照规章审理行政复议案件

规章包括部门规章和地方政府规章。部门规章是指国务院各部、委员会、中国人民银行、审计署和具有行政管理职能的直属机构以及法律规定的机构根据法律和国务院的行政法规、决定、命令，就属于执行法律或者国务院的行政法规、决定、命令的事项，在本部门的权限范围内制定的、经部务会议或者委员会会议决定、由部门首长签署命令予以公布的规范体系。地方政府规章是指省、自治区、直辖市和设区的市、自治州的人民政府根据法律、行政法规和本省、自治区、直辖市的地方性法规，就为执行法律、行政法规、地方性法规的规定需要制定规章的事项，以及属于本行政区域的具体行政管理事项所制定的，经政府常务会议或者全体会议决定，由省长、自治区主席、市长或者自治州州长签署命令予以公布的规范体系。

四、关于依照自治条例和单行条例审理行政复议案件

自治条例和单行条例是指民族自治地方的人民代表大会有权依照当地民族的政治、经济和文化的特点制定的规范体系。自治区的自治条例和单行条例，报全国人民代表大会常务委员会批准后生效。自治

州、自治县的自治条例和单行条例，报省、自治区、直辖市的人民代表大会常务委员会批准后生效。自治条例和单行条例在不违背法律或者行政法规的基本原则、不对宪法和民族区域自治法的规定以及其他有关法律、行政法规专门就民族自治地方所作的规定作出变通规定的前提下，可以依照当地民族的特点，对法律和行政法规的规定作出变通规定。行政复议机关审理民族自治地方的行政复议案件时，也要执行该地方的自治条例和单行条例依照民族特点依法作出的变通规定。

需要说明的是，对于规章以下的规范性文件，没有在本条中被列为行政复议机关审理案件时所应当“依照”的范畴。通常理解为，行政复议机关在审理行政复议案件过程中，对规章以下的行政规范性文件是“参照适用”。之所以没有将规章以下的规范性文件作为“依照”的对象，主要是由于这类文件是行政复议附带审查的对象，对不合法的规范性文件，可以通过行政复议程序进行监督和纠正；对合法的规范性文件，则应当在审理中作为依据。这里的规范性文件是指行政行为作出时所依据的行政规范性文件，由于行政复议本身就是“上级审下级”，那么如果下级行政机关在作出行政行为时所依据的行政规范性文件是合法有效的，即使该行政规范性文件是下级行政机关作出的，那么作为上级机关的行政复议机关在审理涉案行政行为合法性、合理性的过程中，也应当依照该行政规范性文件进行审理，而不能因为该行政规范性文件级别较低就不作为审理依据。

第三十八条　上级行政复议机关根据需要，可以审理下级行政复议机关管辖的行政复议案件。

下级行政复议机关对其管辖的行政复议案件，认为需要由上级行政复议机关审理的，可以报请上级行政复议机关决定。

【释义】本条是关于行政复议案件提级审理的规定。

本法第二章第四节规定了行政复议管辖制度，明确了行政复议案件管辖的一般规则。考虑到实践情况比较复杂，为了更好保障行政复议审理的公正性，本条规定了行政复议案件提级审理制度，适用于行政复议办案中的特殊情形，与一般性的行政复议“下管一级”层级管辖制度并不冲突，可以视作行政复议管辖的补充性规定。提级审理主要包括以下两种情形。

一、上级行政复议机关主动提级审理

本条第 1 款规定，上级行政复议机关根据需要，可以审理下级行政复议机关管辖的行政复议案件。对“根据需要”的具体情形，由上级行政复议机关在实践中把握。例如原行政复议机关审理不能保证公正性时，上级行政复议机关可以直接审理。例如根据本法第 40 条规定，行政复议机关在行政复议期间无正当理由中止行政复议的，上级行政机关先依法责令其恢复审理，正常情况下，下级行政复议机关就应当恢复审理。但如果实践中出现了下级行政复议机关拒不恢复审理的情形，或者由下级行政复议机关存在不适合继续审理、继续审理不利于实现公平正义的特殊情形等，上级行政复议机关就可以审理下级行政复议机关管辖的行政复议案件。上级行政复议机关提级审理，应当以上级行政复议机关的名义作出行政复议决定，并在行政复议决定书中载明行政复议审理权转移的具体情况。

二、下级行政复议机关报请提级审理

本条第2款规定，下级行政复议机关对其管辖的行政复议案件，认为需要由上级行政复议机关审理的，可以报请上级行政复议机关决定。具体来说，下级行政复议机关认为审理中出现了不适宜自己进行审理的特殊情形，如存在特殊利害关系有可能影响公正审理，因出现不可抗力等原因难以正常行使管辖权、需要将案件交由上级行政复议机关审理更为适当的，可以报请上级行政复议机关决定。需要说明的是，报请提级审理，针对的是可能影响案件审理的特殊情形，下级行政复议机关原则上应当严格依法办理自己管辖权范围内的行政复议案件，如果提出提级审理请求，则应当具有相当的合理性和必要性，而不能单纯以办案力量不足、案件数量过多为由报请上级行政复议机关提级审理。上级行政复议机关对是否需要提级审理具有决定权，如果决定提级审理，应当以上级行政复议机关的名义作出行政复议决定。

第三十九条　行政复议期间有下列情形之一的，行政复议中止：

（一）作为申请人的公民死亡，其近亲属尚未确定是否参加行政复议；

（二）作为申请人的公民丧失参加行政复议的行为能力，尚未确定法定代理人参加行政复议；

（三）作为申请人的公民下落不明；

（四）作为申请人的法人或者其他组织终止，尚未确定权利义务承受人；

（五）申请人、被申请人因不可抗力或者其他正当理由，不能参加行政复议；

（六）依照本法规定进行调解、和解，申请人和被申请人同意中止；

（七）行政复议案件涉及的法律适用问题需要有权机关作出解释或者确认；

（八）行政复议案件审理需要以其他案件的审理结果为依据，而其他案件尚未审结；

（九）有本法第五十六条或者第五十七条规定的情形；

（十）需要中止行政复议的其他情形。

行政复议中止的原因消除后，应当及时恢复行政复议案件的审理。

行政复议机关中止、恢复行政复议案件的审理，应当书面告知当事人。

【释义】本条是关于行政复议中止的规定。

行政复议中止，是指行政复议机关在审理行政复议案件过程中，出现法定情形后，暂时停止审理活动，待有关影响行政复议案件正常审理的情形消除后，再恢复审理的制度。1999年的行政复议法仅在第26条、第27条规定了有权处理机关在附带审查行政行为的依据时，行政复议活动可以中止。随着实践发展，这一规定难以满足情况复杂的办案需求，不利于保障案件审理质量，因此，2007年《行政复议法实施条例》进一步细化了中止的规定，在该条例第41条列举规定了行政复议中止的7种情形，并对其他需要中止的情形作了兜底规定。《行政复议法实施条例》实施以来，中止制度在规范行政复议审理程序方面发挥了积极作用。在此基础上，本次修法进一步完善行政复议中止制度，列举了9类具体情形，并作了兜底规定。根据本条规定，行政复议中止的10种情形可归纳为以下7类。

一、申请人主体资格消灭或者丧失参加行政复议的能力

行政复议申请人主体资格消灭或者丧失参加行政复议的能力，其他有权申请行政复议的人尚未决定是否参加行政复议的，即本条第1款第1项至第4项所列举的4种情形。本法第14条规定："依照本法申请行政复议的公民、法人或者其他组织是申请人。有权申请行政复议的公民死亡的，其近亲属可以申请行政复议。有权申请行政复议的法人或者其他组织终止的，其权利义务承受人可以申请行政复议。有权申请行政复议的公民为无民事行为能力人或者限制民事行为能力人的，其法定代理人可以代为申请行政复议。"依据该规定，行政复议原则上由申请人提出，当客观上不能申请时，其行政复议权利仍然存在，可以由公民的近亲属、法定代理人或者法人、其他组织的权利义务承受人代为申请。也就是说，具体行使行政复议权利的主体依法进行了转移。行政复议是一种权利，权利人可以自主决定放弃。因此，在行政复议权利受让人尚未决定是否行使这一权利之前，基于行政复议依申请启动的性质，行政复议机关可以中止审理，等待权利承受人作出明确的意思表示。关于公民的近亲属、法定代理人、法人或者其他组织的权利义务承受人的具体内涵，可以参照适用民法典的有关规定确定。此外，在修法过程中，考虑到本法将申请人表述为"公民、法人或者其他组织"，因此与《行政复议法实施条例》第41条的表述相比，本条这4项规定中的"自然人"调整为"公民"。

二、申请人、被申请人因不可抗力或其他正当理由不能参加行政复议

不可抗力，是指不能预见、不能避免并且不能克服的客观情况。战争、地震、火灾、水灾、暴风雪等自然灾害或者发生的其他意外事件，都属于不可抗力的范畴。比如，发生重大传染性疾病，正常的社会生产、生活受到影响和冲击，导致申请人、被申请人无法正常参加行政复议。受不可抗力影响的对象，既包括申请人，也包括被申请人。但是并不是只要发生不可抗力，就必须中止行政复议，只有当不可抗力与申请人、被申请人确实无法参加行政复议活动之间存在因果关系，行政复议才能依法中止。

三、因进行调解、和解，申请人和被申请人同意中止

本法第5条规定行政复议调解原则，第73条对调解的程序等作出规定。同时，本法第74条也规定了行政复议和解制度。为强化行政复议实质性化解行政争议的效能，行政复议机关应当积极适用行政复议调解、和解的手段化解矛盾纠纷，实现案结事了。规定调解、和解可以中止审理，主要有两方面考虑：一是行政复议调解、

和解需要占用较多的期限开展协调沟通工作，这些期限不宜计入行政复议审理期限，为了引导行政复议机关积极适用行政复议调解、和解，在期限上规定可以中止；二是调解、和解体现的是当事人双方沟通达成的合意，尤其是和解往往是在没有行政复议机关参与的情况下达成一致意见的，因此这段期限不计入行政复议审理期限较为合理。需要注意的是，因进行调解、和解而中止行政复议，需要以申请人、被申请人都同意中止为前提，如果在调解、和解过程中，一方或者双方不再同意中止审理，行政复议机关就应当及时恢复审理，避免以调解、和解为由导致案件久拖不决。

四、案件涉及法律适用问题，需要有权机关作出解释或者确认

准确适用法律是正确审理案件的前提。案件涉及法律适用问题，既包括对有关法律规定的具体含义的理解，也包括对所适用法律规范的效力的确认，比如是否有效、是否与上位法相抵触等。例如根据立法法规定，对于法律的规定需要进一步明确具体含义的，或者法律制定后出现新的情况，需要明确适用法律依据的，依法由全国人民代表大会常务委员会解释。遇到法律适用方面的问题时，行政复议机关需要送有权机关作出解释以明确其具体含义，或者明确其法律效力。因此，在有权机关处理期间，行政复议机关应当中止行政复议案件审理。

五、案件审理需要以其他案件的审理结果为依据，而其他案件尚未审结

实践中，有的行政争议情况比较复杂，可能同时涉及多个行政法律关系，甚至民事、刑事法律关系，当事人在行政复议的同时，可能同时涉及相关行政、民事诉讼等。由于法律关系的交织导致了行政复议案件与相关案件的审理具有密切关联性，在其他案件未审结之前，相关事实及法律关系可能存在不确定性，因此有必要中止行政复议。

六、有本法第56条或者第57条规定的情形

根据本法第56条、第57条规定，行政复议机关可以依申请或者依职权主动对有关规范性文件或者依据进行附带审查。行政复议机关需要以附带审查的结论为前提和基础，才能准确做好行政复议案件审理工作，由于附带审查情况比较复杂，有时还涉及不同机关之间移送审查的程序，因此应当中止行政复议，附带审查所需时间不计入行政复议案件审理期限。

七、其他需要中止行政复议的情形

考虑到实践情况较为复杂，除上述明确列举的情形外，影响行政复议案件正常审理的情形还有很多，不可能一一穷尽，因此有必要规定兜底条款。需要强调的是，适用兜底条款中止行政复议，中止原因应当与法律列明的中止原因性质、程度具有相当性。同时，行政复议机关需要根据实际情况向当事人释明中止的具体原因。

行政复议中止只是行政复议审理活动的暂时停止，而不是行政复议活动的彻底终结。因此，一旦行政复议中止的原因消除后，行政复议机关应当及时恢复行政复议案件的审理。中止并非行政复议审理的

必经程序，而是因为发生特殊原因所导致。为了充分保障当事人参与行政复议的权利，规范行政复议中止程序，行政复议机关在中止审理时，应当书面告知当事人；同样，恢复行政复议案件的审理，也应当书面告知当事人，以便当事人做好继续参与行政复议活动的相关准备。需要说明的是，《行政复议法实施条例》规定的中止及恢复审理的主体是行政复议机构，考虑到中止是行政复议审理中的重要程序，关系到当事人重要的程序权利，本法规定应当由行政复议机关中止及恢复审理，并向当事人作出相应告知。

第四十条　行政复议期间，行政复议机关无正当理由中止行政复议的，上级行政机关应当责令其恢复审理。

【释义】本条是关于纠正无正当理由中止行政复议的规定。

本法第 39 条规定了行政复议中止制度。行政复议机关应当严格依法履行行政复议法定职责，在出现法定情形时中止案件审理，并在中止原因消除后及时恢复审理。实践中不排除个别行政复议机关未严格依法适用行政复议中止有关规定，甚至因行政复议人员责任心不强，出现无正当理由中止行政复议的情形。影响当事人的合法权益和行政复议的公信力，需要规定相应的监督纠正手段。考虑到行政复议中止是行政复议审理中的程序性活动，根据本法第 4 条第 3 款关于“行政复议机关应当加强行政复议工作，支持和保障行政复议机构依法履行职责。上级行政复议机构对下级行政复议机构的行政复议工作进行指导、监督”的规定，对不当中止的情形应当由上级行政机关进行监督。类似的制度设计在 1999 年行政复议法中已有规定，该法第 20 条规定：“公民、法人或者其他组织依法提出行政复议申请，行政复议机关无正当理由不予受理的，上级行政机关应当责令其受理；必要时，上级行政机关也可以直接受理。”同样地，为了强化行政复议机关正确适用中止制度的法律责任，对行政复议机关无正当理由中止行政复议的，本法作出了由上级行政机关进行监督的规定。把握本条规定需要注意以下三点。

一、关于启动程序

在启动程序上，对行政复议机关无正当理由中止行政复议的监督，可以来自申请人提出的监督请求，也可以来自上级行政机关依职权进行的工作检查等方式。这里申请人提出的行政复议监督申请，是为了表达要求恢复案件审理的程序性诉求，不能理解为再次提出新的行政复议申请。

二、关于监督主体

在监督主体上，本条规定由上级行政机关责令恢复审理，同时考虑到行政管理的特点和效率要求，实践中通常由无正当理由中止行政复议的行政复议机关的“上一级”具有行政复议权的行政机关具体实施监督。具体而言，行政复议机关是政府的，通常由上一级政府责令恢复审理；行政复议机关是保留“条条复议”管辖权的政府部门的，通常由上一级主管部门责令恢复审理。

三、关于监督程序

在监督程序上，对无正当理由中止行

政复议的，上级行政机关要区分具体情况，一般情况下责令其恢复审理，以保障群众合法权益。同时，要把本条与本法第38条结合起来理解，如果下级行政复议机关拒不恢复审理，必要时，上级行政复议机关也可以根据需要直接审理。

第四十一条　行政复议期间有下列情形之一的，行政复议机关决定终止行政复议：

（一）申请人撤回行政复议申请，行政复议机构准予撤回；

（二）作为申请人的公民死亡，没有近亲属或者其近亲属放弃行政复议权利；

（三）作为申请人的法人或者其他组织终止，没有权利义务承受人或者其权利义务承受人放弃行政复议权利；

（四）申请人对行政拘留或者限制人身自由的行政强制措施不服申请行政复议后，因同一违法行为涉嫌犯罪，被采取刑事强制措施；

（五）依照本法第三十九条第一款第一项、第二项、第四项的规定中止行政复议满六十日，行政复议中止的原因仍未消除。

【释义】本条是关于行政复议终止的规定。

行政复议终止，是指行政复议审理过程中出现法定情形后，行政复议机关不再继续进行审理，从而终结行政复议的制度。对于行政复议终止，1999年行政复议法仅在第25条规定了申请人“要求撤回行政复议申请的，行政复议终止”这一种情形。为进一步适应实践需求，2007年《行政复议法实施条例》采取明确列举的方法规定了8类行政复议终止情形。本次修法在此基础上进一步完善行政复议终止制度，规定了5种行政复议终止的情形。

一、申请人撤回行政复议申请，行政复议机构准予撤回

申请人撤回行政复议申请，行政复议机构准予撤回，即本条第1项规定的情形。这是实践中行政复议终止较为常见的情形。行政复议是依申请人的申请而启动的，申请人具有请求行政复议机关依法处理涉及自身行政争议的权利，也可以在审理过程中放弃这项权利。申请人出于真实意思表示而放弃行政复议权利的，行政复议审理活动随之终止。

需要特别指出的是，《行政复议法实施条例》将“申请人要求撤回行政复议申请，行政复议机构准予撤回”与“申请人与被申请人经行政复议机构准许达成和解”两种情形并列规定为终止的法定情形，考虑到实践中，申请人放弃行政复议权利，撤回行政复议申请的主要原因就是与被申请人达成了和解，这表明双方的行政争议已经得到自行解决，行政复议机关无须再继续进行审理，行政复议活动可以终结，两种情形在很大程度上出现了竞合，因此修订后的行政复议法对这两条规定作了优化完善，整合起来作为本条第1项予以规定。这项规定可以和本法第74条规定，当事人在行政复议决定作出前可以自愿达成和解，由申请人向行政复议机构撤回行政复议申请，行政复议机构准予撤回行政复议申请，行政复议机关决定终止行政复议。

二、申请人行政复议资格消灭，没有行政复议权利承受人或者行政复议权利承受人放弃该权利

申请人本人的行政复议资格消灭，没有行政复议权利承受人或者其行政复议权利的承受人放弃该权利的，即本条第 2 项、第 3 项规定的情形。本法第 14 条规定，有权申请行政复议的公民死亡的，其近亲属可以申请行政复议；有权申请行政复议的法人或者其他组织终止的，其权利义务承受人可以申请行政复议；有权申请行政复议的公民为无民事行为能力人或者限制民事行为能力人的，其法定代理人可以代为申请行政复议。因此，申请人的行政复议权利可以在特定情况下发生转移，由他人承受行使。如果没有行政复议权利的承受人，或者承受人放弃行使该权利的，行政复议活动自然也应当终止。

三、申请人对行政拘留或者限制人身自由的行政强制措施不服申请行政复议后，因申请人同一违法行为涉嫌犯罪，被采取刑事强制措施

即本条第 4 项规定的情形。根据刑事诉讼法的规定，刑事强制措施包括拘传、取保候审、监视居住、刑事拘留、逮捕。出现本条第 4 项规定的情形时，行政拘留或者限制人身自由的其他行政强制措施变更为刑事强制措施，与违法行为有关的事实和证据材料也已经移转到相关刑事侦查机关手中，同时变更之前的行政拘留或者限制人身自由的其他行政强制措施，与变更之后的刑事强制措施都是因同一违法行为而产生的，两者之间具有高度关联性。为保证刑事侦查活动的顺利进行，没有必要再对变更之前的行政拘留或者限制人身自由的其他行政强制措施再进行行政复议救济。

四、中止情形向终止情形的转化

本法第 39 条第 1 款第 1 项、第 2 项、第 4 项分别规定了三类中止情形，即作为申请人的公民死亡，其近亲属尚未确定是否参加行政复议；作为申请人的公民丧失参加行政复议的行为能力，尚未确定法定代理人参加行政复议；作为申请人的法人或者其他组织终止，尚未确定权利义务承受人。在一般情况下，行政复议中止的原因消除后，应当及时恢复行政复议案件的审理。也就是说，当近亲属、法定代理人、法人或者其他组织权利义务承受人确定参加行政复议的，行政复议恢复审理；当近亲属、法定代理人、法人或者其他组织权利义务承受人放弃参加行政复议的，行政复议终止。但除了上述两种情况外，如果近亲属、法定代理人、法人或者其他组织权利义务承受人长期不明确表示是否参加行政复议，就会影响行政复议审理效率和行政管理秩序的稳定性。因此，本项规定如果行政复议中止满 60 日，近亲属、法定代理人、法人或者其他组织的权利义务承受人仍未表示是否参加行政复议的，行政复议中止就依法转为终止，以便维护行政管理秩序的稳定性，以及行政复议制度的严肃性和权威性。

行政复议是以当事人的申请而启动的一种行政救济活动，自然也可以因申请人的放弃而终结。但由于行政复议是严肃、规范的法律程序，行政复议终止时，虽然

行政复议机关无须再对行政行为是否合法和适当继续进行审理，但仍然要制发行政复议终止决定书，告知有关当事人其行政复议活动已经终结。

第四十二条　行政复议期间行政行为不停止执行；但是有下列情形之一的，应当停止执行：

（一）被申请人认为需要停止执行；

（二）行政复议机关认为需要停止执行；

（三）申请人、第三人申请停止执行，行政复议机关认为其要求合理，决定停止执行；

（四）法律、法规、规章规定停止执行的其他情形。

【释义】本条是关于行政复议期间行政行为执行问题的规定。

本条首先确定了行政复议期间行政行为不停止执行的原则。作出这一规定主要是考虑，行政行为一旦生效，就具有公定力，具体包括对行政管理相对人和行政机关产生的约束力、不论其合法或者违法都会对相关权利义务关系产生的确定力、不需要其他机关批准就应当付诸执行的执行力。行政行为的公定力对于贯彻国家强制意志，维护社会公共利益和社会秩序稳定具有重要意义，应当在行政复议程序中予以保障和维护。行政复议法修订过程中，曾经有意见提出将“行政复议期间行政行为不停止执行”原则修改为“行政复议期间行政行为停止执行”原则，考虑到如果允许相对人在申请行政复议后行政行为就停止执行，实践中可能会出现相对人滥用行政复议申请权逃避法定义务的情况，导致行政行为作出后久拖不能生效，影响法律和社会秩序的稳定。因此，修订后的行政复议法未采取上述意见，而是延续了1999年行政复议法确立的“不停止执行”的原则，以便在维护社会公共利益和回应相对人诉求之间保持恰当的平衡。当然，原则上不停止执行不意味着任何情况下都不停止执行，本法对应当停止执行的情形也作出了规定。

一、被申请人认为需要停止执行

被申请人是作出被申请行政复议的行政行为的行政机关，对行政行为的内容和执行要求比较熟悉，在一些特定情况下，如行政机关发现行政行为存在明显违法情形或者出现了不宜继续执行的情势变更，行政机关应当停止执行该行政行为。

二、行政复议机关认为需要停止执行

行政复议机关作为涉案行政行为的审理机关，负有监督行政行为、保障相对人合法权益的法定职责，在案件审理中发现行政行为可能存在违法或者不当的情形，如果不及时停止执行，就会对行政相对人的权利造成更大的不利影响，那么在这种情形下，行政复议机关就可以要求行政行为停止执行，以便维护和保障行政相对人的合法权益，避免对其造成无法弥补的损失。

三、申请人、第三人申请停止执行，行政复议机关认为其要求合理，决定停止执行

如果被申请人和行政复议机关都没有

决定要停止执行，申请人、第三人可以提出停止执行的请求。对于这类请求，应当由行政复议机关根据实际情况进行判断，如果申请人、第三人的要求合理，就可以由行政复议机关决定停止执行。判断是否合理的要素包括，停止执行是否会损害国家利益和社会公共利益、如果不停止执行是否会对申请人造成不可弥补的重大损失、停止执行是否有必要性和可行性等。需要说明的是，除了申请人可以申请停止执行外，本法还赋予第三人停止执行的请求权。

四、法律、法规、规章规定停止执行的其他情形

行政复议机关依照法律、法规、规章审理行政复议案件，对法律、法规、规章已经明确规定停止执行的，行政复议机关应当遵照适用。如治安管理处罚法第107条规定："被处罚人不服行政拘留处罚决定，申请行政复议、提起行政诉讼的，可以向公安机关提出暂缓执行行政拘留的申请。公安机关认为暂缓执行行政拘留不致发生社会危险的，由被处罚人或者其近亲属提出符合本法第108条规定条件的担保人，或者按每日行政拘留200元的标准交纳保证金，行政拘留的处罚决定暂缓执行。"又如《中国证券监督管理委员会冻结、查封实施办法》第24条规定："当事人对冻结、查封决定不服的，可以依法向中国证券监督管理委员会申请行政复议。行政复议期间，冻结、查封措施不停止执行，但是有下列情形之一的，可以停止执行：（一）实施部门认为需要停止执行并批准的；（二）当事人申请停止执行并批准的；（三）法律、法规规定应当停止执行的。"

对于上述4类情形，第1类情形是经过行政执法机关判断认为需要停止执行的，第2、3类情形是经过行政复议机关判断认为需要停止执行的，第4类情形是依法停止执行的，也就是说，所列的4类具体情形经过有关机关或者法律的价值判断，达到了"应当"停止执行的程度，已经蕴含了被申请人、行政复议机关对停止执行的主观态度，停止执行的必要性已经比较充分，为此，修订后的行政复议法将1999年行政复议法规定的"可以停止执行"修改为"应当停止执行"，以便对申请人、第三人的合法权益提供更充分的保障，充分体现了行政复议便民为民的制度优势。

第二节　行政复议证据

第四十三条　行政复议证据包括：

（一）书证；

（二）物证；

（三）视听资料；

（四）电子数据；

（五）证人证言；

（六）当事人的陈述；

（七）鉴定意见；

（八）勘验笔录、现场笔录。

以上证据经行政复议机构审查属实，才能作为认定行政复议案件事实的根据。

【释义】本条是关于行政复议证据种类的规定。

行政复议审理需要以事实为根据，以法律为准绳。因此，证据是行政复议查明事实、准确适用法律的前提和基础。行政复议法修订过程中，不少地方和部门反映现行行政复议法有关证据的规定过于简单，建议在立法中加以补充和完善。1999 年行政复议法对行政复议证据规则作了一些规定，但随着实践发展，这些规定已经难以适应高质量审理案件的客观需要。为此，本次修法在审理一章中单设一节，立足行政复议制度特点，吸收《行政复议法实施条例》关于证据的有关规定，对行政复议证据作出系统规定，发展和完善了行政复议证据规则。

证据是指用以证明案件客观事实的材料。证据是行政复议机关认定案件事实的根据，也是正确审理案件的基础。证据有三个基本特征：一是客观性，即证据应当能够客观反映行政复议案件的事实，而不取决于任何主观推测和想象。二是关联性，即证据应当与所要证明的案件事实之间存在内在联系。三是合法性，即证据的种类、形式、取得方式等应当符合法律要求。基于这三个基本特征，本条规定了行政复议的证据种类。

一、书证

书证是以记载的内容或者表达某种思想、含义来证明案件真实情况的书面材料或者其他物质材料。书证并不限于书写的文字材料，也包括用图形、符号等记录内容、表达含义的材料；记录方式包括手写、印刷、刻画等，载体可以包括纸张、布帛、墙壁、桌面、器物表面等。书证包括各种单据、证照、公告、档案、报表、图册等。书证和物证都属于实物证据，但不能说书证属于物证。

二、物证

物证，是以自身物质属性、外形特征、存在状态等来证明案件真实情况的物品。物证具有较强的客观性、稳定性，但一般不能一步到位证明案件主要事实，通常作为间接证据。需要区别的是，书证以其记载的内容证明案件事实，物证以其自身状态和属性证明案件事实。

三、视听资料

视听资料，是用录音、录像、拍照等技术手段记录下来，存储于录音带、录像带、电影胶片、光盘、U 盘等特殊介质中，需要借助录音机、录像机等特定设备播放的案件事实和材料。例如，用录音机录制的当事人之间的谈话、摄像机拍摄的当事人的活动等。

四、电子数据

电子数据，是指以数字化形式存储、处理、传输的，能够证明案件事实的信息。例如，网页发布的信息、微信等即时网络通信工具记录的通信信息、用户在网站注册及登录的信息等。随着电子技术特别是计算机和互联网技术的发展，人们在日常生产生活中形成的电子数据数量越来越多，其复杂性也远高于传统的书证或者物证。

五、证人证言

证人证言，是指了解案件情况的个人或者单位以口头或者书面方式，向行政复议机关所作的对案件事实的陈述。对于口头证言，需要以笔录等形式加以固定。证人应当如实陈述，但证人证言与其他证据相比，容易受到证人本身的主观感情、表达能力、个人品德、记忆准确度等因素影响，行政复议机构需要注重对证人证言的审查，综合分析评判其证据效力。对于和一方当事人有利害关系的证人，其证人证言不能单独作为认定案件事实的根据。

六、当事人的陈述

当事人的陈述，是指行政复议申请人和被申请人就案件事实向行政复议机关所作的陈述。当事人的陈述可以贯穿行政复议案件办理全过程，如当事人在行政复议申请书、行政复议补正材料中表述的信息，当事人在行政复议机关听取意见、听证过程中发表的意见等。需要注意的是，当事人的陈述往往带有一定主观性，行政复议机构要注意审查甄别其真实性。

七、鉴定意见

鉴定意见，是法律法规认定的鉴定机构运用专业手段，对有关专业性问题进行分析、检验和鉴别后作出的书面意见。如医疗事故责任鉴定、笔迹鉴定等。

八、勘验笔录、现场笔录

勘验笔录，是对能够证明案件事实的现场或者不便于移动的物品，就地进行勘察、检验后形成的记录。现场笔录，是行政机关对行政违法行为进行当场处理时，在处理现场所形成的笔录。如行政处罚法第46条规定，行政处罚的证据种类包括现场笔录；《禁止传销条例》第22条规定，工商行政管理部门对涉嫌传销行为进行查处时，应当制作现场笔录。现场笔录和查封、扣押清单由当事人、见证人和执法人员签名或者盖章，当事人不在现场或者当事人、见证人拒绝签名或者盖章的，执法人员应当在现场笔录中予以注明。

对行政复议办案工作而言，证据具有真实性、关联性、合法性，是采信的根本要求。本条第2款规定，证据需要经行政复议机构审查属实，才能作为认定事实的根据。这是行政复议案件审理的应有之义，也是行政复议办案工作中必须达到的标准。为了确保行政复议机构能够查实证据，修订后的行政复议法对行政复议的审理程序作了很多新的规定，如调查取证、听取当事人意见、听证等，这些程序性要求为审查证据的真实性提供了制度保障。行政复议机构应当严格对证据进行全面、充分的审查，确定证据与案件事实之间的证明关系，排除与事实不具有关联性或者不真实的证据，以审查属实的证据作为认定案件事实的根据。

第四十四条　被申请人对其作出的行政行为的合法性、适当性负有举证责任。

有下列情形之一的，申请人应当提供证据：

（一）认为被申请人不履行法定职责的，提供曾经要求被申请人履行法定职责的证据，但是被申请人应当依职权主动履行法定职责或者申请人因正当理由不能提供的除外；

（二）提出行政赔偿请求的，提供受行政行为侵害而造成损害的证据，但是因被申请人原因导致申请人无法举证的，由被申请人承担举证责任；

（三）法律、法规规定需要申请人提供证据的其他情形。

【释义】本条是关于行政复议举证责任的规定。

举证责任，是指当事人根据法律的规定所负有的对特定案件事实提供证据予以证明的责任。举证责任是依法对当事人双方分配的，如果当事人不能提供相应的证据，将会承担不利的后果。对行政复议的举证责任具体可以从以下方面把握。

一、举证责任原则上由被申请人承担

在行政复议审理中，被申请人对其作出的行政行为负有举证责任，是行政复议举证责任分配的一项基本原则。不同于民事案件“谁主张，谁举证”的举证责任分配原则，行政复议案件的举证责任以被申请人承担为原则、申请人承担为例外。这主要是考虑到，行政机关在行政管理过程中处于管理者的优势地位，对公民、法人或者其他组织作出行政行为时无须征得其同意。因此，行政机关应当自觉约束和规范行政权力的运行，在作出行政行为时就应当遵循法定程序，确保全面、客观地收集并固定证据，在作出行政行为后还要按要求将证据整理归档。行政管理的特性决定了行政机关在举证能力上优于行政相对人，在行政复议审理中应当承担主要的举证责任。

二、被申请人既要对行政行为的合法性举证，也要对行政行为的适当性举证

行政复议审理是全面审理，既审查行政行为的合法性，也审查行政行为的适当性，亦即合理性，这是行政复议审理的特点，体现了行政复议实质性化解行政争议的优势。因此，行政机关在举证时也要全面举证，既有义务证明其行政行为具有合法性，也有义务证明其行政行为具有合理性，而不能以申请人未提出对适当性进行审查的诉求为理由不提供相应证据，否则就要承担不利的审理后果。

三、行政复议申请人依法承担特定的举证责任

虽然被申请人举证是行政复议举证责任的一般原则，但在特定情况下，申请人也要提供相应的证据。申请人承担举证责任的情形一般有三类：

一是认为被申请人不履行法定职责的，需要申请人提供曾经要求被申请人履行法定职责的证据。本法第 11 条规定了行政复议范围，其中包括行政机关不作为的案件，如申请行政机关履行保护人身权利、财产权利、受教育权利等合法权益的法定职责，行政机关不予答复；申请行政机关依法给付抚恤金、社会保险待遇或者最低生活保障等社会保障，行政机关没有依法给付等等，都是典型的行政不作为案件。行政不作为案件大多涉及行政机关需要依申请作出的行政行为，一般情况下，只有申请人提出了申请，行政机关才会启动相应的执法程序。因此，对于申请人是否曾经提出过申请，由被申请人举证比较困难，尤其是在申请人根本未提出过申请的情况下，由被申请人“证无”就更难以实现，因此由申请人自己提供曾经要求被申请人履行法定职责的证据，是较为合理的。需要注意的是，这种举证责任的分配存在两种例

外情形：一种例外情形是，对于行政机关依职权应当主动履行法定职责的情形，由于不需要申请人提起申请才启动程序，自然也就不需要申请人对其曾经提出过履职请求承担举证责任。需要注意的是，这里所指的主动履行法定职责，指的是行政机关根据法律法规的明确规定、需要主动履行的保护特定当事人合法权益的职责，而不宜理解为宽泛的、针对不特定对象的行业监管职责。另一种例外情形是，申请人因正当理由不能提供曾经要求被申请人履行法定职责的证据。是否属于有正当理由，应当由行政复议机关结合实际情况进行判断。

二是申请人提出行政赔偿请求的，应当提供受行政行为侵害而造成损害的证据。行政赔偿包括因侵犯人身权、财产权两类需要赔偿的情形。根据国家赔偿法的规定，行政机关及其工作人员在行使行政职权时有下列侵犯人身权情形之一的，受害人有取得赔偿的权利：（1）违法拘留或者违法采取限制公民人身自由的行政强制措施的；（2）非法拘禁或者以其他方法非法剥夺公民人身自由的；（3）以殴打、虐待等行为或者唆使、放纵他人以殴打、虐待等行为造成公民身体伤害或者死亡的；（4）违法使用武器、警械造成公民身体伤害或者死亡的；（5）造成公民身体伤害或者死亡的其他违法行为。行政机关及其工作人员在行使行政职权时有下列侵犯财产权情形之一的，受害人有取得赔偿的权利：（1）违法实施罚款、吊销许可证和执照、责令停产停业、没收财物等行政处罚的；（2）违法对财产采取查封、扣押、冻结等行政强制措施的；（3）违法征收、征用财产的；（4）造成财产损害的其他违法行为。赔偿请求人要求赔偿，应当先向赔偿义务机关提出，也可以在申请行政复议时一并提出。本法第 11 条第 6 项规定，公民、法人或者其他组织对行政机关作出的赔偿决定或者不予赔偿决定不服的，可以申请行政复议；第 72 条规定，申请人在申请行政复议时可以一并提出行政赔偿请求。因此，行政复议是为群众解决行政赔偿争议的重要渠道，既可以解决申请人因不服赔偿义务机关的赔偿决定或者不予赔偿决定引发的行政争议，也可以直接处理申请人对违法行政行为申请行政复议时一并提出的行政赔偿请求。国家赔偿法第 15 条第 1 款规定，赔偿请求人和赔偿义务机关对自己提出的主张，应当提供证据。因此，申请人在行政赔偿类行政复议案件中，对自己受行政行为侵害而造成损害负有举证责任，该举证责任既包括发生损害及损害大小的证据，也包括损害与行政行为侵害之间存在基本因果关系的证据。需要注意的是，这种举证责任的分配存在一种例外情形，即因被申请人原因导致申请人无法举证的，则由被申请人承担举证责任，例如因被申请人改变财产损害现场而导致申请人无法证明所遭受的损害大小的，则由被申请人进行举证。

三是法律、法规规定需要申请人提供证据的其他情形。申请人所负担的举证责任属于举证责任的特殊情形，其范围不应过大，除前两类明确规定的申请人举证情形外，法律、法规可以对申请人承担举证责任的情形作出规定。法律、法规规定申请人的举证责任，应当具有相当的合理性、必要性，而不应随意扩大申请人举证责任的范围，尤其是行政复议机关不应通过出台规范性文件等方式对申请人规定法律、法规之外的举证义务。

第四十五条　行政复议机关有权向有关单位和个人调查取证，查阅、复制、调取有关文件和资料，向有关人员进行询问。

调查取证时，行政复议人员不得少于两人，并应当出示行政复议工作证件。

被调查取证的单位和个人应当积极配合行政复议人员的工作，不得拒绝或者阻挠。

【释义】本条是关于行政复议调查取证的规定。

此次行政复议法修订，从增强行政复议的公正性、权威性、透明度的角度出发，进一步完善行政复议办案程序。无论是适用普通程序还是简易程序，行政复议机关都应当扎实做好证据审查工作，其中一个重要环节就是开展好调查取证。

1999年行政复议法规定，行政复议原则上实行书面审理，但是申请人提出要求或者行政复议机关负责法制工作的机构认为有必要的，可以向有关组织和人员调查情况，听取申请人、被申请人和第三人的意见。在这里，调查取证是作为书面审理的例外情形，在申请人提出要求或者行政复议机关负责法制工作的机构认为有必要的前提下才开展的一项工作。随着实践发展，行政复议案件涉及的事实和法律关系越来越复杂，仅凭书面审理往往无法查清案件事实，而且审理程序不够透明，容易给申请人以“暗箱操作”“官官相护”的印象，不利于行政争议的彻底解决。为此，新修订的行政复议法创新行政复议的审理方式，对行政复议书面审理的原则作了修改，进一步健全了行政复议调查取证程序，这要求行政复议机关把调查取证工作摆在更重要的位置做实做细。对于本条规定，应当从以下几个方面把握。

一、调查取证的制度价值

调查取证既是行政复议机关案件审查权的重要内容，也是必须履行的法定职责。加强调查取证，契合新时代行政复议工作的发展方向。例如，本法从促进行政争议实质性化解的角度出发，要求行政复议机关更多地适用变更方式作出行政复议决定，这就意味着行政复议机关需要对案件事实进行扎实的调查取证，不能简单满足于审查认为原行政行为事实不清、证据不足，然后“一撤了之”，而应当尽可能地查清案件事实和证据，对能够作变更处理的就作变更处理。与此同时，调查核实证据的过程，也是行政复议机关与行政复议当事人等进行充分沟通，了解情况、听取意见的过程，这对于提高行政复议调解的适用率和成功率也具有重要意义。一般来说，案件存在下列情形的，就应当及时开展调查取证：当事人双方对于案件事实的陈述有分歧的；被申请人提供的证据材料之间相互矛盾的；申请人或者第三人提出新的证据材料，需要对相关事实作进一步认定的；申请人或者第三人提供了证据或者依据的线索，但是无法自行收集而申请行政复议机构收集的，等等。尤其是对涉及自然资源权属认定等当事人重大权益的行政争议，应当到实地进行调查取证，确保案件事实清楚、证据确凿。

二、调查取证的工作要求

首先，调查取证的对象是对查明案件

事实有帮助的有关单位和个人，包括但不限于行政复议申请人、被申请人、第三人，与案件审理相关的证人也属于调查取证的对象。其次，调查取证的方式主要包括查阅、复制、调取有关文件和资料，如在办理土地征收类行政复议案件中，行政复议机关查阅调取的规划图、现状图等图表。行政复议机关也可以围绕案件事实向有关人员进行询问，询问笔录作为证人证言用以证明案件事实的真实性。最后，调查取证的目的是审查被申请人行政行为合法性和适当性，行政复议机关要站在中立公正的立场上对事实情况进行全面调查并收集证据，而不是代替被申请人执法甚至给被申请人的行政行为“找依据”。

三、调查取证的人员要求

调查取证工作具有较强的法律性、专业性，应当由行政复议机关的行政复议人员开展。行政复议人员应当是符合本法规定的通过国家统一法律职业资格考试取得法律职业资格、受行政复议机构依法指定办理行政复议案件的人员，而不是普通的行政机关工作人员。为确保调查取证工作的公正性，参与调查取证的行政复议人员数量不得少于 2 人，并应当出示行政复议工作证件。由 2 名行政复议人员进行调查取证，彼此之间既能加强协同配合，提高调查取证的质量和效率，又能进行相互监督，体现调查取证工作的公正性，这符合行政复议办案的客观规律。需要注意的是，本条规定的两人是人数上的最低要求，实际工作中可以根据案件数量、复杂程度等，科学配备调查取证人员的数量。同时，各级行政复议机关应当注重加强行政复议队伍建设，确保行政复议人员配备符合法律要求。调查取证中，行政复议人员要注意依法取证，不能采取胁迫或者欺骗的手段取证，也不得随意超出案件审理的需要调取无关的证据。

四、被调查人的配合义务

调查取证是严肃的行政复议活动，被调查取证的单位和个人应当积极予以配合，不得拒绝或者阻挠。这里的“配合”有两层意思：一是要按照行政复议人员的要求，全面提供相应的证据材料，即允许行政复议人员查阅、复制和调取有关文件和资料，回答行政复议人员的询问；二是要如实作证，确保所提供的有关文件和资料具有真实性，回答询问时要如实陈述，不能作假证。为此，行政复议人员调查取证时，要提前告知当事人有按要求全面、如实作证的义务，不得拒绝、阻挠行政复议人员依法调查取证、故意扰乱行政复议工作秩序，否则要依照本法第 84 条的规定，承担相应法律责任。

第四十六条　行政复议期间，被申请人不得自行向申请人和其他有关单位或者个人收集证据；自行收集的证据不作为认定行政行为合法性、适当性的依据。

行政复议期间，申请人或者第三人提出被申请行政复议的行政行为作出时没有提出的理由或者证据的，经行政复议机构同意，被申请人可以补充证据。

【释义】本条是关于行政复议被申请人收集证据的规定。

原法规定，在行政复议过程中，被申请人不得自行向申请人和其他有关组织或者个人收集证据。修订后的行政复议法作了两处修改：一是明确了被申请人自行收集证据的法律后果，不作为认定行政行为合法性、适当性的依据；二是补充规定了行政复议期间，申请人或者第三人提出了被申请行政复议的行政行为作出时没有提出的理由或者证据的，经行政复议机构同意，被申请人可以补充证据。理解本条需要把握以下两点：

一、被申请人不得自行收集证据

本条规定延续了案卷主义规则。案卷主义规则又称案卷排他主义原则，是指行政机关在行政程序之外形成的证据，不能作为证明行政行为合法性或者适当性的根据。在深入推进严格规范公正文明执法、加快建设法治政府的大背景下，行政机关更应当以事实为依据，只有取得充足的证据才能作出行政行为。例如行政处罚法第40条规定，公民、法人或者其他组织违反行政管理秩序的行为，依法应当给予行政处罚的，行政机关必须查明事实；违法事实不清、证据不足的，不得给予行政处罚。行政行为作出后，只能以其在作出行政行为时收集的证据作为证明行政行为合法或者适当的依据。行政决定一旦送达生效，行政机关不应再自行收集证据。因此，在行政复议期间，行政机关也不能为证明行政行为的合法性、适当性再行收集证据。如果行政机关先作出行政行为，行政复议期间再向申请人和其他有关单位或者个人收集证据，就意味着允许行政机关在没有证据的情况下先行作出行政行为，这种事后补强证据的行为违背了程序正当的原则。在行政行为作出过程中，行政机关相对于公民、法人或者其他组织处于强势地位；在行政复议法律关系中，这种强势地位依然存在。因此，为了体现行政复议的公平公正，平衡行政复议参加人之间的法律地位，本次修订增加了行政机关在行政复议过程中自行收集证据的法律后果，即不作为认定行政行为合法性、适当性的依据。

二、补充证据的相关规定

补充证据是指被申请人在行政复议期间，针对申请人或者第三人提出的被申请行政复议的行政行为作出时没有提出的理由或者证据，向行政复议机关补充提交证据的行为。补充证据非因行政机关作出行政行为时存在过错，而是因为申请人或者第三人提出了新的理由或者证据。一般情况下，行政相对人在行政行为作出前，应当提供全部的理由或者证据。如行政许可法第31条第1款中规定，申请人申请行政许可，应当如实向行政机关提交有关材料和反映真实情况，并对其申请材料实质内容的真实性负责。此外，行政许可法、行政处罚法等法律都对行政相对人的陈述权和申辩权作了规定。针对当事人提出的陈述和申辩，行政机关应当充分听取；当事人提出的理由和证据正当的，行政机关在作出行政行为之前应当采纳。实践中，也有一些行政相对人在行政行为作出前，没有充分行使自己的陈述权、申辩权，或者由于客观原因没有及时提出对自己有利的事实、理由或者证据，到后续行政复议过程中才提出来。理论上讲，无论行政相对人在行政行为作出前是否充分阐释了自己的理由或者证据，行政机关都应当予以查明。但是客观讲，如果相对人提出了之前没有阐述的理由或者证据的，如果不给行政机关补充证据的机会，行政机关就会承担不利的后果，这对于行政机关来说也是不公平的。

在补充证据的期限方面，在整个行政复议期间，申请人都可以提出新证据，被申请人经行政复议机构同意，也可以补充证据。在办案中，如果申请人很晚才提出新证据，行政复议机构不宜以审限紧张为由，不同意被申请人补充证据。此时，行政复议机构应当给被申请人指定合理的补充证据的期限，该期限可以参照被申请人提出书面答复的期限确定。如果因为申请人或者第三人提出新的理由或者证据，被申请人需要补充证据，由此导致审限确实紧张的，可以适用本法第 39 条第 1 款第 10 项的规定中止行政复议。

第四十七条　行政复议期间，申请人、第三人及其委托代理人可以按照规定查阅、复制被申请人提出的书面答复、作出行政行为的证据、依据和其他有关材料，除涉及国家秘密、商业秘密、个人隐私或者可能危及国家安全、公共安全、社会稳定的情形外，行政复议机构应当同意。

【释义】本条是关于行政复议申请人等查阅、复制权利的规定。

本条根据行政复议实践需要，丰富完善了行政复议便民为民的规定。修订前的行政复议法第 23 条第 2 款规定，申请人、第三人可以查阅被申请人提出的书面答复、作出具体行政行为的证据、依据和其他有关材料，除涉及国家秘密、商业秘密或者个人隐私外，行政复议机关不得拒绝。《行政复议法实施条例》第 35 条规定，行政复议机关应当为申请人、第三人查阅有关材料提供必要条件。相比于修订前的规定，本条作了以下新的规定：

一、关于有权查阅、复制的主体

此次修订，扩大了查阅、复制的主体，增加了申请人、第三人的委托代理人。查阅、复制相关材料是委托代理人接受委托，参加行政复议案件审理的必要条件，如果不赋予委托代理人的这些权利，只能由申请人或者第三人查阅、复制相关材料，将会增加申请人、第三人的负担，使委托代理的效果大打折扣。

二、关于查阅、复制的权利

出于保障申请人、第三人了解行政行为证据、依据和有关材料的需要，本次修订在查阅之外，又赋予了当事人复制的权利。行政复议机构既可以通过拍照、扫描等方式提供电子化的复制材料，也可以通过复印等方式提供纸质的复制材料。

三、关于不允许查阅、复制的例外情形

此次修法，新增了不允许查阅、复制的例外情形。相对于修订前的例外规定，本次修订增加了“可能危及国家安全、公共安全、社会稳定”三个方面的例外情形。行政复议是化解矛盾纠纷、维护社会安全稳定的重要法律制度，如果行政复议案卷中的相关材料，允许申请人、第三人及其委托代理人查阅、复制后可能会危及国家安全、公共安全、社会稳定，则不应允许其查阅、复制，这一要求符合行政复议的制度功能。需要注意的是，行政复议机构

应当严格适用这些例外的情形，不能泛泛适用，变相限制当事人的权利。例如，对于国家秘密，应当理解为有权机关根据保守国家秘密法等法律的规定，依照法定权限和程序确定为绝密、机密或者秘密的事项。

第三节　普通程序

第四十八条　行政复议机构应当自行政复议申请受理之日起七日内，将行政复议申请书副本或者行政复议申请笔录复印件发送被申请人。被申请人应当自收到行政复议申请书副本或者行政复议申请笔录复印件之日起十日内，提出书面答复，并提交作出行政行为的证据、依据和其他有关材料。

【释义】本条是关于行政复议被申请人提交书面答复的规定。

行政复议程序是一个完整链条，在申请人申请行政复议后，下一步程序就是行政复议机关将申请书副本或者申请笔录复印件发送被申请人，由被申请人进行答复。这有利于行政复议机关了解案件基本情况、双方主张，便于下一步开展行政复议案件的审理。具体需要把握以下几点：

一、关于发送行政复议申请书副本或者行政复议申请笔录复印件

发送的期限是自行政复议申请受理之日起7日内，这是对行政复议机构的要求。行政复议法规定了口头申请行政复议的方式，当事人通过口头方式申请的，行政复议机关应当当场记录申请人的基本情况，行政复议请求，申请行政复议的主要事实、理由和时间，形成行政复议申请笔录。无论是行政复议申请书副本，还是行政复议申请笔录复印件，行政复议机构都应当在7日内发送被申请人。

二、关于被申请人提出书面答复、提交作出行政行为的证据、依据和其他有关材料

书面答复是被申请人对于申请人向行政复议机关提出的行政复议请求予以回应的法律文书。提交书面答复是被申请人提出自己主张和理由的权利，同时也是一项义务，以方便行政复议机关了解被申请人的主张，进一步查清案件事实。被申请人在提交书面答复的同时，还要提交作出行政行为的证据、依据和其他有关材料。考虑到提交书面答复、作出行政行为的证据、依据和其他有关材料需要行政机关内部的层层审批，时间往往较为紧张，本次修法明确10日为工作日，使得法律的规定更具有可操作性。

三、关于不提出书面答复、提交作出行政行为的证据、依据和其他有关材料的法律后果

行政复议法修订前，10日是指自然日，当答复期限覆盖国家法定节假日时，对作出行政行为的机关而言，时间确实比较紧张。法律修订后，10日明确为工作日，作出行政行为的机关答复期限更为宽裕。因此，被申请人应当严格按照法定时限进行答复。实践中，部分行政复议机关对此期限掌握不够严格，影响了行政复议的权威。

但是，被申请人提交的证据、依据和其他有关材料是在作出行政行为时就客观存在的，不需要被申请人额外调查搜集，只需要将执法案卷中的材料提供给行政复议机关，因此10个工作日的答复期限应完全够用。修订后的行政复议法施行后，各级行政复议机关要严格把握该条规定，对于被申请人不按照本条规定提交有关材料的，要一律视为该行政行为没有证据、依据，依照本法第70条的规定及时作出行政复议决定，维护行政复议机关的权威。

第四十九条　适用普通程序审理的行政复议案件，行政复议机构应当当面或者通过互联网、电话等方式听取当事人的意见，并将听取的意见记录在案。因当事人原因不能听取意见的，可以书面审理。

【释义】*本条是关于听取行政复议申请人意见的规定。*

本条是此次修订新增加的内容。修法之前，行政复议原则上采取书面方式审理，申请人的参与度不高，不少申请人质疑行政复议审理程序不透明，影响了其对行政复议结果的认同度。本条着力解决申请人在行政复议程序中参与不够的问题，实践中需要把握以下几点：

一、听取意见程序的适用情形

行政复议法确立了繁简分流制度，审理行政复议案件分为普通程序和简易程序。其中，在适用普通程序审理案件过程中，要准确查明案件事实，正确适用法律，离不开行政复议各方当事人的深度参与，其中一个重要方面，就是听取申请人的意见。依照本条规定，行政复议机关决定不予受理案件、受理后发现不符合受理条件予以驳回的案件、简易程序审理的案件，可以不听取意见。

二、听取意见是普通程序的法定要求

适用普通程序审理的案件，除法律规定的例外情形外，都必须听取申请人的意见。这有利于行政复议机关了解申请人申请行政复议背后的实体利益诉求，更好解决人民群众“急难愁盼”问题；有利于行政复议机关更好地了解申请人、被申请人的主张，更好地查明案件事实，作出准确的行政复议决定。

三、听取意见的方式灵活多样

听取意见是一项灵活的环节，不要求像被申请人提出答复那样必须采取书面方式。在案件审理中，听取意见方式灵活多样，可以通过当面方式，也可以通过互联网、电话等方式。听取意见环节可以与其他环节合并进行，如申请人查阅、复制案卷过程中，行政复议机构了解申请人的诉求、询问其对案件办理的意见等，可以认为其履行了听取意见的职责。考虑到听取意见也可以作为广义上的调查取证，因此，听取意见时行政复议人员不得少于2人。

四、听取意见的对象为行政复议的当事人

听取意见的对象既包括行政复议的申请人、第三人，也包括行政复议被申请人。将听取意见的对象规定为当事人，可以更加平等、充分地保护行政复议当事人的合

法权益。在实践中，对于听取被申请人意见的，由于被申请人之前已经提交过书面答复、作出行政行为的证据、依据和其他有关材料，如果行政复议机构认为其已经达到了确实、充分的标准，也可以将要求被申请人书面答复的过程与听取被申请人意见的过程合并，并记录在案。但是听取申请人意见的，即使通过行政复议申请书等材料可以了解申请人的行政复议请求，也不得省略听取意见的环节。对于听取第三人意见的，可以参照听取申请人意见的做法办理。需要进一步说明的是，如果第三人的利益诉求与申请人有冲突的，行政复议三方当事人的意见均不相同，为稳妥起见，行政复议机构可以就申请人、第三人各自提出的案件事实和证据，听取对方意见。

五、不能听取意见的情况

因当事人的原因不能听取意见的，可以书面审理，但要将这一情况记录在案，并由2名以上的行政复议人员签字。下一步，国务院行政复议机构将制定具体的标准，对法律的规定作进一步细化。应当注意的是，不听取当事人的意见必须是因为当事人的原因造成客观上不能，因行政复议机构的原因，如案件审理时间紧张等，不能作为不听取意见的理由。

第五十条　审理重大、疑难、复杂的行政复议案件，行政复议机构应当组织听证。

行政复议机构认为有必要听证，或者申请人请求听证的，行政复议机构可以组织听证。

听证由一名行政复议人员任主持人，两名以上行政复议人员任听证员，一名记录员制作听证笔录。

【释义】本条是关于行政复议听证的规定。

行政复议听证，是指行政复议机构在办理行政复议案件过程中，组织涉案人员查明案件事实的审理方式。行政复议听证是行政复议机关查明案件事实的重要方式，是当事人的一项重要权利。修订前的行政复议法对听证没有专门规定，《行政复议法实施条例》第33条作了原则性规定：行政复议机构认为必要时，可以实地调查核实证据；对重大、复杂的案件，申请人提出要求或者行政复议机构认为必要时，可以采取听证的方式审理。本次修法对听证作了较为详细的规定，明确了听证的适用情形、人员组成等。理解本条，需要把握以下几个方面：

一、审理重大、疑难、复杂的行政复议案件，行政复议机构应当组织听证

这是对行政复议机构的硬性要求，不能以案件审限紧张等理由不组织听证。至于何为重大、疑难、复杂的行政复议案件，由各级行政复议机构结合实际予以把握。实践中，至少应当包括以下几类案件：一是在本地区、本部门有重大影响的案件，如案件的标的金额较高，或者案件的处理结果对于规范同类行政行为具有示范意义等。二是案件事实存在疑难情形的案件，各方当事人对涉案关键证据分歧较大，通过书面审理、听取当事人意见等程序，仍然无法查清案件事实，需要通过当面质证进一步确定证据的真伪。三是法律关系较

为复杂的案件，需要各方充分陈述、举证、质证、辩论，以避免案件审查有遗漏等。

二、行政复议机构可以组织听证的两种情形

行政复议听证的主要目的是查明案件事实。在案件审理过程中，申请人提交了行政复议申请书，被申请人提交了书面答复，并附具了作出行政行为的证据、依据和其他有关材料。对于不明确的地方，行政复议机构还听取了申请人的意见。如果通过以上程序，行政复议机构还认为案件事实没有查清楚，需要当面听取当事人的意见，还可以组织各方当事人进行听证。此外，申请人请求听证的，行政复议机构也可以组织听证。在这两种情形下，是否组织听证由行政复议机构根据案件审理情况具体把握，如果认为案件事实已经清楚的，也可以不组织听证。

三、行政复议机构主持听证的要求

根据本条规定，听证由行政复议机构组织。行政复议机构应当指定1名行政复议人员任主持人，2名以上行政复议人员任听证员，并由1名记录员制作听证笔录。作为听证主持人、听证员的行政复议人员，要具备总结争议焦点、归纳双方观点等方面的能力。因此，行政复议机关应当加强行政复议机构的队伍建设，根据工作需要配备行政复议人员，并不断提高行政复议人员的专业能力。根据本条的规定，每个行政复议机构从事行政复议工作的人员不能少于4人，这对基层行政复议机构的人员配备提出了更高的要求。实践中，各级行政复议机关都应当按照行政复议法的规定，及时与机构编制等部门沟通，确保行政复议机构的人员配备与所承担的工作任务相适应。

四、其他人员参加听证的要求

申请人、被申请人、第三人为当事人，当事人及其代理人、参加听证活动的证人、鉴定人、翻译人员为听证参加人。对于申请人、第三人而言，可以亲自参加行政复议听证，也可以委托1至2名代理人参加，申请人、第三人人数众多的，行政复议机构可以根据本法的规定，视情况要求其推选代表人参加听证会。代表人参加听证会的，应当在听证会开始前提交代表推选书。

第五十一条　行政复议机构组织听证的，应当于举行听证的五日前将听证的时间、地点和拟听证事项书面通知当事人。

申请人无正当理由拒不参加听证的，视为放弃听证权利。

被申请人的负责人应当参加听证。不能参加的，应当说明理由并委托相应的工作人员参加听证。

【释义】本条是关于行政复议听证程序的规定。

本条侧重于听证程序方面的规定。听证是行政复议案件审理过程中的一项重要环节，细化规定听证程序是必要的。行政复议案件的听证关键是听取双方当事人的意见，允许当事人就案涉行政行为的事实、证据、依据以及程序进行陈述、举证、质证和辩论，帮助行政复议机关查清事实，以对案件作出正确的行政复议决定，便于行政争议的彻底解决。理解本条需要把握以下几个方面。

一、通知当事人参加听证的要求

主要有以下两个方面：一是提前通知当事人，给当事人留足准备的时间。本条规定，提前5个工作日通知申请人、被申请人、第三人等当事人，否则当事人容易因为准备时间仓促无法充分发表意见，或者因为路途遥远、工作安排等原因，不得已放弃听证。二是通知的方式和内容。通知应当以书面方式作出，并按照行政复议决定的送达方式，及时送达当事人。考虑到书面送达有一定的在途时间，实际操作中，行政复议机构在书面送达的同时，如果能通过电话、短信等方式同时送达，更有利于听证的顺利进行。在通知的内容方面，主要包括三个方面：时间、地点和拟听证事项。其中，拟听证事项就是需要进一步查清的案件事实，需要各方当事人予以当面质证。在具体操作过程中，可以参考如下程序：（1）主持人说明案由和听证参加人；（2）申请人陈述行政复议申请的主要事实理由，明确行政复议请求；（3）被申请人陈述行政复议答复要点，并举证；（4）第三人参加听证的，由第三人陈述自己的观点；（5）证人、鉴定人参加听证活动的，由其进行相关陈述，回答主持人、听证员和经主持人同意的当事人的提问；（6）各方质证；（7）各方围绕案件焦点问题陈述意见；（8）主持人、听证员对需要查明的问题向听证参加人询问；（9）主持人询问当事人有无补充意见。考虑到听证现场可能会发生突发情况，因此，出现特定情形无法当场解决的，可以中止听证。中止听证的事由法律没有明确规定，可由有关行政复议机构根据案件实际具体把握。

二、当事人无正当理由拒不参加听证的法律后果

由于被申请人是行政机关或者法律法规规章授权的组织，如果被申请人无正当理由拒不参加听证，属于不依法履行行政复议职责，可以适用本法第80条的规定追究有关人员的法律责任。有争议的是申请人不参加听证的法律后果。听证是当事人的权利，同时也是当事人的义务。立法过程中，有一种意见认为，如果申请人无正当理由拒不参加听证，则案件事实无法查清，可以视为撤回行政复议申请。还有一种意见认为，如果申请人无正当理由拒不参加听证，行政复议机关也可以在现有证据的基础上，继续审理案件。从保障当事人行政复议权利的角度，立法机关最终选择了第二种意见。

三、对被申请人的负责人参加听证的特殊要求

行政复议是解决“民告官”的制度，但是在行政复议实践中，常常出现“告官不见官”的现象，被申请人参加听证的往往是其工作人员，不利于提高化解行政争议的效率。为此，法律规定被申请人的负责人应当参加听证。不能参加的，应当说明理由并委托相应的工作人员参加听证。根据这一规定，在行政复议听证中，被申请人的负责人应当参加听证，这是一个基本的原则。但是，如果被申请人的负责人有正当理由，确实不能参加的，应当委托行政机关相应的工作人员参加，并说明理由。需要说明的是，被申请人的负责人是指正职和副职领导人；在负责人确实不能

参加听证的情况下，应当委托行政机关的相应工作人员参加，不能只委托律师参加。

确立被申请人的负责人参加听证具有重要意义：一是有利于有效化解行政争议。在听证过程中，行政相对人与被申请人的负责人直接面对面陈述其主张和理由，缓和了与行政机关的对立情绪，有利于纠纷的解决。二是有利于提高行政机关负责人的法治意识，推进行政机关依法行政。通过参加听证，行政机关负责人可以进一步加深对相关法律知识的理解，认识到本机关在执法活动中存在的问题，从而有助于其增强依法行政的意识。三是有利于增强人民群众对法治的信心。行政机关负责人参加听证，表明了行政机关对人民群众的尊重，有利于营造良好的法治氛围，产生较好的法治效果。

第五十二条　县级以上各级人民政府应当建立相关政府部门、专家、学者等参与的行政复议委员会，为办理行政复议案件提供咨询意见，并就行政复议工作中的重大事项和共性问题研究提出意见。行政复议委员会的组成和开展工作的具体办法，由国务院行政复议机构制定。

审理行政复议案件涉及下列情形之一的，行政复议机构应当提请行政复议委员会提出咨询意见：

（一）案情重大、疑难、复杂；

（二）专业性、技术性较强；

（三）本法第二十四条第二款规定的行政复议案件；

（四）行政复议机构认为有必要。

行政复议机构应当记录行政复议委员会的咨询意见。

【释义】本条是关于行政复议委员会的规定。

行政复议委员会制度是本次修法新建立的制度，是本法修订的亮点之一。本法修订以前，行政复议工作原则上采取书面方式审理，外部参与度不高，难免会引起“官官相护”的质疑，影响了行政复议的公正性和公信力。2006 年 12 月，国务院召开的全国行政复议工作座谈会明确提出，“有条件的地方和部门可以开展行政复议委员会的试点”。2008 年，原国务院法制办下发《国务院法制办公室关于在部分省、直辖市开展行政复议委员会试点工作的通知》（国法〔2008〕71 号），推动在各地方试点开展行政复议体制改革工作，先行探索设立行政复议委员会，提高行政复议办案质量。进入新时代以来，中央有关文件对建立行政复议委员会提出了新的要求。中共中央、国务院《法治政府建设实施纲要（2021—2025 年）》要求：“县级以上各级政府建立行政复议委员会，为重大、疑难、复杂的案件提供咨询意见。”本次修法落实中央要求，在总结地方实践经验的基础上，从法律上正式确立了行政复议委员会制度。对此应当从以下方面把握：

一、建立行政复议委员会的主体

根据本条规定，建立行政复议委员会的主体为承担行政复议法定职责的县级以上各级人民政府，包括国务院及省、市、县三级政府。对于依照行政复议法仍履行行政复议职责的政府部门，不强制性要求建立行政复议委员会，如果有需要，可以参照本条规定建立行政复议委员会。

二、行政复议委员会的职责

主要有两项：第一是咨询功能，主要是就办理行政复议案件提供咨询意见。对于此类案件，行政复议机构应当记录行政复议委员会的咨询意见，并作为作出行政复议决定的重要参考依据。所谓重要参考依据，是指在没有充分理由的前提下，应当采纳咨询意见，不能仅将提请复议委员会咨询作为一项流程，“为咨询而咨询”。第二是指导功能，主要是就行政复议工作中的重大事项和共性问题进行研究提出意见。主要考虑是，不少地方已经建立的行政复议委员会有政府负责同志参加，对行政复议工作中遇到的重大事项和共性问题进行审议并提出意见，明确行政复议委员会具备指导功能符合实践需要。

三、行政复议委员会的组成

科学确定行政复议委员会的组成，是行政复议委员会发挥作用的重要基础。在人员组成上，需要把握以下几个方面：第一，行政复议委员会是由县级以上各级人民政府建立的，体现了“政府主导”的要求。行政复议委员会的主任一般由政府主要负责同志或者分管负责同志担任，体现行政复议是政府法定职责。政府领导作为行政复议机关负责人参与到行政复议委员会中，能够强化行政复议机关对行政复议工作的领导，解决行政复议机关和行政复议机构“两张皮”问题。第二，行政复议委员会要有相关政府部门、专家、学者等参与，实践中一般由政府相关部门的工作人员、外部专家学者担任常任委员或者非常任委员。将政府有关部门的专业人士吸收到行政复议委员会中，有利于提升审理案件的专业性和中立性，是提高办案质量的有力保障。

四、行政复议委员会的运行

从目前各地实践看，行政复议委员会可以设立办公室，负责行政复议委员会日常工作。办公室一般设在司法行政部门，主要负责以下事项：起草行政复议委员会工作文件；负责行政复议机构与行政复议委员会及其委员之间的日常联系沟通；具体办理委员的选聘任免工作；组织承办行政复议委员会各类会议；定期向行政复议委员会报告工作情况；行政复议委员会交办的其他日常管理工作等。在具体办理案件咨询和重大事项、共性问题讨论时，运行规则应当有所区别。按照本条规定，行政复议委员会的组成和开展工作的具体办法，由国务院行政复议机构制定。

五、明确行政复议委员会咨询案件的范围

包括四类案件：（1）案情重大、疑难、复杂的案件。主要是指案件涉及的法律关系复杂，对所涉及的法律规定在理解和适用上存在较大分歧，或者涉及新型法律关系，准确认定当事人的权利义务关系难度较大。（2）专业性、技术性较强的案件。按照行政复议法确定的管辖体制，除保留行政复议管辖权的部门外，政府统一管辖涉及各职能部门的行政复议案件，包括涉及自然资源管理、城乡建设、生态环境保护、食品药品监管等许多专业领域的行政争议。对此可以吸收相关部门熟悉业务工作的人员参加行政复议委员会，对案件涉

及的专业性、技术性问题提供咨询意见。(3) 申请人对省、自治区、直辖市人民政府作出的行政行为不服的案件。这类案件主要是指省、自治区、直辖市人民政府对自己作出的行政行为进行原级行政复议的案件，主要目的是提高原级行政复议案件审理的公正性，减少对原级行政复议机关“自己审自己”的质疑。需要说明的是，只有适用普通程序审理的原级复议案件才需要提交行政复议委员会咨询，适用简易程序审理的原级行政复议案件，可以不提交行政复议委员会进行咨询，以便节省行政成本，提高办案效率。(4) 行政复议机构认为有必要的案件。

六、行政复议委员会意见的记录

行政复议委员会对案件提供咨询意见，是按照普通程序审理特定类型案件的重要环节。行政复议委员会的意见体现了各方面专业人士对法律适用等问题的看法，对于公平、公正作出案件处理决定具有很强的指导意义。因此，本法第61条第3款规定，提请行政复议委员会提出咨询意见的行政复议案件，行政复议机关应当将咨询意见作为作出行政复议决定的重要参考依据。实践中，行政复议委员会对案件的咨询会一般由行政复议机构组织筹备召开，行政复议机构应当如实记录行政复议委员会的咨询意见，既要记录行政复议委员会在咨询中形成的总体意见，也要记录委员个人意见，特别是提出不同意见的委员的意见。

第四节　简易程序

第五十三条　行政复议机关审理下列行政复议案件，认为事实清楚、权利义务关系明确、争议不大的，可以适用简易程序：

（一）被申请行政复议的行政行为是当场作出；

（二）被申请行政复议的行政行为是警告或者通报批评；

（三）案件涉及款额三千元以下；

（四）属于政府信息公开案件。

除前款规定以外的行政复议案件，当事人各方同意适用简易程序的，可以适用简易程序。

【释义】本条是关于简易程序适用条件的规定。

对于一些事实清楚、权利义务关系明确、争议不大的案件，如果与重大、疑难、复杂案件适用相同的程序，会增加当事人的成本，浪费行政复议资源。根据实践需要，建立“繁简分流”制度，根据案件的难易程度分别适用普通程序和简易程序，实现简案快办、难案精办是本次修法的一大亮点。简易程序是与普通程序相对的程序，在审理程序、审理期限等方面都作了简化，有利于及时审结案件，保护当事人的合法权益。本法用专门一节的篇幅对简易程序作了规定。本条明确了适用简易程序的条件和案件类型。

一、关于简易程序的适用条件

包括事实清楚、权利义务关系明确、

争议不大三个条件。这三个条件同时具备，说明案件处理起来比较简单，才可以适用简易程序。所谓事实清楚，是指当事人提供的证据能够比较明确地证明争议事实的真相，行政复议机关在全面审查当事人提交的证据后就能够查明案件事实，不需要召开听证会等方式作进一步的调查取证。所谓权利义务关系明确，是指当事人之间的权利义务关系简单、清楚，双方争议的矛盾比较明确，行政争议的形成和发展过程也不复杂。所谓争议不大，是指当事人对他们之间引起争议的事实、权利义务的归属等问题有较大共识，不存在大的分歧。当同时具备这三个条件后，行政复议机关有条件快速审结这类案件，而且不会引发新的争议。

二、关于简易程序的适用类型

在符合事实清楚、权利义务关系明确、争议不大三个前提条件后，以下四种类型的案件，可以适用简易程序。

第一类是被申请行政复议的行政行为是当场作出的。比如，行政处罚法第51条规定，违法事实确凿并有法定依据，对公民处以200元以下、对法人或者其他组织处以3000元以下罚款或者警告的行政处罚的，可以当场作出行政处罚决定。法律另有规定的，从其规定。道路交通安全法第107条规定，对道路交通违法行为人予以警告、200元以下罚款，交通警察可以当场作出行政处罚决定，并出具行政处罚决定书。行政处罚决定书应当载明当事人的违法事实、行政处罚的依据、处罚内容、时间、地点以及处罚机关名称，并由执法人员签名或者盖章。当场作出的行政行为往往事实比较清楚、权利义务关系比较明确，不会引发大的争议，可以适用简易程序。

第二类是被申请行政复议的行政行为是警告或者通报批评。比如，反食品浪费法第29条规定，违反本法规定，设有食堂的单位未制定或者未实施防止食品浪费措施的，由县级以上地方人民政府指定的部门责令改正，给予警告。无障碍环境建设法第66条规定，违反本法规定，不依法履行无障碍信息交流义务的，由网信、工业和信息化、电信、广播电视、新闻出版等相关主管部门责令限期改正；逾期未改正的，予以通报批评。警告或者通报批评是强度较小的行政处罚，一般都是在事实清楚、权利义务关系明确、争议不大的情况下作出的，因此可以适用简易程序。

第三类是案件涉及款额3000元以下。如争议的罚款数额、抚恤金、最低生活保障金、社会保险金数额在3000元以下的案件，涉及查封、扣押、冻结的财物在3000元以下的案件等。由于这类案件往往对行政相对人的权益影响较小，可以适用简易程序。

第四类是属于政府信息公开案件。近年来，政府信息公开类案件逐年增多，且案情大多比较简单，适用简易程序能够提高审理效率，快速化解行政争议。

三、当事人可以约定适用简易程序的情形

除了同时符合上述四种情形的案件外，为了进一步提高案件审理效率，本条赋予了当事人程序选择权，规定当事人各方同意适用简易程序的，也可以适用简易程序。这里的“当事人各方”包括了申请

人、被申请人和第三人，只有申请人、被申请人和第三人（如有）都同意适用简易程序的，才可以适用。实践中，即使案件不符合前述所列条件，但当事人出于快速化解行政争议的考虑，均同意适用简易程序的，行政复议机关一般应予准许。

第五十四条　适用简易程序审理的行政复议案件，行政复议机构应当自受理行政复议申请之日起三日内，将行政复议申请书副本或者行政复议申请笔录复印件发送被申请人。被申请人应当自收到行政复议申请书副本或者行政复议申请笔录复印件之日起五日内，提出书面答复，并提交作出行政行为的证据、依据和其他有关材料。

适用简易程序审理的行政复议案件，可以书面审理。

【释义】本条是关于简易程序答复期限及审理方式的规定。

与普通程序的审理期限不同，适用简易程序审理的案件，审限为自受理申请之日起30日内，且不得延长，因此案件审理中的具体程序时限也应相应缩短。

一、关于通知答复期限

行政复议机构应当自受理申请之日起3日内，通知被申请人作出书面答复。被申请人应当在收到答复通知、行政复议申请书副本或者行政复议申请笔录复印件之日起5日内，提出书面答复，同时提交作出行政行为的证据、依据和其他有关材料。需要注意的是，被申请人需要提交两项内容：一是书面答复，主要是说明行政行为的合法性、适当性。二是作出行政行为的证据、依据和其他有关材料，这主要是佐证行政行为的合法性、适当性。在答复期间，被申请人只需要将现有的材料作相应整理，无须也不能再自行调查、补充新的证据，因此5日的期限是足够的。同时，3日、5日是指工作日，而非自然日。

二、关于审理的方式

适用简易程序审理的案件一般都是事实清楚、权利义务关系明确、争议不大的案件，因此审理程序上更加灵活简便。出于提高审理效率的考虑，如果能够查清事实，适用简易程序的案件也可以适用书面审理。当然，如果书面审理不能做到事实清楚、权利义务关系明确，在适用简易程序审理的过程中也可以参考普通程序，进行听取意见、听证或者提交行政复议委员会咨询等。

第五十五条　适用简易程序审理的行政复议案件，行政复议机构认为不宜适用简易程序的，经行政复议机构的负责人批准，可以转为普通程序审理。

【释义】本条是关于简易程序转为普通程序的规定。

适用简易程序审理的行政复议案件，在审理过程中，可能出现情况变化导致案情复杂的情形，或者出现行政复议机构在审理过程中发现原来认为事实清楚、权利义务关系明确、争议不大的案件其实案情复杂的情形。对于这类因客观情况变化或者主观认识变化而不宜适用简易程序的案件，应当转为普通程序，以便更好查明事实、正确适用法律。理解本条，需要注意以下几点。

一、简易程序转为普通程序的条件

行政复议机关审理案件应当兼顾公平和效率，其中公平是案件审理的底线，不能为了追求案件审理效率而牺牲案件审理的公正性。行政复议机关在对案件进行初步审查决定适用简易程序后，审理过程中可能发现不宜适用简易程序的情形。比如案情较为复杂，证据认定存在较大难度，仅靠书面审查难以查清案件事实；涉及复杂的法律问题或专业问题，有必要提请行政复议委员会提出咨询意见；当事人主动补充了新的事实和证据，提出新的诉求，双方分歧较大；等等。此时如果坚持适用简易程序，由于审限短、程序较为简单，可能出现影响案件公正性的问题。因此，及时转为普通程序进行审理，适用更为严格的程序，有利于保障案件审理的公正性。应当注意的是，行政复议机构办案效率不高，导致在简易程序法定的审理期限内无法按时结案的，不宜认为是"不宜适用简易程序的情形"，否则将会架空简易程序的规定，使简易程序流于形式。

二、简易程序转为普通程序的程序要求

与行政复议决定由行政机关负责人审批不同，简易程序转为普通程序经过行政复议机构的负责人批准即可，体现了审理效率的要求。在转化机制上，目前没有统一规定，各级行政复议机构可以根据本单位的工作实际设定具体的审批程序，总的要求是既要避免行政复议办案人员个人随意切换审理模式，保证行政复议审理的权威性和严肃性，又要保持行政复议审理的效率优势，避免审批程序过于复杂。

三、简易程序转为普通程序审理的审限如何计算

简易程序转为普通程序后，案件审理期限应当适用普通程序的规定，审理期限为60日，也可以依法延长至90日。简易程序转为普通程序后，在简易程序中已经过的审理期限应当从普通程序的审限中扣除，而不能在转为普通程序之日起重新计算。转为普通程序后，行政复议机构应当按照普通程序的审理要求，采取适当方式听取当事人意见，必要时举行听证或者将案件提请行政复议委员会进行咨询。

第五节 行政复议附带审查

第五十六条　申请人依照本法第十三条的规定提出对有关规范性文件的附带审查申请，行政复议机关有权处理的，应当在三十日内依法处理；无权处理的，应当在七日内转送有权处理的行政机关依法处理。

【释义】本条是关于规范性文件附带审查处理及时限的规定。

规范性文件的附带审查处理权限，需要根据规范性文件的制定机关、制定层级等因素确定。本条是关于行政复议机关对申请人请求附带审查规范性文件的处理方式、处理时限的规定，主要区分行政复议机关有权处理和无权处理两种情形。对于本条的理解，重点把握以下三点：

一、可申请附带审查的规范性文件范围

对于行政行为所依据的规范性文件，申请人申请行政复议时可以一并提出审查申请，是1999年行政复议法的一大亮点。在此之前，规范性文件似乎成为救济制度的“盲区”，行政诉讼法以及1990年《行政复议条例》都明确将行政法规、规章以及具有普遍约束力的决定、命令排除在可救济范围之外。行政复议法制定时经过反复论证和研究，最终将规范性文件以附带审查的方式正式写入了法律。实践证明，将规范性文件纳入行政复议的审查范围非常必要，由利益直接相关的申请人申请启动审查程序是对规范性文件的有效监督方式。

在本次行政复议法修订过程中，规范性文件审查问题再次成为各方关注的焦点，但主要争议已从20多年前的“抽象行政行为能否纳入行政复议范围”，转变为“可否将规范性文件明确为行政复议直接审查范围”。部分学者提出应当进一步发挥行政复议在审查规范性文件方面的重要作用，赋予申请人直接针对规范性文件申请行政复议的权利，而不限于只能在对行政行为申请复议时请求附带审查。综合考虑各方面因素，特别是当前备案审查工作正在不断加强，以及行政复议办案力量等现实问题，目前将规范性文件纳入行政复议直接审查范围的时机尚未成熟，因此还是保留原行政复议法中附带审查的启动方式，同时在第四章“行政复议审理”中，用一整节5个法律条文的篇幅专门规定“行政复议附带审查”，以此来加强行政复议对规范性文件的监督作用。

关于可申请附带审查的规范性文件范围，主要依照行政复议法第13条的规定，包括以下四类：（1）国务院部门的规范性文件；（2）县级以上地方各级人民政府及其工作部门的规范性文件；（3）乡、镇人民政府的规范性文件；（4）法律、法规、规章授权的组织的规范性文件。对比1999年行政复议法第7条，除了用“规范性文件”替代原来的“规定”外，最大的变化在于将“法律、法规、规章授权的组织的规范性文件”纳入其中，进一步扩大了附带审查的范围。另外，与原法一样，规章仍然被排除在附带审查申请范围之外。

二、如何确定行政复议机关有无权限处理

收到申请人提交的附带审查申请后，行政复议机关首先需要确定其对涉案的规范性文件是否具有处理的权限。如果被申请附带审查的规范性文件是行政复议机关制定的，行政复议机关自然具有处理权限。但是，实践中多数情况下作为行政行为依据的规范性文件并非行政复议机关制定，而是由其他机关制定的。这种情况下如何判断并确定行政复议机关有无处理权限呢？一个基本思路是看行政复议机关与规范性文件的制定主体之间的关系，如果制定主体隶属于行政复议机关或者是行政复议机关的下级单位，那么行政复议机关就具有对该规范性文件进行处理的权限。反之，如果该规范性文件的制定主体既不是行政复议机关，也并非行政复议机关的下级单位，那么对该规范性文件行政复议机关就没有处理权限。

举个例子，某公司对市辖区人民政府作出的涉及税务缴纳的政府信息公开答复不服，向市人民政府申请行政复议，并对该政府信息公开行为所依据的规范性文件提出附带审查申请。假设该规范性文件是区人民政府制定的，市人民政府作为行政复议机关就“有权处理”；如果该规范性文件是国家税务总局制定的，市人民政府则“无权处理”。作出这一判断的主要法律依据是宪法和地方各级人民代表大会和地方各级人民政府组织法。根据宪法第108条和地方各级人民代表大会和地方各级人民政府组织法第73条的规定，县级以上的地方各级人民政府领导所属各工作部门和下级人民政府的工作，有权改变或者撤销所属各工作部门和下级人民政府的不适当的决定。

三、确定有无权限之后的处理要求不同

对规范性文件的附带审查申请，按照行政复议机关对该规范性文件有无处理权限区分情形后，接下来“兵分两路”各选其道，进入了不同的处理程序。首先期限要求不同，行政复议机关有权处理的，应当在30日内依法处理；无权处理的，应当在7日内转送有权处理的行政机关依法处理。这里需要注意以下几点：

1. 关于“30日”和“7日”的期限起算。一般是从行政复议机关或者行政复议机构接到行政复议申请和附带审查申请之日的第二日开始起算。需要强调的是，“30日”指的是自然日，遇到法定休假日连续计算；而“7日”指的是工作日，法定休假日应当扣除。

2. 关于“有权处理”与“无权处理”的最长处理期限。两种情形有着较大差别，行政复议机关有权处理的，处理期限从接到申请之日第二日起算总共仅有30日；而行政复议机关无权处理的，7日内转送有权处理的行政机关后，该行政机关还有最长60日的处理期限，因此“无权处理”的处理期限最长可达67日。

3. 关于“转送有权处理的行政机关”的理解。从理论上讲，有权处理规范性文件的行政机关可能不止一个，既包括该规范性文件的制定主体，也包括规范性文件制定主体的上级行政机关。正常情况下，行政复议机关应当将附带审查申请材料转送该规范性文件的制定机关，除非出现该制定机关已经被撤销等特殊情形。

第五十七条　行政复议机关在对被申请人作出的行政行为进行审查时，认为其依据不合法，本机关有权处理的，应当在三十日内依法处理；无权处理的，应当在七日内转送有权处理的国家机关依法处理。

【释义】本条是行政复议机关对被申请复议的行政行为依据附带审查处理及时限的规定。

本条是关于行政复议机关认为行政行为依据不合法时如何处理的规定。对于本条含义的把握，应当注意与本法第56条进行区别。

一、关于“认为其依据不合法”的理解

首先，这里的“认为”是行政复议机关作出的判断。行政复议人员审理行政复议案件过程中，发现涉案行政行为的依据

存在违反上位法等问题，应当按程序报行政复议机关负责人批准后，依照本条的规定启动对该依据的审查程序。有意见提出，仅凭行政复议人员的主观“认为”就可以启动对依据的审查，会不会略显“草率”？实际上不必过于担心，法条中规定的是“行政复议机关……认为其依据不合法”，行政复议人员作为案件承办者发现问题后并不能直接决定中止行政复议，而只能提出启动本条程序的建议，并按工作程序报经行政复议机关负责人审批后，方能真正对依据启动审查。

其次，这里的“依据”指什么。应当注意的是，法条中规定的是“依据”，而不是“规范性文件”。本法第 56 条规定的是“规范性文件”，本条规定的是“依据”，这是两个法条之间的重要区别之一。第 56 条规定的是申请人申请附带审查时的处理方式，按照本法第 13 条的规定，申请人要求附带审查的对象只能是规章以下的规范性文件。而本条适用的情形是申请人未提出附带审查申请，但是行政复议机关审查行政行为时主动发现依据存在问题。考虑到行政复议人员和法官都是定分止争的裁判者，同样肩负着保障国家法律正确统一实施的重要使命，由他们发现并指出行政行为的依据在具体实施中存在的问题，对于促进这些依据的修改完善具有重要作用。需要说明的是，尽管目前尚不允许申请人对法规和规章等依据提出附带审查申请，但这并不影响其在行政复议申请书中指出相关法规和规章存在的问题，事实上这也有利于行政复议机关及时发现“依据”存在的不合法问题并按规定启动审查程序。

最后，“不合法”包括哪些情形。行政复议人员需要对涉案法规、规章等依据或者其他规范性文件作初步的审查，对于存在以下问题的，可以“认为其依据不合法”：一是制定机关主体不合法。不同位阶的规范由不同权限的机关制定，比如，地方性法规由设区的市以上地方人大及其常委会制定，规章由国务院部门和设区的市以上地方人民政府制定。规范性文件的制定也应当严格按照权限，比如部门的内设机构不能以自己的名义对外发布规范性文件。二是具体内容不合法。包括违反法律保留规定事项，比如在规章中规定剥夺公民政治权利的强制措施；违反上位法的规定，比如部门规章规定给予某违法行为的罚款超过行政法规规定的处罚额度；超越规范性文件权限，比如在规范性文件中增加法律、法规规定之外的行政权力事项或者减少法定职责，设定行政许可、行政处罚、行政强制事项等。

此外，需要特别指出的是，这里的“不合法”指的是行政行为的“依据”本身不合法，并不是行政行为适用依据错误，比如应当适用甲规章却适用了乙规章。如果属于行政行为错误适用依据的问题，只要在行政复议决定书中依法变更该行政行为即可，就没有必要启动对该依据本身合法性的审查程序了。

二、关于“转送有权处理的国家机关”的适用

1. 这里规定的是“国家机关”，而不是“行政机关”。如前面所述，本条针对的是行政行为的规范依据，不仅包括规范性文件，也包括法规、规章等。由于不同位阶的规范来自不同的制定主体，“行政机

关”显然无法全部覆盖，而“国家机关”指的是依法行使国家权力的各类机关，涵盖范围要大得多，不限于行政机关。需要说明的是，结合本法第13条和第56条的规定，法律法规规章授权组织的规范性文件也属于“依据”范围，行政复议机关认为其不合法的，也可以按照规定转送处理。

2. 准确把握关于转送的三个问题。

第一，谁来转送。法条中规定的义务主体是行政复议机关，具体操作由行政复议机构负责，但原则上应当以行政复议机关的名义进行转送。

第二，转送给谁。转送的对象是“有权处理的国家机关”，与前一条类似，有权处理的机关可能不止一个，原则上应当转送给“依据”的制定机关。比如，认为规章不合法的，应当按程序转送制定该规章的国务院部门或者地方人民政府。

第三，怎么转送。这是个操作层面的问题，行政复议机构不能仅将需转送处理的规范性文件转给有权处理机关，而应当按照行政复议法律文书格式要求起草转送函，简要介绍行政复议案件基本情况、说明存在违法问题的法律规范或者具体条款，并阐述相关理由。此外，应当注意的是，本条转送规定仅适用于行政复议机关认为行政行为的“依据”不合法的情形，如果是案件涉及法律适用问题需要有权机关作出解释或者确认，包括不同规范之间相抵触，如国务院部门规章与省级地方人民政府规章不一致需要有权机关作出解释或者裁决，并不适用本条规定。

三、本条与第56条的关系

本条与第56条都是对行政行为“依据”的附带审查规定，均区分行政复议机关有无处理权限两种情形，处理方式的文字表述也基本一致：有权处理的，应当在30日内依法处理；无权处理的，应当在7日内转送有权处理的机关依法处理。这是两个法条的相同之处，但更重要的是两个法条之间的区别，主要包括：

一是适用情形不同。本条适用于行政复议机关审查案件时发现行政行为的依据不合法的情况，而第56条适用于行政复议申请人请求附带审查规范性文件的情况。

二是启动程序不同。从行政复议机关的角度来讲，本条程序的启动是行政复议机关主动进行的，其在审理案件时发现法规规章等依据存在问题，就可以启动处理程序；对规章以下的规范性文件，行政复议机关认为不合法的，也可以启动相应的处理程序，根据本机关的权限处理或者移送有关国家机关依法处理。而第56条处理程序的启动取决于行政复议申请人，行政复议机关是被动的，只有申请人在申请行政复议时提出附带审查申请，被申请人才能按照规定程序进行处理。

三是审查对象不同。第56条审查处理的对象仅限于四类特定主体制发的规范性文件，相比之下本条审查对象范围要广得多，不仅涵盖了第56条的规范性文件，还包括法规和规章等位阶更高的规范。

四是被转送机关不同。第56条附带审查的规范性文件的制定机关均为行政机关，当行政复议机关无权处理时，转送的对象就是有处理权限的行政机关。而本条中依据的制定主体范围广泛，被转送的机关可能是行政机关，也可能是立法机关等。

第五十八条　行政复议机关依照本法第五十六条、第五十七条的规定有权处理有关规范性文件或者依据的，行政复议机构应当自行政复议中止之日起三日内，书面通知规范性文件或者依据的制定机关就相关条款的合法性提出书面答复。制定机关应当自收到书面通知之日起十日内提交书面答复及相关材料。

行政复议机构认为必要时，可以要求规范性文件或者依据的制定机关当面说明理由，制定机关应当配合。

【释义】本条是关于行政复议机关处理规范性文件或者依据的具体程序规定。

如果说前面第56条和第57条都“有章可循”，分别是对1999年行政复议法第26条和第27条的修改完善，本条以及接下来的第59条则属于本次修法“首创”，对于行政复议附带审查制度的完善具有重要意义。关于本条的含义，需要把握以下几点：

一、准确把握有关主体的职责分工

从申请人的角度看，本条实际上规定的是行政复议机关审查规范性文件或者依据的内部处理程序，条文中涉及三个主体，分别是行政复议机关、行政复议机构以及规范性文件或者依据的制定机关，三者有着不同的职责分工。

1. 行政复议机关是对该规范性文件或者依据有处理权限的机关，对外承担着审查该规范性文件或者依据合法与否，并出具最终处理意见或结论的职责。

2. 行政复议机构的职责是通知规范性文件或者依据制定机关提出书面答复，必要时要求制定机关当面说明理由。

3. 制定机关的职责是就规范性文件或者依据相关条款的合法性提出书面答复并提交相关材料，按照行政复议机构的要求当面说明理由。

从上述职责分工可以看出，规范性文件或者依据的处理程序与行政复议申请办理有着同样的逻辑思路：行政复议机关履行行政复议职责，具体事项由行政复议机构办理，制定机关负责答辩，相当于被申请人在行政复议活动中的角色。

二、准确把握有关答复的要求

当行政复议机关有权处理时，无论是对行政行为依据的主动附带审查，还是对规范性文件的被动附带审查，在处理程序上是一样的。其中，书面答复都是必经程序。按照规定，行政复议机构应当自行政复议中止之日起3日内，书面通知规范性文件或者依据的制定机关就相关条款的合法性提出书面答复；制定机关应当自收到书面通知之日起10日内提交书面答复及相关材料。这里要注意几个关键点：

第一，对规范性文件和依据的附带审查是行政复议中止的法定情形。在1999年行政复议法中，第26条与第27条均规定“处理期间，中止对具体行政行为的审查”，本次修订时第39条吸收了《行政复议法实施条例》第41条关于中止的规定，并增加附带审查作为中止情形之一。需要说明的是，行政复议中止并不是自动中止，需要行政复议机关作出中止通知书并送达申请人。

第二，行政复议机构应当书面通知。与行政复议申请答复程序一样，行政复议机构应当制发行政复议答复通知书，同时将行政复议申请书副本或者行政复议申请笔录复印件发送制定机关。如果申请人申请附带审查规范性文件的请求是单独提出的，与行政复议申请书不是同一份文本，还需要附具该附带审查申请复印件。书面通知的时间要求是“自行政复议中止之日起3日内”，“中止之日”应当是行政复议中止通知书作出之日，“3日”为工作日，起算点是中止之日的第二天。

第三，答复的责任主体是规范性文件或者依据的制定机关。作为规范性文件或者依据的起草者和责任人，制定机关对相关法律法规或者文件相关内容及背景情况最为了解，应当承担对有关条款作出解释说明的义务。如果该规范性文件是两个机关联合印发的，可以由主办机关提交书面答复并附具相关材料。

第四，答复重点是围绕相关条款的合法性。规范性文件或者依据合法与否，同制定主体有无权限、法定程序是否履行都有关系，但实践中更为常见的是具体内容存在问题，比如规范中某条款与上位法的规定不一致，因此法条中作了强调。当然，如果申请人或者行政复议机构针对制定权限和程序提出质疑，制定机关在书面答复中也应当予以回应。

第五，答复要注意形式和时间要求。一是必须按规定进行书面答复，且附具相关材料。相关材料是指与书面答复内容有关的一些证明材料，比如规范性文件或者依据制定时的立法资料、权威机关对有关条款的正式解释等。二是答复期限为10日，从收到书面通知当日的第二天开始起算，指的是工作日，不含法定休假日。

三、准确把握“当面说明理由”的含义

本条第2款规定，行政复议机构认为必要时，可以要求规范性文件或者依据的制定机关当面说明理由，制定机关应当配合。对于这一款的理解，重点把握以下几点：

其一，“当面说明理由”不是必经程序，仅适用于“行政复议机构认为必要时”。关于“必要时”的理解。如果制定机关的书面答复和提交的相关材料已经充分说明情况，行政复议机关根据这些资料就足以作出规范性文件或者依据是否合法的判断时，就没有必要再与制定机关进行面对面的交流；反之，当书面答复说明的情况不够清晰或者理由不充分，行政复议机构需作进一步了解核实，就属于“必要时”。需要强调的是，有没有“必要”的判断权在于行政复议机构，而不是制定机关。

其二，“当面说明理由”与“书面答复”的关系。“书面答复”是必经程序，“当面说明理由”是视情况而定的补充程序。当面说明理由并不能免除制定机关作出书面答复的义务。当面说明理由的目的是提供机会让行政复议机构与规范性文件或者依据的制定机关进行面对面沟通，以便于行政复议机关更加充分了解情况，并作出正确的处理意见。

其三，制定机关有配合义务。行政复议机构认为有必要进行当面沟通，制定机关应当依法配合，向行政复议机构当面说明理由。法条中对行政复议机构要求制定机关当面说明理由的形式未作规定，实践中一般应当向制定机关发送书面通知，一

方面体现程序的规范性，同时也有利于保留证据。

第五十九条 行政复议机关依照本法第五十六条、第五十七条的规定有权处理有关规范性文件或者依据，认为相关条款合法的，在行政复议决定书中一并告知；认为相关条款超越权限或者违反上位法的，决定停止该条款的执行，并责令制定机关予以纠正。

【释义】本条是关于行政复议机关对规范性文件或依据进行审查后如何作出处理的规定。

本条也是此次修订增加的条款，主要解决规范性文件或者依据的审查结果如何处理和运用的问题，关系到行政复议附带审查程序的终结，也是附带审查制度价值的直接体现。

一、附带审查的两种可能结论

原行政复议法关于规范性文件附带审查的规定是个重要突破，对于更好保护公民、法人和其他组织的合法权益，以及加强对规范性文件的监督发挥了积极作用，但尚未达到社会公众的预期效果，其中一个重要原因就是缺乏可操作性的规定，往往导致实践中行政复议机构无所适从、各行其是，削弱了这项制度本应体现的社会价值。因此，本次修法将此作为重点内容作了补充规定。

收到制定机关提交的书面答复及相关材料之后，行政复议机构要根据行政复议申请书、附带审查申请书、制定机关提交的书面答复以及其他相关材料，结合必要时与申请人、制定机关的沟通情况，对规范性文件或者依据进行审查，重点是围绕被申请行政复议的行政行为所依据的相关条款。

无论是对依据的主动审查，还是对规范性文件的附带审查，审查的结果都有两种可能：一种是合法，经审查行政行为依据或者规范性文件的相关条款符合上位法的规定，申请人提出的理由不成立或者行政复议机关最初“认为其依据不合法”的判断有偏差；另一种是不合法，经行政复议机关审查发现相关条款存在超越权限或者与上位法相抵触等问题。

二、相关条款合法时的处理

1. 如何认定相关条款合法？大致有以下几种情形：（1）有上位法依据，比如所审查的地方性法规相关条款是为了执行某行政法规的某条规定，根据本行政区域的实际情况所作的具体规定；（2）符合制定机关的权限范围，比如地方政府规章相关条款所规定的事项属于本行政区域的具体行政管理事项，符合地方政府的立法权限；（3）属于依法或者根据授权对法律、行政法规、地方性法规作变通规定的情形，比如自治条例、单行条例和经济特区法规的相关条款。当然，无论属于哪种情形，都不能存在违背法定程序的问题。

2. 认定相关条款合法之后如何处理？按照本条规定，行政复议机关认为相关条款合法的，在行政复议决定书中一并告知。这里有几点需要注意：其一，告知是义务，不管是行政复议机关主动启动审查，还是依申请人申请启动附带审查，都应当将结果告知申请人。也只有告知了结果，附带审查的程序才算终结。其二，告知的载体是行政复议决定书，仅需在行政复议决定书中一并载明附带审查的结果即可，无须另行制发其他文书。其三，对于申请人在附带审查申请中详细说明规范性文件违法理由的，行政复议机关在决定书中应当对申请人提出的理由作必要回应，而不是仅简单载明相关条款合法的结论。

三、相关条款不合法时的处理

1. 相关条款不合法的具体情形。立法法第107条规定："法律、行政法规、地方性法规、自治条例和单行条例、规章有下列情形之一的，有关机关可以依法予以改变或者撤销：（一）超越权限的；（二）下位法违反上位法规定的；（三）规章之间对同一事项的规定不一致，经裁决应当改变或者撤销一方的规定的；（四）规章的规定被认为不适当，应当予以改变或者撤销的；（五）违背法定程序的。"行政诉讼法第64条规定了法院认为规范性文件不合法时的处理，但未明确列举不合法的情形，《最高人民法院关于适用〈中华人民共和国行政诉讼法〉的解释》第148条作了解释性规定，明确下列情形属于规范性文件不合法：（1）超越制定机关的法定职权或者超越法律、法规、规章的授权范围的；（2）与法律、法规、规章等上位法的规定相抵触的；（3）没有法律、法规、规章依据，违法增加公民、法人和其他组织义务或者减损公民、法人和其他组织合法权益的；（4）未履行法定批准程序、公开发布程序，严重违反制定程序的；（5）其他违反法律、法规以及规章规定的情形。本条主要针对实践中最为常见的前两种情形作了规定：一是相关条款超越权限，主要指该条款规定的事项超越了制定机关的立法权限，比如在规范性文件中规定行政拘留事项；二是相关条款违反上位法，多数是条款内容与上位法的具体规定相抵触，也不排除该条款与上位法规定的原则不一致。

2. 对不合法条款的处理。规范性文件和依据不合法时怎么处理，是行政复议附带审查的关键之处，也是制度设计过程中碰到的最为棘手的问题。行政诉讼法修改时面临同样的困惑，法院或者法官能否直接认定规范性文件违法，如果不能认定应该以什么样的方式体现审查结果，对此众说纷纭。行政诉讼法最后确定了一个相对稳妥的方案，在第64条中规定，人民法院在审理行政案件中，经审查认为行政行为依据的规范性文件不合法的，不作为认定行政行为合法的依据，并向制定机关提出处理建议。行政复议法修订过程中，有人提出可否直接参照行政诉讼法的规定。但是，行政复议的情况与行政诉讼不同，人民法院对法律、法规、规章包括规范性文件是没有直接处理权限的，而行政复议机关可能是规范性文件甚至规章的制定机关或者上级机关，在有权处理的情况下对于不合法的规范性文件和规章应当作出处理。经过对各种可选择方案的反复研究论证，明确了相关条款不合法时的处理方式：行政复议机关应当决定停止该条款的执行，并责令制定机关予以纠正。

3. 需要注意的几个问题。第一，对行政行为怎么处理。行政复议机关决定停止执行相关条款的同时，应当根据本法第64条的规定，以适用的依据不合法为由，决定撤销或者部分撤销该行政行为，并可以责令被申请人在一定期限内重新作出行政行为。第二，制定机关如何处理。收到行政复议机关的决定后，制定机关应当按照要求尽快启动该规范性文件或者依据的修订程序，对相关条款依法进行修改完善，并将处理结果及时反馈行政复议机关。如果行政复议机关是该规范性文件或者依据的制定机关，在作出行政复议决定的同时应当督促相关负责机构按程序及时纠正该不合法条款。第三，规范性文件或者依据整体违法怎么办。比如部门内设机构对外发布的规范性文件，执法机关将其作为行政行为的依据。对于规范性文件或者依据整体违法的，行政复议机关应当决定撤销或者责令制定机关依法予以废止。

第六十条　依照本法第五十六条、第五十七条的规定接受转送的行政机关、国家机关应当自收到转送之日起六十日内，将处理意见回复转送的行政复议机关。

【释义】*本条是关于接受转送的有权处理机关处理期限和回复要求的规定。*

本条是对原法第26条、第27条部分内容的修改完善，对于确保行政复议效率、避免案件久拖不决具有重要作用。关于本条的内容，重点把握以下几点：

一、本条责任主体是有处理权限的行政机关、国家机关

依照行政复议法第56条、第57条的规定，针对需要审查的行政行为依据或者规范性文件，行政复议机关有权处理的直接予以处理，行政复议机关无权处理的转送相应的国家机关和行政机关依法处理。不难看出，附带审查的法定义务主体共有三个：一是行政复议机关，当其对行政行为依据的规范性文件或者行政行为依据有处理权限时；二是根据第56条的规定接受转送的行政机关，其对行政行为所依据的规范性文件有处理权限；三是根据第57条的规定接受转送的国家机关，其对行政行为依据有处理权限。

在本节专门规定行政复议附带审查制度的全部5个法条中，前4个法条均是对第一个责任主体即行政复议机关履行职责的规定，本条是唯一针对后两个责任主体即接送转送的行政机关、国家机关履行职责作出的规定。

二、有权处理机关审查后应当形成处理意见并予以回复

首先，接到行政复议机关转送的行政复议申请或者审查申请及相关材料后，有关行政机关、国家机关应当按照程序启动对该规范性文件或者依据的审查。经审查认为规范性文件或者依据的相关条款合法的，应当形成书面意见，说明该条款合法并附具理由；认为规范性文件或者依据的相关条款违法的，应当在书面意见中说明该条款不合法，同时载明下一步的处理意见和纠正措施。

其次，有关行政机关、国家机关应当在规定的期限内，按照要求将处理意见回复转送的行政复议机关。需要强调的是，及时回复审查处理意见是有权处理机关的法定义务，不及时处理并按规定回复的，有关责任人员应当依法承担相应的责任。

最后，接到有权处理机关回复的处理意见后，行政复议中止的原因即刻消除，行政复议机关应当及时恢复行政复议案件的审理。这里需要注意的是，有权处理机

关对于规范性文件或者依据的处理意见，是行政复议机关作出行政复议决定的重要依据。行政复议机关应当根据行政复议案件事实和证据，结合有关行政机关、国家机关的回复意见，依法作出行政复议决定。比如，行政行为依据的地方性法规被有权处理的国家机关审查认定为不合法的，行政复议机关就应当依法作出撤销该行政行为的行政复议决定。

三、处理期限为 60 日

原行政复议法对接受转送后行政机关审查处理规范性文件以及国家机关审查处理行政行为依据的期限规定有所不同。根据原行政复议法第 26 条的规定，接到行政复议机关移送的审查申请后，“有权处理的行政机关应当在六十日内依法处理”。而原行政复议法第 27 条仅规定行政复议机关应当转送有权处理的国家机关依法处理，但对该国家机关的处理期限未作规定。当时的主要考虑是处理行政行为依据的情况比较复杂，处理机关、处理权限及处理程序等各不相同，难以作出统一的时限规定。但是，由于缺乏审查期限的硬性规定，实践中有些国家机关对该项工作不够重视，对依据的审查不积极、不及时，也不向行政复议机关回复意见，造成行政复议案件长时间处于中止状态，导致申请人的合法权益无法得到及时救济。因此这次修订将国家机关审查处理行政行为依据的期限也统一明确为 60 日，目的是确保行政复议程序能够顺利进行，体现出行政复议公正高效、便民为民的特点和优势。

第五章　行政复议决定

第六十一条　行政复议机关依照本法审理行政复议案件，由行政复议机构对行政行为进行审查，提出意见，经行政复议机关的负责人同意或者集体讨论通过后，以行政复议机关的名义作出行政复议决定。

经过听证的行政复议案件，行政复议机关应当根据听证笔录、审查认定的事实和证据，依照本法作出行政复议决定。

提请行政复议委员会提出咨询意见的行政复议案件，行政复议机关应当将咨询意见作为作出行政复议决定的重要参考依据。

【释义】本条是关于行政复议决定作出程序及依据的规定。

本条是关于行政复议决定程序以及听证笔录、行政复议委员会咨询意见在决定程序中如何运用的规定。其主要内容包括：

一、明确行政复议机关和行政复议机构的职责分工

1. 行政复议案件审理的责任主体是行政复议机关。履行行政复议职责，是各级行政复议机关的法定义务，既包括领导、支持和保障行政复议机构依法办理行政复议事项，也包括对外作出行政复议决定并依法承担法律责任。行政复议机关要确保作出的行政复议决定合法、公正。本次行政复议法修订对原法第28条的内容进行了修改，规定“行政复议机关依照本法审理行政复议案件”，突出行政复议机关审理行政复议案件的主体责任。

2. 行政复议机构负责具体审查行政行为并提出意见。行政复议机构是行政复议机关办理行政复议事项的机构，2018年国家机构改革前各级政府的复议机构一般为政府法制办公室，改革后该项职责基本上由各级政府的司法行政部门承担，国务院各部门通常由负责法制工作的内设机构负责行政复议工作，如政策法规司、条法司等。在行政复议案件办理方面，行政复议机构在受理阶段主要负责审查行政复议申请是否符合受理条件，提出意见上报行政复议机关决定是否受理；在案件审理阶段主要负责调查取证、听取当事人意见、必要时组织听证或者提请行政复议委员会提出咨询意见，在此基础上根据查明的案件事实，结合各方意见对被申请人行政行为的合法性与适当性进行审查。审查结束后应当撰写审理报告，包括案件事实、主要争议、审查意见、处理建议等内容，连同代为起草的行政复议决定书按程序一同上报行政复议机关审批。

3. 程序上必须经行政复议机关负责人同意或者集体讨论通过。这是行政复议的决策程序。对行政行为如何处理的决定权在于行政复议机关，而行政复议机关实行

行政首长负责制，因此，行政复议机构的审查意见必须经过行政复议机关负责人的批准，其代拟的行政复议决定才能成为具有强制力的法律文书。决策方式上包括两种：一种是行政复议机关负责人同意。这是行政复议实践中最为常见的，形式上体现为负责人在行政复议案件呈报材料上签字。这里的负责人是指行政复议机关中担任领导职务并具有决策、管理权的人员，包括正职负责人和副职负责人，重大行政复议案件原则上应由主要负责人即正职负责人审查同意。另一种是集体讨论通过。集体讨论通过与行政首长负责制并不冲突，首先，是否需要集体讨论是由行政首长决定的，往往是该行政首长认为案件重大复杂，有必要才提交集体讨论；其次，有权参与集体讨论的大多为行政复议机关负责人，即通常讲的领导班子成员。

4. 行政复议决定只能以行政复议机关的名义作出。行政复议决定是行政复议程序的最终环节，也是行政复议制度价值的集中体现。经过审理阶段后，行政复议机关要在查明案件事实的基础上，依照有关法律、法规、规章，对所争议的行政行为是否合法、适当作出结论性意见，出具行政复议决定书。行政复议决定书是对外发生法律效力的正式文书，代表着行政复议的权威性与强制力，必须“以行政复议机关的名义作出”，这是本次行政复议法修订新增加的内容，目的在于强调行政复议决定的严肃性，同时也使法律规定的表述更加严谨。

二、明确听证笔录的法律效力

本条第 2 款规定，经过听证的行政复议案件，行政复议机关应当根据听证笔录、审查认定的事实和证据，依照本法作出行政复议决定。这是本次修法新增的条款。准确把握本款含义，需注意以下两点：

第一，如何理解“经过听证的行政复议案件”。按照本法第 50 条的规定，行政复议听证案件可以分为两类：一类是应当听证的，适用于重大、疑难、复杂的行政复议案件；另一类是可以听证的，适用于行政复议机构认为有必要听证，或者申请人请求听证的案件。本条中“经过听证的”是对听证事实的描述，指行政复议机构实际组织过听证，并不包括“应当听证而未听证”的案件。因为只有实际举行过听证，才可能记载制作听证笔录。

第二，准确把握“应当根据听证笔录、审查认定的事实和证据”。本次行政复议法修订。有关听证制度的难点在于如何规定听证笔录的效力。立法过程中主要有三种意见：第一种意见认为要发挥听证审理在行政复议办案中的重要作用，就应当从法律上直接赋予听证笔录较高的法律效力，建议参照行政处罚法中的规定，即“听证结束后，行政机关应当根据听证笔录，依照本法第 57 条的规定，作出决定”；第二种意见认为听证笔录往往难以记载、证明全部案件事实，直接根据听证笔录无法作出正确的行政复议决定，建议弱化听证笔录的法律效力，法条中可用“结合听证笔录”；第三种意见主张不在本法中确定听证笔录效力，行政复议机关可在行政复议决定书中将听证笔录作为查明案件事实的证据。我们研究认为，听证是已被实践证明行之有效的审理方式，听证笔录作为听证活动的重要成果，应当对案件事实具有较高的证明力，但考虑到目前实践做法尚不成熟和规范，行政复议机关可能无法仅凭听证笔录作出决定，而且行政复议作为准司法活动也应当坚持“以事实为根据，以法律为准绳”，因此将条文表述最终确定为“行政复议机关应当根据听证笔录、审查认定的事实和证据，依照本法作出行政复议决定”。实践中可作如下把握：有关证据经过听证核实，能够确认案件事实的，原则上按照听证笔录进行认定；听证笔录未记载或者记载内容未能证明的，辅之以审查认定的其他事实和证据。

三、明确行政复议委员会咨询意见的重要参考依据作用

新修订的行政复议法规定县级以上各级人民政府应当建立相关政府部门、专家、学者等参与的行政复议委员会，为办理行政复议案件提供咨询意见，并就行政复议工作中的重大事项和共性问题研究提出意见。

在参与的案件范围方面，按照行政复议法第52条的规定，行政复议机构应当提请行政复议委员会提出咨询意见的行政复议案件，主要包括以下四类情形：（1）案情重大、疑难、复杂；（2）专业性、技术性较强；（3）本法第24条第2款规定的行政复议案件；（4）行政复议机构认为有必要。行政复议委员会对案件进行研究形成咨询意见后，行政复议机关应当将咨询意见作为作出行政复议决定的重要参考依据。

所谓“重要参考依据”，主要是强调该咨询意见的重要性，尽管属于咨询性质，但其对行政复议决定具有重要的参考作用，可以作为认定有关问题的理由依据，以增强行政复议决定文书的说服力，而不能将其视为无关紧要的意见。在实际办案中可以理解为，除非有其他重大理由，否则行政复议机关在行政复议决定中应当尊重并采纳行政复议委员会提出的咨询意见；确实不能采纳的，也应当采取适当方式予以说明。

第六十二条　适用普通程序审理的行政复议案件，行政复议机关应当自受理申请之日起六十日内作出行政复议决定；但是法律规定的行政复议期限少于六十日的除外。情况复杂，不能在规定期限内作出行政复议决定的，经行政复议机构的负责人批准，可以适当延长，并书面告知当事人；但是延长期限最多不得超过三十日。

适用简易程序审理的行政复议案件，行政复议机关应当自受理申请之日起三十日内作出行政复议决定。

【释义】本条是关于行政复议审理期限的规定。

关于行政复议审理的期限，本条区分了普通程序和简易程序两种情形。对于本条的理解，重在把握不同情形下的期限及其起算，主要包括以下三个方面。

一、普通程序与简易程序的不同期限规定

所谓行政复议审理期限，是指行政复议机关从受理行政复议申请到完成对被行政复议行政行为的审查，并作出行政复议决定的最长时间限制。按照本条规定，对于适用普通程序审理的案件和适用简易程序审理的案件，期限要求上是有明显区别的。首先，一般审理期限不同。适用普通

程序审理的行政复议案件，行政复议机关作出行政复议决定的期限为60日；适用简易程序审理的，期限则为30日。其次，能否延长期限不同。适用普通程序审理的案件，符合条件的情况下经批准最多可以延长30日；适用简易程序审理的案件则不能延长期限，除非其按规定转为普通程序。此外，条文中“法律规定的行政复议期限少于六十日的除外”只是针对适用普通程序的情形。这里的“法律”指的是行政复议法以外的其他法律。

二、审理期限的起算

60日与30日的审理期限，均是“自行政复议机关受理申请之日起”。这里有三个问题需要注意：一是受理申请之日怎么确定；二是受理申请当天算不算为“第一日”；三是审查受理时间是否包含在审理期限内。

1. 关于受理申请之日的确定问题。应当注意，本次行政复议法修订对此作了重大调整。修订前的行政复议法第17条第2款规定，行政复议申请自行政复议机关负责法制工作的机构收到之日起即为受理。按照这一规定，收到申请之日即为受理之日。但本次行政复议法修订改变了上述规定，第30条第3款规定，行政复议申请的审查期限届满，行政复议机关未作出不予受理决定的，审查期限届满之日起视为受理。在这种情形下，受理申请之日不再是收到申请之日，而是行政复议申请审查期限届满之日。如果行政复议机构在审查期限届满前制发受理通知书，则应以受理通知书落款之日为受理申请之日。

2. 关于受理当天是否算期限的问题。原行政复议法第40条第1款规定，行政复议期间的计算和行政复议文书的送达，依照民事诉讼法关于期间、送达的规定执行。民事诉讼法第82条规定，期间开始的时和日，不计算在期间内；期间届满的最后一日是法定休假日的，以法定休假日后的第一日为期间届满的日期。对此问题，民法典总则第201条第1款也作了相同规定：按照年、月、日计算期间的，开始的当日不计入，自下一日开始计算。本次行政复议法修订对期间规定作了细微调整，第88条第1款规定，行政复议期间的计算和行政复议文书的送达，本法没有规定的，依照民事诉讼法相关规定执行。综上，60日与30日期限的起算，受理申请当日不计入，从下一日开始计算。本法第31条中“行政复议机关应当自收到申请之日起五日内书面通知申请人补正”与第54条中“行政复议机构应当自受理行政复议申请之日起三日内”亦是同样的算法。

3. 关于审查受理时间是否包含在审理期限内问题。这个问题实质上与第一个问题相同。如果依照原行政复议法的规定，收到申请之日为受理申请之日，那么审查受理时间无疑应当包含在审理期限内。本次行政复议法修订后，行政复议申请审查期限届满之日方为受理之日，这意味着审查受理时间不应计算进入总的审理期限。

三、延长期限的把握

1. 延长期限的条件。按照本条规定，只有当“情况复杂，不能在规定期限内作出行政复议决定”时，才可以延长期限。什么情况下构成“情况复杂”呢？一是案件事实错综复杂，一时难以查清，比如涉及历史遗留问题，相关资料遗失，短时间内也难以补齐；二是涉及的问题较多，需要较长的时间梳理清楚。

2. 延长期限的程序。按照规定，必须“经行政复议机构的负责人批准”才能延长。这里有个变化需要注意，修订前的行政复议法规定的是“经行政复议机关的负责人批准”。批准权限从“行政复议机关负责人”下放至“行政复议机构负责人”，表面上看似乎审批层级要求有所降低，实际上通过减少审批程序环节，促进结案效率的提升。

3. 延长期限的要求。一是适当延长，“延长期限最多不得超过三十日”，延长的期限应当以案件办理实际需要为准，可以是5日，也可以是10日，而不是一旦延长就是30天的最长期限。另外，延长的次数只能一次，不能多次延长。二是应当书面告知当事人，延长期限对当事人有着实质的影响，在程序上应当履行告知义务。同时，“书面”的意义还在于后端，留下证据，一旦后续出现复议监督或者诉讼的情况，可以作为证据提交上级行政机关或者人民法院。

第六十三条　行政行为有下列情形之一的，行政复议机关决定变更该行政行为：

（一）事实清楚，证据确凿，适用依据正确，程序合法，但是内容不适当；

（二）事实清楚，证据确凿，程序合法，但是未正确适用依据；

（三）事实不清、证据不足，经行政复议机关查清事实和证据。

行政复议机关不得作出对申请人更为不利的变更决定，但是第三人提出相反请求的除外。

【释义】本条是关于行政复议变更决定的规定。

明确变更、撤销与确认违法各自的适用情形，使行政复议决定进一步类型化、精细化，是行政复议制度走向成熟的标志，对于充分发挥行政复议的功能作用具有重要意义。关于本条内容的理解，主要是把握以下几点：

一、变更决定的优先适用

变更决定，是指行政复议机关对行政复议案件进行审理后，认为被申请人作出的行政行为违法或者不当，依法对该行政行为作出全部或者部分改变的决定。变更与撤销的主要区别在于，变更是行政复议机关直接对原行政行为进行调整，而撤销实际上是把处理权再一次交还被申请人。从本质上讲，变更权是作为上级行政机关的行政复议机关，按照宪法和组织法规定行使的行政权，通过直接改变下级行政机关的不当行为达到纠正的目的。行政复议机关作出变更决定后，原行政行为即告废止；如果是对行政行为的部分变更，则被变更部分失效。

在修订前的行政复议法中，变更与撤销、确认违法同在第28条第1款第3项中规定，具体行政行为有下列情形之一的，决定撤销、变更或者确认该具体行政行为违法；决定撤销或者确认该具体行政行为违法的，可以责令被申请人在一定期限内重新作出具体行政行为：（1）主要事实不清、证据不足的；（2）适用依据错误的；（3）违反法定程序的；（4）超越或者滥用职权的；（5）具体行政行为明显不当的。

从上述规定看，修订前的行政复议法对变更与撤销、确认违法这三类决定适用的情形未作区分，也就是将裁量权交给了行政复议机关，但实际上这三类决定适用侧重点各有不同，比如行政行为明显不当的，一般优先适用变更决定，而超越职权或者滥用职权的原则上应予以撤销。因此，此次行政复议法修订将变更、撤销、确认违法分别规定，明确列举各自的适用情形，以便各级行政复议机关正确适用，统一办案标准。

本次修订的另一重大变化在于：将变更条款置于各种决定类型的最前列，突出变更决定的重要性。在修订草案审议过程中，不少意见建议，调整优化行政复议决定体系，突出行政复议实质性化解行政争议的制度特点。修订后的行政复议法按照先变更、撤销或者部分撤销，后维持、驳回请求的顺序，对行政复议决定有关条文顺序进行调整。行政复议决定体系的完善，是本次修订的重点内容。还有一些意见提出，与人民法院的司法监督需要保持适度谦抑、防止过度干预行政不同，行政复议拥有全面审查、直接变更行政行为的法定职权，这使得行政复议在实质性化解行政争议上具有更强的能动优势，应当建构以变更决定为主的复议决定体系，侧重对行政实体法律关系直接进行调整，从而与以撤销之诉为核心的行政诉讼实现合理分工、优势互补。实践中行政复议机关对于符合条件的案件优先适用变更，直接作出恰当的决定以取代原行政行为，不仅有利于加强对行政行为的监督，同时也可以避免因责令被申请人重新作出行政行为带来的救济效率偏低且行政程序循环往复等问题，切实提高行政复议制度的实效性。

二、变更的适用情形

本条变更的三种情形源于《行政复议法实施条例》第 47 条的规定："具体行政行为有下列情形之一的，行政复议机关可以决定变更：（一）认定事实清楚，证据确凿，程序合法，但是明显不当或者适用依据错误的；（二）认定事实不清，证据不足，但是经行政复议机关审理查明事实清楚，证据确凿的。"在上述规定的基础上，结合各方面提出的意见和建议，本次修订作了表述调整，明确了变更的下列三种适用情形：

1. 事实清楚，证据确凿，适用依据正确，程序合法，但是内容不适当。一个合法且合理的行政行为应当同时符合四个条件：一是认定事实清楚、证据确凿；二是适用依据正确；三是符合法定程序；四是内容适当。其中，内容适当就是针对行政行为合理性而言的。这里需要注意以下几点：第一，适当与合法的关系。适当的前提是合法，不合法就没有适当性可言；但合法不一定意味着适当或者合理。第二，"不适当"的理解与把握。与《行政复议法实施条例》规定的只有"明显不当"才能变更不同，本条规定的是"不适当"，大大拓宽了变更的范围，只要行政复议机关认为原行政行为可以"更加适当"，就应当予以变更。第三，怎么认定行政行为是否适当。首先是必须在法律规定的自由裁量范围内，超出这个范围就属于不合法的问题了；其次是合乎情理，符合正常逻辑，比如对同类事项的处理采取统一的标准，具体内容上客观公正，对不同责任人的处理恰如其分，没有存在“同责不同罚”、处理动机不纯、过罚失当等问题。第四，如何予以变更。这种情形下的变更，本质上是对被申请人裁量行为的“再裁量”，关键要找到“适当点”，实际上就是裁量基准的判断和适用问题。

2. 事实清楚，证据确凿，程序合法，但是未正确适用依据。《行政复议法实施条例》中的表述是“适用依据错误”，文字上看似乎未能涵盖没有援引依据的情况，因此，行政复议法将其调整为“未正确适用依据”，使表述更加准确。对于本项内容的把握，重点是掌握“未正确适用依据”的主要情形，具体包括：（1）适用了错误的规范依据，比如应适用行政处罚法却适用了行政许可法；（2）适用了错误的条款，如应适用A条款却适用了B条款；（3）适用的依据违反了上位法的规定；（4）适用了尚未生效的依据；（5）适用了已失效的依据；（6）适用了本机关无权适用的依据，如A市行政机关适用B市政府规章进行执法；（7）规避应适用的规范。如选择有利的依据或者条款进行适用，忽略其他应适用的依据或条款；（8）未适用依据，包括两种情况：一是事实上就没有依据可以适用；二是有依据可以适用，但因故意或因过失忽略了依据的适用。

3. 事实不清、证据不足，经行政复议机关查清事实和证据。行政复议审理对于事实的认定主要靠证据，证据不足将导致事实不清。对于事实不清、证据不足的行政行为，行政复议机关既可以作出撤销或者确认违法，也可以在查清事实和证据的基础上，直接对该行政行为作出变更决定。相比之下，直接变更一步到位，更能直观体现行政复议的救济功能，使老百姓的合法权益在最短时间内得到有效维护。需要强调的是，变更的前提是行政复议机关已经查清了事实，如果尚有证据欠缺或者一时难以查清事实，复议机关应当作出撤销或者确认违法的决定。

三、禁止不利变更原则的把握

所谓禁止不利变更原则，是指依照行政复议法的规定，行政复议机关作出的变更决定，相比于被申请复议的行政行为，不能给申请人带来更为不利的法律后果。行政复议领域的禁止不利变更原则，与刑法中的“上诉不加刑”有着同样的精神内涵。如果进一步延伸，这一原则基本上适用于各类权利救济制度。鼓励利害关系人行使救济权，首先需要放开其“手脚”，在没有后顾之忧的前提下去迈开这一步。如果申请某项救济，结果是受到进一步的伤害，绝大多数受害人会望而却步，该项救济权也就失去了存在的意义。

禁止不利变更原则在行政复议领域的正式确立，源于《行政复议法实施条例》第51条的规定：“行政复议机关在申请人的行政复议请求范围内，不得作出对申请人更为不利的行政复议决定。”具体内容体现为两个方面：一是不得减损行政复议申请人的权利或者既得利益，例如对行政机关发放的救济金数额不满申请行政复议，行政复议的结果不能是领取的救济金比原来更少。二是不得加重对行政复议申请人的处罚或者科以更多的义务，比如对扰乱社会秩序被行政拘留5日不服申请行政复议，即使行政复议机关经审查发现该处罚畸轻，也不能作出加重处罚的决定。

注意禁止不利变更原则的例外情形。本条以但书的形式明确了这一原则的例外，也就是“第三人提出相反请求的除外”。在许多行政管理事项中，行政行为的法律关系不仅包括行政机关与行政相对人，还涉及其他利害关系人。比如县政府作出的土地使用权争议的确权决定，申请人不服申请行政复议，当争议方以第三人参与行政复议且提出相反请求时，行政复议机关也可以依法作出对申请人不利的变更决定。

第六十四条　行政行为有下列情形之一的，行政复议机关决定撤销或者部分撤销该行政行为，并可以责令被申请人在一定期限内重新作出行政行为：

（一）主要事实不清、证据不足；

（二）违反法定程序；

（三）适用的依据不合法；

（四）超越职权或者滥用职权。

行政复议机关责令被申请人重新作出行政行为的，被申请人不得以同一事实和理由作出与被申请行政复议的行政行为相同或者基本相同的行政行为，但是行政复议机关以违反法定程序为由决定撤销或者部分撤销的除外。

【释义】本条是关于行政复议撤销决定的规定。

撤销决定是行政复议对行政行为作出否定性评价和决定的重要形式，在及时纠正违法行政行为、监督行政机关依法行政方面具有重要作用。对于本条内容的理解，重点把握以下几点：

一、关于撤销决定的法律后果

行政行为被行政复议机关撤销后，将产生以下法律后果：

1. 该行政行为自始无效。一般而言，行政行为从作出之日或者送达之日便具有法律效力，而且该法律效力一直延续，但当行政复议机关作出撤销决定时，该行政行为就不复存在，同时，撤销还具有溯及既往的效力，通常情况下应溯及行政行为作出之时，也就是相当于宣告该行政行为自始无效。当行政复议机关决定部分撤销时，则该行政行为的被撤销部分自始无效。需要注意的是，行政行为被撤销的情况下，原则上被申请人不能针对同一事实再次作出行政行为，除非行政复议机关在撤销的同时，责令被申请人重新作出行政行为。

2. 可能引起国家赔偿。按照国家赔偿法的规定，行政机关行使职权时侵犯公民、法人及其他组织的合法权益并造成损害的，受害人有依法取得国家赔偿的权利。本法第72条第1款中也规定，申请人在申请行政复议时一并提出行政赔偿请求，对符合国家赔偿法的有关规定应当给予赔偿的，在决定撤销或者部分撤销、变更行政行为或者确认行政行为违法、无效时，应当同时决定被申请人依法给予赔偿。

二、关于撤销决定的适用情形

对于撤销和部分撤销决定的适用，本条规定了以下四种情形：

1. 主要事实不清、证据不足。这里要注意法条中规定的是“主要事实”不清。从严格依法行政的角度讲，行政机关在作出行政行为之前，必须达到认定事实清楚、证据确凿的标准。一个行政行为可能涉及诸多事实，其中有主要的事实，也有次要的事实。如何判断主要事实与次要事实呢？

大致来讲，主要事实指的是被申请人作出行政行为所根据的基本情况，也是行政机关适用法律的前提和基础。比如对于闯红灯交通违法行为的认定，车牌号、驾驶人、违章时间和地点、当时交通信号灯情况就是主要事实，至于车的购买时间、颜色、型号等就属于次要事实。主要事实不清与证据不足有着直接的关系，正是因为证据的不够充分甚至存在矛盾，致使行政行为所认定的基本情况无法得到证实。在这种情况下，行政行为失去了所根据的事实基础，从道理上讲也就不应当继续存在，因此，行政复议机关可以依法对其作出撤销决定。如果是一些次要的事实，在行政复议程序中可以查明的，此时行政复议机关可以适用上一条的规定对行政行为作出变更决定。

2. 违反法定程序。履行法定程序是行政机关依法行政的基本要求。在现代社会生活中，随着人们法治意识的提高，行政管理活动的程序要求更加受到重视，行政机关重实体轻程序的倾向也正在逐步改观。但是，实践中仍有一些执法部门工作人员认识上存在偏差，在执法过程中没有严格按照程序办事，引发了行政相对人的不满而申请行政复议或者诉诸法院，最终也导致行政行为被依法撤销。这里的法定程序，是指依照法律、法规、规章或者规范性文件的规定，行政机关作出行政行为时，必须履行的程序要求，包括方式、形式、手续、步骤、时限等。比如，按照行政处罚法第63条的规定，行政机关作出责令停产停业的行政处罚决定前，应当告知当事人有要求听证的权利，当事人要求听证的，行政机关应当组织听证。假如被申请人对某企业作出责令停产停业处罚决定时，未告知听证权利或者未依当事人要求举行听证，就属于违反法定程序，其结果将会是被行政复议机关依法撤销。

3. 适用的依据不合法。行政行为的作出必须有合法的依据，依据不合法就意味着行政行为失去了合法存在的基础，因此应当被撤销。需把握以下三个问题：一是依据的范畴。行政行为的依据，主要是法律、法规、规章，有的情况下也包括规范性文件。二是本条强调的是“依据不合法”，有别于变更决定适用情形中的“未正确适用依据”，后者覆盖的情形更全面。三是依据不合法的主要情形。最常见的是违反上位法的规定，比如适用的政府规章违反上位法律或者行政法规的规定。其他常见的情形包括：（1）制定主体超越权限，如某市政府发布的规范性文件规定不服从市场管理予以行政拘留；（2）适用未生效的依据，如某地方条例尚未对外发布，行政机关将其作为依据进行执法；（3）适用已废止的依据，如治安管理处罚条例已于2006年3月1日废止，公安机关仍然按其中有关条款作出处罚决定；（4）适用不存在的依据，如行政机关将根本不存在的法规作为行政执法的依据。

4. 超越职权或者滥用职权。职权就是行政机关依法行使的职责权限，依法行政首先就要求行政机关必须依法行使职权。超越职权或者滥用职权都是行政机关未依法行使职权的表现形式。超越职权，是指行政机关超越法律、法规赋予自己的职责权限，作出了不属于其权限范围内的行政行为。滥用职权，则是指行政机关恣意、随意行使职权，作出违背立法目的和宗旨的行政行为。超越职权与滥用职权的最大区别在于作出的行政行为是否在被申请人职责权限内，超越职权突破了被申请人的权限范围，而滥用职权作出的行政行为仍然属于被申请人的权限范围，但属于对权力的不正当行使。滥用职权主要针对行使自由裁量权而言，具体表现为行政机关随意执法、显失公正、反复无常、畸重畸轻等，比如本应罚款 200 元，但因被处罚人辩解对其罚款 3000 元。超越职权的情形则主要包括：（1）超越层级权限，主要指下级行政机关行使了本应属于上级行政机关的权限；（2）超越管辖权限，比如甲部门对属于乙部门管辖的事项作出了行政行为；（3）超越法定幅度，比如道路交通安全法第 90 条规定机动车驾驶人违反道路通行规定的处警告或者 20 元以上 200 元以下罚款，而被申请人作出了罚款 500 元的处罚决定；（4）超越授权权限，主要指法律、法规、规章授权组织超出授权范围作出行政行为；（5）超过委托权限，指受委托的单位超出委托权限范围作出行政行为；（6）办事机构或者内设机构超越职权，比如办事机构或者内设机构在没有法律法规规章特别授权的情况下，以自己名义对外作出行政行为。

三、关于部分撤销决定的适用

部分撤销决定是本次修订新增加的内容，主要参考行政诉讼法第 70 条的规定。该条明确规定，对于具有所列情形之一的行政行为，人民法院判决撤销或者部分撤销，并可以判决被告重新作出行政行为。事实上，1989 年行政诉讼法就有类似规定。在行政复议领域，尽管此前行政复议法及其实施条例包括 1990 年《行政复议条例》均未规定，但实践中行政复议机关决定撤销部分行政行为的案例并不少见，因此，本次修订时作了补充规定。对于部分撤销决定的适用，要注意以下几点：

第一，部分撤销决定的性质。部分撤销决定是行政复议决定的一种类型，指行政复议机关经审理发现被申请人作出的行政行为存在部分违法问题，依法对该行政行为的违法部分作出撤销的行政复议决定。按照本条规定，撤销决定可分为两种：一种是撤销全部行政行为，另一种是撤销部分行政行为。准确来讲，本条中的“撤销”决定应当是指全部撤销，与“部分撤销”共同构成撤销决定的两种方式。因此，本条中的“撤销”与“部分撤销”是并列关系，而非从属或者附属关系。

第二，部分撤销的适用条件。在本条规定中，对于撤销和部分撤销适用的情形并未作区分，这意味着部分撤销决定的适用情形也是以下四种：（1）主要事实不清、证据不足；（2）违反法定程序；（3）适用的依据不合法；（4）超越职权或者滥用职权。针对上述情形，行政复议机关是对整个行政行为作出全部撤销，还是仅撤销部分行政行为，要视具体情况而定。但必须注意的是，作出部分撤销的条件是被申请人的行政行为具有可分性，也就是说，该行政行为可以拆分成两个或者两个以上部分。比如，被申请人对某企业作出罚款并责令停产停业的处罚决定，行政复议查明被申请人罚款决定合法，但无权作出责令停产停业决定，此时就可以撤销该处罚决定中的责令停产停业部分，而维持被申请人的罚款决定。反之，如果行政行为是不可分的，比如刘某在地铁有不文明行为被处以警告处罚，该处罚决定就属于不可分的行政行为。

第三，部分撤销的法律效力。行政复议机关作出部分撤销决定并送达后，被申请人的行政行为中被撤销部分失去法律效力，而未被撤销的其余部分则继续生效。例如，某地公安局对李某高铁霸座行为作出拘留 15 日并处 200 元的罚款，行政复议机关经审理认定罚款决定合法但拘留 15 日决定超越职权，因此撤销了拘留决定并维持罚款决定，本案中该拘留决定被撤销后无须执行，而罚款决定仍然具有法律效力。实际上，部分撤销的法律效力近似变更决定，比如上述案件中行政复议机关如果将处罚决定直接变更为罚款 200 元，法律效果上是一致的。

四、关于责令重作的理解

责令重作是指行政复议机关经审理认为行政行为违法的，在依法作出撤销该行政行为的同时，责令被申请人在一定期限内重新作出行政行为。对于责令重作的理解，关键把握以下几点：

其一，责令重作具有辅助性质，并非独立决定类型。按照本条的规定，行政复议机关决定撤销或者部分撤销行政行为时，“并可以责令被申请人在一定期限内重新作出行政行为”。可以看出，责令重作决定附属于撤销决定，“先撤销或者部分撤销，再责令被申请人重新作出行政行为”，假设在未撤销的情况下直接作出新的行政行为，此时被申请行政复议的行政行为仍然生效，就构成了对同一事实的重复处理，显然不符合行政法治的要求，因此，责令重作不能作为独立的行政复议决定类型。

其二，是否责令重作视具体情况而定，并非决定撤销都必须责令重作。关于责令重作的规定是对行政复议机关的授权性规定，“可以责令”的表述即是将决定权交给了行政复议机关。行政复议机关需要对行政行为撤销后的法律后果进行评估，确定被申请人有无必要重新作出行政行为。考量评估的因素包括行政管理的需要、维护社会秩序的需要、维护公共利益的需要、保护申请人或者其他人员合法权益的需要等。比如，张某对某县人力资源和社会保障局不予认定工伤决定不服申请行政复议，行政复议机关经审理认定该工伤认定决定事实不清，据此作出撤销决定。假设行政复议机关没有决定责令被申请人进一步查明事实并重新作出工伤认定决定，张某的实际诉求将无法得到真正保障。概括地讲，行政复议机关责令重作是因为客观上有让被申请人重新依照法律规定作出行政行为的必要和可能。

其三，被申请人应当在一定期限内重新作出行政行为，且对该行政行为不服的，申请人可以再申请行政复议。关于“一定期限内”的具体要求，《行政复议法实施条例》第 49 条作出了规定，即“被申请人应当在法律、法规、规章规定的期限内重新作出具体行政行为”，也就是首先应当以法律、法规、规章规定的期限为准；法律、法规、规章未规定明确期限的，重新作出行政行为的期限为 60 日。这里 60 日的期限自行政复议决定送达被申请人之日起算。另外，被申请人按照行政复议决定的要求重新作出的行政行为构成新的行政行为，申请人或者利害关系人对该行政行为不服，仍然可以按照行政复议法及其实施条例的规定申请行政复议，也可以依法提起行政诉讼。

其四，注意责令重作的禁止性要求。本条第2款规定，行政复议机关责令被申请人重新作出行政行为的，被申请人不得以同一事实和理由作出与被申请行政复议的行政行为相同或者基本相同的行政行为，但是行政复议机关以违反法定程序为由决定撤销或者部分撤销的除外。这里需注意以下几点：(1)“同一事实和理由”，是指新的行政行为认定的主要证据、事实以及说明的理由与原行政行为一致或者基本一致，如果查明新的事实或者有新的理由依据，则不应认定为“同一事实和理由”。(2)“行政行为相同或者基本相同”，主要指行政行为的主要事实、主要理由和结果完全一样或者基本一样。原行政行为被上级机关即行政复议机关撤销，证明该行政行为存在违法问题，责令重作是给被申请人一次改正的机会，被申请人又作出相同或者基本相同的行政行为，就是以消极方式对抗行政复议机关的决定，违背基本的行政工作原则。(3)“违反法定程序”为例外，不受重作禁止性要求的限制。主要考虑是，因违反法定程序被撤销的，被申请人按要求重新履行程序或者履行正确程序，其违法的状态已得到纠正，实际上也履行了行政复议决定。如按法定程序履行之后，被申请人认定的事实与原行政行为一致或者基本一致，此时可以按照同样的理由依据作出内容相同的行政行为。

第六十五条　行政行为有下列情形之一的，行政复议机关不撤销该行政行为，但是确认该行政行为违法：

（一）依法应予撤销，但是撤销会给国家利益、社会公共利益造成重大损害；

（二）程序轻微违法，但是对申请人权利不产生实际影响。

行政行为有下列情形之一，不需要撤销或者责令履行的，行政复议机关确认该行政行为违法：

（一）行政行为违法，但是不具有可撤销内容；

（二）被申请人改变原违法行政行为，申请人仍要求撤销或者确认该行政行为违法；

（三）被申请人不履行或者拖延履行法定职责，责令履行没有意义。

【释义】本条是关于行政复议确认违法决定的规定。

本条主要区分主观上不撤销与客观上无法撤销两类情形，重点是准确理解确认违法决定的定位、适用情形以及法律效果。

一、确认违法决定的定位

确认违法决定，是指行政复议机关经审理后，认为被申请人作出的行政行为存在违法问题，但不宜或者无法予以变更或者撤销，因此作出确认该行政行为违法的行政复议决定。对于确认违法决定的定位，可以从以下三个方面来理解：

1. 确认违法决定的独立性。尽管相比于变更决定和撤销决定，确认违法决定在行政复议领域适用的时间最晚，1999年行政复议法首次将其写入法中，在适用情形上与变更、撤销也未作区分，但不可否认的是，确认违法决定与变更决定、撤销决定一样，都属于独立的行政复议决定类型。

只要符合本条规定的情形，行政复议机关即可单独作出确认违法决定。

2. 确认违法决定的补充性。确认违法与撤销、变更都属于对原行政行为的改变，这是三者的共同特点。本次修订对各自的适用情形分别作了规定，将变更提到各决定类型的前面，同时将撤销与确认违法作了切割，但从性质上讲，确认违法决定作为变更决定和撤销决定的补充这一定位并无改变，其主要适用于无法对行政行为作出变更或者撤销决定的情况，对于可以变更或者撤销的，原则上不应作出确认违法决定。

3. 确认违法决定的重要性。如前所述，由于存在变更、撤销的纠正途径，确认违法决定方式的运用相对较少，但在整个行政复议决定体系中，确认违法决定仍然具有不可或缺、不可替代的重要性。而这种重要性也体现在特别的适用情形以及特殊的法律效果上。

二、确认违法的适用情形

按照本条规定，确认违法的适用情形大致可分为以下两类：

1. 主观上不撤销。被申请人的行政行为符合撤销的条件，但是由于存在特殊情况，行政复议机关决定不撤销该行政行为，而作出确认违法决定。具体包括两种情形：（1）行政行为依法应予撤销，但是撤销会给国家利益、社会公共利益造成重大损害；（2）行政行为程序轻微违法，但是对申请人权利不产生实际影响。

对于第一种情形，行政复议机关需要评估撤销行政行为带来的实际影响，判断会不会因为行政行为的撤销给国家利益或者社会公共利益造成重大损害。实践中的难点在于如何确定“重大损害”，法律中对此未作出界定，一般可将撤销违法行政行为带来的积极效果，同因此给国家利益或者社会公共利益造成的可能损害作对比，如果两者不成比例，撤销后损失远远大于收益，那么就不宜适用撤销决定，而只能确认行政行为违法；反之，如果撤销造成的损害结果可以接受，则不宜适用确认违法。比如某起征地案件中，行政复议机关认定征地程序违法，但考虑到争议土地已盖成楼盘且商品房均已售完，如果撤销该征地行为则需要将土地恢复原状，不仅需要耗费巨大成本且将导致诸多法律关系处于不确定状态，因此，行政复议机关决定确认违法并责令被申请人采取补救措施。

第二种情形是对申请人权利未产生实际影响的程序轻微违法。从严格依法行政的角度讲，行政行为程序与内容同样重要，违反法定程序也属于违法，哪怕只是程序轻微违法，理论上都可以撤销。因此必须注意的是，这种情形下必须同时满足以下两个条件，行政复议机关才能决定不撤销，而选择确认该行政行为违法：一是程序轻微违法，主要是指行政程序可以补正的一些情形，不影响实体决定的正确性，大致可以理解为程序上有瑕疵，而不是主要程序的缺失，比如应当听证而未听证显然就不属于程序轻微违法。二是对申请人权利不产生实际影响，这里的权利既包括实体权利，也包括程序权利，比如申请人被行政处罚前的申辩权，行政机关如果没有告知就会对申请人产生实际影响。关于这一情形的把握，实务中也可以参照《最高人民法院关于适用〈中华人民共和国行政诉讼法〉的解释》第96条的规定："有下列情形之一，且对原告依法享有的听证、陈述、申辩等重要程序性权利不产生实质损害的，属于行政诉讼法第74条第1款第2项规定的'程序轻微违法'：（一）处理期限轻微违法；（二）通知、送达等程序轻微违法；（三）其他程序轻微违法的情形。"

需要强调的是，上述两种情形都具有主观性，行政复议机关要从严掌握，不能随便滥用，对于应当撤销的还是要优先适用撤销。

2. 客观上无法撤销或者责令履行无意义。包括三种情形：（1）行政行为违法，但是不具有可撤销内容；（2）被申请人改变原违法行政行为，申请人仍要求撤销或者确认该行政行为违法；（3）被申请人不履行或者拖延履行法定职责，责令履行没有意义。

第一种情形主要针对违法行为，这些违法事实已发生，客观上无法予以撤销。撤销的前提是行政行为具有可撤销内容，当行政行为不具备可撤销性时，行政复议机关只能选择确认违法的决定方式，宣告该行政行为在法律上不具备正当性。比如某公安局错将张某当成违法者拘留10天，拘留期满后张某对该拘留决定不服申请行政复议，因该拘留决定已执行完毕，行政复议机关显然无法撤销，而只能确认该拘留决定违法并责令被申请人予以赔偿。

第二种情形一般发生于行政复议期间，被申请人认识到自己作出的行政行为存在违法问题，于是在行政复议机关作出行政复议决定前自行改变了原行政行为。但是由于未能与申请人达成和解，申请人不愿意撤回行政复议申请，此时行政复议机关只能对该行政复议案件继续进行审理，但是因原行政行为实际上已不存在，没有可撤销的对象，因此行政复议机关只能作出确认违法决定。

第三种情形属于不作为的监督。通常情况下，对于被申请人不履行法定职责或者拖延履行法定职责的，行政复议机关查明属实后应当责令被申请人在一定期限内履行，但如果因为情况发生变化已经没有履行的必要，复议机关再作出责令履行决定也就失去了意义，此时选择确认不作为违法是比较合适的。实践中比较常见的是请求行政机关履行保护人身权和财产权的职责，比如申请人被醉汉纠缠报警，公安局迟迟未出警，但醉汉已被周边群众制服，申请人认为公安局不履行法定职责申请行政复议，因此时已无责令公安机关出警的必要，行政复议机关只有选择作出确认违法决定。

三、确认违法决定的法律效果

确认违法决定的法律效果包括两个层面：一是对行政行为合法与否的定性，宣告被申请人作出的行政行为违反法律规定；二是对行政行为效力是否延续的认定，尽管该行政行为被行政复议机关确定为违法，但行政行为的效力将继续存在，这也是确认违法决定法律效果的特殊之处。

此外，确认违法决定还可能引发赔偿责任。按照本法第72条的规定，申请人在申请行政复议时一并提出行政赔偿请求，行政复议机关经审查认为应当给予赔偿的，在决定确认该行政行为违法时，应当同时决定被申请人依法给予赔偿，还可以责令被申请人采取补救措施。据此，被申请人的行政行为被确认违法后，对于因该行政行为给申请人带来的实际损害，应当按照国家赔偿法的有关规定承担赔偿责任。另外，如果被申请人可以采取补救措施的，应当积极进行补救，避免违法行为带来的后果继续扩大。

第六十六条　被申请人不履行法定职责的，行政复议机关决定被申请人在一定期限内履行。

【释义】本条是关于要求履行法定职责的行政复议决定的规定。

此类行政复议决定针对的是被申请人不作为的情形。不作为也是一种违法的行政行为，同样会侵害公民、法人和其他组织的合法权益。每个行政机关都有特定的职责，这些职责权限主要由法律、法规、规章予以规定，体现在该行政机关的管理服务工作中。如果该行政机关没有履行其应当履行的法定职责，行政相对人可以通过申请行政复议维护自己的合法权益。行政复议申请人认为被申请人不履行法定职责，应当作为而不作为的，可以要求被申请人履行有关法定职责；行政复议机关经审理查明，被申请人负有该法定职责而不履行的，应当决定被申请人在一定期限内履行法定职责。

这里的“法定职责”是法律、法规、规章明确规定行政机关应当履行的职责，“不履行法定职责”包括拒绝履行、拖延履行、未依法履行、不予答复等情形。此类行政复议决定主要适用于本法第 11 条规定行政复议范围中的有关情形，比如第 11 项申请行政机关履行保护人身权利、财产权利、受教育权利等合法权益的法定职责，行政机关拒绝履行、未依法履行或者不予答复；第 12 项申请行政机关依法给付抚恤金、社会保险待遇或者最低生活保障等社会保障，行政机关没有依法给付。被申请人不履行上述法定职责的，行政复议机关经审查后，决定被申请人在一定期限内履行。需要注意的是，行政机关对行政相对人的申请经依法审查，认为不符合法定条件而作出的不予许可决定，不属于不履行法定职责；不履行行政协议有关的义务，本法第 71 条已经规定了专门的行政复议决定形式。对这些情形，行政复议机关应当依法作出其他类型的行政复议决定。

关于履行期限，行政复议机关应当根据法律、法规、规章和实际情况明确一个具体期限。如果法律、法规、规章明确规定了期限的，履行期限应当是明文规定的期限；如果法律、法规、规章没有明确规定期限的，可以由行政复议机关根据实际情况确定履行期限。履行期限不能太长，防止行政机关拖延；也不宜太短，要留给行政机关必要工作时间。要求被申请人履行法定职责的行政复议决定是上级机关对下级机关的命令，被申请人不得拒绝或消极抵制，否则就形成新的违法行为，承担相应的法律责任。本法第 83 条规定，被申请人不履行或者无正当理由拖延履行行政复议决定书、调解书、意见书的，对负有责任的领导人员和直接责任人员依法给予警告、记过、记大过的处分；经责令履行仍拒不履行的，依法给予降级、撤职、开除的处分。

第六十七条　行政行为有实施主体不具有行政主体资格或者没有依据等重大且明显违法情形，申请人申请确认行政行为无效的，行政复议机关确认该行政行为无效。

【释义】本条是关于确认行政行为无效的行政复议决定的规定。

此次行政复议法修订与行政诉讼法相衔接，新增了确认无效的行政复议决定类型，适用于行政行为有重大且明显违法的情形，包括实施主体不具有行政主体资格或者没有依据等。重大且明显违法不同于一般违法，行政行为自始无效，行政相对人可以拒绝履行行政行为确定的义务。申请人申请确认行政行为无效的，行政复议机关确认该行政行为无效。理解本条规定要注意以下两点。

一、确认无效的适用情形

确认无效决定的适用情形是重大且明显的违法，重大与明显需同时具备。什么是重大且明显，需要正确理解和判断。一般理解为违法情形很重大，也很明显，使得普通公民都能合理判断出违法。例如，行为实施者完全不具有行政主体资格，以及虽然具有行政主体资格，但是作出的行政行为没有任何法律、法规、规章和规范性文件依据。对此，行政处罚法第 38 条规定，行政处罚没有依据或者实施主体不具有行政主体资格的，行政处罚无效。该条还规定，违反法定程序构成重大且明显违法的，行政处罚无效。实践中认定其他重大且明显违法情形，应当特别慎重和严谨，要经过充分论证。

二、确认无效的法律后果

重大且明显违法的行政行为，自始无效、绝对无效，不因时间推移而具有合法效力。重大且明显违法的行政行为无须行政复议机关或者法院作出无效判断后才没有效力，行政相对人可以自始不受行政行为约束，拒绝履行。行政相对人与行政机关就行政行为是否无效发生争议时，可以请求行政复议机关或者法院确认无效。

第六十八条　行政行为认定事实清楚，证据确凿，适用依据正确，程序合法，内容适当的，行政复议机关决定维持该行政行为。

【释义】本条是关于维持行政行为的行政复议决定的规定。

行政复议维持是指肯定、保持原行政行为的法律效力。行政复议机关经审理查明，被申请行政复议的行政行为存在合法性、适当性问题的，应当予以纠正，依法作出变更、撤销、确认违法或者无效等行政复议决定；经审理查明，被申请行政复议的行政行为不存在合法性、适当性问题的，也应当依法作出维持的行政复议决定，支持行政机关依法行政。行政复议机关作出维持行政复议决定的行政行为，应当具备以下条件。

一、事实清楚

行政行为所认定的事实在整体上是客观存在、没有疑义的，也是为各方所一致认同的。

二、证据确凿

证据是证明事实客观存在的物质表现，

它们在足以证明事实存在的各个环节方面，使反驳不能成立时，即为确凿。

三、适用依据正确

首先，行政行为所依据的必须是当时有效的法律、法规、规章和规范性文件，已经被废止、失效的不能作为适用依据。其次，行政行为所依据的必须是调整该类事项的法律、法规、规章和规范性文件。最后，调整该类事项存在多个法律、法规、规章和规范性文件规定的，应当根据适用规则正确选择适用依据。

四、程序合法

作出行政行为的程序，与行政行为的内容同等重要。行政行为是否按照法定程序作出，直接关系到行政行为是否公正、适当。程序合法是决定行政行为合法有效的重要方面。例如，行政处罚法第 38 条第 2 款规定，违反法定程序构成重大且明显违法的，行政处罚无效。第 44 条规定，行政机关在作出行政处罚决定之前，应当告知当事人拟作出的行政处罚内容及事实、理由、依据，并告知当事人依法享有的陈述、申辩、要求听证等权利。第 45 条规定，当事人有权进行陈述和申辩。行政机关必须充分听取当事人的意见，对当事人提出的事实、理由和证据，应当进行复核；当事人提出的事实、理由或者证据成立的，行政机关应当采纳。行政机关不得因当事人陈述、申辩而给予更重的处罚。第 62 条规定，行政机关及其执法人员在作出行政处罚决定之前，未依照本法第 44 条、第 45 条的规定向当事人告知拟作出的行政处罚内容及事实、理由、依据，或者拒绝听取当事人的陈述、申辩，不得作出行政处罚决定；当事人明确放弃陈述或者申辩权利的除外。

五、内容适当

内容是指行政行为所确定的权利义务。行政行为的内容不仅要合法，而且要适当。适当是指在很多情况下，行政机关需要行使自由裁量权，在法律规定的范围内根据个案情况合理确定具体的权利义务关系，以适应实际情况并取得法律追求的预期效果。

应当注意的是，如果作出对原行政行为维持的决定，上述五项条件必须同时具备，缺一不可。原行政行为不能同时具备上述五项条件的，行政复议机关应当根据不同情况，依法作出变更、撤销或者部分撤销、确认违法或者无效等行政复议决定。

第六十九条　行政复议机关受理申请人认为被申请人不履行法定职责的行政复议申请后，发现被申请人没有相应法定职责或者在受理前已经履行法定职责的，决定驳回申请人的行政复议请求。

【释义】本条是关于驳回行政复议请求决定的规定。

本条是此次修法新增内容。行政复议机关受理行政复议申请后，发现被申请人没有相应职责或者被申请人在受理前已经履行法定职责的，行政复议机关不宜继续办理行政复议案件，也不宜作出其他行政复议决定形式，这种情况下应当决定驳回行政复议请求。

一、关于驳回行政复议请求决定

根据本法第 30 条的规定，行政复议机

关收到行政复议申请后，应当在5日内进行审查；经审查，对符合该条第1款规定的7项条件的行政复议申请，应当予以受理。实践中，受到审查期限、申请材料等限制，存在行政复议机关受理后才发现被申请人没有相应职责、被申请人在受理前就已经履行法定职责的情形。根据本法第1条的规定，行政复议的主要功能是维护公民、法人和其他组织的合法权益，防止和纠正违法或者不当的行政行为，监督行政机关依法行使职权。对于不履行法定职责的案件，行政机关在行政复议案件受理之前已经履行法定职责或者本来就没有相应职责的，如果行政复议机关继续办理行政复议案件、作出行政复议决定，与行政复议的制度功能存在偏差，已经没有实际意义。

针对这种情况，《行政复议法实施条例》第48条中规定，申请人认为行政机关不履行法定职责申请行政复议，行政复议机关受理后发现该行政机关没有相应法定职责或者在受理前已经履行法定职责的，行政复议机关应当决定驳回行政复议申请。此次修订行政复议法，将行政法规中有关内容进行修改后，上升为法律规定。

二、驳回行政复议请求决定的适用

决定驳回行政复议请求应当符合下列条件：一是，此类案件为申请人认为被申请人不履行法定职责的案件。对于申请人认为被申请人已经履行法定职责，而对被申请人作出的行政行为不服的，不属于本条规定的适用情形。二是，行政复议机关已经受理行政复议申请。对于行政复议机关收到行政复议申请，尚未作出受理或者不予受理决定的，不属于本条规定的适用情形。

驳回行政复议请求的决定适用于下列情形：一是，行政复议机关发现被申请人没有相应法定职责。这里的法定职责，是指申请人认为被申请人所不履行的法定职责，包括两种情况。一种是行政机关没有相关法定职责，表明行政复议申请不属于本法规定的行政复议范围；另一种是此法定职责属于其他行政机关应当履行的职责，行政复议申请中的被申请人不符合本法的受理条件。二是，行政复议机关发现被申请人在受理前已经履行法定职责。本法第66条规定，被申请人不履行法定职责的，行政复议机关决定被申请人在一定期限内履行。如果被申请人在受理前已经履行法定职责，那么行政复议机关责令被申请人履行法定职责已经没有现实基础。需要指出的是，“行政机关已经履行法定职责”是指在行政复议机关受理行政复议申请前，被申请人已经履行法定职责；如果是在行政复议机关受理行政复议申请后，行政机关才履行法定职责，那么除非申请人撤回行政复议申请，否则不影响行政复议案件的审理。

三、本条规定与驳回“行政复议申请”的关系

“决定驳回申请人的行政复议请求”中使用的表述是“行政复议请求”而不是“行政复议申请”。对此类不履行法定职责的行政复议申请，行政机关已经进行了实质审查，而不仅仅是程序上的形式审查，采用驳回“行政复议请求”的表述更准确。本法第33条规定，行政复议机关受理行政

复议申请后，发现该行政复议申请不符合本法第30条第1款规定的，应当决定驳回申请并说明理由。这里使用的是“驳回申请”，因为此时仅是程序上的形式审查，尚未进行实质审查。因此，本条使用驳回“行政复议请求”的表述，与本法第33条规定的程序性驳回行政复议申请相区别。

第七十条　被申请人不按照本法第四十八条、第五十四条的规定提出书面答复、提交作出行政行为的证据、依据和其他有关材料的，视为该行政行为没有证据、依据，行政复议机关决定撤销、部分撤销该行政行为，确认该行政行为违法、无效或者决定被申请人在一定期限内履行，但是行政行为涉及第三人合法权益，第三人提供证据的除外。

【释义】本条是关于申请人不按规定提出书面答复、提交证据、依据和其他有关材料，行政复议机关如何处理的规定。

根据修改前的行政复议法第28条中规定，被申请人不按照规定提出书面答复、提交当初作出具体行政行为的证据、依据和其他有关材料的，视为该具体行政行为没有证据、依据，决定撤销该具体行政行为。修改后的行政复议法进一步完善有关内容，并单独作为一条。本条的规定有利于督促行政机关切实承担行政复议举证责任，同时也有利于行政机关遵守行政程序、避免出现违法行政行为，更好维护公民、法人和其他组织的合法权益。

一、被申请人提出书面答复、提交材料的义务

行政复议中，被申请人对其所作出的行政行为的合法性、适当性负有举证责任。本法对于普通程序和简易程序中被申请人提交书面答复和证据材料的时限作了区分。对于适用普通程序的案件，本法第48条中规定，被申请人应当自收到行政复议申请书副本或者行政复议申请笔录复印件之日起10日内，提出书面答复，并提交作出行政行为的证据、依据和其他有关材料。对于适用简易程序的案件，本法第54条中规定，被申请人应当自收到行政复议申请书副本或者行政复议申请笔录复印件之日起5日内，提出书面答复，并提交作出行政行为的证据、依据和其他有关材料。

行政机关应当在充分收集证据的前提下作出行政行为。在作出行政行为以前，被申请人应当取得能够证明据以作出行政行为的事实确实存在的证据。行政复议期间，被申请人不得自行向申请人和其他有关单位或者个人收集证据；自行收集的证据不作为认定行政行为合法性、适当性的依据。行政机关在作出行政行为时，必须有充分、确实的证据和依据。行政复议中，被申请人对其所作出的行政行为的合法性、适当性负有举证责任。被申请人不按时提出书面答复和证据、依据等有关材料，意味着被申请人未承担举证责任，理应承担相应的法律后果。

二、被申请人不按时提出书面答复、提交有关材料的法律后果

被申请人不按照规定提出书面答复，提交作出行政行为的证据、依据和其他有关材料的，其法律后果主要是，在行政复议案件审理中，视为该行政行为没有证据、依据。基于这种法律后果，行政复议机关

可以根据案件的具体情况，作出相应决定：一是根据本法第 64 条的规定，作出撤销、部分撤销该行政行为的决定；二是根据本法第 65 条的规定，作出确认该行政行为违法的决定；三是根据本法第 66 条的规定，作出被申请人在一定期限内履行的决定；四是根据本法第 67 条的规定，作出确认该行政行为无效的决定。

本条还规定了行政行为涉及第三人合法权益，第三人提供证据这一除外情形。第三人是指同被申请行政复议行为有利害关系但没有申请行政复议，或者同案件处理结果有利害关系的人员。在行政复议中，虽然通常第三人举证只围绕自己的利益主张，但有时第三人的利益主张也与行政行为的合法性、适当性相关。如甲殴打乙致伤，被公安机关处以行政拘留，甲申请行政复议要求撤销处罚决定，而乙认为处罚决定合法，此时乙可以作为第三人参加行政复议，并提出行政拘留决定合法的相关证据。

三、相关法律责任

对于不按照规定提出书面答复，提交作出行政行为的证据、依据和其他有关材料的，本法第 82 条规定了相应的法律责任，即被申请人违反本法规定，不提出书面答复或者不提交作出行政行为的证据、依据和其他有关材料，对负有责任的领导人员和直接责任人员依法给予警告、记过、记大过的处分；进行报复陷害的，依法给予降级、撤职、开除的处分；构成犯罪的，依法追究刑事责任。

第七十一条　被申请人不依法订立、不依法履行、未按照约定履行或者违法变更、解除行政协议的，行政复议机关决定被申请人承担依法订立、继续履行、采取补救措施或者赔偿损失等责任。

被申请人变更、解除行政协议合法，但是未依法给予补偿或者补偿不合理的，行政复议机关决定被申请人依法给予合理补偿。

【释义】本条是关于行政协议案件的行政复议决定的规定。

本条是此次修改行政复议法新增的条文。主要考虑是此次行政复议法修改，将行政协议有关行政行为纳入行政复议范围，对行政协议行为的救济，与其他行政行为存在明显不同，有必要规定单独的行政复议决定形式。

一、关于行政复议中的行政协议案件

在签订、履行、变更、解除行政协议等各个环节，行政机关均可能违法行使行政权力。为了加强对行政机关依法行政的监督，结合近些年来的行政协议实践，同时参考行政诉讼法的有关规定，本法第 11 条第 13 项将“认为行政机关不依法订立、不依法履行、未按照约定履行或者违法变更、解除政府特许经营协议、土地房屋征收补偿协议等行政协议”列入行政复议受案范围。行政协议作为一种新的行政管理方式，实践中运用得越来越多，因其兼具行政管理与合同的特性，必然存在行政协议的履行、变更、解除及责任承担等问题。为了更好地解决行政争议，将因订立、履行、变更、解除这些协议发生的争议纳入行政复议解决是必要的。同时，需要对行政协议类行政复议案件的决定形式予以明确。

二、关于行政协议案件的行政复议决定

本法第63条至第67条对行政复议机关作出的变更、撤销、确认违法、限期履行、确认无效等决定作了规定。与其他类型的行政复议案件不同，行政协议案件相对比较特殊。行政协议是行政机关与公民、法人或者其他组织达成的协议，具有双方行为的特征，针对行政协议案件的行政复议决定难以适用变更、撤销、限期履行等决定方式。因此，对于本法第11条第13项规定的不依法订立、不依法履行、未按照约定履行或者违法变更、解除行政特许经营协议、土地房屋征收补偿协议等行政协议的情形，有必要单独增加一类行政协议案件决定方式。本条第1款规定，被申请人不依法订立、不依法履行、未按照约定履行或者违法变更、解除行政协议的，行政复议机关决定被申请人承担依法订立、继续履行、采取补救措施或者赔偿损失等责任。

被申请人不履行行政协议的情形主要包括不依法履行、未按照约定履行或者违法变更、解除行政协议，此外还存在被申请人不依法订立行政协议的情形。上述情形之间可能存在交叉，如违法解除可能导致行政机关不依法履行行政协议，违法变更可能导致行政机关未按照约定履行。不依法履行主要是指行政机关拒绝履行行政协议。民法典规定，不履行合同将承担违约责任。与民事合同不同的是，有些法律规定行政机关为了社会公共利益的需要可能不履行行政协议，因此这里规定的是“不依法履行”。未按照约定履行是指行政机关履行了行政协议，但未完全按照行政协议的约定履行，需要承担相应违约责任。违法变更、解除是指行政机关违法单方变更、解除行政协议。在行政协议履行过程中，行政机关根据有关法律法规的规定，享有单方变更、解除行政协议的权限。如《市政公用事业特许经营管理办法》规定，获得特许经营权的企业在特许经营期间有擅自转让出租特许经营权行为的，主管部门有权解除特许经营协议，取消其特许经营权。如果行政机关依照该规定行使单方解除行政协议的权限，则不属于本条规定的违法解除，如果获得特许经营权的企业不存在上述法定情形，行政机关单方解除行政协议的，就属于违法解除。

对于被申请人不依法订立、不依法履行、未按照约定履行或者违法变更、解除行政协议的情形，行政复议机关决定被申请人承担依法订立、继续履行、采取补救措施或者赔偿损失等责任。一是依法订立。依法订立是指行政机关依法应当订立行政协议，但拒绝签订行政协议的，行政复议机关决定其承担依法订立的责任。二是继续履行。继续履行是指行政协议当事人一方不履行行政协议义务或者履行行政协议义务不符合约定时，经另一方当事人的请求，法律强制其按照行政协议的约定继续履行行政协议的义务。在行政协议案件中，行政机关不依法履行、未按照约定履行或者违法变更、解除行政协议的，行政复议机关可以决定继续履行。三是采取补救措施。对于被申请人不依法订立、不依法履行、未按照约定履行行政协议义务或者违法变更、解除行政协议，继续订立或者履

行行政协议已经没有实际意义的，可以决定被申请人采取补救措施，减少申请人因此造成的损失。四是赔偿损失。赔偿损失是指行政机关由于不依法履行、未按照约定履行行政协议义务或者违法变更、解除行政协议，给相对人造成财产上的损失，由其以财产赔偿对方所遭受损失的一种违约责任形式。

三、合理补偿的决定

本条第2款规定，被申请人变更、解除行政协议合法，但是未依法给予补偿或者补偿不合理的，行政复议机关决定被申请人依法给予合理补偿。行政协议订立后，存在发生双方事前不可预见情况的可能，如果再继续履行有可能对社会公共利益造成重大威胁，因此，行政主体可以依法单方面变更，无法变更的则直接解除。变更、解除行政协议对对方当事人明显不利，基于信赖利益保护原则，应当对对方进行补偿。根据本条规定，对于未依法给予补偿、补偿不合理这两种情形，行政复议机关决定被申请人依法给予合理补偿。立法过程中，有的意见建议将补偿“不合理”修改为补偿“明显不合理”。对此，多数意见认为，“明显不合理”的标准不好把握，为了更好发挥行政复议化解行政争议的主渠道作用，实现“案结事了”，不宜增加“明显”二字。立法机关采纳了多数意见。因此，对于补偿不合理的，无须达到“明显不合理”的程度，行政复议机关就可以决定被申请人依法给予合理补偿。

第七十二条　申请人在申请行政复议时一并提出行政赔偿请求，行政复议机关对依照《中华人民共和国国家赔偿法》的有关规定应当不予赔偿的，在作出行政复议决定时，应当同时决定驳回行政赔偿请求；对符合《中华人民共和国国家赔偿法》的有关规定应当给予赔偿的，在决定撤销或者部分撤销、变更行政行为或者确认行政行为违法、无效时，应当同时决定被申请人依法给予赔偿；确认行政行为违法的，还可以同时责令被申请人采取补救措施。

申请人在申请行政复议时没有提出行政赔偿请求的，行政复议机关在依法决定撤销或者部分撤销、变更罚款，撤销或者部分撤销违法集资、没收财物、征收征用、摊派费用以及对财产的查封、扣押、冻结等行政行为时，应当同时责令被申请人返还财产，解除对财产的查封、扣押、冻结措施，或者赔偿相应的价款。

【释义】本条是行政复议中一并赔偿的规定。

申请人申请行政复议时一并提出行政赔偿请求的规定，是原行政复议法的内容。此次修订进一步明确了行政复议机关对依照国家赔偿法的有关规定不予赔偿时的处理，即“在作出行政复议决定时，应当同时决定驳回行政赔偿请求”；同时，增加规定“确认行政行为违法的，还可以同时责令被申请人采取补救措施”。

一、关于一并提出赔偿请求

本法第11条第6项规定，对行政机关作出的赔偿决定或者不予赔偿决定不服，可以申请行政复议。该规定的前提是向行政机关申请行政赔偿，对行政赔偿的有关决定不服后再申请行政复议。与此不同的是，本条规定所针对的是申请人在申请行政复议前未申请行政赔偿，而后在申请行政复议时一并提出赔偿请求的情形。国家赔偿法第9条第2款规定，赔偿请求人要求赔偿，应当先向赔偿义务机关提出，也可以在申请行政复议或者提起行政诉讼时一并提出。在行政复议或行政诉讼中一并提出赔偿请求的优点是，由于行政复议或者行政诉讼是由行政赔偿义务机关的上级机关或法院进行处理，在处理结果的公正性上更有保障，同时经过行政复议或行政诉讼的审理过程，对于是否应当予以赔偿的事实和法律适用也更加明确、清晰。

申请人在申请行政复议时一并提出行政赔偿请求后，行政复议机关根据不同情形分别处理。第一，对于依照国家赔偿法的有关规定应当不予赔偿的，在作出行政复议决定时，应当同时决定驳回行政赔偿请求。第二，对于符合国家赔偿法的有关规定应当给予赔偿的，在决定撤销或者部分撤销、变更行政行为或者确认行政行为违法、无效时，应当同时决定被申请人依法给予赔偿。第三，确认行政行为违法的，还可以同时责令被申请人采取补救措施。

对一并提出赔偿请求的处理，与行政赔偿的程序有以下区别：一是，行政赔偿请求由赔偿义务机关处理，一并赔偿请求由行政复议机关处理；多数情况下，行政复议机关为地方人民政府，是赔偿义务机关的上级机关。二是，行政赔偿的处理结果由赔偿义务机关通过赔偿决定的形式作出，一并赔偿请求的处理结果则是在行政复议决定中一并作出。三是，对行政赔偿决定不服的，可以申请行政复议或者提起行政诉讼；对一并赔偿处理结果不服的，可以提起行政诉讼。

二、主动保护申请人合法权益的特别规定

本条第2款赋予了行政复议机关主动履行保护申请人合法权益的法定职责。一是，如果申请人在申请行政复议时未一并提出赔偿的请求，在特定情况下，行政复议机关经过审理，可以决定被申请人履行赔偿等义务。二是，要求被申请人履行相关义务，以行政复议机关作出下列行政复议决定为前提：撤销或者部分撤销、变更罚款；撤销或者部分撤销违法集资、没收财物、征收征用、摊派费用；撤销或者部分撤销对财产的查封、扣押、冻结。除此之外的行政复议决定不能主动决定给予赔偿或者责令返还财产等。

在上述情形下，行政复议机关可以同时对被申请人作出的决定包括三类。第一类是责令被申请人返还财产，这类情形主要适用于行政处罚、行政征收、摊派费用等行政行为，其中以罚款、没收违法所得最为常见。罚款、没收违法所得主要以缴纳现金的方式出现，行政相对人缴纳罚款或者被没收违法所得后，如果行政处罚被撤销或者变更，返还财产是弥补当事人损失的最直接、最有效的方式。第二类是解除对财产的查封、扣押、冻结措施。行政强制法规定，行政强制措施包括查封场所、设施或财物，扣押财物，冻结存款、汇款等措施，行政机关作出上述行政强制措施后，行政相对人的财物、场所等被暂时性控制，在行政强制措施被行政复议机关撤销或者部分撤销后，应当及时解除控制，从而有效解决纠纷。第三类是赔偿相应的价款。对于前两类措施难以直接弥补损失

的，可以依照法律法规规章的规定，以及损失的相关情况，决定被申请人赔偿相应价款。

第七十三条　当事人经调解达成协议的，行政复议机关应当制作行政复议调解书，经各方当事人签字或者签章，并加盖行政复议机关印章，即具有法律效力。

调解未达成协议或者调解书生效前一方反悔的，行政复议机关应当依法审查或者及时作出行政复议决定。

【释义】本条是行政复议调解书及其生效程序的规定。

行政复议调解经过多年的实践，已经成为化解行政争议的一种重要方式，调解程序也逐步规范，因此，调解应当符合一定的要式条件。本条是此次修法新增内容，主要对调解书的制作和生效程序作出规定，并对调解未达成协议或者调解书生效前一方反悔的后续处理作出规定。

一、行政复议调解书的制作和生效程序

作为行政复议的一种结案方式，经行政复议机关主持调解的案件，应当对当事人达成的调解协议予以书面记载，即制作行政复议调解书。行政复议调解书由行政复议机关制作，应当载明行政复议请求、事实、理由和调解结果。行政复议调解书的效力不同于和解协议的效力，也与行政诉讼调解书由双方签收即生效不同。行政复议调解书经各方当事人签字或者签章，并加盖行政复议机关印章，即具有法律效力。各方当事人都必须遵守行政复议调解书的内容，履行行政复议调解书中规定的义务。被申请人不履行或者无正当理由拖延履行行政复议调解书的，行政复议机关或者有关上级行政机关应当责令其限期履行，并可以约谈被申请人的有关负责人或者予以通报批评，依法追究负有责任的领导人员和直接责任人员的法律责任。行政复议调解书是各方当事人在行政复议机关的主持下，自愿接受调解结果并达成协议后形成的法律文书。申请人不履行行政复议调解书的，由行政复议机关依法强制执行，或者申请人民法院强制执行。

二、调解未达成协议或者调解书生效前一方反悔的处理

由于各方当事人对行政争议的立场、诉求和处理预期不同，并非所有的行政复议调解都能达成各方满意的结果，经行政复议机关主持调解的案件很可能最终未达成调解协议；即便达成了调解协议的行政复议案件，在调解书生效前，一方或者双方当事人都可能反悔。在此情况下，行政复议案件要转入通常的办案流程，分为两种情况：一是在行政复议申请受理前进行的调解，调解未达成协议或者调解书生效前一方反悔的，行政复议机关继续依法审查，决定是否受理；二是在行政复议审理过程中进行的调解，调解未达成协议或者调解书生效前一方反悔的，行政复议机关依法审理后，根据第五章“行政复议决定”的不同情形，及时作出相应的行政复议决定。

第七十四条　当事人在行政复议决定作出前可以自愿达成和解，和解内容不得损害国家利益、社会公共利益和他人合法

权益，不得违反法律、法规的强制性规定。

当事人达成和解后，由申请人向行政复议机构撤回行政复议申请。行政复议机构准予撤回行政复议申请、行政复议机关决定终止行政复议的，申请人不得再以同一事实和理由提出行政复议申请。但是，申请人能够证明撤回行政复议申请违背其真实意愿的除外。

【释义】本条是关于行政复议和解的规定。

行政复议和解是当事人在行政复议决定作出前，自愿达成和解，行政复议机构经审查准许后，由行政复议机关决定终止行政复议的制度。1999 年制定行政复议法时，对行政复议和解未作规定。2007 年制定的《行政复议法实施条例》对行政复议和解作出规定，并将行政复议机构准许达成和解作为行政复议终止的情形之一。此次修法根据行政法规的规定及其实践，增加了本条关于行政复议和解的规定。

一、关于行政复议和解的原则要求

早在《行政复议法实施条例》确立行政复议和解制度之前，为探索预防和解决社会纠纷的机制和途径，不少行政复议机关就开始采取协调和调解等方法，促成申请人和被申请人达成和解，大量行政复议案件以申请人撤回行政复议申请而终止。从实践效果看，和解有利于缓和申请人与行政机关的对立情绪，促使行政争议的柔性解决，体现了法律效果与社会效果的结合，达到息诉止纷、稳定社会的良好效果。行政复议和解还有助于行政争议的彻底解决，节约行政成本和当事人维权救济的成本，是行政复议化解行政争议的一种有效方式。

1. 关于当事人进行和解的阶段和期限。一是当事人在行政复议决定作出前可以自愿达成和解。也就是说，无论是在行政复议申请过程中、行政复议机关决定受理前，还是在行政复议案件审理过程中，只要行政复议机关尚未作出行政复议决定，当事人都可以自愿达成和解。二是关于当事人进行和解的期限。根据本法第 39 条的规定，申请人和被申请人进行和解并同意中止的，行政复议中止。为避免案件久拖不决，实践中行政复议和解的最长期限一般是60 日，特殊情况下可以延长到90 日。超过相应的期限，行政复议机关应依法进行审查，及时作出行政复议决定。

2. 各方当事人自愿达成和解协议。行政复议和解注重各方当事人的自愿，和解是建立在当事人的同意与合意的基础上，被申请人不能强迫、威胁或者欺骗申请人与之达成和解，而应当建立在事实清楚、是非分明、当事人自愿的基础上。行政复议和解与行政复议调解不同，调解是行政复议机关占据主导地位，通过主动调停促使当事人之间纠纷解决；和解主要是当事人之间就纠纷自愿让步，达成合意解决纠纷的活动。和解更加注重双方的沟通和理解，行政复议机构在其中的职责是为和解创造条件，而非主导双方的和解过程。同时，鉴于行政复议机构要对当事人之间达成的和解协议进行审查，在和解协议达成前，行政复议机构可以提前介入，通过“有限作为”，积极为当事人之间的和解创造条件，增进当事人与行政机关之间的相互理解和信任，帮助双方达成和解，促使纠纷彻底解决。

3. 行政复议和解内容不得损害国家利益、社会公共利益和他人合法权益，不得违反法律、法规的强制性规定。行政复议是政府系统自我纠错的监督制度，这一制度要求行政复议和解必须坚持应有的原则，有一定的限制，当事人不能无范围、无原则、无条件的和解。和解不能影响行政复议的严肃性和权威性，因此本条第 1 款对行政复议和解内容作了限制性规定。首先，并非所有的行政复议案件都可以用和解的方式予以解决。行政复议机关要考虑行政机关在作出行政行为时是否拥有裁量权等因素，判断当事人是否可以就行政复议案件进行和解。其次，行政复议和解的内容应当遵循合法原则，不得损害国家利益、社会公共利益和他人合法权益，不得违反法律、法规的强制性规定。

二、行政复议和解后的处理

1. 达成和解协议。当事人达成和解后，应当签订和解协议。作为当事人之间依法达成的协议，和解协议在当事人双方之间具有法律效力，任何一方都应当执行。任何一方当事人不履行和解协议，另一方都可以要求对方履行。对于一方当事人不履行行政和解协议的，其他当事人可以依法寻求相应的救济。比如，被申请人不履行行政和解协议的，可以参照不履行行政复议决定来处理。

2. 撤回行政复议申请。申请人撤回行政复议申请，须经行政复议机构审查。行政复议机构经审查认为和解协议不存在胁迫等因素，是各方当事人自愿达成且没有损害国家利益、社会公共利益和他人合法权益，没有违反法律、法规的强制性规定的，准予申请人撤回行政复议申请。按照本法第 41 条的规定，行政复议机构准予申请人撤回行政复议申请的，由行政复议机关决定终止行政复议。

3. 行政复议机关决定终止行政复议的效力。根据本条第 2 款的规定，申请人撤回行政复议申请、行政复议机关决定终止行政复议后，申请人不得再以同一事实和理由提出行政复议申请。主要考虑是，行政复议和解协议是在当事人合意基础上自愿达成的，且行政复议机构在审查申请人撤回行政复议的申请时，对各方当事人是否自愿，以及和解协议内容是否合法已经作出了判断，最后由行政复议机关以决定形式予以终止，是终结案件审理的法定形式。

同时，考虑到实践中情况比较复杂，被申请人往往占据优势地位，不排除在具体的案件中被申请人通过欺诈、胁迫等方式使申请人同意达成和解协议，行政复议机构在审查申请人撤回行政复议申请的过程中也没有发现相关情况。如果出现这些情况，申请人能够证明撤回行政复议申请违背其真实意愿的，可以再向行政复议机关提出行政复议申请。

第七十五条　行政复议机关作出行政复议决定，应当制作行政复议决定书，并加盖行政复议机关印章。

行政复议决定书一经送达，即发生法律效力。

【释义】本条是关于行政复议决定形式和送达的规定。

行政复议决定书是行政复议机关作出行政复议决定的形式和书面载体，是正式的法律文书。为了规范行政复议机关作出行政复议决定，本条对行政复议决定的形式和送达作了规定。

一、行政复议决定的形式

本条第 1 款规定，行政复议机关作出行政复议决定，应当制作行政复议决定书，并加盖行政复议机关印章。根据本法第 61 条第 1 款规定，行政复议机关依照本法审理行政复议案件，由行政复议机构对行政行为进行审查，提出意见，经行政复议机关的负责人同意或者集体讨论通过后，以行政复议机关的名义作出行政复议决定。行政复议机关作出行政复议决定，需要有相应的形式和载体，即行政复议决定书。根据有关地方性法规、部门规章等规定，行政复议决定书通常记载以下事项：

1. 申请人、被申请人、第三人的姓名、性别、年龄、职业、住址，或者法人或其他组织的名称、地址、法定代表人或主要负责人的姓名等情况。

2. 申请人申请行政复议的主要请求和理由。根据本法规定，公民、法人或者其他组织认为行政机关的行政行为侵犯其合法权益，向行政复议机关提出行政复议申请，应当明确提出行政复议请求、申请行政复议的主要事实、理由和时间等。

3. 被申请人的答复意见以及第三人提出的意见。根据本法规定，被申请人收到行政复议申请书副本或者行政复议申请笔录复印件后，应当提出书面答复，并提交作出行政行为的证据、依据和其他有关材料。申请人以外的同被申请行政复议的行政行为或者行政复议案件处理结果有利害关系的公民、法人或者其他组织，可以作为第三人参加行政复议，行政复议机构应当听取第三人的意见。

4. 行政复议机关认定的事实、理由，适用的依据。本法第 37 条第 1 款规定，行政复议机关依照法律、法规、规章审理行政复议案件。本法还对行政复议证据收集、调查取证、审理程序等作了规定。行政复议机关应当根据审查认定的事实和证据等，依法作出行政复议决定。行政复议案件经过听证的，应当对听证情况予以说明；经过行政复议委员会提出咨询意见的，也可以对有关情况予以介绍。

5. 行政复议决定的内容。本法对行政复议决定的内容和类型作出规定，包括变更、撤销、确认违法、限期履行、确认无效、维持、驳回行政复议申请等决定，以及根据本法第 71 条规定作出的行政协议案件相关决定，根据本法第 72 条规定作出的赔偿决定、驳回行政赔偿请求决定等。

6. 不服行政复议决定的救济途径以及期限。根据行政诉讼法第 45 条和本法第 34 条的规定，除法律另有规定外，公民、法人或者其他组织不服行政复议决定的，可以在收到行政复议决定书之日起 15 日内向人民法院提起诉讼。根据本法第 26 条规定，对省级人民政府、国务院部门作出的行政复议决定不服的，可以向人民法院提起行政诉讼，也可以向国务院申请裁决，国务院依照本法的规定作出最终裁决。

行政复议机关作出行政复议决定，还应当在行政复议决定书上加盖行政复议机关印章。行政复议机关印章是行政复议机关行使职权的重要凭证，加盖印章的行政复议决定书代表行政复议机关的意志，具有法律效力。需要注意的是，加盖的印章必须是行政复议机关的印章，而具体办理行政复议事项的行政复议机构印章不能用于行政复议决定书。

二、行政复议决定书的送达

本条第2款规定，行政复议决定书一经送达，即发生法律效力。行政复议决定书的送达是行政复议机关依照法律规定的程序和方式，将行政复议决定书送交当事人的行为。根据本法第88条的规定，行政复议决定书的送达，本法没有规定的，可以依照民事诉讼法第7章第2节关于送达的规定执行。根据民事诉讼法的规定，送达诉讼文书必须有送达回证，由受送达人在送达回证上记明收到日期，签名或者盖章。受送达人在送达回证上的签收日期为送达日期。民事诉讼法还对送达情形及方式等作了详细规定。需要注意的是，与行政复议调解书经各方当事人签字或者盖章并加盖行政复议机关印章即具有法律效力不同，加盖印章的行政复议决定书须经送达才发生法律效力。

行政复议决定书经送达发生法律效力后，双方当事人应当自觉履行。在当事人不自觉履行时，依法予以强制执行。根据本法规定，如被申请人不履行或者无正当理由拖延履行行政复议决定书，行政复议机关或者有关上级行政机关应当责令其限期履行，并可以约谈被申请人的有关负责人或者予以通报批评。如申请人、第三人逾期不起诉又不履行行政复议决定书，或者不履行最终裁决的行政复议决定，对维持行政行为的行政复议决定书，由作出行政行为的行政机关依法强制执行或者申请人民法院强制执行；对变更行政行为的行政复议决定书，由行政复议机关依法强制执行或者申请人民法院强制执行。同时，本法第83条针对被申请人不履行或者无正当理由拖延履行行政复议决定书的情形，规定了相应的法律责任。

第七十六条　行政复议机关在办理行政复议案件过程中，发现被申请人或者其他下级行政机关的有关行政行为违法或者不当的，可以向其制发行政复议意见书。有关机关应当自收到行政复议意见书之日起六十日内，将纠正相关违法或者不当行政行为的情况报送行政复议机关。

【释义】本条是关于行政复议意见书的规定。

本条规定是本次修订行政复议法新增的内容。近年来，各地行政复议机关持续推动行政复议工作规范化建设，通过制发行政复议意见书，及时纠正行政执法过程中存在的问题，督促行政机关规范执法行为。行政复议意见书成为行政监督的重要手段，是行政复议机构履行监督职责的重要体现，既能指出行政机关在行政执法过程中存在的问题，又对行政机关作出行政行为起到监督指导作用。中央有关文件提出，县级以上地方人民政府要建立运用行政复议倒逼依法行政、推进法治政府建设的监督机制。本次行政复议法修改，增加了行政复议意见书的规定，明确行政复议机关在办理行政复议案件过程中，发现被申请人或者其他下级行政机关的有关行政行为违法或者不当的，可以向其制发行政复议意见书；有关机关应当自收到行政复议意见书之日起60日内，将纠正相关违法或者不当行政行为的情况报送行政复议机关。具体包括：

1. 制发主体。行政复议意见书的制发主体是行政复议机关。本法第4条第1款规定，县级以上各级人民政府以及其他依照本法履行行政复议职责的行政机关是行政复议机关。行政复议意见书代表的是行政复议机关的意志，要求有关机关在一定期限内反馈纠正相关违法或者不当行政行为的情况。

2. 监督对象。包括被申请人或者其他下级行政机关。行政复议意见书的主要制发对象是行政复议被申请人。本法第19条规定，公民、法人或者其他组织对行政行为不服申请行政复议的，作出行政行为的行政机关或者法律、法规、规章授权的组织是被申请人；两个以上行政机关以共同的名义作出同一行政行为的，共同作出行政行为的行政机关是被申请人；行政机关委托的组织作出行政行为的，委托的行政机关是被申请人；作出行政行为的行政机关被撤销或者职权变更的，继续行使其职权的行政机关是被申请人。此外，在办理行政复议案件过程中发现其他下级行政机关有违法或者不当行政行为的，行政复议机关也可以制发意见书。一般情况下，其他下级行政机关是指与被申请行政复议的行政行为有密切关系的行政机关。比如，本级人民政府工作部门管理的法律、法规、规章授权的组织作为被申请人的，或者本级人民政府工作部门依法设立的派出机构作为被申请人的，该工作部门作出的有关行政行为存在违法或不当情形，行政复议机关有权向其制发行政复议意见书。

3. 适用情形。主要是在办理行政复议案件过程中，发现被申请人或者其他下级行政机关的有关行政行为违法或者不当。一是关于有关行政行为。行政复议作为化解行政争议的重要手段，主要是对行政相对人认为行政主体违法或者不当行使职权侵犯其合法权益的请求依法予以审理并作出行政复议决定。在行政复议工作实践中，行政复议机关在办理行政复议案件中还会发现与该行为有关的其他行政行为违法或者不当，不宜在行政复议决定书中直接予以纠正，对该类行政行为可以通过制发行政复议意见书，向有关行政机关提出纠正违法或者不当行政行为的意见，推动有关行政机关规范行政行为，从源头上预防和减少行政争议的产生。二是关于违法或者不当。行政复议对行政行为审理的范围包括合法性审查与合理性审查两个方面。合法性审查主要审查行政行为事实是否清楚、证据是否确凿、适用依据是否正确、程序是否合法等。合理性审查主要审查行政行为是否公平、合理。行政复议意见书也主要从合法性与合理性两方面，对被申请人或者其他下级行政机关有关行政行为违法或者不当的情形提出意见、要求纠正。

4. 法律后果。要求有关机关自收到行政复议意见书之日起60日内，将纠正相关违法或者不当行政行为的情况报送行政复议机关。如果被申请人不履行或者无正当理由拖延履行行政复议意见书，根据本法第83条规定，对负有责任的领导人员和直接责任人员依法给予警告、记过、记大过的处分；经责令履行仍拒不履行的，依法给予降级、撤职、开除的处分。

第七十七条　被申请人应当履行行政复议决定书、调解书、意见书。

被申请人不履行或者无正当理由拖延

履行行政复议决定书、调解书、意见书的，行政复议机关或者有关上级行政机关应当责令其限期履行，并可以约谈被申请人的有关负责人或者予以通报批评。

【释义】本条是关于被申请人履行行政复议决定书、调解书、意见书的规定。

行政复议决定书、调解书、意见书生效后，即具有法律效力。对行政复议决定书、调解书，各方当事人都应当自觉履行，包括申请人、第三人和被申请人；对行政复议意见书，被申请人或者有关行政机关也应当自觉履行。本条对被申请人履行作了规定。

一、被申请人自觉履行

行政复议决定书、调解书、意见书都是具有法律效力的法律文书。本法第75条规定，行政复议机关作出行政复议决定，应当制作行政复议决定书，并加盖行政复议机关印章。行政复议决定书一经送达，即发生法律效力。本法第73条第1款规定，当事人经调解达成协议的，行政复议机关应当制作行政复议调解书，经各方当事人签字或者签章，并加盖行政复议机关印章，即具有法律效力。本法第76条规定，行政复议机关在办理行政复议案件过程中，发现被申请人或者其他下级行政机关的有关行政行为违法或者不当的，可以向其制发行政复议意见书。有关机关应当自收到行政复议意见书之日起60日内，将纠正相关违法或者不当行政行为的情况报送行政复议机关。

本条第1款规定，被申请人应当履行行政复议决定书、调解书、意见书。履行主要是指采取措施实施行政复议决定书、调解书、意见书的内容。第一，履行行政复议决定书。行政复议机关根据本法第63条至第67条作出有关行政复议决定的，行政机关应当履行有关内容。比如，行政复议机关决定撤销或者部分撤销行政行为，并责令被申请人在一定期限内重新作出行政行为的，被申请人应当在规定的期限内重新作出行政行为，且不得以同一事实和理由作出与被申请行政复议的行政行为相同或者基本相同的行政行为。行政复议机关决定变更行政行为的，被申请人应当根据行政复议机关的决定对原行政行为的有关内容进行调整并执行。第二，履行行政复议调解书。行政复议调解书经签字、盖章后具有法律效力，其中需要被申请人履行有关内容的，被申请人应当履行。第三，履行行政复议意见书。如被申请人收到行政复议机关就有关行政行为违法或者不当制发的行政复议意见书，应当及时纠正相关违法或者不当行政行为，并在规定期限内向行政复议机关报送纠正情况。

二、责令被申请人履行

本条第2款规定，被申请人不履行或者无正当理由拖延履行行政复议决定书、调解书、意见书的，行政复议机关或者有关上级行政机关应当责令其限期履行，并可以约谈被申请人的有关负责人或者予以通报批评。执行行政复议决定书、调解书、意见书，是行政机关的法定职责。不履行主要是指被申请人不在一定期限内执行行政复议决定书、调解书、意见书的内容，仍按照原来意愿去办理或者仍坚持原行政行为。无正当理由拖延履行主要是指被申请人坚持自己的意见，不立即采取措施执行行政复议决定书、调解书、意见书的内容。

对上述行为，行政复议机关或者有关上级行政机关应当责令其限期履行，并可以约谈被申请人的有关负责人或者予以通报批评。

1. 责令限期履行。责令限期履行是上级行政机关督促下级行政机关依法履行法定职责的一种方式。考虑到实践中，行政机关履行行政复议决定书、调解书、意见书需要一定期限，本条特别强调行政复议机关或者有关上级行政机关采用责令限期履行的方式，要求被申请人在一定期限内履行。行政复议机关或者有关上级行政机关在责令限期履行通知书中应明确责令履行的具体期限以及其他有关内容。

2. 约谈。本条规定的约谈是行政机关系统内部上级机关对下级机关进行监督的一种方式，可以有效地监督下级行政机关依法履行职责，防止下级行政机关不作为、乱作为。作为行政机关内部监督措施，约谈的主要目的是提出问题，进行告诫，落实责任，督促整改。本条规定的约谈对象为被申请人的有关负责人，既体现了行政机关的首长负责制，也可以提高被约谈行政机关的重视程度。被约谈的被申请人应对此予以高度重视，立即采取有效措施，积极进行整改，依法履行行政复议决定书、调解书、意见书。

3. 通报批评。通报批评适用范围较广，不仅适用于对行政违法行为的惩处，也适用于行政机关内部监督和党内监督。行政机关对行政违法行为人予以通报批评，属于行政处罚。上级行政机关对下级行政机关及其工作人员的违法违规行为予以通报批评，以及党组织对党员干部违规违纪行为予以通报批评，则属于党政问责的追责措施，不属于行政处罚。本条规定的通报批评，是行政复议机关或者有关上级行政机关对被申请人的有关负责人的通报批评，属于行政机关内部监督的一种方式，目的在于对被申请人不履行行政复议决定书、调解书、意见书予以告诫，督促其履行。

此外，根据本法第83条规定，被申请人不履行或者无正当理由拖延履行行政复议决定书、调解书、意见书的，对负有责任的领导人员和直接责任人员依法给予警告、记过、记大过的处分；经责令履行仍拒不履行的，依法给予降级、撤职、开除的处分。

第七十八条　申请人、第三人逾期不起诉又不履行行政复议决定书、调解书的，或者不履行最终裁决的行政复议决定的，按照下列规定分别处理：

（一）维持行政行为的行政复议决定书，由作出行政行为的行政机关依法强制执行，或者申请人民法院强制执行；

（二）变更行政行为的行政复议决定书，由行政复议机关依法强制执行，或者申请人民法院强制执行；

（三）行政复议调解书，由行政复议机关依法强制执行，或者申请人民法院强制执行。

【释义】本条是关于申请人、第三人不履行行政复议决定书、调解书或者最终裁决的行政复议决定的处理规定。

根据本法规定，行政复议决定书一经送达，即发生法律效力；当事人经调解达成协议的，行政复议机关应当制作行政复议调解书，经各方当事人签字或者盖章，并加盖行政复议机关印章，即具有法律效力。对生效的行政复议决定书、行政复议调解书，以及最终裁决的行政复议决定，申请人、第三人负有履行义务。当然，法律也规定了申请人、第三人不服行政复议决定的救济渠道，允许申请人、第三人寻求司法救济和保护。根据本法规定，除法律规定行政复议决定为最终裁决的外，申请人、第三人对行政复议决定不服，可以依照行政诉讼法的规定向人民法院提起行政诉讼。在人民法院对行政复议决定的合法性作出裁判之前，行政复议决定始终具有效力，申请人、第三人应当履行。如果申请人、第三人逾期不提起行政诉讼，表明其已经放弃了司法救济的权利，但是又不履行行政复议决定，这就需要通过行政强制执行的方式，确保行政复议决定得到履行。

根据行政强制法的规定，行政强制执行是指行政机关或者行政机关申请法院，对不履行行政决定的公民、法人或者其他组织，依法强制履行义务的行为。从本质上看，行政复议决定是行政决定的一种具体类型。对申请人、第三人不履行行政复议决定，实施强制执行的，行政强制法是主要的法律依据。本条针对不同类型的行政复议决定，分别规定了行政强制执行程序的启动主体和方式。

一、关于维持行政行为的行政复议决定书的强制执行

行政复议决定维持行政行为的，意味着被申请复议的行政行为通过了合法性、适当性审查，具体产生了两个方面的法律后果：一是申请人的行政复议请求被行政复议机关驳回；二是被申请人作出的行政行为效力得到肯定。这种情况下，由作出行政行为的行政机关，即被申请人依法强制执行，或者由其申请人民法院强制执行。具体分为两类情形：

第一类是，作出行政行为的行政机关具有行政强制执行权的，由其自行依法实施。比如，黄河保护法第118条规定，违反本法规定，有违法利用、占用黄河流域河道、湖泊水域和岸线等行为的，由县级以上地方人民政府水行政主管部门或者黄河流域管理机构及其所属管理机构责令停止违法行为，限期拆除违法建筑物、构筑物或者恢复原状，处5万元以上50万元以下罚款；逾期不拆除或者不恢复原状的，强制拆除或者代为恢复原状，所需费用由违法者承担。根据这一规定，县级以上地方人民政府水行政主管部门或者黄河流域管理机构及其所属管理机构对相关的维持行政行为的行政复议决定，有权依法强制执行。

第二类是，作出行政行为的行政机关不具有行政强制执行权的，由其向人民法院申请强制执行。根据行政强制法的规定，法律没有规定行政机关强制执行的，作出行政决定的行政机关应当申请人民法院强制执行。比如，计量法第31条规定：“当事人对行政处罚决定不服的，可以在接到处罚通知之日起十五日内向人民法院起诉；对罚款、没收违法所得的行政处罚决定期满不起诉又不履行的，由作出行政处罚决定的机关申请人民法院强制执行。”根据这一规定，作出计量行政处罚决定的行政机关对相关的维持行政处罚的复议决定，就

应当依法申请人民法院强制执行。

二、关于变更行政行为的行政复议决定书的强制执行

行政复议决定变更行政行为的，意味着被申请复议的行政行为存在合法性或者适当性的问题，具体产生了两个方面的法律后果：一是申请人的行政复议请求获得行政复议机关的支持或者部分支持；二是被申请人作出的行政行为失效或者部分失效，行政复议机关作出新的行政决定，重新确定了需要申请人履行的义务性内容。这种情况下，由行政复议机关依法强制执行，或者由其申请人民法院强制执行。具体分为两类情形：

第一类是，行政复议机关具有行政强制执行权的，由其自行依法实施。目前，法律没有对行政复议机关具有行政强制执行权作出直接的规定，但是行政复议机关本质上也属于行政机关，因此，如果法律规定行政机关在具体情形下可以依法实施强制执行，同时这个行政机关又依法履行行政复议职责的，那么其作为行政复议机关，也享有相应的行政强制执行权。比如海关法第60条第1款规定："进出口货物的纳税义务人，应当自海关填发税款缴款书之日起十五日内缴纳税款；逾期缴纳的，由海关征收滞纳金。纳税义务人、担保人超过三个月仍未缴纳的，经直属海关关长或者其授权的隶属海关关长批准，海关可以采取下列强制措施：（一）书面通知其开户银行或者其他金融机构从其存款中扣缴税款；（二）将应税货物依法变卖，以变卖所得抵缴税款；（三）扣留并依法变卖其价值相当于应纳税款的货物或者其他财产，以变卖所得抵缴税款。"根据这一规定，海关具有行政强制执行权，其作为行政复议机关作出变更行政行为的复议决定时，可以对不履行义务的申请人、第三人依法强制执行。

第二类是，行政复议机关不具有行政强制执行权的，由其向人民法院申请强制执行。行政复议体制改革后，县级以上地方各级人民政府统一行使行政复议职责，原则上不再保留地方各级人民政府工作部门的行政复议职责。目前，法律中规定县级以上地方各级人民政府实施行政强制的情况较少。当县级以上地方各级人民政府作为行政复议机关时，对申请人、第三人不履行变更行政行为的复议决定，可以向人民法院申请强制执行，在实践中这是比较普遍的情况。

三、关于行政复议调解书的强制执行

行政复议调解是指当事人在行政复议机关的主持下，自愿达成协议，解决纠纷的活动。近年来，行政复议机关通过调解的方式结案，解决行政争议，化解矛盾取得了较好的实践效果，也积累了一些制度经验。本次修法强化调解在行政复议办案中的运用，对调解的程序作了规定。行政复议机关应当在当事人达成调解协议的基础上，制作行政复议调解书，不仅需要各方当事人签字或者盖章，同时需要加盖行政复议机关印章，才具备法律效力。主要考虑到，行政复议调解要达到实质性化解行政争议的效果，调解的内容得到履行是一个重要的影响因素。因此，有必要明确行政复议调解书制作与生效的程序，肯定

其法律效力，保障其得到履行。

对申请人、第三人不履行行政复议调解书，由行政复议机关依法强制执行，或者向人民法院申请强制执行。至于行政复议机关依法强制执行、向人民法院申请强制执行的具体情形区分，可参照前述变更行政行为的行政复议决定书的强制执行有关内容理解。

第七十九条　行政复议机关根据被申请行政复议的行政行为的公开情况，按照国家有关规定将行政复议决定书向社会公开。

县级以上地方各级人民政府办理以本级人民政府工作部门为被申请人的行政复议案件，应当将发生法律效力的行政复议决定书、意见书同时抄告被申请人的上一级主管部门。

【释义】本条是关于行政复议决定书公开和有关行政复议决定书、意见书抄告被申请人上一级主管部门的规定。

一、关于行政复议决定书向社会公开

2021年中共中央、国务院印发的《法治政府建设实施纲要（2021—2025年）》提出，全面落实行政复议决定书网上公开制度。本法第3条中规定，行政复议机关履行行政复议职责，应当遵循公开等原则。将行政复议决定书向社会公开，是贯彻落实党中央有关要求，遵循和体现行政复议公开原则的一个重要举措。在修订草案征求意见过程中，有些意见提出，增加行政复议决定书公开的内容。综合各方面的情况和意见建议，考虑到行政复议决定书向社会公开，有利于充分发挥全社会的监督作用，保障行政复议公正高效进行，督促推动行政复议机关依法保障公民、法人和其他组织的合法权益，达到实质性化解行政争议的效果，本条第1款作了规定，明确行政复议机关公开行政复议决定书遵循两个方面的要求：

一是根据被申请行政复议的行政行为的公开情况，公开行政复议决定书。行政复议决定书公开不是无条件的，取决于被申请行政复议的行政行为的公开情况，这是一个重要的实质性条件。比如，行政处罚法第48条对行政处罚决定书的公开作了规定，即具有一定社会影响的行政处罚决定应当依法公开。行政复议机关应当结合被申请行政复议的行政行为是否公开、公开范围、公开方式等情况来决定行政复议决定书是否公开，是全部公开还是部分公开。

二是按照国家有关规定，公开行政复议决定书。根据《中华人民共和国政府信息公开条例》规定，行政机关制作的政府信息，由制作该政府信息的行政机关负责公开。依法确定为国家秘密的政府信息，法律、行政法规禁止公开的政府信息，以及公开后可能危及国家安全、公共安全、经济安全、社会稳定的政府信息，不予公开。涉及商业秘密、个人隐私等公开会对第三方合法权益造成损害的政府信息，行政机关不得公开。但是，第三方同意公开或者行政机关认为不公开会对公共利益造成重大影响的，予以公开。行政复议决定书属于政府信息的范畴，由行政复议机关制作，也由行政复议机关负责公开。同时，还要遵循政府信息公开有关保密审查、载体方式、便民等要求。

二、关于行政复议决定书、意见书抄告被申请人的上一级主管部门

本条第 2 款规定，县级以上地方各级人民政府办理以本级人民政府工作部门为被申请人的行政复议案件，应当将发生法律效力的行政复议决定书、意见书同时抄告被申请人的上一级主管部门。行政复议是化解行政争议的法定机制，行政复议决定书、意见书都是具有法律效力的文书，其是否得到履行和落实，关系到行政复议解决行政争议、权利救济、监督纠错等功能的发挥，同时也影响行政复议制度的权威性和公信力。按照《行政复议体制改革方案》，在办理涉及本级人民政府部门的案件时，要将行政复议决定同时抄告被申请人的上一级主管部门。《法治政府建设实施纲要（2021—2025 年）》中提出，建立行政复议决定书以及行政复议意见书、建议书执行监督机制，实现个案监督纠错与倒逼依法行政的有机结合。

根据本法规定，县级以上地方各级人民政府管辖对本级人民政府工作部门作出的行政行为不服的行政复议案件。行政复议机关依照本法审理行政复议案件，由行政复议机构对行政行为进行审查，提出意见，经行政复议机关负责人同意或者集体讨论通过后，以行政复议机关的名义作出行政复议决定。行政复议机关作出行政复议决定，应当制作行政复议决定书。行政复议机关在办理行政复议案件过程中，发现被申请人或者其他下级行政机关的有关行政行为违法或者不当的，可以向其制发行政复议意见书。被申请人应当履行行政复议决定书、调解书、意见书。为贯彻落实中央决策部署，加强对行政复议决定书、意见书执行的监督，保障和提升行政复议的权威性和公信力，本次修法增加规定将发生法律效力的行政复议决定书、意见书抄告被申请人的上一级主管部门。

对于行政机关不依法履行行政复议法律文书的，本法第 77 条第 2 款规定，被申请人或者其他下级行政机关不履行或者无正当理由拖延履行的，行政复议机关或者有关上级行政机关应当责令其限期履行；仍不履行的，行政复议机关或者有关上级行政机关可以约谈被申请人或者其他下级行政机关的有关负责人或者予以通报批评。本条第 2 款对行政复议决定书、意见书抄告被申请人的上一级主管部门作出规定，有利于上一级主管部门及时掌握被申请人依法行政情况，加强对行政复议决定书、意见书执行的监督。制发行政复议意见书，适用于行政复议机关发现被申请人或者其他下级行政机关的有关行政行为违法或者不当的情形，应当按照本法规定抄告。行政复议决定书涉及维持、变更、撤销或者部分撤销行政行为等多种情形，其中重点抄告的应当是被申请人有履行义务的；有的行政复议决定，比如维持行政行为、确认行政行为违法，虽不涉及监督执行问题，但抄告上一级主管部门也有利于其全面了解下级部门依法行政情况，也应当依法抄告。

第六章　法律责任

第八十条　行政复议机关不依照本法规定履行行政复议职责，对负有责任的领导人员和直接责任人员依法给予警告、记过、记大过的处分；经有权监督的机关督促仍不改正或者造成严重后果的，依法给予降级、撤职、开除的处分。

【释义】 *本条是关于行政复议机关不依法履行行政复议职责的法律责任的规定。*

法律责任是指公民、法人或其他组织实施违法行为所必须承担的法律后果，即因违法行为而在法律上受到的相应制裁。法律责任具有强制性，由国家强制力保障实施，是违法者必须承担的责任。在法律中根据其所调整的社会关系的性质、特点，正确、合理地规定法律责任条款，对保证法律有效实施具有非常重要的法律意义和社会意义。行政复议作为一种行政机关内部的监督纠错机制和对公民、法人或者其他组织的救济手段，也应当根据其性质和特点规定相应的法律责任，这也是确保行政复议活动能够合法、高效进行的重要保障。法律责任从性质上可分为行政责任、民事责任和刑事责任。根据行政复议的性质和特点，其法律责任的种类包括行政责任和刑事责任，其中行政责任重点针对的主体是行政复议机关及其工作人员、被申请人。

一、关于行政复议机关不依照本法履行行政复议职责

本条规定了行政复议机关不依照本法履行行政复议职责的法律责任。这里的“不依照本法规定履行行政复议职责”，既包括不履行职责，也包括不正确履行职责，比如履行职责超出法定时限、仅履行部分职责。本法在总则中对行政复议机关的职责作出了一些原则性的规定。比如，行政复议机关履行行政复议职责，应当遵循合法、公正、公开、高效、便民、为民的原则，坚持有错必纠，保障法律、法规的正确实施；行政复议机关应当加强行政复议工作，支持和保障行政复议机构依法履行职责；行政复议机关调解应当遵循合法、自愿的原则，不得损害国家利益、社会公共利益和他人合法权益，不得违反法律、法规的强制性规定。同时，本法也明确了行政复议机关在行政复议各阶段应当履行的职责，具体规定在行政复议申请、行政复议管辖、行政复议受理、行政复议审理、行政复议决定等有关章节中。比如，行政复议机关应当按照行政复议范围和管辖要求，依法审查复议申请，符合本法规定受理条件的应当予以受理，不符合受理条件的应当说明理由，需要申请人补正的应当自收到申请之日起 5 日内书面通知且一次性载明需要补正的事项；行政复议机关审理行政复议案件依法适用普通程序和简易程序，调查取证、组织听证、附带审查等都需要符合本法规定的实体性和程序性要求，根据实际情况终止、中止、恢复行政复议案件的审理；行政复议机关依法在法定期限内作出相应的行政复议决定，并依法监督行政复议法律文书执行。

二、相关的法律责任

行政复议机关不依照本法规定履行行政复议职责，对负有责任的领导人员和直接责任人员依法给予处分。这里的“依法”，主要是指依照公务员法、公职人员政务处分法以及《行政机关公务员处分条例》等规定。根据公务员法的规定，公务员因违纪违法应当承担纪律责任的，依照本法给予处分或者由监察机关依法给予政务处分；违纪违法行为情节轻微，经批评教育后改正的，可以免予处分。根据公职人员政务处分法的规定，有关机关、单位、组织集体作出的决定违法或者实施违法行为的，对负有责任的领导人员和直接责任人员中的公职人员依法给予政务处分或者由公职人员任免机关、单位依法给予处分。处分和政务处分的种类，包括警告、记过、记大过、降级、撤职、开除。

本条规定的责任主体包括负有责任的领导人员和直接责任人员。根据违法的性质、情节等因素，分两个层次规定了具体的法律责任：一是在一般情形下，依法给予警告、记过、记大过的处分；二是在经有权监督的机关督促仍不改正的，或者造成严重后果的情形下，依法给予降级、撤职、开除的处分。上级行政机关或者有关机关应当综合违法性质、情节、危害程度等因素，依法给予处分。根据公务员法、公职人员政务处分法的规定，公务员受处分期间不得晋升职务、职级和级别，其中受记过、记大过、降级、撤职处分的，不得晋升工资档次；受撤职处分的，按照规定降低职务、职级、衔级和级别，同时降低工资和待遇。受处分的期间为：警告，6个月；记过，12个月；记大过，18个月；降级、撤职，24个月。

第八十一条　行政复议机关工作人员在行政复议活动中，徇私舞弊或者有其他渎职、失职行为的，依法给予警告、记过、记大过的处分；情节严重的，依法给予降级、撤职、开除的处分；构成犯罪的，依法追究刑事责任。

【释义】本条是关于行政复议机关工作人员在行政复议活动中，徇私舞弊或者有其他渎职、失职行为的法律责任的规定。

行政复议是防止和纠正违法的或者不当的行政行为，保护公民、法人和其他组织的合法权益，监督和保障行政机关依法行使职权的重要法律制度。本法第3条第2款规定，行政复议机关履行行政复议职责，应当遵循合法、公正、公开、高效、便民、为民的原则，坚持有错必纠，保障法律、法规的正确实施。行政复议机关工作人员在行政复议活动中，应当遵守法律规定，正确履行职权，不得徇私舞弊或者有其他渎职、失职行为，否则将承担相应的法律责任。

一、关于行政复议机关工作人员在行政复议活动中，徇私舞弊或者有其他渎职、失职行为

本条规定的违法行为，针对的主体是行政复议机关工作人员。具体违法情形包括两类：

一是徇私舞弊。所谓徇私，就是徇个人私情、私利；徇私舞弊是指行政复议机关工作人员为徇个人私情、私利而弄虚作假，损害国家利益、社会公共利益或者公民、法人和其他组织合法权益的行为。如本法第五章对行政复议决定作出规定，明确变更、撤销或者部分撤销行政行为、确认行政行为违法等不同类型的行政复议决定，以及各自的适用情形。若行政复议机关工作人员为徇私情、私利，故意违反本章规定，不严格依照适用情形，作出不正确的行政复议决定，就构成徇私舞弊行为。

二是其他渎职、失职行为。渎职、失职是指行政复议机关工作人员在行政复议活动中，玩忽职守、滥用职权或者徇私舞弊，损害国家利益、社会公共利益或者公民、法人和其他组织合法权益的行为。如本法第36条第2款要求行政复议人员对办理行政复议案件过程中知悉的国家秘密、商业秘密和个人隐私予以保密。若行政复议人员故意或者过失泄露前述秘密或者个人隐私，就构成渎职、失职行为。又如，本法第30条第1款规定，行政复议机关收到行政复议申请后，应当在5日内进行审查，对符合规定的应当予以受理。若行政复议机关工作人员在5日内不进行审查，或者对符合规定的申请不予受理，就构成渎职、失职行为。

二、关于法律责任

本条规定的法律责任包括政务处分和刑事责任。根据违法行为的性质、情节等因素，分三个层次规定了具体的法律责任：一是在一般情形下，依法给予警告、记过、记大过的处分；二是对情节严重的，依法给予降级、撤职、开除的处分；三是构成犯罪的，依法追究刑事责任。

对行政复议机关工作人员在行政复议活动中的徇私舞弊或者其他渎职、失职行为，应当依照公职人员政务处分法等有关规定给予处分。公职人员政务处分法第39条规定："有下列行为之一，造成不良后果或者影响的，予以警告、记过或者记大过；情节较重的，予以降级或者撤职；情节严重的，予以开除：（一）滥用职权，危害国家利益、社会公共利益或者侵害公民、法人、其他组织合法权益的；（二）不履行或者不正确履行职责，玩忽职守，贻误工作的；（三）工作中有形式主义、官僚主义行为的；（四）工作中有弄虚作假，误导、欺骗行为的；（五）泄露国家秘密、工作秘密，或者泄露因履行职责掌握的商业秘密、个人隐私的。"

对行政复议机关工作人员在行政复议活动中的徇私舞弊或者其他渎职、失职行为，构成犯罪的，应当依照刑法规定追究刑事责任。我国刑法设专章规定了渎职罪。刑法第397条规定了滥用职权罪、玩忽职守罪，明确国家机关工作人员滥用职权或者玩忽职守，致使公共财产、国家和人民利益遭受重大损失的，处3年以下有期徒刑或者拘役；情节特别严重的，处3年以上7年以下有期徒刑。国家机关工作人员

徇私舞弊，犯前款罪的，处5年以下有期徒刑或者拘役；情节特别严重的，处5年以上10年以下有期徒刑。刑法第398条规定了故意泄露国家秘密罪、过失泄露国家秘密罪，明确国家机关工作人员违反保守国家秘密法的规定，故意或者过失泄露国家秘密，情节严重的，处3年以下有期徒刑或者拘役；情节特别严重的，处3年以上7年以下有期徒刑。刑法第253条之一还规定了侵犯公民个人信息罪，明确违反国家有关规定，向他人出售或者提供公民个人信息，情节严重的，处3年以下有期徒刑或者拘役，并处或者单处罚金；情节特别严重的，处3年以上7年以下有期徒刑，并处罚金。违反国家有关规定，将在履行职责或者提供服务过程中获得的公民个人信息，出售或者提供给他人的，依照前款的规定从重处罚。

第八十二条　被申请人违反本法规定，不提出书面答复或者不提交作出行政行为的证据、依据和其他有关材料，或者阻挠、变相阻挠公民、法人或者其他组织依法申请行政复议的，对负有责任的领导人员和直接责任人员依法给予警告、记过、记大过的处分；进行报复陷害的，依法给予降级、撤职、开除的处分；构成犯罪的，依法追究刑事责任。

【释义】本条是关于被申请人不提出书面答复或者不提交作出行政行为的有关材料，或者阻挠、变相阻挠公民、法人或者其他组织依法申请行政复议的法律责任的规定。

被申请人是行政争议的一方当事人，应当积极参与到行政复议活动中来，对申请人的行政复议申请进行书面答复，提交作出行政行为的证据、依据和其他有关材料，正确对待公民、法人或者其他组织对其行政行为提出的行政复议申请，这些都是法定义务。违反这些义务，需要承担相应的法律责任。

一、关于被申请人不提出书面答复或者不提交作出行政行为的有关材料，或者阻挠、变相阻挠公民、法人或者其他组织依法申请行政复议

本条规定的违法行为，针对的主体是被申请人，即作出被申请复议的行政行为的行政机关。具体违法情形包括两类：

一是被申请人不提出书面答复或者不提交作出行政行为的证据、依据和其他有关材料。本法第44条第1款规定，被申请人对其作出的行政行为的合法性、适当性负有举证责任。对适用普通程序审理的行政复议案件，本法第48条规定，行政复议机构应当自行政复议申请受理之日起7日内，将行政复议申请书副本或者行政复议申请笔录复印件发送被申请人。被申请人应当自收到行政复议申请书副本或者行政复议申请笔录复印件之日起10日内，提出书面答复，并提交作出行政行为的证据、依据和其他有关材料。对适用简易程序审理的行政复议案件，本法第54条第1款规定，行政复议机构应当自受理行政复议申请之日起3日内，将行政复议申请书副本或者行政复议申请笔录复印件发送被申请人。被申请人应当自收到行政复议申请书副本或者行政复议申请笔录复印件之日起5日内，提出书面答复，并提交作出行政行为的证据、依据和其他有关材料。被申请

人提出书面答复，提交作出行政行为的证据、依据和其他有关材料，是行政复议机关对行政行为的合法性和适当性、行政机关是否正确履行职责等作出判断的基础，被申请人不履行这些义务，理应承担不利后果。

二是被申请人阻挠、变相阻挠公民、法人或者其他组织依法申请行政复议。依法申请行政复议是公民、法人或者其他组织的法定权利。我国宪法第41条中规定，中华人民共和国公民对于任何国家机关和国家工作人员的违法失职行为，有向有关国家机关提出申诉、控告或者检举的权利；对于公民的申诉、控告或者检举，有关国家机关必须查清事实，负责处理，任何人不得压制和打击报复。根据本法第2条、第11条的规定，公民、法人或者其他组织认为行政机关的行政行为侵犯其合法权益，可以依法申请行政复议。被申请人阻挠、变相阻挠公民、法人或者其他组织依法申请行政复议，是妨碍和限制公民、法人或者其他组织行使权利，不利于纠正违法的或者不当的行政行为，也不利于监督行政机关依法行使职权，应当承担相应的法律责任。

二、法律责任

本条规定的法律责任包括政务处分和刑事责任。根据违法行为的性质、情节等因素，分三个层次规定了具体的法律责任：一是在一般情形下，对负有责任的领导人员和直接责任人员依法给予警告、记过、记大过的处分；二是对进行报复陷害的，依法给予降级、撤职、开除的处分；三是构成犯罪的，依法追究刑事责任。

被申请人有本条规定的违法行为的，应当依照公职人员政务处分法给予处分。公职人员政务处分法第10条规定，有关机关、单位、组织集体作出的决定违法或者实施违法行为的，对负有责任的领导人员和直接责任人员中的公职人员依法给予政务处分。据此，由于被申请人实施本条规定的违法行为属于集体行为，所以应当对负有责任的领导人员和直接责任人员依法给予政务处分。

具体来说，被申请人有本条规定的违法行为的，应当依照公职人员政务处分法第39条、第32条的规定给予处分。公职人员政务处分法第39条中规定，不履行或者不正确履行职责，玩忽职守，贻误工作，造成不良后果或者影响的，予以警告、记过或者记大过；情节较重的，予以降级或者撤职；情节严重的，予以开除。公职人员政务处分法第32条中规定，对依法行使批评、申诉、控告、检举等权利的行为进行压制或者打击报复的，予以警告、记过或者记大过；情节较重的，予以降级或者撤职；情节严重的，予以开除。

被申请人有本条规定的违法行为，构成犯罪的，依照刑法追究刑事责任。刑法第254条规定了报复陷害罪，明确国家机关工作人员滥用职权、假公济私，对控告人、申诉人、批评人、举报人实行报复陷害的，处2年以下有期徒刑或者拘役；情节严重的，处2年以上7年以下有期徒刑。刑法第397条规定了滥用职权罪、玩忽职守罪，明确国家机关工作人员滥用职权或者玩忽职守，致使公共财产、国家和人民利益遭受重大损失的，处3年以下有期徒刑或者拘役；情节特别严重的，处3年以上7年以下有期徒刑。国家机关工作人员徇私舞弊，犯前款罪的，处5年以下有期徒刑或者拘役；情节特别严重的，处5年以上10年以下有期徒刑。

第八十三条　被申请人不履行或者无正当理由拖延履行行政复议决定书、调解书、意见书的，对负有责任的领导人员和直接责任人员依法给予警告、记过、记大过的处分；经责令履行仍拒不履行的，依法给予降级、撤职、开除的处分。

【释义】本条是关于被申请人不履行或者无正当理由拖延履行行政复议决定书、调解书、意见书的法律责任的规定。

本法对行政复议决定书、调解书、意见书的生效和当事人的履行义务作了规定，被申请人应当履行行政复议决定书、调解书、意见书。根据此次修订增加规定行政复议调解、行政复议机关制发行政复议意见书等内容及被申请人的有关义务，本条增加规定了相应的法律责任。

一、本条规定的违法行为主体

本条规定的违法行为主体是特定主体，即被申请人，其他主体不能成为本条规定的违法行为主体。被申请人是指作出行政行为的主体，其范围包括政府及其工作部门、派出机关，政府及其工作部门管理的法律、法规、规章授权的组织，以及能够以自己名义作出行政行为的政府工作部门依法设立的派出机构。被申请人不履行或者无正当理由拖延履行行政复议决定书、调解书、意见书的，要承担本条规定的法律责任。

二、本条规定的违法行为

履行行政复议机关作出的生效法律文书，是包括被申请人在内的行政复议案件当事人的法定义务。本法第77条第1款规定，被申请人应当履行行政复议决定书、调解书、意见书。本法规定的违法行为包括两种情形：一是被申请人不履行行政复议决定书、调解书、意见书；二是被申请人无正当理由拖延履行行政复议决定书、调解书、意见书。被申请人的违法行为主要是不履行或者拖延履行以下三类文书：

1. 关于行政复议决定书。本法第75条规定，行政复议机关作出行政复议决定，应当制作行政复议决定书，并加盖行政复议机关印章。行政复议决定书一经送达，即发生法律效力。

2. 关于行政复议调解书。本法第73条第1款规定，当事人经调解达成协议的，行政复议机关应当制作行政复议调解书，经各方当事人签字或者签章，并加盖行政复议机关印章，即具有法律效力。

3. 关于行政复议意见书。本法第76条规定，行政复议机关在办理行政复议案件过程中，发现被申请人或者其他下级行政机关的有关行政行为违法或者不当的，可以向其制发行政复议意见书。有关机关应当自收到行政复议意见书之日起60日内，将纠正相关违法或者不当行政行为的情况报送行政复议机关。

三、本条规定的法律责任

本条规定的法律责任主要从以下两个方面来理解：

1. 关于具体承担法律责任的主体。本

条规定的违法主体是被申请人，具体到承担法律责任的主体，包括两类：一是“负有责任的领导人员”；二是“直接责任人员”。需要注意的是，本条规定的责任承担主体与本法第77条规定的行政复议机关采取有关措施的对象有所不同。根据第77条第2款的规定，被责令限期履行的对象是被申请人，被约谈的对象是被申请人的有关负责人，被通报批评的对象是被申请人及其有关负责人。

2. 关于承担法律责任的形式。根据违法的性质、情节等因素，本条分两个层次规定了具体的法律责任：一是普通违法情形。被申请人不履行或者无正当理由拖延履行行政复议决定书、调解书、意见书的，除了按照第77条第2款的规定，行政复议机关或者有关上级行政机关应当责令其限期履行，并可以约谈被申请人的有关负责人或者予以通报批评外，对负有责任的领导人员和直接责任人员，依法给予警告、记过、记大过的处分。二是加重情形。即对于经责令履行仍拒不履行的，对负有责任的领导人员和直接责任人员，依法给予降级、撤职、开除的处分。

第八十四条　拒绝、阻挠行政复议人员调查取证，故意扰乱行政复议工作秩序的，依法给予处分、治安管理处罚；构成犯罪的，依法追究刑事责任。

【释义】本条是关于拒绝、阻挠行政复议人员调查取证，故意扰乱行政复议工作秩序的法律责任的规定。

本次修订专门增加了行政复议机关调查取证的规定，要求被调查取证的单位和个人应当积极配合行政复议人员的工作，不得拒绝和阻挠；同时，还增加了行政复议机构组织听证等程序性规定以及当事人的相关义务。为保证行政复议机关调查取证等行为的权威性，维护行政复议工作秩序，本条针对有关违法行为增加规定了法律责任。

一、本条规定的违法行为

本条规定的违法行为主体，包括被调查取证的单位和个人，以及参加行政复议、涉及行政复议秩序的申请人、被申请人等单位和个人。具体的违法行为主要有以下两种情况：

1. 拒绝、阻挠行政复议人员调查取证。本法第45条第1款、第3款规定，行政复议机关有权向有关单位和个人调查取证，查阅、复制、调取有关文件和资料，向有关人员进行询问。被调查取证的单位和个人应当积极配合行政复议人员的工作，不得拒绝或者阻挠。被调查取证的单位和个人拒绝行政复议人员调查取证，或者阻挠行政复议人员调查取证的，属于本条规定的违法行为。

2. 故意扰乱行政复议工作秩序。本法第4条对行政复议机关、行政复议机构的职责作了规定；第三章、第四章对行政复议受理、审理的具体工作作了规定。行政复议机关、行政复议机构在办理行政复议案件过程中，需要良好的工作秩序保障，特别是在行政复议机构组织听证过程中，需要申请人、被申请人的积极配合。故意扰乱行政复议工作秩序，属于本条规定的违法行为。

二、本条规定的法律责任

1. 拒绝、阻挠行政复议人员调查取证，

故意扰乱行政复议工作秩序的，依照本法和公职人员政务处分法、公务员法、《行政机关公务员处分条例》等给予处分。

2. 拒绝、阻挠行政复议人员调查取证，故意扰乱行政复议工作秩序的，依法给予治安管理处罚。治安管理处罚法第 50 条第 1 款第 2 项规定，阻碍国家机关工作人员依法执行职务的，处警告或者 200 元以下罚款；情节严重的，处 5 日以上 10 日以下拘留，可以并处 500 元以下罚款。治安管理处罚法第 23 条规定，扰乱机关秩序，致使工作不能正常进行，尚未造成严重损失的，处警告或者 200 元以下罚款；情节较重的，处 5 日以上 10 日以下拘留，可以并处 500 元以下罚款。聚众实施上述行为的，对首要分子处 10 日以上 15 日以下拘留，可以并处 1000 元以下罚款。

3. 拒绝、阻挠行政复议人员调查取证，故意扰乱行政复议工作秩序，构成犯罪的，依法追究刑事责任。刑法第 277 条第 1 款规定，以暴力、威胁方法阻碍国家机关工作人员依法执行职务的，处 3 年以下有期徒刑、拘役、管制或者罚金。刑法第 290 条第 3 款规定，多次扰乱国家机关工作秩序，经行政处罚后仍不改正，造成严重后果的，处 3 年以下有期徒刑、拘役或者管制。

第八十五条　行政机关及其工作人员违反本法规定的，行政复议机关可以向监察机关或者公职人员任免机关、单位移送有关人员违法的事实材料，接受移送的监察机关或者公职人员任免机关、单位应当依法处理。

【释义】本条是行政复议机关移送有关人员违法事实材料的规定。

行政复议是政府系统自我纠错的监督制度。本法第 1 条规定的立法目的之一，是监督和保障行政机关依法行使职权。据此，在办理行政复议案件过程中，发现被申请人和其他行政机关违反本法规定，涉及监察机关或者公职人员任免机关、单位权限的，行政复议机关可以向这些单位移送有关人员的违法事实材料。此次修订在原法基础上，进一步明确了接受违法事实材料的机关和单位。

一、行政机关及其工作人员违反本法规定，行政复议机关可以向监察机关或者公职人员任免机关、单位移送有关人员违法的事实材料

何谓行政机关？本法第 2 条第 1 款规定，本法的适用范围是公民、法人或者其他组织认为行政机关的行政行为侵犯其合法权益。本法第 19 条第 1 款规定，公民、法人或者其他组织对行政行为不服申请行政复议的，作出行政行为的行政机关或者法律、法规、规章授权的组织是被申请人。据此，行政机关包括作出行政行为的被申请人。本法第 4 条第 1 款规定，县级以上各级人民政府以及其他依照本法履行行政复议职责的行政机关是行政复议机关。据此，行政机关也包括行政复议机关。本法第 4 条第 2 款中规定，行政复议机关办理行政复议事项的机构是行政复议机构，行政复议机构及其工作人员违反本法规定，也要适用本条规定。

据此，行政机关及其工作人员违反本法规定，主要包括以下情形：一是作为被申请人的行政机关有本法第 82 条、第 83 条、第 84 条规定的违法行为，以及其他违反本法规定的行为；二是行政复议机关、行政复议机构及其工作人员有本法第80条、第81条规定的违法行为，以及无正当理由不予受理行政复议申请、驳回申请或者受理后超过行政复议期限不作答复等违反本法规定的行为。出现这些行为，行政复议机关及其上级行政复议机关可以向监察机关或者公职人员任免机关、单位移送有关人员违法的事实材料。

二、接受移送的监察机关或者公职人员任免机关、单位应当依法处理

行政机关及其工作人员违反本法规定，接受移送的监察机关或者公职人员任免机关、单位应当依照本法和公职人员政务处分法、公务员法、《行政机关公务员处分条例》等处理。公职人员政务处分法第2条第1款、第2款规定："本法适用于监察机关对违法的公职人员给予政务处分的活动。本法第二章、第三章适用于公职人员任免机关、单位对违法的公职人员给予处分。处分的程序、申诉等适用其他法律、行政法规、国务院部门规章和国家有关规定。"第3条第1款、第2款规定："监察机关应当按照管理权限，加强对公职人员的监督，依法给予违法的公职人员政务处分。公职人员任免机关、单位应当按照管理权限，加强对公职人员的教育、管理、监督，依法给予违法的公职人员处分。"第10条规定："有关机关、单位、组织集体作出的决定违法或者实施违法行为的，对负有责任的领导人员和直接责任人员中的公职人员依法给予政务处分。"第16条规定："对公职人员的同一违法行为，监察机关和公职人员任免机关、单位不得重复给予政务处分和处分。"《行政机关公务员处分条例》第16条规定："行政机关经人民法院、监察机关、行政复议机关或者上级行政机关依法认定有行政违法行为或者其他违法违纪行为，需要追究纪律责任的，对负有责任的领导人员和直接责任人员给予处分。"

第八十六条　行政复议机关在办理行政复议案件过程中，发现公职人员职务涉嫌贪污贿赂、失职渎职等违法或者职务犯罪的问题线索，应当依照有关规定移送监察机关，由监察机关依法调查处置。

【释义】本条是关于在行政复议办案中发现公职人员涉嫌职务违法或者职务犯罪的问题线索的处理规定。

根据监察法的规定，监察机关是行使国家监察职能的专责机关，对所有行使公权力的公职人员进行监察，调查职务违法和职务犯罪。人民法院、人民检察院、公安机关、审计机关等国家机关在工作中，发现公职人员涉嫌贪污贿赂、失职渎职等职务违法或者职务犯罪的问题线索，应当移送监察机关，由监察机关依法调查处置。对涉嫌贪污贿赂、滥用职权、玩忽职守、权力寻租、利益输送、徇私舞弊以及浪费国家资财等职务违法和职务犯罪进行调查，是监察机关的一项法定职责。

行政复议机关办理行政复议案件，应当遵循合法的原则，严格依照法定职权和法定程序审查，作出行政复议决定，纠正违法的或者不当的行政行为，保障公民、法人和其他组织的合法权益。在办理行政复议案件过程中，行政复议机关发现公职人员涉嫌贪污贿赂、失职渎职等职务违法或者职务犯罪的问题线索，应当移送监察机关，由监察机关依法调查处置。这一规定有利于完善行政复议机关等国家机关及时移送涉嫌职务违法或者职务犯罪问题线索的法律依据，发挥有关机关反腐败的协同配合作用，确保监察机关及时查处各种职务违法犯罪行为。

关于“职务违法或者职务犯罪的问题线索”，本条规定了“涉嫌贪污贿赂、失职渎职等”情形，但不局限于这两种情形；监察法第11条第2项规定了“涉嫌贪污贿赂、滥用职权、玩忽职守、权力寻租、利益输送、徇私舞弊以及浪费国家资财等”情形，也不是完全列举。在具体办案中，认定职务违法或者职务犯罪的问题线索，要结合所行使的公权力类型、违法事实情节、社会危害性等因素进行综合考量。

第七章　附　　则

第八十七条　行政复议机关受理行政复议申请，不得向申请人收取任何费用。

【释义】本条是关于行政复议机关受理行政复议申请不收取费用的规定。

根据本法第3条规定，行政复议应当遵循便民、为民等原则。明确行政复议机关受理行政复议申请，不得收取任何费用，是行政复议便民、为民原则以及制度优势的一个重要体现。从行政复议机关的角度来说，受理行政复议申请，对违法的或者不当的行政行为进行监督纠错，有效化解行政争议是法律赋予行政复议机关的职责。行政复议机关应当积极履行行政复议职责，不能通过向申请人收取费用等方式从中谋利。

与行政诉讼相比，行政复议作为行政系统内部自我纠正错误的活动，行政机关内部监督活动不宜对外收取费用。由于行政机关违法或者不当行使行政职权，而使公民、法人或者其他组织的合法权益遭到侵犯，行政相对人向行政复议机关申请行政复议，要求行政系统内部进行监督纠错，保护自己的合法权益，这是公民、法人或者其他组织的法定权利。行政复议机关理应受理行政复议申请，重新审查行政行为是否合法、适当，纠正行政机关内部所犯的错误，不应该再向申请人收取费用，所需经费应当在行政复议机关的行政经费中列支和保障。

第八十八条　行政复议期间的计算和行政复议文书的送达，本法没有规定的，依照《中华人民共和国民事诉讼法》关于期间、送达的规定执行。

本法关于行政复议期间有关“三日”、“五日”、“七日”、“十日”的规定是指工作日，不含法定休假日。

【释义】本条是对行政复议期间和送达的规定。

在行政复议中，行政复议机关、申请人、被申请人及其他行政复议参加人，参加行政复议的行为都应该在一定的时间期限内完成，这种时间期限即为行政复议期间。送达是行政复议机关按照法定的程序和方式，将依法制作的行政复议文书送交行政复议的申请人、被申请人和其他行政复议参加人的程序性活动。

一、关于期间

规定合理的行政复议期间的目的，在于保证申请人、被申请人等有关主体参与行政复议活动，行使法定权利，履行法定义务，提高行政效率，使当事人之间行政争议尽快得到解决，切实维护行政复议申请人的合法权益。按照期间是由法律直接规定，还是由行政复议机关指定为区分标准，可以将行政复议期间分为法定期间和指定期间。

法定期间是指由法律直接规定的期间，是基于某种法定事实的发生而开始。例如，本法第20条规定了行政复议的申请期间；第30条规定了行政复议机关对复议申请审查期间；第34条规定了申请人对行政复议机关决定不予受理、驳回申请或者受理后超过行政复议期限不作答复的，向人民法院提起行政诉讼的期间；第48条规定了行政复议机关将行政复议申请书副本或者行政复议申请笔录复印件发送给被申请人的期间和被申请人提出书面答复并提交当初作出具体行政行为的证据、依据和其他有关材料的期间；第56条、第57条规定了行政复议机关对申请人提出的对有关规范性文件的审查申请的处理期间；第62条规定了行政复议机关作出行政复议决定的期间等。

指定期间是指行政复议机关根据实际情况依职权指定进行某项具体行政复议事项的期间。例如，本法第31条中规定，申请人应当自收到补正通知之日起10日内提交补正材料。有正当理由不能按期补正的，行政复议机关可以延长合理的补正期限。这里的"合理的补正期限"即为指定期间。

本法将关于行政复议期间有关"三日"、"五日"、"七日"和"十日"的规定，明确为"是指工作日，不含节假日"。比如，本法第30条规定，"行政复议机关收到行政复议申请后，应当在五日内进行审查"；第31条规定，"行政复议机关应当自收到申请之日起五日内书面通知申请人补正"；第32条规定，"应当自收到行政复议申请之日起五日内转送行政复议机关"；第51条规定，"应当于举行听证的五日前将听证的时间、地点和拟听证事项书面通知当事人"；第54条规定，"被申请人应当自收到行政复议申请书副本或者行政复议申请笔录复印件之日起五日内，提出书面答复，并提交作出行政行为的证据、依据和其他有关材料"。

二、关于送达

行政复议中的送达和诉讼中的送达一样，也是一项严肃的法律行为。行政复议中的送达主要有以下几个特点：第一，送达的主体是行政复议机关。行政复议申请人、被申请人和第三人向行政复议机关递交行政复议文书或者其他文书的行为都不是送达。第二，送达的内容是行政复议的文书，如不予受理决定书、行政复议决定书、行政复议申请书副本、通知书等。第三，送达的对象是行政复议申请人、被申请人和第三人。第四，送达必须依法定的程序和方式进行，否则便不具有法律效力，达不到预期的法律效果。

行政复议中的送达不仅是把行政复议文书送交给受送达人，使其明白文书的内容，以利于其参加行政复议和行政复议的顺利进行，更重要的是，送达本身包含了一定的法律后果。根据本法第75条规定，行政复议机关作出行政复议决定，应当制作行政复议决定书，并加盖行政复议机关印章。行政复议决定书一经送达，即发生法律效力。关于送达的方式，从行政复议的实践来看，行政复议中的送达方式与诉讼中的送达方式基本相同，一般有六种方式。一是直接送达。即行政复议机关将行政复议文书直接送交给行政复议参加人本人或者其同住的成年家属（行政复议参加人本人不在时)、其诉讼代理人或者指定代收人。行政复议文书一般应采用直接送达的方式送交行政复议参加人。只有在无法直接送达或者直接送达有困难的，才可以考虑采用下面其他的送达方式。二是留置送达。即受送达人或者其同住的成年家属拒绝接收行政复议文书的，送达人可以邀请有关基层组织或者所在单位的代表到场，说明情况，在送达回证上记明拒收事由和日期，由送达人、见证人签名或者盖章，把行政复议文书留在受送达人的住所，即视为送达。三是委托送达。即行政复议机关委托受送达人所在地的行政机关代为送达。四是邮寄送达。即行政复议机关通过邮局，把行政复议文书用挂号信函寄送给受送达人。邮寄送达的，以挂号回执上注明的收件日期为送达日期。五是转交送达。即将行政复议文书托付给受送达人所在单位转交给受送达人。六是公告送达。即行政复议机关通过张贴公告、登报等方式，说明需要送达的行政复议文书的内容，经过一定的期限即视为送达。采用公告送达方式并不多，只有在受送达人下落不明，或者采用其他法定送达方式都无法送达的情况下才可以采用公告送达。

第八十九条　外国人、无国籍人、外国组织在中华人民共和国境内申请行政复议，适用本法。

【释义】本条是关于涉外行政复议的规定。

外国人、无国籍人、外国组织适用我国的行政复议法，是国家主权原则在行政复议中的具体体现。我国宪法第 32 条第 1 款规定：“中华人民共和国保护在中国境内的外国人的合法权利和利益，在中国境内的外国人必须遵守中华人民共和国的法律。”根据这一规定，一方面外国人、无国籍人、外国组织在我国境内的合法权益受我国法律保护，这体现了国际法上“国民待遇”原则。给予外国人、无国籍人、外国组织同等权利，使他们在合法权益受到侵害时有一定的救济途径，有利于国家之间的平等、友好交往，是国际交往中的项重要原则。另一方面在我国境内的外国人、无国籍人、外国组织应当遵守我国的法律，这体现了国际法上的国家主权原则。任何一个主权国家对在本国进行活动的外国人都规定依法享有的权利和必须履行的义务，都规定必须遵守所在国的法律，这是国家平等原则的体现，是国际上的通例。在行政复议问题上，对外国人也应当遵循平等原则，保护其权利的同时，其也必须遵守我国的法律，履行法律规定的义务。

涉外行政复议是解决涉外行政管理过程中产生行政争议的重要途径。随着我国对外开放政策的实施，外国人、无国籍人、外国组织来我国旅游、学习和工作的人数逐渐增多，我国行政机关在行政管理过程中，有可能引发行政争议。根据本条规定，外国人、无国籍人、外国组织在我国境内申请行政复议，适用本法。也就是外国人、无国籍人、外国组织在我国境内认为我国国家行政机关及其工作人员所作的行政行为侵犯其合法权益，有权依照本法的规定向行政复议机关申请行政复议，由行政复议机关受理并作出行政复议决定。涉外行政复议的特殊性主要表现在：第一，行政复议的主体的涉外性。由于行政复议的被申请人只能是我国行政机关或者法律、法规、规章授权的组织，所以只有行政复议的申请人是外国人、无国籍人或外国组织，才能形成涉外行政复议。第二，行政复议的发生地点必须是在我国境内，由我国行政复议机关受理。

第九十条 本法自2024年1月1日起施行。

【释义】本条是对法律开始施行时间的规定。

法律的施行日期是一部法律的重要组成部分，是法律开始实施并产生法律效力的时间，只有明确了法律的施行日期，才能使法律真正进入实施状态，使其得到执行、适用和遵守。法律施行时间，是法律开始实施并产生法律效力的时间。法律效力包括时间效力、空间效力和对人的效力三个方面。立法法第61条规定："法律应当明确规定施行日期。"我国法律对施行时间的规定包括两种方式：一种是由法律明确规定具体的施行日期，如行政处罚法第86条规定："本法自2021年7月15日起施行。"另一种是法律自公布之日起施行，如全国人民代表大会常务委员会议事规则第52条规定："本规则自公布之日起施行。"

法律施行时间是根据该法律的性质和实际需要来确定的。修改法律主要有两种形式，相对应的生效日期也有两种形式：一种是对法律进行修订，即对法律进行全面修改，重新公布法律文本以替代原法律文本。这是我国法律修改的一种重要形式。此次行政复议法修改亦采用这种形式。采用修订形式修改的法律，由于修改的内容较多，涉及法律原则、制度的修改，一般是重新规定施行日期。另一种是对法律的部分条文通过修改决定的方式予以修改，不对法律全文作修改，未修改的部分继续施行。以决定形式修改法律的，修改决定将法律修改部分逐条列出，没有修改的条款就保持原有的规定，法律的施行日期不作修改，只规定修改决定的生效日期，对原法修改的部分执行修改决定的生效日期，未修改部分执行原来的法律规定的生效日期。如行政复议法于1999年10月1日施行以来，分别于2009年、2017年进行了两次修正。2009年8月27日第十一届全国人民代表大会常务委员会第十次会议通过关于修改部分法律的决定规定，本决定自公布之日起施行。2017年9月1日第十二届全国人民代表大会常务委员会第二十九次会议关于修改《中华人民共和国法官法》等八部法律的决定规定，本决定自2018年1月1日起施行。根据上述规定，本法未修改的部分从1999年10月1日起产生法律效力，经过修改的部分条文生效时间分别于2009年8月27日与2018年1月1日。

行政复议法是行政法领域中的一部重要法律，涉及面广，对行政机关和行政相对人的日常工作和生活有着重要的影响。因此，行政复议法于2023年9月1日修订通过，自2024年1月1日起施行，预留了一段时间，有助于各方面做好充分准备工作：一是涉及行政复议的各种法规、规章、办法等较多，需作出认真清理；二是本法规定的一些措施制度，需要一些配套规定进行具体化，有关部门应当抓紧制定相关配套规定；三是预留一段时间有助于做好本法的宣传培训工作，有助于有关方面深入学习了解本法的内容和精神，保证法律得到正确的贯彻实施。